EDUARDO MUNIZ MACHADO CAVALCANTI

PROCESSO TRIBUTÁRIO
ADMINISTRATIVO E JUDICIAL

2ª edição revista, atualizada e ampliada

CB021486

Editora FORENSE

- O autor deste livro e a editora empenharam seus melhores esforços para assegurar que as informações e os procedimentos apresentados no texto estejam em acordo com os padrões aceitos à época da publicação, e todos os dados foram atualizados pelo autor até a data de fechamento do livro. Entretanto, tendo em conta a evolução das ciências, as atualizações legislativas, as mudanças regulamentares governamentais e o constante fluxo de novas informações sobre os temas que constam do livro, recomendamos enfaticamente que os leitores consultem sempre outras fontes fidedignas, de modo a se certificarem de que as informações contidas no texto estão corretas e de que não houve alterações nas recomendações ou na legislação regulamentadora.

- Fechamento desta edição: *28.01.2025*

- O Autor e a editora se empenharam para citar adequadamente e dar o devido crédito a todos os detentores de direitos autorais de qualquer material utilizado neste livro, dispondo-se a possíveis acertos posteriores caso, inadvertida e involuntariamente, a identificação de algum deles tenha sido omitida.

- **Atendimento ao cliente:** (11) 5080-0751 | faleconosco@grupogen.com.br

- Direitos exclusivos para a língua portuguesa
  Copyright © 2025 by
  Editora Forense Ltda.
  Uma editora integrante do GEN | Grupo Editorial Nacional
  Travessa do Ouvidor, 11 – Térreo e 6º andar
  Rio de Janeiro – RJ – 20040-040
  www.grupogen.com.br

- Reservados todos os direitos. É proibida a duplicação ou reprodução deste volume, no todo ou em parte, em quaisquer formas ou por quaisquer meios (eletrônico, mecânico, gravação, fotocópia, distribuição pela Internet ou outros), sem permissão, por escrito, da Editora Forense Ltda.

- Capa: Daniel Kanai

- **DADOS INTERNACIONAIS DE CATALOGAÇÃO NA PUBLICAÇÃO (CIP)**
  DE ACORDO COM ISBD
  ELABORADO POR VAGNER RODOLFO DA SILVA – CRB-8/9410

  C377p
  Cavalcanti, Eduardo Muniz Machado

  Processo tributário: administrativo e judicial / Eduardo Muniz Machado Cavalcanti. – 2. ed. – São Paulo: Forense Jurídico, 2025.
  608 p.

  Inclui bibliografia
  ISBN 978-85-3099-544-7

  1. Direito. 2. Direito Tributário. I. Título.

2025-386	CDD 341.39
	CDU: 34:336.2

*A meu pai, **Manoel Machado**.*

SOBRE O AUTOR

Doutorando em Direito e Economia pela Universidade de Lisboa, Portugal (ULisboa). Mestre em Direito Público pela Universidade Federal de Pernambuco (UFPE). Procurador do Distrito Federal, com atuação no consultivo nas áreas fiscal-tributária, financeira e de orçamento público. Advogado. Ex-Procurador-Chefe da Procuradoria Fiscal do Distrito Federal. Ex-Procurador da Fazenda Nacional e Ex-Procurador do Estado de Minas Gerais junto aos Tribunais Superiores em Brasília. Autor de artigos científicos e livros, entre os quais Direito Tributário e Processo Tributário: Administrativo e Judicial.

AGRADECIMENTOS ESPECIAIS

Escrever, a partir de pesquisas e estudos realizados, é uma tarefa devotada, que exige, acima de tudo, anos de dedicação. Não é fácil conciliar, especialmente quando também temos uma intensa atividade profissional prática e, claro, mais do que tudo, quando também temos nossas rotinas diárias familiares, certamente as mais valiosas.

Para tanto, primeiro tem que ter muito amor, paixão e entusiasmo pelo que se faz. Sentir que realmente pode contribuir de uma forma diferente e, em segundo lugar, separar tempo para a construção do que se pretende produzir academicamente, com viés prático e direcionado ao público militante. Não se faz da noite para o dia, não num estalar de dedos.

Neste processo, contamos com amigos e pessoas especiais que contribuíram sobremaneira com debates, diálogos e amadurecimento de temas para que este projeto ganhasse corpo.

É sempre muito difícil mencioná-los porque são muitos os amigos que fizemos, e continuamos fazendo, ao longo da trajetória profissional, ainda mais tendo percorrido diversos caminhos: a Procuradoria do Estado de Minas Gerais, a Procuradoria da Fazenda Nacional, e, atualmente, a Procuradoria do Distrito Federal, e, claro, o próprio setor privado. De todos, sempre colhi muito aprendizado e amadurecimento.

Wesley Ricardo Bento, amigo, irmão de coração, companheiro fiel, sócio. Um exemplo de advogado. Já maduro quando o conheci e, por isso, minha verdadeira fonte de segurança, exigência e qualidade técnica.

Márcia Sepúlveda, temos uma amizade mais do que especial, preciosa. Fonte de sabedoria, de generosidade e de muita habilidade técnica e inter-relacional. Entre livros e petições, uma coautora de minha jornada profissional.

Fátima Oliveira, quem podemos sentir, sobretudo nos momentos mais difíceis, o laço que nos uniu pelo amor ao meu pai. A eles, meus amados pais, Célia Maria Muniz Machado Cavalcanti (*in memoriam*) e Manoel Machado da Cunha Cavalcanti, além de meus irmãos Cláudio e Manoela, querida família.

Aos meus amores, "para todo o sempre", Isabella, Cecília e Tomás, que dão cores à minha vida. Amo muito vocês.

O Autor

APRESENTAÇÃO À 2ª EDIÇÃO

É com grande entusiasmo que apresento a segunda edição do livro *Processo Tributário: Administrativo e Judicial*, uma obra revisada e ampliada de acordo com as atualizações que marcaram o Processo Tributário e o Direito Tributário nos últimos anos. Desde a primeira publicação, em 2022, o arcabouço normativo e jurisprudencial brasileiro passou por mudanças significativas, exigindo o acompanhamento dessas alterações dogmáticas a partir de reflexões críticas com o objetivo de compreender os novos desafios impostos pela realidade tributária.

Esta nova edição incorpora legislações editadas nesse período, bem como decisões proferidas pelos principais tribunais do País. Pretende fornecer um conteúdo atualizado, consistente e abrangente, entre os quais revelam-se mudanças significativas em 2024 na disciplina da transação tributária, um mecanismo que tem ganhado cada vez mais espaço como forma de solução consensual de conflitos fiscais. O livro examina, com profundidade, as diversas modalidades de transação, contextualizando sua aplicação prática e os desafios enfrentados pelos contribuintes e pela administração pública, sobretudo a partir da compreensão das condições negociais, dos critérios de elegibilidade e dos parâmetros para a redução do passivo fiscal.

A transação, nos últimos anos, tem se apresentado como ferramenta estratégica para a redução do contencioso tributário, evidenciando sua relevância tanto para o aprimoramento da eficiência administrativa quanto para a promoção de um ambiente mais colaborativo entre Fisco e contribuintes. Além do fato de que a consolidação do instituto impulsionou uma virada histórica da jurisprudência dos tribunais superiores a respeito da exigência de regularidade fiscal para o processamento da recuperação judicial.

Além disso, traz um esforço renovado de aprofundamento em relação à jurisprudência dos Tribunais Superiores. Decisões emblemáticas do Supremo Tribunal Federal e do Superior Tribunal de Justiça sobre temas especialmente relevantes, muitos deles ganharam teses jurídicas em sede de repercussão geral e recursos repetitivos, que foram incluídas e discutidas com a profundidade necessária para que o leitor compreenda seus impactos práticos e teóricos.

Por exemplo, a compreensão de que o interesse de agir para o ajuizamento de execução fiscal de menor valor deve estar relacionado ao princípio da eficiência administrativa e à proporcionalidade entre o débito e o custo da cobrança; o não cabimento de honorários de sucumbência em exceção de pré-executividade que reconhece prescrição intercorrente e da decisão em embargos que determina correção de nulidade; a vedação a bloqueios de ativos após o parcelamento do débito executado e novas teses sobre a penhora de faturamento.

Além de precedentes sobre impenhorabilidade, vedação à transferência de penhora entre execuções fiscais, prescrição, responsabilidade de sócios e administradores, e importantes decisões para a ideia de segurança jurídica e a modulação de efeitos das decisões judiciais.

O livro mantém sua estrutura original, dividida em quatro grandes títulos, mas com ampliação de conteúdo em diversos capítulos. Nos capítulos iniciais, que tratam do Processo Administrativo Fiscal, foram revisados tópicos fundamentais, como os princípios aplicáveis, o procedimento administrativo e as controvérsias relacionadas à dívida ativa. No campo do Processo Judicial, a análise das execuções fiscais foi enriquecida com novas abordagens, incluindo questões relacionadas à recuperação judicial, à responsabilidade de terceiros, à utilização de tutelas provisórias e à garantia prévia o juízo. O tratamento dos embargos à execução e do mandado de segurança em matéria tributária também foi aprimorado.

Outro ponto de destaque desta edição é a ampliação e o aprofundamento dos Métodos Adequados de Resolução de Conflitos Fiscais, que vêm adquirindo espaço significativo nos debates doutrinários e na prática da advocacia tributária. Nesta seção, a obra explora com mais detalhes a conciliação, a mediação, a arbitragem e a transação tributária, bem como o negócio jurídico processual e as medidas de conformidade fiscal de iniciativa do Fisco. O objetivo é apresentar ao leitor uma visão crítica e pragmática sobre como essas ferramentas podem contribuir para a redução de litígios, promovendo maior eficiência e equilíbrio nas relações entre Fisco e contribuintes.

O propósito é de atualizar o conteúdo, mas também expandir os horizontes do estudo do Direito Processual Tributário. A obra permanece comprometida com sua missão original: ser uma referência sólida e acessível para estudantes, profissionais do Direito, gestores públicos e acadêmicos interessados no tema. Meu propósito, ao revisar e ampliar este trabalho, foi oferecer uma análise consistente e contemporânea, que auxilie o leitor a transitar pelas complexidades do processo tributário, sempre em perspectiva de soluções justas e eficazes para os conflitos advindos deste universo jurídico.

Espero que esta atualização contribua para o amadurecimento do debate sobre o Direito Tributário no Brasil, servindo como um guia confiável para aqueles que, como eu, acreditam na importância de um processo tributário justo, equilibrado e em constante evolução. A procura por uma justiça fiscal efetiva torna-se ainda mais relevante no atual cenário de transformação do sistema tributário brasileiro, marcado pela recente aprovação da Reforma Tributária. Essa reforma, que reestrutura profundamente as bases do modelo de tributação sobre o consumo, traz impactos ao processo tributário, exigindo uma nova compreensão das normas e práticas aplicáveis.

A nova sistemática tributária não apenas reformula as bases de incidência e a estrutura dos tributos, mas também provoca uma reavaliação de conceitos fundamentais no contencioso tributário, tanto administrativo quanto judicial. O livro evidencia, portanto, aspectos importantes da repercussão da reforma tributária no âmbito do contencioso fiscal. As mudanças legislativas, ao mesmo tempo que criam oportunidades de simplificação e eficiência, também demandam uma lógica diferenciada, haja vista a fusão do ICMS com o ISS para a constituição do novo IBS, bem como do PIS e da Cofins para dar lugar à CBS, com relevantes impactos transformacionais no processo tributário administrativo e judicial brasileiro.

Sinceramente, que esta obra não apenas auxilie no esclarecimento técnico das questões abordadas, mas também inspire uma reflexão crítica sobre os caminhos que o Direito Tributário e sua instrumentalização devem trilhar em prol de uma relação mais harmônica entre Estado e sociedade.

O Autor

APRESENTAÇÃO

O ano era 2014, em março, e minha filha, Cecília, estava para nascer. Foi um período desafiador porque minha atividade profissional estava exigindo muito, não somente pelo tempo dedicado, mas, sobretudo, pela complexidade de temas envolvidos na rotina de trabalho. Lembro-me de pareceres que, ao concluí-los, indicavam consistência suficiente para uma divulgação. Assim começou esta obra, a partir de textos que já vinham sendo produzidos, especialmente no sonho de disponibilizar doutrina aos operadores do direito, fazer ciência, contribuindo, igualmente, com minhas experiências profissionais.

Comecei de forma tímida, muitas vezes nas noites, entrando pelas madrugadas. Escrevia algumas poucas páginas, mas logo precisava suspender porque o trabalho e, especialmente, o mais importante desafio da vida, ser pai, consumiam muito do meu dia a dia. Sabia que ao chegar em casa, minha família me esperava e, nestes momentos, minha esposa Isabella, uma profissional extraordinária, fora da curva, que muito me inspira, e, como mãe, abraçou seu dom de criar e educar, me fez refletir internamente sobre o propósito quase impossível de conjugar minha rotina diária, já bastante atribulada, com a dedicação à produção de um livro.

Parei alguns anos, mas já tinha um conteúdo, digamos, razoável, mas longe de uma proposta ou esboço de livro. Passaram-se uns dois ou três anos, quando, finalmente, diante de um quadro não menos desafiador, porque já estávamos com dois filhos, Cecília e Tomás, tomei a decisão de, além da atividade como procurador do Distrito Federal, e advogado, encontrar um espaço de tempo para me dedicar à elaboração desta obra. Lembro-me que colocávamos as crianças para dormir, depois do banho, jantar e da leitura de historinhas, e nos deitávamos em nosso quarto. Acompanhava a Isabella na cama, conversávamos um pouco sobre o dia e, vagarosamente, depois dela cair no sono, levantava-me, "de fininho", sem alardes e barulhos, ia até o quarto de escritório ou sala da casa, abria o computador e, ao lado, com a carga de leitura já realizada, começava a produzir o material. Ia dormir, não raras vezes, duas ou três da madrugada.

Os anos iam passando, mas sentia que precisava amadurecer ainda mais o material, torná-lo mais denso, porém não menos didático. Ao longo desta trajetória, no exercício do cargo de procurador, e de advogado, deparei-me com inúmeras situações processuais, consultivas e contenciosas, que mereciam transpor para a concepção de livro e, a cada novo enfrentamento temático, mirava a construção, com suas conformações, para o ambicioso projeto.

Em março de 2020, estava com viagem marcada, evento no qual seria palestrante sobre a reforma tributária, em Gramado/RS, quando veio a pandemia e novos rumos tomaríamos naquele momento. Todos trancafiados em casa e uma nova realidade surgia, o *home office*, conferências virtuais tomaram conta das atividades diárias e o noticiário mostrava-nos os catastróficos efeitos provocados pelo coronavírus. Neste momento, pensei, é a oportunidade de continuar o projeto do livro com mais intensidade.

Era o momento de pesquisar, discutir, escrever e, para tanto, contei com amigos preciosos, Márcia Fernanda Sepúlveda Cardoso, parceira profissional, além de confidente, foram intermináveis conversas e discussões técnicas sobre os mais diversos temas que compõem o livro, alguns especialmente por seu grau de ineditismo. No finalzinho, já na fase de revisão desta obra, especialmente na parte organizacional, não poderia deixar de mencionar a valiosa e intensa participação de Daniela de Sousa Teixeira, talentosa acadêmica, com um futuro promissor pela frente.

Ao longo do ano de 2020, muito avancei, mas, inesperadamente, em novembro de 2020 fui surpreendido por uma série de problemas de saúde do meu querido e amado pai, o que me fez imergir em um dos maiores desafios de minha vida pessoal, especialmente por já ter encarado a perda precoce de minha mãe, aos quatorze anos de idade, trinta anos depois, voltei a enfrentar exames, consultas, internações, o desconhecido, tudo ao seu lado. Foram, e estão sendo, dias difíceis e intermináveis, porque, neste momento, enquanto concluo esta última etapa do processo da obra – sua apresentação – ele se encontra em estado extremamente grave, lamentavelmente.

***

A vida, e seus propósitos divinos, aparecem e, de alguma forma, amadurecemos, e, no meu caso, aproximei-me mais de Deus. Passei momentos difíceis, confesso, e emocionalmente, atravessei um período de "deserto", incapaz de produzir algo intelectualmente satisfatório, mas foi justamente o desejo de concluir este trabalho, como fonte de inspiração, e por que não dizer mudança de posicionamentos, e entusiasmo, que voltei a produzir intensamente, inclusive como forma de superar esta temporada enlutada.

Posso dizer que este livro fez parte de um desígnio maior, e encurtou, certamente, a minha dor. Aquilo que estava carregado como sofrimento, aos poucos, foi sendo transformado em saudade. A vontade de escrever era para mim, e sempre foi, uma manifestação prazerosa de felicidade. Não à toa, não raras vezes, procuro desabafar escrevendo, desde criança. Ainda tenho minhas cartas escritas à mão destinadas à minha mãe. Era a forma de me comunicar com ela, lá no céu.

O ano de 2021 foi marcado por desafios profissionais e, sobretudo, pessoais, com dias ensolarados e outros nem tanto, nublados, chuvosos e de tormentas. Foi assim que começou 2021 e terminou do mesmo jeitinho, com mais e mais desafios emocionais e espirituais. Somos imperfeitos, como sou, magoei, fui magoado, enlutei-me, chorei sozinho e chorei abraçado, dei gargalhadas verdadeiras, outras nem tanto.

Certas vezes fui compreendido, outras não; senti-me desacolhido, em outras, infinitamente amado. A vida é assim, para ser vivida porque ela é perfeita enquanto tem que durar. Agradeço a todos que compartilharam comigo esses momentos, em especial, meus irmãos Cláudio e Manoela, pelo acolhimento, pelo abraço afetuoso e caloroso nos dias mais difíceis. À minha esposa Isabella e aos meus filhos Cecília e Tomás, que, ao meu lado, me fazem compreender que devemos aproveitar cada segundo desta vida tão passageira.

Ao leitor desta obra, meu enorme desejo de que seu conteúdo possa contribuir, de alguma forma, para o exercício da advocacia privada, ou pública, para a atividade judicante ou legislativa, para os estudos e pesquisas acadêmicas, na graduação ou na pós-graduação, porque, tenha a certeza, este livro foi feito com muita paixão e entusiasmo ao trabalho desempenhado.

O Autor

PREFÁCIO

Com muita honra recebi o convite para prefaciar a obra *Direito Processual Tributário: administrativo e judicial,* de autoria do Dr. Eduardo Muniz Machado Cavalcanti, advogado e Procurador do Distrito Federal, cujas experiências doutrinária e prática o credenciam à empreitada de elaborar curso voltado ao tema, como se apresenta o livro que ora o leitor tem em mãos.

Não é novidade que o conhecimento da processualística, administrativa e judicial, é de fundamental importância para o operador do Direito dedicado ao contencioso tributário, posto que, não raras vezes, a correta solução da contenda substantiva encontra abrigo na norma jurídica adjetiva, quando não é esta a fonte do próprio dissenso fisco-contribuinte.

Nessa perspectiva, é medida de bom alvitre, para o profissional atuante na área, cercar-se de bons escritos doutrinários, que possibilitem uma rápida consulta sobre temáticas exclusivas do contencioso fiscal.

O livro trata de temas clássicos, porém nebulosos, com a profundidade necessária para a boa compreensão dos institutos, lançando sobre eles as impressões doutrinárias e os entendimentos jurisprudenciais, sem abrir mão das impressões do autor sobre a temática abordada. A leitura da obra revela profunda e cuidadosa seleção da doutrina e da jurisprudência mais recente dos Tribunais sobre a processualística tributária, de modo a orientar, com segurança, os profissionais que trabalham com tal ramo do Direito.

Além da abordagem dos institutos clássicos, o autor disserta sobre os inovadores métodos alternativos de resolução de conflitos em matéria tributária, como a conciliação, a mediação, a arbitragem e a transação, deitando luzes sobre o paradigma da indisponibilidade do interesse público, ressignificando seu conceito, tal qual tem feito a mais moderna doutrina. O autor examina minudentemente o assunto, esquadrinhando-o, inclusive à luz da Lei 13.140/2015, do art. 26 da Lei de Introdução às Normas do Direito Brasileiro, introduzido pela Lei 13.655/2018, da recente Lei 13.988/2020 e da Recomendação 120, de 28.10.2021, do Conselho Nacional de Justiça, que preconiza o tratamento adequado de conflitos de natureza tributária, quando possível, pela via da autocomposição.

A propósito, segundo o relatório Justiça em Números 2021, elaborado pelo CNJ, "os processos de execução fiscal representam, aproximadamente, 36% dos casos pendentes e 68% das execuções pendentes no Poder Judiciário, com taxa de congestionamento de 87%. Ou seja, de cada cem processos de execução fiscal que tramitaram no ano de 2020, apenas 13 foram baixados".

Segundo dados da mesma pesquisa, o tempo médio de tramitação do processo de execução fiscal é de 8 anos e 1 mês, números que evidenciam a premência da adoção, pelas Fazendas Públicas, de métodos alternativos da satisfação dos seus créditos, materializados, no mais das vezes, em certidões de dívidas ativas cobradas no moroso e ineficiente processo de execução fiscal.

Em tal cenário, é inescapável a desjudicialização da cobrança do crédito tributário, cumprindo que os patronos, do particular e do poder público, tal qual os juízes, representantes do Ministério Público e demais estudiosos da matéria, se preparem para os novos desafios e as inevitáveis controvérsias que sobre o tema doravante advirão. A obra, também no ponto, traz especial amparo aos operadores do Direito que buscam atualizar-se.

Tenho a firme convicção de que a presente obra, fruto da grande experiência do autor sobre o tema, servirá de norte seguro e terá muita valia para os profissionais que atuam com o Direito Tributário.

Brasília, maio de 2022.

Assusete Magalhães
Ministra do Superior Tribunal de Justiça

LISTA DE ABREVIATURAS

AI	–	Auto de Infração
CADIN	–	Cadastro de Inadimplentes
CARF	–	Conselho Administrativo de Recursos Fiscais
CBS	–	Contribuição sobre Bens e Serviços
CCAF	–	Câmara de Conciliação e Arbitragem da Administração Federal
CDA	–	Certidão de Dívida Ativa
Cejuscs	–	Centros Judiciários de Solução de Conflitos e Cidadania
CG-IBS	–	Comitê Gestor do Imposto sobre Bens e Serviços
CIDE	–	Contribuições de Intervenção no Domínio Econômico
CND	–	Certidão Negativa de Débito
CNJ	–	Conselho Nacional de Justiça
COFINS	–	Contribuição para o Financiamento da Seguridade Social
CONFAZ	–	Conselho Nacional de Política Fazendária
CPC	–	Código de Processo Civil
CPEN	–	Certidão Positiva com Efeitos de Negativa
CPRB	–	Contribuição Patronal sobre a Receita Bruta
CRC	–	Conselho Regional de Contabilidade
CTN	–	Código Tributário Nacional
DCTF	–	Declaração de Débitos e Créditos Tributários Federais
DIFAL	–	Diferencial de Alíquota
DRJ	–	Delegacias de Julgamento da Receita Federal
DTE	–	Domicílio Tributário Eletrônico
FPPC	–	Fórum Permanente de Processualistas Civis
GIA	–	Guia de Informação e Apuração do ICMS

GIFP	–	Guia de Recolhimento do FGTS e de Informações à Previdência Social
IBS	–	Imposto sobre Bens e Serviços
ICMS	–	Imposto sobre Operações Relativas à Circulação de Mercadorias e sobre Prestação de Serviços de Transporte Interestadual e Intermunicipal e de Comunicação
INSS	–	Instituto Nacional do Seguro Social
IPI	–	Imposto sobre Produtos Industrializados
IPTU	–	Imposto Predial e Territorial Urbano
IPVA	–	Imposto sobre a Propriedade de Veículos Automotores
ISS	–	Imposto sobre Serviços
ISSQN	–	Imposto sobre Serviços de Qualquer Natureza
ITCMD	–	Imposto sobre Transmissão *Causa Mortis* e Doação
ITR	–	Imposto Territorial Rural
LC	–	Lei Complementar
LEF	–	Lei de Execuções Fiscais
LRF	–	Lei de Responsabilidade Fiscal
MPF	–	Mandado de Procedimento Fiscal
NJP	–	Negócio Jurídico Processual
OCDE	–	Organização para a Cooperação e o Desenvolvimento Econômicos
PAF	–	Processo Administrativo Fiscal
PERT	–	Programa Especial de Regularização Tributária
PGFN	–	Procuradoria Geral da Fazenda Nacional
PIS	–	Programa de Integração Social
Sisbajud	–	Sistema de Busca de Ativos do Poder Judiciário
SRFB	–	Secretaria da Receita Federal do Brasil
STF	–	Supremo Tribunal Federal
STJ	–	Superior Tribunal de Justiça
SUP	–	Sociedades Uniprofissionais
TCU	–	Tribunal de Contas da União
Ufir	–	Unidade Fiscal de Referência

SUMÁRIO

Título I
INTRODUÇÃO E PROCESSO ADMINISTRATIVO FISCAL

Capítulo 1 – Introdução ao Direito Processual Tributário 3
1.1 Notas históricas do Direito Processual.. 6
    1.1.1 O processo e o Estado Democrático de Direito brasileiro............... 8
1.2 Conceituação de processo 11
1.3 Processo e procedimento 13
1.4 Direito Processual tributário 18
1.5 Processo tributário 21
1.6 Princípios orientadores do processo tributário... 23
1.7 Princípio da legalidade 25
1.8 Princípio do devido processo legal 27
1.9 Princípios do contraditório e da ampla defesa.. 28
1.10 Princípio da oficialidade... 30
1.11 Princípio da verdade material.. 30
1.12 Princípio da publicidade 33
1.13 Princípio da motivação... 33
1.14 Princípios da proteção da confiança e da segurança jurídica....................... 35
    1.14.1 Eficácia temporal da coisa julgada nas relações jurídico-tributárias... 35
    1.14.2 Segurança jurídica e modulação de efeitos nas decisões proferidas pelo STF 38
1.15 Princípio da instrumentalidade das formas... 43
1.16 Proporcionalidade e razoabilidade 43
1.17 Duração razoável do processo tributário 44
1.18 Princípio da cooperação... 48

Capítulo 2 – Dívida Ativa... 53

2.1 Introdução... 53

2.2 Dívida ativa tributária.. 54

2.3 Dívida ativa não tributária... 56

2.4 Formalidades da inscrição em Dívida Ativa........................... 63

2.5 Possibilidade de substituição ou emenda da CDA 67

2.6 Súmula 392/STJ.. 69

2.7 Modalidades de certidão de regularidade fiscal.................... 72

2.8 Certidão de Dívida Ativa expedida com erro......................... 75

2.9 Certidão de regularidade fiscal e grupo econômico.............. 76

2.10 Protesto da Certidão de Dívida Ativa e "negativação" nos órgãos de proteção ao crédito... 77

2.11 Controle de legalidade da Dívida Ativa................................. 83

2.12 Pedido de Revisão de Dívida Inscrita (PRDI)....................... 86

2.13 Questão controversa. Caso específico: sócio finado incluído na CDA e expedição do formal de partilha em processo de inventário............. 90

Capítulo 3 – Processo Administrativo Fiscal 99

3.1 Introdução... 99

3.2 Processo Administrativo Fiscal 101

3.3 Princípios do PAF... 101

3.4 Normas de regência do PAF 105

    3.4.1 Constituição Federal 105

    3.4.2 Normas gerais. CTN... 109

    3.4.3 Lei do Processo Administrativo Fiscal e Lei do Processo Administrativo: Diálogo das Fontes...................................... 111

    3.4.4 Aspectos formais do PAF.. 115

    3.4.5 Cômputo dos prazos 117

    3.4.6 Prescrição intercorrente no contencioso administrativo 121

3.5 Processo administrativo – fase interna do PAF..................... 121

    3.5.1 Sigilo das operações financeiras dos contribuintes e compartilhamento de informações fiscais........................... 127

3.6 Lançamento tributário.. 134

3.7 Contencioso administrativo – fase externa do PAF 140

3.8 Revelia: administrativa e cobrança do crédito....................... 143

3.9 Intimação... 144

3.10 Competência.. 147

3.11 Julgamento em primeira instância... 148

3.12 Julgamento em segunda instância.. 149

3.13 Eficácia e execução das decisões proferidas no PAF.. 151

3.14 Processo de consulta.. 152

3.15 Nulidades... 155

3.16 Reforma tributária e os impactos no processo administrativo fiscal.............. 156

Capítulo 4 – Prescrição.. 159

4.1 Prescrição de créditos de natureza tributária.. 159

4.2 Termo inicial da prescrição.. 161

4.3 Termo inicial da prescrição sobre débitos declarados... 162

4.4 Suspensão do prazo prescricional... 163

4.5 Interrupção do prazo prescricional... 165

4.6 Arguição da prescrição em exceção de pré-executividade.................................... 169

4.7 Reconhecimento de ofício da prescrição.. 169

4.8 Prescrição de créditos de natureza não tributária.. 171

4.9 A prescrição de créditos não tributários fundados em relação jurídica de Direito Público.. 176

4.10 A prescrição de créditos não tributários fundados em relação jurídica de Direito Público regidos pela Lei 9.873/1999... 178

4.11 A prescrição de créditos não tributários fundados em relação jurídica de Direito Privado.. 184

4.12 A prescrição de créditos não tributários fundados no dever de indenização.... 186

4.13 Prescrição intercorrente na execução fiscal... 190

4.14 Prescrição intercorrente no processo administrativo fiscal................................. 197

4.15 Prescrição do redirecionamento da execução fiscal... 199

Capítulo 5 – CONFAZ: Conselho Nacional de Política Fazendária.......................... 201

5.1 O contexto constitucional do ICMS.. 201

5.2 A Lei Complementar 24/1975... 204

5.3 O CONFAZ... 209

5.4 A natureza jurídica dos convênios ICMS e sua internalização............................ 211

5.5 Os convênios de ICMS e a Lei de Responsabilidade Fiscal................................. 214

5.6 A vigência de convênios firmados antes da Emenda Constitucional 87/2015 e o Convênio ICMS 153/2015... 215

Título II
PROCESSOS JUDICIAIS TRIBUTÁRIOS DE INICIATIVA DA FAZENDA

Capítulo 6 – Execução Fiscal... 227

6.1 Introdução... 227

6.2	Competência na execução fiscal	229
6.3	Procedimento da execução fiscal – Lei 6.830/1980	235
6.4	Exceção de pré-executividade	241
6.5	Matéria alegada na exceção de pré-executividade e posterior embargos à execução	249
6.6	Bens impenhoráveis na execução fiscal	250
6.7	Bloqueio e penhora de ativos financeiros	257
6.8	Penhora de faturamento	262
6.9	Honorários na execução fiscal e nos embargos à execução	265
6.10	Adjudicação de bens pela Fazenda Pública na execução fiscal	271
6.11	Execução fiscal: recuperação judicial e falência	272
6.12	Transação tributária no contexto da recuperação judicial; execuções fiscais e certidão de regularidade fiscal	287
6.13	Inclusão de sócio-gerente ou administrador na CDA: apanhado jurisprudencial – STJ e STF	290
6.14	Corresponsabilidade do sócio administrador ou gerente nos casos de dissolução irregular	299
6.15	Redirecionamento da execução fiscal nos casos de sucessão empresarial e sucessão imobiliária	303
6.16	Responsabilidade do sócio ou administrador da microempresa e da empresa de pequeno porte	305
6.17	IDPJ e execução fiscal	306

Capítulo 7 – Medida Cautelar Fiscal 309

7.1	Breves considerações sobre tutela de urgência	309
7.2	A cautelar fiscal como tutela de urgência específica	315
7.3	Das condições da ação	320
7.4	Legitimidade	321
	7.4.1 Legitimidade passiva dos sócios e administradores de pessoa jurídica devedora	322
	7.4.2 Legitimidade passiva de terceiros adquirentes	327
	7.4.3 Legitimidade na hipótese de grupos econômicos	331
7.5	Interesse de agir	332
7.6	Cautelar fiscal preparatória ou incidental	348
7.7	Competência	355
7.8	Petição inicial	360
7.9	Liminar	361
7.10	Citação	362

7.11	Contestação	364
7.12	Caução	366
7.13	Sentença e eficácia da medida cautelar fiscal	368
7.14	Coisa julgada	370
7.15	Recurso	372

Título III
PROCESSOS JUDICIAIS TRIBUTÁRIOS DE INICIATIVA DO CONTRIBUINTE

Capítulo 8 – Tutela Antecedente de Garantia do Juízo 379

8.1 Garantia do Juízo previamente à execução fiscal 379

8.2 Tutelas provisórias no CPC 383

8.3 STJ: viabilidade da antecipação dos efeitos que seriam obtidos com a penhora no executivo fiscal, por meio de caução antecedente 386

Capítulo 9 – Embargos à Execução 389

9.1 Alegação de compensação nos embargos à execução fiscal 394

9.2 Efeitos suspensivos dos embargos à execução 395

Capítulo 10 – Mandado de Segurança 401

10.1 Breve histórico 401

10.2 Procedimento do mandado de segurança 403

10.3 Direito líquido e certo: prova no mandado de segurança 410

10.4 Ato de autoridade coatora 413

10.5 Teoria da encampação no mandado de segurança em matéria tributária e o CPC/2015 413

10.6 Efeitos financeiros do mandado de segurança 416

10.7 Decisões no mandado de segurança: liminar e sentença 426

10.8 Desistência do mandado de segurança 427

10.9 Suspensão de segurança 429

10.10 Mandado de segurança coletivo em matéria tributária 436

10.11 Principais súmulas do STF e do STJ aplicáveis ao mandado de segurança ... 445

Capítulo 11 – Ação Declaratória 447

11.1 Aspectos gerais 447

11.2 Ação declaratória no processo tributário 448

11.3 Cabimento da tutela provisória 453

11.4 Depósito do montante integral 456

11.5 Ação para declarar o direito de compensar 459

11.6 Aspectos formais 460

11.7 Fixação de honorários 464

Capítulo 12 – Ação Anulatória.. 465

12.1 Aspectos formais 466

12.2 Características da ação anulatória no Direito Tributário................... 467

12.3 Ação anulatória de lançamento tributário 470

12.4 Ação anulatória e suspensão de exigibilidade do crédito tributário............. 472

12.5 Ação anulatória e execução fiscal... 474

12.6 Ação anulatória e embargos à execução... 476

Capítulo 13 – Repetição do Indébito Tributário 479

13.1 Legitimidade ativa.. 481

13.2 Ação de repetição de indébito 484

13.3 Juros de mora e penalidades pecuniárias.. 485

13.4 Prazo prescricional da repetição do indébito 487

13.5 Os reflexos da decisão de inconstitucionalidade de norma tributária 488

13.6 Compensação tributária... 490

13.7 Compensação previdenciária 493

13.8 Compensação com precatório.. 495

Título IV
MÉTODOS ADEQUADOS DE RESOLUÇÃO DE CONFLITOS FISCAIS

Capítulo 14 – Considerações Propedêuticas sobre os Métodos Adequados de Resolução de Conflitos... 501

Capítulo 15 – Conciliação no Direito Tributário 517

Capítulo 16 – Mediação no Direito Tributário 527

Capítulo 17 – Arbitragem no Direito Tributário 533

Capítulo 18 – Transação Tributária 539

Capítulo 19 – Negócio Jurídico Processual.. 553

Capítulo 20 – Medidas de Conformidade Fiscal de Inciativa do Fisco. Prevenção de Litígios.. 565

Referências 571

Título I

INTRODUÇÃO E PROCESSO ADMINISTRATIVO FISCAL

Capítulo 1
INTRODUÇÃO AO DIREITO PROCESSUAL TRIBUTÁRIO

O Direito é um sistema de diretrizes que tem como funções primordiais a organização da vida em sociedade e a solução de impasses, tenham eles contornos próprios de um conflito de interesses contrapostos ou resultem da necessidade de imposição de determinado valor ou ordem de comportamento individual ou coletivo.

As formas pelas quais o Direito se manifesta são plurais e dizem muito sobre os mecanismos instituídos de poder e o modo como os indivíduos atuam ou se fazem representar na vida social. Já o conteúdo daquilo que é objeto do Direito, em essência, compreende toda ordem de interesses públicos ou privados, com abordagens que também variam conforme as características de cada grupo, territorialmente organizado.

Além disso, uma sociedade é permeada por seus contextos históricos e suas identidades culturais e está, constantemente, suscetível a mutações que podem alterar essas relações de poder e os objetivos da conjugação coletiva, o que se reflete na forma como as regras sociais se materializam.

A operação do Direito, portanto, precisa ser atenta e dinâmica para não perder sua efetiva capacidade de harmonizar a demanda pela regulação dos fatores concretos da realidade e com as necessidades e perspectivas que estão em constante passo de evolução. Assim como a humanidade não é estanque, o Direito regula o presente por meio do que se reflete de história com aquilo que se espera do futuro, absorvendo a poderosa influência das alterações experimentadas pelo coletivo, o que é sentido por suas mais diversas fontes.

A sociedade e suas características, construída e revigorada por meio dos costumes mutáveis, especialmente pelas transformações digitais, é fonte primária do Direito, cujas circunstâncias temporais e territoriais de determinado grupo conduzem à própria elaboração do sistema de normas jurídicas, com a pretensão de alcançar um resultado satisfatório ao estabelecer diretrizes favoráveis e úteis ao convívio social.

De outro lado, a extensa estrutura jurídica, revelada pelo reflexo de uma sociedade cada vez mais complexa, fomenta a produção intelectual e científica, cujos contornos são delimitados como posições doutrinárias, as quais, sem dúvida, geram reflexões críticas ao sistema normativo e contribuem para o aperfeiçoamento dos conceitos e desenvolvimento lógico entre as regras e princípios do sistema jurídico, de modo que tenham aplicabilidade prática e tragam um racional de justiça.

A doutrina científica exerce, portanto, um papel fundamental na construção de um Direito moderno e útil para a sociedade, frequentemente adaptado aos valores e necessidades sociais, e que traga igualdade de tratamento e segurança. As normas jurídicas (atos normativos ou enunciados normativos), por seu turno, são atos emanados de um poder instituído, que têm caráter abstrato (previsão em tese), genérico (destinação à coletividade) e imperativo (de observação compulsória), normalmente categorizadas por sua forma ou objeto e hierarquicamente organizadas.

Os enunciados normativos revestem-se de autoridade jurídica na qualidade de produto da atividade legislativa, mas também são resultados de outras formas de atuação estatal igualmente investidas de poder definido e instituída para tanto e desempenhada sob uma diversidade de formas, critérios e graus hierárquicos, como pode acontecer, por exemplo, no exercício do poder regulamentar da administração pública executiva.

Desse amplo contexto, destacam-se os princípios jurídicos, normas que servem como preceitos, fundamentos norteadores da aplicação do ordenamento, de caráter finalístico, prospectivo e complementar[1]. A concretude do Direito envolve uma engrenagem que perpassa por todos esses elementos, desde o pensar sobre suas funções e ideais, passando pela materialização das regras em instrumento normativo, até a interpretação e efetiva aplicação do ordenamento jurídico.

Predomina na doutrina clássica a ideia de princípio como norma geral e basilar ao sistema jurídico, que, a partir de suas diretrizes, comanda a interpretação dos dispositivos legais. Os princípios jurídicos não têm o caráter de regras concebidas de forma a subsumir-se a fatos concretos, ou situações de fato, mas diante da distinção de vários graus de concretização, essas normas assumiriam um grau mais elevado por não conter nenhuma especificação de previsão e consequência jurídica propriamente, mas uma diretriz de aplicabilidade.

Os princípios, ao contrário das normas (regras), não contêm diretamente ordens, mas apenas fundamentos, critérios para a justificação de uma ordem. A distinção não seria baseada apenas no critério de abstração ou generalidade da prescrição normativa relativamente aos casos em que ela seria aplicada, ou seja, o maior ou o menor número de situações absorvidas pela mesma, mas, antes disso, baseada na qualidade da aplicação, pois os princípios não possuem uma ordem vinculada estabelecida de maneira direta, senão fundamentos que justifiquem essa determinação.[2]

A história legitima a necessidade de uma unidade central competente para impulsionar essa engrenagem, que esteja imbuída da missão de preservar o interesse coletivo, com poderes para consolidar e aplicar as normas jurídicas. E, neste aspecto, os princípios cumprem um relevante objetivo ao estabelecer um núcleo essencial, que, a partir dele, são constituídas as "regras do jogo".

Essa função incumbe ao Estado, competente para impor e proteger o ordenamento jurídico, mas submisso e limitado por regras matrizes, além de sensível à influência dos demais agentes que são fundamentais ao sistema normativo, tais como doutrinadores, pesquisadores, grupos representativos e, essencialmente, a manifestação popular, que deve sempre envolver-se, cada vez mais, com o processo produtivo de normas, como demonstração efetiva do Estado Democrático de Direito.

---

[1] ÁVILA, Humberto. *Teoria dos Princípios da definição à aplicação dos princípios jurídicos*. São Paulo: Malheiros Editores, 2003, p. 70.

[2] ESSER, Jossef. *Principio y norma en la elaboración jurisprudencial del derecho privado*. Barcelona: Bosch, 1961.

Tem-se um sistema de regras operacionalizado, e monopolizado, pela figura do Estado e, em contraponto, destinado a equilibrar a força estatal em face do indivíduo. Dessa forma, o Estado é o principal agente do Direito, e o indivíduo, ainda que despersonalizado como integrante de uma coletividade, é sua finalidade central.

A atividade estatal importa ao Direito, como objeto de regulação, e é exercida por meio dos poderes instituídos, especialmente pelas funções de legislar, de promover políticas públicas, de aplicar penalidades e de decidir o destino da vida em sociedade. O Direito torna-se causa e consequência, na medida em que legitima e orienta o modo de atuação do Estado, pretendendo assegurar o bom funcionamento dos inevitáveis descompassos da vida em sociedade, sem que sejam extrapolados os limites que lhe são impostos. O exercício desse papel tem contornos definidos nas funções de legislar, executar, exigir o fiel cumprimento das normas e decidir nos casos de conflito, atividades precípuas dos Poderes Legislativo, Executivo e Judiciário.

No ordenamento jurídico brasileiro, essa tripartição encontra um ponto de convergência a partir do qual a separação de poderes autônomos e independentes congrega um mecanismo de cooperação e mútuo controle, segundo dispõe o art. 2º da Constituição Federal, ainda que sobrevivamos tempos de tensionamento, sobretudo quando ocorrem interferências e provocações institucionais.

A amplitude das ciências jurídicas também conduz à diferenciação didática entre o Direito Público e o Direito Privado. Sob o ponto de vista estatal, no Direito Privado, o Estado é um regulador das relações entre terceiros, ou atua pontualmente como interessado quando deslocado do exercício precípuo de suas funções para defesa de interesses próprios que o equiparam a qualquer particular.

Já o Direito Público constitui uma parcela do ordenamento voltada essencialmente aos poderes e prerrogativas próprios do Estado e de suas relações com terceiros, tanto voltadas ao seu funcionamento, objeto do Direito Administrativo, como aquelas nas quais há uma posição de prestígio e especificidade relativamente ao particular, tal como estabelecem o Direito Penal e o Direito Tributário.

Para que os limites do Estado possam ser bem observados, sua forma de atuação deve ser prevista e regulada[3]. É fundamental que sejam definidos um modo de agir e os instrumentos a serem utilizados para o exercício de cada uma das funções – legislar, executar, julgar e controlar – à luz dos contornos de cada relação jurídica própria e posta no cotidiano em sociedade.

O Direito Processual, historicamente, tem-se revelado um desses instrumentos por meio do qual o poder estatal se efetiva como vetor de aplicação do ordenamento jurídico e, em última análise, do próprio interesse público. Ao mesmo tempo, essa ritualística definida por regras processuais, advindas do estudo da instrumentalização do processo como mecanismo de alcance do sentido conferido pelo direito material, aperfeiçoa a possibilidade de monitoramento, adequação e controle dessa atividade estatal aos conceitos, normas jurídicas e valores sociais, os quais pautam a aplicação do Direito.

---

[3] Constituição Federal de 1988. Art. 37. A administração pública direta e indireta de qualquer dos Poderes da União, dos Estados, do Distrito Federal e dos Municípios obedecerá aos princípios de legalidade, impessoalidade, moralidade, publicidade e eficiência e, também, ao seguinte [...].

1.1 NOTAS HISTÓRICAS DO DIREITO PROCESSUAL

Da mesma forma que o Direito como um todo, as normas que estabelecem critérios ao exercício de poderes e direitos sob a perspectiva processual também resultam da evolução histórica de organização da sociedade e partem da necessidade de estruturação das formas de solução de conflitos. A dinâmica experimentada pelo direito processual – em torno dos seus propósitos e avanços – acompanha as fases metodológicas do desenvolvimento cultural que conduzem à ordem jurídica atual[4].

Inicialmente, sem qualquer forma predefinida, a concentração de poder estatal foi sendo estruturada e consolidada como mecanismo de interferência no conflito entre terceiros, determinando a solução dos impasses, ditando proibições e substituindo as vontades e os interesses divergentes.

Antes da institucionalização das regras de processo, a autotutela dos direitos era amplamente legitimada e permitia o controle dos próprios atos a partir da regra de direito material vigente. Somente era conhecida a autocomposição como meio de solução das controvérsias. A vida em sociedade era regida por uma persecução da justiça a partir da vingança privada, a ser alcançada predominantemente mediante a força, cenário bem representado pela Lei de Talião que prescrevia a regra "olho por olho, dente por dente", consagrada pelo Código de Hamurabi.

A figura do Estado, quando existente, não estava voltada à solução dos conflitos privados. Em função disso, a participação de terceiros na composição não era necessariamente concentrada em determinado agente, mas seu emprego, desde então, contribuiu para a formação de institutos de jurisdição, mediação e arbitragem, hoje difundidos, no direito processual, como meios adequados de solução de conflitos.

As pretensões resistidas eram, comum e legitimamente, pacificadas pela autocomposição, que poderia resultar de submissão (resignação), renúncia (não oposição), desistência (abandono) ou transação (ajuste de interesses)[5].

A conceituação de direito e ação, como integrantes conexos do ordenamento jurídico, passou a ser desenvolvida e a elaboração das construções dos sistemas normativos foi conferindo espaço à processualização no Direito. A partir de então, a figura do intermediador passou a ser centrada na entidade estatal e a ideia de leis voltadas à solução dos conflitos e o aspecto formal das normas ganham relevo.

O monopólio da jurisdição foi se consolidando, as funções estatais tornaram-se mais definidas e foi preciso estabelecer os procedimentos de registros dos fatos que subsidiavam a atuação estatal, do que se extrai o viés de ato jurídico do processo, no sentido do qual são ordenados os passos de atuação e justificação das decisões tomadas.

O estado moderno estabelece a noção de poder soberano e independente como fundamento primordial de unidade e centralidade política, fazendo surgir uma ordem jurídica também única, cujas subdivisões empregadas para fins operacionais estavam subordinadas a esse poder central. A estruturação desse sistema de poder deu ensejo

---

4   PORTO, Sérgio Gilberto. *Processo civil contemporâneo*: elementos, ideologia e perspectivas. Salvador: JusPodivm, 2018, p. 17.

5   LEAL, Rosemiro Pereira. *Teoria geral do processo*: primeiros estudos. 7. ed. Rio de Janeiro: Forense, 2008, p. 23.

ao viés jurídico que jogou luzes à necessidade de sistematização técnica e jurídica dos procedimentos que antecedem os atos do Poder Público[6].

O Estado Liberal, por outro lado, voltado à mera aplicação do direito material, sem atuação efetiva na composição ou com maiores preocupações sobre os contornos fáticos ou sociais envolvidos em cada caso concreto, mas que passou a determinar um modo de proceder em favor da solução dos conflitos.

Com o advento da concepção de Estado Social, passa a predominar a função jurisdicional voltada à promoção da justiça e paz social. Nessa fase, o protagonismo da atividade jurisdicional e de todo o funcionamento da máquina pública confere alta discricionariedade na solução de conflitos, de modo interventor em prejuízo do âmbito exclusivo de esfera das relações privadas.

A partir dessa perspectiva, o Direito cuidou de modo mais detido da regulamentação do Estado e as normas jurídicas passaram a instituir mecanismos de controle e mitigação do alto grau de discricionariedade dos atos e decisões estatais, o que dava margem a arbitrariedades sem a necessária configuração de ilegalidade. Ao longo dos tempos, foram incorporadas garantias ao processo, ao mesmo tempo em que a centralidade da figura estatal foi ganhando musculatura no exercício do seu poder de solucionar conflitos. Dessa dicotomia surgiu a necessidade de equilibrar o forte papel de um Estado com medidas de proteção contra abusos e assecuratórias das liberdades e da participação popular.

Nesse processo histórico, o *due process of law* ganhou contornos que ultrapassaram a mera regulação do meio para se obter um resultado e agregou critérios de legitimidade, legalidade e segurança jurídica, resultando no Estado de Direito, no qual os agentes públicos devem estar pautados pelo ordenamento jurídico sob os ditames do princípio da legalidade.

Até esse estágio, é possível perceber também que a própria compreensão do direito processual sofreu alterações e pode ser retratada por linhas de pensamento acerca da sua relação entre o direito material, bem detalhadas por Sérgio Gilberto Porto, que aqui serão apresentadas a partir de certa ordem cronológica sem que signifique exatamente uma superação absoluta de cada uma dessas linhas teóricas.

Uma primeira ideia percebida compreende o processo como mero procedimento de organização de atos, dentro de uma compreensão denominada **praxismo**, a partir da qual há um sincretismo que unifica o direito material e o processual, em que esse é mero desdobramento de realização daquele, sem uma identidade científica[7].

A autonomia do direito processual em relação ao direito material somente foi desenvolvida na fase do **processualismo**, a partir de fundamentos que são originariamente atribuídos à Oskar Von Bülow, por sua obra Teoria das Exceções e dos Pressupostos Processuais, de 1868, que consagrou a ideia de que o processo é uma relação jurídica diversa do direito material, que se forma entre o Estado e as partes[8].

---

[6] NUNES, Cleucio Santos. *Curso completo de direito processual tributário*. 2. ed. São Paulo: Saraiva Educação, 2018, p. 54.

[7] PORTO, Sérgio Gilberto. *Processo civil contemporâneo*: elementos, ideologia e perspectivas. Salvador: JusPodivm, 2018, p. 18.

[8] PORTO, Sérgio Gilberto. *Processo civil contemporâneo*: elementos, ideologia e perspectivas. Salvador: JusPodivm, 2018, p. 20.

O processo tratado pelo praxismo como parte imbricada e diluída no direito material sofreu um divórcio definitivo, que conduziu à ideia do processo sem o direito, marcado por absoluta independência, na qual a ação não estaria voltada à parte ou ao objeto litigioso, mas somente à prestação jurisdicional do Estado ao cidadão.

Sobreveio, então, a fase de compreensão denominada instrumentalidade, que defende a autonomia científica do processo como instrumento que confere concretude ao direito material por meio da jurisdição exercida pelo Estado em prol da paz social, da estabilização e organização da sociedade e da definição das situações jurídicas[9].

Esse viés metodológico da ciência processual ganhou ainda mais musculatura com a instrumentalidade constitucional, permeada pela alta relevância jurídica das normas constitucionais, cujas premissas fundamentais, definidas já no preâmbulo da Constituição federal[10], protegem os valores que o processo passa a absorver e operacionalizar, tais como justiça, igualdade, participação, efetividade e segurança[11], materializados especialmente nos princípios contidos no art. 5º: do juízo competente (LIII); do devido processo legal (LIV); do contraditório e da ampla defesa (LV); da inadmissão, no processo, de provas obtidas por meios ilícitos (LVI) e da presunção de inocência (LVII).

Tal mudança consiste, na verdade, em um incremento de garantias em decorrência da constitucionalização do direito material que o processo operacionaliza e, mais ainda, à interpretação constitucional conferida também às regras processuais, de forma que o ordenamento jurídico, de modo sistemático e uníssono, está permeado pela ordem constitucional, especialmente pela função programática (diretiva ou dirigente) da Constituição.

Conquanto seja esse o caminho mais atual no direito brasileiro, não se pode desconsiderar que é possível perceber que o processo contemporâneo reflete, ainda que em certa medida, um pouco de cada uma dessas ideias, justamente porque todas elas resultam e colaboram para o desenvolvimento da ciência processual[12].

1.1.1 O processo e o Estado Democrático de Direito brasileiro

No Estado Democrático de Direito, o processo agrega ferramentas essenciais para que se confira a ampla participação popular, instituído no Brasil com o advento da

---

[9]   PORTO, Sérgio Gilberto. *Processo civil contemporâneo*: elementos, ideologia e perspectivas. Salvador: JusPodivm, 2018, p. 22.

[10] "Nós, representantes do povo brasileiro, reunidos em Assembleia Nacional Constituinte para instituir um Estado Democrático, destinado a assegurar o exercício dos direitos sociais e individuais, a liberdade, a segurança, o bem-estar, o desenvolvimento, a igualdade e a justiça como valores supremos de uma sociedade fraterna, pluralista e sem preconceitos, fundada na harmonia social e comprometida, na ordem interna e internacional, com a solução pacífica das controvérsias, promulgamos, sob a proteção de Deus, a seguinte Constituição Da República Federativa do Brasil."

[11] PORTO, Sérgio Gilberto. *Processo civil contemporâneo*: elementos, ideologia e perspectivas. Salvador: JusPodivm, 2018, p. 22-23.

[12] "(...) possível afirmar que no processo contemporâneo estão presentes (i) o praxismo, através dos procedimentos; (ii) a teoria abstrata pelas vias dos conceitos processuais autônomos e (iii) a instrumentalidade como forma judicial de realização do direito material e valores constitucionais. Conjunto que é fundamento para a boa técnica do debate judicial e, por decorrência, essenciais a compreensão do método para das efetividade à prestação jurisdicional" (PORTO, Sérgio Gilberto. *Processo civil contemporâneo*: elementos, ideologia e perspectivas. Salvador: JusPodivm, 2018, p. 27).

Constituição Federal de 1988. O poder que concretamente emana do povo[13] vai além da possibilidade de decisão sobre seus representantes e confere efetiva participação na fiscalização e capacidade de interferência sobre a tomada de decisões do Estado.

Outro aspecto caracterizador desse regime vigente é a defesa de direitos e garantias fundamentais de caráter individual, coletivo, social e político, dos quais emanam direitos e garantias de ordem processual. Esta perspectiva é percebida tanto sobre a acepção do processo voltado à produção de atos normativos e jurisdicionais, quanto aquele que resulta da ordenação de atos jurídicos estatais e, ainda, a própria relação jurídica que se constrói a partir de um conflito de interesses e tendente à sua solução.

O ordenamento, nesse sentido, voltado às finalidades da Administração Pública,[14] ganha corpo com a estruturação de determinado método, além de viabilizar mecanismos de transparência e controle social. O indivíduo tem à disposição e sob sua proteção a ordem constitucional, compreendida na democracia e nos direitos e garantias fundamentais, na qual os processos viabilizam o exercício da cidadania e da isonomia, a partir dos quais passam a refletir os propósitos democráticos.

A constitucionalização do processo pode ser inferida dos instrumentos de processo legislativo e do controle de constitucionalidade vigentes, bem assim, dos princípios que regem a Administração Pública e, mais recentemente, o advento do atual Código de Processo Civil que agrega as garantias constitucionais[15]. Mais que isso, o CPC revela o modo de efetivação de axiomas tais como ampla defesa, contraditório, isonomia, fundamentação das decisões e a ampliação do debate para além das partes diretamente envolvidas no processo, permitindo a interferência de outros interessados da sociedade, envolvidos pelo objeto da causa[16].

---

[13]   Constituição Federal de 1988. Art. 1º A República Federativa do Brasil, formada pela união indissolúvel dos Estados e Municípios e do Distrito Federal, constitui-se em Estado Democrático de Direito e tem como fundamentos: I – a soberania; II – a cidadania; III – a dignidade da pessoa humana; IV – os valores sociais do trabalho e da livre-iniciativa; V – o pluralismo político.
Parágrafo único. Todo o poder emana do povo, que o exerce por meio de representantes eleitos ou diretamente, nos termos desta Constituição.

[14]   Constituição Federal. Art. 37. A administração pública direta e indireta de qualquer dos Poderes da União, dos Estados, do Distrito Federal e dos Municípios obedecerá aos princípios de legalidade, impessoalidade, moralidade, publicidade e eficiência e, também, ao seguinte: (Redação dada pela Emenda Constitucional 19, de 1998).

[15]   Código de Processo Civil. Art. 1º O processo civil será ordenado, disciplinado e interpretado conforme os valores e as normas fundamentais estabelecidos na Constituição da República Federativa do Brasil, observando-se as disposições deste Código.

[16]   Código de Processo Civil. Art. 138. O juiz ou o relator, considerando a relevância da matéria, a especificidade do tema objeto da demanda ou a repercussão social da controvérsia, poderá, por decisão irrecorrível, de ofício ou a requerimento das partes ou de quem pretenda manifestar-se, solicitar ou admitir a participação de pessoa natural ou jurídica, órgão ou entidade especializada, com representatividade adequada, no prazo de 15 (quinze) dias de sua intimação.
§ 1º. A intervenção de que trata o *caput* não implica alteração de competência nem autoriza a interposição de recursos, ressalvadas a oposição de embargos de declaração e a hipótese do § 3º.
§ 2º. Caberá ao juiz ou ao relator, na decisão que solicitar ou admitir a intervenção, definir os poderes do *amicus curiae*.
§ 3º. O *amicus curiae* pode recorrer da decisão que julgar o incidente de resolução de demandas repetitivas.

São instrumentos que permitem o acesso à informação e a efetiva participação do particular sobre as decisões estatais, um olhar vigilante e a participação concreta nas áreas do seu interesse, seja por exercício direto ou por representação popular.

A atividade jurisdicional passa a ser definitivamente fundamentada pelas garantias constitucionais do processo, de forma que o Estado e sua efetiva atuação, antes marcados pela concentração de poder e discricionariedade, são restringidos e influenciados pelas partes envolvidas, a quem se confere mais protagonismo na solução dos impasses e na tomada de decisões que interfiram na esfera de interesse privado, mesmo sem conflito constituído.

A instituição dos processos permite antever os meios pelos quais seus direitos podem ser limitados de maneira legítima, bem como os caminhos a serem trilhados quando necessário impedir ameaças ou violações, ou mesmo assegurar a reparação de um dano efetivamente sofrido. A estruturação do processo, a processualização, portanto, é um instrumento essencial da democracia, na medida em que possibilita a atuação efetiva, assegura o debate e confere garantias, em acréscimo a outros relevantes valores jurídicos, tais como a legalidade e a segurança jurídica.

Em regra, o processo é gerido pelo Estado, seja no exercício autônomo e oficioso de suas funções ou quando chamado a atender demandas e solucionar problemas. De todo modo, dois aspectos são essenciais. Primeiro, que o processo deve ser conduzido por quem tenha legitimidade e autoridade para tanto, nos limites de que *ninguém será processado nem sentenciado senão pela autoridade competente* (inciso LIII do art. 5º da CF), a fim de que as tomadas de decisões tenham força cogente e efetividade em benefício da consecução do seu objetivo.

Depois, as formas de instrumentalização, seja para exercício de um direito ou imposição de obrigação, devem observar o princípio do devido processo legal que resulta dessa ordem constitucional democrática, como condição de validade para que qualquer pessoa seja privada de sua liberdade ou dos seus bens, ou simplesmente limitadas nos seus interesses[17].

O exercício de uma prerrogativa por determinada pessoa, pode exigir limitações a outras, do que decorre a ideia de fruição de um direito pode implicar, de outro lado, a exigência de obrigação (de fazer) ou a imposição de restrições (não fazer) a terceiros. O equilíbrio desses fatores também está a cargo do processo.

Como ponto de partida, o princípio da legalidade deve regular qualquer processo ou procedimento (aqui tomando por base a distinção a ser adotada adiante), de forma que o ordenamento jurídico confira previsibilidade, respaldo e limites à atuação do Estado, em suas mais diversas frentes e áreas de atuação, sobretudo e, especialmente, quando se apresenta para solucionar os conflitos de interesses subjacentes ao convívio em sociedade.

Todos estes aspectos ampliam a superfície dos elementos do processo que se sujeitam ao controle jurisdicional, o que consubstancia um instrumento assecuratório da efetividade dos fundamentos do Estado Democrático de Direito, na reprimenda de

---

[17]   Constituição Federal, art 5º. LIV – ninguém será privado da liberdade ou de seus bens sem o devido processo legal.

vícios gerados pela inobservância dos direitos e garantias e demais princípios aos quais devem obediência o exercício de qualquer poder.

1.2 CONCEITUAÇÃO DE PROCESSO

Como revela a evolução histórica da metodologia processual, a ideia mais básica de processo está atrelada à forma de concretização do Direito, a partir da qual se desenvolvem as teorias em torno da relação entre o direito material e o processo.

Outro elemento que facilmente se extrai do termo é a concepção de exercício da jurisdição,[18] a partir de uma equação entre direitos e deveres, mesmo em face de interesses convergentes, que remete a um método a ser observado com o intuito de dizer o Direito, de como melhor aplicá-lo ou efetivá-lo.

Independente do entendimento acerca da autonomia da ciência processual relativamente ao direito substancial, o processo se mostra como meio através do qual o direito é empregado na solução dos impasses, pela substituição da vontade dos opositores.

Enquanto a elaboração, a interpretação e a aplicação de regras estabelecem programas, direitos, deveres, poderes, vedações e contenções, que revelam a proteção a um bem jurídico ou à conjugação de alguns deles[19], são necessários os mecanismos que implementem esses ditames e viabilizem sua exigência no caso de violação.

Nesse jogo de palavras, o processo é o instrumento para elaborar, interpretar, aplicar, proteger, dar efetividade e viabilizar os direitos materiais, uma relação substancial da qual decorrem programas, direitos, deveres, poderes, vedações, reprimendas e, também, relações jurídicas. Dito de outra forma, o processo precede e operacionaliza o direito material. A forma com que essas etapas se concretizam é determinada por uma sequência lógica de atos que compreendem métodos, agentes e, em última análise, são instrumentos de implementação espontânea ou compulsória daquilo que é imperativo de conduta.

A extensão conceitual de processo, portanto, ultrapassa o exercício da função judicante, transcendendo-a, inclusive do próprio direito processual, de modo a constituir instrumento para o legítimo exercício do poder, estando presente em todas as atividades estatais, tal como os processos administrativo, legislativo e até mesmo não estatais, por exemplo, os processos disciplinares dos partidos políticos ou associações, processos societários de aumento de capital etc.[20]

Esses imperativos repercutem no mundo jurídico sob distintos vieses.

Para Fredie Didier Jr.,[21] o conceito de processo tem enfoques diversos a partir de contornos específicos que decorrem do fim aos quais se presta à (i) elaboração de normas jurídicas; (ii) ordenação de atos jurídicos; (iii) produção de relações jurídicas.

---

[18] DIDIER JR., Fredie. *Curso de direito processual civil*: introdução ao direito processual civil, parte geral e processo do conhecimento. 20. ed. Salvador: JusPodivm, 2018, p. 45.

[19] Por exemplo, vida, propriedade, liberdade, saúde, contrato, interesse público e poder de tributar.

[20] CINTRA, Antônio Carlos de Araújo; DINAMARCO, Cândido Rangel; GRINOVER, Ada Pellegrini. *Teoria Geral do Processo*. 12. ed. São Paulo: Malheiros, 1996, p. 280.

[21] DIDIER JR., Fredie. *Curso de direito processual civil*: introdução ao direito processual civil, parte geral e processo do conhecimento. 20. ed. Salvador: JusPodivm, 2018, p. 36-39.

Como **método de produção de normas jurídicas**, regido pela Teoria da Norma Jurídica, o processo consiste no modo de exercício do poder de criar as regras, como o é no processo legislativo por meio do qual atua o Poder Legislativo; no processo administrativo, modo de produção de normas gerais ou individuais de competência da Administração Pública; o processo jurisdicional, do qual resultam normas de jurisdição; e, ainda, o processo negocial, que dá origem a normas entre as partes, fundado no exercício da autonomia privada[22].

Sob esse aspecto, o processo é meio de legitimidade na medida em que seu produto final, a norma jurídica, deve cumprir determinado método que confere os contornos necessários à aferição de sua validade.

No contexto de **ordenação dos atos jurídicos estatais**, o processo se insere na Teoria do Fato Jurídico, como uma espécie de ato jurídico complexo ou um conjunto de atos ordenados e relacionados entre si (atos processuais), definido e estruturado a partir de um objetivo comum, o ato final ao qual se presta.

No processo administrativo, esse objetivo é um ato administrativo final; já no processo judicial, busca-se a prestação jurisdicional; enquanto na esfera privada também podem exigir atos ordenados no tempo necessários à existência e validade de determinado negócio jurídico. Trata-se, assim, de gênero "processo", consistente em um rito determinado, uma liturgia própria, como meio ordinário de atuação do Estado ou mesmo de particulares, nesse último caso, no exercício dos seus direitos, que envolvam a participação ou afetem os interesses de terceiros.

O processo, dessa forma, é sinônimo de procedimento, examinado a partir do plano da existência dos fatos jurídicos, que, por vezes, deverá ser estruturado a partir do contraditório, como requisito de validade do ato final, de modo a assegurar o resultado útil do processo dentro dos critérios do Estado Democrático de Direito[23].

Da Teoria do Fato Jurídico também emerge o conceito de **processo como efeito jurídico**[24], na acepção de um conjunto de relações jurídicas, formadas entre sujeitos de um processo instaurado e que carrega as características próprias das normas regentes de cada espécie de procedimento (processo em sentido de ordenação de atos jurídicos).

No contexto de uma ação judicial, um processo se desencadeia a partir da combinação de diversos atores envolvidos em torno de uma pretensão resistida e em favor de uma solução que pacifique o conflito. São diversas as situações jurídicas, tais como direitos, deveres, competências, capacidades e ônus, que compõem uma relação jurídica complexa entre as partes, juiz, órgão do Ministério Público, por exemplo[25].

Tem-se, portanto, que o termo processo carrega em si possibilidades e objetos diversos a partir dessas três vertentes. Para cada uma delas, parte-se de contornos

---

[22]   DIDIER JR., Fredie. *Teoria geral do processo, essa desconhecida.* 5. ed. Salvador: JusPodivm, 2018, p. 85.

[23]   DIDIER JR., Fredie. *Teoria geral do processo, essa desconhecida.* 5. ed. Salvador: JusPodivm, 2018, p. 87.

[24]   "Pode causar estranheza a utilização de um mesmo termo (processo) para designar o fato jurídico e seus respectivos efeitos jurídicos. Carnelutti apontara o problema, ao afirmar que, estando o processo regulado pelo Direito, não pode deixar de dar ensejo a relações jurídicas, que não poderiam ser ao mesmo tempo o próprio processo. A prática, porém é corriqueira na ciência jurídica. Prescrição, por exemplo, tanto serve para designar o ato-fato jurídico (omissão do exercício de uma situação jurídica por determinado tempo) como efeito jurídico (encobrimento da eficácia de uma situação jurídica)" (DIDIER JR., Fredie. *Teoria geral do processo, essa desconhecida.* 5. ed. Salvador: JusPodivm, 2018, p. 90).

[25]   DIDIER JR., Fredie. *Teoria geral do processo, essa desconhecida.* 5. ed. Salvador: JusPodivm, 2018, p. 88-89.

normativos distintos, sobretudo no que se refere ao bem jurídico tratado, os requisitos de legalidade a serem observados e a finalidade pretendida com a operacionalização do Direito. De todo modo, nas palavras de Fredie Didier Jr., "não há como saber, sem examinar o direito positivo, o perfil e o conteúdo das situações jurídicas que compõem esse feixe de situações jurídicas, chamado processo". Por consequência, essa complexidade da expressão também envolve fatores de ordem pragmática.

A depender de cada caso, esse antecedente pode ter objeto simples ou complexo, ou ainda, resultar da autonomia de somente uma vontade ou da diversidade de partes (contrapostas ou não), ser autoexecutório ou condicionado, mas, em qualquer dessas circunstâncias, veicula o exercício de um poder, de uma capacidade específica de fazer, que é cogente e se sobrepõe à coletividade, uma característica própria do Direito.

Outro ponto comum a qualquer visão em torno do processo é o comando de dado por normas jurídicas, as quais antecipam de modo abstrato e genérico os mecanismos e requisitos de instrumentalização, sobretudo no contexto atual em que vigora a força normativa de princípios orientadores, tais como o da legalidade, em favor da segurança jurídica, da proteção dos direitos fundamentais e da supremacia do interesse público.

O direito processual moderno é fortemente influenciado pela ordem jurídica do Estado Democrático de Direito, que resulta de profundas transformações sobre a organização e compreensão das normas constitucionais.

1.3 PROCESSO E PROCEDIMENTO

A Teoria Geral do Processo disciplina o fenômeno processual como ato jurídico complexo, que constitui relações jurídicas tendentes à produção de norma jurídica. Nada mais é que o direito material aplicado ao caso concreto, seja destinado à solução de impasse ou à imposição de determinado valor ou ordem de comportamento. Trata-se do ramo da ciência adjetiva que cuida do processo jurisdicional, por meio do qual o direito material é aplicado, resultando numa norma jurídica específica para o caso concreto.

O conceito de processo é o ponto de partida da Teoria Geral do Processo e, como visto, aglutina fenômenos processuais e perspectivas diversificadas a partir do objeto de análise empregado. Esses vieses revelam que "processo" serve para produção de uma diretriz jurídica (norma) por meio de um ato jurídico complexo (procedimento), fundamentado em relações jurídicas entre os sujeitos envolvidos (solução de impasses). A Teoria Geral do Processo ou Teoria do Direito Processual disciplina a dinâmica, a articulação e a compreensão dos conceitos jurídicos processuais fundamentais na órbita do processo, entre os quais, como visto, a figura do próprio processo, da competência, da decisão, da legitimidade, da capacidade postulatória, da prova e da tutela jurisdicional.

É possível perceber, de modo mais estreito, a relação da ciência processual, a partir do desígnio de instrumentalização do direito material, com a acepção de procedimento e as relações jurídicas processuais, tanto quando se trata de ação judicial propriamente voltada à atividade jurisdicional, quanto no âmbito do processo administrativo público ou mesmo dos negócios jurídicos privados cujos requisitos formais são exigidos por lei.

O direito processual se volta à operacionalização do direito material, constituído de normas jurídicas gerais e abstratas já postas, que são o resultado da produção dos atos normativos como método de exercício do poder. A atuação processual, por seu turno, dá ensejo à norma jurídica específica, voltada à solução dos interesses contrapostos perseguidos em cada caso concreto.

O universo processual, como o é no Direito Processual Tributário, tem por objeto os processos administrativos e judiciais em torno do Direito Tributário (direito material ou substancial) e as relações jurídicas que são constituídas no curso desses processos.

Tomando como ponto de partida o conceito de que processo é um conjunto de atos sistematizados para emprego do direito material ou da aplicação de uma norma, de modo a produzir efeitos no mundo jurídico, importa estabelecer daqui em diante uma distinção conceitual entre processo e procedimento.

A expressão procedimento remete à ideia de rito, forma específica de condução de um processo (ato jurídico complexo), como nos casos do procedimento comum e dos procedimentos especiais do Código de Processo Civil. É importante observar que um procedimento (processo na acepção de ato jurídico complexo) pode ou não constituir relações jurídicas específicas em torno do seu objeto, a depender deste objeto.

Um procedimento, administrativo ou judicial, tendente a declarar uma relação jurídica já existente, ou que tenha por escopo a mera formalização de uma situação jurídica, sem a necessária participação de terceiros, tem características bem distintas do procedimento que tenha por objeto um conflito de interesses cujo resultado substituirá a contraposição de vontades instalada.

No primeiro caso, o procedimento consistirá na sucessão de atos para a formação de um ato final, como produto do processo, de caráter predominantemente formal. Ao passo que, na solução de interesses contrapostos, há uma lide instaurada que dá ensejo a relações jurídicas que se desenvolvem dentro da perspectiva de declaração do que seja a solução mais adequada ao conflito.

A solução conferida ao caso concreto é o resultado da jurisdição, ainda que proferida no âmbito administrativo (jurisdição administrativa), e consubstancia uma norma jurídica a ser adotada no caso concreto e que pode ser utilizada de parâmetros para a resolução de casos análogos. Assim, embora ambos os institutos emanem essencialmente de um mesmo propósito de processualização, a melhor técnica impõe uma bifurcação terminológica a fim de que processo estrito senso e procedimento possam carregar em si as importantes características contidas exclusivamente em cada um deles.

Como já afirmado, processo e procedimento convergem ao propósito de sistematizar a implementação de determinado efeito jurídico, como mecanismo de concretização de um direito material, uma possibilidade ou uma solução autorizada pelo ordenamento, para o que se faz necessária a adoção de medidas predeterminadas. Também, são igualmente instrumentos de exercício de funções estatais, razão por que, para alguns autores, essa distinção nem mesmo é necessária, haja vista o conceito de processo suplantar o que se poderia designar como a autonomia do procedimento.

O procedimento ("mero procedimento") tem aspecto formal e produz efeitos jurídicos sem que seja necessária a atuação dos interessados, enquanto o processo, de caráter substancial, conta com a possibilidade de participação dos sujeitos interessados, seja nos casos em que têm por propósito uma decisão, ofertada a solucionar um conflito, ou porque essa participação legitima o resultado alcançado.[26]

---

[26] SEGUNDO, Hugo de Brito Machado. *Processo Tributário*. 10. ed. São Paulo: Atlas, 2018, p. 7.

Ao tratar da distinção conceitual entre processo e procedimento administrativo, Sérgio André Rocha[27] compreende que *somente se pode falar em um processo administrativo quando da prática, pelos órgãos e agentes da Administração Pública*, a partir de *atos sucessivos, encadeados e inter-relacionados, com os quais se visa à obtenção de um ato final, com interferência no exercício de direitos pelos particulares*, controlável prévia ou posteriormente. Nestes casos, o autor evidencia a possibilidade de participação do administrado, com observância do devido processo legal e os direitos e garantias correlatos.

O procedimento, na concepção do referido autor, constituiria a *sucessão encadeada e inter-relacionada de atos visando à obtenção de ato final sem a interferência na esfera de direitos dos administrados*, cujo propósito maior é a eficiência da atividade administrativa, ou que, embora intervenha na esfera de direitos dos indivíduos, esteja sujeito ao controle de sua legalidade por meio de processo administrativo.

Cita, como exemplo, de procedimentos, sujeitos a posterior controle, o "Termo de Início de Ação Fiscal", no qual são requeridos dos contribuintes informações econômico-fiscais, e que podem resultar, ou não, na lavratura do auto de infração. Este procedimento em si não comporta contraditório nem ampla defesa, tratando-se de procedimento inquisitorial, porém, conquanto a fiscalização tenha resultado na apuração de crédito tributário a recolher pelo sujeito passivo, por meio do correspondente auto de infração, faculta-se ao contribuinte o direito de insurgir no exercício posterior do controle de legalidade do ato administrativo, instaurando-se, a partir daí, o processo administrativo fiscal.

A noção de procedimento surge do conceito de processo como ato jurídico complexo, talhado sob a ótica da Teoria do Fato Jurídico e da Teoria Geral do Direito, que constitui um conjunto de atos ordenados voltados à finalidade de preceder e cumprir requisitos condicionantes de determinado ato final[28].

Não se desconhece o entendimento doutrinário de que não seria adequado o emprego do critério do ato complexo, tendo em vista o conceito próprio do Direito Administrativo pressupor necessariamente uma convergência de vontades e a autonomia do ato em relação ao seu resultado[29].

A aplicação do conceito de ato complexo, contudo, pode emprestar sua essência formal e sistêmica para o conceito de procedimento, sem contrariedades à essência da distinção efetiva entre processo e procedimento. Essa seria justamente a diferença, o processo depende do contraditório e da participação de terceiro envolvido para que seus efeitos sejam projetados no mundo jurídico de modo legítimo.

Em suma, o procedimento confere forma e objetividade aos atos estatais, sejam eles jurisdicionais (rito de condução de um processo judicial) ou meramente administrativos (forma de consecução e aperfeiçoamento de determinado ato). São resultados diversos que partem da mesma visão de que o Estado deve observar a condução de

---

[27] ROCHA, Sérgio André. *Processo Administrativo Fiscal*: controle administrativo do lançamento tributário. São Paulo: Almedina, 2018, p. 65-66.

[28] DIDIER JR., Fredie. *Curso de direito processual civil*: introdução ao direito processual civil, parte geral e processo do conhecimento. 20. ed. Salvador: JusPodivm, 2018, p. 37.

[29] NUNES, Cleucio Santos. *Curso completo de direito processual tributário*. 2. ed. São Paulo: Saraiva Educação, 2018, p. 55.

modo, um ato jurídico complexo, e sujeitar-se aos limites que lhe são impostos pelo ordenamento jurídico.

O processo de licitação, por exemplo, atualmente regulado pela Lei 14.133/2021[30], é uma ordenação de atos que tem por desígnio a satisfação do interesse da Administração Pública em contratar terceiros para o fornecimento de bens ou a prestação de um serviço, a partir da formalização de um instrumento contratual. O processo legislativo, por seu turno, estabelece o modo de proceder necessário à constitucionalidade formal de um ato normativo.

A prestação jurisdicional, por outro lado, materializada na decisão tendente à solução de uma lide, é o resultado de uma complexidade de atos processuais organizados para tal fim, um rito a ser observado, que pode variar, a depender das características específicas dos sujeitos, das circunstâncias ou do objeto da causa.

Nesses exemplos, o enfoque é a operacionalização, o cumprimento de etapas preordenadas, um ato jurídico complexo voltado à uma finalidade, aqui respectivamente, o contrato, o ato normativo e a prestação jurisdicional, os quais, de alguma forma, são normas jurídicas destinadas ao caso concreto específico.

Mesmo não havendo impasses, o modo de proceder do Estado para editar as diversas espécies de atos normativos ou na definição dos contornos de uma contratação que precisa levar a efeito ou, ainda, o instrumento processual a ser movido perante o Poder Judiciário para o ajuizamento de determinada ação, devem observar uma forma, elementos ou atos essenciais de adequação, validade e eficácia.

Essa forma, é o procedimento.

Outro exemplo, que importa para o objeto específico desta obra, está na aplicação do Direito Tributário, os atos de fiscalização tributária, como visto acima, ainda que possam dar ensejo à aplicação de uma penalidade, ou na fase de atuação oficiosa da atividade fiscal para lançamento de ofício de tributo, correspondem a procedimentos previstos em norma.

Em ambos os casos, os atos concatenados, autorizados pelo ordenamento jurídico, resultam na constituição de crédito tributário sem, necessariamente, configurarem uma relação jurídica formada a partir de um conflito de interesses e tendente à sua solução. Nessas hipóteses, são constatados atos jurídicos complexos destinados à materialização da atividade fiscal (produção de ato normativo que resulta do poder conferido à atividade fiscal), não dependente da atuação do sujeito passivo, ainda que o resultado venha interferir na esfera jurídica de direitos e obrigações de terceiros.

Consolidado o lançamento de ofício ou aplicada a penalidade, a norma exige que sejam conferidos a ampla defesa e o contraditório ao sujeito passivo da relação jurídica tributária materializada no crédito tributário. Somente a partir de então, caso o interessado se utilize da possibilidade de contraditar o débito que lhe é imposto, surge a pretensão resistida e o processo como relação jurídica destinada a resolver um conflito de interesses.

---

[30] A Lei de Licitações e Contratos Administrativos estabelece normas gerais de licitação e contratação para as Administrações Públicas diretas, autárquicas e fundacionais da União, dos Estados, do Distrito Federal e dos Municípios.

Título I • Cap. 1 • INTRODUÇÃO AO DIREITO PROCESSUAL TRIBUTÁRIO | 17

O processo, na sua acepção de relação jurídica formada a partir de um conflito de interesses e tendente à sua solução, veicula uma pretensão resistida (lide) ou, no mínimo, parte da possibilidade de resultar na aplicação do direito material que dará ensejo à intervenção sobre interesses de terceiros e, por isso, exige sua participação. Ante à oposição de interesses configurada desde o início, um terceiro é chamado a substituir definitivamente as vontades em conflito dos litigantes. Como o Estado é detentor do monopólio jurisdicional, as espécies de processos, objetivando a solução de conflitos, são, em sua maioria, conduzidas pelo Poder Judiciário, desde que provocadas, mesmo admitido, no atual modelo do sistema multiportas[31], outras formas de composição, tais como a arbitragem.

Na mesma linha, ainda que alheia à atividade jurisdicional ordinária, essa perspectiva do processo também está presente quando as partes litigantes optam por formas privadas de composição, como dito por meio da arbitragem[32], ou mesmo da mediação[33]. Mas, não se pode distanciar tal perspectiva do processo aos casos resolvidos pela Administração Pública, nas suas três esferas de poder, que resolvem impasses instaurados pela possibilidade de atingir bens ou direitos de terceiros.

O conflito pode-se instaurar na esfera do Direito Administrativo, quando o Estado, ainda que figurando como parte interessada, tem a prerrogativa de dar a última palavra sobre determinado conflito. Para tanto, o ordenamento jurídico, por vezes, configura níveis hierárquicos decisórios legitimados a resolver, administrativamente, pretensões resistidas instaladas entre o particular e o ente público.

Pode-se estabelecer, de tal modo, uma gradação na qual o conceito de procedimento está contido dentre os variados elementos que compõem o processo. Isso porque o procedimento, na acepção de processo como ato jurídico complexo, é uma organização de atos que viabilizam a produção de efeitos jurídicos. Para além dos contornos do procedimento, contudo, o processo em sentido estrito avança em magnitude porque diretamente ligado às relações jurídicas que dele decorrem e invoca a observâncias aos princípios de garantias fundamentais, ao devido processo legal sob a perspectiva do Estado Democrático de Direito.

O processo tem por objeto uma pretensão resistida, ou seja, uma parte busca exercer seu direito de modo impositivo contra terceiro que, se ofertar oposição, impõe a necessidade ordinária, e assecuratória, de exercício do direito de defesa. Além disso, a solução a ser alcançada advém da formação e composição dessas relações jurídicas que se formam em torno de todos os sujeitos envolvidos no processo.

---

[31] "Sistema Multiportas", compreendido na dinâmica processual, é a viabilidade de se adotar um modelo mais adequado para solução de conflitos com a previsão de integração das diversas formas de resolução dos litígios, seja por meio judicial ou extrajudicialmente.

[32] A arbitragem é considerada como método heterocompositivo de resolução de conflitos. Está regulamentada de forma geral na Lei 9.307/1996 (Lei de Arbitragem) e, a partir dela, intensificaram-se os debates sobre a aplicabilidade no âmbito tributário, por expressa previsão da possibilidade de composição com a Administração Pública. No Congresso Nacional, existem projetos em curso tratando da arbitragem tributária, cujos principais são os PLs 4.257/2019 e 4.468/2020.

[33] A Lei Municipal 13.028/2022, de Porto Alegre, aprovada em fevereiro de 2022, que institui a mediação tributária, inaugura a implementação deste método consensual de resolução de conflitos entre fisco e contribuintes, tornando-se a primeira capital brasileira a regulamentar o tema.

Ordenamento jurídico processual, mais especificamente, é um sistema que estrutura os instrumentos legítimos para perseguição de determinada pretensão em face de lesão ou ameaça de lesão a direito, bem como colocar meios de defesa à disposição daquele a quem se volta certa demanda, seja para reconhecer sua procedência ou dela defender-se.

Também deve prever a forma como deve ser demonstrada efetiva violação de um direito, das causas, circunstâncias e da extensão de sua inobservância e por meio do qual podem ser aferidos os danos porventura decorrentes. Há ainda situações de conflito que exigem uma interpretação dessa regra de direito material – em abstrato ou à luz de determinado caso concreto –, a verificação de sua higidez no mundo jurídico, a extensão subjetiva dos seus efeitos, a aplicação no tempo ou no espaço.

Para tanto, as regras de acesso à atividade jurisdicional, a definição da autoridade competente para solução da lide ou de quaisquer outras decisões que devem ser tomadas no seu curso, prazos, mecanismos de produção e contraposição do conjunto probatório e os meios de exercício do contraditório e da ampla defesa, ou mesmo os parâmetros de definição do procedimento voluntário ou contencioso, são elementos fundamentais que compõem a ordem do sistema processual.

1.4 DIREITO PROCESSUAL TRIBUTÁRIO

Direito Processual Tributário é a disciplina que carrega, na essência, os elementos da Teoria Geral do Processo, no que se insere a complexidade do conceito de processo, como ponto de partida teórico para instrumentalização do Direito Tributário. Trata-se de matéria cuja especificidade muito tem evoluído na construção de microssistema jurídico de critérios científicos e princípios próprios[34].

O Direito Tributário tem como um de seus principais objetivos a geração de receitas públicas, decorrente das relações jurídicas entre o Estado e os contribuintes, no exercício do poder de exigir tributos, cuja premissa básica consiste na prestação pecuniária compulsória, bem como no dever instrumental de fazer ou deixar de fazer em colaboração com a atividade fiscal.

Os contornos dessa relação jurídica são delineados por um universo próprio de direito material público, composto por regras hierarquicamente organizadas, que, além de dispor sobre os tributos em espécie e as obrigações deles decorrentes, estabelecem, por exemplo, princípios norteadores, regras de competência e de capacidade tributária, limitações ao poder de tributar e normas de repartição de receitas.

O Processo Tributário tem, por seu turno, o objetivo de sistematização dos atos estatais de conformação da relação jurídico-tributária com todas as repercussões dela decorrentes. A esfera processual conta com especificidades resultantes do fato de que a atividade administrativa estatal, em alguma medida, sempre é necessária para a aplicação do Direito Tributário e se estrutura por atos processuais.

Trata-se da estruturação das formas de "processo" com base em normas jurídicas, que são organizadas e estudadas de maneira específica devido às peculiaridades

---

[34] MARINS, James. *Direito processual tributário brasileiro*: administrativo e judicial. 11. ed. São Paulo: Revista dos Tribunais, 2018, p. 15.

do Processo Tributário. Mesmo compartilhando elementos com outros campos do Direito, sua análise autônoma se justifica pela singularidade das situações que regula, bastante distintas das observadas em processos que envolvem, por exemplo, vizinhos em conflito de propriedade, empregador e empregado em disputas trabalhistas, sócios e sociedade, contratante e contratado, ou, ainda, consumidores e fornecedores em litígios de consumo.

Para além disso, o estudo do processo tributário, ultrapassa o limite das formas de composição da lide tributária para compreender que a justiça fiscal também se opera por outros mecanismos processuais de correta aplicação do direito material.

Dessa realidade própria, o Estado acumula, ordinariamente, as funções de detentor do poder de tributar, agente da atividade fiscal, interessado na arrecadação e órgão julgador das lides em matéria tributária, tanto na esfera administrativa, quanto judicial. Não por outro motivo, a atividade judicante deve conservar a indissociável imparcialidade ao enfrentar debates tributários, sobretudo porque, muitos deles, atingem o Erário e, neste sentido, impactam diretamente as fontes orçamentárias, origem das receitas da própria Administração Pública.

O Direito Tributário e, portanto, o Direito Processual Tributário, contêm a ideia de interesse estatal, que cuidou de se ramificar por áreas de atuação distintas no exercício de todas essas funções em torno da atividade fiscal. Por muito tempo, foi incontestável a condição do Estado-juiz de sua própria causa[35].

O desenvolvimento dos estudos doutrinários sobre o tema com o viés da legalidade, da constitucionalidade e da democracia conferido à temática cuidou de estabelecer procedimentos predefinidos para o exercício dessa autoridade, que possibilitam o controle dos atos de poder e a insurgência do terceiro interessado[36].

A relevante característica e o ânimo normativo das decisões administrativas no contexto fiscal passam, então, a exigir a observância de métodos específicos de constituição dos créditos tributários, aplicação de penalidade, oportunização do contraditório e formas de irresignação dos atos estatais e da própria condução dos processos até a decisão final acerca de determinada questão compreendida no universo da tributação.

Também é especialmente importante que sejam predefinidos os mecanismos de equação entre poderes, direitos e obrigações na relação jurídico-tributária, tanto sob os aspectos das competências quanto em relação aos meios legítimos de discussão.

O próprio conceito de lide, na conformação do processo tributário, traz reflexões sobre sua definição não só no âmbito judicial, notadamente porque se verifica a relevância da atividade jurisdicional administrativa. Como afirma James Marins[37], "o problema não é meramente terminológico, mas assenta-se, principalmente, na natureza jurídica das etapas de discussão da lide tributária".

O momento de início da pretensão tributária resistida, por exemplo, pode gerar controvérsia ante a constante demonstração de poder estatal que permeia a atividade

---

[35] MARINS, James. *Direito processual tributário brasileiro*: administrativo e judicial. 11. ed. São Paulo: Revista dos Tribunais, 2018, p. 15-16.

[36] NUNES, Cleucio Santos. *Curso completo de direito processual tributário*. 2. ed. São Paulo: Saraiva Educação, 2018, p. 70.

[37] MARINS, James. *Direito processual tributário brasileiro*: administrativo e judicial. 11. ed. São Paulo: Revista dos Tribunais, 2018, p. 14.

fiscal, desde a configuração de um fato gerador até os meios legítimos de constrangimento para pagamento de um tributo devido.

A sistematização dos atos administrativos que confere legitimidade à aplicação do Direito Tributário não pode negligenciar a forma adequada de proceder, bem assim as relações jurídicas constituídas relativamente a determinada relação tributária, cujo vínculo obrigacional, imposto aos contribuintes, deve observância aos princípios da legalidade, da moralidade, da eficiência e da justiça fiscal.

Essas especificidades acabam por exigir um constante aprimoramento do sistema processual tributário, notadamente, a partir da ordem constitucional do Estado Democrático de Direito, no qual os entes públicos devem ser pautados pelo cumprimento da força normativa dos princípios, da proteção dos direitos e garantias fundamentais e da ordem democrática.

O Direito Tributário, portanto, depende do Processo Tributário, sob pena de tornar prematuros o alcance e os limites constitucionais ao poder de tributar que em boa parte ganham concretude no âmbito processual, tanto a partir dos processos instaurados na fase administrativa quanto judicial[38]. A hermenêutica processual deve estar imbricada nesse contexto, como um veículo do exercício de poder em prol do interesse público, de disciplina específica e adstrito a critérios que devem ser bem definidos, na operacionalização do Direito Tributário.

As atividades administrativa e jurisdicional do Estado ganham relevância essencial à própria existência do Direito Tributário, como via de sua concretização. Isso porque o processo tributário está presente nos atos de aplicação do direito material tributário, desde o procedimento mais singelo de constituição de um crédito tributário até a sua exclusão.

Ainda que não instaurado um conflito de interesses propriamente dito, que exija provimento jurisdicional específico, o processo tributário está presente no curso natural de aplicação do Direito Tributário, como exigência mínima de requisitos procedimentais que assegurem a observância aos limites da atuação do Estado, sobretudo em relação às garantias de proteção do contribuinte.

As particularidades do Direito Processual Tributário – notadamente, as características próprias da relação jurídico-tributária, dos procedimentos adotados no âmbito administrativo e a sujeição do poder de tributar à atividade jurisdicional – provocam uma área única do estudo jurídico, caracterizado pela convergência de princípios e fundamentos de outras áreas do Direito Público.

O Direito Administrativo se aproxima do Direito Processual Tributário diante da grande relevância dos atos administrativos da atividade fiscal, seja no cumprimento oficioso de competências, tais como de lançamento tributário, que não depende da atuação do contribuinte, ou nos atos estatais praticados no curso do processo administrativo fiscal contencioso, decisórios ou não.

Assim como o Direito Processual Tributário, o Direito Processo Civil deriva da matriz doutrinária da Teoria Geral do Processo, disciplina jurídica voltada à elaboração,

---

[38] MARINS, James. *Direito processual tributário brasileiro*: administrativo e judicial. 11. ed. São Paulo: Revista dos Tribunais, 2018, p. 15.

organização e articulação dos conceitos jurídicos fundamentais do processo, que são essenciais para a compreensão jurídica do fenômeno processual[39].

É inerente à atuação processual a aplicação dos institutos e teorias processuais que se originam dessa mesma fonte de ciência jurídica, tais como aqueles relacionados à competência, prova, decisão, execução e o próprio conceito de processo. Antes mesmo dessa relação dialógica com esses conceitos e instrumentos referidos do Direito Positivo, a Teoria Geral do Direito é fonte fundamental de compreensão do fenômeno jurídico, de viés filosófico, antecedente, portanto, da positivação das normas, dentro desse sistema de elaboração dos conceitos[40].

1.5 PROCESSO TRIBUTÁRIO

O processo tributário encontra-se cada vez mais presente na visão antropológica e de uma concepção sociológica na relação entre Fazenda Pública e indivíduos, sobretudo pela complexidade do sistema tributário brasileiro e pela alta carga fiscal imposta aos contribuintes, seja ela direta ou indiretamente, e, ainda mais grave, pela ausência de percepção material de retorno do ingresso de receitas em políticas públicas eficazes.

Este contexto deixa a sociedade, em primeiro lugar, refratária ao pagamento de tributos e, em segundo, provoca a eclosão do estado de litigiosidade entre fisco *versus* contribuintes. Neste estágio avançado de disrupção e rejeição social dos tributos como financiamento de bem-estar social, incorpora-se a relação de iminente animosidade, quase belicosa, na qual a Fazenda Pública enxerga o contribuinte como sonegador, enquanto o cidadão encara o Estado como expropriador de bens e direitos da liberdade individual.

É uma visão enviesada de arranjo social e econômico, muito embora a mudança desta concepção de antagonismo simplista e antiestatal passa, sobretudo, pela construção de uma política fiscal transparente, progressiva, menos complexa e que permita a geração de renda, emprego e bem-estar social coletivo.

Por tudo isso, surge a necessidade de um estudo concentrado sobre o processo em matéria tributária, que tem demandado constante evolução do Direito Processual Tributário, decorrente do fato de que o processo tributário tem caráter jurídico e pragmático que lhe são bem próprios, especialmente em razão dos contornos da relação jurídica de que trata e de todo o ordenamento jurídico que a sustenta.

De modo mais amplo, processo tributário define-se pelo conjunto de atos complexos, levados a efeito no âmbito administrativo ou judicial, tendentes à constituição do crédito tributário, inclusive as fases que têm por objeto as divergências instauradas entre sujeito ativo e sujeito passivo, assim como dos atos de cobrança do crédito tributário. Também estão inseridas no rol do conceito de processo tributário as investidas do particular contra a Fazenda Pública, quer tenham natureza de defesa dos atos preparatórios ou executórios da persecução tributária, quer estejam voltadas ao exercício

---

[39] DIDIER JR., Fredie. *Teoria geral do processo, essa desconhecida.* 5. ed. Salvador: JusPodivm, 2018, p. 80.
[40] Sobre o tema, DIDIER JR., Fredie. *Teoria geral do processo, essa desconhecida.* 5. ed. Salvador: JusPodivm, 2018, p. 68-77.

de um direito ou à formulação de uma consulta sobre a interpretação conferida pelo Fisco ao ordenamento jurídico tributário[41].

Apesar da diferenciação terminológica que possam receber os termos processo e procedimento, ambas as espécies aplicadas ao Direito Tributário são objeto de tratamento pelo Direito Processual Tributário, haja vista comportarem o conceito de processo, em pelo menos uma de suas acepções, e, portanto, estão adstritos ao princípio da legalidade e devem observância ao sistema constitucional incidente sobre a matéria.

Isso porque qualquer desses "processos" perpassa o poder estatal para a aplicação do Direito e, em alguma medida, tem seu conceito abarcado por pelo menos uma das acepções teóricas adotadas na conceituação de processo: (i) a elaboração de atos jurídicos (normas jurídicas); (ii) a ordenação de atos jurídicos; (iii) a declaração de existência ou não de relações jurídicas.

Por vezes, o processo tributário é mero procedimento de subsunção da norma tributária ao caso concreto, ainda que de modo favorável ao particular, do que não se extrai qualquer impasse, como ocorre no deferimento de um pedido de reconhecimento de imunidade tributária.

Mesmo que o ato final do feito seja a contrariedade à pretensão do contribuinte, e que esse resultado não seja tratado como um conflito de interesses objeto de processo administrativo ou judicial, ainda assim, tem-se um processo tributário em sentido amplo.

Há, ainda, hipóteses nas quais se desencadeia, de modo oficioso pelo Fisco, o cumprimento das exigências legais de exercício do poder de tributar, por exemplo, um ato ou procedimento de lançamento tributário por ofício, no qual não há participação ordinária daquele a quem será atribuído o dever de pagar o tributo.

O Estado, nesses casos, cumpre, de forma unilateral, o Processo Administrativo Fiscal de lançamento tributário, por meio de uma sucessão de atos que culmina na constituição de um crédito tributário, daí por que adequada a teoria do ato complexo na espécie, independente dos debates doutrinários relativamente ao lançamento tributário como ato ou procedimento.

Segue-se à notificação do lançamento a possibilidade de contraposição de pretensões pelo contribuinte, mediante instauração de um processo contencioso administrativo, caso questionada a configuração do fato gerador ou de qualquer dos critérios da hipótese de incidência tributária consolidada pela Administração Tributária.

Da impugnação, outros elementos passam a compor o Processo Tributário. Ao tempo em que podem ser constituídas relações jurídicas diversas como desdobramento do contencioso administrativo, também são agregados outros elementos exigidos pelo ordenamento jurídico, tais como o devido processo legal, o contraditório, a produção de provas e a possibilidade de recursos, institutos que conferem lastro constitucional e que serão abordados no seu aspecto prático ao longo desta obra.

---

[41] NUNES, Cleucio Santos. *Curso completo de direito processual tributário*. 2. ed. São Paulo: Saraiva Educação, 2018, p. 73-74.

1.6 PRINCÍPIOS ORIENTADORES DO PROCESSO TRIBUTÁRIO

O Direito Processual Tributário é a disciplina que carrega na essência os elementos da Teoria Geral do Processo, no que se insere a complexidade do conceito de processo como ponto de partida teórico para instrumentalização do Direito Tributário. Trata-se de matéria cuja especificidade muito tem evoluído na construção do microssistema jurídico de critérios científicos próprios, regras específicas e princípios de dimensões especialmente voltadas ao efetivo controle da atividade estatal às peculiaridades da relação jurídica obrigacional tributária.

Essas especificidades refletem-se na lide que se instaura no âmbito das relações de natureza tributária e nos aspectos formais do processo que a soluciona, daí por que também as garantias e princípios que orientam esse sistema também têm contornos próprios. É necessário que o ordenamento jurídico esteja pautado pelas garantias necessárias à melhor aplicação da norma tributária e à solução dos seus impasses, papel em boa parte cumprido pelos princípios orientadores do Direito Processual Tributário.

A ideia primeira de princípio, como informação para o Direito, reside no sentido de fundamento, base, ponto de partida, mas que ganha a dimensão de norma jurídica que consagra determinados valores[42], partindo-se, inicialmente, de uma nota distintiva mais engessada que se atribui às regras, normas jurídicas que, em essência, prescrevem condutas.

No contexto normativo atual, os princípios alçaram um novo patamar, porque passaram a comungar da força impositiva, que permeia o conceito das normas, ao estabelecerem fins a serem atingidos e que são empregados como fundamentos para aplicação do ordenamento jurídico como um todo[43], nessa medida, deixam de somente imprimir valores para, efetivamente, condicionar comportamentos a serem adotados.

Essa evolução tem propiciado uma mensuração da subjetividade empregada na aplicação dos princípios, muito pela definição de sua carga normativa, tanto por poderem veicular concretas hipóteses de incidência quanto por suas efetivas consequências jurídicas, a depender da forma de sua aplicação.

Segundo Humberto Ávila[44], o decisivo para uma norma ser qualificada como princípio não é ser construída a partir de um dispositivo exteriorizado por uma hipótese normativa pretensamente determinada. De um lado, qualquer norma pode ser reformulada de modo a possuir uma hipótese de incidência seguida de uma consequência. De outro, em qualquer norma, mesmo havendo uma hipótese seguida de uma consequência pode haver referência a fins. O qualificativo de princípios e ou de regra depende do uso argumentativo, e não da estrutura hipotética.

O autor parte dos estudos de Robert Alexy, segundo o qual princípios são deveres de otimização aplicáveis conforme as possibilidades normativas (princípios e regras contrapostas) e fáticas (a depender das circunstâncias do caso concreto), para estabe-

---

42 SEGUNDO, Hugo de Brito Machado. *Processo Tributário*. 10. ed. São Paulo: Atlas, 2018, p. 13.
43 ÁVILA, Humberto. *Teoria dos princípios, da definição à aplicação dos princípios jurídicos*. São Paulo: Malheiros Editores, 2003, p. 15.
44 Idem, p. 34-35.

lecer que as normas principiológicas devem ser examinadas a partir de sua estrutura e sua aplicação casuística.

Para Humberto Ávila[45], princípios são normas imediatamente finalísticas, prospectivas e com pretensão de complementaridade e de parcialidade para cuja aplicação demanda uma avaliação da correlação entre o estado de coisas a ser promovido e os efeitos decorrentes da conduta havida como necessária à sua promoção.

O Direito Processual Tributário, no seu objetivo de sistematização, parte dos seus princípios informadores que orientam a atividade fiscal e contribuem sobremaneira à solução dos conflitos, de modo a direcionar, a partir das possibilidades normativas e fáticas de cada hipótese, a solução jurídica mais adequada à ordem constitucional e ao direito material tributário.

O ordenamento constitucional é a maior fonte desses princípios, bem como ganham destaque os fundamentos do Direito Tributário cuja essência também informa o direito processual. Ademais, como o processo tributário está permeado por outras áreas do conhecimento jurídico, como constatado da análise da Teoria das Fontes para o Direito Processual Tributário, os princípios empregados no Processo Tributário retratam de modo marcante elementos preponderantes de Direito Administrativos e de Direito Processual Civil.

É, portanto, direta a influência dos princípios gerais que regem a Administração Pública – legalidade, impessoalidade, moralidade, publicidade e eficiência (art. 37 da CF) –, do princípio do acesso à jurisdição (art. 5º, inciso XXXV, da CF), do direito de petição (art. 5º, inciso XXXIV, alínea "a", da CF) e da garantia de duração razoável do processo (art. 5º, inciso LXXVIII, da CF).

Apesar da diversidade de origens e fontes dos princípios aplicáveis ao Direito Processual Tributário, pretende-se, cientificamente, que essas normas tenham sua leitura dentro das especificidades do processo tributário e considerando, pontualmente, o fim específico e concreto de sua aplicação. A abordagem adotada, portanto, considera como princípios, normas com natureza de preceitos e fundamentos norteadores da aplicação do ordenamento, de caráter finalístico, prospectivo e complementar, que não veiculam exatamente uma regra do processo.

Essa perspectiva acaba por tornar mais enxuto o catálogo diversificado comumente apresentado pela doutrina, que inclui de modo mais abrangente "dos direitos e garantias fundamentais". O que se pretende com isso é reverenciar as normas jurídicas de envergadura que mais influenciam diretamente o processo tributário ante as suas peculiaridades[46]. No centro desta matriz principiológica e valorativa, sempre estará a "dignidade da pessoa humana (como) sobreprincípio na acepção de valor, um dos fundamentos da República Federativa do Brasil, que irradia efeitos por todo o ordenamento jurídico pátrio".[47]

---

[45] Idem, p. 70.

[46] Nesse sentido também, NUNES, Cleucio Santos. *Curso completo de direito processual tributário*. 2. ed. São Paulo: Saraiva Educação, 2018, p. 98-99.

[47] CASTRO, Anna Lucia Malerbi de. *O princípio da dignidade da pessoa humana e a norma jurídica tributária*. São Paulo: Noeses, 2019. p. 244-245.

1.7 PRINCÍPIO DA LEGALIDADE

O Princípio da Legalidade está expressamente consagrado no art. 5º, inciso II, da Constituição Federal: "ninguém será obrigado a fazer ou deixar de fazer alguma coisa senão em virtude de lei". A legalidade tem tratamento constitucional direcionado ao poder estatal no seu art. 37[48] e também rege, mais especificamente, o poder de tributar, nos termos do art. 150, inciso I: "Sem prejuízo de outras garantias asseguradas ao contribuinte, é vedado à União, aos Estados, ao Distrito Federal e aos Municípios: exigir ou aumentar tributo sem lei que o estabeleça."

O Código Tributário Nacional, no art. 3º, determina que a instituição de tributo depende de lei e que a atividade administrativa de cobrança do tributo é plenamente vinculada, ou seja, está adstrita aos limites dispostos pela lei, que por seu caráter abstrato e genérico confere tratamento isonômico e previamente estabelecido, além do que consiste em mecanismo primeiro de controle estatal.

Para cumprimento do seu objetivo, a vinculação da atividade estatal à lei penetra as fases de constituição de um crédito tributário e, portanto, fala diretamente ao processo tributário, seja na sua concepção administrativa, da qual decorrem, por exemplo, atos de lançamento, constituição e julgamento, ou na concepção judicial, quando efetivada a prestação jurisdicional.

Do procedimento oficioso menos complexo, como no curso de uma atividade de fiscalização, até as fases do contencioso fiscal ou em qualquer incidente processual que tenha por objeto de debate uma relação jurídico-tributária, a lei será a orientação da atuação estatal, o ordenamento jurídico não deixa espaço para a discricionariedade administrativa na imposição de tributos.

Embora seja do Estado a prerrogativa de promoção das providências necessárias para formalização dessa relação jurídica em face do contribuinte, somente pode levá-las a efeito com adstrita observância à norma jurídica[49].

A partir do princípio da legalidade, o contribuinte encontra amparo e previsibilidade nas regras predefinidas que lhe conferem meios de acompanhamento e controle da atividade fiscal, bem assim, dos instrumentos legítimos de insurgência e defesa contra os equívocos e excessos no exercício do poder de tributar. Dessa forma, essa regra-matriz vincula toda a atuação do Estado à vontade da lei, impondo-se como limite e condição dos efeitos dessa vontade à existência de lei que a veicule.

Duas acepções desse princípio sobressaem, como norma processual, aplicando o devido processo legal na sua dimensão formal, e como norma material, que impõe a conformidade com o Direito, não somente com base na lei, mas no ordenamento jurídico[50].

---

[48] Art. 37. A administração pública direta e indireta de qualquer dos Poderes da União, dos Estados, do Distrito Federal e dos Municípios obedecerá aos princípios de legalidade, impessoalidade, moralidade, publicidade e eficiência e, também, ao seguinte:

[49] MARINS, James. *Direito processual tributário brasileiro*: administrativo e judicial. 11. ed. São Paulo: Revista dos Tribunais, 2018, p. 177.

[50] DIDIER JR., Fredie. *Curso de direito processual civil*: introdução ao direito processual civil, parte geral e processo do conhecimento. 20. ed. Salvador: JusPodivm, 2018, p. 103-104.

Mais do que significar o preciosismo de forma e o império do texto normativo, essa garantia tem se tornado cada vez mais ligada ao ordenamento jurídico como um todo, exigindo do agente público a observância à ordem constitucional, aos princípios e garantias fundamentais, a jurisprudências e aos demais valores agregados ao Estado Democrático de Direito. A partir dessa segunda perspectiva, surge o **princípio da juridicidade**, segundo o qual a legalidade mais rígida, dependente diretamente da atividade legislativa do Estado, dá lugar à proteção e efetiva observância do sistema normativo na compreensão mais abrangente, também extensível ao Processo Tributário.

O princípio da legalidade sempre teve uma clara incumbência de proteção do particular contra investidas arbitrárias do poder público. A restrição de direitos dos cidadãos está condicionada ao processo legiferante, cuja atribuição ao Poder Legislativo, como mandatário da vontade da sociedade civil, é antecedente ao exercício da função administrativa. É a preservação clássica dos direitos e liberdades fundamentais. Criou-se, neste ambiente, a clássica lição doutrinária do Direito Administrativo, quase que de domínio comum na linguagem jurídica, incorporada aos demais ramos, de que "enquanto na administração particular é lícito fazer tudo que a lei não proíbe, na Administração Pública só é permitido fazer o que a lei autoriza".[51]

O princípio da juridicidade traz uma nova abordagem à legalidade, em sua concepção habitual, ao admitir que, em certos casos, a Administração Pública pode agir na ausência da lei e, para alguns, até mesmo contrário à lei, mas desde que a observância a "ferro e fogo" do princípio da legalidade torne incoerente e desconexo ao anteparo dos próprios direitos dos cidadãos, sobretudo visando a preservar o cumprimento das normas constitucionais ou contidas, e incorporadas ao ordenamento jurídico brasileiro, nos tratados internacionais de direitos humanos.

Por isso, contemporaneamente, diz-se que o princípio da legalidade, na exterioridade clássica, encontra-se em crise ao se reconhecer a base do Estado de Direito acima do mero cumprimento da lei, ou de sua liberdade conferida ao particular em sua falta, cuja evolução atinge a moderna concepção do princípio da juridicidade. É uma releitura da atuação da Administração Pública, sob o viés do constitucionalismo moderno e compreendido nas bases do Direito Internacional dos Direitos Humanos.

Longe de pretender, por outro lado, ao arbítrio ou à reversão da lógica do Direito posto, fundamentado no ordenamento legal como diretriz do exercício público. Ao contrário, o que antes era examinado, não raras vezes, de baixo para cima, da sobreposição da regra civilista sob o conteúdo constitucional, por exemplo, perde sentido e se inverte para o exame a partir da dimensão global e sistêmica do sistema jurídico, partindo da Constituição e dos Direitos Humanos como condutores desta lógica interpretativa.

Em recente julgado proferido pelo Supremo Tribunal Federal no caso da tributação sobre o salário-maternidade, ainda que previsto expressamente na Lei 8.212/1991, ao prevê-lo na composição do salário de contribuição, atendendo sob essa perspectiva ao princípio da legalidade, o Ministro relator Luís Roberto Barroso afastou a incidência porque entendeu que a exigência desincentiva a contratação de mulheres e gera discriminação incompatível com a Constituição Federal. Em suas palavras, o Ministro evidenciou que deixar de tributar o salário-maternidade "privilegia a isonomia, a proteção

---

51   MEIRELLES, Hely Lopes. *Direito Administrativo brasileiro*. 23. ed. São Paulo: Malheiros, 1998. p. 85.

da maternidade e da família, e a diminuição de discriminação entre homens e mulheres no mercado de trabalho". É, portanto, a prevalência do princípio da juridicidade.[52]

1.8 PRINCÍPIO DO DEVIDO PROCESSO LEGAL

A Constituição Federal consagra o princípio do devido processo legal no art. 5º, inciso LIV ["ninguém será privado da liberdade ou de seus bens sem o devido processo legal"], dispositivo que carrega o princípio matriz dos demais princípios processuais e, revela na essência, o resultado da evolução história do processo para a desenvolvimento do Direito e da sociedade.

Em última análise, tem-se que o processo – como método do exercício do poder normativo de produção de leis, normas administrativas ou normas jurisprudenciais – deve estar em conformidade com o Direito[53]. O devido processo legal está diretamente ligado à necessidade de regular condução do processo e da observância dos seus requisitos básicos de legitimidade, daí por que resulta de um conjunto de garantias que confere equilíbrio na distribuição do Direito, pressuposto básico da concretização da justiça[54].

Para tanto, o princípio bifurca-se em duas dimensões, o devido processo legal processual e devido processo legal substancial, que devem ser aplicadas de modo conjunto.

O seu sentido processual ou formal consiste nas garantias elementares asseguradas pelas normas do processo, seja administrativa ou judicial, e, por isso, cada tipo de processo determina a forma e o conteúdo da incidência do devido processo legal[55] e resvala na justificativa da instauração de procedimentos.

Nesse viés, de aplicação prática do devido processo legal[56] e inerente ao desenvolvimento adequado do processo[57], sustentam-se os demais princípios do processo, tais quais do contraditório, da ampla defesa, o direito às regras de competência. Cuida-se de um conjunto de garantias reservadas ao contribuinte alçados na Constituição Federal de 1988 como princípio fundamental, inerente aos processos judiciais e administrativos (art. 5º, inciso LV).

Em termos práticos, assegura ao contribuinte o direito de conhecer, de maneira aprofundada, todos os elementos que compõem a exação, de modo que sua participação, no procedimento de formação da obrigação tributária seja mais ampla possível. Garante, ainda, acesso a todos os meios de defesa necessários à busca da verdade material.

Nessa linha, a jurisprudência administrativa do Conselho Administrativo de Recursos Fiscais (CARF), sistematicamente, vem tendo por violado o princípio do devido processo legal e prejudicada a ampla defesa quando proferida decisão sem a

---

[52] RE 576967, Rel. Roberto Barroso, Tribunal Pleno, j. 05.08.2020, processo eletrônico repercussão geral – mérito DJe-254 divulg 20-10-2020 public 21-10-2020).

[53] DIDIER JR., Fredie. *Curso de direito processual civil*: introdução ao direito processual civil, parte geral e processo do conhecimento. 20. ed. Salvador: JusPodivm, 2018, p. 87.

[54] NUNES, Cleucio Santos. *Curso completo de direito processual tributário*. 2. ed. São Paulo: Saraiva Educação, 2018, p. 111.

[55] MARINS, James. *Direito processual tributário brasileiro*: administrativo e judicial. 11. ed. São Paulo: Editora Revista dos Tribunais, 2018, p. 189.

[56] Idem, p. 190.

[57] NUNES, Cleucio Santos. *Curso completo de direito processual tributário*. 2. ed. São Paulo: Saraiva Educação, 2018, p. 113.

devida intimação do contribuinte do resultado de diligência requerida pela autoridade julgadora após a interposição de recurso[58].

Lado outro, tem-se por preservado o contraditório e a ampla defesa se os elementos constantes dos autos deram condições ao contribuinte de compreender o lançamento e de oferecer impugnação[59].

Já sob a dimensão substancial, o devido processo legal agrega as garantias de direito material, retratado pelas leis e atos normativos que devem refletir as normas constitucionais e condicionam o poder público. Para James Marins[60], em sua vertente substantiva, a cláusula do devido processo no direito tributário incorpora garantias tais como dos princípios da legalidade, da isonomia, da capacidade contributiva, da anterioridade e do não confisco.

A experiência jurídica brasileira assimilou a dimensão substancial do devido processo legal como essência da proporcionalidade ou da razoabilidade (considerados acertadamente por parte da doutrina como não princípios por seu alto grau de abstração), consoante se firmou a jurisprudência do Supremo Tribunal Federal sobre o tema, retratada no julgamento do RE 374.981[61].

A Suprema Corte consolidou a compreensão de que todas as normas derivadas do Poder Público devem ajustar-se à clausula que consagra o *substantive due process of law*, considerando que o postulado da proporcionalidade se qualifica como parâmetro de aferição da própria constitucionalidade material dos atos estatais.

A proporcionalidade encontra fundamento nessa dimensão substancial para vedar os excessos normativos e as prescrições irrazoáveis, inibindo e neutralizando os abusos do Poder Público no exercício de suas funções, o que se aplica em qualquer produção de norma jurídica.

A amplitude conferida ao devido processo legal tem estendido seus limites para além do processo no seu conceito conjunto de atos processuais estruturados a partir de um objetivo comum, administrativo ou judicial. A finalidade garantidora do princípio deve ser observada, inclusive, nos denominados meros procedimentos, como um ato de fiscalização, por exemplo.

Essa percepção se deve ao atual modelo constitucionalista e à acepção substancial do princípio, que devem ser observados na criação ou aplicação das normas jurídicas, de forma que vinculam toda a atividade estatal, tenha ou não cunho processual[62].

1.9 PRINCÍPIOS DO CONTRADITÓRIO E DA AMPLA DEFESA

Como derivação do devido processo legal, os Princípios do Contraditório e da Ampla Defesa não só estampam o mesmo dispositivo constitucional do art. 5º, inciso LV ["aos litigantes, em processo judicial ou administrativo, e aos acusados em geral

---

[58] Por todos: Processo 15504.722446/2011-56, acórdão 2401-004.333, Sessão de 10.05.2016.

[59] Processo 13819.720714/2013-98, acórdão 2201-003.180, sessão de 11.05.2016.

[60] MARINS, James. *Direito processual tributário brasileiro*: administrativo e judicial. 11. ed. São Paulo: Revista dos Tribunais, 2018, p. 189.

[61] DIDIER JR., Fredie. *Curso de direito processual civil*: introdução ao direito processual civil, parte geral e processo do conhecimento. 20. ed. Salvador: JusPodivm, 2018, p. 92-96.

[62] SEGUNDO, Hugo de Brito Machado. *Processo Tributário*. 10. ed. São Paulo: Atlas, 2018, p. 136.

são assegurados o contraditório e ampla defesa, com os meios e recursos a ela inerentes"], mas apresentam uma necessária simbiose na materialização do processo regular e constitucional.

O princípio do contraditório também se revela sob duas dimensões[63]. No plano formal, nutre-se diretamente da Democracia, e consiste em instrumento de participação no processo, na garantia de ser ouvido e de informação. Já na sua dimensão material, o contraditório é a efetiva possibilidade de influência na decisão ou no ato final ao qual se destina o processo. Esse poder, que é em essência o direito de defesa, confere a garantia de assessoramento técnico[64], além da oportunidade de argumentação e de apresentação de elementos tendentes a desconstituir a pretensão estatal.

O desenvolvimento dessa concepção atrai o conceito da ampla defesa para o de contraditório, como correspondente de seu aspecto substancial, e fundamentam a vedação à decisão-surpresa[65] e o direito de apreciação das alegações de defesa[66]. Tais fundamentos são imprescindíveis aos processos dos quais possam decorrer qualquer ordem de constrição a bens ou direitos de particular, quando instaurado um conflito de interesses ou mesmo quando a atuação estatal dependa da atuação do particular.

Transpondo tais premissas ao Direito Processual Tributário, tem-se que o contraditório e a ampla defesa, em regra, devem ser atraídos pelo procedimento fiscalizatório ou mesmo pela fase de lançamento tributário de ofício, por se tratar de ações do Estado no exercício do seu poder de polícia e do poder de tributar que não dependem de atuação específica do particular. A instituição de qualquer ação fiscal pontual deve ser precedida de notificação do contribuinte sob pena de invalidade dos atos constitutivos dela decorrentes.

Não obstante ser o caso de atuação independente do poder público, tão logo apurada a imputação de qualquer penalidade ou a constituição de um débito tributário, todo o sistema constitucional garantidor se volta à proteção do contribuinte, o que atrai a necessidade de observância do direito de contraditar amplamente a atuação fiscal.

O contribuinte passa a ter o direito inafastável de participar e de poder influenciar nas decisões que lhe imputam qualquer ônus. Por isso, nos termos do art. 82, § 2º, do CTN, por ocasião do correspondente lançamento, cada contribuinte deverá ser notificado do valor do tributo, da forma e dos prazos de seu pagamento e dos elementos que integram o respectivo cálculo.

A notificação dá ensejo à possibilidade de insurgência formal à pretensão estatal sobre o patrimônio do particular, que depende diretamente do devido processo legal,

---

[63] DIDIER JR., Fredie. *Curso de direito processual civil*: introdução ao direito processual civil, parte geral e processo do conhecimento. 20. ed. Salvador: JusPodivm, 2018, p. 105-106.

[64] CF, art. 133. O advogado é indispensável à administração da justiça, sendo inviolável por seus atos e manifestações no exercício da profissão, nos limites da lei.

[65] Tal vedação encontra temperamento na possibilidade das decisões *indaudita altera parte*, quando a ponderação entre a efetividade do processo e o princípio do contraditório autorizam o julgador a conceder tutela provisória liminar de urgência ou de evidência.

[66] Código de Processo Civil. Art. 9º Não se proferirá decisão contra uma das partes sem que ela seja previamente ouvida.
Parágrafo único. O disposto no *caput* não se aplica:
I – à tutela provisória de urgência;
II – às hipóteses de tutela da evidência previstas no art. 311, incisos II e III;
III – à decisão prevista no art. 701.

viabilizado pelos princípios do contraditório e da ampla defesa. Ao contribuinte é assegurado o direito de resistir dessa pretensão estatal, deduzindo as razões de fato e de direito para tanto.

A título exemplificativo, o contraditório e a ampla defesa estão resguardados quando o auto de infração observa seus requisitos formais, tal como a descrição do fato imputado como contrário ao ordenamento, a Certidão de Dívida Ativa é clara quanto à natureza e à fundamentação legal do crédito tributário e a decisão em sede de contencioso leva em consideração o conjunto probatório apresentado pelas partes, tendo-lhes sido oportunizado as mesmas condições de atuação.

1.10 PRINCÍPIO DA OFICIALIDADE

Pelo princípio da oficialidade, a autoridade administrativa tem o dever de promoção do impulso oficial ao processo administrativo, independentemente de provação do particular.

O Processo Administrativo Fiscal não é necessariamente promovido pelo contribuinte, e muitas vezes cumpre seu curso sem a participação do interessado, como é o caso do procedimento de lançamento tributário de ofício (fase interna da concepção administrativa do processo tributário).

Em outras circunstâncias, em que instaurado o contencioso administrativo (fase externa da concepção administrativa do processo tributário), são sucessivas as fases de contraditório, instrução e julgamento. Qualquer que seja a hipótese, seja para alcançar o lançamento ou a constituição definitiva do crédito tributário, após a impugnação do sujeito passivo, cumpre ao Fisco observar os procedimentos e as fases processuais tendentes à conclusão do feito[67], por meio de atos administrativos sempre adstritos ao já tratado princípio da legalidade.

É certo que esse impulso processual não substitui a atuação do particular interessado, mas assegura que sua omissão não ensejará a paralisação do processo, tendo sido devidamente oportunizados os instrumentos de defesa ou contraditório que lhe são assegurados.

1.11 PRINCÍPIO DA VERDADE MATERIAL

Se o princípio da legalidade orienta como deve ser exercido o poder de tributar, por outro lado torna necessário que sejam bem definidos os fatos sobre os quais incide a norma tributária, como condição essencial para que se confira legitimidade aos atos estatais emanados contra o interesse do particular tendentes a interferir nos seus direitos fundamentais.

O conjunto probatório tem alta relevância no Processo Tributário, especialmente no Processo Administrativo Fiscal, quando essencialmente são carreados os elementos que compõem a formação da obrigação tributária, cabendo à autoridade fiscal a comprovação dos requisitos que dão ensejo à imposição de um tributo ou de uma penalidade.

---

[67] Essa conclusão alcançada está sujeita a alterações determinadas no âmbito do processo tributário em sua concepção judicial, ordinária, no curso da execução fiscal, ou extraordinária, precedente ou posterior a ela.

Por isso a verdade material, ou seja, a representação formal da realidade de fato[68], é um valor informador e primordial relacionado diretamente aos deveres de fiscalização, apuração e lançamento que decorrem do poder de tributar. Essa importância de constatação da realidade é diferente do que se pretende com a verdade formal, que orienta o julgador a decidir exclusivamente com base no que é efetivamente comprovado nos autos, a partir de regras definidas de imputação do ônus da prova.

No Processo Administrativo Fiscal, contudo, a autoridade deve-se utilizar dos meios necessários para formação da sua convicção, inclusive agindo de ofício para tanto.

Por esse princípio, a comprovação de uma dada situação fática pode ser feita, em regra, por uma de duas vias: (a) por uma prova única, direta, concludente por si só, ou (b) por um conjunto de elementos e indícios que, se isoladamente, nada atestam, enquanto agrupados têm o condão de estabelecer a convicção daquela matéria de fato.

Não há, em sede de processo administrativo, uma hierarquização preestabelecida dos meios de prova, sendo perfeitamente regular o estabelecimento da convicção a partir do cotejamento de elementos de variada ordem, desde que estejam, por óbvio, devidamente juntados ao processo. É a consagração da chamada prova indiciária, de largo uso no direito.

A comprovação fática do ilícito raramente é passível de ser produzida por uma prova única, isolada; aliás, só seria possível, praticamente, a partir de uma confissão expressa do infrator, circunstância que dificilmente ocorrerá, por mais evidentes que sejam os fatos. O uso de indícios não pode ser confundido com a utilização de presunções legais.

Diferem a presunção e o indício pela circunstância de que àquele o direito atribui, isoladamente, o vigor de um verdadeiro conformador de uma outra situação de fato que a lei supõe, por uma aferição probabilística que ocorra no mais das vezes. Já o indício não tem esta estatura legal, haja vista, pontualmente, pouca eficácia probatória lhe é dada, ganhando prestígio apenas quando, apreciado conjuntamente com outros fatores indiciários, transfere a convicção de que apenas um resultado fático seria verossímil.

No direito administrativo tributário é permitido, em princípio, todo meio de prova, haja vista não existir limitação expressa. Predominam a prova documental, a pericial e a indiciária.

A partir da associação da primeira com a última que se permite concluir a respeito da correção e validade do lançamento, enquanto as provas indiretas – indícios e presunções simples – podem ser instrumentos coadjuvantes do convencimento da autoridade julgadora quando da apreciação do conjunto probatório do processo administrativo tributário.

As presunções legais ou absolutas independem de prova, assim como a ficção jurídica, já as presunções relativas admitem prova em contrário. As presunções simples devem reunir requisitos de absoluta lógica, coerência e certeza para lastrear a conclusão da prova da ocorrência do fato gerador de tributo.

A procura pela verdade material é compatível com os métodos probatórios indiciários, devendo a Administração Tributária lançar mão desses instrumentos quando não

---

[68] MARINS, James. *Direito processual tributário brasileiro*: administrativo e judicial. 11. ed. São Paulo: Revista dos Tribunais, 2018, p. 180.

dispõe de prova constituída suficiente, de modo a agregar elementos para a formação de sua convicção. Para tanto, são válidas as provas indiretas ou fatos indiciantes, associados a regras da experiência comum, da ciência ou da técnica, "uma ilação quanto aos fatos indiciados". Dessa forma, a conclusão não se obtém diretamente da prova, mas de um juízo de correlação entre o indício e a prova, desde que suficientemente sólidos[69].

Além do dever de investigação que recai sobre a autoridade fiscal, a busca da verdade material também tem relação com o dever de colaboração que afeta também contribuintes e terceiros, e que significa o dever de suportar as atividades investigativas do fisco, o que vai além da obrigação de fornecer documentos e informações em geral[70].

O dever de colaboração submete o particular a medidas constritivas, normalmente ligadas à investigação do patrimônio e de atividades, que chegam ao limiar das garantias fundamentais de proteção do cidadão diante da atividade estatal, tais quais o sigilo constitucionalmente protegido e a inviolabilidade da intimidade e da vida privada, com a inclusão recente, pela Emenda Constitucional 115/2022, de que *é assegurado, nos termos da lei, o direito à proteção dos dados pessoais, inclusive nos meios digitais.* (inciso LXXIX, art. 5º, da CF).

No curso do processo administrativo fiscal, é concedido ao contribuinte e ao Fisco o direito à produção de provas aptas a fundamentar a pretensão de resistência à cobrança do tributo ou de sua imposição. É mandatório, neste contexto, a devida observância ao momento de indicação das provas e, especialmente, ao meio utilizado para a sua obtenção, pois, eventual irregularidade no método de obtenção do conjunto probatório, poderá ocasionar a nulidade do auto de infração que constituiu o processo administrativo fiscal.

A Constituição Federal, no art. 5º, inciso LVI[71], prevê expressamente a inadmissibilidade de provas obtidas por meios ilícitos. O STF adota a teoria dos frutos da árvore envenenada, ao afastar as provas originariamente ilícitas e, ainda, aquelas afetadas pelo vício da ilicitude por derivação[72].

No âmbito do CARF, contudo, há controvérsia quanto à possibilidade de utilização de prova ilícita, reconhecida judicialmente, em processo administrativo fiscal. As turmas do Conselho, de forma majoritária, vêm entendendo, sob fundamento de aplicação das **teorias da fonte independente e da descoberta inevitável**, pela possibilidade de mitigação da característica ilícita das provas, desde que haja indícios de que tais provas poderiam ser obtidas por outros meios lícitos, ou que seriam inevitavelmente reveladas no decorrer da investigação.[73]

Diante deste cenário, a despeito de a alegação de ilicitudes nos meios empregados de obtenção das provas mostrar-se como um instrumento importante para o contribuinte, podendo atrair a nulidade da autuação fiscal, a apuração quanto à possibilidade de alcance de tais provas por outros meios faz-se igualmente relevante no contexto do

---

[69] XAVIER, Alberto Pinheiro. *Do Lançamento*: Teoria Geral do Ato, do Procedimento e do Processo Tributário. 2. ed. Rio de Janeiro: Forense, 1998, p. 133.

[70] Idem, p. 182.

[71] (...) LVI – são inadmissíveis, no processo, as provas obtidas por meios ilícitos;

[72] HC 93050 / RJ – Rio de Janeiro Habeas Corpus, Rel. Min. Celso de Mello, Segunda Turma, j. 10.06.2008.

[73] CARF, Processo Administrativo 19515.007874/2008-81, Acórdão 2401-004.578, Relatora Maria Cleci Coti Martins, Sessão 07.02.2017; CARF, Processo Administrativo 19647.011167/2009-75, Acórdão 9303-008.694, Rel. Andrada Marcio Canuto Natal, Sessão 12.06.2019.

processo administrativo fiscal, haja vista a constatação poder ocasionar o acolhimento de provas reconhecidamente ilícitas pelo Judiciário.

1.12 PRINCÍPIO DA PUBLICIDADE

Condicionante da eficácia dos atos administrativos, o princípio da publicidade traz ao Estado o dever de transparência no trato da coisa pública. Em se tratando de processo administrativo, referida transparência significa assegurar que o contribuinte conheça, de maneira pormenorizada, a atuação dos agentes públicos que conduziram a imputação tributária, concedendo-lhe o arcabouço informativo primordial ao exercício de sua defesa.

A retenção de informações pelo Fisco, por seu turno, rompe com a equação de paridade imposta pelo princípio da igualdade, tão cara ao devido processo legal, e compromete a regularidade dos atos administrativos de lançamento ou de imputação de penalidade, bem como torna inconsistente a constituição definitiva de um crédito tributário.

O contraditório, no âmbito do processo administrativo fiscal, é estabelecido a partir da impugnação do lançamento, razão pela qual os elementos constantes dos autos devem dar condições suficientes ao contribuinte de compreender o lançamento e de oferecer sua defesa. Tais condições somente se tornam viáveis a partir da ciência do interessado sobre os atos levados a efeito no curso do processo tributário.

Diretamente ligado ao princípio da publicidade está o princípio da cientificação, que consagra o direito do contribuinte de ser comunicado formalmente sobre qualquer atividade administrativa que possa afetar sua esfera de interesse jurídico, sob pena de nulidade qualquer ato contra ele decorrente.

Essa condição essencial está antevista no art. 7º do Decreto 70.235/1972, que cuida do processo administrativo fiscal, no sentido de que a apuração fiscal tem início com o primeiro ato oficial escrito praticado por servidor competente, cientificando o sujeito passivo da obrigação tributária do início da ação fiscal.

1.13 PRINCÍPIO DA MOTIVAÇÃO

Inerente ao processo administrativo como um todo, a motivação traduz o dever de os agentes públicos esclarecerem de maneira cabal e definitiva, os motivos que nortearam a tomada de determinada decisão.

A Constituição Federal estabelece que todos os julgamentos dos órgãos do Poder Judiciário serão públicos, e fundamentadas todas as decisões, sob pena de nulidade (art. 93, inciso IX). A norma constitucional, conquanto tenha previsão literal de "julgamentos do Poder Judiciário", também tem aplicabilidade para as decisões de cunho administrativo, sobretudo relativamente àquelas que restringem a esfera de direitos de terceiros. O princípio da motivação, inclusive, aparece no *caput* do art. 2º da Lei 9.784/1999, que regula o processo administrativo no âmbito da Administração Pública Federal.

A necessária fundamentação das decisões tem dimensões igualmente relevantes[74], sobretudo porque a indicação das razões conduz a determinada conclusão de modo

---

[74] NUNES, Cleucio Santos. *Curso completo de direito processual tributário*. 2. ed. São Paulo: Saraiva Educação, 2018, p. 148.

a representar os elementos indissociáveis para o exame de insurgência, ou não, pelo contribuinte, no pleno exercício do princípio do contraditório e da ampla defesa.

A Lei Federal 9.784/1999 (art. 2º, parágrafo único, inciso VII) dispõe que a autoridade pública observe, no processo administrativo, a necessidade de indicação dos pressupostos de fato e de direito que determinarem a decisão. Ainda com maior precisão, o art. 50 da mesma lei[75] estabelece o rol de atos administrativos que atraem o dever de motivação, o qual deve ser cumprido de modo expresso, claro e congruente.

Sob esse aspecto, é possível saber quais as circunstâncias fáticas que orientaram a verdade material constatada no caso concreto, bem como as normas jurídicas aplicadas na espécie. Além disso, o princípio da motivação revela-se um poderoso instrumento de materialização do Estado Democrático de Direito, que confere limites bem definidos ao poder estatal e protege o patrimônio jurídico do particular das interferências que podem sofrer a partir dos instrumentos de que dispõe o Estado.

A concentração de poderes estatais, na formação da obrigação tributária, na imputação de penalidades e nas decisões administrativas e judiciais, tendentes à solução dos impasses na esfera tributária, atraem, de modo inexorável, o dever de motivação da autoridade fiscal e do julgador, a bem de valores caros à ordem constitucional.

No Processo Tributário, portanto, isso significa a necessidade de indicação dos elementos fáticos e dos requisitos legais os quais subsidiam o lançamento tributário ou que compõem a imputação de uma penalidade, e, ainda, o enfrentamento específico dos pontos de defesa do contribuinte na fase do contencioso fiscal.

O uso de apontamentos equivocados ou de negativas genéricas e imprecisas, que dificultem a exata compreensão das razões de decidir acarreta cerceamento de defesa do contribuinte, como em mais de uma ocasião decidiu o Conselho Administrativo de Recursos Fiscais[76]. Segundo o CARF, o "auto de infração deverá conter, obrigatoriamente, entre outros requisitos formais, a capitulação legal e a descrição dos fatos".[77]

---

[75] Art. 50. Os atos administrativos deverão ser motivados, com indicação dos fatos e dos fundamentos jurídicos, quando:
I – neguem, limitem ou afetem direitos ou interesses;
II – imponham ou agravem deveres, encargos ou sanções;
III – decidam processos administrativos de concurso ou seleção pública;
IV – dispensem ou declarem a inexigibilidade de processo licitatório;
V – decidam recursos administrativos;
VI – decorram de reexame de ofício;
VII – deixem de aplicar jurisprudência firmada sobre a questão ou discrepem de pareceres, laudos, propostas e relatórios oficiais;
VIII – importem anulação, revogação, suspensão ou convalidação de ato administrativo.
§ 1º A motivação deve ser explícita, clara e congruente, podendo consistir em declaração de concordância com fundamentos de anteriores pareceres, informações, decisões ou propostas, que, neste caso, serão parte integrante do ato.
§ 2º Na solução de vários assuntos da mesma natureza, pode ser utilizado meio mecânico que reproduza os fundamentos das decisões, desde que não prejudique direito ou garantia dos interessados.
§ 3º A motivação das decisões de órgãos colegiados e comissões ou de decisões orais constará da respectiva ata ou de termo escrito.

[76] Proc. 11817.000438/2005-22, Acórdão 3302-003.01, 26.01.2016.

[77] Proc. 12571.000141/200711, Acórdão 1402001.930, 04.03.2015.

Título I • Cap. 1 • INTRODUÇÃO AO DIREITO PROCESSUAL TRIBUTÁRIO | 35

Contudo, em certos casos, quando constatado vício nestes aspectos do auto, se o contribuinte demonstra conhecer plenamente das acusações fiscais que lhes são imputadas, refutando-as uma a uma, de forma meticulosa, compreendendo razões preliminares e de mérito, a jurisprudência do colegiado administrativo federal tem-se mostrado desfavorável à invalidade do lançamento tributário por fundamento na alegação de cerceamento do direito de defesa.

1.14 PRINCÍPIOS DA PROTEÇÃO DA CONFIANÇA E DA SEGURANÇA JURÍDICA

O princípio da proteção da confiança consiste no reconhecimento da situação jurídica na qual legitimamente se baseia e confia o particular, o que lhe gera determinada expectativa em relação à atuação de outrem.

A proteção da confiança está diretamente ligada ao princípio da segurança jurídica ao conferir uma dimensão subjetiva de seu conteúdo, especialmente porque os elementos externos dos atos sinalizam e devem gerar a perspectiva de presunção de validade, ocasionando a legítima expectativa de manutenção dos seus efeitos a partir dos mecanismos de proteção da confiança gerada[78].

A preservação dessa condição provoca a necessidade de segurança jurídica nas relações a fim de ser evitar a frustração da condição de estabilidade dos fatores exteriores de determinado contexto. A base da confiança a ser protegida é o ato normativo na qual se funda, seja lei, decisão judicial ou ato administrativo, revestido de presunção de regularidade e cujos elementos são conhecidos e confiáveis, os quais subsidiam a atuação em determinado sentido ou gera determinada e legítima expectativa[79].

Seja no processo administrativo fiscal ou no curso de um processo judicial, esse princípio é apto a conferir efetividade à ordem constitucional-tributária tendente a limitar o poder de tributar do Estado, impondo uma uniformização dos atos normativos, a definição de sua eficácia e a adequada modulação dos seus efeitos no tempo, inclusive dentro do sistema de nulidade dos atos.

A proteção da confiança, sob o manto da segurança jurídica, está em plena evidência nas decisões dos tribunais, inclusive na órbita tributária.

1.14.1 Eficácia temporal da coisa julgada nas relações jurídico--tributárias

O Supremo Tribunal Federal, no julgamento dos Temas 881[80] e 885[81] da repercussão geral, consolidou o entendimento de que uma decisão definitiva, ou "coisa julgada", a

---

[78] DIDIER JR., Fredie. *Curso de direito processual civil*: introdução ao direito processual civil, parte geral e processo do conhecimento. 20. ed. Salvador: JusPodivm, 2018, p. 170-171.

[79] DIDIER JR., Fredie. *Curso de direito processual civil*: introdução ao direito processual civil, parte geral e processo do conhecimento. 20. ed. Salvador: JusPodivm, 2018, p. 170-176.

[80] Tema 881 do STF – Limites da coisa julgada em matéria tributária, notadamente diante de julgamento, em controle concentrado pelo Supremo Tribunal Federal, que declara a constitucionalidade de tributo anteriormente considerado inconstitucional, na via do controle incidental, por decisão transitada em julgado.

[81] Tema 885 do STF – Efeitos das decisões do Supremo Tribunal Federal em controle difuso de constitucionalidade sobre a coisa julgada formada nas relações tributárias de trato continuado.

respeito de tributos recolhidos de forma continuada perde seus efeitos na hipótese de posterior pronunciamento da Corte, em ação direta ou em sede de repercussão geral, em sentido contrário.

A questão, em resumo, é vertida na possibilidade de revisão da coisa julgada, que reconhece a inconstitucionalidade de tributo em ação própria e de natureza incidental, fundamentada em posterior declaração de sua constitucionalidade, em controle concentrado pelo Supremo. Nesta situação, a Corte concluiu que há ruptura automática da coisa julgada e, em consequência, é prescindível para a Fazenda Pública, representante judicial dos entes políticos, mover a correspondente ação rescisória desconstitutiva do título judicial.

Em outras palavras, a coisa julgada favorável a contribuintes formada no sentido de inexigibilidade da relação jurídica e consequente não recolhimento de determinado tributo, que posteriormente venha a ser declarado constitucional pelo STF, em julgamento de controle concentrado, sujeita-se a impacto dos efeitos imediatos e prospectivos nas relações de trato sucessivo pela declaração de constitucionalidade formada pelo Supremo.

Para melhor compreensão, tenha-se o seguinte exemplo prático, com a pretensão de expor didaticamente o assunto. Na década de 1990, ocorreu um intenso debate jurídico a respeito da constitucionalidade da Contribuição Social Sobre o Lucro Líquido (CSLL), então editada pela Lei 7.689/1988. Os Tribunais Regionais Federais, em parte, mantinham precedentes no sentido da inconstitucionalidade da cobrança, quando, em 1992, o Plenário do STF apreciou o tema e reconheceu a constitucionalidade em controle difuso no RE 138.284/CE[82], com trânsito em julgado em 29.09.1992, e em controle concentrado na ADIn 15/DF[83], transitada em julgado em 17.09.2007. Com base no entendimento firmado nos Temas 881 e 885, houve a ruptura automática dos efeitos das decisões favoráveis obtidas pelos contribuintes em 1992 quando do pronunciamento definitivo do STF em sentido contrário no ano de 2007.

---

[82] "Contribuições parafiscais: contribuições sociais, contribuições de intervenção e contribuições corporativas. CF, art. 149. Contribuições sociais de seguridade social. CF, arts. 149 e 195. As diversas espécies de contribuições sociais. II – A contribuição da Lei 7.689, de 15.12.88, e uma contribuição social instituída com base no art. 195, I, da Constituição. As contribuições do art. 195, I, II, III, da Constituição, não exigem, para a sua instituição, lei complementar. Apenas a contribuição do parag. 4. do mesmo art. 195 e que exige, para a sua instituição, lei complementar, dado que essa instituição devera observar a técnica da competência residual da União (CF, art. 195, parag. 4.; CF, art. 154, I). Posto estarem sujeitas a lei complementar do art. 146, III, da Constituição, porque não são impostos, não há necessidade de que a lei complementar defina o seu fato gerador, base de cálculo e contribuintes (CF, art. 146, III, "a"). (...) RE 138284, Rel. Carlos Velloso, Tribunal Pleno, j. 01.07.1992, DJ 28.08.1992 PP-13456 Ement Vol-01672-03 PP-00437 RTJ VOL-00143-01 PP-00313.

[83] "ADIn: não conhecimento quanto ao parâmetro do art. 150, § 1º, da Constituição, ante a alteração superveniente do dispositivo ditada pela EC 42/03. IV. ADIn: L. 7.689/1988, que instituiu contribuição social sobre o lucro das pessoas jurídicas, resultante da transformação em lei da Medida Provisória 22, de 1988. 1. Não conhecimento, quanto ao art. 8º, dada a invalidade do dispositivo, declarado inconstitucional pelo Supremo Tribunal, em processo de controle difuso (RE 146.733), e cujos efeitos foram suspensos pelo Senado Federal, por meio da Resolução 11/1995. (...) 3. Improcedência das alegações de inconstitucionalidade formal e material do restante da mesma lei, que foram rebatidas, à exaustão, pelo Supremo Tribunal, nos julgamentos dos RREE 146.733 e 150.764, ambos recebidos pela alínea b do permissivo constitucional, que devolve ao STF o conhecimento de toda a questão da constitucionalidade da lei. (ADI 15, Rel. Sepúlveda Pertence, Tribunal Pleno, j. 14.06.2007, DJe-092 divulg 30-08-2007 public 31-08-2007 DJ 31-08-2007 PP-00028 ement vol-02287-01 PP-00001 RDDT 146, 2007, p. 216-217)

Assim como no caso da CSLL, diversos outros exemplos apresentaram-se no cenário da jurisprudência constitucional. A contribuição previdenciária incidente sobre avulsos, autônomos e administradores, instituída pela Lei 7.787/1989, quando o STF[84] declarou a inconstitucionalidade da incidência sobre valores recolhidos a trabalhadores sem vínculo empregatício. O Senado, inclusive, no exercício constitucional suspendeu a eficácia de parte do dispositivo contido na referida lei por resolução.[85]

Um segundo caso compreende a incidência da COFINS sobre as sociedades civis a partir da revogação pela Lei 9.430/1996 da isenção concedida pela Lei Complementar 70/1991. A discussão voltou-se, à época, se lei ordinária poderia revogar norma prevista em lei complementar. O STF[86], em setembro de 2008, declarou a constitucionalidade da revogação da isenção sob fundamento de que a matéria tratada era de competência de lei ordinária e não de lei complementar.

Ainda no âmbito de julgados apreciados pelo Supremo com potencial impacto em diversas decisões com formação de coisa julgada nos Tribunais do país, foi o julgamento do alargamento da base de cálculo da COFINS promovido pela Lei 9.718/1998, inclusive quando já se tinha um contexto desfavorável aos contribuintes no âmbito dos TRFs, sobreveio em 2005 a declaração de inconstitucionalidade formal do § 1º do art. 3º da Lei 9.718/1998[87].

Um último exemplo foi a decisão do Supremo, em março de 2017, sobre a inconstitucionalidade da inclusão do ICMS nas correspondentes bases de cálculo do PIS e da COFINS[88], quando a jurisprudência majoritária, até então, dos TRFs e do STJ, era favorável à referida inclusão, ocorrendo uma virada de entendimento com enorme impacto na economia do setor produtivo, e com reflexos expressivos para o Erário da União, não por outro motivo o tema ficou conhecido como "tese do século".

Antes do pronunciamento definitivo do STF sobre o tema, a doutrina apresentava basicamente três posições, segundo Claudio Seefelder Filho:[89]

a) A primeira delas entende que deve haver um novo provimento judicial pelos meios cabíveis, entre os quais, por exemplo, ação rescisória, oposição à execução, *querela nullitatis*, ação revisional, de modo que a coisa julgada deixe de ser observada frente ao posicionamento formado pelo Supremo Tribunal Federal.

b) Uma segunda posição, tida como intermediária, de que apenas os precedentes do STF em controle concentrado de constitucionalidade, com efeito vinculante e *erga omnes*, acarretariam a revisão da coisa julgada formada em sentido contrário à decisão do Supremo com eficácia prospectiva.

---

[84] RREE 166.772/RS e 177.296/RS.

[85] SEEFELDER FILHO, Cláudio Xavier. *Jurisdição Constitucional e a eficácia temporal da coisa julgada nas relações jurídico-tributárias de trato continuado*. Belo Horizonte: Fórum, 2022, p. 103-106.

[86] RREE 377.457/PR e 381.964/MG.

[87] RREE 357.950-9/RS, 390.840-5/MG, 358.273-9/RS e 346.084-6/PR.

[88] RE 574.706/PR (Tema 69 da Repercussão Geral).

[89] SEEFELDER FILHO, Cláudio Xavier. *Jurisdição Constitucional e a eficácia temporal da coisa julgada nas relações jurídico-tributárias de trato continuado*. Belo Horizonte: Fórum, 2022, p. 111-116.

c) Por último, uma terceira linha de posicionamento doutrinário entende que a decisão do Supremo em controle concentrado ou difuso de constitucionalidade tem a capacidade de impactar a ordem jurídica e o estado de direito com reflexo automático e prospectivo na eficácia da coisa julgada em sentido contrário à decisão do STF.

Em 2023, a tese firmada pelo Supremo no caso concreto dos Temas 881 e 885, por sua vez, foi de que "as decisões proferidas em ação direta ou em sede de repercussão geral interrompem automaticamente os efeitos temporais das decisões transitadas em julgado nas referidas relações, respeitadas a irretroatividade, a anterioridade anual e a noventena ou a anterioridade nonagesimal, conforme a natureza do tributo".

Mais recentemente, em 4 de abril de 2024, o STF apreciou embargos de declaração opostos no RE 949297 e no RE 955227, os quais originaram os Temas 881 e 885 acima referidos, e negou a modulação de efeitos relativamente à cessação automática dos efeitos da coisa julgada em matéria tributária. O objetivo dos contribuintes, com a oposição dos embargos de declaração, era de que a retomada da cobrança de tributos anteriormente resguardados por coisa julgada reconhecendo sua inconstitucionalidade, com posterior pronunciamento do STF em sentido contrário, somente pudesse ocorrer a partir do julgamento definitivo ocorrido com a edição dos Temas 881 e 885, acima mencionados.

A discussão envolveu a estabilidade dos precedentes, e, consequentemente, das relações jurídicas constituídas, com impacto, sobretudo, na economia do país ante a imprevisibilidade das expectativas sociais, políticas e de mercado, até mesmo da coisa julgada como instrumento de salvaguarda da proteção da confiança.[90]

A Corte, no entanto, negou o pedido de modulação dos efeitos, permitindo, assim, que o fisco cobre o tributo a partir da publicação da ata de julgamento em ação direta ou em sede de repercussão geral que decidiu pela constitucionalidade da cobrança. Portanto, no caso da discussão relativamente à cobrança da CSLL, por exemplo, os valores que deixaram de ser recolhidos de 2007 para frente podem ser cobrados daqueles contribuintes que eram resguardados por decisões favoráveis proferidas ainda no ano de 1992.

1.14.2 Segurança jurídica e modulação de efeitos nas decisões proferidas pelo STF

No controle de constitucionalidade, como regra, ao se declarar uma norma inconstitucional, ela perde sua eficácia e vigência desde a origem ante sua nulidade. Trata-se do efeito *ex tunc*, ou seja, alcança resultados pretéritos, retroativos, atingindo situações jurídicas formadas anteriormente, haja vista sua condição de atentar contra a própria Constituição Federal.

---

[90] DIAS DE SOUZA, Hamilton; CORRÊA SZELBRACIKOWSKI, Daniel. Teoria das Cortes Superiores em matéria tributária é o que garante a segurança jurídica. In: BRIGAGÃO, Gustavo; CORDEIRO DA MATA, Juselder (orgs.). *Temas de Direito Tributário em Homenagem a Gilberto de Ulhôa Canto*. Rio de Janeiro: Arraes Editores, 2020, p. 812.

A teoria da nulidade da norma declarada inconstitucional, contudo, não é absoluta em nosso ordenamento jurídico. A Lei 9.868/1999 estabelece que o STF, ao declarar a inconstitucionalidade de lei ou ato normativo, e tendo em vista razões de **segurança jurídica** ou de **excepcional interesse social**, por maioria de dois terços de seus membros, poderá restringir os efeitos ou decidir que a mesma só tenha eficácia a partir de seu trânsito em julgado ou de outro momento que venha a ser fixado (art. 27).

O CPC, no § 3º, art. 927, também tem previsão de que o STF poderá modular os efeitos da decisão, atendendo os requisitos de **interesse social** e de **segurança jurídica**, e, acrescenta, quando houver alteração de jurisprudência dominante nos tribunais superiores.

A leitura dos dispositivos mencionados deixa claro que dois são os pressupostos para a modulação de efeitos na declaração de inconstitucionalidade de lei ou ato normativo: segurança jurídica e interesse social, adicionado, ainda, pelo CPC, da hipótese de *alteração de jurisprudência dominante do Supremo Tribunal Federal e dos tribunais superiores ou daquela oriunda de julgamento de casos repetitivos.*

O tema, nos últimos anos, vem ganhando evidência em matéria tributária, sobretudo porque várias teses foram "moduladas" pelo Supremo para produzir efeitos de inconstitucionalidade somente a partir de determinado marco temporal, por exemplo, seja do início da sessão de julgamento ou de outra data.

A adoção da excepcional medida prevista nas legislações referidas tem virado regra, segundo críticas doutrinárias, ainda mais porque em dezembro de 2019, o Supremo decidiu, em questão de ordem no RE 638.115, que a "modulação dos efeitos de decisão em julgamento de recursos extraordinários repetitivos, com repercussão geral, nos quais não tenha havido declaração de inconstitucionalidade de ato normativo, é suficiente o quórum de maioria absoluta dos membros do Supremo Tribunal Federal".

Isso significa que, não havendo propriamente declaração de inconstitucionalidade, mas afastamento de fundamento lastreado em interpretação de lei ou em ato normativo editado pelo Fisco, a respeito da base de incidência do tributo, basta o quórum de maioria absoluta dos membros do STF, por exemplo a definição de (a) receita bruta ou faturamento (Temas de Repercussão Geral 69, 118, 1.048 e 1.067) e (b) renda e proventos (Tema de Repercussão Geral 808).

A exigência de maioria absoluta significa que são necessários seis votos dos onze ministros que compõem o Supremo, ainda que um ou mais não estejam presentes na sessão de julgamento, inclusive se houver impedimentos, embora, diga-se, a instalação da sessão depende de ao menos oito ministros presentes para decidir sobre constitucionalidade ou inconstitucionalidade de lei ou ato normativo[91]. Para a declaração de inconstitucionalidade, seja no controle concreto, seja no controle abstrato (ação

---

[91] Lei 9.868/1999. Art. 22. A decisão sobre a constitucionalidade ou a inconstitucionalidade da lei ou do ato normativo somente será tomada se presentes na sessão pelo menos oito Ministros.

O Regimento Interno do STF tem a seguinte previsão sobre o quórum de instalação:

Art. 143. O Plenário, que se reúne com a presença mínima de seis Ministros, é dirigido pelo Presidente do Tribunal.

Parágrafo único. O quórum para votação de matéria constitucional e para a eleição do Presidente e do Vice-Presidente, dos membros do Conselho Nacional da Magistratura e do Tribunal Superior Eleitoral é de oito Ministros.

direta), são necessários seis votos, e, pela jurisprudência firmada pela própria Corte, como visto, aplica-se, inclusive, para fins de modulação de efeitos quando não houver declaração de inconstitucionalidade.

De volta à modulação de efeitos das decisões pelo Supremo, a doutrina tem evidenciado a teoria do "consequencialismo", que, segundo Ricardo Lobo Torres, "é utilizado no discurso de aplicação do direito e consiste na consideração das influências e das projeções da decisão judicial – boas ou más – no mundo fático. Efeitos econômicos, sociais e culturais – prejudiciais ou favoráveis à sociedade – devem ser evitados ou potencializados pelo aplicador da norma em certas circunstâncias".[92]

A definição da modulação não é tarefa fácil, especialmente porque sustenta-se em princípios constitucionais à mingua de uma sistematização ordenada, e, por isso, muitas vezes o próprio Supremo vê-se diante de várias possibilidades, como exemplo, o julgado a respeito da incidência de ISS ou do ICMS em operações com *softwares*, quando o ministro relator Dias Toffoli ofereceu oito diferentes possibilidades de produção de efeitos da decisão.[93]

Na perspectiva dos contribuintes, uma consequência prática das teses de modulação recentemente adotadas pelo STF (por exemplo, Temas de repercussão geral 69 e

---

[92] TORRES, Ricardo Lobo. O consequencialismo e a modulação dos efeitos das decisões do Supremo Tribunal Federal. In: MORAES, Carlos Eduardo Guerra de; RIBEIRO, Ricardo Lodi (coords.); QUEIROZ, Luis Cesar Souza de; GOMES, Marcus Livio (orgs.). *Finanças públicas, tributação e desenvolvimento*. Rio de Janeiro: Freitas Bastos, 2015, p. 130.

[93] Resumo do voto relativamente à modulação extraída do site da *Revista Conjur*: https://www.conjur. com.br/2021-fev-24/stf-modula-efeitos-decisao-tributacao-operacoes-softwares, acessado em 03 de maio de 2022.
1) Contribuintes que recolheram somente o ICMS: não terão direito à restituição do tributo. Municípios não poderão cobrar ISS, sob pena de bitributação;
2) Contribuintes que recolheram somente o ISS: o pagamento será validado, e os estados não poderão cobrar ICMS;
3) Contribuintes que não recolheram nem ICMS nem ISS até a véspera da publicação da ata de julgamento: haverá apenas a possibilidade de cobrança do ISS, respeitada a prescrição;
4) Contribuintes que recolheram ISS e ICMS, mas não moveram ação de repetição de indébito: como é situação de bitributação, haverá a possibilidade de restituição do ICMS, mesmo sem ter ação em curso, sob pena de enriquecimento ilícito dos estados, e validade do recolhimento de ISS;
5) Ações judiciais pendentes de julgamento movidas por contribuintes contra estados, inclusive ações de repetição de indébito, nas quais se questiona a cobrança do ICMS: tais processos deverão ser julgados com base no entendimento firmado pelo STF de que incide ISS, e não ICMS, em operações de softwares. Haverá a possibilidade de restituição ou liberação de valores depositados a título de ICMS;
6) Ações judiciais, inclusive execuções fiscais, pendentes de julgamento movidas por estados visando a cobrança do ICMS quanto a fatos ocorridos até a véspera da data de publicação da ata de julgamento: tais processos deverão ser julgados com base no entendimento firmado pelo STF de que incide ISS, e não ICMS, em operações de softwares;
7) Ações judiciais, inclusive execuções fiscais, pendentes de julgamento movidas por municípios visando a cobrança de ISS quanto a fatos ocorridos até a véspera da data de publicação da ata de julgamento: tais processos deverão ser julgados com base no entendimento firmado pelo STF pela cobrança de ISS, salvo se o contribuinte já tiver recolhido ICMS;
8) Ações judiciais pendentes de julgamento movidas por contribuintes contra municípios discutindo a incidência do ISS sobre operações de softwares até a véspera da data de publicação da ata de julgamento: tais processos deverão ser julgados com base no entendimento firmado pelo STF pela incidência de ISS, com ganho de causa para os municípios, inclusive com conversão em renda dos depósitos judiciais e penhora de bens e valores.

962) é a limitação do direito à repetição dos valores pagos indevidamente em momento anterior ao marco temporal eleito para que a declaração de inconstitucionalidade surta efeitos, de modo a afastar a incidência tributária apenas de forma prospectiva (para frente).

Essa situação tem levado os contribuintes a uma corrida ao Judiciário na expectativa de decisões de caráter vinculante do Supremo com limitações de efeitos. Na medida em que o STF tem como rotina a modulação de efeitos de suas decisões com impacto no ressarcimento do indébito, é razoável presumir, especialmente em teses controversas, o estímulo à litigiosidade tributária, "tanto é assim que, na análise do contencioso tributário judicial, encontra-se registro no sentido de que há aumento no número de ações ajuizadas quando há risco de modulação em uma decisão de inconstitucionalidade".[94]

Com a limitação do direito à repetição do indébito decorrente da modulação dos efeitos, é certo que o pedido dos contribuintes para reaverem os valores pagos indevidamente em momento anterior ao marco da modulação será julgado improcedente. Advém, desse cenário, uma provocante indagação: a procedência do pedido declaratório prospectivamente e a sucumbência na parte repetitória ensejam a aplicação do art. 86 do CPC?

O referido dispositivo prevê a sucumbência recíproca, "Se cada litigante for, em parte, vencedor e vencido, serão proporcionalmente distribuídas entre eles as despesas". Mas, para a condenação à sucumbência, a jurisprudência pacífica do STJ prestigia o princípio da causalidade, segundo o qual, de acordo com a doutrina de Nelson e Rosa Maria Nery[95], "aquele que deu causa à propositura da demanda ou à instauração de incidente processual deve responder pelas despesas daí decorrentes. Isto porque, às vezes, o princípio da sucumbência se mostra insatisfatório para a solução de algumas questões sobre responsabilidade pelas despesas do processo".

Na modulação, a sucumbência relativa ao pedido repetitório tem fundamento nos motivos que levaram o Tribunal Superior a restringir a aplicação retroativa da declaração de inconstitucionalidade da norma. Não parece admissível o entendimento de que o contribuinte – que tem o seu direito restringido por supostos interesse social e segurança jurídica – deu causa à improcedência do pedido, mas não se pode negar que parte da doutrina entende que a causalidade para fins de sucumbência independe de dolo ou culpa[96], tampouco há julgados do STJ que entendem, objetivamente, pela sucumbência recíproca quando um pedido, não ínfimo, for julgado improcedente[97].

A modulação das decisões do STF não tem ocorrido somente em sede de controle concentrado de constitucionalidade, por exemplo na ação direta de inconstitucionalidade ou declaratória de constitucionalidade. O Supremo tem se valido do referido

---

[94] Sumário Executivo do Diagnóstico do Contencioso Tributário no Brasil, elaborado pela Associação Brasileira de Jurimetria (ABJ), encomendado pela RFB, por intermédio do BID – Banco Interamericano de Desenvolvimento. Disponível em: https://www.gov.br/receitafederal/pt-br/centrais-de-conteudo/publicacoes/estudos/diagnostico-do-contencioso-tributario-administrativo/sumario-executivo.

[95] JUNIOR, Nelson Nery; NERY, Rosa Maria de Andrade. *Código de Processo Civil Comentado*. 3. ed. São Paulo: Thomson Reuters Brasil, 2018, p. 333 (livro eletrônico).

[96] CUNHA, Leonardo Carneiro da. *A Fazenda Pública em Juízo*. Disponível em: Minha Biblioteca, (18th edição). Grupo GEN, 2021, p. 108.

[97] STJ, 3.ª T., REsp 1646192-PE, Rel. Min. Ricardo Villas Bôas Cueva, j. 21.03.2017, DJUE 24.03.2017.

instrumento jurídico também na sistemática da repercussão geral com a fixação da tese de julgamento ou do enunciado da súmula. Naquela primeira hipótese, o Supremo ao fixar a tese de julgamento em recurso extraordinário, pela via da repercussão geral, no controle concreto (ação desprovida do caráter abstrato das ADIs e ADCs), não produz o efeito vinculante *erga omnes* automaticamente.

Por isso que declarada a inconstitucionalidade da norma em repercussão geral, com a fixação de tese, no controle concreto, por exemplo de um recurso extraordinário interposto por contribuinte, o Fisco não está obrigado a proceder a alteração de entendimento de forma geral para todos aqueles sujeitos à idêntica situação. Para tanto, é necessário que haja a suspensão da execução da norma, no todo ou em parte, pelo Senado, por meio de resolução.[98]

Em agosto de 2020, o STF, em sede de repercussão geral, declarou que "é inconstitucional a incidência de contribuição previdenciária a cargo do empregador sobre o salário maternidade".[99] A Receita Federal do Brasil, logo depois, divulgou nota[100] antecipando-se a prováveis questionamentos dos contribuintes a respeito do assunto e manifestou-se no sentido de que o cumprimento da decisão se daria somente após pronunciamento oficial da Procuradoria-Geral da Fazenda Nacional de modo a alcançar efeito *erga omnes* pela Administração, e, portanto, enquanto isso, a decisão teria incidência apenas entre as partes envolvidas no correspondente processo.

A vinculação referida ocorre, num primeiro momento, apenas para o sistema judiciário, cabendo aos juízes de todas as instâncias seguirem o entendimento manifestado pelo STF, o que, na prática, provoca a necessidade de medidas judiciais próprias, ocasionando um grau de contrassenso por compreender a possibilidade de uma avalanche de processos sobre o assunto e, muitas vezes, por isso, a Corte é instada a modular os efeitos da decisão.

O controle de constitucionalidade das leis, neste ponto, especialmente para conferir maior eficácia e evolução à "Teoria dos Precedentes"[101], deveria avançar para reconhecer o cumprimento obrigatório e vinculante pela Administração Pública das

---

[98] Art. 52. Compete privativamente ao Senado Federal:
(...)
X – suspender a execução, no todo ou em parte, de lei declarada inconstitucional por decisão definitiva do Supremo Tribunal Federal;

[99] RE 576967, Rel. Roberto Barroso, Tribunal Pleno, j. 05.08.2020, Processo Eletrônico Repercussão Geral – Mérito DJe-254 divulg 20-10-2020 public 21-10-2020.

[100] Nota sobre a decisão do STF a respeito da não incidência de Contribuição Previdenciária sobre o salário-maternidade: A Receita Federal do Brasil informa que a decisão plenária do STF no julgamento do RE 576967 será submetida à sistemática de que trata o art. 19 da Lei 10.522/2002. Assim, até que haja a manifestação da Procuradoria-Geral da Fazenda Nacional, a decisão do RE 576967 possui efeito apenas entre as partes. Disponível em: https://www.gov.br/esocial/pt-br/noticias/receita-federal/nota--sobre-a-decisao-do-stf-a-respeito-da-nao-incidencia-de-contribuicao-previdenciaria-sobre-salario--maternidade. Acesso em: 03.05.2022.

[101] Art. 926. Os tribunais devem uniformizar sua jurisprudência e mantê-la estável, íntegra e coerente.
§ 1º Na forma estabelecida e segundo os pressupostos fixados no regimento interno, os tribunais editarão enunciados de súmula correspondentes a sua jurisprudência dominante.
§ 2º Ao editar enunciados de súmula, os tribunais devem ater-se às circunstâncias fáticas dos precedentes que motivaram sua criação.

decisões proferidas pelo STF de modo a evitar a clara distorção de ausência de vinculação automática da Administração às decisões em repercussão geral.

O CPC no inciso III, art. 927, define que "os juízes e os tribunais observarão os acórdãos (...) em julgamento de recursos extraordinário e especial repetitivos", porém deixa de indicar a vinculação automática pelo Poder Executivo, ocasionando uma incompletude sistêmica, na qual o Judiciário é obrigado a aplicar a decisão, enquanto o Fisco não, nas decisões com repercussão tributária. Por isso, a doutrina tem apontado a necessidade de equiparação dos efeitos das decisões em controle abstrato, com edição de súmulas vinculantes ou não, e aquelas proferidas em repercussão geral.

1.15 PRINCÍPIO DA INSTRUMENTALIDADE DAS FORMAS

Segundo esse princípio, atinente à nulidade dos processos, somente deve ser declarada pelo órgão competente que, de forma evidente, desvirtua os fins da justiça. Em sintonia com a regra do *pas de nullité sans grief*, pela qual não há nulidade sem prejuízo, é, portanto, necessário seja demonstrado o efetivo dano à instrução processual e à defesa da parte interessada.

Também chamado de formalismo finalístico, o princípio da instrumentalidade das formas confere tanto ao procedimento, quanto ao processo, uma função da qual não pode se distanciar, dando ênfase à finalidade das formas e não à forma em si. As formalidades devem ser observadas, sobretudo, de modo a garantir os direitos dos particulares, especialmente por preservar *a adoção de formas simples, suficientes para propiciar adequado grau de certeza, segurança e respeito aos direitos dos administrados.*[102]

Evidencia-se, de todo modo, a ponderação na aplicação desse princípio. Se, por um lado, as regras formais constituem limitação concreta ao poder de tributar e sua inobservância dá ensejo à nulidade dos atos praticados pelo fisco, não podendo ser negligenciadas, por outro, a declaração de nulidade por vício formal deve ser precedida de avaliação acurada da relevância do requisito formal para o alcance efetivo da norma processual.

1.16 PROPORCIONALIDADE E RAZOABILIDADE

Conquanto, no mais das vezes, a atividade administrativa esteja fielmente adstrita aos limites da lei – ou, de maneira mais precisa, do ordenamento jurídico-constitucional, nos termos postos acima – ao Poder Público deve-se reconhecer uma relativa liberdade de movimentos.

Cuida-se da discricionariedade administrativa, que sujeita aos juízos de conveniência e oportunidade da Administração as muitas situações concretas postas ao seu exame e que reclamam sua atuação. Esse espaço de atuação, contudo, está condicionado por balizas principiológicas que determinam sempre uma ponderação[103] na escolha a ser adotada.

---

[102] Lei 9.784, de 1999, incisos VIII e IX do parágrafo único do art. 2 º.

[103] A ponderação, assim como a proporcionalidade e a razoabilidade podem ser considerados postulados inespecíficos, ideias gerais desprovidas de critérios específicos. Mais precisamente a ponderação consiste no "método de atribuição de pesos a elementos que se entrelaçam, sem referência a pontos de vista

Devem ser avaliados os bens jurídicos e os interesses em questão (notadamente o interesse público examinado), bem como a finalidade do ato, os limites gerais dos atos administrativos[104]. Dentre essas premissas maiores a proporcionalidade, que exsurge, ao lado da razoabilidade, como critério de valoração da discricionariedade administrativa, orientando o servidor na escolha da forma como concretizará a utilidade pública buscada pelo Direito.

Proporcionalidade e razoabilidade são valores com alto grau de abstração, os quais alcançam todo o sistema de normas para viabilizar a maior extensão possível dos propósitos do ordenamento jurídico, daí por que ultrapassam a condição de princípios, cujos contornos e finalidades são precisos[105].

Em meio a diversas acepções, a razoabilidade pode estar ligada à ideia de harmonização entre as normas gerais e o caso individual, entre as normas e as condições externas de aplicação ou entre a medida adotada e o critério utilizado para tanto, conferindo, de todo modo, coerência e congruência ao sistema normativo. Já a proporcionalidade, que consiste no manejo de meios adequados, necessários e proporcionais para a realização de determinado fim, trava uma relação direta de causa e efeito entre motivo e consequência de um ato, de modo a impedir medidas excessivas ou insuficientes diante de determinado impasse ou das multiplicidades de alternativas possíveis.

Em matéria tributária, significa adotar decisões que, de um lado, resguardem a atividade arrecadatória do Estado, sem, porém, abdicar da proteção do contribuinte, tanto no que concerne a sua capacidade contributiva quanto aos seus direitos fundamentais. Todavia, assim como o julgador administrativo fiscal não pode afastar a aplicação de lei sob fundamento de inconstitucionalidade, também não o pode fazer sob fundamento de irrazoabilidade ou desproporcionalidade[106], tendo em vista o peso do princípio da legalidade como condicionante básica da atividade tributária.

1.17 DURAÇÃO RAZOÁVEL DO PROCESSO TRIBUTÁRIO[107]

O princípio da razoável duração do processo surge textualmente com a Emenda Constitucional 45, promulgada em 8 de dezembro de 2004, acrescentando ao art. 5º o inciso LXXVIII na Constituição Federal, cuja dicção assegura *a todos, no âmbito judicial e administrativo, a razoável duração do processo e os meios que garantam a celeridade de sua tramitação*.

No âmbito tributário, o exame deste princípio não pode desvencilhar-se do dever de colaboração entre Fisco e Contribuinte, bem assim da conexão com o normativo processual civil que prevê, como regra, a ordem cronológica de julgamentos. A inegável complexidade do sistema normativo, aliada à elevada carga tributária, alçou àquela

---

materiais que orientem esse sopesamento". Em ÁVILA, Humberto. *Teoria dos princípios, da definição à aplicação dos princípios jurídicos*. São Paulo: Malheiros Editores, 2003, p. 86.

[104] Tais como isonomia, impessoalidade, eficiência, motivação e a proibição de excessos.

[105] NUNES, Cleucio Santos. *Curso completo de direito processual tributário*. 2. ed. São Paulo: Saraiva Educação, 2018, p. 92.

[106] Nesse sentido, os Acórdãos 1402-002.210 e 2402-005.366, do CARF.

[107] CAVALCANTI, Eduardo Muniz Machado. Duração razoável do processo, ordem cronológica dos julgamentos e dever de cooperação. In: BUISSA, Leonardo; BEVILACQUA, Lucas (Coord.) – Belo Horizonte: Fórum, 2019, p. 217 a 240.

Título I • Cap. 1 • INTRODUÇÃO AO DIREITO PROCESSUAL TRIBUTÁRIO | 45

relação a níveis cada vez maiores de litigiosidade, impondo às controvérsias fiscais, seja no âmbito administrativo ou judicial, a evidência de uma morosidade processual; a prevalência da resolução litigiosa em face de outros meios adequados de resolução de conflitos; e a ausência de cooperação entre o Fisco e Contribuinte no processo tributário.

A ausência de observância às regras constitucionais afeta, sobretudo, as partes do processo e a sociedade, além dos atores e agentes econômicos, em prejuízo ao desenvolvimento econômico, à geração de renda, emprego e bem-estar social, implantando um permanente estado de insegurança jurídica. Por outro lado, não há argumentos que merecem ser utilizados como justificativa para uma tutela deficiente, seja ela judicial ou administrativa.

Diante de um cenário de morosidade do Poder Judiciário brasileiro frente à demora na resolução de conflitos e curso dos processos em geral, a Emenda Constitucional 45 consagrou, no texto constitucional, o princípio da razoável duração do processo com a pretensão de estabelecer, ainda que de forma abstrata e principiológica, a necessidade de eficiência de nosso sistema jurídico.

A orientação constitucional, até então entranhada, e pacificamente aceita no cotidiano jurídico, passou a revelar a indispensável necessidade de prestação tempestiva para fins de efetividade da tutela jurisdicional. Os instrumentos do processo precisam permitir a realização do direito no tempo adequado.[108]

Logo veio o reconhecimento da norma como cláusula pétrea pelo Superior Tribunal de Justiça no julgamento do Recurso Especial (REsp) 1.138.206/RS, submetido ao crivo do recurso repetitivo, de relatoria do Ministro Luiz Fux, hoje no Supremo Tribunal Federal, assentando que a conclusão de processo administrativo em prazo razoável é corolário dos princípios da eficiência, da moralidade e da razoabilidade.

A Constituição, contudo, não define consequências para a não observância do direito fundamental à duração razoável do processo, mas, sim, delimita o conteúdo mínimo de atendimento. Nesse sentido, entendem os Professores Luiz Guilherme Marinoni e Daniel Mitidiero:[109]

> [...] Seu conteúdo mínimo está em determinar: (i) ao *legislador*, a adoção de *técnicas processuais* que viabilizem a prestação da tutela jurisdicional dos direitos em prazo razoável (por exemplo, previsão de tutela definitiva da parcela incontroversa da demanda no curso do processo), a edição de legislação que reprima o *comportamento inadequado das partes* em juízo (litigância de má-fé e *contempt of court*) e regulamente minimamente a *responsabilidade civil* do Estado por duração não razoável do processo; (ii) ao *administrador judiciário*, a adoção de *técnicas gerenciais* capazes de viabilizar o adequado fluxo dos atos processuais, bem como *organizar* os órgãos judiciários de forma idônea (número de juízes e funcionários, infraestrutura e meios tecnológicos); e (iii) ao *juiz*, a *condução do processo* de modo a prestar a tutela jurisdicional em prazo razoável.

---

[108] WAMBIER, Luiz Rodrigues et al. *Breves Comentários à Nova Sistemática Processual Civil*: emenda constitucional 45/2004 (reforma do judiciário); Lei 10.444/2002; Lei 10.358/2001 e Lei 10.352/2001. 3. ed. São Paulo: Editora Revista dos Tribunais, 2005. p. 25.

[109] SARLET, Ingo; MITIDIERO, Daniel; MARINONI, Luiz Guilherme. *Curso de Direito Constitucional*. 4. ed. São Paulo: Saraiva, 2015.

Certo é que tal princípio constitucional mostra-se ainda mais evidente no âmbito tributário, haja vista ser matéria com consideráveis demandas nos Tribunais Superiores e, ainda assim, ter um tempo de duração mais longo relativamente a outras áreas, talvez pela complexidade da própria matéria sob julgamento e, não se pode deixar de lado, as circunstâncias de representar, na maioria das vezes, significativa repercussão econômica.

A doutrina de Sérgio André Rocha[110] evidencia que considerando o lado dos contribuintes, quando há contra si auto de infração contrário às disposições legais, ou viciado formal ou materialmente, ou, ainda, na pendência de consulta cuja resposta é relevante para a correta tomada de decisões pela empresa ou pessoa física, a demora na conclusão do processo tem consequências negativas, tais como:

(i)   aumento de despesas com a representação jurídica (advogados e estrutura administrativa);

(ii)   riscos atrelados a eventuais erros da Administração Fazendária, especialmente para aqueles contribuintes que imprescindem da regularidade fiscal; e

(iii)   impossibilidade de se adotar medidas gerenciais necessárias para a compatibilização entre os procedimentos da empresa e o entendimento das autoridades fiscais sobre a discussão administrativa.

Do lado da Administração Fiscal, também, a demora na conclusão do auto de infração impugnado tem impacto negativo porque, enquanto em curso o contencioso fiscal, e, portanto, suspensa a exigibilidade para recolhimento e cobrança do tributo, não ocorre ingresso nos cofres públicos, afetando, as receitas públicas e, consequentemente, os serviços prestados pelo Estado, entre os quais, saúde, educação, infraestrutura, segurança.

Em processos judiciais, a morosidade da marcha processual revela-se, sobretudo, em controvérsias que atingem, em cheio, a economia brasileira. Isso porque algumas questões tributárias, quando resolvidas, podem causar um déficit considerável ao patrimônio público, razão pela qual acaba resultando em um longo percurso até o final do processo. É comum, como se tem visto, os próprios órgãos de representação processual utilizarem-se do argumento econômico no intuito de justificar suas razões recursais, buscando a modulação dos efeitos, de forma prospectiva, como mecanismo de minimizar o impacto nas contas públicas.

O curso processual ao longo de muitos anos estimula o não recolhimento de tributos, especialmente porque os contribuintes, enquanto discutem a cobrança do crédito tributário, anseiam o surgimento de algum programa de benefício fiscal, por exemplo, os programas especiais de parcelamento com descontos, cuja alcunha é conhecida comumente por REFIS. A discussão administrativa nesse período prolongado ainda abre margem para a prática de fraudes por meio de esvaziamento patrimonial, afastando a efetividade da persecução do crédito tributário.

---

[110] ROCHA, Sérgio André. *Processo administrativo fiscal:* controle administrativo do lançamento tributário. São Paulo: Almedina, 2018, p. 123-124.

Em estudo sobre o diagnóstico do contencioso tributário brasileiro, divulgado em abril de 2022, associou-se outra prática à morosidade do sistema administrativo e judicial, na resolução dos conflitos tributários, o recurso denominado de "litigância artificial". Segundo a pesquisa, caracteriza-se pela utilização abusiva do processo judicial, mediante a adoção de sofisticados expedientes supostamente destinados a um "ganho de causa", quando, na verdade, o que se pretende é um "ganho de tempo", obstruindo a efetiva realização da justiça.[111]

Ante as dificuldades deparadas pelo Poder Judiciário brasileiro quanto ao gerenciamento de litígios, o CPC, também, compreendeu, em seus dispositivos, alternativas com o objetivo de possibilitar maior efetividade à razoável duração do processo. Cite-se, como exemplo, os arts. 3º e 4º do atual diploma processual[112], os quais instituíram os *meios adequados de resolução de litígios*, cuja intenção é desafogar o Poder Judiciário e contribuir para a celeridade processual.

Outro fator de destaque no CPC refere-se à ordem cronológica de julgamento prevista nos arts. 12 e 1.046, § 5º, os quais orientam aos juízes e tribunais atender, preferencialmente, os processos mais antigos na ordem de distribuição. Essa disposição legal é uma diretriz para que seja conferida maior celeridade aos processos antigos que ainda não foram julgados, a fim de que sejam evitados privilégios ou eventuais favorecimentos.[113]

A ordem cronológica de julgamentos não é amparada, tão somente, pelo princípio da duração razoável do processo, mas, também, pelo princípio da igualdade processual, posto assegurar o acesso à justiça pela sociedade sem qualquer diferenciação, resguardados os casos em que há preferência legal de tramitação. A observância à preferência de ordem cronológica, como forma de instrumentalização do preceito e aplicabilidade da razoável duração do processo, tem por base a própria segurança jurídica, além de promover o acesso à justiça no modelo de Estado Democrático de Direito.

---

[111] Sumário Executivo do Diagnóstico do Contencioso Tributário no Brasil, elaborado pela Associação Brasileira de Jurimetria (ABJ), encomendado pela RFB, por intermédio do BID – Banco Interamericano de Desenvolvimento. Disponível em: https://www.gov.br/receitafederal/pt-br/centrais-de-conteudo/publicacoes/estudos/diagnostico-do-contencioso-tributario-administrativo/sumario-executivo.

[112] "Art. 3º Não se excluirá da apreciação jurisdicional ameaça ou lesão a direito.

§ 1º. É permitida a arbitragem, na forma da lei.

§ 2º. O Estado promoverá, sempre que possível, a solução consensual dos conflitos.

§ 3º. A conciliação, a mediação e outros métodos de solução consensual de conflitos deverão ser estimulados por juízes, advogados, defensores públicos e membros do Ministério Público, inclusive no curso do processo judicial.

Art. 4º. As partes têm o direito de obter em prazo razoável a solução integral do mérito, incluída a atividade satisfativa."

[113] A legislação também prevê situações específicas de ordem de prioridade nos julgamentos, especialmente para os idosos, gestantes e pessoas com deficiência, tal qual a contida na Lei 14.238/2021, art. 4º, § 2º, IV, para as pessoas com câncer:

Art. 4º São direitos fundamentais da pessoa com câncer:

[...]

§ 2º Entende-se por direito à prioridade, previsto no inciso V do *caput* deste artigo, as seguintes garantias concedidas à pessoa com câncer clinicamente ativo, respeitadas e conciliadas as normas que garantem o mesmo direito aos idosos, às gestantes e às pessoas com deficiência:

[...]

IV – prioridade na tramitação dos processos judiciais e administrativos.

O diálogo das fontes proporciona que, para além da esfera judicial, também no âmbito do processo administrativo fiscal a ordem cronológica seja respeitada, sobretudo pela aplicação do princípio da impessoalidade aos atos dos agentes públicos, de modo que o Fisco não pode estabelecer critérios diferentes de tratamento tributário aos contribuintes.

Em proposta desenvolvida com o intuito de modernizar o processo administrativo fiscal de São Paulo, foi aprovada a Lei 16.498/2017, que alterou parte da Lei 13.457/2009, a fim de aplicar ao processo administrativo tributário o arcabouço principiológico contido no CPC, tais como a razoável duração do processo, ordem cronológica de julgamentos e primazia do julgamento de mérito.

É fundamental, contudo, que o sistema proporcione soluções alternativas às tradicionais formas de resolução de litígios, de modo a facilitar a comunicação entre contribuinte e Fisco, tais como a arbitragem tributária, seguindo a experiência de outros países, como no caso de Portugal; além dos métodos já implementados de transação tributária e, também, da embrionária construção da mediação no âmbito fiscal. É, sem dúvida, uma das medidas adequadas para a diminuição da litigiosidade tributária brasileira.

Há uma tendência de redimensionamento do princípio do contraditório, fazendo-se expandir para alcance do princípio da cooperação (ou colaboração), segundo o qual é imposto aos sujeitos do processo a cooperação mútua dentro da relação litigiosa até que seja obtida a resposta jurisdicional final. Neste modelo de cooperação, o diálogo entre as partes litigantes e alguns princípios, tal como a boa-fé processual, são enfatizados na consagração do Estado Democrático de Direito. É o que se infere, por exemplo, do CPC, ao dispor em seu art. 6º que *todos os sujeitos do processo devem cooperar entre si para que se obtenha, em tempo razoável, decisão de mérito justa e efetiva*.

Com base no Estado Democrático de Direito, o modelo cooperativo positiva-se no CPC e impõe um comportamento aos julgadores e partes processuais, cada qual com as suas funções, mas todos objetivando a resolução do litígio. O padrão de conduta aqui tratado está voltado, especialmente, para a presença da boa-fé objetiva, isto é, o padrão ético de conduta para as partes deve prevalecer na relação jurídica instaurada.

Tratando-se especificamente da órbita tributária, revela-se essencial a análise do dever de cooperação entre Fisco e Contribuinte, cuja relação consiste em evidente rivalidade no cenário contencioso atual. Quanto à função administrativa tributária, também há a aplicação da cooperação, inclusive porque os atos administrativos sujeitam-se, também, às disposições constitucionais.

1.18 PRINCÍPIO DA COOPERAÇÃO

O CPC trouxe, como um de seus princípios o da cooperação, compreendido como o dever estabelecido de que "todos os sujeitos do processo devem cooperar entre si para que se obtenha, em tempo razoável, decisão de mérito justa e efetiva" (art. 6º).

O referido dispositivo consagra a cooperação entre as partes litigantes e Juiz, embora pareça irrazoável supor que elas cooperem entre si, haja vista os interesses conflitantes. Espera-se, a bem da verdade, que as partes não pratiquem atos procrastinatórios e oportunistas, de modo a tumultuar o processo, permitindo que ele possa ter

Título I • Cap. 1 • INTRODUÇÃO AO DIREITO PROCESSUAL TRIBUTÁRIO | 49

sua dinâmica regular, respeitados os prazos processuais e a dialogicidade indispensável para alcançar a *decisão de mérito justa e efetiva, em tempo razoável.*

Pelo princípio da cooperação, o processo é produto de uma atividade de colaboração triangular, composta principalmente pelo juiz e pelas partes, incluindo, nesta órbita, advogados, Ministério Público, oficial de justiça, peritos etc., exigindo uma postura ativa, de boa-fé e isonômica de todos os atores processuais, e, especificamente do juiz, no exercício judicante, como agente colaborador do processo, e não mero fiscal de regras, visando à tutela jurisdicional específica, célere e adequada.[114]

Para Humberto Theodoro Júnior, o CPC, expressamente, deu ênfase ao modelo cooperativo, no qual a lógica dedutiva de resolução de conflitos é substituída pela lógica argumentativa, especialmente por privilegiar o poder da influência sobre o mero direito de informação ou reação no campo do contraditório e da ampla defesa. Este universo simboliza a complementariedade da democracia representativa pela democracia deliberativa, sobressaindo o papel das partes na formação da decisão judicial.[115]

O advento do princípio da cooperação no ordenamento jurídico processual civil brasileiro, por outro lado, também trouxe críticas pontuais a respeito do modelo colaborativo entre as partes no processo, algumas delas irônicas[116]. Para Lênio Streck, Lúcio Delfino, Rafael Giorgio Dalla Barba e Ziel Ferreira Lopes, além de utópico, e de forma jocosa, o princípio da cooperação entre as partes no processo é incompatível com a Constituição. Segundo os autores, ter a expectativa de colaboração entre as partes, em lado opostos, é esperar que "com um canetaço" ou "num passe de mágica" desapareça "o hiato que as separa justamente em razão do litígio", além do texto normativo estar "desacoplado da realidade" por espelhar uma "visão idealista e irrefletida daquilo que se dá na arena processual".[117]

---

[114] TJDFT. Acórdão 1011021, unânime, Rel. Alfeu Machado, 1ª Turma Cível, j. 19.04.2017.

[115] THEODORO JÚNIOR, Humberto. *Curso de Direito Processual Civil* – Teoria do direito processual civil, processo de conhecimento e procedimento comum. 56. ed. Rio de Janeiro: Forense, 2015, p. 81-83.

[116] "O dever de cooperação, entretanto, encontra limites na natureza da atuação de cada uma das partes. O juiz atua com a marca da equidistância e da imparcialidade, a qual não pode ser comprometida por qualquer promiscuidade com as partes. Por outro lado, o dever do advogado é a defesa do seu constituinte. A rigor, não tem ele compromisso com a realização da justiça. Ele deverá empregar toda a técnica para que as postulações do seu cliente sejam aceitas pelo julgador. Essa é a baliza que deve conduzir o seu agir cooperativo. Em sendo assim, meu caro leitor, retire da cabeça aquela imagem – falsamente assimilada por alguns com o advento do novo CPC – de juiz, autor e réu andando de mãos dadas pelas ruas e advogado solicitando orientação ao juiz para redigir as peças processuais. Não obstante a apregoada cooperação, no fundo, será cada um por si, o que não impede que a lealdade e a boa-fé imperem nas relações processuais" (DONIZETTI, Elpídio. *Curso Didático de Direito Processual Civil*. 19. ed. São Paulo: Atlas, 2016, p. 42-43).

[117] "Então agora as partes deverão cooperar entre si? Parte e contraparte de mãos dadas a fim de alcançarem a pacificação social... Sem ironias, mas parece que Hobbes foi expungido da "natureza humana". Freud também. O novo CPC aposta em Rousseau. No homem bom. Ou seja, com um canetaço, num passe de mágica, desaparece o hiato que as separa justamente em razão do litígio. Nem é preciso dizer que o legislador pecou ao tentar desnudar a cooperação aventurando-se em setor cuja atuação merece ficar a cargo exclusivo da doutrina. E o fez mal porque referido texto legislativo está desacoplado da realidade, espelha visão idealista e irrefletida daquilo que se dá na arena processual, onde as partes ali se encontram sobretudo para lograr êxito em suas pretensões. Isso é, digamos assim, natural, pois não? Disputar coisas é uma coisa normal. Não fosse assim não haveria "direito". Direito é interdição. É opção entre civilização e barbárie. Desculpem-nos nossa franqueza". Disponível em: https://www.conjur.com.br/2014-dez-23/cooperacao-processual-cpc-incompativel-constituicao. Acesso em 26 de abril de 2022.

Distanciando-se das críticas doutrinárias, que são relevantes em todo processo dialético científico, a cooperação implica observância das formalidades processuais (viés formal), dos comportamentos das partes, não agindo contra a liturgia processual (viés subjetivo) e, ainda, na vanguarda das discussões, praticar o exercício jurisdicional ou da advocacia de modo simplificado e transparente. Nesta contextualização, o princípio da cooperação *destina-se a transformar o processo civil numa "comunidade de trabalho"*, nas palavras de Miguel Teixeira de Sousa, potencializando o franco diálogo entre todos os sujeitos processuais, a fim de se alcançar a solução mais adequada e justa ao caso concreto.[118]

Entre os atos de cooperação, sobretudo para se chegar à decisão *em tempo razoável*, com dito acima, e do ponto de vista prático, está a necessária simplificação das peças processuais e das decisões judiciais, sem perder obviamente a qualidade, mas essencialmente a quantidade. Deve-se tornar uma premissa nos processos administrativos ou judiciais a elaboração de petições mais curtas, pragmáticas, com menos reproduções doutrinárias e transcrições de ementas sobre um mesmo fundamento pretendido. Esta realidade deve dar lugar a peças objetivas, com motivação e pedidos claros.

A norma constitucional carrega uma perspectiva principiológico, desprovida de sanção ou regramento, sobretudo porque as imposições pela atuação não cooperada depende da órbita jurídica disposta nas legislações infraconstitucionais em vigor, seja no âmbito trabalhista, civil, ambiental ou tributário. E, ainda que para determinada conduta não haja uma consequência normativa punitiva, o mínimo que se espera é a antipatia das partes e do juízo, ocasionada pela inapropriada atuação processual, quando ocorrida.

Essa extensão cooperativa compreende o processo tributário no seu conceito amplo – administrativo e judicial, e, por isso, inclui-se o dever subjetivo de colaborar daqueles que atuam e exercem a função judicante (exemplo do CARF), também nos processos administrativos fiscais.

No processo tributário, um exemplo, é quando a Procuradoria-Geral da Fazenda Nacional deixa de contestar, recorrer, ou mesmo desistir de recursos interpostos, das decisões já pacificadas no âmbito dos Tribunais Superiores, especialmente fundamentadas em enunciados sumulares e, assim o faz, com base no art. 19 da Lei 10.522/2002.[119]

---

[118] CUNHA, Leonardo Carneiro. O Processo Civil no Estado Constitucional e os Fundamentos do Projeto do Novo Código de Processo Civil Brasileiro. Disponível em https://www.cidp.pt/revistas/ridb/2013/0 9/2013_09_09293_09327.pdf. Acesso em 26 de abril de 2022.

[119] Art. 19. Fica a Procuradoria-Geral da Fazenda Nacional dispensada de contestar, de oferecer contrarrazões e de interpor recursos, e fica autorizada a desistir de recursos já interpostos, desde que inexista outro fundamento relevante, na hipótese em que a ação ou a decisão judicial ou administrativa versar sobre:

I – matérias de que trata o art. 18;

II – tema que seja objeto de parecer, vigente e aprovado, pelo Procurador-Geral da Fazenda Nacional, que conclua no mesmo sentido do pleito do particular;

III – (VETADO)

IV – tema sobre o qual exista súmula ou parecer do Advogado-Geral da União que conclua no mesmo sentido do pleito do particular;

V – tema fundado em dispositivo legal que tenha sido declarado inconstitucional pelo Supremo Tribunal Federal em sede de controle difuso e tenha tido sua execução suspensa por resolução do Senado Federal, ou tema sobre o qual exista enunciado de súmula vinculante ou que tenha sido definido pelo

De outro lado, em cooperação entre órgãos para fins de satisfação do crédito tributário, o STJ, no julgamento a respeito da possibilidade de utilização do sistema SerasaJud em relação a devedores inscritos em Dívida Ativa, entendeu que as disposições normativas atinentes à espécie devem ser interpretadas de modo que "as partes têm o direito de obter em prazo razoável a solução integral do mérito, incluída a atividade satisfativa" (art. 4º do CPC/2015) e o dever de cooperação processual, direcionado igualmente ao Poder Judiciário, 'para que se obtenha, em tempo razoável, decisão de mérito justa e efetiva' (art. 6º do CPC/2015)".[120]

Neste ambiente o princípio da cooperação alcança o dever geral de *cooperação intrainstitucionalmente (viés orgânico), ou seja, entre os órgãos e instâncias jurisdicionais judiciais, tendo tonalidade transprocessual, portanto – para além da relação processual constituída para fins de resolver específico conflito*[121], cabendo "aos órgãos do Poder Judiciário, estadual ou federal, especializado ou comum, em todas as instâncias e graus de jurisdição, inclusive aos tribunais superiores, o dever de recíproca cooperação, por meio de seus magistrados e servidores" (art. 67 do CPC).

Neste contexto é justificável a "cooperação interinstitucional envolvendo a jurisdição judicial tributária, exacional ou antiexacional, e a jurisdição administrativa tributária, consagrada em qualquer etapa do ciclo de concretização da exigência tributária, para a prática de qualquer ato processual, como, por exemplo, troca de informações entre os órgãos jurisdicionais relevantes à solução do processo (em um e outro âmbito)". A autonomia entre os sistemas, por óbvio, deve observância do direito ao sigilo, mas pode alcançar "a coleta de provas, investigação patrimonial, busca de bens para prática de atos de indisponibilidade ou penhora, adoção de providências no sentido da consensualidade da resolução dos conflitos etc.", permitindo a comunicação de modo a dar efetividade e concretude à resolução dos conflitos.[122]

Supremo Tribunal Federal em sentido desfavorável à Fazenda Nacional em sede de controle concentrado de constitucionalidade;

VI – tema decidido pelo Supremo Tribunal Federal, em matéria constitucional, ou pelo Superior Tribunal de Justiça, pelo Tribunal Superior do Trabalho, pelo Tribunal Superior Eleitoral ou pela Turma Nacional de Uniformização de Jurisprudência, no âmbito de suas competências, quando:

a) for definido em sede de repercussão geral ou recurso repetitivo; ou

b) não houver viabilidade de reversão da tese firmada em sentido desfavorável à Fazenda Nacional, conforme critérios definidos em ato do Procurador-Geral da Fazenda Nacional; e

VII – tema que seja objeto de súmula da administração tributária federal de que trata o art. 18-A desta Lei.

[120] REsp 1.778.360/RS, Rel. Min. Francisco Falcão, Segunda Turma, DJe 14.02.2019.

[121] VERGUEIRO, Camila Campos. Cooperação entre processo judicial e administrativo tributários em https://www.conjur.com.br/2022-abr-17/processo-tributariocooperacao-entre-processo-judicial-administrativo--tributarios#_ftn3, acessado em 27 de abril de 2022.

[122] VERGUEIRO, Camila Campos. Cooperação entre processo judicial e administrativo tributários em https://www.conjur.com.br/2022-abr-17/processo-tributariocooperacao-entre-processo-judicial-administrativo--tributarios#_ftn3, acessado em 27 de abril de 2022.

Capítulo 2
DÍVIDA ATIVA

2.1 INTRODUÇÃO

A Dívida Ativa é o crédito em favor da Fazenda Pública, que pode ser de natureza tributária ou não, proveniente de obrigação imposta em lei ou determinada por contrato. A Dívida Ativa pode ser decorrente da imposição legal relativa a tributos e consectários legais, chamada de Dívida Ativa tributária, bem como pode ter origem em multas pelo exercício do poder de polícia, em multas contratuais, em multas por sentenças condenatórias penais, em reposições ou restituições ao Erário, em preços por serviços prestados pelo Estado, todas nomeadas Dívida Ativa não tributária.

Se analisado sob o aspecto contábil, a expressão Dívida Ativa soa contraditória ao empregá-la no sentido de direito a um crédito, haja vista ser chamado de ativos os aspectos positivos do patrimônio – bens e direitos, enquanto passivos são aspectos negativos do patrimônio, como no caso das obrigações, o que se inclui a dívida.

A Dívida Ativa não pode ser confundida com eventual valor devido pelo Estado ao particular, ao contrário. A Dívida Ativa corresponde justamente ao crédito que o Estado faz *jus* frente ao particular ante o descumprimento de determinada imposição normativa, definida em valores precisos. É o caso, por exemplo, tratando-se de Dívida Ativa tributária, de valores resultantes do não pagamento pelo contribuinte, no prazo de vencimento, e sem impugnação, do Imposto sobre a Propriedade de Veículos Automotores – IPVA.

Trata-se de constituição do título, em Certidão de Dívida Ativa – CDA, objeto de cobrança futura pela via processual da execução fiscal, caso não haja o pagamento pelo contribuinte em momento prévio, independentemente da natureza pública ou privada[1] dos créditos em si, mas desde que resguardem a certeza e a liquidez, ambas confirmadas em procedimento regular em que assegurados o contraditório e a ampla defesa.

---

[1] O STJ, em entendimento sujeito ao rito dos recursos repetitivos, art. 543-C do CPC, definiu a possibilidade de inscrição em Dívida Ativa e da via processual do executivo fiscal nas hipóteses de cobrança das cédulas rurais pignoratícias (Lei 9.138, de 1995), segundo ementa abaixo reproduzida, nos trechos que interessam, *verbis*:
1. Os créditos rurais originários de operações financeiras, alongadas ou renegociadas (cf. Lei 9.138/1995), cedidos à União por força da Medida Provisória 2.196-3/2001, estão abarcados no conceito de Dívida Ativa da União para efeitos de execução fiscal – não importando a natureza pública ou privada dos créditos em si –, conforme dispõe o art. 2º e § 1º da Lei 6.830/1990, (...). (REsp 1123539/RS, Rel. Ministro Luiz Fux, Primeira Seção, j. 09.12.2009, DJe 01.02.2010)

2.2 DÍVIDA ATIVA TRIBUTÁRIA

O Código Tributário Nacional – CTN, assim como a Lei 4.320/1964, responsável pelas normas gerais de Direito Financeiro para elaboração e controle dos orçamentos e balanços dos entes federados, cuidaram de normatizar um conceito de Dívida Ativa tributária.

A Lei 4.320/1964[2], define que os créditos da Fazenda Pública, de natureza tributária ou não tributária, não pagos no vencimento, serão inscritos como Dívida Ativa, em registro próprio, após apurada a sua liquidez e certeza, enquanto esta receita será escriturada em rubrica orçamentária específica.

a) **Dívida Ativa Tributária** é o crédito da Fazenda Pública dessa natureza, proveniente de obrigação legal relativa a tributos e respectivos adicionais e multas.

b) **Dívida Ativa não Tributária** são os demais créditos da Fazenda Pública, tais como os provenientes de contribuições estabelecidas em lei, multa de qualquer origem ou natureza, exceto as tributárias, foros, laudêmios, aluguéis ou taxas de ocupação, custas processuais, preços de serviços prestados por estabelecimentos públicos, indenizações, reposições, restituições, alcances dos responsáveis definitivamente julgados, bem assim os créditos decorrentes de obrigações em moeda estrangeira, de sub-rogação de hipoteca, fiança, aval ou outra garantia, de contratos em geral ou de outras obrigações legais.

O Código Tributário Nacional, no mesmo sentido, estabelece que constitui Dívida Ativa tributária a proveniente de crédito dessa natureza, regularmente inscrita na repartição administrativa competente, depois de esgotado o prazo fixado, para pagamento do tributo, pela lei ou por decisão final proferida em processo regular.[3]

Extrai-se do referido conceito que a Dívida Ativa tributária é constituída após o prazo fixado para recolhimento do tributo ou somente depois de "decisão final proferida em processo regular". É que antes do vencimento do tributo, ou mesmo após a instauração do contencioso tributário, o contribuinte poderá impugnar o lançamento – algum aspecto relativo ao sujeito passivo, à base de cálculo, ao *quantum* definido pelo Fisco. Nesta última hipótese, somente depois de ultimado o processo administrativo instaurado

---

[2] Art. 39. Os créditos da Fazenda Pública, de natureza tributária ou não tributária, serão escriturados como receita do exercício em que forem arrecadados, nas respectivas rubricas orçamentárias.

§ 1º. Os créditos de que trata este artigo, exigíveis pelo transcurso do prazo para pagamento, serão inscritos, na forma da legislação própria, como Dívida Ativa, em registro próprio, após apurada a sua liquidez e certeza, e a respectiva receita será escriturada a esse título.

§ 2º. Dívida Ativa Tributária é o crédito da Fazenda Pública dessa natureza, proveniente de obrigação legal relativa a tributos e respectivos adicionais e multas, e Dívida Ativa não Tributária são os demais créditos da Fazenda Pública, tais como os provenientes de empréstimos compulsórios, contribuições estabelecidas em lei, multa de qualquer origem ou natureza, exceto as tributárias, foros, laudêmios, aluguéis ou taxas de ocupação, custas processuais, preços de serviços prestados por estabelecimentos públicos, indenizações, reposições, restituições, alcances dos responsáveis definitivamente julgados, bem assim os créditos decorrentes de obrigações em moeda estrangeira, de sub-rogação de hipoteca, fiança, aval ou outra garantia, de contratos em geral ou de outras obrigações legais. (...)

[3] Art. 201. Constitui dívida ativa tributária a proveniente de crédito dessa natureza, regularmente inscrita na repartição administrativa competente, depois de esgotado o prazo fixado, para pagamento, pela lei ou por decisão final proferida em processo regular.

Parágrafo único. A fluência de juros de mora não exclui, para os efeitos deste artigo, a liquidez do crédito.

a partir da impugnação do contribuinte e, sendo esta improcedente, é que a Fazenda Pública deverá adotar os procedimentos para inscrição do débito em Dívida Ativa.

A Dívida Ativa tributária surge precisamente quando a repartição administrativa competente depois de esgotado o prazo para recolhimento do tributo ou concluído o processo administrativo fiscal, por meio do controle administrativo de legalidade, inscreve regularmente o valor devido pelo particular ao Estado, antes em livro próprio e atualmente levada a efeito em livro virtual dotado de sistema operacional eletrônico.

O conceito de tributo compreende os impostos, as taxas, as contribuições de melhoria, contribuições sociais e empréstimos compulsórios – classificação pentapartite, sobretudo porque todas essas espécies tributárias enquadram-se na definição trazida pelo art. 3º do CTN: i) prestação pecuniária; ii) em moeda ou cujo valor nela possa expressar; iii) não se trate de sanção de ato ilícito; iv) de exigência compulsória; v) instituída por lei; vi) cobrança seja feita mediante atividade administrativa plenamente vinculada.

A Dívida Ativa não pode ser confundida com constituição do crédito tributário. Este último precede à inscrição em Dívida Ativa, sendo formado a partir da obrigação legal da autoridade administrativa de constituí-lo pelo lançamento decorrente do procedimento administrativo instaurado para verificar a ocorrência do fato gerador da obrigação correspondente, determinar a matéria tributável, calcular o montante do tributo devido, identificar o sujeito passivo e, em sendo o caso, propor a aplicação da penalidade cabível.[4]

Não há prazo fixado em lei para inscrição em Dívida Ativa do crédito, contudo, o art. 174 do CTN, ao fixar o quinquênio legal para cobrança executiva, dispõe como limite o lapso temporal de cinco anos, sob pena de declaração da prescrição, como hipótese de extinção do crédito tributário.

A inscrição do crédito tributário em Dívida Ativa, é importante que se diga, porque muito se confunde, não suspende nem interrompe o prazo prescricional em curso. Existe, todavia, dispositivo na LEF que suspende por 180 (cento e oitenta) dias ou até a distribuição da execução fiscal, se esta ocorrer antes desse prazo, conforme preconiza o § 3º do art. 2º da LEF:

> Art. 2º. [...]
>
> [...]
>
> § 3º. A inscrição, que se constitui no ato de controle administrativo da legalidade, será feita pelo órgão competente para apurar a liquidez e certeza do crédito e suspenderá a prescrição, para todos os efeitos de direito, por 180 dias, ou até a distribuição da execução fiscal, se esta ocorrer antes de findo aquele prazo.

---

4   CTN. Art. 142. Compete privativamente à autoridade administrativa constituir o crédito tributário pelo lançamento, assim entendido o procedimento administrativo tendente a verificar a ocorrência do fato gerador da obrigação correspondente, determinar a matéria tributável, calcular o montante do tributo devido, identificar o sujeito passivo e, sendo caso, propor a aplicação da penalidade cabível.
Parágrafo único. A atividade administrativa de lançamento é vinculada e obrigatória, sob pena de responsabilidade funcional.

Neste ponto, adiantando-me porque será tratado em capítulo próprio, vale uma observação. Segundo o STF[5], nos termos do art. 146, inciso III, "b", da CF[6], somente mediante lei complementar é possível dispor acerca de regras de prescrição em matéria de legislação tributária. A LEF é lei ordinária e, portanto, o referido § 3º, art. 2º, somente tem aplicação válida relativamente aos créditos de natureza não tributária.

2.3 DÍVIDA ATIVA NÃO TRIBUTÁRIA

A Dívida Ativa não tributária é aquela decorrente de créditos, como o próprio nome já identifica, que não possuem natureza tributária, considerados como os demais créditos da Fazenda Pública, e, por isso, assumem o caráter residual.

A Lei 4.320/1964, transcrita no ponto que interessa (§ 2º, art. 39), incluiu expressamente os créditos provenientes de empréstimos compulsórios e contribuições em geral nas hipóteses de Dívida Ativa não tributária, contudo, a classificação doutrinária, acolhida também pela jurisprudência pátria formada ao longo de décadas, passou a admitir as contribuições na definição ampla de tributo, submetendo-as às regras e princípios do Direito Tributário e, portanto, ainda que haja expressa previsão normativa em contrário, trata-se de Dívida Ativa tributária.

A inscrição em Dívida Ativa de crédito não tributário também é precedida do processo de constituição do crédito por meio do devido processo legal, no qual sejam assegurados os princípios do contraditório e da ampla defesa.

A Lei 9.784/1999 regula o processo administrativo no âmbito federal, mas os processos administrativos específicos devem ser observados caso a caso por lei própria, apenas aplicando-lhes subsidiariamente as regras contidas naquela lei.

---

[5] O entendimento acima perfilhado pode ser extraído da exegese de decisões do STF, conforme a seguir: As normas relativas à prescrição e à decadência tributárias têm natureza de normas gerais de direito tributário, cuja disciplina é reservada a lei complementar, tanto sob a Constituição pretérita (art. 18, § 1º, da CF de 1967/69) quanto sob a Constituição atual (art. 146, III, b, da CF de 1988). Interpretação que preserva a força normativa da Constituição, que prevê disciplina homogênea, em âmbito nacional, da prescrição, decadência, obrigação e crédito tributários. Permitir regulação distinta sobre esses temas, pelos diversos entes da federação, implicaria prejuízo à vedação de tratamento desigual entre contribuintes em situação equivalente e à segurança jurídica. II. Disciplina prevista no Código Tributário Nacional. O Código Tributário Nacional (Lei 5.172/1966), promulgado como lei ordinária e recebido como lei complementar pelas Constituições de 1967/69 e 1988, disciplina a prescrição e a decadência tributárias. III. Natureza tributária das contribuições. As contribuições, inclusive as previdenciárias, têm natureza tributária e se submetem ao regime jurídico-tributário previsto na Constituição. Interpretação do art. 149 da CF de 1988. Precedentes. IV. Recurso extraordinário não provido. Inconstitucionalidade dos arts. 45 e 46 da Lei 8.212/1991, por violação do art. 146, III, b, da Constituição de 1988, e do parágrafo único do art. 5º do Decreto-lei 1.569/1977, em face do § 1º do art. 18 da Constituição de 1967/69. V. Modulação dos efeitos da decisão. Segurança jurídica. São legítimos os recolhimentos efetuados nos prazos previstos nos arts. 45 e 46 da Lei 8.212/1991 e não impugnados antes da data de conclusão deste julgamento. (RE 560626, Rel. Min. Gilmar Mendes, Tribunal Pleno, j. 12.06.2008, Repercussão Geral – Mérito DJe-232 divulg 04.12.2008 public 05.12.2008 ement vol-02344-05 PP-00868 RSJADV jan., 2009, p. 35-47)

[6] Art. 146. Cabe à lei complementar:
[...]
III – estabelecer normas gerais em matéria de legislação tributária, especialmente sobre:
a) definição de tributos e de suas espécies, bem como, em relação aos impostos discriminados nesta Constituição, a dos respectivos fatos geradores, bases de cálculo e contribuintes;
b) obrigação, lançamento, crédito, prescrição e decadência tributários.

Por exemplo, a Lei 12.529/2011 – entre outras coisas, dispõe sobre a prevenção e repressão às infrações contra a ordem econômica, cuidando da regulamentação acerca do processo administrativo específico para constituição definitiva do crédito não tributário das sanções ali impostas. Neste caso, o CADE – Conselho Administrativo de Defesa Econômica, é responsável pelo curso regular do processo administrativo, no qual venha apurar penalidade pecuniária a ser inscrita em Dívida Ativa.

A LEF, por não fazer a distinção entre Dívida Ativa tributária ou não tributária, exclui qualquer efeito prático de cobrança, cuja medida judicial é a execução fiscal para as duas modalidades, contudo, conforme será visto em capítulo próprio, elas reservam particularidades, especialmente quanto ao prazo de prescrição.[7]

Nem todo crédito advindo da relação entre Estado e particular pode ser objeto de inscrição em Dívida Ativa.

O conceito de Dívida Ativa não tributária, conforme visto, embora bastante elástico, não autoriza a Fazenda Pública a tornar-se credora de todo e qualquer débito. A dívida cobrada há de ter relação com a atividade própria da pessoa jurídica de direito público. Exemplo, multa aplicada em decorrência do exercício do poder de polícia.

As decisões dos Tribunais de Contas que resultem imputação de débito ou multa terão eficácia de título executivo – por expressa previsão constitucional constante do § 3º, art. 71, exaltada pelo STF no voto proferido pelo Ministro Maurício Corrêa no RE 223.037/SE: *as decisões das Cortes de Contas que impõem condenação patrimonial aos responsáveis por irregularidades no uso de bens públicos têm eficácia de título executivo.*

O STJ, por outro lado, tem afastado a possibilidade de o Estado inscrever em Dívida Ativa, sob a rubrica não tributária, créditos decorrentes de ressarcimento por danos causados a bem público, chamados de ilícitos civis extracontratuais. Entende a Corte Superior que se trata de créditos incertos e ilíquidos por necessitar de ação judicial própria para formação do título executivo.[8]

---

[7] Art. 2º – Constitui Dívida Ativa da Fazenda Pública aquela definida como tributária ou não tributária na Lei 4.320, de 17 de março de 1964, com as alterações posteriores, que estatui normas gerais de direito financeiro para elaboração e controle dos orçamentos e balanços da União, dos Estados, dos Municípios e do Distrito Federal.
§ 1º. Qualquer valor, cuja cobrança seja atribuída por lei às entidades de que trata o artigo 1º, será considerado Dívida Ativa da Fazenda Pública.
§ 2º. A Dívida Ativa da Fazenda Pública, compreendendo a tributária e a não tributária, abrange atualização monetária, juros e multa de mora e demais encargos previstos em lei ou contrato. (...)

[8] REsp 867718/PR, Rel. Ministro Teori Albino Zavascki, Primeira Turma, j. 18.12.2008, DJe 04.02.2009).
Vide também o seguinte julgado:
1. Insurge-se o INSS contra acórdão que manteve extinta a execução fiscal fundada em Certidão de Dívida Ativa para restituição de valores referentes a benefícios previdenciários concedidos mediante suposta fraude, por não se incluir no conceito de dívida ativa não tributária.
2. Conforme dispõem os arts. 2º e 3º da Lei 6.830/1980, e 39, § 2º, da Lei 4.320/64, o conceito de dívida ativa envolve apenas os créditos certos e líquidos. Assim, tanto a dívida ativa tributária como a não tributária requer o preenchimento desses requisitos.
3. No caso dos autos, cuida-se de um suposto crédito decorrente de ato ilícito (fraude). Trata-se de um nítido caso de responsabilidade civil, não se enquadrando no conceito de dívida ativa não tributária por falta do requisito da certeza.
4. Necessidade de uma ação própria para formação de um título executivo.
Recurso especial improvido.
(REsp 1172126/SC, Rel. Ministro Humberto Martins, Segunda Turma, j. 21.09.2010, DJe 25.10.2010)

Inclui o STJ, nesta lógica, os casos de crimes contra a administração pública, como nas situações de benefícios previdenciários fraudados do INSS. Segundo a jurisprudência da Corte, a Fazenda Pública não pode promover a inscrição em Dívida Ativa e ajuizamento da execução fiscal correspondente sob o argumento de que se trata de responsabilidade civil.[9] A nosso juízo, esta decisão do STJ merece um grau de censura, especialmente porque, em certos casos, à própria administração pública é possível dimensionar precisamente o valor objeto de fraude, sobretudo quando decorre de valores mensais e sucessivos apuráveis e quantificáveis, com efetiva aplicação do princípio da economia processual.

O mesmo entendimento não é empregado quando se trata de servidores públicos que cometem ilícito administrativo, haja vista decorrer de processo administrativo disciplinar, observando-se o devido processo legal, que definirá a apuração do ilícito e a quantia devida ao Erário.

A Primeira Turma do STJ, desde 2002, manifestou-se sob o fundamento de que *os privilégios da Lei 6.830/1980 só cabem nos casos em que a dívida ativa tiver natureza tributária (crédito que goza de proteção especial – arts. 183 a 193 do CTN) ou decorra de um ato ou de um contrato administrativo típico*, e, no caso específico apreciado, decidiu que *a dívida exequenda decorrente de dano causado ao patrimônio do DNER por acidente automobilístico não constitui dívida ativa a ensejar a aplicação do rito da Lei 6.830/1980, visto que não se trata de débito tributário (art. 201, do CTN) ou não tributário (previsto em lei, regulamento ou contrato.*[10]

---

[9] 1. Insurge-se o INSS contra acórdão que manteve extinta a execução fiscal fundada em Certidão de Dívida Ativa para restituição de valores referentes a benefícios previdenciários concedidos mediante suposta fraude, por não se incluir no conceito de dívida ativa não tributária.

2. Conforme dispõem os arts. 2º e 3º da Lei 6.830/1980, e 39, § 2º, da Lei 4.320/64, o conceito de dívida ativa envolve apenas os créditos certos e líquidos. Assim, tanto a dívida ativa tributária como a não tributária requer o preenchimento desses requisitos.

3. No caso dos autos, cuida-se de um suposto crédito decorrente de ato ilícito (fraude). Trata-se de um nítido caso de responsabilidade civil, não se enquadrando no conceito de dívida ativa não tributária por falta do requisito da certeza.

4. Necessidade de uma ação própria para formação de um título executivo.

Recurso especial improvido.

(REsp 1172126/SC, Rel. Ministro Humberto Martins, Segunda Turma, j. 21.09.2010, DJe 25.10.2010)

[10] 1. Fundamentos, nos quais se suporta a decisão impugnada, apresentam-se claros e nítidos. Não dão lugar, portanto, a obscuridades, dúvidas ou contradições. O não acatamento das argumentações contidas no recurso não implica em cerceamento de defesa, posto que ao julgador cabe apreciar a questão de acordo com o que ele entender atinente à lide.

2. Não está obrigado o Magistrado a julgar a questão posta a seu exame de acordo com o pleiteado pelas partes, mas sim com o seu livre convencimento (art. 131, do CPC), utilizando-se dos fatos, provas, jurisprudência, aspectos pertinentes ao tema e da legislação que entender aplicável ao caso concreto.

3. Não obstante a interposição de embargos declaratórios, não são eles mero expediente para forçar o ingresso na instância extraordinária, se não houve omissão do acórdão a que deva ser suprida. Desnecessidade, no bojo da ação julgada, de se abordar, como suporte da decisão, os dispositivos legais e constitucionais apontados.

4. Inexiste ofensa ao art. 535, II, do CPC/1973, quando a matéria enfocada é devidamente abordada no âmbito do voto-condutor do aresto hostilizado.

5. Os privilégios da Lei 6.830/1980 só cabem nos casos em que a dívida ativa tiver natureza tributária (crédito que goza de proteção especial – arts. 183 a 193 do CTN) ou decorra de um ato ou de um contrato administrativo típico.

Esse entendimento foi confirmado pelo STJ por mais de uma vez, conferindo o viés limitador do poder-dever de inscrição em Dívida Ativa, desta feita com relação a indébitos de benefícios previdenciários, afirmando que: "crédito proveniente de responsabilidade civil não reconhecida pelo suposto responsável não integra a chamada Dívida Ativa, nem autoriza execução fiscal. O Estado, em tal caso, deve exercer, contra o suposto responsável civil, ação condenatória, em que poderá obter o título executivo". No caso julgado, o STJ anulou a execução fiscal proposta por dívida proveniente de responsabilidade civil lastreada em CDA constituída sem a correspondente ação judicial correspondente visando à condenação.[11]

As palavras proferidas no voto condutor do julgado pelo saudoso ministro Humberto Gomes de Barros retratam a temática enfrentada:

> A dívida tributária já nasce certa e líquida, porque o ato estatal do lançamento, por força do ordenamento jurídico, incute no crédito esses dois atributos. Alguns créditos não tributários – como os provenientes de multas – transformam-se em dívida ativa, após simples procedimento administrativo. Nesses créditos, assim como nos tributários, a própria Administração cria o título executivo.
>
> Isso não ocorre, entretanto, com os créditos oriundos de responsabilidade civil. Para que tais créditos se traduzam em títulos executivos, é necessário o acertamento capaz de superar discussões. Isso é conseguido mediante reconhecimento, transigência ou mediante processo judicial. É que, nesses casos, a origem da dívida não é o exercício do poder de polícia, nem o contrato administrativo.
>
> No caso deste processo, o crédito surgiu de uma suposta culpa no pagamento de benefício previdenciário indevido. O INSS, pretende ressarcir-se do dano sofrido com tal pagamento. Como a suposta responsável não admite a culpa Civil, faz-se necessário o exercício de ação condenatória. Do processo resultante de tal ação, poderá resultar sentença capaz de funcionar como título executivo.
>
> Não é, portanto, lícito ao INSS emitir, unilateralmente, título de dívida ativa, para cobrança de suposto crédito proveniente de responsabilidade civil.

Esta questão pode ser muito bem compreendida da seguinte forma, a partir dos exatos parâmetros formados no AgRg no REsp 800.405/SC, julgado em 2009:

a) A inscrição em Dívida Ativa não é forma de cobrança adequada para os créditos provenientes exclusivamente de ilícitos civis extracontratuais que não tenham sido previamente apurados pela via judicial. Isto porque, em tais casos, não há certeza da existência de uma relação jurídica que vai ensejar o crédito, não havendo ainda débito decorrente de obrigação vencida e prevista em lei, regulamento ou contrato.

---

6. A dívida exequenda decorrente de dano causado ao patrimônio do DNER por acidente automobilístico não constitui dívida ativa a ensejar a aplicação do rito da Lei 6.830/1980, visto que não se trata de débito tributário (art. 201, do CTN) ou não tributário (previsto em lei, regulamento ou contrato).

7. Recurso não provido.

(REsp 362.160/RS, Rel. Ministro José Delgado, Primeira Turma, j. 05.02.2002, DJ 18.03.2002, p. 186).

[11] REsp 440.540/SC, Rel. Ministro Humberto Gomes de Barros, Primeira Turma, j. 06.11.2003, DJ 01.12.2003, p. 262.

b) É cabível a inscrição em Dívida Ativa nas hipóteses de ilícitos administrativos cometidos por servidores públicos, que ensejam a reposição e a indenização, haja vista submeter-se a disciplina legal específica, com processo administrativo prévio, e nesses casos há uma relação jurídica entre o causador do dano e a administração pública (condição de servidor ou funcionário público), preexistente ao próprio dano causado.

A leitura do voto proferido pelo ministro relator, Mauro Campbell Marques, deixa-nos entrever um detalhe. Seria possível a inscrição em Dívida Ativa de valores decorrentes de ilícitos extracontratuais, desde que haja previsão em dispositivo legal ou normativo específico, e não em fundamento geral, com base no art. 159 ou no art. 1.518, do Código Civil de 1916 (art. 186, art. 927 e art. 942, do atual Código Civil).

Na sequência do voto, o Ministro relator aborda o tema da seguinte forma, de relevância sua reprodução para o tratamento adequado do assunto.

> Essa afirmação não agride os valores decorrentes de casos de ilícitos administrativos cometidos por servidores públicos como o alcance, a reposição e a indenização, posto que sua inscrição em dívida ativa se submete a disciplina legal específica. Além disso, nesses casos há uma relação jurídica entre o causador do dano e a administração pública (condição de servidor ou funcionário público) que preexiste ao próprio dano causado, veja-se:
>
> a) reposição: devolução feita ao erário, pelo servidor público, de determinado *quantum*, em razão de recebimento indevido (normalmente de remuneração ou proventos) ou de indenização indevida (art. 45, parágrafo único, e art. 46, da Lei 8.112/1990);
>
> b) indenização: reparação do dano causado pelo servidor público ao erário no exercício de suas funções (art. 46, da Lei 8.112/1990);
>
> c) alcance: diferença para menos apurada em um processo de tomada de contas entre os valores confiados a um funcionário público, ante o cargo por ele ocupado ou função pública por ele desempenhada, perante a Administração, em virtude de ter havido sua sonegação, extravio ou desvio (art. 214, § 1º e art. 225, § 1º, da Lei 1.711/1952, e art. 1º, do Decreto-lei 3.415/41).
>
> Em todos os casos citados acima, a inscrição em Dívida Ativa da União decorre da aplicação conjunta do art. 47, *caput* e parágrafo único, da Lei 8.112/1990, c/c art. 39, § 2º, da Lei 4.320/64, e não do art. 159 ou do art. 1.518, do Código Civil de 1916 (art. 186, art. 927 e art. 942, do atual Código Civil) que têm amplitude excessiva, de modo que aqueles e não esses é que deveriam constar do título executivo.
>
> Veja-se que as hipóteses citadas em muito diferem da inscrição em dívida ativa de pessoa que, sem qualquer relação jurídica prévia com a administração pública, lhe causa dano, *v.g.* acidente de veículo ou outros ilícitos extracontratuais de natureza civil para os quais a lei não expressamente reserva o rito da inscrição em dívida ativa. Essa hipótese de inscrição – como já mencionei na decisão monocrática que proferi – foi rechaçada pela jurisprudência do STJ (REsp 441.099 – RS, Primeira Turma, Rel. Min. Humberto Gomes de Barros, j. 07.10.2003, e REsp 362.160 – RS, Rel. Min. José Delgado, j. 05.02.2002), devendo o ente público procurar as vias judiciais para obter a reparação mediante ação condenatória.

Pensar de modo diferente significaria abolir a existência da ação condenatória para os entes públicos e permitir-lhes a formação unilateral do título executivo, sem fundamento legal ou contratual prévio (nos casos de crédito rural cedido pelas instituições financeiras à União há fundamento contratual e legal), em todas as relações de direito privado de que participem, o que gera insegurança jurídica e destoa da realidade.

O exame do repertório de jurisprudência do STJ[12], portanto, permite-nos tratar o tema da seguinte forma, como bem retratado em parecer proferido pela área consultiva da Procuradoria-Geral do DF, da lavra do Procurador José Cardoso Dutra Júnior:

(i) não são passíveis de inscrição em dívida ativa não tributária os valores decorrentes de ilícitos extracontratuais que tenham por fundamento exclusivamente o direito privado, sem ato firmado pelo devedor reconhecendo a obrigação; e

(ii) devem ser inscritos em dívida ativa não tributária os valores que não se enquadrem naquela categoria, como os decorrentes de ilícitos administrativos cometidos por servidores públicos ou por particulares que tenham relação estatuária ou contratual com o ente público, sempre que haja disciplina legal específica acerca da inscrição após ouvido o interessado, pois nesses casos existe uma relação jurídica entre o causador do dano e o Estado que preexiste ao próprio dano causado.

Tomando estes preceitos firmados no âmbito do STJ, subsiste um questionamento: depois da decisão judicial, com trânsito em julgado, que condena o particular a ressarcir aos cofres públicos quantia líquida, não poderia então a Fazenda Pública de posse do título judicial inscrever o crédito em Dívida Ativa e promover posterior execução fiscal?

A jurisprudência majoritária entende que não. Nesta situação, o Estado deve executar o próprio título formado judicialmente ao condenar o particular a ressarcir ao Erário.[13] Em outros termos, a execução deve ser feita no bojo da própria ação, haja vista não constar no rol previsto na Lei 4.320/1964, que define a Dívida Ativa tributária e não tributária, os valores oriundos de títulos executivos judiciais.[14]

---

[12] Parecer 00442-2016-PRCON/PGDF, emitido no âmbito da PGDF pelo Sub-Procurador José Cardoso Dutra Júnior. Disponível em: http://parecer.pg.df.gov.br/arquivo/PRCON/2016/PRCON.0442.2016.pdf.

[13] I – É indevida a cobrança de dívida por meio de execução fiscal quando oriunda de título judicial acerca de responsabilidade civil do Estado.
II – Recurso especial improvido. (REsp 542199/SC, Rel. Ministro Francisco Falcão, Primeira Turma, j. 06.12.2005, DJ 06.03.2006, p. 166)

[14] 1. Em se tratando de execução de honorários fixados em sentença judicial, correta a utilização, pela Fazenda Pública, do rito previsto no CPC, uma vez que o procedimento da Lei 6.830/1980 (LEF) destina-se à execução da dívida ativa tributária e não tributária da União, Estados, Distrito Federal e Municípios, definidos na forma da Lei 4.320/64, dentre os quais não se inclui a cobrança de valores oriundos de título executivo judicial.
2. Recurso especial improvido. (REsp 662238/SE, Rel. Ministra Eliana Calmon, Segunda Turma, j. 20.10.2005, DJ 14.11.2005, p. 256).
Vide também as seguintes decisões: REsp 891.878/PE, Rel. Ministro Luiz Fux, Primeira Turma, j. 14.04.2009, DJe 6.05.2009; REsp 1126631/PR, Rel. Ministro Herman Benjamin, Segunda Turma, j. 20.10.2009, DJe 13.11.2009.

Por último, um ponto também merece abordagem neste tópico, que diz respeito às dívidas oriundas de decisões de Tribunal de Contas que imponham condenação patrimonial a responsáveis por irregularidade cometidas.

O Tribunal Pleno do Supremo Tribunal Federal, apreciando o Recurso Extraordinário 223.037-SE, da relataria do Ministro Maurício Corrêa, ao tratar do tema, assentou que "as decisões das Cortes de Contas que impõem condenação patrimonial aos responsáveis por irregularidades no uso de bens públicos têm eficácia de título executivo".[15]

Leonardo José Carneiro da Cunha ao tratar do tema revela ser:

> bem verdade que os créditos da Fazenda Pública devem ser escriturados e inscritos em dívida ativa, possibilitando, assim, o ajuizamento da execução fiscal. Ocorre que tal inscrição em dívida ativa tem por escopo constituir o título executivo que haverá de aparelhar o executivo fiscal. Resulta curial que, já dispondo a Fazenda Pública do título executivo, se entremostra despiciendo inscrevê-lo em dívida ativa para obter o que já dispõe.[16]

Não haveria proibição de inscrição da multa aplicada pelo Tribunal de Contas em Dívida Ativa, por se tratar de débito devido ao ente federado, e, nos termos do art. 2º, § 1º, da Lei 6.830/1980. É um procedimento lícito, e, portanto, duas opções surgem à representação judicial da Fazenda Pública diante de uma condenação imposta pelo Tribunal de Contas: "(a) executar a própria decisão do tribunal, valendo-se, para tanto, das regras de execução por quantia certa contra devedor solvente, contidas no Código de Processo Civil; ou (b) inscrever o débito em dívida ativa e, com lastro na certidão de dívida ativa, intentar a execução fiscal, que irá processar-se pelas regras insertas na Lei 6.830/1980".[17]

Diferente, contudo, é a hipótese do pedido de desistência de uma execução já ajuizada, cujo título executivo extrajudicial é uma decisão da Corte de Contas, para, em seguida, pretender promover a inscrição do débito em Dívida Ativa, com o ajuizamento de uma nova ação executória sob o rito da Lei de Execução Fiscal por entender que encurtaria o procedimento de alcance da satisfação do crédito cobrado. Sobre o assunto, ressalto parecer proferido no consultivo da Procuradoria-Geral do DF, da lavra

---

[15] 1. As decisões das Cortes de Contas que impõem condenação patrimonial aos responsáveis por irregularidades no uso de bens públicos têm eficácia de título executivo (CF, art. 71, § 3º). Não podem, contudo, ser executadas por iniciativa do próprio Tribunal de Contas, seja diretamente ou por meio do Ministério Público que atua perante ele. Ausência de titularidade, legitimidade e interesse imediato e concreto. 2. A ação de cobrança somente pode ser proposta pelo ente público beneficiário da condenação imposta pelo Tribunal de Contas, por intermédio de seus procuradores que atuam junto ao órgão jurisdicional competente. 3. Norma inserida na Constituição do Estado de Sergipe, que permite ao Tribunal de Contas local executar suas próprias decisões (CE, art. 68, XI). Competência não contemplada no modelo federal. Declaração de inconstitucionalidade, *incidenter tantum*, por violação ao princípio da simetria (CF, art. 75). Recurso extraordinário não conhecido.
(RE 223037, Rel. Maurício Corrêa, Tribunal Pleno, j. 02.05.2002, DJ 02-08-2002 PP-00061 EMENT VOL-02076-06 PP-01061).

[16] CUNHA, Leonardo José Carneiro da. *A Fazenda Pública em Juízo*. 8. ed. São Paulo: Dialética. p. 437.

[17] Idem, p. 438.

do Procurador Flávio Jardim, ao revelar ser "carente de lógica jurídica a desistência de uma execução já ajuizada, para que seja inscrito um débito em dívida ativa".[18]

2.4 FORMALIDADES DA INSCRIÇÃO EM DÍVIDA ATIVA

A administração pública ao realizar a inscrição do valor em Dívida Ativa deve, necessariamente, sob pena de nulidade do ato administrativo, observar os seguintes requisitos constantes na CDA, especificamente contidos no art. 202 do CTN: (i) o nome do devedor e, sendo caso, o dos corresponsáveis; (ii) a quantia devida e a maneira de calcular os juros de mora acrescidos; (iii) a origem e natureza do crédito, mencionada especificamente a disposição da lei em que seja fundado; (iv) a data em que foi inscrita; sendo caso, o número do processo administrativo de que se originar o crédito.[19]

Não se trata de preciosismo ou formalidade exagerada, a exigência de cumprimento dos requisitos acima tem a finalidade de assegurar ao contribuinte o pleno conhecimento acerca da natureza do débito objeto de cobrança, a responsabilidade pela dívida, o montante devido e a forma de cálculo, possibilitando-o eventual defesa administrativa, ou em juízo, e, ainda, se reconhecer como efetivamente devido, venha realizar o pagamento.[20]

A Dívida Ativa regularmente inscrita consubstanciará a futura execução fiscal, constituindo-se em título executivo extrajudicial[21], prestigiando o atributo da presunção

---

[18] Parecer 92-2012/PROFIS/PGDF: http://parecer.pg.df.gov.br/arquivo/PROFIS/2012/PROFIS.0092.2012.pdf.

[19] Art. 202. O termo de inscrição da dívida ativa, autenticado pela autoridade competente, indicará obrigatoriamente:

I – o nome do devedor e, sendo caso, o dos corresponsáveis, bem como, sempre que possível, o domicílio ou a residência de um e de outros;

II – a quantia devida e a maneira de calcular os juros de mora acrescidos;

III – a origem e natureza do crédito, mencionada especificamente a disposição da lei em que seja fundado;

IV – a data em que foi inscrita;

V – sendo caso, o número do processo administrativo de que se originar o crédito.

Parágrafo único. A certidão conterá, além dos requisitos deste artigo, a indicação do livro e da folha da inscrição.

[20] 1. A certidão da dívida ativa, apta a fundamentar a ação executiva fiscal, deve indicar com precisão todos os elementos necessários à identificação do débito, consoante dispõe o art. 202 do CTN e art. 2º, §§ 5º e 6º, da Lei 6.830/1980. 2. A *mens legis* espelhada nos requisitos previstos pela legislação é a de proporcionar a possibilidade de o devedor defender-se em juízo, após o conhecimento do débito cobrado, da causa da dívida e da responsabilidade pelo seu pagamento, a fim de impedir o prosseguimento de execuções arbitrárias. 3. *In casu*, as certidões da dívida ativa que deram suporte à presente execução estão inquinadas do vício de nulidade por carecerem de requisitos de sua constituição, pois não há qualquer referência que identifique a origem e o fundamento legal do débito, havendo apenas a seguinte informação no campo destinado à natureza da dívida: "multa aplicada pelo U/SPE/DLF-1". (...) 5. No caso dos autos, verifica-se que o juízo de primeiro grau, sem determinar a intimação do exequente para que promovesse a substituição do título, extinguiu o feito executivo por entender nula a CDA que não preencheu os requisitos mínimos previstos em lei. Nesse passo, conforme entendimento assinalado, devem ter retorno os autos à origem para que seja conferida ao exequente a emenda ou a substituição da CDA. 6. Recurso ordinário conhecido e parcialmente provido. (STJ; RO 88/RJ; 2009/0073668-0; Mauro Campbell Marques; Segunda Turma; DJe 06.08.2009).

[21] Art. 784. São títulos executivos extrajudiciais: (...)

IX – a certidão de dívida ativa da Fazenda Pública da União, dos Estados, do Distrito Federal e dos Municípios, correspondente aos créditos inscritos na forma da lei;

de certeza e liquidez, conforme prescreve o art. 3º da LEF.[22] Não é diferente o tratamento dado pelo CTN: a dívida regularmente inscrita goza da presunção de certeza e liquidez e tem o efeito de prova pré-constituída. A presunção é relativa e pode ser ilidida por prova inequívoca, a cargo do sujeito passivo ou do terceiro a que aproveite. (art. 204, CTN).

É indispensável que a Certidão de Dívida Ativa, que embasa a futura execução fiscal, discrimine a composição do débito: principal, atualização, juros, multa, encargo legal, gozando o título executivo da presunção de liquidez e certeza. Esta presunção de liquidez (montante determinável) e certeza (autenticidade da dívida) é relativa, haja vista poder ser elidida por prova inequívoca.

É o caso, por exemplo, do contribuinte que pagou o débito inscrito em Dívida Ativa, mas, por equívoco, a Fazenda Pública ajuizou a correspondente execução fiscal. Nesta hipótese, o comprovante de pagamento do tributo (DARF – Documento de Arrecadação da Receita Federal – por exemplo) juntado aos autos por meio da objeção de pré-executividade é prova suficiente de que houve a quitação do crédito tributário.[23] O contribuinte também poderá peticionar diretamente junto à Procuradoria responsável pela cobrança do crédito, comprovando o recolhimento do tributo, e, neste momento, cabe ao órgão de representação judicial da Fazenda Pública, ou, se o caso, o próprio Fisco promover o controle de legalidade *a posteriori* e promover a baixa na cobrança com a extinção do executivo fiscal correspondente, na hipótese de ação em curso.

O crédito líquido é aquele perfeitamente identificado quanto ao seu valor. Ao inscrevê-lo em Dívida Ativa, os juros continuam fluindo normalmente, o que significa que depois de algum tempo o montante inicialmente inscrito em Dívida Ativa não mais corresponde ao valor devido pelo contribuinte, contudo, a atualização do valor (juros e correção) pode ser alcançada por mero cálculo aritmético, mantendo a liquidez exigida por lei.[24]

A presunção de certeza e de liquidez que reveste a Certidão de Dívida Ativa é relativa, ou *juris tantum*, o que significa a possibilidade de reconhecimento de ponde-

---

[22] Art. 3º – A Dívida Ativa regularmente inscrita goza da presunção de certeza e liquidez.
Parágrafo único – A presunção a que se refere este artigo é relativa e pode ser ilidida por prova inequívoca, a cargo do executado ou de terceiro, a quem aproveite.

[23] 1. O Tribunal *a quo* confirmou a sentença que julgou extinta a Execução Fiscal, por entender que "é possível extinguir-se a execução por meio de exceção de pré-executividade, desde que haja prova documental acostada aos autos de que ocorreu o pagamento do débito, conforme comprovam os documentos de fls. 50/55 e 85 dos autos" (fl. 193).
2. Por seu turno, a Fazenda Nacional aponta violação dos arts. 3º da Lei 6.830/1980 e 204 do CTN, que atribuem presunção de certeza e liquidez à certidão de dívida ativa e prescrevem que somente prova inequívoca poderá ilidi-la.
3. No caso dos autos, a conclusão posta no acórdão recorrido é a de que, em Exceção de Pré-Executividade, a executada comprovou, mediante prova documental, a quitação do crédito tributário. Rever esse entendimento é tarefa que esbarra no óbice da Súmula 7/STJ: "A pretensão de simples reexame de prova não enseja recurso especial".
4. Agravo Regimental não provido. (AgRg no agravo em recurso especial 268.511 – CE)

[24] [...] 4. A substituição do índice de correção monetária constante da certidão de dívida ativa não afeta a sua liquidez de certeza, porquanto possível, através de simples cálculos matemáticos, apurar-se o valor do débito tributário, dando ensejo ao prosseguimento da execução fiscal. Desnecessidade de anulação da CDA. Agravo regimental improvido. (STJ; AGRESP 201000743407; Humberto Martins; Segunda Turma; DJe 22.09.2010)

ração de tais atributos pelo magistrado, no exame do caso concreto, devendo resultar em decisão devidamente fundamentada.

Deve o magistrado, portanto, no caso concreto, avaliar a prova juntada aos autos pelo contribuinte, que pode ser feita na exceção de pré-executividade (matéria de ordem pública) ou nos embargos à execução (defesa mais ampla). O argumento jurídico de inconstitucionalidade, salvo se consubstanciado em controle abstrato, não é suficiente, por si só, para ilidir a presunção de liquidez e certeza da CDA.[25]

No âmbito federal, a inscrição em Dívida Ativa tributária é feita pela Procuradoria-Geral da Fazenda Nacional (PGFN), por meio de seus procuradores[26]. Enquanto na esfera estadual e municipal, regra geral, as Procuradorias estaduais e municipais também inscrevem em Dívida Ativa, mas, em certos estados e municípios, a responsabilidade pela inscrição em Dívida Ativa ainda fica a cargo da Secretaria de Fazenda (ou Economia), especificamente pelos auditores ou fiscais do órgão.

Em determinadas situações, a inscrição em Dívida Ativa pode dispensar o prévio processo administrativo fiscal, quando baseada em declaração própria do contribuinte ao reconhecer o débito administrativamente, em regra, antes do vencimento. É a hipótese na qual o contribuinte declara o tributo devido, mas não paga. A jurisprudência, majoritariamente, consolidou o entendimento no sentido de que a declaração do débito em DCTF, por exemplo, provoca a constituição do crédito tributário, sem a necessidade de lavratura do auto de infração.

Diferente é o caso no qual o contribuinte na DCTF informa o débito tributário, mas, também, um crédito em compensação[27]. Se o Fisco não reconhece os créditos ofer-

---

[25]   1. É firme nesta Corte Superior de Justiça o entendimento no sentido de que não existe divergência entre julgados que apreciam o mérito do recurso, e outros que não o fazem, por falta de preenchimento dos pressupostos de admissibilidade.

2. Precedentes: AgRg nos EREsp 957.118/DF, Rel. Min. Hamilton Carvalhido, Corte Especial, DJe 24.05.2011; AgRg nos EAg 1.152.551/RJ, Rel. Ministra Nancy Andrighi, Corte Especial, DJe 10.02.2011; EREsp 260.691/RS, Rel. Min. João Otávio de Noronha, Corte Especial, DJ 18.02.2008.

3. Ademais, o acórdão embargado aplicou corretamente o tema consolidado no julgamento do REsp 1.115.501/SP, Rel. Min. Luiz Fux, j. 10.11.2010 pela sistemática do art. 543-C do CPC e da Res. STJ 8/08, segundo o qual a declaração de inconstitucionalidade, em controle difuso, não é suficiente, por si só, para ilidir a presunção de liquidez e certeza da CDA fundamentada em preceito declarado inconstitucional, razão por que é incabível a extinção *ex officio* da execução fiscal.

Agravo regimental improvido. (AgRg nos EREsp 1192764/RS, Rel. Ministro Humberto Martins, Primeira Seção, j. 08.02.2012, DJe 15.02.2012).

[26]   Lei Complementar 73/1993 – Lei Orgânica da Advocacia-Geral da União.

Art. 12 – À Procuradoria-Geral da Fazenda Nacional, órgão administrativamente subordinado ao titular do Ministério da Fazenda, compete especialmente:

I – apurar a liquidez e certeza da dívida ativa da União de natureza tributária, inscrevendo-a para fins de cobrança, amigável ou judicial; (...)

Consta também previsão na Lei 4.320/64:

Art. 39. Os créditos da Fazenda Pública, de natureza tributária ou não tributária, serão escriturados como receita do exercício em que forem arrecadados, nas respectivas rubricas orçamentárias.

[...]

§ 5º A Dívida Ativa da União será apurada e inscrita na Procuradoria da Fazenda Nacional.

[27]   O *caput* do art. 74 da Lei 9.430/1996 prevê que o sujeito passivo que apurar crédito, inclusive os judiciais com trânsito em julgado, relativo a tributos administrados pela Receita Federal poderá utilizá-lo para extinção de débitos próprios, mediante compensação, de quaisquer tributos ou contribuições administrados por aquele órgão.

tados pelo contribuinte, deve promover o lançamento de ofício com a correspondente intimação do sujeito passivo para pagamento ou dar início, por meio de impugnação, ao contencioso fiscal. Nestes casos, não pode o Fisco, sem a prévia intimação do contribuinte, promover a inscrição em Dívida Ativa.

A jurisprudência administrativa e judicial é pacífica no sentido de que, sendo rejeitada pelo Fisco a quitação do tributo por meio de compensação informada em DCTF, é necessária a intimação do contribuinte para que exerça seu direito de defesa, vedada a automática inscrição em Dívida Ativa.

No âmbito federal, são tratadas como confissões as declarações fiscais prestadas por DCTF (Declaração de Débitos e Créditos Tributários Federais), GIFP (Guia de Recolhimento do FGTS e de Informações à Previdência Social, contendo as informações de vínculos empregatícios e remunerações), e, nos estados e DF, a GIA (GIA – Guia de Informação e Apuração do ICMS). Atualmente, diversos tributos administrados pela Secretaria da Receita Federal, incluindo o IRPJ, CSLL, PIS, COFINS e IPI, devem ser apurados e declarados pelos contribuintes em DCTF.

O contribuinte, portanto, que declara o débito e o Fisco verifica o não recolhimento do tributo, e não existindo qualquer condição de suspensão da exigibilidade do crédito tributário, tal como uma liminar ou tutela antecedente, os valores declarados devem ser enviados diretamente para inscrição em Dívida Ativa e posterior ajuizamento de execução fiscal, sem a necessidade de prévia intimação do contribuinte para apresentação de defesa ou impugnação.

O contribuinte, nesses casos, já é chamado para regularizar a situação fiscal por meio da concessão de prazo para pagamento dos tributos devidos, por meio de documento expedido e conhecido como "carta-cobrança", e, se não atendida no prazo fixado, segue-se a cobrança pela inscrição dos valores devidos em Dívida Ativa e posterior ajuizamento da execução fiscal. No curso deste prazo, no qual o contribuinte é convidado à regularização do débito, os Fiscos, em regra, ainda permitem uma modalidade de "insurgência", como no caso da Receita Federal, que prevê a "Manifestação de Inconformidade", cujo processamento e apreciação são de competência das Delegacias de Julgamento da Receita Federal – DRJ.

É desnecessário o lançamento de ofício, todavia os débitos decorrentes da compensação indevida só devem ser encaminhados para inscrição em Dívida Ativa após notificação do sujeito passivo para pagar ou apresentar manifestação de inconformidade, cujo recurso suspende a exigibilidade do crédito tributário.[28]

Apesar deste entendimento, manifestado no âmbito do STJ, há um posicionamento do próprio Tribunal de que "não basta o protocolo de reclamações ou recursos; a manifestação de inconformidade ("reclamações" ou "recursos"), para ser dotada de efeito suspensivo, nos termos do inciso III do art. 151 do CTN. Para alcançar a suspensão da exigibilidade, segundo voto de relatoria do Ministro Herman Benjamin, deve estar expressamente disciplinada na legislação específica que rege o processo tributário administrativo. E, portanto, a manifestação administrativa (é irrelevante o *nomen iuris*, isto é, "defesa", "pedido de revisão de débito inscrito na dívida ativa", ou

---

[28]   AgRg no REsp 1495435/SC, Rel. Ministro Humberto Martins, Segunda Turma, j. 05.02.2015, DJe 12.02.2015.

qualquer outro) não constitui "recurso administrativo", dele diferindo em sua essência e nos efeitos jurídicos."[29]

Se, por outro lado, a manifestação, o recurso ou qualquer outro meio de insurgência do contribuinte seja ofertado depois de o débito encontrar-se inscrito em Dívida Ativa, não se pode considerar suspenso o crédito tributário, tratando-se, portanto, de mero exercício do direito de petição aos órgãos públicos, que, mesmo assim, têm o dever de examinar a pretensão deduzida, sobretudo porque o desfazimento do ato administrativo (pedido de cancelamento da inscrição em Dívida Ativa), insere-se na órbita do poder-dever de anular os atos revestidos de ilegalidade.

A ausência de suspensão da exigibilidade do crédito, nestas hipóteses, tem um motivo principal, para além da previsão legal, a vedação a que o contribuinte, administrado, valha-se de inúmeras defesas ou insurgências visando a criar ou a manter o contencioso administrativo indefinidamente instaurado sem avançar na cobrança do crédito tributário por parte da Fazenda Pública, obstando a persecução dos valores devidos.

2.5 POSSIBILIDADE DE SUBSTITUIÇÃO OU EMENDA DA CDA

A observância dos requisitos previstos no art. 202 do CTN é imprescindível para a validade da inscrição em Dívida Ativa. O CTN, por outro lado, bem como a Lei de Execução Fiscal[30], a despeito da presença de vícios que contaminem a CDA, permite que a nulidade seja sanada mediante a substituição da CDA nula até a decisão de primeira instância. Neste último caso, devolve-se ao sujeito passivo ou interessado o prazo para defesa, que somente poderá versar sobre a parte modificada.[31] Trata-se de concretização do princípio da economia processual.

A jurisprudência do STJ, entretanto, enxerga a possibilidade de substituição da CDA com certos temperamentos, ainda que se pretenda fazê-la antes da sentença. A Corte Superior faz a distinção entre possibilidade de emenda ou substituição da CDA diante de erro material ou formal do próprio título, e a hipótese de vício na própria formação do título (inscrição em Dívida Ativa) ou decorrente do próprio lançamento tributário.

É caso, por exemplo, de erro formal constante na CDA pela indicação de um dígito equivocado na numeração do processo administrativo de que se originar o crédito. Ainda como erro a possibilitar a substituição da CDA antes da prolação da sentença,

---

[29] REsp 1.389.892/SP, Rel. Ministro Herman Benjamin, Segunda Turma, j. 27.08.2013, DJe 26.09.2013.

[30] Art. 2º. Constitui Dívida Ativa da Fazenda Pública aquela definida como tributária ou não tributária na Lei 4.320, de 17 de março de 1964, com as alterações posteriores, que estatui normas gerais de direito financeiro para elaboração e controle dos orçamentos e balanços da União, dos Estados, dos Municípios e do Distrito Federal.
[...]
§ 8º. Até a decisão de primeira instância, a Certidão de Dívida Ativa poderá ser emendada ou substituída, assegurada ao executado a devolução do prazo para embargos.

[31] Art. 203. A omissão de quaisquer dos requisitos previstos no artigo anterior, ou o erro a eles relativo, são causas de nulidade da inscrição e do processo de cobrança dela decorrente, mas a nulidade poderá ser sanada até a decisão de primeira instância, mediante substituição da certidão nula, devolvido ao sujeito passivo, acusado ou interessado o prazo para defesa, que somente poderá versar sobre a parte modificada.

segundo decisões do STJ, diz respeito à simples operação aritmética contida na certidão, que, portanto, não ensejaria sua nulidade, fazendo-se a adequação, no próprio título que instrui a execução, o decote da majoração indevida.[32]

Em determinadas situações, nem sequer pode-se falar em erro formal ou material a justificar a substituição da CDA por se tratar de mera irregularidade. É o caso, por exemplo, da CDA que ao apontar o nome da empresa deixou de fazer menção à expressão "massa falida" por estar ela em processo de insolvência. Permite-se nas hipóteses de mera irregularidade a continuidade do feito executivo, sanando-o sem precisar promover a substituição do título ou requerer o redirecionamento.[33]

Muitos são os casos, apreciados pelos Tribunais, em que foi permitida a substituição da CDA por erro formal ou material antes da sentença de embargos à execução, por exemplo, a especificação da origem da dívida na CDA, a anotação de exercícios compreendidos, bem como a indicação do número do veículo ou do imóvel sobre o qual incidiu o tributo objeto da Dívida Ativa.[34]

Nestas situações, quando constatado o vício formal ou material, antes de proferida a sentença de embargos, a Fazenda Pública deve, impreterivelmente, ser intimada a substituir a CDA.

Situação diversa é a hipótese de vício na formação da CDA ou decorrente do próprio lançamento tributário. É o caso, por exemplo, do devedor falecido antes mesmo da inscrição em Dívida Ativa, mas a indicação na CDA não é feita na pessoa do representante legal do espólio. Ou mesmo quando no processo administrativo fiscal, que deu origem à inscrição do crédito tributário em Dívida Ativa, é notificada pessoa diversa. O vício é insuperável pela substituição da CDA, ainda que antes de proferida sentença nos embargos à execução.[35]

O erro na indicação do sujeito passivo constante na CDA não é considerado formal ou material a possibilitar a substituição antes de proferida sentença nos embargos à execução, motivo pelo qual levou o STJ a editar a Súmula 392: "a Fazenda Pública pode substituir a certidão de Dívida Ativa (CDA) até a prolação da sentença de embargos, quando se tratar de correção de erro material ou formal, vedada a modificação do sujeito passivo da execução".

Não é permitido, à Fazenda Pública, verificado o equívoco no polo passivo da execução fiscal, substituir a CDA, ainda que antes de proferida sentença nos embargos.

---

[32] AgRg no REsp 779.496/PE, Rel. Min. Eliana Calmon, 2ª Turma, DJU 17.10.07; AgRg no REsp 1190997/RJ, Rel. Ministro Benedito Gonçalves, Primeira Turma, j. 01.03.2011, DJe 10.03.2011;

[33] 1. A pessoa jurídica já dissolvida pela decretação da falência subsiste durante seu processo de liquidação, sendo extinta, apenas, depois de promovido o cancelamento de sua inscrição perante o ofício competente. Inteligência do art. 51 do Código Civil.
2. O ajuizamento de execução fiscal sem a menção "massa falida" não importa erro quanto à identificação da pessoa jurídica devedora, mas, apenas, mera irregularidade que diz respeito à sua representação processual e que pode ser sanada durante o processamento do feito.
3. Não é o caso de substituição da CDA, nem redirecionamento da execução fiscal, sendo, portanto, inaplicável a Súmula 392/STJ.
4. Recurso especial provido. (REsp 1359273/SE, Rel. Ministro Napoleão Nunes Maia Filho, Rel. p/ Acórdão Ministro Benedito Gonçalves, Primeira Turma, j. 04.04.2013, DJe 14.05.2013).

[34] EREsp 928.151/RS, Rel. Ministro Mauro Campbell Marques, Primeira Seção, j. 09.08.2010, DJe 19.08.2010.

[35] AgRg no Ag 771386/BA, DJ 01.02.2007; AgRg no Ag 884384/BA, DJ 22.10.2007.

Nesta situação, questiona-se: é possível, então, a extinção e posterior ajuizamento da execução fiscal com a correção do sujeito passivo? A resposta é depende.

Caso haja necessidade de nova constituição do crédito tributário, a Fazenda Pública deverá certificar-se da viabilidade desse novo lançamento, sobretudo ante os parâmetros de incidência do prazo decadencial aplicável, para fins de propositura de nova execução fiscal. Se o motivo da extinção da execução não exigir nova constituição por lançamento do crédito tributário, deve-se então examinar o decurso do prazo de prescrição (quinquenal), contado a partir da constituição definitiva do crédito tributário até a data do novo ajuizamento. Não ultrapassado referido lapso temporal, permite-se a promoção do executivo fiscal.

A Fazenda Pública deverá verificar se não houve o decurso do prazo de prescrição (quinquenal), contado a partir da constituição definitiva do crédito tributário até a data do novo ajuizamento. Não ultrapassado referido lapso temporal, permite-se à Fazenda Pública realizar nova propositura do executivo fiscal.

Se o contribuinte, por outro lado, efetuar o pagamento parcial do crédito cobrado algumas situações podem ocorrer a depender do momento de efetivação do recolhimento:

(i) se o pagamento se der antes da inscrição em Dívida Ativa a correspondente CDA é considerada nula por ser inviável a revisão do lançamento tributário e, portanto, a execução fiscal promovida deve ser extinta, embora preserve-se a reabertura do procedimento para cobrança do crédito então remanescente;

(ii) se o pagamento parcial tenha ocorrido entre o lançamento tributário e a inscrição em Dívida Ativa é possível a retificação desta, com a necessidade de promover a emenda da petição inicial da execução fiscal ou a substituição do próprio título, salvo se já proferida sentença no processo executivo, quando, então, será necessário o ajuizamento de nova execução fiscal com a correta CDA; e

(iii) se o recolhimento parcial venha a se dar depois de inscrito o débito em Dívida Ativa, mantém-se a cobrança do saldo atualizado remanescente na correspondente execução fiscal sem efeitos no curso da ação, mas tão somente o abatimento do valor objeto de pagamento.[36]

2.6 SÚMULA 392/STJ

A Súmula 392 do STJ, como visto, afirma: "A Fazenda Pública pode substituir a certidão de dívida ativa (CDA) até a prolação da sentença de embargos, quando se tratar de correção de erro material ou formal, vedada a modificação do sujeito passivo da execução".

Situação corriqueira nas Fazendas Públicas é aquela na qual, por exemplo, o devedor de IPVA (Imposto sobre a Propriedade de Veículos Automotores) vende o

---

[36] PAULSEN, Leandro; ÁVILA, René Bergmann; SLIWKA, Ingride Schroder. *Direito Processual Tributário:* processo administrativo fiscal e execução fiscal à luz da doutrina e da jurisprudência. 6. ed. Porto Alegre: Livraria do Advogado Editora, 2010, p. 255-226.

automóvel a outro, mas não comunica ao órgão responsável a transferência do veículo, mantendo em seu nome – talvez displicentemente, a propriedade do bem.

A Fazenda Pública, ao ajuizar a execução fiscal, por não ter tido a informação oficial de que o automóvel já havia sido vendido, não poderia inserir no polo passivo do executivo o atual proprietário do bem, que, por disposição legal, assume o débito do imposto como responsável por sucessão.[37]

Quando a Fazenda Pública se dá conta – já em curso a execução fiscal contra devedor incorreto – haja vista a nova propriedade sobre o bem, esbarra na parte final da Súmula 392/STJ no sentido de que é vedada a modificação do sujeito passivo da execução, ainda que a pretensão seja antes da sentença de embargos à execução.

É uma situação inusitada porque a Fazenda Pública não deu causa ao erro na indicação do sujeito passivo na CDA, porém, fica impedida, segundo jurisprudência do STJ, de promover a alteração na certidão, bem como corrigir o polo passivo da execução fiscal. A saída, para esta situação, seria desistir da execução fiscal contra devedor incorreto e, em seguida, ajuizar contra o novo proprietário do bem. É uma hipótese curiosa de relativização do brocardo jurídico de que "o direito não socorre aos que dormem".

O mesmo problema também acontece quando no curso da execução fiscal, o proprietário do bem, seja um automóvel, seja um imóvel, por exemplo, gravados com dívidas tributárias de IPVA e IPTU, aliena para outro. Se for aplicar a literalidade do enunciado constante da Súmula 392/STJ, a Fazenda Pública não poderia modificar o sujeito passivo da execução fiscal.

O entendimento correto do sentido e alcance de uma súmula, contudo, especialmente quanto à extensão de seus efeitos, deve compreender, necessariamente, a análise dos precedentes que serviram de base para a sua edição e que foram resumidos, como o próprio nome indica, de forma objetiva, clara e contundente.

Da análise dos precedentes que deram origem à Súmula 392/STJ, nota-se que a faculdade de a Fazenda Pública substituir a CDA, já durante o curso do processo de execução, deve-se à proibição de que seja modificado o conteúdo do próprio lançamento, o qual serviu de base para a inscrição do débito em Dívida Ativa do Estado.

Se houver equívocos no próprio lançamento ou na inscrição em dívida ativa, na qual haja dependência de se alterar a fundamentação legal que lhe deu suporte ou do próprio sujeito passivo, que exige nova apuração do tributo com aferição dos elementos materiais que o constituem, tais como base de cálculo, torna-se indispensável que o próprio lançamento seja revisado, obviamente respeitado o prazo de decadência, oportunizando-se ao contribuinte o direito à defesa. Não basta a simples modificação da certidão é necessário reproduzir o próprio processo de lançamento, assegurados os direitos inerentes do sujeito passivo, por isso: *não é possível corrigir, na certidão, vícios do lançamento e/ou da inscrição. Nestes casos, será inviável simplesmente substituir-se a CDA.*[38]

---

[37] Art. 131. São pessoalmente responsáveis: I – o adquirente ou remitente, pelos tributos relativos aos bens adquiridos ou remidos; (...).

[38] PAULSEN, Leandro; BERGMANN René Ávila; SLIWKA, Ingrid Schroder. *Direito Processual Tributário: Processo Administrativo Fiscal e Execução Fiscal à luz da Doutrina e da Jurisprudência.* Porto Alegre: Livraria do Advogado, 5. ed., 2009, p. 205.

Título I • Cap. 2 • DÍVIDA ATIVA | 71

A alteração do conteúdo do lançamento tributário, quando já em fase de execução fiscal, atropela o direito de defesa do contribuinte, sobretudo, porque o submete a inovações no título antes não discutidas no processo administrativo fiscal, sob o crivo do contraditório e da ampla defesa. Este foi o fundamento adotado nos acórdãos que inspiraram a elaboração da súmula, e que, por isso, se encontra subjacente ao enunciado em questão.

A Súmula 392/STJ, nesse sentido, não abrange as alterações que vierem a ser processadas nos polos passivos das execuções fiscais decorrentes das alienações de bens móveis e imóveis, sobre os quais incidiu o tributo objeto de inscrição em Dívida Ativa, desde que supervenientes ao ajuizamento da execução fiscal.[39]

Posteriormente à edição da Súmula 392/STJ, o próprio Tribunal, atento às particularidades casuísticas apresentadas no processo de execução fiscal, sob o crivo da sistemática do recurso especial representativo de controvérsia, analisou o tema acerca da possibilidade de substituição do polo passivo do executivo fiscal na hipótese de alienação do bem.

Aparentemente, a leitura apressada da ementa do REsp 1045472/BA, julgado sob o regime do art. 543-C do CPC/1973, nos dá a entender que em qualquer hipótese de alienação do bem – sobre o qual incide o crédito tributário, aplica-se o enunciado da Súmula 392/STJ que veda a modificação do sujeito passivo da execução.[40]

Não é bem assim.

A situação fática do acórdão objeto de julgamento no REsp 1045472/BA revela que o município ajuizou execução fiscal contra a empresa cobrando o IPTU referente aos exercícios de 1993, 1994 e 1995. Em 1996, foi realizada a venda do imóvel – sobre o qual recaia os débitos tributários – com escritura definitiva de compra e venda registrada em cartório. Ora, de fato, o ajuizamento posterior da execução fiscal a esta data

---

[39] Este tema foi objeto de análise pela Procuradoria-Geral do Distrito Federal no Parecer 276/2009, da lavra do colega Luís Fernando Belém Peres.

[40] 1. A Fazenda Pública pode substituir a certidão de dívida ativa (CDA) até a prolação da sentença de embargos, quando se tratar de correção de erro material ou formal, vedada a modificação do sujeito passivo da execução (Súmula 392/STJ).

2. É que: "Quando haja equívocos no próprio lançamento ou na inscrição em dívida, fazendo-se necessária alteração de fundamento legal ou do sujeito passivo, nova apuração do tributo com aferição de base de cálculo por outros critérios, imputação de pagamento anterior à inscrição etc., será indispensável que o próprio lançamento seja revisado, se ainda viável em face do prazo decadencial, oportunizando-se ao contribuinte o direito à impugnação, e que seja revisada a inscrição, de modo que não se viabilizará a correção do vício apenas na certidão de dívida. A certidão é um espelho da inscrição que, por sua vez, reproduz os termos do lançamento. Não é possível corrigir, na certidão, vícios do lançamento e/ ou da inscrição. Nestes casos, será inviável simplesmente substituir-se a CDA." (Leandro Paulsen, René Bergmann Ávila e Ingrid Schroder Sliwka, in "Direito Processual Tributário: Processo Administrativo Fiscal e Execução Fiscal à luz da Doutrina e da Jurisprudência", Livraria do Advogado, 5. ed. Porto Alegre, 2009, pág. 205).

3. Outrossim, a apontada ofensa aos arts. 165, 458 e 535, do CPC, não restou configurada, uma vez que o acórdão recorrido pronunciou-se de forma clara e suficiente sobre a questão posta nos autos. Saliente-se, ademais, que o magistrado não está obrigado a rebater, um a um, os argumentos trazidos pela parte, desde que os fundamentos utilizados tenham sido suficientes para embasar a decisão, como de fato ocorreu na hipótese dos autos.

4. Recurso especial desprovido. Acórdão submetido ao regime do art. 543-C, do CPC/1973, e da Resolução STJ 08/2008. (REsp 1045472/BA, Rel. Ministro Luiz Fux, Primeira Seção, j. 25.11.2009, DJe 18.12.2009).

(da escritura definitiva) contra o alienante do bem incorreu em erro na indicação do sujeito passivo, motivo pelo qual acertada a incidência da Súmula 392/STJ.

Diferente seria a situação em que depois de ajuizada a execução fiscal, o imóvel viesse a ser alienado. No momento do ajuizamento, a Fazenda Pública acertou ao dirigir a execução fiscal contra o proprietário do bem à época, que com a venda posterior, transferiu os encargos tributários ao adquirente. A Fazenda Pública, neste caso, deve requerer a inclusão do novo proprietário do imóvel na cobrança executiva, sem esbarrar na Súmula 392/STJ.

O repertório de jurisprudência do STJ, portanto, não reflete exatamente a dicção literal da Súmula 392, não ao menos de forma absoluta.

Outra situação, por exemplo, é a possibilidade de inclusão dos sócios-administradores depois de constatada a responsabilidade tributária, inicialmente formalizada somente contra o contribuinte pessoa jurídica, desde que, claro, lhes sejam assegurado o devido processo legal. Se aplicada a literalidade da súmula em nenhuma hipótese seria viável a modificação do sujeito passivo da execução. A jurisprudência do STJ, contudo, admite essa correção, respeitado o limite temporal previsto no art. 2º, § 8º, LEF.

Outro precedente importante é o julgamento do REsp 1.848.993/BA, quando a Corte Superior entendeu que a execução fiscal pode ser redirecionada, sem incidência do óbice da Súmula 392, nos casos de incorporação de empresa não comunicada ao fisco, por entender que a devida comunicação é necessária para os efeitos tributários da correspondente incorporação, o que afasta o argumento de nulidade da CDA.

Diante deste contexto, especialmente porque o teor da súmula não retrata com fidedignidade o conteúdo das decisões que lhe fundamentaram, notadamente quanto à expressão *vedada a modificação do sujeito passivo da execução*, é sugestiva sua revisão pelo STJ de modo a compatibilizá-la com o repertório de jurisprudência.

2.7 MODALIDADES DE CERTIDÃO DE REGULARIDADE FISCAL

Pode-se classificar a certidão de regularidade fiscal, emitida para comprovar a situação tributária de um contribuinte, em três espécies:

a) Certidão negativa: trata-se de certidão expedida sem apontar débitos do contribuinte requisitante. Atualmente, para diversos atos da vida civil e empresarial são exigidas certidões negativas. Existem também várias espécies de certidão (da justiça eleitoral, de débitos trabalhistas, de débitos do INSS). A previsão normativa confere o prazo de 10 (dez) dias para emissão e fornecimento da CND, porém, atualmente, com o processamento eletrônico do documento não se mostra razoável o contribuinte ter que aguardar todo este tempo, devendo-lhe ser entregue de forma imediata, muitas vezes sem sequer precisar se dirigir ao órgão Fazendário.[41]

---

[41] Art. 205. A lei poderá exigir que a prova da quitação de determinado tributo, quando exigível, seja feita por certidão negativa, expedida à vista de requerimento do interessado, que contenha todas as informações necessárias à identificação de sua pessoa, domicílio fiscal e ramo de negócio ou atividade e indique o período a que se refere o pedido.
Parágrafo único. A certidão negativa será sempre expedida nos termos em que tenha sido requerida e será fornecida dentro de 10 (dez) dias da data da entrada do requerimento na repartição.

b) Certidão positiva: o título apontará débito(s) do contribuinte, indicando sua condição de irregularidade fiscal. Para que o débito seja indicado na certidão deve ter superado o prazo de vencimento do tributo ou depois de ultimado definitivamente processo administrativo fiscal, no qual tenha se discutido o crédito tributário da Fazenda Pública.

c) Certidão positiva com efeito de negativa: nesta certidão, haverá indicação dos débitos tributários vencidos do contribuinte, contudo, nas hipóteses expressamente previstas em lei, permite-se que seja dotada de efeito negativo. Nesta situação, o contribuinte – para todos os efeitos – deve ser tratado como se não possuísse débitos tributários, embora apareça no título a indicação do tributo devido. Poderá ele praticar quaisquer atos que dependam de apresentação de certidão negativa. Esta modalidade está assim disposta no CTN:

> Art. 206. Tem os mesmos efeitos previstos no artigo anterior a certidão de que conste a existência de créditos não vencidos, em curso de cobrança executiva em que tenha sido efetivada a penhora, ou cuja exigibilidade esteja suspensa.

A lei prevê três situações nas quais o contribuinte tem direito à certidão positiva com efeitos de negativa:

a) Créditos não vencidos: nesta situação, a despeito da previsão normativa, o fato é que se trata de certidão negativa. Se não venceu o tributo, não se pode falar em certidão positiva – ainda que com efeitos de negativa – sob pena de coerção ao pagamento de tributos antes do prazo fixado em lei. Antes do vencimento do tributo, o contribuinte tem direito à CND.[42]

b) Créditos em curso de cobrança executiva com penhora: aqui, a execução fiscal foi ajuizada e o juízo está garantido por meio de constrição de bens do contribuinte devedor. Esta garantia à Fazenda Pública permite que seja expedida certidão positiva com efeitos de negativa, caso contrário, o executado estaria à mercê do aparelho judiciário e da própria Fazenda Pública ultimar o processo expropriatório do bem para satisfação do crédito tributário. É importante, contudo, que a garantia alcance a totalidade do crédito tributário. A penhora pode ocorrer sobre bens móveis ou imóveis, dinheiro, direito e ações, e a garantia do juízo executivo também pode ocorrer mediante apresentação de fiança bancária, sempre compreendendo a dívida executada.

c) Créditos com exigibilidade suspensa: as hipóteses de suspensão da exigibilidade do crédito tributário estão descritas no art. 151 do CTN compreendendo a moratória; o depósito do montante integral do débito; as reclamações e recursos no processo tributário; a concessão de medida liminar em mandado de segurança; a concessão de medida liminar ou tutela antecipada e o parcelamento.

Uma ressalva deve ser feita, o contribuinte visando à obtenção da certidão positiva com efeitos de negativa, ante à urgência em determinados casos, não precisa aguardar a Fazenda Pública promover a execução fiscal, pode adiantar-se e mediante ação pró-

---

[42] Administrativo – Tributário – Fornecimento de Certidão Negativa – CTN, Art. 205. 1. Sem crédito constituído definitivamente, líquido, certo e exigível, o contribuinte tem direito à certidão negativa de débito. 2. Precedentes. 3. Recurso sem provimento. (REsp 328045/SC, Rel. Ministro Milton Luiz Pereira, Primeira Turma, j. 04.09.2001, DJ 25.02.2002, p. 229).

pria (exemplo da antiga medida cautelar[43] ou da atual tutela antecedente) dar bem em garantia da dívida. Este tema será tratado em capítulo próprio.

A lei do ente federado pode exigir o oferecimento de garantia para adesão ao parcelamento, mas não pode fazê-lo quando já em curso o pagamento das prestações relativas ao parcelamento.[44-45] É comum o estado ou o município exigir o pagamento de fração à vista, como entrada, de quantia do débito para adesão ao parcelamento.[46]

Por outro lado, não pode a Fazenda Pública exigir do contribuinte o depósito ou garantia para discussão do tributo na via administrativa, ainda que se trate de parte do débito. Este tema foi objeto de apreciação pelo STF, inclusive sob sistemática da repercussão geral, quando na oportunidade o Tribunal declarou inconstitucional a exigência de depósito prévio como requisito de admissibilidade de recurso administrativo.[47]

---

[43] 1. O contribuinte pode, após o vencimento da sua obrigação e antes da execução, garantir o juízo de forma antecipada, para o fim de obter certidão positiva com efeito de negativa. (...)
3. É viável a antecipação dos efeitos que seriam obtidos com a penhora no executivo fiscal, através de caução de eficácia semelhante. A percorrer-se entendimento diverso, o contribuinte que contra si tenha ajuizada ação de execução fiscal ostenta condição mais favorável do que aquele contra o qual o Fisco não se voltou judicialmente ainda. (...) (REsp 1123669/RS, Rel. Ministro Luiz Fux, Primeira Seção, j. 09.12.2009, DJe 01.02.2010).

[44] 1. Agravo Regimental interposto contra decisão que, com amparo no art. 38, da Lei 8.038/1990, c/c o art. 557, do CPC, entendeu em não emprestar caminhada ao recurso especial interposto, negando-lhe, assim, seguimento.
2. É possível a obtenção de Certidão Positiva, com efeito de Negativa, de Débito – CND (art. 205, c/c o art. 206, do CTN).
3. Estando regular o parcelamento, com o cumprimento, no prazo, das obrigações assumidas pelo contribuinte, não pode ser negado o fornecimento de CND, sob a alegação de que inexiste garantia para a transação firmada.
4. Se o credor não exige garantia para a celebração do acordo de parcelamento, não pode, no curso do negócio jurídico firmado, inovar.
5. As razões apresentadas na decisão guerreada são suficientes para rebater as teses apresentadas no recurso em apreço, pelo que não se vislumbra qualquer novidade no agravo modificadora dos fundamentos
suprarreferenciados, denotando-se, pois, razão para a sua manutenção.
6. Agravo regimental improvido.
(AgRg no REsp 247402/PR, Rel. Ministro José Delgado, Primeira Turma, j. 09.05.2000, DJ 05.06.2000, p. 130)

[45] O pedido de parcelamento fiscal feito pelo contribuinte, inclusive, interrompe o prazo prescricional, ainda que indeferido, haja vista caracterizar confissão extrajudicial do débito. (Súmula/STJ 653).

[46] No Distrito Federal, por exemplo, a Lei Complementar 833, de 27 de maio de 2011, estabelece o pagamento de 5% (cinco por cento) do valor total do crédito consolidado para efeito de adesão ao parcelamento.
Art. 3º A concessão do parcelamento fica condicionada ao pagamento de, no mínimo, 5% (cinco por cento) do valor total do crédito consolidado.
§ 1º Por crédito consolidado compreende-se o total da dívida atinente ao pedido de parcelamento, computados os encargos e os acréscimos legais vencidos até a data da consolidação, monetariamente atualizado.
§ 2º A consolidação do crédito não exclui a possibilidade de posterior verificação de sua exatidão e a cobrança ou devolução de eventuais diferenças.

[47] 1. Mostram-se atendidos todos os pressupostos de admissibilidade, inclusive quanto à formal e expressa defesa pela repercussão geral da matéria submetida a esta Corte Suprema. Da mesma forma, o instrumento formado traz consigo todos os subsídios necessários ao perfeito exame do mérito da controvérsia. Conveniência da conversão dos autos em recurso extraordinário. 2. A exigência de depósito prévio como requisito de admissibilidade de recurso administrativo – as-

Título I • Cap. 2 • DÍVIDA ATIVA | 75

O CTN prevê a hipótese em que o contribuinte não fique prejudicado caso haja impossibilidade de apresentação pela Fazenda Pública da certidão. Quando a Fazenda Pública, por qualquer motivo, não fornece a certidão requerida pelo contribuinte, este estará dispensado da prova de quitação dos tributos no procedimento administrativo que se fizer necessário.

Exemplo é o do contribuinte que participa de procedimentos de licitação, mas não apresentou as certidões porque a própria administração pública deixou de fornecê-las. Não poderá ele ser eliminado do certame porque a ausência do título decorreu de falha ou de fato externo que impediu a administração pública de entregá-lo. É a interpretação fundamentada no art. 207 do CTN:

> Art. 207. Independentemente de disposição legal permissiva, será dispensada a prova de quitação de tributos, ou o seu suprimento, quando se tratar de prática de ato indispensável para evitar a caducidade de direito, respondendo, porém, todos os participantes no ato pelo tributo porventura devido, juros de mora e penalidades cabíveis, exceto as relativas a infrações cuja responsabilidade seja pessoal ao infrator.

2.8 CERTIDÃO DE DÍVIDA ATIVA EXPEDIDA COM ERRO

O CTN prevê a hipótese de certidão negativa expedida com dolo ou fraude, que contenha erro contra a Fazenda Pública. Neste caso, imputa responsabilidade pessoal ao servidor público que a expedir, inclusive sobre o próprio crédito tributário e juros de mora acrescidos, incluindo, ainda, consequências nas esferas administrativa (funcional) e criminal.[48]

Neste ponto, o CTN merece uma crítica redacional. A responsabilidade pessoal é aquela na qual o contribuinte ou responsável figura como único sujeito passivo responsável pela exação tributária. Na situação descrita, cuja responsabilidade passaria a ser do servidor público com exclusividade, o devedor (pessoa física ou jurídica) do tributo teria um privilégio porque não mais estaria responsável pela dívida. Contudo, não foi isso o que o CTN quis dizer.

---

sunto de indiscutível relevância econômica, social e jurídica – já teve a sua inconstitucionalidade reconhecida por esta Corte, no julgamento do RE 388.359, do RE 389.383 e do RE 390.513, todos de relatoria do eminente Ministro Marco Aurélio. 3. Ratificado o entendimento firmado por este Supremo Tribunal Federal, aplicam-se aos recursos extraordinários os mecanismos previstos no § 1º do art. 543-B, do CPC/1973. 4. Questão de ordem resolvida, com a conversão do agravo de instrumento em recurso extraordinário, o reconhecimento da existência da repercussão geral da questão constitucional nele discutida, bem como ratificada a jurisprudência desta Corte a respeito da matéria, a fim de possibilitar a aplicação do art. 543-B, do CPC/1973. (AI 698626 QO-RG, Rel. Min. Ellen Gracie, j. 02.10.2008, DJe-232 divulg 04.12.2008 public 05.12.2008 ement vol-02344-06 PP-01253).

[48] Art. 208. A certidão negativa expedida com dolo ou fraude, que contenha erro contra a Fazenda Pública, responsabiliza pessoalmente o funcionário que a expedir, pelo crédito tributário e juros de mora acrescidos.
Parágrafo único. O disposto neste artigo não exclui a responsabilidade criminal e funcional que no caso couber.

A expedição da certidão negativa, na realidade, com dolo ou fraude revela a solidariedade tributária como forma de inclusão de terceiros na relação jurídica tributária, no caso, do servidor público. A partir da constatação de fraude ou dolo por parte do servidor público, a autoridade administrativa pode direcionar contra qualquer coobrigado – contribuinte e responsável – sendo qualquer um dos sujeitos responsáveis *in totum et totaliter* pela dívida integral.[49]

Outro ponto tecnicamente criticável do CTN diz respeito à responsabilidade do servidor público pelo crédito tributário e consectários legais decorrentes. A bem da verdade, o ato praticado pelo servidor, revestido de dolo ou fraude, de emitir certidão negativa quando o contribuinte possui débitos não pode torná-lo responsável pelo crédito tributário, haja vista preceito básico de que tributo não constitui sanção por ato ilícito[50]. Seria ele então responsável por indenizar a administração pública pelos prejuízos resultantes de seu ato, que, no caso, poderia se materializar exatamente na quantia devida a título de tributo e encargos ao Estado.

2.9 CERTIDÃO DE REGULARIDADE FISCAL E GRUPO ECONÔMICO

Não é incomum o pedido de expedição da certidão **negativa** de débitos, ou positiva com efeitos de negativa, ser negado a determinado contribuinte porque no contexto de grupo econômico outro CNPJ relacionado contém passivo fiscal ativo na Fazenda Pública. Nesses casos, o fisco tem entendido, como fundamento da negativa da CND, a corresponsabilidade pelos débitos apontados de outras empresas com inscrição em Dívida Ativa do mesmo grupo econômico.

A Fazenda Pública, nessas situações, não pode estender a responsabilidade solidária de forma objetiva se a empresa requerente da certidão de regularidade fiscal, individualmente, preenche os requisitos legais previstos no art. 205, do CTN[51].

O inciso II do art. 127 do CTN[52] importa para a compreensão do tema, especialmente porque o contribuinte com domicílio tributário próprio responde individual-

---

[49] Art. 124. São solidariamente obrigadas:
I – as pessoas que tenham interesse comum na situação que constitua o fato gerador da obrigação principal;
II – as pessoas expressamente designadas por lei.
Parágrafo único. A solidariedade referida neste artigo não comporta benefício de ordem.

[50] Art. 3º. Tributo é toda prestação pecuniária compulsória, em moeda ou cujo valor nela se possa exprimir, que não constitua sanção de ato ilícito, instituída em lei e cobrada mediante atividade administrativa plenamente vinculada.

[51] Art. 205. A lei poderá exigir que a prova da quitação de determinado tributo, quando exigível, seja feita por certidão negativa, expedida à vista de requerimento do interessado, que contenha todas as informações necessárias à identificação de sua pessoa, domicílio fiscal e ramo de negócio ou atividade e indique o período a que se refere o pedido.
Parágrafo único. A certidão negativa será sempre expedida nos termos em que tenha sido requerida e será fornecida dentro de 10 (dez) dias da data da entrada do requerimento na repartição.

[52] Art. 127. Na falta de eleição, pelo contribuinte ou responsável, de domicílio tributário, na forma da legislação aplicável, considera-se como tal:
I – quanto às pessoas naturais, a sua residência habitual, ou, sendo esta incerta ou desconhecida, o centro habitual de sua atividade;
II – quanto às pessoas jurídicas de direito privado ou às firmas individuais, o lugar da sua sede, ou, em relação aos atos ou fatos que derem origem à obrigação, o de cada estabelecimento (...)

mente por cada estabelecimento pelos seus atos ou fatos que derem origem à obrigação tributária. Cada pessoa jurídica possui autonomia jurídico-administrativa e fiscal. A possibilidade legal de solidariedade não pode obstar a expedição de certidão negativa de débitos ou de certidão positiva com efeitos de negativa se a empresa individualmente preenche os requisitos legais para tanto.[53]

O STJ tem se manifestado no sentido de que cada estabelecimento de empresa que tenha CNPJ individual tem direito à certidão positiva com efeito de negativa em seu nome, ainda que restem pendências tributárias de outros estabelecimentos do mesmo grupo econômico, quer seja matriz ou filial.[54] É possível, portanto, a concessão de certidões negativas de débitos tributários às empresas filiais, ainda que conste débito em nome da matriz e vice-versa, em razão de cada empresa possuir CNPJ próprio, a denotar sua autonomia jurídico-administrativa.[55]

A fundamentação, como dito, encontra-se no art. 127, I, do Código Tributário Nacional ao consagrar o princípio da autonomia de cada estabelecimento da empresa que tenha o respectivo CNPJ, o que justifica o direito à certidão positiva com efeito de negativa em nome de filial de grupo econômico, ainda que fiquem pendências tributárias da matriz ou de outras filiais.[56]

2.10 PROTESTO DA CERTIDÃO DE DÍVIDA ATIVA E "NEGATIVAÇÃO" NOS ÓRGÃOS DE PROTEÇÃO AO CRÉDITO

Não faz muito tempo, passou-se a discutir a respeito da possibilidade de as Fazendas Públicas promoverem o protesto das certidões de Dívida Ativa junto aos Cartórios extrajudiciais, bem como a "negativação" dos devedores nos cadastros constantes nos órgãos de proteção ao crédito (Serasa, SPC).

Depois de mais de trinta anos de vigência da Lei de Execução Fiscal (Lei 6.830/1980), esta discussão vem à tona principalmente diante da ineficiência dos instrumentos de cobrança da Fazenda Pública dos créditos tributários inscritos em Dívida Ativa. Estudos mostram que as execuções fiscais atingem níveis baixíssimos de satisfação do crédito tributário pela Fazenda Pública. Segundo se infere de estudo promovido pelo IPEA, tomando em conta as execuções fiscais promovidas pela Procuradoria-Geral da Fazenda Nacional, diversas ações são frustradas ainda na fase de citação do devedor.[57]

Trata-se de um gargalo inicial, no qual apenas 3,6% dos executados apresentam-se voluntariamente ao juízo. Em 56,8% dos processos ocorre pelo menos uma tentativa inexitosa de citação, e em 36,3% dos casos não há qualquer citação válida. Como a citação ocorre por edital em 9,9% dos casos, pode-se afirmar que em 46,2% dos exe-

---

53   TRF4, AMS 2004.72.05.005127-1, Segunda Turma, Rel. Marciane Bonzanini, DE 11.06.2008.

54   AgRg no REsp 961.422/SC, Rel. Min. Mauro Campbell Marques. 02.09.2008.

55   AgRg no REsp 1.114.696/AM, Rel. Min. Hamilton Carvalhido, Primeira Turma, DJe 20.10.09.

56   AgRg no AREsp 192658/AM, Rel. Min. Castro Meira, Segunda Turma, j. 23.10.2012. DJ 06.11.2012.

57   Custo e tempo do processo de execução fiscal promovido pela Procuradoria-Geral da Fazenda Nacional (PGFN). Estudos do IPEA, *vide* em Comunicado do Ipea 127 – Custo e Tempo do Processo de Execução Fiscal Promovido pela Procuradoria Geral da Fazenda Nacional (PGFN).

cutivos fiscais o devedor não é encontrado pelo sistema de Justiça, segundo o referido estudo do IPEA, produzido em 2011.

Ainda aproveitando-se dos indicadores apontados pelo IPEA, em 15,7% dos casos há penhora de bens, mas apenas um terço dessas penhoras resulta da apresentação voluntária de bens pelo devedor. O problema é mais grave porque caso a Justiça Federal logre penhorar bens do devedor, a probabilidade de estes satisfazerem integralmente os interesses da União tende ao irrisório. Somente 2,8% das ações de execução fiscal resultam em algum leilão judicial, com ou sem êxito. Do total de processos, em apenas 0,3% dos casos o pregão gera recursos suficientes para satisfazer integralmente o débito, enquanto a adjudicação dos bens do executado extingue a dívida em 0,4% dos casos.

Neste cenário desalentador, em que pesem todos os obstáculos, o grau de sucesso das ações de execução fiscal promovidas pela PGFN é, segundo o referido estudo, razoável, haja vista em 25,8% dos casos ocorrer a baixa em virtude do pagamento integral da dívida, índice que sobe para 34,3% nos casos em que houver citação pessoal. Por outro lado, assusta saber que a extinção por prescrição ou decadência é o principal motivo de baixa, respondendo por 36,8% dos casos. Em seguida, vêm o pagamento (25,8%), o cancelamento da inscrição do débito (18,8%) e a remissão (13,0%).

Enquanto as Fazendas Públicas federal, estaduais, municipais e do Distrito Federal esbarram em um modelo não eficiente de cobrança do crédito tributário, as empresas privadas, especialmente os bancos, atingem níveis expressivos na recuperação da cobrança da dívida.[58] Não se pode creditar os altos padrões de recuperação da dívida privada ao modelo de cobrança judicial, muito pelo contrário, enxerga-se a crescente prática de meios alternativos de cobrança, incluindo a "negativação" da dívida junto aos órgãos de proteção ao crédito.[59]

Segundo a Fenafisco (Federação Nacional do Fisco Estadual e Distrital), em estudo divulgado em 21 de outubro de 2021, o estoque da dívida ativa das empresas com os entes federados soma R$ 896,2 bilhões.[60]

---

[58] Reportagem extraída da Revista eletrônica exame.com.
Bancos têm recuperação recorde de crédito. Alguns bancos aumentaram a ofensiva e ampliaram a contratação de empresas terceirizadas.
"Em meio à expansão de mais de 20% no mercado de crédito este ano, os bancos resolveram reforçar as áreas de cobrança e estão registrando níveis recordes de recuperação de calotes. Alguns bancos, além do reforço interno com a contratação de novos executivos, aumentaram a ofensiva e ampliaram a contratação de empresas terceirizadas especializadas na recuperação de dívidas.
[...]
A Associação Nacional das Empresas de Recuperação de Crédito (Aserc) estima que o mercado de recuperação de crédito movimente R$ 8 bilhões por ano no Brasil. São mais de 15 mil empresas de cobrança, que prestam serviços aos bancos e financeiras, e empregam 300 mil pessoas. Em geral, o primeiro contato com o devedor é feito por telefone, quando se pode fazer uma proposta de renegociação do empréstimo. Caso o contato telefônico são tenha efeito, a empresa ou banco enviam os funcionários de cobrança diretamente na casa do tomador de recursos. O último caso é acionar a Justiça para cobrança."
[59] Ainda que se utilize do processo judicial de cobrança da dívida, os particulares aproveitam-se da previsão legislativa de que na execução reservada aos credores privados o devedor é citado para pagar ou nomear bens à penhora em 3 (três) dias, dispondo de apenas 15 (quinze) dias para apresentar embargos (Código de Processo Civil, arts. 652 e 738 *caput*), enquanto na execução fiscal o devedor é citado para, em 5 (cinco) dias, pagar ou nomear bens à penhora, sendo que nesta última hipótese disporá de 30 (trinta) dias para oferecer embargos (Lei 6.830/1980, arts. 8º, *caput*, e 16, *caput*).
[60] Disponível em: https://baroesdadivida.org.br/home.

Apesar das resistências políticas e jurídicas, os Fiscos então passaram a inscrever e promover a "negativação" da dívida junto aos órgãos privados de proteção ao crédito, bem como o protesto das CDAs nos cartórios, como formas de persuadir o pagamento, fundamentados, sobretudo, nos seguintes argumentos:

a) Trata-se de instrumento visando coibir a inadimplência, razão pela qual está sendo empregado pelos particulares;

b) O art. 1º da Lei 9.492/1997, ao utilizar-se da expressão "outros documentos de dívida", evidencia a intenção do legislador de tornar possível o protesto pelo descumprimento de qualquer obrigação e não apenas das assumidas em títulos de crédito;

c) A presunção de certeza e liquidez da Dívida Ativa regularmente inscrita dá ao título, apesar de não aceito pelo devedor, o caráter de documento de dívida, que pela nova legislação pode ser protestado;

d) A Certidão de Dívida Ativa é título executivo extrajudicial, segundo o CPC, o que lhe confere a qualificação de título e em se tratando de dívida existente, regularmente constituída, o protesto não poderia ser considerado como abuso de direito ou instrumento de coação ao pagamento, mas, ao contrário, como legítimo exercício do direito de obter o registro e tornar público o descumprimento da obrigação.

Por outro lado, os contribuintes afirmam que a legislação não teria dado autorização para a cobrança da Dívida Ativa (Lei 6.830/1980), nem mesmo implicitamente, por meio de protesto da Certidão de Dívida Ativa, haja vista não se tratar de título de crédito de natureza cambiária, nem mesmo poderia entregar referido "cadastro" a órgãos de proteção ao crédito, sob pena, inclusive, de "quebra" do sigilo fiscal.

Os contribuintes, fortes nesses argumentos, advogam que o protesto de Certidão da Dívida Ativa ou sua "negativação" contrariam os preceitos de legalidade dos atos administrativos e que a Lei 9.492/1997 disciplina, apenas, o protesto cambial de natureza comercial, fundado em direito privado.

Em relação ao protesto de CDA, encontram-se decisões do STJ no sentido de que tal medida não se faz indispensável como condição de exequibilidade do crédito tributário, mas do voto vista proferido no recurso (REsp 1.093.601-RJ), deduz-se que esta prática não é proibida dado o caráter público da informação:

> O protesto da Certidão de Dívida Ativa não é necessário, mas também não se diga ser nocivo, dado o caráter público da informação nele contida. Por conseguinte, não é razoável cogitar de dano moral *in re ipsa* pelo simples protesto da Certidão de Dívida Ativa, até porque essa circunstância não tem a potencialidade de causar dano moral à recorrida.

O STJ havia submetido um recurso especial para julgamento como "recurso representativo de controvérsia" (543-C do CPC/1973), haja vista considerar que a questão referente à possibilidade ou não de protesto da Certidão de Dívida Ativa (CDA) pela

Fazenda Pública, por falta de pagamento do crédito exequendo, encontrava-se disposta em inúmeros recursos.[61]

A questão não chegou a ser apreciada por superveniente perda de objeto.[62]

Constada esta perda superveniente de objeto no referido REsp 1.139.774/SP, foi então pautada a matéria sob o crivo do "recurso representativo de controvérsia" no REsp 1.126.515/PR, conforme se infere de trecho da decisão abaixo citada:

> A recorrente afirma que há, além de divergência jurisprudencial, violação do art. 1º da Lei 9.492/1997. Foram apresentadas as contrarrazões. Inicialmente, determinei a suspensão do feito, diante da submissão da matéria controvertida a julgamento no rito dos recursos repetitivos (REsp 1.139.774/SP). Sucede que houve posterior decisão do e. Ministro Relator, Luiz Fux, cancelando a aplicação do art. 543-C do CPC à espécie, o que implica dizer que o presente feito readquiriu condições de prosseguimento. É o relatório. Decido. Em razão da multiplicidade de recursos que cuidam do tema – isto é, possibilidade de protesto da Certidão da Dívida Ativa, com base na Lei 9.492/1997 – , submeto os autos ao julgamento da 1ª Seção na forma do art. 543-C do CPC e do art. 2º, § 2º, da Resolução-STJ 8/2008.

O problema é que, posteriormente, o Ministro relator entendeu que, a despeito de a matéria despertar grande controvérsia doutrinária, não havia expressiva quantidade de precedentes das Turmas que compõem a Seção de Direito Público enfrentando essa questão, motivo pelo qual entendeu necessário analisar a pretensão recursal de modo mais prudente, e, então, determinou o cancelamento da submissão ao crivo de julgamento sob a sistemática de "recurso representativo de controvérsia".

O tema, então, veio sendo objeto de muita discussão nos Tribunais.

No Tribunal Federal da 3ª Região, encontra-se precedente que ao analisar em sede de agravo de instrumento a suspensão de crédito tributário cobrado em execução fiscal entendeu que se justificava "a manutenção do nome do agravado no CADIN e no SE-RASA, que é banco de dados privado, eis que a inclusão nos cadastros de inadimplentes é decorrente do ajuizamento da execução fiscal, cujo crédito não se encontra com a exigibilidade suspensa, no caso, em razão da insuficiência dos depósitos realizados".[63]

---

61 Recurso Especial 1.139.774 – SP (2009/0089732-5)
"O presente recurso especial versa a questão referente à possibilidade ou não de protesto da Certidão de Dívida Ativa (CDA) pela Fazenda Pública, por falta de pagamento do crédito exequendo. Deveras, há multiplicidade de recursos a respeito da mencionada matéria, por isso que submeto o seu julgamento como "recurso representativo da controvérsia", sujeito ao procedimento do art. 543-C do CPC/1973, afetando-o à Primeira Seção (art. 2.º, § 1º, da Resolução 08, de 07.08.2008, do STJ). (...)"

62 Recurso Especial 1.139.774 – SP (2009/0089732-5).
Constatada a superveniente perda de objeto do presente recurso especial, tornou sem efeito a decisão de fls. e-STJ 462, que submeteu o recurso sub examine ao procedimento encartado no art. 543-C do CPC/1973 c/c art. 2.º, § 1.º, da Resolução 08, de 07.08.2008, do STJ).

63 [...] 7. No caso em apreço, a matéria de fundo diz respeito à controvérsia relacionada à integralidade do depósito efetuado, questão que já foi, por mim decidida, nos autos do agravo 2002.03.00035843-0, interposto contra decisão proferida na Execução Fiscal 98.0804219-8 que determinou a suspensão da inscrição da certidão da dívida ativa em face de depósito judicial efetuado. Naqueles autos restou decidido que a insuficiência dos depósitos efetuados nos autos de mencionada ação anulatória 98.0800860-7 não conduz à suspensão da exigibilidade do crédito tributário, nos termos do disposto no art. 151,

Título I • Cap. 2 • DÍVIDA ATIVA | 81

O Tribunal Federal da 1ª Região, valendo-se de decisão proferida pelo STJ, entendeu que "é possível a inclusão de débitos de natureza tributária inscritos em Dívida Ativa nos cadastros de proteção ao crédito, independentemente de sua cobrança mediante Execução Fiscal" (RMS 31.859/GO, Rel. Ministro Herman Benjamin, Segunda Turma, DJe 01.07.2010). A decisão admitiu a inscrição de devedores tributários no SERASA e no SPC a requerimento da União, ainda que aquelas entidades sejam instituições particulares.[64]

Só em 2018, o STJ, no REsp 1.686.659/SP, julgado sob a sistemática do recurso repetitivo enfrentou definitivamente o tema concluindo da seguinte forma: "A Fazenda Pública possui interesse e pode efetivar o protesto da CDA, documento de dívida, na forma do art. 1º, parágrafo único, da Lei 9.492/1997, com a redação dada pela Lei 12.767/2012".[65]

II, do Código Tributário Nacional. 8. Justifica-se a manutenção do nome do agravado no CADIN e no SERASA, que é banco de dados privado, eis que a inclusão nos cadastros de inadimplentes é decorrente do ajuizamento da execução fiscal, cujo crédito não se encontra com a exigibilidade suspensa, no caso, em razão da insuficiência dos depósitos realizados. 9. Tem razão a agravante no que concerne à transferência dos depósitos efetuados no Banco do Brasil S/A para a Caixa Econômica Federal; com efeito, o art. 11, da Lei 9.289/1996 prevê expressamente que os depósitos judiciais sejam feitos na Caixa Econômica Federal, sendo facultado a realização destes em outro estabelecimento oficial somente no caso de não haver na localidade agência da CEF, o que não é o caso dos autos. O depósito judicial foi efetuado em 22.04.1998 quando já em vigor mencionada lei. 10. Agravo de instrumento provido. (AI 00358425120024030000;Rel. Desembargadora Federal Consuelo Yoshida; TRF3; Sexta Turma, e-DJF3 Judicial 1 28.10.2010).

64 4. O C. STJ já decidiu que "É possível a inclusão de débitos de natureza tributária inscritos em dívida ativa nos cadastros de proteção ao crédito, independentemente de sua cobrança mediante Execução Fiscal" (RMS 31.859/GO, Rel. Ministro Herman Benjamin, Segunda Turma, DJe 1.07.2010). Assim, malgrado o SERASA e o SPC sejam entidades particulares, a inscrição neles decorre de requerimento da União. 5. Apelação desprovida. (AC 0002349-19.1998.4.01.3803 / MG, Rel. Juiz Federal Wilson Alves de Souza, 5ª Turma Suplementar, e-DJF1 p.916 de 20.07.2012)

65 "(...) 12. O uso dos termos "títulos" e "outros documentos de dívida" possui, claramente, concepção muito mais ampla que a relacionada apenas aos de natureza cambiária. Como se sabe, até atos judiciais (sentenças transitadas em j. Ações de Alimentos ou em processos que tramitaram na Justiça do Trabalho) podem ser levados a protesto, embora evidentemente nada tenham de cambial. (...)

13. Não bastasse isso, o protesto, além de representar instrumento para constituir mora e/ou comprovar a inadimplência do devedor, é meio alternativo para o cumprimento da obrigação.

14. Com efeito, o art. 19 da Lei 9.492/1997 expressamente dispõe a respeito do pagamento extrajudicial dos títulos ou documentos de dívida (isto é, estranhos aos títulos meramente cambiais) levados a protesto.

15. Assim, conquanto o Código de Processo Civil (art. 585, VII, do CPC/1973, art. 784, IX, no novo CPC) e a Lei 6.830/1980 atribuam exequibilidade à CDA, qualificando-a como título executivo extrajudicial apto a viabilizar o imediato ajuizamento da Execução Fiscal (a inadimplência é presumida *iuris tantum*), a Administração Pública, no âmbito federal, estadual e municipal, vem reiterando sua intenção de adotar o protesto como meio alternativo para buscar, extrajudicialmente, a satisfação de sua pretensão creditória.

(...) 18. A verificação quanto à utilidade ou necessidade do protesto da CDA, como política pública para a recuperação extrajudicial de crédito, cabe com exclusividade à Administração Pública. Ao Poder Judiciário só é reservada a análise da sua conformação (ou seja, da via eleita) ao ordenamento jurídico. Dito de outro modo, compete ao Estado decidir se quer protestar a CDA; ao Judiciário caberá examinar a possibilidade de tal pretensão, relativamente aos aspectos constitucionais e legais.

19. Ao dizer ser imprescindível o protesto da CDA, sob o fundamento de que a lei prevê a utilização da Execução Fiscal, o Poder Judiciário rompe não somente com o princípio da autonomia dos poderes (art. 2º da CF/1988), como também com o princípio da imparcialidade, dado que, reitero, a ele institucionalmente não impende qualificar as políticas públicas como necessárias ou desnecessárias.

Segundo o STJ vingou a tese de que a cobrança judicial da Dívida Ativa dos entes públicos não deve ser interpretada como uma espécie de "princípio da inafastabilidade da jurisdição às avessas", de modo a engessar a atividade de recuperação do crédito público sem a possibilidade da adoção de instrumentos alternativos. A interpretação, inclusive, é extensível a todos os entes tributantes (União, estados, municípios e Distrito Federal).

O protesto de título de crédito é matéria de natureza civil e comercial, cuja competência legislativa é privativa da União, conforme o art. 22, I, da Constituição Federal e, portanto, reveste-se a norma de caráter nacional, dispensando a edição de lei autorizativa das demais unidades federadas para aquisição de eficácia, o que não afasta, por outro lado, o cumprimento dos procedimentos contidos na própria Lei 9.492/1997, pela Fazenda Pública credora, para obter o protesto do título de crédito, constituído na correspondente CDA.[66]

Nada impede ainda que a unidade federada delibere sobre o assunto, inclusive de modo a restringir a atividade de protesto da CDA por sua própria administração, impondo, por exemplo, "condições mínimas de valor e de tempo, para que a CDA seja levada a protesto", e, "na ausência dessas restrições legais ao protesto, não há óbice para que a Fazenda Pública cobre seu crédito por essa via extrajudicial, que, a toda evidência, é menos grave e onerosa em comparação com o ajuizamento de execução fiscal".[67]

O STJ, em fevereiro de 2021, em sede de recurso repetitivo, sobre a possibilidade ou não de inscrição em cadastros de inadimplentes, por decisão judicial, do devedor que figura no polo passivo de execução fiscal, entendeu ser cabível, *independentemente do esgotamento prévio de outras medidas executivas, salvo se vislumbrar alguma dúvida razoável à existência do direito ao crédito previsto na Certidão de Dívida Ativa – CDA*, a exemplo da prescrição, da ilegitimidade passiva *ad causam*, ou outra questão identificada no caso concreto.[68]

O julgamento do Tema 1026 no STJ deu-se sob relatoria do Min. Og Fernandes que destacou não haver justificativa legal para o magistrado negar, **nas execuções fiscais**, o requerimento da parte de inclusão do executado em cadastros de inadimplentes, baseando-se em argumentos como: "1) o art. 782, § 3º, do CPC apenas incidiria em execução definitiva de título judicial; 2) em se tratando de título executivo extrajudi-

---

20. Reitera-se, assim, que o protesto pode ser empregado como meio alternativo, extrajudicial, para a recuperação do crédito. O argumento de que há lei própria que disciplina a cobrança judicial da dívida ativa (Lei 6.830/1980), conforme anteriormente mencionado, é um sofisma, pois tal não implica juízo no sentido de que os entes públicos não possam, mediante lei, adotar mecanismos de cobrança extrajudicial. Dito de outro modo, a circunstância de o protesto não constituir providência necessária ou conveniente para o ajuizamento da Execução Fiscal não acarreta vedação à sua utilização como instrumento de cobrança extrajudicial.

(...) TESE REPETITIVA 32. Para fins dos arts. 1.036 e seguintes do CPC, fica assim resolvida a controvérsia repetitiva: "A Fazenda Pública possui interesse e pode efetivar o protesto da CDA, documento de dívida, na forma do art. 1º, parágrafo único, da Lei 9.492/1997, com a redação dada pela Lei 12.767/2012". (...)

66 REsp 1895557/SP, Rel. Min. Gurgel de Faria, Primeira Turma, j. 22.06.2021, DJe 10.08.2021.

67 REsp 1895557/SP, Rel. Min. Gurgel de Faria, Primeira Turma, j. 22.06.2021, DJe 10.08.2021.

68 Tema Repetitivo 1026: "O art. 782, § 3º do CPC é aplicável às execuções fiscais, devendo o magistrado deferir o requerimento de inclusão do nome do executado em cadastros de inadimplentes, preferencialmente pelo sistema SERASAJUD, independentemente do esgotamento prévio de outras medidas executivas, salvo se vislumbrar alguma dúvida razoável à existência do direito ao crédito previsto na Certidão de Dívida Ativa – CDA."

cial, não haveria qualquer óbice a que o próprio credor providenciasse a efetivação da medida; 3) a intervenção judicial só caberá se eventualmente for comprovada dificuldade significativa ou impossibilidade de o credor fazê-lo por seus próprios meios; 4) ausência de adesão do tribunal ao convênio SERASAJUD ou a indisponibilidade do sistema. Tais requisitos não estão previstos em lei".

A questão subjacente ao tema, apreciado pelo STJ, diz respeito à necessidade de decisão judicial na execução fiscal deferindo o requerimento de inclusão do executado em cadastros de inadimplentes, preferencialmente pelo sistema SERASAJUD, como dito acima, independentemente do esgotamento prévio de outras medidas executivas. Ou seja, é condição no curso da execução fiscal autorização judicial para "negativação" do executado ou poderia o Fisco promover diretamente a inclusão no SERASA, SPC, ou Cartório de Protesto, por exemplo, no exercício inerente às suas atividades de cobrança.

Parece-me que, neste ponto, o controle dos atos de cobrança já está sob comando jurisdicional e, portanto, cabe à Fazenda Pública requerer em juízo a inscrição do executado nos órgãos de proteção ao crédito, especialmente porque o exame da menor onerosidade da execução compete ao pleno exercício da função judicante, segundo dicção do CPC ao prever "quando por vários meios o exequente puder promover a execução, o juiz mandará que se faça pelo modo menos gravoso para o executado".[69]

2.11 CONTROLE DE LEGALIDADE DA DÍVIDA ATIVA

A advocacia de Estado, como uma das funções essenciais à Justiça, juntamente com o Ministério Público, a Advocacia e a Defensoria Pública, por meio da Advocacia Geral da União, das Procuradorias dos Estados e do Distrito Federal, exerce o destacado papel de controle de legalidade dos atos da Administração Pública.

Alguns poucos, por deslize ou desacerto, insistem em propagar que a Advocacia Pública é responsável pelo assessoramento dos "governantes de plantão". Na chamada advocacia de governo, quando o advogado público se afasta dos interesses públicos de Estado e anda muito próximo dos interesses de políticos ou ligações partidárias, está muito longe das atribuições e prerrogativas projetadas na Constituição aos seus correspondentes membros.

A Advocacia de Estado recebeu o encargo constitucional (*múnus* público) de zelar pela legalidade na execução das políticas públicas, com o propósito, sempre, de alcançar, manter e assegurar a prevalência dos princípios norteadores da Administração Pública: legalidade, impessoalidade, moralidade, publicidade e eficiência.

Esta concepção de controle de legalidade ganhou entusiasmo com o advento a Reforma Administrativa Federal, concebida pelo Decreto-Lei 200/1967, que ele-

---

[69] Art. 805. Quando por vários meios o exequente puder promover a execução, o juiz mandará que se faça pelo modo menos gravoso para o executado.
Parágrafo único. Ao executado que alegar ser a medida executiva mais gravosa incumbe indicar outros meios mais eficazes e menos onerosos, sob pena de manutenção dos atos executivos já determinados.

geu o "controle" como um dos princípios fundamentais da Administração.[70] Neste caso, a própria Administração tem o dever de fiscalizá-la, orientá-la, corrigi-la, visando à extinção dos atos ou atividades que estiverem desrespeitando as leis e a Constituição Federal.

Com esta percepção de que a Administração deve sempre estar sendo vigiada de modo a compatibilizar suas atividades com a ordem constitucional, o ordenamento jurídico criou diversos instrumentos jurídicos com a finalidade de que a própria Administração, seja ela compreendida como Poder Executivo, Legislativo ou Judiciário, assegure a legitimidade de seus atos, adequando a conduta funcional de seus agentes e a defesa dos direitos dos administrados aos preceitos constitucionais.

Este exercício de controle da legalidade dos atos da Administração Pública manifesta-se nas mais variadas facetas, entre as quais as licitações públicas, os contratos firmados pela Administração, questões relacionadas ao meio ambiente e urbanismo, matéria de pessoal ante os regimes estatutários e celetistas, e também no âmbito fiscal. Neste último, desperta, de momento, a atribuição do Procurador de avaliar, depois da constituição do crédito tributário pela Fazenda Pública, a legalidade da inscrição em Dívida Ativa e a correspondente emissão da CDA.

Discute-se se o advogado público teria a prerrogativa de controle de todos os aspectos do lançamento tributário, especialmente "liquidez" e "certeza", sejam eles formais ou de mérito, intrínsecos ou extrínsecos. Não tenho dúvidas de afirmar que sim, contudo, a forma e tempo para se propor correções no ato de lançamento tributário devem respeitar as "regras do jogo".

Nesse sentido, caso o ato administrativo de lançamento tributário encontre-se eivado de nulidade não pode ser alegada eventual preclusão interna ou suscitada a "coisa julgada" administrativa. Ainda antes da inscrição em Dívida Ativa e posterior execução judicial, poderá o procurador, no exercício de controle visando à não inscrição de débitos irregulares ou ilegais, determinar o retorno do processo administrativo ao órgão fazendário para revisão do lançamento de ofício (art. 145 e art. 149 do CTN[71]), enquanto não extinto pela decadência.

---

[70] Art. 6º. As atividades da Administração Federal obedecerão aos seguintes princípios fundamentais:
I – Planejamento.
II – Coordenação.
III – Descentralização.
IV – Delegação de Competência.
V – Controle.

[71] Art. 145. O lançamento regularmente notificado ao sujeito passivo só pode ser alterado em virtude de:
I – impugnação do sujeito passivo;
II – recurso de ofício;
III – iniciativa de ofício da autoridade administrativa, nos casos previstos no art. 149.
Art. 149. O lançamento é efetuado e revisto de ofício pela autoridade administrativa nos seguintes casos:
I – quando a lei assim o determine;
II – quando a declaração não seja prestada, por quem de direito, no prazo e na forma da legislação tributária;
III – quando a pessoa legalmente obrigada, embora tenha prestado declaração nos termos do inciso anterior, deixe de atender, no prazo e na forma da legislação tributária, a pedido de esclarecimento

Neste momento de controle de legalidade, o responsável poderá baixar os autos em diligência ao órgão Fazendário de origem, e em determinadas situações inclusive ao Conselho de Contribuintes da unidade federada, com a finalidade de que estes prestem esclarecimentos, promovam correções no andamento processual ou sanem irregularidades. Há situações nas quais a Procuradoria, responsável pelo controle de legalidade da inscrição, pode promover a representação junto ao Conselho de Contribuintes sugerindo a improcedência ou nulidade do procedimento fiscal, nos casos de existência de vício insanável ou ilegalidade flagrante.

No âmbito federal, o procedimento administrativo fiscal ao seguir para a Procuradoria-Geral da Fazenda Nacional, antes da efetivação do crédito tributário da União em Dívida Ativa, o Procurador da Fazenda Nacional responsável pelo controle de legalidade deverá examinar a correção dos atos de lançamento tributário praticados pela autoridade fiscal, incluindo a análise da observância dos prazos procedimentais, das intimações do sujeito passivo e dos coobrigados, especialmente visando a preservar o contraditório e a ampla defesa. Se constatado o vício, cabe ao Procurador remeter ao agente fiscal para correção do ato ou ao órgão competente para inscrição do crédito em Dívida Ativa.

Conforme será visto em tópico próprio, mais à frente, mesmo depois de inscrito em Dívida Ativa da União, é permitido ao contribuinte provocar a revisão do crédito de natureza tributária, ou não tributária, por meio do Pedido de Revisão de Dívida Inscrita (PRDI), regulamentado pela Portaria PGFN 33/2018, ainda no âmbito do controle de legalidade, admitindo, portanto, a reanálise pela PGFN dos requisitos de liquidez, certeza e exigibilidade dos débitos inscritos em dívida ativa da União.

O lançamento tributário é examinado sob dois aspectos: formal (extrínseco) e material (substancial). Relativamente ao aspecto formal, verificam-se os elementos formadores do ato, por exemplo, o cumprimento dos prazos legais, a notificação do sujeito passivo, data e número da inscrição em Dívida Ativa, enquanto sob o aspecto material examina-se fato gerador, alíquota, base de cálculo, penalidade imposta.

Não se pode pensar que o controle de legalidade se presta apenas a resguardar os interesses da própria administração pública, pois também visa a preservar eventual ilegalidade contra o contribuinte, mantendo a higidez do título executivo produzido

---

formulado pela autoridade administrativa, recuse-se a prestá-lo ou não o preste satisfatoriamente, a juízo daquela autoridade;

IV – quando se comprove falsidade, erro ou omissão quanto a qualquer elemento definido na legislação tributária como sendo de declaração obrigatória;

V – quando se comprove omissão ou inexatidão, por parte da pessoa legalmente obrigada, no exercício da atividade a que se refere o artigo seguinte;

VI – quando se comprove ação ou omissão do sujeito passivo, ou de terceiro legalmente obrigado, que dê lugar à aplicação de penalidade pecuniária;

VII – quando se comprove que o sujeito passivo, ou terceiro em benefício daquele, agiu com dolo, fraude ou simulação;

VIII – quando deva ser apreciado fato não conhecido ou não provado por ocasião do lançamento anterior;

IX – quando se comprove que, no lançamento anterior, ocorreu fraude ou falta funcional da autoridade que o efetuou, ou omissão, pela mesma autoridade, de ato ou formalidade especial.

Parágrafo único. A revisão do lançamento só pode ser iniciada enquanto não extinto o direito da Fazenda Pública.

(líquido e certo) e evitando o ajuizamento de execuções fiscais futuramente declaradas nulas.

O controle de legalidade, na maioria dos casos, antecede procedimentos relativos à inscrição em Dívida Ativa decorrente de (i) auto de infração; (ii) notificação fiscal; ou (iii) denúncia espontânea.

a) Auto de Infração: constada a irregularidade na aplicação da legislação tributária, como, por exemplo, omissão ou erro no procedimento adotado pelo contribuinte relativamente à não emissão de documento fiscal de operação ou prestação de serviços; escrituração ou apuração de débito do imposto ou de imposto a recolher em valor inferior ao constante dos documentos fiscais. O descumprimento do contribuinte pode ser referente à obrigação principal, relativamente ao próprio pagamento do tributo, ou referente à obrigação acessória – prestações negativas ou positivas que propiciam e identificam a relação-tributária visando ao pagamento – emitir nota fiscal (ação), e a de não rasurar os livros fiscais da empresa (omissão);

b) A *Notificação Fiscal:* expedida contra o contribuinte quando ele apura e informa declarações fiscais relativas ao crédito tributário, mas não efetua o pagamento do tributo no prazo assinalado na lei. Ocorre também nos casos em que a própria administração fiscal, de posse das informações relativas a bens, operações ou prestação de serviços notifica o contribuinte do crédito tributário decorrente do correspondente fato gerador. Exemplo: imposto sobre transmissão *causa mortis* e doação (ITCMD); imposto sobre veículos automotores (IPVA);

c) Denúncia Espontânea: neste caso, o próprio contribuinte, antes de qualquer início de procedimento fiscal tendente a verificar o fato gerador e consequente lançamento tributário, busca a repartição fazendária competente para comunicar a irregularidade no sentido de que sejam adotadas as providências para pagamento do tributo no prazo assinalado: à vista ou em prestações, este último em caso de adesão à possibilidade de parcelamento.

Pois bem. O controle de legalidade é feito justamente quando, ultrapassados referidos prazos de pagamento do tributo, seja mediante conclusão do Auto de Infração, após o devido processo legal administrativo, ou mediante o prazo para impugnar Notificação Fiscal de lançamento tributário, não é feito o recolhimento do tributo pelo contribuinte. O próximo passo a ser dado pela Fazenda Pública é lançar o crédito em Dívida Ativa para posterior cobrança judicial via execução fiscal, conforme tratado.

2.12 PEDIDO DE REVISÃO DE DÍVIDA INSCRITA (PRDI)

A revisão dos atos da administração pública está consubstanciada no ordenamento jurídico administrativista, em especial na Lei 9.784/1999 (art. 53), ao permitir sua correção quando eivados de vício de legalidade e, também, revogá-los por motivo de conveniência ou oportunidade, respeitados os direitos adquiridos. O tema foi, inclusive, objeto das Súmulas 473 e 346 do Supremo Tribunal Federal.

É da própria Teoria Geral do Direito Administrativo a definição dos critérios de revogação e anulabilidade dos atos da administração pública, conquanto o CTN, por compreender o sistema jurídico de normas gerais em matéria tributária, trate especificamente das hipóteses de revisão do principal dos atos administrativos: o lançamento tributário pela autoridade fiscal.

As condicionantes de desfazimento do ato administrativo previstas no CTN, curiosamente, são todas contrárias ao contribuinte, por exemplo, quando se comprove falsidade, erro ou omissão quanto a qualquer elemento definido na legislação tributária como sendo de declaração obrigatória; ou, quando se comprove omissão ou inexatidão, ou, ainda, por ação ou omissão do sujeito passivo, ou de terceiro legalmente obrigado, que dê lugar à aplicação de penalidade pecuniária (art. 149, CTN).

A Procuradoria-Geral da Fazenda Nacional, no âmbito da União, de forma acertada, regulamentou por meio da Portaria PGFN 33/2018 o pedido de revisão da dívida inscrita, conhecido pela sigla PRDI, sendo formulado pelo contribuinte, e, por meio do qual, é reconhecida a relatividade da presunção de certeza e liquidez conferida ao débito inscrito em dívida ativa de natureza tributária ou não tributária.

O PRDI é admissível, e pode ser efetuado a qualquer tempo, quando compreender as seguintes situações:

a) alegação de pagamento, parcelamento, suspensão de exigibilidade por decisão judicial, compensação, retificação da declaração, preenchimento da declaração com erro, vício formal na constituição do crédito, decadência ou prescrição, quando ocorridos em momento anterior à inscrição em dívida ativa da União;

b) alegação de matérias relativamente a débitos cuja constituição esteja fundada contrariamente a entendimento de Súmula ou Parecer do Advogado-Geral da União, do Conselho Administrativo de Recursos Fiscais – CARF, ou do Supremo Tribunal Federal, ocorridas antes ou após a inscrição em dívida ativa da União (no art. 5º, § 1º);

c) alegação de qualquer causa de extinção ou suspensão do crédito tributário ou não tributário, ocorridas antes ou após a inscrição em dívida ativa da União.

O PRDI se efetuado no prazo de 30 (trinta) dias depois da notificação do contribuinte relativamente à inscrição em dívida ativa da União (DAU) suspenderá atos da administração fiscal tais como encaminhamento da CDA para protesto extrajudicial; para comunicação aos órgãos de proteção ao crédito; ou, ainda, para averbação nos órgãos de registro de bens e direitos sujeitos a arresto ou penhora para fins de pré-executoriedade, entre outros previstos no art. 7º da Portaria PGFN 33/2018.

O pedido de revisão de dívida inscrita, por si, não acarreta a suspensão da exigibilidade do crédito tributário, haja vista não constar na previsão do art. 151 do CTN, nem poderia mesmo ser considerado para tal finalidade por não se enquadrar como "reclamações e recursos administrativos", notadamente pelo esgotamento da fase administrativa do contencioso fiscal e a definitividade da constituição do crédito público perseguido pela Fazenda Nacional.

É previsto na portaria o prazo de 30 dias para que a unidade da PGFN providencie o exame do pedido proposto pelo contribuinte e sendo necessário subsídios da RFB para apreciação do PRDI este prazo estende-se para 60 dias (art. 17, § 3º, Portaria PGFN 33/2018). O mais inovador deste procedimento é que, não havendo resposta pela PGFN nos correspondentes prazos, é autorizado ao procurador proceder ao cancelamento da inscrição fundamentado no juízo de verossimilhança das alegações do contribuinte (art. 18, Portaria PGFN 33/2018).

Trata-se de relevante mecanismo de provocação do Fisco pelo contribuinte sem acionamento dos meios judiciais, com a natural obrigação da exigência de custas, ou do prescindível oferecimento de garantia para obter a suspensão da exigibilidade do crédito tributário, dispensando-o de percorrer a via judicial quando houver o enquadramento ao menos em uma das hipóteses contidas no referido instrumento normativo. É sim, porque não dizer, mais um elemento para a construção do sistema multiportas, como alternativa à judicialização dos conflitos fiscais, neste caso relacionado ao controle de legalidade do crédito tributário.

Incorpora-se ao ordenamento jurídico uma faculdade importante conferida ao contribuinte que, como dito, pode revisitar fatos vinculados a pagamentos do tributo cobrado, retificação de declaração, parcelamento, sem depender da tormentosa via dos embargos à execução, mediante garantia do Juízo e, com toda instrução da ação de conhecimento, sujeita, em muitos casos, à prova pericial.

É, antes de tudo, um método de **diálogo** e **cooperação** entre Fisco e contribuintes e está fundado, na origem, no próprio direito constitucional de petição (art. 5º, inciso XXXIV, "a" da Constituição Federal), superando o conhecido "envelopamento", nomenclatura dada anteriormente ao contexto de que qualquer pedido desta natureza estaria lastreado na informalidade e sua apreciação estaria condicionada ao arbítrio da Procuradoria da Fazenda Nacional, sem qualquer participação e cujo procedimento no órgão seria totalmente desconhecido pelo contribuinte.

O PRDI, previsto na Portaria PGFN 33/2018, é distinto do antigo pedido de revisão de débito inscrito em dívida ativa da União, do art. 3º, § 1º, da Portaria SRF/PGFN 01/1999, como dito conhecido pelo apelido de *pedido de envelopamento*, sobretudo porque diferem-se das hipóteses de admissão, haja vista a limitação deste apenas para alegações de causas extintivas do crédito tributário ou suspensiva de sua exigibilidade e, ainda, ocorridas antes da remessa do débito à PGFN.

Como visto, o PRDI é mais amplo e cabível com fundamento na alegação de pagamento, parcelamento, suspensão da exigibilidade por decisão judicial, compensação, vício formal na constituição do crédito, decadência ou prescrição, inclusive ocorridos antes ou depois da inscrição em dívida ativa.[72] O instituto compreende muitas matérias passíveis de alegação nos embargos à execução fiscal, mencionadas no art. 16, § 2º,

---

[72] Art. 15. O pedido de revisão de dívida inscrita (PRDI) possibilita a reanálise, pela Procuradoria-Geral da Fazenda Nacional, dos requisitos de liquidez, certeza e exigibilidade dos débitos inscritos em dívida ativa da União, de natureza tributária ou não tributária.
§ 1º. Admite-se o PRDI:
I – para alegação de pagamento, parcelamento, suspensão de exigibilidade por decisão judicial, compensação, retificação da declaração, preenchimento da declaração com erro, vício formal na constituição do crédito, decadência ou prescrição, quando ocorridos em momento anterior à inscrição em dívida ativa da União;
II – para alegação das matérias descritas no art. 5º, § 1º, ocorridas antes ou após a inscrição em dívida ativa da União;
III – para alegação de qualquer causa de extinção ou suspensão do crédito tributário ou não tributário, ocorridas antes ou após a inscrição em dívida ativa da União.

da Lei 6.830/1980, e, por isso, sua relevância como último "instrumento de defesa" na fase administrativa.

Essa compreensão dialógica encontra convergência e alinhamento com o CPC, que inovou textualmente com o princípio da cooperação (ou da colaboração). Segundo esse princípio, o processo deve seguir a lógica cooperativa entre as partes na concepção moderna de que ele se presta como instrumento de preservação do interesse público com a firme pretensão de aplicar o ordenamento jurídico ao caso posto. E, porque não dizer, a evolução do princípio do contraditório e do devido processo legal.

Ainda que não estejamos no ambiente judicial para fins de aplicabilidade dos princípios processuais do CPC, a adoção prática do PRDI evita mais uma demanda a ser levada ao Poder Judiciário, enquanto a Fazenda Pública cumpre sua atividade precípua de controle da legalidade dos atos administrativos de modo a apontar fidedignidade à pretensão de cobrança do crédito público, **embora já definitivamente constituído**, haja vista se tratar de pedido de revisão e não de defesa ou recurso na esfera administrativa.

O PRDI encontra o crédito tributário ou não tributário definitivamente constituído, ou seja, esgotada a fase administrativa de insurgência, com todos os recursos e defesas à disposição do contribuinte, tanto que, como dito, o cabimento do pedido de revisão deve dar-se depois de *inscrito o débito em dívida ativa da União*, quando o devedor é notificado para: (i) em até 5 (cinco) dias efetuar o pagamento do valor atualizado monetariamente, acrescido dos consectários legais (juros, multas e demais encargos); ou parcelar o valor integral do débito conforme legislação em vigor; ou, ainda, (ii) no prazo de 30 (trinta) dias: ofertar antecipadamente garantia em execução fiscal; ou apresentar PRDI (art. 6º da Portaria PGFN 33/2018).

Um ponto de crítica ao instituto do PRDI é de que mesmo estando a CDA fundada em matéria julgada pelo STJ sob o crivo do recurso repetitivo ou da repercussão geral pelo STF favoravelmente ao contribuinte, a promoção do requerimento está condicionada a pronunciamento oficial e expresso da Procuradoria-Geral da Fazenda Nacional quanto à dispensa de recorrer e contestar judicialmente relativamente aos temas sujeitos aos correspondentes precedentes vinculativos ao Poder Judiciário.[73] Este dispositivo atenta contra o sistema de precedentes construído e

---

[73] Art. 5º Se, no exame de legalidade, for verificada a existência de vícios que obstem a inscrição em dívida ativa da União, o Procurador da Fazenda Nacional devolverá o débito ao órgão de origem, sem inscrição, para fins de correção.

§ 1º Não serão inscritos em dívida ativa da União: (...)

VIII – os débitos cuja constituição esteja fundada em matéria decidida de modo favorável ao contribuinte pelo Supremo Tribunal Federal, em sede de julgamento realizado nos termos dos arts. 1.035 e 1.036 da Lei 13.105, de 16 de março de 2015;

IX – os débitos cuja constituição esteja fundada em matérias decididas de modo favorável ao contribuinte pelo Superior Tribunal de Justiça em sede de julgamento realizado nos termos do 1.036 da Lei 13.105, de 16 de março de 2015, com exceção daquelas que ainda possam ser objeto de apreciação pelo Supremo Tribunal Federal;

X – os débitos cuja constituição esteja fundada em matérias decididas de modo favorável ao contribuinte pelo Tribunal Superior do Trabalho em sede de julgamento realizado nos termos do art. 896-C do Decreto-Lei 5.452, de 1º de maio de 1943, com exceção daquelas que ainda possam ser objeto de apreciação pelo Supremo Tribunal Federal; (Redação dada pelo(a) Portaria PGFN 42, de 25 de maio de 2018)

incentivado pelo CPC por condicionar a aplicação do entendimento firmado pelo Poder Judiciário, em caráter vinculante aos órgãos da justiça, a autoridades fiscais da administração pública.

Neste contexto, uma observação é importante. Em determinadas situações mesmo que a CDA seja revista pelo PRDI e cancelada, a PGFN poderá "baixar" o crédito cobrado para o órgão técnico, como a Receita Federal, mantendo ainda sua existência, sem a necessária extinção, sobretudo porque a portaria da PGFN não teria força normativa suficiente para obrigar demais órgãos da administração pública federal. E, neste caso, o contribuinte não conseguiria a expedição da certidão de regularidade fiscal.

Uma das hipóteses é, por exemplo, quando a Procuradoria provoca a Receita Federal para esclarecimentos e complementações de informações no âmbito da PRDI e as mesmas não são prestadas. A inscrição é cancelada, neste caso, por ausência de informação concreta sobre o pedido formulado, mas poderá retornar em momento oportuno, e futuro, à PGFN para nova inscrição em dívida ativa constatada e comprovada a regularidade da cobrança do crédito tributário.

2.13 QUESTÃO CONTROVERSA. CASO ESPECÍFICO: SÓCIO FINADO INCLUÍDO NA CDA E EXPEDIÇÃO DO FORMAL DE PARTILHA EM PROCESSO DE INVENTÁRIO

As Fazendas Públicas têm exigido, dos sucessores em processo de inventário, a quitação integral dos tributos devidos pelo *de cujus*, inclusive aqueles devidos pela sociedade empresária da qual o sócio finado tenha integrado o quadro social, para efeito de expedição do formal de partilha.

A legislação processual civil, bem como o Código Tributário Nacional, exige que a expedição do formal de partilha em processo de inventário (ou arrolamento) esteja condicionada à quitação de **todos os tributos** relativos aos bens do espólio, ou às suas rendas (art. 655 do CPC[74] e art. 192 do CTN[75]).

XI – os débitos cuja constituição esteja fundada em matéria sobre a qual exista jurisprudência consolidada do STF em matéria constitucional ou de Tribunais Superiores em matéria infraconstitucional, em sentido favorável ao contribuinte.

§ 2º A aplicação do § 1º deste artigo deverá observar o disposto na Portaria PGFN 502, de 12 de maio de 2016, ficando a negativa de inscrição, nas hipóteses dos incisos VIII a XI do parágrafo anterior, condicionada à prévia inclusão do tema na lista de dispensa de contestar e recorrer, disponível no sítio da PGFN na internet. (Redação dada pelo(a) Portaria PGFN 42, de 25 de maio de 2018).

[74] Art. 655. Transitado em julgado a sentença mencionada no art. 654 , receberá o herdeiro os bens que lhe tocarem e um formal de partilha, do qual constarão as seguintes peças:

I – termo de inventariante e título de herdeiros;

II – avaliação dos bens que constituíram o quinhão do herdeiro;

III – pagamento do quinhão hereditário;

IV – quitação dos impostos;

V – sentença.

Parágrafo único. O formal de partilha poderá ser substituído por certidão de pagamento do quinhão hereditário quando esse não exceder a 5 (cinco) vezes o salário mínimo, caso em que se transcreverá nela a sentença de partilha transitada em julgado.

[75] Art. 192. Nenhuma sentença de julgamento de partilha ou adjudicação será proferida sem prova da quitação de todos os tributos relativos aos bens do espólio, ou às suas rendas.

Em certos casos, o inventariado deixa como bem de herança quota social de pessoa jurídica contra a qual há execuções fiscais em curso. Mais ainda, em determinadas situações, a CDA que instrui o processo de execução fiscal aponta os sócios, incluindo o *de cujus*, como corresponsável do crédito tributário objeto de cobrança.

Tomando por base este contexto, a controvérsia consiste em definir se as dívidas fiscais da pessoa jurídica (exemplo: ICMS, ISS etc.), incluindo aquelas nas quais o *de cujus* é arrolado como sendo corresponsável na CDA, devem ser quitadas como condição para efeito de julgamento ou homologação da partilha e entrega do respectivo formal no bojo do processo de inventário.

A noção conceitual da Teoria Geral do Direito Civil, importada para os demais ramos do Direito, revela que o sócio de sociedade é pessoa distinta desta, ostentando personalidade jurídica própria, sujeito a direitos e obrigações que não se confundem, salvo hipóteses expressamente previstas em lei.[76]

A pessoa jurídica é, na verdade, instrumento de que se utiliza o empresário ou sócio para exercer suas atividades.

Para que seja desnudada a regra de que a pessoa física do sócio é distinta da sociedade é imprescindível expressa previsão normativa, notadamente proclamando a desconsideração da personalidade jurídica da empresa, levantando seu véu, com o objetivo de atingir bens dos sócios. Vários são os casos previstos em lei nos mais diversos ramos do Direito, entre os quais o trabalhista, fiscal, previdenciário, civil etc.

Nesta ordem de ideias, não se pode descuidar que o Código Tributário Nacional estabelece a impossibilidade de a lei tributária alterar a definição, o conteúdo e o alcance de institutos, conceitos e formas de direito privado para definir ou limitar competências tributárias, utilizados, expressa ou implicitamente, em normas de âmbito constitucional.

Conhecendo este postulado, não se pode conferir, como regra geral, a responsabilidade do espólio pelas dívidas da pessoa jurídica da qual o *de cujus* tenha sido sócio quando em vida, notadamente por se tratar de personalidades jurídicas distintas, salvo situações muito particulares relacionadas à responsabilidade pelas dívidas tributárias da sociedade, como na hipótese do modelo societário de empresa individual.

Ressalvadas as hipóteses em que configurada a responsabilidade do sócio pelas dívidas tributárias contraídas pela sociedade empresária, o espólio do *de cujus*, quando em vida sócio da pessoa jurídica, não é responsável por dívidas fiscais da empresa, premissa extraída, conforme visto, do postulado consagrado de que *dívida de pessoa jurídica não se confunde com dívida pessoal.*

A responsabilidade tributária do sócio, cujo desígnio é promover possibilidades de satisfação do crédito tributário, objeto de inadimplemento pela pessoa jurídica, advém da prática de **atos ilícitos**, como nas hipóteses previstas nos arts. 134, 135 e 137

---

[76] 1. A personalidade jurídica da sociedade não se confunde com a personalidade jurídica dos sócios. Assim, por constituírem pessoas distintas, distintos são também seus direitos e obrigações. (...) (REsp 1188151/AM, Rel. Ministro João Otávio de Noronha, Quarta Turma, j. 14.06.2011, DJe 12.04.2012).

do CTN[77], e até mesmo pela prática de **atos lícitos**, como nos casos estabelecidos nos arts. 129 e 133, também do CTN[78].

---

[77] Art. 134. Nos casos de impossibilidade de exigência do cumprimento da obrigação principal pelo contribuinte, respondem solidariamente com este nos atos em que intervierem ou pelas omissões de que forem responsáveis:

I – os pais, pelos tributos devidos por seus filhos menores;

II – os tutores e curadores, pelos tributos devidos por seus tutelados ou curatelados;

III – os administradores de bens de terceiros, pelos tributos devidos por estes;

IV – o inventariante, pelos tributos devidos pelo espólio;

V – o síndico e o comissário, pelos tributos devidos pela massa falida ou pelo concordatário;

VI – os tabeliães, escrivães e demais serventuários de ofício, pelos tributos devidos sobre os atos praticados por eles, ou perante eles, em razão do seu ofício;

VII – os sócios, no caso de liquidação de sociedade de pessoas.

Parágrafo único. O disposto neste artigo só se aplica, em matéria de penalidades, às de caráter moratório.

Art. 135. São pessoalmente responsáveis pelos créditos correspondentes a obrigações tributárias resultantes de atos praticados com excesso de poderes ou infração de lei, contrato social ou estatutos:

I – as pessoas referidas no artigo anterior;

II – os mandatários, prepostos e empregados;

III – os diretores, gerentes ou representantes de pessoas jurídicas de direito privado.

Art. 137. A responsabilidade é pessoal ao agente:

I – quanto às infrações conceituadas por lei como crimes ou contravenções, salvo quando praticadas no exercício regular de administração, mandato, função, cargo ou emprego, ou no cumprimento de ordem expressa emitida por quem de direito;

II – quanto às infrações em cuja definição o dolo específico do agente seja elementar;

III – quanto às infrações que decorram direta e exclusivamente de dolo específico:

a) das pessoas referidas no art. 134, contra aquelas por quem respondem;

b) dos mandatários, prepostos ou empregados, contra seus mandantes, preponentes ou empregadores;

c) dos diretores, gerentes ou representantes de pessoas jurídicas de direito privado, contra estas.

[78] Art. 129. O disposto nesta Seção aplica-se por igual aos créditos tributários definitivamente constituídos ou em curso de constituição à data dos atos nela referidos, e aos constituídos posteriormente aos mesmos atos, desde que relativos a obrigações tributárias surgidas até a referida data.

Art. 133. A pessoa natural ou jurídica de direito privado que adquirir de outra, por qualquer título, fundo de comércio ou estabelecimento comercial, industrial ou profissional, e continuar a respectiva exploração, sob a mesma ou outra razão social ou sob firma ou nome individual, responde pelos tributos, relativos ao fundo ou estabelecimento adquirido, devidos até à data do ato:

I – integralmente, se o alienante cessar a exploração do comércio, indústria ou atividade;

II – subsidiariamente com o alienante, se este prosseguir na exploração ou iniciar dentro de seis meses a contar da data da alienação, nova atividade no mesmo ou em outro ramo de comércio, indústria ou profissão.

§ 1º. O disposto no *caput* deste artigo não se aplica na hipótese de alienação judicial:

I – em processo de falência;

II – de filial ou unidade produtiva isolada, em processo de recuperação judicial.

§ 2º. Não se aplica o disposto no § 1º deste artigo quando o adquirente for:

I – sócio da sociedade falida ou em recuperação judicial, ou sociedade controlada pelo devedor falido ou em recuperação judicial;

II – parente, em linha reta ou colateral até o 4º (quarto) grau, consanguíneo ou afim, do devedor falido ou em recuperação judicial ou de qualquer de seus sócios; ou

III – identificado como agente do falido ou do devedor em recuperação judicial com o objetivo de fraudar a sucessão tributária.

§ 3º. Em processo da falência, o produto da alienação judicial de empresa, filial ou unidade produtiva isolada permanecerá em conta de depósito à disposição do juízo de falência pelo prazo de 1 (um) ano, contado da data de alienação, somente podendo ser utilizado para o pagamento de créditos extraconcursais ou de créditos que preferem ao tributário.

À luz do referido art. 135 do Código Tributário Nacional, o STJ firmou orientação jurisprudencial no sentido de que a responsabilização tributária de sócio de sociedade empresária somente é cabível na hipótese em que houver a sua comprovada atuação com excesso de poderes, infração à lei ou ao estatuto social da sociedade empresária e no caso de comprovada dissolução irregular da empresa. O mero inadimplemento da obrigação tributária não enseja o reconhecimento da responsabilidade pessoal do sócio.[79]

Neste panorama normativo e jurisprudencial, a responsabilidade do sócio por dívidas fiscais da sociedade reclama o atendimento de várias condicionantes, defini-das nas normas ali dispostas, e, sobretudo, nas seguintes: i) a existência de previsão legal, prevendo a responsabilidade tributária; ii) a consideração do regime jurídico do contribuinte (sociedade) para fins de aferição da prestação pecuniária devida; e iii) a existência de vínculo jurídico entre o contribuinte e o responsável que permita a este cumprir sua função de auxiliar do Fisco no recebimento da dívida do contribuinte.[80]

Não se pode dessumir **de plano, portanto,** que o espólio do *de cujus* responde pelas dívidas fiscais da sociedade para efeito do regramento que exige a quitação de todos os tributos para homologação e expedição do formal de partilha no processo de inven-tário, **a não ser examinando casuisticamente as situações concretas apresentadas**.

Nestas situações importa conhecer, notadamente, o modelo societário e a espécie de responsabilidade tributária, e, ainda, se o sócio falecido praticou ato ilícito, ou não, no exercício da gerência ou administração da sociedade, para que se possa afirmar, com precisão, se o espólio do *de cujus* responde pelas dívidas tributárias da sociedade empresária. São inúmeras variante a serem conhecidas antes de afiançar a responsa-bilidade do espólio pela dívida fiscal da empresa da qual era sócio.

Pode-se entrever, contudo, uma hipótese específica relativamente a processos de inventário (ou de arrolamento), nos quais a pessoa do *de cujus*, ex-sócio da empresa, consta em CDA na qualidade de corresponsável do crédito tributário cobrado pela Fazenda Pública.

A questão é: exige-se, neste caso, a quitação dos tributos – para efeito de expedição do formal de partilha, cobrados na execução fiscal contra pessoa jurídica, instrumen-talizada por CDA, quando o falecido sócio figura como corresponsável?

O Código de Processo Civil, bem como o Código Tributário Nacional, exige a quitação dos tributos relativos aos bens do espólio e às suas rendas para que ocorra a homologação da partilha aos herdeiros, segundo os dispositivos abaixo transcritos, *verbis*:

> Art. 663. A existência de credores do espólio não impedirá a homologação da partilha ou da adjudicação, se forem reservados bens suficientes para o paga-mento da dívida.
>
> Parágrafo único. A reserva de bens será realizada pelo valor estimado pelas partes, salvo se o credor, regularmente notificado, impugnar a estimativa, caso em que se promoverá a avaliação dos bens a serem reservados.

---

[79] REsp n. 1.101.728/SP, rel Min. Teori Albino Zavascki, Primeira Seção, julgado em 11/3/2009, DJe de 20/3/2009.

[80] NASCIMENTO, Octávio Bulcão. *Curso de Especialização em Direito Tributário*: Estudos Analíticos em Homenagem a Paulo de Barros Carvalho. Rio de Janeiro: Forense, 2007, p. 818.

Art. 664. Quando o valor dos bens do espólio for igual ou inferior a 1.000 (mil) salários mínimos, o inventário processar-se-á na forma de arrolamento, cabendo ao inventariante nomeado, independentemente de assinatura de termo de compromisso, apresentar, com suas declarações, a atribuição de valor aos bens do espólio e o plano da partilha.

(...)

§ 4º. Aplicam-se a essa espécie de arrolamento, no que couber, as disposições do art. 672 , relativamente ao lançamento, ao pagamento e à quitação da taxa judiciária e do imposto sobre a transmissão da propriedade dos bens do espólio.

§ 5º. Provada a quitação dos tributos relativos aos bens do espólio e às suas rendas, o juiz julgará a partilha.

A jurisprudência extraída dos julgamentos à luz do CPC/1973 (art. 1.031 e § 5º do art. 1.036) e do CTN (art. 192) confere o entendimento de que é obrigatória a comprovação do pagamento de todos os tributos relativos aos bens do espólio e às suas rendas para efeito de homologação da partilha e posterior expedição e entrega do respectivo formal.[81]

Dos julgados observados na pesquisa de jurisprudência feita no repertório do STJ, não foram localizados precedentes que tenham enfrentado especificamente a questão da necessidade de quitação de tributos da sociedade empresária da qual o *de cujus* fez parte para efeito de homologação do formal de partilha aos herdeiros.

À mingua de posicionamento jurisprudencial sobre o assunto, não nos impede de afirmar que a quota social em nome do sócio finado transfere-se automaticamente aos herdeiros pelo princípio da *saisine*, fazendo parte integrante do espólio, que corresponde à transmissão automática da herança aos herdeiros pela abertura da sucessão

---

[81]   É desnecessária a autenticação de cópia de procuração e de substabelecimento, porquanto se presumem verdadeiros os documentos juntados aos autos pelo autor, cabendo à parte contrária arguir-lhe a falsidade.
Para julgamento ou homologação da partilha e posterior expedição e entrega do respectivo formal, é obrigatória a comprovação do pagamento de todos os tributos relativos aos bens do espólio e às suas rendas.
Agravo regimental desprovido.
(AgRg no REsp 667516/SP, Rel. Ministro João Otávio de Noronha, Quarta Turma, j. 01.09.2009, DJe 14.09.2009).
1. No processo de arrolamento sumário, processado com base nos arts. 1.031 e seguintes do CPC, cabível quando todos os herdeiros forem maiores e capazes e estiverem de acordo com a partilha, somente é possível examinar se o inventariante comprovou a quitação dos tributos relativos aos bens do espólio e às suas rendas.
[...]
4. Recurso especial não provido.
(REsp 927530/SP, Rel. Ministro Castro Meira, Segunda Turma, j. 12.06.2007, DJ 28.06.2007, p. 897).
[...] "No procedimento de arrolamento, disciplinado pelos arts. 1.031 e seguintes do CPC, a homologação da partilha depende apenas da prova de quitação dos tributos relativos aos bens e às rendas do espólio. No arrolamento não se admitem questões relativas ao lançamento de tributos relativos à transmissão" (REsp 50529/SP, DJ 20.02.1995).
4. Agravo regimental não provido.
(AgRg no Ag 746703/MS, Rel. Ministro José Delgado, Primeira Turma, j. 16.05.2006, DJ 08.06.2006, p. 134).

com a morte do *de cujus*. Trata-se de mutação subjetiva de titularidade do direito sobre o patrimônio (inclusive créditos e débitos).

Não obstante esta transferência automática da titularidade sobre as quotas sociais da empresa aos herdeiros, consistindo em bens (imateriais) do espólio a ser futuramente partilhados, salvo situação de expressa previsão legal de desconsideração da personalidade jurídica, ou de corresponsabilidade do sócio falecido, **não pode ser considerada a responsabilidade do espólio pelas dívidas tributárias da empresa, notadamente pela regra geral de que dívida da pessoa jurídica não se confunde com dívida pessoal**.

É preciso deixar claro que esta premissa, conforme visto, é a regra geral, haja vista as inúmeras situações particulares que podem suceder.

Isso significa dizer que o espólio somente é responsável pela quitação de tributos cobrados da sociedade empresária se houver uma das hipóteses de corresponsabilidade que perverta a regra de que os bens do sócio não respondem por dívidas da pessoa jurídica empresária. Estas hipóteses de responsabilidade do sócio, neste caso, do espólio para efeito de expedição do formal de partilha, por dívidas fiscais da empresa podem ser encontradas especialmente nas situações descritas no art. 135 do CTN: atos praticados com excesso de poderes ou infração de lei, contrato social ou estatuto, acrescentando-se especificamente a dissolução irregular da empresa, conforme inúmeros julgados do STJ.

Precisamente em um caso julgado pelo STJ não se permitiu a exclusão do sócio finado da culpa pela dívida cobrada na execução fiscal, por não ter havido a prova nos embargos à execução de que quando em vida, e no exercício de administração da sociedade, **não** praticou nenhuma das hipóteses previstas no art. 135 do CTN:

> *In casu*, a execução fiscal foi ajuizada contra a empresa e os sócios, constando seus nomes na CDA, não sendo necessária, assim, a comprovação da ocorrência dos requisitos previstos no art. 135 do CTN para que haja a responsabilização pessoal dos sócios-gerentes. (...)
>
> Inexistindo informação no acórdão vergastado que exima o sócio finado da culpa pela dívida, impossível excluir seu espólio do polo passivo do executivo fiscal.[82]

Trechos extraídos do voto proferido pelo Ministro relator no Resp 865.821 resumem o entendimento mantido pelo STJ sobre o assunto, *verbis*:

> No julgamento dos EREsp 702.232/RS, restou firmado que, sendo a execução proposta somente contra a sociedade, a Fazenda Pública deve comprovar a infração à lei, contrato social ou estatuto ou a dissolução irregular da sociedade para fins de redirecionar a execução contra o sócio, pois o mero inadimplemento da obrigação tributária principal ou a ausência de bens penhoráveis da empresa não ensejam o redirecionamento.
>
> De modo diverso, se o executivo é proposto contra a pessoa jurídica e o sócio, cujo nome consta da CDA, não se trata de típico redirecionamento e o ônus da prova de inexistência de infração a lei, contrato social ou estatuto compete ao sócio, uma vez que a CDA goza de presunção relativa de liquidez e certeza.

---

[82] REsp 865.821/RJ, Rel. Ministro Francisco Falcão, Primeira Turma, j. 13.03.2007, DJ 12.04.2007, p. 238.

A terceira situação consiste no fato de que, embora o nome do sócio conste da CDA, a execução foi proposta somente contra a pessoa jurídica, recaindo o ônus da prova, também neste caso, ao sócio, tendo em vista a presunção de liquidez e certeza que milita a favor da CDA.

O julgado no caso dos autos, a execução fiscal foi ajuizada contra a empresa e os sócios, constando os nomes desses na CDA.

Sendo assim, não é necessário que a Fazenda Pública comprove a ocorrência dos requisitos previstos no art. 135 do CTN, a fim de que haja a responsabilização pessoal dos sócios-gerentes.

Inexistindo informação no acórdão vergastado que possa eximir o finado sócio da culpa pela dívida, não há como excluir o seu espólio do polo passivo do executivo fiscal.

Este posicionamento nos leva ao entendimento de que se o sócio finado consta na CDA como corresponsável pelo crédito tributário perseguido pela Fazenda Pública, até que sobrevenha decisão desnudada do correspondente efeito suspensivo em sede de embargos à execução fiscal, deve-se exigir para efeito de expedição do formal de partilha a quitação de todos os tributos relativos aos bens do espólio e às suas rendas, inclusive aqueles decorrentes de dívidas da pessoa jurídica da qual tenha sido sócio e seja corresponsável na CDA.[83]

Constata-se um precedente do Tribunal de Justiça do Distrito Federal e Territórios sobre o assunto.[84] Segundo a leitura da decisão, não caracteriza impedimento para a expedição dos formais de partilha a dívida tributária parcelada de pessoa jurídica na qual o espólio figure com sócio, haja vista os débitos de pessoa jurídica não se confundirem com as dívidas de caráter pessoal.

A situação concreta apresentada no julgado, apesar de retratar circunstância fática particular, haja vista se tratar de caso em que os débitos fiscais estão parcelados,

---

[83] A propósito, sobre o tema, confira-se a Súmula 430 do STJ: "O inadimplemento da obrigação tributária pela sociedade não gera, por si só, a responsabilidade solidária do sócio-gerente".

[84] 1. A teor do art. 135, inciso III, do Código Tributário Nacional, a cobrança de dívidas fiscais da sociedade se estende aos sócios apenas quando demonstrado o excesso de poderes ou infração da lei, do contrato social ou do estatuto.

2. Não caracteriza impedimento para a expedição dos formais de partilha a dívida tributária parcelada de pessoa jurídica na qual o espólio figure como sócio, uma vez que os débitos de pessoa jurídica não se confundem com as dívidas de caráter pessoal.

3. Na linha da orientação jurisprudencial deste egrégio Tribunal de Justiça, tratando-se de débito fiscal a ser quitado mediante parcelas, as quais estão sendo regularmente pagas, inexiste óbice à expedição do formal de partilha. Precedentes: 20100020029462AGI, Rel. Lécio Resende, 1ª Turma Cível, DJ 18.05.2010; 20100020100238AGI, Rel. Lecir Manoel da Luz, 5ª Turma Cível, DJ 27.10.2010; 20100020034122AGI, Rel. Ana Maria Duarte Amarante Brito, 6ª Turma Cível, DJ 20.05.2010; 20100020088806AGI, Rel. Fernando Habibe, 4ª Turma Cível, DJ 04.02.2011.

4. Com o trânsito em julgado da sentença de partilha, ao herdeiro deve ser entregue o respectivo formal (art. 1.027 do CPC).

5. O agravo de instrumento tem o seu objeto limitado aos termos da decisão recorrida e, por conseguinte, não pode tratar de matéria ali não contida.

6. Parecer do Ministério Público pelo conhecimento e provimento do recurso.

7. Recurso conhecido e parcialmente provido. (Acórdão n.611237, 20110020107890AGI, Relator: João Egmont, 5ª Turma Cível, Data de Julgamento: 15.08.2012, Publicado no DJE: 21.08.2012. Pág.: 102).

pode-se dizer que as conclusões se aproximam com a opinião de que é prescindível recolher os tributos devidos pela sociedade empresária para fins de expedição do formal de partilha no inventário do sócio finado.

É que, conforme se infere do voto proferido no mencionado recurso julgado pelo TJDFT, o inventariado, apesar de figurar como sócio da empresa, não tinha seu nome na CDA, a qual instrui a execução fiscal contra a pessoa jurídica. Senão vejamos a passagem abaixo retirada do voto do Desembargador relator, *verbis*:

> No entanto, o fato de o investimento figurar como sócio da aludida empresa não significa, seja este sujeito passivo da obrigação tributária em questão. Primeiro, porque o nome do sócio não consta na Certidão de Dívida Ativa de fl. 277. Segundo, porque, em regra, os débitos de pessoa jurídica não se confundem com as dívidas de caráter pessoal, ressalvada a hipótese de responsabilidade substitutiva prevista no art. 135, inciso III, do Código Tributário Nacional.

A hipótese tratada reclama a incidência da regra geral de que o espólio não responde pelas dívidas da pessoa jurídica na qual o *de cujus* tenha sido sócio quando em vida, notadamente por se tratar de personalidades jurídicas distintas, salvo se vislumbrada a prática de **atos ilícitos**, previstas nos arts. 134, 135 e 137 do CTN, ou a prática de **atos lícitos**, estabelecidos nos arts. 129 e 133, também do CTN.

No contexto examinado, pode-se concluir o seguinte:

a) Ressalvadas as hipóteses em que configurada a responsabilidade do sócio pelas dívidas tributárias contraídas pela própria natureza da sociedade empresária (como no caso da empresa individual), o espólio do *de cujus*, quando em vida sócio da pessoa jurídica, não é responsável por dívidas fiscais da sociedade, premissa extraída do postulado consagrado de que dívida de pessoa jurídica não se confunde com dívida pessoal;

b) Segundo a jurisprudência do STJ, se o nome do sócio-gerente ou administrador consta da CDA, a ele incumbe o ônus da prova em sede de embargos à execução de que não ficou caracterizada nenhuma das circunstâncias previstas no art. 135 do CTN, ou seja, de que não houve a prática de atos com excesso de poderes ou infração à lei, ao contrato social ou ao estatuto;

c) Esta premissa fixada pelo entendimento majoritário no cenário jurisprudencial nos leva à conclusão de que cabe à representação do espólio, pela via dos embargos à execução, eximir-se do ônus probatório de que o sócio finado, incluído na CDA, não praticou nenhuma das condutas descritas no art. 135 do CTN, nem mesmo outra circunstância, como no caso da dissolução irregular da sociedade, que conduza à responsabilidade do sócio pelas dívidas tributárias da sociedade empresária;

d) Portanto, se o sócio finado consta na CDA como corresponsável pelo crédito tributário perseguido pela Fazenda Pública, até que sobrevenha decisão despida de efeito suspensivo em sede de embargos à execução fiscal, deve-se exigir para efeito de expedição do formal de partilha a quitação de todos os tributos relativos aos bens do espólio e às suas rendas, inclusive aqueles decorrentes de dívidas da pessoa jurídica da qual tenha sido sócio e seja corresponsável na correspondente CDA.

Capítulo 3
PROCESSO ADMINISTRATIVO FISCAL

3.1 INTRODUÇÃO

O processo, tradicionalmente, é entendido como o desenvolvimento de uma atividade, o meio utilizado para alcance de objetivo específico. É relação jurídica composta por pessoas interessadas, que exercem várias atividades, atos e manifestações voltados para determinado objetivo, sempre submetido à legalidade, com fiel e escorreita aplicação da lei.

Para além dessa visão dinâmica e instrumental do processo, a doutrina jurídica cunhou verdadeira teoria geral do processo, identificando-o como único, a despeito da relação jurídica material subjacente. Eventuais agrupamentos e especializações do processo, conforme a natureza das regras aplicáveis à solução dos conflitos, são tidas como meras conveniências de ordem prática, haja vista a função jurisdicional ser sempre una e íntegra.

Essa é uma visão limitada do processo, que, por concentrar esforços no enfrentamento do exercício da função jurisdicional do Estado, acaba por desconsiderar a necessidade de compreender e sistematizar uma série de atos coordenados de que se necessita para a realização de outros fins estatais.

Excede à noção convencional de que o processo é o modo de exteriorização da jurisdição, ele precisa ser compreendido, também, como mecanismo e instrumento de que o Estado dispõe para concretizar determinadas atividades públicas ou para solução de uma lide que lhe tenha sido deduzida em âmbito administrativo[1]. Em outras palavras, é meio de atuação do Estado, seja em sua faceta "Administração" ou no viés "Jurisdição".

Ao transpor referidas premissas para o direito tributário, o processo constitui-se de uma sucessão de atos da administração e dos contribuintes, preestabelecidos pelo arcabouço normativo específico, em torno da constatação da ocorrência da obrigação tributária, que se desencadeia com o propósito de constituição definitiva de crédito público e da pretensão de sua satisfação, naquilo que se pode chamar de "acertamento da relação jurídico-tributária".

A **concepção administrativa** do processo tributário pode ser dividida em duas dimensões: (i) a **fase interna**, procedimental e eminentemente oficiosa, um desdobra-

---

[1] Nesse sentido, a lição de Hely Lopes Meirelles: "o que caracteriza o processo é o ordenamento de atos para a solução de uma controvérsia; o que tipifica o procedimento de um processo é o modo específico do ordenamento desses atos".

mento da atividade de controle ou fiscalizadora, que conta com a subsunção do fato gerador à norma e culmina na imposição de uma obrigação ou penalidade, e (ii) a **fase externa**, concretizada com a efetiva atuação do contribuinte no sentido de desconstituir ou mitigar os contornos da obrigação e, eventualmente, da penalidade imposta.

O direito processual tributário, inicialmente, cuida da atuação autônoma do Fisco, de natureza eminentemente procedimental, que alcança no lançamento e constituição definitiva do crédito, bem assim na aplicação da penalidade, cujo contorno processual, formado pela relação fisco *versus* contribuinte, é obtido efetivamente com a notificação do contribuinte, seja pela adoção de medidas de satisfação do crédito ou pelo propósito resultante de resistência do contribuinte, mediante utilização dos incidentes impugnativos ou recursais previstos na norma.

Esta fase do contencioso administrativo é marcada pela gratuidade, o que tem levado observatórios de pesquisa a revelarem o estímulo à litigância administrativa pelos contribuintes, sobretudo pelo baixo custo ante as ausências de exigência de depósito ou garantia do crédito tributário, outrora exigido, bem como da cobrança de custas processuais; e da obrigatoriedade de representação por meio de advogado.[2]

A **concepção judicial**, por seu turno, também pode ser classificada a partir de duas dimensões: (i) **ordinária**, concernente à execução fiscal, que compila os instrumentos necessários à persecução do crédito tributário, com a previsão de defesa do contribuinte, e (ii) **extraordinária**, que são as medidas judiciais constituídas pela resistência do administrado nas fases de atuação do Fisco, precedentes ou posteriores à execução fiscal.

No ordenamento jurídico brasileiro, a atuação do Poder Judiciário, no âmbito do Direito Tributário, tanto é via necessária para satisfação do crédito, como único mecanismo legítimo de constrição patrimonial do devedor (frustrada a tentativa de solução administrativa), como também representa uma via extraordinária de defesa ainda no curso do processo administrativo tributário, submetendo, à jurisdição, todos os elementos subjetivos, objetivos e procedimentais que giram em torno da exação ou da penalidade imputada ao contribuinte.

Discute-se, atualmente, seja na esfera legiferante, ou no âmbito executivo, a previsão da execução fiscal administrativa, com admissão da cobrança da Dívida Ativa da União, dos estados, do Distrito Federal, dos municípios, de suas respectivas autarquias e fundações públicas, por meio de procedimentos constritivos realizados pela própria unidade federada, cabendo ao contribuinte socorrer-se da esfera judicial nas hipóteses que entender indevidas.

Os objetivos principais desse novo modelo, segundo os órgãos envolvidos, seriam a diminuição de trâmites processuais, com a racionalização da operação, com reflexo na efetividade da arrecadação do crédito cobrado, contendo as seguintes regras básicas: a) a Fazenda Pública somente cobraria judicialmente de quem tenha capacidade de pagamento; b) criação de um banco de dados, concentrando todas as informações

---

[2] Reflexão inserida no Sumário Executivo do Diagnóstico do Contencioso Tributário no Brasil, elaborado pela Associação Brasileira de Jurimetria (ABJ), encomendado pela RFB, por intermédio do BID – Banco Interamericano de Desenvolvimento. Disponível em: https://www.gov.br/receitafederal/pt-br/centrais-de-conteudo/publicacoes/estudos/diagnostico-do-contencioso-tributario-administrativo/sumario--executivo.

patrimoniais dos contribuintes – SNIPC; e c) todo crédito prescrito deve ser cancelado, de ofício, pelo próprio órgão de execução.[3]

3.2 PROCESSO ADMINISTRATIVO FISCAL

O Processo Administrativo Fiscal – PAF consiste, portanto, na sistematização de atos vinculados por meio dos quais a Administração Pública atua, no exercício do seu poder de tributar, para conferir legitimidade e correção à cobrança dos seus créditos, instrumento que se presta, basicamente, à constituição definitiva do crédito fiscal ou à aplicação de penalidade, a partir de procedimentos que visam à indicação da norma aplicável e à delimitação da obrigação tributária, do fato gerador e do sujeito passivo – elementos que consubstanciam a responsabilidade tributária.

O art. 142 do Código Tributário Nacional estabelece:

> Art. 142. Compete privativamente à autoridade administrativa constituir o crédito tributário pelo lançamento, assim entendido o procedimento administrativo tendente a verificar a ocorrência do fato gerador da obrigação correspondente, determinar a matéria tributável, calcular o montante do tributo devido, identificar o sujeito passivo e, sendo caso, propor a aplicação da penalidade cabível. [...]

O PAF é, em primeiro plano (fase interna oficiosa), o substrato procedimental do lançamento que sucede diretamente da atividade fiscalizadora, impulsionado, predominantemente, pela aplicação da norma tributária e, em segundo momento (fase externa contenciosa), de reafirmação da primeira fase, que concerne na utilização dos mecanismos de defesa pelo sujeito passivo enquadrado na norma tributária.

3.3 PRINCÍPIOS DO PAF

Orientam o processo administrativo tributário os seguintes princípios:

(a) **Impessoalidade**: reflexo do corolário da igualdade ou da isonomia e da moralidade, típicos de um governo republicano. O princípio da impessoalidade impõe ao Estado uma atuação administrativa isenta, sem que o aparelho público seja arbitrariamente posto em benefício ou detrimento de camadas específicas da sociedade. No âmbito do processo, isso significa que os litigantes devem ser postos em situação de paridade e equilíbrio, com a garantia de acesso uniforme às oportunidades processuais e ao exercício da defesa plena.

(b) **Devido processo legal**: princípio matriz de todos os demais princípios processuais, cuida-se de um conjunto de garantias reservadas ao contribuinte, acautelatórias do pleno exercício do contraditório e da ampla defesa, alçados na Constituição Federal de 1988 como princípio fundamental, inerente aos processos judiciais e administrativos (art. 5º, incisos LIV e LV). Em termos práticos, assegura ao contribuinte o direito de conhecer, de maneira aprofundada, todos os elementos que compõem a exação, de modo que sua participação, no procedimento de formação da obrigação tributária seja

---

[3]   Este ponto é tratado no capítulo referente à execução fiscal.

a mais ampla possível. Garante, ainda, acesso a todos os meios de defesa necessários à busca da verdade material. Nessa linha, a jurisprudência administrativa do Conselho Administrativo de Recursos Fiscais, que, sistematicamente, vem entendendo por violado o princípio do devido processo legal e prejudicada a ampla defesa quando proferida decisão sem a devida intimação do contribuinte do resultado de diligência requerida pela autoridade julgadora após a interposição de recurso[4]. Lado outro, tem-se por preservado o contraditório e a ampla defesa se os elementos constantes dos autos derem condições ao contribuinte de compreender o lançamento e de oferecer impugnação[5].

(c) **Legalidade**: classicamente, o princípio da legalidade é aquele que vincula toda a atuação do Estado à vontade da lei. Funciona, pois, como limitador da vontade pública, que não tem qualquer validade tampouco produz efeitos se não tiver como fonte primária uma lei. É de se notar, porém, no conceito referido, um preciosismo de forma e uma fé cega na autossuficiência do texto normativo. Por isso, na busca por um novo modelo de legalidade, tornou-se cada vez mais hígida corrente que vincula a atividade pública à ordem jurídica como um todo, isto é: Constituição, princípios e todos os demais valores agregados ao Estado democrático de direito. Fala-se, agora, em princípio da juridicidade, que é uma **legalidade "ressignificada"**, excedida à própria atividade legislativa do Estado, para alcançar, também, uma série de corolários postos soberanamente.

(d) **Proporcionalidade**: conquanto, no mais das vezes, a atividade administrativa esteja fielmente adstrita aos limites da lei – ou, de maneira mais precisa, do ordenamento jurídico-constitucional, nos termos postos acima – ao Poder Público é reconhecida uma relativa liberdade de direções e movimentos do exercício estatal. Cuida-se da discricionariedade administrativa, que sujeita aos juízos de conveniência e oportunidade da Administração as muitas situações concretas postas ao seu exame e que reclamam sua atuação. Nesse sentido, o princípio da proporcionalidade exsurge, ao lado da razoabilidade, como critério de valoração da discricionariedade administrativa, orientando o Administrador na escolha da forma como concretizará a utilidade pública pretendida pelo direito. Em matéria tributária, significa adotar decisões que, de um lado, resguardem a atividade arrecadatória do Estado, sem, porém, abdicar da proteção ao contribuinte, tanto no que concerne a sua capacidade contributiva quanto aos seus direitos fundamentais. O julgador administrativo fiscal não pode afastar a aplicação de lei sob fundamento de inconstitucionalidade, também não o pode fazer sob fundamento de irrazoabilidade ou desproporcionalidade.[6]

(e) **Publicidade**: condicionante da eficácia dos atos administrativos, o princípio da publicidade traz ao Estado dever de transparência no trato da coisa pública. Em se tratando de processo administrativo, referida transparência significa assegurar que o contribuinte conheça, de maneira pormenorizada, a atuação dos agentes públicos que conduziram à imputação tributária, concedendo-lhe o arcabouço informativo primordial ao exercício de sua defesa, já que a retenção de informações pelo Fisco rompe com a equação de paridade imposta pelo princípio da igualdade e tão cara ao devido

---

4   Por todos: Processo 15504.722446/2011-56, Acórdão 2401-004.333, Sessão de 10.05.2016.

5   Processo 13819.720714/2013-98, acórdão 2201-003.180, sessão de 11.05.2016.

6   Nesse sentido, os Acórdãos 1402-002.210 e 2402-005.366, do CARF.

processo legal. O contraditório, no âmbito do processo administrativo fiscal, é estabelecido a partir impugnação do lançamento, razão pela qual os elementos constantes dos autos devem dar condições mais que suficientes ao contribuinte de compreender o lançamento e de oferecer sua defesa.

(f) **Motivação**: inerente ao processo administrativo como um todo, a motivação traduz o dever de os agentes públicos esclarecerem de maneira integral e definitiva, os motivos que orientaram a tomada de determinada decisão. Em processo tributário, isso significa o enfrentamento específico de todos os pontos de defesa do contribuinte, mormente se tratando de julgamento de autos de infração. O uso de negativas genéricas e imprecisas, que dificultem a exata compreensão das razões de decidir acarreta cerceamento de defesa do contribuinte, como em mais de uma ocasião decidiu o Conselho Administrativo de Recursos Fiscais.[7]

(g) **Instrumentalidade das formas**: segundo esse princípio, atinente à nulidade dos processos, somente deve ser declarada pelo órgão competente que, de forma evidente, desvirtua os fins da justiça. Em sintonia com a regra do *pas de nullitésansgrief*, pela qual não há nulidade sem prejuízo, deve ser demonstrado o efetivo dano à instrução processual e à defesa da parte interessada.

(h) **Verdade material**: valor informador e primordial de todo o processo administrativo fiscal. Segundo o Conselho Administrativo de Recursos Fiscais, pelo princípio da verdade material, a comprovação de uma da situação fática pode ser feita, em regra, por uma de duas vias: ou por uma prova única, direta, concludente por si só, ou por um conjunto de elementos e indícios que, se isoladamente nada atestam, porém, agrupados têm o condão de estabelecer a certeza daquela matéria de fato. Não há, no processo administrativo, uma hierarquização preestabelecida dos meios de prova, sendo perfeitamente regular o estabelecimento da convicção a partir do cotejamento de elementos de variada ordem, desde que estejam, por óbvio, devidamente juntados ao processo. É a consagração da chamada prova indiciária. A comprovação fática do ilícito raramente é passível de ser produzida por uma prova única, isolada; aliás, só seria possível, praticamente, a partir de uma confissão expressa do infrator, coisa que dificilmente se terá, por mais evidentes que sejam os fatos. O uso de indícios não pode ser confundido com a utilização de presunções legais. Diferem a presunção e o indício pela circunstância de que àquele o direito atribui, isoladamente, o vigor de um verdadeiro conformador de uma outra situação de fato que a lei supõe, por uma

---

[7]   O auto de infração deverá conter, obrigatoriamente, entre outros requisitos formais, a capitulação legal e a descrição dos fatos. Somente a ausência total dessas formalidades é que implicará na invalidade do lançamento, por cerceamento do direito de defesa. Ademais, se o contribuinte revela conhecer plenamente as acusações que lhe foram imputadas, rebatendo-as, uma a uma, deforma meticulosa, mediante impugnação, abrangendo não só outras questões preliminares como também razões de mérito descabe a proposição de cerceamento do direito de defesa. (Proc. 12571.000141/2007¬11, Acórdão 1402-001.930, 04.03.2015).

Se o ato de lançamento não contém ou contém a indicação da capitulação legal equivocada (pressuposto de direito) e/ou se a descrição dos fatos é omitida ou deficiente (pressuposto de fato) tem-se por configurado vício material por de feito de motivação. 1. A errônea indicação dos dispositivos legais infringidos conjugado com a deficiente descrição dos fatos acarreta ausência de subsunção dos fatos à norma jurídica, defeito grave que configura vício material do lançamento por falta de motivação. 2. Se não constatada uma clara subsunção entre os fatos imputados ao sujeito passivo com a norma legal infringida, o auto de infração é nulo por vício material, por ferir requisito essencial na constituição do lançamento. Recurso de Ofício Negado. (Proc. 11817.000438/2005-22, Acórdão 3302-003.01, 26.01.2016).

aferição probabilística que ocorra no mais das vezes. Já o indício não tem esta estatura legal, porquanto a ele, isoladamente, pouca eficácia probatória é dada, ganhando relevo apenas quando, apreciado conjuntamente com outros indícios, transfere a convicção de que apenas um resultado fático seria verossímil. No direito administrativo tributário é permitido, em princípio, todo meio de prova, porquanto não há limitação expressa, embora predominem a prova documental, a pericial e a indiciária. É exatamente a associação da primeira com a última que se permite concluir a respeito da correção e validade do lançamento. Desta forma, as provas indiretas – indícios e presunções simples – podem ser instrumentos coadjuvantes do convencimento da autoridade julgadora quando da apreciação do conjunto probatório do processo administrativo tributário. As presunções legais ou absolutas independem de prova, assim como a ficção jurídica. As presunções relativas admitem prova em contrário. As presunções simples devem reunir requisitos de absoluta lógica, coerência e certeza para lastrear a conclusão da prova e da ocorrência do fato gerador.

A presunção, por outro lado, não pode ostentar a função da hipótese jurídica tributária, caso contrário, haveria a admissão da exação fiscal por meios indiretos, a partir da tributação apoiada em normas presuntivas, desconectadas dos elementos materiais do tributo definido na Constituição. Por isso que Luciano Amaro afirma que não são apenas os conceitos de direito privado que a lei tributária não pode modificar, quando tais conceitos tenham sido empregados na definição da competência. Para o autor, nenhum conceito, quer seja ele de direito privado, quer seja ele de direito público, ou contido no vocabulário formal (extraído do léxico) pode ser modificado pela lei tributária para fins de ampliação da esfera de competência impositiva.[8] E, para tanto, reproduz-se a previsão do art. 110 do CTN de que *a lei tributária não pode alterar a definição, o conteúdo e o alcance de institutos, conceitos e formas de direito privado, utilizados, expressa ou implicitamente, pela Constituição Federal, pelas Constituições dos Estados, ou pelas Leis Orgânicas do Distrito Federal ou dos Municípios, para definir ou limitar competências tributárias.*

A questão está em saber se os métodos probatórios indiciários no âmbito dos processos administrativos fiscais, no qual são autorizados a intervir, são, em si mesmo, compatíveis com o princípio da verdade material.

Nos casos em que não existe ou é deficiente a prova direta pré-constituída, a Administração Fiscal deve também investigar livremente a verdade material. É certo que ela não dispõe agora de uma base probatória fornecida diretamente pelo contribuinte ou por terceiros; e por isso deverá ativamente recorrer a todos os elementos necessários à sua convicção.

Tais elementos serão, via de regra, constituídos por provas indiretas, isto é, por fatos indiciantes, dos quais se procura extrair, com o auxílio de regras da experiência comum, da ciência ou da técnica, uma ilação quanto aos fatos indiciados.

A conclusão ou a prova não se obtém diretamente, mas indiretamente, por meio de um juízo de relação entre o indício e o tema da prova. Objeto de prova em qualquer caso são os fatos abrangidos na base de cálculo (principal ou substituta) prevista na lei: só que a verdade material se obtém de modo direto e nos quadros de um modo indireto,

---

8   AMARO, Luciano. *Direito tributário brasileiro*. 14. ed. São Paulo: Saraiva, 2008. p. 103.

fazendo intervir ilações, presunções e juízos de probabilidade ou de normalidade. Tais juízos devem ser, contudo, suficientemente sólidos para criar, no órgão de aplicação do direito, a convicção da verdade.

3.4 NORMAS DE REGÊNCIA DO PAF

3.4.1 Constituição Federal

A Constituição Federal de 1988 confere ao processo administrativo fiscal a estatura de instrumento legítimo para solução de conflitos nesta esfera. Esse atributo, no entanto, deve ser empregado com as reservas que são próprias ao procedimento estabelecido de regência do PAF.

O papel do Estado no processo de constituição do crédito tributário, ao tempo de administrativo também é jurisdicional[9], no exercício da função judicante, e advém do poder-dever de constituir seu crédito (ou impor uma penalidade). Neste mesmo contexto, simultaneamente, abrange também a função garantidora da ordem social, de justiça tributária e dos direitos dos contribuintes, em contraponto à gestão dos seus próprios interesses arrecadatórios.

É a partir desta arrecadação que valores constitucionais são concretizados, ou ao menos deveriam ser em melhor efetividade, como educação, saúde, saneamento básico, moradia, e diversos outros oferecidos à sociedade como contraprestação pelo financiamento, por ela própria, de tais serviços públicos indispensáveis num matiz constitucional de bem-estar social.

A partir dos aspectos convergentes, notadamente principiológicos, a Constituição Federal norteia o sistema regrativo do processo administrativo com as luzes de institutos jurídicos, tais como legalidade[10], competência[11], constrição de direitos[12], contraditório, ampla defesa[13] e celeridade[14].

Tomando a ordem constitucional como diretriz e fonte primeira, estruturam-se ainda as leis, decretos, atos normativos e a jurisprudência, cuja composição delimita o arcabouço normativo de regulação da atividade estatal, conferindo-lhe legitimidade ao poder de tributar, tanto em razão dos limites materiais e formais de atuação dos entes federados, quanto sob a perspectiva dos instrumentos de defesa à disposição do contribuinte.

---

[9] Mesmo não contando com força autoexecutória dos créditos que constitui, e dependendo do Poder Judiciário para alcance material do seu devedor, o ordenamento jurídico confere à Administração Pública o poder das decisões administrativas que permeiam todo o procedimento de constituição desse título executivo.

[10] Art. 5º, inciso II – ninguém será obrigado a fazer ou deixar de fazer alguma coisa senão em virtude de lei.

[11] Art. 5º, inciso LIII – ninguém será processado nem sentenciado senão pela autoridade competente.

[12] Art. 5º, inciso LIV – ninguém será privado da liberdade ou de seus bens sem o devido processo legal.

[13] Art. 5º, inciso LV – aos litigantes, em processo judicial ou administrativo, e aos acusados em geral são assegurados o contraditório e ampla defesa, com os meios e recursos a ela inerentes.

[14] Art. 5º, inciso LXXVIII: a todos, no âmbito judicial e administrativo, são assegurados a razoável duração do processo e os meios que garantam a celeridade de sua tramitação.

No que diz respeito à competência legislativa, confere o art. 24 da CF a competência concorrente às unidades federadas para tratar de direito tributário e financeiro e procedimentos em matéria processual. No âmbito da legislação concorrente, a competência da União limita-se a estabelecer normas gerais, conquanto a competência da União para legislar sobre normas gerais não exclui a competência suplementar dos Estados e, por isso, inexistindo lei federal sobre normas gerais, os estados podem exercer a competência legislativa plena, para atender a suas peculiaridades.[15]

A Constituição Federal adota um modelo de repartição de competências federativas estanque, segundo a qual parcelas de poder são atribuídas, pela soberania do Estado Federal, aos entes políticos, permitindo-lhes tomar decisões — de natureza administrativa ou legiferante — voltadas ao exercício regular de suas atividades[16].

Justamente para evitar eventuais invasões de competência é que a Constituição determina, de maneira expressa, quais matérias estão reservadas a cada ente federado, preservando-lhes, assim, a autonomia política. Para tanto, foi adotado pelo Constituinte originário o princípio da preponderância de interesses, pelo qual se reserva à União as matérias de interesse geral ou nacional, que exigem uniformização; aos estados, os temas de interesse regional; aos municípios[17], os assuntos locais; e ao DF, esses dois últimos.

Não é outro, se não este, o espírito contido no art. 24 da CF/1988, ao estipular verdadeiro condomínio legislativo, no vocabulário de Paulo Gustavo Gonet Branco[18], que confere a todos os entes federados o exercício da atividade legislativa sobre as matérias ali arroladas, ficando para a União a tarefa de estabelecer apenas as normas gerais. Nesse sentido, especificamente no inciso I do art. 24, estão inseridas as normas de direito tributário, enquanto no inciso XI estão aquelas de natureza procedimental.

Daí por que as normas de natureza procedimental, em sede de processo administrativo fiscal, devem ser definidas por cada ente federado, a fim de que sejam consideradas suas especificidades. Mesmo a fixação de prazos, para que possa ser regrada como norma geral, e, portanto, de observância obrigatória por estados, municípios e Distrito Federal, deve dispor sobre indicadores mínimos, de modo que não se usurpe, dos referidos entes federados, a possibilidade de estipulação de interregnos diferentes.

---

[15] Art. 24. Compete à União, aos Estados e ao Distrito Federal legislar concorrentemente sobre:
I – direito tributário, financeiro, penitenciário, econômico e urbanístico;
[...]
XI – procedimentos em matéria processual;
§ 1º. No âmbito da legislação concorrente, a competência da União limitar-se-á a estabelecer normas gerais.
§ 2º. A competência da União para legislar sobre normas gerais não exclui a competência suplementar dos Estados.
§ 3º. Inexistindo lei federal sobre normas gerais, os Estados exercerão a competência legislativa plena, para atender a suas peculiaridades.
§ 4º. A superveniência de lei federal sobre normas gerais suspende a eficácia da lei estadual, no que lhe for contrário.

[16] BULOS, Uadi Lamego. *Curso de direito constitucional.* 9. ed. São Paulo: Saraiva, 2015.

[17] A competência legislativa dos Municípios decorre da aplicação sistemática do art. 24 combinado com os incisos I, II, e III do art. 30 da Constituição Federal.

[18] MENDES, Gilmar Ferreira, COELHO, Inocêncio Mártires e BRANCO, Paulo Gustavo Gonet. *Curso de direito constitucional.* São Paulo: Saraiva, 2008.

A norma proveniente da União precisa estar adstrita à fixação de parâmetros genéricos sobre direito tributário, preservando o poder dos estados e do Distrito Federal de especificá-las, à luz de suas particularidades, sob pena de malsinar a Constituição Federal. Essas normas gerais "devem apresentar generalidade maior do que apresentam, de regra, as leis", porque ostentam sentido de diretriz, de "princípio geral" (ADI-MC 927/RS, DJ 11.11.1994, Rel. Min. Carlos Velloso).

Na apreciação da constitucionalidade pelo Supremo Tribunal Federal de norma estadual que impunha ao município regras de dispensa de lançamento e cobrança de seus próprios créditos públicos, entendeu a Corte que o município é ente federado detentor de autonomia tributária, com competência legislativa plena tanto para a instituição do tributo, observado o art. 150, I, da Constituição, como para eventuais desonerações, nos termos do art. 150, § 6º, da Constituição.

E, mais, segundo o Supremo, as normas comuns a todas as esferas restringem-se aos princípios constitucionais tributários, às limitações ao poder de tributar e às normas gerais de direito tributário estabelecidas por lei complementar e, portanto, no caso concreto, afastou a previsão normativa estadual que autorizava a não inscrição em Dívida Ativa e o não ajuizamento de débitos de pequeno valor pelo município.[19]

Outras diretrizes constitucionais relevantes sobre competência legislativa resultam do que dispõem os arts. 61 e 84, VI, alínea "a", da Constituição Federal, regras que, pelo princípio da simetria, devem constar das constituições locais. Tais dispositivos indicam que a iniciativa das leis complementares e ordinárias cabe, essencialmente, a qualquer membro ou Comissão da Câmara dos Deputados, do Senado Federal ou do Congresso Nacional, enquanto é iniciativa privativa do Presidente da República as leis que disponham sobre: organização administrativa e judiciária, matéria tributária e orçamentária, serviços públicos e pessoal da administração dos Territórios.

Compete privativamente ao Presidente da República dispor mediante decreto sobre organização e funcionamento da administração federal, quando não implicar aumento de despesa nem criação ou extinção de órgãos públicos.[20]

Sobre a competência privativa do Presidente da República para iniciativa de leis que dispunham acerca de matérias tributárias, já foi objeto de ampla discussão, hoje

---

[19] RE 591033, Rel. Min. Ellen Gracie, Tribunal Pleno, j. 17.11.2010, repercussão geral – mérito DJe-038 divulg 24.02.2011 public 25.02.2011 ement vol-02471-01 PP-00175.

[20] Art. 61. A iniciativa das leis complementares e ordinárias cabe a qualquer membro ou Comissão da Câmara dos Deputados, do Senado Federal ou do Congresso Nacional, ao Presidente da República, ao Supremo Tribunal Federal, aos Tribunais Superiores, ao Procurador-Geral da República e aos cidadãos, na forma e nos casos previstos nesta Constituição.
§ 1º. São de iniciativa privativa do Presidente da República as leis que:
[...]
II – disponham sobre:
[...]
b) organização administrativa e judiciária, matéria tributária e orçamentária, serviços públicos e pessoal da administração dos Territórios;
Art. 84. Compete privativamente ao Presidente da República:
[...]
VI – dispor, mediante decreto, sobre:
a) organização e funcionamento da administração federal, quando não implicar aumento de despesa nem criação ou extinção de órgãos públicos;

superada pela jurisprudência do Supremo no sentido de que a determinação constitucional, contida no art. 61, § 1º, II, "b"), alcança apenas os Territórios, como unidade federada. Portanto, a reserva de lei de iniciativa do chefe do Executivo, prevista no art. 61, § 1º, II, "b", da Constituição, somente se aplica aos Territórios federais. [ADI 2.447, rel. min. Joaquim Barbosa, j. 04.03.2009, P, DJE 04.12.2009.]

E mais, não ofende o art. 61, § 1º, II, "b", da CF, lei oriunda de projeto elaborado na Assembleia Legislativa estadual que trate sobre matéria tributária, haja vista a aplicação deste dispositivo estar circunscrita às iniciativas privativas do chefe do Poder Executivo Federal na órbita exclusiva dos territórios federais, conforme ADI 2.464, rel. min. Ellen Gracie, j. 11.04.2007, P, DJ 25.05.2007; RE 601.348 ED, rel. min. Ricardo Lewandowski, j. 22.11.2011, 2ª T, DJE 07.12.2011; ADI 3.205, rel. min. Sepúlveda Pertence, j. 19.10.2006, P, DJ 17.11.2006.

Em outras palavras, a Constituição de 1988 admite a iniciativa parlamentar na instauração do processo legislativo em tema de direito tributário, conquanto o entendimento de que a iniciativa reservada, por constituir matéria de direito estrito, não se presume e nem comporta interpretação ampliativa, na medida em que, por implicar limitação ao poder de instauração do processo legislativo, deve necessariamente derivar de norma constitucional explícita e inequívoca.

O exercício legiferante sobre direito tributário, ainda que para conceder benefícios jurídicos de ordem fiscal, não se equipara, especialmente para os fins de instauração do respectivo processo legislativo, ao ato de legislar sobre o orçamento do Estado.[21] Luís Roberto Barroso[22] afirma que "haverá inconstitucionalidade formal propriamente dita se determinada espécie normativa for produzida sem a observância do processo legislativo próprio". Especificamente sobre o vício de iniciativa, leciona:

> O processo ou procedimento legislativo completo compreende iniciativa, deliberação, votação, sanção ou veto, promulgação e publicação. O vício mais comum é o que ocorre no tocante à iniciativa das leis, (...) somente o titular da competência reservada poderá deflagrar o processo legislativo naquela matéria. Assim, se um parlamentar apresentar projeto de lei criando cargo público, modificando o estatuto da magistratura ou criando atribuições para o Ministério Público, ocorrerá inconstitucionalidade formal por vício de iniciativa.

Antes mesmo dos contornos normativos de ordem material, a legislação infraconstitucional em matéria de PAF deve observar a reserva de normas gerais em matéria tributária à competência da União e a iniciativa privativa do Chefe do Poder Executivo para inaugurar processo legislativo que afete o funcionamento e a organização da Administração Pública, sólido mecanismo de garantia do princípio da separação de poderes.

É de iniciativa privativa do Chefe do Poder Executivo para inaugurar processo legislativo que afete o funcionamento e a organização da Administração Pública, admitindo que o estado-membro estabeleça regras específicas de pagamento de seus

---

[21] ADI 724 MC, Rel. Min. Celso de Mello, j. 07.05.1992, P, DJ 27.04.2001. RE 590.697 ED, Rel. Min. Ricardo Lewandowski, j. 23.08.2011, 2ª T., DJe 06.09.2011.

[22] BARROSO, Luís Roberto. O Controle de constitucionalidade no direito brasileiro. 3. ed. São Paulo: Saraiva, 2009. p. 27.

próprios créditos tributários, não comportando o argumento de ofensa ao art. 146, III, "b", da Constituição Federal, ao reservar à lei complementar o estabelecimento de normas gerais reguladoras[23].

O processo administrativo tributário, além de subordinado às leis que dispõem especificamente sobre procedimento e processo, tem vínculo direto com o direito material que fundamenta a relação de direito na qual se funda o crédito perseguido, notadamente a fase interna do PAF. A atividade fiscalizadora do Estado, a concretização do poder de tributar e mesmo as penalidades nutrem-se diretamente das disposições normativas tributárias que regem o fato gerador, o lançamento, a constituição definitiva do crédito e a competência tributária, conceitos ligados ao direito material.

É o que se dá com o instituto do **lançamento**, por exemplo, que constitui procedimento administrativo decorrente da norma tributária. A despeito de se tratar de um marco de alta relevância na sistemática do processo administrativo fiscal, está disciplinado no art. 142 e seguintes do Código Tributário Nacional, lei de natureza complementar, que configura norma geral de direito material a ser observada por todos os entes federados, nos termos do que expressamente prevê o art. 146, inciso III, alínea "b", da Constituição Federal.

Essa quase sobreposição de matérias pressupõe uma unidade de fonte normativa, na qual o procedimento, que consiste em fundamental objeto de estudo do direito processual, impõe-se a partir de normas gerais de natureza tributária, que, por seu turno tangenciam regras inerentes ao Direito Administrativo[24].

É possível afirmar, de todo modo, que a legislação do PAF, no que se refere aos créditos públicos, é integralmente baseada na competência legislativa concorrente, tanto na sua fase administrativa interna, quanto na fase externa (contencioso administrativo), muito embora a sistemática normativa da qual se vale o Estado na constituição dos seus créditos vai além do âmbito tributário como norma de regência de direito material.

3.4.2 Normas gerais. CTN

Quando da edição do Código Tributário Nacional – Lei 5.172/1966, a Comissão Especial instalada deixou de pronunciar-se acerca da disciplina processual tributária, sob o argumento de que não integravam a competência para legislar sobre normas gerais de direito financeiro que a Constituição Federal atribuía, já naquela época, à União Federal[25].

Por isso, no que diz respeito ao procedimento, somente fez-se constar no CTN referências ao lançamento tributário, à extinção e suspensão das obrigações tributárias, além de pontual referência ao fluxo de informações na apuração de infração administrativa, sem quaisquer outros artigos atinentes ao processo tributário. Sobre essa opção

---

[23] A aplicação simultânea dessas premissas é extraída do julgamento da Medida Cautelar na ADI 2405/RS, que tem por objeto alterações à lei estadual que regulamenta processo administrativo fiscal e cobrança de créditos tributários (ADI 2405 MC, Rel. Min. , Rel. p/ Acórdão: Min. , Tribunal Pleno, j. 06.11.2002, DJ 17.02.2006 PP-00054 EMENT VOL-02221-01 PP-00071 LEXSTF v. 28, n. 327, 2006, p. 14-56).

[24] Vide as considerações a seguir sobre o diálogo das fontes normativas do direito processual tributário (item 3.4.3).

[25] BRASIL. Ministério da Fazenda. *Trabalhos da Comissão Especial do Código Tributário Nacional*. Rio de Janeiro: Ministério da Fazenda, 1954, p. 90-215.

normativa, os esclarecimentos de Gilberto de Ulhôa Canto[26], um dos integrantes da comissão especial designada para elaboração do Código:

> Ao tempo da elaboração do projeto do Código Tributário Nacional vigente, cogitou-se da conveniência de se inserir nele um elenco de normas sobre processo. Como, entretanto, àquela época, o "anteprojeto do Gilberto" ainda não tinha sido desenganadamente perdido, pareceu à comissão que não havia motivo para se disciplinar de modo formalmente exteriorizado como sendo disciplina de processo tributário, aquilo que, ao tempo, dada a afinidade de pensamentos dos demais membros da comissão do Código comigo, provavelmente seria uma repetição do que eu próprio já havia sugerido. Então, e só por esse motivo, o Código Tributário Nacional não dispôs, de modo expresso sobre processo tributário. A rigor, parece-me que, no Código, estariam bem dispostas algumas regras, como aquelas mínimas, de observância obrigatória, que figuraram no projeto de 1954, por se tratar de uma lei complementar.

Os efeitos e consequências dessa opção legislativa são claros e atuais. O ordenamento jurídico brasileiro não conta com disposição normativa ampla e unificada sobre o processo administrativo fiscal e se ressente, ainda hoje, de uma sistematização, coesa e segura, de um regramento processual para suporte e operacionalização do direito tributário material.

Em vez disso, subsistem normas fragmentárias e lacunosas, inadequadas aos avanços experimentados pelo direito substantivo. Para Alberto Xavier[27], "o desenvolvimento obtido no plano científico pelo chamado direito tributário material nunca foi acompanhado de esforços comparáveis no direito tributário formal, até há pouco atrofiado e subalternizado pela doutrina".

Por muito tempo, os mecanismos de aplicação da legislação tributária, bem como os instrumentos de defesa e impugnação dos contribuintes, estiveram dispersos no ordenamento. Nesse sentido, o regulamento de diversos tributos dedicava-se, ainda que minimamente, às normas de direito processual, a fim de estabilizar as relações inerentes à realização do fato gerador.

Não por outro motivo, em abril de 2022, o relatório produzido pela Associação Brasileira de Jurimetria (ABJ), sob encomenda do Banco Interamericano de Desenvolvimento (BID), no sumário executivo, revelou como um dos problemas crônicos do contencioso fiscal brasileiro a ausência de uma norma geral – de abrangência nacional –, do Processo Administrativo Tributário, dotada de uniformidade e padronização no tratamento da matéria pela União, pelos Estados, DF e pelos Municípios.

A referida norma geral, incorporada ao ordenamento jurídico mediante a edição de lei complementar, conferiria harmonização ao próprio funcionamento do contencioso

---

[26] CANTO, Gilberto de Ulhôa. "Do Processo Tributário Administrativo". In: Teoria do Direito Tributário, Curso Editado pela Secretaria da Fazenda de São Paulo, São Paulo: 1975, p. 95 apud BONILHA, Paulo Celso Bergstron. Da prova no Processo Administrativo Tributário. 2. ed. São Paulo: Dialética, 1997, p. 32-33.

[27] XAVIER, Alberto Pinheiro. Do Lançamento: Teoria Geral do Ato, do Procedimento e do Processo Tributário. 2. ed. Rio de Janeiro: Forense, 1998, p. 6.

administrativo fiscal, incluindo normas sobre competências, procedimentos, prazos e outros assuntos correlatos.[28]

A míngua de uma sistematização processualista eficiente, bem articulada e orgânica, ainda assim não se pode dizer que não haja um direito processual tributário brasileiro, mormente a partir da Constituição Federal de 1988, que alçou o processo tributário ao *status* de garantia fundamental, como já demonstrado. Não se pode deixar de estabelecer, portanto, um arcabouço principiológico básico, que se dessume das normas gerais de Direito e da Constituição Federal, contexto no qual o Código Tributário Nacional destaca-se como uma das principais fontes do direito material e apenas um suporte processual.

3.4.3 Lei do Processo Administrativo Fiscal e Lei do Processo Administrativo: Diálogo das Fontes

A Lei Federal 9.784/1999 estabelece as normas fundamentais nas quais deve se pautar a Administração Federal direta e indireta em sua atuação administrativa. Cuida-se do conjunto de diretrizes relativas a procedimento, prazos, garantias e competências, que buscam a proteção dos direitos dos administrados e o cumprimento dos fins aos quais se presta a Administração[29].

Via de regra, exsurge como referencial normativo adequado à órbita administrativa no protagonismo de verdadeiro estatuto do cidadão-administrado, só não se aplicando nos casos regidos por lei especial, hipóteses nas quais assume função supletiva ou de "lei de fundo"[30].

A Receita Federal do Brasil, em anotações ao Decreto 70.235/1972[31], ressaltou a aplicação subsidiária da Lei 9.784/1999, expressamente ao prever que os procedimentos administrativos específicos continuarão a reger-se por lei própria, aplicando-se apenas subsidiariamente os preceitos da referida legislação; assim, havendo disposição específica, vale esta, por conta do princípio da especialidade.[32]

---

[28] Sumário Executivo do Diagnóstico do Contencioso Tributário no Brasil, elaborado pela Associação Brasileira de Jurimetria (ABJ), encomendado pela RFB, por intermédio do BID – Banco Interamericano de Desenvolvimento. Disponível em: https://www.gov.br/receitafederal/pt-br/centrais-de-conteudo/publicacoes/estudos/diagnostico-do-contencioso-tributario-administrativo/sumario-executivo.

[29] Art. 1º. Esta Lei estabelece normas básicas sobre o processo administrativo no âmbito da Administração Federal direta e indireta, em especial, à proteção dos direitos dos administrados e ao melhor cumprimento dos fins da Administração.
§ 1º. Os preceitos desta Lei também se aplicam aos órgãos dos Poderes Legislativo e Judiciário da União, quando no desempenho de função administrativa.

[30] Decisão monocrática, proferida pelo Ministro Napoleão Nunes Maia Filho, que indeferiu o Recurso Especial 977.133/RS.

[31] Processo Administrativo Tributário: Anotações ao Decreto 70.235, de 06.03.1972. Disponível em http://www.receita.fazenda.gov.br/publico/Legislacao/Decreto/ProcAdmFiscal/PAF.Pdf.

[32] "Em 29.01.1999 foi editada a Lei 9.784, que tratou de definir regras para os processos administrativos conduzidos no âmbito da Administração Pública Federal. As repercussões deste ato legal para o processo administrativo fiscal não são, no entanto, de grande monta, pelo menos em termos procedimentais; é que o ato legal conforma-se mais como coletânea de princípios, do que de regras de caráter procedimental. Por outra, mesmo do ponto de vista dos princípios, a Lei pouco inova, dado que se limita, no mais das vezes, a agrupar princípios/preceitos de há muito insculpidos nos Direitos Administrativo e Constitucional, não se podendo dizer que antes da edição deste ato legal já não disciplinassem os processos administrativos em geral, e o processo administrativo fiscal em particular. O principal mérito

O art. 2º da Lei Federal 9.784/1999 relaciona os princípios informadores do processo administrativo federal, já que são explicitação de valores conferidos pela ordem constitucional vigente – legalidade, finalidade, motivação, razoabilidade, proporcionalidade, moralidade, ampla defesa, contraditório, segurança jurídica, interesse público e eficiência.

A relevante contribuição desse mesmo dispositivo advém, porém, do seu parágrafo único, que impõe à Administração a observância de detalhados critérios, consubstanciando uma síntese da conduta do gestor na defesa do interesse público, que deve ser aplicada mesmo nos casos regulados por lei específica, a saber:

- atuação conforme a lei e o Direito;
- atendimento a fins de interesse geral, vedada a renúncia total ou parcial de poderes ou competências, salvo autorização em lei;
- objetividade no atendimento do interesse público, vedada a promoção pessoal de agentes ou autoridades;
- atuação segundo padrões éticos de probidade, decoro e boa-fé;
- divulgação oficial dos atos administrativos, ressalvadas as hipóteses de sigilo previstas na Constituição;
- adequação entre meios e fins, vedada a imposição de obrigações, restrições e sanções em medida superior àquelas estritamente necessárias ao atendimento do interesse público;
- indicação dos pressupostos de fato e de direito que determinarem a decisão;
- observância das formalidades essenciais à garantia dos direitos dos administrados;
- adoção de formas simples, suficientes para propiciar adequado grau de certeza, segurança e respeito aos direitos dos administrados;
- garantia dos direitos à comunicação, à apresentação de alegações finais, à produção de provas e à interposição de recursos, nos processos de que possam resultar sanções e nas situações de litígio;
- proibição de cobrança de despesas processuais, ressalvadas as previstas em lei;
- impulsão, de ofício, do processo administrativo, sem prejuízo da atuação dos interessados;
- interpretação da norma administrativa da forma que melhor garanta o atendimento do fim público a que se dirige, vedada aplicação retroativa de nova interpretação.

O Processo Administrativo Tributário no âmbito federal, por seu turno, permaneceu sem disciplina própria, regrado pelos preceitos específicos de cada tributo, até

---

da Lei é, assim, sobretudo o de consolidar, num só ato, preceitos vigentes, até então dispersos por inúmeras fontes. De se ressaltar, por fim, que a própria Lei 9.784/1999 expressamente prevê sua aplicação subsidiária, ao definir em seu art. 69, que os procedimentos administrativos específicos "continuarão a reger-se por lei própria, aplicando-se-lhes apenas subsidiariamente os preceitos desta Lei"; assim, havendo disposição específica, vale esta, por conta do princípio da especialidade."

o advento do Decreto Federal 70.235/1972, recepcionado com estatura de lei ordinária pela Constituição Federal de 1988, em virtude de ser fruto de delegação legislativa, promovida pelo Decreto-Lei 822/1969[33], cujo art. 2º estabeleceu que o Poder Executivo regularia o processo.

Consoante essa delegação legislativa, a Lei Federal do PAF tem por objeto unicamente o processo administrativo de determinação e exigência dos créditos tributários da União e o processo de consulta sobre a aplicação da legislação tributária federal. Isso exige cautela na aplicação da Lei 9.784/1999 como veículo de aplicação do Direito em matéria fiscal.

Portanto, pode-se afirmar que o advento da Lei Federal 9.784/1999 não interferiu diretamente sobre o procedimento versado pela Lei do PAF, ante o seu sinal distintivo de norma especial e as sucessivas alterações sofridas pelo texto originário, que permitiram uma compatibilização progressiva com as evoluções percebidas não só nas matérias que lhe tangenciam, relativas ao processo e ao direito tributário, como sobretudo, ante o ordenamento constitucional vigente.

A Primeira Seção do Superior Tribunal de Justiça, no ano de 2010, no julgamento do Recurso Especial 1.138.206/RS[34], representativo da controvérsia sobre a fixação, pelo Poder Judiciário, sobre o prazo razoável para a conclusão de processo administrativo fiscal, envolvendo o Decreto 7.235/1972 e a Lei 9.784/1999, entendeu que: "O processo administrativo tributário encontra-se regulado pelo Decreto 70.235/1972 – Lei do Processo Administrativo Fiscal –, o que afasta a aplicação da Lei 9.784/1999, ainda que ausente, na lei específica, mandamento legal relativo à fixação de prazo razoável para a análise e decisão das petições, defesas e recursos administrativos do contribuinte."

Também a norma geral do processo administrativo não pode se sobrepor aos comandos normativos que regem programas de recuperação fiscal, instituídos por lei específica, ainda que suas disposições não assegurem os mesmos mecanismos para atuação do contribuinte na defesa dos seus interesses[35]. Nessa ordem de ideias, trilham os Tribunais Federais em seus posicionamentos[36].

Por outro lado, aquela Egrégia Corte, ainda que na temática sobre a duração razoável do processo, coerente ao princípio da especialidade da Lei do PAF, que não abrange o processamento dos pedidos de ressarcimento, assegura a aplicação por ana-

---

[33] Os Ministros da Marinha de Guerra, do Exército e da Aeronáutica Militar, usando das atribuições que lhe confere o art. 1.º do Ato Institucional 12, de 31 de agosto de 1969, combinado com o § 1.º do art. 2.º do Ato Institucional 5, de 13 de dezembro de 1968, decretam:
[...] Art. 2.º. O Poder Executivo regulará o processo administrativo de determinação e exigência de créditos tributários federais, penalidades, empréstimos compulsórios e o de consulta.

[34] REsp 1138206/RS, Rel. Ministro Luiz Fux, Primeira Seção, j. 09.08.2010, DJe 01.09.2010. Recurso representativo da controvérsia – Temas 269 e 270.

[35] REsp 1046376/DF, Rel. Ministro Luiz Fux, Primeira Seção, j. 11.02.2009, DJe 23.03.2009. Recurso representativo da controvérsia – Tema 79.

[36] TRF2, Apelação Cível 2012.51.01.044237-6, 4ª Turma Especializada, Rel. Luiz Antonio Soares, Disponibilizado em 17.12.14; TRF4, AC 5000868-96.2010.404.7111, Primeira Turma, Rel. Joel Ilan Paciornik, juntado aos autos em 05.09.2013; TRF1, AC 0004583-23.2007.4.01.3814/MG, Rel. Desembargador Federal Luciano Tolentino Amaral, Sétima Turma, e-DJF1 p.541 de 26.03.2010.

logia da Lei 9.784/1999[37], a bem do princípio da eficiência administrativa, sem máculas à separação dos Poderes[38].

É possível afirmar, portanto, que o entendimento do STJ compila uma interpretação sistemática de alternância da aplicação do Decreto 70.235/1972, conferindo-lhe preponderância nas questões relativas à determinação e exigência dos créditos tributários ou de processo de consulta, quando obsta a incidência suplementar ou subsidiária da Lei 9.784/1999, ainda que ausente regulamentação de determinada questão. Essa norma geral, no entanto, é plenamente aplicável em matérias relativas à atividade fiscal de conteúdo diverso, caso não versado por outra lei de objeto estrito que veicule disposições em sentido contrário.

As regras de solução de conflito aparente de normas, ordinariamente parametrizadas pelos critérios da anterioridade, especialidade e hierarquia, têm sofrido importante avanços que podem auxiliar na aplicação do microssistema jurídico próprio do processo tributário, mesmo em se tratando das etapas mais específicas da constituição do crédito.

Um importante referencial teórico nesse sentido consiste na Teoria do Diálogo das Fontes, encampada inicialmente no Brasil pela doutrina de Cláudia Lima Marques ao lançar luzes sobre a coexistência entre o Código de Defesa do Consumidor e o Código Civil.

Segundo afirma a autora, na esteira dos ensinamentos do alemão Erik Jayme, a perspectiva moderna "está à procura hoje mais da harmonia e da coordenação entre as normas do ordenamento jurídico (concebido como sistema) do que da exclusão", em prol da "eficiência não só hierárquica, mas funcional do sistema plural e complexo de nosso direito contemporâneo, a evitar a 'antinomia', a 'incompatibilidade' ou a 'não coerência'".

Essa perspectiva importa sobremaneira ao processo administrativo fiscal haja vista serem escassas as normas gerais que regulamentam especificamente o poder de tributar conferido à Administração Pública. As normas fundamentais do processo administrativo *latu sensu*, detalhadas pela Lei 9.784/1999, materializam importantes mecanismos de implementação de garantias ao administrado e observância de princípios informadores à atuação do Poder Público.

Em matéria eminentemente processual, o STJ considera o diálogo entre as fontes normativas para afastar antinomias aparentes entre o CTN, a LEF e o CPC, quando, por exemplo, passou a prestigiar a penhora em dinheiro em detrimento da exigência de exaurimento das diligências de localização de bens à penhora[39] e manter a necessidade de garantia para apresentação de embargos à execução fiscal[40].

Ainda há espaço para avanços também na esfera procedimental, conquanto o Direito Administrativo funde-se à sistemática normativa própria dos atos de constituição do crédito tributário ou mesmo quando os atos administrativos oficiosos e não voltados propriamente ao lançamento tributário, como é o caso daqueles decorrentes

---

[37] AgRg no REsp 977.133/RS, Rel. Ministro Napoleão Nunes Maia Filho, Primeira Turma, j. 17.04.2012, DJe 10.05.2012.

[38] REsp 1091042/SC, Rel. Ministra Eliana Calmon, Segunda Turma, j. 06.08.2009, DJe 21.08.2009.

[39] REsp 1184765/PA, Rel. Ministro Luiz Fux, Primeira Seção, j. 24.11.2010, DJe 03.12.2010. Recurso representativo da controvérsia – Tema 425.

[40] REsp 1272827/PE, Rel. Ministro Mauro Campbell Marques, Primeira Seção, j. 22.05.2013, DJe 31.05.2013. Recurso Representativo da controvérsia – Tema 526.

do poder de polícia, passam a estar diretamente vinculados ao Direito Processual Tributário, haja vista o mecanismo legal de cobrança.

Deve-se considerar, também, nesse contexto, que a execução fiscal (etapa ordinária do processo tributário judicial) é o meio de cobrança da Dívida Ativa dos entes federados e abrange tanto créditos de natureza tributária quanto não tributária[41], o que reforça a relevância das disposições contidas na Lei 9.784/1999, para o campo imediato de atuação do processo tributário.

Ainda sob a visão moderna de comunicação entre as fontes normativas, o processo administrativo fiscal conta com as disposições consagradas pelo Código de Processo Civil (Lei 13.105)[42], que avançou no ponto para rever expressamente sua aplicação supletiva e subsidiária aos processos administrativos, sem que se faça necessária, para tal fim, a constatação de lacuna normativa, mas, tão somente, a necessidade de regramento específico que compatibilize dispositivos e solucione conflitos de normas em favor da observância dos princípios gerais do processo e da consecução da finalidade precípua de aplicação do direito material tributário.

3.4.4 Aspectos formais do PAF

O Processo Administrativo Fiscal – PAF, regido pelas disposições procedimentais aventadas no Decreto Federal 70.235/1972 – Lei do PAF, consiste em uma sucessão de atos próprios da atividade fiscal que devem ser devidamente registrados, mas somente contarão com forma específica se assim determinado por lei. Sob o aspecto formal, seu procedimento está adstrito somente ao que se revela indispensável à sua finalidade, sem espaço em branco, entrelinhas, rasuras ou emendas não ressalvadas (art. 2º, *caput*), de maneira a resguardar a atividade fiscal de qualquer margem de questionamento quanto ao seu conteúdo.

Trata-se de preceito alinhado à lógica do informalismo[43], que flexibiliza os ritos e procedimentos legais sempre que se colocarem como óbice à busca pela verdade material em matéria fiscal. Entende o Superior Tribunal de Justiça, neste âmbito, para quem "o princípio da verdade real se sobrepõe à *presuntio legis*"[44], que o direito de contestação do lançamento decorre do princípio da verdade real consagrado pelo Código Tributário Nacional[45].

A ausência de forma específica para a prática de atos processuais não é característica exclusiva do processo fiscal. Há dispositivos em sentido semelhante na Lei

---

[41] Arts. 1º e 2º da Lei de Execuções Fiscais (Lei 6.830/1980).

[42] Art. 15. Na ausência de normas que regulem processos eleitorais, trabalhistas ou administrativos, as disposições deste Código lhes serão aplicadas supletiva e subsidiariamente.

[43] Ou formalismo moderado, nas palavras de Célio Armando Janczeski (Apresentação de novas razões de defesa no processo administrativo fiscal. RTrib 95/51, nov. 2010).

[44] REsp 901.311/RJ, Rel. Ministro Teori Albino Zavascki, Rel. p/ Acórdão Ministro Luiz Fux, Primeira Turma, j. 18.12.2007, DJe 06.03.2008.

[45] REsp 1377943/AL, Rel. Ministro Humberto Martins, Segunda Turma, j. 19.09.2013, DJe 30.09.2013.

9.784/1999[46] e no atual Código de Processo Civil[47]. Por outro lado, é preciso ficar claro que essa liberdade não é irrestrita, nem pode comprometer a rigidez dos prazos próprios ou mesmo enfraquecer as firmes balizas norteadoras do processo administrativo fiscal, tais como meios de prova, regras de competência, requisitos de admissibilidade recursal e os sigilos de informações constitucionalmente protegidos.

A lei do PAF já sinaliza uma tendência modernizadora na gestão dos processos ao prever sua formalização, tramitação, comunicação e transmissão em formato digital (art. 2º, parágrafo único)[48]. Trata-se, contudo, de norma de eficácia contida, que depende de disciplinamento pela Administração Tributária, mas que vem ganhando espaço com as disposições que passam a ser incorporadas ao ordenamento para consolidação do processo eletrônico, tanto pelo advento de normas infralegais nesse sentido, quanto pelas alterações ocorridas pela própria Lei do PAF. São exemplos a dispensa de assinatura em notificações de lançamento realizado em processo eletrônico e as inovações conferidas à intimação virtual de que trata o art. 23 e o disposto nos arts. 64-A e 64-B que cuidam da instrução e tramitação do processo eletrônico.

A Receita Federal do Brasil, por isso, visando a dar maior celeridade às comunicações entre Fisco e contribuintes, por meio da Instrução Normativa RFB 2.022/2021, trouxe as últimas atualizações do regramento a respeito do Domicílio Tributário Eletrônico – DTE, ambiente virtual responsável por promover o envio de informações, inclusive intimações para prática de atos processuais.

Nos termos do § 5º do art. 23 do Decreto 70.235/1972 *o endereço eletrônico somente será implementado com expresso consentimento do sujeito passivo, e a administração tributária informar-lhe-á as normas e condições de sua utilização e manutenção.* Ou seja, a utilização do domicílio tributário eletrônico depende de expressa concordância do contribuinte. Por isso, mesmo com a criação do DTE, ainda subsiste o domicílio tributário convencional, motivo pelo qual as demais formas de intimação ainda continuam válidas.

A legislação infralegal mais atual, disciplinadora do tema, a referida IN RFB 2.022/2021, determina que a entrega de documentos será realizada obrigatoriamente no formato digital e exclusivamente por meio do e-CAC, com a opcionalidade para as pessoas físicas, microempreendedor individual (MEI), a pessoa jurídica isenta, imune ou não tributada e aquelas pessoas jurídicas sujeitas à tributação pelo Simples Nacional.[49]

---

[46] Art. 22. Os atos do processo administrativo não dependem de forma determinada senão quando a lei expressamente a exigir.

[47] Art. 188. Os atos e os termos processuais independem de forma determinada, salvo quando a lei expressamente a exigir, considerando-se válidos os que, realizados de outro modo, lhe preencham a finalidade essencial.

[48] Art. 2º Os atos e termos processuais, quando a lei não prescrever forma determinada, conterão somente o indispensável à sua finalidade, sem espaço em branco, e sem entrelinhas, rasuras ou emendas não ressalvadas.
Parágrafo único. Os atos e termos processuais poderão ser formalizados, tramitados, comunicados e transmitidos em formato digital, conforme disciplinado em ato da administração tributária.

[49] Art. 2º A entrega de documentos será realizada obrigatoriamente no formato digital e exclusivamente por meio do e-CAC de que trata a Instrução Normativa RFB 1.995, de 24 de novembro de 2020.
§ 1º Observado o disposto no art. 19, a entrega de documentos no formato digital por meio do e-CAC será opcional para:
I – a pessoa física, inclusive a equiparada à jurídica;

A intimação eletrônica pode dar margem a dúvidas sobre o termo inicial da contagem do prazo, especialmente quando o contribuinte não toma ciência por meio da consulta eletrônica ao e-mail enviado. E, para tanto, a legislação estabelece que na ausência de consulta da intimação, a referida norma criou uma modalidade de intimação ficta que ocorre após o envio da intimação eletrônica.[50]

O CARF entende que o contribuinte destinatário da intimação por correio eletrônico via Domicílio Tributário Eletrônico (DTE) é considerado intimado, para fins de prazos processuais, no momento em que efetuar consulta à mensagem na sua caixa postal ou, não o fazendo, a ciência ocorrerá no 15º (décimo quinto) dia após a data de chegada ou entrega do e-mail pela RFB cuja comunicação considera-se registrada.[51]

O Decreto 70.235/1972 conferiu a opção legislativa pela multiplicidade de domicílios para fins de intimação do sujeito passivo. Considera-se domicílio do contribuinte: i) o endereço postal por ele fornecido, para fins cadastrais, à administração tributária; e ii) o endereço eletrônico a ele atribuído pela administração tributária, desde que autorizado pelo sujeito passivo. São, portanto, duas as formas possíveis de intimação: pela via postal, como também pelo endereço eletrônico, não havendo possibilidade de sujeição a ordem de preferência.

3.4.5 Cômputo dos prazos

Conforme estabelece o art. 210 do CTN[52], os prazos processuais regidos pelo Decreto 70.235/1972 têm curso contínuo e devem ser computados à luz da sistemática processual civil, excluído o dia de início e incluído o vencimento e somente podem ser

---

II – o Microempreendedor Individual (MEI) optante pelo Sistema de Recolhimento em Valores Fixos Mensais dos Tributos abrangidos pelo Simples Nacional (Simei);

III – a pessoa jurídica isenta, imune ou não tributada na forma prevista na Instrução Normativa RFB 1.700, de 14 de março de 2017; e

IV – a pessoa jurídica tributada pelo Regime Especial Unificado de Arrecadação de Tributos e Contribuições devidos pelas Microempresas e Empresas de Pequeno Porte (Simples Nacional), unicamente quando o acesso ao serviço exigir assinatura digital por meio de certificado digital emitido no âmbito da Infraestrutura de Chaves Públicas Brasileira (ICP-Brasil).

[50] Decreto 70.235/1972:

Art. 23. Far-se-á a intimação:

(...)

§ 2º Considera-se feita a intimação:

(...)

III – se por meio eletrônico: (Redação dada pela Lei 12.844, de 2013)

a) 15 (quinze) dias contados da data registrada no comprovante de entrega no domicílio tributário do sujeito passivo; (Redação dada pela Lei 12.844, de 2013)

b) na data em que o sujeito passivo efetuar consulta no endereço eletrônico a ele atribuído pela administração tributária, se ocorrida antes do prazo previsto na alínea a; ou (Redação dada pela Lei 12.844, de 2013)

c) na data registrada no meio magnético ou equivalente utilizado pelo sujeito passivo;

[51] Intimação eletrônica. Opção do contribuinte. Validade. Ordem de preferência. Inexistência. Uma vez que o contribuinte tenha autorizado a utilização da Caixa Postal eletrônica como sendo seu domicílio tributário, são válidas as notificações a ela encaminhadas nos termos, prazos e condições determinados pela Secretaria da Receita Federal. (CARF. Processo 10283.720060/201481; Acórdão 9303007.251 – 3ª Turma; Sessão de 12 de julho de 2018).

[52] Art. 210. Os prazos fixados nesta Lei ou legislação tributária serão contínuos, excluindo-se na sua contagem o dia de início e incluindo-se o de vencimento.

considerados como termos inicial e final os dias de expediente regular ou quando deve ser praticado o ato (art. 5º, *caput* e parágrafo único, da Lei do PAF).

O prazo para apresentação de impugnação ou de manifestação de inconformidade, por exemplo, é de 30 (trinta) dias, contados da data da ciência da notificação de lançamento, do auto de infração ou do despacho decisório pelo contribuinte, regrado pelo princípio da continuidade, ou seja, uma vez iniciada a contagem, incluem-se os finais de semana e feriados, portanto não se contam apenas os dias úteis, como atualmente aplica-se à regra geral do CPC.

A observância dos prazos impostos ao contribuinte é condição essencial para admissibilidade dos seus atos, enquanto também são inexoráveis os limites de tempo para que a Administração constitua e promova a cobrança dos seus créditos, porquanto sujeitos às regras advindas dos institutos da prescrição e da decadência. Nesses casos, estão sob risco de preclusão temporal os direitos de tributar em contraponto ao direito de defesa em face dos poderes de que se vale o Fisco.

Por outro lado, não está diretamente ligada a uma penalidade ou prejuízo o descumprimento pelo Fisco de prazo para seus atos de expediente, tais como a análise de determinado requerimento; a emissão de um documento solicitado ou mesmo a prolação de decisão sobre um recurso interposto. Diante dessa inércia tolerada, o ordenamento tem gatilhos para impedir que a Administração se beneficie de sua demora, efeito que se extrai, por exemplo, da vedação de inscrição de débito em Dívida Ativa ou de seu ajuizamento na pendência de recurso administrativo[53].

Nesse ponto, pertinente demonstrar, desde logo, os principais prazos previstos no Decreto 70.235/1972, que regula o PAF federal, e no Regimento Interno do Conselho Administrativo de Recursos Fiscais, aprovado pela Portaria MF 1.634/2023.

- **Cinco dias**:
    a) para oposição de embargos de declaração, contados da ciência do acórdão, quando este contiver obscuridade, omissão ou contradição entre a decisão e os seus fundamentos, ou for omitido ponto sobre o qual deveria pronunciar-se a turma. (art. 116, § 1º, da Portaria MF 1.634/2023);
    b) para interposição de agravo do despacho que negar seguimento, total ou parcial, ao recurso especial, interposto contra decisão que der à legislação tributária interpretação divergente da que lhe tenha dado outra câmara, turma de câmara, turma especial ou a própria CSRF, contados da ciência do despacho que lhe negou seguimento (Câmara Superior de Recursos Fiscais) (art. 122, § 1º, da Portaria MF 1.634/2023);
    c) para que o conselheiro informe à Presidência da Câmara situação de impedimento ou suspeição em relação a processo pautado, antes da data da reunião da sessão de julgamento (art. 84, § 2º, da Portaria MF 1.634/2023).

Parágrafo único. Os prazos só se iniciam ou vencem em dia de expediente normal na repartição em que corra o processo ou deva ser praticado o ato.

[53] AgInt no REsp 1583175/SP, Rel. Ministro Mauro Campbell Marques, Segunda Turma, j. 13.09.2016, DJe 20.09.2016.

Título I • Cap. 3 • PROCESSO ADMINISTRATIVO FISCAL | 119

- **Oito dias:** para execução, pelo servidor, de atos processuais, se outro prazo não for especificado (art. 4.º do Decreto 70.235/1972)

- **Quinze dias:**
  a) após a expedição da intimação, para considerar-se o sujeito passivo intimado, quando, feita a intimação por via postal, for omitida a data do recebimento no comprovante respectivo (art. 23, § 2.º, II, do Decreto 70.235/1972);
  b) para considerar-se o sujeito passivo intimado, no caso de intimação por meio eletrônico, contado este prazo da data registrada no comprovante de entrega no domicílio tributário do sujeito passivo ou no meio magnético ou equivalente utilizado pelo sujeito passivo (art. 23, § 2.º, III, "a" e "b", do Decreto 70.235/1972);
  c) para considerar-se o sujeito passivo intimado, após a publicação do edital, quando este for o meio de intimação utilizado (art. 23, § 2.º, IV);
  d) para interposição de recurso especial, contra decisão que der à legislação tributária interpretação divergente da que lhe tenha dado outra câmara, turma de câmara, turma especial ou a própria Câmara Superior de Recursos Fiscais (CSRF), contados da data da ciência da decisão (art. 119 da Portaria MF 1.634/2023);
  e) para oferecimento de contrarrazões ao recurso especial interposto pelo Procurador da Fazenda Nacional (art. 120 da Portaria MF 1.634/2023);

- **Dez dias:**
  a) para manifestação sobre representação de nulidade dos despachos e decisões proferidos por autoridade incompetente ou com preterição do direito de defesa (art. 131, § 7º, da Portaria MF 1.634/2023).
  b) para interposição de recurso contra decisão de Turma Ordinária que declarar ou rejeitar a nulidade, contados da ciência da decisão (art. 131, § 12, da Portaria MF 1.634/2023).

- **Trinta dias:**
  a) para realização, pela autoridade local, de atos processuais que devam ser praticados em sua jurisdição, por solicitação de outra autoridade preparadora ou julgadora (art. 3.º do Decreto 70.235/1972);
  b) para apresentação, ao órgão preparador, da impugnação da exigência fiscal originária (art. 15), modificada antes do julgamento (art. 18, § 3.º), ou agravada na decisão (art. 15, parágrafo único), todos do Decreto 70.235/1972;
  c) para interposição de recurso voluntário aos Conselhos de Contribuintes, contra a decisão de primeira instância (art. 33 do Decreto 70.235/1972);
  d) para cobrança amigável, contados do término do prazo previsto nos subitens 2, 3 e 4, ou da ciência da decisão administrativa final, quando

o sujeito passivo não cumprir a exigência, não a impugnar, nem dela recorrer, quando cabível (arts. 21 e 43 do Decreto 70.235/1972);

e) para que o Procurador da Fazenda Nacional seja considerado intimado pessoalmente das decisões do CARF, contados da data em que os respectivos autos forem entregues à PGFN, salvo se antes dessa data o Procurador se der por intimado mediante ciência nos autos (art. 134 da Portaria MF 1.634/2023).

f) para que o Procurador da Fazenda Nacional apresente contrarrazões ao recurso voluntário e razões ao recurso de ofício, contados da data da disponibilização dos processos requisitados (art. 88, § 2º, da Portaria MF 1.634/2023).

- **Sessenta dias**: prazo para validade do procedimento fiscal iniciado por apreensão de mercadorias, documentos ou livros, ou por ato escrito cientificado ao sujeito passivo ou seu preposto, podendo o referido prazo ser prorrogado, sucessivamente, por igual período, com qualquer outro ato escrito que indique o prosseguimento dos trabalhos (art. 7.º, § 2.º, do Decreto 70.235/1972).

O art. 24 da Lei 11.457, reconhecida norma processual fiscal integradora[54], estabelece: "É obrigatório que seja proferida decisão administrativa no prazo máximo de 360 (trezentos e sessenta) dias a contar do protocolo de petições, defesas ou recursos administrativos do contribuinte."

Este prazo de 360 (trezentos e sessenta) dias tem sido utilizado com frequência pelos contribuintes nos pedidos de restituição formulados no âmbito federal, quanto então o STJ posicionou-se no sentido de que "o Fisco deve ser considerado em mora (resistência ilegítima) somente a partir do término do prazo de 360 (trezentos e sessenta) dias contado da data do protocolo dos pedidos de ressarcimento, aplicando-se o art. 24 da Lei 11.457/2007, independentemente da data em que efetuados os pedidos" (AgRg no REsp 1.232.257/SC, Rel. Min. Napoleão Nunes Maia Filho, Primeira Turma, DJe 21.02.2013).

Mesmo assim, a prática revela que, não aplicáveis os riscos de prescrever ou decair o direito da Administração, tais limites temporais não comprometem a validade dos atos inerentes à atividade tributária e somente consistem referencial de observância do princípio da duração razoável do processo, o que gera a pretensão de questionamento judicial, haja vista eventuais ímpetos de perecimento do direito que pesa em favor do contribuinte.

Do ponto de vista crítico, nada mais razoável que a Administração Pública, da mesma forma que os contribuintes no contencioso fiscal, estivesse sujeita a prazos para edição de seus atos administrativos especialmente quando provocada, notadamente no caso de consultas. É assente, contudo, o entendimento de que não há prescrição

---

[54] REsp 1138206/RS, Rel. Ministro Luiz Fux, Primeira Seção, j. 09.08.2010, DJe 01.09.2010). Recurso representativo da controvérsia – Temas 269 e 270.

intercorrente no processo administrativo fiscal, o qual visa à constituição do crédito tributário, conforme jurisprudência do CARF[55] e do STJ.

3.4.6 Prescrição intercorrente no contencioso administrativo

Sustenta-se a prescrição intercorrente pela aplicação da Lei 9.873/1999, especificamente ao estabelecer que a ação punitiva da Administração Pública Federal, direta e indireta, no exercício do poder de polícia, objetivando apurar infração à legislação em vigor, prescreve em cinco anos.[56]

Os fundamentos que vigoram na doutrina e jurisprudência, de um modo geral, impedem a contagem do prazo prescricional enquanto estiver em curso o processo administrativo fiscal, por adotar a lógica de que a suspensão da exigibilidade do crédito tributário com a insurgência pelo contribuinte via impugnação inviabiliza a declaração da prescrição intercorrente. Com isso, portanto, apenas depois de definitivamente constituído o crédito tributário, poderia dar-se a contagem da prescrição. Além disso, nesta mesma linha de narrativa, não haveria regra própria e específica para aplicação da prescrição intercorrente ao processo administrativo fiscal.

A distinção que deve ser feita, contudo, e que, de fato, suscita a reflexão sobre a aplicação da prescrição intercorrente nos processos fiscais *lato sensu*, é revelada pela natureza do crédito público em discussão. Ou seja, os créditos de natureza não tributária, por exemplo, decorrentes da imposição de multas aduaneiras na conversão da pena de perdimento estariam sujeitos à prescrição intercorrente.[57]

A partir desta perspectiva, e do próprio exame do art. 5º da Lei 9.873/1999, a prescrição intercorrente pode ser reconhecida, sim, em processos sujeitos ao rito do PAF – Decreto 70.235/1972, e, por isso, julgados no âmbito do CARF, embora vinculados a créditos de origem não tributária, como dito, por exemplo, decorrentes de sanções aduaneiras, em razão de ação punitiva da União, no exercício do poder de polícia. É, portanto, possível o reconhecimento da prescrição intercorrente em processos fiscais quando se tratar da imposição de natureza administrativa da infração sob exame.

3.5 PROCESSO ADMINISTRATIVO – FASE INTERNA DO PAF

A estrutura adotada pelo Decreto 70.235/1972 permite dessumir que o processo administrativo tributário é composto de quatro fases: (i) instauração; (ii) instrução; (iii) julgamento; e (iv) recurso. A fase interna do Processo Administrativo Fiscal tem

---

55   Súmula 11 do CARF: "Não se aplica a prescrição intercorrente no processo administrativo fiscal".

56   Art. 1º. Prescreve em cinco anos a ação punitiva da Administração Pública Federal, direta e indireta, no exercício do poder de polícia, objetivando apurar infração à legislação em vigor, contados da data da prática do ato ou, no caso de infração permanente ou continuada, do dia em que tiver cessado.
     § 1º. Incide a prescrição no procedimento administrativo paralisado por mais de três anos, pendente de julgamento ou despacho, cujos autos serão arquivados de ofício ou mediante requerimento da parte interessada, sem prejuízo da apuração da responsabilidade funcional decorrente da paralisação, se for o caso.
     [...].

57   Decreto-Lei 1.455/1976, com a Lei 12.350/2010.

por objetivo e resultado o lançamento, ato constitutivo do crédito tributário próprio da autoridade administrativa privativamente competente para tal fim[58].

A primeira etapa dessa fase interna é a instauração, que marca de maneira evidente o início do processo administrativo fiscal, afinal, mesmo que ainda não haja crédito tributário constituído, há o dever de fiscalização da Administração que vincula a autoridade fiscal à persecução de um crédito tributário não extinto[59]. Parte-se, assim, da reunião dos elementos que certificam a ocorrência do fato gerador da obrigação, o montante devido, o sujeito passivo e eventual penalidade incidente, os quais não configurados levam à conclusão de não incidência da norma tributária.

As apurações que subsidiam o ato de lançamento podem decorrer das seguintes circunstâncias, previstas no art. 7º, incisos I, II e III, do Decreto 70.235/1972:

(i) qualquer ato formal oriundo de autoridade competente, de que seja notificado o sujeito passivo;

(ii) a apreensão de mercadorias, livros ou documentos;

(iii) o começo do despacho aduaneiro.

Os atos oficiosos de que possam resultar a constituição de crédito tributário ou a aplicação de penalidade devem contar com a legitimidade do agente público que os implementa – seja ela decorrente de competência originária ou por delegação[60] – consistem tanto em procedimentos rotineiros de constituição do crédito quanto da atividade ordinária ou extraordinária de fiscalização, devendo qualquer deles ser formalizado em observância ao que prevê o art. 196 do CTN[61] – nos casos de atividade fiscalizatória que deve ser lavrada em livros fiscais (art. 8º do Decreto 70.235/1972).

A **espontaneidade** do sujeito passivo também é um importante instrumento de verificação de incidência da norma tributária, que antecipa a atividade oficiosa da Administração, consubstanciando instituto de exclusão da responsabilidade tributá-

---

[58] Art. 142 do CTN: "Compete privativamente à autoridade administrativa constituir o crédito tributário pelo lançamento, assim entendido o procedimento administrativo tendente a verificar a ocorrência do fato gerador da obrigação correspondente, determinar a matéria tributável, calcular o montante do tributo devido, identificar o sujeito passivo e, sendo caso, propor a aplicação da penalidade cabível. Parágrafo único. A atividade administrativa de lançamento é vinculada e obrigatória, sob pena de responsabilidade funcional."

[59] REsp 1134665/SP, Rel. Ministro Luiz Fux, Primeira Seção, j. 25.11.2009, DJe 18.12.2009. Recurso representativo da controvérsia – Tema 275.

[60] A Portaria RFB 6.478/2017 estabelece que os procedimentos fiscais, de fiscalização ou de diligência, serão instaurados e executados pelos Auditores-Fiscais da Receita Federal do Brasil, mediante expedição de termos de distribuição que seguem regras específicas de competência para sua emissão.

[61] Art. 196. A autoridade administrativa que proceder ou presidir a quaisquer diligências de fiscalização lavrará os termos necessários para que se documente o início do procedimento, na forma da legislação aplicável, que fixará prazo máximo para a conclusão daquelas. Parágrafo único. Os termos a que se refere este artigo serão lavrados, sempre que possível, em um dos livros fiscais exibidos; quando lavrados em separado deles se entregará, à pessoa sujeita a fiscalização, cópia autenticada pela autoridade a que se refere este artigo.

ria e de isenção de pena relacionadas ao fato gerador[62], se declarados e devidamente adimplidos (não aplicável nos casos de parcelamento[63] ou de pagamento em atraso dos tributos sujeitos ao lançamento por homologação[64]), em caráter de sanção premial de supressão das penalidades pecuniária porventura decorrentes de impontualidade ainda não apurada pelo Fisco[65].

Para tanto, é importante que não tenha sido iniciado qualquer procedimento ou medida de fiscalização, já que a instauração de procedimento administrativo tributário afasta qualquer possibilidade de denúncia espontânea[66], inclusive em relação aos demais envolvidos nas eventuais infrações constatadas (art. 7º, parágrafo único, do Decreto 70.235/1972).

Daí por que é relevante que o termo inicial da ação fiscal delimite seu objeto de apuração, conforme estabelece o CTN, tanto no que diz respeito aos tributos, seu período de incidência e a norma tributária aplicável, quanto no registro do momento exato de intimação do interessado, de modo a afastar futuros debates em torno da inconsistência de eventual pagamento em que se alega livremente. Também esse impedimento à espontaneidade dá ensejo à impossibilidade de instauração de procedimento fiscal na pendência de consulta (art. 48 do Decreto 70.235/1972).

Para fins dessa exclusão dos efeitos da espontaneidade, é preciso, contudo, que a atividade fiscal seja desencadeada de maneira consistente e continuada nos casos de atos de ofício ou apreensão, pelo prazo de 60 dias, formalizadas as prorrogações legais, autorizadas por igual período (art. 7º, § 2º, do Decreto 70.235/1972).

É preciso, portanto, que a atividade fiscal seja dinâmica e efetiva em favor da constituição do crédito, sob pena de retomada do direito à denúncia espontânea, nos termos do firme entendimento do Conselho Administrativos de Recursos Fiscais, segundo o enunciado da Súmula CARF 75: "A recuperação da espontaneidade do sujeito passivo em razão da inoperância da autoridade fiscal por prazo superior a sessenta dias aplica-se retroativamente, alcançando os atos por ele praticados no decurso desse prazo". Os efeitos dessa retroatividade podem ser extraídos de antiga decisão do Tribunal Administrativo, ao dispor que:

---

[62]   Art. 138 do CTN.
      Art. 138. A responsabilidade é excluída pela denúncia espontânea da infração, acompanhada, se for o caso, do pagamento do tributo devido e dos juros de mora, ou do depósito da importância arbitrada pela autoridade administrativa, quando o montante do tributo dependa de apuração.
      Parágrafo único. Não se considera espontânea a denúncia apresentada após o início de qualquer procedimento administrativo ou medida de fiscalização, relacionados com a infração.
[63]   REsp 1102577/DF, Rel. Ministro Herman Benjamin, Primeira Seção, j. 22.04.2009, DJe 18.05.2009). Recurso representativo da controvérsia – Tema 101.
[64]   Súmula 360 do STJ: O benefício da denúncia espontânea não se aplica aos tributos sujeitos a lançamento por homologação regularmente declarados, mas pagos a destempo.
      REsp 886.462/RS, Rel. Ministro Teori Albino Zavascki, Primeira Seção, j. 22.10.2008, DJe 28.10.2008. Recurso representativo da controvérsia – Tema 385
[65]   REsp 1149022/SP, Rel. Ministro Luiz Fux, Primeira Seção, j. 09.06.2010, DJe 24.06.2010. Recurso representativo da controvérsia – Tema 385.
[66]   Súmula CARF 33: A declaração entregue após o início do procedimento fiscal não produz quaisquer efeitos sobre o lançamento de ofício.

se depois de iniciado o procedimento fiscal, solicita-se esclarecimentos por falta de declaração de rendimentos, o sujeito passivo vem a prestá-la e, antes da formalização do crédito tributário, recolhe os encargos decorrentes do tributo devido, que estavam pendentes de apuração por parte da autoridade fiscal, a qual só depois de decorrido o prazo de 60 dias notifica o contribuinte do lançamento correspondente, reputa-se como espontâneo o recolhimento antes efetuado, uma vez observados os acréscimos de mora e correção monetária. (Acórdão 73.403, de 09.06.1982, 1.º CC)

A espontaneidade do contribuinte, no âmbito federal, tem como marco temporal o art. 7º do Decreto 70.235/1972, quando, ao reconhecer a dívida, promover o recolhimento do tributo antes do (i) primeiro ato de ofício, escrito, praticado por servidor competente, cientificado o sujeito passivo da obrigação tributária ou seu preposto; (ii) a apreensão de mercadorias, documentos ou livros; (iii) o começo de despacho aduaneiro de mercadoria importada.[67]

O referido dispositivo prevê que depois de ultrapassado o prazo de sessenta dias, prorrogável, sucessivamente, por igual período, sem que a autoridade fiscal dê continuidade ao procedimento fiscal, abre-se uma janela de "**recuperação da espontaneidade**". Neste interregno, o contribuinte readquire a possibilidade de agir espontaneamente, caso apresentada denúncia espontânea, com o pagamento do tributo com juros, ou, se o caso, apresentar declaração retificadora, que, por si só, já afasta a multa de ofício.

Ou seja, decorrido o prazo de sessenta dias sem nenhum ato de ofício que indique o prosseguimento dos trabalhos de fiscalização, com ciência do sujeito passivo, *configura-se a reaquisição da espontaneidade, que se aplica retroativamente, alcançando os atos praticados no período em que estava com sua espontaneidade excluída.*[68] Em caso concreto, o contribuinte foi intimado do início da ação fiscal em 08 de maio de 2006, contudo, ocorreu a prorrogação do prazo com sua correspondente intimação em 25 de julho de 2006, alguns poucos dias antes dele ter promovido a transmissão das declarações de ajuste do período fiscalizado. Perdeu, portanto, a "janela de oportunidade" de recuperar a espontaneidade e, com isso, manteve-se a multa de 75%.[69]

---

[67] Art. 7º. O procedimento fiscal tem início com:

I – o primeiro ato de ofício, escrito, praticado por servidor competente, cientificado o sujeito passivo da obrigação tributária ou seu preposto;

II – a apreensão de mercadorias, documentos ou livros;

III – o começo de despacho aduaneiro de mercadoria importada.

§ 1º. O início do procedimento exclui a espontaneidade do sujeito passivo em relação aos atos anteriores e, independentemente de intimação a dos demais envolvidos nas infrações verificadas.

§ 2º. Para os efeitos do disposto no § 1º, os atos referidos nos incisos I e II valerão pelo prazo de sessenta dias, prorrogável, sucessivamente, por igual período, com qualquer outro ato escrito que indique o prosseguimento dos trabalhos.

[68] Processo 15586.000109/2007-65, Acórdão nº. 2401-009.051 – 2ª Seção de Julgamento / 4ª Câmara / 1ª Turma Ordinária, Sessão de 13.01.2021

[69] Uma vez decorrido o prazo de sessenta dias sem nenhum ato de ofício que indique o prosseguimento dos trabalhos de fiscalização, com ciência do sujeito passivo, configura-se a reaquisição da espontaneidade, que se aplica retroativamente, alcançando os atos praticados no período em que estava com sua espontaneidade excluída.

(Súmula CARF 75)

Outro condicionamento de destaque que decorre da existência de processo instaurado diz respeito ao sigilo das operações financeiras de contribuintes junto a instituições bancárias, como se extrai do art. 6º da Lei Complementar 105/2001[70], para fins de obtenção por parte das autoridades e agentes fiscais, de dados constantes das contas e aplicações.

As autoridades e os agentes fiscais da União, dos estados, do DF e dos municípios somente poderão examinar documentos, livros e registros de instituições financeiras, inclusive os referentes a contas de depósitos e aplicações financeiras, *quando houver processo administrativo instaurado ou procedimento fiscal em curso* e tais exames sejam considerados indispensáveis pela autoridade administrativa competente.[71]

Considerando a gravidade da medida prevista, bem como seu impacto na ordem jurídica, foi necessário regulamentar o dispositivo transcrito. Sobre o tema, tem-se o Decreto federal 3.724/2001, que disciplina a requisição, acesso e uso, pela Secretaria da Receita Federal, de informações referentes a operações e serviços das instituições financeiras e das entidades a elas equiparadas.

Os procedimentos fiscais relativos a tributos e contribuições administrados pela Secretaria da Receita Federal do Brasil, portanto, serão executados, em nome desta, pelos Auditores-Fiscais da Receita Federal do Brasil e somente terão início por força de ordem específica denominada Mandado de Procedimento Fiscal (MPF), instituído mediante ato da Secretaria da Receita Federal do Brasil.

Este exercício está adstrito ao servidor ocupante do cargo de Auditor-Fiscal da Receita Federal do Brasil, que somente poderá examinar informações relativas a terceiros, constantes de documentos, livros e registros de instituições financeiras e de entidades a elas equiparadas, inclusive os referentes a contas de depósitos e de aplicações financeiras, **quando houver procedimento de fiscalização em curso** e tais exames forem considerados indispensáveis.

O acesso da administração fiscal aos dados bancários de um contribuinte, portanto, não pode ser feita de maneira desregrada. Existem limites circunstanciais

---

A declaração de ajuste anual da pessoa física constitui confissão de dívida e instrumento hábil e suficiente para a exigência do crédito tributário. Improcedente, nessa hipótese, a constituição do crédito tributário pelo lançamento, com imposição de multa de ofício.

Para fins de justificar acréscimo patrimonial a descoberto, com base em recursos existentes no início do ano-calendário de apuração, é desprovida de eficácia probatória a informação de dinheiro em espécie consignada na declaração de ajuste anual da pessoa física entregue a destempo, após o início do procedimento fiscal, ainda que recuperada a espontaneidade do sujeito passivo, salvo prova inconteste da disponibilidade financeira, produzida pelo interessado. (Processo nº. 15586.000109/2007-65, Acórdão nº. 2401-009.051 – 2ª Seção de Julgamento / 4ª Câmara / 1ª Turma Ordinária, Sessão de 13.01.2021)

[70] O professor James Marins, ao estudar a Lei Complementar 105/2001, conclui que a mesma "conspira contra o sistema de garantias fundamentais consagrado na Constituição Federal de 1988, agride a inviolabilidade de dados e das comunicações telefônicas e menospreza função jurisdicional específica cometida ao Poder Judiciário". (MARINS, James. Op. cit. p. 223).

[71] Art. 6º. As autoridades e os agentes fiscais tributários da União, dos Estados, do Distrito Federal e dos Municípios somente poderão examinar documentos, livros e registros de instituições financeiras, inclusive os referentes a contas de depósitos e aplicações financeiras, quando houver processo administrativo instaurado ou procedimento fiscal em curso e tais exames sejam indispensáveis pela autoridade administrativa competente. (Regulamento)

Parágrafo único. O resultado dos exames, as informações e os documentos a que se refere este artigo serão conservados em sigilo, observada a legislação tributária.

impostos pela própria Lei Complementar e reafirmados pelo decreto regulamentador. Dentre estes, a existência de processo administrativo instaurado ou procedimento de fiscalização em curso.[72]

O Supremo Tribunal Federal, que antes entendia que a "quebra" das informações bancárias dependia de ordem judicial, ao apreciar a validade da Lei Complementar 105/2001, declarou a constitucionalidade dos arts. 5º e 6º, que permitem o acesso aos órgãos da Administração Tributária como meio para obter dados financeiros dos contribuintes sem necessidade de prévia autorização judicial. O entendimento foi proferido no julgamento de quatro ADI's de relatoria do ministro Dias Toffoli (ADIs 2.310, 2.397, 2.386 e 2.859) e um recurso extraordinário de relatoria do ministro Edson Fachin, com repercussão geral reconhecida (RE 601.314).

O fisco, portanto, tem a prerrogativa de requisitar diretamente às instituições financeiras os dados bancários de correntistas para a finalidade da exigência tributária, sob fundamento de que devem coexistir, no ordenamento jurídico, instrumentos eficientes de fiscalização tributária de modo a assegurar a justiça fiscal, por meio da capacidade contributiva dos cidadãos, bem assim caminhar na tendência internacional de troca de informações[73] entre países visando a coibir a evasão fiscal.[74]

O viés decisório, fundamentado no cenário internacional, foi revelado pelo Ministro Dias Toffoli em seu voto, sobretudo pautado na transparência e no combate a ilícitos tributários, com ênfase do país como membro do Fórum Global sobre Transparência e Intercâmbio de Informações para Fins Tributários (*Global Forum on Transparency and Exchange of Information for Tax Purposes*), órgão criado pela Organização para a Cooperação e o Desenvolvimento Econômicos (OCDE).

Segundo o Ministro, "o Brasil também se comprometeu, perante o G20 e Fórum Global, a adotar esse padrão a partir de 2018, de modo que não deve o Estado brasileiro prescindir do acesso automático aos dados bancários dos contribuintes por sua administração tributária, sob pena, inclusive, de descumprimento de seus compromissos internacionais".

A decisão do Supremo, contudo, reconheceu que, desde a edição da Lei Complementar 105/2001, a União estabeleceu sua correspondente regulamentação por meio do Decreto 3.724/2001, de modo a assegurar o método procedimental, que deve ser seguido, para se obter informações bancárias junto às instituições financeiras, ao contrário da maioria dos entes subnacionais, estados e municípios, que não possuem, ou possuíam à época do julgado, disposição regulamentar própria. Portanto, a incidência

---

[72] Lícito ao fisco, mormente após a edição da Lei Complementar nº. 105, de 2001, examinar informações relativas ao contribuinte, constantes de documentos, livros e registros de instituições financeiras e de entidades a elas equiparadas, inclusive os referentes a contas de depósitos e de aplicações financeiras, **quando houver procedimento de fiscalização em curso e tais exames forem considerados indispensáveis, independentemente de autorização judicial.** Acórdão 2201-000.897. Primeira Turma/Terceira Câmara/Primeira Seção de Julgamento. Data da Sessão 01.12.2010.

[73] Neste ponto, o Brasil é signatário, no âmbito internacional, de tratados que exigem o cumprimento de padrões internacionais de transparência e de troca de informações bancárias, estabelecidos com a finalidade de evitar o descumprimento de normas tributárias, assim como combater práticas criminosas.

[74] Neste ponto, vale a menção à Lei 13.254, de 13 de janeiro de 2016, que dispõe sobre o Regime Especial de Regularização Cambial e Tributária (RERCT) de recursos, bens ou direitos de origem lícita, não declarados ou declarados incorretamente, remetidos, mantidos no exterior ou repatriados por residentes ou domiciliados no País.

do art. 5º da referida LC – aplicável à União, tem aplicação aos demais entes federados depois de devidamente regulamentado, em condições análogas às do ato normativo infralegal federal.

3.5.1 Sigilo das operações financeiras dos contribuintes e compartilhamento de informações fiscais

O Supremo Tribunal Federal, no julgamento do RE 1.055.941/SP (paradigma do tema 990 de Repercussão Geral), definiu que é constitucional o compartilhamento integral, sem prévia autorização do Poder Judiciário, de dados sigilosos (obtidos de forma legítima pelo Fisco no exercício de sua atividade fiscalizatória) com o Ministério Público, para fins penais, devendo tal compartilhamento ser feito unicamente por meio de comunicações formais, com garantia de sigilo, certificação do destinatário e estabelecimento de instrumentos efetivos de apuração e correção de possíveis desvios.

Portanto, as requisições de informações fiscais promovidas diretamente ao Fisco pelos órgãos ministeriais: Ministério Público Federal e Ministério Público dos Estados são compatíveis com a legislação pertinente e a tese adotada para o Tema de Repercussão 990 no julgamento do RE 1.055.941/SP permite a "possibilidade de compartilhamento com o Ministério Público, para fins penais, dos dados bancários e fiscais do contribuinte, obtidos pela Receita Federal no legítimo exercício de seu dever de fiscalizar, sem autorização prévia do Poder Judiciário".

O STF, antes mesmo desse precedente, já havia definido acerca da possibilidade de o fisco obter dados bancários sigilosos sem a necessidade de autorização judicial para tanto, questão sedimentada no julgamento das ADIs 2.390/DF, 2.386/DF, 2.397/DF e 2.859/DF e do RE 601.314/SP, que declararam constitucional o art. 5º da Lei Complementar 105/2001 (desde que devidamente regulamentado).

Uma controvérsia, ainda resultado desta discussão e não tratada especificamente nos precedentes referidos, é se o entendimento do STF permitiria o fornecimento de informações fiscais diretamente à autoridade policial, sem intermédio do Ministério Público, ou de autorização judicial, sobretudo porque o Delegado de Polícia (Polícia Judiciária) não possui as mesmas prerrogativas de que é investido o membro do órgão ministerial.

O tema tem instigado o debate sobretudo porque diversos estados instituíram o "Comitê Interinstitucional de Recuperação de Ativos – CIRA", cuja composição abrange a participação dos Chefes institucionais, ou de representantes designados, pelo Procurador-Geral de Justiça do Ministério Público, pelo Procurador-Geral do Estado, pelo Secretário de Economia ou de Fazenda e pela Pasta da Segurança ou Defesa Social.

A atuação de promotores, procuradores de estado, técnicos fazendários e delegados de polícia, em conjunto, no combate aos crimes contra a ordem tributária e conexos, também objetivam a recuperação de ativos em decorrência de ilícitos fiscais, administrativos e penais e, para tanto, contam com a formação, manutenção e compartilhamento de banco de dados de modo a identificar a prática de crimes, de sua autoria e da produção das provas necessárias.

As premissas adotadas nos julgados proferidos pelo Supremo não permitem enxergar claramente se a tese adotada para o Tema 990 impede a compreensão de que podem ser transmitidos dados sigilosos à polícia judiciária.

A interpretação, à mingua de um posicionamento jurisprudencial consolidado, é de que a lógica conferida às conclusões do julgado não configura, necessariamente, óbice à pretensão das Polícias Civis obterem acesso a dados sigilosos para operacionalizarem a repressão aos crimes contra a ordem tributária, perseguir a recuperação de ativos e desenvolver atividades no âmbito dos núcleos operacionais conhecidos como "Comitê Interinstitucional de Recuperação de Ativos – CIRA".

A decisão que reconheceu a repercussão geral da questão constitucional suscitada para o Tema 990, e pacificou o assunto, tratou da "controvérsia a respeito da possibilidade ou não de os dados bancários e fiscais do contribuinte, obtidos pelo Fisco no legítimo exercício de seu dever de fiscalizar, serem compartilhados com o Ministério Público para fins penais, sem a intermediação do Poder Judiciário". Na oportunidade, o debate voltou-se sobre os limites objetivos que os órgãos administrativos de fiscalização fazendária deverão observar ao transferir automaticamente para o Ministério Público informações sobre movimentação bancária e fiscal dos contribuintes em geral, sem comprometer a higidez constitucional da intimidade e do sigilo de dados (art. 5º, incisos X e XII, da CF).

A leitura do RE 1.055.941/SP deixa-nos entrever que fundamentação aduzida e o teor da tese jurídica adotada pela Suprema Corte não excluem, vedam ou afastam a possibilidade do compartilhamento de informações sigilosas com a autoridade policial. Ao contrário, o próprio julgado paradigma do Tema 990 consagra a autoridade policial no contexto da permissão de acesso a dados sigilosos sem a exigência de prévia autorização judicial.

O voto do Ministro Dias Toffoli, preliminarmente ao mérito da questão, quando se refere à necessidade de aprofundamento do tema pelo STF destaca o seguinte:

> Dando continuidade à análise da questão, para finalizar esse primeiro trecho de meu voto, é importante destacar que o presente julgamento trata do uso de importantes ferramentas de combate à corrupção, à sonegação fiscal e à ação das redes de crime organizado – domésticas e transnacionais -; mas trata, também, da necessidade imperiosa de que o uso dessas ferramentas seja acompanhado do respeito à lei e à Constituição pelos agentes de fiscalização e de investigação do Estado no compartilhamento de informações.

É possível ainda inferir que o conjunto de argumentos fundamentais para o resultado da decisão, ao invés de rechaçar, engloba a polícia judiciária dentre os órgãos de persecução penal que podem ter acesso, para fins de persecução criminal, a dados sigilosos sem prévia autorização judicial. Tal conclusão harmoniza-se com as declarações de constitucionalidade do art. 6º da LC 105/2001 e com outros precedentes da Suprema Corte que reconhecem a validade do fluxo de informações sigilosas entre autoridades administrativas. Nesse sentido, abaixo reproduzido, ainda do voto do Ministro Dias Toffoli o seguinte excerto para fundamentação das conclusões:

> Como se vê, conquanto cada órgão ou instituição pública mencionado na Lei Complementar 105/2001 tenha regramento em legislações específicas, todos eles – quando se trata de informações sigilosas – são alcançados pelas disposições da referida legislação complementar.

Ademais, como veremos ao longo de meu voto, **a atuação de todos esses órgãos no compartilhamento de informações é extremamente relevante para o combate à corrupção, à lavagem de dinheiro e ao financiamento do terrorismo, além de atender aos compromissos internacionais assumidos nessa seara pela República Federativa do Brasil, não sendo possível analisá-la de forma compartimentada.** É o caso por exemplo da Recomendação 9 do Grupo de Ação Financeira Internacional (GAFI), a qual "determina que sigilo bancário não pode ser impeditivo para o compartilhamento de dados entre autoridades investigadoras".

Isso porque **o compartilhamento de informações sigilosas não é um procedimento estanque, em que o encaminhamento aos órgãos de persecução penal (Ministério Público ou *autoridade policial*) tem sempre igual caminho.**

Os dados sigilosos encontram-se na posse de instituições vocacionadas para sua guarda (Receita Federal para dados fiscais; instituições financeiras e Banco Central para dados bancários etc.). Note-se que **a legislação definiu, ainda, a possibilidade de trâmite dos dados de movimentações financeiras para o COAF e para a Administração Fazendária** (LC 105/06).

De todo modo, a Receita Federal é, sem dúvida, instituição de extrema relevância na apreciação do compartilhamento de informações para fins penais (porque ela é, ao mesmo tempo, vocacionada à guarda de uma espécie de dados – os fiscais – e detentora da prerrogativa de acessar, quando necessário, outros dados igualmente sigilosos – tais como os bancários).

Não obstante, **a Receita Federal também compartilha informações sigilosas que se encontram em seu domínio com outros órgãos vocacionados, nos termos da lei, a detê-las.** *Insere-se aqui, por exemplo, o COAF/UIF, o órgão* **nacional central que recebe e analisa movimentações financeiras suspeitas.**

(...)

Nesse passo, sem a apreciação do compartilhamento para fins penais das informações fiscais e bancárias diretamente pela UIF, se poderia ter dúvidas sobre os limites do compartilhamento direto dos mesmos dados pela Receita Federal. Portanto, o completo deslinde do tema carece da análise de ambas as situações de compartilhamento de dados fiscais/bancários.

Justifica-se, desse modo, que a Corte abranja, em seu exame da questão, o compartilhamento de informações pela UIF, superando-se, dessa forma, qualquer barreira processual que impeça esse amplo debate.

(...)

Esta Corte, portanto, consignou o seguinte: **o compartilhamento de informações bancárias com a Receita Federal se insere em um conjunto de medidas de transparência traçado, em esforço global, para o combate a movimentações ilegais de dinheiro no mundo.** O Brasil, dessa feita, em termos de compartilhamento de informações financeiras dos contribuintes com a administração tributária, segue uma tendência internacional. (com destaques)

O Ministro Alexandre de Moraes, no voto que restou condutor do acórdão, ao tratar sobre o tema afirmou:

Desde já, manifesto-me no sentido da total relevância constitucional sobre o debate mais amplo, conforme Sua Excelência o eminente Ministro Presidente expôs, sobre a possibilidade, a amplitude e limites do compartilhamento de dados e informações obtidos pelos órgãos de controle e fiscalização e o Ministério Público. No caso, **não só pela Receita Federal, mas também pela UIF – Unidade de Inteligência Financeira, antigo Coaf**. Até porque, não raras vezes – diria muitas vezes -, a atuação da Receita já começa com informações dadas pelo antigo Coaf/UIF. A partir daí, há um procedimento. E mesmo que não tivesse ocorrido o compartilhamento da UIF com o Ministério Público, quando se compartilha, se compartilha não só o que a Receita obteve, mas também o que a Unidade de Inteligência Financeira houvera obtido. (...)

Meu voto também analisará a possibilidade ou não do compartilhamento nas duas hipóteses, até porque as duas são regidas pelo art. 5º, incisos X e XII, e também há a incidência, em ambas, da Lei Complementar 105/01. Apesar de a UIF ter uma regulamentação específica, há a incidência da regra geral da LC 105/2001. A exclusão de uma análise ampla poderia gerar mais dúvidas ainda do que a certeza jurídica, a segurança jurídica pretendida com esse julgamento. No meu entendimento, a proposta da análise como foi feita deve prosseguir

Em adição a isso, o contexto normativo e jurisprudencial já indicava o não impedimento de franquear-se o acesso a informações sigilosas para a consecução das competências da polícia judiciária, nas funções de proteção à ordem tributária e econômica. No julgamento conjunto das ADIs 2.386/DF, 2.390/DF, 2.397/DF e 2.859/DF, o Supremo entendeu que o § 1º, inciso II, e o § 2º ao art. 198 do CTN, não determinam quebra de sigilo, mas transferência de informações sigilosas no âmbito da Administração Pública.

O acórdão do RE 601.314/SP (Tema 225) declarou a constitucionalidade do art. 6º da LC 105/2001, que possibilita às autoridades e aos agentes fiscais tributários da União, dos Estados, do Distrito Federal e dos Municípios examinar documentos, livros e registros de instituições financeiras, inclusive os referentes a contas de depósitos e aplicações financeiras, somente quando houver processo administrativo instaurado ou procedimento fiscal em curso e tais exames sejam considerados indispensáveis pela autoridade administrativa competente.

No julgamento do RE 1.055.941/SP, o Ministro Alexandre de Morais sintetiza os efeitos práticos desses dois entendimentos anteriores. O primeiro possibilita acesso às operações bancárias, limitado à identificação dos titulares das operações e dos montantes globais mensalmente movimentados, isto é, apenas dos dados genéricos e cadastrais dos correntistas.

O segundo estágio, se detectados indícios de falhas, incorreções ou omissões, ou de cometimento de ilícito fiscal, a Receita pode requisitar informações e documentos de que necessitar, bem como realizar fiscalização ou auditoria para a adequada apuração dos fatos. Exigiu-se, porém, que as autoridades e os agentes fiscais tributários somente poderão examinar informações detalhadas, quando houver processo administrativo instaurado ou procedimento fiscal em curso e tais exames sejam considerados indispensáveis pela autoridade administrativa competente.

Nas palavras do Ministro:

> Todas as provas produzidas a partir desse procedimento administrativo fiscal são provas lícitas. (...) nesse segundo estágio, discute-se a possibilidade de compartilhamento com o Ministério Público, se, nesse segundo estágio, houver indícios de crime, ou seja, se exceder a questão tributária e entrar em princípio na seara penal. (...)
>
> É dever, é uma imposição legal atribuída pela lei à Receita Federal representar ao Ministério Público, comunicando a apuração dos fatos que, em tese – obviamente aqui é em tese –, configurem crime contra a ordem tributária. (...) não se trata somente de um dever legal, especificamente previsto no ordenamento jurídico; mas também de consequência lógica da Súmula Vinculante 24 deste Supremo Tribunal Federal, que não permite o exercício da ação penal pelo Ministério Público antes do lançamento definitivo do tributo:
>
> Não se tipifica crime material contra a ordem tributária, previsto no art. 1º, incisos I a IV, da Lei 8.137/1990, antes do lançamento definitivo do tributo.
>
> (...)
>
> **Mas não basta a mera alegação de existência de lançamento definitivo de tributo, por exemplo, por certidão genérica do Fisco, exigindo-se, obviamente, tanto a demonstração de sua regularidade formal, por meio de comprovação do regular lançamento definitivo de tributo contra o acusado após o devido procedimento de fiscalização com todas as exigências legais, quanto a comprovação material da existência de irregularidade tributária por parte do contribuinte, pois esse tem constitucionalmente garantido o devido processo legal, a ampla defesa e o contraditório.** Isso é essencial porque os termos do lançamento definitivo do tributo pela Receita, que comprovam a materialidade do crime, poderão ser novamente impugnados em juízo.

Confira-se, ainda, dos votos que se seguiram para a definição do precedente:

> **Min. Edson Fachin**, citando diversos precedentes nesse sentido:
>
> De fato, uma vez declarada lícita a obtenção dos dados na esfera administrativa, há que se reconhecer, a meu ver, como consequência necessária, também sua licitude para fins de persecução penal.

> **Min. Rosa Weber**, citando também experiências internacionais:
>
> Fixo como premissa que o objeto da repercussão geral em julgamento se limita ao compartilhamento de dados pela Receita Federal com as autoridades públicas responsáveis pela persecução penal (Ministério Público e Polícia Judiciária). (...)
>
> É próprio de um Estado de Direito a exigência de que a descoberta de condutas potencialmente criminosas, por parte de agentes públicos – fazendários ou não –, reverbere no âmbito da Administração, com o acionamento de seus órgãos de investigação para a apuração dos possíveis delitos. Trata-se, na minha visão, de dever que recai sobre o agente público responsável pela fiscalização tributária, por observância aos princípios que regem a Administração Pública. A própria norma protetiva do direito fundamental estabelece não constituir violação do

dever de sigilo: "a comunicação, às autoridades competentes, da prática de ilícitos penais ou administrativos, abrangendo o fornecimento de informações sobre operações que envolvam recursos provenientes de qualquer prática criminosa" (art. 1º, § 3º, IV, da LC 105/2001).

Min. Ricardo Lewandowski

Aqui não se cogita de compartilhamento indiscriminado ou aleatório de dados bancários e fiscais entre a Receita e o Ministério Público, mas tão somente de transferência ou repasse daquela repartição para este órgão de elementos de prova relativas à sonegação fiscal de contribuintes para o efeito de promoção de sua responsabilidade penal. Não se está, portanto, diante de informações obtidas ilegalmente ou de quebra indevida de sigilo bancário e fiscal por parte da Receita, eis que tudo se processou de acordo com o disposto no art. 6º da Lei Complementar 105/2001 e em conformidade com as cautelas determinadas pelo Supremo Tribunal Federal no julgamento do citado RE 601.314/SP-RG, notadamente a instauração de prévio processo administrativo fiscal, bem assim nos estritos termos da legislação aplicável à espécie (...)

No mesmo julgado, o Ministro Roberto Barroso aduziu:

Nesse sentido, entendo ser fora de dúvidas que um instrumento que imponha às instituições financeiras, e não ao contribuinte eventualmente interessado em se esquivar do pagamento, a obrigação de prestar as informações que podem levar a efetiva apuração do valor devido dos tributos, é um mecanismo com aptidão de promover a finalidade de combater as mais diversas formas de fuga ilegítima da tributação e controlar o fluxo de capitais, inclusive, para fins penais.

Deste contexto interpretativo jurisprudencial também pode-se colher o entendimento adotado no ARE 953.058/SP, cujo acórdão afirmou que "sendo legítimos os meios de obtenção da prova material e sua utilização no processo administrativo fiscal, mostra-se lícita sua utilização para fins da persecução criminal".

O trabalho da Polícia Civil, por meio da transferência de sigilo, é primordial para a persecução penal tributária, como órgão investido da função de apuração de infrações penais, nos termos do art. 144 da Constituição Federal:

Art. 144. A segurança pública, dever do Estado, direito e responsabilidade de todos, é exercida para a preservação da ordem pública e da incolumidade das pessoas e do patrimônio, através dos seguintes órgãos:

(...)

§ 4º Às polícias civis, dirigidas por delegados de polícia de carreira, incumbem, ressalvada a competência da União, as funções de polícia judiciária e a apuração de infrações penais, exceto as militares.

No âmbito do Distrito Federal, por exemplo, o CIRA/DF foi instituído pelo Decreto 39.505, de 4 de dezembro de 2018, para a implementação de políticas públicas e ações integradas para a recuperação de ativos de titularidade do Distrito Federal; a proposição de anteprojetos de leis, com vistas à formulação e à concretização de políticas públicas nas áreas de segurança pública, persecução criminal e recuperação de ativos; a adoção de medidas técnicas, legais, administrativas e judiciais que permitam prevenir e reprimir ilícitos fiscais e administrativos para a garantia da ordem econômica e tributária; e a promoção e a realização de ações integradas para a responsabilização penal de agentes por crimes contra a ordem tributária, a ordem econômica, a administração pública, a economia popular e de lavagem e ocultação de bens, direitos e valores.

A relevância da integração colaborativa entre as instituições não é só simbólica, mas fundamental para a persecução do crédito tributário e para o combate aos ilícitos fiscais. Um núcleo integrado e permanente contribui para o desenvolvimento de ações estratégicas, sobretudo porque concilia e somam-se as expertises e qualidades dos membros integrantes, com a proposição de práticas efetivas na complexa dinâmica dos crimes de sonegação e fraudes fiscais.

Trata-se não somente de medidas repressivas, bem como acautelatórias de preservação do Erário e do patrimônio público a partir de uma rede estratégica que, se considerado cada órgão ou agente isoladamente, claramente haveria limitações de ordem prática. A Administração Tributária, por exemplo, por disposição funcional, detém em banco de dados as atribuições de fiscalizar o cumprimento das obrigações tributárias acessórias (art. 113, CTN), com amplo acesso a informações de ordem econômica e fiscal dos contribuintes.

As informações fiscais, atualmente, são integralmente repassadas ao Fisco por sistemas eletrônicos de escrituração contábil e fiscal e o sistema de nota fiscal eletrônica. Além disso, as administrações fazendárias mantêm os cadastros de CNPJs e sócios correspondentes. Tais informações podem revelar a configuração de "grupo econômico de fato" a justificar, por exemplo, a medida cautelar fiscal a ser proposta pela Advocacia Pública representativa da unidade federada com o objetivo de alcançar a responsabilidade patrimonial de pessoas físicas e jurídicas e também a cobrança judicial dos créditos tributários mediante o ajuizamento dos executivos fiscais correspondentes.

A interação e compartilhamento dos dados com o Ministério Público, e também com a Polícia Judiciária, mostra-se relevante na medida em que constituído definitivamente o crédito tributário objeto de fraude e crimes fiscais, sendo imprescindível para a apuração da materialidade e da autoria dos ilícitos contra a ordem tributária.

As condições e os procedimentos necessários para o tratamento dos dados sigilosos se irradiam sobre a atuação integrada pelo compartilhamento das informações, permitindo o cumprimento do interesse público sem invasão dos limites impostos pelo sigilo fiscal, na forma delineada pelo Supremo Tribunal Federal. Não se verifica, portanto, das normas aplicáveis e da jurisprudência do Supremo Tribunal Federal fundamento que retire legalidade de tais previsões, desde que o compartilhamento levado a efeito resguarde o sigilo das informações em procedimento formalmente instaurado e sujeito a posterior controle jurisdicional, sob pena de tornar dificultada a eficiência no exercício das competências atribuídas à unidade especializada de combate aos crimes contra a ordem tributária.

Neste cenário, podem ser encaminhadas informações protegidas por sigilo, para fins de persecução penal, mesmo antes da conclusão do procedimento administrativo fiscal, quando observada a prática de crimes contra a ordem tributária de natureza meramente formal ou de crimes não elencados no art. 83 da Lei 9.430/1996. Entendo que essa orientação não depende do fato de o contribuinte ter outros créditos já inscritos em dívida ativa.

Por outro lado, entendo ser cabível o compartilhamento de informações fiscais com a polícia judiciária apenas aqueles dados não protegidos pelo sigilo fiscal, lembrando que o tratamento de dados pessoais determinado pela Lei 13.709/2018, a Lei Geral de Proteção de Dados – LGPD, não se aplica para os fins exclusivos de atividades de investigação e repressão de infrações penais.

Estão protegidos pelo sigilo fiscal, portanto, as informações qualificadoras da situação econômica ou financeira do sujeito passivo ou de terceiros e sobre a natureza e o estado de seus negócios ou atividades, nos termos do art. 198 do CTN. Nesse sentido, o sigilo não compreende, por exemplo, a existência de dívida e seu valor, inscrição ou ajuizamento, os dados cadastrais utilizados na base de dados da Receita e os tributos que tenham sido pagos, inclusive quanto a seus valores e sua espécie. Do contrário, os resultados econômicos do contribuinte, suas atividades privadas e seus ganhos, que sirvam de base para a imposição de obrigação tributária (tais como bens, receitas e despesas), essas sim, estão sob o manto do sigilo fiscal.

Diante disso, entendo não enquadrados na proteção constitucional, e, por isso, prescindível a autorização judicial para acesso a tais informações, por exemplo: a indicação do IP (*internet protocol*) da emissão de documento fiscal; os dados cadastrais (nome, e-mail alternativo etc.) utilizados pelos contribuintes e disponíveis na base do Fisco; informações sobre o local, data e hora de emissão do documento fiscal.

3.6 LANÇAMENTO TRIBUTÁRIO

A fase interna do processo administrativo fiscal, intrínseco à sua **concepção administrativa**, é eminentemente procedimental e atinge seu ápice com o **lançamento**, ato administrativo que verifica a procedência do crédito fiscal e a pessoa que lhe é devedora[75] e que se opera, por imposição legal, das seguintes formas:

(i) lançamento de ofício, espécie na qual se processa a partir de informações da própria Administração;

(ii) lançamento por declaração, que se processa a partir de informações dos contribuintes;

(iii) lançamento por homologação, quando o contribuinte opera o lançamento e antecipa o pagamento, sob a condição de futura homologação da administração tributária.

Seja no curso regular de ação fiscal ordinária[76], nas diversas circunstâncias que envolvem a fiscalização ou a partir da confissão do sujeito passivo, o rito do lançamento, que deve observar os contornos de cada espécie tributária, formaliza determinada exi-

---

[75] Conceito extraído da Lei 4.320/1964, que estatui Normas Gerais de Direito Financeiro para elaboração e controle dos orçamentos e balanços da União, dos Estados, dos Municípios e do Distrito Federal.

[76] Súmula CARF 46: O lançamento de ofício pode ser realizado sem prévia intimação ao sujeito passivo, nos casos em que o Fisco dispuser de elementos suficientes à constituição do crédito tributário.

Título I • Cap. 3 • PROCESSO ADMINISTRATIVO FISCAL | 135

gência contra o contribuinte, conferindo-lhe certeza, liquidez e exigibilidade.[77] E, por ato privativo da autoridade administrativa fiscal, compreende os elementos constitutivos das obrigações tributárias[78], quais sejam, ocorrência do fato gerador, norma tributária aplicável, sujeito passivo, montante devido e a penalidade porventura incidente.[79]

Desde já, recomenda-se que também sejam apuradas práticas irregulares reincidentes, já que relevantes para a imputação da multa de alguns tributos, a exemplo do IPI[80], sem prejuízo de tal informação somente ser lançada nos autos em momento posterior à atividade fiscal que dê origem ao lançamento (art. 13 do Decreto 70.235/1972).

O fluxo do procedimento, que antecede o lançamento, é ordinariamente oficioso, mas pode sofrer intervenções administrativas[81] ou judiciais do interessado. A interferência do Poder Judiciário nessa fase, a propósito, é própria da **concepção judicial extraordinária** do PAF, na qual o contribuinte pretende fulminar a obrigação que possivelmente lhe será imposta por meio de medidas judiciais alheias ao contexto processual da execução fiscal (justamente porque se trata de fase preparatória da inscrição em Dívida Ativa visando à cobrança judicial).

Por vezes, a constituição do crédito tributário não demanda instrução processual mais apurada[82], ou mesmo pode dispensar qualquer atuação oficiosa da Administração, como vem sendo pacificada a Jurisprudência em torno do tema.

Exemplos dessas hipóteses são:

(i) o lançamento do IPTU, que pode dispensar a autuação de processo, se a Administração possui todos as informações necessárias à constituição do seu crédito, bem como, em regra, a própria fase interna dos tributos de ofício dispensa prévio processo administrativo sem comprometimento da higidez da certidão de Dívida Ativa a ser formada[83]-[84];

(ii) a entrega de declaração pelo contribuinte reconhecendo o débito fiscal, que constitui o crédito tributário, dispensada qualquer outra providência por parte do Fisco[85];

---

[77] REsp 1177342/RS, Rel. Ministro LUIZ FUX, PRIMEIRA TURMA, j. 01.03.2011, DJe 19.04.2011. Sobre a exigibilidade do crédito tributário veja-se a RCL 1906 STJ.

[78] Conforme o § 6º do art. 9º do Decreto 70.235/1972, as regras de lançamento não se aplicam às contribuições sociais devidas a terceiros, assim entendidas outras entidades e fundos, na forma da legislação em vigor, consoante descritas pelo art. 3º da Lei 11.457/2007.

[79] Art. 142 do Código Tributário Nacional.

[80] *Vide* art. 560 do Decreto 7.212/2010.

[81] Possíveis manifestações do sujeito passivo nessa fase tem finalidade meramente instrutória do processo.

[82] AgRg no REsp 1080522/RJ, Rel. Ministro Francisco Falcão, Primeira Turma, j. 14.10.2008, DJe 29.10.2008.

[83] (...) 2. Nos tributos com lançamento de ofício, a ausência de prévio processo administrativo não enseja a nulidade da CDA, porquanto cabe ao contribuinte o manejo de competente processo administrativo caso entenda incorreta a cobrança tributária, e não ao Fisco que, com observância da lei aplicável ao caso, lançou o tributo. (...) 4. Agravo Regimental não provido (AgRg no AgRg no AREsp 235.651/MG, Rel. Ministro Herman Benjamin, Segunda Turma, j. 26.08.2014, DJe 25.09.2014).

[84] Nessa ordem de ideias, dada a oficiosidade com que ocorre, em regra, a constituição de tributos sujeitos ao lançamento de ofício, a Súmula CARF 46 dispõe: O lançamento de ofício pode ser realizado sem prévia intimação ao sujeito passivo, nos casos em que o Fisco dispuser de elementos suficientes à constituição do crédito tributário.

[85] Súmula STJ 436.

(iii) no caso dos tributos lançados por homologação, cujos pagamentos não forem efetuados no prazo, a declaração do contribuinte, por meio da DCTF, elide a necessidade da notificação do débito pelo Fisco, podendo ser imediatamente inscrito em Dívida Ativa[86];

(iv) o envio da guia de cobrança (carnê), da taxa de licença para funcionamento, ao endereço do contribuinte, configura a notificação presumida do lançamento do tributo, passível de ser ilidida pelo contribuinte, a quem cabe comprovar seu não recebimento[87].

Para além dos procedimentos mais simplificados, a materialização do lançamento se dá na forma de auto de infração ou pela notificação de lançamento ao contribuinte, instrumentos que se aplicam alternativamente, a depender de cada caso, e que igualmente cumpre a função de delinear a certeza e a liquidez da obrigação tributária, revelando a motivação e a finalidade do ato administrativo[88].

O auto de infração, em linhas gerais, presta-se à constituição de multa de ofício por inobservância de obrigação acessória e lançamento suplementar de tributos sujeitos a lançamento por homologação não declarados ou não pagos, enquanto a Notificação de Lançamento veicula débito tributário principal e seus acessórios (multa de mora, juros e correção monetária), notadamente aqueles sujeitos a lançamento de ofício ou por declaração.

De todo modo, é fundamental que qualquer deles tenham por substrato a reunião de todos os elementos de prova que o subsidiam (art. 9º, *caput*, do Decreto 70.235/1972), sob pena de nulidade por comprometimento do direito de defesa do sujeito passivo. Daí a ideia de que o ônus da prova no lançamento tributário recai sobre Fisco na fase de constituição do débito tributário[89], condição que robustece a futura certidão de Dívida Ativa de presunção de veridicidade dos elementos que a compõem[90].

---

[86] AgRg no AREsp 650.031/RJ, Rel. Ministro Benedito Gonçalves, Primeira Turma, j. 07.05.2015, DJe 14.05.2015

[87] REsp 1114780/SC, Rel. Ministro Luiz Fux, Primeira Seção, j. 12.05.2010, DJe 21.05.2010.

[88] CARF. Acórdão 3201002.873. 2ª Câmara / 1ª Turma Ordinária. Sessão de 26.06.2017.

[89] O art. 41 da Lei 6.830/1980 – Lei de Execuções Fiscais – determina que "o processo administrativo correspondente à inscrição de Dívida Ativa, à execução fiscal ou à ação proposta contra a Fazenda Pública será mantido na repartição competente, dele se extraindo as cópias autenticadas ou certidões, que forem requeridas pelas partes ou requisitadas pelo Juiz ou pelo Ministério Público".

[90] 1. A jurisprudência desta Corte é firme no sentido de que a lei não exige como requisito da inicial para a propositura da execução fiscal a juntada da cópia do processo administrativo, tendo em vista que incumbe ao devedor o ônus de impugnar a presunção de liquidez e certeza da certidão de dívida ativa. Precedente: (Numeração Única: 0005578-86.2009.4.01.3807. AC 2009.38.07.005583-0/MG; Apelação cível. Relator: Desembargador Federal Reynaldo Fonseca. Convocado: Juiz Federal Ronaldo Castro Destêrro e Silva (Conv.). Órgão: Sétima Turma. Publicação: 22.06.2012 e-DJF1 P. 814. Data Decisão: 12.06.2012). 2. "A instrução da petição inicial com certidão de dívida ativa é o quanto basta para o regular processamento de execução fiscal, descabida a exigência de comprovação de prévia notificação ao devedor em processo administrativo para pagamento ou impugnação do débito. Precedentes da Corte: AC 2001.38.00.121741-8/MG, DJ 12.02.2002 e AC 2001.38.00.018273-5/MG, DJ 04.12.2002" (AC 2003.01.00.035161-2/MG, Rel. Juiz Federal Iran Velasco Nascimento (conv.), Sétima Turma DJ 15.10.2004, pg. 76). 3. Gozando a Certidão de Dívida Ativa da presunção legal de liquidez e certeza, somente prova inequívoca em sentido contrário, a cargo do sujeito passivo, poderá ilidi-la e resultar em seu desfazimento (Código Tributário Nacional, art. 204 e parágrafo único; Lei 6.830/1980, art. 3º e parágrafo único). 4. Apelação desprovida. (AC 0003364-73.2010.4.01.3812/MG, Rel. Desembargador Federal José Amilcar Machado, Sétima Turma, e-DJF1 de 28.04.2017).

Submetidos aos mesmos requisitos formais do art. 9º do Decreto 70.235/1972, o lançamento também se presta às hipóteses em que, constatada infração à legislação tributária, dela não resulte exigência de crédito tributário (§ 4º do art. 9.º do Decreto 70.235/1972).

O lançamento, em regra, deve ser individualizado para cada espécie tributária configurada ou penalidade imposta, podendo haver cumulação deles em um mesmo auto de infração ou notificação de lançamento quando constatado conjunto probatório comum (§ 1º do art. 9º, do Decreto 70.235/1972) ou, ainda, a apuração em único ato de diversos tributos abrangidos por regime unificado de arrecadação (§ 5º do art. 9º do Decreto 70.235/1972), ambos a bem do princípio da economia processual.

O **auto de infração**, conforme exige o art. 10 do Decreto 70.235/1972 deve:

(i) ser lavrado por servidor competente, no local da realização da ação fiscal onde constatada a infração – ainda que fora do estabelecimento do contribuinte[91];

(ii) constar a qualificação do autuado, o local, a data e a hora da lavratura – a ausência de indicação de data e hora de lavratura do auto de infração não invalida o lançamento de ofício quando suprida pela data da ciência do autuado[92], registro temporal que mais importa para fins de contagem do prazo decadencial de constituição do débito e dos prazos aplicáveis ao contencioso administrativo;

(iii) a descrição do fato;

(iv) a disposição legal infringida e a penalidade aplicável;

(v) a determinação da exigência e

(vi) a intimação para cumpri-la ou impugná-la no prazo de trinta dias;

(vii) a assinatura do autuante com a indicação de seu cargo ou função e o número de matrícula.

Ainda que observados todos os ditames legais, os atos preparatórios que formam a exigência do crédito tributário verificado, ou da penalidade imposta, somente se revestem de eficácia por meio da **notificação do lançamento**, quando não se tratar da hipótese de lavratura de auto de infração, cujos elementos de prova devem acompanhar a cientificação ou, se o caso, franquear acesso amplo e irrestrito ao contribuinte.

Compete à Administração dar ciência ao contribuinte da atividade fiscal, observados os requisitos formais que lhe são próprios e estão traçados no art. 11 do mesmo Decreto 70.235/1972, quais sejam:

---

[91] Súmula CARF 6: É legítima a lavratura de auto de infração no local em que foi constatada a infração, ainda que fora do estabelecimento do contribuinte. (Acórdãos paradigmas: Acórdão 101-94711, de 20.10.2004 Acórdão 103-21225, de 13.05.2003 Acórdão 104-20812, de 06.07.2005 Acórdão 105-14047, de 27.02.2003 Acórdão 107-07331, de 10.09.2003 Acórdão 202-11274, de 09.06.1999 Acórdão 201-76714, de 29.01.2003 Acórdão 203-08674, de 25.02.2003 Acórdão 203-09437, de 16.02.2004 Acórdão 203-09710, de 10.08.2004.

[92] Súmula CARF 7: A ausência da indicação da data e da hora de lavratura do auto de infração não invalida o lançamento de ofício quando suprida pela data da ciência. (Acórdãos paradigmas: Acórdão 106-13534, de 11.09.2003 Acórdão 102-46574, de 01.12.2004 Acórdão 103-19444, de 03.06.1998 Acórdão 104-17338, de 26.01.2000 Acórdão 103-20828, de 20.02.2002).

(i) a qualificação do notificado;

(ii) o valor do crédito tributário;

(iii) o prazo para recolhimento ou defesa/impugnação[93];

(iv) a disposição legal infringida, se for o caso.

Ainda consiste em requisito obrigatório, na notificação de lançamento, a identificação da autoridade fiscal que a expediu[94], contudo, é dispensada sua assinatura se emitida em processo eletrônico, consoante autorizado pelo parágrafo único do art. 11 do Decreto 70.235/1972. Se levado a efeito por autoridade competente de jurisdição diversa do domicílio tributário do sujeito passivo, o lançamento tributário previne a jurisdição e prorroga a competência dessa autoridade que teve a primeira atuação no caso (§§ 2º e 3º do art. 9º)[95].

Consoante disposto no art. 12 do Decreto 70.235/1972, sempre que a atividade fiscal constata indícios de crimes contra a ordem tributária ou mesmo infrações de competência territorial diversa, para formalizar a exigência tributária, o servidor deve expedir representação circunstanciada a seu chefe imediato a quem incumbe realizar as devidas comunicações aos órgãos competentes para lançamento ou apuração dos fatos[96].

O lançamento do tributo é condição de procedibilidade para o processamento de ação penal que apura crime contra a ordem tributária ou contra a Previdência Social, por se tratar de crime material, segundo a Súmula Vinculante 24 do Supremo Tribunal Federal, razão por que inadmissível o recebimento de denúncia antes da conclusão do processo administrativo de constituição do débito tributário e ou seu processamento no caso de adimplemento da dívida.

É o momento de encontro entre o Direito Tributário e o Direito Processual Penal, especialmente a respeito do encaminhamento de informações fiscais para fins penais. Ao Fisco compete noticiar ao Ministério Público e às autoridades policiais a ocorrência de crimes contra a ordem tributária, porém essa obrigação encontra restrição no art. 83 da Lei 9.430/1996, que veda a representação fiscal para fins penais antes de o lançamento se tornar definitivo, com o encerramento do processo administrativo fiscal, quando se confirma a redução ou supressão de tributo. Esta regra foi validada pelo STF na ADI 1.571, de relatoria do Ministro Gilmar Mendes.

Mais recentemente, em março de 2022, o Plenário do Supremo reconheceu a constitucionalidade do art. 83 da Lei 9.430/1996, que define o encaminhamento pelo Fisco ao Ministério Público da representação fiscal para fins penais relativamente aos

---

[93] É nula a notificação fiscal que não indica o prazo para impugnação, acarretando a nulidade do lançamento do crédito tributário (REsp 1387623/SC, Rel. Ministra Eliana Calmon, Segunda Turma, j. 03.10.2013, DJe 14.10.2013).

[94] Súmula CARF 21.

[95] Súmula CARF 27.

[96] Essa previsão normativa cuida de regulamentar o procedimento que impulsiona as apurações de ordem penal, sem repercussão imediata sobre a constituição do crédito tributário. Nesse diapasão, não compete ao CARF decidir sobre as controvérsias decorrentes do Processo Administrativo de Representação para Fins Penais instaurado em face dos indícios de práticas criminosas (Súmula CARF 28).

Título I • Cap. 3 • PROCESSO ADMINISTRATIVO FISCAL | 139

crimes contra a ordem tributária **somente depois de proferida a decisão final, na esfera administrativa,** a respeito da exigência fiscal do crédito tributário correspondente.[97]

A constitucionalidade do art. 83 da Lei 9.430/1996 já tinha sido reconhecida pelo STF em 2003 no julgamento da ADI 1571. Em 2010, porém, a Medida Provisória 497/2010, convertida na Lei 12.350/2010, incluiu a representação fiscal para fins penais nos crimes contra a Previdência Social, especificamente o de apropriação indébita e de sonegação de contribuições previdenciárias, antes somente prevista para os crimes contra a ordem tributária.

Foi diante desta inclusão que o Ministério Público Federal promoveu a Ação Direta de Inconstitucionalidade (ADI) 4980 no STF para obter a declaração de inconstitucionalidade do referido dispositivo relativamente aos crimes de natureza formal – e não propriamente materiais – incluindo os crimes contra a ordem tributária e previdenciária. Os crimes formais são aqueles conhecidos pela norma descritiva do tipo penal cuja ocorrência prescinde do resultado naturalístico para a consumação (tipo incongruente).

A Lei 8.137/1990, que define os crimes contra a ordem tributária, econômica e contra as relações de consumo, por exemplo, estabelece como ilícito de natureza formal "fazer declaração falsa ou omitir declaração sobre rendas, bens ou fatos, ou empregar outra fraude, para eximir-se, total ou parcialmente, de pagamento de tributo".[98]

---

[97] Art. 83. A representação fiscal para fins penais relativa aos crimes contra a ordem tributária previstos nos arts. 1º e 2º da Lei 8.137, de 27 de dezembro de 1990, e aos crimes contra a Previdência Social, previstos nos arts. 168-A e 337-A do Decreto-Lei 2.848, de 7 de dezembro de 1940 (Código Penal), será encaminhada ao Ministério Público depois de proferida a decisão final, na esfera administrativa, sobre a exigência fiscal do crédito tributário correspondente.
§ 1º Na hipótese de concessão de parcelamento do crédito tributário, a representação fiscal para fins penais somente será encaminhada ao Ministério Público após a exclusão da pessoa física ou jurídica do parcelamento.
§ 2º É suspensa a pretensão punitiva do Estado referente aos crimes previstos no *caput*, durante o período em que a pessoa física ou a pessoa jurídica relacionada com o agente dos aludidos crimes estiver incluída no parcelamento, desde que o pedido de parcelamento tenha sido formalizado antes do recebimento da denúncia criminal.
§ 3º A prescrição criminal não corre durante o período de suspensão da pretensão punitiva.
§ 4º Extingue-se a punibilidade dos crimes referidos no *caput* quando a pessoa física ou a pessoa jurídica relacionada com o agente efetuar o pagamento integral dos débitos oriundos de tributos, inclusive acessórios, que tiverem sido objeto de concessão de parcelamento.
§ 5º O disposto nos §§ 1º a 4º não se aplica nas hipóteses de vedação legal de parcelamento.
§ 6 º As disposições contidas no *caput* do art. 34 da Lei nº 9.249, de 26 de dezembro de 1995, aplicam-se aos processos administrativos e aos inquéritos e processos em curso, desde que não recebida a denúncia pela juiz.

[98] Art. 2º Constitui crime da mesma natureza: (Vide Lei 9.964, de 10.04.2000)
I – fazer declaração falsa ou omitir declaração sobre rendas, bens ou fatos, ou empregar outra fraude, para eximir-se, total ou parcialmente, de pagamento de tributo;
II – deixar de recolher, no prazo legal, valor de tributo ou de contribuição social, descontado ou cobrado, na qualidade de sujeito passivo de obrigação e que deveria recolher aos cofres públicos;
III – exigir, pagar ou receber, para si ou para o contribuinte beneficiário, qualquer percentagem sobre a parcela dedutível ou deduzida de imposto ou de contribuição como incentivo fiscal;
IV – deixar de aplicar, ou aplicar em desacordo com o estatuído, incentivo fiscal ou parcelas de imposto liberadas por órgão ou entidade de desenvolvimento;
V – utilizar ou divulgar programa de processamento de dados que permita ao sujeito passivo da obrigação tributária possuir informação contábil diversa daquela que é, por lei, fornecida à Fazenda Pública.
Pena – detenção, de 6 (seis) meses a 2 (dois) anos, e multa.

Os crimes contra a ordem tributária, previstos no art. 1º, incisos I a IV, da Lei 8.137/1990, são materiais ou de resultado, enquanto aqueles contidos no art. 2º do mesmo diploma são crimes formais ou de mera conduta (STF: Súmula Vinculante 24 e HC 81.611, relator ministro Sepúlveda Pertence). Portanto, a pretensão ministerial era de que a limitação temporal do art. 83 da Lei 9.430/1996 não tivesse aplicação para os crimes formais ou de mera conduta previstos no art. 2º da Lei 8.137/1990, estes que não dependem, para a sua consumação, de redução ou supressão de tributo, daí a suposta irrelevância de haver lançamento definitivo.

Não foi o que entendeu o STF. Para o Tribunal a representação fazendária para fins penais somente poderá ser encaminhada ao Ministério Público depois da decisão final, na esfera administrativa, sobre a exigência fiscal do crédito tributário correspondente – com a constituição definitiva, seja relativamente à configuração de crimes formais ou materiais (ADI 4980, Rel. Min. Nunes Marques).

Por esta mesma lógica, também não se incluiria na restrição contida no art. 83 da Lei 9.430/1996 a iniciativa do Fisco de noticiar fatos que possam desaguar em denúncia por crimes diversos daqueles previstos no citado preceito legal (STF: Reclamação 12.501, Rel. Min. Cármen Lúcia). E, ainda, diga-se, não estão sob sigilo funcional (art. 198 do CTN) a troca de informações que não indiquem situação econômica ou financeira do sujeito passivo ou de terceiros, e a natureza e o estado de seus negócios ou atividades. E, da mesma forma, o sigilo fiscal, inserido na órbita do direito fundamental à privacidade (art. 5º, X, da CF)[99], não abrange a mera revelação da existência da dívida, o seu valor, o patamar da multa aplicada, e outras informações que não identifiquem as atividades econômicas privadas ou ganhos do contribuinte que consubstanciem a imposição fiscal.

3.7 CONTENCIOSO ADMINISTRATIVO – FASE EXTERNA DO PAF

O art. 3º do CTN dispõe que *tributo é toda prestação pecuniária compulsória, em moeda ou cujo valor nela se possa exprimir, que não constitua sanção de ato ilícito, instituída em lei e cobrada mediante **atividade administrativa plenamente vinculada***.

No âmbito dessa atividade absolutamente adstrita à norma de regência, a intimação do sujeito passivo para ciência de sua condição ante determinada obrigação tributária se impõe como importante marco[100]. Nesse momento, abre-se a possibilidade de instauração do contencioso administrativo que não constitui estágio obrigatório, mas a oportunidade de contraposição, na via administrativa, à atividade oficiosa e impositiva do poder de tributar.

O art. 145 do Código Tributário Nacional determina que a impugnação ofertada pelo sujeito passivo, quando regularmente notificado, permite a alteração do lançamen-

---

[99] A CF prevê no inciso LXXIX do art. 5º que *é assegurado, nos termos da lei, o direito à proteção dos dados pessoais, inclusive nos meios digitais*, porém, o compartilhamento de informações fiscais está na órbita dos poderes instituídos dos servidores públicos para consecução do exercício funcional das correspondentes competências legalmente definidas.

[100] "O processo administrativo não é um a cartola de mágico, não pode surpreender os cidadãos, sob pena de violação da garantia do contraditório, sob pena de violar-se o Estado Democrático de Direito" (fundamentação do AgRg no REsp 892.847/SC, Rel. Ministro Luiz Fux, Primeira Turma, j. 18.08.2009, DJe 10.09.2009).

to fiscal. Trata-se de decorrência lógica do modelo adotado no Brasil de constituição unilateral da exação[101], mesmo nas hipóteses de tributo lançado por homologação.

A **impugnação**, nos termos do art. 151 do CTN, inciso III, enseja a suspensão da exigibilidade do crédito tributário (arts. 14 e 14-A do Decreto 70.235/1972) e inaugura a **fase externa da concepção administrativa do PAF**, de caráter contencioso e marcado pela litigiosidade na qual a esfera administrativa presta-se à solução dos conflitos em matéria tributária.

Assim como na fase interna do PAF, também, nessa etapa, a interferência do Poder Judiciário afigura-se na **concepção judicial extraordinária do PAF**, quando o contribuinte opõe-se à obrigação e, mesmo podendo contar com os mecanismos administrativos para sua insurgência, opta por medidas judiciais que imponham, ou pretendam impor, à Administração o dever de extinguir ou modificar os termos da obrigação tributária constituída.

A impugnação será formalizada e instruída com os documentos em que se fundamentar, dirigida ao órgão preparador, no prazo de 30 dias, a contar da data em que for feita a intimação (art. 15 do Decreto 70.235/1972).

A petição deve indicar as qualificações do interessado[102] e a autoridade julgadora, além de fundamentar o pedido nos motivos de fato e de direito que o sustentam, demonstrando os pontos de concordância e as razões e provas que desconstituem o ato impugnado, sob pena de preclusão dos argumentos e provas já disponíveis[103].

---

[101] "Por outro lado, levando-se em consideração a formação unilateral do título executivo extrajudicial (CDA), que nos casos de dívida ativa tributária independe da vontade do devedor, posto se tratar de obrigação decorrente de lei (...)" (OLIVEIRA ALES, Renato. *Execução fiscal: comentários à Lei 6.830, de 22.09.1980 . Belo Horizonte, Del Rey, 2008. p. 137).*

A formação unilateral da CDA como título executivo, presume a existência dos requisitos de liquidez e certeza, sendo afastada, contudo, tal presunção se restar comprovado que o processo administrativo que lhe deu origem padece de algum vício. – Embora a apelante alegue que houve a efetiva notificação do devedor, os elementos coligidos aos autos, quando muito, evidenciam que apenas foi expedida a notificação por AR, mas não provam que houve o recebimento da intimação no endereço da empresa. A presunção que ostenta a Certidão de Dívida Ativa não implica exigir-se do devedor que faça prova negativa de seu direito, ou seja, de que não recebeu a notificação expedida pelo Fisco, quando este é que tem o dever de juntar ao processo administrativo esse documento. – A CDA constituída em processo administrativo em que não se respeitou o direito à ampla defesa (CF/1988, art. 5º, LV), não pode ser considerada válida, perdendo, pois, seu caráter de título executivo exigível. – Apelação e remessa oficial improvidas. (TRF-5 – AC: 390800 PE 0017392-98.2003.4.05.8300, Relator: Desembargador Federal Francisco Wildo. Segunda Turma. j. 27.04.2010.)

[102] O Conselho Administrativo de Recursos Fiscais tem entendimento sedimentado no sentido de que todos os arrolados como responsáveis tributários na autuação são parte legítima para impugnar e recorrer acerca da exigência do crédito tributário e do respectivo vínculo de responsabilidade. Súmula CARF 71.

[103] §§ 3º a 6º do art. 16 do Decreto 70.235/1972:

§ 3º. Quando o impugnante alegar direito municipal, estadual ou estrangeiro, provar-lhe-á o teor e a vigência, se assim o determinar o julgador.

§ 4º. A prova documental será apresentada na impugnação, precluindo o direito de o impugnante fazê-lo em outro momento processual, a menos que:

a) fique demonstrada a impossibilidade de sua apresentação oportuna, por motivo de força maior;

b) refira-se a fato ou a direito superveniente;

c) destine-se a contrapor fatos ou razões posteriormente trazidas aos autos.

§ 5º. A juntada de documentos após a impugnação deverá ser requerida à autoridade julgadora, mediante petição em que se demonstre, com fundamentos, a ocorrência de uma das condições previstas nas alíneas do parágrafo anterior.

Também sob pena de perda do direito de comprovar o alegado, segundo a Lei do PAF, o impugnante deve apontar as diligências e perícias que porventura se pretendam realizar, antecipando os quesitos e assistentes técnicos a serem indicados, se for o caso (art. 16 do Decreto 70.235/1972). Ressalvada, em qualquer hipótese, a possibilidade de a autoridade julgadora entender de ofício por produzi-las (art. 18 do Decreto 70.235/1972[104]).

Ainda segundo a Lei do PAF, outro aspecto a ser trazido aos autos pelo contribuinte é a cópia da petição inicial que porventura tenha submetido à apreciação do Poder Judiciário a matéria impugnada. Isso porque, diante da possibilidade de alteração do ato administrativo pelo Poder Judiciário, o ajuizamento de questões sobre o lançamento repercute no contencioso administrativo.

Não seria producente avançar no contencioso administrativo ante a iminência ou existência de decisões judiciais que enfrentam os elementos formadores da exação. Nessa linha é a matéria sumulada pelo Conselho Administrativo de Recursos Fiscais, no seguinte enunciado:

> Súmula CARF 1: Importa renúncia às instâncias administrativas a propositura pelo sujeito passivo de ação judicial por qualquer modalidade processual, antes ou depois do lançamento de ofício, com o mesmo objeto do processo administrativo, sendo cabível apenas a apreciação, pelo órgão de julgamento administrativo, de matéria distinta da constante do processo judicial.

Ainda sobre essa questão, durante a vigência de medida judicial que determinar a suspensão da cobrança do tributo, não será instaurado procedimento fiscal contra o sujeito passivo favorecido pela decisão, relativamente, à matéria sobre que versar a ordem de suspensão, e se a medida se referir a matéria objeto de processo fiscal, o curso deste não será suspenso, exceto quanto aos atos executórios (art. 62, *caput* e parágrafo único, do Decreto 70.235/1972)[105].

---

§ 6°. Caso já tenha sido proferida a decisão, os documentos apresentados permanecerão nos autos para, se for interposto recurso, serem apreciados pela autoridade julgadora de segunda instância.

[104] Art. 18. A autoridade julgadora de primeira instância determinará, de ofício ou a requerimento do impugnante, a realização de diligências ou perícias, quando entendê-las necessárias, indeferindo as que considerar prescindíveis ou impraticáveis, observando o disposto no art. 28, *in fine*. (Redação dada pela Lei 8.748, de 1993)

§ 1° Deferido o pedido de perícia, ou determinada de ofício, sua realização, a autoridade designará servidor para, como perito da União, a ela proceder e intimará o perito do sujeito passivo a realizar o exame requerido, cabendo a ambos apresentar os respectivos laudos em prazo que será fixado segundo o grau de complexidade dos trabalhos a serem executados. (Redação dada pela Lei 8.748, de 1993)

§ 2° Os prazos para realização de diligência ou perícia poderão ser prorrogados, a juízo da autoridade. (Redação dada pela Lei 8.748, de 1993)

§ 3° Quando, em exames posteriores, diligências ou perícias, realizados no curso do processo, forem verificadas incorreções, omissões ou inexatidões de que resultem agravamento da exigência inicial, inovação ou alteração da fundamentação legal da exigência, será lavrado auto de infração ou emitida notificação de lançamento complementar, devolvendo-se, ao sujeito passivo, prazo para impugnação no concernente à matéria modificada. (Redação dada pela Lei 8.748, de 1993)

[105] Já em relação ao debate de débito ajuizado, o art. 38 da Lei 6.830/1980 estabelece:

Art. 38. A discussão judicial da Dívida Ativa da Fazenda Pública só é admissível em execução, na forma desta Lei, salvo as hipóteses de mandado de segurança, ação de repetição do indébito ou ação

Quanto ao mérito, além dos debates já dirimidos na esfera judicial, também não serão apreciadas, no âmbito do processo administrativo fiscal, as alegações de inconstitucionalidade como fundamento para se afastar a aplicação ou deixar de observar tratado, acordo internacional, lei ou decreto.

Esse óbice somente inexiste caso a norma atacada já tenha sido declarada inconstitucional por decisão definitiva do plenário do Supremo Tribunal Federal ou se esse mesmo argumento de inconstitucionalidade subsidia dispensa legal de constituição ou de ato declaratório do Procurador-Geral da Fazenda Nacional[106]; súmula da Advocacia-Geral da União[107]; ou pareceres do Advogado-Geral da União aprovados pelo Presidente da República[108] (art. 26-A do Decreto 70.235/1972).

O Conselho Administrativo de Recursos Fiscais estabelece, nessa mesma linha, no enunciado de Súmula 2 que: "O CARF não é competente para se pronunciar sobre a inconstitucionalidade de lei tributária".

Esses limites, de forma significativa, e aqui sob exame de um viés crítico sobre o tema, comprometem a extensão da análise empreendida do julgamento administrativo tributário sobre as normas objeto de processo contencioso. Com efeito, a vedação legal do art. 26-A do Decreto 70.235/1972, reforçado pelo enunciado de súmula do CARF, restringe a jurisdição administrativa em flagrante paradoxo à premissa maior de que a autoridade fiscal deve fiel comprimento às normas constitucionais[109].

É que nesse contexto, o princípio da legalidade acaba por ganhar contornos restritos porque se impõe à decisão do julgador de maneira desatrelada de outros parâmetros hermenêuticos que conduziriam a uma releitura da letra da lei, por exemplo, com a aplicação dos princípios constitucionais.

3.8 REVELIA: ADMINISTRATIVA E COBRANÇA DO CRÉDITO

A consolidação administrativa da obrigação tributária constituída pelo lançamento se opera integralmente pela ausência de impugnação ou de pagamento no prazo legal, quando incumbe à autoridade fiscal declarar a revelia do sujeito passivo em relação à parte não litigiosa do crédito e proceder à cobrança amigável da exação, pelo prazo de 30 dias (art. 21 do Decreto 70.235/1972).

O Superior Tribunal de Justiça já teve oportunidade de se manifestar no sentido de que nesse período de atribuição da norma para a cobrança amigável não suspende a

---

anulatória do ato declaratório da dívida, esta precedida do depósito preparatório do valor do débito, monetariamente corrigido e acrescido dos juros e multa de mora e demais encargos.

Parágrafo único. A propositura, pelo contribuinte, da ação prevista neste artigo importa em renúncia ao poder de recorrer na esfera administrativa e desistência do recurso acaso interposto.

[106] Na forma dos arts. 18 e 19 da Lei 10.522, de 19 de julho de 2002.

[107] Na forma do art. 43 da Lei Complementar 73, de 10 de fevereiro de 1993.

[108] Na forma do art. 40 da Lei Complementar 73, de 10 de fevereiro de 1993.

[109] TEDESCO, Paulo Camargo. Efeitos da diferença de posicionamento entre o CARF e o Judiciário para fins de planejamento tributário. In: Contencioso tributário administrativo e judicial. Estudos em homenagem a José Augusto Delgado/Halley Henares Neto, Robson Maia Lins e Rodrigo Antonio da Rocha Frota – Coordenadores – São Paulo: Noeses, 2013, p. 287.

exigibilidade do crédito e, por conseguinte, não impede o curso do prazo prescricional para ajuizamento da cobrança judicial[110].

Tendo em vista a disposição de que se deve considerar não impugnada a matéria que não tenha sido expressamente contestada (art. 17 do Decreto 70.235/1972), diante do inadimplemento de parte da obrigação tributária "não impugnada", o órgão preparador providenciará a formação de autos apartados para imediata cobrança amigável, antes da remessa dos autos para julgamento da impugnação apresentada (art. 21, § 1º, do Decreto 70.235/1972). Isso porque a suspensão da exigibilidade do crédito somente abrange a parte impugnada da obrigação.

Findo o prazo para cobrança amigável, a autoridade preparadora deve relacionar as mercadorias e outros bens perdidos em razão da exigência não impugnada (art. 21, § 2º, do Decreto 70.235/1972), conferindo-lhes a destinação estabelecida em legislação específica aplicável (art. 63 do Decreto 70.235/1972). Esgotado o prazo de cobrança amigável sem que tenha sido pago o crédito tributário, o órgão preparador declarará o sujeito passivo devedor remisso e encaminhará o processo à autoridade competente para promover a cobrança executiva (art. 21, § 3º, do Decreto 70.235/1972).

3.9 INTIMAÇÃO

A intimação no processo administrativo fiscal é o instituto por meio do qual a Administração cientifica o contribuinte das exigências tributárias que lhe são imputadas, assegurando-lhe o direito de oposição aos atos administrativos praticados em decorrência do poder de tributar, em observância ao devido processo legal que assegura o exercício do contraditório e da ampla defesa[111].

A exceção da Fazenda Pública, que dever ser intimada pessoalmente e, quando não o for no prazo de 40 dias, deve receber os autos em que proferida decisão administrativa (art. 23, §§ 7º a 9º, do Decreto 70.235/1972). As formas regulares de intimação no processo administrativo fiscal são (art. 23 do Decreto 70.235/1972):

(i) pessoal, pelo autor do procedimento ou por agente do órgão preparador, na repartição ou fora dela, provada com a assinatura do sujeito passivo, seu mandatário ou preposto, ou, no caso de recusa, com declaração escrita de quem o intimar;

(ii) por via postal, telegráfica ou por qualquer outro meio ou via, com prova de recebimento no domicílio tributário eleito pelo sujeito passivo.

As intimações pessoais e por via postal são alternativas uma da outra e não têm ordem de preferência entre si (art. 23, § 3º, do Decreto 70.235/1972). Em ambos os casos, a data da confirmação do recebimento pela assinatura do intimado marca o termo inicial da contagem do prazo para impugnação do ato intimado, caso omitido do dia de ciência por via postal, considera-se 15 dias da expedição da intimação (art. 23, § 2º, incisos I e II, do Decreto 70.235/1972).

---

[110] REsp 1399591/CE, Rel. Ministro Mauro Campbell Marques, Segunda Turma, j. 08.10.2013, DJe 15.10.2013.

[111] REsp 478.853/RS, Rel. Ministro Luiz Fux, Primeira Turma, j. 10.06.2003, DJ 23.06.2003, p. 259

Quanto à notificação por via postal, sua validade é reconhecida mesmo que quem a tenha recebido não seja o representante legal do destinatário[112]. Não existe, portanto, uma exigência de "intimação pessoal" do sujeito passivo. Em outras palavras, a validade da comunicação expedida pelo Fisco não depende do recebimento pela própria pessoa física do contribuinte, ou, quando pessoa jurídica, pelo administrador, gerente ou sócio. A intimação encaminhada ou dirigida ao domicílio tributário do sujeito passivo, e lá recebida, torna válida a cientificação promovida pela Administração Fiscal.

A interpretação do art. 23 do Decreto 70.235/1972, portanto, é de que inexiste obrigatoriedade de intimação postal com ciência expressa do contribuinte, bastando apenas a prova de que a correspondência foi entregue no endereço do domicílio fiscal do contribuinte, podendo ser recebida por porteiro do prédio, por exemplo.

(iii) por meio eletrônico, com prova de recebimento, mediante:
   a) envio ao domicílio tributário do sujeito passivo;
   b) registro em meio magnético ou equivalente utilizado pelo sujeito passivo.

A partir dessa autorização legal de implementação do processo fiscal eletrônico, de que trata o art. 2º da Lei do PAF, a Receita Federal do Brasil editou a mais recente Instrução Normativa – RFB 2.022/2021, dispondo a respeito da prática de atos e termos processuais de forma eletrônica e do Domicílio Tributário Eletrônico – DTE, de modo que o processo eletrônico seja um legítimo ambiente virtual de troca de informações entre o Fisco e contribuintes.

Como se trata de um processo gradativo de modernização, o DTE coexiste com o domicílio tributário convencional que permite a intimação via postal e somente passa a ser considerado, nos termos do § 5º do art. 23 do Decreto 70.235/1972 e do art. 15 da Instrução Normativa – RFB 2.022/2021[113], a partir de manifestação expressa do sujeito passivo, mediante termo de adesão à nova sistemática que indique a caixa postal a ser considerada como novo domicílio tributário.

Como a intimação é um ato que se consuma com o registro formal da ciência do intimado e se consubstancia termo inicial para a contagem do prazo para que o

---

[112] Súmula CARF 9: É válida a ciência da notificação por via postal realizada no domicílio fiscal eleito pelo contribuinte, confirmada com a assinatura do recebedor da correspondência, ainda que este não seja o representante legal do destinatário. (Acórdãos paradigmas: Acórdão 102-46574, de 01.12.2004 Acórdão 104-20408, de 26.01.2005 Acórdão 106-14266, de 21.10.2003 Acórdão 107-07076, de 20.03.2003 Acórdão 108-07562, de 16.10.2003 Acórdão 201-68026, de 20.05.1992 Acórdão 202-08457, de 21.05.2003 Acórdão 202-09572, de 14.10.1997 Acórdão 201-71773, de 02.06.1998 Acórdão 203-06545, de 09.05.2000.)

[113] Art. 15. A intimação por meio eletrônico será enviada ao domicílio tributário eletrônico do sujeito passivo ou registrada em meio magnético ou equivalente por ele utilizado.
§ 1º Considera-se domicílio tributário eletrônico do sujeito passivo a Caixa Postal a ele atribuída pela Administração Tributária, mediante autorização expressa, disponibilizada por meio do e-CAC.
§ 2º A autorização a que se refere o § 1º deverá ser formalizada mediante envio, pelo sujeito passivo, do Termo de Opção correspondente, por meio do e-CAC.
§ 3º A intimação registrada em meio magnético a que se refere o *caput* será feita em caso de aplicação de penalidade pela entrega de declaração depois de expirado o prazo estabelecido pela legislação.
§ 4º Na hipótese prevista no § 3º, o recibo de entrega e a intimação correspondente serão exibidos no ato da transmissão da declaração e ficarão disponíveis para impressão.

contribuinte possa se opor ao ato da Administração, a legislação estabelece uma modalidade de intimação presumida ou ficta, a fim de afastar margem de dúvidas sobre o momento de sua consumação.

Para tanto, o prazo recursal começa a fluir 15 dias contados da data registrada no comprovante de entrega no DTE, caso não efetuada a consulta pelo contribuinte antes dessa data, ou ainda, na data registrada no meio magnético ou equivalente de utilização pelo sujeito passivo (art. 23, § 2º, inciso III, do Decreto 70.235/1972), termo inicial também previsto no art. 16 da Instrução Normativa – RFB 2.022/2021[114].

Um esclarecimento merece registro porque a intimação por meio eletrônico, em uma das hipóteses previstas no inciso III, § 2º, do art. 23, do Decreto 70.235/1972, considera a intimação "nada data em que o sujeito passivo efetuar consulta no endereço eletrônico a ele atribuído pela administração tributária". A "consulta" referida não é do acesso ao sistema eletrônico, mas da abertura do correio eletrônico relativo propriamente à intimação.

> (iv)	Quando resultar improfícuo outro meio de intimação ou quando o sujeito passivo tiver sua inscrição declarada inapta perante o cadastro fiscal, a intimação poderá ser feita por edital publicado:
>
> I – no endereço da administração tributária na internet;
>
> II – em dependência, franqueada ao público, do órgão encarregado da intimação;
>
> III – uma única vez, em órgão da imprensa oficial local.

Considera-se realizada a intimação por edital 15 dias após sua publicação (art. 23, § 2º, inciso IV, do Decreto 70.235/1972). Entretanto, revelam-se dois aspectos importantes à adoção do edital para fins de intimação.

A uma, sua inaplicabilidade nos casos de opção pelo contribuinte pela sistemática do Domicílio Tributário Eletrônico – DTE, haja vista, nesse ambiente virtual, a intimação eletrônica não se mostrar inócua, porquanto, em última análise, aplica-se a ela a intimação presumida. A duas, seu caráter de exceção e subsidiariedade às hipóteses de notificação pessoal ou por via postal. Essa excepcionalidade exige que sejam esgotadas as formas regulares de intimação e verificadas as condições para manejo do edital, cujo ônus da demonstração nos autos de sua legitimidade recai sobre a Administração Pública, sob pena de nulidade do ato administrativo ante a falta de regular notificação[115].

A citação edilícia é procedimento que somente se justifica somente depois de caracterizada irrefutável a tentativa inútil de intimação do contribuinte por meio das outras modalidades previstas na norma. Se, por exemplo, ausente a cópia do Aviso de Recebimento dos Correios – AR nos autos, o CARF já entendeu que *a tela de consulta*

---

[114]	Art. 16. Considera-se feita a intimação por meio eletrônico:
I – 15 (quinze) dias, contados da data registrada no comprovante de entrega no domicílio tributário do sujeito passivo;
II – na data em que o sujeito passivo efetuar consulta no endereço eletrônico a ele atribuído pela administração tributária, se ocorrida antes do prazo previsto no inciso I; ou
III – na data registrada no meio magnético ou equivalente utilizado pelo sujeito passivo.
[115]	AgRg no REsp 1104382/RS, Rel. Ministro Sérgio Kukina, Primeira Turma, j. 22.10.2013, DJe 29.10.2013.

do sistema interno da Receita Federal por si só não comprova a razoável tentativa de inti-mação do sujeito passivo.[116] A intimação via edital, portanto, é considerada válida desde que demonstrada a tentativa de intimação do contribuinte por via postal, conforme disposto no Decreto 70.235/1972, art. 23, § 1º, nos casos em que não há a opção feita pelo DTE. Neste contexto, não tendo sido o contribuinte devidamente intimado em seu endereço, deve ser considerada tempestiva sua manifestação de inconformidade.[117]

Quanto à indicação do domicílio fiscal do contribuinte e o dever de mantê-lo atualizado, considera-se o endereço postal por ele fornecido em seus cadastros perante o Fisco ou o endereço eletrônico por ele atribuído no momento em que expressa sua opção pelo Domicílio Tributário Eletrônico – DTE[118] (art. 23, § 4º, do Decreto 70.235/1972).

Em se tratando de aplicação das normas tributárias no espaço, a regra de intimação é a da territorialidade e, portanto, o domicílio do sujeito passivo delimita a competência tributária para arrecadação e, ainda, viabiliza sua localização territorial pelo Estado na persecução do cumprimento da obrigação tributária. O sujeito passivo da obrigação tributária até tem a liberdade para estabelecer seu domicílio, mas de natureza relativa: a autoridade administrativa poderá recusar essa escolha, de forma fundamentada, quando o domicílio fiscal eleito imponha dificuldade à atividade arrecadatória ou de fiscalização.

3.10 COMPETÊNCIA

O desenvolvimento do Processo Administrativo Fiscal permeia diversos níveis de competência, desde o exercício das atividades de lançamento até o mais alto grau hierárquico de poder decisório. Por exemplo, a autoridade preparadora, órgão encar-regado da administração do tributo, dentre outras atribuições[119], tem competência para receber a impugnação, instruir devidamente os autos e encaminhá-los ao órgão julgador salvo se não designada autoridade diversa, como pode ocorrer em sede de processo eletrônico (art. 24 do Decreto 70.235/1972).

O julgamento do processo de exigência de contribuições ou tributos administra-dos pela Secretaria da Receita Federal compete (arts. 25 e 26 do Decreto 70.235/1972):

I – **em primeira instância**, às Delegacias da Receita Federal de Julgamento, órgãos de deliberação interna e natureza colegiada da Secretaria da Receita Federal;

a) aos Delegados da Receita Federal, titulares de Delegacias especializadas, nas atividades concernentes a julgamento de processos, quanto aos tributos e con-tribuições administrados pela Secretaria da Receita Federal.

b) às autoridades mencionadas na legislação de cada um dos demais tributos ou, na falta dessa indicação, aos chefes da projeção regional ou local da entidade que administra o tributo, conforme for por ela estabelecido.

---

[116] Número do Processo:13827.720605/2013-71; 2ª Turma/Câmara Superior Rec. Fiscais Câmara: 2ª Seção; Data da publicação: 29 junho de 2018.

[117] Número do Processo: 15374.931685/2008-22; 2ª Turma Ordinária da Quarta Câmara da Primeira Seção. Julgamento em 17 de junho de 2020.

[118] Instrução Normativa RFB 2.022/2021.

[119] Tais como intimar, declarar a revelia do sujeito passivo, viabilizar a cobrança amigável, encaminhar o débito para cobrança judicial.

II – **em segunda instância**, ao Conselho Administrativo de Recursos Fiscais – CARF, órgão colegiado, paritário, integrante da estrutura do Ministério da Fazenda, atual Ministério da Economia, com atribuição de julgar recursos de ofício e voluntários de decisão de primeira instância, bem como recursos de natureza especial;

3.11 JULGAMENTO EM PRIMEIRA INSTÂNCIA

Os processos remetidos à apreciação da impugnação em primeira instância deverão ser qualificados e identificados, atribuída prioridade para aqueles que contam com circunstâncias de crime contra a ordem tributária ou envolvam elevados valores, conforme ato regulamentador do Ministro da Fazenda e outros atos normativos do Secretário da Receita Federal que estabeleça ordens e prazos a serem observados (art. 27 do Decreto 70.235/1972).

A decisão conterá relatório, fundamentos, conclusão e ordem de intimação do interessado, identificados todos os autos de infração ou as notificações de lançamento que constituam seu objeto e detalhando as razões de defesa suscitadas (art. 31 do Decreto 70.235/1972). Deve, ainda, enfrentar distinta e fundamentadamente as questões preliminares alegadas e depois o mérito da impugnação, apreciando as provas como elementos formadores de livre convicção do órgão julgador, podendo demandar sobre sua produção (arts. 28 e 29 do Decreto 70.235/1972).

Sobre a valoração das provas, no âmbito de apreciação instrutória em primeira instância, configura cerceamento de defesa o indeferimento do pedido de produção de provas oportunamente especificadas quando o pedido de mérito é julgado improcedente justamente por falta de comprovação do alegado[120].

A avaliação dos laudos e pareceres que configurem elementos de prova deve ser dotada dos seus aspectos técnicos, conceito no qual não se insere a classificação fiscal dos produtos. Caso produzidos em outros processos administrativos fiscais, poderão ser admitidos mediante certidão de inteiro teor ou cópia integral de seu conteúdo, sob as condições dispostas no art. 30 do Decreto 70.235/1972[121].

A decisão da impugnação não é passível de pedido de reconsideração (art. 36 do Decreto 70.235/1972), mas pode ser impugnada por recurso voluntário, total ou parcialmente, com efeito suspensivo, no prazo de 30 dias de sua ciência (art. 33 do Decreto 70.235/1972).

De qualquer forma, será objeto de recurso de ofício pela autoridade de primeira instância, por declaração na própria decisão, sempre que exonerar o sujeito passivo do pagamento de tributo e encargos de multa de valor total (lançamento principal e decorrentes) a ser fixado em ato do Ministro de Estado da Economia ou deixar de

---

[120] AgInt no REsp 1459326/SC, Rel. Ministro Gurgel de Faria, Primeira Turma, j. 06.04.2017, DJe 16.05.2017.

[121] § 3º. Atribuir-se-á eficácia aos laudos e pareceres técnicos sobre produtos, exarados em outros processos administrativos fiscais e transladados mediante certidão de inteiro teor ou cópia fiel, nos seguintes casos: a) quando tratarem de produtos originários do mesmo fabricante, com igual denominação, marca e especificação; b) quando tratarem de máquinas, aparelhos, equipamentos, veículos e outros produtos complexos de fabricação em série, do mesmo fabricante, com iguais especificações, marca e modelo.

aplicar pena de perda de mercadorias ou outros bens, cominada à infração denunciada na formalização da exigência (art. 34 do Decreto 70.235/1972).

A Portaria MF 2/2023 estabelece que o Presidente de Turma de Julgamento da Delegacia da Receita Federal do Brasil de Julgamento (DRJ) recorrerá de ofício sempre que a decisão exonerar sujeito passivo do pagamento de tributo e encargos de multa, em valor total superior a R$ 15.000.000,00 (quinze milhões de reais), a ser verificado por processo, ainda que a decisão tenha excluído determinado sujeito passivo da lide sem comprometimento da totalidade da exigência do crédito tributário.

3.12 JULGAMENTO EM SEGUNDA INSTÂNCIA

O Conselho Administrativo de Recursos Fiscais – CARF[122] é o órgão julgador competente para julgar os processos que versem sobre tributos administrados pela Secretaria da Receita Federal do Brasil, em segunda instância, submetidos à sua apreciação pelo processamento dos recursos voluntários interpostos contra as decisões de primeira instância, ainda que peremptos (art. 35 do Decreto 70.235/1972), e dos recursos de ofício, que serão conhecidos se enquadrados no limite de alçada vigente na data de sua apreciação.[123]

A estrutura e o funcionamento do CARF estão legalmente dispostos nos §§ 1º ao 11 do art. 25 do Decreto 70.235/1972 [124] e seu Regimento Interno está veiculado pela Portaria MF 1.634/2023.

---

[122] Com a criação do CARF por meio da Medida Provisória 449/2008, convertida na Lei 11.941/2009, foram extintos os Conselhos dos Contribuintes.

[123] Súmula CARF 103.

[124] § 1º. O Conselho Administrativo de Recursos Fiscais será constituído por seções e pela Câmara Superior de Recursos Fiscais.

§ 2º. As seções serão especializadas por matéria e constituídas por câmaras.

§ 3º. A Câmara Superior de Recursos Fiscais será constituída por turmas, compostas pelos Presidentes e Vice-Presidentes das câmaras.

§ 4º. As câmaras poderão ser divididas em turmas.

§ 5º. O Ministro de Estado da Fazenda poderá criar, nas seções, turmas especiais, de caráter temporário, com competência para julgamento de processos que envolvam valores reduzidos, que poderão funcionar nas cidades onde estão localizadas as Superintendências Regionais da Receita Federal do Brasil.

§ 6º. (VETADO)

§ 7º. As turmas da Câmara Superior de Recursos Fiscais serão constituídas pelo Presidente do Conselho Administrativo de Recursos Fiscais, pelo Vice-Presidente, pelos Presidentes e pelos Vice-Presidentes das câmaras, respeitada a paridade.

§ 8º. A presidência das turmas da Câmara Superior de Recursos Fiscais será exercida pelo Presidente do Conselho Administrativo de Recursos Fiscais e a vice-presidência, por conselheiro representante dos contribuintes.

§ 9º. Os cargos de Presidente das Turmas da Câmara Superior de Recursos Fiscais, das câmaras, das suas turmas e das turmas especiais serão ocupados por conselheiros representantes da Fazenda Nacional, que, em caso de empate, terão o voto de qualidade, e os cargos de Vice-Presidente, por representantes dos contribuintes.

§ 9º-A. Ficam excluídas as multas e cancelada a representação fiscal para os fins penais de que trata o art. 83 da Lei nº 9.430, de 27 de dezembro de 1996, na hipótese de julgamento de processo administrativo fiscal resolvido favoravelmente à Fazenda Pública pelo voto de qualidade previsto no § 9º deste artigo.

§ 10. Os conselheiros serão designados pelo Ministro de Estado da Fazenda para mandato, limitando-se as reconduções, na forma e no prazo estabelecidos no regimento interno.

Sua jurisprudência orienta a atividade administrativa fiscal como fonte de direito, na condição de norma complementar[125], tanto por seus julgados quanto pelos enunciados de súmula que retratam entendimento consolidado acerca de determinada matéria, aos quais, inclusive, o Ministro de Estado da Fazenda, atual Ministro da Economia, pode conferir efeito vinculante em relação à Administração[126].

O art. 99 do Regimento Interno daquele Conselho dispõe que as decisões definitivas de mérito, proferidas pelo Supremo Tribunal Federal e pelo Superior Tribunal de Justiça em matéria infraconstitucional, na sistemática dos arts. 543-B e 543-C da Lei 5.869/1973, ou dos arts. 1.036 a 1.041 da Lei 13.105/2015 – Código de Processo Civil, deverão ser reproduzidas pelos conselheiros no julgamento dos recursos no âmbito do CARF.

A finalidade dessa disposição é evitar decisões conflitantes entre as esferas judicial e as decisões proferidas no âmbito do contencioso administrativo fiscal, viabilizando a uniformidade na jurisdição administrativa tributária, alinhada com a posição jurisprudencial consolidada no âmbito do Poder Judiciário[127].

Das decisões colegiadas do CARF não cabe pedido de reconsideração[128], mas podem ser interpostos:

(i) **Embargos de Declaração**, em 5 dias, a serem apreciados pelo próprio colegiado que tenha proferido a decisão embargada[129], quando o acórdão contiver obscuridade, omissão ou contradição entre a decisão e os seus fundamentos, ou for omitido ponto sobre o qual deveria pronunciar-se a turma; e

(ii) **Recurso Especial** dirigido à Câmara Superior de Recursos Fiscais, no prazo de 15 (quinze) dias, contra decisão que der à lei tributária interpretação divergente da que lhe tenha dado outra Câmara, turma de Câmara, turma especial ou a própria Câmara Superior de Recursos Fiscais[130] (art. 37, § 2º, do Decreto 70.235/1972). Da decisão que não conhece do recurso especial cabe a interposição de agravo interno, nos termos de que dispõe o art. 122 do Regimento do CARF.

Terão tramitação prioritária os processos no CARF que:

(i) contenham circunstâncias indicativas de crime, objeto de representação fiscal para fins penais;

---

§ 11. O Ministro de Estado da Fazenda, observado o devido processo legal, decidirá sobre a perda do mandato dos conselheiros que incorrerem em falta grave, definida no regimento interno.

§ 12. Nos julgamentos realizados pelos órgãos colegiados referidos nos incisos I e II do *caput* deste artigo, é assegurada ao procurador do sujeito passivo a realização de sustentação oral, na forma do regulamento.

[125] Art. 100 do Código Tributário Nacional.

[126] Art. 129 do Regimento Interno do CARF.

[127] VITA, Jonathan Barros. Os efeitos dos precedentes judiciais e administrativos na interpretação e afetação nas decisões do CARF, à luz do art. 62-A de seu regimento interno. In: Contencioso tributário administrativo e judicial. Estudos em homenagem a José Augusto Delgado/Halley Henares Neto, Robson Maia Lins e Rodrigo Antonio da Rocha Frota – Coordenadores – São Paulo: Noeses, 2013, p. 150.

[128] A previsão que autorizada o pedido de reconsideração foi vetada com o advento da Lei 11.941/2009 e sua vedação está expressa no parágrafo único do art. 115 do Regimento Interno do CARF.

[129] Art. 116 do Regimento Interno do CARF.

[130] Nos termos do art. 51 do Regimento Interno do CARF, compete ao Pleno da Câmara Superior de Recursos Federais – CSRF a uniformização de decisões divergentes das turmas da CSRF que apreciam os recursos especiais, por meio de resolução.

Título I · Cap. 3 · PROCESSO ADMINISTRATIVO FISCAL | **151**

(ii) tratem de exigência de crédito tributário de valor igual ou superior ao determinado pelo Ministro de Estado da Fazenda (Economia), inclusive na hipótese de recurso de ofício;

(iii) atendam a outros requisitos estabelecidos pelo Ministro de Estado da Fazenda;

(iv) a preferência tenha sido requerida pelo Procurador-Geral da Fazenda Nacional;

(v) a preferência tenha sido requerida pelo Secretário da Receita Federal do Brasil; e

(vi) figure como parte ou interessado, nos termos do art. 69-A da Lei 9.784, de 29 de janeiro de 1999, pessoas com idade igual ou superior a 60 (sessenta) anos; portadora de deficiência física ou mental; portadora de moléstia grave; portadora de câncer (Estatuto da Pessoa com Câncer – Lei 14.238/2021), mediante requerimento do interessado e prova da condição.

As decisões reiteradas e uniformes do CARF serão convertidas em súmula de observância obrigatória pelos membros do CARF.

3.13 EFICÁCIA E EXECUÇÃO DAS DECISÕES PROFERIDAS NO PAF

Os atos e as decisões administrativas exarados no âmbito do Processo Administrativo Fiscal estão sujeitos a controle, segundo prescrevem os princípios do contraditório e da ampla defesa, ao carregar toda a sua força normativa também para os litígios instalados fora do processo judicial, sobretudo porque veiculam exigências tributárias que interferem diretamente no direito de liberdade e de propriedade do cidadão[131].

A estabilização das decisões, no entanto, também é uma valiosa garantia de proteção dos direitos e deveres reconhecidos com acatamento aos princípios da legalidade e do devido processo legal, especialmente por consolidar as situações jurídicas instituídas, ainda que resultantes da solução dos conflitos, em favor da segurança jurídica que impede a eternização das lides[132]. O regular processamento do PAF exige o adstrito cumprimento aos preceitos normativos, limitando o poder de tributar e viabilizando o direito de defesa, mas também, estabelecendo marcos que alcancem a pacificação do contencioso administrativo ao conferir caráter perene a suas decisões.

Assim, são definitivas as decisões (art. 42 do Decreto 70.235/1972):

(i) de primeira instância esgotado o prazo para recurso voluntário sem que este tenha sido interposto;

(ii) de primeira instância na parte que não for objeto de recurso voluntário ou não estiver sujeita a recurso de ofício;

(iii) de segunda instância de que não caiba recurso ou, se cabível, quando decorrido o prazo sem sua interposição;

(iv) de instância especial.

---

[131] Art. 5º, incisos LIII e LIV, da Constituição Federal.

[132] Há um profundo debate doutrinário sobre o emprego do instituto processual da coisa julgada e a distinção entre coisa julgada formal e material para além das decisões proferidas pelo Poder Judiciário, porquanto a iminente possibilidade de discussão afasta a imutabilidade das decisões administrativa.

A partir do momento em que estabilizada a decisão do Fisco, seja pelo decurso do prazo para impugnação ou recorrer ou, ainda, pelo esgotamento de todas as instâncias recursais, opera-se a preclusão da possibilidade de retratação ou reexame na via administrativa. Tal circunstância, no entanto, em nada compromete o direito de insurgência no âmbito judicial, ainda que o contribuinte não tenha exercido qualquer das possibilidades de oposição na esfera administrativa[133], dada a garantia de proteção pelo Poder Judiciário contra ameaça ou lesão a direito subjetivo, por preservação do princípio da inafastabilidade da jurisdição (art. 5º, XXXV, da CF).

Quando a decisão definitiva for favorável ao sujeito passivo, cumpre à autoridade preparadora exonerá-lo, de ofício, dos gravames decorrentes do litígio (art. 45 do Decreto 70.235/1972)[134]. Já nos casos em que contrária ao sujeito passivo, a decisão estável será submetida ao prazo de 30 dias para cobrança amigável e, caso frustrada, deve ser encaminhada para inscrição do débito em Dívida Ativa e posterior cobrança executiva (arts. 41 e 43 do Decreto 70.235/1972).

Consubstanciada qualquer das fases processuais que conferem completude à decisão administrativa impositiva de obrigação tributária e transcorrido o prazo de 30 (trinta) dias da notificação do sujeito passivo sem pagamento, está configurada a constituição definitiva do crédito tributário e o vencimento da obrigação[135], a partir de quando tem início o curso do prazo prescricional para ação executiva[136].

O depósito que tenha sido realizado pelo sujeito passivo, deverá ser apurado e convertido em renda, se o interessado não comprovar a propositura de ação judicial para discussão do referido débito. Se insuficiente para a extinção integral do crédito tributário, deve-se proceder à cobrança do saldo remanescente, enquanto os valores porventura excedentes devem ser restituídos ao interessado, na forma da legislação específica (art. 43, §§ 1º e 2º, do Decreto 70.235/1972). Também dessa fase, deve ser declarada a perda de mercadorias ou outros bens apreendidos, conforme o caso (art. 44 do Decreto 70.235/1972).

3.14 PROCESSO DE CONSULTA

O processo de consulta fiscal decorre do sobreprincípio da segurança jurídica[137] para permitir que o contribuinte conheça previamente a interpretação oficial da Admi-

---

[133] AgInt no REsp 1459326/SC, Rel. Ministro Gurgel de Faria, Primeira Turma, j. 06.04.2017, DJe 16.05.2017.

[134] Código Tributário Nacional. Art. 156. Extinguem o crédito tributário: (...) IX – a decisão administrativa irreformável, assim entendida a definitiva na órbita administrativa, que não mais possa ser objeto de ação anulatória.

[135] REsp 1120295/SP, Rel. Ministro Luiz Fux, Primeira Seção, j. 12.05.2010, DJe 21.05.2010. Recurso representativo da controvérsia – Tema 383.

[136] Art. 174 do Código Tributário Nacional.

[137] Segundo colacionado por José Augusto Delgado, essa é a concepção contemporânea da segurança jurídica tributária, que não consiste regra explícita, mas representa a efetivação de um conjunto de princípios que operam para realizar um entrelaçamento de outros princípios.
DELGADO, José Augusto. Segurança Jurídica e Recursos Repetitivos em matéria tributária no STJ: análise dos repetitivos mais importantes que afetam diretamente o contencioso tributário. In: Contencioso tributário administrativo e judicial. Estudos em homenagem a José Augusto Delgado/Halley Henares Neto, Robson Maia Lins e Rodrigo Antonio da Rocha Frota – Coordenadores – São Paulo: Noeses, 2013, p. 186-189.

nistração sobre determinada norma que, ao menos em tese, lhe é aplicável. A própria Constituição assegura que *todos têm direito a receber dos órgãos públicos informações de seu interesse particular, ou de interesse coletivo ou geral, que serão prestadas no prazo da lei, sob pena de responsabilidade, ressalvadas aquelas cujo sigilo seja imprescindível à segurança da sociedade e do Estado*[138]. Cuida-se de uma sistemática que estabelece uma relação de boa-fé, confiança e lealdade processual, razão pela qual entende o STJ ter a resposta à consulta caráter vinculante para os órgãos fazendários[139].

Se por um lado permite que o sujeito passivo possa receber prévia orientação formal e específica, o que facilita seu planejamento tributário, previne aplicação de penalidades e define com clareza os limites que lhe serão conferidos administrativamente, por outro, facilita a atividade fiscal ao inibir o contencioso, bem como obstaculiza futuros debates judiciais, e, em última análise, otimiza a atividade fiscal.

O sujeito passivo, os órgãos da administração e as entidades representativas de categorias econômicas ou profissionais podem formular consultas sobre dispositivos da legislação tributária aplicável a determinado fato (art. 46 do Decreto 70.235/1972), que deverá ser apresentada por escrito, no domicílio tributário do consulente, dirigida ao órgão local responsável pela gestão dos tributos objeto de dúvida (art. 47 do Decreto 70.235/1972), a quem incumbe preparar o processo para submissão ao órgão julgador.

A consulta não suspende o prazo para recolhimento de tributo, retido na fonte ou autolançamento antes ou depois de sua apresentação, nem o prazo para declaração de rendimentos (art. 49 do Decreto 70.235/1972). No entanto, durante o período entre sua apresentação até o trigésimo dia subsequente à data da ciência da decisão definitiva, nenhum procedimento fiscal será instaurado contra o sujeito passivo em relação ao tributo consultado (art. 48 do Decreto 70.235/1972).

É definitiva a decisão em consulta proferida em primeira instância e não recorrida ou aquela proferida em segunda instância, sendo que essa última não obriga o recolhimento do tributo que deixou de ser retido ou autolançado após a decisão reformada e de acordo com o que orientava, no período entre as datas de ciência das duas decisões (art. 49 do Decreto 70.235/1972), afastada a exigibilidade do pagamento do tributo que deixou de ser cumprido entre a data da decisão favorável ao contribuinte e sua reforma em segunda instância[140].

O art. 161 do CTN ainda explicita que, na pendência da consulta formulada pelo devedor dentro do prazo legal para pagamento do crédito, não serão acrescidos juros de mora, impostas penalidades cabíveis ou aplicadas quaisquer medidas de garantia da obrigação. Contudo, não produzirá efeito a consulta formulada (art. 52 do Decreto 70.25/1972), quando, ou se:

(i)   não observados os requisitos formais de apresentação;

(ii)   por quem tiver sido intimado a cumprir obrigação relativa ao fato objeto da consulta;

---

[138]   Inciso XXXIII, Art. 5º da CF.
[139]   REsp 670.601/PR, Rel. Ministro Teori Albino Zavascki, Primeira Turma, j. 10.06.2008, DJe 19.06.2008.
[140]   REsp 1646725/CE, Rel. Ministro Herman Benjamin, Segunda Turma, j. 14.03.2017, DJe 27.04.2017.

(iii) por quem estiver sob procedimento fiscal iniciado para apurar fatos que se relacionem com a matéria consultada;

(iv) quando o fato já houver sido objeto de decisão anterior, ainda não modificada, proferida em consulta ou litígio em que tenha sido parte o consulente;

(v) quando o fato estiver disciplinado em ato normativo, publicado antes de sua apresentação;

(vi) quando o fato estiver definido ou declarado em disposição literal de lei;

(vii) quando o fato for definido como crime ou contravenção penal;

(viii) quando não descrever, completa ou exatamente, a hipótese a que se referir, ou não contiver os elementos necessários à sua solução, salvo se a inexatidão ou omissão for escusável, a critério da autoridade julgadora.

Com o advento da Lei 9.430/1996, o processo de consulta disposto na Lei do PAF implicou alterações importantes às disposições do Decreto 70.235/1972, porquanto promoveu a coexistência de regulamentações distintas vigentes. Destacam-se: (i) a distinção entre o processo de consulta relativo à interpretação da legislação e aquele que cuida da classificação de mercadorias; (ii) a exclusão da duplicidade de instâncias conferidas pelo Decreto, passando a ser solucionadas em única fase processual, somente cabendo recurso quando verificada diferença entre soluções adotadas em relação à mesma matéria; (iii) regras de competência e a inclusão do procedimento ao processo eletrônico[141].

---

[141] Art. 48. No âmbito da Secretaria da Receita Federal, os processos administrativos de consulta serão solucionados em instância única.

§ 1º. A competência para solucionar a consulta ou declarar sua ineficácia, na forma disciplinada pela Secretaria da Receita Federal do Brasil, poderá ser atribuída:

I – a unidade central; ou

II – a unidade descentralizada.

§ 2º. Os atos normativos expedidos pelas autoridades competentes serão observados quando da solução da consulta.

§ 3º. Não cabe recurso nem pedido de reconsideração da solução da consulta ou do despacho que declarar sua ineficácia.

§ 4º. As soluções das consultas serão publicadas pela imprensa oficial, na forma disposta em ato normativo emitido pela Secretaria da Receita Federal.

§ 5º. Havendo diferença de conclusões entre soluções de consultas relativas a uma mesma matéria, fundada em idêntica norma jurídica, cabe recurso especial, sem efeito suspensivo, para o órgão de que trata o inciso I do § 1º.

§ 6º. O recurso de que trata o parágrafo anterior pode ser interposto pelo destinatário da solução divergente, no prazo de trinta dias, contados da ciência da solução.

§ 7º. Cabe a quem interpuser o recurso comprovar a existência das soluções divergentes sobre idênticas situações.

§ 8º. O juízo de admissibilidade do recurso será realizado na forma disciplinada pela Secretaria da Receita Federal do Brasil.

§ 9º. Qualquer servidor da administração tributária deverá, a qualquer tempo, formular representação ao órgão que houver proferido a decisão, encaminhando as soluções divergentes sobre a mesma matéria, de que tenha conhecimento.

§ 10. O sujeito passivo que tiver conhecimento de solução divergente daquela que esteja observando em decorrência de resposta a consulta anteriormente formulada, sobre idêntica matéria, poderá adotar o procedimento previsto no § 5º, no prazo de trinta dias contados da respectiva publicação.

§ 11. A solução da divergência acarretará, em qualquer hipótese, a edição de ato específico, uniformizando o entendimento, com imediata ciência ao destinatário da solução reformada, aplicando-se seus efeitos a partir da data da ciência.

Título I • Cap. 3 • PROCESSO ADMINISTRATIVO FISCAL | **155**

Para compatibilizar as normas em vigor, a Receita Federal do Brasil editou a mais recente Instrução Normativa RFB 2.058/2021, que consolida as disposições aplicáveis e regulamenta a matéria, detalhando os requisitos formais, competências, procedimentos e efeitos do processo administrativo de consulta no âmbito da Secretaria da Receita Federal.

3.15 NULIDADES

De acordo com a Lei do PAF, a nulidade no Processo Administrativo Fiscal se verifica, basicamente, a partir de suas circunstâncias: i) a incompetência da autoridade que tenha lavrado ato/termo ou expedido despachado/decisão no feito ou ii) a violação ao direito de defesa do sujeito passivo (art. 59 do Decreto 70.235/1972).

Significa dizer que, sob pena de inaptidão para produzir os efeitos pretendidos pela atividade fiscal[142], desde o primeiro ato de verificação de determinada exigência tributária até a constituição definitiva do crédito tributário, o Fisco deve estar pautado pela correção desses dois referenciais: competência e defesa do interessado, ambos diretamente ligados às primordiais diretrizes normativas dos princípios da legalidade e do devido processo legal.

Incumbe à autoridade competente para a prática do ato ou ao órgão administrativo judicante, por exemplo o CARF, apreciar em julgamento a nulidade de determinado ato administrativo no qual haja invocada a suspeita de nulidade (art. 61 do Decreto 70.235/1972). A partir dessa análise, devem ser sanadas as irregularidades, incorreções e omissões verificadas e, ainda que não importem nulidade, resultem prejuízo ao contribuinte, sem que este tenha concorrido para a falha detectada, e possam interferir na solução do litígio (art. 60 do Decreto 70.235/1972).

O ato nulo somente prejudica os procedimentos posteriores que dele resulte ou dependa diretamente, tanto que a autoridade que declarar a nulidade deve definir os atos por ela comprometidos e determinar as providências necessárias ao prosseguimento ou solução do processo administrativo fiscal (art. 59, §§ 1º e 2º, do Decreto 70.235/1972).

Conforme literalidade do art. 59 do Decreto 70.235/1972, são **nulos**:

a) os atos e termos lavrados por pessoa incompetente;

b) os despachos e decisões proferidos por autoridade incompetente ou com preterição do direito de defesa.

Se a nulidade cometida macula formalmente o lançamento, o disposto no art. 173 do CTN estabelece que, exsurge da decisão definitiva reconhecedora dessa nulidade do lançamento, o direito de a Fazenda Pública constituir o crédito tributário que tenha sido originalmente lançado no prazo decadencial de 5 (cinco) anos. Por outro lado, em prestígio ao princípio da economia processual, quando for possível decidir em favor do sujeito passivo que se beneficiaria da declaração de nulidade, a autoridade julgadora não a declarará nem determinará a repetição do ato ou a solução do erro (art. 59, § 3º, do Decreto 70.235/1972).

---

§ 12. Se, após a resposta à consulta, a administração alterar o entendimento nela expresso, a nova orientação atingirá, apenas, os fatos geradores que ocorram após dado ciência ao consulente ou após a sua publicação pela imprensa oficial.

142   Súmula 473/STF: A administração pode anular seus próprios atos, quando eivados de vícios que os tornam ilegais, porque deles não se originam direitos; ou revogá-los, por motivo de conveniência ou oportunidade, respeitados os direitos adquiridos, e ressalvada, em todos os casos, a apreciação judicial.

3.16 REFORMA TRIBUTÁRIA E OS IMPACTOS NO PROCESSO ADMINISTRATIVO FISCAL

A Reforma Tributária sobre o consumo, introduzida pela EC 132/2023, promoveu a unificação do ICMS e do ISS, no âmbito estadual e municipal (e DF), com a criação do novo Imposto sobre Bens e Serviços (IBS), um tributo de competência compartilhada entre as correspondentes unidades federadas. No âmbito federal, o PIS e a Cofins foram substituídos pela Contribuição Sobre Bens e Serviços (CBS), com o objetivo de simplificar a apuração e a arrecadação daqueles tributos. Também de competência federal, foi instituído o Imposto Seletivo (IS), com incidência sobre bens e serviços considerados prejudiciais à saúde ou ao meio ambiente, como bebidas alcoólicas e cigarros, com o objetivo de desestimular o consumo desses produtos.

Essas mudanças realizadas no sistema tributário impactam diretamente o processo administrativo tributário, especialmente porque, com a instituição do IBS, tornou-se necessária a adaptação dos procedimentos administrativos para lidar com o novo tributo, enquanto, no caso da CBS, a competência permanece sob vinculação do órgão judicante administrativo do CARF, também responsável pelo julgamento administrativo de recursos em matéria do IS.

A propósito, desde a promulgação da Constituição Federal de 1988, é a primeira vez que as expressões "processo administrativo fiscal" e "contencioso administrativo" aparecem no capítulo referente ao Sistema Tributário Nacional — artigo 156-A, § 5º, VII e artigo 156-B, III e § 8º, anteriormente extraídas dos incisos LV, LXXII e LXXVIII do correspondente artigo 5º.

A uniformização das normas processuais, antes dispersas entre diferentes unidades federativas, tende a promover maior eficiência e coerência nas decisões administrativas. Contudo, a transição para esse novo modelo apresenta desafios como a necessidade de capacitação dos servidores e a adaptação dos sistemas de gestão tributária.

A Lei Complementar 214, de 16 de janeiro de 2025, instituiu o IBS, a CBS, o IS e criou o Comitê Gestor do IBS (CGIBS), entidade pública com caráter técnico e operacional sob regime especial, responsável por regulamentar, coordenar a administração e decidir o contencioso administrativo do novo imposto.

Convênios podem ser celebrados pelas administrações tributárias dos entes federados para delegação recíproca das atividades de fiscalização do IBS e da CBS e, entre Ministério da Fazenda e Comitê Gestor do IBS, para delegação recíproca do julgamento de contencioso administrativo sobre esses tributos.

Lei complementar específica trata do contencioso administrativo relativo ao IBS e à CBS, já o contencioso administrativo no âmbito do Imposto Seletivo deve observar ao disposto no Decreto 70.235/1972. Essas competências deverão ser exercidas de modo a priorizar a harmonização de procedimentos com o objetivo de assegurar a uniformidade e a previsibilidade na aplicação das normas.

Esse é, sem dúvidas, um dos pontos mais significativos: a uniformização do sistema processual para todos os estados, o Distrito Federal e os municípios, com a pretensão de eliminar a necessidade de o contribuinte lidar com uma multiplicidade de legislações processuais administrativas, conferindo aos contribuintes maior clareza e praticidade ao exercício do contraditório e da ampla defesa. Além disso, relativamente aos municípios de menor porte, com dificuldades estruturais e administrativas, a instituição de um modelo uniforme, certamente, confere melhor adequação às demandas locais, de modo que todos os contribuintes, independentemente de estarem em grandes estados ou em pequenos municípios, terão acesso igualitário ao direito de defesa.

Persistem controvérsias, no entanto, acerca da separação do contencioso tributário do IBS e da CBS. Embora ambos os tributos compartilhem o mesmo fato gerador e base de cálculo, a divisão de competências para decidir sobre o contencioso entre o CARF (CBS) e o Comitê Gestor (IBS), apesar de alinhada com a premissa de autonomia dos entes federativos, gera preocupações sobre potenciais incompatibilidades interpretativas. Esse cenário alimenta receios legítimos quanto à dificuldade de assegurar uniformidade nas decisões e na aplicação prática das normas.

O texto constitucional visa mitigar as possíveis distorções decorrentes dessa separação do contencioso ao prever expressamente que o Comitê Gestor do IBS, a Receita Federal e a Procuradoria-Geral da Fazenda Nacional deverão compartilhar informações fiscais relacionadas ao IBS e à CBS, além de que deverão atuar de forma coordenada para harmonizar normas, interpretações, obrigações acessórias e procedimentos aplicáveis a ambos os tributos. Também é facultada a implementação de soluções integradas para a administração e cobrança, com vistas a assegurar maior uniformidade e eficiência na gestão tributária.[143]

O mesmo dispositivo constitucional prevê, de forma expressa, que a lei complementar pode promover a integração do contencioso administrativo dos tributos, o que provoca dúvidas sobre a possibilidade de eventual concentração do processo administrativo tributário em um mesmo órgão judicante. Contudo, não há indicativos concretos de que essa integração será plenamente implementada. As discussões parecem limitar-se ao fortalecimento da comunicação e cooperação entre os entes federativos. A forma de operacionalização da atuação conjunta entre o Comitê Gestor e a Receita Federal, essencial para promover a harmonização prometida, ainda depende de maior nível de clareza, contribuindo para incertezas sobre a eficácia desse modelo.

A ênfase nos provimentos vinculantes mantém de modo decisivo a solução de conflitos administrativos, com observância pelo julgador dos precedentes judiciais relevantes, entre os quais as súmulas vinculantes do STF, as decisões em controle concentrado de constitucionalidade e aquelas em sede de repercussão geral, bem como os precedentes do STJ oriundos do rito dos recursos repetitivos. A uniformização da jurisprudência administrativa, derivada do novo modelo concebido pela reforma tribu-

---

[143] Art. 156-B. Os Estados, o Distrito Federal e os Municípios exercerão de forma integrada, exclusivamente por meio do Comitê Gestor do Imposto sobre Bens e Serviços, nos termos e limites estabelecidos nesta Constituição e em lei complementar, as seguintes competências administrativas relativas ao imposto de que trata o art. 156-A: [...]

§ 6º O Comitê Gestor do Imposto sobre Bens e Serviços, a administração tributária da União e a Procuradoria-Geral da Fazenda Nacional compartilharão informações fiscais relacionadas aos tributos previstos nos arts. 156-A e 195, V, e atuarão com vistas a harmonizar normas, interpretações, obrigações acessórias e procedimentos a eles relativos. (Incluído pela Emenda Constitucional nº 132, de 2023)

§ 7º O Comitê Gestor do Imposto sobre Bens e Serviços e a administração tributária da União poderão implementar soluções integradas para a administração e cobrança dos tributos previstos nos arts. 156-A e 195, V. (Incluído pela Emenda Constitucional nº 132, de 2023)

§ 8º Lei complementar poderá prever a integração do contencioso administrativo relativo aos tributos previstos nos arts. 156-A e 195, V. (Incluído pela Emenda Constitucional nº 132, de 2023)

tária, revela um avanço significativo para a previsibilidade das decisões, com evidência da segurança jurídica. A previsão de padronização das interpretações administrativas promete eliminar divergências interpretativas entre entes tributantes, promovendo maior confiança dos contribuintes e, com isso, espera-se uma possível redução no grau de litigiosidade tributária, sob perspectiva de um sistema mais eficiente e um ambiente mais favorável ao cumprimento espontâneo das obrigações tributárias.

Sob a perspectiva do processo administrativo tributário, a Reforma Tributária introduzida pela EC 132/2023 promete ofertar avanços em termos de simplificação, harmonização e eficiência no sistema tributário brasileiro, especialmente com a unificação de tributos e a implementação de normas processuais mais uniformes. No entanto, a plena realização dos benefícios prometidos dependerá de como serão conduzidas as etapas de regulamentação e integração dos procedimentos administrativos, além de superar os desafios inerentes à transição para esse novo modelo. A clareza na atuação conjunta entre os órgãos envolvidos e a concretização de um sistema coeso serão determinantes para consolidar a segurança jurídica e reduzir os conflitos tributários, criando, assim, um ambiente mais justo e previsível para contribuintes e administradores tributários.

Capítulo 4
PRESCRIÇÃO

4.1 PRESCRIÇÃO DE CRÉDITOS DE NATUREZA TRIBUTÁRIA

A prescrição é o fato jurídico extintivo de determinado direito subjetivo que se consuma com a passagem de determinado tempo, previamente estabelecido em lei, associada à falta de medidas em favor do exercício desse direito, desde que inexistente fato ou ato a que a lei atribua eficácia impeditiva, suspensiva ou interruptiva do seu curso[1].

Cuida-se de um instituto de Direito que decorre da garantia da segurança jurídica e que possibilita a estabilidade das relações sociais, haja vista pôr fim ao litígio pelo decurso de tempo, isto é, extingue o direito de alguém ante sua permanente inércia ou desídia e impede o exercício da ação por tempo indeterminado.

A prescrição tributária, de um lado, é a circunstância que atinge a Fazenda Pública, titular de crédito tributário, inviabilizando o exercício do seu poder-dever de tributar e, sob alguns aspectos, afeta a titularidade de créditos não tributários, por sua inação diante da possibilidade legítima de utilizar-se dos instrumentos legalmente admitidos para que a prestação pecuniária seja efetivamente revertida aos cofres públicos.

Tomando sob a perspectiva do outro polo das relações jurídicas regidas pelo Direito Tributário, a bem do princípio da isonomia, a prescrição que rege os créditos tributários também afeta a pretensão de restituição de indébito do contribuinte que, sob qualquer fundamento, tenha adimplido obrigação tributária indevidamente.

Segundo o Superior Tribunal de Justiça, a prescrição indefinida afronta os princípios informadores do sistema tributário[2]. Com efeito, os bens jurídicos tratados no âmbito fiscal não estão sujeitos a regras excepcionais de imprescritibilidade e o exercício do poder de tributar está adstrito a limites formais, materiais e temporais, os quais estão consolidados no ordenamento jurídico, entre os quais a prescrição tem contornos de alta relevância.

Tendo em vista o que dispõe expressamente o art. 146, inciso III, alínea "b", da CF[3], a prescrição no Direito Tributário somente pode ser tratada por lei complementar. Assim, além de adstritas ao princípio da legalidade em sentido estrito, as questões relativas a prazo e seus demais critérios de incidência devem observar o requisito formal de constitucionalidade, o processo legislativo específico das leis complementares.

---

[1] REsp 1120295/SP, Rel. Ministro Luiz Fux, Primeira Seção, j. 12.05.2010, DJe 21.05.2010. Tema 383.
[2] REsp 1102431/RJ, Rel. Ministro Luiz Fux, Primeira Seção, j. 09.12.2009, DJe 01.02.2010.
[3] Art. 146. Cabe à lei complementar: [...] III – estabelecer normas gerais em matéria de legislação tributária, especialmente sobre: [...] b) obrigação, lançamento, crédito, prescrição e decadência tributários;

160 | PROCESSO TRIBUTÁRIO – *Eduardo Muniz Machado Cavalcanti*

Esse aspecto foi confirmado pelo Supremo Tribunal Federal com a edição da Súmula Vinculante 8[4], enunciado que sedimentou a inconstitucionalidade do art. 46 da Lei 8.212/1991 ao estabelecer prazo prescricional estendido, de 10 (dez) anos, para a cobrança de créditos da Seguridade Social, da mesma forma como tratou em relação à dilação do prazo decadencial versado pela mesma lei ordinária.

Além dessa questão formal, a prescrição no Direito Tributário tem outro contorno jurídico material que lhe é próprio e merece destaque. Para além da extinção do direito de ação, a consumação do prazo prescricional de determinado tributo elimina a própria existência do crédito.

Consagrada pelo art. 156, inciso V[5], do Código Tributário Nacional[6], a prescrição tributária é o instituto que opera a extinção do crédito tributário pela ausência de medidas coercitivas da Fazenda Pública em prol da satisfação dos débitos constituídos em desfavor de determinado contribuinte ou responsável. Prescrito um tributo, não persiste qualquer pretensão ou direito de cobrança pelo Fisco. Sob a ótica do particular, não subsiste qualquer sujeição administrativa ou judicial em face da hipótese de incidência tributária que se tenha operada, nem mesmo há dívida a ser recolhida.

A decadência tributária regula os limites do direito potestativo de constituir a obrigação tributária e deve regular o procedimento que dá ensejo ao lançamento do crédito. Em regra, seus parâmetros temporais de incidência são, de início, o fato gerador, e se consuma com a notificação do lançamento que tenha conferido certeza e liquidez ao crédito tributário[7]. A prescrição, por seu turno, restringe o prazo para que o Fisco possa alcançar o patrimônio do devedor em busca da satisfação do seu crédito, a partir de sua constituição definitiva.

O fato gerador faz nascer a obrigação tributária, prevista abstratamente pela norma jurídica. A depender da espécie tributária, já é possível desde logo iniciar o

---

4   Súmula vinculante 8. São inconstitucionais o parágrafo único do art. 5º do Decreto-Lei 1.569/1977 e os arts. 45 e 46 da Lei 8.212/1991, que tratam de prescrição e decadência de crédito tributário.

5   Art. 156. Extinguem o crédito tributário:
I – o pagamento;
II – a compensação;
III – a transação;
IV – remissão;
V – a prescrição e a decadência;
VI – a conversão de depósito em renda;
VII – o pagamento antecipado e a homologação do lançamento nos termos do disposto no art. 150 e seus §§ 1º e 4º;
VIII – a consignação em pagamento, nos termos do disposto no § 2º do art. 164;
IX – a decisão administrativa irreformável, assim entendida a definitiva na órbita administrativa, que não mais possa ser objeto de ação anulatória;
X – a decisão judicial passada em julgado.
XI – a dação em pagamento em bens imóveis, na forma e condições estabelecidas em lei.
Parágrafo único. A lei disporá quanto aos efeitos da extinção total ou parcial do crédito sobre a ulterior verificação da irregularidade da sua constituição, observado o disposto nos arts. 144 e 149.

6   Com o status de lei complementar reconhecido pelo Supremo Tribunal Federal.

7   Somente a anulação do lançamento faz ressurgir a contagem do prazo decadencial após a notificação do contribuinte.

procedimento administrativo fiscal oficioso com vistas ao lançamento, ou ao menos já há um referencial definido para o início do prazo decadencial de lançamento.

Notificado o contribuinte da materialização da obrigação tributária pelo lançamento, abre-se a possibilidade do contencioso administrativo, por meio do qual o sujeito passivo pode questionar amplamente o débito que lhe foi imposto. Não utilizada essa garantia do contribuinte ou esgotadas as fases de discussão do lançamento, opera-se a constituição definitiva do crédito tributário, quando então tem início o prazo prescricional.

Da notificação do lançamento até a constituição definitiva do crédito, não incidem os institutos da decadência ou da prescrição. Não há que se falar em decadência no curso do processo administrativo fiscal porque o Fisco já exerceu seu direito de subsunção da situação de direito ou de fato à norma de incidência tributária e, por sua atividade vinculada, constituiu o crédito tributário.

Tampouco tem início a contagem do prazo prescricional enquanto pendente o prazo para que o contribuinte notificado possa questionar o lançamento ou no curso do processo em que são debatidas as bases na qual se funda o crédito e que, de fato, pode dar ensejo a sua modificação ou anulação. Lançado o crédito tributário, notificado o devedor e pendente decisão final em torno da consistência desse lançamento, não se pode falar em prescrição.

4.2 TERMO INICIAL DA PRESCRIÇÃO

Mesmo existindo um crédito tributário regularmente lançado e, portanto, passível de pagamento voluntário pelo devedor, o curso da prescrição somente tem seu início depois de asseguradas ao contribuinte as garantias do contraditório e da ampla defesa. Significa dizer que só se pode falar em pretensão executória (i) se o crédito lançado não foi alvo de debate administrativo, ou seja, no momento em que transcorrido *in albis* o prazo para insurgência contra o lançamento, confirmada a inércia do devedor diante da notificação do lançamento, ou (ii) após proferida a última decisão em sede do contencioso fiscal instaurado, do que decorre novo prazo para pagamento do tributo.

Esta última decisão configura a posição definitiva da Administração Tributária sobre o lançamento em debate, que pode implicar a confirmação do ato fiscal ou substituí-lo na forma, nos efeitos ou no conteúdo, a depender dos elementos da regra de incidência tributária que tenham sido questionados ou alterados de ofício.

O lançamento, como visto, é o ato fiscal por meio do qual são verificados e aplicados os critérios materiais, temporais, espaciais, quantitativos e pessoais de uma regra de incidência. A alteração desses elementos em relação ao lançamento inicialmente levado a efeito pode redefinir a competência, a responsabilidade e o valor de um tributo já lançado. Contudo, um crédito também pode ser definitivamente constituído contra determinado responsável pela via judicial, advindo de ação específica que, por exemplo, resulte no redimensionamento do valor cobrado ou tenha sido reconhecido como válido a partir da pretensão, sem êxito, de desconstituição do seu lançamento.

É essencial, de todo modo, que esteja configurada a constituição definitiva e, vencido o novo prazo para pagamento do tributo. Somente há débito tributário a ser cobrado quando indene de debate sobre seu conteúdo e forma e, ainda, não tenha sido adimplido pelo contribuinte ou responsável. Esse contexto jurídico faz surgir a pretensão que municia a Fazenda Pública de legitimidade para o manejo dos instrumentos judiciais e extrajudiciais de coerção contra o sujeito passivo, impondo-lhe de maneira ostensiva o dever de pagar e lançando mão de ferramentas constritivas do patrimônio, além de outros direitos restringíveis contra sua condição de devedor.

Sob o aspecto da prescrição como limitador do poder de tributar, o caráter definitivo do lançamento e a inadimplência do sujeito passivo dão início à contagem do prazo que, se consumado, inviabiliza o exercício do direito de ação da Fazenda Pública ou mesmo qualquer medida administrativa de cobrança com vistas ao cumprimento da obrigação tributária por parte daquele que não o fez regularmente. Mesmo porque, importante reiterar, consumação da prescrição resolve o crédito e extingue-se o dever de pagar o tributo.

Cuida-se, portanto, de uma ferramenta de defesa do contribuinte contra a possibilidade de ser compelido a qualquer tempo pelo Fisco. Esse é o viés da prescrição que se compatibiliza com a já mencionada garantia da segurança jurídica, impedindo a atuação estatal eternizada, enquanto também compõe um importante parâmetro de legalidade da relação jurídico-tributária.

Nos exatos termos do art. 174 do Código Tributário Nacional, a ação para a cobrança do crédito tributário prescreve em cinco anos, contados da data da sua constituição definitiva.

O referido texto legal recebe interpretação pacífica do Superior Tribunal de Justiça no sentido de que, reconhecida a regular constituição do crédito tributário, não há mais que falar em prazo decadencial, mas sim em prescricional, cuja contagem deve se iniciar no dia seguinte à data do vencimento para o prazo de pagamento da exação, porquanto não há antes desse momento o crédito e, portanto, não é exigível do contribuinte[8].

4.3 TERMO INICIAL DA PRESCRIÇÃO SOBRE DÉBITOS DECLARADOS

Entre as formas de constituição do crédito tributário é possível que o valor devido não decorra de ato de lançamento por parte da Administração Fazendária nem esteja submetido, a princípio, ao procedimento administrativo fiscal, mas resulte de ato do contribuinte que comunica seu débito por expressa previsão legal e, por isso, impõe-lhe o dever acessório de declaração e a obrigação principal de pagamento.

Isso é o que ocorre com tributos sujeitos a lançamento por homologação, em relação aos quais a constituição do débito se materializa com a informação prestada pelo contribuinte sobre o fato gerador, o montante da operação e o valor a ser pago a título de tributo.

Segundo enunciado da Súmula 436 do STJ, essa declaração é suficiente para configurar a constituição definitiva do crédito tributário e dispensa qualquer outra providência por parte do Fisco porque já representa os elementos necessários a sua

---

[8] REsp 1320825/RJ, Rel. Ministro Gurgel de Faria, Primeira Seção, j. 10.08.2016, DJe 17.08.2016. Julgamento proferido pelo rito dos recursos repetitivos (art. 1.039 do CPC) – Tema 903.

imediata cobrança. Portanto, a declaração do débito já se sujeita ao prazo prescricional de 5 anos.

Para melhor aplicação do ordenamento jurídico, é importante que tal orientação jurisprudencial seja compatibilizada com a premissa já firmada de que o prazo prescricional começa a correr com o vencimento do prazo determinado para pagamento com a constituição definitiva do débito.

O STJ, nessa linha, posicionou-se de que o prazo prescricional quinquenal para o Fisco exercer a pretensão de cobrança judicial do crédito tributário sujeito à homologação e, portanto, declarado pelo sujeito passivo, conta-se da data estipulada como vencimento para o pagamento da obrigação tributária declarada (mediante DCTF, GIA, entre outros), se cumprido o dever instrumental e ficou inadimplida a obrigação de pagamento antecipado[9].

A toda evidência, essa premissa deve observar a ausência de qualquer causa de suspensão da exigibilidade do crédito ou interruptiva da prescrição ou a contagem do prazo deve compatibilizar-se com os eventos que porventura alterem o fluxo contínuo do quinquênio legal.

4.4 SUSPENSÃO DO PRAZO PRESCRICIONAL

A contagem do prazo quinquenal é paralisada por consequência das circunstâncias que acarretam a suspensão da exigibilidade do crédito (art. 151, do CTN), ou interrompida em função de determinados eventos listados de modo expresso e taxativo pela lei, que fazem retornar seu fluxo ao início (art. 174, parágrafo único, do CTN).

O fenômeno da suspensão da prescrição importa a paralisação da contagem do prazo durante a validade da condição jurídica que lhe deu causa. Esgotados seus efeitos, o prazo retoma seu curso em continuidade ao lapso já contabilizado, ou seja, somente pelo período que falte para que seja totalizado o quinquênio legal.

As causas de suspensão da exigibilidade são:

(i) a moratória;

(ii) o depósito do seu montante integral;

(iii) as reclamações e os recursos, nos termos das leis reguladoras do processo tributário administrativo;

(iv) a concessão de medida liminar em mandado de segurança;

(v) a concessão de medida liminar ou de tutela antecipada, em outras espécies de ação judicial;

(vi) o parcelamento.

A norma tributária, ao contrário do que faz com as hipóteses de interrupção, não estabelece de maneira tão sistematizada os casos de suspensão da prescrição. A aplicação do instituto decorre da impossibilidade momentânea de cobrança do crédito tributário, na maioria das vezes, pela aplicação de uma das causas previstas no rol do

---

[9]   REsp 1120295/SP, Rel. Ministro Luiz Fux, Primeira Seção, j. 12.05.2010, DJe 21.05.2010. Tema 383.

art. 151, condições que podem vir a ensejar a exclusão da obrigação tributária, mas que também pode se exaurir fazendo retomar a pretensão da Fazenda Pública.

Não existe contagem de prazo prescricional contra o Fisco, por exemplo, se o débito é objeto de parcelamento em curso pago regularmente, ou se a obrigação está sendo discutida em sede de contencioso administrativo. Do mesmo modo, não há interesse de agir para a execução de crédito que teve sua exigibilidade suspensa por medida liminar ou, ainda, inviabilizada em razão de decisão proferida em mandado de segurança.

O STJ, em dezembro de 2021, no julgamento do REsp 1480908/RS, por meio da 1ª Seção, aprovou a Súmula 653, com a seguinte redação: "O pedido do parcelamento fiscal, ainda que indeferido, interrompe o prazo prescricional, pois caracteriza confissão extrajudicial do débito". O contribuinte, portanto, ao realizar o pedido de parcelamento fiscal, promove a confissão da existência do débito e, por isso, considera-se constituído o crédito tributário. Mesmo que o pedido de parcelamento seja negado, o prazo de prescrição de cinco anos é reiniciado do zero.

Segundo o art. 174, inciso IV, do CTN, o prazo prescricional de cinco anos, contado da data da constituição definitiva do crédito tributário, é interrompido "por qualquer ato inequívoco ainda que extrajudicial, que importe em reconhecimento do débito pelo devedor".

Uma situação para a qual a lei prevê expressamente que não corre a prescrição é durante a vigência de moratória que tenha sido concedida e depois revogada ou anulada. O mesmo cenário pode ser emprestado à retomada da exigibilidade após parcelamentos, isenções, anistia, remissões e compensações desconstituídos, porquanto, durante o período em curso dessas hipóteses, não existe pretensão de cobrança enquanto vigente qualquer ajuste ou outro instituto tendente à extinção do crédito tributário.

Ainda que haja disposição legal que não faz distinção entre as naturezas do crédito estatal, não se aplica aos créditos tributários a previsão de suspensão por 180 (cento e oitenta) dias decorrente da inscrição do crédito em Dívida Ativa, conforme prevê o art. 2º, § 3º, da Lei 6.830/1980 (Lei de Execuções Fiscais). Isso porque, segundo reiterada jurisprudência do Superior Tribunal de Justiça, são reservadas ao Código Tributário Nacional as disposições sobre as hipóteses de suspensão de exigibilidade.

É possível afirmar que, embora o CTN não conte com rol aglutinante das causas de suspensão da prescrição e, mesmo sendo possível estabelecer interpretação sistemática para conferir seus efeitos para além do que dispõem os arts. 151 e 154, tal como ocorre com a compensação que tenha suspendido a exigibilidade do crédito por determinado tempo e depois tenha sido indeferida, não são aceitas as previsões estranhas às normas gerais tributárias.

Fora as interpretações que decorrem do CTN, a única exceção aceita pelo ordenamento jurídico é a sistemática da suspensão da prescrição pelo art. 40 da LEF, com as interpretações jurisprudenciais e alterações normativas que lhe foram conferidas. Por sua peculiaridade, o tema será objeto de tópico específico voltado à prescrição intercorrente.

4.5 INTERRUPÇÃO DO PRAZO PRESCRICIONAL

A prescrição será interrompida exclusivamente em decorrência das seguintes situações (art. 174 do CTN):

(i) Pelo despacho do juiz que ordenar a citação em execução fiscal;
(ii) Pelo protesto judicial ou extrajudicial;
(iv) Por qualquer ato judicial que constitua em mora o devedor;
(v) Por qualquer ato inequívoco ainda que extrajudicial, que importe em reconhecimento do débito pelo devedor.

De início, observa-se que a Administração Tributária é beneficiada pela adoção de medidas judiciais de cobrança. Ou seja, persistindo a inadimplência do seu devedor, o ajuizamento da execução fiscal (que consiste o meio adequado de cobrança de créditos tributários), o protesto judicial ou qualquer outro meio judicial que constitua o devedor em mora, postergam o termo final do prazo prescricional.

Por outro lado, à mingua de previsão legal de medidas administrativas coercitivas suficientes a provocar a recontagem da prescrição, o reconhecimento do débito pelo sujeito passivo consubstancia causa interruptiva do quinquênio.

Sobre a forma de contagem do seu reinício, embora o Decreto 20.910/1932 determine que a prescrição interrompida recomeça a correr pela metade do prazo original, essa premissa deve ser afastada em matéria tributária, que possui regramento específico no sentido de que se deve observar o cômputo de novo prazo quinquenal[10].

A interrupção do prazo pelo **despacho judicial que ordena a citação em execução fiscal** decorre da redação do inciso I do parágrafo único do art. 174 que foi conferida pela LC 118/2005. A alteração normativa suplantou a necessidade de efetiva citação pessoal do devedor anteriormente prevista e conferiu harmonia com a previsão do art. 8º, § 2º, da Lei 6.830/1980 (Lei de Execuções Fiscais), que já determinava o efeito interruptivo do despacho ordenatório do juiz.

O *status* de lei ordinária da LEF, contudo, tornava incipiente tal previsão, até que veiculada no bojo de lei complementar, em atenção à exigência constitucional formal para tratamento do tema[11]. Para além disso, a medida legislativa dinamizou o procedimento e mitigou os efeitos deletérios à Fazenda advindos dos mecanismos de fuga do devedor que se esquivava do ato de citação enquanto transcorria o prazo prescricional em seu favor.

Dessa forma, o despacho ordenatório interrompe o prazo prescricional e seus efeitos retroagem à data da propositura da ação. Na mesma linha consagrada pelo art. 240, § 1º, do CPC[12], a jurisprudência do Superior Tribunal de Justiça é firme na compreensão de que o ajuizamento da ação executiva é o marco que encerra a inação

---

[10] AgInt no REsp 1719713/RS, Rel. Ministro Mauro Campbell Marques, Segunda Turma, j. 11.09.2018, DJe 18.09.2018.

[11] Art. 146. Cabe à lei complementar: [...] III – estabelecer normas gerais em matéria de legislação tributária, especialmente sobre: [...] b) obrigação, lançamento, crédito, prescrição e decadência tributários;

[12] Art. 240. A citação válida, ainda quando ordenada por juízo incompetente, induz litispendência, torna litigiosa a coisa e constitui em mora o devedor, ressalvado o disposto nos arts. 397 e 398 da Lei nº 10.406, de 10 de janeiro de 2002 (Código Civil).

do credor, razão por que é incoerente a interpretação segundo a qual o fluxo do prazo prescricional continua a escoar até a data em que determinada a citação do devedor ou até sua efetiva citação válida[13].

A data da propositura da execução fiscal constitui, ao mesmo tempo, o *dies ad quem* do prazo prescricional e o *dies ad quo* do seu reinício em sua integralidade, decorrente da interrupção imposta pelo art. 174, parágrafo único, inciso I, do CTN. No ponto, merece registro a compreensão sedimentada na Súmula 106 do STJ no sentido de que: "Proposta a ação no prazo fixado para o seu exercício, a demora na citação, por motivos inerentes ao mecanismo da justiça, não justifica o acolhimento da arguição de prescrição ou decadência".

O ajuizamento da execução fiscal é a medida mais utilizada para satisfação do seu crédito e, ao mesmo tempo, obstrução do prazo prescricional. Desde logo, o devedor é compelido judicialmente a pagar ou indicar bens à penhora e não o fazendo, fica efetivamente sujeito a medidas constritivas do seu patrimônio. Em nome da eficiência e da economicidade, os entes federados têm desenvolvido parâmetros normativos e estabelecido limites ao manejo da execução fiscal, a partir de valores preestabelecidos que deixam de ser levados a juízo, fixando um valor mínimo a justificar a viabilidade (custos *versus* benefícios) de cobrança do crédito público.

O montante da apuração de determinados débitos consolidados não mais é cobrado na via executiva e passa a ser exclusivamente objeto de medidas administrativas e extrajudiciais, meios menos onerosos e menos gravosos de cobrança, com vistas a compatibilizar o valor perseguido daquele despendido para seu alcance.

Excetuado o grande volume de créditos constituídos que pode ser tratado por essas relevantes medidas de otimização tanto da máquina estatal tributária quanto do próprio Poder Judiciário, a regra é o caminho da execução fiscal, causa interruptiva do prazo prescricional mais aplicada na trajetória de um tributo não pago.

Também interrompe a prescrição a **constituição do devedor em mora**, o que pode se consubstanciar por outras medidas judiciais distintas da execução nas quais a Administração Pública busca provocar o pagamento pelo devedor tributário inadimplente ou assegurar meios para esse fim, como mediante o procedimento cautelar fiscal previsto na Lei 8.397/1992, embora tendo sido provocado quando, na hipótese, já constituído definitivamente o crédito tributário.

Já o **protesto judicial**, a despeito de relacionado como gênero de causa interruptiva, acaba por significar medida que constitui em mora o devedor, por meio do qual há manifestação formal do interesse no crédito. Cuida-se de uma possibilidade que costuma ser manejada quando não há indicativo da lei para ação executiva, como ocorre em casos de débitos de pequeno valor.

O **protesto extrajudicial**, por seu turno, previsto expressamente para as certidões de Dívida Ativa pela Lei 9.492/1997, teve sua constitucionalidade declarada pelo STF no julgamento da ADI 5135. Questionada se a medida não significaria uma restrição ilegítima a direitos fundamentais, a Suprema Corte fixou a seguinte tese: "O protesto

---

§ 1° A interrupção da prescrição, operada pelo despacho que ordena a citação, ainda que proferido por juízo incompetente, retroagirá à data de propositura da ação.

13   REsp 1120295/SP, Rel. Ministro Luiz Fux, Primeira Seção, j. 12.05.2010, DJe 21.05.2010. Tema 383.

das Certidões de Dívida Ativa constitui mecanismo constitucional e legítimo, por não restringir de forma desproporcional quaisquer direitos fundamentais garantidos aos contribuintes e, assim, não constituir sanção política".

O protesto em cartório de CDA, contudo, não implica os mesmos efeitos provocados pelo protesto cambial de títulos privados previsto no Código Civil, que visa a conferir força executiva ao próprio título, fazer prova do seu direito, constituir o devedor em mora, possibilitar o pedido de falência do devedor e interromper o prazo prescricional.

Como reconheceu o Supremo, o instituto conferido pela Lei 9.492/1997 revela-se consentâneo com o princípio da proporcionalidade e assume sua "natureza bifronte" que carrega em si a função de constituir o devedor em mora, comprovando o descumprimento da obrigação e, ainda, torna público o inadimplemento, como meio coercitivo de cobrança.

Entretanto, embora se tratar de medida reconhecidamente legítima de cobrança e incremento da arrecadação tributária, para os fins do parágrafo único do art. 1º da referida lei[14], o protesto extrajudicial de crédito tributário não tem a finalidade de interferir no curso do prazo prescricional porque tal hipótese não consta expressamente do rol taxativo do art. 174 do CTN, único veículo normativo constitucionalmente autorizado para determinar causas interruptivas da prescrição tributária.

A última hipótese de interrupção do prazo prescricional a ser tratada é o **reconhecimento do débito pelo devedor**, única possibilidade de reinício do prazo pela via administrativa.

O Código Tributário Nacional exige ato inequívoco do sujeito passivo, mas é preciso estar atento que uma simples manifestação junto ao Fisco questionando aspectos de um débito, mas sem contestá-lo nos seus aspectos constitutivos, é bastante para ocasionar a interrupção da prescrição nos moldes do inciso IV do art. 174.

Por outro lado, é muito comum que o sujeito passivo declare um débito quando tem em vista um ajuste com o Fisco. Como requisito formal de adesão, vê-se compelido a reconhecer o crédito tributário diante do interesse por algum favor que lhe seja concedido, como nos casos de parcelamento e compensação tributária, nos quais por vezes podem estar inseridos benefícios fiscais ou simplesmente são meios facilitadores de adimplementos dos seus débitos.

O parcelamento de débito e o processamento de compensação de débitos tributários[15], não só com precatórios, mas também com base em créditos ilíquidos e ainda inexigíveis – são causas suspensivas do prazo prescricional, nos termos do art. 151 do CTN, a partir do requerimento do devedor. Contudo, o cumprimento de um dos requisitos para concessão da benesse é causa interruptiva da prescrição, qual seja, o ato administrativo inequívoco de reconhecimento do débito.

---

[14]   Art. 1º. Protesto é o ato formal e solene pelo qual se prova a inadimplência e o descumprimento de obrigação originada em títulos e outros documentos de dívida.

Parágrafo único. Incluem-se entre os títulos sujeitos a protesto as certidões de dívida ativa da União, dos Estados, do Distrito Federal, dos Municípios e das respectivas autarquias e fundações públicas. (Incluído pela Lei 12.767, de 2012)

[15]   Vide o fundamento para tal conclusão em relação aos pedidos de compensação de débito tributários.

Dessa forma, a data do reconhecimento do débito por parte do sujeito passivo interrompe o prazo prescricional que, contudo, não retoma sua contagem quando se tratar de parcelamento em curso ou até que homologado o pedido de compensação. Somente há a devolução do quinquênio no caso de cancelamento do parcelamento, seja pela falta de pagamento ou outra causa que o exclua do programa ao qual aderiu, ou se indeferida a compensação.

A jurisprudência do Superior Tribunal de Justiça é mais favorável à Fazenda Pública ao entender que requerimento de parcelamento, ainda que posteriormente indeferido[16], importa causa de interrupção da prescrição e não somente suspensiva da exigibilidade do crédito[17], por constituir, em si, o reconhecimento inequívoco do débito.

Também entende a Corte Superior, relativamente ao marco de retomada do curso do prazo prescricional para a cobrança do crédito tributário, a partir da data do inadimplemento da parcela, que caracteriza o desligamento, pouco importando o posterior momento em que a autoridade tributária reconhece essa condição[18].

Apesar do entendimento acima, o próprio STJ, em voto condutor da lavra da eminente Ministra Assusete Magalhães, quando da análise específica do regramento previsto como REFIS (Lei 9.964/2000), alcunha que se estendeu para diversos outros programas de parcelamento tributário, manifestou-se no sentido de que o prazo para cobrança volta a correr apenas no momento em que o contribuinte é formalmente excluído do programa e não do momento anterior em que se torna inadimplente, o que dá ensejo à contagem inicial do prazo de cinco anos para o ajuizamento da execução fiscal a partir do dia seguinte ao cancelamento do parcelamento inadimplido[19].

A jurisprudência do STJ, após certa variação, portanto, pacificou-se no sentido de que, em se cuidando, especificamente, do programa de parcelamento denominado REFIS, de que trata a Lei 9.964/2000, o prazo prescricional para a cobrança do crédito tributário volta a correr apenas no momento em que o contribuinte é formalmente excluído do programa, e não no momento anterior, em que se torna inadimplente.[20]

Essa nota distintiva conferida ao referido programa decorre da interpretação de suas disposições. Com efeito, sua lei instituidora estabelece que apenas com a exclusão do parcelamento o crédito confessado e não pago passa a ser exigível. Dessa forma, como dito, entende o STJ não ser possível a retomada do prazo prescricional antes da exclusão formal pelo comitê gestor responsável. Inexistindo exclusão formal do parcelamento, o prazo prescricional permanece interrompido[21].

---

[16] AgInt no AREsp 954.491/RS, Rel. Ministro Gurgel de Faria, Primeira Turma, DJe 15.03.2018.

[17] EDcl no REsp 1740771/RS, Rel. Ministro Og Fernandes, Segunda Turma, j. 06.09.2018, DJe 14.09.2018.

[18] AgInt no AREsp 862.131/SP, Rel. Ministro Benedito Gonçalves, Primeira Turma, j. 14.08.2018, DJe 30.08.2018.

[19] AgInt no REsp 1517711/PR, Rel. Ministra Assusete Magalhães, Segunda Turma, j. 06.09.2018, DJe 13.09.2018.

[20] REsp 1.046.689/SC, Rel. Ministra Eliana Calmon, DJe 06.08.2008; REsp 1.144.962/SC, Rel. Ministro Herman Benjamin, DJe 01.07.2010; EDcl no AgRg no REsp 1.338.513/RS, Rel. Ministro Humberto Martins, DJe 21.03.2013; AgRg no REsp 1.534.509/RS, Rel. Ministro Humberto Martins, DJe 24.08.2013; REsp 1.493.115/SP, Rel. Ministro Mauro Campbell Marques, DJe 25.09.2015; AgRg no REsp 1.524.984/SC, Rel. Ministro Mauro Campbell Marques, DJe 18.04.2016; REsp 1.655.035/RS, Rel. Ministro Herman Benjamin, DJe 27.04.2017; AgInt no AREsp 1.073.180/SP, Rel. Ministro Mauro Campbell Marques, DJe 15.09.2017; AgInt no AREsp 1.073.213/SP, Rel. Ministro Mauro Campbell Marques, DJe 02.10.2017.

[21] AgInt no REsp 1615178/RS, Rel. Ministro Og Fernandes, Segunda Turma, j. 11.09.2018, DJe 18.09.2018.

Título I • Cap. 4 • PRESCRIÇÃO | 169

Retomada a exigibilidade do crédito tributário não adimplido, ressurge a pretensão fazendária e a prescrição tem novo início por força da interrupção operada quando do requerimento, descontados os valores parciais que porventura tenham sido pagos.

4.6 ARGUIÇÃO DA PRESCRIÇÃO EM EXCEÇÃO DE PRÉ--EXECUTIVIDADE

O STJ tem entendido que as matérias suscitáveis de alegação em sede de exceção de pré-executividade têm sido ampliadas por força da exegese jurisprudencial mais recente, passando a admitir, especialmente, a arguição de prescrição[22], porquanto se trata de matéria que dispensa dilação probatória para sua constatação[23].

A questão foi enfrentada concretamente quando do debate em torno da alegação de prescrição fundada na declaração de inconstitucionalidade do art. 46 da Lei 8.212/1991, que fora reconhecida pelo Supremo Tribunal Federal por elastecer o prazo prescricional pela via de lei ordinária [24].

4.7 RECONHECIMENTO DE OFÍCIO DA PRESCRIÇÃO

A prescrição é um importante instituto de defesa do contribuinte, que decorre dos limites constitucionais do poder de tributar e, assim, impõe-se contra os excessos do Estado na persecução do patrimônio dos seus administrados em nome dos tributos não pagos. O debate que demanda um exercício hermenêutico mais acurado, contudo, advém da postura que deve adotar o Fisco em relação à prescrição de um crédito tributário constituído a seu favor, notadamente sobre o seu reconhecimento de ofício, independente do requerimento do devedor e, indo além, diante do pagamento de débito tributário prescrito.

Essa análise exige que seja considerado o natural empenho em tributar e auferir receita, por parte Estado, em face do ordenamento jurídico vigente que consagra uma série de princípios, dotados de força normativa, dos quais não pode se desviar a Administração Pública.

Antes de mais nada, a atividade fiscal está estritamente vinculada ao princípio da legalidade (art. 150, inciso I, da CF), por meio do qual, de modo bem simples, consiste na restrição de que o Fisco somente pode fazer aquilo para o qual está expressamente autorizado por lei. Também a vedação ao enriquecimento ilícito é um valor que per-

---

[22] Assim como passou a entender meio adequado para o debate em torno da ilegitimidade passiva do executado.

[23] 1. A exceção de pré-executividade é cabível quando atendidos simultaneamente dois requisitos, um de ordem material e outro de ordem formal, ou seja: (a) é indispensável que a matéria invocada seja suscetível de conhecimento de ofício pelo juiz; e (b) é indispensável que a decisão possa ser tomada sem necessidade de dilação probatória. 2. Conforme assentado em precedentes da Seção, inclusive sob o regime do art. 543-C do CPC (REsp 1104900, Min. Denise Arruda, sessão de 25.03.09), não cabe exceção de pré-executividade em execução fiscal promovida contra sócio que figura como responsável na Certidão de Dívida Ativa – CDA. É que a presunção de legitimidade assegurada à CDA impõe ao executado que figura no título executivo o ônus de demonstrar a inexistência de sua responsabilidade tributária, demonstração essa que, por demandar prova, deve ser promovida no âmbito dos embargos à execução. 3. Recurso Especial provido. Acórdão sujeito ao regime do art. 543-C do CPC. (REsp 1110925/ SP, Rel. Ministro Teori Albino Zavascki, Primeira Seção, j. 22.04.2009, DJe 04.05.2009)

[24] REsp 1136144/RJ, Rel. Ministro Luiz Fux, Primeira Seção, j. 09.12.2009, DJe 01.02.2010. Tema 262.

meia a atividade administrativa no ponto, impondo, em certos aspectos, uma relação de igualdade com o seu administrado, na qual a supremacia do interesse público não permite que o Estado arrecade mais do que legitimamente permitido.

À vista dessas diretrizes, não é permitido, à Fazenda Pública, distanciar-se da regra distintiva do Direito Tributário estabelecida no sentido de que a prescrição de um tributo é causa de extinção da obrigação, não somente eliminando a pretensão executória do Estado, mas fulminando a existência do próprio crédito tributário (art. 156, V, do CTN). Assim, associando-se, ainda, ao debate, a boa-fé objetiva, que exige uma atuação dentro dos padrões de moralidade, lealdade e cooperação, é possível afirmar com segurança que o Fisco, seja no exercício da sua atividade fiscal administrativa ou mesmo na via judicial, deve reconhecer quando operada a prescrição em matéria tributária.

A Lei 11.941/2009 acrescenta ao ordenamento tributário federal a regra do seu art. 53 no sentido de que "a prescrição dos créditos tributários pode ser reconhecida de ofício pela autoridade administrativa" e ainda altera a redação do art. 1º-C da Lei 9.469/1997, para estabelecer que: *verificada a prescrição do crédito, o representante judicial da União, das autarquias e fundações públicas federais não efetivará a inscrição em dívida ativa dos créditos, não procederá ao ajuizamento, não recorrerá e desistirá dos recursos já interpostos.*

Em sede jurisdicional, a atividade do magistrado perante a constatação da prescrição tributária foi alvo de debate à luz do que dispunha o art. 219, § 5º, do CPC/1973, que determinava ao juiz pronunciar-se sobre a prescrição de ofício, tendo, inclusive, resultado no enunciado da Súmula 409 do STJ, definida nos seguintes termos: "em execução fiscal, a prescrição ocorrida antes da propositura da ação pode ser declarada de ofício".

Embora superadas as incertezas de que a prescrição é matéria de ordem pública e nessa qualidade pode ser declarada de ofício pelo magistrado, os entes estatais reivindicam o direito de serem chamados a se manifestar antes da decisão judicial extintiva do crédito tributário à vista do que consagra o art. 40, § 4º, da LEF (Lei 6.830/1980).[25]

Submetido o tema à sistemática dos recursos repetitivos no Recurso Especial 1.100.156/RJ, julgado no ano de 2009[26], o Superior Tribunal de Justiça reconheceu ser prescindível a intimação prévia da Fazenda Pública nos casos de prescrição ocorrida antes da propositura da ação[27], o que somente se fazia necessário nos casos de reco-

---

[25] Art. 40. O Juiz suspenderá o curso da execução, enquanto não for localizado o devedor ou encontrados bens sobre os quais possa recair a penhora, e, nesses casos, não correrá o prazo de prescrição.
[...]
§ 4º. Se da decisão que ordenar o arquivamento tiver decorrido o prazo prescricional, o juiz, depois de ouvida a Fazenda Pública, poderá, de ofício, reconhecer a prescrição intercorrente e decretá-la de imediato. (Incluído pela Lei 11.051, de 2004)
§ 5º. A manifestação prévia da Fazenda Pública prevista no § 4o deste artigo será dispensada no caso de cobranças judiciais cujo valor seja inferior ao mínimo fixado por ato do Ministro de Estado da Fazenda. (Incluído pela Lei 11.960, de 2009)

[26] REsp 1100156/RJ, Rel. Ministro Teori Albino Zavascki, Primeira Seção, j. 10.06.2009, DJe 18.06.2009. Tema 134.

[27] Posição reiterada no AgInt no RMS 50.271/SP, Rel. Ministra Diva Malerbi (Desembargadora Convocada TRF 3ª Região), Segunda Turma, j. 04.08.2016, DJe 12.08.2016.

Título I • Cap. 4 • PRESCRIÇÃO | **171**

nhecimento da prescrição intercorrente, matéria que tratamos mais detidamente em tópico próprio.

O Código de Processo Civil vigente consagra regramento condizente com o anterior nessa questão. No art. 332, § 1º, a possibilidade de o juiz julgar liminarmente improcedente o pedido se verificar, desde logo, a ocorrência de prescrição ou de decadência, enquanto o art. 487, inciso II[28], enquadra como resolução de mérito a decisão de ofício sobre a ocorrência de decadência ou prescrição.

Não se verifica, portanto, alteração da diretriz processual civil na qual se funda a jurisprudência do STJ sobre a desnecessidade de manifestação do Fisco antes da decretação de ofício da prescrição consumada antes do ajuizamento da execução fiscal (não intercorrente).

4.8 PRESCRIÇÃO DE CRÉDITOS DE NATUREZA NÃO TRIBUTÁRIA

Além dos créditos de natureza tributária, também há uma série de créditos estatais de natureza não tributária os quais estão sujeitos ao regramento de inscrição em Dívida Ativa e, por conseguinte, são cobrados judicialmente pela via da execução fiscal. O crédito não tributário é aquele decorrente das relações jurídicas constituídas entre o Estado com seus administrados, distintas das hipóteses de incidência tributária, conceito de amplitude revelada pelo rol não exaustivo de que trata a norma geral atinente ao tema.

Estabelece a Lei 4.320/1964, no seu art. 39: *os créditos da Fazenda Pública, de natureza tributária ou não tributária, serão escriturados como receita do exercício em que forem arrecadados, nas respectivas rubricas orçamentárias.*

a) **Dívida Ativa Tributária** é o crédito da Fazenda Pública dessa natureza, proveniente de obrigação legal relativa a tributos e respectivos adicionais e multas; e

b) **Dívida Ativa não Tributária** são os demais créditos da Fazenda Pública, tais como a multa de qualquer origem ou natureza, exceto as tributárias, foros, laudêmios, aluguéis ou taxas de ocupação, custas processuais, preços de serviços prestados por estabelecimentos públicos, indenizações, reposições, restituições, alcances dos responsáveis definitivamente julgados, bem assim os créditos decorrentes de obrigações em moeda estrangeira, de sub-rogação de hipoteca, fiança, aval ou outra garantia, de contratos em geral ou de outras obrigações legais.

---

[28] Art. 487. Haverá resolução de mérito quando o juiz:

I – acolher ou rejeitar o pedido formulado na ação ou na reconvenção;

II – decidir, de ofício ou a requerimento, sobre a ocorrência de decadência ou prescrição;

III – homologar:

a) o reconhecimento da procedência do pedido formulado na ação ou na reconvenção;

b) a transação;

c) a renúncia à pretensão formulada na ação ou na reconvenção.

Parágrafo único. Ressalvada a hipótese do § 1º do art. 332, a prescrição e a decadência não serão reconhecidas sem que antes seja dada às partes oportunidade de manifestar-se.

A Lei 6.830/1980, por seu turno, dispõe sobre a Execução Fiscal como meio de cobrança judicial da Dívida Ativa da União, dos estados, do Distrito Federal e dos municípios, a princípio, unindo sob o mesmo regramento processual executivo os créditos tributários e os créditos não tributários.

Segundo o Superior Tribunal de Justiça[29], a Lei 4.320/1964 submete os créditos não tributários à imperatividade da inscrição em Dívida Ativa, pela razão de ser nos procedimentos de controle financeiro, orçamentário, contábil e de legalidade específicos das contas públicas, do que decorrem também a utilização da Execução Fiscal e os encargos legais de constrição de direitos que dela possam decorrer.

Essa forma de constituição administrativa de crédito e cobrança exige, no entanto, a configuração dos elementos de formação do crédito e a desnecessidade de manejo de ação judicial constitutiva específica, seja pela imperatividade dos atos administrativos, uma relação obrigacional previamente estabelecida, ou o reconhecimento administrativo por parte do devedor.

Diversos instrumentos processuais executórios são aplicados de maneira indiferente à natureza do crédito veiculada em uma Certidão de Dívida Ativa (CDA), tais como os princípios do contraditório e da ampla defesa, da legalidade e do devido processo legal (art. 5º, inciso LV, da CF).

Por outro lado, não são extensíveis às obrigações não tributárias, que resultam na inscrição em Dívida Ativa, o regime de Repetição do Indébito Tributário em favor do administrado, e aquelas relativas à responsabilidade tributária que, em favor da Administração, viabilizam o redirecionamento da execução fiscal contra sócios-administradores por dissolução irregular. Mesmo diante de uma execução fiscal em curso, aplicam-se, à Dívida Ativa, de qualquer natureza, as regras correspondentes contidas na legislação própria, seja ela tributária, civil ou comercial[30].

Também o instituto da decadência, de que trata o Código Tributário Nacional, está voltado exclusivamente à constituição do crédito tributário e às regras de lançamento, ato que carrega em si contornos jurídicos específicos da relação jurídico-tributária e que decorre da atividade plenamente vinculada à lei.

---

[29]   REsp 1373292/PE, Rel. Ministro Mauro Campbell Marques, Primeira Seção, j. 22.10.2014, DJe 04.08.2015. Tema 639.

[30]   Administrativo. Agravo regimental no recurso especial. Execução fiscal. Taxa de ocupação. Penhora de bem alienado a terceiro adquirente. Súmula 353/STJ. Aplicação por analogia. Violação do princípio da reserva de plenário. Ausência. 1. A jurisprudência desta Corte é pacífica quanto à inaplicabilidade do disposto no art. 135 do Código Tributário Nacional – CTN às execuções de créditos do FGTS, sob o argumento de que se trata de dívida ativa não tributária (Súmula 353/STJ). [...] 3. Não há falar em violação do princípio de reserva de plenário, porquanto não houve qualquer emissão de juízo de inconstitucionalidade do art. 4º, § 2º, da LEF, mas, tão somente, a interpretação do referido normativo segundo a natureza própria da dívida (tributária, civil ou comercial), conforme expresso no texto legal: "§ 2º À Dívida Ativa da Fazenda Pública, de qualquer natureza, aplicam-se as normas relativas à responsabilidade prevista na legislação tributária, civil e comercial". (BRASIL. Superior Tribunal de Justiça, AgRg no REsp 1401721/PE, Rel. Min. Og Fernandes, 2ª Turma, j. 21.11.2013, DJe 02.12.2013)
Agravo regimental no recurso especial. Processual civil. Execução fiscal. Débito não tributário. Responsabilidade do sócio-gerente. Art. 135 do CTN. Inaplicabilidade. Embargos de declaração. Violação do art. 535 do CPC/1973. Não ocorrência. 1. As regras previstas no CTN aplicam-se tão somente aos créditos decorrentes de obrigações tributárias, por isso que multas administrativas não ensejam o pedido de redirecionamento fulcrado no art. 135 do CTN. (BRASIL. Superior Tribunal de Justiça, AgRg no REsp 1198952/RJ, Rel. Min. Luiz Fux, 1ª Turma, j. 26.10.2010, DJe 16.11.2010).

O Superior Tribunal de Justiça, até chega a adotar de algum modo o conceito de decadência para aplicação de multas administrativas no âmbito federal, de que trata a Lei 9.873/1999, e que dão origem a créditos não tributários. Essa questão tem tratamento em tópico próprio, contudo, adiante-se, somente os créditos tributários estão sujeitos ao lançamento da forma determinada pelo Direito Tributário.

Pela regra tributária do art. 173, I, do CTN[31] é conferido ao Estado o direito potestativo de constituir o crédito tributário, a ser exercido por meio de regras e procedimentos específicos, alcançados pela decadência ou caducidade[32].

Dessa forma, as sistemáticas de constituição do crédito não tributário devem observar as normas que regem a relação jurídica de que se origina, razão por que o regramento decadencial dos tributos não se aplica categoricamente aos créditos de natureza não tributária.

A forma de constituição e cobrança dos créditos tributários deve ser norteada, portanto, pelas regras que orientam o direito material do credor e as normas procedimentais e relativas à pretensão executória que lhe são aplicáveis. É o caso, por exemplo, dos débitos que decorrem da pretensão punitiva (do direito de punir) que dá ensejo à aplicação de multas administrativas no exercício do poder de polícia, ou do débito de servidor que tenha recebido valores indevidamente a título de remuneração.

Dois parâmetros são fundamentais. De um lado, a imputação de qualquer ônus ou penalidade deve observância às garantias que circundam o devido processo legal, e de outro, somente os créditos líquidos e certos podem ser inscritos em Dívida Ativa para fins de execução fiscal. É o que se infere da análise sistemática do ordenamento processual executivo.

A Lei 6.830/1980 orienta a execução dos débitos inscritos em Dívida Ativa e estabelece, no art. 2º, § 3º, que o ato de inscrição constitui medida de controle administrativo da legalidade e será feito pelo órgão competente para apurar a liquidez e certeza do crédito. Assim, o crédito a ser executado não pode ser objeto de dúvidas em torno do seu valor, da identidade do devedor, das circunstâncias fáticas e jurídicas de que decorre e de sua exigibilidade.

Para a LEF, certeza e liquidez do crédito são elementos essenciais formadores à pretensão executiva, de modo que ausência de qualquer deles torna incipiente a pretensão e inviável a Execução Fiscal. Daí que a pendência de processo administrativo que discuta o débito, compromete a certeza e a liquidez, enquanto a exigibilidade somente surge com a inadimplência do devedor, o que, por sua vez, depende da definição dos contornos normativos e do valor devido.

---

[31] Art. 173. O direito de a Fazenda Pública constituir o crédito tributário extingue-se após 5 (cinco) anos, contados:
I – do primeiro dia do exercício seguinte àquele em que o lançamento poderia ter sido efetuado;
II – da data em que se tornar definitiva a decisão que houver anulado, por vício formal, o lançamento anteriormente efetuado.
Parágrafo único. O direito a que se refere este artigo extingue-se definitivamente com o decurso do prazo nele previsto, contado da data em que tenha sido iniciada a constituição do crédito tributário pela notificação, ao sujeito passivo, de qualquer medida preparatória indispensável ao lançamento.

[32] REsp 1138159/SP, Rel. Ministro Luiz Fux, Primeira Seção, j. 25.11.2009, DJe 01.02.2010. Temas 266 e 267.

Aplica-se aos créditos de natureza não tributária a *ratio* de que somente ocorre prescrição da pretensão executória quando constituído definitivamente o crédito contido em uma CDA e, mais precisamente, quando não adimplido o débito no prazo originalmente estipulado, seja por lei ou por ato negocial. O prazo para ajuizamento da execução fiscal da cobrança conta do momento em que se torna exigível[33].

Outra regra uniforme a essa espécie de crédito também decorre do art. 2º, § 3º, da Lei 6.830/1980, no sentido de que *a inscrição, que se constitui no ato de controle administrativo da legalidade, será feita pelo órgão competente para apurar a liquidez e certeza do crédito e suspenderá a prescrição, para todos os efeitos de direito, por 180 dias, ou até a distribuição da execução fiscal, se esta ocorrer antes de findo aquele prazo.*

Exclusivamente para os créditos de natureza não tributária[34], a inscrição em Dívida Ativa tem efeitos que vão além do controle de legalidade e da instrumentalização da execução fiscal que se perfaz com a materialização do crédito por meio de uma Certidão de Dívida Ativa (CDA). O ato administrativo acaba por gerar uma suspensão automática do prazo de inscrição da prescrição como forma protetiva da higidez do crédito que viabiliza o seu ajuizamento.

Já o lapso temporal de consumação da prescrição será determinado e regido a partir da natureza da relação jurídica da qual decorre a cobrança, considerando o crédito não tributário poder resultar de diferentes origens. Apenas a título exemplificativo, a Lei 4.320/1964 relaciona diversos exemplos de créditos da Fazenda Pública, não originários da relação tributária.

Os atos punitivos administrativos do Estado podem ser em desfavor do servidor público, de um contratado ou de qualquer particular. Cada hipótese traz consigo um contexto normativo diverso que deve observar as especificidades de uma relação estatutária, contratual ou dos limites do poder de polícia, conforme o caso. Se, por outro lado, o objeto for o vínculo estatutário da Administração com seu servidor, além do poder disciplinar, podem ser configuradas indenizações, reposições e restituições.

Também é conferida à Administração Pública a possibilidade de firmar ajustes de bases negociais, das quais também podem lhe render créditos em detrimento de pessoa física ou pessoa jurídica de direito privado.

A depender da hipótese, os contornos jurídicos estão mais alinhados com as bases do direito público ou do direito privado. O ente estatal tanto pode integrar a relação em patamar de igualdade com o particular, como dispor de prerrogativas que limitam o poder de contestação do seu crédito relativamente à supremacia do interesse público. O crédito tanto pode resultar de atividade típica estatal quanto de relação em que a atuação do Estado é integralmente equiparada a de um particular no exercício do seu interesse privado.

Todas essas variáveis demonstram que, relativamente ao prazo prescricional, não é possível generalizar e uniformizar o tratamento a ser dado a todos os créditos não tributários. Ao contrário do débito tributário, que tem tratamento uniforme por sua

---

[33] REsp 1.105.442/RJ, Rel. Min. Hamilton Carvalhido, Primeira Seção, j. 09.12.2009.

[34] As disposições sobre as hipóteses de suspensão de exigibilidade dos **créditos tributários** constituem matéria reservada ao Código Tributário Nacional, que não conta com previsão no mesmo sentido conforme estabelecido para os créditos não tributários pela LEF.

natureza, exige-se uma avaliação individualizada da sua origem para aplicação das regras de prescrição. O critério é, portanto, o da natureza da prestação[35].

Em alguns casos, o momento em que surge a pretensão executória é precedido de prévio processo administrativo para definição da certeza, liquidez e exigibilidade do valor, sobretudo quando imprescindível a abertura de prazo para que o devedor possa contraditar o dever de pagar que lhe é imposto, situação que não se verifica, por exemplo, nas relações jurídicas nas quais o Estado constitui em seu favor um crédito não tributário originado de um contrato oneroso de utilização de espaço público, por exemplo.

A diferença, que nasce da essência da relação jurídica, se espraia na formação do próprio crédito e depois no prazo para sua execução. A partir dessas nuances, a Jurisprudência da Primeira Seção do STJ, firmada no REsp 928.267/RS, permite que sejam traçadas as seguintes diretrizes para definição do prazo prescricional aplicado aos créditos de natureza não tributária:

> 1. Se a relação jurídica de que se origina o crédito de natureza não tributária tem assento no direito privado, alheia à atividade típica estatal, incidem as regras de prescrição do Código Civil;
>
> 2. Se a relação jurídica de que se origina o crédito de natureza não tributária tem assento no direito público, própria da atividade estatal:
>
> 2.1 aplica-se a lei específica que verse sobre o tema, como, por exemplo, a Lei 9.873/1999, que dispõe sobre as ações punitivas da Administração Pública Federal;
>
> 2.2 aplicam-se as regras do Decreto 20.910/1932, por analogia fundada no princípio da isonomia entre o prazo de cobrança de dívidas passivas e ativas do Estado.

Tais diretrizes ganham extrema relevância normativa diante do consolidado entendimento do Supremo Tribunal Federal no sentido de que as controvérsias relativas ao transcurso do prazo prescricional, inclusive a seu termo inicial, são adstritas ao plano infraconstitucional, solucionáveis tão somente à luz da interpretação da legislação ordinária pertinente[36].

Não se trata, assim, de matéria constitucional, mas de tema reservado à lei federal, cuja interpretação final é conferida na esfera de competência da função jurisdicional do Superior Tribunal de Justiça, nos termos do art. 105, inciso III, da Constituição Federal[37].

---

[35]   REsp 928.267/RS, Rel. Ministro Teori Albino Zavascki, Primeira Seção, j. 12.08.2009, DJe 21.08.2009.

[36]   RE 669069 ED, Rel. Min. Teori Zavascki, Tribunal Pleno, j. 16.06.2016, acórdão eletrônico DJe-136 divulg 29-06-2016 public 30-06-2016.

[37]   Art. 105. Compete ao Superior Tribunal de Justiça: [...]
III – julgar, em recurso especial, as causas decididas, em única ou última instância, pelos Tribunais Regionais Federais ou pelos tribunais dos Estados, do Distrito Federal e Territórios, quando a decisão recorrida:
a) contrariar tratado ou lei federal, ou negar-lhes vigência;
b) julgar válido ato de governo local contestado em face de lei federal; (Redação dada pela Emenda Constitucional 45, de 2004)
c) der a lei federal interpretação divergente da que lhe haja atribuído outro tribunal.

4.9 A PRESCRIÇÃO DE CRÉDITOS NÃO TRIBUTÁRIOS FUNDADOS EM RELAÇÃO JURÍDICA DE DIREITO PÚBLICO

A Jurisprudência do STJ permite a compreensão do que sejam créditos de natureza não tributária, que têm assento em relação jurídica de Direito Público, aqueles marcados pela atuação do Estado sobre os regramentos da Administração Pública, especialmente a supremacia do interesse público e os princípios constitucionais da legalidade, impessoalidade, moralidade, publicidade e eficiência, dos quais o poder público não pode se distanciar em nenhuma circunstância, conquanto interferem, de maneira preponderante, nas relações jurídico-administrativas.

O Direito Administrativo, nestes casos, confere força preponderante à atuação eminentemente administrativa do Estado, derivação própria do "poder de império" da Administração Pública, regulando suas relações com seus servidores; os contratos firmados com seus prestadores de serviços e fornecedores de bens; o poder-dever de interferência no direito de liberdade e propriedade dos administrados, do que decorre o poder de polícia.

Ao apreciar a prescrição para ajuizamento da execução fiscal de **multa administrativa**, o STJ afastou a tese da natureza tributária desse tipo de débito, porque não basta para tanto manifestar-se pela via da certidão de Dívida Ativa, bem como o regramento das relações jurídicas de direito privado, porquanto se trata de relação tipicamente de Estado sujeita ao direito público.

No julgamento do REsp 1.105.442/RJ[38], o STJ compreendeu que "por força mesmo da natureza das coisas", o crédito oriundo do poder de polícia tem natureza evidentemente administrativa. Decidiu-se, então, no referido julgado, que "é de cinco anos o prazo prescricional para o ajuizamento da execução fiscal de cobrança de multa de natureza administrativa, contado do momento em que se torna exigível o crédito", segundo o art. 1º do Decreto 20.910/1932.[39]

Na falta de regramento específico sobre o tema, a construção adotada parte da regra de incidência isonômica do Decreto 20.910/1932, que regula a prescrição quinquenal das dívidas passivas da União, dos estados, do Distrito Federal e dos municípios, bem assim todo e qualquer direito ou ação contra a Fazenda federal, estadual ou municipal.

A coerência decorre não só porque a adoção do prazo de cinco anos coloca em situação de equilíbrio as armas postas a dispor tanto do particular, em defesa dos seus interesses contra o Estado, quanto da pretensão da Fazenda Pública contra o particular, mas também porque essa linha converge todo o regramento de direito público pautado no prazo prescricional quinquenal, assim como em matéria tributária e na própria Lei 9.873/1999.

Parágrafo único. Funcionarão junto ao Superior Tribunal de Justiça: (Redação dada pela Emenda Constitucional 45, de 2004)

[38] REsp 1105442/RJ, Rel. Ministro Hamilton Carvalhido, Primeira Seção, j. 09.12.2009, DJe 22.02.2011. Tema 135.

[39] 1. É de cinco anos o prazo prescricional para o ajuizamento da execução fiscal de cobrança de multa de natureza administrativa, contado do momento em que se torna exigível o crédito (art. 1º do Decreto 20.910/32). 2. Recurso especial provido.

Daí por que a doutrina vinha admitindo uniformemente a aplicação do prazo quinquenal também contra a Fazenda Pública, por incidência da isonomia do Decreto 20.910/1932, à exceção de Celso Antônio Bandeira de Mello, que, também agora, passou a adotar o prazo quinquenal por ser uma constante nas disposições gerais estatuídas em regras de direito público, quer relativamente ao Estado, quer relativamente ao particular.[40]

Da mesma forma, como se regula pelo prazo quinquenal o prazo para que eventualmente um servidor público execute seus créditos contra a Administração Pública, também deve ser esse o prazo prescricional para cobrança de crédito decorrente do direito de restituição de valores indevidamente pagos a servidor público, em obediência ao princípio da igualdade[41].

O Decreto 20.910/1932, ainda que pareça investido de função reguladora infralegal, foi editado no primeiro governo do Presidente Getúlio Vargas, com base no Decreto 19.398/1930, já revogado, que lhe conferia poderes para também exercer funções legislativas, razão pela qual se cuida de instrumento normativo com força de lei nacional[42].

Da análise sobre a prescrição para a cobrança de multa ambiental, aplicada por órgão ou entidade estadual ou municipal, nos termos do Decreto 20.910/1932, no julgamento do REsp 1.112.577/SP[43], também sob o rito dos recursos repetitivos, a Primeira Seção do STJ manifestou-se no seguinte sentido:

---

[40] "(...) No passado (até a 11ª edição deste *Curso*) sustentávamos que, não havendo especificação legal dos prazos de prescrição para as situações tais ou quais, deveriam ser decididos por analogia ao estabelecidos na lei civil, na conformidade do princípio geral que dela decorre: prazos longos para atos nulos e mais curtos para os anuláveis. Reconsideramos tal posição. Remeditando sobre a matéria, parece-nos que o correto não é a analogia com o Direito Civil, posto que, sendo as razões que o informam tão profundamente distintas das que inspiram as relações de Direito Público, nem mesmo em tema de prescrição caberia buscar inspiração em tal fonte. Antes dever-se-á, pois, indagar do tratamento atribuído ao tema prescricional ou decadencial em regras genéricas de Direito Público. Nestas, encontram-se duas orientações com tal caráter: a) a relativa à prescrição em casos inversos, isto é, prescrição de ações do administrado contra o Poder Público. Como dantes se viu, o diploma normativo pertinente (Decreto 20.910 de 6.01.32, texto com força de lei, repita-se, pois editado em período no qual o Poder Legislativo estava absorvido pelo Chefe do Executivo) fixa tal prazo em cinco anos. Acresça-se que é este também o prazo de que o administrado dispõe para propor ações populares, consoante o art. 21 da Lei da Ação Popular Constitucional (Lei 4.717, de 29.06.1965). Em nenhuma se faz discrímen, para fins de prescrição entre atos nulos e anuláveis. O mesmo prazo, embora introduzido por normas espúrias (as citadas medidas provisórias expedidas fora dos pressupostos constitucionais), também é previsto para propositura de ações contra danos causados por pessoa de Direito Público ou de Direito Privado prestadora de serviços públicos, assim como para as ações de indenização por apossamento administrativo ou desapropriação indireta ou por danos oriundos de restrições estabelecidas por atos do Poder Público; (...)". Trecho de doutrina extraído do voto proferido no REsp 984.946/MG, Rel. Min. Laurita Vaz, Quinta Turma, j. 29.11.2007, DJ 17.12.2007, p. 343)

[41] Execução. Restituição de valores indevidamente pagos a servidor público. Prescrição. Aplicação do art. 1º do Decreto 20.910/32.

1. O prazo prescricional para a cobrança de crédito de natureza administrativa é de cinco anos, nos termos do Decreto 20.910/32, em obediência ao princípio da igualdade.

2. Precedentes.

3. Recurso especial improvido. (REsp 781.601/DF, Rel. Min. Maria Thereza de Assis Moura, Rel. p/ Acórdão Ministro Nilson Naves, Sexta Turma, j. 24.11.2009, DJe 08.03.2010).

[42] ARE 706320, Rel. Min. Dias Toffoli, j. 26.11.2012, publicado em processo eletrônico DJe-238 divulg 04.12.2012 public 05.12.2012.

[43] REsp 1.112.577/SP, Rel. Min. Castro Meira, Primeira Seção, DJe 08.02.2010. Temas 146, 147.

O termo inicial da prescrição coincide com o momento da ocorrência da lesão ao direito, consagração do princípio universal da *actio nata*. Nesses termos, em se tratando de multa administrativa, a prescrição da ação de cobrança somente tem início com o vencimento do crédito sem pagamento, quando se torna inadimplente o administrado infrator. Antes disso, e enquanto não se encerrar o processo administrativo de imposição da penalidade, não corre prazo prescricional, porque o crédito ainda não está definitivamente constituído e simplesmente não pode ser cobrado.

Também aqui, assim como no caso do REsp 1.105.442/RJ, é possível concluir do texto duas pretensões distintas que estão atreladas a dois eventos também diversos. A pretensão que surge com a ocorrência da lesão ao direito e aquela outra se volta à execução do crédito decorrente da penalidade aplicada, a qual somente se materializa quando exigível o crédito, do que se presume o encerramento do processo administrativo em que tenha sido debatido.

Essa ideia, aplicada pontualmente na cobrança dos créditos de multa ambiental, resultou o enunciado da Súmula 467 do STJ: prescreve em cinco anos, contados do término do processo administrativo, a pretensão da Administração Pública para promover a execução da multa por infração ambiental. A Súmula 623/STJ, também com o viés do assunto tratado, confere às obrigações ambientais a natureza *propter rem*, sendo admissível cobrá-las do proprietário ou possuidor atual e/ou dos anteriores, à escolha do credor.

Outra controvérsia sobre prazo prescricional também decidida à luz do regramento do Direito Público pelo STJ, em recurso repetitivo, gira em torno da cobrança da **taxa de ocupação dos terrenos de marinha**[44]. O debate se estendeu pela ausência de norma reguladora do tema até o advento da Lei 9.636/1998, que instituiu o prazo quinquenal para a prescrição da pretensão de cobrança.

4.10 A PRESCRIÇÃO DE CRÉDITOS NÃO TRIBUTÁRIOS FUNDADOS EM RELAÇÃO JURÍDICA DE DIREITO PÚBLICO REGIDOS PELA LEI 9.873/1999

A prescrição para a cobrança de **multa decorrente do poder de polícia da Administração Pública Federal** regra-se pelas disposições da Lei Federal 9.783/1999[45], que estabelece o seguinte no art. 1º: *prescreve em cinco anos a ação punitiva da Administração Pública Federal, direta e indireta, no exercício do poder de polícia, objetivando apurar infração à legislação em vigor, contados da data da prática do ato ou, no caso de infração permanente ou continuada, do dia em que tiver cessado.*

O mesmo dispositivo estabelece, ainda, a respeito da incidência da prescrição no procedimento administrativo paralisado por mais de três anos, pendente de julgamento ou despacho. Se ocorrer esta interrupção na dinâmica do curso deste procedimento, os

---

[44] REsp 1133696/PE, Rel. Ministro Luiz Fux, Primeira Seção, j. 13.12.2010, DJe 17.12.2010. Tema 244.

[45] REsp 1115078/RS, Rel. Ministro Castro Meira, Primeira Seção, j. 24.03.2010, DJe 06.04.2010. Temas 324, 325, 326, 327, 328, 329, 330, 331.

autos serão arquivados de ofício ou mediante requerimento da parte interessada, sem prejuízo da apuração da responsabilidade funcional decorrente da paralisação, se for o caso. Quando o fato objeto da ação punitiva da Administração também constituir crime, a prescrição reger-se-á pelo prazo previsto na lei penal.

O prazo quinquenal, depois de constituído definitivamente o crédito tributário por processo regular administrativo, tem curso para cobrança via ação de execução pela Administração Pública Federal relativamente à aplicação de multa por infração decorrente do poder de polícia.

No julgamento do REsp 1.115.078/RS, a questão foi abordada especificamente sob a regência da Lei 9.873/1999. Quanto a sua abrangência, entendeu o Superior Tribunal de Justiça que a norma federal é direcionada às atividades de natureza punitiva administrativa, desempenhada por autoridade responsável de caráter federal, não aplicável, portanto, às ações administrativas:

(a)   de caráter punitivo que sejam desenvolvidas por estados e municípios;

(b)   que, apesar de potencialmente desfavoráveis aos interesses dos administrados, não possuem natureza punitiva, como as medidas administrativas revogatórias, as cautelares ou as reparatórias; e

(c)   às ações punitivas disciplinares e às ações punitivas tributárias, sujeitas a prazos prescricionais próprios, a primeira com base na Lei 8.112/1990 e a segunda com fundamento no Código Tributário Nacional.

A partir desse precedente, também ficou consolidado que a lei federal determinou a observância de três prazos:

(a)   cinco anos para a constituição do crédito, por meio do exercício regular do Poder de Polícia – prazo decadencial, pois relativo ao exercício de um direito potestativo;

(b)   três anos para a conclusão do processo administrativo instaurado para se apurar a infração administrativa – prazo de "prescrição intercorrente";

(c)   cinco anos para a cobrança da multa aplicada em virtude da infração cometida – prazo prescricional.

Quanto à prescrição intercorrente, é preciso traçar uma nota distintiva entre a prescrição, que se opera no curso do processo administrativo de aplicação da multa e aquela que extingue a pretensão executória. Enquanto a primeira é regida por lei específica de cada ente federado, no caso da União, pela Lei 9.873/1999[46], a prescrição intercorrente constatada no curso da execução fiscal está estabelecida pela Lei 6.830/1980, assunto pontualmente tratado em tópico próprio, que tem aplicação nacional.

---

[46]   A despeito de se tratar de matéria infraconstitucional do Supremo Tribunal Federal já teve oportunidade de reafirmar a jurisprudência do Superior Tribunal de Justiça nesse sentido, como no caso do RE 1137187 AgR, Rel. Min. Roberto Barroso, Primeira Turma, j. 31.08.2018, processo eletrônico DJe-194 divulg 14-09-2018 public 17-09-2018.

Em outras palavras, a prescrição intercorrente para os processos administrativos com o objeto relacionado à aplicação de multa é tratada por cada lei especificamente, mas depois que a cobrança é promovida pelo ajuizamento do correspondente executivo fiscal, esgotada a esfera administrativa e definitivamente constituído o crédito público, a prescrição intercorrente rege-se pela disciplina da LEF, de caráter nacional e, por isso, aplicável a todos os entes federados, e também pela jurisprudência em torno do assunto, sobretudo dos Tribunais Superiores (STJ/STF).

Já em relação ao instituto da decadência reconhecido pelo STJ, o Supremo Tribunal Federal entende que a Lei 9.873, de1999, regula a prescrição do poder punitivo da Administração e tem por objeto, portanto, o direito administrativo sancionador em caráter geral[47]. Na oportunidade, ao apreciar a prescrição de multa imposta pelo TCU, o Supremo entendeu que o débito sob exame decorre da atuação de fiscalização estatal em relação a gestores de recursos públicos, inserindo-a no rol das ações típicas do poder sancionador.

O precedente do Supremo, em essência, parte da doutrina de Gustavo Binenbojm[48], para quem o exercício do poder punitivo pela Administração Pública está sujeito às mesmas balizas que guiam a aplicação do direito penal pelo Poder Judiciário e, dessa forma, as sanções administrativas contam com natureza similar à penal, sendo que ambas estão sujeitas a um "regime jurídico único, um verdadeiro estatuto constitucional do poder punitivo estatal"[49].

É praticamente uníssono o entendimento, especificamente na esfera administrativa, de que o prazo prescricional é quinquenal e o seu termo inicial conta-se da ciência do fato danoso que deu ensejo à sanção, assim como as causas interruptivas e suspensivas da prescrição, um conjunto de parâmetros que impedem que as pessoas submetidas ao controle do Estado estejam eternamente sujeitas às sanções administrativas. Tomem-se, por exemplo, as infrações de natureza funcional e os procedimentos de natureza tributária regidos por leis específicas e expressamente excluídas das disposições da Lei 9.873/1999[50].

À luz do precedente da Primeira Turma do STF, essa unidade normativa em relação à prescrição punitiva é regida, no âmbito infraconstitucional e federal, pela Lei 9.873/1999, especialmente por regular a ação punitiva da Administração Pública, e não o exercício do seu poder de polícia, distinta da aplicação de sanção da qual decorrem medidas protetivas[51].

---

[47]　MS 32201, Rel. Min. Roberto Barroso, Primeira Turma, j. 21.03.2017, processo eletrônico DJe-173 divulg 04-08-2017 public 07-08-2017.

[48]　BINENBOJM, Gustavo. "O direito administrativo sancionado e o estudo constitucional do poder punitivo estatal". *Revista de Direito Administrativo Contemporâneo: ReDAC*, v. 2, n. 11, ago. 2014.

[49]　Informado por princípios como os da legalidade (CF, art. 5º, II, e 37, *caput*); do devido processo legal (CF, art. 5º, LIV); do contraditório e da ampla defesa (CF, art. 5º, LV); da segurança jurídica e da irretroatividade (CF, art. 5º, *caput*, XXXIX e XL); da culpabilidade e da pessoalidade da pena (CF, art. 5º, XLV); da individualização da sanção (CF, art. 5º, XLVI); da razoabilidade e da proporcionalidade (CF, arts. 1º e 5º, LIV).

[50]　Art. 5º. O disposto nesta Lei não se aplica às infrações de natureza funcional e aos processos e procedimentos de natureza tributária.

[51]　A posição do STF do tratamento conferido pela doutrina ao poder sancionador das entidades públicas, diferenciando o autêntico poder de polícia – restrição de liberdade e da propriedade dos particulares em prol do interesse público – do autêntico poder administrativo sancionador, de caráter repressivo.

Ainda que não se pudesse tratar de incidência direta da Lei 9.873/1999 à aplicação de sanção administrativa de modo geral, entendeu a Suprema Corte que a Lei 9.783/1999 deve suprir a alegada omissão legislativa, porquanto consubstancia norma de direito administrativo, o qual se defende[52], tem autonomia científica a partir de institutos que lhe são aplicáveis.

Ressalte-se a nítida divergência. Enquanto para o STJ a lei federal regulamenta o direito potestativo que decorre do poder de polícia da Administração, o precedente da Suprema Corte aduz tratar-se de legislação sobre a pretensão punitiva estatal, vieses que igualmente encontram respaldo na doutrina, razão por que é necessário acompanhar novas manifestações jurisprudenciais sobre o tema.

Sob o contexto das naturezas de ambos por pronunciamentos jurisdicionais, a decisão do STJ deu-se em recurso repetitivo, no ano de 2010, já o STF posicionou-se mais recentemente, em 2017, contudo, em sede de mandado de segurança, suscetível por isso de apreciação mais detida e sob efeitos de repercussão mais abrangente no âmbito do Supremo Tribunal Federal.

De todo modo, está pacificado que não se aplica um único prazo prescricional iniciado no cometimento da infração, como já decidido em alguns precedentes do STJ, e sim, que há uma distinção entre os prazos prescricionais que regem:

(i) a aplicação da penalidade e a constituição do crédito, que tem sua contagem regida pelo art. 2º da lei[53] e se situa no âmbito administrativo, voltado ao que o STJ denomina prescrição administrativa ou decadência[54] e que antecede o prazo de que trata o art. 1º do Decreto 20.910/1932; e

(ii) a execução do crédito constituído, cujas causas interruptivas estão ordenadas pelo art. 2º-A[55] da Lei 9.873/1999.

---

[52] A prescrição administrativa no direito brasileiro antes e depois da Lei 9.873/99". In: Temas de direito constitucional. 2. ed. Rio de Janeiro: Renovar, 2006. Tomo I, p. 495-532.

[53] Art. 2º Interrompe-se a prescrição da ação punitiva: (Redação dada pela Lei 11.941, de 2009)
I – pela notificação ou citação do indiciado ou acusado, inclusive por meio de edital; (Redação dada pela Lei 11.941, de 2009)
II – por qualquer ato inequívoco, que importe apuração do fato;
III – pela decisão condenatória recorrível.
IV – por qualquer ato inequívoco que importe em manifestação expressa de tentativa de solução conciliatória no âmbito interno da administração pública federal.

[54] Com já dito há um debate em torno do instituto aplicável à fase de aplicação da pena de multa, seja no âmbito dos contratos administrativos, ações de controle externo ou decorrente do poder de polícia da Administração. Enquanto do STJ entendeu que se trata de decadência (REsp 1.115.078/RS), no âmbito do Supremo Tribunal Federal conta com precedente que incidente do instituto da prescrição da pretensão punitiva (MS 32201/DF).

[55] Art. 2º-A. Interrompe-se o prazo prescricional da ação executória: (Incluído pela Lei 11.941, de 2009)
I – pelo despacho do juiz que ordenar a citação em execução fiscal; (Incluído pela Lei 11.941, de 2009)
II – pelo protesto judicial; (Incluído pela Lei 11.941, de 2009)
III – por qualquer ato judicial que constitua em mora o devedor; (Incluído pela Lei 11.941, de 2009)
IV – por qualquer ato inequívoco, ainda que extrajudicial, que importe em reconhecimento do débito pelo devedor; (Incluído pela Lei 11.941, de 2009)
V – por qualquer ato inequívoco que importe em manifestação expressa de tentativa de solução conciliatória no âmbito interno da administração pública federal.

No entendimento do Superior Tribunal de Justiça, os prazos da Lei 9.873/1999 podem ser resumidos da seguinte forma, conforme exata disposição proferida no voto:

(a) é de cinco anos o prazo decadencial para se constituir o crédito decorrente de infração à legislação administrativa;

(b) esse prazo deve ser contado da data da infração ou, no caso de infração permanente ou continuada, do dia em que tiver cessado e será interrompido:

(b.1) pela notificação ou citação do indiciado ou acusado, inclusive por meio de edital;

(b.2) por qualquer ato inequívoco, que importe apuração do fato;

(b.3) pela decisão condenatória recorrível; e

(b.4) por qualquer ato inequívoco que importe em manifestação expressa de tentativa de solução conciliatória no âmbito interno da administração pública federal;

(c) o prazo decadencial aplica-se às infrações cometidas anteriormente à Lei 9.873/1999, devendo ser observada a regra de transição prevista no art. 4º;

(d) é de três anos a "prescrição intercorrente" no procedimento administrativo, que não poderá ficar parado na espera de julgamento ou despacho por prazo superior, devendo os autos, nesse caso, serem arquivados de ofício ou mediante requerimento da parte interessada;

(e) é de cinco anos o prazo prescricional para o ajuizamento da ação executória;

(f) o termo inicial desse prazo é a constituição definitiva do crédito, que se dá com o término do processo administrativo de apuração da infração e constituição da dívida;

(g) São causas de interrupção do prazo prescricional:

(g.1) o despacho do juiz que ordenar a citação em execução fiscal;

(g.2) o protesto judicial;

(g.3) qualquer ato judicial que constitua em mora o devedor;

(g.4) qualquer ato inequívoco, ainda que extrajudicial, que importe em reconhecimento do débito pelo devedor;

(g.5) qualquer ato inequívoco que importe em manifestação expressa de tentativa de solução conciliatória no âmbito interno da administração pública federal.

Ao debruçar-se sobre a hipótese em que o termo *ad quo* da prescrição, apontado pelo Tribunal de origem, desconsiderou a última decisão administrativa sobre os questionamentos formulados pelo devedor, entendeu a Corte Superior que:

> Aplica-se ao caso a Teoria dos Atos Próprios e o postulado *venire contra factum proprium* ou vedação de comportamento contraditório, corolário do princípio da boa-fé, ou seja, se o processo administrativo continuou, provado pela própria parte recorrida, que insistiu na discussão administrativa do crédito, gerando o não exaurimento da esfera administrativa, não pode agora ser beneficiada pela

contagem do prazo prescricional neste mesmo período – não pode a parte ser valer de sua própria torpeza.

O início do prazo prescricional, dessa forma, ocorre tão somente quando da conclusão do procedimento administrativo, que se deu após o julgamento do pedido de reconsideração[56]. Em suma e de modo mais amplo, o termo inicial da prescrição quinquenal para execução dos créditos não tributários, de qualquer ordem, conta-se da constituição definitiva do crédito[57]. Suplantada a fase de questionamentos e exigível o crédito em face do seu devedor, começa a fluir o prazo prescricional.

É necessário que o interessado seja notificado da constituição do seu débito, momento no qual lhe são oportunizados a defesa e o contraditório. O transcurso *in albis* do prazo para irresignação ou proferida a última decisão administrativa, a partir do vencimento do prazo estipulado para o pagamento do valor constituído, surge a pretensão executória do crédito[58].

No julgamento do MS 32201/DF[59], o Supremo Tribunal Federal apreciou a prescrição do poder punitivo da cobrança de **multas aplicadas pelo Tribunal de Contas da União**, oportunidade em que foram afastadas duas correntes de interpretação que se formaram diante da ausência de previsão expressa do prazo prescricional na Lei Orgânica do TCU, órgão de controle sob questionamento.

Tanto foi superada a aplicação do Código Civil, que prevê o prazo de 10 (dez) anos nos termos do art. 205[60], a contar do momento em que detectada a irregularidade, quanto à ideia de incidência do prazo de 5 anos comumente previsto nas regras de direito público, tendo como termo inicial o momento do conhecimento dos fatos pela Corte de Contas.

Nem um nem outro. Entendeu a Primeira Turma da Suprema Corte que a matéria é objeto da Lei 9.873/1999, que regula a prescrição relativa à ação punitiva da Administração Pública Federal, por simples aplicação direta, ante a ausência de regulamentação específica. Mesmo com o voto divergente no mérito[61], não houve dissenso sobre a premissa de que o prazo relativo à ação punitiva da Lei 9.873/1999 é prescricional, e não decadencial.

---

[56] REsp 1697033/RJ, Rel. Ministro Herman Benjamin, Segunda Turma, j. 28.11.2017, DJe 19.12.2017.

[57] REsp 1.115.078/RS, Rel. Ministro Castro Meira, Primeira Seção, DJe 6.04.2010. Temas 324, 325, 326, 327, 328, 329, 330, 331.

[58] AgRg no REsp 1225116/RJ, Rei. Ministro Arnaldo Esteves Lima, Primeira Turma, j. 14.06.2011, DJe 27.06.201.

[59] MS 32201, Rel. Min. Roberto Barroso, Primeira Turma, j. 21.03.2017, Processo Eletrônico DJe-173 divulg 04-08-2017 public 07-08-2017.

[60] Art. 205. A prescrição ocorre em dez anos, quando a lei não lhe haja fixado prazo menor.

[61] Direito administrativo. Mandado de segurança. Multas aplicadas pelo TCU. Prescrição da pretensão punitiva. Exame de legalidade. 1. A prescrição da pretensão punitiva do TCU é regulada integralmente pela Lei 9.873/1999, seja em razão da interpretação correta e da aplicação direta desta lei, seja por analogia. 2. Inocorrência da extinção da pretensão punitiva no caso concreto, considerando-se os marcos interruptivos da prescrição previstos em lei. 3. Os argumentos apresentados pelo impetrante não demonstraram qualquer ilegalidade nos fundamentos utilizados pelo TCU para a imposição da multa. 4. Segurança denegada. (STF, MS 32201, Rel. Roberto Barroso, Primeira Turma, j. 21.03.2017, processo eletrônico DJe-173 divulg 04-08-2017 public 07-08-2017)

4.11 A PRESCRIÇÃO DE CRÉDITOS NÃO TRIBUTÁRIOS FUNDADOS EM RELAÇÃO JURÍDICA DE DIREITO PRIVADO

A jurisprudência do Superior Tribunal de Justiça pacificou o entendimento de que, para as relações jurídicas de direito material que fundamentam os créditos inscritos em Dívida Ativa, cuja natureza é não tributária, não ocorre a incidência da prescrição do CTN, invocando-se, para tanto, o regramento do Código Civil. Nessas hipóteses, portanto, a prescrição para ajuizamento da execução fiscal deve observância ao que estabelecem os arts. 205 e 2.028 do CC.

a) A prescrição ocorre em dez anos, quando a lei não lhe haja fixado prazo menor (art. 205); e

b) Serão os da lei anterior os prazos, quando reduzidos por este Código, e se, na data de sua entrada em vigor, já houver transcorrido mais da metade do tempo estabelecido na lei revogada (art. 2.028).

Esse grupo de créditos, basicamente, são originados de ajustes firmados entre a Administração e o particular em uma relação privada, na qual ambos estão nivelados de forma horizontal, a despeito da composição obrigacional, constituída por pessoa jurídica de direito público, que envolvem prestação e contraprestação e encontram paralelo nas relações eminentemente privadas, bem resumidas, por exemplo, no conceito de preço público.

O preço público consiste na obrigação decorrente de relação negocial e voluntária firmada com o Estado, cujo particular se compromete a pagar determinada quantia, previamente ajustada, em contraprestação à utilização de espaço ou pelo fornecimento de bem ou serviço público oneroso, que não se consubstanciem típica atividade estatal.

Não se trata aqui de obrigação compulsória, própria da norma de incidência tributária das taxas, na qual o Estado se exorta de um poder-dever que o coloca em posição de superioridade em relação ao outro polo da relação. Ao contrário, o uso remunerado do patrimônio imobiliário estatal ou mesmo o pagamento por serviço prestado por concessionárias ou permissionárias de serviço público têm contornos que se amoldam às relações de natureza real.

Observa-se, nesses casos, uma natureza tarifária e meramente obrigacional, de caráter contratual, ainda que desprovidos de instrumento formal, que não guarda relação com os atributos de autoridade e imperatividade inerentes aos tributos ou mesmo aos créditos tributários de cunho administrativo. Aliás, essas espécies de ajustes se firmam sem a necessidade de o Estado lançar mão da supremacia do poder público e de algumas de suas prerrogativas em face do particular[62].

No caso concreto apreciado pelo STJ[63] sob a sistemática dos recursos repetitivos restou definido que a remuneração pelo fornecimento de água e esgoto por concessionária de serviço público consiste em contraprestação de caráter não tributário, que tem

---

[62] Por exemplo, as cláusulas exorbitantes empregadas nos contratos administrativos, em regra, não estão presentes nos contratos da Administração firmado a partir das bases do direito privado.

[63] REsp 1117903/RS, Rel. Ministro Luiz Fux, Primeira Seção, j. 09.12.2009, DJe 01.02.2010. Temas 251, 252, 253, 254.

assento no direito privado, ainda que o credor seja público. O precedente esclarece que não são aplicáveis à execução de preços públicos as disposições do Decreto 20.910/1932, responsável por regulamentar a prescrição das dívidas em favor da Fazenda Pública constituídas sob a égide do Direito Administrativo[64]. Registre-se o seguinte trecho proferido no REsp 928.267/RS[65]:

> Conforme se percebe, a orientação adotada pela 1ª Seção é no sentido de que o critério a ser considerado para efeito da prescrição é o da natureza da prestação, que, no caso, é preço e não tributo. Não se levou em conta, portanto, a natureza autárquica do concessionário. O tratamento isonômico atribuído aos concessionários (pessoas de direito público ou de direito privado) tem por suporte, em tais casos, a idêntica natureza da exação de que são credores. À luz desse critério, não há razão para aplicar ao caso o art. 1º do Decreto 20.910/32, até porque se trata de norma que fixa prescrição em relação às dívidas das pessoas de direito público, não aos seus créditos.

Por se tratar de relação essencialmente contratual que dá ensejo ao dever de pagar periodicamente definido, a certeza e a liquidez são extraídas dos termos do ajuste e a exigibilidade do crédito se presume com o mero inadimplemento da parcela ou de cada uma das parcelas predeterminadas, tanto em relação ao seu valor quanto ao momento adequado de pagamento.

Em regra, o não pagamento de um preço público acarreta, em si, a constituição definitiva do crédito não tributário e marca o termo *ad quo* para a contagem da prescrição executória. Aliás, uma característica atribuída aos créditos não tributários com assento no direito privado é a dispensa, em regra, de um procedimento administrativo prévio e ordinário de constituição do crédito.

Como se trata de obrigações ajustadas e às quais o particular voluntariamente aderiu, o simples inadimplemento consubstancia a pretensão executória do credor, sem prejuízos da provocação pontual do interessado, hipótese na qual incidirão as regras de suspensão do prazo prescricional, extensivas aos créditos de natureza não tributária de modo geral.

O cuidado do Superior Tribunal de Justiça na extração da essência do direito material em que se funda o crédito não tributário é bem percebido do julgamento do REsp 1.373.292/PE[66], ao enfrentar a prescrição para ajuizamento da execução de Dívida Ativa proveniente dos contratos de financiamento do setor agropecuário, fundados em Cédulas de Crédito Rural ou Contratos de Confissão de Dívida, firmados originariamente com particulares e instituições financeiras e que, posteriormente, foram adquiridos pela União e inscritos em Dívida Ativa para cobrança.

---

[64] O Decreto 20.910/1932 cuida da prescrição das dívidas passivas da União, dos Estados e dos Municípios, bem assim todo e qualquer direito ou ação contra a Fazenda federal, estadual ou municipal, mas se aplica aos créditos estatais por força do princípio da isonomia.

[65] REsp 928.267/RS, Rel. Ministro Teori Albino Zavascki, Primeira Seção, j. 12.08.2009, DJe 21.08.2009.

[66] REsp 1373292/PE, Rel. Ministro Mauro Campbell Marques, Primeira Seção, j. 22.10.2014, DJe 04.08.2015. Tema 639.

Nessa oportunidade, foi afastada a prescrição aplicável aos títulos de crédito, suplantada pela cobrança do contrato subjacente ao negócio jurídico que o respalda, remanescendo desse modo o direto pessoal (obrigacional e privado, de receber a quantia emprestada), objeto de inscrição em Dívida Ativa determinada pelo art. 39, § 2º, da Lei 4.320/1964, segundo o qual devem ser inscritos os créditos decorrentes de sub-rogação de hipoteca, fiança, aval ou outra garantia, de contratos em geral ou de outras obrigações legais.

Para a definição do prazo aplicável, ficou evidenciado, na decisão referida, que o entendimento sobre a aplicação do Decreto 20.910/1932, na regulação do prazo prescricional de créditos não tributários, fundados em Direito Público, parte precisamente de dois pressupostos sucessivos mencionados, quais sejam:

a) O primeiro deles é a subsidiariedade, o aludido decreto somente se aplica de forma subsidiária, ou seja, deve ser constatada a falta de regra específica para regular o prazo prescricional no caso concreto;

b) O segundo é a isonomia, ou seja, na falta de disposição expressa, a aplicação do Decreto 20.910/32, deve ocorrer por isonomia, de modo que uma mesma relação jurídica não enseje prazos prescricionais diversos para a Administração e para o administrado, até porque o Decreto 20.910/32 foi aplicado por analogia, pois sua literalidade se refere somente às dívidas passivas da Administração e não às situações em que estiver no polo ativo.

O direito pessoal de crédito compreendido pelo contrato de mútuo tem, no Código Civil, a regra específica que regula o prazo prescricional e não faria sentido alterá-lo em virtude da sua cessão ao poder público que provocou a alteração da legitimidade para promoção da cobrança. Enxerga-se a ideia, portanto, de que a pretensão (exigibilidade) é um atributo objetivo do próprio direito creditório e não subjetivo daqueles que o contratam e, portanto, subsiste à inscrição de dívida.

Por outro lado, a regra da isonomia resta observada na medida em que, hipoteticamente falando, um contrato de mútuo no qual o particular empresta à Administração Pública também deveria observar o Código Civil, haja vista, nos contratos de direito privado o particular figura no polo ativo em desfavor da Administração Pública, então o prazo prescricional é próprio da pretensão e não o do fixado no Decreto 20.910/1932, como ocorre nos contratos de locação, por exemplo.

4.12 A PRESCRIÇÃO DE CRÉDITOS NÃO TRIBUTÁRIOS FUNDADOS NO DEVER DE INDENIZAÇÃO

A jurisprudência do Supremo Tribunal Federal mais recente tem firmado orientações que conferem contornos mais definidos ao espectro de abrangência da regra-matriz de imprescritibilidade das ações de ressarcimento ao erário de que trata o art. 37, § 5º, da Constituição Federal[67].

---

[67] Art. 37. A administração pública direta e indireta de qualquer dos Poderes da União, dos Estados, do Distrito Federal e dos Municípios obedecerá aos princípios de legalidade, impessoalidade, moralidade,

Esse tema importa para o processo tributário porquanto, a teor do art. 39 da Lei 4.320/1964, devem ser inscritos em Dívida Ativa os créditos da Fazenda Pública provenientes de indenizações e, por consequência, sua cobrança judicial é levada a efeito pela via da Execução Fiscal.

A par dos créditos formados em ação constitutiva própria, o processo administrativo pode dar ensejo à constituição de débitos não tributários de natureza indenizatória que resultam em Dívida Ativa, cuja inscrição deve ser submetida ao controle de legalidade que decorre a análise da prescrição, assim como o prazo prescricional da pretensão executória também será apreciado em sede jurisdicional, no âmbito de execução fiscal.

É muito comum que a Administração Pública apure, por procedimentos internos legítimos, o dever de indenizar do particular, ainda que ele não esteja previamente vinculado ao poder público por relação jurídica estatutária ou contratual, tomando por base a premissa de que deve indenizar aquele que, por qualquer motivo, tenha dado causa a prejuízo sofrido por outrem.

Evidentemente, tal procedimento de apuração e constituição definitiva deve observar as garantias do devido processo legal, sobretudo os princípios do contraditório e da ampla defesa, os quais permitem a articulação dos elementos fáticos e normativos de defesa daquele que é apontado como causador do dano a ser reparado (art. 5º, inciso LV, da CF).

A depender das circunstâncias causadoras desse dano, é possível identificar a natureza da relação jurídica na qual ele tem assento. Aquele que é contratado para prestar um serviço à Administração Pública tem suas ações projetadas a partir das diretrizes do Direito Administrativo, assim como o são os danos causados por servidor ou empregado público no exercício das suas funções.

São variados os contextos do dever de indenizar, surgindo a partir de uma conjuntura em que prepondera uma violação ao direito público na definição de prejuízo ao erário, tal como ocorre nos atos de improbidade administrativa, previstos na Lei 8.429/1992, substancialmente alterada pela recente Lei 14.230/2021, ou na apuração de dano em sede de controle interno ou externo da Administração.

Em determinados casos, contudo, o poder público pode ser vítima de algum prejuízo material cuja configuração independe das suas características específicas de pessoa jurídica de direito público ou dos contornos próprios dos atos administrativos. Tome-se, como exemplo, um dano gerado por extravio de bem público causado por particular.

De modo geral, à luz da Constituição Federal, parte-se da regra geral de prescritibilidade para ilícitos praticados por qualquer agente, servidor ou não, que causem prejuízos ao erário (art. 37, § 5º, da CF). A maioria dos precedentes da Suprema Corte já sinalizava para a aplicação da regra da imprescritibilidade das ações de ressarcimento

---

publicidade e eficiência e, também, ao seguinte: (Redação dada pela Emenda Constitucional 19, de 1998)

(...)

§ 5º. A lei estabelecerá os prazos de prescrição para ilícitos praticados por qualquer agente, servidor ou não, que causem prejuízos ao erário, ressalvadas as respectivas ações de ressarcimento.

ao erário, que estão relacionados a atos de improbidade administrativa ou cometidos no âmbito das relações jurídicas de caráter administrativo[68].

Mais recentemente, o STF, no julgamento do RE 852.475/RG[69], firmou a tese de que são imprescritíveis as ações de ressarcimento ao erário, fundadas na prática de ato doloso tipificado na Lei de Improbidade Administrativa. Exatamente como se colhe do voto condutor, a Constituição, no art. 37, § 5º, decota de tal comando para o legislador as ações cíveis de ressarcimento ao erário, tornando-as imprescritíveis. São, portanto, imprescritíveis as ações de ressarcimento ao erário, fundadas na prática de ato doloso tipificado na Lei de Improbidade Administrativa.

O Supremo Tribunal Federal, contudo, em relação à prescritibilidade da pretensão de ressarcimento ao erário, fundada em decisão de Tribunal de Contas, cuja repercussão geral foi reconhecida no RE 636.886/AL[70], conferiu a excepcionalidade do Tema 897 (anterior), haja vista o TCU não julgar pessoas, no processo de tomada de contas. Segundo a decisão, não ocorre investigação da *"existência de dolo decorrente de ato de improbidade administrativa, mas, especificamente, realiza o julgamento técnico das contas a partir da reunião dos elementos objeto da fiscalização e apurada a ocorrência de irregularidade de que resulte dano ao erário, proferindo o acórdão em que se imputa o débito ao responsável, para fins de se obter o respectivo ressarcimento"*.

Em resumo, conforme apontado no próprio julgado proferido no RE 636.886/AL, a respeito da prescritibilidade de ações de ressarcimento, o Supremo Tribunal Federal conclui que:

a) somente são imprescritíveis as ações de ressarcimento ao erário fundadas na prática de ato de improbidade administrativa doloso tipificado na Lei de Improbidade Administrativa – Lei 8.429/1992 (TEMA 897);

b) em relação a todos os demais atos ilícitos, inclusive àqueles atentatórios à probidade da administração não dolosos e aos anteriores à edição da Lei 8.429/1992, aplica-se o TEMA 666, sendo prescritível a ação de reparação de danos à Fazenda Pública;

c) no processo de tomada de contas, o TCU não julga pessoas, não investigado a existência de dolo decorrente de ato de improbidade administrativa, mas, especificamente, realiza o julgamento técnico das contas a partir da reunião dos elementos objeto de fiscalização e apurada a ocorrência de irregularidade de que resulte dano ao erário, proferido o acórdão, no qual se imputa o débito ao responsável, para fins de se obter o respectivo ressarcimento;

d) a pretensão de ressarcimento ao erário contra agentes públicos reconhecida em acórdão de Tribunal de Contas prescreve na forma da Lei 6.830/1980 (Lei de Execução Fiscal).

---

[68] RE 669069 ED, Rel. Min. Teori Zavascki, Tribunal Pleno, j. 16.06.2016, acórdão eletrônico DJe-136 divulg 29-06-2016 public 30-06-2016.

[69] RE 852475, Rel. Alexandre de Moraes, Relator(a) p/ Acórdão: Edson Fachin, Tribunal Pleno, j. 08.08.2018, processo eletrônico repercussão geral – mérito DJe-058 divulg 22-03-2019 public 25-03-2019.

[70] RE 636886, Rel. Alexandre de Moraes, Tribunal Pleno, j. 20.04.2020, processo eletrônico repercussão geral – mérito DJe-157 divulg 23-06-2020 public 24-06-2020.

Em relação aos ilícitos civis, contextualizados sobre a égide do Direito Privado, o RE 669.069/MG[71], cujo objeto de análise foi definido de modo restrito aos ilícitos decorrentes de acidente de trânsito, devendo o regramento infraconstitucional dispor sobre o prazo a ser considerado e seu respectivo termo inicial[72], o STF firmou a tese de que é prescritível a ação de reparação de danos à Fazenda Pública decorrente de ilícito civil.

Para o objetivo do estudo dos créditos não tributários, tem-se, então, que os casos porventura apurados administrativamente, que dão ensejo à inscrição de dívidas definitivamente constituídas a título indenizatório devem observar, como nas demais espécies, o direito no qual tem assento a relação jurídica da qual decorre. Essa linha deve ser adota tanto para fins do procedimento de constituição quando da persecução do crédito constituído, em sede de execução fiscal.

No âmbito do Superior Tribunal de Justiça, o prazo prescricional para ajuizamento da ação indenizatória ajuizada contra a Fazenda Pública foi definido sob a sistemática dos recursos repetitivos, no REsp 1.251.993/PR[73]. Pacificando a controvérsia, foi consolidada a posição de que a prescrição quinquenal de que trata o Decreto 20.910, 1932, prevalece em face do prazo de 3 anos da pretensão de reparação civil do art. 206, § 3º, inciso V, do Código Civil.

Entendeu a Primeira Seção da Corte Superior que o Decreto 20.910/1932 conta com natureza especial para regular a prescrição das pretensões contra o Estado, seja qual for a sua natureza, afastando a concepção de que o advento do atual Código Civil tenha conferido uma redução do prazo prescricional nas ações indenizatórias. A bem do princípio da isonomia, os créditos constituídos em benefício do poder público também devem estar sujeitos à mesma regra prescricional. Nesse sentido também já se manifestou reiteradamente o STJ, a exemplo do REsp 1.709.453/SP.[74]

A despeito de os precedentes do STJ abordarem a pretensão da ação indenizatória, seus fundamentos devem ser aplicados à luz de uma interpretação sistemática, diante da exigência de inscrição da Dívida Ativa dos créditos da Fazenda Pública provenientes de indenizações. Com efeito, como somente devem ser inscritos em Dívida

---

71 RE 669069, Rel. Min. Teori Zavascki, Tribunal Pleno, j. 03.02.2016, acórdão eletrônico repercussão geral – mérito DJe-082 divulg 27-04-2016 public 28-04-2016.

72 RE 669069 ED, Rel. Min. Teori Zavascki, Tribunal Pleno, j. 16.06.2016, acórdão eletrônico DJe-136 divulg 29-06-2016 public 30-06-2016.

73 REsp 1251993/PR, Rel. Ministro Mauro Campbell Marques, Primeira Seção, j. 12.12.2012, DJe 19.12.2012. Tema 553.

74 Processual civil e previdenciário. Acidente de trabalho. Ação regressiva do INSS contra o empregador. Princípio da isonomia. Prescrição quinquenal.
1. A Primeira Seção do STJ, por ocasião do julgamento do REsp 1.251.993/PR, submetido à sistemática do art. 543-C do CPC/1973, assentou a orientação de que o prazo prescricional nas ações indenizatórias contra a Fazenda Pública é quinquenal, conforme previsto no art. 1º do Decreto 20.910/1932.
2. Pelo princípio da isonomia, o prazo para o ingresso da ação regressiva pelo ente previdenciário deve observar aquele relativo à prescrição nas ações indenizatórias ajuizadas contra a Fazenda Pública. Precedentes.
3. O Tribunal *a quo* consignou que o INSS concedeu o benefício acidentário ao segurado desde 21.07.1998 e que a propositura da ação de regresso ocorreu em 26.06.2012. Assim, está caracterizada a prescrição.
4. Recurso Especial não provido.
(REsp 1709453/SP, Rel. Ministro Herman Benjamin, Segunda Turma, j. 07.12.2017, DJe 19.12.2017).

Ativa os créditos líquidos, certos e exigíveis, a apuração administrativa dos danos que lhe tenham sido causados, cuja materialidade não seja contestada, ou seja, a despeito de não pago o valor apurado, tenha sido reconhecido o débito pelo particular, não se revela necessário o manejo de ação própria de indenização.

A norma de regência permite a inscrição de dívidas que não precisam se submeter ao crivo do Poder Judiciário para sua constituição. Como ocorre com o poder do Estado de impor multas administrativas, exigir a reposição de valores creditados indevidamente aos seus servidores, os contornos do Direito Público preponderam.

Quando o crédito decorre de relações de Direito Privado, essa possibilidade de constituição administrativa demanda um acordo de vontades prévio, seja pela mera adesão do particular à relação obrigacional de que se origina o crédito ou propriamente por termo de instrumento contratual. A exigência de um crédito dessa origem, em regra, não envolve o debate sobre as bases nas quais se funda, mas somente sua execução.

Para além dessas hipóteses, como ocorre com as obrigações extracontratuais[75], somente é cabível a inscrição do débito em Dívida Ativa se indene de dúvida sobre a legitimidade passiva da obrigação indenizatória, o que se vislumbra com o reconhecimento da responsabilidade por quem tenha dado causa ao dano.

Configurados, portanto, os elementos de formação da Dívida Ativa, incidem sobre ela as regras de prescrição do Decreto 20.910/1932, na linha da jurisprudência remansosa do Superior Tribunal de Justiça, pela aplicação do prazo quinquenal para ajuizamento da execução fiscal.

4.13 PRESCRIÇÃO INTERCORRENTE NA EXECUÇÃO FISCAL

Os impressionantes números que envolvem o ajuizamento e processamento das execuções fiscais no país resultam de um contexto bastante complexo que envolve o elevado número de tributos, os elevados índices de inadimplência e os rumos adotados

---

[75] 1. A inscrição em dívida ativa não é forma de cobrança adequada para os créditos provenientes exclusivamente de ilícitos civis extracontratuais que não tenham sido previamente apurados pela via judicial. Isto porque, em tais casos, não há certeza da existência de uma relação jurídica que vai ensejar o crédito, não havendo ainda débito decorrente de obrigação vencida e prevista em lei, regulamento ou contrato. Precedentes: REsp 441.099 – RS, Primeira Turma, Rel. Min. Humberto Gomes de Barros, j. 07.10.2003; REsp 362.160 – RS, Rel. Min. José Delgado, j. 05.02.2002.

2. Afirmação que não agride os valores decorrentes de casos de ilícitos administrativos cometidos por servidores públicos como o alcance, a reposição e a indenização, posto que sua inscrição em dívida ativa se submete a disciplina legal específica, com processo administrativo prévio, e nesses casos há uma relação jurídica entre o causador do dano e a administração pública (condição de servidor ou funcionário público) que preexiste ao próprio dano causado.

3. Hipótese em que a certidão de inscrição em dívida ativa trouxe como fundamento legal exclusivamente os arts. 159 e 1.518, do Código Civil de 1916 (art. 186, art. 927 e art. 942, do atual Código Civil), que tratam da reparação de danos por atos ilícitos civis extracontratuais, deixando de apontar os dispositivos normativos referentes ao alcance, à reposição ou à indenização.

4. Necessidade de análise dos requisitos da CDA – reexame do conjunto fático e probatório – o que chama a incidência do enunciado n. 7 da Súmula do STJ: "A pretensão de simples reexame de prova não enseja recurso especial". Precedentes: EDcl no AgRg no REsp 663703, 1ª Turma, DJ 13.06.2005, p. 185; REsp 430413, 2ª Turma, Rel. Min. Castro Meira, DJ 13.12.2004, p. 279.

5. Agravo regimental não provido. (AgRg no REsp 800.405/SC, Rel. Ministro Mauro Campbell Marques, Segunda Turma, j. 01.12.2009, DJe 26.04.2011).

pela política fiscal, tais como os instrumentos efetivos que obrigam o pagamento dos débitos e efetivamente constrangem o patrimônio do devedor.

Esse conjunto de circunstâncias sobrecarrega todo o sistema tributário composto pela máquina estatal de fiscalização e de gestão da Dívida Ativa, bem como o Poder Judiciário e a Advocacia Pública. O impacto dos gastos públicos despendidos com fim arrecadatório pode ser tão significativo a ponto de inverter a lógica a qual se emprega e custar mais do que o objetivo a ser alcançado, o produto final do tributo não pago.

Com olhar voltado à otimização dos recursos e, em última análise, ao interesse público, uma série de mecanismos têm sido desenvolvidos em prol do equilíbrio desses fatores. Como exemplos, temos a intensificação das vias administrativas de cobranças e os limites mínimos de débitos consolidados suscetíveis de execução fiscal.

Outro instituto que ganhou relevância foi a prescrição intercorrente, aquela que, em linhas gerais, é verificada no curso de um processo em andamento toda vez que o titular de um direito permanece inerte e não promove o regular andamento do feito ou não consegue progressos efetivos na sua pretensão de alcançar o patrimônio do executado.

Somente para contextualização do instituto no Direito brasileiro, ressalto que, no âmbito administrativo, a União conta com a Lei 9.873/1999, já vista neste capítulo, ao estabelecer o prazo prescricional para o exercício da ação punitiva pela Administração Pública Federal e adota a prescrição intercorrente aos seus feitos, nos termos do art. 1º, § 1º. Segundo o dispositivo:

> Prescreve em cinco anos a ação punitiva da Administração Pública Federal, direta e indireta, no exercício do poder de polícia, objetivando apurar infração à legislação em vigor, contados da data da prática do ato ou, no caso de infração permanente ou continuada, do dia em que tiver cessado.

No curso do procedimento administrativo visando a apurar correspondente responsabilidade, incide a prescrição se paralisado o processo por mais de três anos, pendente de julgamento ou despacho, cujos autos serão arquivados de ofício ou mediante requerimento da parte interessada, sem prejuízo da apuração da responsabilidade funcional decorrente da paralisação, se for o caso.

Segundo o STJ, tais disposições não se aplicam às ações administrativas punitivas desenvolvidas por estados, municípios ou pelo Distrito Federal, em razão da limitação do âmbito espacial da lei ao plano federal. Nesse sentido, norma semelhante precisa ser editada por cada ente federado para que possa ser aplicada a regra da prescrição intercorrente aos seus feitos.[76]

---

[76] O Código de Processo Civil em vigor, por seu turno, prevê:
Art. 921. Suspende-se a execução:
I – nas hipóteses dos arts. 313 e 315, no que couber;
II – no todo ou em parte, quando recebidos com efeito suspensivo os embargos à execução;
III – quando não for localizado o executado ou bens penhoráveis;;
IV – se a alienação dos bens penhorados não se realizar por falta de licitantes e o exequente, em 15 (quinze) dias, não requerer a adjudicação nem indicar outros bens penhoráveis;
V – quando concedido o parcelamento de que trata o art. 916.

Já no Direito Tributário, a prescrição intercorrente, que se opera no bojo da execução fiscal, decorre originalmente da previsão da Lei de Execuções Fiscais (Lei 6.830/1980) de suspensão da prescrição e passou a contar com contornos específicos com o regramento incluído pelas Leis 11.051/2004 e 11.960/2009, para depois adquirir relevante interpretação jurisprudencial de conformação com o ordenamento jurídico maior.

Partindo da literalidade da norma, confira-se a redação do art. 40 da LEF:

> Art. 40. O Juiz suspenderá o curso da execução, enquanto não for localizado o devedor ou encontrados bens sobre os quais possa recair a penhora, e, nesses casos, não correrá o prazo de prescrição.
>
> § 1º. Suspenso o curso da execução, será aberta vista dos autos ao representante judicial da Fazenda Pública.
>
> § 2º. Decorrido o prazo máximo de 1 (um) ano, sem que seja localizado o devedor ou encontrados bens penhoráveis, o Juiz ordenará o arquivamento dos autos.
>
> § 3º. Encontrados que sejam, a qualquer tempo, o devedor ou os bens, serão desarquivados os autos para prosseguimento da execução.
>
> § 4º. Se da decisão que ordenar o arquivamento tiver decorrido o prazo prescricional, o juiz, depois de ouvida a Fazenda Pública, poderá, de ofício, reconhecer a prescrição intercorrente e decretá-la de imediato. (Incluído pela Lei 11.051, de 2004)
>
> § 5º. A manifestação prévia da Fazenda Pública prevista no § 4o deste artigo será dispensada no caso de cobranças judiciais cujo valor seja inferior ao mínimo fixado por ato do Ministro de Estado da Fazenda. (Incluído pela Lei 11.960, de 2009)

Alguns aspectos são relevantes para compreensão do entendimento jurisprudencial em torno do tema que conta com evolução até os pronunciamentos mais recentes do Superior Tribunal de Justiça, última palavra na jurisprudência acerca da interpretação de norma federal.

---

§ 1º. Na hipótese do inciso III, o juiz suspenderá a execução pelo prazo de 1 (um) ano, durante o qual se suspenderá a prescrição.

§ 2º. Decorrido o prazo máximo de 1 (um) ano sem que seja localizado o executado ou que sejam encontrados bens penhoráveis, o juiz ordenará o arquivamento dos autos.

§ 3º. Os autos serão desarquivados para prosseguimento da execução se a qualquer tempo forem encontrados bens penhoráveis.

§ 4º O termo inicial da prescrição no curso do processo será a ciência da primeira tentativa infrutífera de localização do devedor ou de bens penhoráveis, e será suspensa, por uma única vez, pelo prazo máximo previsto no § 1º deste artigo. (Redação dada pela Lei nº 14.195, de 2021)

§ 4º-A A efetiva citação, intimação do devedor ou constrição de bens penhoráveis interrompe o prazo de prescrição, que não corre pelo tempo necessário à citação e à intimação do devedor, bem como para as formalidades da constrição patrimonial, se necessária, desde que o credor cumpra os prazos previstos na lei processual ou fixados pelo juiz.

§ 5º. O juiz, depois de ouvidas as partes, no prazo de 15 (quinze) dias, poderá, de ofício, reconhecer a prescrição no curso do processo e extingui-lo, sem ônus para as partes. (Redação dada pela Lei 14.195, de 2021)

§ 6º. A alegação de nulidade quanto ao procedimento previsto neste artigo somente será conhecida caso demonstrada a ocorrência de efetivo prejuízo, que será presumido apenas em caso de inexistência da intimação de que trata o § 4º deste artigo. (Incluído pela Lei 14.195, de 2021)

§ 7º. Aplica-se o disposto neste artigo ao cumprimento de sentença de que trata o art. 523 deste Código. (Incluído pela Lei 14.195, de 2021)

O primeiro deles é que, excepcionalmente, o STJ entende válida a previsão de regra suspensiva da prescrição e de prescrição intercorrente não estabelecidas no Código Tributário Nacional, revelando-se bastante uma interpretação da LEF à luz do CTN, do que resulta a Súmula 314 do STJ: "Em execução fiscal, não localizados bens penhoráveis, suspende-se o processo por um ano, findo o qual se inicia o prazo da prescrição quinquenal intercorrente".

A temática foi objeto do RE 636562/SC, e o Supremo Tribunal Federal reconheceu a repercussão geral da questão sobre o marco inicial da contagem do prazo de que dispõe a Fazenda Pública para localizar bens do executado, nos termos do art. 40, § 4º, da Lei 6.830/1980[77]. O STF concluiu pela constitucionalidade do art. 40, de modo a reconhecer que, após o decurso do prazo de um ano de suspensão da execução fiscal, inicia-se automaticamente a contagem do prazo prescricional tributário de cinco anos.

No curso desse prazo de um ano da suspensão, então, não é contabilizado o prazo de prescrição intercorrente, o qual somente tem início com o arquivamento do feito, a ser decretado caso não seja localizado o devedor ou encontrados bens penhoráveis, nos termos do § 2º do art. 40.

O STJ também entende que não há qualquer óbice para que seja reconhecida a prescrição intercorrente, com base no art. 40 da Lei 6.830/1980, nos casos em que o processo foi arquivado em razão do pequeno valor do débito executado, sob o fundamento de que o art. 20 da Lei 10.522/2002[78], também interpretado em harmonia com o art. 174 do CTN, desde que haja o transcurso de cinco anos da data do arquivamento dos autos, sem a efetiva manifestação do exequente no sentido de persistir a execução[79].

Para qualquer das espécies que dê origem ao arquivamento, com o § 4º conferido pela Lei 11.051/2004, passou a vigorar a regra processual que viabiliza a decretação de ofício da prescrição intercorrente. Para tal medida, entendia o STJ, bastaria que o juiz propiciasse prévia oitiva da Fazenda Pública, permitindo-lhe alegar eventuais causas suspensivas ou interruptivas do prazo prescricional[80].

A princípio, cumpriria, ao Poder Judiciário, a intimação do Fisco quando (i) da suspensão do feito, (ii) do seu arquivamento provisório dos autos – início do prazo da prescrição do art. 40 da LEF; e (iii) antes da decretação da prescrição intercorrente propriamente dita.

---

[77] "É constitucional o art. 40 da Lei nº 6.830/1980 (Lei de Execuções Fiscais – LEF), tendo natureza processual o prazo de 1 (um) ano de suspensão da execução fiscal. Após o decurso desse prazo, inicia-se automaticamente a contagem do prazo prescricional tributário de 5 (cinco) anos". RE 636562, Relator(a): ROBERTO BARROSO, Tribunal Pleno, julgado em 22-02-2023, PROCESSO ELETRÔNICO REPERCUSSÃO GERAL – MÉRITO DJe-s/n DIVULG 03-03-2023 PUBLIC 06-03-2023.

[78] Art. 20. Serão arquivados, sem baixa na distribuição, por meio de requerimento do Procurador da Fazenda Nacional, os autos das execuções fiscais de débitos inscritos em dívida ativa da União pela Procuradoria-Geral da Fazenda Nacional ou por ela cobrados, de valor consolidado igual ou inferior àquele estabelecido em ato do Procurador-Geral da Fazenda Nacional. (Redação dada pela Lei 13.874, de 2019).
§ 1º Os autos de execução a que se refere este artigo serão reativados quando os valores dos débitos ultrapassarem os limites indicados.

[79] REsp 1102554/MG, Rel. Ministro Castro Meira, Primeira Seção, j. 27.05.2009, DJe 08.06.2009. Tema 100.

[80] REsp 1100156/RJ, Rel. Ministro Teori Albino Zavascki, Primeira Seção, j. 10.06.2009, DJe 18.06.2009. Tema 134.

A evolução das discussões levou à pacificação do tema pelo STJ no REsp 1.340.553/RS[81], submetido ao regime dos recursos repetitivos, no qual o Superior Tribunal de Justiça refundou as bases da prescrição intercorrente no processo tributário a partir de premissas que devem nortear a atuação dos juízos de execução fiscal, dos tribunais de justiça que os sucedem e, por conseguinte, da atividade fiscal, administrativa e contenciosa.

Desde o ano de 2014, a Primeira Seção do STJ enfrenta sob o regime dos recursos repetitivos como deve ser aplicado o regramento do precitado art. 40 da LEF em face de caso concreto compreendendo a análise da prescrição intercorrente, decretada sem a antecedente intimação da Fazenda Pública.

Do julgamento encerrado no segundo semestre de 2018[82], entendeu o Superior Tribunal de Justiça por firmar as seguintes teses, na exata dimensão proposta no acórdão:

1. O "espírito da lei é o de que nenhuma execução fiscal já ajuizada poderá permanecer eternamente nos escaninhos do Poder Judiciário ou da Procuradoria encarregada das respectivas dívidas fiscais".

Esse propósito explicitado na norma tem reforço nos números vultosos[83] que demonstram a quantidade impressionante de execuções fiscais, o que não torna razoável a tramitação de feitos com pouca ou nenhuma chance de êxito. Para tanto, a norma de regência estabeleceu um prazo para que a Fazenda Pública localize o devedor ou bens sobre os quais possa recair a penhora.

2. O prazo de um ano da suspensão de que trata o art. 40 da Lei 6.830/1980 tem início automático, caso não haja a citação do devedor (o que seria apenas marco de interrupção da prescrição) e/ou não sejam localizados bens aptos a garantir a execução. "Isso porque nem o Juiz e nem a Procuradoria da Fazenda Pública são os senhores do termo inicial do prazo para a contagem da primeira parte (prazo de 1 ano de suspensão), somente a lei o é".

3. Os prazos do art. 40 da Lei 6.830, 1980, estão segmentados em duas partes:

A primeira parte tem por termo inicial a falta de localização de devedores ou bens penhoráveis (art. 40, *caput*, da LEF) e por termo final o prazo de 1 (um) ano dessa data (art. 40, §§ 1º e 2º, da LEF). Durante essa primeira parte, a execução fiscal fica suspensa com vista dos autos aberta ao representante judicial da Fazenda Pública (art. 40, § 1º, da LEF).

Já a segunda parte tem por termo inicial o fim da primeira parte, isto é, o fim do prazo de 1 (um) ano da data da frustração na localização de devedores ou bens penhoráveis (art. 40, § 2º, da LEF), e por termo final o prazo prescricional próprio do

---

[81] REsp 1340553/RS, Rel. Ministro Mauro Campbell Marques, Primeira Seção, j. 12.09.2018, DJe 16.10.2018. Temas 566, 567, 568, 569, 570, 571.

[82] REsp 1340553/RS, Rel. Ministro Mauro Campbell Marques, Primeira Seção, j. 12.09.2018, DJe 16.10.2018.

[83] O voto do relator dá conta que de acordo com o Relatório Justiça em Números 2013, elaborado pelo Departamento de Pesquisas Judiciárias do Conselho Nacional de Justiça, dos 92,2 milhões de processos em tramitação no Poder Judiciário, 29,3 milhões são execuções fiscais, o que corresponde a 32% do total de processos. São aproximadamente 25,6 milhões de execuções fiscais somente na Justiça Estadual, com taxa de congestionamento de 89%, superior a todas as outras classes. Na Justiça Federal, tramitam mais de 3,5 milhões de execuções fiscais, com semelhante taxa de congestionamento.

crédito fiscal em cobrança (quinquenal, no caso dos créditos tributários – art. 174, do CTN), consoante o art. 40, § 4º, da LEF. Nessa segunda parte, a execução fiscal fica arquivada no Poder Judiciário, sem baixa na distribuição.

Desse modo, se o crédito fiscal em cobrança for crédito tributário tem-se um prazo de 6 (seis) anos contados da constatação da falta de localização de devedores ou bens penhoráveis (art. 40, *caput*, da LEF) para que a Fazenda Pública encontre o devedor ou os referidos bens. Dentro desse prazo é que pode pedir as providências genéricas como a citação por edital e a penhora via SISBAJUD" (Sistema de Busca de Ativos do Poder Judiciário), não havendo qualquer incompatibilidade.

4. Muito embora haja previsão legal de intimação da Fazenda Pública, tanto da suspensão do curso da execução, para que providencie a localização do devedor ou de seus bens, quanto do decurso do prazo prescricional, para que demonstra causa interruptiva ou suspensiva da prescrição não aludidas em juízo, a inobservância de tais preceitos pode implicar nulidade, nos termos do art. 245 do CPC/1973 (que corresponde ao art. 278 do CPC/2015)[84].

Em outras palavras, a ausência de oitiva prévia somente implica nulidade da decretação de ofício da prescrição intercorrente se comprovado prejuízo à pretensão estatal.

Cumpre à Procuradoria, na primeira oportunidade que dispuser para se manifestar nos autos (art. 245 do CPC/1973 que corresponde ao art. 278 do CPC/2015), alegar a nulidade por falta de intimação dentro do procedimento do art. 40 da Lei 6.830/1980, fundada na demonstração do efetivo prejuízo sofrido, por exemplo, a comprovação da ocorrência de causa interruptiva ou suspensiva do prazo prescricional ainda não levada a conhecimento do juízo ou por ele desconsiderado.

A mesma linha, traçada sob o pálio do princípio da instrumentalidade das formas, deve ser empregada quando da falta de intimação em etapas anteriores, tais como a realização de citações e intimações que não observem as prescrições legais.

Sobre o ponto, destaque-se o seguinte trecho do voto:

> Desse modo, a jurisprudência do STJ então evoluiu da necessidade imperiosa de prévia oitiva da Fazenda Pública para se decretar a prescrição intercorrente (EREsp 699.016/PE, Primeira Seção, Rel. Min. Denise Arruda, DJ 17.03.2008) para a análise da utilidade da manifestação da Fazenda Pública na primeira oportunidade em que fala nos autos a fim de ilidir a prescrição intercorrente (precedentes *suso* citados). Evoluiu-se da exigência indispensável da mera formalidade para a análise do conteúdo da manifestação feita pela Fazenda Pública.

De todo o exposto, conclui-se do precedente do STJ sobre a prescrição intercorrente que somente há presunção de prejuízo contra a Administração Tributária quando da falta de intimação para ciência do termo inicial que deu ensejo ao início automático do prazo de suspensão do processo de que trata o art. 40, *caput* e §§ 1º e 2º, da Lei

---

[84] Código de Processo Civil: Art. 278. A nulidade dos atos deve ser alegada na primeira oportunidade em que couber à parte falar nos autos, sob pena de preclusão.
Parágrafo único. Não se aplica o disposto no *caput* às nulidades que o juiz deva decretar de ofício, nem prevalece a preclusão provando a parte legítimo impedimento.

6.830, de 1980. E, neste sentido, como referido no julgado, partiu-se para a "exigência indispensável da mera formalidade para a análise do conteúdo da manifestação feita pela Fazenda Pública".

5. O prazo inicial de suspensão da execução fiscal tem início automaticamente da ciência da Fazenda acerca da não localização do devedor ou de inexistência de bens penhoráveis no endereço fornecido, ainda que a intimação não faça referência expressa ao procedimento do art. 40 da LEF, ou seja, de outra maneira formalizada a declaração do magistrado nesse sentido.

Desde então, já deve ser considerado em curso do prazo anual de suspensão do processo, cujo início imediato independe das providências que venham a ser adotadas pela Fazenda a partir dessa ciência, como o pedido de suspensão do feito ou prazo para diligências, porque não encontra amparo legal fora dos limites do art. 40.

O julgamento do caso paradigma ressalta que o condicionamento do início da suspensão ao peticionamento da Fazenda ou à decisão específica do juízo "configura grave equívoco interpretativo responsável pelos inúmeros feitos executivos paralisados no Poder Judiciário ou Procuradorias, prolongando indevidamente o início da contagem do prazo da prescrição intercorrente".

Caso a execução verse sobre débito tributário e tenha recebido o despacho ordenador da citação antes da vigência da LC 118/2005, e, portanto, dependa da citação válida do devedor para fins de interrupção do prazo prescricional, a suspensão terá início tão logo frustrada a primeira tentativa de localização do devedor ou de bens penhoráveis.

Por esse motivo, deve o Fisco adotar as providências necessárias a fim de promover a citação por edital, se for o caso, e interromper o prazo prescricional que já teve início da tentativa infrutífera de citação. Com a citação por edital, reinicia-se automaticamente o prazo da prescrição intercorrente, se não localizados bens do devedor.

Se, por outro lado, tratar-se de crédito de natureza tributária que conte com despacho citatório datar após a vigência da LC 118/2005 ou crédito de natureza não tributária, qualquer que seja a data da execução, a suspensão se inicia logo após a ciência da Fazenda sobre a não localização do devedor ou de seus bens suficientes a garantir a execução no local fornecido, o que deflagra o prazo anual de suspensão sucedido do prazo prescricional que extinguirá o crédito estatal, caso a Procuradoria promova a constrição patrimonial do devedor.

6. Findo o prazo de 1 (um) ano da suspensão, a despeito dos pedidos formulados pela Fazenda Pública ou mesmo de decisão judicial nesse sentido, também se inicia automaticamente o prazo prescricional incidente no bojo da execução, ainda que não promovido o arquivamento sem baixa da distribuição, providência que deveria ter ocorrido no processo, nos termos do art. 40, §§ 2º, 3º e 4º, da Lei 6.830/1980.

Consumado o prazo prescricional aplicável de acordo com a natureza do crédito executado, depois de ouvida a Fazenda Pública, poderá o juiz reconhecer de ofício a prescrição intercorrente e declará-la de imediato. Contudo, a ausência dessa intimação prévia da Procuradoria não gera necessariamente a nulidade da decisão que extingue o feito executivo.

7. Somente a efetiva penhora tem o condão de obstar o curso da prescrição intercorrente, o que não se perfaz por mero desarquivamento dos autos, pelo pedido de prazo para realização de diligências, requerimento de bloqueio de valores, lançamento do nome do devedor em cadastro de inadimplentes ou mesmo a petição por registro de penhora sobre ativos financeiros ou quaisquer outros bens.

É necessário, portanto, que seja consumada a constrição patrimonial, sendo desconsiderado o debate em torno da sua determinação e formalização. Caso o processamento se estenda para além do prazo, seus efeitos retroagem à data do protocolo do pedido que deu ensejo à providência frutífera.

8. O magistrado deve fundamentar sua decisão que reconhece a consumação da prescrição intercorrente, delimitando os marcos legais determinantes da contagem de prazo aplicada, inclusive, considerando o período no qual a execução esteve automaticamente suspensa.

Vê-se, portanto, que o STJ estabeleceu um sistema de decretação da prescrição intercorrente voltado ao propósito da celeridade e da instrumentalidade processual, haja vista relativizar a necessidade de manifestação prévia da Fazenda Pública em cada uma das etapas de que trata o art. 40 da Lei 6.830/1980 e, ainda, estabeleceu que se opera automaticamente a sucessão dos prazos de suspensão anual do processo e do quinquênio correspondente à prescrição intercorrente.

4.14 PRESCRIÇÃO INTERCORRENTE NO PROCESSO ADMINISTRATIVO FISCAL

Prevalece o entendimento majoritário na doutrina e na jurisprudência de que não é juridicamente possível reconhecer a prescrição intercorrente no processo administrativo fiscal de créditos tributários, tendo o próprio CARF sumulado a respeito do assunto, Súmula 11: "não se aplica a prescrição intercorrente no processo administrativo fiscal".[85]

O Supremo, a propósito, já apreciou o tema ao afastar a constitucionalidade de norma do Estado de Santa Catarina que estabelecia hipótese de extinção do crédito tributário por transcurso de prazo para apreciação de recurso administrativo fiscal, sob o fundamento de que, neste momento procedimental, está em curso eventual decadência, não a prescrição: *em matéria tributária, a extinção do crédito tributário ou do direito de constituir o crédito tributário por decurso de prazo, combinado a qualquer outro critério, corresponde à decadência.*[86]

---

[85] CARF: Acórdão 103-21113, de 05.12.2002 Acórdão 104-19410, de 12.06.2003 Acórdão 104-19980, de 13.05.2004 Acórdão 105-15025, de 13.04.2005 Acórdão 107-07733, de 11.08.2004 Acórdão 202-07929, de 22.08.1995 Acórdão 203-02815, de 23.10.1996 Acórdão 203-04404, de 11.10.1997 Acórdão 201-73615, de 24.02.2000 Acórdão 201-76985, de 11.06.2003.

[86] A determinação do arquivamento de processo administrativo tributário por decurso de prazo, sem a possibilidade de revisão do lançamento equivale à extinção do crédito tributário cuja validade está em discussão no campo administrativo. Em matéria tributária, a extinção do crédito tributário ou do direito de constituir o crédito tributário por decurso de prazo, combinado a qualquer outro critério, corresponde à decadência. Nos termos do Código Tributário Nacional (Lei 5.172/1966), a decadência do direito do Fisco ao crédito tributário, contudo, está vinculada ao lançamento extemporâneo (constituição), e não, propriamente, ao decurso de prazo e à inércia da autoridade fiscal na revisão do lançamento originário. Extingue-se um crédito que resultou de lançamento indevido, por ter sido realizado fora do prazo, e que goza de presunção de validade até a aplicação dessa regra específica de decadência.

Revela-se, entretanto, a posição minoritária, encontrada em decisões isoladas do Tribunal de Justiça do Rio Grande do Sul, que, em um dos casos, reconheceu diante da *incomum inércia, com a paralisação incompreensível do procedimento durante sete anos*, a prescrição intercorrente administrativa no âmbito do processo fiscal, sob pena de se aceitar a própria imprescritibilidade, segundo o voto condutor.[87]

Na doutrina, dois autores, em particular, sustentam a forma extintiva do crédito tributário pela inércia da Fazenda Pública ainda em sede administrativa, são eles Hugo de Brito Machado Segundo, em linha com Marco Aurélio Greco. Não defendem propriamente a "prescrição intercorrente" no processo administrativo fiscal, mas a perempção[88] por "abandono do processo". A insurgência do contribuinte, por determinação normativa, suspende a exigibilidade do crédito tributário, e, porquanto, o curso da prescrição para proposição do executivo fiscal.[89]

Para os autores, se o Fisco abandona o processo por mais de cinco anos, não seria a impugnação impedimento para ajuizamento do executivo fiscal, mas essa desídia indevida de não apreciação da insurgência do contribuinte. Existiria uma complementariedade entre a perempção e a prescrição intercorrente, cuja inércia da Fazenda Pública levaria, como consequência, à extinção do direito de propor a ação de execução fiscal, e, por isso, do próprio crédito tributário.

Edmar Oliveira Andrade Filho entende que o prazo assinalado no *caput* do art. 173 do CTN corresponde ao lapso temporal para a Administração Fiscal concluir, em decisão definitiva, o processo administrativo fiscal, com a constituição definitiva do crédito tributário, em todas as fases, e esgotadas todas as instâncias; *em decorrência, o prazo é para dar contornos finais ao lançamento e valores finais ao crédito tributário considerando as fases de impugnação, se houver.*[90]

Apesar da bem fundamentada doutrina, a dogmática brasileira não permite espaço para a discussão a respeito da prescrição intercorrente do **crédito tributário** no âmbito do contencioso fiscal. Muito embora, como dito anteriormente, em capítulo

---

O lançamento tributário não pode durar indefinidamente, sob risco de violação da segurança jurídica, mas a Constituição de 1988 reserva à lei complementar federal aptidão para dispor sobre decadência em matéria tributária. Viola o art. 146, III, b, da Constituição federal norma que estabelece hipótese de decadência do crédito tributário não prevista em lei complementar federal. Ação direta de inconstitucionalidade conhecida e julgada procedente.
(ADI 124, Rel. Joaquim Barbosa, Tribunal Pleno, j. 01.08.2008, DJe-071 divulg 16-04-2009 public 17-04-2009 EMENT VOL-02356-01 PP-00011).

[87] Direito tributário. Impugnação. Decadência. O Estado tem cinco anos para constituir definitivamente o crédito tributário, o que equivale a dizer que, no prazo de cinco anos, deve julgar a impugnação havida, pena de decadência. Apelação provida. (Apelação Cível 59603816-6, Rel. Dês. Romeu Elias de Souza)
Prescrição intercorrente no processo administrativo – art. 151, III, CTN. Durante a reclamação ou recurso administrativo, está suspensa a exigibilidade do crédito administrativo, não correndo prescrição – Entretanto, quando se está diante de incomum inércia, com a paralisação incompreensível do procedimento durante sete anos, sob pena de se aceitar a própria imprescritibilidade, não há como deixar de reconhecer a prescrição. (Ap. 597200054, Rel. Des. Armínio José Abreu Lima da Rosa)

[88] O conceito de perempção está relacionado ao dever de impulso das partes, de adotar os atos necessários para a marcha processual, de modo a alcançar o resultado final.

[89] MACHADO SEGUNDO, Hugo de Brito. *Processo Tributário*, 2004, p. 205.

[90] ANDRADE FILHO, Edmar Oliveira. *Decadência e o Tempo Máximo de Duração do Processo Administrativo Tributário.* In: PIZOLIO, Reinaldo (Coord.). *Processo Administrativo Tributário.* São Paulo: Quartier Latin, 2007, p. 64.

Título I • Cap. 4 • PRESCRIÇÃO | 199

próprio, é possível ocorrer a aplicação da prescrição intercorrente nos processos fiscais *lato sensu*, dada a natureza do crédito público em discussão. Os créditos de natureza não tributária, como, por exemplo, decorrentes da imposição de multas aduaneiras na conversão da pena de perdimento, permite o reconhecimento da prescrição intercorrente em processos sujeitos ao rito do PAF – Decreto 70.235/1972.

Para os créditos tributários cobrados, o CTN é muito claro ao estabelecer que: extingue-se após 5 anos, contados: (i) do primeiro dia do exercício seguinte àquele em que o lançamento poderia ter sido efetuado; ou, (ii) da data em que se tornar definitiva a decisão que houver anulado, por vício formal, o lançamento anteriormente efetuado. (art. 173, CTN). Ainda mais, extingue-se o próprio direito somente com o decurso do prazo, contado da data em que tenha sido iniciada a constituição do crédito tributário pela notificação, ao sujeito passivo, de qualquer medida preparatória indispensável ao lançamento. E a ação para cobrança do crédito tributário prescreve em cinco anos contados da data de constituição definitiva. (art. 174, CTN)

4.15 PRESCRIÇÃO DO REDIRECIONAMENTO DA EXECUÇÃO FISCAL

A lei tributária estabelece o prazo prescricional de cinco anos para a cobrança dos créditos dela decorrentes e veda a imprescritibilidade, mas não regula o instituto para a pretensão estatal superveniente de inserção no polo passivo da ação executória do corresponsável por ato ilícito previsto no art. 135, III, do CTN.

A partir de uma construção jurisprudencial necessária para pacificação da controvérsia em torno dos limites temporais da pretensão da Fazenda Pública de redirecionar uma execução ao sócio-gerente ou administrador da pessoa jurídica devedora, o STJ firmou importantes teses no julgamento do Tema 444 sujeito ao crivo dos recursos repetitivos. Daí a relevância do entendimento então firmado, que define parâmetros a partir da compreensão adotada no julgamento do REsp 1.201.993/SP.

A citação do devedor principal e a data do ato ilícito, que dão ensejo ao pedido de redirecionamento, são os marcos referenciais a serem observados, conforme as seguintes teses fixadas pela Corte:

1 – O prazo de redirecionamento da execução fiscal, fixado em cinco anos, contado da diligência de citação da pessoa jurídica, é aplicável quando o referido ato ilícito, previsto no artigo 135, inciso III, do Código Tributário Nacional (CTN), for precedente a esse ato processual;

2 – A citação positiva do sujeito passivo devedor original da obrigação tributária, por si só, não provoca o início do prazo prescricional quando o ato de dissolução irregular for a ela subsequente, uma vez que, em tal circunstância, inexistirá, na aludida data (da citação), pretensão contra os sócios-gerentes (conforme decidido no REsp 1.101.728, no rito do artigo 543-C do CPC/1973, o mero inadimplemento da exação não configura ilícito atribuível aos sujeitos de direito descritos no artigo 135 do CTN). O termo inicial do prazo prescricional para a cobrança do crédito dos sócios--gerentes infratores, nesse contexto, é a data da prática de ato inequívoco indicador do intuito de inviabilizar a satisfação do crédito tributário já em curso de cobrança executiva promovida contra a empresa contribuinte, a

ser demonstrado pelo fisco, nos termos do artigo 593 do CPC/1973 (artigo 792 do novo CPC – fraude à execução), combinado com o artigo 185 do CTN (presunção de fraude contra a Fazenda Pública); e,

3 – Em qualquer hipótese, a decretação da prescrição para o redirecionamento impõe seja demonstrada a inércia da Fazenda Pública, no lustro que se seguiu à citação da empresa originalmente devedora (REsp 1.222.444) ou ao ato inequívoco mencionado no item anterior (respectivamente, nos casos de dissolução irregular precedente ou superveniente à citação da empresa), cabendo às instâncias ordinárias o exame dos fatos e provas atinentes à demonstração da prática de atos concretos na direção da cobrança do crédito tributário no decurso do prazo prescricional.

Essa é uma importante diretriz em prol da maturidade do instituto do redirecionamento das execuções fiscais, na medida em que deixa mais precisos os limites processuais de atuação da Fazenda Pública, conferindo significativo impacto para a regularidade do processo e para a segurança jurídica.

Capítulo 5
CONFAZ: CONSELHO NACIONAL DE POLÍTICA FAZENDÁRIA

5.1 O CONTEXTO CONSTITUCIONAL DO ICMS

A Constituição Federal estabelece o regramento fundamental dos tributos, dentre eles o Imposto sobre Operações Relativas à Circulação de Mercadorias e sobre Prestação de Serviços de Transporte Interestadual e Intermunicipal e de Comunicação – ICMS, atribuindo aos Estados e ao Distrito Federal a competência para sua instituição e cobrança.

A Reforma Tributária sobre o consumo veiculada pela Emenda Constitucional 132/2023, como já abordado, promove a substituição do ICMS e do ISS pelo Imposto sobre Bens e Serviços (IBS), que será de competência compartilhada entre os estados, o DF, e os municípios. No entanto, até a plena implementação do novo sistema tributário, as regras vigentes relativas ao ICMS permanecem em vigor, coexistindo com as novas diretrizes estabelecidas durante o período de transição, motivo pelo qual se mantém a pertinência do presente capítulo no livro.

O art. 155, quanto ao ICMS, consagra diretrizes que caracterizam e estruturam sua hipótese de incidência, conferindo certo grau de especificidade e complexidade que lhe são bem próprios e que geram importantes variáveis na aplicação da norma tributária. O ICMS é um imposto incidente sobre as operações de circulação ou prestação de serviços realizados no território da unidade federada tributante (operações internas), mas também pode abranger ciclos econômicos que extrapolam os limites desse ente tributante (operações interestaduais).[1]

A capilaridade de operações e negócios jurídicos realizados por todo o território nacional importa para a hipótese de incidência de um imposto de competência local, atraindo debates e consequências normativas que geram uma diversidade de nuances e interesses a serem equacionados[2].

Dentre as normas constitucionais a serem observadas para esse fim, cite-se a competência do Senado Federal para estabelecer as alíquotas (art. 155, § 2º, incisos IV e V, da CF) e diretrizes de alíquotas incidentes, de legitimidade para a cobrança e

---

[1] Neste ponto uma ressalva de que *não incide ICMS sobre o serviço de transporte interestadual de mercadorias destinadas ao exterior* (Súmula 649/STJ).

[2] Ives Gandra Martins defende a "vocação nacional" do ICMS. Segundo o jurista, esse tributo deveria ser federal ou centralizado, como ocorre na maioria dos países, mas foi uma opção do constituinte que os estados deveriam ter receita própria (MARTINS, Ives Gandra. Estímulos Fiscais do ICMS e a unanimidade exigida no Confaz. *Revista CEJ*, Brasília, ano XVII, 59, p. 22-29, jan./abr. 2013.).

sobre a destinação do tributo em casos que envolvam operações interestaduais (art. 155, § 2º, incisos VII e VIII, e § 4º da CF).

Uma das mais relevantes características constitucionais do ICMS é a não cumulatividade, que impõe a compensação do que for devido em cada operação com o montante cobrado nas operações anteriores, ainda quando realizadas sob a competência tributária de outro estado (art. 155, § 2º, inciso I, da CF). Essa regra alcança os três núcleos de incidência do ICMS, circulação de mercadorias, prestação de serviços de transporte e serviços de comunicação[3], e pretende evitar a incidência em cascata, que onera demasiadamente a atividade econômica e gera distorções concorrenciais[4].

A tributação não cumulativa gera um sistema de compensações no qual, comumente, um estado da federação (local de destino de uma mercadoria para consumo, por exemplo) pode ter que absorver os créditos de ICMS resultantes do imposto cobrado por outro ente. Permeando todos esses elementos, ainda deve ser considerado o indiscutível potencial arrecadatório do ICMS, que figura como importante fonte de receita dos estados e do Distrito Federal.

Quando as regras de cada um deles extrapolam os seus próprios limites territoriais, o que normalmente ocorre, ainda que legitimamente, em virtude das operações interestaduais, essas peculiaridades de apuração são associadas à sistemática federativa brasileira e geram um evidente conflito de interesses. É interessante observar que as decisões de política tributária[5] de determinada unidade federativa podem se tornar do interesse de terceiro.

As disfunções nesse contexto resultam disputas relativamente à regularidade de disposições normativas e da titularidade do imposto arrecadado sobre determinada operaçao, sobretudo quando a questão está vinculada a estímulos tributários oferecidos que, naturalmente, pesam na escolha da região na qual determinada prestadora de serviços ou indústria irá instalar suas atividades.

A concessão desregrada de isenções, incentivos e benefícios de ICMS tem um peso relevante no cenário tributário nacional porque pode fragilizar a harmonia federativa e o valioso princípio da isonomia, tanto sob a ótica da garantia de autonomia política e administrativa dos estados-membros, quanto sob a perspectiva de equivalência de capacidade econômico-financeira e oportunidades a serem oferecidas aos brasileiros de um modo geral, estejam eles em qualquer canto do país.

É que, nessa equação, há ainda outro fator extremamente importante, o viés extrafiscal do ICMS. As operações e os serviços prestados que dão ensejo à incidência desse

---

[3] REsp 1201635/MG, Rel. Ministro Sérgio Kukina, Primeira Seção, j. 12.06.2013, DJe 21.10.2013. Recurso representativo da controvérsia – Tema 541.

[4] RE 606107, Rel. Min. Rosa Weber, Tribunal Pleno, j. 22.05.2013, acórdão eletrônico repercussão geral – mérito DJe-231 divulg 22-11-2013 public 25-11-2013.

[5] No âmbito da compreensão da expressão "política tributária", nos últimos dois anos, houve um movimento mais propositivo de reforma tributária pelo Congresso Nacional. Primeiro por meio da PEC 45/2019, que teve trâmite na Câmara dos Deputados, mas acabou arquivada, e, segundo, pelas mais recentes discussões sobre a PEC 110/2019, em curso no Senado, com a pretensão normativa de simplificação dos tributos incidentes sobre o consumo e produção, ao instituir o modelo dual do Imposto de Valor Agregado (IVA). A proposta cria um IVA Federal (a Contribuição sobre Bens e Serviços, que reuniria impostos arrecadados pela União, como IPI, PIS e Cofins) e um IVA Subnacional (o Imposto sobre Bens e Serviços, que fundiria impostos arrecadados por estados e municípios, como ICMS e ISS).

imposto, normalmente, geram consigo incrementos de natureza econômica e social conseguintes das atividades empresariais e do estímulo ao mercado. A instalação de uma indústria ou comércio, por exemplo, além do resultado imediato da sua produção ou serviço, impacta a arrecadação tributária da localidade, gera empregos diretos e indiretos e tende a impulsionar mais circulação de renda. Ante essas perspectivas fiscais e extrafiscais do imposto, invariavelmente, os estados estarão atuantes para estimular seus mercados, ainda que as particularidades de cada região possam gerar demandas e impor parâmetros diferenciados.

Em face dessas circunstâncias normativas e fáticas, a denominada guerra fiscal caracteriza-se pelo confronto entre unidades federadas de âmbito estadual (incluindo o Distrito Federal), municiadas por uma profusão de normas locais, sem critérios, que instituem regimes especiais, à primeira vista, significando perda de receita, mas que viabilizam atração e incremento de investimentos, geração de empregos, ganhos de infraestrutura e demais reflexos positivos, diretos e indiretos, que colaboram para o desenvolvimento econômico e social.

Como os incentivos fiscais induzem comportamentos relevantes ao desenvolvimento econômico do estado, sua utilização deve ser pautada pelo interesse coletivo e por estudos objetivos de viabilidade. É necessário que esses instrumentos desonerativos não sejam concedidos de forma intuitiva ou com fins meramente políticos, permitindo-se que os controles institucionais e sociais tenham efetivo conhecimento das vantagens ou desvantagens de determinado benefício fiscal concedido.

A doutrina de Schoueri[6], com arrimo em Misabel Derzi, evidencia representarem privilégios intoleráveis aqueles benefícios tributários que, "não fiscalizados os resultados", se estendem excessivamente no tempo ou servem à concentração de renda ou proteção de grupos economicamente mais fortes em detrimento da maioria da população, à qual são transferidos seus altos custos sociais.

Para compatibilizar o legítimo interesse por arrecadação dos estados e os parâmetros próprios do imposto, a Constituição Federal também estabelece limites e exigências para que sejam conferidos quaisquer favores que privilegiem a circulação de mercadorias ou a prestação de serviços sujeitas ao ICMS.

O primeiro deles decorre da regra geral atinente a qualquer espécie tributária, que é a necessidade de lei específica para a concessão de qualquer subsídio ou isenção, redução de base de cálculo, concessão de crédito presumido, anistia ou remissão, relativos a impostos, taxas ou contribuições (art. 150, § 6º, da CF). Além da necessidade de lei, relativamente ao ICMS, isenções, incentivos e benefícios fiscais somente podem ser concedidos e revogados mediante deliberação dos Estados e do Distrito Federal, nos termos do que deve dispor lei complementar sobre o tema (art. 155, § 2º, inciso XII, alíneas "g", da CF).

Somente sob as mesmas cautelas pode ser relativizada a premissa de não poderem as alíquotas internas de ICMS serem inferiores às previstas para as operações interestaduais, bem como podem ser estabelecidas as alíquotas, as regras de apuração e a destinação do ICMS-Combustíveis de incidência única (art. 155, § 2º, inciso VI, § 4º,

---

6   SCHOUERI, Luis Eduardo. *Normas tributárias indutoras e intervenção econômica*. Rio de Janeiro: Forense, 2005, p. 290.

inciso IV, e § 5º da Constituição Federal). A única hipótese de alíquotas internas, nas operações relativas à circulação de mercadorias e nas prestações de serviços, inferiores às previstas para as operações interestaduais é mediante deliberação e aprovação no âmbito do CONFAZ.[7]

Na pretensão de pacificar as disputas por investimentos e incrementos econômicos e financeiros por meio de medidas destinadas a suavizar a carga tributária, o poder de tributar ICMS definido pela Constituição Federal deve ser exercido dentro dos contornos que vedam uma atividade fiscal à revelia dos demais estados, a despeito de conferir competência individualmente a cada ente. Ao menos a princípio, tal limitação coloca-se em contraponto ao autogoverno precipuamente atribuído aos entes federados (notadamente quanto à acepção do poder de decidir sobre assuntos do seu próprio interesse), mas foi instituído com o propósito essencial de proteção dos valores mais elevados que consagram o pacto federativo[8].

Os limites impostos pela necessidade de deliberação dos demais entes de mesmo grau, não obstante passível de críticas, procuram prestigiar a integração harmônica; os princípios da isonomia e da proporcionalidade; a segurança jurídica; o objetivo fundamental de redução das desigualdades sociais e regionais; a consecução de objetivos comuns; o equilíbrio das relações recíprocas e a garantia apriorística de tratamento uniforme entre os contribuintes.

O caminho escolhido pelo poder constituinte para equacionar esses fatores foi determinar que os estados e o Distrito Federal devem tratar, de modo específico, em conjunto e em consenso, por meio de convênio, sobre seus interesses e a concessão de benesses aptas a flexibilizar a exigência de ICMS, cuja instituição depende de observância à forma estabelecida por lei complementar, regramento definido pela Lei Complementar 24/1975[9].

5.2 A LEI COMPLEMENTAR 24/1975

A promulgação da Constituição Federal de 1988 estabeleceu no ADCT, para a transição do sistema tributário nacional regido pela nova ordem, que, se no prazo de sessenta dias contados da promulgação da Constituição, não for editada a lei complementar necessária à instituição do imposto de que trata o art. 155, II, os estados e o Distrito Federal, mediante convênio celebrado nos termos da Lei Complementar 24/1975, fixarão normas para regular provisoriamente a matéria.[10]

---

[7]   Art 155. § 2º. VI – salvo deliberação em contrário dos Estados e do Distrito Federal, nos termos do disposto no inciso XII, "g", as alíquotas internas, nas operações relativas à circulação de mercadorias e nas prestações de serviços, não poderão ser inferiores às previstas para as operações interestaduais;

[8]   CF. Art. 1º A República Federativa do Brasil, formada pela união indissolúvel dos Estados e Municípios e do Distrito Federal, constitui-se em Estado Democrático de Direito e tem como fundamentos: (...).

[9]   ADI 2549/DF, 4481/PR, 4278/MT, 4152/SP e ADI 2.549/DF. Rel. Min. Ricardo Lewandowski. J 1º.06.2011; ADI 2.157/BA. Rel. Min. Moreira Alves. DJ. 10.04.2003; ADI nº1.247MC/PA. Rel. Min. Celso de Mello. J. 17.08.1995; ADI 1.179MC/SP. Rel. Min. Marco Aurélio. J. 29.02.1996;ADI 2.1559/PR. Rel. Min. Sydney Sanches. J. 15.02.2001.

[10]   ADCT, CF/1988: Art. 34. O sistema tributário nacional entrará em vigor a partir do primeiro dia do quinto mês seguinte ao da promulgação da Constituição, mantido, até então, o da Constituição de 1967, com a redação dada pela Emenda 1, de 1969, e pelas posteriores. (...)

O texto constitucional exige um regime jurídico, regulado por lei complementar, para que estados e Distrito Federal possam deliberar acerca da concessão e da revogação de isenções, incentivos e benefícios fiscais de ICMS. Como não foi editada norma específica para delimitação dos aspectos formais a serem observados no tratamento do tema após o advento da CF vigente, devem ser observadas as disposições da Lei Complementar 24/1975, recepcionada pela ordem constitucional[11].

As disposições legais regulam a questão constitucional estabelecendo que também estão compreendidos como benefícios fiscais de ICMS (art. 1º, parágrafo único, da LC 24/1975):

a)   redução da base de cálculo;

b)   devolução total ou parcial, direta ou indireta, condicionada ou não, do tributo, ao contribuinte, a responsável ou a terceiros;

c)   concessão de créditos presumidos;

d)   quaisquer outros incentivos ou favores fiscais ou financeiro-fiscais, concedidos com base no Imposto de Circulação de Mercadorias, dos quais resulte redução ou eliminação, direta ou indireta, do respectivo ônus;

e)   prorrogações e às extensões das isenções vigentes.

O aspecto federativo fica prestigiado na previsão de que os convênios de ICMS serão celebrados em reuniões presididas por representante do Governo Federal, para as quais tenham sido convocados os representantes de todos os Estados e do Distrito Federal (art. 2º da LC 24/1975). Desse modo, as conclusões adotadas e os ajustes firmados, para além de retratar um acordo de vontades dos Estados e do DF, ganham contornos de interesse nacional defendido pela Federação, mesmo nas hipóteses cuja resolução adotada tenha aplicação para somente uma ou parte das unidades, como autoriza a norma de regência (art. 3º da LC 24/1975).

O quórum mínimo para deliberação é de maioria dos entes federados. Quanto ao mérito, a autorização para a concessão de benefício depende de decisão unânime dos representados, enquanto para a revogação total ou parcial exige-se aprovação de 4/5 (quatro quintos) dos presentes (art. 2º, §§ 1º e 2º, da LC 24/1975). As resoluções adotadas devem ser publicadas no Diário Oficial da União, no prazo de 10 (dez) dias da data da reunião (art. 2º, § 3º, da LC 24/1975).

A **exigência de unanimidade da deliberação dos entes federados** para aprovação de regras referentes a benefícios fiscais atrai grandes debates e críticas. José Levi Amaral Júnior e Ariane Guimarães, em artigo intitulado "Deficiências democráticas do

---

§ 8º. Se, no prazo de sessenta dias contados da promulgação da Constituição, não for editada a lei complementar necessária à instituição do imposto de que trata o art. 155, I, "b", os Estados e o Distrito Federal, mediante convênio celebrado nos termos da Lei Complementar 24, de 7 de janeiro de 1975, fixarão normas para regular provisoriamente a matéria.

[11]   ADI 5467/MA, Rel. Min. Luiz Fux, DJ 16.09.2019; ADI 2663/RS, Rel. Min. Luiz Fux, DJ, 29.05.2017 e ADI 1179MC, Rel. Min. Marco Aurélio, DJ 12.04.1996.

CONFAZ", indicam uma espécie de "deficiência democrática" desse requisito[12], porque desconsidera a vontade da maioria e a autonomia dos entes federados.

Discute-se se a observância rigorosa no cumprimento deste requisito termina impedindo a concessão de incentivos e representa um retrocesso contra a necessidade de reduzir as desigualdades regionais do Brasil[13], especialmente porque entre os objetivos fundamentais da República Federativa do Brasil estão "garantir o desenvolvimento nacional" e "erradicar a pobreza e a marginalização", bem como "reduzir as desigualdades sociais e regionais" (art. 3º, da CF). Um ajuste baseado na unanimidade, e, portanto, suscetível ao direito de veto por apenas um ente federado, acaba por comprometer as relações entre minoria e maioria, na medida em que submete a vontade de todos ao poder autoritário e centralizador.[14]

No julgamento do RMS 33.524/PI[15], a Primeira Seção do Superior Tribunal de Justiça adotou relevante compreensão no sentido de haver impropriedade na expressão "guerra fiscal", quando de fato se trata de mecanismo legítimo dos estados periféricos do capitalismo brasileiro para tornar atraentes as operações econômicas com as empresas situadas em seus territórios. Por meio desse eixo de conclusão, entende que a exigência de unanimidade para a definição dos convênios de ICMS no âmbito do CONFAZ representa poder de veto dos entes "centrais do sistema tributário", reconhecendo que somente a judicialização da questão pode equilibrar conflitos de interesses entre aqueles com os estados periféricos.

O relator para esse acórdão foi o ministro Napoleão Nunes Maia que, apoiado na existência de desigualdades regionais, manifestou-se no sentido de que, na prática, há "um corte nas possibilidades dos estados periféricos do capitalismo brasileiro atraírem para os seus territórios investimentos significativos que possam mudar o perfil do seu processo produtivo e de sua estrutura de produção social, tecnológica etc.". Embora reconheça a constitucionalidade da condição, reconhecida pelo STF, o ministro defende que esse mecanismo restringe a atração de investimentos para o Nordeste, uma região sitiada economicamente pelos estados poderosos e com economias mais pujantes. Colhe-se o incisivo trecho do seu voto-vista, *in verbis*:

> (...) mas se deve evitar que os Estados mais ricos torpedeem os benefícios fiscais do Nordeste e dos Estados periféricos do capitalismo interno brasileiro, para usar novamente a expressão do saudoso Professor CELSO FURTADO, o maior nordestino economista brasileiro e o criador da SUDENE, que baseava

---

[12] AMARAL JUNIOR, José Levi M. GUIMARÃES, Ariane. Deficiências democráticas no CONFAZ. *Revista Brasileira de Direito*, 12 (2): 193-206, jul.-dez. 2016. Os autores também ressaltam que a ausência de participação da sociedade civil fragiliza os convênios na medida em que não há participação no processo deliberativo de todos os grupos afetados pela norma.

[13] MACHADO, Hugo de Brito. *Efeitos da declaração de inconstitucionalidade dos incentivos fiscais*. Interesse Público – IP, Belo Horizonte, ano 15, n. 77, p. 185-201, jan./fev. 2013.

[14] FERRAZ JUNIOR, Tercio Sampaio. Unanimidade ou maioria nas deliberações do CONFAZ: considerações sobre o tema a partir do princípio federativo. *Revista Fórum de Direito Tributário, RFDT*, Belo Horizonte, ano 10, n. 59, p. 9-39, set./out. 2012.

[15] RMS 33.524/PI, Rel. Ministra Eliana Calmon, Rel. p/ Acórdão Ministro Napoleão Nunes Maia Filho, Primeira Seção, j. 28.08.2013, DJe 07.03.2014.

seu raciocínio desenvolvimentista exatamente na capacidade de os Estados reprimidos atraírem investimentos. Se eles não podem usar o seu sistema fiscal para atrair investimentos, usarão o quê? Talvez o "pires na mão" em relação ao Governo Federal? ...trazer as maiores luzes para este problema, que é o dos Estados periféricos. O CONFAZ só aprova as suas decisões por unanimidade; portanto, os Estados poderosos dentro da Federação têm o poder de veto; e os Estados periféricos farão o quê, se não podem usar o seu mecanismo tributário para atrair investimentos?

As providências administrativas pouco avançaram na solução desse impasse. Os confrontos foram mais definitivamente dirimidos por decisões judiciais e pela edição de normas com a intenção de ofertar solução de passivos e a pacificação de antigos impasses. Cite-se, por exemplo, a Lei Complementar 160/2017, cujo teor autoriza a edição de convênio que permita aos estados e ao Distrito Federal deliberarem sobre a remissão dos créditos tributários, constituídos ou não, decorrentes das isenções, dos incentivos e dos benefícios fiscais ou financeiro-fiscais instituídos em desacordo com o disposto na alínea "g" do inciso XII do § 2º do art. 155 da CF e a reinstituição das respectivas isenções, incentivos e benefícios fiscais ou financeiro-fiscais. Sobreveio, então, o Convênio ICMS 190/2017, com essa finalidade.

Publicado o Convênio ICMS no DOU, a lei complementar estabelece que tem início o prazo de quinze dias para que o Poder Executivo de cada ente publique o decreto ratificando ou mesmo refutando os convênios celebrados, considerando-se ratificação tácita a falta de manifestação nesse prazo, ainda que determinado ente não tenha sido representado na reunião deliberativa (art. 4º, *caput* e § 1º, da LC 24/1975). A forma de ratificação e integração desses ajustes no âmbito de cada ente merece maiores reflexões, razão pela qual será tratada mais detidamente a seguir, no tópico "a natureza dos convênios ICMS e sua internalização".

A rejeição às disposições do convênio editado, por seu turno, é inferida da ausência de ratificação por um dos Estados ou pelo Distrito Federal, em relação aos convênios que autorizam a concessão de benefícios, ou de, no mínimo, quatro quintos dos entes, nas hipóteses que versem revogação de benefícios já autorizados (art. 4º, § 2º, da LC 24/1975). No âmbito nacional, a ratificação do convênio, bem como sua rejeição, consuma-se pela publicação do Ato Declaratório, editado pelo Presidente da Comissão Técnica do ICMS (Cotepe/ICMS) no Diário Oficial da União (art. 5º da LC 24/1975).

Passados trinta dias da ratificação nacional, o convênio entra em vigor e obriga todos os Estados e o Distrito Federal (arts. 6º e 7º da LC 24/1975). Essa vinculação tem duas acepções. Sob o ponto de vista externo, reflete-se no dever de cada ente de reconhecer o ajuste como fundamento legal válido para fundamentar os atos dele resultantes. Sob o ponto de vista interno de cada estado e do DF, autorizada sua internalização, condição essencial para que convênio firmado possa surtir plenos efeitos – requisito formal de legalidade inerente a todo e qualquer benefício fiscal.

A não observância de tais requisitos implica (art. 8º da LC 24/1975):

(i) nulidade do ato e ineficácia do crédito fiscal atribuído ao estabelecimento recebedor da mercadoria[16];

(ii) exigibilidade do imposto não pago ou devolvido e ineficácia da lei ou ato que conceda remissão do débito correspondente.

(iii) possibilidade de presunção de irregularidade das contas correspondentes ao exercício, a juízo do Tribunal de Contas da União e de suspensão do pagamento das quotas referentes ao Fundo de Participação, ao Fundo Especial e aos impostos referidos nos itens VIII e IX do art. 21 da Constituição federal.

O Supremo Tribunal Federal consolidou o entendimento de que lei estadual concessiva de benefício fiscal de ICMS deve ter lastro em convênio firmado no âmbito do CONFAZ, que tenha prévia deliberação dos Estados e do Distrito Federal sobre o tema, sob pena de vício de inconstitucionalidade[17].

Sedimentando de maneira significativa essa premissa, em 2011, foram julgadas procedentes diversas ações diretas de inconstitucionalidade cujo objeto eram leis estaduais que concediam benefícios fiscais de toda ordem sem observância do art. 155, § 2º, inciso XII, alínea "g", da CF[18].

Por outro lado, em dezembro de 2021, ao apreciar lei distrital que remiu créditos tributários de ICMS de leis locais, declaradas inconstitucionais porque não observaram a aprovação prévia dos demais estados, segundo exigência da Constituição Federal (art. 155, § 2º, alínea "g"), o STF reconheceu a possibilidade, ante a segurança jurídica e a boa-fé dos contribuintes, de que a lei de perdão da cobrança dos créditos fiscais é constitucional quando amparada em convênio editado pelo próprio CONFAZ.

O Supremo Tribunal Federal, portanto, julgou constitucional, por unanimidade, a possibilidade de que os estados e o Distrito Federal perdoem dívidas tributárias originadas de benefícios fiscais de ICMS declarados inconstitucionais pelo Poder

---

[16] 1. Não comprovadas razões concretas de segurança jurídica ou de excepcional interesse social, requisitos estipulados pelo art. 27 da Lei 9.868/99, descabe a modulação dos efeitos da decisão. 2. A jurisprudência desta Suprema Corte não tem admitido a modulação dos efeitos da declaração de inconstitucionalidade em casos de leis estaduais que instituem benefícios sem o prévio convênio exigido pelo art. 155, parágrafo 2º, inciso XII, da Constituição Federal – Precedentes. 3. A modulação dos efeitos temporais da declaração de inconstitucionalidade no presente caso consistiria, em essência, incentivo à guerra fiscal, mostrando-se, assim, indevida. 4. Embargos de declaração conhecidos para negar-lhes provimento. (ADI 3794 ED, Rel. Min. Roberto Barroso, Tribunal Pleno, j. 18.12.2014, acórdão eletrônico DJe-036 divulg 24.02.2015 public 25.02.2015).

[17] Foi reconhecida a repercussão geral da controvérsia relativa à constitucionalidade da prática mediante a qual os estados e o Distrito Federal, respaldados em consenso alcançado no âmbito do Conselho Nacional de Política Fazendária – CONFAZ, perdoam dívidas tributárias surgidas em decorrência do gozo de benefícios fiscais assentados inconstitucionais pelo Supremo, porque implementados em meio à chamada guerra fiscal do ICMS.(RE 851421 RG, Rel. Min. Marco Aurélio, j. 21.05.2015, acórdão eletrônico DJe-171 divulg 31-08-2015 public 01-09-2015).

[18] ADI 2906 (Rel. Min. Marco Aurélio), SP x RJ. ADI 2376 (Rel. Min. Marco Aurélio) MG x RJ. ADI 3674 (Rel. Min. Marco Aurélio) RN x RJ. ADI 3413 (Rel. Min. Marco Aurélio), ABIMAQ x RJ. ADI 4457 (Rel. Min. Marco Aurélio), PR x RJ. ADI 2688 (Rel. Min. Joaquim Barbosa): PR x PR. ADI 3794 (Rel. Min. Joaquim Barbosa), PR x MS. ADI 3664 (Rel. Min. Cezar Peluso), PR x RJ. ADI 4152 (Rel. Min. Cezar Peluso), PR x SP. ADI 3803 (Rel. Min. Cezar Peluso), PR x PR. ADI 2352 (Rel. Min. Dias Toffoli), MG x ES. ADI 1247 (Rel. Ministro Dias Toffoli), PGR x PA. ADI 3702 (Rel. Ministro Dias Toffoli), ABIMAQ x ES. ADI 2549 (Rel. Ministro Ricardo Lewandowski), SP x DF.

Judiciário, mas desde que a remissão esteja lastreada em convênio válido editado pelo CONFAZ.[19] A decisão foi resumida no Tema 817: "É constitucional a lei estadual ou distrital que, com amparo em convênio do CONFAZ, conceda remissão de créditos de ICMS oriundos de benefícios fiscais anteriormente julgados inconstitucionais".

O rel. Ministro Luís Roberto Barroso em seu voto destacou ser "... fato incontroverso que a remissão dos créditos tributários prevista na Lei distrital 4.732/2011 seguiu o referido dispositivo da LC 24/1975, uma vez que precedida de autorização pelos Convênios 84/2011 e 86/2011 do Confaz, ambos aprovados por unanimidade, tal como previsto no art. 2º, § 1º, da LC 24/1975". Deu ênfase que não se tratava de convalidação de benefício fiscal julgado inconstitucional pelo Tribunal local com efeitos prospectivos, de modo a ressuscitar a vantagem tributária, mas tão somente reconhecer constitucional lei de remissão de crédito tributário, posteriormente editada, e fundamentada em convênio aprovado à unanimidade pelo Confaz.

Os convênios devem ser o veículo definidor de condições gerais para concessão unilateral de anistia, remissão, transação, moratória, parcelamento de débitos a ampliação do prazo de recolhimento do imposto de circulação de mercadorias (art. 10 da LC 24/1975) e que, por outro lado, o regime de convênios não se aplica às indústrias instaladas na Zona Franca de Manaus, sendo vedado às demais unidades determinar a exclusão de incentivo fiscal, prêmio ou estímulo concedido pelo Estado do Amazonas (art. 15 da LC 24/1975).

Por último, a despeito de parte das receitas provenientes do ICMS ser destinada aos municípios, não cabe a tais entes a concessão de benefícios dessa natureza (art. 9º da LC 24/1975), que estão estritamente vinculados à atividade fiscal dos Estados e do DF, conforme determina a Constituição Federal. Neste âmbito, o Supremo Tribunal Federal, no julgamento do RE 1288634, sob a sistemática de repercussão geral, decidiu que "Os programas de diferimento ou postergação de pagamento de ICMS – a exemplo do FOMENTAR e do PRODUZIR, do Estado de Goiás – não violam o sistema constitucional de repartição de receitas tributárias previsto no art. 158, IV, da Constituição Federal, desde que seja preservado o repasse da parcela pertencente aos Municípios quando do efetivo ingresso do tributo nos cofres públicos estaduais".

O julgamento envolveu a discussão a respeito da concessão de incentivos fiscais e a composição da base de cálculo das cotas do Fundo de Participação dos Estados e do Fundo de Participação dos Municípios, sobretudo à luz do alcance do termo "produto arrecadado", previsto nos arts. 157 a 159 da Constituição e no art. 1º da Lei Complementar 62/1989.

5.3 O CONFAZ

O Conselho Nacional de Política Fazendária – CONFAZ é o órgão colegiado do Ministério da Fazenda, atual Ministério da Economia, composto pelos Secretários de

---

[19] Possui repercussão geral a controvérsia relativa à constitucionalidade da prática mediante a qual os estados e o Distrito Federal, respaldados em consenso alcançado no âmbito do Conselho Nacional de Política Fazendária – CONFAZ, perdoam dívidas tributárias surgidas em decorrência do gozo de benefícios fiscais assentados inconstitucionais pelo Supremo, porque implementados em meio à chamada guerra fiscal do ICMS. (RE 851421 RG/DF)

Estado de Fazenda, Economia, Finanças ou Tributação dos Estados e do Distrito Federal sob a presidência do Ministro de Estado da Economia, organizado por seu Regimento Interno, aprovado pelo Convênio ICMS 133/1997 e suas alterações, em observância ao disposto na Lei Complementar 24/1975[20]. Ao CONFAZ compete:

> (i) promover a celebração de convênios, para efeito de concessão ou revogação de isenções, incentivos e benefícios fiscais do imposto de que trata o inciso II do art. 155 da Constituição, de acordo com o previsto no § 2º, inciso XII, alínea "g", do mesmo artigo e na Lei Complementar 24, de 7 de janeiro de 1975;
>
> (ii) promover a celebração de atos visando ao exercício das prerrogativas previstas nos arts. 102 e 199 da Lei 5.172/1966 (Código Tributário Nacional), como também sobre outras matérias de interesse dos Estados e do Distrito Federal;
>
> (iii) sugerir medidas com vistas à simplificação e à harmonização de exigências legais;
>
> (iv) promover a gestão do Sistema Nacional Integrado de Informações Econômico-Fiscais – SINIEF, para a coleta, elaboração e distribuição de dados básicos essenciais à formulação de políticas econômico-fiscais e ao aperfeiçoamento permanente das administrações tributárias;
>
> (v) promover estudos com vistas ao aperfeiçoamento da Administração Tributária e do Sistema Tributário Nacional como mecanismo de desenvolvimento econômico e social, nos aspectos de inter-relação da tributação federal e da estadual;
>
> (vi) colaborar com o Conselho Monetário Nacional na fixação da Política de Dívida Pública Interna e Externa dos Estados e Distrito Federal, para cumprimento da legislação pertinente e na orientação das instituições financeiras públicas estaduais, propiciando sua maior eficiência como suporte básico dos Governos Estaduais.

As competências atribuídas ao CONFAZ não se confundem com aquelas recentemente estabelecidas para o Comitê Gestor do IBS no contexto da Reforma Tributária sobre o consumo. Enquanto o CONFAZ possui um papel voltado para a coordenação de políticas fiscais entre os estados, as competências do Comitê Gestor do IBS são mais amplas, abrangendo tanto a administração quanto a decisão de contenciosos relacionados ao novo tributo.[21]

O ponto de interseção entre esses dois órgãos é o viés de uniformização das legislações entre os entes federativos. No entanto, o Comitê Gestor do IBS tem essa

---

[20] Art. 11 – O Regimento das reuniões de representantes das Unidades da Federação será aprovado em convênio.

[21] Art. 156-B. Os Estados, o Distrito Federal e os Municípios exercerão de forma integrada, exclusivamente por meio do Comitê Gestor do Imposto sobre Bens e Serviços, nos termos e limites estabelecidos nesta Constituição e em lei complementar, as seguintes competências administrativas relativas ao imposto de que trata o art. 156-A: (Incluído pela Emenda Constitucional nº 132, de 2023) I – editar regulamento único e uniformizar a interpretação e a aplicação da legislação do imposto; (Incluído pela Emenda Constitucional nº 132, de 2023) II – arrecadar o imposto, efetuar as compensações e distribuir o produto da arrecadação entre Estados, Distrito Federal e Municípios; (Incluído pela Emenda Constitucional nº 132, de 2023) III – decidir o contencioso administrativo. (Incluído pela Emenda Constitucional nº 132, de 2023)

perspectiva ampliada, assumindo um papel de promover a harmonização de normas e procedimentos entre unidades de diferentes esferas (municipal e estadual).

A função precípua do CONFAZ, derivada da Constituição Federal, é de coordenar interesses que possam advir das características próprias do ICMS, a partir de ações estratégicas de estudo, coordenação e execução de políticas voltadas ao desenvolvimento da atividade fiscal nacional.

A crítica doutrinária tem revelado uma importante função que poderia ser assumida pelo CONFAZ, de harmonização jurisprudencial e interpretativa no âmbito das administrações fazendárias dos Estados e do Distrito Federal, especialmente ante a litigiosidade federativa dos entes subnacionais. Nesse contexto, o órgão poderia ser responsável pela adoção de Protocolos de natureza normativa ou interpretativa, destinados a:

> i) promover a harmonização das decisões administrativas emanadas dos contenciosos tributários estaduais, em matéria legislativa comum, de natureza substantiva ou procedimental; e ii) pacificar as controvérsias verificadas na interpretação da legislação tributária estadual (grandes teses controversas), conferindo maior determinação conceitual à(s) norma(s) jurídica(s) em questão.[22]

As iniciativas poderiam contribuir de alguma forma para um contexto de segurança jurídica e de confiança nas relações entre o fisco estadual e os contribuintes, haja vista conferirem maior grau de transparência nos critérios interpretativos utilizados pelas administrações tributárias, além de fomentar o desenvolvimento de um ambiente padronizado, com externalidade positiva na construção de instrumentos relevantes para a prevenção de litígios tributários.[23]

A despeito da relevância do Conselho para a sistemática normativa do ICMS, sobretudo como instrumento de aperfeiçoamento e harmonização, deve-se ter em mente seus limites de atuação estabelecidos pela Constituição Federal[24]. Cite, por exemplo, que os convênios firmados em sede do CONFAZ não podem modificar regra de incidência de imposto, matéria reservada à lei[25].

5.4 A NATUREZA JURÍDICA DOS CONVÊNIOS ICMS E SUA INTERNALIZAÇÃO

Conforme dispõe o art. 100 do Código Tributário Nacional, os convênios celebrados entre as unidades federadas são normas complementares das leis, dos tratados,

---

[22] Sumário Executivo do Diagnóstico do Contencioso Tributário no Brasil, elaborado pela Associação Brasileira de Jurimetria (ABJ), encomendado pela RFB, por intermédio do BID – Banco Interamericano de Desenvolvimento. Disponível em: https://www.gov.br/receitafederal/pt-br/centrais-de-conteudo/publicacoes/estudos/diagnostico-do-contencioso-tributario-administrativo/sumario-executivo.

[23] Sumário Executivo do Diagnóstico do Contencioso Tributário no Brasil, elaborado pela Associação Brasileira de Jurimetria (ABJ), encomendado pela RFB, por intermédio do BID – Banco Interamericano de Desenvolvimento. Disponível em: https://www.gov.br/receitafederal/pt-br/centrais-de-conteudo/publicacoes/estudos/diagnostico-do-contencioso-tributario-administrativo/sumario-executivo.

[24] RE 680089, Rel. Min. Gilmar Mendes, Tribunal Pleno, j. 17.09.2014, processo eletrônico repercussão geral – mérito DJe-237 divulg 02.12.2014 public 03.12.2014.

[25] RE 488448 AgR, Rel. Min. Joaquim Barbosa, Segunda Turma, j. 28.08.2012, acórdão eletrônico DJe-183 divulg 17-09-2012 public 18-09-2012.

das convenções internacionais e dos decretos, tanto que o Superior Tribunal de Justiça os reconhece como norma infralegal, cuja suposta violação não constitui fundamento suficiente para conhecimento de recurso especial[26].

A partir desse único parâmetro normativo já se pode afirmar que convênio de ICMS não veicula norma instituidora de benefício ou fonte normativa direta que imponha obrigações tributárias. A despeito de muito já se ter debatido sobre o tema, a doutrina e a jurisprudência avançaram para pacificar a compreensão de que o convênio firmado no âmbito do Conselho Nacional de Política Fazendária – CONFAZ é uma condição, mas, por si só, não cria benefícios ou impõem regras diretamente aplicáveis ao contribuinte.

Evidentemente que do convênio se extrai vinculação direta aos entes federados, na medida em que, ratificado, impõe o dever de observância dos seus ditames. Contudo, não para diretamente criar uma obrigação ou conceder um benefício na relação entre o Fisco e seu contribuinte, mas para permitir a concessão de um benefício ou a alteração de determinado regramento por cada um dos Estados ou pelo DF, nos moldes em que ajustado entre esses mesmos entes.

Como se infere da Constituição Federal, a natureza jurídica dos convênios firmados no âmbito do CONFAZ é autorizativa, haja vista a deliberação de que trata a Lei Complementar 24/1975, e inclui-se como requisito essencial para concessão de qualquer benesse de ICMS, consoante estabelece o art. 155, § 2º, alínea "g", e somente norma específica pode veicular subsídio, isenção, redução de base de cálculo, concessão de crédito presumido, anistia ou remissão[27], como prevê, por seu turno, o art. 150, § 6º.

Portanto, segundo afirma o Superior Tribunal de Justiça, a autorização veiculada em Convênio para a concessão de remissão não acarreta direito subjetivo para o contribuinte, se não houve implementação da medida necessária à concessão do benefício. Mesmo que o Convênio tenha sido objeto de ratificação[28], somente surte seus efeitos se e quando publicado o ato normativo que o integre no ordenamento jurídico do ente federado, inclusive para fins de observância ao princípio da anterioridade nonagesimal à que está sujeita a cobrança de ICMS[29].

A forma como se deve operar a internalização também já foi objeto de muito debate em torno da aplicação literal da previsão do art. 4º da LC 24/1975, segundo o qual a internalização do convênio ICMS no ordenamento jurídico dos Estados-membros se consuma com a edição de decreto pelo Poder Executivo[30]. É que a função regulamentadora à que se limita o decreto, como fonte normativa, a necessidade de atuação dos poderes legislativos na instrumentalização dos benefícios fiscais e o princípio da legalidade vedam essa interpretação isolada.

---

[26]   AgRg no AREsp 317.735/SP, Rel. Ministro Sérgio Kukina, Primeira Turma, j. 13.06.2014, DJe 18.08.2014.

[27]   RE 635688, Rel. Min. Gilmar Mendes, Tribunal Pleno, j. 16.10.2014, processo eletrônico repercussão geral – mérito DJe-030 divulg 12.02.2015 public 13.02.2015.

[28]   RMS 13.543/RJ, Rel. Ministro Castro Meira, Segunda Turma, j. 04.11.2003, DJ 16.02.2004, p. 226.

[29]   Compreensão adotada no Parecer 1079/2015-PRCON/PGDF, exarado por este autor no âmbito da Procuradoria-Geral do Distrito Federal.

[30]   A Procuradoria-Geral do Distrito Federal conta com relevante estudo enviado quando da emissão do Parecer 251/2011-PROFIS/PGDF, de autoria do Procurador do Distrito Federal José Cardoso Dutra Junior, que compila as posições doutrinárias sobre o tema.

Título I • Cap. 5 • CONFAZ: CONSELHO NACIONAL DE POLÍTICA FAZENDÁRIA | 213

As luzes da Constituição Federal reforçaram a exegese que reconhece fundamental importância da chancela do Poder Legislativo de cada ente para conferir concretude às disposições do convênio de ICMS, em atenção ao princípio da estrita legalidade consagrado pelo art. 150, § 6º, da Constituição Federal, com a redação conferida pela Emenda Constitucional 3/1993.

É por isso que não se pode restringir ou transferir ao ato do Executivo a aptidão de fazer valer, com força de lei, as autorizações logradas em sede de convênio, haja vista sua atividade precípua não ser legislativa, propriamente dita, e não lhe cabe a inovação do ordenamento jurídico. Seu papel é dar fiel cumprimento às leis e, como tal, deve-se pautar pelas diretrizes nelas conferidas, sem excedê-las, segundo emana a própria Constituição, no seu art. 84, inciso IV[31], de observância obrigatória a todas as unidades federativas.

O Supremo Tribunal Federal reconhece que essa internalização tanto pode se dar sob a forma de lei em sentido estrito quanto pela via de decreto legislativo, a depender do que preceitua a legislação estadual ou distrital, porquanto, de todo modo, se perfaz ato jurídico-normativo concreto e específico[32], cumpridos todos os requisitos constitucionais atinentes à concessão de um benefício fiscal de ICMS.

A imprescindibilidade de participação do Poder Legislativo se verifica tanto nas hipóteses de concessão quanto de prorrogação de benefício fiscal. Afinal, a prorrogação nada mais é do que a ampliação, no tempo, do benefício ou incentivo fiscal outrora garantido. Cuida-se de renúncia de receita que se dilatará por mais tempo do que aventado inicialmente, razão pela qual deverá estar igualmente jungida ao princípio da legalidade e sujeita ao procedimento ordinário por meio do qual somente até autorizado, ganha contornos de imperatividade com a publicação do decreto legislativo ou da lei formal[33].

Portanto, os favores fiscais de ICMS, à luz da Constituição Federal de 1988 e das normas infraconstitucionais sob sua égide, resultam de uma série de atos complexos e de natureza híbrida, ora de caráter administrativo – quando os entes federados, por seus respectivos poderes executivos e coordenados por órgão executivo da União, conformam seus interesses e firmam um entendimento que retrate a unidade federativa nacional –, ora inerente ao processo legislativo, sobretudo na fase de internalização do convênio por cada estado e pelo Distrito Federal.

No DF, por exemplo, somente com a edição de decreto legislativo, aprovado pela Câmara Legislativa Distrital, o convênio ICMS passa a integrar o ordenamento do ente subscritor, ainda que sobrevenha a regulamentação por meio de Decreto do Chefe do Poder Executivo local com o objetivo de tratar do tema. Afinal, não cabe ao Executivo conceder, por ato próprio, o favor fiscal autorizado no ajuste interestadual: esta é uma incumbência do Poder Legislativo, por expressa determinação constitucional.

---

[31] CF. Art. 84. Compete privativamente ao Presidente da República: (...) IV – sancionar, promulgar e fazer publicar as leis, bem como expedir decretos e regulamentos para sua fiel execução;

[32] RE 539130, Rel. Min. Ellen Gracie, Segunda Turma, j. 04.12.2009, DJe-022 divulg 04.02.2010 public 05.02.2010 ement VOL-02388-05 PP-00900 RTJ VOL-00213-01 PP-00682 RDDT n. 175, 2010, p. 179-185 RT v. 99, n. 895, 2010, p. 177-185 LEXSTF v. 32, n. 374, 2010, p. 227-241.

[33] Compreensão adotada no Parecer 603/2017-PRCON/PGDF, exarado por este autor no âmbito da Procuradoria-Geral do Distrito Federal.

Não é o convênio, tampouco o decreto executivo que concedem o subsídio, isenção, crédito presumido, redução da base de cálculo, anistia ou remissão em matéria tributária. Em verdade, ato normativo secundário local que porventura venha a ser editado representará mero reflexo do poder regulamentar atribuído ao Chefe do Poder Executivo. Tais exigências, entretanto, não se aplicam aos casos de deliberações firmadas no âmbito do CONFAZ que não ajustam concessão de favores fiscais. É que nem sempre os convênios de ICMS se prestam à instituição de benesses. Podem ser estabelecidas regras tributárias de natureza distinta, como são os casos em que são deliberadas a operacionalização do regime de substituição tributária em operações interestaduais[34] ou a definição de obrigações acessórias.

Por se tratar basicamente de regras decorrentes da legislação tributária e têm por objeto as prestações, positivas e negativas, nela previstas no interesse da arrecadação ou da fiscalização dos tributos (art. 113, § 2º, do CTN), fica dispensado o tratamento atinente ao que estabelece o art. 155, § 2º, inciso "g" combinado do com 150, § 6º, da Constituição Federal.

Como o conceito de legislação tributária do art. 96 do CTN inclui o decreto, a combinação desse preceito com o regramento das obrigações acessórias permite concluir que os deveres instrumentais dos contribuintes podem ser tratados por ato normativo daquela espécie, sobretudo quando verse sobre questões necessariamente já tratadas por lei formal, que limita a atuação regulamentar, quando deve sempre estar pautada na lei nacional do ICMS e nas disposições normativas que orientam a incidência tributária no âmbito local[35].

5.5 OS CONVÊNIOS DE ICMS E A LEI DE RESPONSABILIDADE FISCAL

À luz da natureza autorizativa dos convênios firmados no âmbito do CONFAZ, o processo de internalização das tratativas que possibilitam a instituição, ampliação ou renovação de incentivo ou benefício de natureza tributária ganhou ainda mais relevância com o advento da Lei Complementar 101/2000 – a Lei de Responsabilidade Fiscal, que estabelece o regramento abaixo (art. 14 da LRF).

A concessão ou ampliação de incentivo ou benefício de natureza tributária da qual decorra renúncia de receita deverá estar acompanhada de estimativa do impacto orçamentário-financeiro no exercício em que deva iniciar sua vigência e nos dois seguintes, atender ao disposto na lei de diretrizes orçamentárias e a, pelo menos, uma das seguintes condições.

a) demonstração pelo proponente de que a renúncia foi considerada na estimativa de receita da lei orçamentária, na forma do art. 12 da LRF, e de que não afetará as metas de resultados fiscais previstas no anexo próprio da lei de diretrizes orçamentárias;

b) estar acompanhada de medidas de compensação, no período mencionado do início de sua vigência e nos dois subsequentes, por meio do aumento de receita, pro-

---

[34] Conforme dispõe o art. 9º da LC 87/1996: A adoção do regime de substituição tributária em operações interestaduais dependerá de acordo específico celebrado pelos Estados interessados. (...)

[35] Compreensão adotada no Parecer 955/2015-PRCON/PGDF, exarado por este autor no âmbito da Procuradoria-Geral do Distrito Federal.

veniente da elevação de alíquotas, ampliação da base de cálculo, majoração ou criação de tributo ou contribuição.

A LRF conceitua renúncia de receita abrangendo anistia, remissão, subsídio, crédito presumido, concessão de isenção em caráter não geral, alteração de alíquota ou modificação de base de cálculo que implique redução discriminada de tributos ou contribuições, e outros benefícios que correspondam a tratamento diferenciado.

Cuida-se de preceito de observância obrigatória na edição de norma que veicule renúncia de receita, independente da hipótese de incidência tributária de que trata, e que, portanto, deve instrumentalizar o processo legislativo de internalização de convênio de ICMS dessa natureza, seja pela forma de lei ou de decreto legislativo, tarefa a ser desempenhada pelo Poder Executivo que submete o pacto à homologação do Legislativo ou pelo próprio órgão legiferante, quando de ofício.

A gestão fiscal de um ente público deve adequar-se essencialmente à Lei de Responsabilidade Fiscal e, para isso, é preciso que os impactos econômicos da benesse sejam previamente considerados e não comprometam as metas fiscais estabelecidas. Dessa forma, as políticas tributárias podem ser geridas dentro de uma ação planejada e transparente, que previnam riscos e não comprometam o equilíbrio das contas públicas.

Assim como em relação à dispensa de lei ou decreto legislativo para a internalização de ajuste que autorize norma diversa de benefício fiscal, as exigências da LRF somente se aplicam para os casos em que se impõe literalmente e, portanto, não são condição para que toda sorte de convênios CONFAZ, o que também coloca à margem desse procedimentos aqueles que estabeleçam sobre o regime de substituição tributária, seja alterando regras nacionais ou convênios anteriores que já disponham exclusivamente sobre esse instituto.

5.6 A VIGÊNCIA DE CONVÊNIOS FIRMADOS ANTES DA EMENDA CONSTITUCIONAL 87/2015 E O CONVÊNIO ICMS 153/2015

A Emenda Constitucional 87/2015 reformulou o art. 155 da Constituição Federal ao prever nova sistemática de tributação do ICMS nas operações e prestações que destinem bens e serviços a consumidor final não contribuinte do imposto, localizado em outro Estado. Até então, não havia incidência do diferencial de alíquota do ICMS nas operações interestaduais destinadas a consumidor final, não contribuinte do imposto.

Com a alteração constitucional, nas operações e prestações com destinação de bens e serviços a consumidor final, contribuinte ou não do imposto, localizado em outro Estado, será adotada a alíquota interestadual e caberá ao Estado de localização do destinatário o imposto correspondente à diferença entre a alíquota interna do Estado destinatário e a alíquota interestadual.

Antes da emenda, nas operações interestaduais destinadas a não contribuintes do imposto, adotava-se para efeito de incidência do ICMS a alíquota do estado de origem, cabendo a este a integralidade da arrecadação. Com o advento da EC 87/2015, deve--se aplicar a alíquota interestadual e caberá ao estado de localização do destinatário o imposto correspondente à diferença entre a alíquota interna do estado destinatário e a alíquota interestadual.

Esta mudança paradigmática na tributação do ICMS deve-se, sobretudo, à revolução no comércio de bens provocada pela entrada da internet nesse contexto, fenômeno conhecido como *e-commerce*. De forma tímida, pouco a pouco, ainda em décadas passadas, ganhava-se terreno as compras via telemarketing, depois consumida pela entrada avassaladora das compras via *web*.

Neste contexto normativo antes desatualizado, desatrelado das mudanças provocadas pelo mundo atual, a legislação previa que toda a arrecadação do ICMS deveria ser destinada ao estado de origem, ainda que, na grande maioria dos casos, o consumidor final, não contribuinte do imposto, estivesse localizado em outro estado da federação. Ou seja, o estado de destino da mercadoria, de onde era desencadeado o fenômeno mercantil e, por isso, vinculado ao fato gerador do tributo, nada receberia pela operação comercial.

Com base nessa injustiça fiscal, alguns estados essencialmente consumidores, sobretudo do Norte, Nordeste e Centro-Oeste, provocaram por meio do CONFAZ a edição do Protocolo ICMS 21, de 7 de abril de 2011, o qual contava com a assinatura de 18 unidades federadas e regulava a incidência do ICMS nas vendas interestaduais a consumidores finais efetuadas por meio de internet (e, também, de telemarketing ou *showroom*), de forma diversa da determinação da própria Constituição Federal.

Claramente, era questão de tempo, por violar a Constituição Federal, o referido protocolo seria objeto de declaração de inconstitucionalidade, como efetivamente foi pelo Supremo Tribunal Federal.[36]

---

[36] 5. **O ICMS incidente na aquisição decorrente de operação interestadual e por meio não presencial (internet, telemarketing, *showroom*) por consumidor final não contribuinte do tributo não pode ter regime jurídico fixado por Estados-membros não favorecidos, sob pena de contrariar o arquétipo constitucional delineado pelos arts. 155, § 2º, inciso VII, b, e 150, IV e V, da CRFB/1988.** 6. A alíquota interna, quando o destinatário não for contribuinte do ICMS, é devida à unidade federada de origem, e não à destinatária, máxime porque regime tributário diverso enseja odiosa hipótese de bitributação, em que os signatários do protocolo invadem competência própria daquelas unidades federadas (de origem da mercadoria ou bem) que constitucionalmente têm o direito de constar como sujeitos ativos da relação tributária quando da venda de bens ou serviços a consumidor final não contribuinte localizado em outra unidade da Federação. [...]. *In casu*, o protocolo hostilizado, ao determinar que o estabelecimento remetente é o responsável pela retenção e recolhimento do ICMS em favor da unidade federada destinatária vulnera a exigência de lei em sentido formal (CRFB/1988, art. 150, § 7º) para instituir uma nova modalidade de substituição. 10. Os Estados membros, diante de um cenário que lhes seja desfavorável, não detém competência constitucional para instituir novas regras de cobrança de ICMS, em confronto com a repartição constitucional estabelecida. 11. A engenharia tributária do ICMS foi chancelada por esta Suprema Corte na ADI 4565/PI-MC, da qual foi relator o Ministro Joaquim Barbosa, assim sintetizada: a) Operações interestaduais cuja mercadoria é destinada a consumidor final contribuinte do imposto: o estado de origem aplica a alíquota interestadual, e o estado de destino aplica a diferença entre a alíquota interna e a alíquota interestadual, propiciando, portanto, tributação concomitante, ou partilha simultânea do tributo. Vale dizer: ambos os Estados cobram o tributo, nas proporções já indicadas; b) Operações interestaduais cuja mercadoria é destinada a consumidor final não contribuinte: apenas o estado de origem cobra o tributo, com a aplicação da alíquota interna; c) Operações interestaduais cuja mercadoria é destinada a quem não é consumidor final: apenas o estado de origem cobra o tributo, com a aplicação da alíquota interestadual; d) Operação envolvendo combustíveis e lubrificantes, há inversão: a competência para cobrança é do estado de destino da mercadoria, e não do estado de origem. 12. A Constituição, diversamente do que fora estabelecido no Protocolo ICMS 21/2011, dispõe categoricamente que a aplicação da alíquota interestadual só tem lugar quando o consumidor final localizado em outro Estado for contribuinte do imposto, a teor do art. 155, § 2º, inciso VII, alínea g, da CRFB/1988. É dizer: outorga-se ao Estado de origem, via de regra, a cobrança da exação nas operações interestaduais, exetuando os casos em que as operações envolverem combustíveis e lubrificantes que ficarão a cargo do Estado de destino. 13. Os imperativos

Título I • Cap. 5 • CONFAZ: CONSELHO NACIONAL DE POLÍTICA FAZENDÁRIA | 217

Não obstante, a batalha travada nos tribunais relativamente ao Protocolo 21/2011 fez emergir, com ainda mais força, a discussão acerca da repartição de receita do ICMS nas operações interestaduais destinadas a consumidores não contribuintes localizados em outro estado da federação, provocando o debate sob o viés constitucional. De fato, segundo o próprio STF assinalou, tal mudança reclamava alteração nas regras definidas na Constituição.

Foi então que, já no ano de 2012, a Proposta de Emenda Constitucional 197/2012, posteriormente aprovada sob a EC 87/2015, estabeleceu esta mudança paradigmática no contexto da tributação do ICMS.

Não se trata exclusivamente de *e-commerce*, como muitos costumam confundir, especialmente porque a alteração constitucional teve origem em protocolo do CONFAZ desta natureza, mas de qualquer operação ou prestação que destine bens e serviços a consumidor final não contribuinte do imposto, localizado em outra unidade federada.

Além disso, a própria EC 87/2015 estabelece um cronograma de repartição da receita do ICMS decorrente dessa nova sistemática, de modo que a arrecadação será objeto de partilha entre os estados de origem e destino até 2018, nos termos do art. 99 do Ato das Disposições Constitucionais Transitórias – ADCT.[37] Diante do novo arcabouço constitucional, o CONFAZ editou o Convênio ICMS 153/2015, a pretexto de disciplinar a aplicação da EC 87/2015, posteriormente alterado pelo Convênio ICMS 191/2017, estabelecendo o seguinte:

a) Os benefícios fiscais da redução da base de cálculo ou de isenção do ICMS, autorizados por meio de convênios ICMS com base na Lei Complementar 24, de 7 de janeiro de 1975, implementados nas respectivas unidades federadas de origem ou de destino serão considerados no cálculo do valor do ICMS devido, correspondente à diferença entre a alíquota interestadual e a alíquota interna

---

constitucionais relativos ao ICMS se impõem como instrumentos de preservação da higidez do pacto federativo, *et pour cause*, o fato de tratar-se de imposto estadual não confere aos Estados membros a prerrogativa de instituir, sponte sua, novas regras para a cobrança do imposto, desconsiderando o altiplano constitucional. 14. O Pacto Federativo e a Separação de Poderes, erigidos com limites materiais pelo constituinte originário, restam ultrajados pelo Protocolo 21/2011, tanto sob o ângulo formal quanto material, ao criar um cenário de guerra fiscal difícil de ser equacionado, impondo ao Plenário desta Suprema Corte o dever de expungi-lo do ordenamento jurídico pátrio. 15. Ação direta de inconstitucionalidade julgada PROCEDENTE. Modulação dos efeitos a partir do deferimento da concessão da medida liminar, ressalvadas as ações já ajuizadas. (ADI 4628, Rel. Min. Luiz Fux, Tribunal Pleno, j. 17.09.2014, processo eletrônico DJe-230 divulg 21-11-2014 public 24-11-2014).

[37] Art. 99. Para efeito do disposto no inciso VII do § 2º do art. 155, no caso de operações e prestações que destinem bens e serviços a consumidor final não contribuinte localizado em outro Estado, o imposto correspondente à diferença entre a alíquota interna e a interestadual será partilhado entre os Estados de origem e de destino, na seguinte proporção: (Incluído pela Emenda Constitucional 87, de 2015)
I – para o ano de 2015: 20% (vinte por cento) para o Estado de destino e 80% (oitenta por cento) para o Estado de origem;
II – para o ano de 2016: 40% (quarenta por cento) para o Estado de destino e 60% (sessenta por cento) para o Estado de origem;
III – para o ano de 2017: 60% (sessenta por cento) para o Estado de destino e 40% (quarenta por cento) para o Estado de origem;
IV – para o ano de 2018: 80% (oitenta por cento) para o Estado de destino e 20% (vinte por cento) para o Estado de origem;
V – a partir do ano de 2019: 100% (cem por cento) para o Estado de destino.

da unidade federada de destino da localização do consumidor final não contribuinte do ICMS;

b) No cálculo do valor do ICMS correspondente à diferença entre as alíquotas interestadual e interna será considerado o benefício fiscal de redução da base de cálculo de ICMS ou de isenção de ICMS concedido na operação ou prestação interna, sem prejuízo da aplicação da alíquota interna prevista na legislação da unidade federada de destino;

c) É devido à unidade federada de destino o ICMS correspondente à diferença entre a alíquota interna da unidade federada de destino e a alíquota interestadual estabelecida pelo Senado Federal para a respectiva operação ou prestação, ainda que a unidade federada de origem tenha concedido redução da base de cálculo do imposto ou isenção na operação interestadual.

E, além do próprio convênio, por provocação do Estado de São Paulo, a Procuradoria-Geral da Fazenda Nacional – PGFN apreciou dúvidas lançadas acerca do assunto, o que justificou a elaboração do Parecer PGFN/CAT 1.399/2015[38].

Relativamente ao parecer, conclui-se que os *benefícios fiscais concedidos em operações internas não se espraiam nem para alcançar operações não contempladas nos convênios firmados no âmbito do CONFAZ nem para favorecer uma ou outra unidade federada.* E, ainda, arremata no final que: *a influência dos benefícios fiscais relativos ao ICMS na apuração do diferencial de alíquota previsto pela Emenda Constitucional 87 passa, necessariamente [,] pela verificação da natureza das operações para [as] quais foram aprovada[as] pelo CONFAZ.*[39]

Primeiro, parte-se da premissa, segundo o Convênio ICMS 153/2015, de que todos os convênios celebrados no âmbito do Confaz de benefícios fiscais então em

---

[38] Sigilo profissional, nos termos do art. 22 da Lei 12.527/2011, art. 6º, inciso I, do Decreto 7.724/2012 e art. 34, inciso VII, da Lei 8.906/94 (Estatuto da Advocacia). Conselho Nacional de Política Fazendária (Confaz). Imposto sobre Operações relativas à Circulação de Mercadorias e sobre Prestações de Serviços de Transportes Interestadual e Intermunicipal e de Comunicação – ICMS. Emenda Constitucional 87/2015. Operações que destinam bens e serviços a consumidor final não contribuinte localizado em outra unidade federada. Proposta de Convênio ICMS 66/15, convertida no Convênio ICMS 93/2015. Benefícios fiscais e seus reflexos no diferencial de alíquota devido à unidade federada de destino. Apreciação à luz da Constituição, do Código Tributário Nacional e da Lei Complementar 24, de 07.01.1975. Necessidade de analisar a natureza das operações às quais se aplicam os benefícios fiscais aprovados pelo COFAZ, já que na hipótese se trata de operação interestadual, Inviabilidade de extensão de benefício fiscal, diante da repartição constitucional de competência tributária, da interpretação restritiva na matéria e do próprio arcabouço do imposto, incluindo alíquota e base de cálculo.

[39] Do referido parecer colhe-se o seguinte trecho a respeito do objeto da consulta, *in verbis*:

"Com muito mais razão isto deve ser considerado no caso vertente, pois admitir a incidência de regra de benefício fiscal previsto para operações internas sem estar agasalhado pelo CONFAZ na operação interestadual implica vulnerar expressamente os preceitos dos arts. 150, § 6º e 155, § 2º, inciso XII, alínea g, da Carta Constitucional e arts. 1º e 8º da Lei Complementar 24, de 7 de janeiro de 1975.

Passando ao tema propriamente dito, consigne-se, quanto à isenção, que o primeiro aspecto a ser considerado é que, em havendo tal benefício fiscal na operação interestadual com bens e serviços, devidamente concertada no âmbito do Conselho Nacional de Polícia Fazendária – CONFAZ, não há falar-se em pagamento do imposto nem do diferencial de alíquota. [...]

Portanto, o imposto seria pago ao destino em razão da ocorrência do fato gerador do ICMS (no caso, o diferencial de alíquota), mas se o crédito respectivo foi excluído por força de isenção acordada no âmbito do CONFAZ para as operações interestaduais, não há falar-se em recolhimento da diferença de alíquota prevista na emenda constitucional.

Título I · Cap. 5 · CONFAZ: CONSELHO NACIONAL DE POLÍTICA FAZENDÁRIA | 219

vigor, ao tempo de deliberação aprovação do referido convênio, são válidos e devem ser respeitados. Diante desta constatação, posso resumir tais dúvidas da seguinte maneira.

Imagina-se que determinado convênio CONFAZ conferiu certo benefício fiscal (isenção, redução da base de cálculo) do ICMS para o estado x. Estaria então o contribuinte, por força deste convênio, exonerado do recolhimento do imposto da parcela que cabe ao estado de destino na operação prevista nos termos da EC 87/2015? A mesma pergunta pode ser feita sob o ângulo inverso, na hipótese de benefício fiscal concedido no estado de destino, ou, ainda, na própria operação interestadual.

Como pressuposto básico, e óbvio, os benefícios fiscais concedidos no âmbito do CONFAZ, para serem considerados válidos e vigentes devem respeitar as diretrizes traçadas na Constituição Federal e na LC 24/1975.

A Constituição preocupou-se com a concessão de benefícios fiscais do ICMS por meio de subsídio ou isenção, além de outros instrumentos como redução da base de cálculo, crédito presumido, anistia etc., como já demonstrado ao longo deste capítulo. E, por isso, estabeleceu, como requisito, a necessidade da edição de lei específica da unidade federada, que regule exclusivamente a matéria, bem assim sejam previamente sujeitos ao Conselho Nacional de Política Fazendária – CONFAZ, respeitada a unanimidade, sob pena de manifesta inconstitucionalidade da benesse concedida.

É nessa ordem normativa que o Convênio ICMS 153/2015 "convalida" os convênios anteriormente celebrados compreendendo benefícios fiscais, para, a um só tempo, fazer respeitar, inclusive, sob o fundamento de segurança jurídica, as hipóteses de desoneração então previstas e válidas no ordenamento jurídico, com amparo na Constituição e na Lei Complementar 24/75, e ditar as regras de aplicabilidade da EC 87/2015.

Isso significa que, se há um convênio do CONFAZ autorizando a isenção de ICMS a determinado produto no estado x, deve-se reconhecer que ele permanece hígido. Contudo, não pode haver uma interpretação extensiva, que viole a regra de competência tributária, para determinar que referida isenção atinge também o mesmo produto no estado y de destino, sob pena de invasão na esfera de competência constitucionalmente outorgada.

De acordo com o princípio da vedação à isenção heterônoma[40], cabe a cada ente federado, compreendendo sua autonomia política legislativa, exercer a competência tributária plena, nela incluindo o poder de estabelecer isenções relativamente aos tributos correspondentes. Significa dizer que não pode haver interferência na competência tributária constitucionalmente outorgada, seja da União em relação aos estados ou municípios, ou dos estados, um relativamente ao outro, ou em relação aos municípios, este por simetria normativa.

Quanto à isenção prevista para operações internas na unidade federada de origem, ela não interfere no pagamento do diferencial de alíquota, pois caso contrário se estaria admitindo que a competência tributária desde ente se espraiasse para o destino.

Anote-se que o fato de ter sido autorizada, pelo CONFAZ, uma isenção para as operações internas da unidade federada de origem não equivale a dizer que atinge as operações interestaduais, como é o caso. Nem o fato de se considerar ocorrido o fato gerador na saída (origem) ou de se atribuir ao remetente (que está na origem) a responsabilidade pelo pagamento do diferencial de alíquota."

40   A Constituição Federal estabelece no inciso III, art. 151, o princípio da vedação à concessão de isenções heterônomas, no sentido de que *é vedado à União instituir isenções de tributos da competência dos estados, do Distrito Federal ou dos municípios.*

Trata-se de corolário da proteção ao pacto federativo e, mais ainda, compreendida como cláusula pétrea, em virtude da previsão constante do inciso I, § 4º, do art. 60 da Constituição Federal. Assegurada a autonomia a cada ente da federação, preserva-se o exercício da competência tributária, e mantém a soberania concentrada na nação politicamente organizada, constituindo a República Federativa do Brasil.

Diferente seria a hipótese de o convênio desonerar a operação interestadual na integralidade, aí, sim, nesse caso, a autorização conferida pelo CONFAZ, da qual todos os estados-membros tenham sido signatários, atinge as unidades federadas envolvidas na operação comercial.

A partir disso, pode-se afirmar que o Convênio ICMS 153/2015 não é um ajuste concessivo de benefício fiscal, porquanto se trata de regramento constitutivo ante a necessidade de conformação da nova sistemática constitucional, e que todos os convênios de benefícios fiscais então em vigor, celebrados no âmbito do CONFAZ, ao tempo de deliberação e aprovação do Convênio retromencionado, são válidos e devem ser respeitados.

Os benefícios fiscais de ICMS concedidos no âmbito do CONFAZ que compreendam apenas uma etapa da operação interestadual estão a ela exclusivamente limitados, sob pena de usurpação de competência tributária e de se estabelecer uma desordem nacional sem tamanho no arcabouço jurídico do ICMS.

Imaginar o contrário seria, inclusive, abusar da boa-fé e da autonomia da vontade[41] dos signatários do convênio que, à época da concessão de determinado benefício fiscal do ICMS, a uma unidade federada, ou mais de uma, vincularam-se a objetivo direcionado, sem imaginar que estaria por vir a Emenda Constitucional 87/2015 alterando a sistemática do ICMS nas operações interestaduais.

Nesse caso, a unidade federada somente poderá "abrir mão" para desonerar a parcela do ICMS que lhe caberia por meio de nova deliberação e aprovação do Conselho. Essa é a melhor interpretação a ser feita da parte final constante no § 1º da Cláusula Primeira do Convênio ICMS 153/2015 no que diz:

> (...) no cálculo do valor do ICMS correspondente à diferença entre as alíquotas interestadual e interna (...) **será considerado o benefício fiscal de redução da base de cálculo de ICMS ou de isenção de ICMS concedido na operação ou prestação interna, sem prejuízo da aplicação da alíquota interna prevista na legislação da unidade federada de destino.**

A leitura deve ser feita de forma conjugada com o § 2º da referida cláusula, senão vejamos:

> É devido à unidade federada de destino o ICMS correspondente à diferença entre a alíquota interna da unidade federada de destino e a alíquota interestadual estabelecida pelo Senado Federal para a respectiva operação ou prestação, **ainda que a unidade federada de origem tenha concedido redução da base de cálculo do imposto ou isenção na operação interestadual.**

---

[41] "A autonomia da vontade como princípio deve ser sustentada não só como um elemento da liberdade em geral, mas como suporte também da liberdade jurídica, que é esse poder insuprimível no homem de criar por um ato de vontade uma situação jurídica, desde que esse ato tenha objeto lícito". STRENGER, Irineu. *Da autonomia da vontade: direito interno e internacional.* 2. ed. São Paulo: LTr, 2000, p. 66.

Título I • Cap. 5 • CONFAZ: CONSELHO NACIONAL DE POLÍTICA FAZENDÁRIA | 221

Portanto, a interpretação a ser conferida ao Convênio ICMS 153/2015, sob o viés da Constituição Federal, é no sentido de que deve ser observado pontualmente cada objeto do convênio firmado naquele Conselho de modo a estabelecer o plano desonerativo conforme o elemento e etapa compreendidos na autorização do benefício fiscal, sem usurpar a competência de outra unidade federada, fazendo compreender apenas a etapa objeto do benefício fiscal.

A pretensão vertida na EC 87/2015 de acabar com a "guerra fiscal" entre os estados voltaria-se contra ela mesma para fincar uma imensa insegurança jurídica, num cenário no qual cada ente federado poderia exigir, ou não, alíquotas cheias do ICMS sobre produtos, cujo benefício fiscal tenha sido validamente estabelecido pelo CONFAZ, em que ele próprio tenha subscrito, e, portanto, autorizado, a benesse tributária.

Por isso, entendo, na linha Convênio ICMS 153/2015, que os benefícios fiscais de redução da base de cálculo ou de isenção do ICMS, regularmente autorizados, serão considerados no cálculo do valor do ICMS devido, correspondente à diferença entre a alíquota interestadual e a alíquota interna da unidade federada de destino da localização do consumidor final não contribuinte do tributo.

O Distrito Federal, inclusive, neste ponto do Diferencial de Alíquota – DIFAL[42], por exemplo, já promoveu alteração no Decreto 18.955/1997, que regulamenta o ICMS. A leitura do § 1º, do art. 48[43] indica que mesmo que haja benefício fiscal na origem

---

[42]   Cálculo da diferença entre a alíquota interna aplicada no estado de destino e a alíquota interestadual. Vide Convênio ICMS 236/2021.

[43]   Art. 48. É devido ao Distrito Federal o imposto correspondente à diferença entre a alíquota interna desta Unidade Federada e a interestadual, nas operações e prestações interestaduais que destinem:
I – bens ou serviços a contribuinte do imposto definido neste Regulamento, estabelecido no Distrito Federal, na condição de consumidor ou usuário final;
nota: vide art. 2º do decreto 38.037, de 03.03.17 – DODF de 06.03.2017.
II – bens ou serviços a consumidor final, não contribuinte do imposto, localizado no Distrito Federal.
§ 1º. O disposto neste artigo se aplica, inclusive, nas aquisições interestaduais sem tributação do imposto na origem, desde que o bem ou serviço sejam tributados pelo Distrito Federal nas operações ou prestações internas, situação em que será considerada a alíquota interestadual da unidade federada de origem para o cálculo do valor do imposto.
§ 2º. O imposto a que se refere o inciso I do *caput* será escriturado no período de apuração em que ocorrer a entrada do bem ou recebimento do serviço, observado o disposto no art. 49, § 2º.
§ 3º. O disposto no *caput* também se aplica à hipótese de aquisição de bens ou contratação de serviços realizados de forma presencial.
§ 4º. O recolhimento do imposto correspondente à diferença entre a alíquota interna e a interestadual, de que trata o inciso II, deverá ser feito pelo remetente.
§ 5º. O imposto de que trata o inciso II é também integralmente devido ao Distrito Federal no caso do bem adquirido ou do serviço tomado por consumidor final localizado no Distrito Federal ser entregue ou prestado em outra unidade federada, observado o disposto no § 9º.
§ 6º. O disposto no inciso II também se aplica nas operações e prestações destinadas ou prestadas a consumidor final localizado no Distrito Federal, cujo remetente ou prestador seja optante pelo Regime Especial Unificado de Arrecadação de Tributos e Contribuições devidos pelas Microempresas e Empresas de Pequeno Porte (Simples Nacional), instituído pela Lei Complementar 123, de 14 de dezembro de 2006, situação em que o cálculo do imposto deverá ser feito mediante a utilização das alíquotas internas previstas no art. 46 e das alíquotas interestaduais da unidade federada de origem.
§ 7º. O adicional de que trata o art. 46-A deve ser considerado, nos casos nele previstos, para o cálculo do imposto a que se refere este artigo.
§ 8º. Para fins de cálculo do imposto de que trata este artigo, na prestação de serviço de transporte, deverá ser utilizada como alíquota interna a prevista no art. 46, II, "c".

deve haver a tributação do DIFAL no DF, desde que o bem ou serviço sejam tributados pelo Distrito Federal nas operações ou prestações internas.

Daí resulta uma conclusão lógica: se houver redução de base de cálculo ou isenção no DF, o benefício fiscal deve ser considerado para efeito de cálculo do DIFAL. O entendimento contrário ao aqui exposto levaria inúmeros contribuintes a ajuizarem medidas judiciais contra a exigência fiscal do Distrito Federal, no caso aventado, com probabilidade de sucesso, acarretando, ainda, ao ente à submissão a encargos elevados de sucumbência judicial.

Certo que ainda é muito prematuro apontar um caminho jurisprudencial sobre o assunto, mas já se pode constatar em decisão proferida em sede de mandado de segurança, impetrado sobre o objeto de fundo, uma tendência de fazer prevalecer as disposições dos convênios regularmente válidos que tenham sido firmados antes da implementação do Convênio ICMS 153/2015.[44]

---

§ 9º. Considera-se unidade federada de destino do serviço de transporte aquela onde tenha fim a prestação.

§ 10. Nas prestações de serviço de transporte, o recolhimento de que trata o § 4º não se aplica quando o transporte for efetuado pelo próprio remetente ou por sua conta e ordem (cláusula CIF – Cost, Insurance e Freight).

Nova redação dada ao § 11 do art. 48 pelo decreto 38.355, de 24.07.2017 – DODF 25.07.2017 – efeitos a partir de 06.03.2017.

§ 11. O imposto correspondente à diferença de que trata o inciso II do *caput* deverá ser calculado por meio da aplicação da seguinte fórmula:

ICMS origem – BC x ALQ inter

ICMS destino = [BC x ALQ intra] – ICMS origem

Onde:

BC = base de cálculo;

ALQ inter = alíquota interestadual aplicável à operação ou prestação;

ALQ intra = alíquota interna aplicável à operação ou prestação no Distrito Federal.

Fica acrescentado o § 12 ao art. 48 pelo decreto 38.037, de 03.03.17 – DODF de 06.03.17.

§ 12. No cálculo do imposto devido ao Distrito Federal, o remetente deve calcular, separadamente, o imposto correspondente ao diferencial de alíquotas, por meio da aplicação sobre a respectiva base de cálculo do percentual correspondente:

I – à alíquota interna do Distrito Federal sem considerar o adicional de 2% de que trata o art. 46-A;

II – ao adicional de 2% de que trata o art. 46-A.

Fica acrescentado o § 13 ao art. 48 pelo decreto 38.037, de 03.03.17 – DODF de 06.03.17.

§ 13. As operações de que trata o inciso II do *caput* devem ser acobertadas por Nota Fiscal Eletrônica – NF-e, modelo 55, a qual deve conter as informações previstas no Ajuste SINIEF 07/05, de 30 de setembro de 2005.

[44] "A presente ação foi regularmente processada, com observância do rito previsto em lei, razão por que não há nulidade ou irregularidade a ser sanada. Da mesma forma, constato a presença dos pressupostos processuais e das condições necessárias ao regular exercício do direito de ação. Passo, pois, ao exame do mérito.

No mérito, a impetrante recorre a esta via para obter provimento judicial que cancele a exigência dos valores descritos no "Comunicado de Inscrição em Dívida Ativa" – Processo 040-000.006/2017, expedido pela Fazenda do DISTRITO FEDERAL, ratificando-se a liminar anteriormente deferida, em razão das disposições contidas no Convênio 52/91 (e posteriores alterações).

Com razão a impetrante.

Com efeito, ao contrário do alegado pela Fazenda do Distrito Federal, o Convênio ICMS 52/91, norma que assegura o recolhimento do ICMS pela impetrante nos termos defendidos na inicial, teve sua vigência prorrogada até 30.06.2017 por meio do Convênio 154/15.

Outro importante argumento a ser considerado é no sentido de que se não for respeitado eventual benefício fiscal conferido à unidade federada de destino, para cálculo do DIFAL, nas operações interestaduais, estaria dando tratamento privilegiado a mercadorias de origem interna. Por isso, deve-se ter em conta a carga tributária efetiva da mercadoria, aplicável às operações internas. Apenas assim, será conferido o mesmo tratamento às mercadorias de origem interna e aquelas de origem interestadual, tornando equivalentes as cargas tributárias finais suportadas pelos consumidores finais, nas aquisições internas e interestaduais.

Por fim, dentre as várias nuances capazes de envolver a questão, observa-se que, nas hipóteses de redução da carga tributária, opera-se de forma uniforme às unidades federadas envolvidas, como, por exemplo, no caso do Convênio ICMS 95/2012, deve ser mantida a determinação do referido ajuste, mas, agora, à luz da nova repartição de receitas definida pela EC 87/2015, o ente federado ao qual se destina a mercadoria faz jus à proporcionalidade dos valores, segundo a definição fixada na regra constitucional.

Não obstante, caso o ente federado sinta-se lesado, do ponto de vista de repartição de receita do tributo, segundo a nova sistemática implementada pela EC 87/2015, por um ou outro convênio de ICMS, porque ainda não previa a possibilidade desta atual receita tributária, ou havendo resistência do ente federado onde localizado o remetente das mercadorias, cabe, ao ente federado, a alternativa de promover a denúncia do convênio ao CONFAZ, sinalizando sua intenção de retirar-lhe sua validade e eficácia em seu âmbito, fazendo prevalecer sua autonomia de vontade e, a partir desse momento, passando a exigir o recolhimento regular do DIFAL da empresa remetente.

Especificamente acerca da inovação conferida pela EC 87/2015, no julgamento conjunto da ADI 5469/DF e do RE 1.287.019 (Tema 1.093 da Repercussão Geral), o STF decidiu, por maioria de votos, que a instituição, incidência e cobrança do diferencial de alíquota do ICMS (DIFAL) pelos estados, nas operações interestaduais com bens e serviços realizadas com consumidores finais não contribuintes do ICMS somente poderia ocorrer após o advento de lei complementar específica que regulasse a matéria,

---

Dispõe a Cláusula terceira do Convênio 154/15 do Conselho Nacional de Política Fazendária – CONFAZ, que: "Ficam prorrogadas até 30 de junho de 2017 as disposições contidas no Convênio ICMS 52/91, de 26 de setembro de 1991."

Por outro lado, consigno que, de acordo com o art. 4º da Lei Complementar 24/1975, "dentro do prazo de 15 (quinze) dias contados da publicação dos convênios no Diário Oficial da União, e independentemente de qualquer outra comunicação, o Poder Executivo de cada Unidade da Federação publicará decreto ratificando ou não os convênios celebrados, considerando-se ratificação tácita dos convênios a falta de manifestação no prazo assinalado neste artigo".

Expirado o prazo consignado no dispositivo legal transcrito, não há notícia de que o Distrito Federal tenha editado decreto ratificando ou não a prorrogação do Convênio ICMS 52/91, o que torna aplicável a disposição supletiva prevista na parte final do texto legal citado: ratificação tácita do convênio.

Registro, ainda, que os benefícios derivados do Convênio ICMS 52/91, prorrogado pelo Convênio 154/15, são aplicáveis aos bens e hipóteses expressamente previstos no ato, sendo, pois, norma especial em relação às disposições do Convênio ICMS 93/2015.

Destarte, a concessão da segurança é medida que se impõe.

Diante do exposto, CONCEDO A SEGURANÇA, confirmando a liminar deferida, para determinar à Autoridade Impetrada, ou quem lhe faça as vezes, que proceda ao cancelamento dos valores previstos no "Comunicado de Inscrição em Dívida Ativa" – Processo 040-000.006/2017 – inclusive a inscrição em dívida, tendo em vista a aplicação, na espécie, das disposições contidas no Convênio ICMS 52/91 do CONFAZ, estando os valores apurados e recolhidos pelo contribuinte/impetrante de acordo com a legislação em vigor." (Processo: 0700684-62.2017.8.07.0018, 7ª Vara da Fazenda Pública do DF).

e declarou como incompatível com o texto constitucional o Convênio ICMS 93/2015, posteriormente revogado pelo Convênio 236/2021, pois teria tratado de matéria reservada à Lei Complementar, nos termos do art. 146, III, "a", da CF.

Ficou decidido que a EC 87/2015 criou uma relação jurídico-tributária entre o remetente do bem ou serviço (contribuinte) e o estado de destino nas operações com bens e serviços destinados a consumidor final não contribuinte do ICMS. Houve, portanto, substancial alteração na sujeição ativa da obrigação tributária. Isso porque o ICMS incidente nessas operações e prestações, antes devido totalmente ao estado de origem, passou a ser dividido entre dois sujeitos ativos, cabendo ao estado de origem o ICMS calculado com base na alíquota interestadual e ao estado de destino, o diferencial entre a alíquota interestadual e sua alíquota interna.

O Supremo Tribunal Federal entendeu necessária a edição de lei complementar para dispor sobre obrigação tributária, contribuintes, bases de cálculo e alíquotas, bem assim créditos de ICMS nas operações ou prestações interestaduais com consumidor final não contribuinte do imposto, como fizeram as cláusulas primeira, segunda, terceira e sexta do Convênio ICMS 93/2015, atualmente revogado, e as leis estaduais e distritais editadas sobre o tema, então declaradas inconstitucionais, porquanto não podem estabelecer regras gerais em matéria de legislação tributária.

Os efeitos da decisão foram modulados, exceto para as ações judiciais então em curso, para determinar que:

a) quanto à extensão da sistemática da EC 87/2015, aos optantes do Simples Nacional (cláusula nona do Convênio ICMS 93/2015), o acórdão produza efeitos desde a data da concessão da medida cautelar nos autos da ADI 5.464/DF;

b) quanto às cláusulas primeira, segunda, terceira e sexta do Convênio ICMS 93/2015, e às leis dos estados e do Distrito Federal, a partir do exercício financeiro seguinte à conclusão do julgamento (2022).

Essa medida teve expressa finalidade de conferir prazo para que o Congresso Nacional pudesse editar a necessária lei complementar, tendo em vista o denominado impacto fiscal que a decisão produziria para os estados. A Lei Complementar 190/2022, aprovada no final de 2021, somente foi sancionada no início de 2022, e, com isso, instaurou-se uma polêmica discussão sobre os efeitos da cobrança pelos estados e DF do referido diferencial de alíquota do ICMS, incidente nas operações interestaduais para consumidor final não contribuinte do imposto localizado em outra unidade federativa.

Título II

PROCESSOS JUDICIAIS TRIBUTÁRIOS DE INICIATIVA DA FAZENDA

Capítulo 6
EXECUÇÃO FISCAL

6.1 INTRODUÇÃO

A Execução Fiscal é um procedimento especial, regulado pela Lei 6.830/1980 (LEF), que instrumentaliza a satisfação de título extrajudicial, consubstanciado na dívida ativa[1], inscrita em favor da Fazenda Pública, personalidade judiciária da Administração Pública, que corresponde a União, estados, Distrito Federal, municípios e respectivas autarquias, inclusive especiais, e fundações públicas.

Segundo a própria Lei 6.830/1980, aplicam-se, subsidiariamente, as normas constantes no Código de Processo Civil. Nesse sentido, prevalece a regra disposta na legislação específica sobre a norma processual geral, de modo que o regramento do CPC tem incidência quando a própria Lei de Execução Fiscal não disponha sobre uma situação específica, ou de suas regras não se possa extrair aplicação ao caso concreto.

O modelo de execução fiscal atualmente em vigor é muito criticado, sobretudo em razão do baixo nível de eficácia da cobrança judicial, notadamente porque metade das ações que têm curso na Justiça Federal corresponde a execuções fiscais. Em tese, o rito da execução fiscal é reduzido porque consiste, basicamente, da ciência do devedor e na penhora e expropriação de seu patrimônio em medida suficiente à satisfação do débito. Mas, na prática, são processos que podem consumir muito tempo e não alcançar seu objetivo.

Por isso, o Supremo Tribunal Federal, no julgamento do Tema 1.184[2], decidiu pela possibilidade de extinção da execução fiscal de baixo valor por falta de interesse

---

[1] Art. 39, § 2º, da Lei 4.320/1964.
[2] EMENTA: RECURSO EXTRAORDINÁRIO. DIREITO CONSTITUCIONAL E TRIBUTÁRIO. EXTINÇÃO DE EXECUÇÃO FISCAL DE BAIXO VALOR POR FALTA DE INTERESSE DE AGIR: POSTERIOR AO JULGAMENTO DO RECURSO EXTRAORDINÁRIO N. 591.033 (TEMA N. 109). INEXISTÊNCIA DE DESOBEDIÊNCIA AOS PRINCÍPIOS FEDERATIVO E DA INAFASTABILIDADE DA JURISDIÇÃO. FUNDAMENTOS EXPOSTOS PELO SUPREMO TRIBUNAL FEDERAL NA TESE DO TEMA N. 109 DA REPERCUSSÃO GERAL: INAPLICABILIDADE PELA ALTERAÇÃO LEGISLATIVA QUE POSSIBILITOU PROTESTO DAS CERTIDÕES DA DÍVIDA ATIVA. RECURSO EXTRAORDINÁRIO AO QUAL SE NEGA PROVIMENTO. 1. Ao se extinguir a execução fiscal de pequeno valor com base em legislação de ente federado diverso do exequente, mas com fundamento em súmula do Tribunal catarinense e do Conselho da Magistratura de Santa Catarina e na alteração legislativa que possibilitou protesto de certidões da dívida ativa, respeitou-se o princípio da eficiência administrativa. 2. Os princípios da proporcionalidade e da razoabilidade devem nortear as práticas administrativas e financeiras na busca do atendimento do interesse público. Gastos de recursos públicos vultosos para obtenção de cobranças de pequeno valor são desproporcionais e sem razão jurídica válida. 3. O acolhimento de outros meios de satisfação de créditos do ente público é previsto na legislação vigente,

de agir, com base na compreensão de que deve prevalecer o princípio da eficiência administrativa e a proporcionalidade entre o débito e o curso do ente público com a cobrança, de forma que o ajuizamento da execução deve ser precedido de medidas prévias tendentes à conciliação ou satisfação administrativa ou extrajudicial, assim como medidas nesse sentido justificam a suspensão do processo se adotadas no curso da ação.

As Fazendas Públicas esforçam-se na adoção de mecanismos alternativos com o objetivo de alcançarem melhores índices de recuperação do crédito público, como a cobrança administrativa; pretensão de "cessão de créditos" da Dívida Ativa; inscrição nos órgãos de proteção ao crédito; e, mais recentemente, a adoção do instituto da transação tributária, visto em capítulo próprio.

Por outro lado, em razão da inclusão de "novas" formas de cobrança pela Fazenda Pública, surgem demandas questionando possíveis violações a direitos fundamentais dos contribuintes, situação que encontra destino certo no Poder Judiciário e o consequente obstáculo do curso regular do processo de execução da Dívida Ativa.

A necessidade de tornar mais eficiente a recuperação de créditos públicos não se justifica apenas para aumento dos recursos financeiros do Estado, mas, sobretudo, para otimização da máquina pública e promoção da justiça tributária entre os contribuintes. O modelo fiscal não pode sustentar contribuintes inadimplentes, sonegadores e desidiosos no compromisso com o erário enquanto outros honram pontualmente com suas obrigações fiscais. Esta situação agrava ainda mais a injusta distribuição da carga tributária brasileira.

Sob este aspecto, pertinente a lição de Gustavo Caldas Guimarães de Campos:

> A ineficiência da recuperação do crédito público viola direitos dos contribuintes que honram suas obrigações fiscais e desequilibra a distribuição da carga tributária entre os cidadãos. A ausência de efetividade na cobrança constitui conduta contrária ao ordenamento constitucional, pois infringe os princípios da igualdade e da capacidade contributiva, lesando não apenas ao Estado, mas a todos os cidadãos que cumpriram suas obrigações fiscais.[3]

O tributo, apesar de criticado, é o preço da liberdade, pois, em regra, torna-se o instrumento de retorno de bens e serviços públicos de forma a satisfazer as necessidades individuais e coletivas da sociedade. A deficiência na prestação dos serviços públicos não legitima o inadimplemento das obrigações fiscais, sob pena de se viver em um Estado sem regras.[4]

---

podendo a pessoa federada valer-se de meios administrativos para obter a satisfação do que lhe é devido. 4. Recurso extraordinário ao qual se nega provimento com proposta da seguinte tese com repercussão geral: "É legítima a extinção de execução fiscal de baixo valor, pela ausência de interesse de agir, tendo em vista o princípio da eficiência administrativa". (RE 1355208, Relator(a): CÁRMEN LÚCIA, Tribunal Pleno, julgado em 19-12-2023, PROCESSO ELETRÔNICO REPERCUSSÃO GERAL – MÉRITO DJe-s/n DIVULG 01-04-2024 PUBLIC 02-04-2024)

[3] CAMPOS, Gustavo Caldas Guimarães. *Execução Fiscal e Efetividade. Análise do modelo brasileiro à luz do sistema português*. São Paulo: Quartier Latin, 2009, p. 38-39.

[4] "O tributo é o preço da liberdade, pois serve de instrumento para distanciar o homem do Estado, permitindo-lhe desenvolver plenamente as suas pontencialidades no espaço público, sem necessidade de entregar qualquer prestação permanente de serviço ao Leviatã. Por outro lado, é o preço pela

Título II • Cap. 6 • EXECUÇÃO FISCAL | 229

A execução fiscal constitui-se na cobrança judicial dos créditos públicos com a finalidade de alcançar, no patrimônio do devedor, bens suficientes para satisfação da pretensão executória do ente público. É um procedimento especial, mas, como todo processo de execução, deve preservar as garantias do contraditório e da ampla defesa, postulados compreendidos pelo texto constitucional (art. 5º, inciso LV) e aplicados irrestritamente às normas processuais.

6.2 COMPETÊNCIA NA EXECUÇÃO FISCAL

A atividade jurisdicional caracteriza-se pela sua natureza substitutiva de promover uma função prestacional em favor das partes envolvidas por meio da atuação estatal, consubstanciada na figura de um juiz, imparcial e equidistante, que deve entregar uma solução interpretativa ao impasse existente. Essa substituição também ocorre no processo de execução, ao tornar exequível por meio de medidas expropriatórias, a vontade da lei não cumprida pelo executado.

A competência surge como a medida da jurisdição. No exercício do poder-dever de aplicação do direito pelo Poder Judiciário, a competência compreende justamente a divisão funcional conferida a cada órgão jurisdicional, segundo a previsão normativa, de modo a criar organicidade às atividades desenvolvidas, sem sobreposição ou riscos de usurpação das funções identificadas previamente a cada órgão jurisdicional.

O CPC prevê regras de competência em capítulo próprio, contidas no art. 42 e seguintes, embora, em se tratando de execução fiscal, a LEF tenha aplicação própria e, apenas em caráter subsidiário, sobrevenha-se o aproveitamento das normas processuais gerais. E, também, por se tratar de execução de título extrajudicial a partir da formação da CDA, não há incidência das regras de cumprimento de sentença definidas no CPC, relativas à implementação da condenação imposta no título judicial.

No âmbito do executivo fiscal, a fixação da competência está vinculada ao ente público instituidor do tributo, como regra, que possui o direito creditório contra o particular. Extrai-se da Constituição Federal a regra do art. 109, inciso I, na qual: "aos juízes federais, compete processar e julgar (...) as causas em que a União, entidade autárquica ou empresa pública federal forem interessadas na condição de autoras, rés, assistentes ou oponentes, exceto as de falência, as de acidentes de trabalho e as sujeitas à Justiça Eleitoral e à Justiça do Trabalho.

Se o crédito público estiver na esfera da União, a competência será da Justiça Federal. Por outro lado, se o tributo for de competência dos entes subnacionais, estados (e DF) e municípios, a competência é fixada na Justiça Estadual, muito embora a própria Constituição Federal comporte uma regra de exceção, conhecida como *competência delegada*, contida no § 3º do referido art. 109, no sentido de que a "lei poderá autorizar que as causas de competência da Justiça Federal em que forem parte instituição de previdência social e segurado possam ser processadas e julgadas na justiça estadual quando a comarca do domicílio do segurado não for sede de vara federal".

---

proteção do Estado consubstanciada em bens e serviços públicos, de tal forma que ninguém deve se ver privado de uma parcela de sua liberdade sem a contrapartida do benefício estatal". TORRES, Ricardo Lobo. *Tratado de direito constitucional, financeiro e tributário. Os Direitos Humanos e a Tributação. Imunidades e Isonomia*, Vol. III, Rio de Janeiro: Renovar 1999, p. 4.

Na hipótese de interposição do recurso cabível, a competência, porém, mantém-se sempre para o Tribunal Regional Federal na área de jurisdição do juiz de primeiro grau, na situação em que exercida a competência delegada.[5]

A regra da competência delegada à Justiça Estadual não tem sido utilizada nos últimos anos pela Fazenda Nacional, especialmente porque a Justiça Federal, cada vez mais, encontra-se aparelhada e interiorizada, com circunscrições judiciárias federais mais abrangentes e atingidos os municípios ainda que mais longínquos.

Verificada a titularidade do ente tributante para efeito de definição da competência material no âmbito do Poder Judiciário, a competência territorial nas execuções fiscais está atrelada ao domicílio do devedor, no de sua residência ou no do lugar onde for encontrado, segundo § 5º, art. 46 do CPC.[6]

No âmbito das execuções fiscais do Imposto Territorial Rural – ITR, de competência da União, existe um regramento próprio definido em legislação específica. A Lei 9.393/1996[7] prevê que o domicílio do contribuinte para fins tributários é o município de localização do imóvel, vedada a eleição de qualquer outro. O referido dispositivo está de acordo com a regra geral contida no CTN[8] de que, se não for o caso de aplicação das disposições gerais, o domicílio tributário do contribuinte ou responsável é o lugar da situação dos bens ou da ocorrência dos atos ou fatos que deram origem à obrigação.

O CPC/1973 trazia um dispositivo específico contido no parágrafo único do art. 578, agora previsto no § 5º do art. 46 do atual Código, ao indicar que, na execução fiscal, a Fazenda Pública poderá escolher o foro de qualquer um dos devedores, quando houver mais de um, ou o foro de qualquer dos domicílios do réu; a ação poderá ainda ser proposta no foro do lugar em que se praticou o ato ou ocorreu o fato que deu origem à dívida, embora nele não mais resida o réu, ou, ainda, no foro da situação dos bens, quando a dívida deles se originar.[9]

---

[5]   Art. 109. Aos juízes federais compete processar e julgar: [...]
     § 3º. Lei poderá autorizar que as causas de competência da Justiça Federal em que forem parte instituição de previdência social e segurado possam ser processadas e julgadas na justiça estadual quando a comarca do domicílio do segurado não for sede de vara federal. (Redação dada pela Emenda Constitucional 103, de 2019)
     § 4º. Na hipótese do parágrafo anterior, o recurso cabível será sempre para o Tribunal Regional Federal na área de jurisdição do juiz de primeiro grau.

[6]   Art. 46. A ação fundada em direito pessoal ou em direito real sobre bens móveis será proposta, em regra, no foro de domicílio do réu.
     [...]
     § 5º. A execução fiscal será proposta no foro de domicílio do réu, no de sua residência ou no do lugar onde for encontrado.

[7]   Art. 4º. Contribuinte do ITR é o proprietário de imóvel rural, o titular de seu domínio útil ou o seu possuidor a qualquer título.
     Parágrafo único. O domicílio tributário do contribuinte é o município de localização do imóvel, vedada a eleição de qualquer outro.

[8]   Art. 127. Na falta de eleição, pelo contribuinte ou responsável, de domicílio tributário, na forma da legislação aplicável, considera-se como tal:
     [...]
     § 1º. Quando não couber a aplicação das regras fixadas em qualquer dos incisos deste artigo, considerar-se-á como domicílio tributário do contribuinte ou responsável o lugar da situação dos bens ou da ocorrência dos atos ou fatos que deram origem à obrigação.

[9]   CPC/1973: Art. 578. A execução fiscal (art. 585, VI) será proposta no foro do domicílio do réu; se não o tiver, no de sua residência ou no do lugar onde for encontrado.

Com base neste dispositivo, o STJ, em sede de julgamento sob a sistemática dos recursos repetitivos, entendeu que o devedor não tem assegurado o direito de ser executado no foro de seu domicílio, salvo se nenhuma das espécies contidas no referido regramento for aplicável.[10]

A competência territorial na execução pode ser provocada *ex officio* pelo magistrado. Em recente decisão, a ministra relatora Asussete Magalhães[11], ao apreciar, em grau de recurso, conflito negativo de competência, aplicou o julgamento firmado pela Primeira Seção do STJ, sob o rito da sistemática dos recursos repetitivos (REsp 1.146.194/SC[12]), no sentido de que o Juízo Federal pode declinar, de ofício, da competência para o processo e julgamento da Execução Fiscal, em favor do Juízo Estadual, quando o domicílio do devedor não for sede de Vara da Justiça Federal, não se aplicando em tais hipóteses a Súmula 33/STJ.

A LEF ainda prevê que contra o devedor, sujeito a diversas execuções fiscais, a reunião dos processos, por conveniência da unidade da garantia da execução, pode ser determinada pelo Juiz, a requerimento das partes.[13] Ainda que dependente de requerimento das

---

Parágrafo único. Na execução fiscal, a Fazenda Pública poderá escolher o foro de qualquer um dos devedores, quando houver mais de um, ou o foro de qualquer dos domicílios do réu; a ação poderá ainda ser proposta no foro do lugar em que se praticou o ato ou ocorreu o fato que deu origem à dívida, embora nele não mais resida o réu, ou, ainda, no foro da situação dos bens, quando a dívida deles se originar.

CPC/2015: Art. 46. A ação fundada em direito pessoal ou em direito real sobre bens móveis será proposta, em regra, no foro de domicílio do réu.

§ 1º Tendo mais de um domicílio, o réu será demandado no foro de qualquer deles.

§ 2º Sendo incerto ou desconhecido o domicílio do réu, ele poderá ser demandado onde for encontrado ou no foro de domicílio do autor.

§ 3º Quando o réu não tiver domicílio ou residência no Brasil, a ação será proposta no foro de domicílio do autor, e, se este também residir fora do Brasil, a ação será proposta em qualquer foro.

§ 4º Havendo 2 (dois) ou mais réus com diferentes domicílios, serão demandados no foro de qualquer deles, à escolha do autor.

§ 5º A execução fiscal será proposta no foro de domicílio do réu, no de sua residência ou no do lugar onde for encontrado.

[10] 1. A competência para a propositura da execução fiscal subsome-se aos foros concorrentes explicitados no art. 578 do CPC/1973, verbis: "Art. 578. A execução fiscal (art. 585, VI) será proposta no foro do domicílio do réu; se não o tiver, no de sua residência ou no do lugar onde for encontrado.

Parágrafo único. Na execução fiscal, a Fazenda Pública poderá escolher o foro de qualquer um dos devedores, quando houver mais de um, ou o foro de qualquer dos domicílios do réu; a ação poderá ainda ser proposta no foro do lugar em que se praticou o ato ou ocorreu o fato que deu origem à dívida, embora nele não mais resida o réu, ou, ainda, no foro da situação dos bens, quando a dívida deles se originar." 2. Consectariamente, o devedor não tem assegurado o direito de ser executado no foro de seu domicílio, salvo se nenhuma das espécies do parágrafo único se verificar. (ERESP 787.977/SE, Primeira Seção, DJ. 25.02.2008). [...]

5. Recurso especial provido. Acórdão submetido ao regime do art. 543-C do CPC e da Resolução STJ 08/2008. (REsp 1120276/PA, Rel. Ministro Luiz Fux, Primeira Seção, j. 09.12.2009, DJe 01.02.2010)

[11] AgInt no CC 170.216/MG, Rel. Ministra Assusete Magalhães, Primeira Seção, j. 15.12.2020, DJe 18.12.2020.

[12] Processo civil. Competência. Execução fiscal. A execução fiscal proposta pela União e suas autarquias deve ser ajuizada perante o Juiz de Direito da comarca do domicílio do devedor, quando esta não for sede de vara da justiça federal. A decisão do Juiz Federal, que declina a competência quando a norma do art. 15, I, da Lei 5.010, de 1966 deixa de ser observada, não está sujeita ao enunciado da Súmula 33 do Superior Tribunal de Justiça.

A norma legal visa facilitar tanto a defesa do devedor quanto o aparelhamento da execução, que assim não fica, via de regra, sujeita a cumprimento de atos por cartas precatórias.

Recurso especial conhecido, mas desprovido. (REsp 1146194/SC, Rel. Ministro Napoleão Nunes Maia Filho, Rel. p/ Acórdão Ministro Ari Pargendler, Primeira Seção, j. 14.08.2013, DJe 25.10.2013).

[13] Art. 28 – O Juiz, a requerimento das partes, poderá, por conveniência da unidade da garantia da execução, ordenar a reunião de processos contra o mesmo devedor.

partes, a reunião de execuções fiscais contra o mesmo devedor constitui faculdade do Juiz (Súmula 515/STJ). É uma faculdade do órgão jurisdicional, fundamentada no juízo de conveniência ou não da proposição, que somente pode ser avaliada casuisticamente.

A cumulação de execuções fiscais é medida de economia processual, visando à prática de atos únicos, e convergentes, que aproveitem a mais de um processo executivo, desde que preenchido o requisito do art. 28, da Lei 6.830/1980: "conveniência da unidade da garantia da execução", tendo a jurisprudência acrescido: (i) identidade das partes nos feitos a serem reunidos; (ii) requerimento de pelo menos uma das partes (Precedente: REsp 217948/SP, Rel. Min. Franciulli Netto, DJ 02.05.2000); (iii) estarem os feitos em fases processuais análogas; (iv) competência do juízo; (v) penhoras sobre o mesmo bem em execuções contra o mesmo devedor (Precedente: REsp 1158766/RJ, Rel. Min. Luiz Fux, DJ 22.09.2010).

O apensamento de executivos fiscais, por meio da cumulação superveniente, não pode ser confundido com a cumulação de pedidos na inicial da execução fiscal, com a inclusão de diversas certidões de Dívida Ativa na mesma ação. Para fins de "conveniência da unidade da garantia", o juiz pode determinar a reunião dos processos para que haja penhoras sobre o mesmo bem em execuções fiscais contra o mesmo sujeito passivo, inclusive preservando o princípio da menor onerosidade ao devedor, com a satisfação do débito de forma menos gravosa.

O regramento geral de competência das execuções fiscais comporta situações específicas a determinadas situações, que, para efeitos didáticos, estão representadas no quadro a seguir:

Execução fiscal	Fundamentação legal
Execuções de entes públicos: municípios e estados (e DF) contra a União. A imunidade recíproca entre os entes públicos (art. 150, VI, "a", e § 2º da CF) apenas alcança os impostos, e, por isso, são exigíveis uns dos outros as demais espécies tributárias, tais como as contribuições especiais, e sobretudo as taxas, hipóteses mais comuns de cobrança nestas situações.	Aplica-se a regra geral contida no inciso I, do art. 109 da CF[14], de que compete aos juízes federais processar e julgar as causas em que a União, entidade autárquica ou empresa pública federal forem interessadas na condição de autoras, rés, assistentes ou oponentes.
A regra do art. 102, I, "f" da CF[15], que atrai a competência do STF, só tem aplicação quando houver conflito federativo entre os estados ou o DF e a União, por isso a execução fiscal contra a Fazenda Pública tem processamento na Justiça Federal, conquanto conduza interesses exclusivamente patrimoniais.

Parágrafo único – Na hipótese deste artigo, os processos serão redistribuídos ao Juízo da primeira distribuição.

[14] Art. 109 da CF. Aos juízes federais compete processar e julgar:

I – as causas em que a União, entidade autárquica ou empresa pública federal forem interessadas na condição de autoras, rés, assistentes ou oponentes, exceto as de falência, as de acidentes de trabalho e as sujeitas à Justiça Eleitoral e à Justiça do Trabalho;

(...).

[15] Art. 102. Compete ao Supremo Tribunal Federal, precipuamente, a guarda da Constituição, cabendo-lhe:

I – processar e julgar, originariamente:

[...]

Execução fiscal	Fundamentação legal
Execução fiscal para cobrança de penalidade trabalhista	A EC 45/2004 definiu a competência mais ampla à Justiça do Trabalho, especialmente para cobrança de penalidades administrativas impostas aos empregadores pelos órgãos de fiscalização das relações de trabalho.[16] A partir de então, as execuções fiscais das multas aplicadas pelo Ministério do Trabalho e Emprego, inscritas em Dívida Ativa da União e cobradas por meio de execução fiscal, devem ser processadas e julgadas pela Justiça do Trabalho. A regra, por ter sido introduzida no ordenamento jurídico em 2004, criou marco temporal de que a competência estabelecida pela EC 45/2004 não alcança os processos já sentenciados (Súmula 367/STJ).
Execuções fiscais e Juizados Especiais	A Lei 10.259/2001, no art. 3º, § 1º, I, veda o processamento de executivos fiscais nos Juizados Especiais, por sua natureza própria, ainda que o valor cobrado seja abaixo de 60 (sessenta) salários mínimos.[17]
Execução fiscal e recuperação judicial	O STJ definiu que "apesar de a execução fiscal não se suspender em face do deferimento do pedido de recuperação judicial (art. 6º, § 7º, da LF 11.101/05 – *o referido parágrafo foi revogado pela Lei 14.112/20*, art. 187 do CTN e art. 29 da LEF 6.830/1980), submetem-se ao crivo do juízo universal os atos de alienação voltados contra o patrimônio social das sociedades empresárias em recuperação, em homenagem ao princípio da preservação da empresa".[18]

---

f) as causas e os conflitos entre a União e os Estados, a União e o Distrito Federal, ou entre uns e outros, inclusive as respectivas entidades da administração indireta;

[16] Art. 114. Compete à Justiça do Trabalho processar e julgar: (Redação dada pela Emenda Constitucional 45, de 2004) (Vide ADIN 3392) (Vide ADIN 3432)

VII as ações relativas às penalidades administrativas impostas aos empregadores pelos órgãos de fiscalização das relações de trabalho;

[17] Art. 3 º Compete ao Juizado Especial Federal Cível processar, conciliar e julgar causas de competência da Justiça Federal até o valor de sessenta salários-mínimos, bem como executar as suas sentenças.

§ 1 º Não se incluem na competência do Juizado Especial Cível as causas:

I – referidas no art. 109, incisos II, III e XI, da Constituição Federal, as ações de mandado de segurança, de desapropriação, de divisão e demarcação, populares, execuções fiscais e por improbidade administrativa e as demandas sobre direitos ou interesses difusos, coletivos ou individuais homogêneos;

[18] CC 114987/SP, Rel. Ministro Paulo de Tarso Sanseverino, Segunda Seção, j. 14.03.2011, DJe 23.03.2011 e AgRg no CC n. 123.228/SP, Rel. Ministro Luis Felipe Salomão, Segunda Seção, j. 26.06.2013, DJe 1.07.2013.

Execução fiscal	Fundamentação legal
Execução fiscal e recuperação judicial	A Segunda Seção do STJ manifestou-se no sentido de que, embora a execução fiscal não se suspenda, os atos de constrição e de alienação de bens voltados contra o patrimônio social das sociedades empresárias submetem-se ao juízo universal, em homenagem ao princípio da conservação da empresa (STJ – CC 159.771/PE. Rel. ministro Luis Felipe Salomão. 2ª Seção. j. 24.02.2021. Pub. 30.03.2021)
Concurso de preferência entre credores públicos e execução fiscal	Contra o mesmo sujeito passivo podem coexistir execuções fiscais em curso na Justiça Estadual e na Justiça Federal, pelos correspondentes credores públicos: municípios, estados (e DF) e a União. Nestas hipóteses, a competência não se desloca à Justiça Federal pelo interesse da União manifestado em execução fiscal dos entes subnacionais. É o entendimento manifestado na Súmula 270 do STJ: "O protesto pela preferência de crédito, apresentado por ente federal em execução que tramita na Justiça Estadual, não desloca a competência para a Justiça Federal". A competência se mantém inclusive em grau de eventual recurso interposto pela União na execução fiscal em curso na Justiça Estadual (Súmula 55/STJ: "Tribunal Regional Federal não é competente para julgar recurso de decisão proferida por juiz estadual não investido de Jurisdição Federal").
Execução fiscal para cobrança de FGTS	Aparentemente, cogitou-se da competência da Justiça do Trabalho, haja vista o advento da EC 45/2004, contudo, o STJ firmou posição de que compete à Justiça Federal ou aos juízes com competência delegada o julgamento das execuções fiscais de contribuições devidas pelo empregador ao FGTS.
Execução fiscal e cobrança de multas eleitorais	A competência para processamento de multas impostas pela Justiça Eleitoral é de sua própria alçada. Segundo o art. 367, inciso IV, do Código Eleitoral, compete ao Juízo Eleitoral conhecer de execução fiscal que versa sobre dívida reconhecida pela Justiça Especializada.[19]

---

[19] CC 77.503/MS, Rel. Ministro José Delgado, Primeira Seção, j. 28.11.2007, DJ 10.12.2007 p. 276, CC 46901/PR, Rel. Ministra Denise Arruda, Primeira Seção, j. 22.02.2006, DJ 27.03.2006 p. 138; CC 22539/TO, Rel. Ministra Eliana Calmon, Primeira Seção, j. 25.08.1999, DJ 08.11.1999, p. 69).

Execução fiscal	Fundamentação legal
Execução fiscal e multas criminais	A multa criminal de natureza pecuniária imposta pela Justiça dos Estados ou DF é de sua própria competência e à Procuradoria-Geral do Estado correspondente é atribuída a legitimidade para promover a execução fiscal, enquanto se a multa tiver sido aplicada no âmbito da Justiça Federal, a ela lhe caberá o processamento por meio de executivo fiscal promovido pela Procuradoria-Geral da Fazenda Nacional. Não é do Ministério Público a competência para ajuizamento da execução fiscal referente a condenações de valor impostas por decisão judicial.[20] A mudança promovida pela Lei do Pacote Anticrime é que a competência para processamento de cobrança da multa será do próprio juiz da execução penal, depois de transitada em julgado a sentença condenatória. A multa será considerada dívida ativa da Fazenda Pública correspondente, inclusive relativamente às causas interruptivas e suspensivas da prescrição.

Não se confunda a competência com a titularidade para a execução dos créditos referidos, tais como as multas impostas pelo Ministério do Trabalho e Emprego pelo descumprimento da legislação trabalhista e as multas impostas por órgãos (por exemplo um ministério do Poder Executivo Federal, a Polícia Federal e a Rodoviária Federal, as entidades autárquicas), que devem ser cobradas, por meio de execuções fiscais, pelas Procuradorias correspondentes, com representação judicial, como a Procuradoria-Geral da Fazenda Nacional ou a Procuradoria-Geral Federal.

6.3 PROCEDIMENTO DA EXECUÇÃO FISCAL – LEI 6.830/1980

O primeiro passo para o ajuizamento da execução fiscal é a formação do título de cobrança judicial, a dívida ativa. Com a subsunção do fato gerador do tributo à hipótese de incidência, surge a obrigação tributária, que será quantificada pelo lançamento, seguido da constituição do crédito tributário.

Desta constituição do crédito tributário, o contribuinte poderá adotar três posturas: apresentar impugnação administrativa, inaugurando o contencioso fiscal; recolher o tributo devido; ou não o pagar, momento imediato no qual se abre o procedimento de formação do título executivo para cobrança.

---

[20] A Lei do Pacote Anticrime (Lei 13.964, de 2019) alterou o art. 51 do Código Penal:
Art. 51. Transitada em julgado a sentença condenatória, a multa será executada perante o juiz da execução penal e será considerada dívida de valor, aplicáveis as normas relativas à dívida ativa da Fazenda Pública, inclusive no que concerne às causas interruptivas e suspensivas da prescrição.
Pena de multa (condenação). Execução (legitimidade).
1. De acordo com o entendimento da Corte Especial e da Terceira Seção, é da Fazenda Pública a legitimidade para promover a execução de pena de multa imposta em sentença penal condenatória, e não do Ministério Público.
2. Embargos de divergência conhecidos e recebidos.
(EREsp 699.286/SP, Rel. Ministro Nilson Naves, Terceira Seção, j. 10.02.2010, DJe 13.05.2010)

O título executivo extrajudicial, conhecido como Certidão de Dívida Ativa – CDA, retrata os atributos de exigibilidade, presunção de certeza e liquidez do crédito perseguido pela Fazenda Pública, conforme visto no capítulo destinado à matéria, especialmente porque a inscrição de um débito em dívida ativa deve ser um ato de controle de legalidade do débito.

A CDA, por si, já traz alguns efeitos imediatos ao contribuinte, notadamente a inviabilidade de participar em processo de concorrência ou licitação pública; inscrição no CADIN (âmbito federal); restrição de benefícios relativos à concessão de créditos, garantias, incentivos fiscais e financeiros, de celebração de convênios, acordos, ajustes ou contratos. Em seguida, logo após a formação da CDA, a Fazenda Pública promove a notificação do contribuinte para pagamento – é a chamada cobrança administrativa, ou também chamada de "amigável", após a qual, se for ineficaz, segue-se ao ajuizamento da cobrança judicial por meio da correspondente execução fiscal.

Com o ajuizamento da execução fiscal no foro competente, em regra em petição inicial simplificada[21], o Juiz defere a inicial, ordenando a citação do executado para pagar a dívida com os juros e multa de mora e encargos indicados na Certidão de Dívida Ativa, ou garantir a execução, no prazo de cinco dias.

Segue abaixo um quadro-resumo do procedimento da execução fiscal:

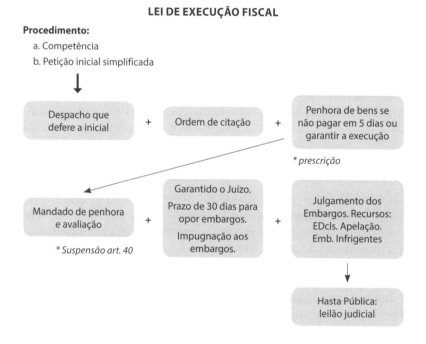

---

[21] Art. 6º – A petição inicial indicará apenas:
I – o Juiz a quem é dirigida;
II – o pedido; e
III – o requerimento para a citação.
§ 1º. A petição inicial será instruída com a Certidão da Dívida Ativa, que dela fará parte integrante, como se estivesse transcrita.
§ 2º. A petição inicial e a Certidão de Dívida Ativa poderão constituir um único documento, preparado inclusive por processo eletrônico.
§ 3º. A produção de provas pela Fazenda Pública independe de requerimento na petição inicial.
§ 4º. O valor da causa será o da dívida constante da certidão, com os encargos legais.

O despacho do Juiz que defere a inicial importa em ordem para citação e penhora, nesse último caso, se não for paga a dívida, nem garantida a execução por meio de depósito ou fiança. Admite-se também o arresto, se o executado não tiver domicílio ou dele se ocultar; seguindo-se com o registro da penhora ou do arresto, independentemente do pagamento de custas ou outras despesas, observado o disposto no art. 14 da LEF; e, por fim, avaliação dos bens penhorados ou arrestados.[22]

Assim como no processo civil comum, as tentativas de citação do polo passivo de execução fiscal são, nessa ordem, via correio, oficial de justiça e edital. Mas, ao invés de se considerar a data da citação como a juntada do mandado cumprido aos autos, na execução fiscal, o termo inicial do prazo de cinco dias para pagamento do débito é, efetivamente, a data em que cumprido o ato citatório.

A garantia da execução fiscal pelo valor da dívida integral, contando juros e multa de mora e encargos indicados na CDA, pode ocorrer mediante depósito em dinheiro à ordem de conta bancária oficial, que assegure a atualização monetária. Pode o contribuinte oferecer fiança bancária ou, ainda, nomear bens à penhora.[23] Se o devedor não

---

[22] Art. 7º – O despacho do Juiz que deferir a inicial importa em ordem para:
I – citação, pelas sucessivas modalidades previstas no art. 8º;
II – penhora, se não for paga a dívida, nem garantida a execução, por meio de depósito ou fiança;
III – arresto, se o executado não tiver domicílio ou dele se ocultar;
IV – registro da penhora ou do arresto, independentemente do pagamento de custas ou outras despesas, observado o disposto no art. 14; e
V – avaliação dos bens penhorados ou arrestados.
Art. 8º. O executado será citado para, no prazo de 5 (cinco) dias, pagar a dívida com os juros e multa de mora e encargos indicados na Certidão de Dívida Ativa, ou garantir a execução, observadas as seguintes normas:
I – a citação será feita pelo correio, com aviso de recepção, se a Fazenda Pública não a requerer por outra forma;
II – a citação pelo correio considera-se feita na data da entrega da carta no endereço do executado, ou, se a data for omitida, no aviso de recepção, 10 (dez) dias após a entrega da carta à agência postal;
III – se o aviso de recepção não retornar no prazo de 15 (quinze) dias da entrega da carta à agência postal, a citação será feita por Oficial de Justiça ou por edital;
IV – o edital de citação será afixado na sede do Juízo, publicado uma só vez no órgão oficial, gratuitamente, como expediente judiciário, com o prazo de 30 (trinta) dias, e conterá, apenas, a indicação da exequente, o nome do devedor e dos corresponsáveis, a quantia devida, a natureza da dívida, a data e o número da inscrição no Registro da Dívida Ativa, o prazo e o endereço da sede do Juízo.
§ 1º. O executado ausente do País será citado por edital, com prazo de 60 (sessenta) dias.
§ 2º. O despacho do Juiz, que ordenar a citação, interrompe a prescrição.

[23] Art. 9º – Em garantia da execução, pelo valor da dívida, juros e multa de mora e encargos indicados na Certidão de Dívida Ativa, o executado poderá:
I – efetuar depósito em dinheiro, à ordem do Juízo em estabelecimento oficial de crédito, que assegure atualização monetária;
II – oferecer fiança bancária ou seguro-garantia (Redação dada pela Lei 13.043, de 2014);
III – nomear bens à penhora, observada a ordem do art. 11; ou
IV – indicar à penhora bens oferecidos por terceiros e aceitos pela Fazenda Pública.
§ 1º. O executado só poderá indicar e o terceiro oferecer bem imóvel à penhora com o consentimento expresso do respectivo cônjuge.
§ 2º. Juntar-se-á aos autos a prova do depósito, da fiança bancária do seguro-garantia ou da penhora dos bens do executado ou de terceiros. (Redação dada pela Lei 13.043, de 2014)
§ 3º. A garantia da execução, por meio de depósito em dinheiro, fiança bancária ou seguro-garantia, produz os mesmos efeitos da penhora. (Redação dada pela Lei 13.043, de 2014)
§ 4º. Somente o depósito em dinheiro, na forma do art. 32, faz cessar a responsabilidade pela atualização monetária e juros de mora.

promover espontaneamente a garantia do Juízo da execução fiscal, o Oficial de Justiça competente encarrega-se de encontrar bens penhoráveis para satisfação da dívida, exceto aqueles declarados pela lei como absolutamente impenhoráveis.

Constituem espécies de penhora: sobre dinheiro (penhora *on-line*); sobre imóveis e veículos; no rosto dos autos; e sobre o faturamento.

Garantido o Juízo da execução fiscal e lavrado o termo ou auto de penhora, e devidamente avaliado o bem objeto de constrição judicial, o executado é intimado para oferecer embargos à execução. É a partir da intimação da penhora que é contado o prazo de trinta dias para oferecimento dos embargos à execução, e não da juntada aos autos do mandado cumprido. O mesmo se diz quando o próprio executado oferece o bem em garantia. Apenas depois de convolada em penhora a garantia, e devidamente intimado o polo passivo, abre-se o prazo para o devedor apresentar embargos à execução.[24] A discussão já girou a respeito do termo inicial do prazo para oferecimento de embargos à execução quando o executado apresenta depósito em juízo. A Lei de Execução Fiscal (art. 16, I, Lei 6.830/1980) dispõe que esse prazo é contado a partir do depósito, mas o STJ entendeu que:

> (...) efetivado o depósito em garantia pelo devedor, é aconselhável seja ele formalizado, reduzindo-se a termo, para dele tomar conhecimento o juiz e o exequente, iniciando-se o prazo para oposição de embargos a contar da data da intimação do termo, quando passa o devedor ter segurança quanto à aceitação do depósito e a sua formalização.[25]

O mesmo entendimento se aplica ao caso de fiança bancária apresentada pelo devedor. O oferecimento de fiança bancária no valor da execução não tem o condão de alterar o marco inicial do prazo para os embargos do devedor, porquanto, ainda assim, há de ser formalizado o termo de penhora, do qual o executado deverá ser intimado, e, partir de então, fluirá o lapso temporal para a defesa.[26]

Esta é, portanto, a regra: garantido o Juízo da execução fiscal, o devedor deve ser intimado e a partir desse momento deflagra-se o prazo para oposição dos embargos à execução. A intimação é pessoal, por oficial de justiça ou por carta com aviso de recebimento, não valendo a intimação do advogado por publicação oficial.[27]

---

§ 5º. A fiança bancária prevista no inciso II obedecerá às condições preestabelecidas pelo Conselho Monetário Nacional.

§ 6º. O executado poderá pagar parcela da dívida, que julgar incontroversa, e garantir a execução do saldo devedor.

§ 7º As garantias apresentadas na forma do inciso II do *caput* deste artigo somente serão liquidadas, no todo ou parcialmente, após o trânsito em julgado de decisão de mérito em desfavor do contribuinte, vedada a sua liquidação antecipada. (Incluído pela Lei nº 14.689, de 2023)

[24]   É entendimento pacífico no Superior Tribunal de Justiça que, conforme dispõe o art. 16, III, da Lei 6.830/1980, o executado oferecerá embargos no prazo de 30 dias, contados da intimação da penhora e não da juntada aos autos do mandado cumprido. Agravo regimental improvido. (AgRg no AREsp 393.843/MS, Rel. Ministro Humberto Martins, Segunda Turma, j. 12.11.2013, DJe 20.11.2013)

[25]   EREsp 1.062.537/RJ, Rel. Min. Eliana Calmon, DJe 04.05.2009.

[26]   REsp 621.855/PB, Ministro Fernando Gonçalves, DJ 31.05.2004, p. 324 e REsp 851.476/MG, Rel. Min. Humberto Martins, DJ 24.11.2006, p. 280

[27]   Processo civil – Agravo regimental – Embargos à execução fiscal – Auto de penhora – Intimação – Desnecessidade de indicação do início do prazo – Art. 16, III, da Lei 6.830/1980.

A importância da intimação do executado acerca da penhora é acentuada pela jurisprudência, inclusive afastando o comparecimento espontâneo, depois de efetivada a penhora quando o devedor faz pedido nos autos de substituição do bem ofertado em garantia, para efeito de início da contagem do prazo para oferecimento dos embargos à execução.[28]

É imprescindível, portanto, que o executado seja intimado com a advertência do prazo para o oferecimento dos embargos à execução fiscal, ainda que tenha comparecido espontaneamente em momento anterior. A formalidade do ato de intimação da penhora é indispensável, de modo a não impedir ou dificultar *indevidamente o exercício do direito de defesa pelo executado*.

O termo inicial para oposição de embargos à execução fiscal é a data da efetiva intimação da penhora e não a da juntada aos autos do mandado cumprido, segundo o julgamento do recurso especial representativo de controvérsia proferido pela Primeira

---

1. O prazo para a oposição de embargos do devedor na execução fiscal inicia-se com a intimação pessoal do devedor. Precedentes.

2. O auto de penhora e avaliação não precisa indicar a data exata do início do prazo, cujo termo inicial é data da própria intimação.

3. Agravo regimental não provido. (AgRg no REsp 841.587/BA, Rel. Ministra Eliana Calmon, Segunda Turma, j. 06.10.2009, DJe 19.10.2009)

[28] 1. A intimação do executado sobre a penhora realizada em sede de execução fiscal também tem por finalidade iniciar a contagem do prazo para o ajuizamento dos embargos, conforme consta expressamente na Lei 6.830/1980 (art. 16, inc. III).

2. Essa intimação é ato formal, que deve ser realizado, via de regra, mediante publicação no órgão oficial e, subsidiariamente, pelo correio (AR) ou pessoalmente por oficial de justiça (art. 12, *caput* e § 3º).

3. A utilização do princípio da instrumentalidade – invocado pela Corte de origem – para mitigar regra expressa relativa à contagem de prazo deve ser feita com cautela, sob pena de malferir os princípios do devido processo legal, contraditório, ampla defesa e da segurança jurídica.

4. Esta Corte tem adotado, em diversos julgados, o entendimento de que a formalidade do ato de intimação da penhora deve ser respeitada – e às vezes até acentuada – para não obstaculizar indevidamente o exercício do direito de defesa pelo executado, que, via de regra, já garantiu a execução.

5. Precedentes: EREsp 767505/RJ, Rel. Min. Denise Arruda, Primeira Seção, DJe 29.09.2008; AgRg no REsp 934.849/SC, Rel. Min. Denise Arruda, Primeira Turma, DJe 2.02.2010; AgRg no REsp 1063263/RS, Rel.

Min. Luiz Fux, Primeira Turma, DJe 6.08.2009; AgRg no REsp 1085967/RJ, Rel. Min. Humberto Martins, Segunda Turma, DJe 23.04.2009; e AgRg no Ag 665.841/MG, Rel. Min. José Delgado, Primeira Turma, DJ 15.08.2005.

6. Embora não se tenha dúvida de que o executado, ao requerer a substituição do bem penhorado, tinha ciência da existência da penhora, o mesmo não se pode mencionar quanto ao início do prazo dos embargos, que foi contado sem que houvesse previsão legal, nem a advertência exigida pela jurisprudência desta Corte.

7. Dessarte, o comparecimento espontâneo do executado, após a efetivação da penhora, não supre a necessidade de sua intimação com a advertência do prazo para o oferecimento dos embargos à execução fiscal.

8. Precedentes: AgRg no Ag 1100287/SP, Rel. Min. João Otávio de Noronha, Quarta Turma, DJe 17.05.2010; AgRg no REsp 1085967/RJ, Rel. Min. Humberto Martins, Segunda Turma, DJe 23.04.2009; REsp 1051484/RS, Rel. Min. Eliana Calmon, Segunda Turma, DJe 29.10.2008; AgRg no REsp 986.848/MT, Rel. Min. Nancy Andrighi, Terceira Turma, DJ 4.12.2007; AgRg no REsp 957.560/RJ, Rel. Min. Aldir Passarinho Junior, Quarta Turma, DJ 12.11.2007; REsp 487.537/GO, Rel. Min. Ruy Rosado de Aguiar, Quarta Turma, DJ 1.09.2003; e REsp 274.745/SP, Rel. Min. Aldir Passarinho Junior, Quarta Turma, DJ 12.02.2001. 9. Agravo regimental provido. (AgRg no REsp 1201056/RJ, Rel. Ministro Humberto Martins, Rel. p/ Acórdão Ministro Mauro Campbell Marques, Segunda Turma, j. 14.06.2011, DJe 23.09.2011).

Seção do STJ.[29] Também existiam questionamentos sobre a necessidade de constar a indicação no mandado de intimação da penhora o termo inicial para contagem do prazo de trinta dias para apresentação dos embargos à execução fiscal como pressuposto de validade deste ato processual, segundo colhe-se da decisão abaixo do STJ, senão vejamos.

> (...) o início do prazo de 30 dias para a apresentação dos embargos à execução fiscal ocorre com a efetiva intimação da penhora pelo oficial de justiça (art. 16, III, da LEF), ou seja, com a entrega da própria intimação, não há por que advertir o devedor de que é a partir desse momento que o seu prazo de defesa começa a fluir. O precedente ressalta que só faria sentido tal providência se o início do lapso temporal decorresse de ato processual diverso que refugisse à compreensão do devedor, aqui considerado pessoa leiga na ciência do direito processual.[30]

Superada a necessidade de referência expressa do termo inicial do prazo para ofertar os embargos à execução, a jurisprudência do STJ posicionou-se no sentido de que o comando de intimação da penhora na execução fiscal, depois de lavrado o termo, deve ocorrer com a clara observância de advertência do prazo para oferecimento dos embargos à execução sob pena de nulidade da intimação.[31-32]

Essa problemática tem sido enfrentada, em certas oportunidades, quando ocorre o bloqueio e penhora *on-line* de valores do executado. Nessas hipóteses, alguns juízes entendem que o prazo inicial de contagem dos embargos à execução tem início a partir da ciência deste bloqueio na conta do executado. Não obstante, em caso concreto, o STJ declarou a ilegalidade da decisão que reconheceu válida a intimação da penhora com a mera ciência da decisão que viabilizou a consulta e bloqueio de numerário pela via do sistema SISBAJUD, haja vista a necessária intimação da penhora com abertura de prazo para opor embargos à execução, nos termos do inciso III, art. 16 da Lei 6.830/1980.[33]

Mais uma vez, a jurisprudência do STJ interpreta o referido dispositivo da LEF pela necessidade de intimação da lavratura do termo de penhora para efeito de contagem do prazo dos embargos à execução, **mesmo no caso de depósito em dinheiro promovido pelo executado**, o que dizer do bloqueio inesperado de ativos em instituições

---

[29] REsp 1.112.416/MG, Rel. Ministro Herman Benjamin, DJe 09.09.2009.

[30] EREsp 841.587/BA, Rel. Ministro Benedito Gonçalves, Primeira Seção, j. 24.03.2010, DJe 09.04.2010

[31] [...] deve se revestir da necessária solenidade da indicação do prazo para oposição dos pertinentes embargos. Afinal, a intimação é um ato de comunicação processual da mais relevante importância, pois é dela que começam a fluir os prazos para que as partes exerçam os seus direitos e faculdades processuais. AgRg no REsp 1.201.056-RJ, Segunda Turma, DJe 23.09.2011.

[32] 1. Entendimento de que o prazo de 30 (trinta) dias para a oposição de embargos inicia-se a partir da efetiva intimação da penhora ao executado, devendo constar expressamente, no mandado, a advertência do prazo para o oferecimento dos aludidos embargos à execução. Contradição inexistente. 2. Embargos de declaração rejeitados. (STJ – 2ª T., EDcl nos EDcl no AgRg no REsp 448.134/DF, Rel. Min. Eliana Calmon, DJ 29.06.2006, p. 171).

[33] [...] A suposta ilegalidade estaria presente no fato de que somente a intimação da penhora efetivamente realizada enseja a abertura de prazo para opor os Embargos do Devedor (art. 16, III, da Lei 6.830/1980), com ela não se confundindo a ciência da decisão que viabiliza a consulta ao sistema Bacen Jud. 7. Recurso Ordinário provido para anular o acórdão hostilizado. Retorno dos autos ao Tribunal de origem, para processamento do *writ*. (RMS 37.500/SP, Rel. Ministro Herman Benjamin, Segunda Turma, j. 06.12.2012, DJe 19.12.2012).

financeiras.[34] Este entendimento está determinado a partir da interpretação conferida ao regramento específico do procedimento de execução fiscal, notadamente o inciso III, art. 16, bem assim o § 2º do art. 11 e *caput* do art. 12, todos da LEF.[35]

A intimação do executado mostra-se ainda necessária quando a garantia do juízo for insubsistente. Nesse caso, o entendimento é no sentido de que não se podem extinguir os embargos à execução, em face da insubsistência da garantia do juízo, sem antes intimar o embargante para que possa substituir o bem recusado por outro, ou para reforço de penhora insuficiente[36]. Com a execução fiscal garantida, e depois de devidamente intimado, o executado poderá oferecer sua defesa mediante apresentação dos embargos à execução.

O prazo para opor embargos à execução conforme a garantia do débito executado pode ser assim sintetizado, conforme a jurisprudência do STJ: (i) do depósito (embora o art. 16, I, da LEF preveja o início da contagem do prazo pelo depósito promovido depois de reduzido a termo, com termo inicial do prazo para oposição de embargos a contar da data da intimação da correspondente lavratura – EREsp 1.062.537/RJ); (ii) da juntada da prova da fiança bancária: no mesmo sentido, deve ser formalizado o termo de penhora, com a subsequente intimação para ciência do executado acerca do aceitamento da fiança, para só então ter início a contagem do prazo para insurgência via embargos do devedor (REsp 621.855/PB); (iii) da intimação da penhora: o termo inicial para a oposição dos embargos do devedor é a data da efetiva intimação da penhora, e não a da juntada aos autos do mandado cumprido, porque o executado deve ser intimado sobre a penhora, para fins de constituição da medida, com expressa indicação do prazo legal para oposição de embargos (REsp 1.112.416/MG – Tema 131).

6.4 EXCEÇÃO DE PRÉ-EXECUTIVIDADE

A regra de defesa na execução fiscal é os embargos à execução, contudo, doutrina e jurisprudência convergem na admissão da propositura da exceção de pré-executividade (ou objeção de executividade), na qual o executado, antes de garantir o juízo, poderá alegar matérias de ordem pública pertinentes aos pressupostos processuais e às condições da ação, desde que desnecessária a dilação probatória.

Trata-se de defesa processual incidental de modo excepcional, e por isso não prevista na legislação em vigor, na qual o executado levanta questões de ordem pública. Por se tratar de questões de ordem pública, poderiam inclusive ser conhecidas de ofício

---

[34] 1. Havendo depósito em dinheiro da importância cobrada em execução fiscal, o prazo para oferecimento dos embargos do devedor tem como termo inicial a data da intimação do depósito. Precedentes da Segunda Turma. 2. Recurso especial provido. (STJ – 2ª T., REsp 767.505/RJ, Rel. Min. Castro Meira, DJ 18.05.2007, p. 318)

[35] Art. 11. A penhora ou arresto de bens obedecerá à seguinte ordem:

[...]

§ 2º. A penhora efetuada em dinheiro será convertida no depósito de que trata o inciso I do art. 9º.

Art. 12. Na execução fiscal, far-se-á a intimação da penhora ao executado, mediante publicação, no órgão oficial, do ato de juntada do termo ou do auto de penhora.

Art. 16. O executado oferecerá embargos, no prazo de 30 (trinta) dias, contados: [...]

III – da intimação da penhora.

[36] AgRg no REsp 1109989/SP, Rel. Ministro Sérgio Kukina, Primeira Turma, j. 26.11.2013, DJe 03.12.2013.

242 | PROCESSO TRIBUTÁRIO – *Eduardo Muniz Machado Cavalcanti*

pelo juiz, por exemplo, aquelas atinentes à liquidez do título executivo, os pressupostos processuais e as condições da ação executiva.

O fundamento normativo do instituto foi construído à época do § 3º do art. 267 do CPC/1973, que estabelecia competir ao juiz de ofício, em qualquer tempo e grau de jurisdição, enquanto não proferida a sentença de mérito, conhecer das matérias constantes dos incisos IV, V e VI do referido dispositivo.[37] Com a entrada em vigor do CPC/2015, as precitadas hipóteses estão previstas no § 3º do art. 485.[38]

Na jurisprudência desponta embrionariamente o caso citado por Fredie Didier do parecer de Pontes de Miranda, que examinou diversas execuções ajuizadas contra a Siderúrgica Manesmann fundadas em títulos executivos nulos.[39]

Não há prazo para ser ofertada a exceção de pré-executividade, muito embora, na prática, tem sido apresentada logo após a citação do executado para pagar a quantia fixada na CDA ou para garantir o juízo sob pena de penhora de bens do executado. Inclusive, ainda que esgotado o prazo para oposição de embargos à execução, é admissível a objeção de executividade, respeitada a condição de matéria cognoscível *ex officio* pelo julgador.

A jurisprudência tem ampliado o rol de matérias suscitáveis por meio da exceção, estabelecendo que não somente as matérias de ordem pública podem ser arguidas por essa via processual, mas também os fatos modificativos ou extintivos do direito do exequente, desde que não demandem dilação probatória[40]. Admite-se, também, a arguição de prescrição, ou até mesmo de inconstitucionalidade da exação fiscal que deu

---

[37] Art. 267. Extingue-se o processo, sem resolução de mérito: (Redação dada pela Lei 11.232, de 2005)
[...]
IV – quando se verificar a ausência de pressupostos de constituição e de desenvolvimento válido e regular do processo;
V – quando o juiz acolher a alegação de peremção, litispendência ou de coisa julgada;
VI – quando não concorrer qualquer das condições da ação, como a possibilidade jurídica, a legitimidade das partes e o interesse processual;
[...]
§ 3º O juiz conhecerá de ofício, em qualquer tempo e grau de jurisdição, enquanto não proferida a sentença de mérito, da matéria constante dos ns. IV, V e VI; todavia, o réu que a não alegar, na primeira oportunidade em que lhe caiba falar nos autos, responderá pelas custas de retardamento.

[38] Art. 485. O juiz não resolverá o mérito quando:
[...]
IV – verificar a ausência de pressupostos de constituição e de desenvolvimento válido e regular do processo;
V – reconhecer a existência de peremção, de litispendência ou de coisa julgada;
VI – verificar ausência de legitimidade ou de interesse processual;
[...]
IX – em caso de morte da parte, a ação for considerada intransmissível por disposição legal; e
X – nos demais casos prescritos neste Código.
[...]
§ 3º O juiz conhecerá de ofício da matéria constante dos incisos IV, V, VI e IX, em qualquer tempo e grau de jurisdição, enquanto não ocorrer o trânsito em julgado.

[39] DIDIER JÚNIOR, *Fredie. Curso de Direito Processual Civil*: Execução, Salvador: JusPodivm, 2009, p. 389.

[40] REsp n. 1.712.903/SP, relator Ministro Herman Benjamin, Segunda Turma, julgado em 27/2/2018, DJe de 2/8/2018.

origem ao crédito exequendo, mas sempre observando a impossibilidade de dilação probatória (*exceptio secundum eventus probationis*).

> O espectro das matérias suscitáveis através da exceção tem sido ampliado por força da exegese jurisprudencial mais recente, admitindo-se, por exemplo, a arguição de prescrição, ou mesmo de inconstitucionalidade da exação que deu origem ao crédito exequendo, desde que não demande dilação probatória (*exceptio secundum eventus probationis*) 4. A inconstitucionalidade das exações que ensejaram a propositura da ação executória *sub judice* infirma a própria exigibilidade dos títulos em que esta se funda, matéria, inequivocamente arguível em sede de exceção de pré-executividade. (AgRg no Ag 977769/RJ, Rel. Ministro Luiz Fux, Corte Especial, j. 03.02.2010, DJe 25.02.2010).

Cabe Exceção de Pré-Executividade quando atendidos, portanto, simultaneamente dois requisitos, um de ordem material e outro de ordem formal: a) que a matéria invocada seja suscetível de conhecimento de ofício pelo juiz; e b) que a decisão possa ser tomada sem necessidade de dilação probatória.[41]

Critica-se o manejo da exceção de pré-executividade nas execuções fiscais porque os títulos executivos (CDAs), em regra, devem ser objeto do controle de legalidade prévio, inclusive com o contraditório e a ampla defesa assegurados aos responsáveis pela dívida cobrada mediante o processo administrativo fiscal.

Na prática, muito se utiliza de forma satisfatória do instituto, quando constatada a decadência ou a prescrição do crédito tributário, ao contrário das inúmeras hipóteses de insurgência pelo corresponsável tributário (redirecionamento da execução fiscal), pois, para tanto, exige-se, segundo a jurisprudência do STJ, a dilação probatória.[42]

Essa impossibilidade do tratamento da corresponsabilidade via exceção de pré-executividade, notadamente nos casos de redirecionamento por constar o nome do sócio-gerente na CDA, é diferente da hipótese de alegação de ilegitimidade passiva do sócio-gerente quando não figure no título.

Se a execução fiscal tiver sido promovida apenas contra a pessoa jurídica e, posteriormente, tenha sido redirecionada contra sócio-gerente cujo nome não consta da Certidão de Dívida Ativa, cabe ao Fisco comprovar que o sócio agiu com excesso de poderes ou infração de lei, contrato social ou estatuto, nos termos do art. 135 do CTN. Então, se a Certidão de Dívida Ativa não inclui o sócio-gerente como corresponsável

---

[41] AgRg no Ag 1260662/MG, Rel. Ministro Herman Benjamin, Segunda Turma, j. 02.09.2010, DJe 28.02.2011.

[42] 1. No que se refere à alegada afronta ao disposto no art. 535, inciso II, do CPC, o julgado recorrido não padece de omissão, porquanto decidiu fundamentadamente a quaestio trazida à sua análise, não podendo ser considerado nulo tão somente porque contrário aos interesses da parte. 2. O acórdão recorrido encontra-se em sintonia com a jurisprudência do STJ no sentido de que não é cabível Exceção de Pré-executividade em execução fiscal promovida contra sócio que figura como responsável na Certidão de Dívida Ativa – CDA. A presunção de legitimidade assegurada à CDA impõe ao executado que figura no título executivo o ônus de demonstrar a inexistência de sua responsabilidade tributária, demonstração essa que demanda dilação probatória, a qual deve ser promovida no âmbito dos Embargos à Execução. 3. Agravo Regimental não provido. (AgRg no AREsp 474.717/MG, Rel. Ministro Herman Benjamin, Segunda Turma, j. 22.04.2014, DJe 18.06.2014).

tributário, caberá à Fazenda exequente o ônus de provar os requisitos do art. 135 do CTN e, nestas hipóteses, é possível a utilização da objeção de pré-executividade.[43]

Em resumo, segundo o STJ, se o nome do sócio-gerente consta na CDA a matéria da ilegitimidade passiva não pode ser arguida por meio da exceção de pré-executividade, e a irresignação contra o redirecionamento da execução deverá ser objeto de embargos à execução. Enquanto, ao contrário, não constando o nome do sócio-gerente na CDA, admite-se a arguição pelo sócio-gerente de sua ilegitimidade passiva em exceção de pré-executividade por constituir matéria de ordem pública relativa à condição da ação.[44]

Um exemplo é a hipótese do sócio que alega nunca ter exercido a gerência da empresa executada – demonstração feita por meio do contrato social e alterações – sem demandar dilação probatória, caso o nome dele não conste na CDA, admissível, nestas hipóteses, seja aviada a exceção de pré-executividade.

A alegação de pagamento do crédito perseguido é outro fundamento que vem sendo admitido pela jurisprudência como matéria a ser tratada em exceção de pré-executividade, salvo se a comprovação do pagamento demandar dilação probatória, como no caso de perícia.[45] Importante ressalvar, obviamente, que a demonstração

---

[43]   1. A exceção de pré-executividade, segundo o Min. Luiz Fux (REsp 573.467/SC), é servil à suscitação de questões que devam ser conhecidas de ofício pelo juiz, como as atinentes à liquidez do título executivo, os pressupostos processuais e as condições da ação executiva.

2. *In casu*, a questão da ilegitimidade passiva, arguída pelo sócio-gerente, em exceção de pré-executividade, constitui matéria de ordem pública, por configurar condição da ação que, quando defeituosa ou inexistente, leva à nulidade do processo. Assim, por ser causa extintiva do direito exequente, é possível sua veiculação em exceção de pré-executividade.

3. A Primeira Seção, no julgamento dos EREsp 702.232/RS, de relatoria do Min. Castro Meira, assentou: 1) se a execução fiscal foi promovida apenas contra a pessoa jurídica e, posteriormente, foi redirecionada contra sócio-gerente cujo nome não consta da Certidão de Dívida Ativa, cabe ao Fisco comprovar que o sócio agiu com excesso de poderes ou infração de lei, contrato social ou estatuto, nos termos do art. 135 do CTN.

4. Na hipótese dos autos, a Certidão de Dívida Ativa não incluiu o sócio-gerente como corresponsável tributário, cabendo à exequente os ônus de provar os requisitos do art. 135 do CTN.

Agravo regimental improvido.

(AgRg no REsp 968.047/RN, Rel. Ministro Humberto Martins, Segunda Turma, j. 03.04.2008, DJe 14.04.2008).

[44]   1. A exceção de pré-executividade é cabível quando atendidos simultaneamente dois requisitos, um de ordem material e outro de ordem formal, ou seja: (a) é indispensável que a matéria invocada seja suscetível de conhecimento de ofício pelo juiz; e (b) é indispensável que a decisão possa ser tomada sem necessidade de dilação probatória.

2. Conforme assentado em precedentes da Seção, inclusive sob o regime do art. 543-C do CPC/73 (REsp 1104900, Min. Denise Arruda, sessão de 25.03.09), não cabe exceção de pré-executividade em execução fiscal promovida contra sócio que figura como responsável na Certidão de Dívida Ativa – CDA. É que a presunção de legitimidade assegurada à CDA impõe ao executado que figura no título executivo o ônus de demonstrar a inexistência de sua responsabilidade tributária, demonstração essa que, por demandar prova, deve ser promovida no âmbito dos embargos à execução.

3. Recurso Especial provido. Acórdão sujeito ao regime do art. 543-C do CPC/73.

(REsp 1110925/SP, Rel. Ministro Teori Albino Zavascki, Primeira Seção, j. 22.04.2009, DJe 04.05.2009).

[45]   "É possível a alegação de pagamento em sede de exceção de pré-executividade, desde que demonstrado de plano, o que inocorre nos autos, pois foram trazidos documentos com diversos valores, retificações e dados que, apenas após a devida análise por um *expert*, possibilitarão comprovar ou infirmar a alegação da autora. 2. Agravo interno improvido. (AG 200502010127520, Desembargador Federal Luiz Antonio Soares, TRF2 – Quarta Turma Especializada, 04.12.2009)."

deve ser do pagamento integral da dívida, já que o pagamento parcial não extingue o crédito tributário.[46]

Também pode ser alegada em exceção de pré-executividade a nulidade do título executivo no caso deste não conter um dos requisitos previstos no art. 2º, § 5º, da Lei de Execuções Fiscais[47], bem assim dos requisitos constantes no Código Tributário Nacional.[48]

> Exceção de pré-executividade em que se alega a falta de citação no processo executivo fiscal. Arguição de prescrição. 1. É da essência do processo de execução a busca da satisfação rápida e eficaz do credor. Por esse motivo, o nosso sistema processual estabeleceu como condição específica dos embargos do devedor a segurança do juízo, capaz de tornar útil o processo após a rejeição dos embargos. 2. Todavia, a doutrina e a jurisprudência, diante da existência de vícios no título executivo que possam ser declarados de ofício, vêm admitindo a utilização da exceção de pré-executividade, cuja principal função é a de desonerar o executado de proceder à segurança do juízo para discutir a inexequibilidade de título ou a iliquidez do crédito exequendo. 3. As exceções de pré-executividade podem

---

[46] CTN: Art. 158. O pagamento de um crédito não importa em presunção de pagamento:
I – quando parcial, das prestações em que se decomponha;
II – quando total, de outros créditos referentes ao mesmo ou a outros tributos.

[47] "Art. 2º.
(...)
§ 5º – O Termo de Inscrição de Dívida Ativa deverá conter:
I – o nome do devedor, dos corresponsáveis e, sempre que conhecido, o domicílio ou residência de um e de outros;
II – o valor originário da dívida, bem como o termo inicial e a forma de calcular os juros de mora e demais encargos previstos em lei ou contrato;
II – a origem, a natureza e o fundamento legal ou contratual da dívida;
IV – a indicação, se for o caso, de estar a dívida sujeita à atualização monetária, bem como o respectivo fundamento legal e o termo inicial para o cálculo;
V – a data e o número da inscrição, no Registro de Dívida Ativa; e
VI – o número do processo administrativo ou do auto de infração, se neles estiver apurado o valor da dívida".

[48] O Código Tributário Nacional, em seus arts. 202 e 203, estabelece o seguinte:
"Art. 202. O termo de inscrição da dívida ativa, autenticado pela autoridade competente, indicará obrigatoriamente:
I – o nome do devedor e, sendo caso, o dos corresponsáveis, bem como, sempre que possível, o domicílio ou a residência de um e de outros;
II – a quantia devida e a maneira de calcular os juros de mora acrescidos;
III – a origem e natureza do crédito, mencionada especificamente a disposição da lei em que seja fundado;
IV – a data em que foi inscrita;
V – sendo caso, o número do processo administrativo de que se originar o crédito.
Parágrafo único. A certidão conterá, além dos requisitos deste artigo, a indicação do livro e da folha da inscrição.
Art. 203. A omissão de quaisquer dos requisitos previstos no artigo anterior, ou o erro a eles relativo, são causas de nulidade da inscrição e do processo de cobrança dela decorrente, mas a nulidade poderá ser sanada até a decisão de primeira instância, mediante substituição da certidão nula, devolvido ao sujeito passivo, acusado ou interessado o prazo para defesa, que somente poderá versar sobre a parte modificada".

ser suscitadas nos próprios autos da execução e, por isso, sem necessidade de segurança do juízo. O que impende esclarecer é que não se pode promiscuir a categorização das exceções de pré-executividade, posto que isso reduziria o processo executivo destinado à rápida satisfação do credor num simulacro de execução transmudando-se em tutela cognitiva ordinária. 4. **A nulidade da CDA só pode ser declarada em face da inobservância dos requisitos formais previstos nos incisos do art. 202 do CTN.** 5. A suposta falta de citação do executado no processo executivo fiscal é tema sujeito à apreciação em sede de embargos à execução, de ampla cognição. 6. Agravo Regimental desprovido. (AGRESP 200300506206, Luiz Fux, STJ – Primeira Turma, 01.03.2004").

Tome-se, ainda como exemplo, um caso em que foi declarada nulidade do título executivo por meio da exceção de pré-executividade por não constar na CDA o número do procedimento administrativo, como requisito obrigatório para inscrição do débito e posterior cobrança executiva[49].

A jurisprudência do STJ tem admitido o cabimento da exceção de pré-executividade para sustentar a declaração de inconstitucionalidade de norma já objeto de apreciação pelo STF, consoante julgado abaixo:

1. Hipótese em que foi movida exceção de pré-executividade para fins de declarar a nulidade das CDA(s) que embasam o feito fiscal ao argumento de que a exigência da contribuição ao PIS/COFINS, com base no § 1º do art. 3º, da Lei 9.718/1998, foi declarada inconstitucional pelo STF. 2. A via da exceção de pré-executividade é cabível para fins de discutir exigibilidade de tributo declarado inconstitucional pelo STF. 3. Precedentes: REsp 1.051.860/PE, Rel. Ministra Eliana Calmon, DJ 8.09.2008, AgRg no Ag 1.156.277/RJ, Rel. Min. Herman Benjamin, DJ 30.09.2009, (AgRg no REsp 838.809/MG, Rel. Ministro José Delgado, DJ 16.10.2006, REsp 1.136.144/RJ, Rel. Min. Luiz Fux, DJ 01.02.2010, sob o rito do art. 543-C, do CPC. 4. Agravo regimental não provido. (AGA 200900168085, Benedito Gonçalves, STJ – Primeira Turma, 28.09.2010).

Sem dúvidas, as hipóteses mais corriqueiras de fundamentados vertidos em exceções de pré-executividade são as alegações de prescrição e decadência, amplamente aceitas pela jurisprudência.[50] Não obstante, deve-se alertar que nem sempre é cabível a exceção de pré-executividade nessas situações de prescrição e decadência, notadamente,

---

[49] "Execução fiscal. Conselho regional de economia. Exceção de pré-executividade. Nulidade do título executivo (CDA). I – Não constando da CDA o número do procedimento administrativo, como requisito obrigatório para inscrição do débito e posterior cobrança executiva, afigura-se nulo o título extrajudicial, que embasou a execução em referência. II – Apelação desprovida. Sentença confirmada" (AC 200839000008920, Desembargador Federal Souza Prudente, TRF1 – Oitava Turma, 08.04.2011).

[50] "1. Consoante entendimento desta Corte é perfeitamente cabível a oposição de exceção de pré-executividade em execução fiscal, objetivando a decretação da prescrição, desde que não seja necessária dilação probatória, conforme o caso dos autos.
(RESP 200902176924, Mauro Campbell Marques, STJ – Segunda Turma, 01.09.2010).
I. É possível em exceção de pré-executividade a arguição de prescrição do título executivo, desde que desnecessária dilação probatória. Precedentes. II. Recurso conhecido e provido. (RESP 200301294136, Aldir Passarinho Junior, STJ – Quarta Turma, 17.05.2010).

Título II • Cap. 6 • EXECUÇÃO FISCAL | 247

quando tonar-se imprescindível para efeito de averiguação, por exemplo, se a demora na citação do executado decorreu de falha nos mecanismos da justiça nas hipóteses de alegação de prescrição intercorrente.

Por último, outro ponto que merece atenção é o entendimento da jurisprudência de que é cabível a condenação em honorários advocatícios de sucumbência no caso de procedência da exceção de pré-executividade, mesmo que esta tenha sido parcial, pois teria o executado, independentemente do ajuizamento dos embargos à execução, promovido sua defesa por meio de advogado constituído.

> 1. É cabível o arbitramento de honorários advocatícios contra a Fazenda Pública quando acolhida exceção de pré-executividade e extinta a execução fiscal por ela manejada. 2. A extinção da execução fiscal depois de citado o devedor, desde que tenha constituído advogado e este tenha realizado atos no processo, impõe a condenação da Fazenda Pública ao pagamento de honorários advocatícios, notadamente quando for apresentada exceção de pré-executividade. 3. O afastamento da condenação em honorários advocatícios, previsto no art. 19, § 1º, da Lei 10.522/2002, refere-se às hipóteses em que a Fazenda houver reconhecido o pedido contra ela formulado. Precedentes. 4. Recurso especial provido. (RESP 201001742416, CASTRO MEIRA, STJ – SEGUNDA TURMA, 14.02.2011)[51]

[...] 3. A doutrina e a jurisprudência aceitam que "os embargos de devedor pressupõem penhora regular, que só se dispensa em sede de exceção de pré-executividade, limitada a questões relativas aos pressupostos processuais e às condições da ação", incluindo-se a alegação de que a dívida foi paga (REsp 325893/SP). 4. "Denunciada a ocorrência da prescrição, verificação independente da produção ou exame laborioso de provas, não malfere nenhuma regra do Código de Processo Civil o oferecimento da exceção de "pré-executividade", independentemente dos embargos de devedor e da penhora para a prévia garantia do juízo. Condicionar o exame da prescrição à interposição dos embargos seria gerar desnecessários gravames ao executado, ferindo o espírito da lei de execução, que orienta no sentido de serem afastados art. 620, CPC/73. Provocada, pois, a prestação jurisdicional quanto à prescrição, pode ser examinada como objeção à pré-executividade. Demais, seria injúria ao princípio da instrumentalidade adiar para os embargos a extinção do processo executivo" (REsp 179750/SP, 1ª Turma, Rel. Min. Milton Luiz Pereira, DJ 23.09.2002). 5. "A defesa que nega a executividade do título apresentado pode ser formulada nos próprios autos do processo da execução e independe do prazo fixado para os embargos de devedor" (REsp 220100/RJ, 4ª Turma, Rel. Min. Ruy Rosado de Aguiar, DJ 25.10.1999). 6. "Não obstante serem os embargos à execução o meio de defesa próprio da execução fiscal, este Superior Tribunal de Justiça firmou orientação no sentido de admitir a exceção de pré-executividade naquelas situações em que não se fazem necessárias dilações probatórias, e em que as questões possam ser conhecidas de ofício pelo magistrado, como as condições da ação, os pressupostos processuais, a decadência, a prescrição, dentre outras. Assim, havendo demonstração de plano da veracidade das alegações da parte, sem a necessidade de um exame mais aprofundado das provas juntadas aos autos, não há óbice à análise da matéria por meio da via eleita" (AgRg no REsp 843683/RS, 1ª Turma, Relª Minª Denise Arruda, DJ 01.02.2007). 7. A jurisprudência do STJ tem acatado a exceção de pré-executividade, impondo, contudo, alguns limites. Coerência da corrente que defende não ser absoluta a proibição da exceção de pré-executividade no âmbito da execução fiscal. 8. A invocação da prescrição/decadência é matéria que pode ser examinada tanto em exceção de pré-executividade como por meio de petição avulsa, visto ser causa extintiva do direito do exequente. 9. Vastidão de precedentes desta Corte de Justiça, inclusive em decisão da Corte Especial no EREsp 388000/RS, julgado na Sessão do dia 16.03.2005, com relação à prescrição e aplicável à decadência. 10. Recurso provido. (RESP 200700416516, José Delgado, STJ – Primeira Turma, 29.06.2007).

51   Processual civil. Exceção de pré-executividade. Fixação dos honorários sucumbenciais. Trânsito em julgado. Suspensão. Ação principal. Compensação. 1. O julgamento parcial da lide, com decisão transita, inclusive na parte relativa aos honorários, impede que se suspenda a execução do julgado sob o argumento de eventual compensação das verbas sucumbenciais. 2. Deveras, a condenação em honorários advocatícios é cabível nos casos em que a Exceção de Pré-Executividade é julgada procedente, ainda

1. É firme o entendimento do Superior Tribunal de Justiça em que o pedido administrativo de compensação de tributos possui o condão de suspender a exigibilidade do crédito tributário, nos termos do art. 151, inciso III, do Código Tributário Nacional. Precedentes. 2. São devidos honorários advocatícios contra a Fazenda Pública se a execução fiscal foi extinta após a citação do devedor e, em especial, se houve a contratação de advogado para que fosse apresentada exceção de pré-executividade. Precedentes. 3. Agravo regimental improvido. (AGRESP 201000820833, Hamilton Carvalhido, STJ – Primeira Turma, 04.10.2010).

O STJ, contudo, afastou a incidência de honorários quando o incidente é acolhido para declarar a prescrição intercorrente do débito executado. Na definição do Tema 1.229, adotou o entendimento de que, "à luz do princípio da causalidade, não cabe fixação de honorários advocatícios quando a exceção de pré-executividade é acolhida para extinguir a execução fiscal em razão do reconhecimento da prescrição intercorrente, prevista no art. 40 da Lei n. 6.830/1980"[52].

---

que em parte. Precedentes: EREsp 1084875/PR, Rel. Ministro Mauro Campbell Marques, DJe 09.04.2010; REsp 1198481/PR, Rel. Ministro Herman Benjamin, DJe 16.09.2010. 3. Os honorários sucumbenciais fixados por força do acolhimento da exceção de pré-executividade, com trânsito em julgado, admite sua imediata execução. 4. In casu, a execução fiscal foi parcialmente extinta, com o acolhimento integral da exceção de pré-executividade, por isso que foram fixados honorários advocatícios em 10% (dez por cento) sobre o valor da causa, em cumprimento à decisão anterior do STJ, que transitou em julgado. 5. A exceção de pré-executividade, acolhida de forma integral, cujo acolhimento resulta a extinção quase total da execução fiscal promovida pela Fazenda Nacional, não enseja cogitar-se de sucumbência recíproca, prevista no art. 21, do CPC, o que supostamente possibilitaria a indigitada compensação. 6. Recurso especial provido. (RESP 200701015288, Luiz Fux, STJ – Primeira Turma, 03.11.2010).

[52] PROCESSUAL CIVIL. RECURSO ESPECIAL REPRESENTATIVO DA CONTROVÉRSIA. TEMA 1.229 DO STJ. EXECUÇÃO FISCAL. EXCEÇÃO DE PRÉ-EXECUTIVIDADE. ACOLHIMENTO. EXTINÇÃO DO FEITO EXECUTIVO. PRESCRIÇÃO INTERCORRENTE. ART. 40 DA LEI N. 6.830/1980. NÃO LOCALIZAÇÃO DO EXECUTADO OU DE BENS PENHORÁVEIS. HONORÁRIOS ADVOCATÍCIOS. NÃO CABIMENTO. PRINCÍPIO DA CAUSALIDADE. APLICAÇÃO. 1. A questão jurídica controvertida a ser equacionada pelo Superior Tribunal de Justiça, em julgamento submetido à sistemática dos repetitivos, diz respeito à possibilidade de fixação de honorários advocatícios quando a exceção de pré-executividade é acolhida para extinguir a execução fiscal, em razão do reconhecimento da prescrição intercorrente, nos termos do art. 40 da Lei n. 6.830/1980. 2. Os princípios da sucumbência e da causalidade estão relacionados com a responsabilidade pelo pagamento dos honorários advocatícios, sendo que a fixação da verba honorária com base na sucumbência consiste na verificação objetiva da parte perdedora, que caberá arcar com o ônus referente ao valor a ser pago ao advogado da parte vencedora, e está previsto no art. 85, *caput*, do CPC/2015, enquanto o princípio da causalidade tem como finalidade responsabilizar aquele que fez surgir para a parte *ex adversa* a necessidade de se pronunciar judicialmente, dando causa à lide que poderia ter sido evitada. 3. O reconhecimento da prescrição intercorrente, especialmente devido a não localização do executado ou de bens de sua propriedade aptos a serem objeto de penhora, não elimina as premissas que autorizavam o ajuizamento da execução fiscal, relacionadas com a presunção de certeza e liquidez do título executivo e com a inadimplência do devedor, de modo que é inviável atribuir ao credor os ônus sucumbenciais, ante a aplicação do princípio da causalidade, sob pena de indevidamente beneficiar a parte que não cumpriu oportunamente com a sua obrigação. 4. Ainda que a exequente se insurja contra a alegação do devedor de que a execução fiscal deve ser extinta com base no art. 40 da LEF, se esse fato superveniente? prescrição intercorrente? for a justificativa para o acolhimento da exceção de pré-executividade, não há falar em condenação ao pagamento de verba honorária ao executado. 5. Tese jurídica fixada:"À luz do princípio da causalidade, não cabe fixação de honorários advocatícios na exceção de pré-executividade acolhida para extinguir a execução fiscal em razão do reconhecimento da prescrição intercorrente, prevista no art. 40 da Lei n. 6.830/1980?. 6. Solução do caso concreto: a) não se configura ofensa aos art. 489, § 1º, III, IV e VI, e 1.022, II, do CPC/2015, quando o Tribunal de origem aprecia integralmente a controvérsia, apontando as razões de seu convencimento, mesmo que em sentido contrário ao postulado, circunstância que não se confunde com negativa ou ausência

6.5 MATÉRIA ALEGADA NA EXCEÇÃO DE PRÉ-EXECUTIVIDADE E POSTERIOR EMBARGOS À EXECUÇÃO

Não é incomum o sujeito passivo propor exceção de pré-executividade e, posteriormente, alteradas as circunstâncias fáticas e processuais, encontrar-se legitimado a ajuizar os embargos à execução no contexto da execução fiscal. O ponto de controvérsia é se, nesta situação, a matéria alegável nos correspondentes embargos à execução pode compreender também aquelas provocadas anteriormente em exceção de pré-executividade, ou se haveria uma espécie de preclusão consumativa de modo a limitar a causa de pedir.

A preclusão consumativa ocorre, segundo a doutrina, quando se pretenda discutir questões já decididas no processo (art. 507, CPC/15). A preclusão, portanto, é a perda do direito processual de exercer um determinado ato processual no mesmo processo em curso, haja vista a prática adotada pela parte anteriormente, classificada, pela doutrina, como (i) temporal: quando deixa de praticar o ato no prazo assinalado pela legislação; (ii) consumativa: quando a parte adota e exaure o exercício processual; ou (iii) lógica: quando o comportamento, seja ele omissivo ou comissivo, apresenta-se contraditório a outra conduta já praticada pela parte no processo.

Dessas razões não se pode concluir tratar-se de preclusão da matéria alegável nos embargos à execução quando ela já tenha sido arguida em exceção de pré-executividade, especialmente porque não se está diante de identidade de processo em curso e, ainda, a medida judicial da exceção de pré-executividade não comporta prazo processual, sobretudo por tratar-se de construção doutrinária e incorporada pela jurisprudência como instrumento de defesa no âmbito das execuções fiscais.

O que interessa examinar, no caso concreto, é se as questões provocadas na exceção de pré-executividade já foram objeto de apreciação pela autoridade julgadora. A exceção de pré-executividade, instrumento processual incidente, estará vinculada à execução fiscal e, mesmo os embargos à execução estando sujeitos à distribuição própria, por compreender cognição ordinária, serão apensados ao executivo fiscal. Este contexto permite confirmar se as razões aduzidas nos correspondentes embargos à execução já foram apreciadas pelo Juízo competente.

Importa aferir se houve decisão de apreciação das questões suscitadas na exceção de pré-executividade e quais seus efeitos. Se, por exemplo, o incidente processual tiver sido rejeitado e, portanto, não conhecido, sem avançar no mérito da pretensão deduzida, tal qual a decisão sem resolução de mérito, as matérias provocadas nos embargos à execução merecem ser enfrentadas por ausência de coisa julgada material.

---

de prestação jurisdicional; b) o entendimento firmado pelo TRF da 4ª Região é de que os honorários advocatícios, nos casos de acolhimento da exceção de pré-executividade para reconhecer a prescrição intercorrente, nos termos do art. 40 da LEF, não são cabíveis quando a Fazenda Pública não apresenta resistência ao pleito do executado, enquanto o precedente vinculante aqui formado explicita a tese de que, independentemente da objeção do ente fazendário, a verba honorária não será devida em sede de exceção de pré-executividade em que se decreta a prescrição no curso da execução fiscal. 7. Hipótese em que o acórdão recorrido merece reparos quanto à tese jurídica ali fixada, mas o desfecho dado ao caso concreto deve ser mantido. 8. Recurso especial conhecido e desprovido. (REsp n. 2.046.269/PR, relator Ministro Gurgel de Faria, Primeira Seção, julgado em 9/10/2024, DJe de 15/10/2024.)

Por isso, afastada a concepção de preclusão, a conclusão do tema está relacionada aos efeitos da coisa julgada, cuja premissa fundamental é a impossibilidade de reapreciação das questões de fato ou de direito já decididas na mesma lide, de modo que, se o juízo tenha enfrentado o conteúdo de mérito das razões suscitadas na exceção de pré-executividade, inviável a rediscussão em sede de embargos à execução fiscal. E, para tanto, prescindível se a decisão tenha transitado em julgado, basta a apreciação pelo juízo competente porque "nenhum juiz decidirá novamente as questões já decididas" (art. 505, CPC/2015).

O STJ não faz distinção e reconhece a preclusão consumativa e a coisa julgada quando as matérias decididas em exceção de pré-executividade tenham sido reiteradas, sob os mesmos argumentos, em sede de embargos à execução fiscal.[53] As questões decididas definitivamente em sede de exceção de pré-executividade, ainda que de ordem pública, não podem ser renovadas na oposição de embargos do devedor em razão da preclusão consumativa.[54]

6.6 BENS IMPENHORÁVEIS NA EXECUÇÃO FISCAL

As diversas normas que disciplinam o processo civil brasileiro deixam claro que a regra é a penhorabilidade dos bens, de modo que as exceções decorrem de previsão expressa em lei, cabendo ao executado o ônus de demonstrar a configuração, no caso concreto, de alguma das hipóteses de impenhorabilidade contidas na legislação.

O art. 10 da LEF determina que a penhora poderá recair em regra sobre qualquer bem do executado, salvo sobre aqueles que a lei declare absolutamente impenhoráveis: "não ocorrendo o pagamento, nem a garantia da execução de que trata o art. 9º, a penhora poderá recair em qualquer bem do executado, exceto os que a lei declare absolutamente impenhoráveis".

O art. 10 deve ser conjugado com o art. 30 da LEF no sentido de que, se a legislação não declarar os privilégios especiais sobre determinados bens (impenhorabilidade), respondem pelo pagamento da Dívida Ativa da Fazenda Pública a totalidade dos bens e das rendas, de qualquer origem ou natureza, do sujeito passivo, seu espólio ou sua massa, inclusive os gravados por ônus real ou cláusula de inalienabilidade ou impenhorabilidade.[55]

O vigente Código de Processo Civil – aplicado por força da subsidiariedade prevista na LEF, manteve praticamente as mesmas hipóteses de bens absolutamente impenhoráveis, assim elencados (art. 833):

> I – os bens inalienáveis e os declarados, por ato voluntário, não sujeitos à execução;
>
> II – os móveis, os pertences e as utilidades domésticas que guarneçam a residência do executado, salvo os de elevado valor ou os que ultrapassem as necessidades comuns correspondentes a um médio padrão de vida;

---

[53] AgInt no REsp 1951835/PE, Rel. Ministro Herman Benjamin, Segunda Turma, j. 14.12.2021, DJe 01.02.2022.

[54] AgInt no REsp 1.650.413/RJ, Rel. Min. Benedito Gonçalves, DJe 30.08.2019; AgInt no REsp 1.712.177/SP, Rel. Min. Regina Helena Costa, DJe 14.06.2018; AgInt no AREsp 872.075/RS, Rel. Min. Gurgel de Faria, DJe 9.02.2018; e AgInt no REsp 1870618/SP, Rel. Ministro Napoleão Nunes Maia Filho, Primeira Turma, j. 14.09.2020, DJe 18.09.2020.

[55] Art. 30. Sem prejuízo dos privilégios especiais sobre determinados bens, que sejam previstos em lei, responde pelo pagamento da Dívida Ativa da Fazenda Pública a totalidade dos bens e das rendas, de qualquer origem ou natureza, do sujeito passivo, seu espólio ou sua massa, inclusive os gravados por ônus real ou cláusula de inalienabilidade ou impenhorabilidade, seja qual for a data da constituição do ônus ou da cláusula, exceturados unicamente os bens e rendas que a lei declara absolutamente impenhoráveis.

III – os vestuários, bem como os pertences de uso pessoal do executado, salvo se de elevado valor;

IV – os vencimentos, os subsídios, os soldos, os salários, as remunerações, os proventos de aposentadoria, as pensões, os pecúlios e os montepios, bem como as quantias recebidas por liberalidade de terceiro e destinadas ao sustento do devedor e de sua família, os ganhos de trabalhador autônomo e os honorários de profissional liberal, ressalvado o § 2º;

V – os livros, as máquinas, as ferramentas, os utensílios, os instrumentos ou outros bens móveis necessários ou úteis ao exercício da profissão do executado;

VI – o seguro de vida;

VII – os materiais necessários para obras em andamento, salvo se essas forem penhoradas;

VIII – a pequena propriedade rural, assim definida em lei, desde que trabalhada pela família;

IX – os recursos públicos recebidos por instituições privadas para aplicação compulsória em educação, saúde ou assistência social;

X – a quantia depositada em caderneta de poupança, até o limite de 40 (quarenta) salários mínimos;

XI – os recursos públicos do fundo partidário recebidos por partido político, nos termos da lei;

XII – os créditos oriundos de alienação de unidades imobiliárias, sob regime de incorporação imobiliária, vinculados à execução da obra.

O inciso I do art. 833 do CPC prevê a impenhorabilidade dos bens inalienáveis e os declarados, por ato voluntário, não sujeitos à execução. Contudo, esta regra não tem aplicação à execução fiscal porque a própria LEF disciplina de forma contrária no art. 30 acima mencionado, que, por se tratar de regra específica, prevalece sobre a norma subsidiária geral do CPC.

A jurisprudência tem fomentado que o rol dos bens impenhoráveis previsto na legislação pátria não poderia ser tratado de modo absoluto. Ou seja, não obstante o bem não esteja expressamente elencado no art. 649 do CPC/1973 (atualmente art. 833 do CPC/15), o que deve ser examinado no caso concreto é se ele [o bem] é indispensável à existência digna do executado. Isso significa dizer que, no caso concreto, será analisado se o interesse meramente patrimonial do credor colide com um interesse mais relevante, qual seja, a dignidade da pessoa humana (art. 1º, III, da Constituição Federal).

Nesse sentido, o rol das impenhorabilidades do ordenamento pátrio objetiva preservar o mínimo patrimonial necessário à existência digna do executado, impondo ao processo executório certos limites. A depender das peculiaridades do caso, as regras de impenhorabilidade podem ser ampliadas, de modo a adequar a tutela aos direitos fundamentais, como o direito à moradia, à saúde ou à dignidade da pessoa humana. Trata-se, portanto, da aplicação do princípio da adequação e da necessidade sob o enfoque da proporcionalidade.[56]

---

[56] REsp 1436739/PR, Rel. Ministro Humberto Martins, Segunda Turma, j. 27.03.2014, DJe 02.04.2014.

Além do CPC, legislação esparsa prevê hipótese de impenhorabilidade, como é o caso do bem de família, contemplado na Lei 8.009/1990, que resguarda da penhora o imóvel residencial próprio do casal ou da entidade familiar de execução de dívidas de natureza civil, comercial, fiscal, previdenciária ou de qualquer outra espécie, contraídas pelos cônjuges ou pelos pais ou filhos que sejam seus proprietários ou nele residam.

Excetua-se da proteção do bem de família os créditos que podem ser exigidos por meio de execução fiscal, aqueles provenientes de contribuições previdenciárias relativas aos trabalhadores da própria residência, bem como aqueles referentes à cobrança de impostos, predial ou territorial, taxas e contribuições devidas em função do próprio imóvel.[57] Veja o que diz a lei nesse sentido:

> Art. 3º. A impenhorabilidade é oponível em qualquer processo de execução civil, fiscal, previdenciária, trabalhista ou de outra natureza, salvo se movido:
>
> I – (Revogado pela Lei Complementar 150/2015.)
>
> II – pelo titular do crédito decorrente do financiamento destinado à construção ou à aquisição do imóvel, no limite dos créditos e acréscimos constituídos em função do respectivo contrato;
>
> III – pelo credor de pensão alimentícia, resguardados os direitos, sobre o bem, do seu coproprietário que, com o devedor, integre união estável ou conjugal, observadas as hipóteses em que ambos responderão pela dívida; (Redação dada pela Lei 13.144 de 2015);
>
> IV – para cobrança de impostos, predial ou territorial, taxas e contribuições devidas em função do imóvel familiar;
>
> V – para execução de hipoteca sobre o imóvel oferecido como garantia real pelo casal ou pela entidade familiar;
>
> VI – por ter sido adquirido com produto de crime ou para execução de sentença penal condenatória a ressarcimento, indenização ou perdimento de bens.
>
> VII – por obrigação decorrente de fiança concedida em contrato de locação.

Poderia se discutir, por outro lado, a mitigação da impenhorabilidade do bem se o seu valor for elevado. É o caso, por exemplo, de único imóvel residencial – bem de família, de valor excessivo. Não obstante essa tese, a jurisprudência do STJ defende que "a Lei 8.009/1990 não estabelece qualquer restrição à garantia do imóvel como bem de família no que toca a seu valor nem prevê regimes jurídicos diversos em relação à impenhorabilidade, descabendo ao intérprete fazer distinção onde a lei não o fez".[58]

---

[57] Um detalhe interessante é que o STJ por meio da Súmula 449 admite que a vaga de garagem que possui matrícula própria no registro de imóveis não constitui bem de família para efeito de penhora.

[58] 1. A tese desenvolvida com esteio no art. 274 do Código Civil não foi objeto de análise pela instância ordinária, o que configura falta de prequestionamento e impede o acesso da matéria a este Superior Tribunal de Justiça. Incidência da Súmula 211/STJ.

2. A recorrente pretende afastar o regime protetivo da Lei 8.009/90 sob a justificativa de que o único bem imóvel pertencente ao executado, e que serve de morada para sua família, possui valor bastante elevado, caracterizando-se como residência luxuosa de alto padrão – casa situada no bairro do Leblon, Município do Rio de Janeiro/RJ.

Ao julgar o REsp 1.351.571/SP, em seu voto, o Min. Marco Buzzi entendeu que não seria viável a execução pela penhora, total, parcial ou ainda de percentual, sobre o preço do único imóvel residencial no qual comprovadamente resida a executada e sua família. Segundo o Ministro: "questões afetas ao que é considerado luxo, grandiosidade, alto valor estão no campo nebuloso da subjetividade e da ausência de parâmetro legal ou margem de valoração".[59]

Uma situação peculiar merece ser ressalvada acerca da impenhorabilidade do bem de família em execução fiscal, segundo o STJ.

O contribuinte que ofertar o bem de família como garantia, para efeito de parcelamento, pode tê-lo penhorado quando é excluído do parcelamento fiscal por inadimplência e seja constatado intuito fraudulento ou má-fé na indicação do bem dado em garantia.

Ainda que se reconheça que a proteção legal conferida ao bem de família não pode ser afastada por renúncia do devedor – por decorrer de princípio de ordem pública, que prevalece sobre a vontade manifestada do indivíduo, caso este tenha dado em garantia bem sabidamente impenhorável decorrente da característica de bem de família, ou seja, de maneira fraudulenta e com abuso do direito de propriedade e manifesta violação da boa-fé objetiva, esta condição excluiria a impenhorabilidade.

Segundo o STJ: "a regra de impenhorabilidade aplica-se às situações de uso regular do direito. O abuso do direito de propriedade, a fraude e a má-fé do proprietário conduzem à ineficácia da norma protetiva, que não pode conviver, tolerar e premiar a atuação do agente em desconformidade com o ordenamento jurídico".[60]

A problemática é quando o contribuinte, para aderir ao parcelamento, é obrigado a ofertar bem em garantia e somente possui um único imóvel – residencial, revestido da qualidade de bem de família. Nesse caso, não poderá parcelar a dívida fiscal? Por outro lado, também não tem condições de satisfazer a obrigação tributária à vista. As legislações que disponham sobre parcelamento da dívida fiscal devem cuidar desta específica situação, talvez exonerando a garantia para efeito de adesão ao programa de parcelamento.

Outra impenhorabilidade diz respeito aos (...) os livros, as máquinas, as ferramentas, os utensílios, os instrumentos ou outros bens móveis necessários ou úteis ao exercício de qualquer profissão. Tem-se utilizado também dessa regra para restringir a penhora sob maquinário de pequenas empresas, empresas de pequeno porte ou firma

---

3. A Lei 8.009/90 não estabelece qualquer restrição à garantia do imóvel como bem de família no que toca a seu valor nem prevê regimes jurídicos diversos em relação à impenhorabilidade, descabendo ao intérprete fazer distinção onde a lei não o fez.

4. Independentemente do elevado valor atribuído ao imóvel pelo Fisco, essa variável não abala a razão preponderante que justifica a garantia de impenhorabilidade concebida pelo legislador: de modo inequívoco, o bem em referência serve à habitação da família. É o bastante para assegurar a incidência do regime da Lei 8.009/90.

5. Recurso especial conhecido em parte e não provido.

(REsp 1320370/RJ, Rel. Ministro Castro Meira, Segunda Turma, j. 05.06.2012, DJe 14.06.2012).

[59] REsp 1351571/SP, Rel. Ministro Luis Felipe Salomão, Rel. p/ Acórdão Ministro Marco Buzzi, Quarta Turma, j. 27.09.2016, DJe 11.11.2016).

[60] REsp 1200112/RJ, Rel. Ministro Castro Meira, Segunda Turma, j. 07.08.2012, DJe 21.08.2012.

individual, mas deve ser observado se é, de fato, indispensável para a continuidade da atividade empresarial.[61]

Segundo as palavras extraídas do Ministro Mauro Campbell Marques no voto proferido no REsp 864.962/RS "os bens úteis ou necessários às atividades desenvolvidas por pequenas empresas, onde os sócios atuam pessoalmente, são impenhoráveis, na forma do disposto no art. 649, V, do CPC/1973".

Ainda que o bem tenha sido indicado pelo próprio devedor, não há que se falar em renúncia ao benefício de impenhorabilidade absoluta, constante do art. 649, atualmente disposto no art. 833 do CPC/15. A *ratio essendi* deste postulado decorre da necessidade de proteção a certos valores universais considerados de maior importância, quais sejam o direito à vida, ao trabalho, à sobrevivência, à proteção à família. Trata-se de defesa de direito fundamental da pessoa humana, insculpida em norma infraconstitucional.[62]

Cabe ao executado, ou àquele que teve um bem penhorado, demonstrar que o bem móvel objeto de constrição judicial se enquadra nessa situação de "utilidade" ou "necessidade" para o exercício da profissão. São exemplos o automóvel para os taxistas ou para aqueles que se dedicam ao transporte escolar, ou na hipótese de o proprietário ser instrutor de autoescola. O argumento de que o automóvel é indispensável para o deslocamento da residência para o local de trabalho, ou do trabalho até o local da prestação do serviço, por si, não é suficiente para assegurar a "necessidade" ou "utilidade" ao exercício de qualquer profissão como condição de impenhorabilidade.[63]

---

[61]   1. As diversas leis que disciplinam o processo civil brasileiro deixam claro que a regra é a penhorabilidade dos bens, de modo que as exceções decorrem de previsão expressa em lei, cabendo ao executado o ônus de demonstrar a configuração, no caso concreto, de alguma das hipóteses de impenhorabilidade previstas na legislação, como a do art. 649, V, do CPC: "São absolutamente impenhoráveis (...) os livros, as máquinas, as ferramentas, os utensílios, os instrumentos ou outros bens móveis necessários ou úteis ao exercício de qualquer profissão".
2. Na hipótese dos autos, consoante alertou o parquet federal, o Tribunal de origem apenas afastou a aplicabilidade do art. 649 do Código de Processo Civil às empresas, sem considerar, contudo, que no caso trata-se de maquinário indispensável para a continuidade das atividades da agravante.
3. Agravo regimental a que se nega provimento.
(AgRg no REsp 1329238/SP, Rel. Ministro Og Fernandes, Segunda Turma, j. 07.11.2013, DJe 27.11.2013).

[62]   REsp 864.962/RS, DJe 18.02.2010, Rel Min. Mauro Campbell Marques.

[63]   1. As diversas leis que disciplinam o processo civil brasileiro deixam claro que a regra é a penhorabilidade dos bens, de modo que as exceções decorrem de previsão expressa em lei, cabendo ao executado o ônus de demonstrar a configuração, no caso concreto, de alguma das hipóteses de impenhorabilidade previstas na legislação, como a do art. 649, V, do CPC/73, *verbis*: "São absolutamente impenhoráveis (...) os livros, as máquinas, as ferramentas, os utensílios, os instrumentos ou outros bens móveis necessários ou úteis ao exercício de qualquer profissão".
2. Cabe ao executado, ou àquele que teve um bem penhorado, demonstrar que o bem móvel objeto de constrição judicial enquadra-se nessa situação de "utilidade" ou "necessidade" para o exercício da profissão. Caso o julgador não adote uma interpretação cautelosa do dispositivo, acabará tornando a impenhorabilidade a regra, o que contraria a lógica do processo civil brasileiro, que atribui ao executado o ônus de desconstituir o título executivo ou de obstruir a satisfação do crédito.
3. Assim, a menos que o automóvel seja a própria ferramenta de trabalho, como ocorre no caso dos taxistas (REsp 839.240/CE, Rel. Min. Eliana Calmon, Segunda Turma, DJ 30.08.2006), daqueles que se dedicam ao transporte escolar (REsp 84.756/RS, Rel. Min. Ruy Rosado, Quarta Turma, DJ 27.05.1996), ou na hipótese de o proprietário ser instrutor de autoescola, não poderá ser considerado, de per si, como "útil" ou "necessário" ao desempenho profissional, devendo o executado, ou o terceiro interessado, fazer prova dessa "necessidade" ou "utilidade". Do contrário, os automóveis passarão à condição de bens absolutamente impenhoráveis, independentemente de prova, já que, de uma forma ou de outra,

Existe discussão sobre penhorabilidade do próprio estabelecimento comercial do contribuinte, aí incluído o imóvel onde exerce a sua atividade. Nessa situação, o STJ admite a penhora desde que não existam outros bens passíveis de penhora e desde que não seja servil à residência da família. Esse entendimento está consagrado no julgamento sob a sistemática do crivo de recurso repetitivo.[64]

O CPC/2015 trouxe uma inovação no rol das impenhorabilidades. A novidade diz respeito ao § 3º do art. 833 ao prever que se incluem na impenhorabilidade os equipamentos e máquinas agrícolas pertencentes à pessoa física ou à empresa individual produtora rural, exceto quando tais bens tenham sido objeto de financiamento e estejam vinculados em garantia a negócio jurídico, ou quando respondam por dívida de natureza alimentar, trabalhista ou previdenciária.

Manteve-se a impenhorabilidade dos valores depositados em caderneta de poupança, limitada a 40 salários-mínimos. Perdeu-se a oportunidade de estabelecer legalmente o que a jurisprudência definiu sobre o tema no sentido de que, se houver pluralidade de poupanças, o limite a ser considerado resultará da soma de todas elas e não consideradas individualmente.

---

sempre serão utilizados para o deslocamento de pessoas de suas residências até o local de trabalho, ou do trabalho até o local da prestação do serviço.

(...)

6. Recurso especial conhecido em parte e não provido, divergindo da nobre Relatora.

(REsp 1196142/RS, Rel. Ministra Eliana Calmon, Rel. p/ Acórdão Ministro Castro Meira, Segunda Turma, j. 05.10.2010, DJe 02.03.2011).

[64] 1. A penhora de imóvel no qual se localiza o estabelecimento da empresa é, excepcionalmente, permitida, quando inexistentes outros bens passíveis de penhora e desde que não seja servil à residência da família.

2. O art. 649, V, do CPC, com a redação dada pela Lei 11.382/2006, dispõe que são absolutamente impenhoráveis os livros, as máquinas, as ferramentas, os utensílios, os instrumentos ou outros bens móveis necessários ou úteis ao exercício de qualquer profissão.

3. A interpretação teleológica do art. 649, V, do CPC, em observância aos princípios fundamentais constitucionais da dignidade da pessoa humana e dos valores sociais do trabalho e da livre iniciativa (art. 1º, incisos III e IV, da CRFB/88) e do direito fundamental de propriedade limitado à sua função social (art. 5º, incisos XXII e XXIII, da CRFB/88), legitima a inferência de que o imóvel profissional constitui instrumento necessário ou útil ao desenvolvimento da atividade objeto do contrato social, máxime quando se tratar de pequenas empresas, empresas de pequeno porte ou firma individual.

4. Ademais, o Código Civil de 2002 preceitua que: "Art. 1.142. Considera-se estabelecimento todo complexo de bens organizado, para exercício da empresa, por empresário, ou por sociedade empresária."

5. Consequentemente, o "estabelecimento" compreende o conjunto de bens, materiais e imateriais, necessários ao atendimento do objetivo econômico pretendido, entre os quais se insere o imóvel onde se realiza a atividade empresarial.

6. A Lei 6.830/1980, em seu art. 11, § 1º, determina que, excepcionalmente, a penhora poderá recair sobre o estabelecimento comercial, industrial ou agrícola, regra especial aplicável à execução fiscal, cuja presunção de constitucionalidade, até o momento, não restou ilidida.

7. Destarte, revela-se admissível a penhora de imóvel que constitui parcela do estabelecimento industrial, desde que inexistentes outros bens passíveis de serem penhorados [Precedentes do STJ: AgRg nos EDcl no Ag 746.461/RS, Rel. Ministro Paulo Furtado (Desembargador Convocado do TJ/BA), Terceira Turma, j. 19.05.2009, DJe 04.06.2009; REsp 857.327/PR, Rel. Ministra Nancy Andrighi, Terceira Turma, j. 21.08.2008, DJe 05.09.2008; REsp 994.218/PR, Rel. Ministro Francisco Falcão, Primeira Turma, j. 04.12.2007, DJe 05.03.2008; AgRg no Ag 723.984/PR, Rel. Ministro José Delgado, Primeira Turma, j. 04.05.2006, DJ 29.05.2006; e REsp 354.622/SP, Rel. Ministro Garcia Vieira, Primeira Turma, j. 05.02.2002, DJ 18.03.2002].

(...)11. Recurso especial desprovido. Acórdão submetido ao regime do art. 543-C, do CPC, e da Resolução STJ 08/2008. (REsp 1114767/RS, Rel. Ministro Luiz Fux, Corte Especial, j. 02.12.2009, DJe 04.02.2010).

Indo mais além, a jurisprudência do STJ tem dito que "é possível ao devedor, para viabilizar seu sustento digno e de sua família, poupar valores sob a regra da impenhorabilidade no patamar de até quarenta salários mínimos, não apenas aqueles depositados em cadernetas de poupança, mas também em conta-corrente ou em fundos de investimento, ou guardados em papel-moeda" (REsp 1340120/SP, Rel. Ministro Luis Felipe Salomão, Quarta Turma, j. 18.11.2014, DJe 19.12.2014) [65].

Essa questão foi recentemente apreciada pela Primeira Turma, que também entendeu pela impenhorabilidade desses valores, cabendo ao credor demonstrar eventual abuso, má-fé ou fraude do devedor, a ser verificado caso a caso, de acordo com as circunstâncias de cada hipótese trazida à apreciação do Poder Judiciário, assentando orientação segundo a qual, "à luz do princípio da proporcionalidade e da razoabilidade, é inadequado formar-se posicionamento jurisprudencial que consubstancie orientação no sentido de que toda aplicação de até 40 (quarenta) salários mínimos, em qualquer tipo de aplicação bancária ou financeira, estará sempre enquadrada na hipótese do art. 833, X, do CPC"[66].

Muita controvérsia circunda a impenhorabilidade dos vencimentos, subsídios, soldos, salários, remunerações, proventos de aposentadoria, pensões, pecúlios e montepios; as quantias recebidas por liberalidade de terceiro e destinadas ao sustento do devedor e sua família, os ganhos de trabalhador autônomo e os honorários de profissional liberal.

Sobre a interpretação a ser conferida ao art. 649, IV, do CPC/1973, atualmente disposto no inciso V do art. 833 do CPC/2015, extraem-se dos vários precedentes jurisprudenciais do STJ os seguintes enunciados:

> É possível a penhora 'on-line' em conta corrente do devedor, contanto que ressalvados valores oriundos de depósitos com manifesto caráter alimentar. (REsp 904.774/DF, 4ª Turma, Rel. Min. Luis Felipe Salomão, DJe 16.11.2011);
>
> São impenhoráveis os valores depositados em conta destinada ao recebimento de proventos de aposentadoria do devedor. (AgRg no Ag 1.331.945/MG, 4ª Turma, Rel. Min. Maria Isabel Gallotti, DJe 25.8.2011);
>
> Indevida a penhora sobre percentual da remuneração depositado em conta-corrente, pena de violação do art. 649, inciso IV, do Código de Processo Civil. (AgRg no REsp 1.147.528/RO, 1ª Turma, Rel. Min. Hamilton Carvalhido, DJe 10.12.2010);
>
> Indevida penhora de percentual de depósitos em conta-corrente, onde depositados os proventos da aposentadoria de servidor público federal. A impenhorabilidade de vencimentos e aposentadorias é uma das garantias asseguradas

---

[65] Veja também o excerto da seguinte decisão: "Reveste-se, todavia, de impenhorabilidade a quantia de até quarenta salários mínimos poupada, seja ela mantida em papel moeda, conta-corrente ou aplicada em caderneta de poupança propriamente dita, CDB, RDB ou em fundo de investimentos, desde que a única reserva monetária em nome do recorrente, e ressalvado eventual abuso, má-fé ou fraude, a ser verificado caso a caso, de acordo com as circunstâncias do caso concreto (inciso X)." (REsp 1230060/PR, Rel. Ministra Maria Isabel Gallotti, Segunda Seção, j. 13.08.2014, DJe 29.08.2014).

[66] REsp n. 1.660.671/RS, relator Ministro Herman Benjamin, Corte Especial, julgado em 21/2/2024, DJe de 23/5/2024 e AgInt no REsp n. 2.160.164/RS, relator Ministro Gurgel de Faria, Primeira Turma, julgado em 21/10/2024, DJe de 28/10/2024.

pelo art. 649, IV, do CPC. (AgRg no REsp 969.549/DF, 4ª Turma, Rel. Min. Aldir Passarinho Júnior, DJ 19.11.2007, p. 243);

É inadmissível a penhora parcial de valores depositados em conta-corrente destinada ao recebimento de salário ou aposentadoria por parte do devedor. (AgRg no REsp 1.023.015/DF, 3ª Turma, Rel. Min. Massami Uyeda, DJe 05.08.2008);

(...) Está imune à medida constritiva de indisponibilidade, porquanto impenhoráveis, os saldos inferiores a 40 salários mínimos depositados em caderneta de poupança e, conforme entendimento do STJ, em outras aplicações financeiras e em conta-corrente, desde que os valores não sejam produto da conduta ímproba. (Precedentes: AgInt no REsp 1.427.492/SP, Rel. Min. Benedito Gonçalves, Primeira Turma, julgado 19.02.2019; REsp 1.676.267/SP, Rel. Ministro Herman Benjamin, Segunda Turma, DJe 20.10.2017; AgRg no REsp 1.566.145/RS, Rel. Ministro Mauro Campbell Marques, Segunda Turma, DJe 18.12.2015; EREsp 1.330.567/RS, Rel. Ministro Luis Felipe Salomão, Segunda Seção, DJe 19.12.2014).

Por fim, os bens de pessoa jurídica de direito público não se sujeitam à penhora de bens, cabendo a oposição dos embargos à execução independentemente de garantido o Juízo. Trata-se de situação em que, por exemplo, um município ajuíza execução fiscal contra estado cobrando uma determinada taxa. Esta previsão pode-se dessumir do art. 910 do CPC/2015[67] e da jurisprudência consolidada do STJ.[68]

Ainda dentro das restrições à penhora, a Primeira Turma do STJ possui entendimento de que a penhora não subsiste ao final de uma execução fiscal – estadual ou municipal – para que seja transferida a outra execução em curso contra o mesmo executado, devendo ser revertida em favor do executado. Segundo o relator, Min. Gurgel de Faria, o CPC e a Lei 6.830/1980, que rege as execuções fiscais, não possuem a previsão dessa transferência. Em consonância com o art. 53, § 2º, da Lei 8.212/1991, a Corte entende que a única hipótese de permanência da penhora, em caso de existência de outra execução fiscal pendente, são os processos que envolvam a União, suas autarquias e fundações públicas.

6.7 BLOQUEIO E PENHORA DE ATIVOS FINANCEIROS

A Fazenda Pública tem se valido, cada vez mais, do expediente de bloqueio e penhora de ativos financeiros, conhecido no meio judicial como SISBAJUD. Trata-se de um instrumento de comunicação eletrônica entre o Poder Judiciário e instituições financeiras bancárias, com intermediação, gestão técnica e serviço de suporte a cargo do Banco Central.

---

[67] Art. 910. Na execução fundada em título extrajudicial, a Fazenda Pública será citada para opor embargos em 30 (trinta) dias.

§ 1º. Não opostos embargos ou transitada em julgado a decisão que os rejeitar, expedir-se-á precatório ou requisição de pequeno valor em favor do exequente, observando-se o disposto no art. 100 da Constituição Federal.

§ 2º. Nos embargos, a Fazenda Pública poderá alegar qualquer matéria que lhe seria lícito deduzir como defesa no processo de conhecimento.

§ 3º. Aplica-se a este Capítulo, no que couber, o disposto nos arts. 534 e 535.

[68] AgRg no Ag 1281290/MG, Rel. Ministro Humberto Martins, Segunda Turma, j. 14.12.2010, DJe 04.02.2011.

Por meio desse sistema, os magistrados protocolizam ordens judiciais de requisição de informações, bloqueio, desbloqueio e transferência de valores bloqueados, que serão transmitidas às instituições bancárias para cumprimento e resposta, conferindo maior eficácia ao processo de satisfação do crédito tributário perseguido na execução fiscal.

É um procedimento que traz agilidade, porque as ordens são transmitidas eletronicamente. Apresenta ganho na economicidade, porque diminui o custo de processamento das ordens e solicitações judiciais tanto no âmbito do Judiciário, quanto no Banco Central e nas instituições financeiras. Também traz mais segurança, por dois motivos: usa recursos modernos de segurança e criptografia nas transmissões; e elimina riscos de falhas provenientes do processamento humano, conferindo campos de digitação e reduzindo os níveis de acesso à informação. E por fim, é de maior controle, porque permite ao Judiciário o acompanhamento das respostas às ordens e solicitações emitidas.

Anteriormente ao sistema eletrônico conhecido como BacenJud, atual SISBAJUD, as requisições de informações bancárias eram feitas por ofício expedido pelo juízo, então a troca de informações naturalmente demorava semanas ou meses, circunstância que permitia ao executado desviar, transferir ou sacar recursos de suas contas bancárias.

A possibilidade de bloqueio e penhora de dinheiro em depósito ou aplicação financeira adveio da Lei 11.382/2006, a qual inseriu no CPC/1973 o art. 655-A, permitindo ao juiz, a requerimento do exequente, requisitar, à autoridade supervisora do sistema bancário, preferencialmente por meio eletrônico, informações sobre a existência de ativos em nome do executado, podendo no mesmo ato determinar sua indisponibilidade, até o valor indicado na execução.

O CPC/2015 no art. 854 manteve a possibilidade de penhora de dinheiro em depósitos ou em aplicações financeiras, com a inovação da expressão "o juiz, a requerimento do exequente, sem dar ciência prévia do ato ao executado", mediante comunicação por meio de sistema eletrônico com a autoridade supervisora do sistema financeiro nacional.[69]

---

[69] Art. 854. Para possibilitar a penhora de dinheiro em depósito ou em aplicação financeira, o juiz, a requerimento do exequente, sem dar ciência prévia do ato ao executado, determinará às instituições financeiras, por meio de sistema eletrônico gerido pela autoridade supervisora do sistema financeiro nacional, que torne indisponíveis ativos financeiros existentes em nome do executado, limitando-se a indisponibilidade ao valor indicado na execução.

§ 1º. No prazo de 24 (vinte e quatro) horas a contar da resposta, de ofício, o juiz determinará o cancelamento de eventual indisponibilidade excessiva, o que deverá ser cumprido pela instituição financeira em igual prazo.

§ 2º. Tornados indisponíveis os ativos financeiros do executado, este será intimado na pessoa de seu advogado ou, não o tendo, pessoalmente.

§ 3º. Incumbe ao executado, no prazo de 5 (cinco) dias, comprovar que:

I – as quantias tornadas indisponíveis são impenhoráveis;

II – ainda remanesce indisponibilidade excessiva de ativos financeiros.

§ 4º. Acolhida qualquer das arguições dos incisos I e II do § 3º, o juiz determinará o cancelamento de eventual indisponibilidade irregular ou excessiva, a ser cumprido pela instituição financeira em 24 (vinte e quatro) horas.

§ 5º. Rejeitada ou não apresentada a manifestação do executado, converter-se-á a indisponibilidade em penhora, sem necessidade de lavratura de termo, devendo o juiz da execução determinar à instituição financeira depositária que, no prazo de 24 (vinte e quatro) horas, transfira o montante indisponível para conta vinculada ao juízo da execução.

Antes da vigência da Lei 11.382/2006, o STJ tinha entendimento de que o bloqueio eletrônico de depósitos ou aplicações financeiras (mediante a expedição de ofício à Receita Federal e ao antigo BacenJud, atual SISBAJUD) pressupunha o esgotamento, pelo exequente, de todos os meios de obtenção de informações sobre o executado e seus bens e que as diligências restassem infrutíferas.[70]

A referida lei permitiu que o exequente obtivesse judicialmente a constrição diretamente de ativos financeiros do executado.

O Código Tributário Nacional foi alterado, adaptando-se à nova sistemática, com a introdução do art. 185-A, promovida pela Lei Complementar 118, de 9 de fevereiro de 2005.

A problemática é que, segundo o art. 185-A do CTN, deveria ser observado o necessário exaurimento das diligências conducentes à localização de bens passíveis de penhora antes da decretação da indisponibilidade de bens e direitos do devedor executado, *verbis*:

> Art. 185-A. Na hipótese de o devedor tributário, devidamente citado, não pagar nem apresentar bens à penhora no prazo legal e não forem encontrados bens penhoráveis, o juiz determinará a indisponibilidade de seus bens e direitos, comunicando a decisão, preferencialmente por meio eletrônico, aos órgãos e entidades que promovem registros de transferência de bens, especialmente ao registro público de imóveis e às autoridades supervisoras do mercado bancário e do mercado de capitais, a fim de que, no âmbito de suas atribuições, façam cumprir a ordem judicial.
>
> § 1º. A indisponibilidade de que trata o *caput* deste artigo limitar-se-á ao valor total exigível, devendo o juiz determinar o imediato levantamento da indisponibilidade dos bens ou valores que excederem esse limite.

§ 6º. Realizado o pagamento da dívida por outro meio, o juiz determinará, imediatamente, por sistema eletrônico gerido pela autoridade supervisora do sistema financeiro nacional, a notificação da instituição financeira para que, em até 24 (vinte e quatro) horas, cancele a indisponibilidade.

§ 7º. As transmissões das ordens de indisponibilidade, de seu cancelamento e de determinação de penhora previstas neste artigo far-se-ão por meio de sistema eletrônico gerido pela autoridade supervisora do sistema financeiro nacional.

§ 8º. A instituição financeira será responsável pelos prejuízos causados ao executado em decorrência da indisponibilidade de ativos financeiros em valor superior ao indicado na execução ou pelo juiz, bem como na hipótese de não cancelamento da indisponibilidade no prazo de 24 (vinte e quatro) horas, quando assim determinar o juiz.

§ 9º. Quando se tratar de execução contra partido político, o juiz, a requerimento do exequente, determinará às instituições financeiras, por meio de sistema eletrônico gerido por autoridade supervisora do sistema bancário, que tornem indisponíveis ativos financeiros somente em nome do órgão partidário que tenha contraído a dívida executada ou que tenha dado causa à violação de direito ou ao dano, ao qual cabe exclusivamente a responsabilidade pelos atos praticados, na forma da lei.

[70] REsp 144.823/PR, Rel. Ministro José Delgado, Primeira Turma, j. 02.10.1997, DJ 17.11.1997; AgRg no Ag 202.783/PR, Rel. Ministro Carlos Alberto Menezes Direito, Terceira Turma, j. 17.12.1998, DJ 22.03.1999; AgRg no REsp 644.456/SC, Rel. Ministro José Delgado, Rel. p/ Acórdão Ministro Teori Albino Zavascki, Primeira Turma, j. 15.02.2005, DJ 04.04.2005; REsp 771.838/SP, Rel. Ministro Castro Meira, Segunda Turma, j. 13.09.2005, DJ 03.10.2005; e REsp 796.485/PR, Rel. Ministro Castro Meira, Segunda Turma, j. 02.02.2006, DJ 13.03.2006.

§ 2º. Os órgãos e entidades aos quais se fizer a comunicação de que trata o *caput* deste artigo enviarão imediatamente ao juízo a relação discriminada dos bens e direitos cuja indisponibilidade houverem promovido.

Segundo o dispositivo reproduzido, não somente as instituições bancárias, mas os órgãos e entidades que promovam registros de transferência de bens (DETRAN, ANAC etc.), especialmente registro público de imóveis (Cartórios de Imóveis) estão sujeitos a requisições de informações acerca de ativos do executado.

O STJ destacou a aparente antinomia entre o art. 185-A, do CTN (que cuida da decretação de indisponibilidade de bens e direitos do devedor executado) e os arts. 655 e 655-A, do CPC/1973 (penhora de dinheiro em depósito ou aplicação financeira). Enquanto o CTN exigiria o prévio esgotamento de outros meios em busca de bens do devedor, o CPC/1973 teria tornado prescindível o exaurimento de diligências extrajudiciais a fim de se autorizar a penhora *on-line*.

Para superar a questão, a Corte adotou a teoria pós-moderna do "diálogo das fontes", idealizada pelo alemão Erik Jayme e aplicada, no Brasil, pela primeira vez, por Cláudia Lima Marques, a fim de preservar a coexistência entre o Código de Defesa do Consumidor e o atual Código Civil.

A conclusão alcançada foi a de que a interpretação sistemática dos arts. 185-A, do CTN, com os arts. 11, da Lei 6.830/1980 e 655 e 655-A, do CPC/1973, autoriza a penhora eletrônica de depósitos ou aplicações financeiras independentemente do exaurimento de diligências extrajudiciais por parte do exequente.

Colhe-se interessante passagem do voto proferido no REsp 1.074.228/MG pelo Ministro Mauro Campbell a justificar a assertiva acima declinada no sentido de que não se pode "colocar o credor privado em situação melhor que o credor público, principalmente no que diz respeito à cobrança do crédito tributário, que deriva do dever fundamental de pagar tributos (arts. 145 e seguintes da Constituição Federal de 1988)"[71].

Desse mesmo julgado, extrai-se um regramento específico para o caso da utilização da penhora eletrônica de dinheiro em depósito ou aplicação financeira à luz do direito intertemporal, que estabelece a aplicação imediata da lei nova de índole processual:

> (i) período anterior à égide da Lei 11.382, de 6 de dezembro de 2006 (que obedeceu a *vacatio legis* de 45 dias após a publicação), no qual a utilização do Sistema SISBAJUD pressupunha a demonstração de que o exequente não lograra êxito em suas tentativas de obter as informações sobre o executado e seus bens; e
> (ii) período posterior à *vacatio legis* da Lei 11.382/2006 (21.01.2007), a partir do qual se revela prescindível o exaurimento de diligências extrajudiciais a fim de se autorizar a penhora eletrônica de depósitos ou aplicações financeiras.

No momento, contudo, ainda subsiste uma discussão sobre a necessidade de prévia intimação do executado para pagar o valor cobrado nas execuções fiscais antes da determinação de penhora de numerário em contas e aplicações financeiras do executado, contribuinte. Com o advento do CPC/2015, como dito acima, inseriu-se a

---

[71] REsp 1.074.228/MG, Rel. Min. Mauro Campbell Marques, Segunda Turma, j. 07.10.2008, DJe 05.11.2008.

expressão: "sem dar ciência prévia do ato ao executado", e, a partir deste regramento, as Fazendas Públicas passaram a requerer, até mesmo em petições iniciais de execução fiscal, o bloqueio de ativos financeiros de modo automático.

Sustenta o Fisco que não haveria incompatibilidade entre os arts. 854 do CPC/2015e 8º da Lei 6.830/1980, LEF, haja vista o não impedimento do exercício do contraditório e da ampla defesa, mas simplesmente o diferimento para um momento posterior, especialmente de modo a garantir a efetividade do processo, supondo e presumindo que, ao tomar conhecimento da cobrança judicial do crédito tributário, o executado poderia esvaziar as contas e aplicações financeiras.

Por outro lado, contribuintes sustentam que ao mencionar "sem dar ciência prévia do ato ao executado", o conhecimento seria do próprio movimento de bloqueio de ativos financeiros, que poderia ocorrer independentemente de ciência do executado, mas com a indispensável citação no processo de execução fiscal como condição indissociável.

A leitura de dispositivos da LEF nos mostra, da mesma forma, que o procedimento inicial do processo de execução fiscal é que o juiz, em despacho, ordenará a ordem de penhora somente "se não for paga a dívida, nem garantida a execução, por meio de depósito, fiança ou seguro garantia" (arts. 7º e 10º). Isso significa que a penhora deve-se seguir da precedente possibilidade de pagar a dívida espontaneamente ou a garantia da própria execução. As disposições subsequentes da LEF também asseguram a possibilidade de o executado ofertar garantias segundo a ordem legal de preferência da penhora ou arresto.

O STJ, no julgamento do REsp 1.681.463, sob relatoria do Ministro Herman Benjamin, reconheceu que este ponto é controverso, acolhendo o argumento de que o acórdão regional deveria ter se pronunciado sobre se a vigência do CPC/2015, a partir do art. 854, retirou a natureza acautelatória da penhora *on-line*, especialmente acerca da possibilidade de realização de bloqueios de ativos financeiros *in limine* como instrumento de efetivação do princípio da efetividade da tutela jurisdicional e, por este e outros fundamentos, cassou a decisão proferida pelo Tribunal Regional Federal.

Parece ser uma tendência do STJ exigir que o acórdão regional examine detidamente, à luz do CPC, a possibilidade de penhora *on-line* de ativos financeiros antes mesmo da citação do executado na execução fiscal, conforme também se identifica do julgado proferido no REsp 1.700.267, de relatoria do Min. Mauro Campbell.

O mesmo STJ, sob relatoria do Min. Og Fernandes, em decisão monocrática, considerou que a constrição prévia não dispensa o exame dos requisitos autorizadores da medida provisória (em tese, apta a evitar lesão grave e de difícil reparação, por força do disposto nos arts. 798 e 799 do CPC/1973). Segundo a decisão, "mesmo após a entrada em vigor do art. 854 do CPC/2015, a medida de bloqueio de dinheiro, via BacenJud[72], não perdeu a natureza acautelatória e, assim, para ser efetivada, antes da citação do executado, exige a demonstração dos requisitos que autorizam a sua concessão".[73]

---

[72] O SISBAJUD substituiu o antigo BacenJud. Trata-se de sistema de envio de ordens judiciais de constrição de valores nas instituições financeiras por via eletrônica. É regulado pela Resolução CNJ n. 61 de 07 de outubro de 2008 e pela Instrução Normativa STJ n. 6 de 18 de outubro de 2011.

[73] REsp 1.678.994/PE, Rel. Min. Og Fernandes, j. 21.11.2017, DJe 24.11.2017.

Também havia o questionamento da possibilidade do bloqueio eletrônico de bens – antigo BACENJUD, atual SISBAJUD – nos casos em que há parcelamento do crédito fiscal executado. Isso porque o parcelamento é uma das hipóteses que suspendem a exigibilidade do crédito, conforme prevê o art. 151, VI, do CTN. Assim, uma vez suspensa a exigibilidade, por força do parcelamento, questionava-se a possibilidade de proceder ao bloqueio de bens.

A questão foi posta a julgamento pelo STJ, que no Tema 1.012 entendeu que o parcelamento, ao mesmo tempo que suspende a exigibilidade do crédito, mantém a relação jurídica no estado em que se encontra, ou seja, tem o poder de impedir constrições futuras, mas não retroage de modo a desfazer penhoras anteriores, sem prejuízo da possibilidade de substituição da penhora *online* por fiança bancária ou seguro garantia, a depender das condições específicas do caso e em observância ao princípio da menor onerosidade. Eis a tese fixada:

> O bloqueio de ativos financeiros do executado via sistema BACENJUD, em caso de concessão de parcelamento fiscal, seguirá a seguinte orientação: (i) será levantado o bloqueio se a concessão é anterior à constrição; e (ii) fica mantido o bloqueio se a concessão ocorre em momento posterior à constrição, ressalvada, nessa hipótese, a possibilidade excepcional de substituição da penhora *online* por fiança bancária ou seguro garantia, diante das peculiaridades do caso concreto, mediante comprovação irrefutável, a cargo do executado, da necessidade de aplicação do princípio da menor onerosidade.

6.8 PENHORA DE FATURAMENTO

Em toda demanda proposta contra pessoa jurídica que se encontre em plena atividade, a penhora poderá recair sobre um percentual do faturamento, nos termos do art. 655, VII, do CPC/1973.[74] Esse entendimento consolidou-se a partir da alteração proposta no CPC pela Lei 11.382/2006 e consta no CPC/2015, no inciso X, art. 835.

Num primeiro momento, estabeleceu-se uma resistência dos contribuintes por não constar a previsão de possibilidade de penhora sobre faturamento da empresa na Lei de Execução Fiscal, logo refutada pelo STJ ante a possibilidade de aplicação subsidiária do CPC – conforme expressa previsão na LEF – sempre que não houver regulamentação específica[75] (art. 1º da LEF).

---

[74] Art. 835. A penhora observará, preferencialmente, a seguinte ordem:

(...)

X – percentual do faturamento de empresa devedora;

§ 1º. É prioritária a penhora em dinheiro, podendo o juiz, nas demais hipóteses, alterar a ordem prevista no *caput* de acordo com as circunstâncias do caso concreto.

§ 2º. Para fins de substituição da penhora, equiparam-se a dinheiro a fiança bancária e o seguro garantia judicial, desde que em valor não inferior ao do débito constante da inicial, acrescido de trinta por cento.

§ 3º. Na execução de crédito com garantia real, a penhora recairá sobre a coisa dada em garantia, e, se a coisa pertencer a terceiro garantidor, este também será intimado da penhora.

[75] REsp 996.715/SP, Rel. Min. Denise Arruda, DJ 5.11.08; REsp 600.798/SP, Rel. Min. Luiz Fux, Primeira Turma, DJ 17.05.04, REsp 1.135.715/RJ, Rel. Min. Luiz fux, Primeira Turma, DJe 2.02.10.

Pode-se colher, por outro lado, da própria LEF a previsão de penhora sobre o faturamento constante no § 1º, art. 11: "excepcionalmente, a penhora poderá recair sobre estabelecimento comercial, industrial ou agrícola, bem como em plantações ou edifícios em construção".[76] Em primeiro momento, a equivalência entre penhora de faturamento com penhora da própria empresa fundamentou seu caráter excepcionalíssimo, segundo jurisprudência do STJ:

> (...) é possível a penhora recair, em caráter excepcional, sobre o faturamento da empresa desde que observadas, cumulativamente, as condições previstas na legislação processual (art. 655-A, § 3º, do CPC), e desde que o percentual fixado não torne inviável o exercício da atividade empresarial, sem que isso configure violação do princípio exposto no art. 620 do CPC segundo o qual, "quando por vários meios o credor puder promover a execução, o juiz mandará que se faça pelo modo menos gravoso para o devedor".[77]

Os requisitos para efetivação da penhora sobre o faturamento foram inicialmente estabelecidos: a) não localização de outros bens passíveis de penhora e suficientes à garantia da execução ou, se localizados, de difícil alienação; b) nomeação de administrador; c) não comprometimento da atividade empresarial.

Com sua implementação, o administrador nomeado deve prestar contas mensalmente, entregando ao exequente a quantia recebida, após ordem expedida pelo Juízo, com a finalidade de ser imputada no pagamento da dívida cobrada mediante execução fiscal. Esse administrador (equiparado ao depositário), de preferência, será um dos diretores da empresa.[78]

O Juiz da execução fiscal poderá nomear um administrador dativo, com remuneração custeada pela empresa executada. Essa nomeação pode ocorrer quando não se vislumbrar credibilidade para efetivação da penhora por diretor ou funcionário da

---

[76] A penhora sobre percentual do movimento de caixa da empresa-executada configura penhora do próprio estabelecimento comercial, industrial ou agrícola, hipótese só admitida excepcionalmente (§ 1º do art. 11 da Lei 6.830/1980), ou seja, após ter sido infrutífera a tentativa de constrição sobre os outros bens arrolados nos incisos do art. 11 da Lei de Execução Fiscal. (REsp 249.353/PR, Rel. Ministro Francisco Falcão, Rel. p/ Acórdão Ministro Humberto Gomes de Barros, Primeira Turma, j. 20.06.2000, DJ 09.04.2001, p. 331).

[77] STJ, AgRg no AREsp 183.587/RJ, Rel. Ministro Humberto Martins, Segunda Turma, DJe 10.10.2012.

[78] "Art. 655-A. (...)
§ 3º Na penhora de percentual do faturamento da empresa executada, será nomeado depositário, com a atribuição de submeter à aprovação judicial a forma de efetivação da constrição, bem como de prestar contas mensalmente, entregando ao exequente as quantias recebidas, a fim de serem imputadas no pagamento da dívida".
"Art. 677. Quando a penhora recair em estabelecimento comercial, industrial ou agrícola, bem como em semoventes, plantações ou edifício em construção, o juiz nomeará um depositário, determinando-lhe que apresente em dez (10) dias a forma de administração.
§ 1º. Ouvidas as partes, o juiz decidirá.
§ 2º. É lícito, porém, às partes ajustarem a forma de administração, escolhendo o depositário; caso em que o juiz homologará por despacho a indicação".
"Art. 678. A penhora de empresa, que funcione mediante concessão ou autorização, far-se-á conforme o valor do crédito, sobre a renda, sobre determinados bens, ou sobre todo o patrimônio, nomeando o juiz um depositário, de preferência, um dos seus diretores".

executada, ou, ainda, pela própria recusa destes. Discute-se a possibilidade dessa recusa, mas a Súmula 319 do STJ prevê essa hipótese no caso de depositário de bens penhorados.

No início, era muito comum ver decisões que determinavam a penhora de faturamento em percentuais elevados, o que poderia inviabilizar a atividade empresarial, sobretudo porque as margens de lucro, em regra, não atingem percentuais expressivos na maioria dos segmentos empresariais, seja ele comercial, industrial ou de prestação de serviços.

É preciso, por outro lado, observar o valor integral do débito e a duração razoável da execução.[79] Não se pode definir abstratamente um percentual que atenda à orientação jurisprudencial, especialmente porque depende de vários elementos que são constatados casuisticamente, entre os quais a natureza da atividade desenvolvida e a margem de lucro.

No julgado abaixo reproduzido, a penhora de faturamento no percentual de 30% foi reduzida para 5% com vistas a observar o princípio da proporcionalidade e, sobretudo, não inviabilizar a atividade empresária e, consequentemente, o cumprimento de suas finalidades sociais, compreendendo a empregabilidade e a circulação econômica.

> 1. A penhora sobre o faturamento, admitida excepcionalmente, deve observar ao princípio da proporcionalidade, a fim de não permitir o arbitramento de percentual de desconto que inviabilize as atividades da empresa.
>
> 2. Na espécie, não é necessário reexaminar o conjunto fático-probatório para se constatar que o percentual arbitrado em 30% revela-se excessivo, devendo, portanto, ser reduzido para o patamar módico de 5%, parâmetro esse já adotado por esta Corte em outros precedentes da Primeira Turma: AgRg no REsp 996.715/SP, Rel. Ministra Denise Arruda, Primeira Turma, DJe 06.04.2009; REsp 1.137.216/SP, Rel. Ministro Luiz Fux, Primeira Turma, DJe 18.11.2009; AgRg no REsp 503.780/SP, Rel. Ministro Luiz Fux, Primeira Turma, DJ 29.09.2003.
>
> 3. Agravo regimental não provido. (AgRg no Ag 1.180.367/SP, Rel. Ministro Benedito Gonçalves, Primeira Turma, j. 21.06.2011, DJe 30.06.2011).

O tema relativo à penhora sobre faturamento ganhou ainda mais relevância a partir de 2020 com a afetação pela 1ª Seção do Superior Tribunal de Justiça de três recursos especiais, sob o rito dos recursos repetitivos, Recursos Especiais 1.666.542, 1.835.864 e 1.835.865.

Os fundamentos principais de defesa dos contribuintes estão na necessidade de esgotamento das diligências como pré-requisito para a penhora do faturamento; na equiparação da penhora de faturamento à constrição preferencial sobre dinheiro, constituindo ou não medida excepcional no âmbito dos processos regidos pela Lei

---

[79] Agravo de instrumento. Execução. Penhora. Valor. Faturamento da empresa-devedora. I – Impõe-se a manutenção da r. decisão que fixou o valor de 20% do faturamento da empresa-devedora, porque plausível, considerando o valor integral do débito, a duração razoável da execução, ajuizada há cinco anos sem qualquer medida satisfativa, e a ausência de prova do efetivo prejuízo ao funcionamento da empresa. II – Agravo desprovido. (Acórdão n.608719, 20120020108818AGI, Rel. Vera Andrighi, 6ª Turma Cível, Data de Julgamento: 01.08.2012, Publicado no DJe 16.08.2012. Pág.: 137).

6.830/1980; e na caracterização da penhora do faturamento como medida que implica violação do princípio da menor onerosidade.

Contudo, o Tema 769 foi julgado para definir quatro teses jurídicas relativas à penhora de faturamento de empresas sujeitas a execuções fiscais:

I – A necessidade de esgotamento das diligências como requisito para a penhora de faturamento foi afastada após a reforma do Código de Processo Civil (CPC) de 1973 pela Lei 11.382/2006.

II – No regime do CPC de 2015, a penhora de faturamento, listada em décimo lugar na ordem preferencial de bens passíveis de constrição judicial, poderá ser deferida após a demonstração da inexistência dos bens classificados em posição superior, ou, alternativamente, se houver constatação, pelo juiz, de que tais bens são de difícil alienação; finalmente, a constrição judicial sobre o faturamento empresarial poderá ocorrer sem a observância da ordem de classificação estabelecida em lei, se a autoridade judicial, conforme as circunstâncias do caso concreto, assim o entender (artigo 835, parágrafo 1º, do CPC), justificando-a por decisão devidamente fundamentada.

III – A penhora de faturamento não pode ser equiparada à constrição sobre dinheiro.

IV – Na aplicação do princípio da menor onerosidade (artigo 805 e parágrafo único do CPC de 2015; artigo 620 do CPC de 1973): a) a autoridade judicial deverá estabelecer percentual que não inviabilize o prosseguimento das atividades empresariais; e b) a decisão deve se reportar aos elementos probatórios concretos trazidos pelo devedor, não sendo lícito à autoridade judicial empregar o referido princípio em abstrato ou com base em simples alegações genéricas do executado.

O voto do Ministro Relator Herman Benjamin significou uma evolução da jurisprudência do STJ sobre a matéria ao flexibilizar o caráter excepcional até então conferido a essa modalidade constritiva, especialmente ao permiti-la de acordo com as circunstâncias do caso concreto e dispensar a comprovação do exaurimento das diligências para localização de bens do devedor quando o juiz verificasse que os bens existentes, já penhorados ou sujeitos à medida constritiva, por qualquer motivo, fossem de difícil alienação.

6.9 HONORÁRIOS NA EXECUÇÃO FISCAL E NOS EMBARGOS À EXECUÇÃO

A Dívida Ativa da Fazenda Pública, compreendendo a tributária e a não tributária, abrange atualização monetária, juros e multa de mora e demais encargos previstos em lei ou contrato.[80]

---

[80] Lei 6.830/1980:

Art. 1º. A execução judicial para cobrança da Dívida Ativa da União, dos Estados, do Distrito Federal, dos Municípios e respectivas autarquias será regida por esta Lei e, subsidiariamente, pelo Código de Processo Civil.

Art. 2º. Constitui Dívida Ativa da Fazenda Pública aquela definida como tributária ou não tributária na Lei 4.320, de 17 de março de 1964, com as alterações posteriores, que estatui normas gerais de

PROCESSO TRIBUTÁRIO – *Eduardo Muniz Machado Cavalcanti*

As Certidões de Dívida Ativa da União, que conferem lastro às execuções fiscais movidas pela Fazenda Nacional, comportam, entre outras rubricas, o encargo de 20% incidente sobre o valor cobrado (débito tributário), previsto no art. 1º, do Decreto--lei nº 1.025, de 21 de outubro de 1969, incluindo-se também atualização monetária, juros de mora e multa de mora.[81] Se, contudo, o débito for recolhido anteriormente ao ajuizamento da execução fiscal, o encargo legal é reduzido para 10%, segundo o que disposto no art. 3º do Decreto-Lei 1.569/1977.[82]

Uma retrospectiva histórica acerca da formação do encargo legal remonta que ele foi instituído com a finalidade de substituir a condenação do devedor em honorários de advogado, cujo recolhimento deveria ser feito integralmente ao Tesouro Nacional.[83]

Constam, ainda, alterações legislativas no sentido de destinar o encargo legal a programa de trabalho de "Incentivo à Arrecadação da Dívida Ativa da União", constituído de projetos destinados ao incentivo da arrecadação, administrativa ou judicial, de receitas inscritas como Dívida Ativa da União, à implementação, desenvolvimento e modernização de redes e sistemas de processamento de dados, no custeio de taxas, custas e emolumentos relacionados com a execução fiscal e a defesa judicial da Fazenda Nacional e sua representação em juízo.[84]

---

direito financeiro para elaboração e controle dos orçamentos e balanços da União, dos Estados, dos Municípios e do Distrito Federal.

§ 1º. Qualquer valor, cuja cobrança seja atribuída por lei às entidades de que trata o art. 1º, será considerado Dívida Ativa da Fazenda Pública.

§ 2º. A Dívida Ativa da Fazenda Pública, compreendendo a tributária e a não tributária, abrange atualização monetária, juros e multa de mora e demais encargos previstos em lei ou contrato.

[81] Art 1º. É declarada extinta a participação de servidores públicos na cobrança da Dívida da União, a que se referem os arts. 21 da Lei 4.439, de 27 de outubro de 1964, e 1º, inciso II, da Lei 5.421, de 25 de abril de 1968, passando a taxa, no total de 20% (vinte por cento), paga pelo executado, a ser recolhida aos cofres públicos, como renda da União.

[82] Art. 3º. O encargo previsto no art. 1º do Decreto-lei 1.025, de 21 de outubro de 1969, calculado sobre montante do débito, inclusive multas, atualizado monetariamente e acrescido dos juros e multa de mora, será reduzida para 10% (dez por cento), caso o débito, inscrito como Dívida Ativada da União, seja pago antes da remessa da respectiva certidão ao competente órgão do Ministério Público, federal ou estadual, para o devido ajuizamento.

[83] O art. 3º, do Decreto-lei 1.645, de 11 de dezembro de 1978, assim dispôs:
"Art. 3º. Na cobrança da Dívida Ativa da União, a aplicação do encargo de que tratam o art. 21 da Lei 4.439, de 27 de outubro de 1964, o art. 32 do Decreto-lei 147, de 3 de fevereiro de 1967, o art. 1, inciso II, da Lei 5.421, de 25 de abril de 1968, o art. 1 do Decreto-lei 1.025, de 21 de outubro de 1969, e o art. 3 do Decreto-lei 1.569, de 8 de agosto de 1977, substitui a condenação do devedor em honorários de advogado e o respectivo produto será, sob esse título, recolhido integralmente ao Tesouro Nacional.

Parágrafo único. O encargo de que trata este artigo será calculado sobre o montante do débito, inclusive multas, monetariamente atualizado e acrescido de juros de mora."

[84] Lei 7.711/1988. "Art. 3º. A partir do exercício de 1989 fica instituído programa de trabalho de 'Incentivo à Arrecadação da Dívida Ativa da União', constituído de projetos destinados ao incentivo da arrecadação, administrativa ou judicial, de receitas inscritas como Dívida Ativa da União, à implementação, desenvolvimento e modernização de redes e sistemas de processamento de dados, no custeio de taxas, custas e emolumentos relacionados com a execução fiscal e a defesa judicial da Fazenda Nacional e sua representação em juízo, em causas de natureza fiscal, bem assim diligências, publicações, pro labore de peritos técnicos, de êxito, inclusive a seus procuradores e ao Ministério Público Estadual e de avaliadores e contadores, e aos serviços relativos a penhora de bens e a remoção e depósito de bens penhorados ou adjudicados pela Fazenda Nacional.

Parágrafo único. O produto dos recolhimentos do encargo de que trata o art. 1º do Decreto-lei 1.025, de 21 de outubro de 1969, modificado pelo art. 3º do Decreto-lei 1.569, de 8 de agosto de 1977, art. 3º do Decreto-lei 1.645, de 11 de dezembro de 1978, e art. 12 do Decreto-lei 2.163, de 19 de setembro

O art. 57 da Lei 8.383/1991 definiu que o encargo de 20% (vinte por cento) deve incidir sobre os débitos para com a Fazenda Nacional, devendo ser sobre o montante do débito, inclusive multas, atualizado monetariamente e acrescido de juros e multa de mora.

> Art. 57. Os débitos de qualquer natureza para com a Fazenda Nacional, bem como os decorrentes de contribuições arrecadadas pela União, poderão, sem prejuízo da respectiva liquidez e certeza, ser inscritos como Dívida Ativa da União, pelo valor expresso em quantidade de Ufir.
>
> § 1º. Os débitos de que trata este artigo, que forem objeto de parcelamento, serão consolidados na data de sua concessão e expressos em quantidade de Ufir.
>
> § 2º. O encargo referido no art. 1º do Decreto-lei 1.025, de 21 de outubro de 1969, modificado pelo art. 3º do Decreto-lei 1.569, de 8 de agosto de 1977, e art. 3º do Decreto-lei 1.645, de 11 de dezembro de 1978, será calculado sobre o montante do débito, inclusive multas, atualizado monetariamente e acrescido de juros e multa de mora.

Mais recentemente, a Lei 11.941/2009 incluiu o art. 37-A na Lei 10.522/2002, o qual dispõe que "os créditos das autarquias e fundações públicas federais, de qualquer natureza, não pagos nos prazos previstos na legislação, serão acrescidos de juros e multa de mora, calculados nos termos e na forma da legislação aplicável aos tributos federais", sendo que "os créditos inscritos em Dívida Ativa serão acrescidos de encargo legal, substitutivo da condenação do devedor em honorários advocatícios, calculado nos termos e na forma da legislação aplicável à Dívida Ativa da União" (§ 1º).

Muito se discute na doutrina a natureza jurídica do encargo legal. Não se trata de taxa ou multa. O extinto Tribunal Federal de Recursos, à época, definia que o encargo previsto no Decreto-lei 1.025/1969 tinha natureza de honorários advocatícios: "o encargo de 20%, do Decreto-Lei 1.025, de 1969, é sempre devido nas execuções fiscais da União e substitui, nos embargos, a condenação do devedor em honorários advocatícios".

No julgamento da ACO 342-4/DF pelo STF, na qual estados questionavam a inclusão do encargo legal na transferência (quota que lhes cabiam) na arrecadação do Imposto único sobre Energia Elétrica, a União sustentou em suas razões que o encargo legal é "verba constituída a título de honorários de advogado, em atenção ao princípio da sucumbência, como tem reiteradamente decidido o Tribunal Federal de Recursos – TFR".[85]

---

de 1984, será recolhido ao Fundo a que se refere o art. 4º, em subconta especial, destinada a atender a despesa com o programa previsto neste artigo e que será gerida pelo Procurador-Geral da Fazenda Nacional, de acordo com o disposto no art. 6º desta Lei."

[85] "Alegam mas não provam os autores que tal acréscimo tenha sido subtraído do rateio. Admitindo que os autores venham a provar essa exclusão, antes e depois de 15.03.1982, data da publicação no órgão oficial do parecer já referido, contesta a União que o encargo de 20% previsto no Dec.-lei 1.025, de 1969 seja suscetível de inclusão no produto da arrecadação do imposto único, para fins do disposto no art. 26, II, da Lei Maior. O aludido acréscimo, com efeito, não tem natureza tributária, sendo inassimilável ao imposto único. Trata-se de verba constituída a título de honorários de advogado, em atenção ao princípio da sucumbência, como tem reiteradamente decidido o Tribunal Federal de Recursos (Ap. Cível 72.372, DJ 08.03.1984; Ap. Cível 87.840, DJ 11.10.1984; Ap. Cível 74.039, DJ 26.04.1984 etc.) e o Supremo Tribunal Federal (ERE 88.797, DJ 28.03.1980; RE 82.561, DJ 05.06.1981; RE 82.566, DJ 29.05.1981; RE 100.754, DJ 25.11.1983; RE 79.627, RTJ 74/248; Ag. 74.798 (AgRg), DJ 28.12.78; RE 92.140, DJ 11.04.1980 etc."

A doutrina especializada apresenta inúmeros posicionamentos sobre o tema, a maioria no sentido de que "esse encargo de 20%, previsto no Decreto-Lei 1.025/1969, com a redação dada pelo art. 3º do Decreto-Lei 1.645/1978, não mais prevalece por não ter sido recepcionado pela Constituição Federal de 1988".[86]

A jurisprudência do STJ acabou com a discussão ao definir que o encargo previsto no Decreto-Lei 1.025/1969 substitui a condenação ao pagamento de honorários sucumbenciais na cobrança executiva da Dívida Ativa da União, haja vista no referido encargo já se encontrarem embutidos os honorários advocatícios.[87]

O STJ, por fim, a respeito deste tema, em recurso repetitivo, submetido ao rito do art. 543-C do CPC/1973, manifestou-se no sentido de que, opostos embargos pelo devedor na execução fiscal, em caso de desistência, ou mesmo nas hipóteses de improcedência, não deve haver condenação em honorários de sucumbência, haja vista o encargo legal de 20% (vinte por cento) substituir a condenação do devedor em honorários advocatícios.[88]

---

[86] SOUZA, Helena Rau. *Execução Fiscal* – Doutrina e Jurisprudência", coordenada pelo Juiz Vladimir Passos de Freitas, Editora Saraiva, 1998, p. 22

[87] 1. Conforme disposição prevista no art. 3º do Decreto-Lei 1.645/78, a aplicação do encargo de 20% (vinte por cento) instituído pelo Decreto-Lei 1.025/69 substitui a condenação ao pagamento de honorários sucumbenciais na cobrança executiva da Dívida Ativa da União.

2. Considerando que no referido encargo já se encontram embutidos os honorários advocatícios, mostra-se incompatível a cumulação dessas verbas, sob pena de caracterização do vedado *bis in idem*.

3. Descabe aplicar o encargo de 20% (vinte por cento) do Decreto-Lei n. 1.025/1969, se já atendido o princípio da sucumbência.

4. Recurso especial não provido. (REsp 262.100/RS, Rel. Ministro João Otávio de Noronha, Segunda Turma, j. 06.12.2005, DJ 06.03.2006, p. 271)

[88] 1. A condenação, em honorários advocatícios, do contribuinte, que formula pedido de desistência dos embargos à execução fiscal de créditos tributários da Fazenda Nacional, para fins de adesão a programa de parcelamento fiscal, configura inadmissível *bis in idem*, tendo em vista o encargo estipulado no Decreto-Lei 1.025/1969, que já abrange a verba honorária (Precedentes da Primeira Seção: EREsp 475.820/PR, Rel. Ministro Teori Albino Zavascki, j. 08.10.2003, DJ 15.12.2003; EREsp 412.409/RS, Rel. Ministra Eliana Calmon, j. 10.03.2004, DJ 07.06.2004; EREsp 252.360/RJ, Rel. Ministro Herman Benjamin, j. 13.12.2006, DJ 01.10.2007; e EREsp 608.119/RS, Rel. Ministro Humberto Martins, j. 27.06.2007, DJ 24.09.2007. Precedentes das Turmas de Direito Público: REsp 1.006.682/RJ, Rel. Ministra Eliana Calmon, Segunda Turma, j. 19.08.2008, DJe 22.09.2008; AgRg no REsp 940.863/SP, Rel. Ministro José Delgado, Primeira Turma, j. 27.05.2008, DJe 23.06.2008; REsp 678.916/RS, Rel. Ministro Teori Albino Zavascki, Primeira Turma, j. 15.04.2008, DJe 05.05.2008; AgRg nos EDcl no REsp 767.979/RJ, Rel. Ministra Eliana Calmon, Segunda Turma, j. 09.10.2007, DJ 25.10.2007; REsp 963.294/RS, Rel. Ministro Teori Albino Zavascki, Primeira Turma, j. 02.10.2007, DJ 22.10.2007; e REsp 940.469/SP, Rel. Ministro Castro Meira, Segunda Turma, j. 11.09.2007, DJ 25.09.2007).

2. A Súmula 168, do Tribunal Federal de Recursos, cristalizou o entendimento de que: "o encargo de 20%, do Decreto-Lei 1.025, de 1969, é sempre devido nas execuções fiscais da União e substitui, nos embargos, a condenação do devedor em honorários advocatícios".

3. Malgrado a Lei 10.684/2003 (que dispôs sobre parcelamento de débitos junto à Secretaria da Receita Federal, à Procuradoria-Geral da Fazenda Nacional e ao Instituto Nacional do Seguro Social) estipule o percentual de 1% (um por cento) do valor do débito consolidado, a título de verba de sucumbência, prevalece o entendimento jurisprudencial de que a fixação da verba honorária, nas hipóteses de desistência da ação judicial para adesão a programa de parcelamento fiscal, revela-se casuística, devendo ser observadas as normas gerais da legislação processual civil.

4. Consequentemente, em se tratando de desistência de embargos à execução fiscal de créditos da Fazenda Nacional, mercê da adesão do contribuinte a programa de parcelamento fiscal, descabe a condenação em honorários advocatícios, uma vez já incluído, no débito consolidado, o encargo de 20% (vinte por cento) previsto no Decreto-Lei 1.025/1969, no qual se encontra compreendida a verba honorária.

Esse encargo legal é cobrado não somente a título de honorários advocatícios, mas para cobrir despesas administrativas de cobrança da Dívida Ativa.

Uma ressalva deve ser feita. Os honorários da execução fiscal, intitulados como encargo legal, são cumuláveis com os honorários fixados nos embargos à execução fiscal. Esse entendimento pode ser extraído do EREsp 81755/SC[89], no qual o INSS executava créditos previdenciários do contribuinte. Esse mesmo entendimento também se aplica nas ações movidas contra a Fazenda Pública.[90]

Apesar da possibilidade de acumulação das verbas honorárias na execução fiscal e nos embargos à execução, o valor resultante dessa cumulação não poderá exceder 20% do montante executado, em respeito aos limites contidos no art. 20, § 3º do CPC/1973, atualmente previsto no art. 85 do CPC/2015.[91] No âmbito da Fazenda Nacional, a nosso sentir, como o encargo já é fixado em 20%, não se admite a acumulação referida.

A própria Procuradoria-Geral da Fazenda Nacional, no Parecer PGFN/CRJ/2137/2006, autoriza a dispensa aos procuradores de ofertarem recursos das decisões proferidas em embargos à execução fiscal que não tenham condenado os embargantes na verba honorária.[92]

---

5. In casu, cuida-se de embargos à execução fiscal promovida pela Fazenda Nacional, em que o embargante procedeu à desistência da ação para fins de adesão a programa de parcelamento fiscal (Lei 10.684/2003), razão pela qual não merece reforma o acórdão regional que afastou a condenação em honorários advocatícios, por considerá-los "englobados no encargo legal de 20% previsto no Decreto-Lei 1.025/1969, o qual substitui, nos embargos, a condenação do devedor em honorários advocatícios".

6. Recurso especial desprovido. Acórdão submetido ao regime do art. 543-C, do CPC/73, e da Resolução STJ 08/2008. (REsp 1143320/RS, Rel. Ministro Luiz Fux, Primeira Seção, j. 12.05.2010, DJe 21.05.2010)

89   I – Mais do que mero incidente processual, os embargos do devedor constituem verdadeira ação de conhecimento. Neste contexto, é viável a cumulação dos honorários advocatícios fixados na ação de execução com aqueles arbitrados nos respectivos embargos do devedor. Questão jurídica dirimida pela Corte Especial do STJ, no julgamento dos Embargos de Divergência 97.466/RJ. II – Conhecimento e provimento dos Embargos de Divergência. (EREsp 81.755/SC, Rel. Ministro Waldemar Zveiter, Corte Especial, j. 21.02.2001, DJ 02.04.2001, p. 247)

90   [...]2. Entretanto, quanto aos honorários advocatícios, embora possam ser fixados de forma autônoma e independente na execução e nos embargos, é pacífico nesta Corte que, ocorrendo essa hipótese, a soma das duas verbas não poderá ultrapassar o teto máximo (20%) previsto no art. 20, § 3º, do Código de Processo Civil. [...] Agravo regimental improvido.

(AgRg no AREsp 48.204/RS, Rel. Ministro Humberto Martins, Segunda Turma, j. 17.11.2011, DJe 23.11.2011)

91   1. É pacífico no Superior Tribunal de Justiça que, nas execuções individuais procedentes de sentença genérica prolatada em ação coletiva promovida por sindicato ou entidade de classe, é cabível a condenação da Fazenda Pública ao pagamento de honorários advocatícios, ainda que não embargada a execução. Esse entendimento encontra-se cristalizado no enunciado 345 da Súmula deste Tribunal Superior, in verbis: "São devidos os honorários advocatícios pela Fazenda Pública nas Execuções individuais de sentença proferida em ações coletivas, ainda que não embargadas".

2. Entretanto, quanto aos honorários advocatícios, embora possam ser fixados de forma autônoma e independente na execução e nos embargos, é pacífico nesta Corte que, ocorrendo essa hipótese, a soma das duas verbas não poderá ultrapassar o teto máximo (20%) previsto no art. 20, § 3º, do Código de Processo Civil.

3. Quanto ao pedido de revisão da verba honorária, a jurisprudência do Superior Tribunal de Justiça consolidou que a fixação da verba honorária de sucumbência cabe às instâncias ordinárias, uma vez que resulta da apreciação equitativa e avaliação subjetiva do julgador frente às circunstâncias fáticas presentes nos autos, razão pela qual insuscetível de revisão em sede de recurso especial, a teor da Súmula 7 do Superior Tribunal de Justiça. Agravo regimental improvido. (AgRg no AREsp 48.204/RS, Rel. Ministro Humberto Martins, Segunda Turma, j. 17.11.2011, DJe 23.11.2011)

92   Tributário. Embargos à execução fiscal. Não acolhimento. Impossibilidade de condenação do embargante em honorários de advogado. Decreto-lei 1.025, de 1969. Jurisprudência pacífica do Egrégio Superior

No âmbito dos estados e do DF, deve-se examinar a legislação própria a respeito do assunto e, como regra, cabe a fixação dos honorários advocatícios no despacho que receber a petição inicial de execução fiscal, que passa a integrar o montante total cobrado, limitando-se, porém, ao percentual máximo de 20%, cumulado com os encargos legais, se existentes.

Por último, a respeito do assunto, o STJ entende que não há sucumbência e, portanto, não ocorre a condenação em honorários contra o executado se o crédito tributário tiver sido recolhido antes da citação na execução fiscal. Segundo o Ministro Og Fernandes, "assim, verifica-se que a sucumbência não poderia recair sobre a parte executada se o pagamento ocorreu em momento anterior à citação, já que os efeitos da demanda não a alcançam".

Em voto-vista, a ministra Assusete Magalhães acrescentou o fundamento revelado pelo art. 26 da Lei 6.830/1980, no sentido de que "se, antes da decisão de primeira instância, a inscrição de Dívida Ativa for, a qualquer título, cancelada, a execução fiscal será extinta, sem qualquer ônus para as partes".[93]

O STJ também afasta a condenação em honorários sucumbenciais no caso de decisão favorável ao devedor quando julgados procedentes para reconhecer a nulidade

---

Tribunal de Justiça. Aplicação da Lei 10.522, de 19 de julho de 2002, e do Decreto 2.346, de 10 de outubro de 1997. Procuradoria-Geral da Fazenda Nacional autorizada a não contestar, a não interpor recursos e a desistir dos já interpostos. Parecer PGFN/CRJ/2137/2006.

[93] 1. O Município de Jaboatão dos Guararapes – PE pretende a condenação da parte executada em honorários em decorrência do pagamento do débito em momento posterior ao ajuizamento e anterior à citação, por aplicação dos §§ 1º e 10 do art. 85 do CPC.

2. Existência de precedentes antagônicos desta Segunda Turma acerca do tema em discussão. Necessidade de uniformização. Precedentes do STJ.

3 A interpretação dos parágrafos deve ser lida em consonância com o *caput* do art. 85, juntamente com os arts. 312 e 318, todos do CPC.

4. De acordo com a doutrina de Frederico Augusto Leopoldino Koehler, a condenação em honorários deve observar o princípio da causalidade em complementariedade ao princípio da sucumbência (Comentários ao art. 85. In: ALVIM, Angélica Arruda; ASSIS, Araken de; ALVIM, Eduardo Arruda; LEITE, George Salomão. (Coords.) Comentários ao Código de Processo Civil. 2. ed. São Paulo: Saraiva, 2016, p. 155).

5. O art. 85, § 1º, do CPC, ao afirmar que os honorários são devidos para a execução resistida ou não resistida, quer dizer, em verdade – e conforme se depreende da leitura do *caput* do mesmo dispositivo –, que, quando existe a formação da relação jurídica processual entre exequente e executado, independentemente de apresentação de defesa em autor próprios ou apartados, existe a incidência honorários advocatícios.

6. Não cabimento de condenação em honorários da parte executada para pagamento do débito executado em momento posterior ao ajuizamento e anterior à citação, em decorrência da leitura complementar dos princípios da sucumbência e da causalidade, e porque antes da citação não houve a triangularização da demanda.

7. Evidentemente, a causalidade impede também que a Fazenda Pública seja condenada em honorários pelo pagamento anterior à citação e após o ajuizamento, uma vez que, no momento da propositura da demanda, o débito inscrito estava ativo. Nesse caso, portanto, tem-se uma hipótese de ausência de responsabilidade pelo pagamento de honorários.

8. Registre-se, por fim, tratar o caso concreto de execução fiscal ajuizada pela Fazenda Pública Municipal, na qual não há previsão de encargos da dívida ativa de forma automática, hipótese diversa da Fazenda Pública Federal, em que o art. 1º do Decreto-lei 1.025/1969 prevê a cobrança de 20% (vinte por cento) sobre o valor do crédito, montante esse que substitui a condenação em honorários de sucumbência.

9. Recurso especial a que se nega provimento.

(REsp 1927469/PE, Rel. Ministro Og Fernandes, Segunda Turma, j. 10.08.2021, DJe 13.09.2021).

da citação por edital no processo executivo. Nos termos do voto do Ministro Marco Aurélio Bellizze, os embargos à execução constituem uma ação autônoma, na qual o executado pede o reconhecimento de algum defeito de direito material ou processual, mas o reconhecimento da nulidade de um ato processual e a determinação de sua renovação não justificam o pagamento de honorários, diferentemente do que ocorreria se os embargos tivessem sido acolhidos para julgar a execução improcedente, no todo ou em parte, ou para extingui-la, circunstâncias em que o embargante teria sido vitorioso[94].

6.10 ADJUDICAÇÃO DE BENS PELA FAZENDA PÚBLICA NA EXECUÇÃO FISCAL

A Lei de Execução Fiscal prevê a adjudicação pela Fazenda Pública dos bens penhorados, seja ele móvel ou imóvel, sob as seguintes condições: a) antes do leilão, pelo preço da avaliação, se a execução não for embargada ou se rejeitados os embargos; b) findo o leilão: se não houver licitante, pelo preço da avaliação, ou, havendo licitantes, com preferência, em igualdade de condições com a melhor oferta, no prazo de 30 dias.[95]

A Lei 11.382/2006 inaugurou no CPC/1973 a possibilidade de o exequente, oferecendo preço não inferior ao da avaliação, requerer diretamente a adjudicação dos bens penhorados, cujos contornos estão delimitados no CPC/1973, art. 685-A, atualmente disposto no art. 876 do CPC/2015.[96]

---

[94] REsp n. 1.912.281/AC, relator Ministro Marco Aurélio Bellizze, Terceira Turma, julgado em 12/12/2023, DJe de 14/12/2023.

[95] (Lei 6.830, de 1980) Art. 24 – A Fazenda Pública poderá adjudicar os bens penhorados:

I – antes do leilão, pelo preço da avaliação, se a execução não for embargada ou se rejeitados os embargos;

II – findo o leilão:

a) se não houver licitante, pelo preço da avaliação;

b) havendo licitantes, com preferência, em igualdade de condições com a melhor oferta, no prazo de 30 (trinta) dias.

Parágrafo único – Se o preço da avaliação ou o valor da melhor oferta for superior ao dos créditos da Fazenda Pública, a adjudicação somente será deferida pelo Juiz se a diferença for depositada, pela exequente, à ordem do Juízo, no prazo de 30 (trinta) dias.

[96] Art. 876. É lícito ao exequente, oferecendo preço não inferior ao da avaliação, requerer que lhe sejam adjudicados os bens penhorados.

§ 1º. Requerida a adjudicação, o executado será intimado do pedido:

I – pelo Diário da Justiça, na pessoa de seu advogado constituído nos autos;

II – por carta com aviso de recebimento, quando representado pela Defensoria Pública ou quando não tiver procurador constituído nos autos;

III – por meio eletrônico, quando, sendo o caso do § 1º do art. 246 , não tiver procurador constituído nos autos.

§ 2º. Considera-se realizada a intimação quando o executado houver mudado de endereço sem prévia comunicação ao juízo, observado o disposto no art. 274, parágrafo único.

§ 3º. Se o executado, citado por edital, não tiver procurador constituído nos autos, é dispensável a intimação prevista no § 1º.

§ 4º. Se o valor do crédito for:

I – inferior ao dos bens, o requerente da adjudicação depositará de imediato a diferença, que ficará à disposição do executado;

II – superior ao dos bens, a execução prosseguirá pelo saldo remanescente.

Ou seja, na LEF, a adjudicação pode ocorrer antes do leilão apenas se a execução não for embargada ou se rejeitados os embargos, ou, ainda, em último caso, após concluído o leilão. Já no CPC, o exequente pode promover diretamente a adjudicação dos bens penhorados desde que ofereça preço não inferior ao da avaliação.

Poderia então a Fazenda Pública valer-se das disposições do CPC nas execuções fiscais? Volta-se ao tema enfrentado, e que tem provocado o STJ a valer-se da teoria pós-moderna do "diálogo das fontes".

Segundo a "Teoria do Diálogo das Fontes", as normas de defesa do consumidor foram criadas para propiciar um tratamento legislativo mais benéfico e protetivo ao consumidor e, nesse sentido, qualquer alteração na legislação civil que proporcione um tratamento mais benéfico do que aquele previsto no CDC deveria ser aplicado aos consumidores.

O entendimento predominante, portanto, é o de que o CPC continua tendo aplicação subsidiária à LEF, devendo ser utilizado supletivamente e, portanto, em regra, todas as alterações promovidas na lei processual serão extensíveis às execuções fiscais, desde que a LEF não tenha disciplina específica sobre o tema.

Sobre a possibilidade de adjudicação dos bens pela Fazenda Pública na execução fiscal, o entendimento jurisprudencial modifica a sistemática então consagrada pela literalidade contida no art. 24 da LEF, no sentido de que o exequente pode promover diretamente a adjudicação dos bens penhorados, desde que ofereça preço não inferior ao da avaliação.

6.11 EXECUÇÃO FISCAL: RECUPERAÇÃO JUDICIAL E FALÊNCIA

Segundo a jurisprudência pacificada no âmbito do Superior Tribunal de Justiça, é do juízo em que se processa a recuperação judicial a competência para promover os atos de execução do patrimônio da empresa, ainda que em execução fiscal.

Esse entendimento está lastreado na exegese conferida ao art. 47 da Lei 11.101/2005, alterada pela Lei 14.112/2020, ao revelar o objetivo principal da norma, que é a preservação da empresa, sua função social e o estímulo à atividade econômica. Nesse sentido, a atribuição de exclusividade ao juízo universal evita que medidas expropriatórias possam prejudicar o cumprimento do plano de recuperação.[97]

---

§ 5º. Idêntico direito pode ser exercido por aqueles indicados no art. 889, incisos II a VIII, pelos credores concorrentes que hajam penhorado o mesmo bem, pelo cônjuge, pelo companheiro, pelos descendentes ou pelos ascendentes do executado.

§ 6º. Se houver mais de um pretendente, proceder-se-á a licitação entre eles, tendo preferência, em caso de igualdade de oferta, o cônjuge, o companheiro, o descendente ou o ascendente, nessa ordem.

§ 7º. No caso de penhora de quota social ou de ação de sociedade anônima fechada realizada em favor de exequente alheio à sociedade, esta será intimada, ficando responsável por informar aos sócios a ocorrência da penhora, assegurando-se a estes a preferência.

[97] **1. O juízo onde se processa a recuperação judicial é o competente para julgar as causas em que estejam envolvidos interesses e bens de empresas recuperandas.**
(AgRg no CC 119.203/SP, Rel. Ministro Antonio Carlos Ferreira, Segunda Seção, j. 26.03.2014, DJe 03.04.2014)
1. A execução fiscal não se suspende com o deferimento da recuperação judicial, todavia, fica definida a competência do Juízo universal para prosseguir com os atos constritivos ou de alienação. Jurisprudência atual e consolidada do STJ.

Título II • Cap. 6 • EXECUÇÃO FISCAL | 273

A execução fiscal, sob interpretação do revogado art. 6º, § 7º, da Lei 11.101/2005, já não se suspendia automaticamente com o deferimento da recuperação judicial. Todavia, a constrição de valores, em paralelo à ação de recuperação judicial, mesmo que em execução fiscal, tem imediata consequência no cumprimento do plano de recuperação, e, por isso, somente dever ser deferida pelo juízo universal, sendo incompetente o juízo da execução.

A Fazenda Pública, em regra, não concorda com esse posicionamento e defende a tese de que a execução fiscal, seja nas hipóteses de falência, seja nas hipóteses de recuperação judicial, não é atraída pelo juízo universal. Esse entendimento está baseado no art. 29 da LEF.[98]

O art. 187 do CTN também possui norma com semelhante teor, afastando a necessidade de habilitação do crédito fiscal no processo de falência.[99]

O referido § 7º, do art. 6º, foi revogado pela Lei 14.112, de 2020, com entrada em vigor dos § 7º-A e o § 7º-B. Segundo o novo regramento, regra geral, a decretação da falência ou o deferimento do processamento da recuperação judicial implica a suspensão das execuções ajuizadas contra o devedor, inclusive daquelas dos credores particulares do sócio solidário, relativas a créditos ou obrigações sujeitos à recuperação judicial ou à falência, mas não promove as suspensões das execuções fiscais.

O deferimento do processamento da recuperação judicial, ou a decretação da falência, não suspende a execução fiscal por expressa dicção do § 7º-B do art. 6º, tendo a norma incorporado ao texto legal, relativamente aos executivos fiscais, não a competência do juízo universal da recuperação judicial para tais feitos, mas a possibilidade desse juízo da recuperação determinar a substituição dos atos de constrição que recaiam sobre bens de capital essenciais à manutenção da atividade empresarial até o encerramento da recuperação judicial.[100]

A entrada em vigor da Lei 14.112/2020, também, como regra geral, passou a proibir qualquer forma de retenção, arresto, penhora, sequestro, busca e apreensão e

---

(AgRg no CC 124.244/GO, Rel. Ministro João Otávio de Noronha, Segunda Seção, j. 14.08.2013, DJe 21.08.2013)

[98] Art. 29. A cobrança judicial da Dívida Ativa da Fazenda Pública não é sujeita a concurso de credores ou habilitação em falência, concordata, liquidação, inventário ou arrolamento.
Parágrafo único – O concurso de preferência somente se verifica entre pessoas jurídicas de direito público, na seguinte ordem:
I – União e suas autarquias;
II – Estados, Distrito Federal e Territórios e suas autarquias, conjuntamente e *pro rata*;
III – Municípios e suas autarquias, conjuntamente e *pro rata*.

[99] Art. 187. A cobrança judicial do crédito tributário não é sujeita a concurso de credores ou habilitação em falência, recuperação judicial, concordata, inventário ou arrolamento. (Redação dada pela LCP 118, de 2005)
Parágrafo único. O concurso de preferência somente se verifica entre pessoas jurídicas de direito público, na seguinte ordem:
I – União;
II – Estados, Distrito Federal e Territórios, conjuntamente e *pro rata;*
III – Municípios, conjuntamente e *pro rata.*

[100] O juízo processante da execução fiscal deve exercer suas funções jurisdicionais mediante cooperação com o juízo da recuperação judicial, na forma do art. 69 do CPC/2015, observado o disposto no art. 805 do referido Código.

constrição judicial ou extrajudicial sobre os bens do devedor oriunda de demandas judiciais ou extrajudiciais cujos créditos ou obrigações sujeitem-se à recuperação judicial ou à falência.

A novidade textual é que compete ao juízo da recuperação judicial determinar a suspensão dos atos de constrição que recaiam sobre bens de capital essenciais à manutenção da atividade empresarial durante o prazo de suspensão de 180 dias, prorrogável por igual período, uma única vez, em caráter excepcional, contado do deferimento do processamento da recuperação, a qual será implementada mediante cooperação jurisdicional.

Esse prazo de 180 dias é prorrogável por igual período, uma única vez, em caráter excepcional, desde que o devedor não haja concorrido com a superação do lapso temporal. É o conhecido *stay period*, no qual ocorre o sobrestamento da prescrição, das execuções e de qualquer forma de constrição de bens, embora, como dito, não se aplique às execuções fiscais, segundo a literalidade do § 7º-B do art. 6º da Lei de Recuperação e Falências. Em outras palavras, e resumidamente, o deferimento do processamento da recuperação judicial não obsta a execução fiscal, contudo, prevê o controle dos atos constritivos no juízo da recuperação judicial.

A Lei 14.112/2020, ao contrário da regra geral prevista no *caput* do art. 6º da Lei de Recuperação Judicial e Falência, trouxe disposição expressa relativamente às execuções fiscais, no sentido de que a decretação da falência ou do deferimento do processamento da recuperação judicial **não** implica:

a) a suspensão do curso da prescrição das obrigações do devedor sujeitas ao regime da lei;

b) a suspensão das execuções ajuizadas contra o devedor, inclusive daquelas dos credores particulares do sócio solidário, relativas a créditos ou obrigações sujeitas à recuperação judicial ou à falência;

c) a proibição de qualquer forma de retenção, arresto, penhora, sequestro, busca e apreensão e constrição judicial ou extrajudicial sobre os bens do devedor oriunda de demandas judiciais ou extrajudiciais cujos créditos ou obrigações sujeitem-se à recuperação judicial ou à falência.

Como dito, repita-se, relativamente às execuções fiscais, o juízo da recuperação judicial tem competência para determinar a substituição dos atos de constrição que recaiam sobre bens de capital essenciais à manutenção da atividade empresarial até o encerramento da recuperação judicial, a qual será implementada mediante a cooperação jurisdicional.

Até então, o STJ tinha pendente, haja vista manifesta divergência de entendimentos entre as turmas de julgamento, o tema acerca da "possibilidade da prática de atos constritivos, em face de empresa em recuperação judicial, em sede de execução fiscal de dívida tributária e não tributária", afetado ao Plenário da Corte sob o Tema Repetitivo 987.[101] Com a entrada em vigor da Lei 14.112, de 2020, o referido tema foi cancelado.

---

[101] 3.1 A Segunda Turma, integrante da Primeira Seção, em recurso especial advindo de execução fiscal, perfilha o entendimento de que "a execução fiscal não se suspende pelo deferimento da recuperação judicial, permitindo-se a realização de atos constritivos, máxime quando evidenciada a inércia da empresa recuperanda em adotar as medidas necessárias à suspensão da exigibilidade dos créditos tributários,

O Ministro relator, Mauro Campbell Marques, ressaltou: "Na verdade, cabe ao juízo da recuperação judicial verificar a viabilidade da constrição efetuada em sede de execução fiscal, observando as regras do pedido de cooperação jurisdicional (art. 69 do CPC/2015), podendo determinar eventual substituição, a fim de que não fique inviabilizado o plano de recuperação judicial".

Ao promover o cancelamento da afetação do Tema 987, o relator afirmou que "constatado que não há tal pronunciamento, impõe-se a devolução dos autos ao juízo da execução fiscal, para que adote as providências cabíveis. Isso deve ocorrer inclusive em relação aos feitos que hoje se encontram sobrestados em razão da afetação do Tema 987".

Outra questão envolvendo a execução fiscal no contexto de uma recuperação judicial ou de uma falência é sobre a necessidade da certidão negativa, ou positiva com efeitos de negativa, da empresa para o deferimento da recuperação judicial, nos termos do art. 57 da Lei 11.101/2005.[102] Ou seja, os créditos da Fazenda Pública devem estar previamente regularizados (extintos ou com exigibilidade suspensa), pois não se incluiriam no Plano (art. 53 da Lei 11.101/2005) a ser aprovado pela assembleia geral de credores, do qual a Fazenda Pública não faria parte.

Esse posicionamento encontra voz no acórdão do AgRg no AREsp 543.830/PE, proferido no âmbito do STJ, que traz uma síntese sobre o procedimento a ser adotado:

a) constatado que a concessão do Plano de Recuperação Judicial foi feita com estrita observância dos arts. 57 e 58 da Lei 11.101/2005 (ou seja, com prova de regularidade fiscal), a Execução Fiscal será suspensa em razão da presunção de que os créditos fiscais encontram-se suspensos nos termos do art. 151 do CTN; b) caso contrário, isto é, se foi deferido, no juízo competente, o Plano de Recuperação

---

em especial, por meio do parcelamento especial disciplinado pelo art. 10-A da Lei n. 10.522/2002, incluído pela Lei 13.043/2014" (REsp 1673421/RS, Rel. Ministro Herman Benjamin, Segunda Turma, j. 17.10.2017, DJe 23.10.2017). 3.2 A Segunda Seção, diversamente, em conflito de competência entre os juízos da recuperação judicial e da execução fiscal, reconhece a competência do primeiro, assentando que, embora a execução fiscal não se suspenda, os atos de constrição e de alienação de bens voltados contra o patrimônio social das sociedades empresárias submetem-se ao juízo universal, em homenagem ao princípio da conservação da empresa. A Seção de Direito Privado do STJ perfilha o posicionamento, ainda, de que a edição da Lei n. 13.043/2014 que acrescentou o art. 10-A à Lei n. 10.522/2002 e disciplinou o parcelamento de débitos de empresas em recuperação judicial não descaracteriza o conflito de competência, tampouco tem o condão de alterar o entendimento jurisprudencial destacado, conforme decidiu a Segunda Seção por ocasião do julgamento do AgRg no CC 136.130/SP, Rel. Ministro Raul Araújo, Rel. p/ Acórdão Ministro Antonio Carlos Ferreira, Segunda Seção, j. 13.05.2015, DJe 22.06.2015. 4. A divergência de posicionamento entre a Segunda Seção e as Turmas que integram a Primeira Seção é manifesta, o que, do ponto de vista da segurança jurídica e da isonomia, afigura-se absolutamente temerário, notadamente em atenção ao papel atribuído constitucionalmente ao Superior Tribunal de Justiça de uniformizar a jurisprudência nacional na interpretação da legislação federal. 5. Por razões de conveniência, não se conhece do Incidente de Uniformização Jurisprudencial e, de ofício, em atenção à providência contida no art. 16 do RISTJ, determina-se a afetação à Corte Especial do julgamento do presente conflito de competência para prevenir/dissipar a divergência jurisprudencial destacada no âmbito do STJ. (IUJur no CC 144.433/GO, Rel. Ministro Marco Aurélio Bellizze, Segunda Seção, j. 14.03.2018, DJe 22.03.2018).

[102] Art. 57. Após a juntada aos autos do plano aprovado pela assembleia-geral de credores ou decorrido o prazo previsto no art. 55 desta Lei sem objeção de credores, o devedor apresentará certidões negativas de débitos tributários nos termos dos arts. 151, 205, 206 da Lei 5.172, de 25 de outubro de 1966 – Código Tributário Nacional.

Judicial sem a apresentação da CND ou CPEN, incide a regra do art. 6º, § 7º, da Lei 11.101/2005, de modo que a Execução Fiscal terá regular prosseguimento, pois não é legítimo concluir que a regularização do estabelecimento empresarial possa ser feita exclusivamente em relação aos seus credores privados, e, ainda assim, às custas dos créditos de natureza fiscal.[103]

Não obstante, o próprio acórdão faz referência ao entendimento divergente adotado pelo próprio STJ, ao concluir por flexibilizar as normas dos arts. 57 e 58 da Lei 11.101/2005 no sentido de autorizar a concessão da recuperação judicial independentemente da apresentação da prova de regularidade fiscal.[104]

---

[103] 1. Segundo preveem o art. 6º, § 7º, da Lei 11.101/2005 e os arts. 5º e 29 da Lei 6.830/1980, o deferimento da Recuperação Judicial não suspende o processamento autônomo do executivo fiscal.

2. Importa acrescentar que a medida que veio a substituir a antiga concordata constitui modalidade de renegociação exclusivamente dos débitos perante credores privados.

3. Nesse sentido, o art. 57 da Lei 11.101/2005 expressamente prevê que a apresentação da Certidão Negativa de Débitos é pressuposto para o deferimento da Recuperação Judicial – ou seja, os créditos da Fazenda Pública devem estar previamente regularizados (extintos ou com exigibilidade suspensa), justamente porque não se incluem no Plano (art. 53 da Lei 11.101/2005) a ser aprovado pela assembleia geral de credores (da qual, registre-se, a Fazenda Pública não faz parte – art. 41 da Lei 11.101/2005).

4. Consequência do exposto é que o eventual deferimento da nova modalidade de concurso universal de credores mediante dispensa de apresentação de CND não impede o regular processamento da Execução Fiscal, com as implicações daí decorrentes (penhora de bens etc.).

5. Não se desconhece a orientação jurisprudencial da Segunda Seção do STJ, que flexibilizou a norma dos arts. 57 e 58 da Lei 11.101/2005 para autorizar a concessão da Recuperação Judicial independentemente da apresentação da prova de regularidade fiscal.

6. Tal entendimento encontrou justificativa na demora do legislador em cumprir o disposto no art. 155-A, § 3º, do CTN – ou seja, instituir modalidade de parcelamento dos créditos fiscais específico para as empresas em Recuperação Judicial.

7. A interpretação da legislação federal não pode conduzir a resultados práticos que impliquem a supressão de norma vigente.

Assim, a melhor técnica de exegese impõe a releitura da orientação jurisprudencial adotada pela Segunda Seção, que, salvo melhor juízo, analisou o tema apenas sob o enfoque das empresas em Recuperação Judicial.

8. Dessa forma, deve-se adotar a seguinte linha de compreensão do tema: a) constatado que a concessão do Plano de Recuperação Judicial foi feita com estrita observância dos arts. 57 e 58 da Lei 11.101/2005 (ou seja, com prova de regularidade fiscal), a Execução Fiscal será suspensa em razão da presunção de que os créditos fiscais encontram-se suspensos nos termos do art. 151 do CTN; b) caso contrário, isto é, se foi deferido, no juízo competente, o Plano de Recuperação Judicial sem a apresentação da CND ou CPEN, incide a regra do art. 6º, § 7º, da Lei 11.101/2005, de modo que a Execução Fiscal terá regular prosseguimento, pois não é legítimo concluir que a regularização do estabelecimento empresarial possa ser feita exclusivamente em relação aos credores privados, e, ainda assim, às custas dos créditos de natureza fiscal.

9. Nesta última hipótese, seja qual for a medida de constrição adotada na Execução Fiscal, será possível flexibilizá-la se, com base nas circunstâncias concretas, devidamente provadas nos autos e valoradas pelo juízo do executivo processado no rito da Lei 6.830/1980, for apurada a necessidade de aplicação do princípio da menor onerosidade (art. 620 do CPC). Precedente do STJ: REsp 1.512.118/SP, Rel. Min. Herman Benjamin, DJe 31.03.2015.

10. Agravo Regimental não provido.

(AgRg no AREsp 543.830/PE, Rel. Ministro Herman Benjamin, Segunda Turma, j. 25.08.2015, DJe 10.09.2015)

[104] 1. A apresentação de certidão negativa de débitos fiscais pelo contribuinte não é condição imposta ao deferimento do seu pedido de recuperação judicial. Precedente da Corte Especial.

2. Agravo regimental não provido.

(AgRg no REsp 1376488/DF, Rel. Ministro Luis Felipe Salomão, Quarta Turma, j. 26.08.2014, DJe 01.09.2014).

Na prática, exigir do contribuinte o pagamento de todos os débitos tributários com as Fazendas Públicas para efeito de deferimento do processamento da recuperação judicial é medida que inviabiliza uma saída para a grave crise financeira vivenciada pela empresa. Se o contribuinte chegou a tal ponto, imagina-se que não poderá honrar pontualmente com os débitos tributários ou mesmo parcelá-los.

A Terceira Turma do STJ, em setembro de 2020, negou recurso da Fazenda Nacional e definiu que a apresentação de certidões negativas de débitos tributários não constitui requisito obrigatório para a concessão da recuperação judicial do devedor. A interpretação dada pelo colegiado aos arts. 57 e 58 da Lei de Recuperação Judicial foi no sentido de que a exigência de regularidade fiscal do devedor deve ser compatível com os princípios e objetivos da norma.

A decisão do STJ afirma que exigir a certidão de regularidade fiscal para fins de recuperação judicial do devedor pode levá-lo à falência e tornar o próprio crédito da Fazenda Pública irrecuperável, haja vista sua posição em terceiro lugar na lista de preferência para o recebimento. Segundo a decisão, deve-se pensar no "princípio da preservação da empresa (corolário da função social da propriedade e fundamento da recuperação judicial) e os objetivos maiores do instituto recuperatório, que é a viabilização da superação da crise, manutenção da fonte produtora e dos empregos dos trabalhadores."[105]

---

[105]　1. Recuperação judicial distribuída em 18.12.2015. Recurso especial interposto em 06.12.2018. Autos conclusos à Relatora em 30.01.2020.

2. O propósito recursal é definir se a apresentação das certidões negativas de débitos tributários constitui requisito obrigatório para concessão da recuperação judicial do devedor.

3. O enunciado normativo do art. 47 da Lei 11.101/05 guia, em termos principiológicos, a operacionalidade da recuperação judicial, estatuindo como finalidade desse instituto a viabilização da superação da situação de crise econômico-financeira do devedor, a permitir a manutenção da fonte produtora, do emprego dos trabalhadores e dos interesses dos credores, promovendo, assim, a preservação da empresa, sua função social e o estímulo à atividade econômica. Precedente.

4. A realidade econômica do País revela que as sociedades empresárias em crise usualmente possuem débitos fiscais em aberto, podendo-se afirmar que as obrigações dessa natureza são as que em primeiro lugar deixam de ser adimplidas, sobretudo quando se considera a elevada carga tributária e a complexidade do sistema atual.

5. Diante desse contexto, a apresentação de certidões negativa de débitos tributários pelo devedor que busca, no Judiciário, o soerguimento de sua empresa encerra circunstância de difícil cumprimento.

6. Dada a existência de aparente antinomia entre a norma do art. 57 da LFRE e o princípio insculpido em seu art. 47 (preservação da empresa), a exigência de comprovação da regularidade fiscal do devedor para concessão do benefício recuperatório deve ser interpretada à luz do postulado da proporcionalidade.

7. Atuando como conformador da ação estatal, tal postulado exige que a medida restritiva de direitos figure como adequada para o fomento do objetivo perseguido pela norma que a veicula, além de se revelar necessária para garantia da efetividade do direito tutelado e de guardar equilíbrio no que concerne à realização dos fins almejados (proporcionalidade em sentido estrito).

8. Hipótese concreta em que a exigência legal não se mostra adequada para o fim por ela objetivado – garantir o adimplemento do crédito tributário –, tampouco se afigura necessária para o alcance dessa finalidade: (i) inadequada porque, ao impedir a concessão da recuperação judicial do devedor em situação fiscal irregular, acaba impondo uma dificuldade ainda maior ao Fisco, à vista da classificação do crédito tributário, na hipótese de falência, em terceiro lugar na ordem de preferências; (ii) desnecessária porque os meios de cobrança das dívidas de natureza fiscal não se suspendem com o deferimento do pedido de soerguimento. Doutrina.

9. Consoante já percebido pela Corte Especial do STJ, a persistir a interpretação literal do art. 57 da LFRE, inviabilizar-se-ia toda e qualquer recuperação judicial (REsp 1.187.404/MT).

Poucos dias da decisão proferida pelo STJ, o Ministro Luiz Fux do STF, atendendo à reclamação ajuizada pela União, suspendeu seus efeitos sob fundamento de que o STJ afastou a regra prevista nos arts. 57, da Lei 11.101/05, e 191-A, do Código Tributário Nacional, sem declarar a inconstitucionalidade dos dispositivos, e, por isso, teria ocorrido afronta à Súmula Vinculante 10, que exige a cláusula de reserva de plenário (CF, art. 97) para decisão de órgão fracionário que afasta incidência de lei.[106]

Logo depois, o Ministro Dias Toffoli do STF, por intermédio de reclamação proposta pela OAB Nacional, e como presidente da Corte, tornou sem efeito a liminar proferida pelo Ministro Luiz Fux que exigia CND para homologação do plano de recuperação judicial. A decisão entendeu que a matéria "é eminentemente infraconstitucional", seguindo orientação do Plenário do STF sobre o tema (ADC 46) e que o STJ teria exercido o juízo de proporcionalidade dada a "existência de aparente antinomia entre a norma do art. 57 da LFRE e o princípio insculpido em seu art. 47 (preservação da empresa)".

A bem da verdade o tema ficou "aberto" porque o Supremo, ao deferir a referida reclamação constitucional da OAB Nacional, tornou sem efeito a liminar proferida pelo Ministro Luiz Fux, à época em exercício na Presidência do Tribunal, sem enfrentar a questão meritória. De certo modo, e por muitos anos, a jurisprudência do STJ a respeito do assunto tem permitido o processamento da recuperação judicial da empresa sem a apresentação da certidão de regularidade fiscal.

Mais recentemente, porém, com o advento das modalidades de transação tributária, especialmente no âmbito federal, com formas e prazos diferenciados de pagamento do passivo fiscal, inclusive para empresas sujeitas à recuperação judicial, esse cenário tem se modificado e os tribunais, em certos casos, têm exigido a comprovação da negociação com o Fisco para fins de deferimento do processamento da recuperação judicial. A decisão abaixo reproduzida do Tribunal de Justiça de São Paulo, proferida em abril de 2022, segue esse posicionamento:

> RECUPERAÇÃO JUDICIAL. Decisão judicial que concedeu a recuperação judicial da agravada. Pretensão da Fazenda Nacional dirigida à comprovação da regularização dos débitos fiscais pela Recuperanda. Cabimento. Com a promulgação de legislações a permitir parcelamento de débitos fiscais, não mais se justifica a relativização da regra estabelecida no art. 57 LREF. Jurisprudência atual. Decisão homologatória-concessiva autorizando a não apresentação de certidões negativas que extrapola o disposto na Lei Recuperacional. Decisão reformada. Recurso provido, com determinação de comprovação da regularidade fiscal.[107]

---

10. Assim, de se concluir que os motivos que fundamentam a exigência da comprovação da regularidade fiscal do devedor (assentados no privilégio do crédito tributário), não tem peso suficiente – sobretudo em função da relevância da função social da empresa e do princípio que objetiva sua preservação – para preponderar sobre o direito do devedor de buscar no processo de soerguimento a superação da crise econômico-financeira que o acomete. Recurso especial não provido. (REsp 1864625/SP, Rel. Ministra Nancy Andrighi, Terceira Turma, j. 23.06.2020, DJe 26.06.2020)

[106] Rcl 43169/SP, Rel. Min. Dias Toffoli, j. 03.12.2020.

[107] Agravo de Instrumento n. 2276272-85.2021.8.26.0000. Recuperação judicial e Falência. Rel. Ricardo Negrão. Comarca: Sumaré. Órgão julgador: 2ª Câmara Reservada de Direito Empresarial. Data do julgamento: 12.04.2022. Data de publicação: 13.04.2022.

O mesmo TJSP revela entendimento divergente sobre o mesmo assunto, também de abril de 2022, por outra Câmara de Julgamento, ao concluir que *as medidas de parcelamento vigentes não permitem mudar o contexto das empresas em dificuldades financeiras e são insuficientes para permitir a exigência da certidão de regularidade fiscal* previamente ao deferimento de processamento da recuperação judicial:

> Agravo de instrumento. Recuperação judicial. Dispensa da apresentação das certidões de regularidade fiscal. Manutenção. Ausência de lei específica que atenda satisfatoriamente o comando do art. 68 da Lei 11.101/2005. O art. 10-A da Lei 10.522/2002, incluído pela Lei n.º13.043/2014, não alterou este panorama. Prazo de 84 meses é insuficiente comparativamente a outros programas. Imposição de renúncia à discussão administrativa ou judicial acerca do débito que tampouco se mostra razoável no contexto de devedor em crise. Decisão mantida. Recurso desprovido.[108]

Outra questão que suscitou amplo debate no âmbito do STJ é se a decretação de falência antes da propositura da execução fiscal implicaria, ou não, a extinção do processo sem resolução do mérito. De acordo com decisão da 1ª Seção do Superior Tribunal de Justiça, a massa falida não tem personalidade jurídica, mas exclusivamente personalidade judiciária.

De acordo com a Seção, o ajuizamento de execução fiscal contra a pessoa jurídica que teve decretada sua falência constitui mera irregularidade sanável com a correção da petição inicial nos termos do art. 284 do CPC/1973 – ainda em vigor à época do julgamento pelo STJ, substituído pelo art. 321 do CPC/2015 – e do art. 2º, § 8º, da Lei 6.830/1980.

Autor do voto vencedor, o Ministro Og Fernandes explica que a massa falida não detém personalidade jurídica, mas apenas personalidade judiciária, isto é, atributo que permite a participação nos processos instaurados pela pessoa jurídica ou contra ela no Poder Judiciário. Trata-se de universalidade que sucede, em todos os direitos e obrigações, a pessoa jurídica.

Assim, deve-se dar oportunidade de retificação da denominação do executado — o que não implica alteração do sujeito passivo da relação processual". Segundo o

---

[108] Agravo de Instrumento n. 2279908-93.2020.8.26.0000. Recuperação judicial e Falência. Rel. Azuma Nishi. Comarca: Limeira. Órgão julgador: 1ª Câmara Reservada de Direito Empresarial. Data do julgamento: 12.04.2022. Data de publicação: 13.04.2022.
A jurisprudência mais recente do Tribunal de Justiça do Rio de Janeiro (TJRJ) também segue nesta mesma linha:
(...) Quanto à necessidade de apresentação de certidões negativas para a concessão da recuperação judicial, nos termos dos arts. 57 da Lei 11.101/05 e 191-A do CTN, pacificou-se na jurisprudência do STJ e deste Tribunal de Justiça, o entendimento de que tal exigência não se compatibiliza com o soerguimento da empresa em crise econômico-financeira, impondo-se a sua mitigação, com observância dos princípios básicos da recuperação judicial previstos no art. 47 da Lei 11.101/2005. Correção da decisão recorrida, que, relativizando a exigência legal de apresentação de certidões negativas para o deferimento da recuperação judicial, dispensa a apresentação destas pela recuperanda, com vistas à preservação da sociedade, tendo por base os princípios norteadores do microssistema da Lei 11.101/2005.
(0090926-90.2021.8.19.0000 – Agravo de instrumento. Des(a). Cláudio Luiz Braga Dell'orto – j. 16.02.2022 – Décima Oitava Câmara Cível)

ministro, a extinção do processo sem resolução do mérito violaria os princípios da celeridade e da economia processual.

Trata-se de correção de erro material ou formal, e não de modificação do sujeito passivo da execução, não se caracterizando afronta à Súmula 392 do STJ", conclui Og Fernandes. A súmula diz que "a Fazenda Pública pode substituir a certidão de dívida ativa (CDA) até a prolação da sentença de embargos, quando se tratar de correção de erro material ou formal, vedada a modificação do sujeito passivo da execução. [109]

Em dezembro de 2020, a Lei 14.112, alterando disposições da Lei 11.101/2005 (Lei de Recuperação de Empresas e Falência – LREF), promoveu diversas modificações, entre as quais, no âmbito tributário, tratamento dos créditos fiscais, especialmente no procedimento de verificação e habilitação; pagamento parcelado do imposto sobre a renda e a Contribuição Social sobre o Lucro Líquido (CSLL) incidentes sobre o ganho de capital; instituição de parcelamentos diferenciados; oferta de transação tributária individual à Procuradoria-Geral da Fazenda Nacional aos créditos inscritos em Dívida Ativa.

a) **Habilitação dos créditos fiscais**

Com o novo regramento, as Fazendas Públicas, União, estados, municípios e o DF são intimadas para apresentarem os créditos tributários, com os correspondentes

---

[109] 1. Na forma dos precedentes deste Superior Tribunal de Justiça, "a mera decretação da quebra não implica extinção da personalidade jurídica do estabelecimento empresarial. Ademais, a massa falida tem exclusivamente personalidade judiciária, sucedendo a empresa em todos os seus direitos e obrigações. Em consequência, o ajuizamento contra a pessoa jurídica, nessas condições, constitui mera irregularidade, sanável nos termos do art. 284 do CPC e do art. 2º, § 8º, da Lei 6.830/1980" (REsp 1.192.210/RJ, Rel. Min. Herman Benjamin, Segunda Turma, DJe 4.02.2011). 2. De fato, por meio da ação falimentar, instaura-se processo judicial de concurso de credores, no qual será realizado o ativo e liquidado o passivo, para, após, confirmados os requisitos estabelecidos pela legislação, promover-se a dissolução da pessoa jurídica, com a extinção da respectiva personalidade. A massa falida, como se sabe, não detém personalidade jurídica, mas personalidade judiciária – isto é, atributo que permite a participação nos processos instaurados pela empresa, ou contra ela, no Poder Judiciário. Nesse sentido: REsp 1.359.041/SE, Rel. Ministro Castro Meira, Segunda Turma, j. 18.06.2013, DJe 28.06.2013; e EDcl no REsp 1.359.259/SE, Rel. Ministro Mauro Campbell Marques, Segunda Turma, j. 2.05.2013, DJe 7.05.2013. 3. Desse modo, afigura-se equivocada a compreensão segundo a qual a retificação da identificação do polo processual – com o propósito de fazer constar a informação de que a parte executada se encontra em estado Documento: 33540443 – EMENTA / ACÓRDÃO – Site certificado – DJe: 21.03.2014 Página 1 de 2 Superior Tribunal de Justiça falimentar – implicaria modificação ou substituição do polo passivo da obrigação fiscal. 4. Por outro lado, atentaria contra os princípios da celeridade e da economia processual a imediata extinção do feito, sem que se facultasse, previamente, à Fazenda Pública oportunidade para que procedesse às retificações necessárias na petição inicial e na CDA. 5. Nesse sentido, é de se promover a correção da petição inicial e, igualmente, da CDA, o que se encontra autorizado, a teor do disposto, respectivamente, nos arts. 284 do CPC e 2º, § 8º, da Lei n. 6.830/1980. 6. Por fim, cumpre pontuar que o entendimento ora consolidado por esta Primeira Seção não viola a orientação fixada pela Súmula 392 do Superior Tribunal Justiça, mas tão somente insere o equívoco ora debatido na extensão do que se pode compreender por "erro material ou formal", e não como "modificação do sujeito passivo da execução", expressões essas empregadas pelo referido precedente sumular. 7. Recurso especial provido para, afastada, no caso concreto, a tese de ilegitimidade passiva ad causam, determinar o retorno dos autos ao Juízo de origem, a fim de que, facultada à exequente a oportunidade para emendar a inicial, com base no disposto no art. 284 do CPC, dê prosseguimento ao feito como entender de direito. Acórdão submetido ao regime estatuído pelo art. 543-C do CPC e Resolução STJ 8/2008. (REsp 1.372.243/SE, Rel. Ministro Napoleão Nunes Maia Filho, Primeira Seção, J. 11.12.2013, DJE 21.03.2014).

extratos dos cálculos, inclusive das entidades integrantes das administrações públicas indiretas, que serão direcionadas: no âmbito federal, à Procuradoria-Geral Federal e à Procuradoria-Geral do Banco Central do Brasil; no âmbito dos Estados e do Distrito Federal, à respectiva Procuradoria-Geral, à qual competirá dar ciência a eventual órgão de representação judicial específico das entidades interessadas; e no âmbito dos Municípios, à respectiva Procuradoria-Geral ou, se inexistir, ao gabinete do Prefeito, à qual competirá dar ciência a eventual órgão de representação judicial específico das entidades interessadas (art. 7º-A, § 2º, do art. 99).

Ao juízo falimentar compete a decisão sobre apuração, cálculos e a classificação dos créditos, bem como a constrição por meio da arrecadação, e a própria realização do ativo com o pagamento dos credores, mas não relativamente aos correspmsáveis, cuja competência é do juízo processante da execução fiscal.

A lei alteradora prevê disposição expressa no sentido de que as execuções fiscais permanecerão suspensas até o encerramento da falência, mantendo-se a possibilidade de prosseguimento contra os correspmsáveis (inciso II, § 4º, art. 7º-A). No caso das recuperações judiciais, mesmo com seu deferimento, as execuções fiscais têm curso regular, não sujeitas, portanto, à recuperação.

O processamento das execuções fiscais continuará sob competência dos juízos originários onde propostas e distribuídas, mas, como dito, a arrecadação e a alienação em leilão, por exemplo, são atribuições do juízo falimentar (ou do juízo onde processada a recuperação judicial). Nas execuções fiscais em curso contra o falido, o administrador judicial deverá ser intimado para representar a massa falida, sob pena de nulidade do processo.

b) Imposto Sobre a Renda e a Contribuição Social sobre o Lucro Líquido (CSLL) incidentes sobre o ganho de capital das empresas em recuperação judicial; parcelamento e efeitos nas execuções fiscais em curso

As empresas em recuperação judicial podem fazer uso de uma vantagem diferenciada em relação às demais relativamente à tributação sobre o ganho de capital. Consta previsão de aproveitamento integral – aqui onde está a significativa diferença dos prejuízos fiscais de exercícios anteriores relativos ao IRPJ e à CSLL, que podem ser utilizados para dedução do lucro obtido pela empresa na alienação de filiais, unidades produtivas e bens do ativo, inclusive do ativo permanente.

Esse dispositivo chegou a ser vetado pelo Presidente da República ao sancionar a lei, contudo, foi derrubado pelo Congresso Nacional, retomando a possibilidade de as empresas em recuperação judicial ou falência utilizarem o prejuízo fiscal e a base negativa da CSLL, sem qualquer teto de valores, ou seja, sem a conhecida "trava dos 30%", sobre a apuração do lucro líquido decorrente do ganho de capital resultante da alienação judicial de bens ou direitos pela pessoa jurídica.[110]

---

[110] Esta regra de aproveitamento integral dos prejuízos fiscais nas situações dispostas de alienação de bens e direitos das empresas em recuperação judicial ou que tiveram a falência decretada não se aplica na hipótese em que o ganho de capital decorre de transação efetuada com: a) pessoa jurídica que seja controladora, controlada, coligada ou interligada; ou b) pessoa física que seja acionista controlador, sócio, titular ou administrador da pessoa jurídica devedora. (Parágrafo único, art. 6º-B)

Também como forma de meios de recuperação das empresas nesta situação, a Lei 11.101/2005, no art. 50, prevê a possibilidade diferenciada de parcelamento do pagamento dos referidos tributos: Imposto Sobre a Renda e Contribuição Social sobre o Lucro Líquido (CSLL) incidentes sobre o ganho de capital resultante da alienação de bens ou direitos pela pessoa jurídica.

Deve-se observar, para tanto, o disposto na Lei 10.522, de julho de 2002, em especial o seguinte: a) o parcelamento terá sua formalização condicionada ao prévio pagamento da primeira prestação, conforme o montante do débito e o prazo solicitado; b) os limites e as condições estabelecidos em portaria do Ministro da Fazenda (atualmente a Pasta é nominada como Ministério da Economia); e, c) o pedido de parcelamento deferido constitui confissão de dívida e instrumento hábil e suficiente para exigência do crédito tributário.

O limite do parcelamento, segundo a Lei 10.522, de 19 de julho de 2002, é a "mediana de alongamento no plano de recuperação judicial em relação aos créditos a ele sujeitos", que poderá ser readequado na hipótese de alteração superveniente do plano de recuperação judicial. É, sem dúvida, uma medida que pode promover o pagamento da obrigação fiscal de forma a melhor acomodar ao fluxo de caixa da empresa em recuperação.

A legislação então trouxe a concessão de forma e prazo diferenciados de incentivo econômico às empresas em recuperação judicial para pagamento das obrigações fiscais vencidas, vincendas e subsequentes, especialmente com a previsão de modalidades de parcelamento que impõe, enquanto em vigor, a suspensão das execuções fiscais correspondentes, como hipótese de suspensão da exigibilidade do crédito tributário (inciso VI, art. 151, CTN).

c) Instituição de parcelamentos diferenciados

Os débitos tributários e não tributários junto à Fazenda Nacional passam a ter um regramento específico quanto às regras e condições de parcelamentos.

A Lei 14.112/2020 foi sancionada para fazer expressa modificação na Lei 10.522, de 19 de julho de 2002, prevendo que o empresário ou a sociedade empresária, que pleitear ou tiver deferido o processamento da recuperação judicial, poderá liquidar os seus débitos com a Fazenda Nacional existentes, ainda que não vencidos, até a data do protocolo da petição da recuperação judicial, de natureza tributária ou não tributária, constituídos ou não, inscritos ou não em Dívida Ativa.

A lei menciona "pleitear" ou que "tiver deferido" o processamento da recuperação judicial para fins de aplicação das regras diferenciadas de parcelamento. Isso significa que apenas a formulação, ainda pendente de deferimento pelo juízo, autoriza dar início ao parcelamento diferenciado, sob condição futura de validade do preenchimento dos requisitos estabelecidos.

As empresas enquadradas nessa situação podem eleger basicamente entre duas modalidades de parcelamento: usar o prejuízo fiscal para cobrir até 30% da dívida com parcelamento em 84 meses, ou não utilizar o prejuízo fiscal e recolher seus débitos em até 120 vezes, e, especificamente para débitos de impostos retidos na fonte, em 24 parcelas.

Modalidades de parcelamento	Condições específicas	Condições gerais
a) Parcelamento da dívida consolidada em até 120 (cento e vinte) prestações mensais e sucessivas. (inciso V, art. 10-A da Lei 14.112/2020) b) Até 84 prestações (débitos não inscritos em dívida ativa e administrados pela Receita Federal do Brasil, constituídos ou não, ainda que não vencidos). (inciso VI, art. 10-A da Lei 14.112/2020) c) Até 24 prestações (débitos inscritos ou não inscritos em dívida ativa, relativos a tributos passíveis de retenção na fonte, de desconto de terceiros ou de sub-rogação, ou relativos a IOF retido e não recolhido). (art. 10-B da Lei 14.112/2020)	Os seguintes percentuais mínimos devem ser aplicados sobre o valor da dívida consolidada: – da 1ª à 12ª prestação: 0,5%; – da 13ª à 24ª prestação: 0,6%; – 25ª prestação em diante: percentual deve corresponder ao saldo remanescente, em até 96 prestações. Liquidação de até 30% da dívida consolidada no parcelamento com a utilização de créditos decorrentes de prejuízo fiscal e de base de cálculo negativa da CSLL ou com outros créditos próprios relativos a tributos administrados pela RFB, hipótese em que o restante poderá ser parcelado em até 84 parcelas, observando os seguintes percentuais mínimos a serem aplicados sobre o valor da dívida consolidada: – da 1ª à 12ª prestação: 0,5%, – da 13ª à 24ª prestação: 0,6%; – 25ª prestação em diante: percentual correspondente ao saldo remanescente, em até 96 (noventa e seis) prestações mensais e sucessivas. – o valor do crédito decorrente de prejuízo fiscal e de base de cálculo negativa da CSLL será determinado por meio da aplicação das seguintes alíquotas: – 25% sobre o montante do prejuízo fiscal; – 20% sobre a base de cálculo negativa da CSLL, no caso das pessoas jurídicas de seguros privados, das pessoas jurídicas de capitalização e das pessoas jurídicas referidas nos incisos I, II, III, IV, V, VI, VII em X do § 1º do art. 1º da Lei Complementar 105, de 10 de janeiro de 2001;	– o parcelamento ocorre mediante a subscrição de termo de compromisso, no qual estará previsto: – o fornecimento à RFB e à PGFN de informações bancárias, inclusive aplicações, e eventual comprometimento de recebíveis e demais ativos futuros; – o dever de amortizar o saldo devedor do parcelamento com percentual do produto de cada alienação de bens e direitos integrantes do ativo não circulante, realizada durante o período de vigência do plano de recuperação judicial. A amortização do saldo devedor implicará redução proporcional da quantidade de parcelas vincendas; observado o limite máximo de 30% (trinta por cento) do produto da alienação, o percentual a ser destinado para a amortização do parcelamento corresponderá à razão entre o valor total do passivo fiscal e o valor total de dívidas do devedor, na data do pedido de recuperação judicial. – manter a regularidade fiscal; e – o cumprimento regular das obrigações relativas ao FGTS. – A adesão ao parcelamento abrangerá a totalidade dos débitos exigíveis em nome do sujeito passivo, observadas as seguintes condições e ressalvas: – os débitos sujeitos a outros parcelamentos ou que comprovadamente sejam objeto de discussão judicial poderão ser excluídos, estes últimos mediante: a) o oferecimento de garantia idônea e suficiente, aceita pela Fazenda Nacional em juízo; ou

Modalidades de parcelamento	Condições específicas	Condições gerais
	– 17% sobre a base de cálculo negativa da CSLL, no caso das pessoas jurídicas referidas no inciso IX do § 1º do art. 1º da Lei Complementar 105, de 10 de janeiro de 2001; – 9% sobre a base de cálculo negativa da CSLL, no caso das demais pessoas jurídicas. – os seguintes percentuais mínimos devem ser aplicados sobre o valor da dívida consolidada: – da 1ª à 6ª prestação: 3%; – da 7ª à 12ª prestação: 6%; – 13ª prestação em diante: percentual deve corresponder ao saldo remanescente, em até 12 prestações mensais e sucessivas.	b) a apresentação de decisão judicial em vigor e eficaz que determine a suspensão de sua exigibilidade; – a garantia não poderá ser incluída no plano de recuperação judicial, permitida a sua execução regular, inclusive por meio da expropriação, se não houver a suspensão da exigibilidade ou a extinção do crédito em discussão judicial; – aplica aos depósitos judiciais regidos pela Lei 9.703, de 17 de novembro de 1998, e pela Lei 12.099, de 27 de novembro de 2009 as regras acima de garantias (incisos II e III do § 1º-C, art. 10-A da Lei 14.112/2020) Na hipótese de o sujeito passivo optar pela inclusão, no parcelamento de que trata este artigo, de débitos que se encontrem sob discussão administrativa ou judicial, submetidos ou não a causa legal de suspensão de exigibilidade, deverá ele comprovar que desistiu expressamente e de forma irrevogável da impugnação ou do recurso interposto, ou da ação judicial e, cumulativamente, que renunciou às alegações de direito sobre as quais se fundam a ação judicial e o recurso administrativo; – microempresas e as empresas de pequeno porte farão jus a prazos 20% superiores àqueles regularmente concedidos às demais empresas; – o devedor pode desistir de outros tipos de parcelamentos em curso e migrar o saldo devedor para uma das novas modalidades de parcelamento destinado para empresas em recuperação judicial; – o empresário ou a sociedade empresária poderá ter apenas 1 (um) parcelamento perante a Fazenda Nacional, cujos débitos constituídos, inscritos

Modalidades de parcelamento	Condições específicas	Condições gerais
		ou não em dívida ativa da União, poderão ser incluídos até a data do pedido de parcelamento. – a concessão do parcelamento não implica a liberação dos bens e dos direitos do devedor ou de seus responsáveis que tenham sido constituídos em garantia dos créditos. – o disposto neste parcelamento aplica-se, no que couber, aos créditos de qualquer natureza das autarquias e das fundações públicas federais.

A Lei 14.112/2020 prevê como hipóteses de exclusão do sujeito passivo os seguintes critérios:

a) a falta de pagamento de 6 (seis) parcelas consecutivas ou de 9 (nove) parcelas alternadas;

b) a falta de pagamento de 1 (uma) até 5 (cinco) parcelas, conforme o caso, se todas as demais estiverem pagas;

c) a constatação, pela Secretaria Especial da Receita Federal do Brasil ou pela Procuradoria-Geral da Fazenda Nacional, de qualquer ato tendente ao esvaziamento patrimonial do sujeito passivo como forma de fraudar o cumprimento do parcelamento;

d) a decretação de falência ou extinção, pela liquidação, da pessoa jurídica optante;

e) a concessão de medida cautelar fiscal, nos termos da Lei 8.397, de 6 de janeiro de 1992;

f) a declaração de inaptidão da inscrição no Cadastro Nacional da Pessoa Jurídica (CNPJ), nos termos dos arts. 80 e 81 da Lei 9.430, de 27 de dezembro de 1996;

g) a extinção sem resolução do mérito ou a não concessão da recuperação judicial, bem como a convolação desta em falência; ou

h) o descumprimento de quaisquer das condições aplicáveis às modalidades de parcelamento previstas para empresas em recuperação judicial, inclusive o dever de amortizar o saldo devedor do parcelamento de que trata este artigo com percentual do produto de cada alienação de bens e direitos integrantes do ativo não circulante realizada durante o período de vigência do plano de recuperação judicial.

A exclusão do parcelamento acarreta à sociedade empresária em recuperação judicial o seguinte:

a) a exigibilidade imediata da totalidade do débito confessado e ainda não pago, com o prosseguimento das execuções fiscais relacionadas aos créditos cuja exigibilidade estava suspensa, inclusive com a possibilidade de prática de atos de constrição e de alienação pelos juízos que as processam, ressalvada a hipótese de decretação da falência;

b) a execução automática das garantias;

c) o restabelecimento em cobrança dos valores liquidados com os créditos, na hipótese de parcelamento sob condição de até 84 vezes, que permite a utilização de prejuízo fiscal e base de cálculo negativa da CSLL ou com outros créditos próprios relativos a tributos administrados pela RFB;

d) a faculdade de a Fazenda Nacional requerer a convolação da recuperação judicial em falência.

d) Oferta de transação tributária individual à Procuradoria-Geral da Fazenda Nacional aos créditos inscritos em Dívida Ativa

Além de uma metodologia diferenciada de parcelamento, os devedores em recuperação judicial poderão requerer, junto à Procuradoria-Geral da Fazenda Nacional, a transação relativa a débitos inscritos em Dívida Ativa da União, desde que observado: (i) o prazo máximo de 120 meses, que pode ser ampliado em mais 12 meses, no caso de devedor que realize projetos sociais); (ii) com limite máximo de descontos de 70% (setenta por cento).

A transação proposta pelo sujeito passivo junto à PGFN, segundo a Lei 13.988/2020, compreende os créditos inscritos em Dívida Ativa da União e submete-se ao juízo de conveniência e oportunidade, sempre pautada na legislação atinente à espécie. Toda transação deve ocorrer de forma motivada e observando o interesse público e os princípios da isonomia, da capacidade contributiva, da transparência, da moralidade, da livre concorrência, da preservação da atividade empresarial, da razoável duração dos processos e da eficiência.

A transação pode compreender os créditos de qualquer natureza das autarquias e das fundações públicas federais, que deverão regulamentar a forma e os termos necessários cuja competência para transacionar lhe é própria. Além disso, se esses créditos se referirem à multa decorrente do exercício do poder de polícia, não se aplica a vedação de redutor ao montante principal.

No processo consensual de transação com a PGFN, alguns parâmetros são examinados, como: a) a recuperabilidade do crédito, que, no caso da empresa recuperanda, leva em consideração possível falência, ou não; b) a proporção entre o passivo fiscal e as outras dívidas de natureza cível, trabalhista, bancária etc.; e c) o porte da empresa e a quantidade de vínculos empregatícios.

Na transação, o devedor deve fornecer à PGFN informações bancárias e empresariais, e se compromete a manter a regularidade fiscal perante a União, bem como manter o Certificado de Regularidade do FGTS, após formalizado o termo de transação. Além disso, deve demonstrar a ausência de prejuízo decorrente do cumprimento das obrigações contraídas com a celebração da transação em caso de alienação ou de oneração de bens ou direitos integrantes do ativo não circulante.

Um diferencial dos pedidos de transação das empresas recuperandas é a suspensão do andamento das execuções fiscais, salvo oposição justificada por parte da PGFN, que, nesse caso, deve ser apreciada pelo juízo competente da recuperação judicial.

A rescisão da transação por inadimplemento de parcelas somente ocorrerá nas seguintes hipóteses: falta de pagamento de 6 (seis) parcelas consecutivas ou de 9 (nove) parcelas alternadas; e falta de pagamento de 1 (uma) até 5 (cinco) parcelas se todas as demais estiverem pagas.

A PGFN deve encaminhar ao juízo da recuperação judicial uma cópia integral do processo administrativo do exame da proposta de transação, ainda que esta tenha sido rejeitada.

Os estados, o Distrito Federal e os municípios poderão, por lei de iniciativa própria, estabelecer e regulamentar a transação tributária, inclusive autorizar que os termos fixados na lei federal sejam aplicados a seus créditos.

6.12 TRANSAÇÃO TRIBUTÁRIA NO CONTEXTO DA RECUPERAÇÃO JUDICIAL; EXECUÇÕES FISCAIS E CERTIDÃO DE REGULARIDADE FISCAL

A Lei 13.988/2020, popularmente conhecida como Lei do Contribuinte Legal e homônima da MP 899/2019, que lhe deu origem, trouxe importante avanço na relação fisco-contribuintes ao prever a transação de créditos federais de natureza tributária ou não tributária, inclusive de autarquias e de fundações federais, especialmente para as pessoas jurídicas sujeitas à recuperação judicial.

O conceito de transação implica concessões mútuas. Por isso, a transação tributária junto à Procuradoria Geral da Fazenda Nacional – PGFN tem como pressuposto o grau de recuperabilidade do crédito, a fim de que os descontos concedidos nesse âmbito valham a pena para o erário federal: melhor renunciar uma parcela do que a integralidade, se enxergado o horizonte de irrecuperabilidade. Não por outro motivo os créditos imputados às pessoas jurídicas sujeitas à recuperação judicial são presumidamente irrecuperáveis ou de difícil recuperação, autorizando, hipoteticamente, a concessão de descontos mais atrativos.

A transação tributária para as empresas em recuperação judicial, concomitantemente às alterações promovidas pela Lei 14.112/2020 à Lei 11.101/2005, que, por exemplo, como visto, autorizou o aproveitamento integral de prejuízo fiscal e de base negativa para abater o IRPJ e a CSLL decorrentes do ganho de capital na alienação judicial de ativos, ressalvadas as operações com pessoas controladas, coligadas, interligadas, sócias ou administradoras, tornou-se instrumento eficaz de superação da crise econômica, sobretudo pelos graves e irremediáveis efeitos provocados à época de sua edição pelo Covid-19.

Essas alterações trouxeram uma maior compatibilidade fática do Direito Tributário e dos obstáculos enfrentados pelas empresas em recuperação judicial, que, sob as regras anteriores, a efetividade do processo era mitigada pelo ônus fiscal. Na transação tributária, a realidade das empresas em recuperação judicial também foi ponderada mediante a possibilidade de negociação de maiores descontos e prazo de pagamento estendido.

Os descontos podem atingir 70% do valor da dívida, com prazo de pagamento de até 120 meses. Caso o contribuinte desenvolva projetos sociais, o prazo será de até 132 parcelas. Se o contribuinte for microempresa, EPP, empresário individual e, quando sujeitas à recuperação judicial, Santa Casa de Misericórdia, instituição de ensino, sociedade cooperativa ou outra organização da sociedade civil, o prazo máximo poderá ser de 145 meses. Excetuam-se dos prazos dilatados os débitos previdenciários, parceláveis em até 60 meses por limitação constitucional (art. 10-C da Lei 14.112/2020).

A Lei 14.112/2020, além de alterar a Lei 11.101/2005, trouxe mudanças para a Lei 10.522/2002, que, entre outros temas, fixa hipóteses de pagamento de créditos junto à PGFN, a exemplo do parcelamento e, agora, da transação tributária para as empresas em recuperação judicial. O art. 10-C, da Lei 14.112/2020, define a delimitação temporal ao pedido de transação tributária para que as empresas sujeitas à recuperação judicial possam transacionar seus débitos com descontos mais vantajosos; caso desrespeitado tal prazo, a empresa deverá observar as condições para pessoas jurídicas em geral (até 50% de desconto, com número de parcelas inferior).

O artigo antes mencionado prevê o seguinte: "(...) o empresário ou a sociedade empresária que tiver o processamento da recuperação judicial deferido poderá, até o momento referido no art. 57 da Lei 11.101, de 9 de fevereiro de 2005, submeter à Procuradoria-Geral da Fazenda Nacional proposta de transação relativa a créditos inscritos em dívida ativa da União, nos termos da Lei 13.988, de 14 de abril de 2020 (...)".

Fixando os termos previstos no supracitado artigo: (i) o termo inicial para a empresa requerer a transação sob condição mais vantajosa é o deferimento do processamento da recuperação; e (ii) o termo final é "o momento referido no art. 57 da Lei 11.101/2005. E que momento é esse? O momento de apresentar a certidão de regularidade fiscal aos autos da recuperação judicial.

A PGFN, em seu site, esclarece que a apresentação da certidão de regularidade fiscal consiste na etapa imediatamente anterior à homologação do plano da recuperação judicial, levando à conclusão de que a transação com as condições mais favoráveis somente poderá ser requerida até a homologação e concessão do plano:

> É preciso estar atento, no entanto, ao momento adequado para apresentar a proposta. A transação individual poderá concedida somente entre o deferimento do processamento da recuperação judicial (art. 52 da Lei 11.101, de 2005) e o momento imediatamente anterior (art. 57 da Lei 11.101, de 2005) à concessão da recuperação judicial (art. 58 da Lei 11.101, de 2005).

Um dos requisitos legais à homologação do plano de recuperação judicial é, portanto, a apresentação da certidão de regularidade fiscal, seja negativa ou positiva com efeitos de negativa. Isso nos leva à falsa conclusão de que toda e qualquer empresa em recuperação judicial pode se beneficiar de condições mais vantajosas para a transação, afinal, segundo a lei, o plano não poderia ser homologado sem a apresentação da certidão.

No plano prático, mesmo posterior à vigência da Lei 14.112/2020, reduzidos eram os casos de empresa recuperanda munida de tal documento, o que levou os juízos a homologar os planos de pagamento antes mesmo de expedida a certidão, ou mesmo dispensando-a. Mas esse cenário tem ficado cada vez mais difícil ante os precedentes firmados no âmbito dos Tribunais Superiores. Muitas vezes, essa é a solução cabível dado o impacto do passivo fiscal no patrimônio das recuperandas, em atenção ao princípio da preservação da empresa e à prioridade de pagamento das dívidas trabalhistas por sua natureza, como também para não prejudicar a cadeia econômica em que a recuperanda é inserida (credores).

A absoluta vinculação das condições vantajosas de transação para empresas recuperandas ao momento de homologação do plano é questionável se a exigência da certidão de regularidade pode ser dispensada ou postergada pelo juízo da recuperação. Se uma empresa se enquadrou nessa hipótese e teve o seu plano homologado, não será beneficiada pelas melhores condições da transação, o que revela tratamento tributário diferenciado para contribuintes em situação equivalente.

E se uma empresa teve o seu plano homologado e, após, suspenso por ausência de certidão de regularidade fiscal ou por qualquer outro motivo? Na primeira hipótese, entendemos que a verdade material (inerente à esfera tributária e, logo, por que não à transação?) implica na não homologação efetiva do plano. Mas, aqui, deixamos a crítica de que a transação tributária para empresas em recuperação judicial não deveria se limitar ao momento de homologação do plano, dadas as diversas circunstâncias fáticas que fragilizam o referido marco como definidor das condições mais vantajosas, sob pena de macular a finalidade e a importância desse instituto para as empresas recuperandas.

Uma solução cabível a qualquer hipótese é vincular os descontos da transação para empresas em recuperação judicial ao momento de apresentação da certidão de regularidade fiscal, antes ou depois da homologação do plano. Aparentemente, essa foi a solução encontrada pela Lei 14.112/2020 ao inserir na Lei 10.522/2002 o art. 10-C, que em momento algum fixa a homologação do plano como termo final da proposta de transação, mas sim "até o momento referido no art. 57 da Lei 11.101/2005", ou seja, até o momento de apresentar a certidão de regularidade fiscal, independentemente de ser antes ou depois da homologação do plano.

A solução ideal e que se adequa à realidade e aos princípios inerentes à recuperação judicial é analisar casuisticamente a situação da empresa e o andamento da recuperação judicial, seja antes seja depois da homologação do plano ou da apresentação da certidão de regularidade fiscal. Mediante autorização do juízo da recuperação judicial, os contribuintes poderiam ingressar com o pedido de transação sob as condições mais vantajosas, cuja concessão depende da análise do histórico de solvência da empresa junto à Fazenda Nacional, entre outros fatores.

Vedar a possibilidade de diálogo e verificação casuística da situação da empresa para concessão de descontos mais vantajosos, vinculando apenas à homologação ou não do plano ou à apresentação da certidão de regularidade fiscal (muitas vezes dispensada), parece contrário à finalidade tanto da recuperação judicial quanto da transação tributária. Não seria uma má ideia adicionar o § 5º ao art. 10-C da Lei 10.522/2002, para consignar "caso a apresentação da certidão de regularidade fiscal prevista no art. 57 da Lei 11.101, de 9 de fevereiro de 2005, seja dispensada, o juízo da recuperação judicial poderá autorizar a empresa recuperanda requerer à Procuradoria-Geral da Fazenda Nacional, a qualquer tempo, transação individual sob as condições expostas neste artigo, cuja concessão ficará a critério da Procuradoria com base nas condições que autorizam maiores ou menores descontos".

Contudo, a jurisprudência mais recente do STJ alterou esse posicionamento sob entendimento e aplicação da compreensão de que, após a edição da Lei 14.112/2020, não cabe mais ao juízo dispensar a comprovação de regularidade fiscal para a concessão da recuperação judicial, ainda que a pretexto dos princípios da função social e da preservação da empresa.

A exemplo do que decidiu a Terceira Turma no julgamento do AgInt no AgInt no REsp 2.110.542/SP[111], a Corte tem ponderado que as condições normativas atuais tornam possíveis a efetividade da recuperação judicial conjugada com a regularidade fiscal, permitindo impor a exigência legal no âmbito federal e sempre que condições normativas sejam conferidas também por outros entes federados.

6.13 INCLUSÃO DE SÓCIO-GERENTE OU ADMINISTRADOR NA CDA: APANHADO JURISPRUDENCIAL – STJ E STF

Como já tratado, a noção conceitual da teoria geral do direito civil, importada para os demais ramos do Direito, revela que o sócio de sociedade é pessoa distinta desta, ostentando personalidade jurídica própria, sujeito a direitos e obrigações que não se confundem, salvo hipóteses expressamente previstas em lei.[112] A pessoa jurídica é, na verdade, instrumento de que se utiliza o empresário ou sócio para exercer suas atividades.

Para que seja desnudada a regra de que a pessoa física do sócio é distinta da sociedade, é imprescindível expressa previsão normativa, notadamente proclamando a desconsideração da personalidade jurídica da empresa, com o objetivo de atingir bens dos sócios. Vários são os casos previstos em lei nos mais diversos ramos do Direito, entre os quais o trabalhista, fiscal, previdenciário, civil etc.

O Código Tributário Nacional (art. 110), conforme visto, estabelece a impossibilidade de a lei tributária alterar a definição, o conteúdo e o alcance de institutos, conceitos e formas de direito privado para definir ou limitar competências tributárias, utilizados, expressa ou implicitamente, em normas de âmbito constitucional.

Assim, conhecendo esse postulado, não se pode conferir, **como regra geral**, a responsabilidade do sócio, ainda que administrador ou gerente da sociedade empresária, pelas dívidas da pessoa jurídica, notadamente por se tratar de personalidades

---

[111] AGRAVO INTERNO NO AGRAVO INTERNO NO RECURSO ESPECIAL – AUTOS DE AGRAVO DE INSTRUMENTO NA ORIGEM – DECISÃO MONOCRÁTICA QUE NEGOU PROVIMENTO AO RECURSO. INSURGÊNCIA RECURSAL DA PARTE AGRAVANTE. 1. Nos termos da hodierna orientação jurisprudencial adotada pelas Turmas que compõem a Segunda Seção desta Colenda Corte, com as alterações promovidas pela Lei 14.112/20 na Lei 11.101/05, "não se afigura mais possível, a pretexto da aplicação dos princípios da função social e da preservação da empresa vinculados no art. 47 da LRF, dispensar a apresentação de certidões negativas de débitos fiscais (ou de certidões positivas, com efeito de negativas), expressamente exigidas pelo art. 57 do mesmo veículo normativo, sobretudo após a implementação, por lei especial, de um programa legal de parcelamento factível, que se mostrou indispensável a sua efetividade e ao atendimento a tais princípios". (REsp n. 2.053.240/SP, relator Ministro Marco Aurélio Bellizze, Terceira Turma, julgado em 17/10/2023, DJe de 19/10/2023.). Incidência do enunciado contido na Súmula 83/STJ. 2. Agravo interno desprovido. (AgInt no AgInt no REsp n. 2.110.542/SP, relator Ministro Marco Buzzi, Quarta Turma, julgado em 26/8/2024, DJe de 29/8/2024.)

[112] 1. **A personalidade jurídica da sociedade não se confunde com a personalidade jurídica dos sócios. Assim, por constituírem pessoas distintas, distintos são também seus direitos e obrigações**. (REsp 1188151/AM, Rel. Ministro João Otávio de Noronha, Quarta Turma, j. 14.06.2011, DJe 12.04.2012).

Título II • Cap. 6 • EXECUÇÃO FISCAL | 291

jurídicas distintas, salvo situações muito particulares relacionadas à responsabilidade pelas dívidas tributárias da sociedade, como na hipótese do modelo societário de empresa individual.

A legislação tributária, particularmente, impõe situações excepcionais de responsabilidade dos sócios.

A responsabilidade tributária do sócio, cujo desígnio é promover possibilidades de satisfação do crédito tributário objeto de inadimplemento pela pessoa jurídica, **advém da prática de atos ilícitos**, como nas hipóteses previstas nos arts. 134, 135 e 137 do CTN[113], e até mesmo pela prática de atos lícitos, como nos casos estabelecidos nos arts. 129 e 133, também do CTN[114].

---

[113] Art. 134. Nos casos de impossibilidade de exigência do cumprimento da obrigação principal pelo contribuinte, respondem solidariamente com este nos atos em que intervierem ou pelas omissões de que forem responsáveis:

I – os pais, pelos tributos devidos por seus filhos menores;

II – os tutores e curadores, pelos tributos devidos por seus tutelados ou curatelados;

III – os administradores de bens de terceiros, pelos tributos devidos por estes;

IV – o inventariante, pelos tributos devidos pelo espólio;

V – o síndico e o comissário, pelos tributos devidos pela massa falida ou pelo concordatário;

VI – os tabeliães, escrivães e demais serventuários de ofício, pelos tributos devidos sobre os atos praticados por eles, ou perante eles, em razão do seu ofício;

VII – os sócios, no caso de liquidação de sociedade de pessoas.

Parágrafo único. O disposto neste artigo só se aplica, em matéria de penalidades, às de caráter moratório.

Art. 135. São pessoalmente responsáveis pelos créditos correspondentes a obrigações tributárias resultantes de atos praticados com excesso de poderes ou infração de lei, contrato social ou estatutos:

I – as pessoas referidas no artigo anterior;

II – os mandatários, prepostos e empregados;

III – os diretores, gerentes ou representantes de pessoas jurídicas de direito privado.

Art. 137. A responsabilidade é pessoal ao agente:

I – quanto às infrações conceituadas por lei como crimes ou contravenções, salvo quando praticadas no exercício regular de administração, mandato, função, cargo ou emprego, ou no cumprimento de ordem expressa emitida por quem de direito;

II – quanto às infrações em cuja definição o dolo específico do agente seja elementar;

III – quanto às infrações que decorram direta e exclusivamente de dolo específico:

a) das pessoas referidas no artigo 134, contra aquelas por quem respondem;

b) dos mandatários, prepostos ou empregados, contra seus mandantes, preponentes ou empregadores;

c) dos diretores, gerentes ou representantes de pessoas jurídicas de direito privado, contra estas.

[114] Art. 129. O disposto nesta Seção aplica-se por igual aos créditos tributários definitivamente constituídos ou em curso de constituição à data dos atos nela referidos, e aos constituídos posteriormente aos mesmos atos, desde que relativos a obrigações tributárias surgidas até a referida data.

Art. 133. A pessoa natural ou jurídica de direito privado que adquirir de outra, por qualquer título, fundo de comércio ou estabelecimento comercial, industrial ou profissional, e continuar a respectiva exploração, sob a mesma ou outra razão social ou sob firma ou nome individual, responde pelos tributos, relativos ao fundo ou estabelecimento adquirido, devidos até à data do ato:

I – integralmente, se o alienante cessar a exploração do comércio, indústria ou atividade;

II – subsidiariamente com o alienante, se este prosseguir na exploração ou iniciar dentro de seis meses a contar da data da alienação, nova atividade no mesmo ou em outro ramo de comércio, indústria ou profissão.

§ 1º. O disposto no *caput* deste artigo não se aplica na hipótese de alienação judicial:

I – em processo de falência;

II – de filial ou unidade produtiva isolada, em processo de recuperação judicial.

Nesse panorama normativo, a responsabilidade do sócio por dívidas fiscais da sociedade reclama o atendimento de várias condicionantes, definidas nas normas ali dispostas, e, sobretudo, nas seguintes: i) a existência de previsão legal prevendo a responsabilidade tributária; ii) a consideração do regime jurídico do contribuinte (sociedade) para fins de aferição da prestação pecuniária devida; e iii) a existência de vínculo jurídico entre o contribuinte e o responsável, que lhe permita cumprir sua função de auxiliar o Fisco no recebimento da dívida do contribuinte.[115]

A extensão do dever jurídico imposto a terceiro como responsável pela dívida tributária, examinada sob a ótica da dívida de sociedade empresária, adquire contornos ainda mais amplos ao se analisar as hipóteses de **responsabilidade tributária solidária ou subsidiária**, havendo coobrigados neste último caso, e a **responsabilidade pessoal**.

Essa distinção pode ser conferida nas palavras da doutrina de Maria Rita Ferragut:

> Será pessoal se competir exclusivamente ao terceiro adimplir a obrigação, desde o início (responsabilidade de terceiros, por infrações e substituição).
>
> Será subsidiária se o terceiro for responsável pelo pagamento da dívida somente se constatada a impossibilidade de pagamento do tributo pelo devedor originário. E, finalmente, será solidária se mais de uma pessoa integrar o polo passivo da relação permanecendo todos eles responsáveis pelo pagamento da dívida.[116]

Na prática, o problema é que os sócios, em certos casos, são inseridos na CDA como corresponsáveis diretos pelo crédito tributário da Fazenda Pública, perseguido no executivo fiscal sob a suposta prática de um dos atos descritos no art. 135, sem, necessariamente, ter havido o processo administrativo tributário no qual lhe tenha sido assegurado o contraditório e a ampla defesa.

Assim, certas vezes, o título executivo contempla além da empresa, responsável direta pelo inadimplemento do tributo cobrado, os sócios-gerentes ou administradores sem que estes tenham tido sequer o direito de participar do processo administrativo fiscal sob o crivo do contraditório e da ampla defesa.

---

§ 2º. Não se aplica o disposto no § 1º deste artigo quando o adquirente for:

I – sócio da sociedade falida ou em recuperação judicial, ou sociedade controlada pelo devedor falido ou em recuperação judicial;

II – parente, em linha reta ou colateral até o 4º (quarto) grau, consanguíneo ou afim, do devedor falido ou em recuperação judicial ou de qualquer de seus sócios; ou

III – identificado como agente do falido ou do devedor em recuperação judicial com o objetivo de fraudar a sucessão tributária.

§ 3º. Em processo da falência, o produto da alienação judicial de empresa, filial ou unidade produtiva isolada permanecerá em conta de depósito à disposição do juízo de falência pelo prazo de 1 (um) ano, contado da data de alienação, somente podendo ser utilizado para o pagamento de créditos extraconcursais ou de créditos que preferem ao tributário.

[115] NASCIMENTO, Octávio Bulcão. *Curso de Especialização em Direito Tributário*: Estudos Analíticos em Homenagem a Paulo de Barros Carvalho. Rio de Janeiro: Forense, 2007, p. 818.

[116] FERRAGUT, Maria Rita. *Responsabilidade Tributária e o Código Civil de 2002*. 2. ed. São Paulo: Ed. Noeses, 2009. p. 34-35.

A Fazenda Pública, beneficiada pela presunção de certeza e liquidez do título, nos termos do art. 3º da Lei de Execução Fiscal[117], ao inserir pessoas como responsáveis na CDA, sem participação no processo administrativo fiscal, transfere automaticamente para esses corresponsáveis a necessidade de elidir sua obrigação pelo tributo cobrado no curso da execução fiscal.

O ônus da prova passaria a ser dos sujeitos passivos (inclusive corresponsáveis) indicados na execução fiscal, ainda que incluídos automaticamente na CDA, os quais, por meio dos embargos à execução, ou seja, apenas depois de garantido o juízo, teriam a possibilidade de comprovar que não são responsáveis pelo tributo executado.

Ao pesquisar no repertório de jurisprudências do STJ, encontram-se várias decisões, inclusive a pacificação do tema submetido ao crivo de recurso repetitivo, no sentido de que se a execução foi ajuizada apenas contra a pessoa jurídica, mas o nome do sócio-gerente ou administrador consta da CDA, a ele incumbe o ônus da prova de que não ficou caracterizada nenhuma das circunstâncias previstas no art. 135 do CTN, ou seja, de que não houve a prática de atos com excesso de poderes ou infração de lei, contrato social ou estatutos.

Abaixo segue a ementa do julgado proferido em sede de recurso especial submetido à sistemática prevista no art. 543-C do CPC/1973, *verbis*:

> 1. A orientação da Primeira Seção desta Corte firmou-se no sentido de que, se a execução foi ajuizada apenas contra a pessoa jurídica, **mas o nome do sócio consta da CDA, a ele incumbe o ônus da prova de que não ficou caracterizada nenhuma das circunstâncias previstas no art. 135 do CTN, ou seja, não houve a prática de atos "com excesso de poderes ou infração de lei, contrato social ou estatutos".**
>
> 2. Por outro lado, é certo que, malgrado serem os embargos à execução o meio de defesa próprio da execução fiscal, a orientação desta Corte firmou-se no sentido de admitir a exceção de pré-executividade nas situações em que não se faz necessária dilação probatória ou em que as questões possam ser conhecidas de ofício pelo magistrado, como as condições da ação, os pressupostos processuais, a decadência, a prescrição, entre outras.
>
> 3. Contudo, no caso concreto, como bem observado pelas instâncias ordinárias, o exame da responsabilidade dos representantes da empresa executada requer dilação probatória, razão pela qual a matéria de defesa deve ser aduzida na via própria (embargos à execução), e não por meio do incidente em comento.
>
> 4. Recurso especial desprovido. Acórdão sujeito à sistemática prevista no art. 543-C do CPC, c/c a Resolução 8/2008 – Presidência/STJ.
>
> (REsp 1104900/ES, Rel. Ministra Denise Arruda, Primeira Seção, j. 25.03.2009, DJe 01.04.2009).

Segundo o STJ, a presunção de certeza e liquidez assegurada à CDA impõe ao executado corresponsável, que figura no título executivo, o ônus de demonstrar a

---

[117] Art. 3º. A Dívida Ativa regularmente inscrita goza da presunção de certeza e liquidez.

Parágrafo único – A presunção a que se refere este artigo é relativa e pode ser ilidida por prova inequívoca, a cargo do executado ou de terceiro, a quem aproveite.

inexistência de sua responsabilidade tributária, o que, por demandar prova, deve ser promovido no âmbito dos embargos à execução, excluindo, portanto, a utilização da chamada exceção de pré-executividade, nos termos do julgado abaixo:

> 1. Só é cabível exceção de pré-executividade quando atendidos simultaneamente dois requisitos, um de ordem material e outro de ordem formal: a) que a matéria invocada seja suscetível de conhecimento de ofício pelo juiz; e b) que a decisão possa ser tomada sem necessidade de dilação probatória.
>
> 2. Conforme assentado em precedentes da Primeira Seção, inclusive sob o regime do art. 543-C do CPC (REsp 1.104.900, Min. Denise Arruda, Dje 01.04.2009), **é inadmissível Exceção de pré-executividade em execução fiscal promovida contra sócio que figura como responsável na Certidão de Dívida Ativa – CDA.**
>
> 3. **A presunção de legitimidade assegurada à CDA impõe ao executado que figura no título executivo o ônus de demonstrar a inexistência de sua responsabilidade tributária, demonstração essa que, por demandar prova, deve ser promovida no âmbito dos embargos à execução.**
>
> 4. Orientação reafirmada pela Primeira Seção do STJ no julgamento do Recurso Especial 1.110.925/SP.
>
> 5. Agravo regimental não provido, com aplicação de multa no percentual de 1% (um por cento) do valor da causa, com fundamento no art. 557, § 2º, do CPC. (AgRg no AREsp 223785/PA, Rel. Ministro Benedito Gonçalves, Primeira Turma, j. 04.12.2012, DJe 07.12.2012).

Os Tribunais de Justiça vêm seguindo, majoritariamente, a orientação do STJ, ao afirmar que, se não constatado o nome do sócio na CDA, compete ao Fisco o ônus da prova de que ele praticou um dos atos elencados no art. 135 do CTN, o que nos permite concluir, a contrário senso, de que se houver o nome do sócio na CDA, o redirecionamento do executivo fiscal afigura-se viável, invertendo-se o ônus da prova ao sócio-gerente.[118]

---

[118] I – A execução fiscal iniciada contra a pessoa jurídica somente pode ser direcionada contra o sócio que não consta da Certidão de Dívida Ativa – CDA, mediante a prova, pelo Fisco, dos requisitos do art. 135 do Código Tributário Nacional – infração à lei, ao contrato social ou aos estatutos ou, ainda, dissolução irregular da sociedade.

II – Negou-se provimento ao recurso. (Acórdão n.645476, 20120020280128AGI, Rel. José Divino de Oliveira, 6ª Turma Cível, j. 09.01.2013, DJe 15.01.2013. Pág.: 308).

1. É impossível o redirecionamento da execução fiscal ao sócio cujo nome não consta da CDA, a fim de se viabilizar sua responsabilização pela dívida do executado, sem a prova de que se tenha agido com excesso de poderes ou infração à lei, ao contrato social ou ao estatuto da empresa. Precedentes.

2. Se não bastasse, e na hipótese vertente, a alegada cessão irregular da empresa executada sequer restou demonstrada nos autos, sendo que os fatos geradores das dívidas tributárias ocorreram no período de abril de 1999 a junho de 2003, com a inclusão do novo sócio mediante alteração contratual ocorrida tão somente em novembro de 2003, de modo que, também por essas razões, inviável o redirecionamento da execução fiscal.

3. Agravo de Instrumento não provido. (Acórdão n.455224, 20100020039171AGI, Rel. Humberto Adjuto Ulhôa, 3ª Turma Cível, j. 13.10.2010, DJe 20.10.2010. Pág.: 93).

I – A execução fiscal iniciada contra a pessoa jurídica somente pode ser direcionada contra o sócio que não consta da Certidão de Dívida Ativa – CDA, mediante a prova, pelo Fisco, dos requisitos do

Título II · Cap. 6 · EXECUÇÃO FISCAL | 295

A interpretação literal da legislação atinente à espécie, no que se refere à inclusão do sócio na CDA de forma automática e objetiva pelas Fazendas Públicas, passou a ser vista de outra forma a partir do julgamento do AgRg no RE 608.426/PR pelo Supremo Tribunal Federal, que lançou um olhar constitucional, contemplado pelos princípios do contraditório e da ampla defesa.

O STF, no exame feito pela Segunda Turma no referido recurso, entendeu que a responsabilização de sócios ou responsáveis pela pessoa jurídica devedora, à luz do art. 135 do CTN, requer a indispensável instauração de processo administrativo fiscal, observados os princípios do contraditório e da ampla defesa, figurando os sócios ou responsáveis legais, apenas quando reste devidamente provada a ocorrência de ação com excesso de poderes ou infração à lei, ao contrato social ou ao estatuto da empresa.

Extrai-se da decisão acima noticiada do STF que, além do indispensável processo administrativo fiscal contra o sócio-gerente ou administrador para efeito de inclusão na CDA, é imprescindível que a decisão administrativa a qual atribui sujeição passiva por responsabilidade ou por substituição seja adequadamente motivada e fundamentada, sem depender de presunções ou ficções legais inadmissíveis no âmbito do Direito Público e do Direito Administrativo, conforme trecho abaixo reproduzido, *in verbis*:

> Considera-se presunção inadmissível aquela que impõe ao sujeito passivo deveres probatórios ontologicamente impossíveis, irrazoáveis ou desproporcionais, bem como aquelas desprovidas de motivação idônea, isto é, que não revelem o esforço do aparato fiscal para identificar as circunstâncias legais que permitem extensão da relação jurídica tributária.[119]

Essa decisão do STF vem ditando, ou ao menos deveria ditar, um novo rumo à administração fiscal, sobretudo no procedimento de inclusão dos sócios-gerentes ou administradores de sociedades como corresponsáveis por débitos das pessoas jurídicas que gerenciam. A inclusão apenas poderá ocorrer após regular processo administrativo fiscal, em que fique evidenciada prática de atos com excesso de poderes ou infração da lei ou dos atos constitutivos.[120]

---

art. 135 do Código Tributário Nacional – infração à lei, ao contrato social ou aos estatutos ou, ainda, dissolução irregular da sociedade.

II – Negou-se provimento. (Acórdão n.416212, 20100020028155AGI, Relator: JOSÉ DIVINO DE OLIVEIRA, 6ª Turma Cível, Data de Julgamento: 07.04.2010, Publicado no DJE: 15.04.2010. Pág.: 161).

[119] Trecho do voto proferido pelo Ministro Joaquim Barbosa no RE n. 608426 AgR, Rel. Min. Joaquim Barbosa, Segunda Turma, j. 04.10.2011. DJe-204 divulg 21-10-2011 public 24-10-2011.

[120] Pela relevância da decisão, reproduz-se trecho de sua ementa, *verbis*:

Os princípios do contraditório e da ampla defesa aplicam-se plenamente à constituição do crédito tributário em desfavor de qualquer espécie de sujeito passivo, irrelevante sua nomenclatura legal (contribuintes, responsáveis, substitutos, devedores solidários etc.). Porém, no caso em exame, houve oportunidade de impugnação integral da constituição do crédito tributário, não obstante os lapsos de linguagem da autoridade fiscal. Assim, embora o acórdão recorrido tenha errado ao afirmar ser o responsável tributário estranho ao processo administrativo (motivação e fundamentação são requisitos de validade de qualquer ato administrativo plenamente vinculado), bem como ao concluir ser possível redirecionar ao responsável tributário a ação de execução fiscal, independentemente de ele ter figurado no processo administrativo ou da inserção de seu nome na certidão de dívida ativa (Fls. 853), o lapso resume-se à declaração lateral (*obiter dictum*) completamente irrelevante ao desate do litígio. Agravo regimental ao qual se nega provimento. (RE 608426 AgR, Rel. Min. Joaquim Barbosa, Segunda Turma,

O entendimento do STF no mencionado acórdão permite-nos concluir que, ao se admitir o redirecionamento da execução fiscal contra sócio-gerente ou administrador, a partir da simples constatação de inclusão de seu nome na CDA, passa-se ao largo da plenitude dos princípios do contraditório e da ampla defesa, que devem nortear o processo administrativo fiscal.

Ainda segundo a referida decisão do STF, a inclusão de corresponsável na CDA depende, impreterivelmente, da participação no processo administrativo que tenha culminado o crédito tributário executado.

Por se tratar de decisão firmada no âmbito de Turma de Julgamento do STF, especialmente por não ter sido proferida no Pleno, muito menos submetida à repercussão geral, deve-se reconhecer que o tema não está definitivamente pacificado no âmbito da Corte, revelando embrionariamente uma tendência da jurisprudência constitucional sobre o assunto.

No STJ, encontra-se decisão com este viés, segundo trecho do voto proferido pelo Min. Mauro Campbell Marques no Acórdão 1.405.311/RS, no sentido de que se consta na CDA o nome do responsável, seja ele sócio-gerente ou administrador da sociedade, **é porque primeiramente deve ter participado do processo administrativo fiscal**. *Vide* excerto do voto proferido:

> A certidão de dívida ativa goza da presunção de certeza e liquidez, com efeitos de prova pré-constituída (art. 204, idem) exatamente porque originária de um procedimento administrativo rigidamente regrado pela lei, que tem origem no lançamento, conceituado como "o procedimento administrativo tendente a verificar a ocorrência do fato gerador da obrigação correspondente, determinar a matéria tributável, calcular o montante do tributo devido, identificar o sujeito passivo e, sendo caro, propor a aplicação da penalidade cabível" (art. 142, *ibidem*). Esse procedimento, além disso, será necessariamente contraditório, pressupondo a notificação ao sujeito passivo (art. 145 do CTN) e o exercício do direito de defesa (idem, I). Daí ser incabível "redirecionar" a execução contra sujeito passivo que não figura na CDA e que, portanto, não participou daquele procedimento administrativo do qual ela resulta, não estando, assim, abrangido pela presunção de liquides e certeza do título. Evidente, por igual, que não sana essa irregularidade a simples retificação da CDA para nela incluir o nome do sócio da pessoa jurídica, pois sua responsabilidade haveria que ser previamente apurada em processo regular. Resta evidente, portanto, que a responsabilidade do sócio não tem cunho objetivo, e sim subjetivo.

Em outro julgado, também na mesma linha de entendimento, o Ministro Napoleão Nunes Maia Filho manifestou-se no sentido de que só o fato de constar o nome do sócio na CDA, nos casos em que o lançamento é feito pelo Fisco, não o legitima automaticamente para a execução tributária. Colhem-se as palavras abaixo de seu voto

---

j. 04.10.2011, DJe-204 divulg 21-10-2011 public 24-10-2011 ement vol-02613-02 PP-00356 RT v. 101, n. 917, 2012, p. 629-633).

proferido no julgamento do AgRg no REsp 1248451/SC[121], muito embora, ao final, tenha se curvado ao entendimento pacificado no âmbito do STJ pela 1ª Seção de Julgamento no recurso representativo de controvérsia, de que se a execução foi ajuizada apenas contra a pessoa jurídica, mas o nome do sócio consta da CDA, a ele incumbe o ônus da prova de que não ficou caracterizada nenhuma das circunstâncias previstas no art. 135 do CTN, *in verbis*:

> Ao meu sentir, como o fundamento da responsabilidade do sócio/administrador em matéria tributária depende da verificação de uma das hipóteses do art. 135, III, do CPC, tenho defendido que essa prova deve ser prévia, mas admitindo, que, no mínimo, seja feita por meio de incidente processual em que garantido o exercício do direito de defesa; isso porque, nem sempre na CDA, que é o título executivo específico do processo executivo, consta o nome do sócio, o que traria consequência extravagante: a responsabilização sem título.
>
> 3. Ademais, entendo que o só fato de constar o nome do sócio na CDA, nos casos em que o lançamento é feito pelo Fisco, não o legitima automaticamente para a execução tributária sob um dos fundamentos do art. 135, III, do CTN, se este fundamento não veio especificado quando de sua inclusão como coobrigado no título executivo, isto é, quando não houve procedimento administrativo prévio tendente à apuração dessas circunstâncias, ou quando não indicado, no curso do processo, os fatos autorizativos da transferência de responsabilidade.
>
> 4. Ao meu modesto sentir, a presunção de liquidez e certeza da CDA, para esse fim, também deve ser relativizada, competindo também ao Fisco o ônus da prova de que ele agiu com infração à lei ou ao contrato ou que houve a dissolução irregular da sociedade; isso porque, nessa hipótese, o sócio não participa da formação do título executivo. Se o nome do sócio sequer consta do título

---

[121] 1. Como o fundamento da responsabilidade do sócio/administrador em matéria tributária depende da verificação de uma das hipóteses do art. 135, III, do CPC/73, essa prova deve ser prévia, admitindo-se que, no mínimo, seja feita por meio de incidente processual em que garantido o exercício do direito de defesa.

2. O só fato de constar o nome do sócio na CDA, nos casos em que o lançamento é feito pelo Fisco, não o legítima automaticamente para a execução tributária sob um dos fundamentos do art. 135, III, do CTN, se este fundamento não veio especificado quando de sua inclusão como coobrigado no lançamento, isto é, quando não houve procedimento administrativo prévio tendente à apuração dessas circunstâncias, ou quando não indicado, no curso do processo, os fatos autorizativos da transferência de responsabilidade.

3. A presunção de liquidez e certeza da CDA, para esse fim, deve ser relativizada, competindo ao Fisco o ônus da prova de que o indicado agiu com infração à lei ou ao contrato ou que houve a dissolução irregular da sociedade; isso porque, nessa hipótese, o sócio não participa da formação do título executivo. Se o nome do sócio sequer consta do título executivo e pretende-se o redirecionamento, a situação é ainda mais grave, pois está se admitindo que prossiga uma execução sem título formalizado contra o executado.

4. Todavia, a 1ª. Seção dessa Corte reafirmou o entendimento esposado na decisão recorrida em sede de Recurso Especial representativo de controvérsia, ao decidir que, se a execução foi ajuizada apenas contra a pessoa jurídica, mas o nome do sócio consta da CDA, a ele incumbe o ônus da prova de que não ficou caracterizada nenhuma das circunstâncias previstas no art. 135 do CTN.

5. Agravo Regimental desprovido. (AgRg no REsp 1248451/SC, Rel. Ministro Napoleão Nunes Maia Filho, Primeira Turma, j. 05.11.2013, DJe 26.11.2013).

executivo e pretende-se o redirecionamento, a situação é mais grave ainda, pois está se admitindo que prossiga uma execução sem título contra ele.

5. Ressalto que não se está cuidando, aqui, das situações em que o sócio tenha, por alguma circunstância, assumido pessoalmente a responsabilidade pelo débito tributário, quando, por exemplo, oferece aval em parcelamento ou assina confissão de dívida, ou aquelas em que por disposição legal, exista a solidariedade (art. 124, do CTN); nesses casos, por óbvio, não há falar em incidência do art. 135, III, do CTN.

6. Todavia, a 1ª. Seção dessa Corte reafirmou o entendimento esposado na decisão recorrida em sede de Recurso Especial representativo de controvérsia, ao decidir que, se a execução foi ajuizada apenas contra a pessoa jurídica, mas o nome do sócio consta da CDA, a ele incumbe o ônus da prova de que não ficou caracterizada nenhuma das circunstâncias previstas no art. 135 do CTN (Resp 1.104.900/ES, Rel. Min. Denise Arruda, Dje 01.04.2009).

A análise aprofundada de diversos julgados proferidos pelo STJ, por outro lado, revela a constatação de que o cenário jurídico nesta Corte dessume a seguinte conclusão, firmada no precedente consagrado pelo crivo qualitativo de representação de controvérsia: o ônus da prova quanto a irregularidades previstas no art. 135 do CTN – "excesso de poderes", "infração da lei" ou "infração do contrato social ou estatuto" – incumbirá à Fazenda ou ao contribuinte a depender da CDA, nos seguintes moldes abaixo mencionados.[122]

---

[122] *Vide* os seguintes acórdãos: AgRg no AREsp 8.282/RS, Rel. Ministro Humberto Martins, Segunda Turma, j. 07.02.2012, DJe 13.02.2012 e EREsp 702232/RS, Rel. Ministro Castro Meira, Primeira Seção, j. 14.09.2005, DJ 26.09.2005, p. 169. Notadamente, veja-se o seguinte precedente:

REsp 1.104.900/ES, DJE 01.04.2009) Resolução STJ 8/2008.

1. A responsabilidade patrimonial secundária do sócio, na jurisprudência do Egrégio STJ, funda-se na regra de que o redirecionamento da execução fiscal, e seus consectários legais, para o sócio-gerente da empresa, somente é cabível quando reste demonstrado que este agiu com excesso de poderes, infração à lei ou contra o estatuto, ou na hipótese de dissolução irregular da empresa.

2. No julgamento dos Embargos de Divergência em Recurso Especial 702.232/RS, da relatoria do E. Ministro Castro Meira, publicado no DJ 26.09.2005, a Primeira Seção desta Corte Superior assentou que: a) se a execução fiscal foi ajuizada somente contra a pessoa jurídica e, após o ajuizamento, foi requerido o seu redirecionamento contra o sócio-gerente, incumbe ao Fisco a prova da ocorrência de alguns dos requisitos do art. 135, do CTN; b) quando reste demonstrado que este agiu com excesso de poderes, infração à lei ou contra o estatuto, ou na hipótese de dissolução irregular da empresa; c) constando o nome do sócio-gerente como corresponsável tributário na Certidão de Dívida Ativa – CDA cabe a ele o ônus de provar a ausência dos requisitos do art. 135 do CTN, independentemente se a ação executiva foi proposta contra a pessoa jurídica e contra o sócio ou somente contra a empresa, tendo em vista que a CDA goza de presunção relativa de liquidez e certeza, nos termos do art. 204 do CTN c/c o art. 3.º da Lei 6.830/1980.

3. Consectariamente, a Primeira Seção desta Corte, no julgamento do REsp 1.104.900/ES, representativo da controvérsia, nos termos do art. 543-C, do Código de Processo Civil, reafirmou referido entendimento, no sentido de que, "se a execução foi ajuizada apenas contra a pessoa jurídica, mas o nome do sócio consta da CDA, a ele incumbe o ônus da prova de que não ficou caracterizada nenhuma das circunstâncias previstas no art. 135 do CTN, ou seja, não houve a prática de atos 'com excesso de poderes ou infração de lei, contrato social ou estatutos." (Rel. Min. Denise Arruda, DJe 01.04.2009).

4. Recurso especial desprovido.

(REsp 1182462/AM, Rel. Ministra Eliana Calmon, Rel. p/ Acórdão Ministro Luiz Fux, Primeira Seção, j. 25.08.2010, DJe 14.12.2010).

ii) Se o nome do sócio não consta da CDA e a execução fiscal foi proposta somente contra a pessoa jurídica, o ônus da prova caberá ao Fisco;

ii) Caso o nome do sócio conste da CDA como corresponsável tributário, caberá a ele demonstrar a inexistência dos requisitos do art. 135 do CTN, tanto no caso de execução fiscal proposta apenas em relação à sociedade empresária e posteriormente redirecionada para o sócio-gerente, quanto no caso de execução proposta contra ambos.

No caso de redirecionamento da execução fiscal ao sócio, é necessário que sejam observados os parâmetros que orientam a contagem do prazo prescricional para exercício dessa pretensão, conforme definido pelo STJ na fixação do Tema 444 dos recursos repetitivos.[123]

Em síntese, a construção jurisprudencial da Corte Superior preceitua a consumação do prazo quinquenal de prescrição, desde que configurada a inércia da Fazenda Pública e contados os cinco anos (a) da citação da pessoa jurídica, quando o ato ilícito do art. 135, III, tenha ocorrido antes do ato citatório; e (b) da data do ato ilício, quando posterior à citação da pessoa jurídica.

6.14 CORRESPONSABILIDADE DO SÓCIO ADMINISTRADOR OU GERENTE NOS CASOS DE DISSOLUÇÃO IRREGULAR

A responsabilidade do sócio administrador ou gerente de sociedade empresária pode ser declarada a partir da constatação da dissolução irregular da pessoa jurídica, disposição estabelecida pela jurisprudência, notadamente pela predisposição normativa de que eles respondem solidariamente nos atos que intervierem ou pelas omissões de que foram responsáveis.

Pode-se dizer que a responsabilidade do sócio administrador ou gerente da empresa pela dissolução irregular – ou seja, pelo simples encerramento das atividades sem deflagrar procedimento de liquidação da sociedade, com pagamento das dívidas eventualmente existentes – é genuinamente uma construção jurisprudencial.

De forma geral, entende-se dissolvida irregularmente a sociedade empresária, segundo compreensão do STJ firmada na Súmula 435, "quando deixar de funcionar no seu domicílio fiscal, sem comunicação aos órgãos competentes, legitimando o redirecionamento da execução fiscal para o sócio-gerente", conforme decisão proferida pela 1ª Seção de Direito Público.[124]

---

[123] Vide item 4.15 – Prescrição do Redirecionamento da Execução Fiscal.

[124] 1. Em execução fiscal, certificada pelo oficial de justiça a não localização da empresa executada no endereço fornecido ao Fisco como domicílio fiscal para a citação, presume-se (*juris tantum*) a ocorrência de dissolução irregular a ensejar o redirecionamento da execução aos sócios, na forma do art. 135, do CTN. Precedentes: EREsp 852.437 / RS, Primeira Seção. Rel. Min. Castro Meira, j. 22.10.2008; REsp 1343058 / BA, Segunda Turma, Rel. Min. Eliana Calmon, j. 09.10.2012.

2. É obrigação dos gestores das empresas manter atualizados os respectivos cadastros junto aos órgãos de registros públicos e ao Fisco, incluindo os atos relativos à mudança de endereço dos estabelecimentos e, especialmente, os referentes à dissolução da sociedade. Precedente: EREsp 716412 / PR, Primeira Seção. Rel. Min. Herman Benjamin, j. 12.09.2007.

3. Aplica-se ao caso a Súmula n. 435/STJ: "Presume-se dissolvida irregularmente a empresa que deixar de funcionar no seu domicílio fiscal, sem comunicação aos órgãos competentes, legitimando o redirecionamento da execução fiscal para o sócio-gerente".

Se o oficial de justiça certificar a não localização da empresa executada no endereço que conste nos cadastros oficiais do Fisco, como domicílio oficial, presume-se (*juris tantum*) a ocorrência de dissolução irregular a fundamentar o redirecionamento da execução aos sócios, na forma do art. 135 do CTN, haja vista ser obrigação legal dos gestores das pessoas jurídicas manter atualizados os respectivos cadastros junto aos órgãos públicos.[125]

Contudo, segundo o STJ, para fins de aplicação do entendimento firmado na Súmula 435, é preciso verificar pontualmente a situação, "não sendo razoável se proceder ao redirecionamento da execução fiscal, baseando-se, tão somente, em simples devolução de AR-postal sem cumprimento, impondo-se, nesse particular, que se utilizem meios outros para verificação, localização e citação da sociedade empresária".[126]

---

4. Recurso especial provido. (REsp 1374744/BA, Rel. Ministro Napoleão Nunes Maia Filho, Rel. p/ Acórdão Ministro Mauro Campbell Marques, Primeira Seção, j. 14.08.2013, DJe 17.12.2013).

Vide também: AgRg no AgRg no REsp 1358007/SP, Rel. Ministro Og Fernandes, Segunda Turma, j. 05.12.2013, DJe 18.12.2013.

1. É possível receber os embargos de declaração como agravo regimental, em homenagem à fungibilidade recursal e à economia processual, quando nítido o seu caráter infringente. Precedente: EDcl na Rcl 5.932/SP, Rel. Min. Mauro Campbell Marques, Primeira Seção, DJe 29.05.2012.

2. "A certidão emitida pelo Oficial de Justiça, atestando que a empresa devedora não mais funciona no endereço constante dos assentamentos da junta comercial, é indício de dissolução irregular, apto a ensejar o redirecionamento da execução para o sócio-gerente, de acordo com a Súmula 435/STJ." (AgRg no REsp 1289471/PE, Rel. Ministro Herman Benjamin, Segunda Turma, j. 28.02.2012, DJe 12.04.2012.) 3. Inafastável ao caso o ônus *probandi* do sócio ora recorrente, pois como se extrai do acórdão recorrido, o seu nome consta da CDA, e é assente nesta Corte o entendimento segundo o qual, se a execução foi ajuizada apenas contra a pessoa jurídica, mas o nome do sócio consta da CDA, a ele incumbe o ônus da prova de que não ficou caracterizada nenhuma das circunstâncias previstas no art. 135 do CTN. Embargos de declaração recebidos como agravo regimental, e improvido.

(EDcl no AREsp 383.802/PE, Rel. Ministro Humberto Martins, Segunda Turma, j. 03.12.2013, DJe 10.12.2013).

125 A Procuradoria Fiscal do Distrito Federal por meio do Parecer n. 012/2010-PROFIS/PGDF, da lavra do Procurador Luís Fernando Belém Peres, assentou o entendimento do que vem até aqui sendo exposto, segundo se depreende da leitura da ementa abaixo reproduzida, *verbis*:

"STJ. Súmula 392. Dissolução irregular de sociedade. Responsabilidade. A Súmula 392 do Superior Tribunal de Justiça não representa empecilho à inclusão, no polo passivo dos executivos fiscais, dos responsáveis pela dissolução irregular da sociedade contribuinte. A Fazenda Pública, todavia, ao formular em juízo requerimentos neste sentido, deve se desincumbir do ônus de demonstrar a ocorrência dos fatos que ensejaram o surgimento da responsabilidade dos terceiros que contribuíram para a finalização irregular das atividades da empresa.

A jurisprudência do Superior Tribunal de Justiça pacificou o entendimento de que a não localização da empresa contribuinte, no endereço por ela fornecido à Administração Fiscal, gera a presunção relativa de que houve a dissolução irregular da sociedade, ensejando, assim, a convocação dos sócios gestores para compor o polo passivo do processo executivo.

Os dirigentes da sociedade que podem ser convocadas a responder pelo passivo fiscal da empresa, contudo, ainda segundo a jurisprudência do Superior Tribunal de Justiça, são somente aqueles que comandavam a empresa contribuinte na época de sua dissolução irregular."

126 STJ, AgRg no AgRg no REsp 1.358.007/SP, rel. Ministro Og Fernandes, Segunda Turma, DJe 18.12.2013. Decisão seguida pela jurisprudência mais recente, conforme ementa abaixo reproduzida:

1. Segundo consolidado esta Corte superior, para fins de aplicação do entendimento firmado na Súmula 435 do STJ, é necessária a verificação de cada caso concreto, "não sendo razoável se proceder ao redirecionamento da execução fiscal, baseando-se, tão somente, em simples devolução de AR-postal sem cumprimento, impondo-se, nesse particular, que se utilizem meios outros para verificação, localização e citação da sociedade empresária" (STJ, AgRg no AgRg no REsp 1.358.007/SP, rel. Ministro Og Fernandes, Segunda Turma, DJe 18.12.2013).

Por isso, como regra, não se pode presumir dissolvida a sociedade empresária para fins de redirecionamento da execução fiscal aos sócios com fundamento tão somente na tentativa frustrada de citação pelos correios. [127]

Adotada a premissa de dissolução irregular, decisões do STJ, de forma inovadora, passaram a "regulamentar" os parâmetros de responsabilização do sócio administrador ou gerente pela dissolução irregular, extraindo-se delas o seguinte regramento:

a) a corresponsabilidade de determinado sócio administrador ou gerente pressupõe a permanência na administração da empresa no momento da ocorrência da dissolução irregular;

b) além de ocupar o posto de sócio administrador ou gerente, no momento da dissolução irregular, é necessário, antes, que o responsável pela dissolução tenha sido também, simultaneamente, o detentor da gerência na oportunidade do vencimento do tributo. Em outras palavras, exercia a administração da sociedade contemporaneamente ao fato gerador do tributo cobrado. E, ainda;

c) que o sócio ou representante legal, conscientemente, tenha optado pela irregular dissolução da sociedade, motivo pelo qual é exigível a prova da permanência no momento da dissolução irregular.

Há entendimentos do próprio STJ, de forma mais geral, sem estabelecer outras condicionantes, de que basta a dissolução irregular da sociedade empresária para caracterizar-se a responsabilização do sócio-gerente ou administrador, desde que este tivesse composto o quadro societário no momento do encerramento da atividade empresarial.[128]

---

2. Apesar do princípio da autonomia dos estabelecimentos, filial e matriz respondem com o seu patrimônio pelo débito tributário da sociedade empresária, ainda que relativo a tributo decorrente de fato gerador imputável apenas a uma delas. Precedentes.

3. Hipótese em que a Corte *a quo* posicionou-se de forma contrária à jurisprudência do STJ, uma vez que, desconsiderando a informação de que a matriz da sociedade empresária continua a atividade empresarial de sua filial, presumiu a dissolução empresarial desta para fim de redirecionamento aos sócios com fundamento tão somente na tentativa frustrada de citação pelos correios.

4. Agravo interno desprovido.

(AgInt nos EDcl no AREsp 1612356/MS, Rel. Ministro Gurgel de Faria, Primeira Turma, j. 22.03.2021, DJe 06.04.2021).

[127] AgInt nos EDcl no AREsp 1683873/MS, Rel. Ministro Gurgel de Faria, Primeira Turma, j. 15.12.2020, DJe 18.12.2020.

[128] 1. "A não localização da empresa no endereço fornecido como domicílio fiscal gera presunção *iuris tantum* de dissolução irregular. Possibilidade de responsabilização do sócio-gerente a quem caberá o ônus de provar não ter agido com dolo, culpa, fraude ou excesso de poder" (EREsp 852.437/RS, Rel. Min. Castro Meira, Primeira Seção, DJe 03.11.2008).

2. "Presume-se dissolvida irregularmente a empresa que deixar de funcionar no seu domicílio fiscal, sem comunicação aos órgãos competentes, legitimando o redirecionamento da execução fiscal para o sócio-gerente" (Súmula 435/STJ).

3. Modificar o entendimento do Tribunal de origem, segundo o qual a ocorrência da dissolução irregular da empresa restou demonstrada, demandaria a incursão no contexto fático-probatório dos autos, defesa em sede de recurso especial, nos termos da Súmula 7/STJ.

[...]5. Agravo regimental não provido.

Essa posição está alinhada ao entendimento consagrado pela 1ª Seção de Direito Público do STJ no sentido de que é obrigação dos gestores das empresas manter atualizados os respectivos cadastros junto aos órgãos de registros públicos e ao Fisco, incluindo os atos relativos à mudança de endereço dos estabelecimentos e, especialmente, os referentes à dissolução da sociedade, sob pena de responsabilização pelos tributos devidos.[129]

A conclusão alcançada, no atual contexto da jurisprudência, é de que basta o sócio gerente compor o quadro societário no momento em que constatada a dissolução irregular a ensejar a possiblidade de redirecionamento da execução fiscal, com base não somente na Súmula 435/STJ, como também no Tema 630, julgado sob o crivo do recurso repetitivo (Resp 1.371.128), cujos termos revelam que "em execução fiscal de dívida ativa tributária ou não tributária, dissolvida irregularmente a empresa, está legitimado o redirecionamento ao sócio-gerente".

Em julgamento proferido pelo STJ, ocorrido em novembro de 2021, classificado sob o Tema 962, de relatoria da Ministra Assusete Magalhães, a jurisprudência firmou-se a partir do seguinte enunciado:

> O redirecionamento da execução fiscal, quando fundado na dissolução irregular da pessoa jurídica executada ou na presunção de sua ocorrência, não pode ser autorizado contra o sócio ou o terceiro não sócio que, embora exercesse poderes de gerência ao tempo do fato gerador, sem incorrer em prática de atos com excesso de poderes ou infração à lei, ao contrato social ou aos estatutos, dela regularmente se retirou e não deu causa à sua posterior dissolução irregular, conforme art. 135, III, do CTN.

O pedido de redirecionamento da execução fiscal, quando fundado na hipótese de dissolução irregular da sociedade empresária executada ou de presunção de sua ocorrência (Súmula 435/STJ), foi julgado em maio de 2022, sob afetação ao rito dos recursos repetitivos, também de relatoria da Ministra Assusete Magalhães.

Definiu-se que o sócio ou administrador que tenha participado do fechamento irregular da empresa responde pessoalmente pelo crédito tributário exigido pela Fazenda Pública, ainda que não integrante do quadro societário ou administrativo no momento do fato gerador do tributo cobrado.

(AgRg no AREsp 277.557/RS, Rel. Ministro Arnaldo Esteves Lima, Primeira Turma, j. 05.09.2013, DJe 18.09.2013)

[....] 2. Nos termos da jurisprudência desta Corte, "O redirecionamento da execução fiscal, na hipótese de dissolução irregular da sociedade, pressupõe a permanência do sócio na administração da empresa ao tempo da ocorrência da dissolução." (EAg 1.105.993/RJ, Rel. Min. Hamilton Carvalhido, Primeira Seção, j. 13.12.2010, DJe 1ª.02.2011).

3. A alteração das conclusões adotadas pela Corte de origem, tal como colocada a questão nas razões recursais, demandaria, necessariamente, novo exame do acervo fático-probatório constante dos autos, providência vedada em recurso especial, a teor do óbice previsto na Súmula 7/STJ.

4. Agravo regimental a que se nega provimento.

(AgRg no Ag 1404711/PR, Rel. Ministro Sérgio Kukina, Primeira Turma, j. 03.09.2013, DJe 10.09.2013)

[129] REsp 1374744/BA, Rel. Ministro Napoleão Nunes Maia Filho, Rel. p/ Acórdão Ministro Mauro Campbell Marques, Primeira Seção, j. 14.08.2013, DJe 17.12.2013 e EAg 1105993/RJ, Rel. Ministro Hamilton Carvalhido, Primeira Seção, j. 13.12.2010, DJe 01.02.2011.

O Tema 981 do STJ solucionou a problemática a respeito da desnecessidade de que o sócio ou administrador tenha exercido a função à época do fato gerador do tributo cobrado e, ainda, tenha promovido a dissolução irregular da empresa. Não é necessário, para fins de responsabilização, que o sócio ou administrador também tenha ocupado a posição no momento do fato gerador do tributo cobrado pelo Fisco. Isso significa que responde, do ponto de vista tributário, aquele participante do fechamento irregular de uma empresa em dívida com o Fisco, ainda que não tenha integrado o quadro societário ou administrativo à época do fato gerador, mas sim no momento de encerramento das atividades de forma irregular.

A tese aprovada pela 1ª Seção do STJ no Tema 981 ficou assim definida:

> O redirecionamento da execução fiscal, quando fundado na dissolução irregular da pessoa jurídica executada ou na presunção de sua ocorrência, pode ser autorizado contra os sócios ou terceiro não sócio com poderes de administração na data em que configurada ou presumida a dissolução irregular, ainda que não tenha exercido poderes de gerência quando ocorrido o fato gerador do tributo não adimplido, conforme art. 135, III, do CTN.

6.15 REDIRECIONAMENTO DA EXECUÇÃO FISCAL NOS CASOS DE SUCESSÃO EMPRESARIAL E SUCESSÃO IMOBILIÁRIA

A responsabilidade tributária do sucessor abrange os tributos devidos pelo sucedido e os encargos moratórios e punitivos, haja vista se tratar de dívidas de valor que acompanham o passivo do patrimônio adquirido pelo sucessor, desde que seu fato gerador tenha ocorrido até a data da sucessão.

As hipóteses de sucessão empresarial comportam várias modalidades, entre as quais aquelas decorrentes de fusão, cisão, incorporação, bem como nos casos de aquisição de fundo de comércio ou estabelecimento comercial e, ainda, naquelas situações provenientes de transformação do tipo societário (sociedade anônima transformando-se em sociedade por cotas de responsabilidade limitada).

O sujeito passivo do tributo é a pessoa jurídica que continua total ou parcialmente a existir, agora sob outra "roupagem institucional".

O que importa analisar é a identificação do momento da ocorrência do fato gerador, que faz surgir a obrigação tributária, e do ato ou fato originador da sucessão. O Fisco, ao promover o lançamento tributário, mediante processo administrativo fiscal de constituição do crédito tributário, deve observar o sujeito passivo à época do fato gerador do tributo, bem como se está configurada uma das hipóteses de sucessão empresarial.

Se no curso do procedimento de constituição do crédito tributário afigura-se a identificação de sucessão empresarial, deve-se promover a inclusão do sucessor, assegurando-lhe o contraditório e a ampla defesa inerentes ao processo administrativo fiscal. Se, por outro lado, a sucessão empresarial tenha se dado após definitivamente constituído o crédito, sempre haverá possibilidade de a Fazenda Pública requerer o redirecionamento da execução fiscal contra o sucessor.

Pensar o contrário seria admitir a perpetuação do procedimento administrativo fiscal de constituição do crédito tributário para inclusão de corresponsável por sucessão, se a cada hipótese de sucessão empresarial novo processo administrativo fiscal viesse a ser deflagrado. Não faz sentido. Por esse motivo, o redirecionamento da execução fiscal contra o sucessor mostra-se sempre pertinente quando ato ou fato originador da sucessão tenha se dado quando já definitivamente constituído o crédito tributário.

Em outras palavras, se a situação que gerou o reconhecimento da responsabilidade da empresa sucessora foi superveniente à constituição definitiva do crédito tributário, o redirecionamento pode ocorrer no contexto da execução fiscal, sem a abertura de processo administrativo fiscal contra a sociedade empresária sucessora, mas sua prova deve ocorrer no próprio processo judicial.

Neste sentido, despicienda a imputação de débitos à empresa sucessora em novo processo formalizado mediante prévio lançamento ou notificação que lhe assegure o direito ao devido processo legal (ampla defesa e contraditório), postulados que deverão ocorrer já no bojo do executivo fiscal via redirecionamento. Isso porque cabe ao Fisco, **no momento do lançamento tributário**, nos termos do art. 142 do CTN, verificar a ocorrência do fato gerador da obrigação correspondente, determinar a matéria tributável, calcular o montante do tributo devido, identificar o sujeito passivo, e, sendo o caso, propor a aplicação da penalidade cabível.

Ao suceder o patrimônio de determinada pessoa jurídica, deve a empresa sucessora resguardar-se tomando ciência das dívidas existentes contra a empresa originária, haja vista responder pelos créditos fiscais cobrados contra ela. Esse entendimento pode ser obtido do julgado abaixo citado, proferido no âmbito do STJ em um caso de responsabilidade empresarial por cisão, *verbis*:

> **Reconhecida a desnecessidade de serem efetuados lançamentos em nome da ora recorrente, empresa surgida em decorrência da sociedade originária, fica prejudicada a alegação de decadência em relação a tais procedimentos**. Resp 1237108/SC, Rel. Ministro Castro Meira, Segunda Turma, j. 05.09.2013, DJe 12.09.2013.

O mesmo raciocínio pode ser importado para o caso de sucessão imobiliária, guardando apenas uma particularidade, que não altera a lógica do resultado.

No caso de sucessão empresarial, a responsabilidade é legal, enquanto a responsabilidade por sucessão imobiliária é tida como sucessão real – obrigação *propter rem* – pois a obrigação tributária (quanto ao IPTU e ao ITR) acompanha o imóvel em todas as suas mutações subjetivas (sucessão), ainda que se refira a fatos imponíveis anteriores à alteração de responsabilidade tributária por sucessão, prevista nos arts. 130 e 131 do CTN.

Ou seja, as dívidas fiscais são transferidas ao adquirente (comprador) do imóvel, salvo quando conste do título a prova de sua quitação, responsabilizando-se pelo crédito tributário, motivo pelo qual se admite a possibilidade de a Fazenda Pública requerer o redirecionamento da execução fiscal contra o mesmo, nos termos do art. 130 do CTN:

> Art. 130. Os créditos tributários relativos a impostos cujo fato gerador seja a propriedade, o domínio útil ou a posse de bens imóveis, e bem assim os relativos a taxas pela prestação de serviços referentes a tais bens, ou a contribuições de melhoria, **sub-rogam-se na pessoa dos respectivos adquirentes**, salvo quando conste do título a prova de sua quitação.

Parágrafo único. No caso de arrematação em hasta pública, a sub-rogação ocorre sobre o respectivo preço.

Art. 131. São pessoalmente responsáveis:

I – **o adquirente ou remitente, pelos tributos relativos aos bens adquiridos ou remidos**;

(...).

Se o adquirente compra imóvel após definitivamente constituído crédito tributário mediante lançamento tributário contra o sucedido, decorrente da propriedade, do domínio útil ou da posse de bens imóveis, responde pelas dívidas fiscais lançadas.

Diferente é o caso, conforme assinalado pelo STJ, da situação em que o promitente comprador já é possuidor a qualquer título do imóvel, e no Cartório de Registro de Imóveis ainda consta o nome do promitente vendedor como proprietário. Nessa hipótese, ambos respondem em solidariedade pelo crédito tributário lançado contra o imóvel. Afasta-se, nesse caso, a efetiva sucessão do direito real de propriedade, tendo em vista a inexistência de registro do compromisso de compra e venda no cartório competente, podendo o imposto sobre o patrimônio ser exigido de qualquer um dos sujeitos passivos "coexistentes".[130]

6.16 RESPONSABILIDADE DO SÓCIO OU ADMINISTRADOR DA MICROEMPRESA E DA EMPRESA DE PEQUENO PORTE

Com o advento da Lei Complementar 128/2008, que altera norma constante na Lei Complementar 123/2006 (disciplina as regras da microempresa e da empresa de pequeno porte), também modificada pela Lei Complementar 139/2011, o tema da responsabilidade do sócio ou administrador da microempresa e da empresa de pequeno porte tem disciplinamento próprio.

A referida lei determina que o sócio ou administrador da microempresa e da empresa de pequeno porte que se encontre sem movimento há mais de 3 (três) anos e solicita a baixa nos registros dos órgãos públicos federais, estaduais e municipais, independentemente do pagamento de débitos tributários, taxas ou multas devidas pelo atraso na entrega das respectivas declarações, responde pela dívida nesses períodos. Segundo o art. 9º, § 5º, da LC 123/2006 (acrescido pela LC 128/2008), nessa hipótese haverá responsabilidade solidária dos empresários, dos titulares, dos sócios e dos administradores do período de ocorrência dos respectivos fatos geradores.[131]

---

[130] REsp 1073846/SP, Rel. Ministro Luiz Fux, Primeira Seção, j. 25.11.2009, DJe 18.12.2009.

[131] Art. 9º. O registro dos atos constitutivos, de suas alterações e extinções (baixas), referentes a empresários e pessoas jurídicas em qualquer órgão dos 3 (três) âmbitos de governo ocorrerá independentemente da regularidade de obrigações tributárias, previdenciárias ou trabalhistas, principais ou acessórias, do empresário, da sociedade, dos sócios, dos administradores ou de empresas de que participem, sem prejuízo das responsabilidades do empresário, dos titulares, dos sócios ou dos administradores por tais obrigações, apuradas antes ou após o ato de extinção. (Redação dada pela Lei Complementar 147, de 2014)

§ 1º O arquivamento, nos órgãos de registro, dos atos constitutivos de empresários, de sociedades empresárias e de demais equiparados que se enquadrarem como microempresa ou empresa de pequeno porte bem como o arquivamento de suas alterações são dispensados das seguintes exigências:

[...] § 3º. Revogado pela Lei Complementar 147/2014.

Contudo, nos casos das empresas que adotam, na forma da lei comercial, a responsabilidade ilimitada pelos débitos da entidade, haverá responsabilidade do sócio "simplesmente" por ser sócio, notadamente nas hipóteses de sociedades informais ou de pessoas.

O STJ, contudo, tem entendimento de que deixar de aplicar os requisitos inseridos no art. 135 do CTN às microempresas e empresas de pequeno porte afronta a "intensão máxima" da LC 123/ 2006, inclusive, de forma indireta, o objetivo previsto nos arts. 146, III, d, e 179 da Constituição Federal correspondente ao fomento e favorecimento das empresas inseridas neste contexto. Nessa linha de entendimento, conferiu interpretação ao art. 9º, *caput*, da LC 123/2006, que permite a responsabilidade solidária dos empresários, sócios ou administradores pelas obrigações tributárias apenas se comprovada e apurada em processo administrativo a prática de atos previstos no art. 135 do CTN.[132]

6.17 IDPJ E EXECUÇÃO FISCAL

O Incidente de Desconsideração da Personalidade Jurídica – IDPJ é disciplinado pelos arts. 133 a 137 do CPC, sendo classificado como modalidade de intervenção de terceiros que permite, incidentalmente ao processo, desconsiderar a personalidade jurídica e, com isso, pretender responsabilizar pessoalmente o integrante da pessoa jurídica (sócio ou administrador), quando a lei material a autorizar.

O ordenamento jurídico brasileiro possui inúmeras hipóteses de direito material com previsão de desconsideração da personalidade jurídica, porém sem definição do procedimento a ser adotado, por exemplo, a aplicação do art. 50 do Código Civil, do art. 28, *caput* e § 5º, do Código de Defesa do Consumidor, do art. 4º da Lei de Crimes Ambientais e do art. 14 da Lei Anticorrupção. Com o advento do IDPJ, pretende-se assegurar que a responsabilidade do patrimônio de sócios ou administradores de determinada pessoa jurídica seja precedida do direito ao contraditório e à ampla defesa.

O objetivo, na prática, é que a responsabilidade jurídica imputada a alguém que não tenha participado da relação jurídica originária tenha a prévia observância do contraditório, nos termos do art. 5º, inciso LV, da Constituição Federal.

No âmbito das execuções fiscais, após a entrada em vigor do instituto, passou-se a discutir sobre o cabimento ou exigência da medida para fins de redirecionamento aos corresponsáveis, tendo sido inclusive submetido ao rito dos recursos repetitivos no STJ.

A posição no STJ é dividida, já que a 1ª Turma considera o IDPJ compatível com a execução fiscal, enquanto a 2ª Turma entende que não haveria compatibilidade, como expresso no AgInt nos EDcl no REsp 1.861.880/SE. Os argumentos contrários à

---

§ 4º. A baixa do empresário ou da pessoa jurídica não impede que, posteriormente, sejam lançados ou cobrados tributos, contribuições e respectivas penalidades, decorrentes da falta do cumprimento de obrigações ou da prática comprovada e apurada em processo administrativo ou judicial de outras irregularidades praticadas pelos empresários, pelas pessoas jurídicas ou por seus titulares, sócios ou administradores. (Redação dada pela Lei Complementar 147, de 2014)

§ 5º. A solicitação de baixa do empresário ou da pessoa jurídica importa responsabilidade solidária dos empresários, dos titulares, dos sócios e dos administradores no período da ocorrência dos respectivos fatos geradores. (Redação dada pela Lei Complementar 147, de 2014)

(...).

[132] AgInt no REsp 1601373/DF, Rel. Ministro Francisco Falcão, Segunda Turma, j. 11.04.2019, DJe 03.05.2019.

Título II • Cap. 6 • EXECUÇÃO FISCAL | 307

necessidade do incidente, de modo geral, fundamentam-se no caráter especial do rito da execução fiscal, sobretudo porque se exige a prévia garantia do juízo para o exercício de defesa. De outro lado, as justificativas para seu uso estão na impossibilidade de submissão de terceiros a restrições patrimoniais sem apuração prévia de responsabilidade, e, por isso, deve-se garantir o contraditório e a ampla defesa.

Por ser a execução fiscal uma modalidade de execução por título extrajudicial, estaria compreendida no art. 134 do CPC, além de a Lei de Execução Fiscal prever a aplicação subsidiária do CPC, de modo que o IDPJ seria meio processual adequado para verificar a existência de situações que justifiquem o redirecionamento da execução, como, por exemplo, nos casos de grupo econômico ou cisão societária, nos quais se exige a demonstração de confusão patrimonial, conforme o artigo 50 do Código Civil. Ademais, por meio da medida, o sócio poderia comprovar a suficiência patrimonial da pessoa jurídica para satisfazer o débito, ou mesmo demonstrar que não agiu com abuso de poder ou infringiu a lei ou o contrato social.

O TRF-3, ao apreciar o IRDR 0017610-97.2016.4.03.0000, entendeu da seguinte forma: é dispensável o IDPJ nas hipóteses de redirecionamento da execução fiscal, desde que fundada, exclusivamente, em responsabilidade tributária contida nos arts. 132, 133, I e II e 134 do CTN; enquanto o IDPJ é imprescindível para a comprovação de responsabilidade em decorrência de confusão patrimonial, dissolução irregular, formação de grupo econômico, abuso de direito, excesso de poderes ou infração à lei, ao contrato ou ao estatuto social (CTN, art. 135, incisos I, II e III), bem como para a inclusão das pessoas que tenham interesse comum na situação que constitua o fato gerador da obrigação principal, desde que não incluídos na CDA, tudo sem prejuízo do regular andamento da Execução Fiscal em face dos demais coobrigados.

Parece-nos uma forma coerente de compreender e definir a utilização do instituto, porém, a controvérsia persiste, estando o assunto submetido a julgamento sob o Tema 1.209/STJ[133], que pretende definir a compatibilidade do IDPJ com o rito das execuções fiscais e estabelecer as hipóteses em que sua instauração seria necessária.

---

[133] **Tema 1.209:** Definição acerca da (in)compatibilidade do Incidente de Desconsideração de Personalidade Jurídica, previsto no art. 133 e seguintes do Código de Processo Civil, com o rito próprio da Execução Fiscal, disciplinado pela Lei n. 6.830/1980 e, sendo compatível, identificação das hipóteses de imprescindibilidade de sua instauração, considerando o fundamento jurídico do pleito de redirecionamento do feito executório.

Capítulo 7
MEDIDA CAUTELAR FISCAL

7.1 BREVES CONSIDERAÇÕES SOBRE TUTELA DE URGÊNCIA

A experiência processualista brasileira, seja em matéria tributária ou não, garantiu aos operadores do direito uma verdade inconteste de que a solução de uma lide não se alcança de forma instantânea. Entre a submissão da controvérsia ao Estado-Juiz e a satisfação do direito de uma das partes, existe uma série de atos coordenados e graduais, que imputam ao processo uma marcha naturalmente mais lenta.

Observe-se, nesse sentido, que nem mesmo o constituinte reformador, por meio da Emenda Constitucional 45/2004, ignorou essa necessária e irremediável relação entre o processo e o tempo. Ao inserir o inciso LXXVIII no art. 5º da Constituição Federal[1], não idealizou, de maneira utópica, um processo célere. Antes, limitou-se a prever um processo com duração razoável, compatível com sua estrutura dialética e com os institutos do contraditório e da ampla defesa.

Com o reconhecimento da inerente marcha processual mais lenta dos processos judiciais, especialmente lastreada no acesso ao contraditório e a ampla defesa, surgem, inevitavelmente, preocupações com a efetividade da tutela jurisdicional. Isso porque, quanto mais demorado o procedimento estatal para entregar à parte a satisfação do seu direito, maiores são as chances de aquela tutela relevar-se já inútil, considerando as incontornáveis variações que o tempo pode provocar em coisas ou pessoas.

Diante desse cenário, duas são as formas como a legislação processual civil busca mitigar os riscos decorrentes da mencionada lentidão dos processos: a tutela de urgência e a tutela da evidência. Ambas são espécies distintas do gênero de "tutela provisória", e, de forma distinta, visam a assegurar a efetividade da tutela jurisdicional buscada pela parte.

A tutela provisória, seja ela de urgência ou de evidência, é dotada de precariedade, podendo ser, nos termos do art. 296 do CPC, revogada ou modificada a qualquer tempo. Tanto sua concessão quanto sua negativa, modificação ou revogação deverão observar o dever de fundamentação de decisões judiciais, com indicação das razões claras e

---

[1] Art. 5º. Todos são iguais perante a lei, sem distinção de qualquer natureza, garantindo-se aos brasileiros e aos estrangeiros residentes no País a inviolabilidade do direito à vida, à liberdade, à igualdade, à segurança e à propriedade, nos termos seguintes:
(...)
XXVIII – a todos, no âmbito judicial e administrativo, são assegurados a razoável duração do processo e os meios que garantam a celeridade de sua tramitação.

precisas do provimento adotado (art. 298 do CPC[2]). Do referido dispositivo também decorre o dever de justificar a postergação da análise liminar da tutela de urgência[3].

O Código de Processo Civil de 1973 já contemplava, como espécies distintas do gênero "tutela de urgência", as tutelas cautelar e antecipada.

A generalização da tutela da evidência, como espécie de tutela provisória, por sua vez, constituiu inovação do CPC/2015, o qual se preocupou em viabilizar a antecipação do resultado do processo independentemente do *periculum in mora*, quando presentes as hipóteses delineadas no art. 311 do referido diploma legal.

Consoante o aludido dispositivo legal, a tutela de evidência será concedida quando: **(i)** ficar caracterizado o abuso do direito de defesa ou o manifesto propósito protelatório da parte; **(ii)** as alegações de fato puderem ser comprovadas apenas documentalmente e houver tese firmada em julgamento de casos repetitivos ou em súmula vinculante; **(iii)** se tratar de pedido reipersecutório fundado em prova documental adequada do contrato de depósito, caso em que será decretada a ordem de entrega do objeto custodiado, sob cominação de multa; e **(iv)** a petição inicial for instruída com prova documental suficiente dos fatos constitutivos do direito do autor, a que o réu não oponha prova capaz de gerar dúvida razoável.

Nas hipóteses de consonância das alegações de fato documentalmente comprováveis com tese firmada em casos repetitivos ou súmula vinculante e de pedido reipersecutório fundado em prova documental adequada do contrato de depósito (art. 311, incisos III e IV), o juiz poderá conceder liminarmente a tutela de evidência.

Outrora, a antecipação análoga da tutela satisfativa, em sede de cognição sumária, sem demonstração do perigo de dano ou risco ao resultado útil do processo, já se fazia presente na ação monitória, na qual, com base na prova escrita sem eficácia de título executivo, o juiz, de pronto, deferiria a expedição de mandado de pagamento ou entrega da coisa, bastando, para tanto, a devida instrução da inicial. Tal espécie de tutela de evidência disciplinada especificamente em procedimento especial foi mantida no CPC/2015 (art. 701[4]).

As tutelas cautelar e antecipada, na sistemática do CPC/2015, permanecem constituindo espécies de tutela de urgência, o que ora se encontra evidenciado na própria topografia da lei processual. O atual diploma não estabeleceu procedimentos cautelares típicos[5], nem conferiu autonomia ao então denominado processo cautelar, como o CPC/1973.

---

[2] Art. 298. Na decisão que conceder, negar, modificar ou revogar a tutela provisória, o juiz motivará seu convencimento de modo claro e preciso.

[3] Em sentido semelhante, em relação à análise liminar da tutela antecipada de urgência, o Enunciado 30 do Fórum Permanente de Processualistas Civis: "O juiz deve justificar a postergação da análise liminar da tutela antecipada de urgência sempre que estabelecer a necessidade de contraditório prévio".

[4] Art. 701. Sendo evidente o direito do autor, o juiz deferirá a expedição de mandado de pagamento, de entrega de coisa ou para execução de obrigação de fazer ou de não fazer, concedendo ao réu prazo de 15 (quinze) dias para o cumprimento e o pagamento de honorários advocatícios de cinco por cento do valor atribuído à causa.

[5] É nesse sentido a redação do art. 301 do Código de Processo Civil, segundo o qual "a tutela de urgência de natureza cautelar pode ser efetivada mediante arresto, sequestro, arrolamento de bens, registro de protesto contra alienação de bem e qualquer outra medida idônea para asseguração do direito".

São notórias as **diferenças entre a tutela antecipada e a tutela cautelar**. Enquanto **a tutela antecipada é marcada pela satisfatividade**, porquanto revela, desde logo, à parte demandante a concretização do pedido, mesmo que a título precário, **a tutela cautelar cuida apenas em elidir os efeitos do tempo**, com caráter acautelatório.

Impende anotar, neste ponto, que a medida cautelar foi idealizada pelo legislador ordinário não com a finalidade de se referir à cognição da matéria atinente à lide deduzida em juízo. Antes, tem por escopo viabilizar a futura solução da controvérsia, assegurando que o direito subjetivo material possa ser efetivamente discutido e, se for o caso, satisfeito, livre dos riscos da demora processual. É implícito, portanto, ao conceito de cautelar, sua não satisfatividade, ou referibilidade[6], o que significa que por meio desse instrumento, a parte do processo não verá, desde logo, sua pretensão atendida.

A propósito, consoante a lição de Paulo César Conrado[7],

> A tutela antecipada, como forma de tutela judicial satisfativa reconhecida pelo direito tributário brasileiro, constitui manifestação jurisdicional atípica, diferençada, que foge, enfim, ao padrão comum das tutelas típicas do processo de conhecimento ou do processo de execução, afigurando-se inconfundível, ademais, com a tutela diferençada especificamente cautelar, dada sua vocação (da antecipação de tutela) de satisfazer, ainda que relativamente, a pretensão de "direito material" (tributário).

Quanto às características que envolvem ambas as espécies do gênero "tutela de urgência", tem-se a exigência dos requisitos de *fumus boni juris* e *periculum in mora* – nos termos do *caput* do art. 300 do CPC – "probabilidade do direito" e "perigo de dano ou risco ao resultado útil do processo", respectivamente.

Contudo, para além desses, também se exige que a tutela provisória, seja ela satisfativa ou conservativa, tenha efeitos reversíveis. Isso porque o grau de profundidade da cognição nessa etapa do processo é tão somente sumário, revestindo-se a decisão de natureza precária, não se cogitando a produção de resultados definitivos, os quais deverão advir de sentença, em cognição exauriente.

Tal restrição, vale dizer, não é absoluta, como inclusive foi objeto de consenso doutrinário no Enunciado 419 do Fórum Permanente de Processualistas Civis (FPPC), segundo o qual "não é absoluta a regra que proíbe tutela provisória com efeitos irreversíveis". São exemplos doutrinários clássicos no sentido da mitigação dessa regra os advindos de ponderação de direitos fundamentais, como os casos da cirurgia de urgência e da concessão de alimentos provisórios.

Ainda no que concerne à reversibilidade de eventual dano, o CPC prevê a possibilidade de o juiz, conforme o caso, exigir caução real ou fidejussória idônea para ressarcir os danos que a outra parte possa vir a sofrer, podendo a caução ser dispensada se a parte economicamente hipossuficiente não puder oferecê-la (art. 300, § 1º).

A exigência de caução para as hipóteses de tutela de urgência disciplinadas no CPC se destina às hipóteses de caracterização do *periculum in mora* inverso. A esse

---

[6]   MARINONI, Luiz Guilherme. *Antecipação de tutela*. São Paulo: Revista dos Tribunais, 2008, p. 110-112.

[7]   CONRADO, Paulo Cesar. *Processo Tributário*. 3. ed. São Paulo: Quartier Latin, 2012, p. 154.

respeito, importa mencionar o Enunciado 497 do Fórum Permanente de Processualistas Civis, segundo o qual "as hipóteses de exigência de caução para a concessão de tutela provisória de urgência devem ser definidas à luz do art. 520, IV, CPC[8]". No que concerne às hipóteses de dispensa de caução, por sua vez, importa mencionar o Enunciado 498 do FPPC, segundo o qual "a possibilidade de dispensa de caução para a concessão de tutela provisória de urgência, prevista no art. 300, § 1º, deve ser avaliada à luz das hipóteses do art. 521[9]".

É oportuno destacar, ainda, que, à luz do CPC, ambas as espécies de tutela de urgência contemplam a possibilidade de requerimento em caráter **antecedente** e **incidental** (art. 294, parágrafo único[10]).

Na primeira hipótese, a petição inicial limitar-se-á ao requerimento da tutela provisória, que, após decidido, tornará imprescindível a formulação do pedido principal para o andamento do feito (arts. 303, § 6º[11], 308, *caput*[12], e 310[13]), salvo quando concedida a tutela antecipada em caráter antecedente[14], hipótese em que a decisão se

---

[8] Art. 520. O cumprimento provisório da sentença impugnada por recurso desprovido de efeito suspensivo será realizado da mesma forma que o cumprimento definitivo, sujeitando-se ao seguinte regime:
[...]
IV – o levantamento de depósito em dinheiro e a prática de atos que importem transferência de posse ou alienação de propriedade ou de outro direito real, ou dos quais possa resultar grave dano ao executado, dependem de caução suficiente e idônea, arbitrada de plano pelo juiz e prestada nos próprios autos.

[9] Art. 521. A caução prevista no inciso IV do art. 520 poderá ser dispensada nos casos em que:
I – o crédito for de natureza alimentar, independentemente de sua origem;
II – o credor demonstrar situação de necessidade;
III – pender o agravo do art. 1.042;
IV – a sentença a ser provisoriamente cumprida estiver em consonância com súmula da jurisprudência do Supremo Tribunal Federal ou do Superior Tribunal de Justiça ou em conformidade com acórdão proferido no julgamento de casos repetitivos.
Parágrafo único. A exigência de caução será mantida quando da dispensa possa resultar manifesto risco de grave dano de difícil ou incerta reparação.

[10] Art. 294. A tutela provisória pode fundamentar-se em urgência ou evidência.
Parágrafo único. A tutela provisória de urgência, cautelar ou antecipada, pode ser concedida em caráter antecedente ou incidental.

[11] Art. 303. Nos casos em que a urgência for contemporânea à propositura da ação, a petição inicial pode limitar-se ao requerimento da tutela antecipada e à indicação do pedido de tutela final, com a exposição da lide, do direito que se busca realizar e do perigo de dano ou do risco ao resultado útil do processo.
[...]
§ 6º. Caso entenda que não há elementos para a concessão de tutela antecipada, o órgão jurisdicional determinará a emenda da petição inicial em até 5 (cinco) dias, sob pena de ser indeferida e de o processo ser extinto sem resolução de mérito.

[12] Art. 308. Efetivada a tutela cautelar, o pedido principal terá de ser formulado pelo autor no prazo de 30 (trinta) dias, caso em que será apresentado nos mesmos autos em que deduzido o pedido de tutela cautelar, não dependendo do adiantamento de novas custas processuais.

[13] Art. 310. O indeferimento da tutela cautelar não obsta a que a parte formule o pedido principal, nem influi no julgamento desse, salvo se o motivo do indeferimento for o reconhecimento de decadência ou de prescrição.

[14] Não obstante haja respeitável posicionamento doutrinário no sentido de admitir a estabilização da antecipação da tutela apenas "se a antecipação da tutela é concedida, ocorre o aditamento da petição inicial pelo autor (art. 303, § 1º, I, CPC) e o demandado não se manifesta no sentido do exaurimento da cognição (art. 304, *caput*, CPC)" (MARINONI, Luiz Guilherme, ARENHART, Sérgio Cruz, MITIDIERO, Daniel. *Código de Processo Civil Comentado*. São Paulo: Revista dos Tribunais: 2021, versão digital, pá-

tornará estável se contra ela não for interposto recurso (art. 304[15]) ou não se estabilizará, mantendo o caráter precário, caso o autor adite a inicial nos termos do art. 303, § 1º, inciso I[16].

No caso da tutela de urgência incidental, o pleito respectivo poderá ser apresentado na petição inicial ou em outro momento posterior[17]. A tutela de evidência, por seu turno, sempre haverá de ser requerida em caráter incidental, consoante exegese extraível do art. 294 e 311, ambos do CPC.

A despeito da nova disciplina acerca da tutela provisória no CPC/ 2015, **não se reputam revogadas as disposições da Lei 8.397/1992, relativas à medida cautelar fiscal.** Isso porque o art. 1.046, § 2º, do CPC, estabelece que "permanecem em vigor as disposições especiais dos procedimentos regulados em outras leis, aos quais se aplicará supletivamente este Código".

---

gina RL-RL-1.58), parece-nos escorreito o entendimento de Alexandre Freitas Câmara, segundo o qual, "se o autor não emendar [*rectius*, aditar] a petição inicial e o réu não agravar ocorrerá a estabilização e o processo será extinto sem resolução do mérito, devendo o juízo declarar estabilizada a tutela antecipada" (CÂMARA, Alexandre Freitas. *O Novo Processo Civil Brasileiro*, 7. Ed. São Paulo: Atlas, 2021, p. 180). No mesmo sentido, a lição de Garcia Medina, para quem, "o disposto no § 2º do art. 303 do CPC/2015 deve ser interpretado em consonância com o que estabelece o art. 304, *caput* e § 1º do CPC/2015: caso o demandado não impugne o pronunciamento que concedeu liminar (nos termos do § 1º do art. 304 do CPC/2015), esta se torna estável, e a apresentação do pedido 'principal', em caráter 'definitivo', passa a ser uma mera faculdade do demandante (como, de resto, também ao demandado será lícito discutir ao teor da liminar, em um pedido que seria correspondente, *mutatis mutandis*, ao pedido "principal" que seria apresentado pelo autor, cf. § 2º do art. 304 do CPC/2015" (MEDINA, José Miguel Garcia. *Código de Processo Civil Comentado*. Revista dos Tribunais: 2021, versão digital, página RL-1.58).

[15] Art. 304. A tutela antecipada, concedida nos termos do art. 303, torna-se estável se da decisão que a conceder não for interposto o respectivo recurso.
§ 1º. No caso previsto no *caput*, o processo será extinto.
§ 2º. Qualquer das partes poderá demandar a outra com o intuito de rever, reformar ou invalidar a tutela antecipada estabilizada nos termos do *caput* .
§ 3º. A tutela antecipada conservará seus efeitos enquanto não revista, reformada ou invalidada por decisão de mérito proferida na ação de que trata o § 2º.
§ 4º. Qualquer das partes poderá requerer o desarquivamento dos autos em que foi concedida a medida, para instruir a petição inicial da ação a que se refere o § 2º, prevento o juízo em que a tutela antecipada foi concedida.
§ 5º. O direito de rever, reformar ou invalidar a tutela antecipada, previsto no § 2º deste artigo, extingue-se após 2 (dois) anos, contados da ciência da decisão que extinguiu o processo, nos termos do § 1º.
§ 6º. A decisão que concede a tutela não fará coisa julgada, mas a estabilidade dos respectivos efeitos só será afastada por decisão que a revir, reformar ou invalidar, proferida em ação ajuizada por uma das partes, nos termos do § 2º deste artigo.

[16] Art. 303. Nos casos em que a urgência for contemporânea à propositura da ação, a petição inicial pode limitar-se ao requerimento da tutela antecipada e à indicação do pedido de tutela final, com a exposição da lide, do direito que se busca realizar e do perigo de dano ou do risco ao resultado útil do processo.
§ 1º. Concedida a tutela antecipada a que se refere o *caput* deste artigo:
I – o autor deverá aditar a petição inicial, com a complementação de sua argumentação, a juntada de novos documentos e a confirmação do pedido de tutela final, em 15 (quinze) dias ou em outro prazo maior que o juiz fixar;
II – o réu será citado e intimado para a audiência de conciliação ou de mediação na forma do art. 334;
III – não havendo autocomposição, o prazo para contestação será contado na forma do art. 335.

[17] Oportuno destacar o Enunciado 496 do Fórum Permanente de Processualistas Civis, segundo o qual, "preenchidos os pressupostos de lei, o requerimento de tutela provisória incidental pode ser formulado a qualquer tempo, não se submetendo à preclusão temporal".

As correntes doutrinárias que sustentam a mitigação dessa regra para admitir a substituição da medida cautelar fiscal pelo procedimento previsto no CPC serão tratadas adiante, quando do detalhamento das medidas cautelares preparatória e incidental.

A permanência da vigência da Lei 8.397/1992, por outro lado, não importa ausência de repercussão das alterações do CPC/2015 na sistemática da medida cautelar fiscal.

Com efeito, é amplamente reconhecida na doutrina e na jurisprudência a teoria do diálogo das fontes, difundida no Brasil pela Professora Cláudia Lima Marques, segundo examinado em item próprio[18].

A referida teoria admite três possíveis modalidades de diálogo: (i) o diálogo sistemático de coerência, que implica a utilização de uma lei como base conceitual para outra, não considerando haver entre elas sobreposição; (ii) o diálogo de complementariedade e subsidiariedade, que considera a viabilidade de aplicação coordenada de duas leis, direta ou indiretamente, a depender de seu campo de incidência; e (iii) o diálogo de coordenação e adaptação sistemática ou de influências recíprocas, que admite influências recíprocas sistemáticas, tendo como premissa a possibilidade de redefinição do campo de aplicação de uma lei e a influência do sistema especial no geral e vice-versa.

No âmbito jurisprudencial, merece destaque, no que concerne à presente obra, a utilização da teoria do diálogo das fontes no julgamento do Tema Repetitivo 425 do Superior Tribunal de Justiça[19], para, mediante interpretação sistemática do art. 185-A do Código Tributário Nacional, do art. 11 da Lei de Execuções Fiscais e dos arts. 655 e 655-A do Código de Processo Civil de 1973, autorizar a penhora eletrônica de depósitos ou aplicações financeiras independentemente de diligências extrajudiciais por parte da Fazenda Pública, aos moldes do diploma processual civil, em contexto normativo no qual o CTN aponta para a decretação de indisponibilidade de bens e direitos do devedor tributário quando não fossem encontrados bens penhoráveis e a Lei 6.830/1980 estabelecia a preferência da penhora sobre o dinheiro.

Ainda, digno de nota o julgamento do Tema 526 do STJ[20], no qual se utilizou a mesma teoria para concluir que o art. 739-A do CPC/1973, introduzido pela Lei 11.382/2006, ao exigir a garantia integral do juízo para a propositura de embargos do devedor, também comportava aplicação no sistema da Lei de Execuções Fiscais.

A toda evidência, a comunicação hermenêutica entre o vigente diploma processual civil e a Lei 8.397/1992 é plenamente possível, ainda que se admita a vigência do procedimento cautelar especial previsto no último diploma. Com base nesses conceitos, a doutrina já tem admitido, *ad exemplum*, a "adoção, em sede de cautelar fiscal, de medidas diversas da indisponibilidade patrimonial dos requeridos"[21].

---

[18] MARQUES, Claudia Lima. *Manual de direito do consumidor.* 2. ed. Antonio Herman V. Benjamin, Claudia Lima Marques e Leonardo Roscoe Bessa. São Paulo: Editora Revista dos Tribunais, 2009, p. 89/90.

[19] REsp 1184765/PA, Rel. Ministro Luiz Fux, Primeira Seção, j. 24.11.2010, DJe 03.12.2010.

[20] REsp 1272827/PE, Rel. Ministro Mauro Campbell Marques, Primeira Seção, j. 22.05.2013, DJe 31.05.2013.

[21] PEDROSA, Pablo Galas. Art. 4º da Lei n. 8.397/1992. *In:* COELHO, Flávia Palmeira de Moura; CAMPOS, Rogério (coord.). *Microsistema de recuperação do crédito fiscal: comentários às Leis de Execução Fiscal e Medida Cautelar.* São Paulo: Revista dos Tribunais, p. 419.

7.2 A CAUTELAR FISCAL COMO TUTELA DE URGÊNCIA ESPECÍFICA

Seguindo modelo semelhante de medida assecuratória da efetividade de outra ação, a medida cautelar fiscal foi idealizada pelo legislador infraconstitucional por meio da Lei 8.397/1992 como ferramenta de proteção do processo executivo fiscal, voltada à indisponibilidade dos bens do requerido, até o limite da satisfação da obrigação, nos casos de prática de atos que dificultem ou impeçam a satisfação do crédito tributário.

É bem verdade que a mesma tutela cautelar, bem disciplinada no CPC, que socorre os processos de conhecimento e execução, também poderia ser instrumento de garantia do processo de execução fiscal, tornando, assim, discutível, do ponto de vista acadêmico, a real necessidade de criação de um instituto específico a serviço da Fazenda Pública na persecução de seus créditos[22].

A despeito do debate encimado – incompatível com os objetivos desta obra – certo é que a medida cautelar fiscal de que trata a Lei 8.397/1992 tem por finalidade notória conferir maiores garantias ao Estado na cobrança de créditos tributários e não tributários, ainda que, anote-se, assegure ao devedor requerido os mecanismos defensivos típicos da instauração do devido processo legal. Nesse ponto, importa mencionar a teoria circular dos planos, segundo a qual, a despeito de se admitir que direito processual e material configuram dois planos distintos, "a aceitação desta divisão não implica torná-los estanques, antes imbricá-los pelo 'nexo de finalidade' que une o instrumento ao objeto sobre o qual labora"[23].

O Código Tributário Nacional, no seu Livro Segundo, Título III, ao tratar do crédito tributário, resguardou capítulos específicos para disciplinar a sua garantia e privilégios, de modo a elidir, de maneira mais ou menos segura, a sonegação fiscal. Nessa toada, entre os arts. 184 e 185-A, estão elencadas ferramentas assecuratórias do recebimento do crédito pelo Fisco.

Em breve síntese, enquanto o art. 184[24] compromete todo o patrimônio do devedor com crédito tributário, resguardando-lhe apenas um mínimo existencial representado pelos bens absolutamente impenhoráveis, o art. 185[25] cria uma presunção legal da ocor-

---

[22] Seguindo essa linha crítica, e de maneira bastante coesa, confiram-se as palavras do i. Ministro José Delgado: "Os padrões das medidas cautelares estabelecidas pelo Código de Processo Civil são suficientes para atender aos interesses do Fisco na cobrança dos seus créditos, sendo desnecessária, portanto, a medida cautelar específica, com regramentos revestidos de privilégios que vão ao encontro de princípios da igualdade e de um relacionamento de confiança entre o poder tributante e o setor responsável pelas obrigações tributárias". (DELGADO, José Augusto. Medida Cautelar Fiscal. In: MARTINS, Ives Gandra da Silva; MARTINS, Rogério Gandra e ELALI, André [Organizadores] *Medida Cautelar Fiscal.* São Paulo: MP Editora, 2006.)

[23] ZANETI JR., Hermes. Teoria circular dos planos (direito material e direito processual). In: DIDIER JR., Fredie (Org.). *Leituras complementares de processo civil.* 7. ed. Salvador: JusPodivm, 2009. p. 304

[24] Art. 184. Sem prejuízo dos privilégios especiais sobre determinados bens, que sejam previstos em lei, responde pelo pagamento do crédito tributário a totalidade dos bens e das rendas, de qualquer origem ou natureza, do sujeito passivo, seu espólio ou sua massa falida, inclusive os gravados por ônus real ou cláusula de inalienabilidade ou impenhorabilidade, seja qual for a data da constituição do ônus ou da cláusula, excetuados unicamente os bens e rendas que a lei declare absolutamente impenhoráveis.

[25] Art. 185. Presume-se fraudulenta a alienação ou oneração de bens ou rendas, ou seu começo, por sujeito passivo em débito para com a Fazenda Pública, por crédito tributário regularmente inscrito como dívida ativa.

Parágrafo único. O disposto neste artigo não se aplica na hipótese de terem sido reservados, pelo devedor, bens ou rendas suficientes ao total pagamento da dívida inscrita.

rência de fraude. Segundo o último dispositivo mencionado, após a inscrição do débito em Dívida Ativa, as alienações que um indivíduo fizer serão consideras fraudulentas, a não ser que tenham sido reservados, pelo devedor, bens suficientes para quitá-lo[26].

Por fim, o art. 185-A[27], acrescido ao CTN pela Lei Complementar 118/2005, inaugurou a possibilidade de o magistrado, no curso da execução fiscal, de ofício, decretar a indisponibilidade dos bens e direitos do devedor que, citado, não oferecer bens à penhora. Tem-se, aqui, o uso de ferramentas eletrônicas e de tecnologia da informação para a divulgação, a diversos órgãos públicos, da restrição patrimonial determinada, a fim de viabilizar uma futura e oportuna penhora, a qual se convencionou chamar "penhora *on-line*"[28].

Ao lado de todos esses mecanismos protetivos, que colocam o credor tributário numa posição de vantagem, é possível situar, ainda, a medida cautelar fiscal, com a peculiaridade de não estar adstrita à prévia inscrição do crédito fazendário em Dívida Ativa ou à existência de uma execução fiscal já em curso.

Significa dizer que a medida cautelar fiscal tem o condão de resguardar, de imediato, o objeto futuro da ação executiva fiscal, através de providências de arrolamento e indisponibilidade de bens do devedor, de modo a impedir a insolvência deste por ocasião da efetiva cobrança do crédito público.

Note-se, portanto, que, por meio da ação multicitada, a Fazenda Pública não poderá exigir o adimplemento da obrigação pecuniária, a qual é apenas posta a salvo dos efeitos nocivos do tempo, bem como dos meios ardis que dado devedor pode valer-se para exonerar-se do débito.

Questão relevante, por outro lado, é a **imprescindibilidade de constituição definitiva do crédito tributário para que se possa proceder à medida cautelar fiscal.**

Sobre a questão, o art. 1º, *caput*, da Lei 8.397/1992 estabelece que "o procedimento cautelar fiscal poderá ser instaurado após a constituição do crédito, inclusive no curso

---

[26] A redação original do art. 185 do Código Tributário Nacional exigia que o débito inscrito em dívida ativa estivesse em fase de execução, o que foi suprimido na redação dada ao dispositivo pela Lei Complementar 118/2005, a qual apresentou como marco para a presunção da fraude a inscrição do débito em dívida ativa. A nova redação do dispositivo constitui exceção ao enunciado da Súmula 375 do Superior Tribunal de Justiça, segundo o qual "o reconhecimento da fraude à execução depende do registro da penhora do bem alienado ou da prova de má-fé do terceiro adquirente".

[27] Art. 185-A. Na hipótese de o devedor tributário, devidamente citado, não pagar nem apresentar bens à penhora no prazo legal e não forem encontrados bens penhoráveis, o juiz determinará a indisponibilidade de seus bens e direitos, comunicando a decisão, preferencialmente por meio eletrônico, aos órgãos e entidades que promovem registros de transferência de bens, especialmente ao registro público de imóveis e às autoridades supervisoras do mercado bancário e do mercado de capitais, a fim de que, no âmbito de suas atribuições, façam cumprir a ordem judicial.

§ 1º. A indisponibilidade de que trata o *caput* deste artigo limitar-se-á ao valor total exigível, devendo o juiz determinar o imediato levantamento da indisponibilidade dos bens ou valores que excederem esse limite.

§ 2º. Os órgãos e entidades aos quais se fizer a comunicação de que trata o *caput* deste artigo enviarão imediatamente ao juízo a relação discriminada dos bens e direitos cuja indisponibilidade houverem promovido.

[28] Observe-se, a propósito, que a indisponibilidade de bens resguardada pelo referido dispositivo não se confunde com a penhora, tratando-se, em verdade, de medida cabível quando não houver sido exitosa a localização de bens penhoráveis do devedor.

da execução judicial da Dívida Ativa da União, dos Estados, do Distrito Federal, dos Municípios e respectivas autarquias".

O parágrafo único do referido dispositivo legal, por sua vez, estabelece que "o requerimento da medida cautelar, na hipótese dos incisos V, alínea 'b', e VII, do art. 2º, independe da prévia constituição do crédito tributário" – hipóteses em que **o devedor, (i) notificado pela Fazenda Pública para que proceda ao recolhimento do crédito fiscal, põe ou tenta por seus bens em nome de terceiros, ou (ii) aliena bens ou direitos sem proceder à devida comunicação ao órgão da Fazenda Pública competente, quando exigível por força de lei.**

Prevalece no STJ, especialmente no âmbito da Primeira Turma, o entendimento de que a instauração de medida cautelar fiscal antes da constituição definitiva do crédito tributário é "circunstância reservada às situações dos incisos V, alínea 'b', e VII do art. 2º daquele diploma legal"[29].

Não obstante, a Segunda Turma do STJ já chancelou[30] medida cautelar deferida com fundamento no art. 2º, inciso III, da Lei 8.397/1992 (hipótese em que o devedor, caindo em insolvência, aliena ou tenta alienar bens) – não excepcionado no parágrafo único do art. 1º, da Lei 8.397/1992 – antes da constituição definitiva da medida cautelar fiscal, asseverando, inclusive, que a jurisprudência daquela Corte Superior "reconhece no auto de infração forma de constituição [de] tal crédito, cujo recurso administrativo não é óbice à efetivação da cautelar", valendo-se da premissa de que o art. 3º, inciso I, da Lei 8.397/1992,[31] não exige constituição definitiva do crédito fiscal, mas apenas que ele se encontre constituído (materializado pela via do lançamento).

O debate acerca do tema se intensificou no referido órgão fracionário do STJ no julgamento do Recurso Especial 1.705.580/SP[32], no qual a Corte chancelou medida cautelar deferida com fundamento no art. 2º, inciso VI, da Lei 8.397/1992 (hipótese em que o devedor possui débitos, inscritos ou não em Dívida Ativa, que somados ultrapassem trinta por cento do seu patrimônio conhecido) – também não excepcionada no art. 1º, parágrafo único, do referido diploma legal.

Nesse precedente, o Ministro Relator, Og Fernandes, votou, inicialmente, pela impossibilidade de decreto de indisponibilidade dos bens do contribuinte enquanto não constituído definitivamente o crédito tributário, mediante julgamento do recurso voluntário pendente no processo administrativo respectivo. O Ministro Herman Benjamin inaugurou a divergência, afirmando, em síntese, haver óbice ao conhecimento do recurso especial, por não ser possível reexaminar a conclusão das instâncias ordinárias no sentido do preenchimento dos requisitos para a concessão de medida cautelar fiscal, e defendeu ser cabível a medida, mesmo diante da pendência de recurso voluntário no âmbito do CARF, por estar fundamentada "em atos voltados à ocultação do patrimô-

---

[29] AgInt no AgInt no AREsp 939.120/PE, Rel. Ministro Gurgel de Faria, Primeira Turma, j. 10.10.2017, DJe 27.11.2017. No mesmo sentido: AgInt no REsp 1597284/PE, Rel. Ministro Gurgel de Faria, Primeira Turma, j. 01.12.2016, DJe 19.12.2016.

[30] AgRg no REsp 1497290/PR, Rel. Ministro Humberto Martins, Segunda Turma, j. 10.02.2015, DJe 20.02.2015.

[31] Art. 3º Para a concessão da medida cautelar fiscal é essencial:
I – prova literal da constituição do crédito fiscal;

[32] REsp 1705580/SP, Rel. Ministro Og Fernandes, Segunda Turma, j. 13.08.2019, DJe 27.02.2020.

nio do devedor, com a finalidade de frustrar o adimplemento do crédito tributário". O Ministro Mauro Campbell Marques, por sua vez, acompanhou o Ministro Relator.

Após pedir vista dos autos, a Ministra Assusete Magalhães, considerando se tratar de liminar deferida em medida cautelar fiscal, entendeu incabível o recurso, não conhecendo do recurso especial, ao que se seguiu retificação do voto do Ministro Relator, para acompanhá-la. O Ministro Mauro Campbell Marques também passou a não conhecer do apelo, formando unanimidade.

O referido julgado demonstrou uma divergência incipiente acerca do tema no tribunal. Por outro lado, constata-se que julgado mais recente da Segunda Turma[33] reafirmou a jurisprudência no sentido de que **não é possível a concessão de medida cautelar fiscal visando a assegurar a satisfação de crédito tributário já constituído, mas com exigibilidade suspensa ao tempo da ação.**

Conquanto prevaleça naquela Colenda Corte Superior o entendimento de que a concessão da medida cautelar fiscal antes da constituição definitiva do crédito tributário somente seria possível nas situações excepcionadas no art. 1º, parágrafo único, da Lei 8.397/1992[34], uma reflexão crítica sobre a jurisprudência parece induzir o intérprete à compreensão da norma citada como enunciadora de hipóteses em que a medida cautelar independeria de prévia constituição do crédito tributário, que não se confunde com a constituição definitiva. Sob essa perspectiva, a exigência de definitividade do crédito tributário para as demais hipóteses previstas no art. 2º da Lei 8.397/1992 não se afigura escorreita.

A medida cautelar não se confunde com o direito material subjacente à relação jurídica tributária, mas visa ao impedimento de atos de dilapidação patrimonial. Nesse contexto, situações como a alienação de bens por devedor insolvente ou a contração de dívidas que comprometam a liquidez do patrimônio do devedor, por exemplo, podem configurar situação de risco ao resultado útil do processo, ainda que o crédito tributário, constituído, não seja dotado de definitividade.

Destarte, caminharia bem a jurisprudência do STJ se evoluísse no sentido de reconhecer que a presença de elementos comprobatórios de atos que visem à dilapidação patrimonial ou dificultem a satisfação do crédito seria suficiente a qualificar o *fumus boni juris* e o *periculum in mora* necessários ao deferimento da medida cautelar.

Note-se, a propósito, que a jurisprudência do STJ já tem se firmado, em relação ao parcelamento – o qual também configura causa de suspensão da exigibilidade do crédito tributário, à luz do art. 151, inciso VI, do CTN –, no sentido de que, "a depender da situação concreta, caso a caso, este Tribunal Superior considera ser adequada a ordem de indisponibilidade, em medida cautelar fiscal, ainda que o crédito tributário tenha sido objeto de parcelamento"[35].

---

[33] AgInt no AREsp 1322410/ES, Rel. Ministra Assusete Magalhães, Segunda Turma, j. 03.03.2020, DJe 10.03.2020.

[34] Art. 1º. O procedimento cautelar fiscal poderá ser instaurado após a constituição do crédito, inclusive no curso da execução judicial da Dívida Ativa da União, dos Estados, do Distrito Federal, dos Municípios e respectivas autarquias.
Parágrafo único. O requerimento da medida cautelar, na hipótese dos incisos V, alínea "b", e VII, do art. 2º, independe da prévia constituição do crédito tributário.

[35] AgInt no REsp 1660755/SC, Rel. Ministro Benedito Gonçalves, Primeira Turma, j. 16.03.2021, DJe 22.03.2021.

As situações viabilizadoras de concessão de medida cautelar fiscal à míngua de constituição definitiva do crédito tributário somente confirmam a natureza de tutela de urgência da medida cautelar fiscal. Ao permitir tal medida, indubitavelmente, o legislador reconhece que o procedimento administrativo fiscal pode levar anos até se encerrar, ao longo dos quais o patrimônio do devedor pode ser substancialmente esvaziado, reduzindo a efetividade da execução fiscal e inviabilizando a satisfação do crédito da Fazenda Pública.

De modo a evidenciar o caráter preventivo da medida cautelar fiscal, a Primeira Turma do STJ, no julgamento do REsp 1656172[36], decidiu que, em caso de fraude cometida por grupos de pessoas físicas ou jurídicas, é possível a extensão da indisponibilidade decretada em uma ação cautelar – no caso analisado, incidental – a todas as pessoas envolvidas no ato ilícito. O relator, Min. Gurgel de Faria, declarou em seu voto o seguinte:

> Todavia, como acima visto, havendo prova da ocorrência de fraude por grupo de pessoas físicas e/ou jurídicas, como a criação de pessoas jurídicas fictícias para oportunizar a sonegação fiscal ou o esvaziamento patrimonial dos reais devedores, o juízo da execução pode redirecionar a execução fiscal às pessoas envolvidas e, por isso, com base no poder geral de cautela e dentro dos limites e condições impostas pela legislação, estender a ordem de indisponibilidade para garantia de todos os débitos tributários gerados pelas pessoas participantes da situação ilícita, pois, como acima assinalado, "os requisitos necessários para a imputação da responsabilidade patrimonial secundária na ação principal de execução são também exigidos na ação cautelar fiscal, posto acessória por natureza" (REsp 722.998/MT, Rel. Min. Luiz Fux, Primeira Turma, julgado em 11/04/2006, DJ 28/04/2006). (Grifos acrescidos).
>
> Os bens indisponibilizados servirão, em conjunto, à garantia dos diversos créditos tributários cujo adimplemento era da responsabilidade das pessoas integrantes do esquema de sonegação fiscal. Aliás, também é corrente que essa situação não impede que a ordem de constrição alcance outros bens, direitos e ações penhorados, indisponibilizados ou em discussão em outros processos distintos, como ocorre na penhora no rosto dos autos e no concurso de preferência previsto no art. 29 da Lei n. 6.830/1980.
>
> [...]
>
> Na hipótese dos autos, porque o acórdão recorrido limita a ordem de indisponibilidade ao patrimônio dos que figuram no processo executivo fiscal da qual a cautelar fiscal é incidente, forçoso reconhecer não estar tal julgado em sintonia com o entendimento jurisprudencial deste Tribunal Superior.

Esse entendimento, seguido pelos demais integrantes da Turma de forma unânime, permite, então, que uma única medida cautelar fiscal atinja diversos devedores, ainda que ocupem o polo passivo de execuções fiscais diferentes e em juízos distintos, uma vez que estariam verificados os requisitos para a responsabilização de terceiros.

---

[36] REsp n. 1.656.172/MG, relator Ministro Gurgel de Faria, Primeira Turma, julgado em 11/6/2019, DJe de 2/8/2019.

O referido entendimento, apesar de se adequar aos objetivos da medida cautelar fiscal e conferir-lhe mais eficiência, pode, por outro lado, acarretar certas distorções, uma vez que não é incomum que sócios, diretores e administradores sejam responsabilizados de forma solidária sem o prévio exercício do contraditório.

7.3 DAS CONDIÇÕES DA AÇÃO

Considera-se que, mesmo à luz de um diálogo de fontes com o CPC, o qual se destaca pelo sincretismo relativamente à tutela cautelar, é inarredável a observância ao art. 17 do aludido diploma legal, segundo o qual "para postular em juízo é necessário ter interesse e legitimidade", a fim de inaugurar o procedimento cautelar fiscal.

Remanesce debate doutrinário no sentido da contemplação das denominadas "condições da ação" no CPC, sobretudo após o deslocamento da possibilidade jurídica do pedido dessa categoria para considerá-lo como matéria cognoscível, atinente ao mérito da demanda.

Na crítica da adoção da concepção de condições da ação, Fredie Didier, o qual admite haver, no sistema processual erigido em 2015, apenas o binômio "admissibilidade e mérito", passando a situar a legitimidade *ad causam* e o interesse de agir para o repertório teórico dos pressupostos processuais[37].

Reputa-se razoável, todavia, o entendimento de Daniel Amorim Assumpção Neves, para quem a concepção eclética sobre o direito de ação, formulada por Enrico Tullio Liebman, permanece norteando o CPC, ainda que as expressões "carência de ação" e "condições da ação" não sejam mais contempladas na redação do referido diploma legal, de modo que a categoria de "condições" da ação – como legitimidade e interesse de agir – permanece presente no atual diploma.

Como afirma o referido autor[38], não é possível afirmar que o diploma processual de 2015 tenha adotado a teoria abstrata do direito de ação, na medida em que ainda é prevista, como causa de extinção do processo sem resolução do mérito, a sentença que reconhece a ausência de legitimidade ou interesse de agir. E, a despeito de ter inicialmente concebido três espécies de condições da ação (possibilidade jurídica do pedido, interesse de agir e legitimidade), o próprio Liebman reformulara seu entendimento original, passando a defender que a possibilidade jurídica estaria contida no interesse de agir, restando apenas duas condições da ação: interesse de agir e legitimidade[39].

De fato, a exigência de interesse de agir e legitimidade no art. 17 do CPC[40] sinaliza a distinção entre condições da ação, pressupostos processuais e mérito.

A partir da premissa de que permanecem sendo condições da ação a legitimidade e o interesse processual, passa-se ao exame das condições da medida cautelar fiscal.

---

[37] DIDIER JÚNIOR, Fredie. Será o fim da categoria "condições da ação"? Um elogio ao projeto do novo CPC. *Revista de Processo*, vol. 197, 2011, p. 255-260.

[38] NEVES, Daniel Amorim Assumpção. *Manual de direito processual civil*. Volume único. 9. ed. Salvador: JusPodivm, 2017, p. 129.

[39] Idem, p. 130.

[40] Art. 17. Para postular em juízo é necessário ter interesse e legitimidade.

7.4 LEGITIMIDADE

A legitimidade ativa da ação cautelar fiscal é exclusiva da Fazenda Pública credora, na condição de titular do crédito que se pretende resguardar para satisfação posterior, em via própria. Destarte, a depender da espécie de tributo em voga, e, a partir da repartição constitucional de competências em matéria tributária, será firmada a legitimidade ativa para fins de execução fiscal e, por consequência, para o ajuizamento da ação cautelar fiscal.

Por outro lado, detém legitimidade para figurar no polo passivo da ação cautelar fiscal, segundo a letra do art. 2º da Lei 8.397/1992, o sujeito passivo de crédito tributário ou não tributário. Em matéria tributária, não é sujeito passivo apenas o contribuinte direto, mas também os responsáveis tributários, versados nos arts. 128 a 138 do CTN.

Importa sublinhar, ainda, que não é qualquer devedor que poderá ser demandado nessa ação, mas apenas aquele que esteja ocasionando uma situação de perigo ou ameaça ao direito material da outra parte, ao realizar alguma das condutas listadas no art. 2º do diploma legal mencionado, quais sejam: **(i)** sem domicílio certo, intentar ausentar-se ou alienar bens que possui, ou deixar de pagar a obrigação no prazo fixado; **(ii)** tendo domicílio certo, ausentar-se ou tentar se ausentar, visando a elidir o adimplemento da obrigação; **(iii)** caindo em insolvência, alienar ou tentar alienar bens; **(iv)** contrair ou tentar contrair dívidas que comprometam a liquidez do seu patrimônio; **(v)** notificado pela Fazenda Pública para que proceda ao recolhimento do crédito fiscal: a) deixar de pagá-lo no prazo legal, salvo se suspensa sua exigibilidade; ou b) pôr ou tentar pôr seus bens em nome de terceiros; **(vi)** possuir débitos, inscritos ou não em Dívida Ativa, que somados ultrapassem trinta por cento do seu patrimônio conhecido; **(vii)** alienar bens ou direitos sem proceder à devida comunicação ao órgão da Fazenda Pública competente, quando exigível em virtude de lei; **(viii)** ter sua inscrição no cadastro de contribuintes declarada inapta pelo órgão fazendário; e **(ix)** praticar outros atos que dificultem ou impeçam a satisfação do crédito.

Destaca-se, ainda, que, em decorrência da delimitação empreendida no art. 2º da Lei 8.397/1992, o qual indica condutas que configurarão a legitimidade passiva do devedor, não se vislumbra, na medida cautelar fiscal, a formação de litisconsórcio passivo necessário entre todos os integrantes do polo passivo da relação jurídica tributária. A propósito, reforça essa conclusão a probabilidade de não haver interesse processual na inclusão de determinados sujeitos passivos da obrigação de direito material no procedimento cautelar fiscal. É, por exemplo, a hipótese de ausência de patrimônio de um dos sujeitos passivos de obrigação tributária.

A partir da leitura atenta da legislação pertinente e da interpretação teleológica dos preceitos nela trazidos, já não subsistem dúvidas acerca da possibilidade de a cautelar fiscal atingir, como legitimado passivo, terceiro que, em princípio, sequer constava da Certidão de Dívida Ativa ou que nem mesmo figurou no procedimento fiscal de lançamento tributário. É o que será estudado a seguir.

7.4.1 Legitimidade passiva dos sócios e administradores de pessoa jurídica devedora

O art. 4º, § 1º, da Lei 8.397/1992 disciplina a possibilidade de sócios e acionistas das pessoas jurídicas devedoras serem alvo de medidas constritivas, *in verbis*:

> Art. 4º. A decretação da medida cautelar fiscal produzirá, de imediato, a indisponibilidade dos bens do requerido, até o limite da satisfação da obrigação.
>
> § 1º. Na hipótese de pessoa jurídica, a indisponibilidade recairá somente sobre os bens do ativo permanente, podendo, ainda, ser estendida aos bens do acionista controlador e aos dos que em razão do contrato social ou estatuto tenham poderes para fazer a empresa cumprir suas obrigações fiscais, ao tempo:
>
> a) do fato gerador, nos casos de lançamento de ofício;
>
> b) do inadimplemento da obrigação fiscal, nos demais casos.
>
> (...).

Apesar de o dispositivo fazer parecer que, em qualquer caso, os sócios poderão ser atingidos pessoalmente pela medida cautelar fiscal, a matéria exige um estudo a par das disposições do Código Tributário Nacional. Por assim dizer, esse artigo de lei deve ser interpretado consonante os arts. 134 e 135 do CTN, porque somente aquele que pode ser responsabilizado pelo crédito tributário terá, igualmente, legitimidade para ser requerido no procedimento cautelar.

No que concerne aos sócios e administradores de pessoa jurídica, o art. 134, inciso VII, do CTN prevê que eles, **no caso de liquidação de sociedade de pessoas, respondem solidariamente com o contribuinte nos atos em que intervierem ou pelas omissões** de que forem responsáveis[41].

O art. 135, inciso III, por sua vez, prevê a **responsabilidade dos diretores, gerentes ou representantes de pessoas jurídicas de direito privado por ato praticado com excesso de poder ou infração à lei, contrato social ou estatutos**[42].

Evidentemente, os artigos encimados não ensejam uma responsabilização automática dos sócios pelas obrigações tributárias da sociedade. Antes, é necessário que tais pessoas tenham agido com excesso de poderes ou infração à lei, ao contrato social ou ao estatuto da empresa, para que possam ser chamados a responder, pessoalmente, pela dívida da pessoa jurídica, em regra autônoma.

---

[41] Art. 134. Nos casos de impossibilidade de exigência do cumprimento da obrigação principal pelo contribuinte, respondem solidariamente com este nos atos em que intervierem ou pelas omissões de que forem responsáveis:

[...]

VII – os sócios, no caso de liquidação de sociedade de pessoas.

Parágrafo único. O disposto neste artigo só se aplica, em matéria de penalidades, às de caráter moratório.

[42] Art. 135. São pessoalmente responsáveis pelos créditos correspondentes a obrigações tributárias resultantes de atos praticados com excesso de poderes ou infração de lei, contrato social ou estatutos:

I – as pessoas referidas no artigo anterior;

II – os mandatários, prepostos e empregados;

III – os diretores, gerentes ou representantes de pessoas jurídicas de direito privado.

Título II • Cap. 7 • MEDIDA CAUTELAR FISCAL | 323

É nesse sentido o enunciado da Súmula 430 do STJ, segundo o qual "o inadimplemento da obrigação tributária pela sociedade não gera, por si só, a responsabilidade solidária do sócio-gerente". Nessa mesma linha, diversos julgados daquela Colenda Corte Superior já consignaram a legitimidade passiva dos sócios, diretores e representantes de pessoas jurídicas para figurarem no polo passivo dos procedimentos cautelares fiscais[43].

Importa salientar, ainda, que atos que induzem a empresa dolosamente à insolvência não se encontram resguardados pelo entendimento acima ressalvado, sendo a inadimplência contumaz capaz de configurar a responsabilidade dos sócios-administradores.

Hipótese de responsabilização pessoal do sócio-gerente frequentemente enfrentada na jurisprudência concerne à dissolução irregular da pessoa jurídica.

---

[43] Nesse sentido: STJ. AgRg no AREsp 61577/ES. Rel. Min. Sérgio Kukina. Primeira Turma. DJe 27.09.2013; AgRg no REsp 1326042/SC. Rel. Min. Herman Benjamin. Segunda Turma. DJe 09.11.2012). Ainda, o seguinte precedente, deveras elucidativo:

1. É assente na Corte que o redirecionamento da execução fiscal, e seus consectários legais, para o sócio-gerente da empresa, somente é cabível quando reste demonstrado que este agiu com excesso de poderes, infração à lei ou contra o estatuto, ou na hipótese de dissolução irregular da empresa (Precedentes: REsp 513.912/MG, Rel. Min. Peçanha Martins, DJ 01.08.2005; REsp 704.502/RS, Rel. Min. José Delgado, DJ 02.05.2005; EREsp 422.732/RS, Rel. Min. João Otávio de Noronha, DJ 09.05.2005; e AgRg nos EREsp n.º471.107/MG, deste relator, DJ 25.10.2004).

2. Os requisitos necessários para a imputação da responsabilidade patrimonial secundária na ação principal de execução são também exigidos na ação cautelar fiscal, posto acessória por natureza.

3. Medida cautelar fiscal que decretou a indisponibilidade de bens dos sócios integrantes do Conselho de Administração da empresa devedora, com base no art. 4º, da Lei 8.397/92.

4. Deveras, a aludida regra deve ser interpretada cum grano salis, em virtude da remansosa jurisprudência do STJ acerca da responsabilidade tributária dos sócios.

5. Consectariamente, a indisponibilidade patrimonial, efeito imediato da decretação da medida cautelar fiscal, somente pode ser estendida aos bens do acionista controlador e aos dos que em razão do contrato social ou estatuto tenham poderes para fazer a empresa cumprir suas obrigações fiscais, desde que demonstrado que as obrigações tributárias resultaram de atos praticados com excesso de poderes ou infração de lei, contrato social ou estatutos (responsabilidade pessoal), nos termos do art. 135, do CTN. No caso de liquidação de sociedade de pessoas, os sócios são "solidariamente" responsáveis (art. 134, do CTN) nos atos em que intervieram ou pelas omissões que lhes forem atribuídas.

6. Precedente da Corte no sentido de que: "(...) Não deve prevalecer, portanto, o disposto no art. 4º, § 2º, da Lei 8.397/92, ao estabelecer que, na concessão de medida cautelar fiscal, 'a indisponibilidade patrimonial poderá ser estendida em relação aos bens adquiridos a qualquer título do requerido ou daqueles que estejam ou tenham estado na função de administrador'. Em se tratando de responsabilidade subjetiva, é mister que lhe seja imputada a autoria do ato ilegal, o que se mostra inviável quando o sócio sequer era administrador da sociedade à época da ocorrência do fato gerador do débito tributário pendente de pagamento.(...)" (REsp 197278/AL, Rel. Ministro Franciulli Netto, Segunda Turma, DJ 24.06.2002).

7. In casu, verifica-se que a decretação da indisponibilidade dos bens dos sócios baseou-se, tão somente, no fato de integrarem o Conselho de Administração da Olvepar S.A. – Indústria e Comércio, "com competência para fiscalizar a gestão dos diretores, através de exame de livros e documentos da sociedade, bem como, para solicitar informações sobre contratos celebrados, incluindo-se o presente Contrato de Benefício Fiscal concedido à referida empresa por intermédio do PRODEI (Programa de Desenvolvimento Industrial do Estado)", o que configura ofensa ao art. 135, do CTN.

8. Ressalva do ponto de vista no sentido de que a ciência por parte do sócio-gerente do inadimplemento dos tributos e contribuições, mercê do recolhimento de lucros e pro labore, caracteriza, inequivocamente, ato ilícito, porquanto há conhecimento da lesão ao erário público.

9. Recursos especiais providos.

(STJ. REsp 722.998 / MT. Rel. Min. Luiz Fux. Primeira Turma. DJ 28.04.2006)

A esse respeito, o STJ editou o enunciado da Súmula 435, segundo o qual "presume-se dissolvida irregularmente a empresa que deixar de funcionar no seu domicílio fiscal, sem comunicação aos órgãos competentes, legitimando o redirecionamento da execução fiscal para o sócio-gerente".

Importa destacar, ainda, o entendimento firmado no Tema 630 daquela Colenda Corte Superior, segundo o qual, a referida tese também se aplica à dívida não tributária. Para tanto, asseverou o Tribunal que o suporte dado pelo art. 135, inciso III, do CTN é dado pelo art. 10 do Decreto 3.708/1919 e pelo art. 158 da Lei 6.404/1976 (Lei das Sociedades Anônimas) e externou que "não há como compreender que o mesmo fato jurídico 'dissolução irregular' seja considerado ilícito suficiente ao redirecionamento da execução fiscal de débito tributário e não o seja para a execução fiscal de débito não tributário"[44].

Permanece divergência, porém, no que concerne à responsabilidade do sócio que não era gerente no momento do fato gerador e há dissolução irregular da pessoa jurídica.

A Primeira Turma do STJ reputa imprescindível que "o sócio-gerente a quem se pretenda redirecionar a exigência tributária tenha exercido, efetivamente, a função de gerência no momento dos fatos geradores do tributo e/ou da dissolução irregular da empresa executada"[45], ao argumento de que, sem essa verificação, a regra do art. 135 do CTN "passaria a configurar casos de responsabilidade objetiva", sendo que as situações contempladas no referido dispositivo se referem a "situações infracionais nas quais se requer a apuração de conduta infratora da parte do agente".

A Segunda Turma daquela Colenda Corte Superior, embora, inicialmente, acompanhasse o referido entendimento, entendeu por sua superação no julgamento do Recurso Especial 1.520.257/SP[46]. No referido precedente, firmou-se o entendimento de que são "irrelevantes para a definição da responsabilidade por dissolução irregular (ou sua presunção) a data da ocorrência do fato gerador da obrigação tributária, bem como o momento em que vencido o prazo para pagamento do respectivo débito". Isso porque, consoante a *ratio* da Súmula 435/STJ, a dissolução irregular da sociedade ou sua presunção incluem-se no conceito de infração a lei, de modo que a responsabilidade deve recair sobre o sócio-gerente que lhe deu ensejo, isto é, aquele "que, na oportunidade, estava no comando da entidade, independentemente da data do fato gerador da obrigação tributária ou do vencimento do débito fiscal correspondente".

A Primeira Seção do Superior Tribunal de Justiça, sob julgamento do Tema Repetitivo 962, de relatoria da Min. Assusete Magalhães, definiu que:

> O redirecionamento da execução fiscal, quando fundado na dissolução irregular da pessoa jurídica executada ou na presunção de sua ocorrência, não pode ser autorizado contra o sócio ou o terceiro não sócio que, embora exercesse poderes de gerência ao tempo do fato gerador, sem incorrer em prática de atos com excesso de poderes ou infração à lei, ao contrato social ou aos estatutos, dela regularmente se retirou e não deu causa à sua posterior dissolução irregular, conforme art. 135, III, do CTN." [...]

---

[44] REsp 1.371.128/RS, Rel. Ministro Mauro Campbell Marques, Primeira Seção, j. 10.09.2014, DJe 17.09.2014.

[45] AgRg no AREsp 647.563/PE, Rel. Ministro Napoleão Nunes Maia Filho, Primeira Turma, j. 11.11.2020, DJe 17.11.2020

[46] REsp 1.520.257/SP, Rel. Ministro Og Fernandes, Segunda Turma, j. 16.06.2015, DJe 23.06.2015.

O STJ, ainda sobre o assunto, no Tema Repetitivo 981, já abordado em seção anterior desta obradiscutiu, na hipótese de dissolução irregular da sociedade empresária ou de presunção de sua ocorrência à luz da Súmula 435/STJ, se há reconhecida a responsabilidade tributária (i) apenas do sócio que exercia a gerência da empresa devedora à época do fato gerador; (ii) do sócio presente quando do encerramento irregular das atividades empresariais; ou (iii) somente do sócio que era administrador tanto à época do fato gerador como da dissolução irregular. Decidiu-se pela segunda opção, isto é, a responsabilidade do sócio com poderes de administração na data da dissolução irregular, independentemente de ter sido administrador na data do fato gerador ou não. Fixou-se a seguinte tese:

> O redirecionamento da execução fiscal, quando fundado na dissolução irregular da pessoa jurídica executada ou na presunção de sua ocorrência, pode ser autorizado contra o sócio ou o terceiro não sócio, com poderes de administração na data em que configurada ou presumida a dissolução irregular, ainda que não tenha exercido poderes de gerência quando ocorrido o fato gerador do tributo não adimplido, conforme art. 135, III, do CTN.

Para a Segunda Turma do STJ, a dissolução irregular da sociedade, *per se*, caracteriza infração de lei – conduta descritiva da responsabilidade tributária do diretor, gerente ou representante da pessoa jurídica de direito privado –, razão por que despicienda a comprovação de que o administrador exercia tal função no momento da prática do fato gerador. A propósito, a responsabilização tributária em questão se refere à infração à lei com o objetivo de dificultar a satisfação do crédito tributário, bastando para tanto que o sujeito tenha incorrido no aludido ilícito.

No julgamento do Tema 981/STJ pela Primeira Seção, prevaleceu o entendimento da Segunda Turma, frente à jurisprudência anteriormente fixada pela Primeira Turma, no sentido de que somente o sócio que tivesse exercido poder de gerência no momento do fato gerador poderia ser responsabilizado. Portanto, o Tema 981/STJ uniformizou a jurisprudência daquela Corte Superior sobre o tema, deixando claro que basta que o sócio tenha exercido poder de gerência ao tempo da dissolução irregular da sociedade para incorrer em infração a lei, atraindo para a si a responsabilização.

O Supremo Tribunal Federal, no julgamento do Recurso Extraordinário 562.276/PR, sob a sistemática da repercussão geral, asseverou que "a responsabilidade tributária pressupõe duas normas autônomas: a regra-matriz de incidência tributária e a regra-matriz de responsabilidade tributária, cada uma com seu pressuposto de fato e seus sujeitos próprios", sendo que "a referência ao responsável enquanto terceiro (*dritter Persone*, *terzo* ou *tercero*) evidencia que não participa da relação contributiva, mas de uma relação específica de responsabilidade tributária, inconfundível com aquela"[47]. Destarte, havendo diferenciação entre a regra-matriz de incidência tributária e a regra-matriz de responsabilidade tributária, não há razão para vincular ao fato gerador a ocorrência desta última. Em sendo o ilícito a dissolução irregular da sociedade ou conduta comparada, nessa linha de entendimento, o administrador que ocasionou tal infração à lei deve ser o responsabilizado tributariamente.

---

[47] RE 562276, Rel. Min. Ellen Gracie, Tribunal Pleno, j. 03.11.2010, Repercussão Geral – Mérito, DJe 10.02.2011.

A legitimidade passiva do sócio que exercia a gerência de empresa quando do encerramento irregular das atividades empresariais, contudo, encontra-se pendente de definição no âmbito do STJ.

Ainda neste âmbito do redirecionamento, verificados indícios de suposta prática de crime falimentar pelo sócio-gerente da pessoa jurídica devedora, o STJ entende que a sua responsabilização "prescinde do trânsito em julgado da sentença penal condenatória em crime falimentar"[48]. Segundo o Tribunal, para a subsunção dos fatos ao art. 135, inciso III, do CTN, basta a existência de indícios da prática de ato de infração à lei penal, e, em razão da independência das esferas cível, *lato sensu* e penal, eventual absolvição na ação penal "não conduz necessariamente à revogação do redirecionamento, pois o ato pode não constituir ilícito penal, e, mesmo assim, continuar a representar infração à lei civil, comercial, administrativa etc.".

Precisamente por haver tal independência, aquela Corte Superior também já afirmou que é possível a caracterização da infração à lei ou aos atos constitutivos da empresa, para fins de responsabilização do sócio-gerente, "ainda que não tenha havido denúncia-crime por eventual ausência de tipicidade ou antijuridicidade na esfera criminal", na hipótese em que há supressão de contabilidade e desvios de bens[49].

Ainda quanto à responsabilização do sócio-gerente, o STJ já assentou que a presunção de liquidez e certeza da certidão de inscrição em dívida ativa transfere ao gestor da sociedade o ônus da prova de que não ficou caracterizada nenhuma das circunstâncias previstas no art. 135 do CTN, quais sejam, excesso de poderes ou infração a lei, contrato social ou estatutos (Tema Repetitivo 103/STJ[50]). Nesse sentido, terá legitimidade passiva da medida cautelar fiscal o sócio-gerente cujo nome conste da Certidão de Dívida Ativa, incumbindo a esse sócio o ônus de comprovar que não incide nas hipóteses de responsabilização tributária[51].

---

[48]   REsp 1792310/RS, Rel. Ministro Herman Benjamin, Segunda Turma, j. 04.02.2020, DJe 04.09.12020

[49]   REsp 1.741.789/RS, Rel. Ministro Herman Benjamin, Segunda Turma, j. 21.06.2018, DJe 30.05.2019.

[50]   1. A orientação da Primeira Seção desta Corte firmou-se no sentido de que, se a execução foi ajuizada apenas contra a pessoa jurídica, mas o nome do sócio consta da CDA, a ele incumbe o ônus da prova de que não ficou caracterizada nenhuma das circunstâncias previstas no art. 135 do CTN, ou seja, não houve a prática de atos "com excesso de poderes ou infração de lei, contrato social ou estatutos".

2. Por outro lado, é certo que, malgrado serem os embargos à execução o meio de defesa próprio da execução fiscal, a orientação desta Corte firmou-se no sentido de admitir a exceção de pré-executividade nas situações em que não se faz necessária dilação probatória ou em que as questões possam ser conhecidas de ofício pelo magistrado, como as condições da ação, os pressupostos processuais, a decadência, a prescrição, entre outras.

3. Contudo, no caso concreto, como bem observado pelas instâncias ordinárias, o exame da responsabilidade dos representantes da empresa executada requer dilação probatória, razão pela qual a matéria de defesa deve ser aduzida na via própria (embargos à execução), e não por meio do incidente em comento.

4. Recurso especial desprovido. Acórdão sujeito à sistemática prevista no art. 543-C do CPC, c/c a Resolução 8/2008 – Presidência/STJ.

(REsp 1104900/ES, Rel. Ministra Denise Arruda, Primeira Seção, j. 25.03.2009, DJe 01.04.2009)

[51]   Como as condições da ação se aferem *in status assertionis*, a matéria referente à inocorrência de responsabilidade tributária, eventualmente aduzida pelo devedor, será concernente ao exame do mérito da medida cautelar fiscal.

Por fim, o STF entendeu, no julgamento do Recurso Extraordinário 562.276/PR, que, à luz do art. 146, inciso III, da Constituição Federal[52], não é possível o legislador criar novos casos de responsabilidade tributária "sem a observância dos requisitos exigidos pelo art. 128 do CTN[53], tampouco a desconsiderar as regras-matrizes de responsabilidade de terceiros estabelecidas em caráter geral pelos arts. 134 e 135 do mesmo diploma". Ao assentar tal tese, a Corte declarou inconstitucional o art. 13 da Lei 8.620/1993[54] – ora revogado –, que permitia a responsabilização solidária dos sócios de empresas por cotas de responsabilidade limitada, com seus bens pessoais, por débitos junto à Seguridade Social.

Em resumo, se a medida cautelar fiscal é instrumento de resguardo da satisfatividade de um processo futuro – o executivo fiscal – existe, entre essas duas ações, uma relação de acessoriedade. Por essa razão, os requisitos necessários para imputação de responsabilidade patrimonial secundária na ação principal de execução são também exigidos na ação cautelar fiscal, porquanto não se concebe que o sujeito passivo de uma não corresponda, ao menos potencialmente, ao da outra.

7.4.2   Legitimidade passiva de terceiros adquirentes

Dentre as situações que demonstram o potencial risco de ineficácia da execução fiscal, comprometendo, pois, a satisfação do direito material da Fazenda Pública, estão as hipóteses em que o devedor transfere a outrem parcela significativa de seus bens, a ponto de restar insolvente[55]. Preocupou-se, o legislador, portanto, com o clássico instituto da fraude contra credores.

---

[52] Art. 146. Cabe à lei complementar:

[...]

III – estabelecer normas gerais em matéria de legislação tributária, especialmente sobre:

a) definição de tributos e de suas espécies, bem como, em relação aos impostos discriminados nesta Constituição, a dos respectivos fatos geradores, bases de cálculo e contribuintes;

b) obrigação, lançamento, crédito, prescrição e decadência tributários;

c) adequado tratamento tributário ao ato cooperativo praticado pelas sociedades cooperativas.

d) definição de tratamento diferenciado e favorecido para as microempresas e para as empresas de pequeno porte, inclusive regimes especiais ou simplificados no caso do imposto previsto no art. 155, II, das contribuições previstas no art. 195, I e §§ 12 e 13, e da contribuição a que se refere o art. 239.

[53] Art. 128. Sem prejuízo do disposto neste capítulo, a lei pode atribuir de modo expresso a responsabilidade pelo crédito tributário a terceira pessoa, vinculada ao fato gerador da respectiva obrigação, excluindo a responsabilidade do contribuinte ou atribuindo-a a este em caráter supletivo do cumprimento total ou parcial da referida obrigação.

[54] Art. 13. O titular da firma individual e os sócios das empresas por cotas de responsabilidade limitada respondem solidariamente, com seus bens pessoais, pelos débitos junto à Seguridade Social. (Revogado pela Medida Provisória 449/2008, convertida na Lei 11.941/2009)

Parágrafo único. Os acionistas controladores, os administradores, os gerentes e os diretores respondem solidariamente e subsidiariamente, com seus bens pessoais, quanto ao inadimplemento das obrigações para com a Seguridade Social, por dolo ou culpa. (Revogado pela Medida Provisória n. 449/2008, convertida na Lei n. 11.941/2009)

[55] Tais hipóteses constam do art. 2º, incisos I, III, V, "b", e VII da Lei n. 8.397/1991, *in verbis*:

Art. 2º. A medida cautelar fiscal poderá ser requerida contra o sujeito passivo de crédito tributário ou não tributário, quando o devedor:

[...]

III – caindo em insolvência, aliena ou tenta alienar bens;

V – notificado pela Fazenda Pública para que proceda ao recolhimento do crédito fiscal:

A posição do terceiro que adquire bens do devedor tributário em situação capaz de malograr a pretensão da Fazenda Pública está subsumida no art. 4º, § 2º, da Lei 8.397/1992:

> Art. 4º. A decretação da medida cautelar fiscal produzirá, de imediato, a indisponibilidade dos bens do requerido, até o limite da satisfação da obrigação.
> (...)
> § 2º. A indisponibilidade patrimonial poderá ser estendida em relação aos bens adquiridos a qualquer título do requerido ou daqueles que estejam ou tenham estado na função de administrador (§ 1º), desde que seja capaz de frustrar a pretensão da Fazenda Pública.

Diante do ajuizamento de medida cautelar fiscal contra terceiro, deve-se notar a flexibilização da tese esposada *supra*, acerca da legitimidade passiva nesse procedimento. O terceiro não ostenta a qualidade de contribuinte ou responsável tributário, o que significa que não será chamado à execução fiscal como devedor do crédito tributário, por outro lado, o mesmo não se diz sobre os seus bens.

Existem, no CTN e na legislação correlata, casos em que os bens de terceiros podem ser submetidos à execução fiscal, de modo que o regramento da medida cautelar fiscal deve ser interpretado em conformidade com essas hipóteses.

O art. 185 do CTN[56], já mencionado em momento anterior deste capítulo, nesse sentido, especifica a fraude à execução tributária, determinando a ineficácia da alienação de bens do devedor desde o momento de sua inscrição em Dívida Ativa. Da mesma forma, podem ser rememorados os arts. 158 e 159 do Código Civil[57], que disciplinam a fraude contra credores, e o art. 792 do Código de Processo Civil[58], tipificando a fraude à execução.

[...]
b) põe ou tenta por seus bens em nome de terceiros;
[...]
VII – aliena bens ou direitos sem proceder à devida comunicação ao órgão da Fazenda Pública competente, quando exigível em virtude de lei; [...].

[56] Art. 185. Presume-se fraudulenta a alienação ou oneração de bens ou rendas, ou seu começo, por sujeito passivo em débito para com a Fazenda Pública, por crédito tributário regularmente inscrito como dívida ativa.

[57] Art. 158. Os negócios de transmissão gratuita de bens ou remissão de dívida, se os praticar o devedor já insolvente, ou por eles reduzido à insolvência, ainda quando o ignore, poderão ser anulados pelos credores quirografários, como lesivos dos seus direitos.
§ 1º Igual direito assiste aos credores cuja garantia se tornar insuficiente.
§ 2º Só os credores que já o eram ao tempo daqueles atos podem pleitear a anulação deles.
Art. 159. Serão igualmente anuláveis os contratos onerosos do devedor insolvente, quando a insolvência for notória, ou houver motivo para ser conhecida do outro contratante.

[58] Art. 792. A alienação ou a oneração de bem é considerada fraude à execução:
I – quando sobre o bem pender ação fundada em direito real ou com pretensão reipersecutória, desde que a pendência do processo tenha sido averbada no respectivo registro público, se houver;
II – quando tiver sido averbada, no registro do bem, a pendência do processo de execução, na forma do art. 828;
III – quando tiver sido averbado, no registro do bem, hipoteca judiciária ou outro ato de constrição judicial originário do processo onde foi arguida a fraude;

Nesse contexto, torna-se relevante enfrentar questões atinentes à medida cautelar fiscal, sustentada em suposta fraude contra credores, e sua relação com a ação revocatória.

A ação revocatória, conquanto possa ser conexa à medida cautelar fiscal, em princípio, não é considerada medida principal dessa última. A referida demanda não substitui a devida execução fiscal, mas, antes, anula as alienações realizadas pelo devedor tributário, diante dos requisitos específicos para a anulação dos negócios jurídicos realizados em fraude a credores: *eventus damni* e *consilium fraudis*. Já a medida cautelar fiscal constitui um instrumento para assegurar efetivamente a futura execução, diante do risco de a Fazenda Pública ver frustrado o pagamento de seus créditos fiscais, em virtude da dilapidação do patrimônio do devedor.

Apesar dessas relevantes notas distintivas, o Colendo Superior Tribunal de Justiça, no julgamento do Recurso Especial 962.023/DF[59], traçou uma excepcional relação de dependência entre a medida cautelar fiscal e a ação revocatória, quando inviável o manejo da execução fiscal contra o terceiro.

No referido precedente, o Tribunal examinou situação anterior à Lei Complementar 118/2005, que alterou a redação do art. 185 do CTN. Naquele contexto, como já mencionado, ainda se exigia, para a configuração da fraude à execução, que a alienação ou oneração do bem do sujeito passivo houvesse ocorrido após o ajuizamento da execução fiscal.

Entendeu a Corte Superior que, diante do reconhecimento de fraude anterior ao ajuizamento da execução, o instituto aplicável seria o de fraude contra credores, o qual somente seria declarável mediante ação própria (pauliana ou revocatória), sendo que,

---

IV – quando, ao tempo da alienação ou da oneração, tramitava contra o devedor ação capaz de reduzi-lo à insolvência;

V – nos demais casos expressos em lei.

§ 1º. A alienação em fraude à execução é ineficaz em relação ao exequente.

§ 2º. No caso de aquisição de bem não sujeito a registro, o terceiro adquirente tem o ônus de provar que adotou as cautelas necessárias para a aquisição, mediante a exibição das certidões pertinentes, obtidas no domicílio do vendedor e no local onde se encontra o bem.

§ 3º. Nos casos de desconsideração da personalidade jurídica, a fraude à execução verifica-se a partir da citação da parte cuja personalidade se pretende desconsiderar.

§ 4º. Antes de declarar a fraude à execução, o juiz deverá intimar o terceiro adquirente, que, se quiser, poderá opor embargos de terceiro, no prazo de 15 (quinze) dias.

[59] 1. Não viola o art. 535, do CPC/73, o julgado que se encontra suficientemente fundamentado, ainda que tenha adotado tese jurídica diferente daquela invocada pelas partes.

2. Os requisitos necessários para a imputação da responsabilidade patrimonial secundária na ação principal de execução fiscal são também exigidos na ação cautelar fiscal, posto ser acessória por natureza. Precedentes: REsp 722998 / MT, Primeira Turma, Rel. Min. Luiz Fux, j. 11.04.2006; REsp 197278 / AL, Segunda Turma, Rel. Min. Franciulli Netto, j. 26.02.2002.

3. O art. 4º, § 2º, da Lei n. 8.397/92, autoriza o requerimento da medida cautelar fiscal contra terceiros, desde que tenham adquirido bens do sujeito passivo (contribuinte ou responsável) em condições que sejam capazes de frustrar a satisfação do crédito pretendido.

4. Essas condições remontam à fraude de execução e à fraude contra credores.

5. Descaracterizada a fraude à execução e não ajuizada a ação pauliana ou revocatória em tempo hábil, impõe-se o reconhecimento da perda superveniente do interesse de agir do credor em medida cautelar fiscal contra terceiros.

6. Recurso especial conhecido e parcialmente provido.

(STJ. REsp 962023/DF, Rel. Min. Mauro Campbell Marques, Segunda Turma, DJe 16.03.12).

apenas após a anulação do negócio jurídico, os bens do terceiro poderiam satisfazer a pretensão do credor em execução.

O art. 11 da Lei 8.397/1992 admite a medida cautelar fiscal em caráter preparatório, mas exige que a Fazenda Pública proponha "a execução judicial da Dívida Ativa no prazo de sessenta dias, contados da data em que a exigência se tornar irrecorrível na esfera administrativa". O STJ concluiu que a ação revocatória deveria ser ajuizada no referido prazo.

Não obstante a imprescindibilidade de reconhecimento da fraude contra credores para a inclusão do bem na execução quando não caracterizada a hipótese prevista no art. 185 do CTN, é possível a propositura de medida cautelar fiscal para tornar indisponível bem de terceiro, na linha do art. 4º, § 2º, da Lei 8.397/1992, desde que vinculado a uma futura ação pauliana ou revocatória.

Se a medida cautelar fiscal pode recair sobre bem de terceiro tornando-o indisponível, essa restrição somente teria sentido nas hipóteses em que pudesse ser ajuizada posteriormente ação ou execução que tenha por objeto tornar esses bens passíveis de satisfazer o crédito intentado. Se a execução fiscal não pode, por si só, atingir os bens alienados em fraude contra credores, mas somente em fraude à execução, torna-se necessário o ajuizamento da ação pauliana ou revocatória por parte da Fazenda Pública, também no prazo previsto no art. 11 da Lei 8.397/1992.

Ainda que não caracterizada a fraude à execução nos termos da redação em vigor do art. 185 do CTN, tal como na hipótese em que a alienação se deu antes da execução no quadro normativo anterior ao advento da Lei Complementar 118/2005, a medida cautelar fiscal poderia subsistir se atrelada a uma ação revocatória ou pauliana que fosse principal.

Diante da atual redação do art. 185 do CTN, a presunção de fraude prevista no aludido dispositivo ocorre tão somente na hipótese de alienação ou oneração do bem posterior à inscrição do crédito tributário em Dívida Ativa. Nesse cenário, ainda se vislumbra a necessidade de ajuizamento da ação pauliana quando a alienação fraudulenta houver ocorrido após o lançamento e antes da inscrição em Dívida Ativa. Assim, efetivada a medida cautelar fiscal, o prazo de sessenta dias, previsto no art. 11 da Lei 8.397/1992, será computado para o ajuizamento da ação pauliana em relação ao terceiro.

A medida cautelar fiscal, como se sabe, pretende, com o bloqueio de bens, conservar o direito material do credor, viabilizando sua satisfação futura. Portanto, para que haja interesse de agir do Fisco no requerimento da medida em face de terceiro, é essencial que os bens deste possam ser revertidos em favor do credor, o que depende da declaração formal de ineficácia do negócio jurídico transferidor de domínio.

Como tem efeitos futuros – tendentes à indisponibilidade patrimonial – e não pretéritos – de reconstituição do patrimônio do credor, na cautelar fiscal não há espaço para anulação de atos jurídicos com a declaração de fraude contra o credor fiscal. Para este fim, deve ser ajuizada a competente ação de conhecimento. Isto porque, como é intrínseco às cautelares, o procedimento da Lei 8.397/1992 não goza de satisfatividade e não pode ser sucedâneo de ação declaratória ou constitutiva negativa.

Em última análise, uma vez concedida a medida cautelar fiscal, em regra, a indisponibilidade recairá sobre patrimônio do devedor ao tempo do ajuizamento da ação, não havendo alcance automático de bens eventualmente alienados em momento anterior. Tal regra somente é excepcionada em situações configuradoras da fraude à execução, aos moldes do art. 185 do CTN ou, quando este não comportar incidência, segundo os termos dos arts. 158 e 159 do Código Civil[60]. Na última hipótese, a medida cautelar haverá de ser preparatória.

7.4.3 Legitimidade na hipótese de grupos econômicos

Quanto à formação de grupo econômico, não obstante a lei tributária não se refira expressamente a seu conceito, o art. 2º, § 2º, da CLT, caracteriza-o pela união de uma ou mais empresas, com distintas personalidades jurídicas, sob direção ou administração de uma delas. *Verbis:*

> Art. 2º. (...)
>
> § 2º. Sempre que uma ou mais empresas, tendo, embora, cada uma delas, personalidade jurídica própria, estiverem sob a direção, controle ou administração de outra, ou ainda quando, mesmo guardando cada uma sua autonomia, integrem grupo econômico, serão responsáveis solidariamente pelas obrigações decorrentes da relação de emprego.
>
> § 3º. Não caracteriza grupo econômico a mera identidade de sócios, sendo necessárias, para a configuração do grupo, a demonstração do interesse integrado, a efetiva comunhão de interesses e a atuação conjunta das empresas dele integrantes.

Em relação às contribuições devidas à Seguridade Social, a responsabilização solidária de empresas que integrem grupo econômico encontra previsão expressa no art. 30, inciso IX, da Lei 8.212/1991:

> Art. 30. A arrecadação e o recolhimento das contribuições ou de outras importâncias devidas à Seguridade Social obedecem às seguintes normas (...):
>
> IX – as empresas que integram grupo econômico de qualquer natureza respondem entre si, solidariamente, pelas obrigações decorrentes desta Lei;

É possível encontrar na Instrução Normativa 2.110/ 2022, da Receita Federal do Brasil, precisamente em seu art. 275, § 1º, conceito claro de grupo econômico:

> § 1º Caracteriza-se grupo econômico quando uma ou mais empresas estiverem sob a direção, o controle ou a administração de outra, ou ainda quando, mesmo guardando cada uma sua autonomia, integrem grupo industrial, comercial ou de qualquer outra atividade econômica. (CLT, art. 2º, § 2º).

---

[60] Art. 158. Os negócios de transmissão gratuita de bens ou remissão de dívida, se os praticar o devedor já insolvente, ou por eles reduzido à insolvência, ainda quando o ignore, poderão ser anulados pelos credores quirografários, como lesivos dos seus direitos.
§ 1º. Igual direito assiste aos credores cuja garantia se tornar insuficiente.
§ 2º. Só os credores que já o eram ao tempo daqueles atos podem pleitear a anulação deles.
Art. 159. Serão igualmente anuláveis os contratos onerosos do devedor insolvente, quando a insolvência for notória, ou houver motivo para ser conhecida do outro contratante.

O grupo econômico, especialmente para fins tributários, está configurado quando os bens de uma pessoa jurídica se encontram em nome de terceiros, pessoas físicas e jurídicas, atraindo a solidariedade prescrita pelo art. 124, inciso I, do CTN[61], diante da caracterização do interesse em comum e da fraude ou do conluio entre os componentes.

A responsabilidade tributária da empresa integrante do grupo econômico, portanto, decorre de previsão legal. No mesmo sentido, o seguinte precedente do Superior Tribunal de Justiça:

> 1. Havendo prova da ocorrência de fraude por grupo de pessoas físicas e/ou jurídicas, como a criação de pessoas jurídicas fictícias para oportunizar a sonegação fiscal ou o esvaziamento patrimonial dos reais devedores, o juízo da execução pode redirecionar a execução fiscal às pessoas envolvidas e, com base no poder geral de cautela e dentro dos limites e condições impostas pela legislação, estender a ordem de indisponibilidade para garantia de todos os débitos tributários gerados pelas pessoas participantes da situação ilícita, pois "os requisitos necessários para a imputação da responsabilidade patrimonial secundária na ação principal de execução são também exigidos na ação cautelar fiscal, posto acessória por natureza (REsp 722.998/MT, Rel. Ministro Luiz Fux, Primeira Turma, j. 11.04.2006, DJ 28.04.2006).
>
> (REsp 1656172/MG, Rel. Ministro Gurgel de Faria, Primeira Turma, j. 11.06.2019, DJe 02.08.2019).

Havendo, pois, indícios claros de grupo econômico, deve-se verificar a presença também das demais condições da ação cautelar fiscal e, se encontrados, estará plenamente justificada a indisponibilidade dos bens de todos os integrantes do grupo, na condição de sujeitos passivo da dívida tributária.

7.5 INTERESSE DE AGIR

O interesse de agir do Estado credor reside justamente na necessidade de ser conferida uma tutela conservatória do seu direito pecuniário, não exauriente, em vistas da adoção de condutas, pelo devedor, tendentes à pulverização do seu patrimônio ou à frustração da execução fiscal. Por isso, persegue, junto ao Poder Judiciário, uma medida adequada à supressão dessas condutas potencialmente lesivas ao crédito público, encerrando, assim, o binômio "necessidade-adequação" dessa condição da ação.

Sobre o interesse de agir, um importante exemplo está consagrado na já mencionada jurisprudência do STJ no sentido de que, se o crédito tributário houver sido definitivamente constituído, mas se encontrar com sua exigibilidade suspensa[62],

---

[61] Art. 124. São solidariamente obrigadas:

I – as pessoas que tenham interesse comum na situação que constitua o fato gerador da obrigação principal;

II – as pessoas expressamente designadas por lei.

Parágrafo único. A solidariedade referida neste artigo não comporta benefício de ordem.

[62] AgInt no AREsp 1322410/ES, Rel. Ministra Assusete Magalhães, Segunda Turma, j. 03.03.2020, DJe 10.03.2020; AgRg no AREsp 571.765/DF, Rel. Ministro Benedito Gonçalves, Primeira Turma, j. 11.11.2014, DJe 14.11.2014.

faltaria interesse de agir ao ajuizamento da cautelar fiscal. Ao menos numa primeira leitura, aparentemente, o devedor não buscaria frustrar o direito do requerente nem, tampouco, ameaçaria a efetividade de uma eventual ação executiva, quando oportuna.

Nas linhas iniciais deste capítulo, foi tratado, apesar de divergência incipiente, a prevalência no STJ da compreensão de que apenas nas situações excepcionadas no art. 1º, parágrafo único, da Lei 8.397/1992[63], seria possível a propositura da medida cautelar fiscal antes da constituição definitiva do crédito tributário, e que, por uma reflexão crítica da jurisprudência, tal entendimento constitui óbice que excede a redação do referido dispositivo legal, o qual se refere a hipóteses em que a cautelar poderia ser ajuizada antes da constituição do crédito tributário, não aludindo à definitividade.

A jurisprudência do STJ, como dito, já tem se firmado, em relação ao parcelamento – o qual também configura causa de suspensão da exigibilidade do crédito tributário, à luz do art. 151, inciso VI, do CTN –, no sentido de que, "a depender da situação concreta, caso a caso, este Tribunal Superior considera ser adequada a ordem de indisponibilidade, em medida cautelar fiscal, ainda que o crédito tributário tenha sido objeto de parcelamento"[64]. O precedente da Primeira Turma, que assentou tal tese, encontra respaldo em julgados da Segunda Turma daquela Corte, os quais afirmaram a possibilidade de deferimento da medida cautelar fiscal "para acautelar crédito tributário com a exigibilidade anteriormente suspensa, quando o devedor busca indevidamente a alienação de seus bens como forma de esvaziar patrimônio que poderia responder pela dívida"[65].

De fato, há situações nas quais o *periculum in mora* surge na pendência da causa suspensiva da exigibilidade do crédito tributário. Marcelo Dantas Rosado Maia[66], a esse respeito, relembra práticas comumente adotadas para impedir a satisfação de créditos em hipótese de adesão ao parcelamento:

> Essa estratégia foi bastante adotada, por exemplo, em parcelamentos que previam parcelas com valores variáveis, notadamente o Refis. Como o valor da parcela no Refis era calculado pela aplicação de determinado percentual sobre a receita bruta declarada pela sociedade devedora (art. 2º, § 4º, II, da Lei 9.964/2000), tornou-se prática reticente a redução significativa da receita bruta de um estabelecimento (e consequente redução substancial do valor da parcela), com transferência de bens e atividades para empresas formalmente distintas. Em algumas situações,

---

63 Art. 1º. O procedimento cautelar fiscal poderá ser instaurado após a constituição do crédito, inclusive no curso da execução judicial da Dívida Ativa da União, dos Estados, do Distrito Federal, dos Municípios e respectivas autarquias.
   Parágrafo único. O requerimento da medida cautelar, na hipótese dos incisos V, alínea "b", e VII, do art. 2º, independe da prévia constituição do crédito tributário.

64 AgInt no REsp 1660755/SC, Rel. Ministro Benedito Gonçalves, Primeira Turma, j. 16.03.2021, DJe 22.03.2021.

65 AgInt no REsp 1527064/PR, Rel. Ministro Herman Benjamin, Segunda Turma, j. 20.10.2016, DJe 28.10.2016; e AgRg no AREsp 789.787/PA, Rel. Ministro Mauro Campbell Marques, Segunda Turma, j. 19.11.2015, DJe 27.11.2015.

66 MAIA, Marcelo Dantas Rosado. Art. 4º da Lei n. 8.397/1992. *In*: COELHO, Flávia Palmeira de Moura; PEDROSA, Pablo Galas; CAMPOS, Rogério (coord.). *Microssistema de recuperação do crédito fiscal*: comentários às Leis de Execução Fiscal e Medida Cautelar. São Paulo: Revista dos Tribunais, p. 390.

as parcelas passaram a ser recolhidas em valores extremamente diminutos, insuficientes até mesmo para cobrir a atualização mensal da dívida.

Em casos assim, o comportamento do sujeito passivo da obrigação tributária, que adere a programa de parcelamento justamente com o intuito de livrar os seus bens e o seu real faturamento (normalmente transferido a outro CNPJ) da cobrança, deixa clara a presença do risco de inadimplemento e do *periculum in mora*, atraindo consequentemente a necessidade de tutela cautelar.

O autor relembra, ainda, que a Lei 13.496/2017, proveniente da Medida Provisória 783/2017, que instituiu o Programa Especial de Regularização Tributária (PERT) "prevê expressamente em seu art. 9º, V[67], que 'a concessão de medida cautelar fiscal, em desfavor da pessoa optante' é causa de exclusão do programa", o que evidencia o cabimento de medida cautelar após o parcelamento[68].

Quando a suspensão da exigibilidade for posterior à constrição, há de prevalecer a regra prevista no art. 12, parágrafo único, da Lei 8.397/1992, segundo a qual, "salvo decisão em contrário, a medida cautelar fiscal conservará sua eficácia durante o período de suspensão do crédito tributário ou não tributário".

É igualmente nesse sentido a jurisprudência do STJ, o qual já afirmou que "a obtenção do parcelamento não influencia a existência de medida cautelar fiscal já deferida, visto que são institutos diversos submetidos a condições diversas em leis específicas, a teor do art. 12, parágrafo único, da Lei 8.397/1992, que permite a coexistência da suspensão da exigibilidade do crédito tributário (parcelamento) e o deferimento anterior de medida cautelar fiscal"[69].

A apresentação de garantia correspondente ao valor do crédito tributário na execução fiscal deve prevalecer, conforme a ordem de preferência prevista no art. 11 da Lei 6.830/1980[70], em lugar da exigência para fins de parcelamento. O que não pode

---

[67] Art. 9º. Observado o direito de defesa do contribuinte, nos termos do Decreto 70.235, de 6 de março de 1972 , implicará exclusão do devedor do Pert e a exigibilidade imediata da totalidade do débito confessado e ainda não pago:

[...]

V – a concessão de medida cautelar fiscal, em desfavor da pessoa optante, nos termos da Lei 8.397, de 6 de janeiro de 1992;

(...).

[68] *Op. cit.*, p. 391.

[69] AgRg no AREsp 828.242/SP, Rel. Min. Mauro Campbell Marques, Segunda Turma, j. 16.02.2017, DJe 22.02.2017 e AgInt no REsp 1679810/SP, Rel. Ministro Sérgio Kukina, Primeira Turma, j. 19.04.2018, DJe 26.04.2018. Também ratificando conclusões da instância ordinária nesse sentido: AgInt no REsp 1759512/RS, Rel. Ministro Francisco Falcão, Segunda Turma, j. 15.10.2019, DJe 18.10.2019. Igualmente: AgRg no REsp 1539840/RS, Rel. Ministro Mauro Campbell Marques, Segunda Turma, j. 17.09.2015, DJe 28.09.2015.

[70] Art. 11. A penhora ou arresto de bens obedecerá à seguinte ordem:

I – dinheiro;

II – título da dívida pública, bem como título de crédito, que tenham cotação em bolsa;

III – pedras e metais preciosos;

IV – imóveis;

V – navios e aeronaves;

VI – veículos;

VII – móveis ou semoventes; e

VIII – direitos e ações.

ocorrer é o crédito tributário restar sem garantia, já que a constrição foi realizada antes mesmo do pedido de parcelamento e já havia execução fiscal em curso.

É essa, a propósito, a previsão do art. 10 da Lei 8.397/1992, segundo o qual "a medida cautelar fiscal decretada poderá ser substituída, a qualquer tempo, pela prestação de garantia correspondente ao valor da prestação da Fazenda Pública, na forma do art. 9º da Lei 6.830, de 22 de setembro de 1980". Há necessidade, porém, de oitiva prévia da Fazenda Pública sobre o pedido de substituição, nos termos do parágrafo único do referido dispositivo da Lei da Medida Cautelar Fiscal, no prazo de cinco dias, sendo que a ausência de manifestação importa aquiescência[71].

O interesse de agir, como se infere, está cabalmente relacionado aos requisitos de todo processo cautelar – o *fumus boni juris* e o *periculum in mora* –, que, por serem inerentes ao procedimento, confundem-se com seu próprio mérito, isto é, são essenciais para o acolhimento da própria pretensão cautelar. Não se pode, desse modo, buscar o interesse de agir à míngua do exame da presença dos requisitos legais que permitem o ajuizamento da cautelar. Inteligência que se extrai do art. 3º da Lei 8.397/1992:

Art. 3º. Para a concessão da medida cautelar fiscal é essencial:

I – prova literal da constituição do crédito fiscal;

II – prova documental de algum dos casos mencionados no artigo antecedente.

Nesse dispositivo está a necessidade de a Fazenda pública requerente demonstrar a existência efetiva do crédito tributário e a situação de risco para seu recebimento, pelo que se terá caracterizado o interesse de agir. Acerca das situações em que o legislador admitiu haver comprometimento do direito de crédito da Fazenda Pública, o art. 2º estipula:

Art. 2º. A medida cautelar fiscal poderá ser requerida contra o sujeito passivo de crédito tributário ou não tributário, quando o devedor:

I – sem domicílio certo, intenta ausentar-se ou alienar bens que possui ou deixa de pagar a obrigação no prazo fixado;

II – tendo domicílio certo, ausenta-se ou tenta se ausentar, visando a elidir o adimplemento da obrigação;

III – caindo em insolvência, aliena ou tenta alienar bens;

IV – contrai ou tenta contrair dívidas que comprometam a liquidez do seu patrimônio;

V – notificado pela Fazenda Pública para que proceda ao recolhimento do crédito fiscal:

a) deixa de pagá-lo no prazo legal, salvo se suspensa sua exigibilidade;

b) põe ou tenta por seus bens em nome de terceiros;

---

[71] Art. 10. A medida cautelar fiscal decretada poderá ser substituída, a qualquer tempo, pela prestação de garantia correspondente ao valor da prestação da Fazenda Pública, na forma do art. 9º da Lei 6.830, de 22 de setembro de 1980.
Parágrafo único. A Fazenda Pública será ouvida necessariamente sobre o pedido de substituição, no prazo de cinco dias, presumindo-se da omissão a sua aquiescência.

VI – possui débitos, inscritos ou não em Dívida Ativa, que somados ultrapassem trinta por cento do seu patrimônio conhecido;

VII – aliena bens ou direitos sem proceder à devida comunicação ao órgão da Fazenda Pública competente, quando exigível em virtude de lei;

VIII – tem sua inscrição no cadastro de contribuintes declarada inapta, pelo órgão fazendário;

IX – pratica outros atos que dificultem ou impeçam a satisfação do crédito.

A hipótese prevista no **inciso I** alcança as situações em que a Fazenda Pública **desconhece o domicílio do devedor** e este **(i)** demonstra tentar evadir-se, **(ii)** aliena bens que possui ou **(iii)** deixa de pagar a obrigação no prazo fixado. Sobressai o elemento de ordem objetiva consistente no desconhecimento do domicílio do devedor, na medida em que o inadimplemento, nessas condições, viabiliza o manejo da cautelar fiscal. A necessidade da medida avultar-se-á na hipótese em que não forem identificados bens passíveis de penhora no curso da execução fiscal. Tal inciso também comportava idêntica previsão nos requisitos para a medida cautelar de arresto, consoante o art. 813 do CPC/1973.

A situação descrita no **inciso II** concerne à situação na qual o devedor, **mesmo possuindo domicílio certo**, eleito ou considerado na forma do art. 127 do CTN[72], **tenta evadir-se ou efetivamente se ausenta, com vistas à elisão do adimplemento de sua obrigação**. Há, no caso, a exigência de demonstração de elemento subjetivo, a qual também poderá se caracterizar quando demonstrada a não localização de bens penhoráveis do devedor, somada à prova da tentativa de ausência ou à efetiva ausência do devedor de seu domicílio.

Em relação ao art. 813, inciso II, alínea "a", do CPC/1973[73], que possuía redação semelhante, também entendia a doutrina que, "se o devedor tenta se ausentar, mas deixa bens suficientes à satisfação do débito, não há de se falar em perigo e, consequentemente, em possibilidade de arresto", sendo necessário, para configurar o caso de fuga, que o

---

[72] Art. 127. Na falta de eleição, pelo contribuinte ou responsável, de domicílio tributário, na forma da legislação aplicável, considera-se como tal:

I – quanto às pessoas naturais, a sua residência habitual, ou, sendo esta incerta ou desconhecida, o centro habitual de sua atividade;

II – quanto às pessoas jurídicas de direito privado ou às firmas individuais, o lugar da sua sede, ou, em relação aos atos ou fatos que derem origem à obrigação, o de cada estabelecimento;

III – quanto às pessoas jurídicas de direito público, qualquer de suas repartições no território da entidade tributante.

§ 1º. Quando não couber a aplicação das regras fixadas em qualquer dos incisos deste artigo, considerar-se-á como domicílio tributário do contribuinte ou responsável o lugar da situação dos bens ou da ocorrência dos atos ou fatos que deram origem à obrigação.

§ 2º. A autoridade administrativa pode recusar o domicílio eleito, quando impossibilite ou dificulte a arrecadação ou a fiscalização do tributo, aplicando-se então a regra do parágrafo anterior.

[73] Art. 813. O arresto tem lugar:

[...]

II – quando o devedor, que tem domicílio:

a) se ausenta ou tenta ausentar-se furtivamente;

devedor "tenha intenção de desaparecer com as garantias do credor"[74]. Observa-se que, em relação ao referido dispositivo, a Lei da Medida Cautelar Fiscal buscou evidenciar a necessidade de que a evasão objetivasse elidir o adimplemento da obrigação.

O **inciso III** se refere à situação em que o devedor, **caindo em insolvência, aliena ou tenta alienar bens**. O conceito de insolvência encontra previsão no art. 748 do CPC/1973, o qual permanece vigente, à luz do art. 1.052 do diploma processual de 2015, segundo o qual, "até a edição de lei específica, as execuções contra devedor insolvente, em curso ou que venham a ser propostas, permanecem reguladas pelo Livro II, Título IV, da Lei 5.869, de 11 de janeiro de 1973". Consoante a aludida norma do Código Buzaid, "dá-se a insolvência toda vez que as dívidas excederem à importância dos bens do devedor".

A despeito da vigência do referido dispositivo, bem como do procedimento previsto para a declaração judicial de insolvência, tem-se que, para o cabimento da medida cautelar com base no referido inciso, é prescindível prévia sentença declaratória dessa condição. Seja porque a medida cautelar fiscal é procedimento de natureza urgente, que visa a resguardar o resultado útil do processo principal de execução, em cognição sumária – característica que deve se sobrelevar na influência recíproca a que se refere o diálogo de fontes –, seja porque, à luz do art. 186 do CTN, "o crédito tributário prefere a qualquer outro, seja qual for sua natureza ou o tempo de sua constituição, ressalvados os créditos decorrentes da legislação do trabalho ou do acidente de trabalho".

O referido dispositivo também possuía previsão no CPC/1973 como medida ensejadora da medida cautelar de arresto. E ainda sob a égide do referido diploma, a doutrina salientava que, para fins de cabimento da medida, "o que se deve realçar é o risco de insolvência"[75].

Nesse contexto, para o ajuizamento da medida cautelar fiscal com base no art. 2º, inciso III, da Lei 8.397/1992, basta a comprovação do estado de insolvência do devedor e da alienação ou tentativa de alienação de seus bens.

O **inciso IV** se refere à situação na qual o devedor **contrai ou tenta contrair dívidas que comprometam a liquidez de seu patrimônio**. Trata-se de norma inaugurada pela Medida Provisória 1.602/1997, ulteriormente convertida na Lei 9.532/1997, com o fito de conferir maiores privilégios à Fazenda Pública na medida cautelar fiscal e, consequentemente, maior efetividade ao instituto. A redação original da Lei 8.397/1992, a propósito, contemplava a referida situação no inciso III do art. 2º, que previa a conduta do devedor que "contrai ou tenta contrair dívidas extraordinárias".

A liquidez, na ciência contábil, se refere à facilidade e velocidade com a qual um ativo pode ser convertido em dinheiro. Na hipótese contemplada no referido dispositivo legal, há risco de o sujeito passivo cair em insolvência, ainda que esta não seja constatável de plano. O *periculum in mora* se caracteriza pela assunção de débitos vultosos pelo devedor que colocam em risco a satisfação do crédito tributário.

---

[74] SHIMURA, Sérgio. Considerações sobre a medida cautelar de arresto. In: MACHADO, Antônio Cláudio da Costa; VEZZONI, Marina (org.). *Processo cautelar*: estudos avançados. Barueri: Manole, 2010, p. 78.

[75] SHIMURA, Sérgio. Considerações sobre a medida cautelar de arresto. In: MACHADO, Antônio Cláudio da Costa; VEZZONI, Marina (org.). *Processo cautelar*: estudos avançados. Barueri: Manole, 2010, p. 79.

Parcela da doutrina, com razão, tece críticas à referida hipótese de cabimento da medida cautelar fiscal, a qual foi extraída da redação relativa ao cabimento do arresto no art. 813, inciso II, alínea "b", do CPC/1973[76]. Como asseverou Milton Flaks[77]:

> Entende-se que o credor particular tenha interesse em impedir, mediante o arresto, que o devedor contraia dívidas extraordinárias, poupando-se, assim, de se submeter a um futuro de credores; ou que grave seus bens imóveis com hipoteca ou anticrese, conferindo preferência aos beneficiários de tais ônus.
>
> Mas por que deve temer a Fazenda Pública que o seu devedor contraia novas dívidas ou ofereça bens em garantia, quando não submete a concurso com credores particulares? Os créditos fiscais preferem a quaisquer outros, excetuados os trabalhistas (CTN, art. 186, LEF[78], art. 4º, § 4º[79]) e as garantias reais não

---

[76] Art. 813. O arresto tem lugar:
II – quando o devedor, que tem domicílio:
[...]
b) caindo em insolvência, aliena ou tenta alienar bens que possui; contrai ou tenta contrair dívidas extraordinárias; põe ou tenta pôr os seus bens em nome de terceiros; ou comete outro qualquer artifício fraudulento, a fim de frustrar a execução ou lesar credores;

[77] FLAKS, Milton. Medida cautelar fiscal. *Boletim de Direito Administrativo*, São Paulo, v. 10, n. 2, p. 77-85, fev. 1994.

[78] Art. 186. O crédito tributário prefere a qualquer outro, seja qual for sua natureza ou o tempo de sua constituição, ressalvados os créditos decorrentes da legislação do trabalho ou do acidente de trabalho.
Parágrafo único. Na falência:
I – o crédito tributário não prefere aos créditos extraconcursais ou às importâncias passíveis de restituição, nos termos da lei falimentar, nem aos créditos com garantia real, no limite do valor do bem gravado;
II – a lei poderá estabelecer limites e condições para a preferência dos créditos decorrentes da legislação do trabalho; e
III – a multa tributária prefere apenas aos créditos subordinados.

[79] Art. 4º. A execução fiscal poderá ser promovida contra:
[...]
§ 4º. Aplica-se à Dívida Ativa da Fazenda Pública de natureza não tributária o disposto nos arts. 186 e 188 a 192 do Código Tributário Nacional.
Código Tributário Nacional:
Art. 188. São extraconcursais os créditos tributários decorrentes de fatos geradores ocorridos no curso do processo de falência.
§ 1º. Contestado o crédito tributário, o juiz remeterá as partes ao processo competente, mandando reservar bens suficientes à extinção total do crédito e seus acrescidos, se a massa não puder efetuar a garantia da instância por outra forma, ouvido, quanto à natureza e valor dos bens reservados, o representante da Fazenda Pública interessada.
§ 2º. O disposto neste artigo aplica-se aos processos de concordata.
Art. 189. São pagos preferencialmente a quaisquer créditos habilitados em inventário ou arrolamento, ou a outros encargos do monte, os créditos tributários vencidos ou vincendos, a cargo do de cujus ou de seu espólio, exigíveis no decurso do processo de inventário ou arrolamento.
Parágrafo único. Contestado o crédito tributário, proceder-se-á na forma do disposto no § 1º do artigo anterior.
Art. 190. São pagos preferencialmente a quaisquer outros os créditos tributários vencidos ou vincendos, a cargo de pessoas jurídicas de direito privado em liquidação judicial ou voluntária, exigíveis no decurso da liquidação.
Art. 191. A extinção das obrigações do falido requer prova de quitação de todos os tributos.
Art. 191-A. A concessão de recuperação judicial depende da apresentação da prova de quitação de todos os tributos, observado o disposto nos arts. 151, 205 e 206 desta Lei.

podem ser opostas, seja qual for a data de sua constituição (CTN, art. 184[80]; LEF, art. 30[81]).

Diante do referido contexto, o efetivo *periculum in mora*, na referida hipótese, somente se vislumbraria nas hipóteses em que o privilégio do Fisco se afigurar ameaçado, consoante as exceções previstas no art. 186, *caput* e parágrafo único, do CTN, quais sejam, elevado passivo trabalhista ou risco de falência da sociedade.

O inciso V, por sua vez, se refere à hipótese em que o **devedor, notificado pela Fazenda Pública para que proceda ao recolhimento do crédito fiscal: (i) deixa de pagá-lo no prazo legal, salvo se suspensa sua exigibilidade, ou (ii) põe ou tenta por seus bens em nome de terceiro**. O referido dispositivo também possui redação dada pela Lei 9.532/1997; em sua redação original, referia-se apenas à primeira hipótese, a qual ressalvava não a suspensão de exigibilidade do tributo, mas a garantia do débito em processo administrativo ou judicial.

Com a atual redação do art. 185 do CTN, dada pela Lei Complementar 118/2005, o manejo da medida cautelar fiscal na **primeira hipótese mencionada no parágrafo anterior** se afigura mais remota, na medida em que já se presume fraudulenta a alienação ou oneração de bens ou rendas, ou seu começo, pelo sujeito passivo em débito para com a Fazenda Pública, a partir da inscrição do crédito tributário em Dívida Ativa.

A referida hipótese de não pagamento do débito no prazo legal, inclusive, já viabiliza o manejo da execução fiscal, na qual, nos termos do art. 185-A do CTN, se o devedor, devidamente citado, não pagar nem apresentar bens à penhora no prazo legal e não forem encontrados bens penhoráveis, o juiz determinará a indisponibilidade de seus bens e direitos.

Existe uma tendência de esvaziamento da referida hipótese de cabimento da medida cautelar fiscal. O STJ firmou, no Tema Repetitivo 714[82], bem como na Súmula 560/STJ, entendimento no sentido de que a decretação da indisponibilidade de bens e direitos, na forma do referido dispositivo do CTN, "pressupõe o exaurimento das diligências na busca por bens penhoráveis". Essa situação processual fica caracterizada

---

Art. 192. Nenhuma sentença de julgamento de partilha ou adjudicação será proferida sem prova da quitação de todos os tributos relativos aos bens do espólio, ou às suas rendas.

[80] Art. 184. Sem prejuízo dos privilégios especiais sobre determinados bens, que sejam previstos em lei, responde pelo pagamento do crédito tributário a totalidade dos bens e das rendas, de qualquer origem ou natureza, do sujeito passivo, seu espólio ou sua massa falida, inclusive os gravados por ônus real ou cláusula de inalienabilidade ou impenhorabilidade, seja qual for a data da constituição do ônus ou da cláusula, excetuados unicamente os bens e rendas que a lei declare absolutamente impenhoráveis.

[81] Art. 30. Sem prejuízo dos privilégios especiais sobre determinados bens, que sejam previstos em lei, responde pelo pagamento da Dívida Ativa da Fazenda Pública a totalidade dos bens e das rendas, de qualquer origem ou natureza, do sujeito passivo, seu espólio ou sua massa, inclusive os gravados por ônus real ou cláusula de inalienabilidade ou impenhorabilidade, seja qual for a data da constituição do ônus ou da cláusula, excetuados unicamente os bens e rendas que a lei declara absolutamente impenhoráveis.

[82] "A indisponibilidade de bens e direitos autorizada pelo art. 185-A do CTN depende da observância dos seguintes requisitos: (i) citação do devedor tributário; (ii) inexistência de pagamento ou apresentação de bens à penhora no prazo legal; e (iii) a não localização de bens penhoráveis após esgotamento das diligências realizadas pela Fazenda, caracterizado quando houver nos autos (a) pedido de acionamento do Bacen Jud e consequente determinação pelo magistrado e (b) a expedição de ofícios aos registros públicos do domicílio do executado e ao Departamento Nacional ou Estadual de Trânsito – DENATRAN ou DETRAN." REsp 1.377.507/SP, Rel. Ministro Og Fernandes, Primeira Seção, j. 26.11.2014, DJe 02.12.2014.

quando infrutíferos o pedido de constrição sobre ativos financeiros e a expedição de ofícios aos registros públicos do domicílio do executado, ao Denatran ou Detran". Por outro lado, ainda pode se afigurar útil o ajuizamento da medida cautelar fiscal quando o *periculum in mora* se fizer presente antes do referido momento processual.

A **segunda situação prevista no referido inciso V do art. 2º da Lei 8.397/1992**, na qual o devedor, notificado pela Fazenda Pública para que proceda ao recolhimento, põe ou tenta por seus bens em nome de terceiro. Tal hipótese se distingue daquela prevista no inciso VII da norma supracitada na medida em que não exige que o ato do devedor seja oneroso, nem que tenha se consumado. O mero intento da conduta fraudulenta enseja a propositura de medida cautelar fiscal.

Essa hipótese, cumpre rememorar, viabiliza o requerimento da medida cautelar fiscal, nos termos do art. 1º, parágrafo único, da Lei 8.397/1992 independentemente da prévia constituição do crédito tributário.

Nesse ponto, tem-se a lição de Aline Della Vitoria[83], para quem o aludido dispositivo alcança as situações de esvaziamento, blindagem, confusão e ocultação patrimonial:

> Esvaziamento é a transferência de bens para terceiros, que não possuem laços com o devedor, mas adquirem os bens sabendo da possibilidade de insolvabilidade. Nesse caso, é necessário comprovar o ajuste fraudulento e a má-fé do terceiro adquirente.
>
> Blindagem é ato por meio do qual o patrimônio é colocado em nome de outra pessoa, por meio de operações não ocultas, mas com finalidade de tirar o bem do acervo do devedor. O objetivo é preservar o patrimônio, sendo que o escopo pode ser lícito, tudo irá depender do comportamento futuro do devedor em relação a suas dívidas; se estas não forem quitadas, fica evidente a intenção de blindagem patrimonial ilícita.
>
> Confusão patrimonial acontece quando pessoas distintas, que deveriam ter autonomia sobre relações patrimoniais, não respeitam essa autonomia, utilizando-se o patrimônio como se fosse uma única pessoa. É o fato que possibilita o reconhecimento do grupo econômico de fato (art. 124, inciso I, CTN) ou então a desconsideração da personalidade jurídica (art. 50 do CC).
>
> Na ocultação de patrimônio, por sua vez, a ilicitude já está na origem das mutações patrimoniais. A intenção do devedor é esconder os vínculos de propriedade com a coisa, justamente para prejudicar o credor.

Obstáculo que, por vezes, verifica-se na prática relativamente à obtenção de prova documental para a concessão da medida cautelar fiscal, sobretudo na hipótese de intento de colocar os bens em nome de terceiros, porquanto o art. 3º, inciso II, da Lei 8.397/1992[84] o exige para a comprovação do *periculum in mora*. Como assevera

---

[83] VITORIA, Aline Della. Art. 2º da Lei n. 8.397/1992. In: COELHO, Flávia Palmeira de Moura; PEDROSA, Pablo Galas; CAMPOS, Rogério (coord.). *Microssistema de recuperação do crédito fiscal*: comentários às Leis de Execução Fiscal e Medida Cautelar. São Paulo: Revista dos Tribunais, p. 404-405.

[84] Art. 3º. Para a concessão da medida cautelar fiscal é essencial:
[...]
II – prova documental de algum dos casos mencionados no artigo antecedente.

Lima Neto[85], porém, em alguns casos, podem ser detectadas tentativas nas hipóteses de assinatura de compromisso de compra e venda, oferta pública de seus bens, negociação de ações no mercado financeiro e outras.

A despeito das dificuldades impostas pela necessidade de comprovação documental, a referida hipótese é a que mais satisfaz o cabimento da medida cautelar fiscal como privilégio da Fazenda Pública. Dentre os exemplos de cabimento da referida medida, Aline Della Vitoria destaca a possibilidade de propositura da cautelar fiscal com base nesse dispositivo em casos de "dissociação proposital entre empresa operacional, que pratica o fato gerador tributário, e a empresa patrimonial, ente personalizado, que tem por objeto e finalidade a administração de patrimônio", bem como de "transmissão de patrimônio entre pessoas vinculadas, por meio de laços familiares, empregatícios ou de amizade" e "interposição fraudulenta de pessoas"[86].

O **inciso VI do art. 2º, da Lei 8.397/1992** também constitui hipótese inaugurada pela Lei 9.532/1997, oriunda da Medida Provisória 1.602/1997, e alcança a situação em que o devedor **possui débitos, inscritos ou não em Dívida Ativa, que somados ultrapassem trinta por cento do seu patrimônio conhecido**.

A respeito desse dispositivo, entende o STJ que é insuficiente para decretar a indisponibilidade dos bens do requerido antes da constituição definitiva do crédito "o fundamento de que os débitos somados ultrapassam trinta por cento de seu patrimônio conhecido"[87], sendo necessário demonstrar que "o devedor busca, indevidamente, a alienação de seus bens como forma de esvaziar seu patrimônio" para configurar o *periculum in mora* necessário ao deferimento da medida cautelar fiscal.

A Lei 9.532/1997 também faz referência ao referido percentual superior a trinta por cento de débitos do contribuinte em seu art. 64[88], para viabilizar o arrolamento de bens e direitos – procedimento administrativo destinado à individualização dos bens

---

[85]   LIMA NETO, Francisco Viera. *Comentários à Lei de Medida Cautelar Fiscal*. São Paulo: Editora de Direito, 1998, p. 24.

[86]   *Op. cit.*, p. 404.

[87]   AgInt no REsp 1876108/RS, Rel. Ministra Regina Helena Costa, Primeira Turma, j. 01.03.2021, DJe 05.03.2021. No mesmo sentido: AgInt no REsp 1.597.284/PE, Rel. Ministro Gurgel de Faria, Primeira Turma, j. 01.12.2016, DJe 19.12.2016.

[88]   Art. 64. A autoridade fiscal competente procederá ao arrolamento de bens e direitos do sujeito passivo sempre que o valor dos créditos tributários de sua responsabilidade for superior a trinta por cento do seu patrimônio conhecido.

§ 1º. Se o crédito tributário for formalizado contra pessoa física, no arrolamento devem ser identificados, inclusive, os bens e direitos em nome do cônjuge, não gravados com a cláusula de incomunicabilidade.

§ 2º. Na falta de outros elementos indicativos, considera-se patrimônio conhecido, o valor constante da última declaração de rendimentos apresentada.

§ 3º. A partir da data da notificação do ato de arrolamento, mediante entrega de cópia do respectivo termo, o proprietário dos bens e direitos arrolados, ao transferi-los, aliená-los ou onerá-los, deve comunicar o fato à unidade do órgão fazendário que jurisdiciona o domicílio tributário do sujeito passivo.

§ 4º. A alienação, oneração ou transferência, a qualquer título, dos bens e direitos arrolados, sem o cumprimento da formalidade prevista no parágrafo anterior, autoriza o requerimento de medida cautelar fiscal contra o sujeito passivo.

§ 5º. O termo de arrolamento de que trata este artigo será registrado independentemente de pagamento de custas ou emolumentos:

I – no competente registro imobiliário, relativamente aos bens imóveis;

II – nos órgãos ou entidades, onde, por força de lei, os bens móveis ou direitos sejam registrados ou controlados;

do contribuinte com o objetivo de monitorar seu patrimônio e identificar possíveis condutas voltadas ao esvaziamento, blindagem, confusão ou ocultação patrimonial. A norma legal limitou o cabimento do referido procedimento à hipótese em que a soma dos créditos alcançar valor superior a R$ 500.000,00 (quinhentos mil reais); todavia, o Decreto 7.573/ 2011 aumentou o referido limite para R$ 2.000.000,00 (dois milhões de reais). A medida é delineada na Instrução Normativa RFB 2.091/2022.

O arrolamento de bens e direitos, todavia, não se confunde com a medida cautelar fiscal, por não caracterizar a indisponibilidade de bens do devedor. Com o arrolamento, o proprietário dos bens e direitos arrolados apenas deverá comunicar a unidade do órgão fazendário que jurisdiciona o domicílio tributário do sujeito passivo quando os transferir, alienar ou onerar, o que não obsta, *per se*, a disposição patrimonial.

Tendo em vista as divergências entre os referidos institutos, não há óbice para que o arrolamento de bens e direitos conviva com a medida cautelar fiscal. Em verdade, o

---

III – no Cartório de Títulos e Documentos e Registros Especiais do domicílio tributário do sujeito passivo, relativamente aos demais bens e direitos.

§ 6º. As certidões de regularidade fiscal expedidas deverão conter informações quanto à existência de arrolamento.

§ 7º. O disposto neste artigo só se aplica a soma de créditos de valor superior a R$ 500.000,00 (quinhentos mil reais).

§ 8º. Liquidado, antes do seu encaminhamento para inscrição em Dívida Ativa, o crédito tributário que tenha motivado o arrolamento, a autoridade competente da Secretaria da Receita Federal comunicará o fato ao registro imobiliário, cartório, órgão ou entidade competente de registro e controle, em que o termo de arrolamento tenha sido registrado, nos termos do § 5º, para que sejam anulados os efeitos do arrolamento.

§ 9º. Liquidado ou garantido, nos termos da Lei 6.830, de 22 de setembro de 1980, o crédito tributário que tenha motivado o arrolamento, após seu encaminhamento para inscrição em Dívida Ativa, a comunicação de que trata o parágrafo anterior será feita pela autoridade competente da Procuradoria da Fazenda Nacional.

§ 10. Fica o Poder Executivo autorizado a aumentar ou restabelecer o limite de que trata o § 7º deste artigo. (Incluído pela Lei 11.941, de 2009)

§ 11. Os órgãos de registro público onde os bens e direitos foram arrolados possuem o prazo de 30 (trinta) dias para liberá-los, contados a partir do protocolo de cópia do documento comprobatório da comunicação aos órgãos fazendários, referido no § 3º deste artigo. (Incluído pela Lei 12.973, de 2014)

§ 12. A autoridade fiscal competente poderá, a requerimento do sujeito passivo, substituir bem ou direito arrolado por outro que seja de valor igual ou superior, desde que respeitada a ordem de prioridade de bens a serem arrolados definida pela Secretaria da Receita Federal do Brasil, e seja realizada a avaliação do bem arrolado e do bem a ser substituído nos termos do § 2º do art. 64-A. (Incluído pela Lei 13.043, de 2014)

§ 13. No caso de fundações que prevejam em seu estatuto social que a alienação de imóveis depende de autorização do Ministério Público, serão contabilizados no limite de que trata o *caput* deste artigo apenas os créditos tributários inscritos em dívida ativa. (Incluído pela Lei Complementar 187, de 2021)

Art. 64-A. O arrolamento de que trata o art. 64 recairá sobre bens e direitos suscetíveis de registro público, com prioridade aos imóveis, e em valor suficiente para cobrir o montante do crédito tributário de responsabilidade do sujeito passivo. (Incluído pela Medida Provisória 2158-35, de 2001)

§ 1º O arrolamento somente poderá alcançar outros bens e direitos para fins de complementar o valor referido no *caput*. (Incluído pela Lei 12.973, de 2014)

§ 2º Fica a critério do sujeito passivo, a expensas dele, requerer, anualmente, aos órgãos de registro público onde os bens e direitos estiverem arrolados, por petição fundamentada, avaliação dos referidos ativos, por perito indicado pelo próprio órgão de registro, a identificar o valor justo dos bens e direitos arrolados e evitar, deste modo, excesso de garantia. (Incluído pela Lei 12.973, de 2014)

referido procedimento favorece ao Fisco na instrução de futura medida cautelar fiscal sobre bens arrolados.

Também não se vislumbra possibilidade de a limitação definida no Decreto 7.573/2011 constituir obstáculo à medida cautelar fiscal pretendida com fundamento no art. 2º, inciso VI, da Lei 8.397/1992, na hipótese em que o débito do contribuinte é inferior a R$ 2.000.000,00 (dois milhões de reais). A esse respeito, adota-se o clássico brocardo *exceptiones sunt strictissimoe interpretationis* (interpretam-se as exceções estritissimamente). Conforme consta do magistério de Carlos Maximiliano, "as disposições excepcionais são estabelecidas por motivos ou considerações particulares, contra outras normas jurídicas, ou contra o Direito comum; por isso não se estendem além dos casos e tempos que designam expressamente"[89].

O **art. 2º, inciso VII, da Lei 8.397/1992**, por sua vez, viabiliza o manejo da medida cautelar fiscal quando o devedor **aliena bens ou direitos sem proceder à devida comunicação ao órgão da Fazenda Pública competente, quando exigível em virtude de lei.**

O referido dispositivo está intrinsecamente ligado ao instituto do arrolamento de bens e direitos, acima descrito. Como mencionado, do art. 64, § 3º, da Lei 9.532/1997, decorre a obrigação legal de comunicação ao órgão da Fazenda Pública competente no caso de transferência, alienação ou oneração de bens arrolados, nos seguintes termos:

> Art. 64. A autoridade fiscal competente procederá ao arrolamento de bens e direitos do sujeito passivo sempre que o valor dos créditos tributários de sua responsabilidade for superior a trinta por cento do seu patrimônio conhecido.
> [...]
> § 3º. A partir da data da notificação do ato de arrolamento, mediante entrega de cópia do respectivo termo, o proprietário dos bens e direitos arrolados, ao transferi-los, aliená-los ou onerá-los, deve comunicar o fato à unidade do órgão fazendário que jurisdiciona o domicílio tributário do sujeito passivo.

A respeito dessa hipótese de cabimento da medida cautelar fiscal, a jurisprudência do STJ se firmou no sentido de que "a Lei 9.532/1997, que deu nova redação à Lei 8.397/1992, em seu art. 64, § 3º, não exige que a notificação ao órgão fazendário seja prévia à alienação, mas simplesmente que exista a comunicação"[90]. A comunicação da transferência, alienação ou oneração do bem poderá ocorrer, portanto, posteriormente ao ato, não implicando, uma vez realizada, o deferimento de medida cautelar fiscal em desfavor do devedor, salvo se configurada outra hipótese que dificulte ou impeça a satisfação do crédito.

No âmbito federal, a Instrução Normativa 2.091/2022, da Receita Federal do Brasil, fixou o prazo de 5 (cinco) dias para a comunicação do fato à unidade da Receita Federal do Brasil no domicílio tributário do sujeito passivo, nos seguintes termos:

> Art. 12. O sujeito passivo cientificado do arrolamento fica obrigado a comunicar à unidade da RFB com jurisdição sobre seu domicílio tributário a alienação, a

---

[89] MAXIMILIANO, Carlos. *Hermenêutica e Aplicação do Direito*. 20. ed. Forense: 2011, p. 184.

[90] REsp 1217129/SC, Rel. Ministro Napoleão Nunes Maia Filho, Primeira Turma, j. 27.10.2016, DJe 21.11.2016

oneração ou a transferência a qualquer título, inclusive aquela decorrente de cisão parcial, desapropriação, sentença ou escritura de partilha, integralização de capital, perda total, arrematação ou adjudicação por terceiro em leilão ou pregão, ou consolidação de propriedade fiduciária a terceiro, de qualquer dos bens ou direitos arrolados, no prazo de 5 (cinco) dias, contado da data da ocorrência do fato, sob pena de representação para propositura de medida cautelar fiscal, nos termos dos arts. 18 e 19.

§ 1º A comunicação a que se refere o caput deverá ser formalizada mediante preenchimento do formulário constante do Anexo Único, ou por termo que contenha os mesmos elementos nele previstos, acompanhado de documentação comprobatória.

§ 2º A comunicação na forma prevista no § 1º poderá ser dispensada quando puder ser substituída por mecanismo digital, que venha a ser implantado pela RFB e disponibilizado ao sujeito passivo.

§ 3º No caso de processo de arrolamento já encaminhado à PGFN, a comunicação a que se refere o caput deverá ser feita pelo sujeito passivo diretamente ao referido órgão.

Caso não observado o prazo disposto no referido artigo, ou, em se tratando de débito fiscal de outra unidade da federação, aquele previsto na legislação específica, há de se deferir a medida cautelar requerida com fundamento no art. 2º, inciso VII, da Lei 8.397/1992.

O **inciso VIII** do referido dispositivo legal, por sua vez, viabiliza a propositura da medida cautelar fiscal quando o devedor **tem sua inscrição no cadastro de contribuintes declarada inapta, pelo órgão fazendário**.

Trata-se da situação em que a inscrição do sujeito passivo no Cadastro Nacional da pessoa Jurídica é declarada inapta, com fundamento no art. 81 da Lei 9.430/1996, o qual sofreu modificações com o advento da Lei 14.195/2021.

O referido dispositivo legal previa a declaração de inaptidão da inscrição no CNPJ da pessoa jurídica que, estando obrigada, **deixasse de apresentar declarações e demonstrativos em 2 (dois) exercícios consecutivos**; daquela que não comprovasse a **origem**, a **disponibilidade** e a **efetiva transferência**, se for o caso, dos **recursos empregados em operações de comércio exterior**; e daquela que **não fosse localizada no endereço informado** ao CNPJ, nos termos e condições definidos pela Secretaria da Receita Federal do Brasil.

Consoante a nova redação do art. 81 da Lei 9.430/1996, serão declaradas inaptas, nos termos e nas condições definidos pela Secretaria Especial da Receita Federal do Brasil, quando a pessoa jurídica:

(i) deixar de apresentar **obrigações acessórias, por, no mínimo, 90 (noventa) dias a contar da omissão**;

(ii) não comprovar a **origem, a disponibilidade e a efetiva transferência**, se for o caso, dos recursos empregados em **operações de comércio exterior**;

(iii) for **inexistente de fato**, assim considerada a entidade que:

a) não dispuser de **patrimônio** ou de **capacidade operacional** necessários à realização de seu objeto, inclusive a que não comprovar o **capital social integralizado**;

b) não for localizada no **endereço informado no CNPJ**;

c) possuir representação irregular, assim compreendidas as situações em que seu **representante legal: 1. não for localizado** ou **alegar falsidade ou simulação** de sua participação na referida entidade ou não comprovar legitimidade para representá-la; ou **2. não indicar**, depois de intimado, seu **novo domicílio tributário**;

d) for **domiciliada no exterior** e **não tiver indicado seu procurador** ou representante legalmente constituído no CNPJ **ou, se indicado, não tiver sido localizado**;

e) encontrar-se com as **atividades paralisadas**, salvo quando a paralisação for comunicada;

(iv) realizar **operações de terceiros**, com intuito de **acobertar seus beneficiários**;

(iv) tiver **participado**, segundo evidências, **de organização constituída com o propósito de não recolher tributos ou de burlar os mecanismos de cobrança de débitos fiscais**, inclusive por meio de emissão de documentos fiscais que relatem **operações fictícias ou cessão de créditos inexistentes ou de terceiros**;

(vi) tiver sido **constituída**, segundo evidências, **para a prática de fraude fiscal estruturada**, inclusive em proveito de terceiras empresas; ou

(vii) encontrar-se **suspensa por, no mínimo, 1 (um) ano**.

As situações acima previstas remetem, em grande parte, àquelas outrora definidas no art. 34 da revogada Instrução Normativa RFB 748/2007, a qual impunha a declaração e inaptidão no CNPJ de entidade "omissa, contumaz", "omissa e não localizada", "inexistente de fato" ou "que não efetuasse a comprovação da origem, da disponibilidade e da efetiva transferência, se for o caso, dos recursos empregados em operações de comércio exterior, na forma prevista em lei".

São substanciais, porém, as inovações quanto à inaptidão do cadastro em decorrência da utilização de operações de terceiros para acobertar beneficiários, a prática de fraude fiscal estruturada e a suspensão da pessoa jurídica por, no mínimo, 1 (um) ano.

Quanto à hipótese de suspensão do Cadastro Nacional da Pessoa Jurídica, cuja subsistência por 1 (um) ano ensejará a inaptidão do CNPJ, a nova redação do art. 80 da Lei 9.430/1996, dada pela Lei 14.195/2021, limitou-se a conferir à Secretaria Especial da Receita Federal do Brasil a competência para a definição de suas hipóteses.

As situações caracterizadoras da suspensão da situação cadastral estão previstas no art. 37 da Instrução Normativa RFB 2.119/2022[91].

---

[91] Art. 37. A inscrição no CNPJ é enquadrada na situação cadastral suspensa quando, conforme o caso, a entidade ou o estabelecimento filial:
I – interromper temporariamente suas atividades;

II – possuir inconsistência em seus dados cadastrais caracterizada, dentre outras, pelas situações previstas no Anexo VI;

III – não for localizado, assim considerado quando:

a) não confirmar o recebimento de correspondência enviada pela RFB, comprovado por meio da devolução do Aviso de Recebimento (AR) dos Correios; ou

b) houver denúncia ou comunicação de qualquer órgão público que informe a não localização no endereço constante do cadastro;

IV – apresentar indício de interposição fraudulenta de sócio ou titular, nas situações previstas no § 2º do art. 3º do Decreto nº 3.724, de 10 de janeiro de 2001, e no § 1º do art. 40 do Decreto nº 1.800, de 30 de janeiro de 1996, enquanto o respectivo procedimento fiscal estiver em análise; V – encontrar-se no curso do procedimento administrativo de inaptidão por quaisquer das pendências ou situações descritas no inciso II a IX do caput do art. 38;

VI – domiciliado no exterior e com situação cadastral ativa, não estiver temporariamente submetido à condição de obrigatoriedade de inscrição ou encontrar-se com seu cadastro suspenso perante a CVM;

VII – tiver sua suspensão determinada por ordem judicial; ou

VIII – não atender ao disposto nos arts. 53 a 55 ou não apresentar a documentação comprobatória citada no Anexo XII, nos termos do § 4º do art. 55;

§ 1º A inscrição no CNPJ poderá ser enquadrada em mais de um motivo de suspensão.

§ 2º A suspensão da inscrição no CNPJ na hipótese prevista no inciso I do caput ocorre por solicitação da entidade ou do estabelecimento filial, conforme o caso, mediante comunicação da interrupção temporária de suas atividades, na forma prevista nos arts. 12 a 14.

§ 3º A entidade ou o estabelecimento filial cuja inscrição seja declarada suspensa nos termos do inciso III do caput pode regularizar sua situação mediante:

I – a alteração do seu endereço no CNPJ, na forma prevista nos arts. 12 a 14; ou

II – o restabelecimento de sua inscrição, caso o seu endereço continue o mesmo constante do CNPJ.

§ 4º Para fins do disposto no § 3º, a entidade ou o estabelecimento filial deverá comprovar seu endereço, de forma inequívoca, mediante a apresentação dos seguintes documentos:

I – contrato vigente de locação do imóvel, matrícula ou comprovante de recolhimento do Imposto sobre a Propriedade Territorial e Predial Urbana (IPTU), por meio do qual possa ser confirmada a propriedade do imóvel; e

II – contas de energia ou de água dos últimos 3 (três) meses, com consumo acima do mínimo, nas quais constem o nome da entidade ou do estabelecimento filial e seu endereço; e

III – notas fiscais de compra e venda dos últimos 3 (três) meses, nas quais constem o nome da entidade ou do estabelecimento filial e seu endereço, salvo situações excepcionais devidamente comprovadas.

§ 5º A entidade ou o estabelecimento que exerça suas atividades de modo exclusivamente virtual e que tenha sua inscrição declarada suspensa nos termos do inciso III do caput deverá comprovar seu endereço, de forma inequívoca, mediante a apresentação dos seguintes documentos:

I – contrato vigente de locação do imóvel, matrícula ou comprovante de recolhimento do IPTU, por meio do qual possa ser confirmada a propriedade do imóvel, sob titularidade do empresário individual ou de um dos sócios da entidade domiciliado no País; e

II – notas fiscais de compra e venda dos últimos 3 (três) meses, nas quais constem o nome da entidade ou do estabelecimento filial e seu endereço, salvo situações excepcionais devidamente comprovadas.

§ 6º No caso de estabelecimento filial que exerça suas atividades de modo exclusivamente virtual, a comprovação de que trata o § 5º deverá ser realizada mediante a apresentação dos documentos listados no § 4º relativos ao estabelecimento matriz, caso este não desenvolva suas atividades de modo exclusivamente virtual.

§ 7º A entidade ou o estabelecimento filial cuja inscrição tenha sido suspensa em razão da hipótese prevista no inciso II do caput pode ter sua inscrição restabelecida, desde que comprove a regularização das inconsistências cadastrais.

§ 8º A entidade ou estabelecimento filial será imediatamente declarada Suspensa, a partir da ciência do termo de retenção, caso seja constatada a realização de atividades de comercialização, exposição, armazenamento, guarda ou transporte de produtos proibidos, que representem potencial risco à saúde pública, ao meio ambiente ou à segurança, tais como cigarros eletrônicos, vapes, fumígenos, entre outros, especialmente durante operações de combate ao contrabando, descaminho, tráfico internacional de drogas e lavagem de dinheiro, sem prejuízo das demais sanções cabíveis.

Ao alterar o art. 80 da Lei 9.430/1996 para dispor sobre as hipóteses de suspensão da inscrição no CNPJ, a Lei 14.195/2021 revogou a disposição que previa a baixa da inscrição no CNPJ das pessoas jurídicas que, estando obrigadas, deixassem de apresentar declarações e demonstrativos por 5 (cinco) ou mais exercícios e, intimadas por edital, não regularizassem sua situação no prazo de 60 (sessenta dias), contado da data da publicação da intimação.

Na nova sistemática, segundo o art. 81-A da Lei 9.430/1996[92], as inscrições de CNPJ serão declaradas baixadas após 180 (cento e oitenta) dias contados da declaração de inaptidão, podendo ainda ter a inscrição baixada "as pessoas jurídicas que estejam extintas, canceladas ou baixadas nos respectivos órgãos de registro". A nova redação mantém, agora no § 2º do art. 81-A, a antiga previsão do art. 80-B do referido diploma legal no sentido de que "o ato de baixa da inscrição no CNPJ não impede que, posteriormente, sejam lançados ou cobrados os débitos de natureza tributária da pessoa jurídica".

O § 3º do art. 81-A da Lei 9.430/1996, com redação dada pela Lei 14.195/2021, por sua vez, reproduziu a redação do antigo art. 80-C, ora revogado, segundo o qual, "mediante solicitação da pessoa jurídica, poderá ser restabelecida a inscrição no CNPJ, observados os termos e as condições definidos pela Secretaria Especial da Receita Federal do Brasil". O art. 47 da Instrução Normativa RFB 2.119/2022, enquanto isso, prevê que "nos casos em que houver declaração de inaptidão por mais de um motivo, a entidade terá sua inscrição restabelecida depois da regularização de todas as situações que ensejaram a inaptidão".

Em decorrência dessa previsão, não se recomenda a mera remissão às hipóteses previstas no art. 81 da Lei 9.430/1996 para o ajuizamento da medida cautelar fiscal com fundamento no art. 2º, inciso VIII, da Lei 8.397/1992, mas a **demonstração de que há indícios de atos que dificultem a satisfação do crédito tributário**, especialmente se a hipótese de inaptidão se constituir na não localização da entidade e ou irregularidade de sua representação, que demandam indicação de razões das quais se infira a necessidade do procedimento cautelar. Nesse contexto, assim como se afirmou em relação às hipóteses previstas no art. 2º, incisos I e II da Lei 8.397/1992 (Medida Cautelar Fiscal), o referido elemento configurador do interesse de agir se fará presente, por exemplo, quando não forem identificados bens passíveis do devedor.

Há casos de inaptidão do cadastro inaugurados pela Lei 14.195/2021, cuja caracterização enseja, *per se*, o ajuizamento da medida cautelar fiscal, quais sejam, aquelas segundo a literalidade dos incisos IV a VI do art. 81 da Lei 9.430/1996: realização de operações de terceiros, com intuito de acobertar seus beneficiários; participação em organização constituída com o propósito de não recolher tributos ou de burlar os mecanismos de cobrança de débitos fiscais, inclusive por meio de emissão de docu-

---

[92] Art. 81-A. As inscrições no CNPJ serão declaradas baixadas após 180 (cento e oitenta) dias contados da declaração de inaptidão. (Incluído pela Lei 14.195, de 2021)

§ 1º. Poderão ainda ter a inscrição no CNPJ baixada as pessoas jurídicas que estejam extintas, canceladas ou baixadas nos respectivos órgãos de registro. (Incluído pela Lei 14.195, de 2021)

§ 2º. O ato de baixa da inscrição no CNPJ não impede que, posteriormente, sejam lançados ou cobrados os débitos de natureza tributária da pessoa jurídica. (Incluído pela Lei 14.195, de 2021)

§ 3º. Mediante solicitação da pessoa jurídica, poderá ser restabelecida a inscrição no CNPJ, observados os termos e as condições definidos pela Secretaria Especial da Receita Federal do Brasil. (Incluído pela Lei 14.195, de 2021)

mentos fiscais que relatem operações fictícias ou cessão de créditos inexistentes ou de terceiros; e constituição para a prática de fraude fiscal estruturada, inclusive em proveito de terceiras empresas.

A comprovação da inaptidão da inscrição no Cadastro Nacional da Pessoa Jurídica com fundamento nos referidos dispositivos é considerada suficiente para a configuração do *periculum in mora* qualificado pelo art. 2º, inciso VIII, da Lei 8.397/1992.

Por fim, e para evitar que se introduza, precocemente, no mérito da demanda, o exame destas condições da ação deverá ocorrer apenas *in statu assertionis*, ou seja, abstratamente, levando-se em consideração somente os fatos narrados na petição inicial.

7.6 CAUTELAR FISCAL PREPARATÓRIA OU INCIDENTAL

De forma semelhante ao estabelecido no CPC para as cautelares em geral, a redação original do art. 1º da Lei 8.397/1992 previa também medidas fiscais preparatórias ou incidentais, distinguindo-as segundo o momento do seu ajuizamento[93].

A redação do dispositivo foi modificada com a reforma promovida pela Lei 9.532/1997 – alteradora de diversos dispositivos da norma em comento –, a fim de deixar clara a exigência de prévia constituição do crédito tributário para viabilizar a medida cautelar fiscal, salvo em relação às hipóteses previstas no art. 2º, incisos V, alínea "b", e VII. *In verbis*:

> Art. 1º. O procedimento cautelar fiscal poderá ser instaurado após a constituição do crédito, inclusive no curso da execução judicial da Dívida Ativa da União, dos Estados, do Distrito Federal, dos Municípios e respectivas autarquias.
>
> Parágrafo único. O requerimento da medida cautelar, na hipótese dos incisos V, alínea "b", e VII, do art. 2º, independe da prévia constituição do crédito tributário.

A despeito da referida modificação, certo é que as duas espécies de ação, preparatória ou incidental, subsistem. Ao apresentar o advérbio "inclusive" ao se referir ao momento de propositura da medida cautelar fiscal no curso da execução judicial da Dívida Ativa, permanece a possibilidade de a referida tutela cautelar ser requerida em caráter antecedente (preparatório). Essa conclusão pode ser extraída do art. 11 da Lei 8.397/1992, o qual prevê que, "quando a medida cautelar fiscal for concedida em procedimento preparatório, deverá a Fazenda Pública propor a execução judicial da Dívida Ativa no prazo de sessenta dias, contados da data em que a exigência se tornar irrecorrível na esfera administrativa".

É plenamente concebível que, antes mesmo da ação satisfativa do direito material – *in casu*, a execução fiscal –, sejam verificadas algumas das situações elencadas no art. 2º da Lei 8.397/1992, transcrito *supra*. Por essa razão, de imediato, e desde que tenha havido constituição do crédito, é dado ao Fisco requerer ao Poder Judiciário a concessão de medida visando manter segura a perspectiva de satisfação do seu direito.

---

[93] Art. 1º. O procedimento cautelar fiscal pode ser instaurado antes ou no curso da execução judicial da Dívida Ativa da União, dos Estados, do Distrito Federal, dos Municípios e respectivas autarquias e dessa execução é sempre dependente. (Revogado pela Lei 9.532, de 1997).

São casos em que o perigo e o comprometimento da solvabilidade do devedor preexistem ao início da ação executiva fiscal, a qual ainda não pode ser manejada, seja porque pendentes de apuração alguns elementos, ou porque não existiria tempo hábil para se aguardar o seu processamento regular. O Fisco ganha, assim, algum tempo a mais para o ajuizamento da execução fiscal, durante o qual fica assegurada a preservação de condições de satisfação do crédito.

Em sendo essa a hipótese, de ajuizamento da medida cautelar fiscal preparatória, a Fazenda Pública tem o prazo de sessenta dias para ajuizar a ação executiva, sob pena de perda da eficácia da medida assecuratória alcançada. O referido prazo tem por termo inicial a data em que é definitivamente encerrado o contencioso administrativo, conforme determina o art. 11 da Lei 8.397/1992, acima transcrito.

Observe-se, aqui, que, diversamente do que ocorre nas cautelares em geral, o prazo para ajuizamento da ação principal não começa a correr, em regra, da efetivação da medida deferida[94]. Afinal, é inerente à própria cautelar fiscal preparatória que o crédito tributário não esteja, ainda, totalmente hígido à cobrança judicial, embora constituído.

Na hipótese, vislumbra-se atecnia da Lei 8.397/1992 ao definir como marco para a contagem do prazo de sessenta dias para ajuizamento da execução fiscal a irrecorribilidade da decisão administrativa que constitui o crédito tributário. Isso porque o art. 151 do CTN contempla outras hipóteses de suspensão de exigibilidade do crédito tributário, sendo a interposição de recurso apenas uma de suas espécies.[95]

Se o prazo em questão remete ao ajuizamento da execução judicial da Dívida Ativa, há de se considerar, para efeito de sua contagem, a teoria da *actio nata*, que não considera fulminada a pretensão vinculada ao direito de ação antes do nascimento deste (*actioni nondum natae non praescritibur*).

A medida cautelar fiscal, se deferida antes da constituição definitiva do crédito tributário, por haver, para tanto, elementos suficientes para comprovar o risco ao resultado útil do processo, somente pode perder sua eficácia por inércia do Fisco, se este poderia exercer o direito de ajuizamento da ação principal e deixou de fazê-lo. Nesse sentido, se a pretensão acionável não pode ser exercida por causa suspensiva

---

[94] Art. 308. Efetivada a tutela cautelar, o pedido principal terá de ser formulado pelo autor no prazo de 30 (trinta) dias, caso em que será apresentado nos mesmos autos em que deduzido o pedido de tutela cautelar, não dependendo do adiantamento de novas custas processuais.

§ 1º. O pedido principal pode ser formulado conjuntamente com o pedido de tutela cautelar.

§ 2º. A causa de pedir poderá ser aditada no momento de formulação do pedido principal.

§ 3º. Apresentado o pedido principal, as partes serão intimadas para a audiência de conciliação ou de mediação, na forma do art. 334 , por seus advogados ou pessoalmente, sem necessidade de nova citação do réu.

§ 4º. Não havendo autocomposição, o prazo para contestação será contado na forma do art. 335.

[95] Art. 151. Suspendem a exigibilidade do crédito tributário:

I – moratória;

II – o depósito do seu montante integral;

III – as reclamações e os recursos, nos termos das leis reguladoras do processo tributário administrativo;

IV – a concessão de medida liminar em mandado de segurança.

V – a concessão de medida liminar ou de tutela antecipada, em outras espécies de ação judicial;

VI – o parcelamento.

Parágrafo único. O disposto neste artigo não dispensa o cumprimento das obrigações assessórios dependentes da obrigação principal cujo crédito seja suspenso, ou dela consequentes.

da exigibilidade do crédito tributário, o prazo de eficácia da medida cautelar deferida nessas condições não deve ter curso.

Por outro lado, precisa-se conferir efetividade ao comando do art. 5º, inciso LXXVIII, da Constituição Federal, introduzido pela Emenda Constitucional 45/2004, segundo o qual "a todos, no âmbito judicial e administrativo, são assegurados a razoável duração do processo e os meios que garantam a celeridade de sua tramitação", sendo presumível e esperado que a Administração Pública, na pendência de recurso administrativo, verificada a concessão de medida cautelar fiscal, confira priorização ao trâmite do processo administrativo tributário.

Ao examinar se haveria possibilidade de se impor prazo de 6 (seis) meses para a conclusão do processo administrativo fiscal em decorrência do deferimento da medida cautelar fiscal preparatória, o Superior Tribunal de Justiça reafirmou a literalidade do art. 11 da Lei 8.397/1992, que dispõe como termo inicial do prazo de 60 (sessenta) dias para ajuizamento da execução fiscal o trânsito em julgado da decisão no procedimento administrativo, "o que somente ocorreria no caso após o exame de recurso administrativo na Câmara Superior de Recursos Fiscais"[96].

Na discussão da matéria, o Ministro Luiz Fux, à época no STJ, acompanhado do Ministro Francisco Falcão (relator), ainda ponderou o fato de o procedimento administrativo possuir prazo para conclusão, mas apontou que o correspondente prazo para a propositura da ação fiscal não se confunde com o lapso temporal para o encerramento daquele.

Por outro lado, o art. 24 da Lei 11.457/2007, ao dispor que "é obrigatório que seja proferida decisão administrativa no prazo máximo de 360 (trezentos e sessenta) dias a contar do protocolo de petições, defesas ou recursos administrativos do contribuinte", buscou conferir efetividade à garantia da duração razoável do processo. Na verificação de tais disposições no plano constitucional e infraconstitucional, há de se exercer um juízo de proporcionalidade, a fim de que não se estenda indefinidamente a ordem de indisponibilidade patrimonial do sujeito passivo.

O STF, examinando questão que não dizia respeito à prescrição, mas à formação de ato administrativo complexo – exame de legalidade do ato de concessão inicial de aposentadoria, reforma ou pensão pelo Tribunal de Contas da União – já asseverou a impossibilidade de a Corte demorar mais de 5 (cinco) anos para rever o ato após a autuação do processo naquela instância, em respeito aos princípios da segurança jurídica e da confiança legítima, que induz a estabilização das relações jurídicas[97]. Nesse contexto, também há de se conformar com a duração razoável do processo a duração da medida cautelar fiscal, sobretudo por se tratar de espécie de tutela de urgência. O prolongamento indefinido do julgamento dos recursos administrativos, na vigência de medida cautelar fiscal, portanto, poderá, a partir de um exame vinculado à proporcionalidade, ocasionar sua cassação.

De outro lado, há circunstâncias em que o risco de grave lesão ao direito material do Estado credor somente é verificado já no curso da execução fiscal, quando então o

---

[96] REsp 1026474/SC, Rel. Ministro Francisco Falcão, Primeira Turma, j. 02.10.2008, DJe 16.10.2008
[97] RE 636.553, Rel. Min. Gilmar Mendes, Tribunal Pleno, j. 19.02.2020, DJe 26.05.2020, Tema n. 445 da Repercussão Geral.

exequente verá surgir duas possibilidades: postular o deferimento da indisponibilidade patrimonial do devedor no bojo da própria ação executiva, ou o fazer em processo cautelar autônomo, regido pela Lei 8.397/1992.

Caso se opte pela cautelar incidental, esta deverá ser distribuída por dependência ao processo executivo fiscal, do qual será apenso[98].

Há debate doutrinário no sentido da viabilidade de manejo da medida cautelar fiscal tanto na modalidade preparatória quanto na incidental após o advento do CPC/2015, ainda que este diploma tenha firmado em seu art. 1.046, § 2º, que "permanecem em vigor as disposições especiais dos procedimentos regulados em outras leis, aos quais se aplicará supletivamente este Código".

Claudio Carneiro sustenta que "a medida cautelar fiscal ajuizada antes da execução assume um caráter cautelar e deve ser substituída pela tutela provisória de urgência de caráter cautelar. Por outro lado, a medida cautelar ajuizada dentro da execução deve continuar"[99].

Marcelo Dantas Rosado Maia, por sua vez, afirma que, no caso em que o devedor "tem contra si ajuizada uma única execução fiscal e não há contra ele nenhum procedimento fiscal em fase de constituição", seria "razoável concluir pela inexistência de interesse fazendário no ajuizamento de cautelar fiscal incidental, pois a tutela adequada à satisfação ou mesmo ao acautelamento do direito do credor pode ser fornecida no bojo da própria execução fiscal"[100].

Enquanto o primeiro posicionamento levaria à inaplicabilidade da medida cautelar fiscal preparatória com fundamento na Lei 8.397/1992, o segundo implicaria o não cabimento da medida cautelar fiscal incidental em execução fiscal contra devedor em face do qual não se vislumbra outro crédito tributário pendente de constituição.

As referidas situações, porém, merecem ser objeto de maior reflexão.

A aplicação integral do Código de Processo Civil para reger a medida cautelar fiscal preparatória implicaria transpor a esta o procedimento da tutela cautelar requerida em caráter antecedente, no qual, segundo o art. 308 do CPC, "efetivada a medida cautelar, o pedido principal terá de ser formulado pelo autor no prazo de 30 (trinta) dias, caso em que será apresentado nos mesmos autos em que deduzido o pedido de tutela cautelar, não dependendo do adiantamento de novas custas processuais".

Ao se admitir tal situação, a aplicação do CPC vulneraria hipótese de privilégio do Fisco, alinhada ao sistema insculpido no CTN, na medida em que não compreenderia a situação prevista no art. 11 da Lei 8.397/1992, na qual, pendente o exame de recurso administrativo, não se computa o prazo para o ajuizamento da execução fiscal da Dívida Ativa.

Ao prevalecer a conclusão de que o procedimento da tutela cautelar em caráter antecedente previsto no CPC teria revogado a Lei 8.397/1992 relativamente ao cabimento da medida cautelar fiscal preparatória, poder-se-ia, inclusive, questionar a viabilidade

---

[98] Lei 8.397/1992, art. 14. Os autos do procedimento cautelar fiscal serão apensados aos do processo de execução judicial da Dívida Ativa da Fazenda Pública.

[99] CARNEIRO, Claudio. *Processo Tributário Administrativo e Judicial*. 5. ed. São Paulo: Saraiva, 2018, versão digital, p. 438.

[100] MAIA, Marcelo Dantas Rosado. *Op cit.*, p. 383.

de deferimento da medida cautelar na hipótese em que não constituído definitivamente o crédito tributário, mesmo nas situações previstas no art. 1º, parágrafo único, do referido diploma legal. Segundo esse raciocínio, na pendência de causa suspensiva da exigibilidade do crédito tributário nos termos do art. 151 do CTN, não estaria presente o interesse de agir para o ajuizamento da ação principal.

Por permanecerem peculiaridades da Lei da Medida Cautelar Fiscal em relação ao CPC que resguardam a finalidade de sua criação, qual seja, o aprimoramento do sistema de privilégios concedidos ao Fisco, deve permanecer aplicável o procedimento especial disciplinado na Lei 8.397/1992, ainda que se admita um diálogo de fontes, não se vislumbrando viável o abandono da medida cautelar fiscal preparatória para sua substituição pela tutela cautelar requerida em caráter antecedente disciplinada no CPC/2015.

Relativamente ao cabimento da medida cautelar fiscal incidental contra devedor em face do qual não remanesce processo administrativo fiscal em andamento, a utilidade do procedimento da Lei 8.397/1992 ainda se afigura verificável caso presente o *periculum in mora*, na medida em que, nos termos do art. 185-A do CTN, a indisponibilidade de bens e direitos somente será determinada na execução fiscal, à míngua de medida cautelar incidental, "na hipótese de o devedor tributário, devidamente citado, não pagar nem apresentar bens à penhora no prazo legal e não forem encontrados bens penhoráveis".

Como já mencionado, o STJ, no julgamento do Tema Repetitivo 714[101], firmou compreensão no sentido de que a indisponibilidade de bens e direitos autorizada pelo art. 185-A do CTN depende da observância dos seguintes requisitos: (i) citação do devedor tributário; (ii) inexistência de pagamento ou apresentação de bens à penhora no prazo legal; e (iii) não localização de bens penhoráveis após esgotamento das diligências realizadas pela Fazenda, caracterizado quando houver nos autos (a) pedido de acionamento do SISBAJUD (antigo Bacen Jud) e consequente determinação pelo magistrado, e (b) expedição de ofícios aos registros públicos do domicílio do executado e ao Departamento Nacional ou Estadual de Trânsito – DENATRAN ou DETRAN.

A Súmula 560/STJ, por sua vez, estabelece que "a decretação da indisponibilidade de bens e direitos, na forma do art. 185-A do CTN, pressupõe o exaurimento das diligências na busca por bens penhoráveis, o qual fica caracterizado quando infrutíferos o pedido de constrição sobre ativos financeiros e a expedição de ofícios aos registros públicos do domicílio do executado, ao Denatran ou Detran".

As referidas exigências não se fazem presentes na medida cautelar fiscal, razão por que, estando presente uma das situações previstas no art. 2º da Lei 8.397/1992, será possível a decretação da indisponibilidade dos bens do devedor nessa via, ainda antes de eventual consumação de fraude à execução, ainda que não exauridas as diligências nas buscas por bens penhoráveis.

Nesse contexto, como, igualmente, há vantagens ao Fisco no ajuizamento da medida cautelar fiscal incidental, não se enxerga a ausência de interesse de agir na hipótese.

Houve inovação capaz de tornar ineficaz a medida cautelar fiscal quando incluído, pela Lei 13.606/2018, o art. 20-B na Lei 10.522/2002. O referido disposi-

---

[101] REsp 1.377.507/SP, Rel. Ministro Og Fernandes, Primeira Seção, j. 26.11.2014, DJe 02.12.2014.

tivo previa que, não pago o crédito inscrito em Dívida Ativa da União no prazo de até cinco dias após a notificação do devedor, poderia a Fazenda Pública **(i)** comunicar a inscrição em Dívida Ativa aos órgãos que operam bancos de dados e cadastros relativos a consumidores e aos serviços de proteção ao crédito e congêneres; e **(ii) averbar, inclusive por meio eletrônico, a Certidão de Dívida Ativa nos órgãos de registro de bens e direitos sujeitos a arresto ou penhora, tornando-os indisponíveis**[102]. Com o referido dispositivo legal, a indisponibilidade de bens do devedor poderia ser decretada administrativamente, sem a necessidade de manejo da medida cautelar fiscal.

O STF, todavia, no julgamento das Ações Diretas de Inconstitucionalidade 5.886, 5.932, 5.881, 5.890, 5.925 e 5.931[103], julgou parcialmente procedentes os pedidos para "considerar inconstitucional a parte final do inciso II do § 3º do art. 20-B, onde se lê 'tornando-os indisponíveis', e constitucional o art. 20-E da Lei 10.522/2002, ambos na redação dada pela Lei 13.606/2018", em julgado assim ementado:

> Direito Constitucional, tributário e processual civil. Ações diretas de inconstitucionalidade. Averbação da Certidão de Dívida Ativa (CDA) em órgãos de registro e indisponibilidade de bens do devedor em fase pré-executória.
>
> 4. Inconstitucionalidade material da indisponibilidade de bens do devedor na via administrativa. A indisponibilidade tem por objetivo impedir a dilapidação patrimonial pelo devedor. Todavia, tal como prevista, não passa no teste de proporcionalidade, pois há meios menos gravosos a direitos fundamentais do contribuinte que podem ser utilizados para atingir a mesma finalidade, como, por exemplo, o ajuizamento de cautelar fiscal. A indisponibilidade deve respeitar a reserva de jurisdição, o contraditório e a ampla defesa, por se tratar de forte intervenção no direito de propriedade.

Em suma, afirmou o STF que a medida de indisponibilidade de bens do devedor, por constituir expressiva restrição substancial ao direito constitucional de propriedade, sujeita-se à reserva jurisdicional, sendo que a Fazenda Pública possui mecanismos menos gravosos para atingir o fim almejado pelo art. 20-B, § 3º, inciso II, *in fine*, da Lei 10.522/2002, qual seja, a medida cautelar fiscal. Nesse contexto, reafirmou-se o cabimento da medida cautelar fiscal como instrumento hábil a tutelar o interesse do

---

[102] Art. 20-B. Inscrito o crédito em dívida ativa da União, o devedor será notificado para, em até cinco dias, efetuar o pagamento do valor atualizado monetariamente, acrescido de juros, multa e demais encargos nela indicados

§ 1º. A notificação será expedida por via eletrônica ou postal para o endereço do devedor e será considerada entregue depois de decorridos quinze dias da respectiva expedição.

§ 2º. Presume-se válida a notificação expedida para o endereço informado pelo contribuinte ou responsável à Fazenda Pública.

§ 3º. Não pago o débito no prazo fixado no *caput* deste artigo, a Fazenda Pública poderá:

I – comunicar a inscrição em dívida ativa aos órgãos que operam bancos de dados e cadastros relativos a consumidores e aos serviços de proteção ao crédito e congêneres; e

II – averbar, inclusive por meio eletrônico, a certidão de dívida ativa nos órgãos de registro de bens e direitos sujeitos a arresto ou penhora, tornando-os indisponíveis.

[103] ADI 5886, Rel. Min. Marco Aurélio, Rel. p/ Acórdão: Roberto Barroso, Tribunal Pleno, j. 09.12.2020, DJe 05.04.2021.

Fisco no combate a possíveis práticas de atos que dificultem ou impeçam a satisfação do crédito tributário.

Ainda no que concerne ao interesse de agir na medida cautelar fiscal incidental, situação excepcional foi submetida ao crivo do STJ. Pleiteava o Estado de São Paulo a indisponibilidade de bens de dado contribuinte contra quem já tramitavam cerca de cem processos executivos fiscais, de modo que todos deveriam ser garantidos pela tutela de urgência requerida. Sobre a operacionalização da medida cautelar, diante da circunstância concreta, posicionou-se no seguinte sentido o voto condutor do ilustre Ministro Benedito Gonçalves, Relator do Recurso Especial 1.190.274/SP[104]:

> É bem verdade que a Lei 8.397/1992, em seu art. 5º, dispõe que "[a] medida cautelar fiscal será requerida ao Juiz Competente para execução judicial da Dívida Ativa da Fazenda pública". Já o art. 14 preconiza que os autos da cautelar serão apensados ao processo de execução.
>
> Todavia, no presente caso, consoante já assentado, os requeridos respondem a mais de cem execuções fiscais, distribuídas em juízos distintos. Assim, fica evidenciado que o comando legal preconizado nos citados dispositivos não é suficiente para elucidar o correto procedimento a ser adotado na espécie.
>
> Pois bem, a Fazenda estadual ajuizou a cautelar por dependência de uma dessas execuções, o que, a princípio, atende ao procedimento exigido nos mencionados artigos da Lei 8.397/1992, ao menos em relação à execução tramitando naquele juízo.
>
> **Mas poderia esse juízo assegurar os créditos tributários cobrados em outras execuções fiscais que não lhe foram distribuídas?**
>
> **Entendo que sim. (grifos nossos)**
>
> A medida cautelar fiscal, como cediço, tem por escopo assegurar a utilidade do processo executivo mediante a decretação da indisponibilidade de bens dos requeridos. A efetividade dessa medida, por óbvio, exige rápida resposta do Poder Judiciário, sob pena de imprestabilidade do provimento almejado.
>
> Nessa linha de pensamento, tenho que, se o fisco consegue demonstrar perante qualquer um dos juízos que processam tais feitos executivos a satisfação dos requisitos exigidos pelo art. 3º da Lei 8.397/1992, quais sejam, prova documental da constituição dos créditos tributários cobrados em as execuções e da concretização de uma das situações previstas no art. 2º, tendentes a dificultar ou impedir a satisfação do crédito, pode o magistrado, pelo poder geral de cautela que lhe é conferido pelo art. 798 do CPC, com o escopo de evitar dano à Fazenda Pública, estender essa garantia à totalidade dos créditos tributários que lhe foram demonstrados, ainda que cobrados perante outro juízo.

Pela praticidade da formulação do requerimento nos autos do processo já em andamento, tende-se a imaginar que a medida cautelar incidental está esvaziada de utilidade. No entanto, ela poderá ser mais interessante caso o requerente avalie que o

---

[104] REsp 1190274/SP, Rel. Ministro Benedito Gonçalves, Primeira Turma, j. 23.08.2011, DJe 26.08.2011.

Título II · Cap. 7 · MEDIDA CAUTELAR FISCAL | **355**

deferimento da providência em sede de execução pode provocar tumulto processual, retardando a entrega da prestação jurisdicional satisfativa.

Como regra, prevalece o entendimento de que, quando a medida cautelar for incidental, não há prazo que condicione a sua eficácia[105]. Todavia, existe exceção ao referido entendimento, na hipótese de responsabilização de sujeitos que não figuram no polo passivo da execução fiscal. Nesses casos, entende o STJ que, "se a ordem alcança o patrimônio de corresponsáveis tributários não incluídos no polo passivo da execução fiscal, a eficácia da cautelar fica condicionada à apresentação do pedido de redirecionamento, no prazo de 60 dias, contado da data de intimação da Fazenda a respeito da decisão de indisponibilidade"[106].

Passa-se ao exame dos pressupostos processuais da medida cautelar fiscal.

7.7 COMPETÊNCIA

Estabelece o art. 5º, *caput*, da Lei 8.397/1992[107], que a competência para processamento e deferimento da medida cautelar fiscal é do juízo da execução fiscal. A disposição segue a mesma sistemática prevista para as medidas cautelares em geral, já que o art. 299, *caput*, do CPC também submete a apreciação da tutela de urgência ao mesmo juízo da causa principal.

Devem-se anotar, inicialmente, regras incidentes na fixação da competência para medida cautelar fiscal incidental, quando o juízo da ação principal, executiva, for incompetente. Para equacionar tal questão, é necessário, antes, apurar se a incompetência é absoluta ou relativa.

A incompetência absoluta do juízo para apreciação da ação principal conduz, necessariamente, à incompetência para apreciação do requerimento cautelar incidental, de modo que ambos os feitos deverão ser imediatamente remetidos ao juízo competente. A incompetência relativa, por sua vez, submete-se à prorrogação, o que significa dizer que, caso a parte prejudicada não a argua em momento oportuno, aquele juízo se torna competente não apenas para o feito principal, mas também para o acessório, qual seja, a medida cautelar fiscal.

Constituem a competência absoluta aquela determinada em razão da matéria, da pessoa ou da função, nos termos do art. 62 do CPC[108]. A competência relativa, por sua vez, se determina em razão do território ou do valor da causa[109].

---

[105] AgInt nos EDcl no REsp 1495284/RS, Rel. Ministro Napoleão Nunes Maia Filho, Primeira Turma, j. 07.12.2020, DJe 11.12.2020.

[106] AgInt no REsp 1495307/RS, Rel. Ministro Gurgel de Faria, Primeira Turma, j. 16.09.2019, DJe 20.09.2019. No mesmo sentido: AgRg no REsp 1222634/RS, Rel. Ministro Cesar Asfor Rocha, Segunda Turma, j. 26.06.2012, DJe 07.08.2012.

[107] Art. 5º. A medida cautelar fiscal será requerida ao Juiz competente para a execução judicial da Dívida Ativa da Fazenda Pública.
Parágrafo único. Se a execução judicial estiver em Tribunal, será competente o relator do recurso.

[108] Art. 62. A competência determinada em razão da matéria, da pessoa ou da função é inderrogável por convenção das partes.

[109] Art. 63. As partes podem modificar a competência em razão do valor e do território, elegendo foro onde será proposta ação oriunda de direitos e obrigações.
§ 1º. A eleição de foro só produz efeito quando constar de instrumento escrito e aludir expressamente a determinado negócio jurídico.

Nesse sentido, sendo a eventual incompetência meramente territorial ou decorrente do valor da causa, ela constituirá hipótese de incompetência relativa, a qual, sabidamente, não pode ser declarada de ofício, somente sendo invocável mediante provocação da parte, a teor da Súmula 33 do STJ[110] e do art. 337, § 5º, do CPC[111].

Conquanto importe competência absoluta, nos termos do art. 2º, § 4º, da Lei 12.153/2009, do Juizado Especial da Fazenda Pública para processar, conciliar e julgar causas cíveis de interesse dos estados, do Distrito Federal, dos Territórios e dos municípios, até o valor de 60 (sessenta) salários-mínimos, exclui-se expressamente da referida competência a execução fiscal, nos termos do § 1º, inciso I, do referido dispositivo legal[112]. Como consequência, também não será competente o aludido Juizado Especial para o julgamento da medida cautelar fiscal, em decorrência da competência prevista no art. 5º da Lei 8.397/1992.

A jurisprudência do STJ já enfrentou controvérsia referente à competência da cautelar fiscal quando o ilícito aduzido se inseria no mesmo contexto fático de ação penal por crime contra a ordem tributária, haja vista existirem duas ações satisfativas – uma do direito material creditício do Estado, de natureza cível, e outra atinente à persecução penal.

No julgamento da questão, o STJ reconheceu a **competência "do juízo cível, e não do juízo criminal, para processar e julgar ação cautelar fiscal, proposta com fundamento na Lei 8.397/1992"**[113]. Na mesma assentada, afirmou a Corte que "a alegada possibilidade de vir a ser instaurada ação penal contra a recorrente, de qualquer sorte,

---

§ 2º. O foro contratual obriga os herdeiros e sucessores das partes.

§ 3º. Antes da citação, a cláusula de eleição de foro, se abusiva, pode ser reputada ineficaz de ofício pelo juiz, que determinará a remessa dos autos ao juízo do foro de domicílio do réu.

§ 4º. Citado, incumbe ao réu alegar a abusividade da cláusula de eleição de foro na contestação, sob pena de preclusão.

[110] A incompetência relativa não pode ser declarada de ofício.

[111] Art. 337. Incumbe ao réu, antes de discutir o mérito, alegar:

[...]

§ 5º Excetuadas a convenção de arbitragem e a incompetência relativa, o juiz conhecerá de ofício das matérias enumeradas neste artigo.

[112] Art. 2º É de competência dos Juizados Especiais da Fazenda Pública processar, conciliar e julgar causas cíveis de interesse dos Estados, do Distrito Federal, dos Territórios e dos Municípios, até o valor de 60 (sessenta) salários mínimos.

§ 1º Não se incluem na competência do Juizado Especial da Fazenda Pública:

I – as ações de mandado de segurança, de desapropriação, de divisão e demarcação, populares, por improbidade administrativa, execuções fiscais e as demandas sobre direitos ou interesses difusos e coletivos;

II – as causas sobre bens imóveis dos Estados, Distrito Federal, Territórios e Municípios, autarquias e fundações públicas a eles vinculadas;

III – as causas que tenham como objeto a impugnação da pena de demissão imposta a servidores públicos civis ou sanções disciplinares aplicadas a militares.

§ 2º Quando a pretensão versar sobre obrigações vincendas, para fins de competência do Juizado Especial, a soma de 12 (doze) parcelas vincendas e de eventuais parcelas vencidas não poderá exceder o valor referido no *caput* deste artigo.

§ 3º (VETADO)

§ 4º No foro onde estiver instalado Juizado Especial da Fazenda Pública, a sua competência é absoluta.

[113] AgRg na MC 20.954/ES. Rel. Min. Arnaldo Esteves Lima. Primeira Turma. DJe 17.02.2014.

não exclui a legitimidade do Estado ao ajuizamento de ações cautelares em que se objetivam medidas para evitar a perda de créditos tributários ou mesmo sua recuperação".

Ainda quanto à competência *ratione materiae*, nos termos do art. 187 do CTN, "a cobrança judicial do crédito tributário não é sujeita a concurso de credores ou habilitação em falência, recuperação judicial, concordata, inventário ou arrolamento". O art. 29 da Lei de Execuções Fiscais, na mesma linha, estabelece que "a cobrança judicial da Dívida Ativa da Fazenda Pública não é sujeita a concurso de credores ou habilitação em falência, concordata, liquidação, inventário ou arrolamento".

À luz dos referidos dispositivos, entende-se que o ajuizamento da medida cautelar fiscal deve ser perante o juízo da execução fiscal, independentemente da competência do juízo falimentar ou da recuperação judicial.

A Lei 14.112/2020 inseriu na Lei 11.101/2005 – que regula a recuperação judicial, a extinção e a falência do empresário e da sociedade empresária – o art. 6º, § 7º-B, segundo o qual, não obstante a suspensão do curso da prescrição das obrigações do devedor, a suspensão das execuções ajuizadas contra este e a proibição de retenção, arresto, penhora, sequestro, busca e apreensão e constrição judicial ou extrajudicial sobre seus bens não tem aplicação para as execuções fiscais. **Admite-se, por sua vez, "a competência do juízo da recuperação judicial para determinar a substituição dos atos de constrição que recaiam sobre bens de capital essenciais à manutenção da atividade empresarial até o encerramento da recuperação judicial, a qual será implementada mediante a cooperação jurisdicional"**, na forma do art. 69 do CPC[114], observado o princípio da menor onerosidade do devedor, previsto no art. 805 do diploma processual[115].

Quanto ao tema, conforme a jurisprudência do STJ, embora não haja juízo universal na recuperação judicial como existe na falência, "cabe ao Juízo da recuperação

---

[114] Art. 69. O pedido de cooperação jurisdicional deve ser prontamente atendido, prescinde de forma específica e pode ser executado como:

I – auxílio direto;

II – reunião ou apensamento de processos;

III – prestação de informações;

IV – atos concertados entre os juízes cooperantes.

§ 1º. As cartas de ordem, precatória e arbitral seguirão o regime previsto neste Código.

§ 2º. Os atos concertados entre os juízes cooperantes poderão consistir, além de outros, no estabelecimento de procedimento para:

I – a prática de citação, intimação ou notificação de ato;

II – a obtenção e apresentação de provas e a coleta de depoimentos;

III – a efetivação de tutela provisória;

IV – a efetivação de medidas e providências para recuperação e preservação de empresas;

V – a facilitação de habilitação de créditos na falência e na recuperação judicial;

VI – a centralização de processos repetitivos;

VII – a execução de decisão jurisdicional.

§ 3º. O pedido de cooperação judiciária pode ser realizado entre órgãos jurisdicionais de diferentes ramos do Poder Judiciário.

[115] Art. 805. Quando por vários meios o exequente puder promover a execução, o juiz mandará que se faça pelo modo menos gravoso para o executado.

Parágrafo único. Ao executado que alegar ser a medida executiva mais gravosa incumbe indicar outros meios mais eficazes e menos onerosos, sob pena de manutenção dos atos executivos já determinados.

judicial analisar as constrições de bens levadas a efeito em outros Juízos, de modo a tentar compatibilizar o cumprimento do plano de recuperação judicial com a necessidade de pagamento dos demais credores que a ele não se submetem"[116], o que também compreende o exame da medida cautelar fiscal.

Esse entendimento pode ser extraído da compreensão do voto condutor prolatado pelo Ministro Ricardo Villas Bôas Cueva no âmbito da Segunda Seção, quando do julgamento do Agravo Interno no Conflito de Competência 169.871/SP:

> A execução de um crédito extraconcursal deve prosseguir no juízo competente. Uma vez realizados atos de constrição, serão submetidos ao juízo da recuperação que deverá analisar se o bem é essencial para a empresa e, se for esse o caso, a recuperanda deve oferecer outro meio de adimplir a dívida que seja compatível com cumprimento do plano de recuperação, ou sugerir alguma forma de negociação, sob pena de ficar caracterizada sua inviabilidade econômica.

Nesses casos, conforme apontado no referido precedente, não se trata de declínio de competência, mas do exercício de competência do Juízo da recuperação para analisar os atos de constrição realizados na cautelar fiscal e sobre eles deliberar, de modo a preservar o interesse de diversos credores, fundamentado no princípio da preservação da empresa. O juízo da execução fiscal, por sua vez, mantém sua competência para processar e julgar a causa.

Nos termos do art. 7º-A da Lei 11.101/2005, inserido pela Lei 14.112/2020, admite-se que a Fazenda Pública opte por habilitar o crédito na falência[117].

Em tais casos, a execução fiscal permanecerá suspensa até o encerramento da falência, sem prejuízo da possibilidade de prosseguimento contra os corresponsáveis, mas a decisão sobre a existência, a exigibilidade e o valor do crédito, bem como sobre o eventual prosseguimento da cobrança contra os corresponsáveis, competirá ao juízo da execução fiscal. **Também é ressalvada da competência universal do juízo da falência a hipótese na qual "o crédito reconhecido não esteja em cobrança judicial mediante execução fiscal", quando igualmente será de competência do juízo de execução fiscal.**[118]

---

[116] AgInt no AgInt no CC 169.871/SP, Rel. Ministro Ricardo Villas Bôas Cueva, Segunda Seção, j. 09.09.2020, DJe 01.10.2020.

[117] Art. 7º-A. Na falência, após realizadas as intimações e publicado o edital, conforme previsto, respectivamente, no inciso XIII do *caput* e no § 1º do art. 99 desta Lei, o juiz instaurará, de ofício, para cada Fazenda Pública credora, incidente de classificação de crédito público e determinará a sua intimação eletrônica para que, no prazo de 30 (trinta) dias, apresente diretamente ao administrador judicial ou em juízo, a depender do momento processual, a relação completa de seus créditos inscritos em dívida ativa, acompanhada dos cálculos, da classificação e das informações sobre a situação atual.

§ 1º. Para efeito do disposto no *caput* deste artigo, considera-se Fazenda Pública credora aquela que conste da relação do edital previsto no § 1º do art. 99 desta Lei, ou que, após a intimação prevista no inciso XIII do *caput* do art. 99 desta Lei, alegue nos autos, no prazo de 15 (quinze) dias, possuir crédito contra o falido.

[...]

[118] Art. 7º- [...]

§ 4º. Com relação à aplicação do disposto neste artigo, serão observadas as seguintes disposições:

Nesse contexto, permanece sob competência do juízo da execução fiscal a decisão acerca da medida cautelar fiscal pleiteada no curso de processo de falência contra o sujeito passivo.

No parágrafo único do art. 5º, a Lei 8.397/1992 cuidou ainda da competência para apreciação de medida cautelar fiscal incidental quando, no processo executivo principal, já houver sentença, contra a qual a parte tenha interposto recurso: "Se a execução judicial estiver em Tribunal, será competente o relator do recurso".

A norma é relevante, porque a medida cautelar fiscal pode ser requerida em qualquer fase da execução fiscal, desde antes do seu ajuizamento – quando será preparatória – até o seu trânsito em julgado. No entanto, caso o juízo de primeiro grau já tenha encerrado sua prestação jurisdicional, com a entrega da sentença, e, havendo interposição de recurso ao órgão colegiado, passa a pertencer a este a competência para apreciar eventual requerimento de indisponibilidade patrimonial do executado com espeque na Lei 8.397/1992.

Quanto à competência territorial, há de se observar o disposto no art. 46, § 5º, do CPC/2015, segundo o qual "a execução fiscal será proposta no foro de domicílio do réu, no de sua residência ou no do lugar onde for encontrado". Entende o Superior Tribunal de Justiça que não há preferência entre eles[119].

O referido dispositivo legal não admite a proposição da execução fiscal no foro do lugar em que se praticou o ato ou ocorreu o fato que deu origem à dívida, nem no da situação dos bens dos quais originarem o débito, como anteriormente previsto no art. 578, parágrafo único, do CPC/1973[120]. A referida regra prevalece ainda que o recurso interposto seja o especial ou o extraordinário, quando a competência é atribuída ao STJ ou ao STF, respectivamente.

I – a decisão sobre os cálculos e a classificação dos créditos para os fins do disposto nesta Lei, bem como sobre a arrecadação dos bens, a realização do ativo e o pagamento aos credores, competirá ao juízo falimentar;

II – a decisão sobre a existência, a exigibilidade e o valor do crédito, observado o disposto no inciso II do *caput* do art. 9º desta Lei e as demais regras do processo de falência, bem como sobre o eventual prosseguimento da cobrança contra os corresponsáveis, competirá ao juízo da execução fiscal;

III – a ressalva prevista no art. 76 desta Lei , ainda que o crédito reconhecido não esteja em cobrança judicial mediante execução fiscal, aplicar-se-á, no que couber, ao disposto no inciso II deste parágrafo;

IV – o administrador judicial e o juízo falimentar deverão respeitar a presunção de certeza e liquidez de que trata o art. 3º da Lei 6.830, de 22 de setembro de 1980, sem prejuízo do disposto nos incisos II e III deste parágrafo;

V – as execuções fiscais permanecerão suspensas até o encerramento da falência, sem prejuízo da possibilidade de prosseguimento contra os corresponsáveis;

VI – a restituição em dinheiro e a compensação serão preservadas, nos termos dos arts. 86 e 122 desta Lei; e

VII – o disposto no art. 10 desta Lei será aplicado, no que couber, aos créditos retardatários.

[119] REsp 1893489/PR, Rel. Ministro Gurgel de Faria, Primeira Turma, j. 21.09.2021, DJe 23.09.2021.

[120] Art. 578. A execução fiscal (art. 585, VI) será proposta no foro do domicílio do réu; se não o tiver, no de sua residência ou no do lugar onde for encontrado.

Parágrafo único. Na execução fiscal, a Fazenda Pública poderá escolher o foro de qualquer um dos devedores, quando houver mais de um, ou o foro de qualquer dos domicílios do réu; a ação poderá ainda ser proposta no foro do lugar em que se praticou o ato ou ocorreu o fato que deu origem à dívida, embora nele não mais resida o réu, ou, ainda, no foro da situação dos bens, quando a dívida deles se originar.

Por fim, relativamente a hipóteses que, em tese, induziriam conexão, no que se refere à fixação do juízo competente quando do ajuizamento de medida cautelar incidental correspondente a múltiplas execuções fiscais, o STJ admitiu a distribuição a "qualquer um dos juízos que processam tais feitos executivos", segundo o supracitado Recurso Especial 1.190.274/SP.[121]

7.8 PETIÇÃO INICIAL

O art. 6º da Lei 8.397/1992 aponta os requisitos da petição inicial do requerimento de medida cautelar fiscal, os quais devem ser harmonizados com os requisitos fixados pelo art. 319 do CPC para as petições iniciais em geral. O dispositivo da Lei das Medidas Cautelares Fiscais define que a petição devidamente fundamentada deverá indicar: (i) o Juiz a quem é dirigida; (ii) a qualificação e o endereço, se conhecido, do requerido; (iii) as provas que serão produzidas; e (iv) o requerimento para citação.

A respeito da qualificação do requerido, relevante destacar novamente a possibilidade de a medida fiscal ser ajuizada em face de pessoa estranha à relação obrigacional e, portanto, que não participaria da ação executiva principal. É o caso do terceiro adquirente de bens do devedor fiscal, que foi objeto de estudo específico no tópico destinado à legitimidade.

Ainda no que concerne à qualificação, o art. 319 do CPC, à luz da teoria do diálogo de fontes, deve norteá-la. Nesse contexto, deve a petição indicar "os nomes, os prenomes, o estado civil, a existência de união estável, a profissão, o número de inscrição no Cadastro de Pessoas Físicas ou no Cadastro Nacional da Pessoa Jurídica, o endereço eletrônico, o domicílio e a residência do autor e do réu", nos termos do inciso II do referido dispositivo.

Embora não conste entre os incisos do art. 6º, o *caput* do dispositivo destaca, a toda prova, a relevância de a inicial estar devidamente instruída com os fundamentos da pretensão cautelar deduzida pelo Fisco credor (Lei 8.397/1992). Trata-se da existência do *fumus boni juris* e do *periculum in mora,* os quais justificam a tutela acautelatória a ser entregue pelo Judiciário. Nesse sentido, aplica-se, igualmente, à medida cautelar fiscal, o disposto no art. 319, inciso III, do CPC, segundo o qual "a petição inicial indicará o fato e os fundamentos jurídicos do pedido".

O art. 6º, inciso III, da Lei 8.397/1992, determina a indicação das provas que serão produzidas para demonstração sumária[122] dos requisitos da medida cautelar fiscal, e não para aprofundamento do direito material do requerente, o qual, repita-se, não será plenamente satisfeito por essa via. Dessa forma, apenas poderão ser deferidas, pelo magistrado, as provas tendentes à verificação do *periculum in mora* e do *fumus boni juris,* as quais foram também disciplinadas no art. 3º da lei citada: "(i) prova literal da

---

[121] REsp 1190274/SP, Rel. Ministro Benedito Gonçalves, Primeira Turma, j. 23.08.2011, DJe 26.08.2011.

[122] (...) uma interpretação sistemática deste dispositivo, de acordo com a natureza não exauriente e precária do provimento judicial em causa, não leva à exigência, no momento, de prova documental definitiva, sendo suficiente a constatação do aresto recorrido de que: "Com efeito, há indícios sérios no sentido da existência de, pelo menos, quatro das situações autorizativas da propositura de medida cautelar fiscal, as previstas nos incisos III, IV, VI e IX do art. 2º da Lei 8.397/92" (STJ. REsp 1012986 / SC. Rel. Min. Francisco Falcão. Primeira Turma. DJe 17.04.08).

constituição do crédito fiscal; e (ii) prova documental de algum dos casos mencionados no artigo antecedente".

Apesar de ser um dos requisitos que a lei expressamente exige à petição inicial, certo é que a indicação das provas pode seguramente ser feita em momento diverso, à medida que forem demarcados os pontos controvertidos da demanda cautelar, exceto as indicadas no art. 3º, *supra*, que indispensavelmente deverão instruir a inicial, sob pena de não restar demonstrado o interesse de agir da parte requerente.

Por fim, destaco ainda que, a despeito do silêncio do art. 6º da Lei 8.397/1992, o valor da causa é também essencial à inicial da medida cautelar fiscal[123]. Esse *quantum* tende a coincidir com o valor da ação principal, já que, buscando-se na cautelar a indisponibilidade de bens para garantir a satisfação do crédito fiscal[124], objeto de futura execução, o valor da causa coincide com o benefício patrimonial pleiteado, que, a rigor, é da importância das autuações fiscais.

Contudo, exceção que se pode conjecturar refere-se às situações em que o requerido é um terceiro adquirente de bens do devedor, quando, então, a medida cautelar fiscal terá o valor da transação de transferência de domínio. Ainda no art. 6º, a lei determina que a inicial contenha o requerimento de citação do réu. Tem-se que a supressão dessa exigência no art. 319 do diploma processual civil há de ser reproduzida na sistemática da medida cautelar, à luz da teoria do diálogo das fontes.

7.9 LIMINAR

Dentre os poderes que o juiz do processo cautelar fiscal tem à sua disposição, situa-se a possibilidade de conceder a medida conservatória do crédito fiscal antecipadamente, isto é, antes mesmo que o requerido seja chamado ao feito. A previsão consta no art. 7º da Lei 8.397/1992, segundo o qual **"o Juiz concederá liminarmente a medida cautelar fiscal, dispensada a Fazenda Pública de justificação prévia e de prestação de caução".**

A providência *inaudita altera parte* se justifica, segundo Humberto Theodoro Júnior[125], pela possibilidade de a audiência da parte contrária, por vezes, conduzir à ineficácia da tutela preventiva, já que, não raro, "daria ensejo ao litigante de má-fé justamente a acelerar a realização do ato temido em detrimento dos interesses em risco".

---

[123] 1. A indicação do valor da causa é requisito de admissibilidade da petição inicial, a teor do que prescrevem os arts. 258, 259, *caput*, e 282, V, do CPC/73. 2. A ação cautelar é autônoma, logo não se confunde com a ação principal conexa, fazendo-se necessário, todavia, que lhe seja atribuído valor correspondente à pretensão deduzida. 3. A agravada ajuizou medida cautelar fiscal preventiva com o objetivo de que fosse decretada a indisponibilidade dos bens do devedor, bem como para pleitear o arresto dos bens móveis que integrassem o patrimônio dele. Vê-se que, no caso, é possível aferir o benefício pretendido. A própria União Federal, em mais de uma oportunidade, declarou que o patrimônio conhecido do devedor era, à época do ajuizamento da medida cautelar fiscal, de aproximadamente R$ 3 milhões, sendo que o débito era de cerca de R$ 4,3 milhões. 4. Há de ser alterado o valor conferido à causa pela agravada, atribuindo-se-lhe o valor dos bens do devedor, que a agravada pretende sejam constritos, e, não, como quer o agravante, o valor total da dívida. 5. Agravo de instrumento parcialmente provido. (TRF3. AI 236528. Rel. Des. Consuelo Yoshida. Sexta Turma. e-DFJ3 22.03.10)

[124] Art. 4º A decretação da medida cautelar fiscal produzirá, de imediato, a indisponibilidade dos bens do requerido, até o limite da satisfação da obrigação.

[125] THEODORO JÚNIOR, Humberto. *Curso de direito processual civil.* 42. ed. Rio de Janeiro: Forense, 2008, vol. II. p. 590.

Ora, se é inerente ao procedimento cautelar fiscal a prestação da tutela jurisdicional com base em uma cognição sumária, que não adentra ao mérito do direito material resguardado, em se tratando do deferimento de liminar, é seguro afirmar que a atividade do magistrado se resume a uma cognição sumária, superficial, que anterioriza até mesmo a fase probatória.

Essa superficialidade não dispensa a demonstração sumária dos pressupostos necessários à tutela cautelar na petição inicial. Mesmo porque, segundo o dispositivo estudado, fica dispensada a Fazenda Pública da audiência de justificação prévia, na qual, na tutela de urgência prevista no procedimento comum, cabe à parte fornecer subsídios ao deferimento da medida liminar.

Por essa razão, a sumariedade do exame levado a efeito pelo magistrado não permite uma atuação desregrada e totalmente alinhada aos interesses fazendários. A faculdade prevista no dispositivo somente deve ser exercida quando patente a urgência da constrição patrimonial do devedor, bem como quando a situação concreta indicar que a prévia oitiva dele frustraria as finalidades conservatórias da medida cautelar. Trata-se de conclusão regrativa do princípio da garantia do direito de propriedade (inciso XXII, art. 5º, da CF).

Apesar dos riscos de danos ao requerido, é seguro afirmar que não há prejuízo processual à sua defesa decorrente do deferimento da indisponibilidade patrimonial *initio littis*. O procedimento permanece contencioso, já que, tão logo seja concedida a medida, o devedor é citado para oferecer sua resposta, produzindo as provas que entender pertinentes. De mais a mais, tratando-se de decisão interlocutória, a medida liminar desafia recurso através de agravo de instrumento, conforme indica o parágrafo único do art. 7º (Lei 8.397/1992).

7.10 CITAÇÃO

O procedimento da citação obedecerá ao que apontam os arts. 238 a 259 do CPC, por aplicação supletiva do diploma processual.

No contexto inaugurado pela Lei 14.195/2021 – de duvidosa constitucionalidade[126], mas com presunção de validade até declaração em sentido contrário com efeito vinculante e eficácia *erga omnes* –, tem-se que, a partir da operacionalização de sua sistemática pelos bancos de dados do Poder Judiciário, **a citação ocorrerá preferencialmente por meio eletrônico, no prazo de até 2 (dois) dias úteis, contado da decisão que a determinar, por meio dos endereços eletrônicos indicados pelo citando no banco de dados do Poder Judiciário**, conforme regulamento do Conselho Nacional de Justiça.

Por se tratar de hipótese especial disciplinada em lei nova, efetivada a citação por meio eletrônico, não se computará o termo inicial do prazo de contestação na forma

---

[126] A norma se caracteriza como fruto de prática denominada "contrabando legislativo", consistente na inserção em medida provisória de emenda que não possui relação lógico-temática com a norma, reputada inconstitucional no julgamento da Ação Direta de Inconstitucionalidade n. 5.127/DF pelo Supremo Tribunal Federal. Sobreleva o vício o fato de ser vedada a edição de medida provisória relativa a direito processual civil, nos termos do art. 62, § 1º, inciso I, "b", da Constituição Federal. Atualmente, encontra-se pendente de julgamento a Ação Direta de Inconstitucionalidade n. 7.005/DF, questionando-a.

do art. 8º, parágrafo único, alínea "a", da Lei 8.397/1992, que indica a contagem do prazo a partir da juntada do mandado aos autos. Nesse contexto, o termo inicial da juntada do mandado somente se aplica quando citado o réu mediante oficial de justiça, aplicando-se o disposto no art. 231 do CPC[127] nos demais casos.

Caso confirmada a citação pelo citando, o prazo terá início no quinto dia útil seguinte à confirmação, nos termos do art. 231, inciso IX, do CPC. Caso não confirmada, a citação não será presumida. Proceder-se-á aos demais meios tradicionais, ora previstos no art. 246, § 1º-A, do CPC[128], a contar da juntada do mandado de citação ou de execução da medida liminar.

Citado o réu nas formas do art. 246, § 1º-A, do referido diploma, cumprirá a ele apresentar justa causa para a ausência de confirmação do recebimento da citação enviada eletronicamente, sendo que, caso a não confirmação da citação eletrônica não se tenha dado por justa causa, o ato será qualificado como atentatório à dignidade da

---

[127] Art. 231. Salvo disposição em sentido diverso, considera-se dia do começo do prazo:

I – a data de juntada aos autos do aviso de recebimento, quando a citação ou a intimação for pelo correio;

II – a data de juntada aos autos do mandado cumprido, quando a citação ou a intimação for por oficial de justiça;

III – a data de ocorrência da citação ou da intimação, quando ela se der por ato do escrivão ou do chefe de secretaria;

IV – o dia útil seguinte ao fim da dilação assinada pelo juiz, quando a citação ou a intimação for por edital;

V – o dia útil seguinte à consulta ao teor da citação ou da intimação ou ao término do prazo para que a consulta se dê, quando a citação ou a intimação for eletrônica;

VI – a data de juntada do comunicado de que trata o art. 232 ou, não havendo esse, a data de juntada da carta aos autos de origem devidamente cumprida, quando a citação ou a intimação se realizar em cumprimento de carta;

VII – a data de publicação, quando a intimação se der pelo Diário da Justiça impresso ou eletrônico;

VIII – o dia da carga, quando a intimação se der por meio da retirada dos autos, em carga, do cartório ou da secretaria.

IX – o quinto dia útil seguinte à confirmação, na forma prevista na mensagem de citação, do recebimento da citação realizada por meio eletrônico. (Incluído pela Lei 14.195, de 2021)

§ 1º. Quando houver mais de um réu, o dia do começo do prazo para contestar corresponderá à última das datas a que se referem os incisos I a VI do *caput*.

§ 2º. Havendo mais de um intimado, o prazo para cada um é contado individualmente.

§ 3º. Quando o ato tiver de ser praticado diretamente pela parte ou por quem, de qualquer forma, participe do processo, sem a intermediação de representante judicial, o dia do começo do prazo para cumprimento da determinação judicial corresponderá à data em que se der a comunicação.

§ 4º. Aplica-se o disposto no inciso II do *caput* à citação com hora certa.

[128] Art. 246. A citação será feita preferencialmente por meio eletrônico, no prazo de até 2 (dois) dias úteis, contado da decisão que a determinar, por meio dos endereços eletrônicos indicados pelo citando no banco de dados do Poder Judiciário, conforme regulamento do Conselho Nacional de Justiça.

(...)

§ 1º-A A ausência de confirmação, em até 3 (três) dias úteis, contados do recebimento da citação eletrônica, implicará a realização da citação:

I – pelo correio;

II – por oficial de justiça;

III – pelo escrivão ou chefe de secretaria, se o citando comparecer em cartório;

IV – por edital.

justiça, passível de multa de até 5% (cinco por cento) do valor da causa, nos termos do art. 246, § 1º-C, do CPC[129].

Em todo caso, o prazo para contestação será de 15 (quinze) dias, por força do art. 8º da Lei 8.397/1992[130], os quais serão computados em dias úteis, à luz do art. 219 do CPC. Aplica-se, ainda, ao referido prazo, o art. 229 do CPC, segundo o qual "os litis-consortes que tiverem diferentes procuradores, de escritórios de advocacia distintos, terão prazos contados em dobro para todas as suas manifestações, em qualquer juízo ou tribunal, independentemente de requerimento" – disposição esta que somente tem lugar em processos em autos físicos, consoante o § 2º do referido dispositivo legal[131].

7.11 CONTESTAÇÃO

Em quinze dias, a contar da juntada aos autos do mandado de citação ou de execução da medida liminar, o requerido deve oferecer sua resposta ou, no caso de citação eletrônica, a contagem tem início do dia útil seguinte à consulta ao teor da citação ou, ainda, do quinto dia útil seguinte à confirmação do recebimento da citação realizada por meio eletrônico. A contestação, aqui, segue a lógica do procedimento cautelar, de maneira que o direito material do requerente não precisa ser impugnado frontalmente, a não ser relativamente às causas extintivas da obrigação pecuniária.[132]

---

[129] Art. 246. [...]

§ 1º-B. Na primeira oportunidade de falar nos autos, o réu citado nas formas previstas nos incisos I, II, III e IV do § 1º-A deste artigo deverá apresentar justa causa para a ausência de confirmação do recebimento da citação enviada eletronicamente. (Incluído pela Lei 14.195, de 2021)

§ 1º-C. Considera-se ato atentatório à dignidade da justiça, passível de multa de até 5% (cinco por cento) do valor da causa, deixar de confirmar no prazo legal, sem justa causa, o recebimento da citação recebida por meio eletrônico. (Incluído pela Lei 14.195, de 2021)

[130] Art. 8º. O requerido será citado para, no prazo de quinze dias, contestar o pedido, indicando as provas que pretenda produzir.

Parágrafo único. Conta-se o prazo da juntada aos autos do mandado:

a) de citação, devidamente cumprido;

b) da execução da medida cautelar fiscal, quando concedida liminarmente.

[131] Art. 229. Os litisconsortes que tiverem diferentes procuradores, de escritórios de advocacia distintos, terão prazos contados em dobro para todas as suas manifestações, em qualquer juízo ou tribunal, independentemente de requerimento.

§ 1º. Cessa a contagem do prazo em dobro se, havendo apenas 2 (dois) réus, é oferecida defesa por apenas um deles.

§ 2º. Não se aplica o disposto no *caput* aos processos em autos eletrônicos.

[132] CPC/2015. Art. 231. Salvo disposição em sentido diverso, considera-se dia do começo do prazo:

I – a data de juntada aos autos do aviso de recebimento, quando a citação ou a intimação for pelo correio;

II – a data de juntada aos autos do mandado cumprido, quando a citação ou a intimação for por oficial de justiça;

III – a data de ocorrência da citação ou da intimação, quando ela se der por ato do escrivão ou do chefe de secretaria;

IV – o dia útil seguinte ao fim da dilação assinada pelo juiz, quando a citação ou a intimação for por edital;

V – o dia útil seguinte à consulta ao teor da citação ou da intimação ou ao término do prazo para que a consulta se dê, quando a citação ou a intimação for eletrônica;

VI – a data de juntada do comunicado de que trata o art. 232 ou, não havendo esse, a data de juntada da carta aos autos de origem devidamente cumprida, quando a citação ou a intimação se realizar em cumprimento de carta;

Título II • Cap. 7 • MEDIDA CAUTELAR FISCAL | 365

É lícito ao réu alegar matéria relativa às preliminares e prejudiciais de mérito, nos termos do art. 337 do CPC, em especial, inexistência ou nulidade da citação; incompetência absoluta o relativa; incorreção do valor da causa; inépcia da petição inicial; perempção, litispendência; coisa julgada; conexão; incapacidade da parte, defeito de representação ou falta de autorização; ou ausência de legitimidade ou de interesse processual.

Questões atinentes ao crédito, em regra, são arguíveis em sede de embargos à execução fiscal e não na contestação em medida cautelar fiscal, quando só é possível deduzir a ausência dos requisitos da cautelar, previstos no art. 3º da Lei 8.397/1992: (i) prova literal da constituição do crédito fiscal e (ii) prova documental de algum dos casos mencionados no art. 2º do referido diploma legal. Afinal, o objeto da medida cautelar fiscal é a indisponibilidade dos bens do contribuinte, inconfundível, pois, com o da execução fiscal, que é a expropriação desses bens para a solvência do débito.

A defesa do requerido, em outras palavras, deve ser exercida segundo o mérito do processo cautelar, atendo-se exclusivamente ao debate sobre a presença ou não do *fumus boni juris* e do *periculum in mora*, além dos temas previstos no art. 15 da Lei 8.397/1992, que se resumem em hipóteses extintivas do crédito tributário. A redação do dispositivo estabelece, entre outras alegações de mérito, que, em caso de acolhimento, implicam a extinção não somente da cautelar, mas do próprio executivo fiscal, o pagamento, a compensação, a transação, a remissão, a prescrição ou decadência, a conversão do depósito em renda ou qualquer outra modalidade de extinção da pretensão deduzida.[133]

A respeito das causas extintivas do crédito fiscal, conforme entendimento do STJ, o art. 15 da Lei 8.397/1992 não retrata exceção à cognição sumária típica das cautelares, tampouco é uma tolerável invasão ao mérito do processo principal. Antes, admite ser possível que, de plano, uma daquelas circunstâncias sejam verificadas, o que torna desnecessário o deferimento da medida cautelar[134].

VII – a data de publicação, quando a intimação se der pelo Diário da Justiça impresso ou eletrônico;

VIII – o dia da carga, quando a intimação se der por meio da retirada dos autos, em carga, do cartório ou da secretaria.

IX – o quinto dia útil seguinte à confirmação, na forma prevista na mensagem de citação, do recebimento da citação realizada por meio eletrônico. (Incluído pela Lei 14.195, de 2021)

§ 1º Quando houver mais de um réu, o dia do começo do prazo para contestar corresponderá à última das datas a que se referem os incisos I a VI do *caput* .

§ 2º Havendo mais de um intimado, o prazo para cada um é contado individualmente.

§ 3º Quando o ato tiver de ser praticado diretamente pela parte ou por quem, de qualquer forma, participe do processo, sem a intermediação de representante judicial, o dia do começo do prazo para cumprimento da determinação judicial corresponderá à data em que se der a comunicação.

§ 4º Aplica-se o disposto no inciso II do *caput* à citação com hora certa.

[133] Art. 15. O indeferimento da medida cautelar fiscal não obsta a que a Fazenda Pública intente a execução judicial da Dívida Ativa, nem influi no julgamento desta, salvo se o Juiz, no procedimento cautelar fiscal, acolher alegação de pagamento, de compensação, de transação, de remissão, de prescrição ou decadência, de conversão do depósito em renda, ou qualquer outra modalidade de extinção da pretensão deduzida.

[134] Nessa linha: (...) Correta a decisão das instâncias ordinárias ao determinar da análise da prescrição para cada execução específica. **Isso porque, o texto do art. 15 da Lei 8.397/92 não obriga o juízo da cautelar a apreciar, desde logo, as causas extintivas nele elencadas. Apenas preconiza que, se for identificada, de plano, uma dessas causas, prejudicada estará a execução fiscal respectiva.** (STJ. REsp 1190274 / SP. Rel. Ministro Benedito Gonçalves. Primeira Turma. DJe 26.08.2011)

Em último exame, a literalidade do art. 9º da Lei 8.397/1992 impõe ao devedor que deixa de apresentar contestação a pena de revelia, conduzindo à confissão dos fatos alegados pela Fazenda Pública na petição inicial[135]. Porém, como a cognição exercida pelo magistrado em matéria cautelar é sumária, não exauriente, por isso não fazendo coisa julgada, pode o contribuinte discutir o que entender pertinente posteriormente, por meio dos embargos à execução.

O art. 9º, parágrafo único, da Lei 8.397/1992 define que, "se o requerido contestar no prazo legal, o Juiz designará audiência de instrução e julgamento, havendo prova a ser nela produzida".

7.12 CAUÇÃO

A concessão da medida cautelar que determina a indisponibilidade dos bens pode ser substituída, à luz do art. 10 da Lei 8.397/1992[136], a qualquer tempo, pela prestação de garantia correspondente ao valor da pretensão da Fazenda Pública, na forma do art. 9º da Lei de Execuções Fiscais[137], de forma a dar maior liberdade ao réu, evitando-se complicações que possam levar à insolvência ou falência do devedor, sempre com a devida autorização do Poder Judiciário.

Pode, portanto, o juiz, dentro do seu poder geral de cautela, determinar a substituição da tutela cautelar concedida pelo depósito em dinheiro, fiança bancária, ou seguro garantia, nomeação de bens à penhora ou indicação à penhora de bens oferecidos por terceiros e aceitos pelo Estado credor, conforme determina o art. 9º da Lei 6.830/1980.

A substituição, que tem por finalidade impor ao devedor uma situação menos gravosa, somente será aperfeiçoada após a oitiva da Fazenda Pública, que deverá anuir

---

[135] Art. 9º. Não sendo contestado o pedido, presumir-se-ão aceitos pelo requerido, como verdadeiros, os fatos alegados pela Fazenda Pública, caso em que o Juiz decidirá em dez dias.

[136] Art. 10. A medida cautelar fiscal decretada poderá ser substituída, a qualquer tempo, pela prestação de garantia correspondente ao valor da prestação da Fazenda Pública, na forma do art. 9º da Lei 6.830, de 22 de setembro de 1980.

[137] Art. 9º. Em garantia da execução, pelo valor da dívida, juros e multa de mora e encargos indicados na Certidão de Dívida Ativa, o executado poderá:
I – efetuar depósito em dinheiro, à ordem do Juízo em estabelecimento oficial de crédito, que assegure atualização monetária;
II – oferecer fiança bancária ou seguro-garantia;
III – nomear bens à penhora, observada a ordem do art. 11; ou
IV – indicar à penhora bens oferecidos por terceiros e aceitos pela Fazenda Pública.
§ 1º. O executado só poderá indicar e o terceiro oferecer bem imóvel à penhora com o consentimento expresso do respectivo cônjuge.
§ 2º. Juntar-se-á aos autos a prova do depósito, da fiança bancária, do seguro-garantia ou da penhora dos bens do executado ou de terceiros.
§ 3º. A garantia da execução, por meio de depósito em dinheiro, fiança bancária ou seguro garantia, produz os mesmos efeitos da penhora.
§ 4º. Somente o depósito em dinheiro, na forma do art. 32, faz cessar a responsabilidade pela atualização monetária e juros de mora.
§ 5º. A fiança bancária prevista no inciso II obedecerá às condições preestabelecidas pelo Conselho Monetário Nacional.
§ 6º. O executado poderá pagar parcela da dívida, que julgar incontroversa, e garantir a execução do saldo devedor.

com a garantia prestada. A concordância, porém, será presumida, em caso de omissão. É a literalidade do parágrafo único do mesmo art. 10 da Lei 8.397/1992.

De mais a mais, uma situação é comumente enfrentada pelo Poder Judiciário nas hipóteses em que a cautelar fiscal é manejada pela Fazenda Nacional e, ao lado desta, o devedor requer, administrativamente, adesão ao Programa de Recuperação Fiscal (REFIS). Isto porque a Lei 9.964/2000, disciplinadora do programa, ao mesmo tempo em que exige, nos casos especificados, a prestação de caução para deferimento da adesão ao REFIS, dispõe, no seu art. 3º, § 3º, que as demais garantias decorrentes da ação cautelar fiscal ou da execução fiscal sejam mantidas[138].

Diante deste cenário de "dupla garantia", judicial e administrativa, o STJ buscou equacionar a *mens legis* do referido dispositivo com o princípio da menor onerosidade, em que se buscam soluções executivas menos gravosas. Nesse sentido, considerou que, a despeito de ser mantido o gravame decorrente da medida cautelar fiscal ou de garantias prestadas nas ações de execução fiscal, é possível o abatimento dos valores correspondentes das garantias prestadas administrativamente para adesão ao programa. Ou seja, *em vez de liberar o bem penhorado na Execução Fiscal, cabe à parte "abater" das garantias prestadas administrativamente o valor que foi objeto de constrição.*[139]

Didática a construção teórica de que se valeu o relator, Min. Herman Benjamin, para sustentar o voto condutor do julgado referido, razão pela qual é pertinente a transcrição:

> O § 3º é cristalino ao afirmar a necessidade de manutenção dos gravames decorrentes da Execução Fiscal. Se é assim, como resolver a questão do "duplo gravame"?

---

[138] Art. 3º. A opção pelo Refis sujeita a pessoa jurídica a:
[...]
§ 3º. A opção implica manutenção automática dos gravames decorrentes de medida cautelar fiscal e das garantias prestadas nas ações de execução fiscal.

[139] Tributário. Refis. Manutenção da penhora efetuada em execução fiscal. Art. 3º, § 3º, da Lei 9.964/2000. Arrolamento de bens ou garantia na esfera administrativa. Interpretação do § 4º do art. 3º da Lei do Refis.
1. Hipótese em que, após a Execução Fiscal já estar garantida por penhora, a empresa aderiu ao Refis e ofereceu, administrativamente, imóvel em garantia do parcelamento.
2. O STJ, ao deparar com a questão da "dupla garantia" – judicial e administrativa – dos créditos, tem determinado a desconstituição da penhora no processo executivo. Todavia, parece-me que essa interpretação, com todo o respeito à opinião em sentido contrário, não encontra amparo nos §§ 3º e 4º do art. 3º da Lei 9.964/2000.
3. De acordo com o art. 3º, § 3º, da Lei 9.964/2000: "A opção implica manutenção automática dos gravames decorrentes de medida cautelar fiscal e das garantias prestadas nas ações de execução fiscal". Dessa forma, com a adesão ao Refis, fica mantida a penhora promovida em Execução Fiscal.
4. Conforme o § 4º do mesmo dispositivo: "Ressalvado o disposto no § 3º, a homologação da opção pelo Refis é condicionada à prestação de garantia ou, a critério da pessoa jurídica, ao arrolamento dos bens integrantes do seu patrimônio, na forma do art. 64 da Lei 9.532, de 10 de dezembro de 1997." Excetuadas as hipóteses em que o crédito está garantido em Medida Cautelar Fiscal ou Execução Fiscal, a homologação da opção pelo Refis, portanto, está sujeita à prestação de garantia ou arrolamento.
5. Depreende-se que o legislador resolveu a questão da "dupla garantia" de maneira diametralmente oposta à adotada pelo STJ. Com efeito, se houver penhora em Execução Fiscal, o gravame deve ser mantido, mas a homologação da opção pelo Refis já não estará subordinada à prestação de nova garantia em relação ao mesmo débito.
6. Desse modo, em vez de liberar o bem penhorado na Execução Fiscal, cabe à parte "abater" das garantias prestadas administrativamente o valor que foi objeto de constrição.
7. Recurso Especial não provido. (REsp 1144596/RS. Primeira Seção. Rel. Min. Herman Benjamin. DJe 02.08.2010).

Ora, a necessidade de prestar garantia ou promover o arrolamento de bens é trazida no parágrafo seguinte, que inicia desta forma: "Ressalvado o disposto no § 3º, a homologação da opção pelo Refis é condicionada à prestação de garantia".

Eis a leitura que faço dos dois dispositivos (grifei):

"§ 3º A opção implica *manifestação automática* dos gravamos decorrentes da medida cautelar fiscal e *das garantias prestadas nas ações de execução fiscal*".

Interpretação: com a adesão ao REFIS, fica mentida a penhora promovida em Execução Fiscal.

"§ 4º *Ressalvado o disposto no § 3º*, a homologação da opção pelo Refis é condicionada à prestação de garantia ou, a critério da pessoa jurídica, ao arrolamento dos bens integrantes do seu patrimônio, na forma do art. 64 da Lei 9.532, de 10 de dezembro de 1997".

Interpretação: ressalvadas as hipóteses em que o crédito já está garantido em Medida Cautelar Fiscal ou Execução Fiscal, a homologação da opção pelo REFIS depende da prestação de garantia ou arrolamento.

Na hipótese de adesão ao REFIS, portanto, não estará configurado o direito de substituição da medida cautelar fiscal, mas o de abater o valor correspondente da garantia exigida para a referida opção na via administrativa, o que se espera que também aconteça nos demais programas especiais de parcelamento lançados pelas Administrações Fiscais.

7.13 SENTENÇA E EFICÁCIA DA MEDIDA CAUTELAR FISCAL

Assim como as demais espécies de ação previstas no processo civil brasileiro, o juiz de primeiro grau do procedimento cautelar fiscal encerra sua prestação jurisdicional com a entrega de uma sentença, que julgará procedente ou improcedente o pedido inicial, ou ainda declarará extinto o processo, sem resolução de mérito, em virtude da falta de uma das condições da ação, estudadas *supra*.

Ainda que o processo cautelar tenha natureza incidental, o fluxo regular do procedimento conduzirá, em tese, para que aquele seja sentenciado antes do processo principal, executivo. Isso porque, tecnicamente, com o advento da penhora, no bojo da execução fiscal, tem-se o exercício de uma força constritiva maior e mais eficaz, apta, inclusive, à expropriação do bem. Sobre o tema:

1. Em relação à alegada contrariedade aos arts. 798, do CPC/1973, e 3º e 4º, § 1º, da Lei 8.397/1992, o recurso especial é manifestamente inadmissível, pois, ao manter a extinção deste processo cautelar fiscal, sem resolução do mérito, por considerar que houve a superveniente perda do interesse de agir, o Tribunal de origem não estava obrigado a se pronunciar sobre as matérias disciplinadas nas referidas disposições legais, tanto é assim que, de fato, não se pronunciou, o que configura a falta de prequestionamento e atrai a incidência da Súmula 211/STJ.

2. Consoante decidiu com acerto o Tribunal de origem, para o ajuizamento da medida cautelar fiscal, especificamente na hipótese prevista no art. 2º, V, a, da Lei 8.397/1992, é irrelevante a existência de atos tendentes a frustrar a execução. Assim sendo, ao contrário do que foi sustenta a parte ré, ora recorrente, antes da

penhora nos autos da ação principal de execução fiscal existia, sim, causa para o ajuizamento desta medida cautelar fiscal.

3. Não se aplicam ao caso, outrossim, os arts. 21, *caput*, e 26, § 2º, do CPC/1973, e 6º, § 2º, da Lei 9.469/1997, na medida em que a incidência de tais dispositivos legais pressupõe a existência de acordo ou transação entre as partes para extinguir ou encerrar o processo, circunstância não verificada neste processo cautelar fiscal, cuja **sentença de extinção, sem resolução do mérito, foi em decorrência da superveniência de penhora nos autos da ação principal de execução fiscal**, e não em decorrência do alegado acordo. Nesse contexto, como já proclamou a Terceira Turma deste Tribunal, por ocasião do julgamento do REsp 324.638/SP, sob a relatoria do Ministro Ari Pargendler (DJ 25.06.2001), "se a norma que as razões do recurso especial dizem contrariada nem incidiu nem foi aplicada, esgotadas estão as possibilidades lógicas do conhecimento do recurso especial pela letra 'a'".

(...)

5. Agravo regimental não provido.

(AgRg no REsp 1414216/SC. Rel. Min. Mauro Campbell Marques. Segunda Turma. DJe 05.02.2014).

Resumindo, a ação cautelar fiscal possui caráter conservatório, isto é, tem por fim precípuo salvaguardar bens do devedor que sejam suficientes à posterior satisfação do crédito. Por conseguinte, se o processo executivo fiscal já está em fase de penhora, a Fazenda carece de uma das condições da ação, o interesse de agir, pois já será viável a constrição de bens para imediato direcionamento à satisfação do seu crédito, algo mais produtivo que a simples indisponibilidade patrimonial.

Superado esse ponto, atributo relevante da tutela cautelar e que merece enfrentamento diz respeito à sua provisoriedade. Ainda que revestida sobre a forma de sentença, o provimento eventualmente deferido nos autos do processo cautelar fiscal não goza de definitividade. Trata-se, com efeito, de decisão de natureza provisória, porquanto é ínsito às cautelares, sejam elas fiscais ou genéricas, a sua reversibilidade. A medida determinada pelo magistrado pode ser revista e modificada a qualquer tempo, em caso de alteração das circunstâncias fáticas que ensejaram a providência asseguratória, com a vinda de novos elementos de prova aos autos. E isso independe de requerimento da parte, podendo ocorrer mesmo de ofício, como reflexo do exercício do poder geral de cautela do magistrado.[140]

O art. 12 da lei estudada prevê expressamente a possibilidade de revogação da medida cautelar fiscal:

> Art. 12. A medida cautelar fiscal conserva a sua eficácia no prazo do artigo antecedente e na pendência do processo de execução judicial da Dívida Ativa, mas pode, a qualquer tempo, ser revogada ou modificada.
>
> (...).

---

[140] Alinhado ao tema, traz-se o Enunciado 31 do Fórum Permanente de Processualistas Civis no sentido de que "a compatibilização do disposto nos arts. 378 e 379 do CPC com o art. 5º, LXIII, da CF/1988, assegura à parte, exclusivamente, o direito de não produzir prova contra si quando houver reflexos no ambiente penal".

A contrario sensu, perdurando a situação de urgência que colocava em risco o direito material do requerente, a medida cautelar fiscal deferida preserva seus efeitos, inclusive enquanto não encerrado o processo principal executivo, caso este tenha sobrevindo tempestivamente à cautelar ou esta lhe seja incidental.

Segundo o art. 13 da Lei 8.397/1992, cessa a eficácia da medida cautelar fiscal **(i)** se a Fazenda Pública não propuser a execução judicial da Dívida Ativa no prazo fixado no art. 11 do referido diploma legal; **(ii)** se a medida cautelar não for executada dentro de trinta dias; **(iii)** se for julgada extinta a execução judicial da Dívida Ativa da Fazenda Pública; ou **(iv)** se o requerido promover a quitação do débito que está sendo executado.

O ordenamento admite que a medida cautelar obtida perca sua eficácia na hipótese de a ação principal não ser ajuizada no prazo de sessenta dias após se tornar irrecorrível a exigência na esfera administrativa, nos termos do art. 11 do referido dispositivo legal.

Um procedimento cautelar, por essência, sempre possui natureza acessória, e, com isso, sua existência fica condicionada à postulação de outra demanda, cuja efetividade esteja ameaçada. Caso a parte não esteja, de fato, necessitando de uma tutela satisfativa, a ponto de não a propor em um tempo razoável, a medida cautelar não tem razão de existir.

Registro importante que deve ser feito diz respeito aos efeitos da perda do prazo fixado. A sanção imposta pelo legislador consiste apenas na cessação da eficácia da medida cautelar, não impendido, destarte, o ajuizamento da execução fiscal. Trata-se de uma repercussão sobre a cautelar tão somente, e não sobre o crédito do Estado, que poderá ser normalmente defendido pela ação de execução fiscal. Essa não afetação do processo executivo pelos rumos da ação cautelar fiscal tem assento no art. 15 da Lei 8.397/1992, o qual prevê que o "indeferimento da medida cautelar fiscal não obsta a que a Fazenda Pública intente a ação judicial da Dívida Ativa, nem influi no julgamento desta".

Quanto à ausência de execução da medida cautelar dentro de trinta dias, tal hipótese ensejará a extinção da medida cautelar fiscal caso decorra exclusivamente da inércia do Fisco. Caso decretada a indisponibilidade de diversos bens e executada a medida apenas em relação a alguns deles, considera-se que o feito teve prosseguimento e a medida cautelar foi executada, ainda que parcialmente, razão por que não se cogita sua extinção.

A respeito do sentenciamento da execução fiscal, o entendimento não poderia ser diverso daquele que conduz à imediata cessação dos efeitos da cautelar fiscal. Como a tutela cautelar foi deferida com base numa cognição sumária, necessariamente deve se curvar à cognição exauriente exercida no bojo do processo principal.

A quitação do débito, por sua vez, implica satisfação da pretensão principal do Fisco, de modo a não mais justificar a eficácia da medida.

Em último exame do art. 13 da Lei 8.397/1992, o parágrafo único do referido dispositivo determina que, uma vez cessada a eficácia da medida cautelar, o Fisco credor fica impedido de repetir o pedido, exceto se trazidos novos fundamentos, justificadores de uma nova medida constritiva do patrimônio do devedor.

7.14 COISA JULGADA

O procedimento fixado pela Lei 8.397/1992, como todo processo cautelar, tem natureza não satisfativa, o que se caracteriza pela ausência de debates acerca da qualidade do direito material do requerente. Da mesma forma, é certo que não há cognição

Título II • Cap. 7 • MEDIDA CAUTELAR FISCAL | 371

exauriente, com o magistrado se aprofundando no enfrentamento das teses que lhe são deduzidas, já que são buscados, em regra, apenas os vestígios do direito e o perigo de dano pela demora na prestação da tutela jurisdicional.

Por essa razão, a decisão proferida no processo cautelar fiscal não faz coisa julgada material[141]. Esta é a literalidade do art. 16 da Lei 8.397/1992, segundo o qual "ressalvado o disposto no art. 15, a sentença proferida na medida cautelar fiscal não faz coisa julgada, relativamente à execução judicial da Dívida Ativa da Fazenda Pública".

Muito embora a inexistência de coisa julgada na seara cautelar seja atribuída ao fato de a cognição exercida pelo julgador ser sumária, o art. 15 da lei estudada prevê a abordagem de aspectos atinentes ao direito material da Fazenda Pública requerente. Trata-se das hipóteses de extinção da obrigação fiscal do requerido, ilustrativamente apontadas no dispositivo através dos institutos do pagamento, da compensação, da transação, da remissão, da conversão do depósito em renda, além da prescrição e da decadência.

Assim, todas as vezes que, por uma questão de economia processual, o juiz da medida cautelar fiscal visualizar a ocorrência de uma das circunstâncias extintivas da obrigação do requerido, a fim de evitar o ineficaz ajuizamento da ação executiva principal, deverá declará-la, sendo certo que essa decisão formará coisa julgada material.

Dúvida que pode surgir nesse ponto diz respeito à existência ou não de coisa julgada quando a decisão, em vez de reconhecer uma das causas extintivas da obrigação do requerido, expressamente afasta a arguição. Em outras palavras, reflexivo o questionamento acerca da técnica de produção de coisa julgada nesses casos: *pro et contra,* conforme regra geral disciplinada no art. 508 do CPC – implicando a ocorrência de coisa julgada tanto em caso de procedência como em caso de improcedência –, ou *secundum eventum littis* – que somente se opera a depender do resultado do julgamento.

Da exegese dos arts. 15 e 16 da Lei 8.397/1992, não se pode inferir que a rejeição de preliminares (ou prejudiciais) faça coisa julgada material, na medida em que ressalvada a regra de não formação de coisa julgada, apenas o **acolhimento** da alegação de pagamento, compensação, transação, remissão, prescrição, decadência, conversão do depósito em renda ou outra modalidade de extinção da pretensão deduzida.

A respeito da coisa julgada formada na medida cautelar fiscal, o STJ já afirmou, no julgamento do Recurso Especial 1.190.274/SP[142], que "o indeferimento da medida cautelar fiscal não impede que a Fazenda Pública intente a execução fiscal correspondente nem o julgamento desta, a não ser que o juiz acolha uma das hipóteses de extinção da obrigação fiscal", prevalecendo a conclusão de que, em regra, a decisão cautelar fiscal não faz coisa julgada, e que, de outro lado, "excepcionalmente, transita em julgado a decisão que declara a extinção do crédito público em uma das modalidades previstas em lei".

A toda evidência, portanto, a hipótese é de coisa julgada *secundum eventum litis.*

---

[141] A medida cautelar, ainda que deferida por sentença, tem caráter precário, não fazendo coisa julgada material. Assim, toda e qualquer matéria de defesa assegurada aos requeridos poderá ser arguida em cada executivo fiscal, cuja decisão prevalecerá, motivo pelo qual não há falar em cerceamento de defesa. (STJ. REsp 1190360 / SP. Primeira Turma. Rel. Min. Benedito Gonçalves. DJe 26.08.2011).

[142] REsp 1190274/SP, Rel. Ministro Benedito Gonçalves, Primeira Turma, j. 23.08.2011, DJe 26.08.2011.

7.15 RECURSO

Da sentença que decreta a medida cautelar fiscal cabe apelação, nos termos do art. 17 da Lei 8.397/1992[143], a qual somente possuirá efeito suspensivo em caso de oferecimento de garantia, correspondente ao valor da prestação da Fazenda Pública.

A garantia em questão não é outra senão aquela prevista no art. 10 da Lei 8.397/1992, a qual pode, inclusive, ser substituída por outro meio assecuratório do crédito perseguido correspondente ao valor da prestação, na forma do art. 9º da Lei de Execuções Fiscais, como já mencionado. Em se tratando de condição para a concessão de efeito suspensivo ao recurso, admite-se, portanto, a prestação da referida caução após a prolação da sentença.

A legitimidade recursal da pessoa jurídica, a qual é adstrita à constrição de seu patrimônio, não se pode estender contra a responsabilização de seus sócios. Nesse sentido, é pacífica a jurisprudência do STJ no sentido de que "a pessoa jurídica não tem legitimidade para interpor agravo de instrumento no interesse dos sócios contra decisão que determinou o redirecionamento de execução fiscal"[144].

A despeito da atecnia do art. 17 da Lei 8.397/1992 ao fazer menção apenas à sentença que decretar a medida cautelar fiscal, não se afigura possível a supressão do direito ao duplo grau de jurisdição na hipótese em que a sentença indeferir a medida ou extinguir o processo sem resolução do mérito. A comunicação hermenêutica com o sistema processual civil há de, no mínimo, induzir a incidência do art. 1.009 do CPC, segundo o qual "da sentença cabe apelação".

Ainda que fundada no CPC, todavia, a apelação da Fazenda Pública, na hipótese de improcedência da medida ou extinção do processo, não será dotada de efeito suspensivo *ope legis*, ou efeito suspensivo ativo, na medida em que, consoante o art. 1.012, § 1º, inciso V, do referido diploma legal, produz efeitos imediatamente após a publicação a sentença que "confirma, concede ou revoga a tutela provisória".

Segundo o art. 299[145] e o art. 932, inciso II[146], do CPC, é lícito à Fazenda Pública solicitar a concessão de efeito ativo (tutela de urgência recursal), ainda que seu recurso não seja dotado de efeito suspensivo *ope legis*. No caso de decisão que cassa a medida cautelar liminarmente concedida, o pedido será de concessão do efeito suspensivo

---

[143] Art. 17. Da sentença que decretar a medida cautelar fiscal caberá apelação, sem efeito suspensivo, salvo se o requerido oferecer garantia na forma do art. 10 desta lei.

[144] AgRg no REsp 1289456/MG, Rel. Ministra Assusete Magalhães, Segunda Turma, j. 24.11.2015, DJe 02.12.2015; REsp 1347627/SP, Rel. Ministro Ari Pargendler, Primeira Seção, j. 09.10.2013, DJe 21.10.2013; REsp 793772/RS, Rel. Ministro Teori Albino Zavascki, Primeira Turma, j. 03.02.2009, DJe 11.02.2009.

[145] Art. 299. A tutela provisória será requerida ao juízo da causa e, quando antecedente, ao juízo competente para conhecer do pedido principal.
Parágrafo único. Ressalvada disposição especial, na ação de competência originária de tribunal e **nos recursos a tutela provisória será requerida ao órgão jurisdicional competente para apreciar o mérito.**

[146] Art. 932. Incumbe ao relator:
[...]
II – apreciar o pedido de **tutela provisória nos recursos** e nos processos de competência originária do tribunal;

a medida cautelar é objeto de instrução específica, podendo o Tribunal julgar a causa que estiver pronta para julgamento do mérito. Ainda relativamente ao julgamento da apelação, também se aplica a técnica de ampliação do colegiado prevista no art. 942 do CPC[150] ao julgamento da medida cautelar fiscal em segunda instância quando o resultado da apelação não for unânime.

Contra a sentença, também será cabível a oposição de embargos de declaração, com fundamento no art. 1.022 do CPC, para (i) esclarecer obscuridade ou eliminar contradição, (ii) suprir omissão de ponto ou questão sobre o qual devia se pronunciar o juiz de ofício ou a requerimento, ou (iii) corrigir erro material.

À luz do diploma processual, considera-se omissa a decisão que deixa de se manifestar sobre tese firmada em julgamento de casos repetitivos ou em incidente de assunção de competência aplicável ao caso sob julgamento, ou incorra em qualquer das condutas descritas no art. 489, § 1º, do CPC.

Segundo o referido dispositivo legal, não se considera fundamentada a decisão que (i) se limitar à indicação, à reprodução ou à paráfrase de ato normativo, sem explicar sua relação com a causa ou a questão decidida; (ii) empregar conceitos jurídicos indeterminados, sem explicar o motivo concreto de sua incidência no caso; (iii) invocar motivos que se prestariam a justificar qualquer outra decisão; (iv) não enfrentar todos os argumentos deduzidos no processo capazes de, em tese, infirmar a conclusão adotada pelo julgador; (v) se limitar a invocar precedente ou enunciado de súmula, sem identificar seus fundamentos determinantes nem demonstrar que o caso sob julgamento se ajusta àqueles fundamentos; (vi) deixar de seguir enunciado de súmula, jurisprudência ou precedente invocado pela parte, sem demonstrar a existência de distinção no caso em julgamento ou a superação do entendimento.

Os embargos de declaração, nos termos do art. 1.026 do CPC, "não possuem efeito suspensivo e interrompem o prazo para a interposição de recurso". Todavia, excepcionalmente, lhe poderá ser conferido o efeito suspensivo "se demonstrada a probabilidade de provimento do recurso ou, sendo relevante a fundamentação, se houver risco de dano grave ou de difícil reparação".

A despeito da previsão do art. 17 da Lei 8.397/1992, consoante o art. 7º, parágrafo único, do referido diploma legal, **"do despacho que conceder liminarmente a medida cautelar caberá agravo de instrumento"**. Em tais casos, após o julgamento do recurso,

---

[150] Art. 942. Quando o resultado da apelação for não unânime, o julgamento terá prosseguimento em sessão a ser designada com a presença de outros julgadores, que serão convocados nos termos previamente definidos no regimento interno, em número suficiente para garantir a possibilidade de inversão do resultado inicial, assegurado às partes e a eventuais terceiros o direito de sustentar oralmente suas razões perante os novos julgadores.

§ 1º. Sendo possível, o prosseguimento do julgamento dar-se-á na mesma sessão, colhendo-se os votos de outros julgadores que porventura componham o órgão colegiado.

§ 2º. Os julgadores que já tiverem votado poderão rever seus votos por ocasião do prosseguimento do julgamento.

§ 3º. A técnica de julgamento prevista neste artigo aplica-se, igualmente, ao julgamento não unânime proferido em:

I – ação rescisória, quando o resultado for a rescisão da sentença, devendo, nesse caso, seu prosseguimento ocorrer em órgão de maior composição previsto no regimento interno;

II – agravo de instrumento, quando houver reforma da decisão que julgar parcialmente o mérito.

ope judice com fundamento no art. 1.012, § 3º, do CPC[147], o qual será dirigido ao **(i)** tribunal, no período compreendido entre a interposição da apelação e sua distribuição, ficando o relator designado para seu exame prevento para julgá-la; **(ii)** relator, se já distribuída a apelação.

Entende-se, ainda, que **a sentença desfavorável à Fazenda Pública se submete ao reexame necessário**, nos termos do art. 496, inciso I, do CPC, quando **(i)** o proveito econômico obtido na causa for de valor certo igual ou superior a 1.000 salários mínimos para a União e as respectivas autarquias e fundações de direito público, 500 salários mínimos para os Estados, o Distrito Federal, as respectivas autarquias e fundações de direito público e os Municípios que constituam capitais dos Estados, ou 100 salários mínimos para todos os demais municípios e respectivas autarquias e fundações de direito público; **(ii)** não for a sentença exarada em conformidade com súmula de tribunal superior, precedente proferido em casos repetitivos ou em incidente de assunção de competência, ou orientação vinculante firmada no âmbito administrativo do próprio ente público; e **(iii)** tenha havido julgamento do mérito[148].

Estando presentes as referidas hipóteses, "não interposta a apelação no prazo legal, o juiz ordenará a remessa dos autos ao tribunal, e, se não o fizer, o presidente do respectivo tribunal avocá-los-á", sendo que, em qualquer dos casos, o tribunal julgará a remessa necessária, à luz do art. 496, §§ 1º e 2º, do CPC. De modo idêntico, a remessa necessária, quando cabível, processar-se-á sem efeito suspensivo legal, por vincular-se às hipóteses de ausência de efeito suspensivo da apelação arroladas na legislação processual – *in casu*, o art. 1.012, § 1º, inciso V, do CPC.

A propósito, não se vislumbra óbice à aplicação da teoria da causa madura à medida cautelar fiscal nas hipóteses previstas no art. 1.013, § 3º, do CPC[149], porquanto

---

[147] Art. 1.012. [...]

§ 3º. O pedido de concessão de efeito suspensivo nas hipóteses do § 1º poderá ser formulado por requerimento dirigido ao:

I – tribunal, no período compreendido entre a interposição da apelação e sua distribuição, ficando o relator designado para seu exame prevento para julgá-la;

II – relator, se já distribuída a apelação.

[148] 1. **A condenação da Fazenda Nacional ao pagamento de honorários advocatícios em sentença extintiva do processo, sem resolução de mérito, não tem o condão de forçar observância à remessa oficial.** 2. (AgInt no AREsp 770.853/SP, Rel. Ministro Og Fernandes, Segunda Turma, j. 23.03.2021, DJe 08.04.2021).

1. A teor da jurisprudência desta Corte, não está sujeita ao reexame necessário, previsto no art. 475 do CPC (1973), a sentença que extingue o processo sem julgamento de mérito. Precedentes: AgRg no AREsp 335.868/CE, Rel. Ministro Herman Benjamin, Segunda Turma, DJe 09.12.2013; REsp 927.624/SP, Rel. Ministro Luiz Fux, Primeira Turma, DJe 20.10.2008.

2. Agravo regimental não provido. (AgRg no AREsp 601.881/RJ, Rel. Ministro Benedito Gonçalves, Primeira Turma, j. 15.09.2015, DJe 24.09.2015).

[149] Art. 1.013. A apelação devolverá ao tribunal o conhecimento da matéria impugnada.

[...]

§ 3º. Se o processo estiver em condições de imediato julgamento, o tribunal deve decidir desde logo o mérito quando:

I – reformar sentença fundada no art. 485;

II – decretar a nulidade da sentença por não ser ela congruente com os limites do pedido ou da causa de pedir;

III – constatar a omissão no exame de um dos pedidos, hipótese em que poderá julgá-lo;

IV – decretar a nulidade de sentença por falta de fundamentação.

Título II • Cap. 7 • MEDIDA CAUTELAR FISCAL | 375

não é viável ao acesso à instância extraordinária, consoante a Súmula 735/STF, segundo a qual "não cabe recurso extraordinário contra acórdão que defere medida liminar".

Por último, em se tratando de medida cautelar requerida ao relator do recurso, com fundamento no art. 5º, parágrafo único, da Lei 8.397/1992, por sua vez, o recurso cabível contra sua decisão será o agravo interno, nos termos do art. 1.021 do CPC[151]. No julgamento da liminar proferida em medida cautelar fiscal, porém, igualmente incidirá o óbice ao trânsito do recurso especial e do recurso extraordinário interposto contra a decisão que julgar o agravo interno.

---

[151] Art. 1.021. Contra decisão proferida pelo relator caberá agravo interno para o respectivo órgão colegiado, observadas, quanto ao processamento, as regras do regimento interno do tribunal.

§ 1º. Na petição de agravo interno, o recorrente impugnará especificadamente os fundamentos da decisão agravada.

§ 2º. O agravo será dirigido ao relator, que intimará o agravado para manifestar-se sobre o recurso no prazo de 15 (quinze) dias, ao final do qual, não havendo retratação, o relator levá-lo-á a julgamento pelo órgão colegiado, com inclusão em pauta.

§ 3º. É vedado ao relator limitar-se à reprodução dos fundamentos da decisão agravada para julgar improcedente o agravo interno.

§ 4º. Quando o agravo interno for declarado manifestamente inadmissível ou improcedente em votação unânime, o órgão colegiado, em decisão fundamentada, condenará o agravante a pagar ao agravado multa fixada entre um e cinco por cento do valor atualizado da causa.

§ 5º. A interposição de qualquer outro recurso está condicionada ao depósito prévio do valor da multa prevista no § 4º, à exceção da Fazenda Pública e do beneficiário de gratuidade da justiça, que farão o pagamento ao final.

Título III

PROCESSOS JUDICIAIS TRIBUTÁRIOS DE INICIATIVA DO CONTRIBUINTE

Capítulo 8
TUTELA ANTECEDENTE DE GARANTIA DO JUÍZO

8.1 GARANTIA DO JUÍZO PREVIAMENTE À EXECUÇÃO FISCAL

É comum que o contribuinte se depare com a necessidade de comprovar sua regularidade fiscal quando já constituído e inscrito em dívida ativa um crédito, porém, ainda não promovida a correspondente execução fiscal para fins de oportunizar a garantia do Juízo e a consequente suspensão da exigibilidade que permita a emissão da necessária certidão. Em tese, o fisco tem até 5 (cinco) anos da constituição definitiva do crédito para executá-lo e, por política fiscal, nem todas as cobranças de débitos inscritos em dívida ativa são judicializadas, o que não impede a adoção de medidas constritivas, tais como o protesto.

Nesse intervalo, que não se pode precisar o tempo para atuação judicial, a ausência de Certidão Negativa de Débitos pode acarretar sérios prejuízos aos contribuintes, entre os quais a inviabilidade de contratação com o Poder Público[1], porque exigidos os documentos relativos à regularidade fiscal, ou de obtenção de empréstimos com instituições financeiras, bem como a negativa de parcelamento de compras pelos fornecedores de produtos e serviços no exercício da atividade operacional, operações para as quais a regularidade fiscal tem relevância.

Os contribuintes que, nessas circunstâncias, não reconheçam e, portanto, não paguem integralmente seu débito, precisam emitir a Certidão Positiva com Efeitos de Negativa – CPEN para assegurar a regularidade fiscal adotando pelo menos uma das seguintes providências: a) oferta de garantia antecipada ou posterior à execução fiscal ou b) dar causa ou enquadrar-se em uma das hipóteses de suspensão da exigibilidade do débito previstas no art. 151 do CTN, tais como a moratória, o parcelamento, o depósito do montante integral e a concessão de medida liminar em mandado de segurança.[2]

---

[1] Lei 14.133/2021:
Art. 63. Na fase de habilitação das licitações serão observadas as seguintes disposições:
[...]
III – serão exigidos os documentos relativos à regularidade fiscal, em qualquer caso, somente em momento posterior ao julgamento das propostas, e apenas do licitante mais bem classificado;

[2] Art. 151. Suspendem a exigibilidade do crédito tributário:
I – moratória;
II – o depósito do seu montante integral;
III – as reclamações e os recursos, nos termos das leis reguladoras do processo tributário administrativo;
IV – a concessão de medida liminar em mandado de segurança.

No âmbito administrativo, os entes federados podem prever procedimentos específicos. A Procuradoria-Geral da Fazenda Nacional, por exemplo, permite que o devedor antecipe garantia à futura execução fiscal[3]. Nesses casos, são definidos requisitos para aceitação e permitidos, além de depósito, seguro garantia ou carta de fiança bancária em conformidade com regulamentação do órgão, bem como quaisquer bens ou direitos sujeitos a registro público e passíveis de arresto ou penhora. O crivo é próprio do órgão para a admissão da garantia, e seu deferimento tem como efeitos a emissão da certidão de regularidade e o ajuizamento da execução fiscal em 30 (trinta) dias.

Nem sempre é viável ou admitida medida administrativa nesse sentido e a espera, até que assegurada a garantia da execução fiscal e expedida a CPEN, pode trazer graves prejuízos. Os contribuintes passaram a valer-se de tutelas jurisdicionais de urgência como espécie acautelatória de antecipação da oferta de garantia, visando à futura execução. É possível, portanto, ao sujeito passivo, enquanto não promovida a execução fiscal pela Fazenda Pública, provocar medida judicial que viabilize a prestação de garantia em juízo, com o simples objetivo de obter a Certidão Positiva com Efeitos de Negativa de débitos fiscais.

É uma espécie de medida de "produção antecipada de penhora", que serviria para "acautelar" os interesses, não do autor, mas sim do réu.[4] É uma lógica invertida, porque o ajuizamento da ação principal não é do autor da medida antecipatória, mas da Fazenda Pública via o executivo fiscal, composta, na sequência processual, pelo ajuizamento dos embargos do devedor para fazer frente à garantia antecedente ofertada na proposição judicial.

Não se pode negar que, para o Fisco, a medida preserva potencial recuperação do crédito público cobrado. Primeiro porque o próprio contribuinte pode sequer ter interesse em discutir a legitimidade da exigência fiscal e, com isso, assegura-se a satisfação rápida do crédito perseguido e, em segundo, ainda que haja discussão a respeito da exação por meio de embargos à execução fiscal, a garantia do juízo não deixa de ser medida a preservar futuramente o alcance do valor devido ante possível improcedência da insurgência do contribuinte.

Sendo idônea a garantia ofertada pelo contribuinte, a vantagem é dúplice não somente por alcançar a pretensão do sujeito passivo de obter a CPEN, mas para a própria administração tributária ao resguardar a garantia futura da execução fiscal com a preservação de satisfação do crédito pela conversão em renda, na hipótese de depósito judicial, ou, se o caso, por meio de leilão do bem ofertado em garantia.

A idoneidade da garantia ofertada em Juízo pode ser rejeitada pela Fazenda Pública, que pode recusar o bem ante a existência de outro com maior grau de liquidez. Esta verificação pode ser feita pelo próprio Juízo, inclusive para fins de suficiência de garantia integral da dívida objeto da execução fiscal. Não é incomum, por exemplo,

---

V – a concessão de medida liminar ou de tutela antecipada, em outras espécies de ação judicial; (Incluído pela LCP 104, de 2001)

VI – o parcelamento. (Incluído pela Lcp 104, de 2001)

Parágrafo único. O disposto neste artigo não dispensa o cumprimento das obrigações acessórios dependentes da obrigação principal cujo crédito seja suspenso, ou dela consequentes.

[3]   Portaria PGFN 33, de 8 de fevereiro de 2018.

[4]   REsp 700.917/RS, Rel. Min. Teori Albino Zavascki, Primeira Turma, j. 25.04.2006, DJ 19.10.2006, p. 242.

Título III • **Cap. 8** • TUTELA ANTECEDENTE DE GARANTIA DO JUÍZO | **381**

o Fisco recusar bens móveis dados em garantia, notadamente pela desvalorização, deterioração ou perecimento com o passar do tempo.

A caução ofertada pelo contribuinte, como tem relação com a antecipação de futura penhora em execução fiscal, por consequência lógica, deve atender ao regramento das medidas de constrição inseridas na Lei de Execução Fiscal, Lei 6.830 de 1980, inclusive com a alteração promovida pela Lei 13.043/2014, que expressamente prevê o seguro garantia como modalidade de caucionamento.[5]

As Fazendas Públicas têm aceitado a oferta do seguro-garantia pelo contribuinte como modo de suspensão da exigibilidade do crédito tributário, com o compromisso do devedor de renová-lo sucessivamente, até a efetiva satisfação do crédito, sob pena da seguradora realizar o depósito judicial do valor segurado, em caso de negativa da renovação.

Umas das garantias mais utilizadas é a fiança bancária, emitida por instituição financeira, ao exercer a função de garantidora, por meio da contratação de uma pessoa física ou jurídica, que, no caso específico das execuções fiscais, direciona-se ao ente público como beneficiário das vantagens contratadas. A fiança é regida pelo art. 818 do Código Civil, enquanto a carta de fiança é o documento que, segundo o art. 819 do Código Civil, comprova essa garantia.[6]

Na definição do Tema 378, o STJ entendeu que o seguro garantia e a carta fiança não servem para a finalidade de suspender a exigibilidade do crédito tributário, porque não equiparáveis ao depósito integral do débito exequendo para fins de suspensão da exigibilidade do crédito tributário, ante a taxatividade do art. 151 do CTN[7]. As discussões em torno do tema não cessam.

O Tema 1.203 está pendente de apreciação para definir se a oferta de seguro garantia ou de fiança bancária tem o condão de suspender a exigibilidade de crédito não tributário[8]. Já o Tema 1.263 busca definir se a oferta de seguro garantia tem o efeito de obstar o encaminhamento do título a protesto e a inscrição do débito tributário no Cadastro Informativo de Créditos não quitados do Setor Público Federal (Cadin)[9].

Essa segunda questão exige uma reflexão importante porque trata de situação em que o crédito está exigível, mas garantido de forma a autorizar a emissão de certidão

---

[5] Art. 9º. Em garantia da execução, pelo valor da dívida, juros e multa de mora e encargos indicados na Certidão de Dívida Ativa, o executado poderá: [...] II – oferecer fiança bancária ou seguro garantia; (Redação dada pela Lei 13.043, de 2014) [...] § 2º. Juntar-se-á aos autos a prova do depósito, da fiança bancária, do seguro garantia ou da penhora dos bens do executado ou de terceiros. (Redação dada pela Lei 13.043, de 2014) § 3º. A garantia da execução, por meio de depósito em dinheiro, fiança bancária ou seguro garantia, produz os mesmos efeitos da penhora. (Redação dada pela Lei 13.043, de 2014) [...] § 5º. A fiança bancária prevista no inciso II obedecerá às condições preestabelecidas pelo Conselho Monetário Nacional.

[6] Art. 818. Pelo contrato de fiança, uma pessoa garante satisfazer ao credor uma obrigação assumida pelo devedor, caso este não a cumpra.

Art. 819. A fiança dar-se-á por escrito, e não admite interpretação extensiva.

[7] REsp n. 1.156.668/DF, relator Min. Luiz Fux, Primeira Seção, julgado em 24/11/2010, DJe de 10/12/2010.

[8] ProAfR n. REsp n. 2.037.317/RJ, Rel. Min. Herman Benjamin, Primeira Seção, j. 20/6/2023, DJe de 30/6/2023. ProAfR no REsp n. 2.098.943/SP, relator Ministro Afrânio Vilela, Primeira Seção, julgado em 4/6/2024, DJe de 10/6/2024.

[9] ProAfR no REsp n. 2.098.943/SP, relator Ministro Afrânio Vilela, Primeira Seção, julgado em 4/6/2024, DJe de 10/6/2024.

positiva de débitos com efeito de negativa. A Fazenda Pública, porém, segue operacionalizando medidas constritivas que maculam a regularidade fiscal do contribuinte, tais como o protesto e a inscrição no Cadin. Há, dessa forma, uma contradição de efeitos que precisa ser evitada, especialmente em razão da relevância da regularidade fiscal para a atividade empresarial.

Há, portanto, a necessidade de equacionamento dos institutos jurídicos, especialmente com a aplicação teleológica do art. 206 do CTN, que assegura os efeitos da certidão negativa quando haja penhora do débito em cobrança. Mesma razão deve ser extraída do art. 7º da Lei 10.522/2002, que determina a suspensão do registro no Cadin quando o devedor comprove que tenha ajuizado ação com o objetivo de discutir a natureza da obrigação ou o seu valor, com o oferecimento de garantia idônea e suficiente ao Juízo ou que esteja suspensa a exigibilidade do crédito objeto do registro, nos termos da lei.

A Lei 14.689/2023 incluiu o § 7º ao art. 9º da LEF (Lei 6.830/1980) para determinar que "as garantias apresentadas na forma do inciso II do *caput* deste artigo somente serão liquidadas, no todo ou parcialmente, após o trânsito em julgado de decisão de mérito em desfavor do contribuinte, vedada a sua liquidação antecipada", disposição de aplicação imediata a todas as execuções em curso, em razão da sua índole processual reconhecida pelo STJ[10].

Na prática, garantias financeiras, tais como o seguro e a fiança, impõem um custo significativo para os contribuintes e, quando são viáveis, não promovem os efeitos de suspensão da exigibilidade do débito, por ausência de previsão dessa hipótese do CTN. Trata-se de contexto que não ampara o devedor, que precisa discutir sua dívida, de forma legítima, sem estar sujeito a medidas constritivas do seu patrimônio ou das suas operações.

Ainda no âmbito da garantia a ser ofertada, existe uma diferença entre o depósito judicial para garantir a execução e suspender a exigibilidade do crédito, e aquele realizado no contexto de ações de conhecimento. As possibilidades de substituições de garantias estão relacionadas a processos de execução ou cumprimento de sentença de natureza executória, não nas ações de conhecimento.

Para tanto, o próprio STJ faz distinção entre depósito-garantia e depósito-pagamento. Enquanto o primeiro tem natureza processual, e ocorre em execução fiscal para permitir a oposição de embargos à execução pelo executado, segundo o art. 16, I, da Lei 6.830/1980, o depósito-pagamento tem natureza material, próprio de processo de conhecimento para viabilizar a suspensão da exigibilidade do crédito tributário até o final do processo, conforme o art. 151, II, do CTN.[11]

---

[10] TRIBUTÁRIO E PROCESSUAL CIVIL. AGRAVO INTERNO NO RECURSO ESPECIAL. EXECUÇÃO FISCAL. IMPOSSIBILIDADE DE LIQUIDAÇÃO ANTECIPADA DA GARANTIA. ART. 9º, § 7º, DA LEI 6.830/1980, COM REDAÇÃO DADA PELA LEI 14.689/2003. NORMA PROCESSUAL. APLICAÇÃO IMEDIATA. AGRAVO INTERNO NÃO PROVIDO. 1. Nos termos do § 7º do art. 9º da Lei 6.830/1980 (com redação dada pela Lei 14.689/2023), a fiança bancária e o seguro garantia somente serão liquidados após o trânsito em julgado da decisão de mérito desfavorável ao contribuinte, sendo vedada sua liquidação antecipada. Por ser norma de caráter processual, possui aplicação imediata nos processos em curso. Precedentes. 2. Agravo interno não provido. (AgInt no REsp n. 1.998.136/RJ, rel. Min. Afrânio Vilela, Segunda Turma, julgado em 17/9/2024, DJe de 23/9/2024.)

[11] AgInt no. REsp 1944488/SP, Rel. Min. Regina Helena Costa, Primeira Turma, j. 16.11.2021, DJe 19.11.2021.

Como a tutela antecedente é correlacionada à garantia de iminente execução fiscal a ser promovida pela Fazenda Pública, o contribuinte poderá valer-se do depósito-garantia, que, eventualmente, poderá ser objeto de substituição por outros meios legítimos que assegurem, da mesma forma, a satisfação futura do crédito tributário cobrado pelo Fisco.

Depois de oferecida a garantia e assegurada a manutenção da regularidade fiscal do devedor, ainda que antecipadamente à execução fiscal, o levantamento dessa garantia fica condicionado ao trânsito em julgado da ação de cobrança ou daquela promovida pelo devedor contra a dívida exigida pelo fisco.

A questão era controversa, embora na jurisprudência do STJ tenha predominado o entendimento que autorizava a medida. Contudo, com a edição da Lei 14.689/2023, a Lei de Execuções Fiscais passou a vedar a liquidação antecipada de seguro garantia ou carta fiança, agora expressamente condicionada ao trânsito em julgado da decisão de mérito em desfavor do contribuinte.

8.2 TUTELAS PROVISÓRIAS NO CPC

O Código de Processo Civil em vigor (CPC/2015) inovou diversas matérias de impacto ao processo tributário, entre as quais, as ações cautelares. Essas medidas constituem exemplos de ritos procedimentais que deixaram de existir no atual diploma processual, o que gerou dúvidas iniciais acerca da medida adequada para se valer de seus efeitos. De acordo com o Código de Processo Civil de 1973 (CPC/1973), as tutelas provisórias eram concedidas de forma antecipada, no bojo de um processo de conhecimento, nos termos do art. 273, ou como tutela cautelar, regulada pelo art. 796 e seguintes, no âmbito do processo cautelar.

O CPC/2015 extinguiu as medidas cautelares, dando origem ao regime próprio da tutela provisória (art. 294 e seguintes), que se subdivide em: a) tutelas de urgência, gênero que abrange a tutela antecipada antecedente[12] e a cautelar antecedente; e b) tutelas de evidência.

---

[12] Art. 303. Nos casos em que a urgência for contemporânea à propositura da ação, a petição inicial pode limitar-se ao requerimento da tutela antecipada e à indicação do pedido de tutela final, com a exposição da lide, do direito que se busca realizar e do perigo de dano ou do risco ao resultado útil do processo.

§ 1º. Concedida a tutela antecipada a que se refere o *caput* deste artigo:

I – o autor deverá aditar a petição inicial, com a complementação de sua argumentação, a juntada de novos documentos e a confirmação do pedido de tutela final, em 15 (quinze) dias ou em outro prazo maior que o juiz fixar;

II – o réu será citado e intimado para a audiência de conciliação ou de mediação na forma do art. 334;

III – não havendo autocomposição, o prazo para contestação será contado na forma do art. 335.

§ 2º. Não realizado o aditamento a que se refere o inciso I do § 1º deste artigo, o processo será extinto sem resolução do mérito.

§ 3º. O aditamento a que se refere o inciso I do § 1º deste artigo dar-se-á nos mesmos autos, sem incidência de novas custas processuais.

§ 4º. Na petição inicial a que se refere o *caput* deste artigo, o autor terá de indicar o valor da causa, que deve levar em consideração o pedido de tutela final.

§ 5º. O autor indicará na petição inicial, ainda, que pretende valer-se do benefício previsto no *caput* deste artigo.

As disposições do Código priorizam a natureza da tutela requerida, observando-se, para tanto, os procedimentos específicos inerentes a cada espécie de tutela de urgência. Quando a tutela de urgência tiver natureza satisfativa, será chamada de antecipada porque traz no pedido a tutela final pretendida. Já quando se trata de natureza conservativa do direito que se pretende assegurar, será tida como cautelar antecedente.

Segundo o art. 300 do CPC, as tutelas de urgência serão concedidas, em qualquer hipótese, quando houver elementos que evidenciem a probabilidade do direito (*fumus boni iuris*) e o perigo de dano ou de risco ao resultado útil do processo (*periculum in mora*). Também para ambas as naturezas, podem ser concedidas de forma antecedente (ou seja, a parte entra com o pedido antes da existência de qualquer processo sobre o tema) ou incidental (no âmbito de um processo que já existe).

De outro lado, as tutelas da evidência (art. 311 do CPC) são aquelas aplicáveis quando o direito da parte contrariada for claramente consistente, independente da caracterização de *periculum in mora*. Diferente das tutelas de urgência, a tutela da evidência apenas pode ser concedida de forma incidental. Por isso, não é o instrumento adequado para a antecipação de garantia à execução fiscal, mas pode viabilizar a regularidade fiscal no curso de embargos à execução fiscal, por exemplo, desde que observados seus requisitos[13].

Nas hipóteses de pedidos de obtenção da expedição de certidão positiva com efeitos de negativa em decorrência da garantia do juízo de forma antecipada ao ajuizamento da execução fiscal, assim como a suspensão da exigibilidade do crédito tributário, conforme art. 151, II, do CTN, a técnica processual adotada demanda a tutela provisória de urgência.

A matéria correspondente já foi pacificada pelo Superior Tribunal de Justiça no REsp 1.123.669/RS, de relatoria do Ministro Luiz Fux, sujeito ao rito dos recursos repetitivos, declarando-se que o "contribuinte pode, após o vencimento da sua obrigação e antes da execução, garantir o juízo de forma antecipada, para o fim de obter certidão positiva com efeito de negativa"[14].

Naquela oportunidade, a Corte Superior nominou a tutela requerida como caução preparatória de penhora, definindo, ainda, tratar-se de uma tutela satisfativa, bem como uma espécie de tutela de urgência. Assim, o meio processual adotado foi uma medida cautelar e a tutela concedida não possuía natureza cautelar da espécie conservativa, mas sim, satisfativa.

---

§ 6º. Caso entenda que não há elementos para a concessão de tutela antecipada, o órgão jurisdicional determinará a emenda da petição inicial em até 5 (cinco) dias, sob pena de ser indeferida e de o processo ser extinto sem resolução de mérito.

[13] Art. 311. A tutela da evidência será concedida, independentemente da demonstração de perigo de dano ou de risco ao resultado útil do processo, quando:
I – ficar caracterizado o abuso do direito de defesa ou o manifesto propósito protelatório da parte;
II – as alegações de fato puderem ser comprovadas apenas documentalmente e houver tese firmada em julgamento de casos repetitivos ou em súmula vinculante;
III – se tratar de pedido reipersecutório fundado em prova documental adequada do contrato de depósito, caso em que será decretada a ordem de entrega do objeto custodiado, sob cominação de multa;
IV – a petição inicial for instruída com prova documental suficiente dos fatos constitutivos do direito do autor, a que o réu não oponha prova capaz de gerar dúvida razoável.
Parágrafo único. Nas hipóteses dos incisos II e III, o juiz poderá decidir liminarmente.

[14] REsp n. 1.156.668/DF, rel. Min. Luiz Fux, Primeira Seção, julgado em 24/11/2010, DJe 10/12/2010.

Apesar de existir precedente judicial que se amolda ao conteúdo do art. 311 do CPC, reconhecendo o direito de o contribuinte antecipar a garantia, por meio da obtenção de tutela satisfativa, a tutela de evidência, como já dito, porque ainda pendente ação judicial, não mostra ser a melhor via para a insurgência, haja vista o STJ, no paradigma apontado, entender que a prova da urgência – ou seja, o *periculum in mora* – é inerente ao procedimento da antecipação de garantia, de maneira que seria mais adequado regê-lo pelas tutelas provisórias de urgência do CPC.

Contudo, a antecipação de garantia tem um caráter de precariedade, porque se presta, eminentemente, à regularidade fiscal e, em certos casos, pode agregar a suspensão da exigibilidade, mas o débito ainda será executado e pode vir a ser discutido e desconstituído no todo ou em parte. Isso distancia, relativamente, o objeto de discussão da estabilização decorrente da tutela antecipada antecedente.

Por essas razões, entende-se que o modelo de tutela provisória adequado à pretensão de obtenção da CPEN, e que se amolda à extinta medida cautelar do antigo CPC, é a tutela cautelar antecedente, com fundamento no art. 305 e seguintes do CPC. Na prática, contudo, por não se tratar de um tema tranquilo, é sugestivo provocar, nas hipóteses indicadas, a aplicação do princípio da fungibilidade, de modo que o pedido seja conhecido como tutela provisória antecipada ou cautelar antecipada.

Para fins de concessão e enquadramento da medida, a probabilidade do direito a ser provisoriamente satisfeito ou acautelado é a sua plausibilidade de existência, ou seja, é a necessária verossimilhança fática, com a constatação de que há um considerável grau de plausibilidade em torno da narrativa dos fatos trazida por aquele que requer o pleito antecipatório. É preciso demonstrar do contexto uma verdade provável sobre os fatos, independentemente da produção de prova.

Enquanto o perigo da demora deve fundamentar-se no risco de que a lentidão no oferecimento da prestação jurisdicional possa tornar ineficaz e prejudicial ao direito do postulante. O que justifica a tutela provisória de urgência é aquele perigo de dano: (i) concreto e certo; (ii) atual, que está na iminência de ocorrer, ou esteja ocorrendo; e (iii) grave, que seja de grande ou média intensidade e tenha aptidão para prejudicar ou impedir a fruição do direito.

O art. 299 do atual CPC estabelece que a tutela provisória deve ser requerida ao juízo da causa, quando incidental, ou ao juízo competente para conhecer do pedido principal, na hipótese de pedido antecedente, afastando a autonomia do processo cautelar, então previsto no CPC/1973.

A concessão da tutela provisória antecedente, por sua vez, abre o prazo de até 15 (quinze) dias para complementação de argumentação, juntada de novos documentos e confirmação do pedido final. Há possibilidade de autocomposição e contestação do réu, no caso a Fazenda Pública. Se não interposto recurso, a tutela antecipada antecedente é estabilizada e pode ser revista em até 2 (dois) anos da extinção do processo.

Se concedida a tutela cautelar antecedente, o prazo de formulação do pedido principal e aditamento da causa de pedir é de 30 (trinta) dias[15]. O regime da tutela

---

[15] Art. 308. Efetivada a tutela cautelar, o pedido principal terá de ser formulado pelo autor no prazo de 30 (trinta) dias, caso em que será apresentado nos mesmos autos em que deduzido o pedido de tutela cautelar, não dependendo do adiantamento de novas custas processuais.

provisória, nesse caso, abre a possibilidade de o contribuinte discutir o mérito da cobrança com a indicação de fundamentos que desconstituam elementos de formação do débito a justificar novo pedido, agora de cancelamento da exação fiscal. Se nesse prazo não for efetivada a medida ou não deduzido o pedido principal, cessa a eficácia da tutela cautelar, o que também acontece com a superveniente improcedência do pedido principal.

O correspondente aditamento deve se dar pelo pedido de conversão da correspondente tutela em ação anulatória de débito fiscal ou, ainda, declaratória de inexistência de relação jurídica, que, na prática, será apensada à execução fiscal a ser promovida pela Fazenda Pública, não impedindo ainda o devedor de mover os embargos, com as limitações de preclusão consumativa da matéria suscitada na ação principal da tutela antecedente.

Com o ajuizamento da execução fiscal, ao deferir a inicial, o juiz ordenará a citação do executado para, em 5 (cinco) dias, pagar a dívida ou garantir a execução fiscal, sob pena de penhora, segundo o art. 8º da Lei 6.830/1980, e, neste momento, em razão de a dívida já estar previamente assegurada pela tutela antecedente, o contribuinte terá o prazo de 30 (trinta) dias para ajuizar os embargos à execução, se for do interesse e se não houver litispendência com eventual discussão remanescente do aditamento da tutela cautelar antecedente concedida.

8.3 STJ: VIABILIDADE DA ANTECIPAÇÃO DOS EFEITOS QUE SERIAM OBTIDOS COM A PENHORA NO EXECUTIVO FISCAL, POR MEIO DE CAUÇÃO ANTECEDENTE

O STJ nem sempre aceitou a modalidade judicial de garantia do Juízo, sob o fundamento de que, nos termos do art. 206 do CTN, a pendência de débito tributário do contribuinte, somente justifica a expedição da certidão positiva com efeito de negativa nos casos de (a) o débito não está vencido, (b) a exigibilidade do crédito tributário está suspensa ou (c) o débito é objeto de execução judicial em que a penhora tenha sido efetivada.[16]

Para tanto, nessa visão superada do STJ, e à luz do art. 151 do CTN, a legitimação da expedição da certidão de regularidade fiscal, para fins de suspensão da exigibilidade do tributo cobrado pelo Fisco, depende da relação com créditos tributários discutidos judicialmente e a partir de medidas como: (a) o depósito em dinheiro do montante integral do tributo questionado (inciso II), e (b) a concessão de liminar em mandado de segurança (inciso IV) ou de antecipação de tutela em outra espécie de ação (inciso V).

Caberia ao contribuinte, portanto, promover desde logo a demanda judicial por meio do mandado de segurança ou da ação declaratória ou desconstitutiva da relação

---

§ 1º. O pedido principal pode ser formulado conjuntamente com o pedido de tutela cautelar.

§ 2º. A causa de pedir poderá ser aditada no momento de formulação do pedido principal.

§ 3º. Apresentado o pedido principal, as partes serão intimadas para a audiência de conciliação ou de mediação, na forma do art. 334, por seus advogados ou pessoalmente, sem necessidade de nova citação do réu.

§ 4º. Não havendo autocomposição, o prazo para contestação será contado na forma do art. 335.

[16] REsp 700.917/RS, Rel. Min. Teori Albino Zavascki, Primeira Turma, j. 25.04.2006, DJ 19.10.2006, p. 242.

jurídico-tributária ou do débito, avançando, desde esse momento, na demonstração não apenas do risco de dano, mas, sobretudo, na relevância do direito consistente na ilegitimidade da cobrança do tributo perseguido pela Fazenda Pública. A linha de raciocínio, nesse julgado, revela contornos restritivos da utilização de medida antecipatória cautelar de garantia para fins de expedição da certidão positiva com efeitos de negativa, segundo o trecho abaixo citado:

> É falaciosa, destarte, a ideia de que o Fisco causa "dano" ao contribuinte se houver demora em ajuizar a execução, ou a de que o contribuinte tem o "direito" de ser executado pelo Fisco. A ação cautelar baseada em tais fundamentos esconde o seu real motivo, que é o de criar nova e artificiosa condição para obter a expedição de certidão negativa de um débito tributário cuja exigibilidade não foi suspensa nem está garantido na forma exigida por lei. A medida, portanto, opera em fraude aos arts. 151 e 206 do CTN e ao art. 38 da Lei 6.830/1980. (...)
>
> A utilização da via da "ação cautelar", com a finalidade a que aparentemente se propõe, constitui evidente anomalia processual. É uma espécie de medida de "produção antecipada de penhora", que serviria para "acautelar" os interesses, não do autor, mas sim do réu. Tratar-se-ia, assim, de cautelar preparatória ou antecedente de uma ação principal a ser proposta, não pelo autor da cautelar, mas sim contra ele. O ajuizamento da "ação principal", pelo réu da cautelar, seria, portanto, não o exercício de seu direito constitucional de acesso ao Judiciário, mas sim um dever legal do credor, que lhe tolheria a possibilidade de adotar outras formas para cobrança de seu crédito.
>
> Em verdade, o objetivo dessa estranha "ação cautelar" não é o que aparenta ser. O que com ela se busca não é medida cautelar, e sim, por via transversa, medida de caráter nitidamente satisfativo de um interesse do devedor: o de obter uma certidão negativa que, pelas vias legais normais, não obteria, já que o débito fiscal existe, não está contestado, não está com sua exigibilidade suspensa e não está garantido na forma exigida por lei. (...)[17]

A evolução da jurisprudência, especialmente do STJ, passou a admitir a medida judicial de antecipação de garantia da execução fiscal por reconhecer não atentar contra o resultado útil do processo, haja vista a possibilidade de discussão da legitimidade do débito tributário na execução fiscal que ainda será ajuizada pelo Fisco. Em outras palavras, a caução oferecida pelo contribuinte será equiparável à penhora antecipada, viabilizando a certidão pleiteada. A tese firmada para o Tema 378, no julgamento do REsp 1.123.669/RS, de relatoria do Ministro Luiz Fux, ainda à época no STJ, reafirma, nos trechos reproduzidos, a viabilidade da medida:

> O contribuinte pode, após o vencimento da sua obrigação e antes da execução, garantir o juízo de forma antecipada, para o fim de obter certidão positiva com efeito de negativa.

---

[17] REsp 700.917/RS, Rel. Ministro Teori Albino Zavascki, Primeira Turma, j. 25.04.2006, DJ 19.10.2006, p. 242. Ainda, no mesmo sentido, tem-se o AgRg no REsp 734.777/SC, Rel. Ministro Luiz Fux, Primeira Turma, j. 04.05.2006, DJ 18.05.2006, p. 192.

(...)

A caução oferecida pelo contribuinte, antes da propositura da execução fiscal é equiparável à penhora antecipada e viabiliza a certidão pretendida, desde que prestada em valor suficiente à garantia do juízo.

É viável a antecipação dos efeitos que seriam obtidos com a penhora no executivo fiscal, através de caução de eficácia semelhante. A percorrer-se entendimento diverso, o contribuinte que contra si tenha ajuizada ação de execução fiscal ostenta condição mais favorável do que aquele contra o qual o Fisco não se voltou judicialmente ainda.

Deveras, não pode ser imputado ao contribuinte solvente, isto é, aquele em condições de oferecer bens suficientes à garantia da dívida, prejuízo pela demora do Fisco em ajuizar a execução fiscal para a cobrança do débito tributário. Raciocínio inverso implicaria em que o contribuinte que contra si tenha ajuizada ação de execução fiscal ostenta condição mais favorável do que aquele contra o qual o Fisco ainda não se voltou judicialmente.

(...)

Outrossim, instigada a Fazenda pela caução oferecida, pode ela iniciar a execução, convertendo-se a garantia prestada por iniciativa do contribuinte na famigerada penhora que autoriza a expedição da certidão.

Nessa espécie de medida judicial, como visto, não se pretende a insurgência direta contra o mérito da cobrança, ou seja, se o tributo é devido ou não, mas tão somente oferecer a garantia para os fins do art. 206 do CTN, especialmente a expedição da Certidão Positiva com Efeitos de Negativa – CPEN. Por isso, a possibilidade de uma tutela provisória pela via antecedente que aceita a garantia em juízo.

O fundamento de mérito relativo ao débito exigido, se invocado, não merece apreciação em primeiro momento, se não para subsidiar a tutela provisória em si, haja vista o propósito da tutela provisória, competência própria dos embargos à execução. Outra hipótese, como aventada, é a possibilidade superveniente de apresentação do pedido principal e aditamento da causa de pedir no âmbito da tutela cautelar antecedente.

Do ponto de vista processual, cada caso concreto informa os elementos preponderantes de urgência, dano, risco ou certeza do direito, daí a importância de construir o pedido com essas circunstâncias bem definidas. De todo modo, pelas especificidades do tema e diante da possibilidade de divergência de entendimentos, é aconselhável ingressar com pedido subsidiário, seja de cautelar antecedente ou de tutela antecedente, especialmente porque o parágrafo único do art. 305 do CPC permite ao juiz, pelo princípio da fungibilidade, receber como tutela antecipada o pedido de tutela cautelar. E, com a concessão da tutela, seguir com os questionamentos do débito em conformidade com os institutos processuais condizentes com o teor da tutela efetivamente concedida.

Capítulo 9
EMBARGOS À EXECUÇÃO

Os embargos à execução fiscal consistem em ação autônoma por meio da qual o contribuinte se defende amplamente contra a cobrança judicial da dívida ativa, cujo objetivo central é anular ou desconstituir o débito executado, total ou parcialmente.

A garantia do juízo é requisito prévio para admissibilidade dos embargos à execução. Essa garantia pode se dar por meio de depósito em dinheiro, fiança ou seguro garantia; título da dívida pública, bem como títulos de crédito, que tenham cotação em bolsa; pedras e metais preciosos; imóveis; navios e aeronaves; veículos; móveis ou semoventes; direitos e ações.[1]

A garantia deve ser suficiente para satisfação do crédito tributário cobrado na execução fiscal. Contudo, caso essa penhora seja insuficiente, os embargos à execução devem ser admitidos, sem prejuízo de seu regular processamento, mas esta insuficiência deve ser suprida por posterior reforço que pode se dar em qualquer fase do processo[2].

O tema acerca da necessidade de garantia integral do crédito tributário como pressuposto ao conhecimento dos embargos à execução fiscal ainda suscita valiosos debates, especialmente nas hipóteses em que o sujeito passivo tem a penhora de bens ou ativos de fração do valor executado e, porém, não tem condições de complementar, de imediato, a integralidade da cobrança executiva.

A interpretação estrita do § 1º do art. 16 da LEF ("não são admissíveis embargos do executado antes de garantida a execução") vem adquirindo temperamentos da jurisprudência, sobretudo do STJ, não permitindo que o executado seja um mero

---

[1] Art. 11 da LEF: A penhora ou arresto de bens obedecerá à seguinte ordem:
I – dinheiro;
II – título da dívida pública, bem como título de crédito, que tenham cotação em bolsa;
III – pedras e metais preciosos;
IV – imóveis;
V – navios e aeronaves;
VI – veículos;
VII – móveis ou semoventes; e
VIII – direitos e ações.
§ 1º – Excepcionalmente, a penhora poderá recair sobre estabelecimento comercial, industrial ou agrícola, bem como em plantações ou edifícios em construção.
§ 2º – A penhora efetuada em dinheiro será convertida no depósito de que trata o inciso I do art. 9º.
§ 3º – O Juiz ordenará a remoção do bem penhorado para depósito judicial, particular ou da Fazenda Pública exequente, sempre que esta o requerer, em qualquer fase do processo.

[2] REsp 1115414/SP, Rel. Ministro Teori Albino Zavascki, Primeira Turma, j. 17.05.2011, DJe 26.05.2011.

observador, sem direito de defesa, da conversão em renda a favor do Poder Público dos valores objeto de constrição.

O STJ afastou a necessidade de garantia integral, mas condicionou à comprovação da hipossuficiência do devedor.[3]

Não deixa de ser uma interpretação benéfica aos contribuintes, porém estabeleceu uma condicionante que, em certa medida, já conta com proteção legal, especialmente ao se referir ao hipossuficiente, alcançado, por exemplo, pelos benefícios da gratuidade de justiça, dispensa de custas ou ônus de sucumbência. A própria decisão faz referência ao *direito de defesa do* "pobre".

A decisão parece ter enfrentado especificamente a situação de conhecimento dos embargos à execução do devedor hipossuficiente, deixando aberta a discussão sobre a possibilidade de processamento, sem garantia integral do juízo, independentemente daquela condição. Um caminho pode ser enxergado a respeito do assunto, especialmente porque o STJ fixou a tese de que a suspensão da execução fiscal depende, além de garantia, da presença de *fumus boni iuris* e *periculum in mora*.[4] Isso significa que o juiz pode, discricionariamente, avaliar se a execução pode prosseguir, mesmo com

---

[3]   "5. Nessa linha de interpretação, deve ser afastada a exigência da garantia do juízo para a oposição de embargos à execução fiscal, caso comprovado inequivocadamente que o devedor não possui patrimônio para garantia do crédito exequendo." REsp 1487772/SE, Rel. Ministro Gurgel de Faria, Primeira Turma, j. 28.05.2019, DJe 12.06.2019.

[4]   4. Desta feita, à luz de uma interpretação histórica e dos princípios que nortearam as várias reformas nos feitos executivos da Fazenda Pública e no próprio Código de Processo Civil de 1973, mormente a eficácia material do feito executivo a primazia do crédito público sobre o privado e a especialidade das execuções fiscais, é ilógico concluir que a Lei n. 6.830 de 22 de setembro de 1980 – Lei de Execuções Fiscais – LEF e o art. 53, § 4º da Lei n.
8.212, de 24 de julho de 1991, foram em algum momento ou são incompatíveis com a ausência de efeito suspensivo aos embargos do devedor. Isto porque quanto ao regime dos embargos do devedor invocavam – com derrogações específicas sempre no sentido de dar maiores garantias ao crédito público – a aplicação subsidiária do disposto no CPC/73 que tinha redação dúbia a respeito, admitindo diversas interpretações doutrinárias.
5. Desse modo, tanto a Lei n. 6.830/1980 – LEF quanto o art. 53, § 4º da Lei n. 8.212/91 não fizeram a opção por um ou outro regime, isto é, são compatíveis com a atribuição de efeito suspensivo ou não aos embargos do devedor. Por essa razão, não se incompatibilizam com o art. 739-A do CPC/73 (introduzido pela Lei 11.382/2006) que condiciona a atribuição de efeitos suspensivos aos embargos do devedor ao cumprimento de três requisitos: apresentação de garantia;
verificação pelo juiz da relevância da fundamentação (*fumus boni juris*) e perigo de dano irreparável ou de difícil reparação (*periculum in mora*).
6. Em atenção ao princípio da especialidade da LEF, mantido com a reforma do CPC/73, a nova redação do art. 736, do CPC dada pela Lei n. 11.382/2006 – artigo que dispensa a garantia como condicionante dos embargos – não se aplica às execuções fiscais diante da presença de dispositivo específico, qual seja o art. 16, § 1º, da Lei n.
6.830/1980, que exige expressamente a garantia para a apresentação dos embargos à execução fiscal.
7. Muito embora por fundamentos variados – ora fazendo uso da interpretação sistemática da LEF e do CPC/73, ora trilhando o inovador caminho da teoria do "Diálogo das Fontes", ora utilizando-se de interpretação histórica dos dispositivos (o que se faz agora) – essa conclusão tem sido a alcançada pela jurisprudência predominante, conforme ressoam os seguintes precedentes de ambas as Turmas deste Superior Tribunal de Justiça. Pela Primeira Turma: AgRg no Ag 1381229 / PR, Primeira Turma, Rel. Min. Arnaldo Esteves Lima, j. 15.12.2011; AgRg no REsp 1.225.406 / PR, Primeira Turma, Rel. Min. Hamilton Carvalhido, j. 15.02.2011; AgRg no REsp 1.150.534 / MG, Primeira Turma, Rel. Min. Benedito Gonçalves, j. 16.11.2010; AgRg no Ag 1.337.891 / SC, Primeira Turma, Rel. Min. Luiz Fux, j. 16.11.2010; AgRg no REsp 1.103.465 / RS, Primeira Turma, Rel. Min. Francisco Falcão, j. 07.05.2009. Pela Segunda Turma: AgRg nos EDcl no Ag 1.389.866/PR, Segunda Turma, Rei. Min. Humberto Martins, DJe 21.09.2011; REsp, n.

Título III • Cap. 9 • EMBARGOS À EXECUÇÃO | 391

a garantia do juízo, por extensão lógica, também poderia quando estivesse diante de uma garantia parcial do crédito público executado.

Favoravelmente ao contribuinte, o prazo dos embargos tem início quando da primeira penhora, mesmo que insuficiente, excessiva ou ilegítima, sendo cabível a reabertura quando reforçada ou substituída, conforme a jurisprudência do STJ[5]. O que, de certo modo, desassocia a exigência de garantia para embargar e para os fins de suspensão da exigibilidade do débito.

Uma exceção expressa à necessidade de garantia para ajuizamento de embargos à execução fiscal decorre de previsão expressa no art. 4º da Lei 14.689/2023, segundo o qual aos contribuintes com capacidade de pagamento fica dispensada a apresentação de garantia para a discussão judicial dos créditos resolvidos favoravelmente à Fazenda Pública pelo voto de qualidade previsto no § 9º do art. 25 do Decreto 70.235/1972[6].

1.195.977/RS, Segunda Turma, Rei. Min. Mauro Campbell Marques, j. 17.08.2010; AgRg no Ag 1.180.395/ AL, Segunda Turma, Rei. Min. Castro Meira, DJe 26.02.2010; REsp, n, 1.127.353/SC, Segunda Turma, Rei. Min. Eliana Calmon, DJe 20.11.2009; REsp, 1.024.128/PR, Segunda Turma, Rei. Min. Herman Benjamin, DJe 19.12.2008.

8. Superada a linha jurisprudencial em sentido contrário inaugurada pelo REsp 1.178.883 – MG, Primeira Turma, Rel. Min. Teori Albino Zavascki, j. 20.10.2011 e seguida pelo AgRg no REsp 1.283.416 / AL, Primeira Turma, Rel. Min. Napoleão Nunes Maia Filho, j. 02.02.2012; e pelo REsp 1.291.923 / PR, Primeira Turma, Rel. Min. Benedito Gonçalves, j. 01.12.2011.

9. Recurso especial provido. Acórdão submetido ao regime do art. 543-C, do CPC/73, e da Resolução STJ n. 8/2008.

(REsp 1272827/PE, Rel. Ministro Mauro Campbell Marques, Primeira Seção, j. 22.05.2013, DJe 31.05.2013)

[5] AgInt nos EDcl no REsp n. 1.785.810/MS, rel. Min. Mauro Campbell Marques, Segunda Turma, julgado em 3/10/2019, DJe de 8/10/2019.

[6] Art. 4º Aos contribuintes com capacidade de pagamento, fica dispensada a apresentação de garantia para a discussão judicial dos créditos resolvidos favoravelmente à Fazenda Pública pelo voto de qualidade previsto no § 9º do art. 25 do Decreto nº 70.235, de 6 de março de 1972.

§ 1º O disposto no caput deste artigo não se aplica aos contribuintes que, nos 12 (doze) meses que antecederam o ajuizamento da medida judicial que tenha por objeto o crédito, não tiveram certidão de regularidade fiscal válida por mais de 3 (três) meses, consecutivos ou não, expedida conjuntamente pela Secretaria Especial da Receita Federal do Brasil e pela Procuradoria-Geral da Fazenda Nacional.

§ 2º Para os fins do disposto no caput deste artigo, a capacidade de pagamento será aferida considerando-se o patrimônio líquido do sujeito passivo, desde que o contribuinte:

I – apresente relatório de auditoria independente sobre as demonstrações financeiras, caso seja pessoa jurídica;

II – apresente relação de bens livres e desimpedidos para futura garantia do crédito tributário, em caso de decisão desfavorável em primeira instância;

III – comunique à Procuradoria-Geral da Fazenda Nacional a alienação ou a oneração dos bens de que trata o inciso II deste parágrafo e apresente outros bens livres e desimpedidos para fins de substituição daqueles, sob pena de proposição de medida cautelar fiscal; e

IV – não possua outros créditos para com a Fazenda Pública, presentes e futuros, em situação de exigibilidade.

§ 3º Nos casos em que seja exigível a apresentação de garantia para a discussão judicial de créditos resolvidos favoravelmente à Fazenda Pública pelo voto de qualidade previsto no § 9º do art. 25 do Decreto nº 70.235, de 6 de março de 1972, não será admitida a execução da garantia até o trânsito em julgado da medida judicial, ressalvados os casos de alienação antecipada previstos na legislação.

§ 4º O disposto neste artigo não impede a celebração de negócio jurídico ou qualquer outra solução consensual com a Fazenda Pública credora que verse sobre a aceitação, a avaliação, o modo de constrição e a substituição de garantias.

§ 5º Caberá ao Procurador-Geral da Fazenda Nacional disciplinar a aplicação do disposto neste artigo

O prazo para ajuizamento dos embargos do devedor é de 30 (trinta) dias, contados da juntada do depósito, da juntada da prova da fiança bancária ou do seguro garantia ou da intimação da penhora (art. 16 da LEF)[7], porém, caso a garantia venha a ocorrer em momento antecedente, na hipótese tratada, entendo que, à luz dos precedentes do STJ, o contribuinte deve ser formalmente intimado da lavratura de penhora sobre o valor caucionado na tutela antecedente, agora no âmbito da execução fiscal, para só então ter início a contagem do prazo dos embargos.

Trata-se de regra concretamente apropriada à preservação da segurança jurídica, do contraditório e do devido processo legal, na linha do que o STJ vem manifestando nos últimos anos a respeito do início da contagem do prazo de 30 (trinta) dias para o oferecimento dos embargos do devedor:

(i) do depósito: a Corte Especial do STJ, por meio do julgamento do EREsp 1.062.537/RJ, relatora Min. Eliana Calmon, DJe 04.05.2009, pacificou o entendimento de que, embora o art. 16, I, da LEF textualmente preveja o início da contagem do prazo pelo depósito promovido, torna-se necessário reduzi-lo a termo, com termo inicial do prazo para oposição de embargos a contar da data da intimação da correspondente lavratura;

(ii) da juntada da prova da fiança bancária: o STJ, no mesmo sentido, entende que deve ser formalizado o termo de penhora, com a subsequente intimação para ciência do executado acerca do aceitamento da fiança, para só então ter início a contagem do prazo para insurgência via embargos do devedor (REsp 621.855/PB, 4ª Turma, Relator Ministro Fernando Gonçalves);

(iii) da intimação da penhora: o STJ, no REsp 1.112.416/MG, de relatoria do Min. Herman Benjamin, Primeira Seção, julgado em 27.05.2009, em julgamento sob a sistemática de recursos repetitivos, confirmou para o Tema 131 que o termo inicial para a oposição dos embargos do devedor é a data da efetiva intimação da penhora, e não a da juntada aos autos do mandado cumprido, nos termos do ar. 16, III, LEF, lei especial para tratamento do tema. O executado deve ser intimado sobre a penhora, para fins de constituição da medida, com expressa indicação do prazo legal para oposição de embargos[8].

---

[7] Art. 16. O executado oferecerá embargos, no prazo de 30 (trinta) dias, contados:

I – do depósito;

II – da juntada da prova da fiança bancária ou do seguro garantia; (Redação dada pela Lei 13.043, de 2014)

III – da intimação da penhora.

§ 1º Não são admissíveis embargos do executado antes de garantida a execução.

§ 2º No prazo dos embargos, o executado deverá alegar toda matéria útil à defesa, requerer provas e juntar aos autos os documentos e rol de testemunhas, até três, ou, a critério do juiz, até o dobro desse limite.

§ 3º Não será admitida reconvenção, nem compensação, e as exceções, salvo as de suspeição, incompetência e impedimentos, serão arguidas como matéria preliminar e serão processadas e julgadas com os embargos.

[8] O STJ pacificou o entendimento de que, em execução fiscal, para que seja o devedor efetivamente intimado da penhora, é necessária a sua intimação pessoal. A ciência acerca da penhora realizada, mesmo quando constituído advogado nos autos, não se confunde com o ato formal de intimação pessoal dessa constrição patrimonial. O fundamento desse entendimento é não obstacular indevidamente o exercício do direito de defesa pelo executado, que, via de regra, já garantiu a execução.

Nas situações apresentadas, o prazo tem início na data de intimação da penhora, portanto, de modo a manter a coerência lógica, o devedor deve ser intimado da lavratura da penhora sobre a garantia ofertada, ainda que antecipadamente, inclusive com a advertência do prazo de 30 (trinta) dias para oferecimento dos embargos. Esse prazo é simples, mesmo para as ações que contam com mais de um executado.

Nos embargos à execução, o executado deverá alegar toda matéria útil à defesa, requerer provas e juntar aos autos os documentos e rol de testemunhas, até três, ou, a critério do juiz, até o dobro desse limite. Não será admitida reconvenção, nem compensação, e as exceções, salvo as de suspeição, incompetência e impedimentos, serão arguidas como matéria preliminar e serão processadas e julgadas com os embargos[9].

Pelo princípio da concentração da defesa, o embargante deve invocar todos os fatos, argumentos e qualquer ponto prejudicial ao direito controvertido, além de requerer todas as provas, sob pena de preclusão. Por exemplo, quando alegar excesso de execução, deve declarar na petição o valor que entende correto, apresentando demonstrativo discriminado e atualizado de seu cálculo[10]. Se, por outro lado, a matéria de defesa tiver sido apreciada e julgada em exceção de pré-executividade ou outra ação autônoma, incidirá o "efeito preclusivo", inviabilizando novo julgamento do ponto anteriormente alegado.[11]

Conforme disposto no art. 918 do CPC, o juiz rejeitará os embargos quando intempestivos, nos casos de indeferimento da petição inicial e de improcedência liminar do pedido ou se manifestamente protelatórios, bem como considerará conduta atentatória à dignidade da justiça o oferecimento de embargos manifestamente protelatórios, o que pode sujeitar o embargante à multa por litigância de má-fé.

Cabe julgamento liminar dos embargos, em favor do embargante e independente da citação do réu ou pela improcedência do pedido, quando há enunciado de súmula do STF ou do STJ; acórdão em recurso repetitivo ou repercussão geral; entendimento em incidente de resolução de demandas repetitivas ou de assunção de competência; súmula de tribunal de justiça sobre direito local e, ainda, nos casos de decadência ou prescrição[12].

Precedentes citados: AgRg no REsp 1085967/RJ, rel. Min. Humberto Martins, 2ª Turma, DJe 23/4/2009; RMS 32.925/SP, rel. Min. Arnaldo Esteves Lima, DJe 19/9/2011; e AgRg no REsp 1201056/RJ, rel. Min. Humberto Martins, rel. p/ Acórdão Ministro Mauro Campbell Marques, 2ª Turma, DJe 23/9/2011; REsp n. 1.936.507/ES, rel. Min. Francisco Falcão, 2ª Turma, julgado em 8/2/2022, DJe de 10/2/2022.

[9] Art. 16, §§ 2º e 3º, da LEF.

[10] Art. 917, § 3º, do CPC.

[11] 1. Revela-se possível a delimitação da matéria aduzida nos embargos à execução, por força da preclusão, tão somente em relação às questões efetivamente apreciadas e julgadas em sede de exceção de pré-executividade, sob pena de violação ao disposto no art. 16, § 2º, da Lei 6.830/1980, in verbis: "No prazo dos embargos, o executado deverá alegar toda matéria útil à defesa, requerer provas e juntar aos autos os documentos e rol de testemunhas, até três, ou, a critério do juiz, até o dobro desse limite".
2. No caso concreto, não enfrentadas as questões em sede de exceção de pré-executividade, impõe-se afastar o efeito preclusivo reconhecido pelo Tribunal de origem.
3. Agravo regimental não provido.
(AgRg no AgRg no REsp 1339597/DF, Rel. Ministro Mauro Campbell Marques, Segunda Turma, j. 20.11.2012, DJe 26.11.2012).

[12] Art. 332 do CPC.

9.1 ALEGAÇÃO DE COMPENSAÇÃO NOS EMBARGOS À EXECUÇÃO FISCAL

A Lei de Execução Fiscal prevê que nos embargos à execução o devedor deverá alegar toda matéria útil à defesa, embora, por expressa menção, não serão admitidas matérias reconvencionais, **nem mesmo compensação** e as exceções, salvo as de suspeição, incompetência e impedimentos. A lei veda, literalmente, a arguição de compensação em sede de defesa pela via dos embargos do devedor. (art. 16, §§ 2º e 3º, da LEF).

Além do fato de que a Súmula 394 do STJ permite compensar, em embargos, valores de imposto de renda retidos indevidamente na fonte com valores outros apurados na declaração anual, o tema é objeto de intenso debate no Judiciário por provocação de contribuintes a respeito do alcance dessa vedação. A 1ª Seção do STJ, no julgamento de 2021 do EREsp 1.795.347/RJ, firmou entendimento de que o sujeito passivo *não pode utilizar embargos à execução fiscal para alegar compensação tributária indeferida na esfera administrativa como matéria de defesa, por vedação do art. 16, § 3º da Lei de Execução Fiscal* (Lei 6.830/1980) [13].

A matéria recém apreciada, já não era nova, no próprio STJ, inclusive com tese fixada em recurso repetitivo (Tema 294)[14], ainda em 2009, quando a 1ª Seção definiu que a compensação efetuada pelo contribuinte antes do ajuizamento da execução fiscal poderia ser usada como fundamento de defesa dos embargos à execução fiscal, a fim de ilidir a presunção de liquidez e certeza da Certidão da Dívida Ativa (CDA). Era a situação da compensação efetuada pelo contribuinte com débitos subsequentes e vincendos, **mas ainda não homologada pelo Fisco**.

O enunciado firmado no Tema 294 do STJ foi posteriormente ressignificado pela Corte de modo restritivo para admitir somente as alegações de compensação tributária em sede de embargos do devedor que tenha sido previamente homologada, expressa ou tacitamente (quando transcorridos os cinco anos sem manifestação do Fisco), pela Fazenda Pública.

A arguição de compensação, portanto, não é peremptoriamente rejeitada, pois o contribuinte pode suscitá-la desde que se restrinja àquela reconhecida administrativa ou judicialmente antes do ajuizamento da execução fiscal. Se o Fisco já tiver indeferido o pedido administrativo de compensação, segundo a leitura dos precedentes do STJ, a única alternativa ao contribuinte é provocar o assunto por medida judicial autônoma, de rito comum, que não os embargos à execução, por meio da ação anulatória ou declaratória de inexistência de relação jurídica, de modo que na insurgência contra a cobrança do crédito tributário possa ser arguida a compensação como fato extintivo.

Críticas de ordem prática podem ser feitas ao entendimento do STJ.

A primeira delas diz respeito à tramitação de duas ações autônomas, de natureza ordinária, ambas de insurgência contra o crédito tributário perseguido pela Fazenda

---

[13] EREsp 1.795.347/RJ, aguardando julgamento de Embargos de Declaração, interpostos em 02.12.2021; e EARESP 1.238.111/RJ, aguardando julgamento de Agravo Interno, promovido em 26.01.2022.

[14] Tema 294: A compensação efetuada pelo contribuinte, antes do ajuizamento do feito executivo, pode figurar como fundamento de defesa dos embargos à execução fiscal, a fim de ilidir a presunção de liquidez e certeza da CDA, máxime quando, à época da compensação, restaram atendidos os requisitos da existência de crédito tributário compensável, da configuração do indébito tributário, e da existência de lei específica autorizativa da citada modalidade extintiva do crédito tributário.

Pública. E, neste contexto, pretendendo o contribuinte obter a suspensão da exigibilidade por meio de garantia, pode haver dúvida sobre qual juízo competente para apreciar e deferir a medida. Os ritos, inclusive, são distintos, com prazos e tutelas jurisdicionais diferentes. Na ação anulatória, para a suspensão da exigibilidade do crédito tributário, por meio de garantia, será preciso o deferimento da tutela provisória, enquanto nos embargos à execução trata-se de matéria referente à própria admissibilidade.

Outra censura ao entendimento então firmado pela jurisprudência do STJ diz respeito à possiblidade de decisões conflitantes, haja vista não necessariamente a propositura da ação ordinária estar conexa ao juízo competente da execução fiscal (competência absoluta e vinculada à vara de execução fiscal), admitindo-se, por exemplo, uma decisão de compensação na ação anulatória e a preservação da higidez do crédito cobrado na execução fiscal. Melhor, portanto, que o STJ tivesse caminhado para admitir a arguição de compensação pelo sujeito passivo nos embargos à execução ainda que sob prévio indeferimento administrativo.

Em 2024, o Supremo apreciou a ADPF 1.023 por meio da qual a Ordem dos Advogados do Brasil buscou interpretação conforme à Constituição Federal ao art. 16, § 3º, da Lei 6.830/1980 para permitir que o contribuinte alegue, em defesa de embargos à execução fiscal, a existência de compensação tributária, ainda que não homologada. O Plenário, contudo, confirmou a compreensão do Ministro Dias Toffoli de que sobressai o caráter infraconstitucional de competência do STJ em matéria já decidida no julgamento do EREsp 1.795.347/RJ. Essa decisão tende a manter a questão sob a jurisdição do STJ, mas pode não significar uma definição plena ao tema, que ainda gera controvérsias.

9.2 EFEITOS SUSPENSIVOS DOS EMBARGOS À EXECUÇÃO

Em regra, antes do advento da Lei 11.382/2006, incluída como uma das etapas de reforma do revogado Código de Processo Civil, os embargos nas execuções fiscais, garantido o juízo, asseguravam ao devedor o imediato efeito suspensivo na execução.

Precisamente a Lei 11.382/2006, ao incluir o art. 739-A no antigo CPC trouxe novo regramento à questão, ao menos nas execuções em geral, ao estabelecer que "os embargos do executado não terão efeito suspensivo", mas, "o juiz poderá, a requerimento do embargante, atribuir efeito suspensivo aos embargos".[15]

Ainda mais, uma vez apresentados os embargos, segundo a disciplina do antigo CPC, o processo de execução não ficará automaticamente suspenso, como ocorria na

---

[15] Art. 739-A. Os embargos do executado não terão efeito suspensivo.

§ 1º. O juiz poderá, a requerimento do embargante, atribuir efeito suspensivo aos embargos quando, sendo relevantes seus fundamentos, o prosseguimento da execução manifestamente possa causar ao executado grave dano de difícil ou incerta reparação, e desde que a execução já esteja garantida por penhora, depósito ou caução suficientes.

§ 2º. A decisão relativa aos efeitos dos embargos poderá, a requerimento da parte, ser modificada ou revogada a qualquer tempo, em decisão fundamentada, cessando as circunstâncias que a motivaram.

§ 3º. Quando o efeito suspensivo atribuído aos embargos disser respeito apenas a parte do objeto da execução, essa prosseguirá quanto à parte restante.

§ 4º. A concessão de efeito suspensivo aos embargos oferecidos por um dos executados não suspenderá a execução contra os que não embargaram, quando o respectivo fundamento disser respeito exclusivamente ao embargante.

sistemática anterior. Segue o processamento normalmente, inclusive com a prática de atos de expropriação do patrimônio do devedor.

O efeito suspensivo pode ser conferido a critério do magistrado, *ope iudicis*, quando verificado que o prosseguimento da execução possa causar manifestamente ao executado grave dano de difícil ou incerta reparação, e desde que a execução já esteja garantida por penhora, depósito ou caução suficientes. Este efeito suspensivo pode restringir-se apenas à parte do objeto da execução, quando então poderá prosseguir quanto à restante.

Com a vigência da Lei 13.105/2015, implementando o atual CPC, a questão do efeito suspensivo dos embargos à execução está tratada no *caput* do art. 919, e parágrafos, embora, neste ponto específico, tenha mantido a regra de que não possuem efeito suspensivo imediato.[16]

Desse disciplinamento merece destaque o § 5º, no sentido de esclarecer que o efeito suspensivo não impede os atos de substituição, reforço ou redução da penhora e de avaliação dos bens, seguindo posicionamento doutrinário na interpretação do § 6º do art. 739-A do CPC/1973.[17]

A Fazenda Pública vem pregando, inclusive desde o advento do atual CPC, o entendimento de que tais modificações na disciplina dos embargos do devedor são aplicáveis, da mesma forma, nos embargos à execução fiscal. Segundo este posicionamento, a LEF não disciplina nada a respeito do efeito suspensivo dos embargos à execução e, por encontrar previsão de aplicação subsidiária do CPC, tais mudanças são então extensíveis ao processo de execução fiscal.

Um dos fundamentos da Fazenda Pública para defesa desse entendimento é o de que o disciplinamento da execução fiscal em lei específica tem o claro objetivo de conferir maior celeridade na recuperação dos créditos públicos, conforme pode ser extraído da exposição de motivos da LEF: "ajustadas ao escopo de abreviar a satisfação do direito da Fazenda Pública." E, nesse sentido, não haveria motivos para defender que a cobrança dos créditos privados, com a entrada em vigor do CPC, antes mesmo

---

§ 5º. Quando o excesso de execução for fundamento dos embargos, o embargante deverá declarar na petição inicial o valor que entende correto, apresentando memória do cálculo, sob pena de rejeição liminar dos embargos ou de não conhecimento desse fundamento.

§ 6º. A concessão de efeito suspensivo não impedirá a efetivação dos atos de penhora e de avaliação dos bens.

[16] Art. 919. Os embargos à execução não terão efeito suspensivo.

§ 1º O juiz poderá, a requerimento do embargante, atribuir efeito suspensivo aos embargos quando verificados os requisitos para a concessão da tutela provisória e desde que a execução já esteja garantida por penhora, depósito ou caução suficientes.

§ 2º Cessando as circunstâncias que a motivaram, a decisão relativa aos efeitos dos embargos poderá, a requerimento da parte, ser modificada ou revogada a qualquer tempo, em decisão fundamentada.

§ 3º Quando o efeito suspensivo atribuído aos embargos disser respeito apenas a parte do objeto da execução, esta prosseguirá quanto à parte restante.

§ 4º A concessão de efeito suspensivo aos embargos oferecidos por um dos executados não suspenderá a execução contra os que não embargaram quando o respectivo fundamento disser respeito exclusivamente ao embargante.

§ 5º A concessão de efeito suspensivo não impedirá a efetivação dos atos de substituição, de reforço ou de redução da penhora e de avaliação dos bens.

[17] DIDIER Jr., Cunha; BRAGA, Paula Sarno; OLIVEIRA, Rafael. *Curso de direito processual civil.* Salvador: JusPodivm, 2007, v. 2, p. 353

já alterado o entendimento pela dicção do art. 739-A do antigo CPC, possua maior eficácia que a recuperação dos créditos públicos.

A respeito do assunto, o STJ enfrentou tema acerca da possibilidade de aplicação de dispositivo inserto no CPC/1973, com o advento da Lei 11.382/2006, relativamente às execuções fiscais. Na oportunidade, tratou-se da possibilidade de bloqueio e penhora de dinheiro em depósito ou aplicação financeira, que inseriu o art. 655-A no CPC/1973.

Desse julgamento, colhe-se interessante passagem do voto proferido no REsp 1.074.228/MG pelo Ministro Mauro Campbell a justificar a assertiva acima sustentada pela Fazenda Pública no sentido de que não se pode colocar o credor privado em situação melhor que a do credor público, principalmente no que diz respeito à cobrança do crédito tributário, que deriva do dever fundamental de pagar tributos (arts. 145 e seguintes da Constituição Federal de 1988).[18]

Muito embora, anos depois, o próprio STJ, ainda sob relatoria do Min. Mauro Campbell, tenha entendido por afastar a aplicação nas execuções fiscais do art. 736 do CPC/1973, na redação dada pela Lei 11.382/2006, que exime o executado de garantir o juízo para opor-se à execução por meio de embargos. Segundo a decisão, a LEF não é silente no ponto, pois seu art. 16, § 1º, registra expressamente que "não são admissíveis embargos do executado antes de garantida a execução".[19]

Do repertório de jurisprudência do STJ, encontram-se decisões específicas sobre a aplicação do art. 739-A do CPC/1973 ao disciplinamento da execução fiscal, sob fundamento de que se trata de nova concepção aplicada à teoria geral do processo de execução, especialmente da concretude, no âmbito processual, da teoria do "diálogo das fontes".[20]

---

[18] REsp 1.074.228/MG, Rel. Ministro Mauro Campbell Marques, Segunda Turma, j. 07.10.2008, DJe 05.11.2008.

[19] REsp 1272827/PE, Rel. Ministro Mauro Campbell Marques, Primeira Seção, j. 22.05.2013, DJe 31.05.2013.

[20] 1. Após a entrada em vigor da Lei 11.382/2006, que incluiu no CPC o art. 739-A, os embargos do devedor poderão ser recebidos com efeito suspensivo somente se houver requerimento do embargante e, cumulativamente, estiverem preenchidos os seguintes requisitos: a) relevância da argumentação; b) grave dano de difícil ou incerta reparação; e c) garantia integral do juízo.

2. A novel legislação é mais uma etapa da denominada "reforma do CPC", conjunto de medidas que vêm modernizando o ordenamento jurídico para tornar mais célere e eficaz o processo como técnica de composição de lides.

3. Sob esse enfoque, a atribuição de efeito suspensivo aos embargos do devedor deixou de ser decorrência automática de seu simples ajuizamento. Em homenagem aos princípios da boa-fé e da lealdade processual, exige-se que o executado demonstre efetiva vontade de colaborar para a rápida e justa solução do litígio e comprove que o seu direito é bom.

4. Trata-se de nova concepção aplicada à teoria geral do processo de execução, que, por essa *ratio*, reflete-se na legislação processual esparsa que disciplina microssistemas de execução, desde que as normas do CPC possam ser subsidiariamente utilizadas para o preenchimento de lacunas. Aplicação, no âmbito processual, da teoria do "diálogo das fontes".

5. A Lei de Execuções Fiscais (Lei 6.830/1980) determina, em seu art. 1º, a aplicação subsidiária das normas do CPC. Não havendo disciplina específica a respeito do efeito suspensivo nos embargos à execução fiscal, a doutrina e a jurisprudência sempre aplicaram as regras do Código de Processo Civil.

6. A interpretação sistemática pressupõe, além da análise da relação que os dispositivos da Lei 6.830/1980 guardam entre si, a respectiva interação com os princípios e regras da teoria geral do processo de execução. Nessas condições, as alterações promovidas pela Lei 11.382/2006, notadamente o art. 739-A, § 1º, do CPC/73, são plenamente aplicáveis aos processos regidos pela Lei 6.830/1980.

7. Não se trata de privilégio odioso a ser concedido à Fazenda Pública, mas sim de justificável prerrogativa alicerçada nos princípios que norteiam o Estado Social, dotando a Administração de meios eficazes para a célere recuperação dos créditos públicos.

O tema chegou ao Supremo Tribunal Federal por meio da Ação Direta de Inconstitucionalidade 5165/DF, ajuizada pelo Conselho Federal da Ordem dos Advogados do Brasil – OAB, que questiona a aplicação do rito previsto no art. 739-A e seus respectivos parágrafos do CPC/1973 às execuções fiscais.

Segundo a OAB, nas execuções de natureza privada, o devedor tem o consentimento expresso ao formar o título executivo extrajudicial, enquanto nas execuções fiscais a Certidão de Dívida Ativa tributária é constituída de forma unilateral pelo credor, no caso a Fazenda Pública. Afirma que essa diferença é que justificaria a supressão do efeito suspensivo na esfera cível, haja vista a necessidade de razões excepcionais para sustar a cobrança de dívida livremente assumida.[21]

Ainda das razões expendidas pela OAB, a aplicação de tais modificações nas execuções fiscais viola os princípios da razoabilidade e da proporcionalidade, pois "a expropriação de bens do contribuinte sem que tenha havido o seu consentimento e sem a profunda apreciação do mérito do caso pelo Poder Judiciário revela-se totalmente irrazoável, chegando às raias da arbitrariedade".

O mesmo racional diz sobre a ofensa ao devido processo legal, ao contraditório, à ampla defesa e ao direito de propriedade. A unilateralidade na constituição do título executivo, diz a entidade, mostra-se incompatível com a aplicação de um dispositivo processual que permita a expropriação dos bens do contribuinte antes que lhe seja oportunizada uma decisão judicial definitiva.[22]

No ponto a respeito da isonomia, a OAB faz críticas ao modelo adotado de cobrança, pois haveria evidente discriminação entre a forma de execução do particular contra o Estado e a forma de execução do Estado em face dos contribuintes. A OAB pede medida cautelar para suspender a aplicação da norma extraída do art. 739-A, do CPC/1973, e seus respectivos parágrafos, às execuções fiscais, e, no mérito, que seja declarada a inconstitucionalidade de sua aplicação. Diante da superveniência do CPC/2015, o Conselho Federal da OAB ofereceu aditamento à inicial para adequar o dispositivo impugnado à Lei 13.105/2015, que entrou em vigor em 18 de março de 2016, disciplinado agora pelo art. 919.

---

8. Recurso Especial não provido.
(REsp 1024128/PR, Rel. Ministro Herman Benjamin, Segunda Turma, j. 13.05.2008, DJe 19.12.2008; RDDT vol. 162, p. 156; REVPRO vol. 168, p. 234).

[21] Trechos extraídos da petição inicial da ADI 5165/DF: "regra geral trazida pelo art. 739-A deve ser aplicada apenas aos embargos opostos em face de execuções de títulos de índole privada, eis que, em razão da peculiaridade na formação do título executivo, a sua aplicação às execuções fiscais viola sobremaneira o que seria justo, razoável. (...) Inexiste motivo jurídico plausível que justifique a ausência de efeito suspensivo aos embargos à execução opostos em face de execuções que almejem a cobrança de débitos tributários. O fisco, titular de poderes infinitamente maiores de um credor privado, não pode ser detentor de um direito a que, mesmo garantido o crédito em execução fiscal, essa garantia seja imediatamente executada. O prejuízo que isso causa à parte executada é desproporcional".

[22] Trechos extraídos da petição inicial da ADI 5165/DF: "a demonstração da unilateralidade na constituição do título executivo mostra-se absolutamente incompatível com a aplicação de um dispositivo processual que permita a expropriação dos bens do contribuinte antes que lhe seja oportunizada uma decisão definitiva proferida pelo Poder Judiciário, sob pena de violação ao direito ao devido processo legal substantivo, contraditório, ampla defesa e direito de propriedade. (...) Por todo o exposto, sendo certo que há uma evidente discriminação entre a forma de execução do particular contra o Estado e a forma de execução do Estado em face dos contribuintes, também por violação ao princípio da isonomia deve ser julgada procedente a presente Ação Direta de Inconstitucionalidade".

O Supremo Tribunal Federal assentou o entendimento de que, na hipótese de revogação da lei impugnada por norma superveniente, haveria extinção do interesse jurídico da ação direta de inconstitucionalidade, prejudicando a análise do caso via controle concentrado, tendo em vista a perda de seu objeto, segundo noticiado na própria petição do Conselho Federal da OAB (ADI's 1.889/AM, 387/RO, 3.513/PA, 2.436/PE, 380/RO e 2.757/ES).

Este posicionamento foi alterado quando do julgamento da ADI 3.306/DF, também apreciado o tema na ADI 3.106/MG, com o fim de evitar e neutralizar manobras legislativas adotadas pelos entes no sentido de revogar a norma e posteriormente editar outra de mesmo conteúdo. E mais precisamente na presente hipótese encaixa-se o precedente contido na ADI 1.976/DF.[23]

No caso da ação ajuizada pela OAB (ADI 5.165/DF), o Supremo enfrentou a questão para julgar improcedente o pedido de declaração de inconstitucionalidade e entender que a ausência de efeito suspensivo automático aos embargos à execução não ofende os consectários do devido processo legal, o direito de propriedade e a isonomia. Destaca-se do voto seguido à unanimidade pelo Plenário da Suprema Corte o seguinte excerto:

> Observe-se que o Código de Processo Civil de 2015 ampliou as hipóteses de concessão de efeito suspensivo aos embargos à execução, pois exigiu, para tanto, a comprovação de cumprimento dos requisitos para a concessão da tutela provisória, o que abrange a tutela de urgência, concedida quando há probabilidade do direito e perigo de dano, e a tutela de evidência concedida independente da demonstração de perigo de dano, nas hipóteses do art. 311 do Código de Processo Civil. Atente-se, ainda, a que, mesmo quando os embargos à execução fiscal não são dotados de efeito suspensivo pelo juiz, não é possível à Fazenda Pública adjudicar os bens penhorados ou levantar o valor do depósito em juízo antes do trânsito em julgado da sentença dos embargos. Tanto realça a inexistência de ofensa ao devido processo legal, ao contraditório, à ampla defesa e ao direito de propriedade do executado.

---

[23] Perda de objeto da ação direta em relação ao art. 33, *caput* e parágrafos, da MP 1.699-41/1998, em razão de o dispositivo ter sido suprimido das versões ulteriores da medida provisória e da lei de conversão. A requerente promoveu o devido aditamento após a conversão da medida provisória impugnada em lei. Rejeitada a preliminar que sustentava a prejudicialidade da ação direta em razão de, na lei de conversão, haver o depósito prévio sido substituído pelo arrolamento de bens e direitos como condição de admissibilidade do recurso administrativo. Decidiu-se que não houve, no caso, alteração substancial do conteúdo da norma, pois a nova exigência contida na lei de conversão, a exemplo do depósito, resulta em imobilização de bens. Superada a análise dos pressupostos de relevância e urgência da medida provisória com o advento da conversão desta em lei. A exigência de depósito ou arrolamento prévio de bens e direitos como condição de admissibilidade de recurso administrativo constitui obstáculo sério (e intransponível, para consideráveis parcelas da população) ao exercício do direito de petição (CF, art. 5º, XXXIV), além de caracterizar ofensa ao princípio do contraditório (CF, art. 5º, LV). A exigência de depósito ou arrolamento prévio de bens e direitos pode converter-se, na prática, em determinadas situações, em supressão do direito de recorrer, constituindo-se, assim, em nítida violação ao princípio da proporcionalidade. Ação direta julgada procedente para declarar a inconstitucionalidade do art. 32 da MP 1699-41 – posteriormente convertida na lei 10.522/2002 -, que deu nova redação ao art. 33, § 2º, do Decreto 70.235/72. (Órgão julgador: Tribunal Pleno; Rel. Min. Joaquim Barbosa; j. 28.03.2007; Publicação: 18.05.2007).

PROCESSO TRIBUTÁRIO – *Eduardo Muniz Machado Cavalcanti*

Na prática, a garantia é pressuposto dos embargos à execução fiscal, ainda que não integral, conforme o caso. Mas "a atribuição de efeitos suspensivos aos embargos do devedor fica condicionada ao cumprimento de três requisitos: apresentação de garantia; verificação pelo juiz da relevância da fundamentação (*fumus boni juris*) e perigo de dano irreparável ou de difícil reparação (*periculum in mora*)" – Tema 526 do STJ[24].

Os efeitos suspensivos são restritos ao embargante e não impedem atos de substituição, reforço ou redução de garantia, nem mesmo avaliação de bens.

---

[24] REsp n. 1.272.827/PE, relator Ministro Mauro Campbell Marques, Primeira Seção, julgado em 22/5/2013, DJe de 31/5/2013.

Capítulo 10
MANDADO DE SEGURANÇA

10.1 BREVE HISTÓRICO

No Brasil, a partir da Constituição Republicana de 1881, surgiam mecanismos, ainda bastante embrionários, de controle dos atos administrativos, tendo como um dos marcos a Lei 221/1894, que trouxe a previsão da ação sumária especial com o objetivo de garantir os direitos individuais no caso de lesão por atos ou decisão das autoridades administrativas.

À época, o instituto era de utilização prática reduzidíssima, porém desenhou formalmente a institucionalização do controle dos atos da administração pelo Poder Judiciário, cuja concepção clássica está tradicionalmente construída na tripartição dos Poderes, a conhecida teoria dos freios e contrapesos.

O mandado de segurança tem sua origem legal propriamente com a Constituição de 1934, embora suas primeiras discussões tenham sido levantadas no Congresso Jurídico em 1922, na Seção de Direito Judiciário, presidida pelo Ministro Muniz Barreto. Já sob regime republicano, o então Ministro do Supremo Tribunal Federal comentou: "de um instituto assemelhado ao *juicio* de amparo mexicano, para proteção de direitos não amparáveis pelo *habeas corpus* em sua concepção tradicional."[1]

Com o fortalecimento da doutrina conhecida do *Habeas Corpus*, capitaneada pelo jurista Ruy Barbosa, já concebendo uma interpretação ampliativa do texto da Constituição de 1891, pretendia-se expandir a utilização do referido instituto para a proteção não apenas do direito de ir e vir, mas de qualquer outra liberdade individual, haja vista a previsão de impetração do *writ* quando o indivíduo sofresse ou se achasse em iminente perigo de sofrer violência ou coação por ilegalidade ou abuso de poder.

Em seu primeiro momento, o texto constitucional de 1934 fazia previsão do mandado de segurança para proteção de direito **certo** e **incontestável**, na exata dicção da norma, direito este ameaçado ou violado por ato manifestamente inconstitucional ou ilegal de qualquer autoridade.[2]

Com o Estado Novo e a outorga da Carta de 1937, cuja omissão da previsão constitucional do mandado de segurança encobriu a tutela deste direito, mantinha-se, contudo, a vigência da Lei 191, por meio do Decreto 06, de 6 de novembro de 1937, e, com isso, mesmo afastado da Constituição, a via mandamental ganhou espaço no

---

[1] BARBI, Celso Agrícola. *Do Mandado de Segurança*. 10. ed. Rio de Janeiro: Forense, 2001. p. 31.
[2] Constituição de 1934, art. 113, inciso 33. Disponível em www.planalto.gov.br.

Código de Processo Civil de 1939, como processo especial, resistindo ileso ao período de autoritarismo.

Com o advento da Constituição dos Estados Unidos do Brasil, de 25 de setembro de 1946, ressurgiu-se o mandado de segurança, não tratado na Constituição de 1937, prevendo a necessidade de assegurar "a inviolabilidade dos direitos concernentes à vida, à liberdade, à segurança individual e à propriedade."

O objetivo do remédio constitucional era proteger o direito líquido e certo, independentemente de qual fosse a autoridade responsável pelo ato ilegal ou pelo abuso de poder, desde que não pudesse lançar mão do *habeas* corpus.[3] Surge então a expressão "direito líquido e certo". A Constituição de 1967 manteve o texto então incorporado ao ordenamento jurídico brasileiro.

Atualmente, segundo o art. 5º, LXIX, da Constituição Federal, regulamentado pela Lei 12.016/2009, com o nível de especialização do direito de proteção judicial efetiva, o mandado de segurança é uma garantia jurídico-processual destinada a proteger direito líquido e certo contra ato ou omissão de autoridade pública, não amparado por *habeas corpus* ou *habeas data*.

Do caráter mandamental tem origem a ordem determinada em desfavor da autoridade pública, razão pela qual seus efeitos são, eminentemente, prospectivos, embora não estejam absolutamente afastados de aspectos práticos inerentes às ações de cunho condenatório, que podem abarcar fatos ou repercussões financeiras pretéritos ao trânsito em julgado da concessão da segurança.

Esse remédio jurídico-constitucional foi inicialmente regulamentado pela Lei 1.533/1951, com acréscimos pela Lei 4.348/1964, ao fixar normas processuais relativas ao mandado de segurança. Novo texto foi integralmente produzido, revogando a legislação anterior, por meio da edição da Lei 12.016/2009. Alguns dos seus dispositivos foram questionados pela Ordem dos Advogados do Brasil na Ação Direta de Inconstitucionalidade 4296[4], apreciada pelo STF, em 2021, para definir ainda mais os contornos dessa ação constitucional.

Pela própria definição constitucional e normativa, o mandado de segurança tem utilização ampla, abrangente de todo e qualquer direito subjetivo público sem proteção específica, desde que caracterizadas **a liquidez e a certeza do direito**[5], nos exatos termos do art. 1º da Lei 12.016/2009: *conceder-se-á mandado de segurança para proteger direito líquido e certo, não amparado por habeas corpus ou habeas data, sempre que, ilegalmente ou com abuso de poder, qualquer pessoa física ou jurídica sofrer violação ou houver justo receio de sofrê-la por parte de autoridade, seja de que categoria for e sejam quais forem as funções que exerça.*

Na análise do STF sobre a constitucionalidade da lei, prevaleceu a compreensão de constitucionalidade da vedação de mandado de segurança contra ato de gestão comercial cometido pelos administradores de empresas públicas, sociedades de economia mista e de concessionárias de serviços públicos. Segundo a Corte, atos de gestão puramente

---

3   Constituição de 1946, art. 141, § 24. Disponível em www.planalto.gov.br.

4   ADI 4296, Relator(a): MARCO AURÉLIO, Relator(a) p/ Acórdão: ALEXANDRE DE MORAES, Tribunal Pleno, julgado em 09-06-2021, PROCESSO ELETRÔNICO DJe-202 DIVULG 08-10-2021 PUBLIC 11-10-2021.

5   Tratado logo mais em tópico próprio.

comercial desempenhados por entes públicos na exploração de atividade econômica se destinam à satisfação de seus interesses privados, submetendo-os a regime jurídico próprio das empresas privadas.

Caracteriza-se por ser uma ação de natureza constitucional com viés civil, independentemente da natureza do ato impugnado, seja ele administrativo, jurisdicional, seja na esfera criminal, eleitoral ou trabalhista, mas sempre restrito à proteção de direitos líquidos e certos contra ato de autoridade ou de quem exerça funções públicas.

No âmbito do Direito Tributário, o mandado de segurança é uma via processual muito utilizada porque, comumente, as discussões em torno das relações jurídico-tributárias são restritas à aplicação da lei ou da Constituição Federal, que podem ser resolvidas a partir dos critérios dessa ação, dispensada a dilação probatória, o que torna bem-vinda a celeridade própria do seu processamento.

10.2 PROCEDIMENTO DO MANDADO DE SEGURANÇA

O mandado de segurança é inteiramente regulado pela Lei 12.016/2009 para proteger direito líquido e certo, não amparado por *habeas corpus* ou *habeas data,* sempre que, ilegalmente ou com abuso de poder, qualquer pessoa física ou jurídica sofrer violação ou houver justo receio de sofrê-la por parte de autoridade, seja de que categoria for e sejam quais forem as funções que exerça.

A petição inicial, que deverá preencher os requisitos estabelecidos pela lei processual, será apresentada com todos os documentos que a instruírem e indicará, além da indicação precisa da autoridade coatora, a pessoa jurídica que essa integra, à qual se acha vinculada ou da qual exerce atribuições[6].

O mandado de segurança tem um rito de natureza civil, como já dito anteriormente, especialmente previsto na Lei 12.016/2009, portanto, o Juiz ao despachar a inicial ordenará (art. 7º):

a) a notificação do coator do conteúdo da petição inicial, enviando-lhe cópia integral da petição inicial e seus anexos, a fim de que, no prazo de 10 (dez) dias, preste as informações;

b) a ciência do feito ao órgão de representação judicial da pessoa jurídica interessada, enviando-lhe cópia da inicial sem documentos, para que, querendo, ingresse no feito;

c) a suspensão do ato que deu motivo ao pedido, quando houver fundamento relevante e do ato impugnado puder resultar a ineficácia da medida, caso seja finalmente deferida, sendo facultado exigir caução do(a) impetrante, fiança ou depósito, com o objetivo de assegurar o ressarcimento à pessoa jurídica, na hipótese de reversão da medida.

A possibilidade de o Juízo exigir garantia do impetrante foi apreciada na ADI 4296 para se entender, nas palavras do Ministro Nunes Marques, que tal faculdade "visa a resolver situações complexas nas quais o magistrado perceba plausibilidade jurídica no

---

[6]   Art. 6º da Lei 12.016/2009.

pedido inicial, porém, ao mesmo tempo, estime riscos relevantes de irreversibilidade do provimento provisório". Segundo o Ministro Alexandre de Moraes, "no exercício do seu poder geral de cautela, o magistrado vai poder analisar se aquele caso específico exige caução, fiança ou depósito".

O mandado de segurança pode vir acompanhado de pedido liminar. Da decisão do juiz de primeiro grau que conceder ou denegar a liminar, caberá agravo de instrumento (art. 7º, § 1º)[7].

A liminar deve ser concedida se presentes a "plausibilidade jurídica do pedido" e o "risco de dano irreparável ou de difícil reparação" como requisitos essenciais. O pedido liminar deverá ser apreciado pelo juiz quando do despacho inicial, podendo ser concedido para sustar o ato ilegal. Na hipótese de deferimento da liminar, a lei determina a prioridade de julgamento, a fim que o conflito e a precariedade da situação jurídica não se prolonguem no tempo (art. 7º, § 4º).

O foro competente para processar e julgar o mandado de segurança poderá variar conforme a autoridade coatora e as normas constitucionais de competência, afetando diretamente o sistema de recursos cabíveis. Por exemplo, a Constituição Federal estabelece a competência do STJ para processar e julgar os mandados de segurança contra atos de Ministro de Estado (art. 105, I, alínea "b").

O ajuizamento do mandado de segurança exige o recolhimento de custas judiciais, ao contrário do *habeas corpus* e *habeas data* (art. 5º da Lei 9.289/1996), e, na forma da lei, também dispensam as despesas processuais os atos necessários ao exercício da cidadania (LXXVII do art. 5º da CF).[8]

O regramento recursal em sede de mandado de segurança pode ser abaixo resumido:

a) da decisão que concede ou denega a liminar, caberá sempre agravo de instrumento (art. 7º, § 1º, Lei 12.016/2009);

b) da sentença concessiva ou denegatória da segurança caberá recurso de apelação (art. 14, Lei 12.016/2009);

c) do acórdão denegatório da segurança proferido em única instância pelos Tribunais (TRF e TJ), cabe recurso ordinário constitucional ao STJ ("b", inciso II, art. 105, da CF);

d) do acórdão denegatório da segurança proferido em única instância pelos Tribunais Superiores (STJ, STM, TSE e TST), cabe recurso ordinário constitucional ao STF ("a", inciso II, art. 102, da CF);

e) do acórdão concessivo da segurança em única ou última instância pelos Tribunais (TRF e TJ), caberá recurso extraordinário ao STF ou recurso especial ao STJ, desde que preenchidos os requisitos específicos dos recursos excepcionais (inciso III, art. 102 e inciso III, art. 105, da CF, respectivamente).

---

[7]   Tema 136 do STJ.

[8]   No âmbito da Justiça Federal, a Lei 9.289/96 dispõe sobre as custas devidas à União, na Justiça Federal de primeiro e segundo graus.

Se for concedida a segurança em sentença, ela estará sujeita ao duplo grau jurisdicional, conhecido como reexame necessário pelo tribunal correspondente. Nesse caso, ante à aplicação subsidiária do CPC aos procedimentos especiais[9], bem como à luz da sistemática dos precedentes vinculantes que vigora no atual sistema processual brasileiro, o processamento do mandado de segurança atrai as vedações do § 4º do art. 496 do CPC[10] para a aplicação da remessa necessária.

Os efeitos da medida liminar, salvo se revogada ou cassada, persistirão até a prolação da sentença. Como regra, a concessão da liminar é ampla. O § 2º do art. 7º da lei impôs restrições, impedindo sua concessão, quando tiver por objeto a compensação de créditos tributários[11], a entrega de mercadorias e bens provenientes do exterior, a reclassificação ou equiparação de servidores públicos e a concessão de aumento ou a extensão de vantagens ou pagamento de qualquer natureza.

No julgamento da ADI 4296, essas vedações foram declaradas inconstitucionais e, portanto, excluídas do ordenamento jurídico[12]. O entendimento prestigia a atuação do Poder Judiciário no exame de cada caso concreto e confere mais efetividade à tutela de urgência.

---

[9]   Art. 318. Aplica-se a todas as causas o procedimento comum, salvo disposição em contrário deste Código ou de lei. Parágrafo único. O procedimento comum aplica-se subsidiariamente aos demais procedimentos especiais e ao processo de execução.

[10] Art. 496. Está sujeita ao duplo grau de jurisdição, não produzindo efeito senão depois de confirmada pelo tribunal, a sentença: (...)
§ 4º Também não se aplica o disposto neste artigo quando a sentença estiver fundada em:
I – súmula de tribunal superior;
II – acórdão proferido pelo Supremo Tribunal Federal ou pelo Superior Tribunal de Justiça em julgamento de recursos repetitivos;
III – entendimento firmado em incidente de resolução de demandas repetitivas ou de assunção de competência;
IV – entendimento coincidente com orientação vinculante firmada no âmbito administrativo do próprio ente público, consolidada em manifestação, parecer ou súmula administrativa.

[11] Em razão desse julgado, o STJ cancelou a Súmula 212: a compensação de créditos tributários não pode ser deferida em ação cautelar ou por medida liminar cautelar ou antecipatória.

[12] 1. O mandado de segurança é cabível apenas contra atos praticados no desempenho de atribuições do Poder Público, consoante expressamente estabelece o art. 5º, inciso LXIX, da Constituição Federal. Atos de gestão puramente comercial desempenhados por entes públicos na exploração de atividade econômica se destinam à satisfação de seus interesses privados, submetendo-os a regime jurídico próprio das empresas privadas. 2. No exercício do poder geral de cautela, tem o juiz a faculdade de exigir contracautela para o deferimento de medida liminar, quando verificada a real necessidade da garantia em juízo, de acordo com as circunstâncias do caso concreto. Razoabilidade da medida que não obsta o juízo de cognição sumária do magistrado. 3. Jurisprudência pacífica da CORTE no sentido da constitucionalidade de lei que fixa prazo decadencial para a impetração de mandado de segurança (Súmula 632/STF) e que estabelece o não cabimento de condenação em honorários de sucumbência (Súmula 512/STF). 4. A cautelaridade do mandado de segurança é ínsita à proteção constitucional ao direito líquido e certo e encontra assento na própria Constituição Federal. Em vista disso, não será possível a edição de lei ou ato normativo que vede a concessão de medida liminar na via mandamental, sob pena de violação à garantia de pleno acesso à jurisdição e à própria defesa do direito líquido e certo protegida pela Constituição. Proibições legais que representam óbices absolutos ao poder geral de cautela. 5. Ação julgada parcialmente procedente, apenas para declarar a inconstitucionalidade dos arts. 7º, § 2º, e 22º, § 2º, da Lei 12.016/2009, reconhecendo-se a constitucionalidade dos arts. 1º, § 2º; 7º, III; 23 e 25 dessa mesma lei.
(ADI 4296, Rel. Marco Aurélio, Rel. p/ Acórdão: Alexandre de Moraes, Tribunal Pleno, j. 09.06.2021, processo eletrônico DJe-202 divulg 08-10-2021 public 11-10-2021).

Segundo o Supremo "a cautelaridade do mandado de segurança é ínsita à proteção constitucional ao direito líquido e certo e encontra assento na própria Constituição Federal". Não poderia, portanto, a lei ou o ato normativo limitar a extensão da proteção conferida pela ordem constitucional, sob pena de violação à garantia de pleno e irrestrito acesso à jurisdição e à defesa do direito líquido e certo, ao estabelecer restrições ao poder geral de cautela, inato ao exercício da função judicante.

Sobre a inconstitucionalidade do § 2º, incluído no art. 7º[13], o CTN também veda, independentemente de tratar-se de mandado de segurança, a compensação mediante o aproveitamento de tributo, objeto de contestação judicial pelo sujeito passivo, antes do trânsito em julgado da respectiva decisão judicial. Essa inserção no CTN surgiu apenas com a edição da Lei Complementar 104/2001, com o acréscimo do art. 170-A.

Como a compensação é modalidade extintiva do crédito tributário[14], em muitas situações, após concedida a medida liminar, por sua própria natureza de caráter precário, os contribuintes promoviam inúmeras compensações e o Fisco, com todas as dificuldades inerentes de fiscalização e controle, via-se na difícil tarefa de lançar os tributos quando as liminares eram cassadas. Em outras hipóteses, o Fisco tinha que promover medidas judiciais cabíveis para cobrança do crédito tributário extinto por indevida compensação.

Além do art. 170-A do CTN, a Lei 11.051/2004 promoveu a inserção da alínea "d" ao inciso II do § 12 do art. 74 da Lei 9.430/1996[15] para considerar que serão tidas como

---

[13] Art. 7º Ao despachar a inicial, o juiz ordenará: (...)

§ 2º Não será concedida medida liminar que tenha por objeto a compensação de créditos tributários, a entrega de mercadorias e bens provenientes do exterior, a reclassificação ou equiparação de servidores públicos e a concessão de aumento ou a extensão de vantagens ou pagamento de qualquer natureza.

[14] Art. 156. Extinguem o crédito tributário:

I – o pagamento;

II – a compensação;

III – a transação;

IV – remissão;

V – a prescrição e a decadência;

VI – a conversão de depósito em renda;

VII – o pagamento antecipado e a homologação do lançamento nos termos do disposto no art. 150 e seus §§ 1º e 4º;

VIII – a consignação em pagamento, nos termos do disposto no § 2º do art. 164;

IX – a decisão administrativa irreformável, assim entendida a definitiva na órbita administrativa, que não mais possa ser objeto de ação anulatória;

X – a decisão judicial passada em julgado.

XI – a dação em pagamento em bens imóveis, na forma e condições estabelecidas em lei. (Incluído pela LCP 104, de 10.01.2001)

Parágrafo único. A lei disporá quanto aos efeitos da extinção total ou parcial do crédito sobre a ulterior verificação da irregularidade da sua constituição, observado o disposto nos arts. 144 e 149.

[15] Art. 74. (...)

§ 12. Será considerada não declarada a compensação nas hipóteses

(...).

II – em que o crédito:

(...).

d) seja decorrente de decisão judicial não transitada em julgado; ou

(...).

Título III • Cap. 10 • MANDADO DE SEGURANÇA | **407**

não declaradas as compensações tributárias cujo crédito seja decorrente de decisão judicial não transitada em julgado.

Este assunto ainda se mantém em evidência, mesmo com a conclusão do julgamento da ADI 4296[16], mais um importante elemento nas discussões provocadas sobre a possibilidade ou não de aceitar compensações realizadas com base em ações judiciais individuais, sem trânsito em julgado.

O § 2º, do art. 7º da Lei 12.016/2009, impunha a vedação de concessão de medida liminar que tenha por objeto a compensação de créditos tributários, embora, como visto, mantém-se hígido no ordenamento jurídico tributário o art. 170-A do CTN, relevante impedimento para *a compensação mediante o aproveitamento de tributo, objeto de contestação judicial pelo sujeito passivo, antes do trânsito em julgado da respectiva decisão judicial.*

Tome-se, como exemplo, as compensações fundadas em decisões proferidas pelo STF com efeitos vinculantes, ou pelo STJ sob o crivo do recurso representativo de controvérsia. Para além da repercussão geral ou dos efeitos vinculantes, e sobretudo com o advento do atual CPC, os precedentes firmados no âmbito dos Tribunais Superiores, mesmo em controle difuso de constitucionalidade no âmbito do STF, adquiriram relevância no repertório de jurisprudência, aproximando-se da tendência norte-americana do *common law.*

Com o CPC de 2015, houve o engrandecimento valorativo do sistema de precedentes, tendo a lei deixado de ser o único paradigma obrigatório vinculante para tomada de decisão do órgão julgador. Os precedentes judiciais também vinculam as decisões judiciais atualmente, haja vista o CPC considerar não fundamentada qualquer decisão judicial que deixar de seguir precedente ou jurisprudência invocada pela parte, sem mostrar a existência de distinção no caso em julgamento ou a superação do entendimento.[17]

A validade da compensação em matéria tributária antes do trânsito em julgado das ações individuais, promovidas pelo contribuinte e baseadas em precedentes dos Tribunais Superiores, ainda conta com vozes isoladas na jurisprudência, notadamente no âmbito administrativo e judicial, e desde que a concessão desse direito atenda ao cumprimento dos requisitos essenciais: a "plausibilidade jurídica do pedido" e o "risco de dano irreparável ou de difícil reparação".

---

[16] 4. *A cautelaridade do mandado de segurança é ínsita à proteção constitucional ao direito líquido e certo e encontra assento na própria Constituição Federal. Em vista disso, não será possível a edição de lei ou ato normativo que vede a concessão de medida liminar na via mandamental, sob pena de violação à garantia de pleno acesso à jurisdição e à própria defesa do direito líquido e certo protegido pela Constituição. Proibições legais que representam óbices absolutos ao poder geral de cautela.* 5. Ação julgada parcialmente procedente, apenas para declarar a inconstitucionalidade dos arts. 7º, § 2º, e 22º, § 2º, da Lei 12.016/2009, reconhecendo-se a constitucionalidade dos arts. 1º, § 2º; 7º, III; 23 e 25 dessa mesma lei. (ADI 4296, Rel. Marco Aurélio, Rel. p/ Acórdão: Alexandre de Moraes, Tribunal Pleno, j. 09.06.2021, processo eletrônico DJe-202 divulg 08-10-2021 public 11-10-2021)

[17] Art. 489. (...).

§ 1º. Não se considera fundamentada qualquer decisão judicial, seja ela interlocutória, sentença ou acórdão, que:

(...)

VI – deixar de seguir enunciado de súmula, jurisprudência ou precedente invocado pela parte, sem demonstrar a existência de distinção no caso em julgamento ou a superação do entendimento.

A compensação de crédito objeto de controvérsia judicial "antes do trânsito em julgado da respectiva decisão judicial", como dito, é vedada pelo art. 170-A do CTN, todavia, este entendimento não se aplica para as ações judiciais propostas em data anterior à vigência desse dispositivo, introduzido pela LC 104/2001.[18] O entendimento, além de sufragado pelo Superior Tribunal de Justiça, na esfera administrativa, também encontra abrigo no repertório de jurisprudência do Conselho Administrativo de Recursos Fiscais – CARF.[19]

No julgamento da ADI 4296, também foi declarado inconstitucional o art. 22, § 2º, que trazia a obrigação de o representante da pessoa jurídica de direito público ser ouvido antes do exame do pedido de liminar formulado em mandado de segurança coletivo. Já o questionamento da OAB sobre o não cabimento de condenação em honorários de sucumbência não foi acolhido, considerando que a jurisprudência da Corte já havia pacificado o tema na Súmula 512/STF.

A ação mandamental pode ser impetrada em caráter preventivo, como objetivo de evitar lesão a direito líquido e certo, quando configurado justo receio de que determinado ato ilegal seja praticado pela autoridade coatora. Nessa hipótese, não há prazo predeterminado para o ajuizamento.

Não sendo esse o caso, o direito de requerer mandado de segurança extingue-se após decorridos 120 (cento e vinte) dias, contados da ciência, pelo interessado, do ato impugnado, prazo também declarado constitucional na ADI 4369 e que já era validado pela Súmula 632/STF. Do ato coator, a parte lesada tem esse lastro temporal para valer-se da medida judicial. No CPC/1973, essa questão não suscitou maiores discussões, porém, com o advento do CPC/2015, dúvidas surgiram a respeito da contagem desse prazo.

Diz o art. 219: "Na contagem de prazo em dias, estabelecido por lei ou pelo juiz, computar-se-ão somente os dias úteis". Com este novo dispositivo no ordenamento jurídico, a doutrina iniciou um debate sobre a contagem do prazo do mandado de segurança.

Embora alguns defendam a mudança na sistemática da contagem para dias úteis, em sede de mandado de segurança, defendo que, por se tratar de direito de ação, inserido na órbita dos direitos potestativos, vinculados ao âmbito do Direito Civil, estão relacionados a prazos decadenciais, assim como acontece com a ação rescisória.

O prazo de 120 (cento e vinte) dias do mandado de segurança, portanto, é um prazo regulado pelo direito civil, relativamente ao direito potestativo ao *mandamus*,

---

[18]   1. A lei que regula a compensação tributária é a vigente à data do encontro de contas entre os recíprocos débito e crédito da Fazenda e do contribuinte. Precedentes.

2. Em se tratando de compensação de crédito objeto de controvérsia judicial, é vedada a sua realização "antes do trânsito em julgado da respectiva decisão judicial", conforme prevê o art. 170-A do CTN, vedação que, todavia, não se aplica a ações judiciais propostas em data anterior à vigência desse dispositivo, introduzido pela LC 104/2001. Precedentes.

3. Recurso especial provido. Acórdão sujeito ao regime do art. 543-C do CPC/73 e da Resolução STJ 08/08.

(REsp 1164452/MG, Rel. Ministro Teori Albino Zavascki, Primeira Seção, j. 25.08.2010, DJe 02.09.2010).

[19]   É vedada a compensação de crédito do sujeito passivo para com a Fazenda Nacional, objeto de discussão judicial, antes do trânsito em julgado da decisão que reconhecer o direito creditório do sujeito passivo, mormente nos casos em que a própria decisão judicial apresentada como fundamento de validade para a compensação condiciona expressamente a compensação ao seu trânsito em julgado. Processo n. 10120.005434/99-42, Acórdão n. 3401-005.946.

Título III • Cap. 10 • MANDADO DE SEGURANÇA | **409**

e, por isso, não tem natureza processual a ensejar a submissão ao parágrafo único do art. 219 do CPC, devendo ser contado em dias corridos. É o entendimento do STJ no sentido de que "o prazo para a impetração do mandado de segurança é decadencial e, como tal, não possui natureza de prazo processual. Trata-se de prazo contado em dias corridos e não apenas nos dias úteis, sendo inaplicável a regra do art. 219 do CPC".[20]

O mandado de segurança nada mais é do que um procedimento legal, uma técnica processual especial e diferenciada, e, justamente por isso, possui requisitos próprios, entre eles o prazo para sua impetração. Da mesma forma, cita-se como exemplo para corroborar esta tese o prazo para utilização das ações possessórias e dos embargos à execução.

A discussão sobre essa matéria pode parecer simples, mas guarda grande relevância. Isso porque a interposição de recurso administrativo sem efeito suspensivo não interrompe nem suspende o prazo decadencial disposto no art. 23 da Lei 12.016/2009, não interferindo na decadência do direito de impetrar mandado de segurança, haja vista a regra, juridicamente relevante, de que prazos decadenciais são insuscetíveis de interrupção ou de suspensão.

Prevalece, contudo, na jurisprudência e na doutrina, a regra de que o prazo do mandado de segurança é decadencial e, portanto, contado diretamente, cabendo referir, por relevante e pertinente, as palavras de Hely Lopes Meirelles: "o prazo para impetrar mandado de segurança é de cento e vinte dias, a contar da data em que o interessado tiver conhecimento oficial do ato a ser impugnado. Este prazo é de decadência do direito à impetração e, como tal, não se suspende nem se interrompe desde que iniciado".[21]

O STF já pacificou que "pedido de reconsideração na via administrativa não interrompe o prazo para o mandado de segurança" (Súmula 430/STF), sendo certo, ainda, na linha dessa mesma orientação, que a interposição de recurso administrativo sem efeito suspensivo igualmente não interrompe (nem suspende) a fluência do prazo decadencial para impetração do mandado de segurança (MS 23.397-AgR/DF, Rel. Min. Cezar Peluso – RMS 30.562/DF, Rel. Min. Cármen Lúcia)[22]. Essa também é a orientação jurisprudencial adotada pelo Superior Tribunal de Justiça[23].

---

[20] 1. É extemporâneo o mandado de segurança impetrado após o prazo decadencial de 120 (cento e vinte) dias previsto no art. 23 da Lei 12.016/2009.

2. O prazo para a impetração do mandado de segurança é decadencial e, como tal, não possui natureza de prazo processual. Trata-se de prazo contado em dias corridos e não apenas nos dias úteis, sendo inaplicável a regra do art. 219 do CPC.

3. Agravo interno a que se nega provimento.

(AgInt nos EDcl no RMS 58.440/RJ, Rel. Ministra Maria Isabel Gallotti, Quarta Turma, j. 17.12.2019, DJe 19.12.2019).

[21] Mandado de Segurança e Ações Constitucionais", p. 61, item n. 7, 33. ed. 2010, atualizada por Arnoldo Wald/Gilmar Ferreira Mendes, Malheiros.

[22] *Vide* também o seguinte julgado: MS 29.872-Segundo-AgR/DF, Rel. Min. Teori Zavascki.

"1. A interposição de recurso administrativo sem efeito suspensivo não prejudica a fluência do prazo decadencial para a impetração de mandado de segurança. (...)." (MS 30.109-AgR/DF, Rel. Min. Roberto Barroso).

[23] "1. 'Consoante entendimento jurisprudencial, o pedido de reconsideração (Súmula 430) e o recurso administrativo destituído de efeito suspensivo não têm o condão de interromper o prazo decadencial do mandado de segurança. Precedentes' (AgRg no MS n. 14.178/DF, Ministro Felix Fischer, Terceira Seção, DJe 17.04.2009).

2. Mandado de segurança extinto com análise de mérito, nos termos do art. 23 da Lei n. 12.016/2009, c/c o art. 269, IV, do Código de Processo Civil." (MS 11.655/DF, Rel. Min. Sebastião Reis Júnior)

No âmbito tributário, a regra geral é que a interposição de recurso administrativo suspende a exigibilidade do crédito tributário, nos termos do inciso III, art. 151 do CTN, porém situações excepcionais podem ensejar a discussão sobre a contagem do prazo para impetração do mandado de segurança, tal como edição de regulamentos pelo Fisco com efeitos concretos, sem vínculo ao procedimento administrativo fiscal.

Ainda sobre o cabimento de mandado de segurança em matéria tributária, o art. 5º da Lei 12.016/2009[24] estabelece vedações à concessão da ordem, dentre as quais contra ato do qual caiba recurso administrativo com efeito suspensivo, independentemente de caução. Esse óbice, contudo, não se aplica aos casos que envolvam dívida ativa porque esbarra no parágrafo único do art. 38 da Lei 6.830/1980[25], segundo o qual a impetração da ação mandamental importa renúncia ao poder de recorrer na esfera administrativa ou desistência de recurso interposto.

Significa dizer que, em regra, o ajuizamento do mandado de segurança é prejudicado pela pendência de recurso administrativo. Contudo, à luz da LEF, as discussões judiciais relativas à dívida ativa autorizam a concessão da segurança porque comprometem, nesse caso, a pretensão recursal na via administrativa, e não a judicial.

10.3 DIREITO LÍQUIDO E CERTO: PROVA NO MANDADO DE SEGURANÇA

Ainda que a questão, objeto do mandado de segurança, seja complexa em seu aspecto jurídico, não pode haver controvérsia em relação aos fatos ou atos alegados, de modo que possam ser provados por prova documental pré-constituída. Ou seja, a liquidez e a certeza do direito violado ou sob ameaça devem constar nos pressupostos fáticos dos autos e não no arcabouço jurídico alegado, exigindo previamente, desde o ajuizamento, prova cabal e incontestável sobre os fatos alegados[26].

"É pacífico o entendimento do STJ no sentido de que o prazo decadencial para impetração do mandado de segurança não se interrompe nem se suspende em razão de pedido de reconsideração ou da interposição de recurso administrativo, exceto quando concedido efeito suspensivo (...)." (RMS 25.112/RJ, Rel. Min. Eliana Calmon)

"(...) 4. O pedido de reconsideração ou recurso administrativo destituído de efeito suspensivo não tem o condão de suspender ou interromper o curso do prazo de 120 dias estabelecido no art. 23 da Lei 12.016/09, revelando-se inservível para a contagem da decadência, a teor da Súmula 430 do Supremo Tribunal Federal: 'Pedido de reconsideração na via administrativa não interrompe o prazo para o mandado de segurança'.

5. Agravo regimental não provido" (RMS 36.299-AgRg/SP, Rel. Min. Castro Meira).

[24] Art. 5º Não se concederá mandado de segurança quando se tratar:
I – de ato do qual caiba recurso administrativo com efeito suspensivo, independentemente de caução;
II – de decisão judicial da qual caiba recurso com efeito suspensivo;
III – de decisão judicial transitada em julgado.

[25] Art. 38. A discussão judicial da Dívida Ativa da Fazenda Pública só é admissível em execução, na forma desta Lei, salvo as hipóteses de mandado de segurança, ação de repetição do indébito ou ação anulatória do ato declarativo da dívida, esta precedida do depósito preparatório do valor do débito, monetariamente corrigido e acrescido dos juros e multa de mora e demais encargos.
Parágrafo Único. A propositura, pelo contribuinte, da ação prevista neste artigo importa em renúncia ao poder de recorrer na esfera administrativa e desistência do recurso acaso interposto.

[26] "A opção pela via do mandado de segurança oferece aos impetrantes o bônus da maior celeridade processual e da prioridade na tramitação em relação às ações ordinárias, porém, essa opção cobra o preço da prévia, cabal e incontestável demonstração dos fatos alegados, mediante prova documental

O próprio STF editou a Súmula 625, em sessão plenária de 24 de setembro de 2003, para consagrar que a "controvérsia sobre matéria de direito não impede concessão de mandado de segurança". A solução da controvérsia jurídica é o papel da tutela jurisdicional, enquanto a comprovação do direito alegado é pressuposto processual a ser atendido pelo impetrante.

O direito líquido e certo referido na lei é matéria de fato, o que se apresenta manifesto na sua existência, delimitado na sua extensão e apto a ser demonstrado no momento da impetração para que seja relacionado ao que expresso em norma e permita atender todos os requisitos e condições para sua aplicação, de modo que a certeza e a liquidez do direito devem ser comprovadas de plano, sendo dispensável e vedada dilação probatória complementar.

A ausência de demonstração de direito líquido e certo, ou seja, a falta de comprovação dos fatos que se alega, deve ser causa de não cabimento do mandado de segurança, por decisão que extinga a ação sem resolução de mérito. A denegação da segurança, por sua vez, implica solução de mérito da controvérsia, porque decorre da conclusão de que o direito comprovado ou alegado não socorre o impetrante ou há equívoco na tese jurídica invocada. Por isso, recomenda-se a comprovação em tópico específico para assegurar a demonstração de que as provas apresentadas demonstram o direito alegado e, portanto, asseguram o cabimento do mandado de segurança.

No Direito Tributário, tem-se utilizado amplamente do mandado de segurança para perseguir a pretensão da parte impetrante, seja na modalidade preventiva, repressiva ou reparatória, segundo as finalidades abaixo:

a) **Ação preventiva:** quando o contribuinte pretende afastar a incidência de determinado tributo, mediante relação jurídica de trato sucessivo ou não. Exemplo, o contribuinte entende que o tributo que vem recolhendo mensalmente está eivado de inconstitucionalidade ou ilegalidade e, com este propósito, pretende ver afastada sua cobrança ou, após fiscalização do Fisco, promove o ajuizamento do *mandamus* para afastar o lançamento tributário.

b) **Ação repressiva:** utilizada quando o contribuinte recebeu uma notificação para efetuar pagamento de um tributo, mas ainda não fez. Neste caso, o contribuinte já foi cobrado, e, portanto, o crédito está definitivamente constituído, cabendo-lhe a via do mandado de segurança para legitimar o não pagamento e, sobretudo, a suspensão da exigibilidade do crédito tributário.

c) **Ação reparatória:** quando o contribuinte já pagou o tributo. Não há o que prevenir nem reprimir, mas sim pedir a reparação, via ressarcimento e/ou compensação. Neste ponto, deve-se ter muito cuidado porque segundo aplicação reiterada da jurisprudência o mandado de segurança não pode valer-se como medida substitutiva da ação de cobrança[27].

---

idônea, a ser apresentada desde logo com a inicial, evidenciando a liquidez e certeza do direito afirmado". AgRg no MS 19.025/DF, Rel. Min. Sérgio Kukina, Primeira Seção, DJe 21.09.2016.

[27] Súmula 269 – STF: O mandado de segurança não é substitutivo de ação de cobrança.
Súmula 271 – STF: Concessão de mandado de segurança não produz efeitos patrimoniais, em relação a período pretérito, os quais devem ser reclamados administrativamente ou pela via judicial própria.

412 | PROCESSO TRIBUTÁRIO – *Eduardo Muniz Machado Cavalcanti*

É requisito do mandado de segurança a comprovação inequívoca de direito líquido e certo pela parte impetrante, por meio da chamada prova pré-constituída, inexistindo espaço para a dilação probatória na célere via do remédio constitucional. Para a demonstração do direito líquido e certo, é necessário que, no momento da sua impetração, seja facilmente aferível a extensão do direito alegado e que ele possa ser prontamente exercido[28].

Nas relações jurídicas entre contribuinte *versus* fisco, o mandado de segurança pode ser impetrado sob fundamento de inconstitucionalidade de lei ou na ilegalidade da própria constituição do crédito tributário, compreendendo, por exemplo, os elementos normativos ou fáticos utilizados nos lançamentos fiscais constituídos indevidamente, penalidades impostas, condições e exigibilidade do crédito, bem como a pretensão da expedição de certidões negativas ou positivas com efeitos de negativa.

Discute-se, ainda, se a prova do direito líquido e certo deve ser integralmente constituída no momento da distribuição ou, quando necessária, produzida ao longo do curso processual. Nesse aspecto, a própria lei estabelece um certo grau de flexibilização, notadamente quando a produção depender, ou estiver em posse, da autoridade coatora ou de outra pessoa.

A lei preservou essa situação ao estabelecer que, se o documento necessário à prova do alegado se ache em repartição ou estabelecimento público, ou em poder de autoridade que se recuse a fornecê-lo por certidão, o juiz ordenará, preliminarmente, por ofício, a exibição desse documento em original ou em cópia autêntica e marcará, para o cumprimento da ordem, o prazo de 10 (dez) dias. O escrivão extrairá cópias do documento para juntá-las à segunda via da petição. Se a autoridade que tiver procedido dessa maneira for a própria coatora, a ordem far-se-á no próprio instrumento da notificação.[29]

Excluindo essa exceção prevista no texto legal, a jurisprudência do STF é firme em não admitir dilação probatória incidental em mandado de segurança[30]. Portanto, "o mandado de segurança não abre margem à dilação probatória. Os fatos articulados na inicial devem vir demonstrados mediante os documentos próprios"[31].

> O processo de mandado de segurança qualifica-se como processo documental, em cujo âmbito não se admite dilação probatória, pois a liquidez dos fatos, para evidenciar-se de maneira incontestável, exige prova pré-constituída, circunstância essa que afasta a discussão de matéria fática fundada em simples conjecturas ou em meras suposições ou inferências (MS 23.652/DF, Rel. Min. Celso de Mello, Tribunal Pleno, DJ 16.02.2001).

---

[28]   RMS 52.883/GO, Rel. Ministro Herman Benjamin, Segunda Turma, j. 18.04.2017, DJe 02.05.2017.

[29]   Art. 6º, Lei 12.016, de 7 de agosto de 2009.

[30]   Na mesma linha: MS 24.964/DF, de minha relatoria, Tribunal Pleno, DJ 1º.02.2008; MS 26.284/DF, Rel. Min. Menezes Direito, Tribunal Pleno, DJ 13.06.2008; RMS 25.736/DF, Rel. Min. Marco Aurélio, Redator para o acórdão o Ministro Ricardo Lewandowski, Primeira Turma, DJ 18.04.2008; MS 25.054-AgR/DF, Rel. Min. Ellen Gracie, Tribunal Pleno, DJ 26.05.2006; MS 25.325-AgR/DF, Rel. Min. Joaquim Barbosa, Tribunal Pleno, DJ 7.04.2006; MS 24.928/DF, Rel. Min. Carlos Velloso, Tribunal Pleno, DJ 24.02.2006; RMS 24.537/DF, Rel. Min. Carlos Velloso, Segunda Turma, DJ 16.12.2005; MS 24.719/DF, Rel. Min. Carlos Velloso, Tribunal Pleno, DJ 14.05.2004; e MS 23.652/DF, Rel. Min. Celso de Mello, Tribunal Pleno, DJ 16.02.2001.

[31]   RMS 26.744/DF, Rel. Min. Marco Aurélio, Primeira Turma, DJ 12.11.2009.

Título III • Cap. 10 • MANDADO DE SEGURANÇA | **413**

10.4 ATO DE AUTORIDADE COATORA

Ato de autoridade coatora é toda manifestação ou omissão do Poder Público ou de seus delegados, praticada ou iminente, no desempenho de suas funções ou a pretexto de exercê-las. Por "autoridade" entende-se a pessoa física investida de poder de decisão dentro da esfera de competência que lhe é atribuída pela norma jurídica.

O mandado de segurança é direcionado à autoridade coatora e se presta para atacar determinado ato seu que viola ou ameaça direito líquido e certo. A configuração do ato coator, por sua vez, é imprescindível para o cabimento da ação e a concessão da segurança. Como expresso na Súmula 266 do STF, "não cabe mandado de segurança contra lei em tese", é preciso demonstrar os efeitos concretos decorrentes da aplicação da lei pela autoridade competente.

Nos atos complexos, a autoridade coatora é configurada pelo último ato praticado ou a ser praticado. Essa é a razão da Súmula 627 do STF: no mandado de segurança contra a nomeação de magistrado da competência do Presidente da República, este é considerado autoridade coatora, ainda que o fundamento da impetração seja nulidade ocorrida em fase anterior do procedimento.

Deve-se distinguir *autoridade pública* do simples *agente público*. Aquela detém, na ordem hierárquica, **poder de decisão** e é competente para praticar **atos administrativos decisórios**, os quais, se ilegais ou abusivos, são suscetíveis de impugnação por mandado de segurança quando ferem direito líquido e certo. De outro lado, o agente público não pratica atos decisórios, mas simples atos executórios, e, por isso, não está sujeito ao mandado de segurança, pois é apenas executor da ordem superior.

Para fins de mandado de segurança, contudo, consideram-se atos de autoridade não só os emanados das autoridades públicas propriamente ditas, como também os praticados por "*representantes ou órgãos de partidos políticos; administradores de entidades autárquicas; e, ainda, dirigentes de pessoas jurídicas ou as pessoas naturais no exercício de atribuições do Poder Público*" (art. 1º, § 1º, da Lei 12.016/2009).

A autoridade coatora desempenha duas funções no mandado de segurança, segundo destacado em voto proferido pela Ministra Assusete Magalhães, do STJ: a) uma, internamente, de natureza processual, consistente em defender o ato impugnado pela impetração; trata-se de hipótese excepcional de legitimidade *ad processum*, em que órgão da pessoa jurídica, não o representante judicial desta, responde ao pedido inicial; b) outra, externamente, de natureza executiva, vinculada à sua competência administrativa; ela é quem cumpre a ordem judicial[32].

10.5 TEORIA DA ENCAMPAÇÃO NO MANDADO DE SEGURANÇA EM MATÉRIA TRIBUTÁRIA E O CPC/2015

A Lei 12.016/2009 prevê que a autoridade coatora, praticante do ato violador de direito líquido e certo, ou em vias de praticá-lo, é qualquer pessoa "de que categoria for" ou "sejam quais forem as funções que exerça", equiparando-se a elas os "representantes

---

[32]   AgInt no RMS 54968/RN agravo interno no recurso em mandado de segurança, 2017/0194699-6. Ministra Assusete Magalhães. Segunda Turma, 15.05.2018.

ou órgãos de partidos políticos ou as pessoas naturais no exercício de atribuições do poder público, somente no que disser respeito a essas atribuições" (*caput* do art. 1º e § 1º).

A identificação da autoridade coatora para fins de mandado de segurança parece simples, mas, na prática, inúmeras situações sucedem-se e ocasionam incertezas a respeito da correta indicação, especialmente no mandado de segurança preventivo, no qual ainda não ocorreu o ato violador do direito líquido e certo, mas tão somente o "justo receio" de sofrê-lo. Essa situação acontece pela forma e composição da administração pública, sobretudo as fazendárias, cuja organização é dada por regimentos internos nem sempre de fácil entendimento.

A teoria da encampação, estudada e aplicada ao mandado de segurança, permite que, ainda que haja indicação errada da autoridade coatora, estando as demais condições presentes, a ilegitimidade passiva originária pode ser superada com a atratividade do ato coator para aquele apontado na petição inicial e, com isso, tem-se o prosseguimento da ação mandamental, de modo a privilegiar a economia, eficácia e celeridade processuais, preservando a "máxima efetividade do processo", princípio extraído do art. 4º do CPC[33].

A Primeira Seção do STJ, ao julgar o MS 4.839/DF[34], assentou que "a autoridade coatora, no mandado de segurança, é aquela que pratica o ato, não a que genericamente orienta os órgãos subordinados a respeito da aplicação da lei no âmbito administrativo", e, por isso, em muitas situações, os *writs* são extintos sem resolução de mérito, haja vista a inclusão no polo passivo do Secretário de Fazenda de Estado, por exemplo.

A Segunda Turma do STJ orienta-se no sentido de que o Secretário de Estado não possui legitimidade para figurar, como autoridade coatora, em mandado de segurança que visa a afastar a cobrança de ICMS[35]. Por sua vez, alguns tribunais de justiça, em suas próprias turmas ou câmaras de julgamento, possuem entendimentos divergentes a respeito da legitimidade passiva do Secretário de Estado de Fazenda no mandado de segurança, como é o caso, por exemplo, do Tribunal de Justiça de Goiás[36].

---

[33] Art. 4º As partes têm o direito de obter em prazo razoável a solução integral do mérito, incluída a atividade satisfativa.

[34] Rel. Ministro Ari Pargendler, DJU 16.02.1998.

[35] RMS 54.333/RN, Rel. Ministro Herman Benjamin, Segunda Turma, DJe 20.10.2017. No mesmo sentido são os seguintes precedentes atuais da Primeira Turma desta Corte: AgInt no RMS 51.519/MG, Rel. Ministro Sérgio Kukina, Primeira Turma, DJe 16.12.2016; AgInt no RMS 46.013/RJ, Rel. Ministro Gurgel de Faria, Primeira Turma, DJe 29.08.2016; AgRg no RMS 30.771/RJ, Rel. Ministro Napoleão Nunes Maia Filho, Primeira Turma, DJe 30.11.2016; AgInt no RMS 49.232/MS, Rel. Ministro Benedito Gonçalves, Primeira Turma, DJe 18.05.2016.

[36] 3ª Câmara Cível, TJGO:
Agravo interno em mandado de segurança. Legitimidade passiva do Secretário da Fazenda. Deferimento liminar determinando que o impetrado se abstenha do lançamento do ICMS. Ausência de fato novo. 1. A legitimidade do Secretário da Fazenda para figurar no polo passivo é pacífica, posto que este detém o controle da atividade finalística da persecução tributária, podendo determinar a inscrição do crédito em dívida ativa, bem como corrigir eventuais incorreções2. Verificada a presença dos critérios para a concessão de liminar, notadamente a existência do periculum in mora e a plausibilidade do direito invocado, deve ser mantida a decisão agravada que, com amparo na Súmula 166 do STJ, determinou à autoridade indigitada coatora se abstenha de lançar o ICMS sobre a atividade de deslocamento de semoventes entre propriedades rurais do impetrante até decisão final, mesmo que uma delas esteja localizada em outro estado da federação. 3. Se a parte agravante não demonstra qualquer fato novo ou argumentação suficiente para acarretar a modificação da linha de raciocínio adotada no decisum agravado, impõe-se o desprovimento do agravo interno, porquanto interposto à míngua de elemento

A Primeira Turma do STJ, ao julgar o AgRg no RMS 36.846/RJ, decidiu que, no regime do lançamento por homologação, a iminência de sofrer o lançamento fiscal, acaso não cumpra a legislação de regência, autoriza o sujeito passivo da obrigação tributária a impetrar mandado de segurança contra a exigência que considera indevida. Nesse caso, autoridade coatora é aquela que tem competência para o lançamento *ex officio*, e não o Secretário de Estado da Fazenda.[37]

A pretensão relacionada a impedir a fiscalização e cobrança de ICMS, por exemplo, deve ser direcionada ao agente ou auditor fiscal que detém atribuição para o exercício do ato administrativo e não o Governador do Estado ou Secretário de Estado de Fazenda, sendo incabível a teoria da encampação no mandado de segurança, nestas situações, porque modificaria a regra de competência jurisdicional disciplinada pela Constituição da unidade federada. A competência jurisdicional do mandado de segurança contra agente fiscal é de primeira instância, enquanto o Tribunal de Justiça possui jurisdição para o *mandamus* contra Governador de Estado ou Secretário de Fazenda.

Diante dessas situações processuais, é comum a parte impetrante, haja vista a extinção do processo sem resolução de mérito, suscitar a teoria da encampação para insistir no julgamento de mérito contra o Secretário de Estado. E, neste ponto, a Primeira Seção do STJ, nos autos do MS 10.484/DF[38], firmou o entendimento de que a teoria da encampação apenas se aplica ao mandado de segurança quando preenchidos, cumulativamente, os seguintes requisitos:

(a)   existência de vínculo hierárquico entre a autoridade que prestou informações e a que ordenou a prática do ato impugnado;

(b)   manifestação a respeito do mérito, nas informações prestadas;

(c)   ausência de indevida modificação ampliativa de competência jurisdicional absoluta.

Para tanto, segundo a jurisprudência firmada pela Primeira Seção do STJ, a encampação ocorre quando, entre os requisitos acima, a autoridade indicada como coatora não se limita a alegar a sua ilegitimidade nas informações prestadas na ação, entrando no

---

novo capaz de desconstituir a decisão que concedeu a liminar postulada na inicial. Agravo interno conhecido e desprovido.
(TJGO, Mandado de Segurança (L. 8069/90) 5279032-32.2018.8.09.0000, Rel. Itamar de Lima, 3ª Câmara Cível, j. 14.12.2018, DJe 14.12.2018)
1ª Câmara Cível, TJGO:
Mandado de segurança. Autoridade coatora. Secretário de estado da Fazenda. Ilegitimidade passiva reconhecida. 1. O Secretário de Estado da Fazenda não possui legitimidade passiva para figurar como autoridade coatora em Mandado de segurança em se que discute a exigibilidade de tributos. 2. O simples fato da ação fiscal estar eventualmente pautada em norma infralegal editada pelo Secretário de Estado da Fazenda não o torna legitimado passivo para os Mandados de Segurança que discutem a legalidade da autuação. 3. Afastada a legitimidade passiva do Secretário de Estado da Fazenda para figurar como autoridade coatora, o Tribunal de Justiça local deixa de ser competente para o julgamento do feito. Incompetência reconhecida pelo Tribunal de Justiça. segurança denegada com extinção do processo sem resolução do mérito.
(TJGO, Mandado de Segurança 5545077-34.2018.8.09.0000, Rel. Orloff Neves Rocha, 1ª Câmara Cível, j. 14.12.2018, DJe 14.12.2018)

[37]   Rel. Ministro Ari Pargendler, DJe 07.12.2012.
[38]   Rel. Ministro José Delgado, DJU 26.09.2005.

416 | PROCESSO TRIBUTÁRIO – *Eduardo Muniz Machado Cavalcanti*

próprio mérito do ato praticado. Essa concepção relaciona-se ao princípio da cooperação[39] expressamente previsto no CPC e as suas diretrizes lançadas nos arts. 338 e 339, com maior grau de flexibilidade à substituição ou correção do réu na ação de conhecimento.[40]

A extensão do normativo direcionado às ações de conhecimento referido acima para o mandado de segurança encontrou acolhida no Enunciado 511 do Fórum Permanente de Processualistas Civis – FPPC: "A técnica processual prevista nos arts. 338 e 339 pode ser usada, no que couber, para possibilitar a correção da autoridade coatora, bem como da pessoa jurídica, no processo de mandado de segurança."

As discussões judiciais foram tantas ao longo dos anos que o STJ por meio da Súmula 628 definiu os requisitos para aplicação da teoria da encampação:

> A teoria da encampação é aplicada no mandado de segurança quando presentes, cumulativamente, os seguintes requisitos: a) existência de vínculo hierárquico entre a autoridade que prestou informações e a que ordenou a prática do ato impugnado; b) manifestação a respeito do mérito nas informações prestadas; e c) ausência de modificação de competência estabelecida na Constituição Federal.

10.6 EFEITOS FINANCEIROS DO MANDADO DE SEGURANÇA

Os efeitos financeiros da ação mandamental são alvo de constante debate jurisprudencial e isso é relevante para a atuação no âmbito do Direito Tributário, especialmente para os casos em que se discutem relações jurídicas de trato sucessivo e que se estendem no tempo.

A jurisprudência do STF conta com duas súmulas clássicas a respeito do tema:

Súmulas 269: O mandado de segurança não é substitutivo de ação de cobrança.

Súmula 271: Concessão de mandado de segurança não produz efeitos patrimoniais em relação a período pretérito, os quais devem ser reclamados administrativamente ou pela via judicial própria.

À época em que editados, os enunciados tinham direcionamento às demandas propostas por servidores públicos relativamente a diferenças remuneratórias. Con-

---

[39] Art. 6º Todos os sujeitos do processo devem cooperar entre si para que se obtenha, em tempo razoável, decisão de mérito justa e efetiva.

[40] Art. 338. Alegando o réu, na contestação, ser parte ilegítima ou não ser o responsável pelo prejuízo invocado, o juiz facultará ao autor, em 15 (quinze) dias, a alteração da petição inicial para substituição do réu.

Parágrafo único. Realizada a substituição, o autor reembolsará as despesas e pagará os honorários ao procurador do réu excluído, que serão fixados entre três e cinco por cento do valor da causa ou, sendo este irrisório, nos termos do art. 85, § 8º.

Art. 339. Quando alegar sua ilegitimidade, incumbe ao réu indicar o sujeito passivo da relação jurídica discutida sempre que tiver conhecimento, sob pena de arcar com as despesas processuais e de indenizar o autor pelos prejuízos decorrentes da falta de indicação.

§ 1º O autor, ao aceitar a indicação, procederá, no prazo de 15 (quinze) dias, à alteração da petição inicial para substituição do réu, observando-se, ainda, o parágrafo único do art. 338.

§ 2º No prazo de 15 (quinze) dias, o autor pode optar por alterar a petição inicial para incluir, como litisconsorte passivo, o sujeito indicado pelo réu.

Título III • **Cap. 10** • MANDADO DE SEGURANÇA | **417**

solidou-se então o entendimento de que o mandado de segurança não deve produzir efeito patrimonial em relação a período pretérito, e, por isso, a sentença concessiva da segurança não constitui título executivo acerca dos valores devidos antes de sua impetração, impondo-se a necessidade da propositura de ação específica.

Por muitos criticada, a situação mostrou-se textualmente construída a partir da redação do § 4º, do art. 14 da Lei 12.016/2009, determinando que o pagamento de vantagens pecuniárias a servidor público das três esferas federativas *"somente será efetuado relativamente às prestações que se vencerem a contar da data do ajuizamento da inicial".*

A Corte Especial do STJ, em sentido totalmente oposto, ao apreciar o EREsp 1.164.514-AM, Rel. Min. Napoleão Nunes Maia Filho, julgado em 16.12.2015, DJe 25.02.2016, consolidou o entendimento de que os efeitos financeiros do mandado de segurança, impetrado contra redução do valor de vantagem integrante de proventos ou de remuneração de servidor público, são retroativos à data do ato impugnado.

Segundo a referida decisão, a exigência de se propor outra demanda para cobrança de valores retroativos não apresenta nenhuma utilidade prática e atenta contra os princípios da justiça, da efetividade processual, da celeridade e da razoável duração do processo. Essa imposição estimula demandas desnecessárias e que movimentam a máquina judiciária, de modo a consumir tempo e recursos de forma completamente inútil, e enseja inclusive a fixação de honorários sucumbenciais, em ação que já se sabe destinada à procedência.[41]

Portanto, em sentido contrário à determinação contida nas súmulas 269 e 271 do STF e no § 4º do art. 14 da Lei 12.016/09, o Superior Tribunal de Justiça entendeu, pela ampliação dos efeitos financeiros da concessão da ordem mandamental para além da data do ajuizamento da ação, de modo a abranger todo o período em que vigorou o ato violador de direito líquido e certo do impetrante.

A sentença, no mandado de segurança, é antes de tudo mandamental, por determinar uma ordem à autoridade pública, mas pode preservar um conteúdo condenatório, sobretudo quando compreende pedido de servidor público, visando à obtenção de vantagem ou de diferença de vencimentos, desmistificando a regra de que o mandado de segurança não cabe como substitutivo da ação de cobrança.

---

[41] Em mandado de segurança impetrado contra redução do valor de vantagem integrante de proventos ou de remuneração de servidor público, os efeitos financeiros da concessão da ordem retroagem à data do ato impugnado. Não se desconhece a orientação das Súmulas n. 269 e 271 do STF, à luz das quais caberia à parte impetrante, após o trânsito em julgado da sentença mandamental concessiva, ajuizar nova demanda de natureza condenatória para reivindicar os valores vencidos em data anterior à impetração do mandado de segurança. Essa exigência, contudo, não apresenta nenhuma utilidade prática e atenta contra os princípios da justiça, da efetividade processual, da celeridade e da razoável duração do processo. Ademais, essa imposição estimula demandas desnecessárias e que movimentam a máquina judiciária, de modo a consumir tempo e recursos de forma completamente inútil, e enseja inclusive a fixação de honorários sucumbenciais, em ação que já se sabe destinada à procedência. Corroborando esse entendimento, o STJ firmou a orientação de que, nas hipóteses em que o servidor público deixa de auferir seus vencimentos ou parte deles em razão de ato ilegal ou abusivo do Poder Público, os efeitos financeiros da concessão de ordem mandamental devem retroagir à data do ato impugnado, violador do direito líquido e certo do impetrante. Isso porque os efeitos patrimoniais são mera consequência da anulação do ato impugnado que reduz o valor de vantagem nos proventos ou remuneração do impetrante (MS 12.397-DF, Terceira Seção, DJe 16.06.2008). Precedentes citados: EDcl no REsp 1.236.588-SP, Segunda Turma, DJe 10.05.2011; e AgRg no REsp 1.090.572-DF, Quinta Turma, DJe 1º.06.2009. EREsp 1.164.514-AM, Rel. Min. Napoleão Nunes Maia Filho, j. 16.12.2015, DJe 25.02.2016).

Portanto, pode-se dizer que o repertório de jurisprudência, sobretudo com o advento da decisão do STJ acima referida, muito avançou na superação da tese, até então majoritária, de que o pagamento de verbas atrasadas em sede de mandado de segurança restringe-se às parcelas existentes entre a data da impetração e a concessão da ordem.

Concedida a segurança para impor o pagamento de diferenças salariais, seu cumprimento será feito a partir do trânsito em julgado, com a vantagem, a partir deste momento, sendo incluída em folha, como obrigação de fazer, caracterizando uma tutela mandamental, permitindo ainda a "cobrança" dos valores retroativos desde a edição do ato impugnado, mas com observância do prazo prescricional.

O STF, neste contexto, entende que os efeitos financeiros do mandado de segurança, revelando pretensão de conteúdo patrimonial, devem se operar desde a impetração do *writ* até o efeito cumprimento depois do trânsito em julgado da decisão mandamental, segundo pode-se observar de decisões a respeito do assunto:

> Há a considerar, ainda, no que concerne ao pedido de concessão de 'efeito retroativo a dezembro de 2011' ao benefício previdenciário ora questionado, que o entendimento consagrado pela jurisprudência do Supremo Tribunal Federal, no sentido de que se mostra plenamente viável a utilização do mandado de segurança para veicular pretensão de conteúdo patrimonial, desde que a reparação pecuniária vindicada abranja período situado entre a data da impetração do *'writ'* e aquela em que se der o efetivo cumprimento da ordem mandamental. Isso significa, portanto, que efeitos patrimoniais produzidos em momento que precede a data da impetração do mandado de segurança não são alcançados pela decisão que o concede, tal como prescreve a Lei 12.016/2009, cujo art. 14, § 4º, impõe essa limitação de ordem temporal ao destacar que 'O pagamento de vencimentos e vantagens pecuniárias assegurados em sentença concessiva de mandado de segurança a servidor público da administração direta ou autárquica federal, estadual e municipal somente será efetuado relativamente às prestações que se vencerem a contar da data do ajuizamento da inicial'. Na realidade, essa regra legal, que constitui reprodução do que se continha na Lei 5.029/1966 (art. 1º), nada mais reflete senão diretriz jurisprudencial consubstanciada na Súmula 271 desta Suprema Corte, (...). (STF. MS 31690 AgR, Rel. Ministro Celso de Mello, j. 11.02.2014, DJe 27.02.2014)
>
> (...) 1. Embora o Supremo Tribunal Federal haja reconhecido o direito líquido e certo dos impetrantes quanto à percepção da Gratificação de Atividade de Segurança (GAS), instituída pelo art. 15 da Lei 11.415/2006, a ordem judicial aqui proferida não alcança pagamentos referentes a parcelas anteriores ao ajuizamento da ação, 'os quais devem ser reclamados administrativamente ou pela via judicial própria' (Súmulas 269 e 271 do STF). (STF. MS 26740 ED, Rel. Ministro Ayres Britto, Segunda Turma, j. 07.02.2012, DJe 22.02.2012).
>
> Ressalto que, conforme jurisprudência do Tribunal consubstanciada nas súmulas 269 e 271, o mandado de segurança não se presta aos fins de ação de cobrança, de forma que a concessão da segurança não produz efeitos patrimoniais em relação ao período anterior à impetração. (STF. MS 27565, Rel. Ministro Gilmar Mendes, Segunda Turma, j. 18.10.2011, DJe 22.11.2011).

Título III • Cap. 10 • MANDADO DE SEGURANÇA | 419

É bem verdade que o assunto, da forma como foi abordado até aqui, foi tratado à luz das discussões sobre diferenças remuneratórias de servidores públicos, porém a *ratio decidendi*, sem adentrar nas especificidades, poderia ser exatamente a mesma se incorporada ao âmbito tributário.

É comum nos mandados de segurança em matéria tributária constar o pedido de compensação do tributo, recolhido indevidamente ou a maior, nos últimos cinco anos – quinquênio que antecede a ação, além daqueles pagos no curso processual, com débitos vencidos ou vincendos do próprio contribuinte e administrados, ou sob gestão, da autoridade indigitada como coatora.

As Súmulas 269 e 271 do STF gerariam aparente impedimento à pretensão do contribuinte de ter deferido seu pedido de compensação dos valores recolhidos indevidamente nos últimos cinco anos à impetração do mandado de segurança. Contudo, o tema deve ser enxergado com as particularidades especiais da esfera tributária, e já muito debatidas, notadamente no cenário jurisprudencial, que culminaram na edição da Súmula 213 do STJ.

A Súmula 213 do STJ, publicada em 2 de outubro de 1998, dispõe que "o mandado de segurança constitui ação adequada para a declaração do direito à compensação tributária". Ademais, também do STJ, a Súmula 461 assegura que "o contribuinte pode optar por receber, por meio de precatório ou por compensação, o indébito tributário certificado por sentença declaratória transitada em julgado".

Como já dito, o mandado de segurança, por se tratar de uma ação com natureza mandamental, e ter por objeto uma ordem judicial dirigida à autoridade coatora, a fim de coibir a prática de um ato abusivo, ilegal ou inconstitucional, em desfavor da pessoa física ou jurídica prejudicada, não seria meio hábil a acolher o pedido de restituição de tributo. Porém, é certo que a legislação tributária autoriza e, na prática, costumeiramente, são formulados pedidos administrativos de compensação ou ressarcimento dos valores recolhidos indevidamente.

Tecnicamente, é discutível o acolhimento do pedido de restituição no mandado de segurança, observado o quinquênio legal, que antecede a propositura da ação, devendo o impetrante valer-se da ação ordinária (repetição do indébito tributário), em que o provimento jurisdicional pode ir além daquele simplesmente mandamental. Ademais, o cumprimento de decisões dessa natureza esbarra no sistema de precatórios instituído pela Constituição Federal.

Por isso que depois, e se, concedida a segurança, é possível apenas a execução dos valores que foram indevidamente recolhidos **após** a distribuição do mandado de segurança, segundo as súmulas 269 e 271 do STF. Inclusive, é preciso dizer que nenhum dos precedentes que originaram dessas Súmulas dizia respeito à compensação de tributos, haja vista ter compreendido discussões de diferenças estipendiárias destinadas a servidores públicos.

Uma possibilidade, e talvez estratégia processual a ser lançada, é se valer do pedido de reconhecimento judicial da interrupção da prescrição para efeito de futura e eventual proposição da ação ordinária de repetição do indébito. Com isso, o contribuinte poderá, mesmo que o mandado de segurança tenha curso processual até o trânsito em julgado por uma década, obter, pela via ordinária, a recuperação do quinquênio que antecedeu a ação mandamental.

PROCESSO TRIBUTÁRIO – *Eduardo Muniz Machado Cavalcanti*

Este pedido encontraria convergência na jurisprudência do STJ, no sentido de ao assegurar o propósito declaratório do direito de compensar pelo contribuinte, conferido pelo mandado de segurança, subsidiariamente, haveria o reconhecimento judicial da interrupção da prescrição para efeito de eventual ação ordinária de repetição do indébito, de modo que somente após o trânsito em julgado da decisão proferida no presente mandado de segurança voltaria a fluir a prescrição da ação ordinária para a cobrança dos créditos recolhidos indevidamente referentes ao quinquênio que antecede a propositura do *writ*.[42]

O tema, contudo, ainda encontra vozes dissonantes, porém tem prevalecido o entendimento de que cabe ao mandado de segurança a declaração do direito à compensação, que, depois do advento do art. 66 da Lei 8.383/1991, se tornou viável mediante a propositura da referida medida judicial.[43]

O art. 74 da Lei 9.430/1996, hoje, regula inteiramente a matéria no âmbito federal, "o sujeito passivo que apurar crédito, inclusive os judiciais com trânsito em julgado, relativo a tributo ou contribuição administrado pela Secretaria da Receita Federal, passível de restituição ou de ressarcimento, poderá utilizá-lo na compensação de débitos próprios relativos a quaisquer tributos e contribuições administrados por aquele Órgão".[44]

Mesmo depois de vigente a Súmula 213 do STJ, a Corte pronunciou-se outras vezes, no REsp 1.111.164/BA e no REsp 1.124.537/SP, ambos julgados sob o crivo do rito repetitivo (Temas 118 e 258), respectivamente:

> 1. No que se refere a mandado de segurança sobre compensação tributária, a extensão do âmbito probatório está intimamente relacionada com os limites da pretensão nele deduzida. Tratando-se de impetração que se limita, com base na súmula 213/STJ, a ver reconhecido o direito de compensar (que tem como pressuposto um ato da autoridade de negar a compensabilidade), mas sem fazer

---

[42] AgRg no REsp 1.348.276 / RS, Primeira Turma, Rel. Min. Benedito Gonçalves, j. 18.12.2012; AgRg no Ag 1.240.674/RS, Segunda Turma, Rel. Min. Castro Meira, DJe 2.06.2010; AgRg no REsp 1.181.970/SP, Segunda Turma, Rel. Min. Humberto Martins, j. 15.04.2010; REsp 1.181.834/RS, Segunda Turma, Rel. Min. Mauro Campbell Marques, j. 17.08.2010; AgRg no REsp 1.210.652 – RS, Segunda Turma, Rel. Min. Herman Benjamin, j. 23.11.2010.

3. Segundo o recurso representativo da controvérsia REsp 1.269.570/MG (STJ, Primeira Seção, Rel. Min. Mauro Campbell Marques, j. 23.05.2012) e o RE n. 566.621/RS (STF, Plenário, Rel. Min. Ellen Gracie, j. 04.08.2011)

[43] Art. 66. Nos casos de pagamento indevido ou a maior de tributos, contribuições federais, inclusive previdenciárias, e receitas patrimoniais, mesmo quando resultante de reforma, anulação, revogação ou rescisão de decisão condenatória, o contribuinte poderá efetuar a compensação desse valor no recolhimento de importância correspondente a período subsequente. (Redação dada pela Lei 9.069, de 29.06.1995) (Vide Lei 9.250, de 1995)

§ 1º. A compensação só poderá ser efetuada entre tributos, contribuições e receitas da mesma espécie. (Redação dada pela Lei 9.069, de 29.06.1995)

§ 2º. É facultado ao contribuinte optar pelo pedido de restituição. (Redação dada pela Lei 9.069, de 29.06.1995)

§ 3º. A compensação ou restituição será efetuada pelo valor do tributo ou contribuição ou receita corrigido monetariamente com base na variação da UFIR. (Redação dada pela Lei 9.069, de 29.06.1995)

§ 4º. As Secretarias da Receita Federal e do Patrimônio da União e o Instituto Nacional do Seguro Social – INSS expedirão as instruções necessárias ao cumprimento do disposto neste artigo. (Redação dada pela Lei 9.069, de 29.06.1995)

[44] Redação dada pela Lei 10.637, de 2002 (Vide Lei 12.838, de 2013).

juízo específico sobre os elementos concretos da própria compensação, a prova exigida é a da "condição de credora tributária" (ERESP 116.183/SP, 1ª Seção, Min. Adhemar Maciel, DJ 27.04.1998).

2. Todavia, será indispensável prova pré-constituída específica quando, à declaração de compensabilidade, a impetração agrega (a) pedido de juízo sobre os elementos da própria compensação (v.g.: reconhecimento do indébito tributário que serve de base para a operação de compensação, acréscimos de juros e correção monetária sobre ele incidente, inexistência de prescrição do direito de compensar), ou (b) pedido de outra medida executiva que tem como pressuposto a efetiva realização da compensação (v.g.: expedição de certidão negativa, suspensão da exigibilidade dos créditos tributários contra os quais se opera a compensação). Nesse caso, o reconhecimento da liquidez e certeza do direito afirmado depende necessariamente da comprovação dos elementos concretos da operação realizada ou que o impetrante pretende realizar. Precedentes da 1ª Seção (EREsp 903.367/SP, Min. Denise Arruda, DJe 22.09.2008) e das Turmas que a compõem.

3. No caso em exame, foram deduzidas pretensões que supõem a efetiva realização da compensação (suspensão da exigibilidade dos créditos tributários abrangidos pela compensação, até o limite do crédito da impetrante e expedição de certidões negativas), o que torna imprescindível, para o reconhecimento da liquidez e certeza do direito afirmado, a pré-constituição da prova dos recolhimentos indevidos.

4. Recurso especial provido. Acórdão sujeito ao regime do art. 543-C do CPC e da Resolução STJ 08/08.

(REsp 1111164/BA, Rel. Ministro Teori Albino Zavascki, Primeira Seção, j. 13.05.2009, DJe 25.05.2009).

1. O mandado de segurança é instrumento adequado à declaração do direito de compensação de tributos indevidamente pagos, em conformidade com a Súmula 213 do STJ. (Precedentes das Turmas de Direito Público: AgRg no REsp 1044989/RS, Rel. Ministro Herman Benjamin, Segunda Turma, j. 06.08.2009, DJe 25.08.2009; EDcl no REsp 1027591/SP, Rel. Ministra Eliana Calmon, Segunda Turma, j. 09.06.2009, DJe 25.06.2009; RMS 13.933/MT, Rel. Ministro Humberto Martins, DJ 31.08.2007; REsp 579.488/SP, Rel. Ministro João Otávio de Noronha, DJ 23.05.2007; AgRg no REsp 903.020/SP, Rel. Ministro Francisco Falcão, DJ 26.04.2007; e RMS 20.523/RO, Rel. Ministro Luiz Fux, DJ 08.03.2007).

2. Ao revés, é defeso, ao Judiciário, na via estreita do *mandamus*, a convalidação da compensação tributária realizada por iniciativa exclusiva do contribuinte, porquanto necessária a dilação probatória. (Precedentes: EDcl nos EDcl no REsp 1027591/SP, Rel. Ministra Eliana Calmon, Segunda Turma, j. 03.09.2009, DJe 21.09.2009; REsp 1040245/SP, Rel. Ministro Luiz Fux, Primeira Turma, j. 17.03.2009, DJe 30.03.2009; AgRg no REsp 725.451/SP, Rel. Ministro Herman Benjamin, Segunda Turma, j. 09.12.2008, DJe 12.02.2009; AgRg no REsp 728.686/SP, Rel. Ministro Mauro Campbell Marques, Segunda Turma, j.28.10.2008, DJe 25.11.2008; REsp 900.986/SP, Rel. Ministro Castro Meira, Segunda Turma, j.

06.03.2007, DJ 15.03.2007; REsp 881.169/SP, Rel. Ministro Francisco Falcão, Primeira Turma, j. 19.10.2006, DJ 09.11.2006).

3. A intervenção judicial deve ocorrer para determinar os critérios da compensação objetivada, a respeito dos quais existe controvérsia, v.g. os tributos e contribuições compensáveis entre si, o prazo prescricional, os critérios e períodos da correção monetária, os juros etc.; bem como para impedir que o Fisco exija do contribuinte o pagamento das parcelas dos tributos objeto de compensação ou que venha a autuá-lo em razão da compensação realizada de acordo com os critérios autorizados pela ordem judicial, sendo certo que o provimento da ação não implica reconhecimento da quitação das parcelas ou em extinção definitiva do crédito, ficando a iniciativa do contribuinte sujeita à homologação ou a lançamento suplementar pela administração tributária, no prazo do art. 150, § 4º do CTN.

4. A Administração Pública tem competência para fiscalizar a existência ou não de créditos a ser compensados, o procedimento e os valores a compensar, e a conformidade do procedimento adotado com os termos da legislação pertinente, sendo inadmissível provimento jurisdicional substitutivo da homologação da autoridade administrativa, que atribua eficácia extintiva, desde logo, à compensação efetuada. (...)

(REsp 1124537/SP, Rel. Ministro Luiz Fux, Primeira Seção, j. 25.11.2009, DJe 18.12.2009).

Em síntese, segundo o que decidido no REsp 1.111.164/BA (Tema 18), o direito à compensação pode ocorrer das seguintes formas:

. (i) a impetração para *"ver* **reconhecido o direito de compensar** *(que tem como pressuposto um ato da autoridade de negar a compensabilidade), mas sem fazer juízo específico sobre os elementos concretos da própria compensação"*; e

(ii) a impetração **"à declaração de compensabilidade"** que agrega *"pedido de juízo específico sobre os elementos da própria compensação"* e *"pedido de outra medida executiva que tem como pressuposto a efetiva realização da compensação".*

A primeira hipótese, vertida na alínea (i), pressupõe dois fatos jurídicos administrativos concretos e específicos. O primeiro, a existência de um processo administrativo prévio, proposto pelo contribuinte junto ao órgão público, com o objetivo de obter a restituição ou a compensação de tributo que entende ter sido indevidamente recolhido. O segundo, a existência de um ato administrativo ilegal de indeferimento do referido processo.

Na segunda situação, o contribuinte diante da cobrança indevida do Fisco, reiterada, e renovada periodicamente, formula pedido de sustação desta irregularidade, além da compensação dos valores indevidamente recolhidos a este título, durante o quinquênio que antecede a propositura da ação. Nesse momento, o contribuinte não precisa apresentar a liquidação da quantia que se deseja compensar, porque na maioria das vezes ainda incerta, mas deve juntar documentos que comprovem a irregularidade dos recolhimentos mediante DCTFs, DARFs, GFIPs, inseridos atualmente no eCAC ou no SPED Fiscal do contribuinte.

Obtendo o contribuinte o direito mediante decisão favorável, objeto de trânsito em julgado, assegurando o direito à compensação, caberá ao contribuinte proceder ao pedido de habilitação do crédito judicial junto à Receita Federal do Brasil, na hipótese dos tributos de competência da União.[45]

Em alguns casos, contudo, o Poder Judiciário vem impondo limitações à eficácia de decisões proferidas em mandado de segurança impetrado com o objetivo de obter a declaração do direito à compensação dos valores indevidamente exigidos pelo Fisco.

As referidas limitações são decorrentes de uma aplicação imprópria da vedação disposta na mencionada Súmula 271 do STF[46], utilizada de forma descontextualizada para fundamentar a rejeição de pedidos dos contribuintes de reconhecimento do direito de compensar o indébito tributário referente aos 5 anos anteriores à impetração do mandado de segurança, sob o fundamento de que este não produz efeitos patrimoniais pretéritos ao seu ajuizamento.[47]

Os Tribunais, ao assim decidirem, têm incorrido em manifesto equívoco quanto à eficácia da sentença proferida em mandado de segurança, com um consequente não reconhecimento da sua exequibilidade. É que a eficácia material dessa sentença pode ter conteúdo declaratório ou mandamental, o que não se confunde com a sua eficácia executiva.

A despeito da eficácia executiva ser um aspecto intrínseco ao provimento jurisdicional de conteúdo condenatório, a possibilidade de as sentenças mandamentais e declaratórias também possuírem tal exequibilidade é inequívoca.

Para o provimento jurisdicional em sede de mandado de segurança, a eficácia executiva é decorrente de decisão judicial que reconheça e declare a existência de uma obrigação, tal qual o direito do contribuinte de proceder à repetição de indébito tributário. Isso porque a decisão que possua tal conteúdo pode declarar, além da (in) existência da relação jurídica, a exigibilidade de uma prestação devida.

Corroborando tal entendimento, o art. 515, I, do CPC define como títulos executivos judiciais "as decisões proferidas no processo civil que reconheçam a exigibilidade de obrigação de pagar quantia, de fazer, de não fazer ou de entregar coisa". É garantida, portanto, a eficácia executiva de decisão que reconhece a exigibilidade de obrigação

---

[45] Instrução Normativa da RFB 2.055, de 6 de dezembro de 2021.
Art. 100. A compensação de créditos decorrentes de decisão judicial transitada em julgado será realizada na forma prevista nesta Instrução Normativa, exceto se a decisão dispuser de forma diversa.
Art. 101. É vedada a compensação do crédito do sujeito passivo para com a Fazenda Nacional, objeto de discussão judicial, antes do trânsito em julgado da respectiva decisão judicial.

[46] Súmula 271: Concessão de mandado de segurança não produz efeitos patrimoniais em relação a período pretérito, os quais devem ser reclamados administrativamente ou pela via judicial própria.

[47] A título exemplificativo, veja-se:
"II – Nesse contexto, a jurisprudência do Superior Tribunal de Justiça é pacífica no sentido de que, em que pese ser possível, por meio de mandado de segurança, a declaração do direito à compensação de créditos ainda não atingidos pela prescrição (Súmula n. 213 do STJ), a via mandamental não é apta a produzir efeitos patrimoniais pretéritos, os quais devem ser reclamados administrativamente ou pela via judicial própria" (Súmula n. 271/STF).
(AgInt no REsp 1770495/RS, Rel. Ministro Francisco Falcão, Segunda Turma, j. 05.09.2019, DJe 16.09.2019).

de pagar quantia, como é o caso da sentença proferida em mandado de segurança que declara o direito à compensação de tributos recolhidos indevidamente.

Na linha do que vem sendo reiteradamente decidido pelo STJ sobre o tema, "a possibilidade de a sentença mandamental declarar o direito à compensação (ou creditamento), nos termos da Súmula 213/STJ, de créditos ainda não atingidos pela prescrição não implica concessão de efeitos patrimoniais pretéritos à impetração"[48], restando evidente a inaplicabilidade da vedação disposta na Súmula 271 do STF.

Em destaque, a decisão da Ministra Assusete Magalhães do STJ ao afastar a alegada incidência da Súmula 271/STF, adotando a jurisprudência do próprio Tribunal no sentido de que há "a possibilidade de a sentença mandamental declarar o direito à compensação (ou creditamento), nos termos da Súmula 213/STJ, de créditos ainda não atingidos pela prescrição não implica concessão de efeitos patrimoniais pretéritos à impetração"[49].

No ano de 2019, a 1ª seção do STJ definiu a abrangência de tese fixada em 2009, no Tema 118, em recurso repetitivo, acima reproduzido, segundo a qual "é necessária a efetiva comprovação do recolhimento feito a maior ou indevidamente para fins de declaração do direito à compensação tributária em sede de mandado de segurança".[50]

A Corte estabeleceu as seguintes premissas para delimitar o entendimento, segundo a exata compreensão do julgado:

(a) tratando-se de mandado de segurança impetrado com vistas a declarar o direito à compensação tributária, em virtude do reconhecimento da ilegalidade ou inconstitucionalidade da anterior exigência da exação, independentemente da apuração dos respectivos valores, é suficiente, para esse efeito, a comprovação plena de que o impetrante ocupa a posição de credor tributário, haja vista os comprovantes de recolhimento indevido somente serem exigidos posteriormente, na esfera administrativa, quando o procedimento de compensação for submetido à verificação pelo fisco; e

(b) tratando-se de mandado de segurança com vistas a obter juízo específico sobre as parcelas a serem compensadas, com efetiva alegação da liquidez e certeza dos créditos, ou, ainda, na hipótese em que os efeitos da sentença supõem a efetiva homologação da compensação a ser realizada, o crédito do contribuinte depende de quantificação, de modo que a inexistência de comprovação suficiente dos valores indevidamente recolhidos representa a ausência de prova pré-constituída indispensável à propositura da ação mandamental.

O relator ministro Napoleão Nunes Maia Filho, acompanhado à unanimidade pelo Colegiado, considerou que a questão discutida no mandado de segurança, no caso sob exame, era meramente jurídica, "sendo desnecessária a exigência de provas

---

[48] AgRg nos EDcl no AREsp 248.890/MG, Rel. Ministra Assusete Magalhães, Segunda Turma, j. 09.08.2021, DJe 16.08.2021.
No mesmo sentido: AgInt no REsp 1915692/RS, Rel. Ministra Regina Helena Costa, Primeira Turma, j. 26.04.2021, DJe 28.04.2021.

[49] AgRg nos EDcl no AREsp 248.890/MG, Rel. Ministra Assusete Magalhães, Segunda Turma, j. 09.08.2021, DJe 16.08.2021. Vide ainda na jurisprudência do STJ: REsp 1.596.218/SC, Rel. Ministro Humberto Martins, Segunda Turma, DJe 10.08.2016); AgRg no AREsp 69.312/PR, Rel. Ministro Cesar Asfor Rocha, Segunda Turma, DJe 18.05.2012; RMS 26.334/MT, Rel. Ministro Mauro Campbell Marques, Segunda Turma, DJe 24.05.2012.

[50] REsp 1715256/SP, Rel. Ministro Napoleão Nunes Maia Filho, Primeira Seção, j. 13.02.2019, DJe 11.03.2019.

do efetivo recolhimento do tributo e do seu montante exato, cuja apreciação, repita-se, fica postergada para a esfera administrativa".

Conclusivamente, pode-se dizer que o entendimento é de que se o impetrante formular pedido de compensação propriamente dita, no próprio juízo, deve comprovar a partir de todos os recolhimentos a maior ou indevidos, e liquidar, como prova pré-constituída, os valores objeto do pedido de compensação, haja vista a pretensão de obter do Judiciário o provimento compensatório. Por outro lado, se o pedido estiver relacionado à *natureza preventiva e de cunho meramente declaratório*, a concessão da ordem volta-se apenas ao reconhecimento do direito de se compensar na via administrativa.

A utilização do mandado de segurança com via estreita para declaração do direito de compensação tributária e a impossibilidade de o contribuinte se utilizar de decisão dessa natureza para pleitear a restituição do indébito em pecúnia na via administrativa permitem, abrem a possibilidade do cumprimento judicial da sentença mandamental com objetivo de viabilizar o recebimento do indébito por meio da expedição de requisição de pequeno valor ou precatório, conforme o caso, sem subverter o regime constitucional de satisfação das decisões judiciais contra a Fazenda Pública.

A questão ainda é cercada de controvérsias. A Suprema Corte firmou os Temas 831 e 1.262[51] na análise de ações mandamentais, indicando, ainda que implicitamente, que o cumprimento de sentença é a via adequada para a restituição nesses casos. Destaca-se o seguinte trecho do voto do Ministro Luiz Fux no RE 889.173, caso paradigma do Tema 831:

> Com efeito, é assente a jurisprudência desta Corte no sentido de que os pagamentos devidos pela Fazenda Pública estão adstritos ao sistema de precatórios, nos termos do que dispõe o artigo 100 da Constituição Federal, o que abrange, inclusive, as verbas de caráter alimentar, não sendo suficiente a afastar essa sistemática o simples fato de o débito ser proveniente de sentença concessiva de mandado de segurança.

Nesses casos, por consequência lógica, a fase de cumprimento de sentença é essência para instrumentalização dessa via satisfativa, o que foi indicado de modo mais expresso no julgamento da ADPF 250, que afirmou a necessidade de uso de precatórios no pagamento de dívidas da Fazenda Pública, independentemente de o débito ser proveniente de decisão concessiva de mandado de segurança[52].

Não obstante isso, a questão ainda merece evolução no sentido de conferir maior efetividade às tutelas jurisdicionais. A jurisprudência do STJ resiste a essa compreensão.

---

[51] Tema 831 - O pagamento dos valores devidos pela Fazenda Pública entre a data da impetração do mandado de segurança e a efetiva implementação da ordem concessiva deve observar o regime de precatórios previsto no artigo 100 da Constituição Federal.
Tema 1.262 - Não se mostra admissível a restituição administrativa do indébito reconhecido na via judicial, sendo indispensável a observância do regime constitucional de precatórios, nos termos do art. 100 da Constituição Federal.

[52] ADPF 250, Relator(a): CÁRMEN LÚCIA, Tribunal Pleno, julgado em 13-09-2019, PROCESSO ELETRÔNICO DJe-211 DIVULG 26-09-2019 PUBLIC 27-09-2019.

Em recente decisão, a Segunda Turma da Corte[53] invocou precedentes de ambas as turmas para decidir que "a concessão da segurança, via de regra, não permite o reconhecimento de créditos do contribuinte relacionados a indébitos tributários pretéritos (quantificação) e também não permite a execução via precatórios ou requisições de pequeno valor – RPV".

Além da própria jurisprudência do STF, não se pode perder de vista a relevância processual e as especificidades da ação de mandado de segurança em matéria tributária. Entendimentos como esse do STJ acabam por esvaziar a possibilidade de a via mandamental ser conjugada com preceitos constitucionais para consecução de uma tutela jurisdicional protetiva e eficiente.

10.7 DECISÕES NO MANDADO DE SEGURANÇA: LIMINAR E SENTENÇA

O art. 7º, III e § 1º, da Lei 12.016/2009 estabelece que o juiz, ao despachar a inicial, ordenará, porém na prática leia-se "poderá", suspender o ato que deu motivo ao pedido, quando houver fundamento relevante e do ato impugnado puder resultar a ineficácia da medida, caso seja finalmente deferida, sendo facultado exigir do impetrante caução, fiança ou depósito, com o objetivo de assegurar o ressarcimento à pessoa jurídica.

Trata-se da medida liminar que pode ser concedida logo após distribuição da ação, antes mesmo da manifestação da autoridade coatora, *inaudita altera pars*, quando o juiz entender presente o fundamento relevante e concordar que a espera pela decisão de mérito possa resultar em ineficácia da medida, em razão da demora na prestação jurisdicional.

De acordo com previsão expressa do art. 151, V, do CTN, a concessão de medida liminar em mandado de segurança é causa autônoma de suspensão da exigibilidade do crédito, desde que assim o determine.

No julgamento da ADI 4296, a Suprema Corte declarou constitucional a expressão "sendo facultado exigir do impetrante caução, fiança ou depósito com objetivo de assegurar o ressarcimento a pessoa jurídica", contida no inciso III do art. 7º, de modo a assegurar o poder geral de cautela do juiz no exercício da sua jurisdição, como para os casos são estimados riscos relevantes de irreversibilidade do provimento provisório.

Não tem sido muito comum o deferimento de medidas liminares em mandados de segurança de natureza tributária, sobretudo porque, na maioria das vezes, o contribuinte discute teses tributárias fundadas na ilegalidade ou inconstitucionalidade da exação fiscal consubstanciada na relação jurídica de trato continuativo e não propriamente contra ato específico e concreto da autoridade coatora. O deferimento de liminares nestes casos, inclusive, pode ocasionar o efeito cascata e atingir a própria higidez do sistema tributário.

Sobre este tema, inclusive, sucederam-se inúmeras leis que passaram a vedar a concessão de medidas liminares contra a Fazenda Pública. Entre elas, as mais representativas, encontram-se a Lei 8.437/1992, os arts. 1º e 2º-B da Lei 9.494/1997, o art. 7º, §§ 2º e 5º, da própria lei do mandado de segurança (Lei 12.016/2009) e o art. 29-B da Lei 8.036/1990.

---

53 REsp n. 2.135.870/SP, relator Ministro Mauro Campbell Marques, Segunda Turma, julgado em 13/8/2024, DJe de 20/8/2024.

Muito já se discutiu academicamente, e no âmbito do Poder Judiciário, sobre a possibilidade de se aplicar restrições normativas quanto ao deferimento de liminares ou tutelas provisórias contra a Fazenda Pública, ante a sujeição de todos os entes, sejam eles públicos ou privados, pessoas físicas ou jurídicas, ao princípio da inafastabilidade do poder jurisdicional, incluindo a adoção de medidas efetivas contra práticas irregulares ou nefastas.

O debate perdeu fôlego quando o Supremo Tribunal Federal declarou a constitucionalidade do art. 1º da Lei 9.494/1997 na ADC 04[54], consolidando o entendimento de que tais restrições são constitucionais, muito embora devem ser interpretadas estritamente, o que permitiria ao juiz conceder medidas concessivas de liminares ou tutelas provisórias em hipóteses excepcionais, devidamente fundamentadas. Ou seja, as restrições exigem uma interpretação restritiva, somente aplicando-se as vedações à concessão de medidas de urgência nos casos expressamente indicados em dispositivo legal.

A possibilidade de concedê-las em sede de tutela de urgência existe, sobretudo à luz da decisão proferia na ADI 4296. Especificamente do ponto de vista das relações jurídico-tributárias, subsiste a vedação expressamente prevista que está, inclusive, retratada no Código Tributário Nacional, no art. 170-A, conforme visto acima, que proíbe a compensação tributária antes do trânsito em julgado da discussão judicial sobre o assunto.

Não obstante seja comum a formulação de pedidos de liminares para emissão de certidão negativa, liberação de mercadorias apreendidas, suspensão da exigibilidade de tributos, garantia do contraditório e ampla defesa em processos administrativos fiscais, a proteção do direito líquido e certo plausível ganha novos contornos quando associada ao perigo de demora na prestação jurisdicional.

Das decisões liminares, concessivas ou denegatórias, é cabível o agravo de instrumento. Com o advento do atual CPC, nem toda decisão interlocutória pode ser objeto de agravo de instrumento. O disciplinamento da matéria foi alterado, deixando de comportar recorribilidade ampla e imediata das interlocutórias na fase de conhecimento. A regra atual é de que se a parte pretende insurgir-se contra decisão interlocutória na fase de conhecimento, deverá aguardar a prolação da sentença. Portanto, segundo o regramento vigente, as decisões interlocutórias são irrecorríveis de modo autônomo e imediato.

No entanto, em se tratando de mandado de segurança, com disciplina própria e autônoma, a regra geral inverte-se, haja vista o teor do § 1º do art. 7º: "Da decisão do juiz de primeiro grau que conceder ou denegar a liminar caberá agravo de instrumento".

10.8 DESISTÊNCIA DO MANDADO DE SEGURANÇA

A Lei 12.016/2009 nada dispõe a respeito dos efeitos decorrentes do pedido de desistência do mandado de segurança, tendo provocado, pela ausência de disciplinamento específico, discussões doutrinárias e jurisprudenciais, ainda que se reconheça como inegável a aplicação subsidiária das regras processuais gerais do Código de Processo Civil na omissão própria da legislação especial.

---

[54] ADC 4, Rel. Min. Sydney Sanches, Rel. p/ Acórdão: Min. Celso de Mello, Tribunal Pleno, j. 01.10.2008, DJe-213 divulg 29-10-2014 public 30-10-2014 ement vol-02754-01 PP-00001).

Esse entendimento levaria à conclusão de que o pedido de desistência do mandado de segurança dependeria da anuência do réu, no caso da autoridade coatora por analogia, quando o correspondente pedido de desistência ocorresse depois da contestação (informações da autoridade coatora) e tão somente até a prolação da sentença, segundo os §§ 4º e 5º do art. 485 do CPC. Não é, contudo, a posição majoritária.

O STF, no julgamento do Recurso Extraordinário 669.367[55], ao definir a tese jurídica para o Tema 530, reconheceu que o impetrante pode desistir a qualquer momento do mandado de segurança sem a anuência do impetrado, inclusive depois de proferida a sentença, e, ainda assim, sem implicação no julgamento com resolução de mérito. Ou seja, mesmo em grau de recurso, em qualquer instância, o impetrante poderá desistir do *mandamus*, cabendo ao Juiz, Desembargador ou Ministro, homologar a respectiva desistência.

A tese foi assim definida pelo STF:

> É lícito ao impetrante desistir da ação de mandado de segurança, independentemente de aquiescência da autoridade apontada como coatora ou da entidade estatal interessada ou, ainda, quando for o caso, dos litisconsortes passivos necessários, a qualquer momento antes do término do julgamento, mesmo após eventual sentença concessiva do *writ* constitucional, não se aplicando, em tal hipótese, a norma inscrita no art. 267, § 4º, do CPC/1973.

O Supremo consolidou entendimento mais antigo a respeito do assunto no qual reconheceu a licitude da desistência da ação de mandado de segurança, independentemente de aquiescência da autoridade apontada como coatora ou da entidade estatal interessada ou, ainda, quando for o caso, dos litisconsortes passivos necessários, inclusive a qualquer momento antes do término do julgamento.[56]

O STJ também tem precedente sobre o tema. No julgamento da DESIS no REsp 1.691.561[57], foi homologada a desistência de recurso especial para reafirmar jurisprudência da Corte de que a jurisprudência do Supremo se aplica mesmo após o julgamento de recursos pelos órgãos colegiados do STJ.

Essa compreensão tem o efeito prático colateral ao sistema judiciário, qual seja, permitir a renovação do ajuizamento do tema por outro mandado de segurança ou até mesmo pela ação de conhecimento, via ordinária, quando o rumo da discussão seja contrário aos interesses do impetrante. Há, porém, uma lógica por trás deste entendimento. A desistência do mandado de segurança mantém hígido o ato coator impugnado, presumidamente legítimo por tratar-se de ato administrativo, inclusive suscetível de desfazimento pela própria administração pública se eivado de nulidade.

---

[55] RE 669367, Relator(a): LUIZ FUX, Relator(a) p/ Acórdão: ROSA WEBER, Tribunal Pleno, julgado em 02-05-2013, ACÓRDÃO ELETRÔNICO REPERCUSSÃO GERAL – MÉRITO DJe-213 DIVULG 29-10-2014 PUBLIC 30-10-2014 RTJ VOL-00235-01 PP-00280.

[56] MS 26.890-AgR/DF, Pleno, Ministro Celso de Mello, DJe 23.10.2009 e MS 24.584-AgR/DF, Pleno, Ministro Ricardo Lewandowski, DJe 20.06.2008.

[57] DESIS no REsp n. 1.691.561/PR, relator Ministro Sérgio Kukina, Primeira Turma, julgado em 3/10/2023, DJe de 6/10/2023.

10.9 SUSPENSÃO DE SEGURANÇA

Embora não se trate de medida judicial promovida pelo contribuinte, o assunto tratado neste item recomenda o conhecimento do pedido de suspensão da eficácia da liminar ou da sentença em sede de mandado de segurança, também conhecido como suspensão de segurança, uma medida processual de insurgência contra eventual medida liminar deferida em favor do contribuinte e, nesse caso, contra a Fazenda Pública.

A Lei 4.348/1964 surgiu em pleno início do período militar, com o claro objetivo de restringir o poder concedido no mandado de segurança, à época regulamentado pela Lei 1.533/1951, sobretudo relativamente ao poder conferido para o deferimento de liminares por magistrados de primeira instância.

A Lei 4.348/1964, hoje revogada pela Lei 12.016/2009, a atual Lei do Mandado de Segurança, instituiu em favor das pessoas jurídicas de direito público o uso da medida de suspensão de segurança e, ainda, aproveitando-se do momento, assentou a vedação da concessão de liminares objetivando a reclassificação ou equiparação de servidores públicos, ou aumento ou extensão de vantagens de caráter pecuniário (art. 5º), assim como a limitação temporal à eficácia de medida liminar em mandado de segurança (art. 1º, "b").

Com a edição da Lei 12.016/2009, o pedido de suspensão foi tratado expressamente no art. 15, com alguns acréscimos às disposições revogadas, incorporando as sucessivas reedições de medidas provisórias editadas ao longo dos anos[58], restringindo a legitimidade adstrita às pessoas jurídicas de direito público e ao Ministério Público[59].

O instrumento processual surgiu inicialmente como medida suspensiva de liminar, sentença ou acórdão em mandado de segurança, porém, atualmente, é cabível e vem sendo utilizado nas hipóteses cujas premissas estejam relacionadas ao deferimento de um provimento de urgência ou com efeitos imediatos contra o ente público, com potencial de causar lesão à ordem, à saúde, à segurança ou à economia pública, por se tratar de bens protegidos pela norma de regência. Hoje é possível identificar menções à suspensão de tutela antecipada, suspensão de liminar, suspensão de sentença.

---

[58] Art. 15. Quando, a requerimento de pessoa jurídica de direito público interessada ou do Ministério Público e para evitar grave lesão à ordem, à saúde, à segurança e à economia públicas, o presidente do tribunal ao qual couber o conhecimento do respectivo recurso suspender, em decisão fundamentada, a execução da liminar e da sentença, dessa decisão caberá agravo, sem efeito suspensivo, no prazo de 5 (cinco) dias, que será levado a julgamento na sessão seguinte à sua interposição.

§ 1º. Indeferido o pedido de suspensão ou provido o agravo a que se refere o *caput* deste artigo, caberá novo pedido de suspensão ao presidente do tribunal competente para conhecer de eventual recurso especial ou extraordinário.

§ 2º. É cabível também o pedido de suspensão a que se refere o § 1 º deste artigo, quando negado provimento a agravo de instrumento interposto contra a liminar a que se refere este artigo.

§ 3º. A interposição de agravo de instrumento contra liminar concedida nas ações movidas contra o poder público e seus agentes não prejudica nem condiciona o julgamento do pedido de suspensão a que se refere este artigo.

§ 4º. O presidente do tribunal poderá conferir ao pedido efeito suspensivo liminar se constatar, em juízo prévio, a plausibilidade do direito invocado e a urgência na concessão da medida.

§ 5º. As liminares cujo objeto seja idêntico poderão ser suspensas em uma única decisão, podendo o presidente do tribunal estender os efeitos da suspensão a liminares supervenientes, mediante simples aditamento do pedido original.

[59] Lei 8.038/90 – art. 25; Lei 8.437/92 – art. 4º; Lei 9.494/97 – art. 1º; e Lei 12.016/2009 – art. 15.

O objetivo com o instituto da suspensão de segurança é estabelecer um freio, uma espécie de contenção de decisões judiciais que possam comprometer, fragilizar, ou colocar em risco o regular funcionamento da Administração Pública. É medida excepcional e deve ser encarada com ressalvas, sobretudo por irromper a força dos comandos decisórios, notadamente de primeira instância.

Em caso enfrentado pelo STJ, a título de exemplo de medidas concessivas da suspensão de segurança, cita-se um acórdão que assentou a lesão às finanças públicas por uma decisão de tribunal *a quo* ao reconhecer o direito de parcelar uma dívida na ordem de R$ 700.000.000,00 (setecentos milhões de reais) no prazo de 180 (cento e oitenta) meses mediante parcelas mensais de R$ 200,00 (duzentos reais).

Segundo o STJ, essa decisão lesa gravemente as finanças públicas, porque, na prática, equivale à suspensão da exigibilidade do crédito tributário pelo prazo de 15 (quinze) anos – período em que, do montante devido, seria abatido apenas R$ 36.000,00 (trinta e sessenta mil reais), isto é, insuficiente para pagar os juros de mora de um só mês.[60]

Por outro lado, o pedido de suspensão de segurança não pode servir ao ente público como substitutivo de recurso previsto em lei, sob pena de se estabelecer padrão recursal não assegurado aos particulares, quebrando a paridade de armas e o devido processo legal.

Tome-se, como exemplo, decisão proferida por Tribunal local que em mandado de segurança deferiu liminar, suspendendo a cobrança antecipada da diferença entre as alíquotas interna e interestadual de ICMS. O Estado aviou o pedido de suspensão de segurança junto ao Tribunal de Justiça do Estado, que, ao enfrentar o tema, não vislumbrou os requisitos necessários para deferimento da medida excepcional.

Em novo pedido de suspensão de segurança, no âmbito do STJ, sob alegação de que a Fazenda Pública estaria impedida de "exercer seu poder de tributar operações mercantis interestaduais nas quais as empresas de transporte de passageiro adquirem materiais para sua atividade como contribuintes do ICMS", a Corte afastou a pretensão do ente federado.

Segundo a decisão do STJ, a suspensão de segurança é medida extrema que só pode ser deferida se presente ao menos um dos requisitos inerentes à concessão, ou seja, se a decisão impugnada causar grave lesão à ordem, à economia, à saúde ou à segurança públicas. E, neste sentido, a drástica medida exige, assim, demonstração efetiva do dano arguido. É indispensável que a Fazenda Pública demonstre que a potencialidade lesiva da decisão proferida atinja os valores sociais tutelados pela norma de regência e não esteja restrita, portanto, à mera unilateralidade.[61]

Da referida decisão, inclusive, infere-se importante definição doutrinária de "ordem pública" compreendendo "a ordem administrativa em geral, ou seja, a normal execução do serviço público, o regular andamento das obras públicas, o devido exercício das funções da Administração pelas autoridades constituídas", neste sentido, de modo que "o Presidente do Tribunal possa resguardar os altos interesses administrativos, cas-

---

[60] AgRg nos EDcl nos EDcl na SS 2.546/DF, Rel. Ministro Ari Pargendler, Corte Especial, j. 29.08.2012, DJe 16.11.2012.

[61] AgRg na SS 1.491/AL, Rel. Ministro Edson Vidigal, Corte Especial, j. 20.03.2006, DJ 10.04.2006, p. 96.

sando liminar ou suspendendo os efeitos da sentença concessiva de segurança quando tal providência se lhe afigurar conveniente e oportuna".[62]

O conceito de ordem pública revela, portanto, a necessidade de se preservar a salvaguarda de interesses substanciais da sociedade, não subsistindo alegações baseadas em mera ofensa a texto de lei, por existir vias recursais próprias para tanto. A suspensão de segurança não é sucedâneo recursal de modo a permitir a reforma ou cassação de decisão que lhe é desfavorável, segundo a clara orientação jurisprudencial da Presidência do STJ, revelada nas Suspensões de Segurança 957/MS, 959/RJ, 960/AC e 970/RN e na Pet no 1.622/PR.

Com isso a suspensão de segurança evidencia uma natureza eminentemente política, segundo o próprio Supremo Tribunal Federal, ao entender que as razões autorizativas conferidas ao presidente de Tribunal, competente para o recurso, a suspender efeitos de liminares ou de segurança concedidas, são razões políticas: para evitar grave lesão à ordem, à saúde, à segurança e à economia públicas (Lei 12.016/2009, art. 15; RISTF, art. 297)[63].

Este reconhecimento da natureza política da suspensão de segurança, ao invés da natureza jurisdicional propriamente dita, adotada em algumas razões de decidir dos Tribunais, tem feito a doutrina estabelecer uma controvérsia a respeito do assunto. Se é uma decisão de natureza política, é, portanto, um ato administrativo, e se é um ato administrativo como ele poderia sobrepor-se a um ato jurisdicional, sobretudo para retirar-lhe eficácia?

E, ainda, estaria admitindo também que um ato administrativo pudesse ser revisto por um órgão colegiado, cuja decisão possui teor jurisdicional. Nessa linha de raciocínio, caso a suspensão de segurança tenha natureza de ato político-administrativo, obrigatoriamente sua revisão deveria ser feita por mandado de segurança, e não pelo recurso de agravo, conforme previsto na legislação que a rege.[64]

A suspensão de segurança revela forte dose de natureza política, tangenciando o poder discricionário de conveniência e oportunidade, encontrado nos atos administrativos em geral, porém, sua concessão depende, sobremaneira, do exame e enquadramento nos requisitos legais de deferimento, preservando, portanto, sua natureza jurisdicional e, nessa medida, sua recorribilidade pela via do recurso próprio do agravo interno ou regimental, a depender da nomenclatura utilizada.

Ao mencionar e condicionar o deferimento ao preenchimento dos requisitos legais afasta-se o exame à luz de eventual erro de julgado da decisão objurgada, ou até mesmo o viés com interpretação puramente política, preservando a indispensável necessidade de comprovação de que o ato impugnado causa grave lesão à ordem, à economia, à saúde ou à segurança públicas.

Outro ponto que ainda suscita debate é a respeito do contraditório na medida de suspensão de segurança. O STF se posicionou no sentido de que o requerimento de

---

[62] Meirelles, Hely Lopes, Mandado de Segurança: Ação Popular, Ação Civil Pública, Mandado de Injução, 'Habeas Data', Malheiros, 16. ed. p. 64.

[63] Rcl 1705, Rel. Min. Carlos Velloso, j. 09.10.2000, p. 97 e STF, Rcl 5082, Rel. Min. Ellen Gracie, decisão proferida pelo Min. Gilmar Mendes, j. 03.04.2007, DJ 12.04.2007, p. 30.

[64] RODRIGUES, Marcelo Abelha. *Suspensão de segurança*. 3. ed. São Paulo: Editora Revista dos Tribunais, 2010, p. 92.

suspensão não constitui recurso e menos ainda ação, então, nele não há espaço para contraditório, ainda que o Presidente possa, a seu exclusivo critério, ouvir a parte requerida e o órgão do Ministério Público (§ 2º do art. 4º da Lei 8.437/1992)[65].

O dispositivo contido no art. 4º, § 7º, da Lei 8.437/1992, embora não assegure expressamente o contraditório, melhor interpretação é que o Presidente do Tribunal oportunize essa manifestação antes mesmo de conferir ao pedido efeito suspensivo liminar, salvo nos casos em que estejam demonstradas a "plausibilidade do direito invocado" e a "urgência na concessão da medida". Essa interpretação não somente se coaduna ao regramento constitucional, bem assim aos parâmetros alinhados no CPC.

O art. 9º ("não se proferirá decisão contra uma das partes sem que ela seja previamente ouvida") e o art. 10 ("o juiz não pode decidir, em grau algum de jurisdição, com base em fundamento a respeito do qual não se tenha dado às partes oportunidade de se manifestar, ainda que se trate de matéria sobre a qual deva decidir de ofício") do CPC enalteceram o princípio da não surpresa e o princípio do contraditório, dando-lhes maior grau de efetividade, ao contrário do CPC/1973, que não continha regra semelhante, mas apenas em hipóteses específicas reverenciava a necessidade da oitiva da parte contrária.

As exceções estão previstas no parágrafo único do art. 9º e ocorrem quando se tratar de (i) medida de urgência, (ii) tutela da evidência baseada em julgamento de casos repetitivos ou em súmula vinculante (iii) tutela da evidência em pedido reipersecutório fundado em prova documental do contrato de depósito e (iv) deferimento de expedição de mandado monitório.

O próprio diploma processual fundamenta o porquê das exceções ao contraditório, quando: a) a urgência da tutela que, acaso se aguarde a manifestação da outra parte, pode pôr em risco a própria pretensão do direito vindicado, objeto do processo; e b) em razão da evidência do direito, quando "as alegações de fato puderem ser comprovadas apenas documentalmente e houver tese firmada em julgamento de casos repetitivos ou em súmula vinculante" (art. 311, II, CPC), e, ainda, quando "se tratar de pedido reipersecutório fundado em prova documental" (art. 311, II, CPC) e quando se tratar de mandado monitório (art. 701, CPC).

O atual sistema processual consagra o chamado princípio da não surpresa, intrinsecamente vinculado aos princípios modernos da cooperação, estabelecendo a relação mais estreita de diálogo entre partes e juiz, assegurando, ainda, princípios constitucionais implícitos da segurança jurídica e da proteção da confiança.

Ainda sob aspectos controvertidos, a legitimidade para proposição da suspensão de segurança está atribuída aos entes públicos e ao Ministério Público, como dito. Porém, a jurisprudência dos Tribunais Superiores, sobretudo do STJ, passou a admitir também o ajuizamento por empresas públicas, sociedades de economia mista e empresas privadas concessionárias e permissionárias prestadoras de serviço público.

Contudo, a extensão da legitimidade não é objetiva e automática porque cabe às entidades de direito privado comprovarem (i) que são empresas públicas, sociedades de economia mista ou empresas privadas concessionárias ou permissionárias prestadoras

---

[65] NORTHFLEET, Ellen Gracie. Suspensão de sentença e de liminar. *Revista de Processo*, São Paulo, ano 25, n. 97, p. 183-184., jan./mar. 2000.

de serviço público e (ii) que estão atuando na defesa do interesse público ou da coletividade, afastando qualquer pretensão de assegurar a salvaguarda de interesse privado.[66]

A par de ser questionável a extensão, pelo Judiciário, do rol de legitimados para propositura de uma medida judicial, há que se ter em conta que a suspensão de segurança já é, naturalmente, uma medida excepcional, conforme dito acima. Isso porque, com base em razões de ordem política, sociológica e econômica, suspendem-se os efeitos de uma decisão judicial sem que sejam superados os seus fundamentos jurídicos.

Em que pese a relevância dos fundamentos – grave lesão à ordem, à saúde, à segurança e à economia públicas – ter estimulado os Tribunais Superiores a estenderem a legitimidade a pessoas jurídicas de direito privado, é indispensável que tais hipóteses se restrinjam àquelas que, indubitavelmente, atendam aos requisitos que justificarem esse elastecimento.

São requisitos cumulativos, sendo que somente a incontestável presença do segundo (defesa do interesse público) justifica a legitimação às pessoas jurídicas listadas no primeiro. A restrição não é meramente formal. Toda a excepcionalidade que envolve a própria existência da suspensão de segurança e as consequências de sua decisão reforçam a necessidade de prudência no processamento de ações do gênero.

Nesse passo, vale uma análise crítica a respeito da decisão proferida pelo Superior Tribunal de Justiça na Suspensão de Segurança 3048, que autorizou um grupo econômico – em Recuperação Judicial, do seguimento de telecomunicações, a retomar suas atividades, dispensando a apresentação, por essas empresas, de certidões negativas de débitos para participar de licitações visando à contratação com o poder público.

Necessário, nesse ponto, fazer um breve histórico da situação.

Originalmente, nos autos do processo de recuperação judicial da empresa[67], o Juízo da 7ª Vara Empresarial da Comarca da Capital do Rio de Janeiro dispensou as empresas do grupo da exigência de apresentação de certidões negativas para o exercício de suas atividades e para a participação em licitações com o poder público.[68]

O art. 52, II, da Lei 11.101/2005 estabelece restrição expressa quanto ao ponto, prevendo que, estando em termos a documentação, o juiz deferirá o processamento da recuperação judicial e determinará a dispensa da apresentação de certidões negativas para que o devedor exerça suas atividades, exceto para contratação com o Poder Público ou para recebimento de benefícios ou incentivos fiscais ou creditícios.

A Fazenda Pública da União – uma das maiores credoras do grupo, em virtude de débitos de natureza tributária – não era parte do referido processo de recuperação, cujo plano não abrangia tais débitos, nos termos da legislação de regência (Lei 11.101/2005, art. 6º, § 7º, e CTN, art. 187).

Naquele contexto, estava pendente de decisão a questão relativa à "possibilidade da prática de atos constritivos, em face de empresa em recuperação judicial, em sede

---

[66]   STJ – AgRg na SS 1277-DF, Rel. Ministro Edson Vidigal, 25-10-2004; STJ – AgInt na SS 2878-SP, Rel. Ministra Laurita Vaz, 29-11-2017.

[67]   Processo 0203711-65.2016.819.0001.

[68]   Art. 63. Na fase de habilitação das licitações serão observadas as seguintes disposições: (...)
III – serão exigidos os documentos relativos à regularidade fiscal, em qualquer caso, somente em momento posterior ao julgamento das propostas, e apenas do licitante mais bem classificado;

de execução fiscal de dívida tributária e não tributária" então afetada à sistemática de julgamento dos recursos repetitivos (Tema 987)[69], o que suspendeu os processos que envolviam essa questão, entre os quais se incluem as execuções fiscais contra um grande grupo de telefonia.

Sob o argumento de usurpação de competência da Justiça Federal, a Fazenda Pública da União impetrou o Mandado de Segurança 5000010-34.2018.4.02.0000, com pedido de liminar, perante o Tribunal Regional Federal da 2ª Região, com o objetivo de suspender os efeitos da decisão do Juízo estadual de falência e recuperação. A liminar foi deferida, nesses termos.

Em face dessa decisão, o grupo de telefonia ajuizou a Suspensão de Segurança 3048/RJ no STJ, sob o argumento de possível ocorrência de grave lesão à ordem administrativa, social e econômica, indicando que a liminar concedida impactaria significativamente na receita da empresa, dificultando sobremaneira o cumprimento do plano de recuperação e atraindo, por conseguinte, o risco de convolação da recuperação em falência.

Aduziu pelo interesse público na preservação da empresa, considerando *"a manutenção de milhares de empregos e bilhões em recolhimento de impostos"* além da sua relevância para o serviço de telecomunicações do país, evitando *"concentração de mercado e perdas financeiras da cifra de bilhões"*.

Os argumentos foram acolhidos pelo então Ministro Presidente João Otávio de Noronha, que concluiu que "a manutenção do decisum afeta o interesse público e gera grave lesão à ordem e à economia públicas", ponderando, ainda, que "foram comprovados pelas requerentes, de forma efetiva e concreta, os impactos para a continuidade do serviço público de telecomunicações por elas prestado".

Não se desconhece que, de um modo geral, existe um interesse público subjacente à preservação de todas as empresas, de fato relacionado à manutenção de postos de trabalho, ao recolhimento de tributos e ao incremento do mercado econômico. Pondera-se, contudo, que a aplicação da excepcional hipótese da via da suspensão de segurança, ainda mais incomum quando se trata de empresas privadas, mereça a demonstração concreta e específica de preservação do interesse público na medida, com a indicação de fatores próprios e extraordinários que justificassem a via eleita, e não apenas a indicação genérica de manutenção de postos de trabalho e recolhimento de impostos – aplicável, em tese, a qualquer empresa.

O fundamento da decisão monocrática atinente à preservação da qualidade do serviço público de telecomunicações pareceu igualmente genérico e inespecífico relativamente ao impacto da presença da interessada no mercado, tendo em conta que este ramo econômico no Brasil hoje conta com razoável número de agentes competidores, não significando, a falência de determinado grupo, na imediata concentração de mercado por apenas uma ou duas empresas.

Evidente que um número maior de agentes econômicos é positivo ao mercado, não se olvida esse aspecto. O que se argumenta é pela necessidade de demonstração cabal do impacto suficiente para se admitir a excepcionalidade de propositura da ação

---

[69] Diante da superveniência da Lei 14.112, de 24 de dezembro de 2020, que alterou a lei de falência e recuperação judicial, a Lei 11.101/2005, a Primeira Seção do STJ determinou o cancelamento do tema repetitivo.

por empresa privada, visando à suspensão dos efeitos de decisão da Justiça Federal que determinava o cumprimento da obrigação imposta por lei.

A excepcionalidade parece mais compatível com a preservação do interesse público direto e incontestável ao passo que a decisão proferida no âmbito da Justiça Federal apenas exigia a apresentação de regularidade fiscal para formalização de contratos com o poder público, não afetando o funcionamento da empresa nem seus contratos no âmbito privado. Sem considerar, ainda, a hipótese de parcelamento dos débitos tributários, o que possibilitaria a necessária regularidade fiscal, com menor impacto ao cumprimento do plano recuperacional.

Nesse precedente, contudo, a análise de legitimidade ativa da ação foi superada, nas palavras do Ministro, com base na compreensão de que o requerimento "é prerrogativa de pessoa jurídica que exerce *munus* público, decorrente da supremacia do interesse estatal sobre o particular", não sendo concretamente enfrentada a questão da excepcionalidade da legitimação de empresa privada para tanto.

O desfecho da própria suspensão de segurança foi no sentido da perda superveniente do interesse de agir, em razão do trânsito em julgado do mandado de segurança de origem. Mas a decisão é relevante e paradigmática para o desenvolvimento de tema que ainda deverá ser amadurecido pelos tribunais superiores na definição dos parâmetros de admissão e concessão de medida proposta por empresa privada prestadora de serviço público, mormente no que diz respeito aos contornos necessários para configurar interesse público na espécie.

Essa questão interessa às empresas privadas concessionárias e permissionárias de serviço público, inclusive no âmbito do debate de questões tributárias. Mas, o fato de que essa ação tem por pressuposto grave lesão à ordem, à saúde, à segurança e à economia públicas, isto é, questões de grande impacto, torna recomendável que a jurisprudência se alinhe mais próxima dos critérios objetivos da lei, a fim de que o uso desse instrumento judicial seja pautado por parâmetros bem definidos atinentes ao reconhecimento de legitimidade dos agentes privados.

A restrição ao parâmetro objetivo não significa a total impossibilidade de atuação dos agentes privados, uma vez que remanesceria a esses a possibilidade de provocação dos agentes públicos ou do Ministério Público, com a demonstração do interesse público subjacente à medida e o grave risco que lhe fundamenta, para que estes últimos ingressem, se o caso, com a suspensão de segurança.

Pertinente, ainda, observar se o interesse público formalmente apontado no requerimento de suspensão de segurança é a finalidade principal e direta da medida, especialmente nos casos em que haja evidente interesse econômico privado em jogo, evitando-se a utilização dessa via como caminho para defesa de tais interesses particulares a pretexto de resguardar a finalidade pública, quando esta esteja apenas reflexamente envolvida na decisão. Mesmo porque a decisão, nesse caso, deve levar em consideração o critério de indispensabilidade do provimento para proteção desses bens jurídicos tutelados pela norma.

Por fim, nos casos de suspensão de segurança proposta contra decisão favorável à Fazenda Pública, é sempre imprescindível que haja o sopesamento dos valores jurídicos resguardados pela decisão impugnada, haja vista, a princípio, a decisão concedida em prol da Fazenda Pública igualmente visa à proteção do interesse público.

Como parâmetro geral de análise, necessário sempre ter em mente a finalidade para a qual foi pensada a suspensão de segurança, especialmente seu caráter excepcional, a fim de evitar-se a utilização desmensurada dessa via e o consequente cenário de insegurança jurídica que essa circunstância ocasionaria.

10.10 MANDADO DE SEGURANÇA COLETIVO EM MATÉRIA TRIBUTÁRIA

O mandado de segurança coletivo está previsto na Constituição Federal de 1988, que, em seu art. 5º, inciso LXX, relaciona como legitimados para sua propositura os partidos políticos com representação no Congresso Nacional, as organizações sindicais e as entidades de classe ou associações legalmente constituídas e em funcionamento há pelo menos um ano. Com exceção dos partidos políticos, a Constituição estabelece, como requisito para a legitimação extraordinária, que o impetrante esteja atuando em defesa dos interesses de seus membros ou associados.

A Lei 12.016/2009 avança na disciplina da matéria. Estabelece, em seu art. 21, que o mandado de segurança coletivo pode ser impetrado por partido político com representação no Congresso Nacional, na defesa de seus interesses legítimos relativos a seus integrantes ou à finalidade partidária. Também pode ser manejado por organização sindical, entidade de classe ou associação legalmente constituída e em funcionamento ao menos há um ano, em defesa de direitos líquidos e certos da totalidade, ou de parte, dos seus membros ou associados, na forma dos seus estatutos e desde que pertinentes às suas finalidades.

O dispositivo expressamente dispensa a autorização especial dos membros ou associados para propositura da ação mandamental.

A Lei do Mandado de Segurança relaciona os direitos passíveis de proteção pela via mandamental coletiva. São eles: (i) direitos coletivos, assim entendidos os transindividuais, de natureza indivisível, de que seja titular grupo ou categoria de pessoas ligadas entre si ou com a parte contrária por uma relação jurídica básica; (ii) direitos individuais homogêneos, assim entendidos os decorrentes de origem comum e da atividade ou situação específica da totalidade ou de parte dos associados ou membros do impetrante.

A norma também disciplina os efeitos da sentença no mandado de segurança coletivo, prevendo que essa fará coisa julgada limitadamente aos membros do grupo ou categoria substituídos pelo impetrante.

No caso de concomitância de ações mandamentais coletivas e individuais, prevê que o mandado de segurança coletivo não induz litispendência para as ações individuais. Contudo, os efeitos da coisa julgada não beneficiarão o impetrante a título individual se este não requerer a desistência de seu mandado de segurança no prazo de 30 (trinta) dias a contar da ciência comprovada da impetração da segurança coletiva.

O § 2º do art. 22, dispõe que a concessão de liminar somente pode ser deferida após a audiência do representante judicial da pessoa jurídica de direito público, que deverá se pronunciar no prazo de 72 (setenta e duas) horas. Entretanto, esse dispositivo foi declarado inconstitucional no julgamento da ADI 4296, porquanto considerado um óbice ao sistema jurisdicional da tutela de urgência, sob risco do perecimento do direito.

A matéria tributária, por sua natureza, amolda-se à possibilidade de impetração de mandado de segurança coletivo. Com efeito, é plenamente possível que várias pessoas sejam afetadas, como sujeito passivo, por figurarem em relação jurídico-tributária com origem comum ou ligada à atividade ou situação específica, como no caso de membros de uma determinada associação, por exemplo.

De se notar, contudo, que, a despeito da disciplina legal específica, algumas questões relacionadas ao limite dos efeitos da decisão proferida em sede de mandado de segurança coletivo são controvertidas e, sob esse prisma, levadas à apreciação do Poder Judiciário.

A primeira delas diz respeito ao limite territorial dentro do qual a sentença está apta a produzir efeitos. Para melhor elucidação da questão, imagine-se o seguinte exemplo: uma determinada associação de âmbito federal, com filiados em todo território nacional, impetra um mandado de segurança coletivo contra ato coator que acarreta o lançamento de imposto de competência da União, exigido dos seus associados. Suponha-se que o mandado de segurança coletivo tenha sido impetrado na Seção Judiciária do Distrito Federal, circunscrita no âmbito do Tribunal Regional Federal da 1ª Região.

A questão que gerou controvérsia diz respeito a quais associados – considerando o aspecto territorial – estariam legitimados a promover a execução individual, no caso de procedência da ação mandamental. É dizer: não há dúvida de que o filiado residente no âmbito da Seção Judiciária em que julgada a ação terá legitimidade para promover-lhe a execução. No caso do exemplo hipotético, um filiado residente no Distrito Federal.

Porém, sendo a associação de âmbito nacional, um associado residente na cidade de Porto Alegre – espaço territorial circunscrito ao Tribunal Regional Federal da 4ª Região – teria igualmente legitimidade para promover, de plano, na sua circunscrição judiciária, a execução individual de sentença ou acórdão proferido no âmbito do Tribunal Regional da 1ª Região?

Há algum tempo, no âmbito das ações civis públicas, a questão também foi objeto de debate, tendo sido levada ao Superior Tribunal de Justiça em inúmeros processos. Nesse contexto, a Corte resolveu a controvérsia em julgamento proferido no ano de 2011, pela sistemática dos recursos repetitivos. Na ocasião, a Corte assentou a seguinte tese jurídica para os Temas 480 e 481, fixada no julgamento do Recurso Especial 1243887/PR[70], de relatoria do Ministro Luis Felipe Salomão:

---

[70] 1. Para efeitos do art. 543-C do CPC/73: 1.1. A liquidação e a execução individual de sentença genérica proferida em ação civil coletiva pode ser ajuizada no foro do domicílio do beneficiário, porquanto os efeitos e a eficácia da sentença não estão circunscritos a lindes geográficos, mas aos limites objetivos e subjetivos do que foi decidido, levando-se em conta, para tanto, sempre a extensão do dano e a qualidade dos interesses metaindividuais postos em juízo (arts. 468, 472 e 474, CPC e 93 e 103, CDC).

1.2. A sentença genérica proferida na ação civil coletiva ajuizada pela Apadeco, que condenou o Banestado ao pagamento dos chamados expurgos inflacionários sobre cadernetas de poupança, dispôs que seus efeitos alcançariam todos os poupadores da instituição financeira do Estado do Paraná. Por isso descabe a alteração do seu alcance em sede de liquidação/execução individual, sob pena de vulneração da coisa julgada. Assim, não se aplica ao caso a limitação contida no art. 2º-A, *caput,* da Lei n. 9.494/97.

2. Ressalva de fundamentação do Ministro Teori Albino Zavascki.

3. Recurso especial parcialmente conhecido e não provido.

(REsp 1243887/PR, Rel. Ministro Luis Felipe Salomão, Corte Especial, j. 19.10.2011, DJe 12.12.2011).

A liquidação e a execução individual de sentença genérica proferida em ação civil coletiva pode ser ajuizada no foro do domicílio do beneficiário, porquanto os efeitos e a eficácia da sentença não estão circunscritos a lindes geográficos, mas aos limites objetivos e subjetivos do que foi decidido, levando-se em conta, para tanto, sempre a extensão do dano e a qualidade dos interesses metaindividuais postos em juízo (arts. 468, 472 e 474, CPC e 93 e 103, CDC).

O STJ, portanto, afastou a aplicação do art. 2º-A da Lei 9.494/1997, segundo o qual a sentença civil prolatada em ação de caráter coletivo proposta por entidade associativa, na defesa dos interesses e direitos dos seus associados, abrangerá apenas os substituídos que tenham, na data da propositura da ação, domicílio no âmbito da competência territorial do órgão prolator. No voto condutor do acórdão, o Ministro Relator Luis Felipe Salomão assim esclareceu a razão de ter afastado referida norma:

> Cumpre ressaltar, primeiramente, que o mencionado artigo foi acrescentado à Lei 9.494/1997 por força da Medida Provisória 1.798-1, de 11 de fevereiro de 1999, e que, somente depois de inúmeras outras medidas provisórias, o texto foi definitivamente consolidado pela Medida Provisória 2.180-35, de 2001.
>
> A limitação contida no art. 2º-A, *caput*, da Lei 9.494/1997, de que a sentença proferida "abrangerá apenas os substituídos que tenham, na data da propositura da ação, domicílio no âmbito da competência territorial do órgão prolator", evidentemente não pode ser aplicada aos casos em que a ação coletiva foi ajuizada antes da entrada em vigor do mencionado dispositivo, sob pena de perda retroativa do direito de ação das associações.

Além do fundamento de direito intertemporal, o relator teceu percuciente argumentação jurídica favorável à conclusão de que a sentença coletiva não deve se adstringir ao limite territorial de competência do órgão prolator. Confira-se, a propósito, trecho do voto:

> É certo também que a competência territorial limita o exercício da jurisdição e não os efeitos ou a eficácia da sentença, os quais, como é de conhecimento comum, correlacionam-se com os "limites da lide e das questões decididas" (art. 468, CPC) e com as que o poderiam ter sido (art. 474, CPC) – *tantum judicatum, quantum disputatum vel disputari debebat.*
>
> A apontada limitação territorial dos efeitos da sentença não ocorre nem no processo singular, e também, como mais razão, não pode ocorrer no processo coletivo, sob pena de desnaturação desse salutar mecanismo de solução plural das lides.
>
> A prosperar tese contrária, um contrato declarado nulo pela justiça estadual de São Paulo, por exemplo, poderia ser considerado válido no Paraná; a sentença que determina a reintegração de posse de um imóvel que se estende a território de mais de uma unidade federativa (art. 107, CPC) não teria eficácia em relação à parte dele; ou uma sentença de divórcio proferida em Brasília poderia não valer para o judiciário mineiro, de modo que ali as partes pudessem ser consideradas ainda casadas, soluções, todas elas, teratológicas.

A questão principal, portanto, é de alcance objetivo ("o que" se decidiu) e subjetivo (em relação "a quem" se decidiu), mas não de competência territorial.

Pode-se afirmar, com propriedade, que determinada sentença atinge ou não esses ou aqueles sujeitos (alcance subjetivo), ou que atinge ou não essa ou aquela questão fático-jurídica (alcance objetivo), mas é errôneo cogitar-se de sentença cujos efeitos não são verificados, a depender do território analisado. (...)

A antiga jurisprudência do STJ, segundo a qual "a eficácia *erga omnes* circunscreve-se aos limites da jurisdição do tribunal competente para julgar o recurso ordinário" (REsp 293.407/SP, Quarta Turma, confirmado nos EREsp 293.407/SP, Corte Especial), em hora mais que ansiada pela sociedade e pela comunidade jurídica, deve ser revista para atender ao real e legítimo propósito das ações coletivas, que é viabilizar um comando judicial célere e uniforme – em atenção à extensão do interesse metaindividual objetivado na lide.

Caso contrário, "esse diferenciado regime processual não se justificaria, nem seria eficaz, e o citado interesse acabaria privado de tutela judicial em sua dimensão coletiva, reconvertido e pulverizado em multifárias demandas individuais" (MANCUSO, Rodolfo de Camargo. Op. cit. p. 325), "atomizando" as lides na contramão do moderno processo de "molecularização" das demandas.

O precedente, de natureza vinculante para os juízes e colegiados de primeiro e segundo graus de jurisdição, resolveu a questão em relação à ação civil pública ali debatida, da qual decorreram inúmeras execuções individuais. Por outro lado, para ações coletivas futuras, especialmente as ajuizadas após a vigência do art. 2º-A da Lei 9.494/1997, a questão seria ainda objeto de discussão.

Assim é que a matéria relativa à eficácia territorial da sentença de procedência proferida no âmbito do mandado de segurança coletivo permaneceu sendo objeto de debate judicial. Conforme se nota do seguinte julgado, proferido no ano de 2013, o STJ firmou entendimento, com fundamento na citada norma, de que a sentença proferida em sede de mandado de segurança coletivo produziria efeitos somente em relação aos substituídos processuais domiciliados no âmbito de competência territorial do órgão que a tenha proferido.[71]

Esse entendimento, como era de se esperar, foi seguido pelos Tribunais Regionais Federais do Brasil. No âmbito do TRF da 5ª Região, por exemplo, entendeu-se, nos exatos termos do art. 2º-A da Lei 9.494, de 1997, que a sentença civil proferida em mandado de segurança coletivo que discutia a inclusão do ICMS na base de cálculo do PIS e da COFINS, proposta por entidade associativa, na defesa dos interesses e direitos dos seus

---

[71]   1. "Este colegiado tem o entendimento no sentido de que a sentença proferida em ação coletiva somente surte efeito nos limites da competência territorial do órgão que a proferiu e exclusivamente em relação aos substituídos processuais que ali eram domiciliados à época da propositura da demanda. Precedentes: AgRg no REsp 1279061/MT, Rel. Ministro Humberto Martins, Segunda Turma, j. 19.04.2012, DJe 26.04.2012; AgRg no REsp 1184216/DF, Rel. Ministro Jorge Mussi, Quinta Turma, j. 14.06.2011, DJe 27.06.2011; AgRg no REsp 972.765/PE, Rel. Ministro Paulo Gallotti, Sexta Turma, j. 18.06.2009, DJe 10.08.2009" (REsp 1.307.178/CE, Rel. Min. Mauro Campbell Marques, Segunda Turma, DJe 8.02.13).
2. Agravo regimental não provido.
(AgRg no REsp 1349795/CE, Rel. Ministro Arnaldo Esteves Lima, Primeira Turma, j. 07.11.2013, DJe 20.11.2013).

440 | PROCESSO TRIBUTÁRIO – *Eduardo Muniz Machado Cavalcanti*

associados, abrangeria apenas os substituídos que tivessem, na data da propositura da ação, domicílio no âmbito da competência territorial do órgão prolator. [72]

---

[72] I. Trata-se de remessa oficial e apelações de sentença que julgou parcialmente procedentes os pedidos, para declarar a inexistência de crédito referente à Contribuição para o Financiamento da Seguridade Social – COFINS sobre o Imposto Sobre Circulação de Mercadorias e Prestação de Serviços – ICMS, bem como o direito à compensação dos valores recolhidos indevidamente, observada a prescrição quinquenal e o disposto no art. 17-A do CTN. Correção pela taxa Selic.

II. Defende a Fazenda Nacional, em seu recurso, a: a) ilegitimidade da associação sindical no presente feito, b) inexistência da relação dos substituídos processualmente, nos termos do art. 2-A da Lei 9.494/97, c) ausência de documentos indispensáveis à propositura da ação, no que concerne ao recolhimento do tributo, c) inexistência de prova pré-constituída, d) impossibilidade de a decisão atingir substituídos sediados em local diverso do Juízo, e) legalidade da inclusão do ICMS na base de cálculo da COFINS e do PIS.

III. A parte impetrante recorre alegando que o magistrado de primeiro grau deixou de declarar direito líquido e certo dos seus associados à restituição e/ou compensação de indébito tributário em relação à indevida inclusão de ICMS na base de cálculo do PIS e da Cofins por considerar que o Mandado de Segurança não seria adequado para pleitear valores pretéritos, não trazendo absolutamente nenhuma fundamentação para tanto. Sustenta que só requereu a declaração do direito e não à restituição ou compensação.

IV. "Os sindicatos e associações, na qualidade de substitutos processuais, detêm legitimidade para atuar judicialmente na defesa dos interesses coletivos de toda a categoria que representam, sendo prescindível a relação nominal dos filiados e suas respectivas autorizações, nos termos da Súmula 629/STF. 3. Desse modo, a coisa julgada advinda da ação coletiva deverá alcançar todas as pessoas da categoria, legitimando-os para a propositura individual da execução de sentença, ainda que não comprovada sua associação à época do ajuizamento do processo de conhecimento" (AgRg no REsp 1.423.791/BA, Rel. Ministro Og Fernandes, Segunda Turma, j. 17.03.2015, DJe 26.03.2015).

V. A sentença civil, proferida em ação de caráter coletivo, proposta por entidade associativa, na defesa dos interesses e direitos dos seus associados, abrangerá, no entanto, apenas os substituídos que tenham, na data da propositura da ação, domicílio no âmbito da competência territorial do órgão prolator, nos termos do art. 2o.-A da Lei 9.494/97. Precedentes: AgRg no REsp 1.349.795/CE, Rel. Min. Arnaldo Esteves Lima, DJe 20.11.2013; AgRg no REsp 1.385.686/PR, Rel. Min. Humberto Martins, DJe 13.11.2013; AgRg no REsp 1.387.392/CE, Rel. Min. Mauro Campbell Marques, DJe 17.09.2013; REsp 1.362.602/CE, Rel. Min. Eliana Calmon, DJe 07.05.2013.

VI. O Pleno do Supremo Tribunal Federal concluiu no julgamento do Recurso Extraordinário 240.785/MG ser indevida a inclusão do ICMS na base de cálculo da COFINS, tendo em vista o referido imposto ser estranho ao conceito de faturamento, acarretando malferimento ao art. 195, I, "b", da Constituição Federal (RE 240.785/MG, Rel.: Min. Marco Aurélio, Tribunal Pleno, publicado no DJe-246, em 16.12.2014).

VII. No entanto, ressalvado o posicionamento do Relator, essa Segunda Turma do TRF 5ª Região, vem se posicionando no sentido de que a Corte Suprema tratou apenas da matéria em relação à COFINS, não havendo pronunciamento em relação ao PIS. Nesse caso, deve-se prestigiar a constitucionalidade das normas de regência (art. 2º da Lei 9.715/98, Súmulas 94 e 68 do STJ).

VIII. No mandado de segurança, não é possível a obtenção de efeitos patrimoniais em relação a período pretérito, para o pedido de restituição, os quais devem ser reclamados administrativamente ou buscados em ação própria (Súmula 271 do STF). Contudo, constitui via adequada para a declaração do direito à compensação tributária de valores pretéritos à ação, nos termos da Súmula 213 do Superior Tribunal de Justiça.

IX. O STJ, ao julgar o RESP 1.111.164/BA sob a sistemática prevista no art. 543-C do CPC, já declarou ser imprescindível prova pré-constituída específica quando a impetração, além de veicular pretensão relativa ao direito de compensar, visa também posicionamento judicial sobre elementos da própria compensação, a exemplo do reconhecimento do indébito tributário que serve de base para a operação de compensação, do alcance da prescrição e da fixação de juros e de correção monetária incidentes sobre o referido indébito a ser compensado.

X. Assim, terá a impetrante direito à compensação tão somente quanto aos recolhimentos efetivamente comprovados nos autos, observando-se a prescrição quinquenal, além do art. 74 da Lei 9.430/96 e do art. 170-A do CTN.

XI. Em relação à incidência da SELIC, a Primeira Seção do STJ, ao julgar recurso representativo da controvérsia (REsp 1.073.846/SP), decidiu que "a Taxa SELIC é legítima como índice de correção monetária

Ainda a título de exemplo, confira-se decisão proferida pelo TRF da 3ª Região, também entendendo pela limitação territorial da eficácia subjetiva da sentença à competência territorial do órgão prolator: *a eficácia subjetiva da sentença está restrita aos limites da competência territorial no órgão prolator, já que, tratando-se de mandado de segurança coletivo, a competência – absoluta – é fixada em razão da circunscrição funcional da autoridade coatora.*[73]

Em relação a mandados de segurança coletivos ajuizados antes da vigência da MP 2.180-35/2001[74], o STJ seguiu o entendimento firmado no REsp 1.243.887/PR, já mencionado, julgado sob a sistemática dos recursos repetitivos em relação à ação civil pública: *a Corte Especial deste STJ, ao julgar, como representativo da controvérsia, o REsp 1.243.887/PR, sob a relatoria do ilustre Ministro Luis Felipe Salomão, firmou o entendimento de que a eficácia da sentença proferida em processo coletivo não se limita geograficamente ao âmbito da competência jurisdicional do seu prolator.*[75]

A divergência chegou a ser levada à Primeira Seção do STJ, no EAREsp 357034/DF, julgado em 14.03.2018. Infelizmente, por razões outras que levaram à conclusão pela ausência de interesse processual dos recorrentes nos embargos de divergência, esse mérito não chegou a ser apreciado.

A Primeira Turma do STJ tem reafirmado o entendimento de que a sentença proferida em mandado de segurança coletivo não se limita, geograficamente, ao âmbito de competência jurisdicional de seu prolator. Há julgados que, inclusive, sustentam a necessidade de interpretação sistemática do art. 2º-A da Lei 9.494/1997, do que se dessume a possibilidade de aplicação do entendimento mais amplo – de que a legitimidade não se adstringe ao limite territorial de competência do órgão prolator da decisão – mesmo para as hipóteses de ações ajuizadas após a vigência da norma supramencionada.

No AgInt no REsp 1614030/RS, de relatoria da Ministra Regina Helena Costa, julgado em 11.02.2019, por exemplo, restou assentado o seguinte:

> Impõe-se interpretar o art. 2º-A da Lei 9.494/1997 em harmonia com as demais normas que disciplinam a matéria, de modo que os efeitos da sentença coletiva, nos casos em que a entidade sindical atua com substituta processual, não estão

---

e de juros de mora, na atualização dos débitos tributários pagos em atraso, *ex vi* do disposto no art. 13, da Lei 9.065/95" (DJe 18.12.2009).

XIII. Apelação da impetrante improvida.

XIV. Remessa oficial e apelação da Fazenda Nacional, parcialmente provida, para manter a inclusão do ICMS na base de cálculo do PIS, bem como para reconhecer que a decisão abrange apenas os substituídos que tenham, na data da propositura da ação, domicílio no âmbito da competência territorial do órgão prolator. O direito à compensação atinge tão somente os valores recolhidos efetivamente comprovados nos autos.

(PROCESSO: 08075411620144058300, APELREEX – Apelação / Reexame Necessário –, Desembargador Federal Ivan Lira De Carvalho (Convocado), 2ª Turma, j. 27.01.2016.)

[73] TRF 3ª Região, judiciário em dia – turma D, ApReeNec – Apelação/Remessa necessária – 255798 – 0007017-21.2002.4.03.6104, Rel. Juiz Convocado Leonel Ferreira, j. 24.08.2011, e-DJF3 Judicial 1 data:09.09.2011 página: 856.

[74] Medida provisória que incluiu o art. 2º-A na Lei 9.494, de 1997.

[75] AgRg no AREsp 302.062/DF, Rel. ministro napoleão nunes maia filho, primeira turma, j. 06.05.2014, DJe 19.05.2014.

adstritos aos filiados à entidade sindical à época do oferecimento da ação coletiva, ou limitada a sua abrangência ao âmbito territorial da jurisdição do órgão prolator da decisão, salvo se houver restrição expressa no título executivo judicial.

O texto do voto condutor do acórdão relaciona, ainda, outros precedentes recentes da Corte que sustentam a mesma tese acima mencionada[76]. A orientação, especificamente em relação ao mandado de segurança coletivo, foi recentemente reafirmada pela Corte Superior:

> 1. **A Corte Especial do STJ, ao julgar, como representativo da controvérsia, o REsp 1.243.887/PR, sob a relatoria do ilustre Ministro Luis Felipe Salomão, firmou o entendimento de que a eficácia da sentença proferida em processo coletivo não se limita geograficamente ao âmbito da competência jurisdicional do seu prolator.**
> (AgInt nos EDcl no AREsp 302.059/DF, Rel. Ministro Napoleão Nunes Maia Filho, Primeira Turma, j. 25.04.2019, DJe 09.05.2019).

No âmbito do Supremo Tribunal Federal, a questão sobre a eficácia subjetiva da coisa julgada em ações coletivas de rito ordinário foi objeto de tese de repercussão geral, no julgamento do Tema 499, paradigma no RE 612.043, em 10.05.2017:

> A eficácia subjetiva da coisa julgada formada a partir de ação coletiva, de rito ordinário, ajuizada por associação civil na defesa de interesses dos associados, somente alcança os filiados, residentes no âmbito da jurisdição do órgão julgador, que o fossem em momento anterior ou até a data da propositura da demanda, constantes da relação jurídica juntada à inicial do processo de conhecimento.

Antes, no julgamento do Tema 715, em 04.04.2014, tendo como paradigma o ARE 796473, a Suprema Corte havia fixado entendimento de que:

> A questão da limitação territorial da eficácia da decisão proferida em ação coletiva tem natureza infraconstitucional, e a ela se atribuem os efeitos da ausência de repercussão geral, nos termos do precedente fixado no RE 584.608, rel. a Ministra Ellen Gracie, DJe 13.03.2009.

Mais recentemente, no julgamento do RE 1.101.937, que apreciou a constitucionalidade do art. 16 da Lei 7.347/1985, afetada à repercussão geral, foi assentada a seguinte tese de repercussão geral para o Tema 1.075:

---

[76] Processual civil. Recurso especial. Efeitos da coisa julgada em ação coletiva. Limitação territorial e temporal. Súmula 83 do STJ. 1. É assente na jurisprudência deste Superior Tribunal de Justiça o entendimento de que, quando em discussão a eficácia objetiva e subjetiva da sentença proferida em ação coletiva proposta em substituição processual, a aplicação do art. 2º-A da Lei n. 9.494/1997 deve se harmonizar com os demais preceitos legais aplicáveis ao tema, de forma que o efeito da sentença coletiva nessas hipóteses não está adstrito aos filiados à entidade sindical à época do oferecimento da ação coletiva, ou limitada a sua abrangência apenas ao âmbito territorial da jurisdição do órgão prolator da decisão. Aplicação da Súmula 83 do STJ. 2. Agravo interno desprovido. (AgInt no REsp 1639899/RS, Rel. Ministro Gurgel de Faria, Primeira Turma, j. 26.09.2017, DJe 24.11.2017).

I – É inconstitucional a redação do art. 16 da Lei 7.347/1985, alterada pela Lei 9.494/1997, sendo repristinada sua redação original. II – Em se tratando de ação civil pública de efeitos nacionais ou regionais, a competência deve observar o art. 93, II, da Lei 8.078/1990 (Código de Defesa do Consumidor). III – Ajuizadas múltiplas ações civis públicas de âmbito nacional ou regional e fixada a competência nos termos do item II, firma-se a prevenção do juízo que primeiro conheceu de uma delas, para o julgamento de todas as demandas conexas.

O voto do Ministro Relator Alexandre de Moraes, condutor do acórdão, ressalta que Constituição Federal ampliou a proteção dos interesses difusos e coletivos, inclusive prevendo o mandado de segurança coletivo e ampliando do escopo da ação popular e pondera pela necessidade de absoluto respeito e observância aos princípios da igualdade, da eficiência, da segurança jurídica e da efetiva tutela jurisdicional.

Afirma que a limitação promovida pela Lei 9.494/1997, "veio na contramão do avanço institucional de proteção aos direitos metaindividuais, na tentativa de restringir os efeitos *erga omnes* da coisa julgada nas demandas coletivas aos limites da competência territorial do órgão prolator".

Essa decisão poderá repercutir no âmbito da eficácia da sentença proferida em sede de mandado de segurança coletivo, pela própria natureza de tutela jurisdicional coletiva. Esse precedente do Supremo confirma a jurisprudência do STJ que, em diversas oportunidades de julgamento de mandado de segurança coletivo, se vale de precedentes proferidos em sede de ação civil pública.

Quanto à necessidade de autorização expressa dos associados para ajuizamento de demanda coletiva, cumpre rememorar que a Lei do Mandado de Segurança traz disposição específica sobre o tema, dispensando tal providência:

> Art. 21. O mandado de segurança coletivo pode ser impetrado por partido político com representação no Congresso Nacional, na defesa de seus interesses legítimos relativos a seus integrantes ou à finalidade partidária, ou por organização sindical, entidade de classe ou associação legalmente constituída e em funcionamento há, pelo menos, 1 (um) ano, em defesa de direitos líquidos e certos da totalidade, ou de parte, dos seus membros ou associados, na forma dos seus estatutos e desde que pertinentes às suas finalidades, **dispensada, para tanto, autorização especial.**

O STJ já se manifestou sobre o tema reiteradas vezes, tendo firmado sua jurisprudência no sentido de ser dispensável a autorização especial dos associados, bem como a apresentação de lista nominal desses, afirmando, ainda, que a decisão contempla, também, pessoas que tenham ingressado na associação após o ajuizamento da demanda.[77] A Corte se preocupou em destacar ainda, nesse ponto, a distinção havida entre

---

[77] (...) 3. A propósito, não é demais lembrar que a jurisprudência do Superior Tribunal de Justiça consolidou-se no sentido de não ser exigível a apresentação de autorização dos associados nem de lista nominal dos representados para impetração de Mandado de Segurança Coletivo pela associação. Configurada hipótese de substituição processual, os efeitos da decisão proferida beneficiam todos os associados, sendo irrelevante a data de associação ou a lista nominal (REsp 1.832.916/RJ, Rel. Min. Herman Benjamin, DJe 11.01.2019.Precedentes: AgInt no AREsp 1.531.270/DF, Rel. Min. Sérgio Kukina, DJe 18.11.2019; REsp 1.822.286/SP, Rel. Min. Herman Benjamin, DJe 05.11.2019. 4. Agravo Interno da

a ação mandamental e a ação ordinária de natureza coletiva iniciada por associação na representação dos interesses dos associados, circunstância essa na qual o Supremo Tribunal Federal decidiu pela necessidade de autorização específica. Observe-se:

> A jurisprudência deste Tribunal Superior firmou-se no sentido de que o mandado de segurança coletivo configura hipótese de substituição processual, por meio da qual o impetrante, no caso a associação, atua em nome próprio defendendo direito alheio, pertencente aos associados ou parte deles, sendo desnecessária para a impetração do *mandamus* apresentação de autorização dos substituídos ou mesmo lista nominal. Por tal razão, os efeitos da decisão proferida em mandado de segurança coletivo beneficiam todos os associados, ou parte deles cuja situação jurídica seja idêntica àquela tratada no *decisum*, sendo irrelevante se a filiação ocorreu após a impetração do *writ*.
>
> 3. Inaplicável ao presente caso a tese firmada pelo Supremo Tribunal Federal no RE 612.043/PR (Tema 499), pois trata exclusivamente das ações coletivas ajuizadas sob o rito ordinário por associação quando atua como representante processual dos associados, segundo a regra prevista no art. art. 5º, XXI, da Constituição Federal, hipótese em que se faz necessária para a propositura da ação coletiva a apresentação de procuração específica dos associados, ou concedida pela Assembleia Geral convocada para este fim, bem como lista nominal dos associados representados, nos termos do art. 2º-A, parágrafo único, da Lei 9.494/1997. *In casu*, o processo originário é um mandado de segurança coletivo impetrado por associação, hipótese de substituição processual (art. 5º, LXX, da Constituição Federal), situação diversa da tratada no RE 612.043/PR (representação processual).
>
> 4. Agravo interno não provido.
>
> (AgInt no REsp 1841604/RJ, Rel. Ministro Mauro Campbell Marques, Segunda Turma, j. 22.04.2020, DJe 27.04.2020).

O entendimento é compatível com a jurisprudência do STF, a qual também dispensa a apresentação de autorização específica e lista de beneficiados para impetração, por associação civil, de mandado de segurança coletivo em defesa dos interesses de seus associados, *com fundamento no art. 5º, LXX, b, da Constituição*, ao reconhecer legitimidade ativa das associações para a impetração de mandado de segurança coletivo em defesa dos interesses de seus associados, independentemente de expressa autorização ou da relação nominal desses[78].

A questão é tese do Tema 1.119 do STF e está sumulada no âmbito da Suprema Corte:

> Tema 1.119. É desnecessária a autorização expressa dos associados, a relação nominal destes, bem como a comprovação de filiação prévia, para a cobrança

---

Fazenda do estado de São Paulo e outro a que se nega provimento. (AgInt no AREsp 1393787/SP, Rel. Ministro Napoleão Nunes Maia Filho, Primeira Turma, j. 05.03.2020, DJe 11.03.2020).

[78] ARE 1215704 AgR-segundo, Rel. Min. Roberto Barroso, Primeira Turma, j. 20.12.2019, processo eletrônico DJe-029 divulg 12.02.2020 public 13.02.2020.

de valores pretéritos de título judicial decorrente de mandado de segurança coletivo impetrado por entidade associativa de caráter civil.

Súmula 629. A impetração de mandado de segurança coletivo por entidade de classe em favor dos associados independe de autorização destes.

Em relação aos sindicatos, não há dúvida quanto à existência de legitimidade ativa, independentemente de autorização. Em verdade, para essas entidades, a legitimidade extraordinária é ainda mais ampla, conforme restou definido na fixação da tese jurídica objeto do Tema 823 de repercussão geral (RE 883642):

Os sindicatos possuem ampla legitimidade extraordinária para defender em juízo os direitos e interesses coletivos ou individuais dos integrantes da categoria que representam, inclusive nas liquidações e execuções de sentença, independentemente de autorização dos substituídos.

10.11 PRINCIPAIS SÚMULAS DO STF E DO STJ APLICÁVEIS AO MANDADO DE SEGURANÇA

Súmulas do STF

Súmula 70 – É inadmissível a interdição de estabelecimento como meio coercitivo para cobrança de tributo.

Súmula 101 – O mandado de segurança não substitui a ação popular.

Súmula 268 – Não cabe mandado de segurança contra decisão judicial com trânsito em julgado.

Súmula 266 – Não cabe Mandado de Segurança contra lei em tese.

Súmula 269 – O mandado de segurança não é substitutivo de ação de cobrança.

Súmula 271 – Concessão de mandado de segurança não produz efeitos patrimoniais em relação a período pretérito, os quais devem ser reclamados administrativamente ou pela via judicial própria.

Súmula 323 – É inadmissível a apreensão de mercadorias como meio coercitivo para pagamento de tributos.

Súmula 430 – pedido de reconsideração na via administrativa não interrompe o prazo para o mandado de segurança.

Súmula 547 – Não é lícito à autoridade proibir que o contribuinte em débito adquira estampilhas, despache mercadorias nas alfândegas e exerça suas atividades profissionais.

Súmula 625 – Controvérsia sobre matéria de direito não impede concessão de mandado de segurança.

Súmula 627 – No mandado de segurança contra a nomeação de magistrado da competência do Presidente da República, este é considerado autoridade coatora, ainda que o fundamento da impetração seja nulidade ocorrida em fase anterior do procedimento.

Súmula 629 – A impetração de mandado de segurança coletivo por entidade de classe em favor dos associados independe da autorização destes.

Súmula 630 – A entidade de classe tem legitimação para o mandado de segurança ainda quando a pretensão veiculada interesse apenas a uma parte da respectiva categoria.

Súmula 632 – É constitucional lei que fixa o prazo de decadência para a impetração de mandado de segurança.

Súmulas do STJ

Súmula 41 – O Superior Tribunal de Justiça não tem competência para processar e julgar, originariamente, mandado de segurança contra ato de outros Tribunais ou dos respectivos órgãos.

Súmula 105 – Na ação de mandado de segurança não se admite condenação em honorários advocatícios.

Súmula 177 – O Superior Tribunal de Justiça é incompetente para processar e julgar, originariamente, mandado de segurança contra ato de órgão colegiado presidido por Ministro de Estado.

Súmula 202 – A impetração de segurança por terceiro, contra ato judicial, não se condiciona a interposição de recurso.

Súmula 213 – O mandado de segurança constitui ação adequada para a declaração do direito à compensação tributária.

Súmula 333 – Cabe mandado de segurança contra ato praticado em licitação promovida por sociedade de economia mista ou empresa pública.

Súmula 376 – Compete à turma recursal processar e julgar o mandado de segurança contra ato de juizado especial.

Súmula 460 – É incabível o mandado de segurança para convalidar a compensação tributária realizada pelo contribuinte.

Súmula 461 – O contribuinte pode optar por receber, por meio de precatório ou por compensação, o indébito tributário certificado por sentença declaratória transitada em julgado.

Súmula 604 – O mandado de segurança não se presta para atribuir efeito suspensivo a recurso criminal interposto pelo Ministério Público.

Súmula 628 – A teoria da encampação é aplicada no mandado de segurança quando presentes, cumulativamente, os seguintes requisitos: a) existência de vínculo hierárquico entre a autoridade que prestou informações e a que ordenou a prática do ato impugnado; b) manifestação a respeito do mérito nas informações prestadas; e c) ausência de modificação de competência estabelecida na Constituição Federal.

Capítulo 11
AÇÃO DECLARATÓRIA

A ação declaratória é espécie de ação de conhecimento que pretende questionar a inexistência de determinada relação jurídico-tributária, classificada, no âmbito do processo tributário, entre as ações propostas pelo contribuinte contra a Fazenda Pública com o objetivo de esclarecer uma incerteza jurídica ou fática para evitar ou limitar o lançamento de uma obrigação tributária principal ou a exigência de obrigações acessórias.

A controvérsia em torno da relação jurídico-tributária somente afeta o sujeito passivo – contribuinte ou responsável tributário –, haja vista a Fazenda Pública deter a prerrogativa, por meio de seus procedimentos administrativos próprios, para a definição da certeza e exigibilidade do crédito público a partir de parâmetros aplicáveis àquela relação.

A autoridade administrativa, ao promover o lançamento do tributo, constitui seu crédito, nos termos do art. 142 do CTN. Por meio desse procedimento, determina a matéria tributável, o montante do tributo devido e o sujeito passivo da obrigação, conferindo certeza e exigibilidade ao crédito. Falta, à Fazenda Pública, interesse de agir para promoção de ação declaratória em juízo, porquanto o resultado almejado por meio dessa ação pode ser alcançado pelo Fisco por meio de procedimentos administrativos de sua competência outorgados pelo ordenamento jurídico.

A ação declaratória no âmbito do direito processual tributário possui especificidades próprias, porém a compreensão das características gerais atinentes ao processo civil é relevante para enfrentamento da temática.

11.1 ASPECTOS GERAIS

O CPC prevê o cabimento da ação declaratória ao dispor sobre a função jurisdicional, cuja dicção expressa do art. 19 define a possibilidade de o interesse do autor limitar-se à declaração da existência, da inexistência ou do modo de ser de uma relação jurídica, bem como à declaração quanto à autenticidade ou falsidade de um documento.

A ação declaratória, portanto, presta-se à solução de uma incerteza fática – relacionada à autenticidade de um documento – ou jurídica – relacionada à existência, inexistência ou modo de ser de determinada relação. O objeto é bastante amplo, e no campo atinente ao "modo de ser da relação" podem ser levados à discussão, por exemplo, aspectos relativos às partes envolvidas, aos parâmetros qualitativos e quantitativos da relação, à extensão subjetiva e objetiva da obrigação objeto dessa relação jurídica, entre outras questões.

A depender do objetivo esperado pela ação declaratória, essa pode ser positiva, quando pretenda alcançar a declaração quanto à existência ou ao modo de ser de de-

448 | PROCESSO TRIBUTÁRIO – *Eduardo Muniz Machado Cavalcanti*

terminada relação jurídica, ou negativa, quando ambicione a declaração de inexistência de certa relação. Nesse sentido, desponta a natureza dúplice dessa ação, relativamente à procedência ou improcedência do pedido. Na hipótese de ação declaratória negativa – que almeja a declaração de inexistência de uma relação jurídica – caso o pedido seja julgado procedente, haverá a materialização do aspecto negativo. De outro lado, caso o pedido seja julgado improcedente, a sentença declarará a existência da relação, cujo resultado é o efeito declaratório positivo.

O mesmo ocorre no caminho inverso. No caso de ação declaratória positiva, se o pedido for julgado improcedente, tem-se como resultado a declaração de inexistência de uma determinada relação jurídica, produzindo-se, portanto, efeito declaratório negativo, em sentido contrário ao desejado pelo autor inicialmente, de declaração positiva.

Na sequência, fortalecendo, ainda, a receptividade do ordenamento jurídico à pertinência de se recorrer à efetividade da função jurisdicional para obtenção, apenas, da declaração sobre aspectos de uma relação jurídica ou da autenticidade de um documento, prevê o art. 20 do referido Código de Processo Civil que "é admissível a ação meramente declaratória, ainda que tenha ocorrido a violação do direito".

O autor, ao optar pelo ajuizamento desse tipo de ação, deve ter consciência da limitação de alcance da prestação jurisdicional cabível por meio desta via de atuação. Isso porque, desprovida de natureza condenatória, a procedência na ação declaratória não tem o condão de impor à parte vencida a obrigação de fazer ou deixar de fazer algo. Conforme se verá adiante, no âmbito do direito tributário, por exemplo, a mera declaração de inexistência de relação jurídica não tem o condão de obrigar, de plano, a restituição de parcelas pela Fazenda Pública ao contribuinte, sendo necessária a cumulação de pedidos ou a propositura de ação própria para tanto.

É certo, porém, que o resultado da ação declaratória gera, à parte vencedora, o direito a que a parte vencida se comporte, dali em diante, de acordo com o que fora judicialmente declarado, tolerando determinada situação ou deixando de agir de maneira contrária ou violadora dos aspectos atinentes à relação jurídica objeto de apreciação jurisdicional, na forma como definida judicialmente.

11.2 AÇÃO DECLARATÓRIA NO PROCESSO TRIBUTÁRIO

A ação declaratória, trazendo a análise para o âmbito específico do direito tributário, destina-se a eliminar incertezas sobre possível incidência de norma tributária, capaz de gerar obrigação tributária principal ou acessória ao sujeito passivo, ou sobre a validade da norma no ordenamento jurídico.

Tem-se uma ação declaratória negativa – isto é, visando à declaração de inexistência de uma relação jurídica – quando o resultado prático visado pelo sujeito passivo autor da ação é, em regra, impedir o lançamento de um crédito tributário. No caso da ação declaratória positiva, o autor procura seja definido, em juízo, o modo de ser de determinada relação, que, no âmbito tributário, pode circunscrever-se a vários aspectos atinentes à relação jurídico-tributária. Como exemplo, citam-se, entre outros:

- definição do momento da ocorrência de determinado fato gerador;
- definição da base de cálculo ou da alíquota incidente para cálculo do tributo;

Título III • Cap. 11 • AÇÃO DECLARATÓRIA | 449

- definição quanto à existência de crédito a ser abatido em etapas posteriores da cadeia de produção no caso de substituição tributária;
- definição quanto à existência de solidariedade no polo passivo da relação jurídico- tributária;
- definição quanto à forma de cumprimento de determinada obrigação acessória;
- declaração quanto à existência do direito de compensar;
- reconhecimento de direito subjetivo a crédito fiscal pelo valor corrigido;
- declaração de incidência de decadência ou prescrição em virtude da inércia da Fazenda Pública.

A ação declaratória de inexistência de relação jurídico-tributária precede ao próprio lançamento do tributo e, por isso, busca tutela jurisdicional de caráter essencialmente declaratório para vincular as partes do processo em relação ao presente e ao futuro, salvo se sobrevier alteração de fato ou de direito na qual se funda a decisão judicial.

É importante ter em mente que o STF definiu as teses jurídicas para os Temas 881 e 885[1], segundo as quais "as decisões proferidas em ação direta ou em sede de repercussão

---

[1] Ementa: Direito constitucional e tributário. Recurso Extraordinário com Repercussão Geral. Contribuição Social sobre Lucro Líquido (CSLL). Obrigação de trato sucessivo. Hipóteses de cessação dos efeitos da coisa julgada diante de decisão superveniente do STF. 1. Recurso extraordinário com repercussão geral reconhecida, a fim de decidir se e como as decisões desta Corte em sede de controle concentrado fazem cessar os efeitos futuros da coisa julgada em matéria tributária, nas relações de trato sucessivo, quando a decisão estiver baseada na constitucionalidade ou inconstitucionalidade do tributo. 2. Em 1992, o contribuinte obteve decisão judicial com trânsito em julgado que o exonerava do pagamento da CSLL. O acórdão do Tribunal Regional Federal da 5ª Região considerou que a lei instituidora da contribuição (Lei nº 7.869/1988) possuía vício de inconstitucionalidade formal, por se tratar de lei ordinária em matéria que exigiria lei complementar. 3. A questão debatida no presente recurso diz respeito à subsistência ou não da coisa julgada que se formou, diante de pronunciamentos supervenientes deste Supremo Tribunal Federal em sentido diverso. 4. O tema da cessação da eficácia da coisa julgada, embora complexo, já se encontra razoavelmente bem equacionado na doutrina, na legislação e na jurisprudência desta Corte. Nas obrigações de trato sucessivo, a força vinculante da decisão, mesmo que transitada em julgado, somente permanece enquanto se mantiverem inalterados os seus pressupostos fáticos e jurídicos (RE 596.663, Red. p/ o acórdão Min. Teori Zavascki, j. em 24.09.2014). 5. As decisões em controle incidental de constitucionalidade, anteriormente à instituição do regime de repercussão geral, não tinham natureza objetiva nem eficácia vinculante. Consequentemente, não possuíam o condão de desconstituir automaticamente a coisa julgada que houvesse se formado, mesmo que em relação jurídica tributária de trato sucessivo. 6. Em 2007, este Supremo Tribunal Federal, em ação direta de inconstitucionalidade julgada improcedente, declarou a constitucionalidade da referida Lei nº 7.869/1988 (ADI 15, Rel. Min. Sepúlveda Pertence, julgamento em 14.06.2007). A partir daí, houve modificação substantiva na situação jurídica subjacente à decisão transitada em julgado, em favor do contribuinte. Tratando-se de relação de trato sucessivo, sujeita-se, prospectivamente, à incidência da nova norma jurídica, produto da decisão desta Corte. 7. Na parte subjetiva desta decisão referente ao caso concreto, verifica-se que a Fazenda Nacional pretendeu cobrar a CSLL relativa a fatos geradores posteriores à decisão deste Tribunal na ADI 15. Como consequência, dá-se provimento ao recurso extraordinário interposto pela Fazenda Nacional. 8. Já a tese objetiva que se extrai do presente julgado, para fins de repercussão geral, pode ser assim enunciada: "1. As decisões do STF em controle incidental de constitucionalidade, anteriores à instituição do regime de repercussão geral, não impactam automaticamente a coisa julgada que se tenha formado, mesmo nas relações jurídicas tributárias de trato sucessivo. 2. Já as decisões proferidas em ação direta ou em sede de repercussão geral interrompem automaticamente os efeitos temporais das decisões transitadas em julgado nas referidas relações, respeitadas a irretroatividade, a anterioridade anual e a noventena ou a anterioridade nonagesimal,

geral interrompem automaticamente os efeitos temporais das decisões transitadas em julgado nas referidas relações", o que significa dizer que a coisa julgada formada em sede de ação declaratória para afastar a incidência de um tributo, individualmente em favor do contribuinte, perde seus efeitos caso o STF venha a proferir decisão vinculante superveniente em sentido contrário.

A declaratória pode ser fundada no questionamento da validade da norma que institui a obrigação – presente na legislação tributária em sentido amplo, conforme conceito expresso no art. 96 do CTN[2] –, podem ser apontadas como parâmetros normas da Constituição – em especial as que dispõem sobre limitações ao poder de tributar e que distribuem competências tributárias –,assim como as normas gerais sobre matéria tributária previstas no CTN, cujo fundamento de validade decorre da Constituição Federal (art. 146).

Sendo o fundamento jurídico relacionado à inconstitucionalidade da norma que institui a obrigação tributária, sobressai o controle difuso e concreto de constitucionalidade. Esse tipo de controle pode ser feito em qualquer juízo ou grau de jurisdição, devendo, contudo, no caso de julgamento por órgão colegiado, respeitar a cláusula de reserva de plenário prevista no art. 97 da CF[3] e disciplinada nos arts. 948 e seguintes do Código de Processo Civil.

A questão é objeto da Súmula Vinculante 10 do Supremo Tribunal Federal: "viola a cláusula de reserva de plenário (CF, art. 97) a decisão de órgão fracionário de Tribunal que embora não declare expressamente a inconstitucionalidade de lei ou ato normativo do poder público, afasta sua incidência, no todo ou em parte".[4]

É possível ainda que o manejo da ação declaratória, de inexistência de relação jurídico-tributária tenha por fundamento pressuposto fático que interfira na qualifica-

conforme a natureza do tributo". (RE 949297, Relator(a): EDSON FACHIN, Relator(a) p/ Acórdão: ROBERTO BARROSO, Tribunal Pleno, julgado em 08-02-2023, PROCESSO ELETRÔNICO REPERCUSSÃO GERAL – MÉRITO DJe-s/n DIVULG 28-04-2023 PUBLIC 02-05-2023.)

[2]   CTN, art. 96. A expressão "legislação tributária" compreende as leis, os tratados e as convenções internacionais, os decretos e as normas complementares que versem, no todo ou em parte, sobre tributos e relações jurídicas a eles pertinentes.

[3]   CF, art. 97. Somente pelo voto da maioria absoluta de seus membros ou dos membros do respectivo órgão especial poderão os tribunais declarar a inconstitucionalidade de lei ou ato normativo do Poder Público.

[4]   Confira-se exemplo de aplicação prática do entendimento no âmbito do direito tributário:

1. Caso em que o Supremo Tribunal Federal anulou o acórdão proferido por esta Corte em agravo regimental em recurso especial, por descumprimento ao disposto na Súmula Vinculante n. 10 e determinou a devolução dos autos para novo julgamento, no tocante à possibilidade de afastamento das limitações ao direito de compensação de indébitos tributários previstas nas Leis 9.032 e 9.129, ambas de 1.995, nos casos em que os tributos forem declarados inconstitucionais.

2. Na época em que foi prolatado o primeiro acórdão que julgou este recurso especial (05.10.2006), o Superior Tribunal de Justiça tinha orientação no sentido de que "os valores exigidos a título de tributo que, posteriormente, são reconhecidos inconstitucionais devem ser compensados sem nenhuma limitação", consoante havia sido decidido pela Primeira Seção desta Corte, por ocasião do julgamento dos EREsp 189052 (DJU 03.11.2002).

3. A Primeira Seção, na assentada de 22.10.2008, por ocasião do julgamento do REsp 796.064/RJ, relatado pelo Ministro Luiz Fux, revendo posicionamento anterior, firmou o entendimento de que, enquanto não forem declaradas inconstitucionais as Leis 9.032/95 e 9.129/95, seja em controle difuso ou concentrado de constitucionalidade, a eficácia dessas normas não poderá ser afastada, no todo ou em parte (Súmula Vinculante 10/STF), motivo pelo qual devem ser admitidos os limites percentuais à compensação tributária nelas determinados (25% e 30%, respectivamente), inclusive nos casos em que o indébito refere-se a tributo ulteriormente declarado inconstitucional, situação que se amolda ao caso vertente.

ção jurídica de um dos elementos da relação jurídico-tributária. Um caso paradigmático, julgado pelo STJ, de relatoria do Ministro Herman Benjamin, afastou a cobrança do ITR por reconhecer que a propriedade havia sido invadida por sem-terras, mesmo com o mandado de reintegração de posse, não cumprido por mais de 14 (quatorze) anos.[5]

O ordenamento jurídico brasileiro admite a possibilidade de ajuizamento de ação meramente declaratória ainda que já tenha ocorrido a violação do direito, nos termos do art. 20 do CPC. No âmbito do direito tributário, portanto, admite-se a possibilidade de ajuizamento de ação declaratória de inexistência de relação jurídico-tributária mesmo já tendo havido a constituição do crédito pelo lançamento. Em qualquer hipótese, o pedido delimitará o escopo da ação, por isso, em casos que busque mais que apenas

---

4. Recurso especial não provido.
(REsp 850.072/SP, Rel. Ministro Benedito Gonçalves, Primeira Turma, j. 15.05.2012, DJe 23.05.2012).

[5] 1. A solução integral da controvérsia, com fundamento suficiente, não caracteriza ofensa ao art. 535 do CPC.

2. O Superior Tribunal de Justiça tem entendimento pacífico de que se aplica o prazo prescricional do Decreto 20.910/1932 para demanda declaratória que busca, na verdade, a desconstituição de lançamento tributário (caráter constitutivo negativo da demanda).

3. O Fato Gerador do ITR é a propriedade, o domínio útil, ou a posse, consoante disposição do art. 29 do Código Tributário Nacional.

4. Sem a presença dos elementos objetivos e subjetivos que a lei, expressa ou implicitamente, exige ao qualificar a hipótese de incidência, não se constitui a relação jurídico-tributária.

5. A questão jurídica de fundo cinge-se à legitimidade passiva do proprietário de imóvel rural, invadido por 80 famílias de sem-terra, para responder pelo ITR.

6. Com a invasão, sobre cuja legitimidade não se faz qualquer juízo de valor, o direito de propriedade ficou desprovido de praticamente todos os elementos a ele inerentes: não há mais posse, nem possibilidade de uso ou fruição do bem.

7. Direito de propriedade sem posse, uso, fruição e incapaz de gerar qualquer tipo de renda ao seu titular deixa de ser, na essência, direito de propriedade, pois não passa de uma casca vazia à procura de seu conteúdo e sentido, uma formalidade legal negada pela realidade dos fatos.

8. Por mais legítimas e humanitárias que sejam as razões do Poder Público para não cumprir, por 14 anos, decisão judicial que determinou a reintegração do imóvel ao legítimo proprietário, inclusive com pedido de Intervenção Federal deferido pelo TJPR, há de se convir que o mínimo que do Estado se espera é que reconheça que aquele que – diante da omissão estatal e da dramaticidade dos conflitos agrários deste Brasil de grandes desigualdades sociais – não tem mais direito algum não pode ser tributado por algo que só por ficção ainda é de seu domínio.

9. Ofende o Princípio da Razoabilidade, o Princípio da Boa-Fé Objetiva e o bom senso que o próprio Estado, omisso na salvaguarda de direito dos cidadãos, venha a utilizar a aparência desse mesmo direito, ou o resquício que dele restou, para cobrar tributos que pressupõem a sua incolumidade e existência nos planos jurídico (formal) e fático (material).

10. Irrelevante que a cobrança do tributo e a omissão estatal se encaixem em esferas diferentes da Administração Pública. União, Estados e Municípios, não obstante o perfil e personalidade próprios que lhes conferiu a Constituição de 1988, são parte de um todo maior, que é o Estado brasileiro. Ao final das contas, é este que responde pela garantia dos direitos individuais e sociais, bem como pela razoabilidade da conduta dos vários entes públicos em que se divide e organiza, aí se incluindo a autoridade tributária.

11. Na peculiar situação dos autos, considerando a privação antecipada da posse e o esvaziamento dos elementos da propriedade sem o devido processo de Desapropriação, é inexigível o ITR ante o desaparecimento da base material do fato gerador e a violação dos Princípios da Razoabilidade e da Boa-Fé Objetiva.

12. Recurso Especial parcialmente provido somente para reconhecer a aplicação da prescrição quinquenal.
(REsp 963.499/PR, Rel. Ministro Herman Benjamin, Segunda Turma, j. 19.03.2009, DJe 14.12.2009).

evitar lançamento, deve objetivar, além da declaração de inexistência, a nulidade dos atos já praticados, agregando efeitos desconstitutivos à tutela jurisdicional declaratória.

A decisão nesse sentido não tem natureza condenatória e não se presta, em tese, a impor determinada obrigação de fazer à Fazenda Pública, salvo se também composta pela determinação de repetição de eventual indébito decorrente do pagamento indevido de tributos com base na presunção de relação jurídica inexistente. Não significa, porém, que a sentença meramente declaratória seja desprovida de eficácia executiva, sendo exigível que a parte vencida adote comportamento compatível com o conteúdo definido na declaração proferida judicialmente.

Por isso, caso o autor da ação já tenha efetuado pagamento de valores cuja relação obrigacional esteja questionando em juízo e pretenda sua restituição, deve cumular o pedido de declaração com o de restituição do indébito tributário. A hipótese é admitida pelo ordenamento e amplamente utilizada para esse fim na prática forense. O Superior Tribunal de Justiça demarca bem o tema em seus precedentes. Pela relevância do estudo, confira-se trecho do voto do Ministro Teori Zavascki nos Embargos de Divergência ao Recurso Especial 609.266/RS[6]:

> No atual estágio do sistema do processo civil brasileiro, não há como insistir no dogma de que as sentenças declaratórias jamais têm eficácia executiva. Há sentenças, como a de que trata a espécie, em que a atividade cognitiva está completa, já que houve juízo de certeza a respeito de todos os elementos da norma jurídica individualizada. Nenhum resíduo persiste a ensejar nova ação de conhecimento. Estão definidos os sujeitos ativo e passivo, a prestação, a exigibilidade, enfim, todos os elementos próprios do título executivo. Em casos tais, não teria sentido algum – mas, ao contrário, afrontaria princípios constitucionais e processuais básicos – submeter as partes a um novo, desnecessário e inútil processo de conhecimento.

A sentença, contudo, não pode ultrapassar os limites do pedido, assim como a execução não pode pretender impor à Fazenda Pública obrigação não discutida nos autos do processo de conhecimento.

No REsp 602.469/BA, de relatoria do Ministro Castro Meira, estabeleceu-se a impossibilidade de o entendimento acima ser aplicado a caso concreto diverso, no qual "o pedido formulado na ação de conhecimento foi puramente declaratório, por objetivar tão somente o afastamento da exação impugnada". O voto condutor do acórdão explicou que "a pretensão não albergava compensação de indébito tributário, ainda que na esfera administrativa, como pretendeu o contribuinte ao ajuizar o processo de liquidação".

Por outro lado, na ação declaratória em que houver sido cumulado pedido expresso de repetição de indébito ou compensação tributária, a sentença declaratória que traz a definição integral da norma jurídica individualizada tem eficácia executiva, conforme bem reafirmou o Ministro Teori Zavascki no REsp 1.100.820/SC.

Nesse caso, a sentença deve apresentar todos os elementos identificadores da obrigação, quais sejam: sujeitos, prestação, liquidez e exigibilidade. Essas característi-

---

[6]   EREsp 609.266/RS, Rel. Ministro Teori Albino Zavascki, Primeira Seção, j. 23.08.2006, DJ 11.09.2006.

cas tornam desnecessária a submissão a novo juízo de conhecimento, sendo possível apurar, em sede de liquidação judicial, o *quantum* a ser posteriormente compensado ou restituído na via administrativa, tendo em vista o reconhecimento do indébito na ação declaratória. Nos casos cujo lançamento questionado em juízo já tenha ocorrido, se preenchidos os demais requisitos para tanto, será possível também, alternativamente, o ajuizamento de ação anulatória, que é tratada em capítulo próprio.

11.3 CABIMENTO DA TUTELA PROVISÓRIA

O CPC em vigor reformulou o tratamento das tutelas provisórias, cabendo aqui um breve resumo das possibilidades havidas nesse contexto para melhor compreensão do tema relativamente à sua incidência nas ações declaratórias em âmbito tributário.

A tutela provisória distingue-se da definitiva quanto à estabilidade e ao grau de análise do juiz sobre a matéria debatida no momento da decisão. Definitiva é a decisão apta para formar coisa julgada, objeto da cognição exauriente do magistrado. A decisão provisória é produto da cognição sumária do juiz e, por este motivo, não tem aptidão para coisa julgada.

A tutela provisória pode ser satisfativa ou cautelar. Será satisfativa quando certificar ou efetivar um direito e cautelar quando tiver por objetivo criar condições para que um direito seja efetivado.

A concessão de tutela cautelar pressupõe a análise do direito à cautela (condições para efetivação de um direito) e do direito que se pretende acautelar (direito que se busca proteger com a cautela). É característica da cautelar, portanto, a referibilidade: ela necessariamente se refere a outro direito. A tutela cautelar pode ser requerida em caráter antecedente – quando formulada de maneira autônoma, antes do pedido de tutela definitiva – ou incidente, quando formulada no processo principal, junto ou após o pedido de tutela definitiva.

Para concessão da tutela cautelar, é necessária a aferição de perigo e de probabilidade do direito que se pretende acautelar. Como o direito a ser acautelado é analisado apenas de maneira superficial (juízo de probabilidade), a cautelar não tem aptidão para coisa julgada quanto à afirmação desse direito.

Para a tutela provisória satisfativa, o Código deu o nome de tutela antecipada, a qual também pode ser antecedente ou incidente. A tutela antecipada antecedente recebeu regramento novo e peculiar do CPC de 2015, previsto nos arts. 303 e seguintes.

Sob outro aspecto, a tutela provisória, quanto aos fundamentos que autorizam sua concessão, subclassifica-se em tutela de urgência e tutela de evidência. A tutela de urgência tem cabimento quando houver elementos demonstrando a probabilidade do direito e o perigo de dano ou o risco ao resultado útil do processo.

A tutela de evidência, por sua vez, independe da urgência, justificando-se na alta probabilidade do direito pretendido. O CPC prevê as hipóteses de cabimento da tutela de evidência, sendo conexas ao processo tributário, ao menos em tese, as seguintes: (i) ficar caracterizado o abuso do direito de defesa ou o manifesto propósito protelatório da parte; (ii) as alegações de fato puderem ser comprovadas apenas documentalmente e houver tese firmada em julgamento de casos repetitivos ou em súmula vinculante; (iii) a petição inicial for instruída com prova documental suficiente dos fatos constitutivos do direito do autor, a que o réu não oponha prova capaz de gerar dúvida razoável.

A tutela antecipada de urgência pode ser requerida de maneira antecedente, atraindo o regramento dos arts. 303 e seguintes do CPC. A peculiaridade desse regramento é que, cumpridos certos requisitos, a decisão proferida pelo magistrado pode se tornar estável, mantendo seus efeitos mesmo após a extinção do processo antecedente. Não se trata, contudo, de coisa julgada, mas sim de um *status* jurídico diferenciado, sendo que, nos termos do art. 304, § 5º, o direito de rever, reformar ou invalidar a tutela antecipada extingue-se após dois anos, contados da ciência da decisão que extinguiu o processo. Esse regramento não se aplica à tutela antecipada de evidência, cujo requerimento deve ser realizado junto ao pedido principal.

No âmbito do direito tributário, a concessão de tutela provisória favorável ao contribuinte tem o condão de suspender a exigibilidade do crédito tributário, conforme dispõe o art. 151 do CTN. Nos termos da jurisprudência do Superior Tribunal de Justiça, as hipóteses de suspensão de exigibilidade do tributo são independentes, razão por que essa pode ser deferida caso presentes os requisitos que autorizam a concessão de tutela provisória, independentemente do depósito em dinheiro.[7]

No que diz respeito à concessão de tutela provisória contra a Fazenda Pública, existem certas restrições, previstas em leis esparsas, as quais não foram revogadas ou alteradas expressamente pelo CPC[8] e o próprio Supremo, em antigo precedente, por ocasião do julgamento da ADI 223, destacaram a constitucionalidade de vedações legais à concessão de liminar, notadamente pelo interesse público subjacente e, sobretudo, porque se mantém hígido o direito de ter apreciada a lesão, ou sua ameaça, de forma definitiva em sentença.

A Lei 12.016/2009, legislação de regência do mandado de segurança, trouxe novas limitações, tendo, então, o Conselho Federal da OAB promovido a propositura de ação direta de inconstitucionalidade (ADI 4.296), cujos dispositivos impugnados foram os arts. 1º, 7º, III e § 2º, 22, § 2º, 23 e 25.

---

[7]   1. No enfrentamento da matéria, o Tribunal de origem lançou os seguintes fundamentos (fl. 449, e-STJ): "Não obstante o inciso V, do aludido art. 151, do CTN, dispor que a concessão de tutela antecipada em ação judicial é caso de suspensão da exigibilidade do crédito tributário, a meu ver, tal dispositivo deve ser lido à luz dos arts. 16 e 17 da Lei 6.830/1980, que exigem a garantia do juízo para discussão do débito fiscal. Se assim não o fosse, estaríamos diante do paradoxo de criar a possibilidade de suspender a exigibilidade do crédito fiscal, bem como o respectivo processo de execução, sem a necessária garantia, pelo simples fato de haver ação anulatória em curso".

2. As hipóteses de suspensão de exigibilidade do crédito tributário previstas nos incisos II e V do art. 151 do CTN são independentes, pelo que a suspensão da exigibilidade do crédito tributário pode ser reconhecida com a simples presença da situação constante do último inciso, independentemente da existência ou não do depósito integral em dinheiro. Precedentes: AgInt no REsp 1.447.738/RJ, Rel. Ministro Og Fernandes, Segunda Turma, DJe 19.05.2017; AgRg no AREsp 449.806/SP, Rel. Ministro Herman Benjamin, Segunda Turma, DJe 30.10.2014; e AgRg no REsp 1.121.313/RS, Rel. Ministra Denise Arruda, Primeira Turma, DJe 09.12.2009.

3. Dessume-se que o acórdão recorrido não está em sintonia com o atual entendimento do STJ, razão pela qual merece prosperar a irresignação.

4. Recurso Especial provido.

(REsp 1809674/MG, Rel. Ministro Herman Benjamin, Segunda Turma, j. 15.08.2019, DJe 10.09.2019).

[8]   Art. 1.059. À tutela provisória requerida contra a Fazenda Pública aplica-se o disposto nos arts. 1º a 4º da Lei 8.437, de 30 de junho de 1992 , e no art. 7º, § 2º, da Lei 12.016, de 7 de agosto de 2009 .

Em 2021, o Pleno do STF reconsiderou a clássica orientação jurisprudencial, quando, na ocasião, declarou a inconstitucionalidade das normas constantes da Lei 12.016/2009, as quais restringiam, em certa medida e extensão, a concessão de medida liminar, precisamente em relação ao art. 7º, § 2º, assegurando-se a possibilidade de concessão de medida liminar que vise à compensação de créditos tributários; a entrega de mercadorias e bens provenientes do exterior; a reclassificação ou equiparação de servidores públicos e a concessão de aumento ou a extensão de vantagens ou pagamento de qualquer natureza.

Não obstante declaradas inconstitucionais as limitações previstas na Lei do Mandado de Segurança, circunstâncias analisadas em capítulo próprio, subsistem restrições à concessão de tutela provisória contra a Fazenda Pública na Lei 8.437/1992, no art. 29-B da Lei 8.036/1990 e nos arts. 1º e 2º-B da Lei 9.494/1997.

Essas limitações, em geral, restringem a efetivação de decisões que, apenas com base em juízo de cognição sumária, impliquem a liberação de recursos da Fazenda Pública em favor de particular. A despeito de ainda subsistir relevante discussão acerca da constitucionalidade de leis que restrinjam a efetivação de decisões judiciais de maneira genérica, tais previsões têm por pressuposto a proteção do patrimônio público e visam a assegurar preceitos constitucionais orçamentários no custeio de recursos públicos.

As restrições não impedem, pois, a concessão de tutela provisória que vise à suspensão de exigibilidade de crédito tributário, impedindo a Fazenda Pública de promover um lançamento, de prosseguir na cobrança ou qualquer medida constritiva decorrente de tributo considerado indevido, mesmo quando fundamentada em juízo de cognição sumária. Nessa circunstância, não se pode falar em violação de preceitos orçamentários, posto não haver imposição de liberação de recursos, mas apenas suspensão de sua exigibilidade a fim de se verificar a correção da exação e afastar danos irreparáveis ou de difícil reparação contra o particular.

A proteção do patrimônio público não impede o sopesamento de princípios – a ser avaliada pelo juízo competente em cada caso concreto –, considerada, de um lado, a espera do Fisco no recebimento do valor considerado como devido e, de outro, o direito individual do particular de não ser ver obrigado ao pagamento de tributo em desacordo com as garantias legais e constitucionais, o que será verificado ao longo do processo.

Essas normas limitadoras da concessão de tutela provisória contra a Fazenda Pública, considerando sua excepcionalidade, devem ser interpretadas com prudência.

Nesse sentido, a doutrina entende, – majoritariamente, como demonstra a aprovação do Enunciado 35 do Fórum Permanente de Processualistas Civis – que "as vedações à concessão de tutela provisória contra a Fazenda Pública limitam-se às tutelas de urgência". A restrição não alcança, pois, a tutela de evidência. Isso porque as limitações indicadas não tratam da evidência, não sendo cabível, pois, extensão da restrição a essa ferramenta.

Quanto às peculiaridades do CPC, na II Jornada de Direito Processual Civil, foi aprovado o Enunciado 130, segundo o qual "é possível a estabilização de tutela antecipada antecedente em face da Fazenda Pública". Somente será possível a estabilização dos efeitos quando for possível a concessão da tutela antecipada antecedente contra a Fazenda Pública, observadas as limitações legais já indicadas.

11.4 DEPÓSITO DO MONTANTE INTEGRAL

Além das hipóteses de tutela provisória tratadas no tópico anterior, também se admite, no âmbito da ação declaratória, o depósito do montante integral do crédito tributário, como modalidade de suspensão de exigibilidade, conforme enuncia o art. 151, II, do CTN.

O depósito do montante integral não é requisito para ajuizamento da ação declaratória. O Supremo Tribunal Federal editou o enunciado de Súmula Vinculante 28, sobre o tema, declarando que "é inconstitucional a exigência de depósito prévio como requisito de admissibilidade de ação judicial na qual se pretenda discutir a exigibilidade de crédito tributário".

O depósito é, porquanto, direito do contribuinte, não dever. Como o depósito judicial não demanda ação autônoma própria, pode ser feito no âmbito da ação declaratória sempre que o contribuinte desejar a suspensão de exigibilidade do tributo, e essa medida afasta, ainda, a incidência de juros sobre o montante objeto da discussão judicial.

Para ser admitido e produzir os efeitos legais, o depósito deve ser realizado antes do trânsito em julgado da sentença de mérito, além de ser integral e em dinheiro. A questão foi, há muito, pacificada pelo Superior Tribunal de Justiça, sendo objeto de enunciado de súmula de jurisprudência nesses termos[9]. A integralidade significa a necessária correspondência ao valor exigido do contribuinte pelo Fisco, não aquilo considerado pelo contribuinte como devido[10]. Além disso, deve ser constantemente complementado em caso de relações continuadas ao longo do curso processual.

Quanto à natureza do bem dado em depósito, o STJ julgou, sob a sistemática dos recursos repetitivos, Tema 378, o REsp 1.156.668/DF, no qual concluiu que "a fiança bancária não é equiparável ao depósito integral do débito exequendo para fins de suspensão da exigibilidade do crédito tributário, ante a taxatividade do art. 151 do CTN".

A Corte afirmou, ainda, naquela oportunidade que as hipóteses – taxativas – de suspensão da exigibilidade do crédito tributário implicam óbice à prática de quaisquer atos executivos. Por não estar arrolada no art. 151 do CTN, a prestação de caução, mediante o oferecimento de fiança bancária, ainda que no montante integral do valor devido, não ostenta o efeito de suspender, automaticamente, a exigibilidade do crédito tributário[11].

---

[9] Súmula 112. O depósito somente suspende a exigibilidade do crédito tributário se for integral e em dinheiro.

[10] "O **depósito** judicial, para os fins do art. 151 do CPC, há de ser integral, vale dizer, há de corresponder àquilo que o Fisco exige do contribuinte" AgRg nos EDcl no REsp 961049/SP.

[11] Anote-se que esse entendimento restritivo se cinge ao crédito de natureza tributária, cuja previsão específica no CTN tem natureza de lei complementar, e sua aplicação não admite maior flexibilização com fundamento em normas ordinárias posteriores. Quanto ao tema, confira-se o recente entendimento do STJ no que diz respeito à possibilidade de equiparação da fiança ao depósito em dinheiro para fins de suspensão de exigibilidade de crédito de natureza não tributária.
2. **O entendimento contemplado no Enunciado Sumular 112 do STJ, segundo o qual o depósito somente suspende a exigibilidade do crédito tributário se for integral e em dinheiro, que se reproduziu no julgamento do Recurso Representativo da Controvérsia, nos autos do REsp 1.156.668/DF, não se estende aos créditos não tributários originários de multa administrativa imposta no exercício do Poder de Polícia.**
8. **O crédito não tributário, diversamente do crédito tributário, o qual não pode ser alterado por Lei Ordinária em razão de ser matéria reservada à Lei Complementar (art. 146, III, alínea b**

Com o efeito de suspensão de exigibilidade do crédito, não será possível a inscrição do contribuinte no Cadastro Informativo de Créditos não Quitados do Setor Público Federal – CADIN, nem em cadastros semelhantes de âmbito estadual ou municipal, a depender da titularidade, bem como, caso já haja inscrição fundada exclusivamente no crédito discutido, essa deverá ser suspensa.

Além disso, o depósito, por seu efeito suspensivo, confere ao contribuinte o direito de obter certidão positiva com efeitos de negativa de débitos tributários, conforme autoriza o art. 206 do CTN. A certidão demonstra regularidade fiscal do contribuinte para todos os fins de direito, por exemplo, participação em licitações, celebração de contratos com o Poder Público ou recebimento de valores pagos pela administração.

No caso de depósito integral em ação declaratória de inexistência de relação jurídico-tributária ajuizada anteriormente à execução fiscal, a medida impede a lavratura de auto de infração, além de coibir o ato de inscrição em dívida ativa e o ajuizamento da execução fiscal, a qual, caso proposta, deverá ser extinta. A tese foi firmada pelo Superior Tribunal de Justiça em sede de julgamento pelo procedimento previsto para apreciação de recursos repetitivos, tendo como paradigma o REsp 1.140.956/SP[12].

Havendo reconhecimento judicial de existência da relação jurídica, o depósito será convertido em renda (modalidade extintiva do crédito tributário nos termos do art. 156, VI, do CTN) para saldar o débito do contribuinte com o fisco. Caso a decisão judicial afaste a legitimidade da exação, o contribuinte poderá levantar o valor depositado. Em qualquer hipótese – levantamento do depósito ou conversão em renda – a medida depende do trânsito em julgado da ação principal na qual discutido o crédito. O STJ firmou sua jurisprudência nesse sentido, a partir do disposto no art. 32, § 2º, da Lei 6.830, de 1980.[13]

Somente haverá o levantamento do valor depositado, caso a declaratória proposta pelo contribuinte seja julgada procedente, não sendo suficiente o julgamento da ação sem resolução de mérito. Nos termos da jurisprudência do STJ, tanto a improcedência da ação quanto sua extinção sem resolução de mérito autorizam a conversão do depósito em renda[14].

Em qualquer dos casos, após a conversão do depósito em renda, caso haja execução fiscal suspensa relativa ao mesmo débito, a consequência lógica será sua extinção. Com efeito, há perda superveniente do interesse de agir em razão da extinção do crédito tributário que se pretendia satisfazer, nos termos do art. 156, VI, do CTN. No caso de

---

da CF/1988), permite, nos termos aqui delineados, a suspensão da sua exigibilidade, mediante utilização de diplomas legais de envergaduras distintas por meio de técnica integrativa da analogia. (REsp 1381254/PR, Rel. Ministro Napoleão Nunes Maia Filho, Primeira Turma, j. 25.06.2019, DJe 28.06.2019).

[12]   Tese fixada no REsp 1140956 / SP: "Os efeitos da suspensão da exigibilidade pela realização do depósito integral do crédito exequendo, quer no bojo de ação anulatória, quer no de ação declaratória de inexistência de relação jurídico-tributária, ou mesmo no de mandado de segurança, desde que ajuizados anteriormente à execução fiscal, têm o condão de impedir a lavratura do auto de infração, assim como de coibir o ato de inscrição em dívida ativa e o ajuizamento da execução fiscal, a qual, acaso proposta, deverá ser extinta".

[13]   REsp 1734002/SP.

[14]   "A Primeira Seção do STJ firmou o entendimento de que os depósitos judiciais devem ser convertidos em renda da Fazenda Pública nos casos de não haver êxito na demanda. Inclui-se nessa hipótese a extinção do feito sem julgamento do mérito (art. 267, VI, do CPC)" (REsp 1745612/SP, Rel. Ministro Herman Benjamin, Segunda Turma, j. 13.11.2018, DJe 11.03.2019).

procedência parcial, a sentença deve fixar a proporção do montante a ser levantado pelo autor da ação e o montante a ser convertido em renda em benefício do fisco.

Outra questão interessante, objeto de debate, diz respeito à possibilidade de levantamento do depósito judicial quando o contribuinte, na pendência do julgamento, adere a parcelamento administrativo relativo ao mesmo débito. No julgamento do REsp 502627/PR, reafirmado no REsp 827.375/SP, o STJ teve entendimento de que a adesão a parcelamento correspondente à integralidade do débito fiscal discutido em juízo autoriza o levantamento do valor pelo depositante.

O posicionamento acima firmado nos referidos recursos foi superado, ainda em 2022, quando o STJ, ao julgar em bloco a questão delimitada nos Recursos Especiais 1.756.406/PA, 1.703.535/PA e 1.696.270/MG, afetados pela Primeira Seção, enfrentou a possibilidade de manutenção da penhora de valores via sistema SISBAJUD no caso de parcelamento do crédito fiscal executado (art. 151, VI, do CTN).

Foi acolhida a compreensão da Fazenda Pública de que a adesão ao parcelamento do crédito tributário cobrado pelo Fisco não é causa de extinção da dívida e, por isso, exige a manutenção da garantia do juízo ocorrida mediante penhora na execução fiscal até o pagamento integral do valor parcelado, ainda que a ação executiva permaneça suspensa, salvo, como dito, pela superveniência do adimplemento integral do parcelamento, que provoca sua extinção. Ou, sobrevindo rescisão do parcelamento, retomam-se as medidas constritivas visando à satisfação do crédito público. O posicionamento do STJ, até então, já se inclinava no sentido de que o *parcelamento de créditos suspende a execução, mas não tem o condão de desconstituir a garantia dada em juízo.*[15]

Com a apreciação do Tema 1.012 pelo STJ, firmou-se o entendimento de que deve ser mantido o bloqueio de recursos, ou ativos financeiros, no sistema BacenJud (atual SisbaJud) quando o contribuinte aderir a um parcelamento de dívida fiscal em momento posterior à penhora dos valores. Por outro lado, o bloqueio de ativos não pode ser mantido caso ele tenha ocorrido depois de o contribuinte ter aderido ao programa de parcelamento fiscal.

É incabível, nessa circunstância, e de todo modo, a conversão do depósito em renda, pois, nessa hipótese, poderia o contribuinte estar pagando o débito em duplicidade.

O Ministro relator Mauro Campbell propôs a seguinte tese, aprovada pela Corte: "O bloqueio de ativos financeiros do executado no sistema BacenJud, em caso de concessão de parcelamento fiscal, seguirá a seguinte orientação: 1) será levantado o bloqueio se a adesão é anterior à constrição; 2) fica mantido o bloqueio se a adesão ocorre em momento posterior à constrição, ressalvada nesta hipótese a possibilidade excepcional de substituição da penhora online por fiança bancária ou seguro garantia diante das peculiaridades do caso concreto mediante comprovação irrefutável a cargo do executado da necessidade de aplicação do princípio da menor onerosidade" (REsp 1.703.535/PA).

É incabível, nessa circunstância, e de todo modo, a conversão do depósito em renda, pois, nessa hipótese, o contribuinte estaria pagando o débito em duplicidade.

---

[15] AgRg no REsp 1.208.264/MG, Rel. Min. Hamilton Carvalhido, Primeira Turma, j. 21.10.2010, DJe 10.12.2010; AgRg no REsp 1.146.538/PR, Rel. Min. Humberto Martins, Segunda Turma, j. 04.03.2010, DJe 12.03.2010; REsp 905.357/SP, Rel. Min. Eliana Calmon, Segunda Turma, j. 24.03.2009, DJe 23.04.2009.

O Superior Tribunal de Justiça, neste tópico, acerca da garantia do valor objeto da controvérsia fiscal, entende que, no caso de tributos sujeitos a lançamento por homologação, o depósito implica lançamento tácito no montante exato do valor depositado[16]. Afasta-se, assim, a eventual alegação de decadência do direito de constituir o crédito tributário.

O efeito se completa, contudo, somente em relação ao montante depositado pelo contribuinte. Caso o Fisco compreenda que o valor devido é maior que o depositado, deve efetuar o lançamento no montante correspondente à diferença (entre o valor depositado e o que entende ser devido), sob pena de decadência em relação a essa parcela específica.

Há uma hipótese ainda de depósito judicial para liberação de mercadorias no processo aduaneiro. Em que pese a questão ser mais comum no âmbito da ação anulatória do auto de infração, opta-se por abordá-la neste tópico por cuidar de especificidades atinentes ao depósito judicial e seus efeitos, os quais estão tratados de maneira ampla nesta seção. Na hipótese citada, é possível a efetivação do depósito para a liberação da mercadoria apreendida. Deve ser adotado como parâmetro para determinação do valor, além do montante correspondente à mercadoria, o relativo aos tributos eventualmente devidos na operação.

No caso de pena de perdimento dos bens, o contribuinte não tem direito à restituição do valor correspondente às mercadorias, já que foram anteriormente liberadas, tendo o depósito as substituído. Além disso, os valores correspondentes aos tributos devidos na operação devem ser convertidos em renda, haja vista, regra geral, a aplicação da pena de perdimento não afastar a incidência do tributo[17].

11.5 AÇÃO PARA DECLARAR O DIREITO DE COMPENSAR

É possível o contribuinte se utilizar da ação declaratória para obter, em juízo, declaração quanto ao direito de compensar um indébito tributário, não obstante, conforme já tratado, a pretensão de ver declarado o direito de compensar também pode ser veiculada por meio de mandado de segurança, ação de rito mais célere e dinâmico que, em regra, é a preferência do contribuinte.

A via da ação declaratória para o mesmo fim tende a ser adotada quando o autor da ação não dispõe dos requisitos necessários para ingresso com mandado de segu-

---

[16] 1. O depósito efetuado por ocasião do questionamento judicial de tributo sujeito a lançamento por homologação suspende a exigibilidade do mesmo, enquanto perdurar a contenda, *ex vi* do disposto no art. 151, II, do CTN, e, por força do seu desígnio, implica lançamento tácito no montante exato do *quantum* depositado, conjurando eventual alegação de decadência do direito de constituir o crédito tributário (...) (AgRg nos EDcl no REsp 961.049/SP, Rel. Ministro Luiz Fux, Primeira Turma, j. 23.11.2010, DJe 03.12.2010).

[17] 9. O depósito que o acórdão recorrido determinou fosse convertido em renda abrange, além do valor das mercadorias apreendidas, o montante relativo ao imposto de importação (II), ao imposto sobre produtos industrializados (IPI), à contribuição ao PIS e à COFINS.

10. O valor das mercadorias não pode ser devolvido ao contribuinte, já que a pena de perdimento foi aplicada e as mercadorias foram liberadas mediante o depósito do valor atualizado. Os valores relativos ao IPI, PIS e COFINS devem ser convertidos em renda, já que a regra geral é de que a aplicação da pena de perdimento não afeta a incidência do tributo devido sobre a operação.

(REsp 984.607/PR, Rel. Ministro Castro Meira, Segunda Turma, j. 07.10.2008, DJe 05.11.2008).

rança – seja pela inexistência de prova documental dos fatos, seja pelo transcurso do tempo ou por outro motivo. Remanescerá possível o ajuizamento da ação declaratória pelo rito comum, para busca do direito pretendido em juízo.

Importante observar que a Lei 14.873/2024, resultado da conversão em lei da Medida Provisória 1.202/2024, estabeleceu limites ao direito à compensação de crédito decorrente de decisão judicial transitado em julgado e conferiu redação ao § 2º do art. 74-A da Lei 9.430/1996 para determinar que "a primeira declaração de compensação deverá ser apresentada no prazo de até 5 (cinco) anos, contado da data do trânsito em julgado da decisão ou da homologação da desistência da execução do título judicial".

Ainda quanto à compensação, o Superior Tribunal de Justiça assegura ao contribuinte o direito de optar receber, por compensação, o indébito tributário certificado por sentença declaratória transitada em julgado. É o que diz a Súmula 461 daquela Corte.

11.6 ASPECTOS FORMAIS

A ação declaratória, no âmbito do direito tributário, tem natureza civil, sendo competência desse juízo o processamento e julgamento das demandas. Nos locais onde houver, por força das normas de organização judiciária, vara de Fazenda Pública, essa passa a deter competência para julgamento dos feitos de natureza tributária.

Além da indicação do juízo competente a quem é dirigida, a petição inicial deve observar todos os demais requisitos do art. 319 do Código de Processo Civil, indicando (i) a identificação do autor e do réu; (ii) o fato e os fundamentos jurídicos do pedido; (iii) o pedido, com suas especificações; (iv) o valor da causa; (v) as provas com as quais o autor pretende demonstrar os fatos alegados; (vi) a opção pela realização ou não de audiência de conciliação ou mediação.

Quanto aos critérios de identificação do autor e do réu, o CPC é bastante preciso no que diz respeito às informações necessárias à suficiência da caracterização. Devem ser indicados, em regra, os nomes, os prenomes, o estado civil, a existência de união estável, a profissão, o número de inscrição no Cadastro de Pessoas Físicas ou no Cadastro Nacional da Pessoa Jurídica, o endereço eletrônico, o domicílio e a residência do autor e do réu.

Evidentemente, cuidando-se de ação ajuizada contra a Fazenda Pública, tornam-se inaplicáveis alguns desses itens, devendo o autor cuidar de promover identificação necessária e suficiente da parte contrária, viabilizando a citação e o prosseguimento da ação, conforme autoriza o § 2º do art. 319[18].

O fato e os fundamentos jurídicos do pedido constituem a causa de pedir, a qual, por sua vez, se subdivide em remota e próxima. O fato é causa de pedir remota, e, na ação declaratória, consiste na circunstância da realidade relacionada ao autor da ação que o coloque na situação de incerteza em relação à existência de uma relação jurídico-tributária ou ao seu modo de ser dessa.

Tome-se, como exemplo, uma declaratória de inexistência de relação jurídico-tributária em que se questiona constitucionalidade da norma instituidora de tributo

---

[18] CPC, art. 319, § 2º. A petição inicial não será indeferida se, a despeito da falta de informações a que se refere o inciso II, for possível a citação do réu.

sobre serviço por extrapolar os limites constitucionais do poder de tributar. Na descrição do fato, a parte autora deve indicar que presta o serviço em tese abrangido pela norma, descrevendo a situação fática que legitima o interesse jurídico no manejo da ação. Os fundamentos jurídicos, por sua vez, são a causa de pedir próxima. Nesse aspecto, a petição inicial deve demonstrar, com base no ordenamento jurídico, as razões da incerteza subjacentes à relação jurídica questionada.

O fundamento pode ser de ordem constitucional, pode estar relacionado às normas gerais de direito tributário previstas no CTN ou pode ser relativo à legislação tributária de maneira geral. Também pode ser indicado o entendimento dominante nos Tribunais a respeito do tema, especialmente se houver precedente vinculante, ou, ainda, o entendimento doutrinário apto a subsidiar a compreensão do autor sobre a existência ou ao modo de ser da relação sob questionamento.

O CPC instituiu o sistema de processo cooperativo, que além de exigir do juiz o dever de cooperação, impõe às partes o exercício de litigância responsável, clara e ética. Disso decorre a necessária fundamentação analítica da inicial, devendo as partes se espelhar nos deveres de fundamentação do juiz para bem motivarem suas postulações. O exemplo indicado acima pode ser tomado por base, de uma declaratória de inexistência de relação jurídico-tributária cujo objeto seja inconstitucionalidade da norma instituidora de tributo sobre determinado serviço por extrapolar os limites constitucionais do poder de tributar.

O autor deve indicar, de maneira precisa, a norma constitucional violada e as razões que evidenciam a violação: se há imunidade sendo desrespeitada, se o tributo possui efeito confiscatório ou se não foi instituído por meio de lei complementar a despeito de exigência constitucional própria, por exemplo. Na formulação do pedido, o autor deve ser claro, objetivo e descrever, de maneira suficiente, as postulações pretendidas, de forma a atender à exigência legal de indicação de pedido certo e determinado.

Somente serão admitidos pedidos genéricos em hipóteses específicas previstas na lei. No caso de relação jurídico-tributária futura que se pretenda afastar por meio da ação declaratória, vislumbra-se possível ocorrência do art. 324, § 1º, II, do CPC, que admite formulação de pedido genérico quando não for possível determinar, desde logo, as consequências do ato ou do fato ou, ainda, na hipótese do inciso III do mesmo dispositivo – quando a determinação do objeto ou do valor da condenação depender de ato que deva ser praticado pelo réu – quando o tributo não tiver sido objeto de lançamento pelo fisco.

Cabível, ainda, na ação declaratória no âmbito do direito tributário a cumulação de pedidos, a qual pode ser própria ou imprópria. A cumulação própria se dá quando todos os pedidos formulados puderem ser atendidos, do que se dessume a necessária existência de compatibilidade entre eles. A cumulação imprópria, por sua vez, ocorre quando há mais de um pedido formulado, mas nem todos podem ser acolhidos, quando houver incompatibilidade lógica entre eles. A cumulação imprópria pode ser subsidiária – quando o demandante estabelece uma ordem de prioridade entre os pedidos – ou alternativa – quando não há ordem de prioridade.

Imagine-se, por exemplo, que o contribuinte ingresse com uma ação declaratória em juízo postulando (i) declaração de inexistência de relação jurídico-tributária em razão de uma certa imunidade ou (ii) declaração quanto à alíquota correta a ser considerada no cálculo da exação, por haver divergência entre o entendimento do autor e a alíquota aplicada pelo fisco.

O acolhimento da postulação de inexistência da relação jurídico-tributária tornará prejudicada a análise da segunda postulação, relativa à alíquota existente. Os pedidos não são compatíveis e há uma ordem de prioridade entre eles. É como se o autor dissesse: requeiro a declaração de inexistência da relação jurídico-tributária em virtude da imunidade incidente no caso, mas, caso não seja acolhida tal tese, postulo, subsidiariamente, seja declarado em juízo o valor correto da alíquota incidente na hipótese. Trata-se, portanto, de cumulação imprópria de pedidos, com relação subsidiária.

O CPC trouxe relevante novidade quanto à interpretação do pedido, estabelecendo que se deve considerar, para essa finalidade, o conjunto da postulação, além de se observar o princípio da boa-fé objetiva (art. 322, § 2º). A previsão merece elogios e se compatibiliza às disposições do Código Civil a respeito do tema, considerando-se que o pedido no processo jurisdicional é uma espécie de declaração de vontade.

Por fim, o autor poderá aditar ou alterar o pedido ou a causa de pedir, até a citação, independentemente de consentimento do réu ou, após esse marco e antes do saneamento, com seu consentimento, assegurado o contraditório mediante a possibilidade de manifestação no prazo mínimo de 15 dias e facultado, ainda, o requerimento de prova suplementar.

Quanto ao valor da causa, o autor deve observar o regramento indicado sobre o tema nos arts. 291 e 292 do Código de Processo Civil. Deve-se buscar a atribuição de um valor certo, ainda que se trate de ação que vise à declaração quanto à inexistência de relação jurídico-tributária futura, que não tenha se concretizado. Para cálculo do valor, o autor deve utilizar como parâmetro os direcionamentos presentes no art. 292 do CPC, sendo que, nos termos do inciso II, na ação que tiver por objeto a existência, a validade, o cumprimento, a modificação, a resolução, a resilição ou a rescisão de ato jurídico, considera-se o valor do ato ou o de sua parte controvertida.

Se houver cumulação de pedidos, o valor da causa deve ser a quantia correspondente à soma de todos eles. Em caso de pedidos alternativos, o de maior valor, e em caso de pedidos subsidiários, o valor do pedido principal. Caso o juiz verifique que o valor da causa não corresponde ao conteúdo patrimonial em discussão ou ao proveito econômico perseguido pelo autor, deverá corrigi-lo de ofício e por arbitramento, intimando o autor para proceder ao recolhimento das custas correspondentes.

Deve ainda o autor indicar, na petição inicial, as provas que pretende produzir no intuito de demonstrar a verdade dos fatos alegados. A obrigação é associada ao princípio do contraditório e da ampla defesa, porquanto confere à parte contrária as informações que viabilizam o exercício desses direitos no processo.

Por fim, deve o autor indicar sua opção pela realização ou não de audiência de conciliação. Nesse ponto, o CPC não excepciona a Fazenda Pública quando trata da audiência de conciliação ou mediação prévia (art. 334), dessumindo-se, nesse sentido, que referido Código admite a possibilidade de autocomposição com o Poder Público.

O ordenamento processual estabelece uma preferência clara pelo consenso das partes, elevando à categoria de norma fundamental o princípio da promoção, pelo Estado, da solução consensual dos conflitos, conforme se nota do seu art. 3º, §§ 2º e 3º[19]. Nesse contexto, não há razões para se excluir, de plano, a possibilidade de conciliação com a Fazenda Pública, como já se entendeu no passado, apenas com fundamento no princípio da indisponibilidade do interesse público.

Evidente, por outro lado, que a participação da Fazenda Pública na audiência de conciliação, representada por seu procurador, não é idêntica à do particular, devendo ser sopesados, sempre, na negociação, os princípios que regem a Administração Pública e que impõem limites à liberdade do procurador no momento da transação, embora o ordenamento jurídico já tenha avançado sobremaneira no sentido de dar efetividade a essa prerrogativa também quando se trata de interesse do poder público.

O instituto da transação tributária ganhou novos e importantes contornos com o advento da Lei 13.988, de 2020, e das disposições infralegais supervenientes que preveem a possibilidade de tratamento diferenciado a determinados créditos inscritos em dívida ativa da União, a partir de modalidades, critérios e parâmetros predefinidos, que orientam atuação administrativa e judicial sobre determinados contextos, tendo sido utilizado como referencial normativo também pelos demais entes federados.

Além disso, o negócio jurídico processual, previsto no art. 190 do CPC, é um importante incentivo à autocomposição e, no âmbito dos créditos federais, de atuação da Procuradoria-Geral da Fazenda Nacional, conta igualmente com regulamentação e modalidades específicas de aplicação. Cite-se, por exemplo, as Portarias PGFN 502, de 12 maio de 2016, 985, de 18 de outubro de 2016, e 360, de 13 de junho de 2018.

Nas hipóteses em que não for possível a conciliação, é possível e de todo recomendável que o magistrado dispense a realização da audiência prévia destinada a esse fim, em observância aos princípios da eficiência e da celeridade processual, previstos no CPC, em especial nos arts. 1º e 4º. Nesse contexto, observe-se o teor do Enunciado 24, aprovado na I Jornada de Direito Processual Civil:

> Havendo a Fazenda Pública publicizado ampla e previamente as hipóteses em que está autorizada a transigir, pode o juiz dispensar a realização da audiência de mediação e conciliação, com base no art. 334, § 4º, II, do CPC, quando o direito discutido na ação não se enquadrar em tais situações.

O art. 334, § 4º, inciso II, prevê justamente a hipótese de não ser realizada a audiência de conciliação e mediação quando não se admitir autocomposição quanto ao direito discutido em juízo.

11.7 FIXAÇÃO DE HONORÁRIOS

Tratando-se de ação judicial contra a Fazenda Pública, a fixação dos honorários deve observar o previsto no art. 85, § 3º, do Código de Processo Civil, que estabelece

---

[19] Art. 3º. Não se excluirá da apreciação jurisdicional ameaça ou lesão a direito.

§ 1º. É permitida a arbitragem, na forma da lei.

§ 2º. O Estado promoverá, sempre que possível, a solução consensual dos conflitos.

§ 3º. A conciliação, a mediação e outros métodos de solução consensual de conflitos deverão ser estimulados por juízes, advogados, defensores públicos e membros do Ministério Público, inclusive no curso do processo judicial.

um escalonamento de percentuais de acordo com o valor da condenação ou do proveito econômico obtido, nos seguintes parâmetros:

- mínimo de dez e máximo de vinte por cento sobre o valor da condenação ou do proveito econômico obtido até 200 salários-mínimos;
- mínimo de oito e máximo de dez por cento sobre o valor da condenação ou do proveito econômico obtido acima de 200 salários-mínimos até 2.000 salários-mínimos;
- mínimo de cinco e máximo de oito por cento sobre o valor da condenação ou do proveito econômico obtido acima de 2.000 salários-mínimos até 20.000 salários-mínimos;
- mínimo de três e máximo de cinco por cento sobre o valor da condenação ou do proveito econômico obtido acima de 20.000 salários-mínimos até 100.000 salários-mínimos;
- mínimo de um e máximo de três por cento sobre o valor da condenação ou do proveito econômico obtido acima de 100.000 salários-mínimos.

A fixação do percentual entre o mínimo e o máximo previsto em cada janela de valores deve considerar os parâmetros de análise arrolados no § 2º do mesmo art. 85, quais sejam: o grau de zelo do profissional; o lugar de prestação do serviço; a natureza e a importância da causa e; o trabalho realizado pelo advogado e o tempo exigido para o seu serviço.

A Lei 14.365/2022, com vigência a partir de junho de 2022, promoveu alterações no Estatuto da Advocacia (Lei 8.906/1994), ao assegurar expressamente, em relação à verba honorária de sucumbência, o pagamento dos honorários conforme a previsão constante do CPC/2015, haja vista decisões judiciais, mesmo depois da edição do código, insistirem, vez por outra, na aplicação dos honorários segundo apreciação equitativa em causas de valor elevado. A Lei 14.365/2022 também garantiu o destaque dos honorários dos advogados, cuja verba deve ser separada do valor principal da ação correspondente e expedida em nome do próprio advogado. Essa prática já era comumente adotada pelos advogados, mas a previsão legal passou a dispensar a necessidade de requerimento formal.

Capítulo 12
AÇÃO ANULATÓRIA

A ação anulatória é a via processual ordinária que pretende, por meio de um pronunciamento judicial, desconstituir um ato jurídico viciado, tornando-o inválido e, consequentemente, afastando seus efeitos. Quando autônoma[1], seguirá o procedimento comum, disciplinado a partir do art. 318 do Código de Processo Civil.

No âmbito do direito tributário, classifica-se entre as ações de iniciativa do contribuinte contra a Fazenda Pública, manejada nas hipóteses em que o contribuinte pretende anular um lançamento tributário. A ação está expressamente prevista no art. 38 da Lei de Execuções Fiscais (Lei 6.830/1980), cujas disposições serão analisadas de maneira pormenorizada, especificamente no tocante à exigência de depósito prévio.

Assim como se opera em relação à ação declaratória no âmbito do direito tributário, o interesse de agir somente alcança o contribuinte, e não a Fazenda Pública, já que esta detém a prerrogativa de praticar atos que, dotados de presunção de legalidade, possuem o atributo da exigibilidade, os quais serão impostos ao contribuinte a partir dos parâmetros que o fisco entende aplicáveis àquela relação.

O lançamento tributário é o procedimento por meio do qual a autoridade administrativa constitui o crédito tributário, nos termos do art. 142 do CTN. Verificada a ocorrência do fato gerador que dá ensejo à obrigação tributária, determina-se a matéria tributável, o montante do tributo devido, o sujeito passivo da obrigação e, se for o caso, a penalidade aplicável, circunstâncias que conferem certeza e exigibilidade ao crédito.

Consectário lógico da própria natureza da ação, o ajuizamento de uma anulatória tem por pressuposto a existência, prévia, de um ato jurídico que afete a esfera de direitos do contribuinte, gerando, em seu favor, o interesse de agir para buscar a invalidação de tal ato, do que decorre sua natureza constitutiva negativa.

A situação difere, portanto, da ação declaratória, a qual, se destinando à definição de uma incerteza jurídica, pode ser ajuizada anteriormente à prática de qualquer ato pela Fazenda Pública, visando, inclusive, evitar a sua concretização.

Na prática, no âmbito do direito tributário, o objeto mais comum de uma ação anulatória é o lançamento de um tributo ou um auto de infração. Contudo, em tese, é possível ajuizar a anulatória em face de qualquer ato jurídico praticado pelo fisco que tenha repercussão na esfera de direitos do contribuinte. Por exemplo, um ato jurídico

---

[1] É possível que o pedido de anulação de determinado ato jurídico se dê de maneira incidental, em outra ação com rito próprio. Neste capítulo, contudo, releva apenas do estudo da ação anulatória como ação autônoma no âmbito do direito tributário.

466 | PROCESSO TRIBUTÁRIO – *Eduardo Muniz Machado Cavalcanti*

que veicule a exigência de cumprimento de uma obrigação acessória desproporcional ou que imponha exigências que não possuam fundamento na legislação tributária poderá ser objeto de ação anulatória.

É comum, por exemplo, a seguinte situação: a Fazenda Pública impõe uma obrigação acessória que o contribuinte entende ser indevida. Ao seu descumprimento, a Fazenda aplica multa ao contribuinte, que recorre ao Judiciário visando à anulação do auto de infração por meio do qual se impôs a multa.

Contudo, a simples exigência de obrigação acessória indevida, por meio de um ato administrativo concreto, já confere ao contribuinte o interesse de agir no sentido de sua anulação, não sendo imprescindível a emissão do auto de infração para tanto.

Outras hipóteses recorrentes de ajuizamento de ação anulatória dizem respeito ao ato administrativo que exclui o contribuinte do regime de Simples Nacional de recolhimento de tributos ou a decisão administrativa denegatória de restituição de tributo indevido. Caso haja alguma irregularidade na medida, poderá o contribuinte se valer da ação anulatória para discutir sua validade em juízo.

12.1 ASPECTOS FORMAIS

Quanto aos aspectos formais, a ação anulatória assemelha-se muito à declaratória no âmbito do Direito Tributário. Assim como ocorre em relação àquela, a competência para processamento recairá, em regra, sobre as varas de Fazenda Pública[2].

Além da indicação do juízo competente a quem é dirigida, a petição inicial deve observar todos os demais requisitos do art. 319 do Código de Processo Civil, indicando (i) a identificação do autor e do réu; (ii) o fato e os fundamentos jurídicos do pedido; (iii) o pedido, com suas especificações; (iv) o valor da causa; (v) as provas com que o autor pretende demonstrar a verdade dos fatos alegados; (vi) a opção pela realização ou não de audiência de conciliação ou mediação.

A questão foi detalhadamente abordada no tópico Ação Declaratória – subtópico Aspectos Formais, razão por que, neste ponto, remete-se o leitor à leitura do mencionado trecho, para conhecer melhor sobre as normas de definição de competência e requisitos formais da petição inicial.

Promovendo as devidas adaptações, evidentemente a fundamentação jurídica deve indicar as razões de direito que levam à compreensão de que o ato impugnado é eivado de vício e o pedido deve postular a invalidação do referido ato.

No que se refere à descrição dos fatos e aos elementos que fazem prova de suas alegações, o autor deve indicar, de maneira precisa, o ato jurídico que pretende invalidar, fazendo prova de sua existência juntando-o aos autos. Por se tratar de ação de conhecimento pelo procedimento comum, o contribuinte tem a possibilidade de ampla dilação probatória.

Por exemplo, no caso de ação que vise à anulação de lançamento de tributo, o autor deve juntar aos autos a notificação de lançamento recebida, em cumprimento ao

---

[2] Nas localidades onde não houver, o processamento recairá sobre a vara com competência para ações de natureza cível ou, nas comarcas onde não houver subdivisão por matéria com base normas de organização judiciária, na vara única.

disposto no art. 320 do CPC, podendo o juiz, caso não verifique o preenchimento do requisito, determinar a emenda da petição inicial no prazo de quinze dias, conforme preceitua o art. 321 do mesmo Código.

Quanto ao valor da causa, os critérios também foram especificados quando esse tópico foi abordado em relação à ação declaratória. Ressalta-se que, cuidando-se a ação anulatória de impugnação de ato concreto, a indicação deve considerar, precisamente, o valor do ato cuja validade se questiona, nos termos do art. 292 do CPC.

Reitera-se que, se houver cumulação de pedidos, o valor da causa deve ser a quantia correspondente à soma de todos eles. Em caso de pedidos alternativos, o de maior valor, e em caso de pedidos subsidiários, o valor do pedido principal.

12.2 CARACTERÍSTICAS DA AÇÃO ANULATÓRIA NO DIREITO TRIBUTÁRIO

Nos exatos termos do art. 3º do CTN, tributo é toda prestação pecuniária compulsória, em moeda ou cujo valor nela se possa exprimir, que não constitua sanção de ato ilícito, instituída em lei e cobrada mediante atividade administrativa plenamente vinculada.

Como previsto no próprio conceito, o tributo é uma prestação pecuniária imposta ao contribuinte em caráter compulsório. Se o cidadão materializa a hipótese de incidência da norma, há a subsunção que dá nascimento à obrigação tributária. Ocorre o fato gerador, que vincula o contribuinte, sendo pressuposto do lançamento tributário, que torna o tributo exigível.

O nascimento da obrigação tributária não depende de nenhuma manifestação de anuência por parte do contribuinte. O tributo é uma receita pública fundamental para manutenção do Estado e sua exigência configura um constrangimento *legal* por parte desse Estado, que age de maneira legítima, se não extrapola os limites autorizados pela Constituição nem viola os parâmetros definidos na legislação tributária.

Além disso, como preceitua o art. 123 do CTN, em regra, as convenções particulares, relativas à responsabilidade pelo pagamento de tributos, não podem ser opostas à Fazenda Pública, para modificar a definição legal do sujeito passivo das obrigações tributárias correspondentes. É dizer: não é dado, ao contribuinte, apenas por sua vontade própria e sem obter nenhum provimento legal nesse sentido, seja jurisdicional ou administrativo, eximir-se do pagamento de um tributo que o tenha por sujeito passivo ou transferi-lo a terceiro por meio de convenção particular.

Conforme preceitua, então, o Código Tributário Nacional, autoridade administrativa detém competência privativa para constituir o crédito tributário pelo lançamento. O CTN conceitua o lançamento, enquanto gênero, como o procedimento administrativo tendente a verificar a ocorrência do fato gerador da obrigação correspondente, determinar a matéria tributável, calcular o montante do tributo devido, identificar o sujeito passivo e, sendo caso, propor a aplicação da penalidade cabível.

A Fazenda Pública tem, portanto, a prerrogativa de, por meio do lançamento, constituir o crédito tributário que, após esse procedimento, se torna exigível do sujeito passivo.

Dessa forma, quando o sujeito passivo é notificado do lançamento, é compelido a realizar o pagamento do tributo – ou demonstrar a implementação de alguma outra hipótese extintiva do crédito tributário prevista no art. 156 do CTN – ou adotar alguma medida que acarrete a suspensão de exigibilidade do crédito tributário, prevista no art. 151 do CTN.

Sendo o tributo uma prestação compulsória, que se tornou exigível por meio do lançamento, após sua notificação, a inércia do contribuinte possui consequências jurídicas que lhe são desfavoráveis. É dizer: se após a notificação, o contribuinte não paga nem adota nenhuma medida judicial ou administrativa que constitua ou demonstre a extinção ou a suspensão de exigibilidade do crédito tributário, o fisco está autorizado a adotar medidas administrativas e judiciais de cobrança.

Com efeito, prevê o art. 201 do CTN que constitui Dívida Ativa tributária a proveniente de crédito dessa natureza, regularmente inscrita na repartição administrativa competente, depois de esgotado o prazo fixado, para pagamento, pela lei ou por decisão final proferida em processo regular. Dispõe, ainda, o Código que a dívida regularmente inscrita goza da presunção relativa de certeza e liquidez e tem o efeito de prova pré-constituída.

Essa prerrogativa da Fazenda Pública autoriza que, em caso de não pagamento do débito após a inscrição em Dívida Ativa, o Fisco intente a cobrança pela via judicial já por meio do processo de execução fiscal, dispensando-se a fase de conhecimento.

É nesse contexto e considerando a cadeia de consequências existentes para o contribuinte após o lançamento tributário que independem de sua anuência – e, a depender do tipo de lançamento a que o tributo esteja sujeito, até mesmo a constituição do crédito independe de sua participação – que surge o interesse jurídico de agir por meio de uma ação anulatória em face do lançamento de tributo, quando o sujeito passivo considerar que esse ato possui qualquer vício.

É fato que o contribuinte também pode se valer do recurso administrativo – o qual, inclusive, suspende a exigibilidade do crédito pela simples interposição, independentemente de depósito (CTN, 151, III) –, porém, não se exige o esgotamento da via administrativa no processo tributário para impugnação do ato judicialmente por meio de ação anulatória.

Assim, ao receber a notificação de lançamento, o contribuinte, não concordando com a exação, pode propor o recurso administrativo ou intentar diretamente a via judicial. É possível, ainda, que após a interposição do recurso administrativo, o sujeito passivo opte pelo ajuizamento da demanda no Poder Judiciário.

Por outro lado, o disposto no parágrafo único do art. 38 da Lei de Execuções Fiscais (Lei 6.830/1980), segundo o qual a propositura, pelo contribuinte, da ação anulatória, importa em renúncia ao poder de recorrer na esfera administrativa e desistência do recurso acaso interposto. Em que pese ter havido questionamento quanto à validade do referido dispositivo, o Supremo Tribunal Federal entende que o preceito consubstancia norma constitucional. Confira-se:

> O direito constitucional de petição e o princípio da legalidade não implicam a necessidade de esgotamento da via administrativa para discussão judicial da validade de crédito inscrito em Dívida Ativa da Fazenda Pública. É constitucional o art. 38, par. ún., da Lei 6.830/1980 (Lei da Execução Fiscal – LEF), que dispõe que "a propositura, pelo contribuinte, da ação prevista neste artigo [ações

destinadas à discussão judicial da validade de crédito inscrito em dívida ativa] importa em renúncia ao poder de recorrer na esfera administrativa e desistência do recurso acaso interposto". Recurso extraordinário conhecido, mas ao qual se nega provimento.

(RE 233582, Rel. Min. Marco Aurélio, Rel. p/ Acórdão: Min. Joaquim Barbosa, Tribunal Pleno, j. 16.08.2007, DJe-088 divulg 15.05.2008 public 16.05.2008 ement vol-02319-05 PP-01031).

O interesse de agir do sujeito passivo, por meio da ação anulatória, tem fundamento de validade na desigualdade havida na relação entre o cidadão e a Fazenda Pública, consideradas as prerrogativas desta última para constituição e exigência do crédito tributário e a posição de sujeição passiva do contribuinte ou responsável ante a compulsoriedade da obrigação, a qual somente pode ser afastada por meio da obtenção de um provimento administrativo ou judicial, enquadrando-se, nessa última hipótese, a ação anulatória.

Não se olvida, na hipótese, a autorização do CPC quanto ao cabimento de ação declaratória mesmo após a violação do direito, conforme amplamente exposto no tópico específico dessa ação. Contudo, em que pese ser admissível, em tese, o ajuizamento de ação declaratória para determinação quanto à inexistência de determinada relação jurídico-tributária mesmo após o lançamento, nessa etapa, a ação anulatória se apresenta como a opção mais recomendável, em virtude do conteúdo do provimento jurisdicional que dela decorre, de invalidação do ato jurídico impugnado.

Também não se ignora o cabimento, em tese, de mandado de segurança, ação de rito mais célere e dinâmico, que vise a resguardar o direito do contribuinte, violado por meio de ato administrativo viciado. Todavia, em contrapartida, a ação mandamental possui requisitos específicos de cabimento.

Além da exigência de cuidar-se de direito líquido e certo – evidenciado por meio de prévia, cabal e incontestável demonstração dos fatos alegados, mediante prova documental idônea, a ser apresentada desde logo com a inicial – a ação possui prazo de 120 (cento e vinte) dias para ajuizamento, que, no caso de impugnação de lançamento, são contados da data da notificação[3].

É nesse contexto que se mostra relevante a via da ação anulatória para o mesmo fim: quando o autor da ação não dispuser dos requisitos necessários para ingresso com mandado de segurança – seja pela inexistência de prova documental dos fatos, seja pelo transcurso do tempo ou por outro motivo – remanescerá possível o ajuizamento da ação anulatória, pelo rito comum, para obtenção do direito pretendido em juízo.

A ação anulatória do lançamento tributário está sujeita ao prazo prescricional quinquenal, nos termos do art. 1º do Decreto 20.910/32, contados a partir da notificação fiscal do lançamento (REsp 975.651/RJ). Vale lembrar que, no caso de tributo sujeito a lançamento por homologação, é desnecessária a instauração de prévio processo administrativo ou notificação para que haja a constituição do crédito tributário,

---

[3]   Quanto aos requisitos e a natureza do prazo para ajuizamento, remeto o leitor ao Capítulo Mandado de Segurança, subtópico "Direito líquido e certo: prova no mandado de segurança".

o qual se torna exigível a partir da declaração feita pelo contribuinte. Nesses termos se consolidou a jurisprudência do STJ (AREsp 1534770/RJ).

No caso específico de ação anulatória ajuizada em face de decisão administrativa que denega restituição de indébito, o prazo prescricional será de dois anos, conforme preceitua o art. 169 do CTN. O parágrafo único desse dispositivo traz ainda norma relativa à interrupção do prazo prescricional, que recomeçará a contagem "por metade, a partir da data da intimação validamente feita ao representante judicial da Fazenda Pública interessada".

Cuida-se de texto normativo que merece críticas tanto em relação aos aspectos formais – pela impropriedade no uso do termo "intimação" quando, na realidade, ao que tudo indica, a norma quis referir-se à citação – quanto em relação ao aspecto material, porque reduz pela metade, após a citação, o prazo prescricional já exíguo (de dois anos).

A previsão é totalmente dissonante da realidade quanto ao tempo médio dos processos nos tribunais brasileiros, especialmente no que diz respeito a ações intentadas contra a Fazenda Pública.

Além disso, a jurisprudência do STJ distingue, na análise quanto à incidência do prazo prescricional, a ação anulatória de ato administrativo que denega a restituição em relação à ação de repetição de indébito. Confira-se trecho do seguinte julgado, de relatoria do Ministro Humberto Martins:

> O acórdão regional não merece reforma, porquanto o prazo de dois anos previsto no art. 169 do CTN é aplicável às ações anulatórias de ato administrativo que denega a restituição, que não se confundem com as demandas em que se postula restituição do indébito, cuja prescrição é regida pelo art. 168 do CTN. Precedentes: Resp 963.352/PR, Rel. Min. Luiz Fux DJ 13.11.2008. Agravo regimental improvido (AgRg nos Edcl no Resp 944.822/SP, Rel. Min. Humberto Martins, Dje 17.8.2009).

O reconhecimento de prazo prescricional de cinco anos em relação às ações de restituição de indébito tributário já foi objeto de tese firmada em julgamento realizado sob o rito para demandas repetitivas no STJ, conforme fixou o Tema 229:

> A ação de repetição de indébito (...) visa à restituição de crédito tributário pago indevidamente ou a maior, por isso que o termo a quo é a data da extinção do crédito tributário, momento em que exsurge o direito de ação contra a Fazenda Pública, sendo certo que, por tratar-se de tributo sujeito ao lançamento de ofício, o prazo prescricional é quinquenal, nos termos do art. 168, I, do CTN.

12.3 AÇÃO ANULATÓRIA DE LANÇAMENTO TRIBUTÁRIO

Conforme já antecipado, é cabível a ação anulatória que tenha por objeto a impugnação de um lançamento tributário, caso o sujeito passivo entenda que o referido lançamento esteja eivado de vício de validade.

Ainda nos termos do que já exposto, após o lançamento tributário, notificado o contribuinte, caso este não promova o pagamento no prazo indicado – ou demonstre, administrativa ou judicialmente, a ocorrência de alguma hipótese de suspensão de exigibilidade ou extinção do crédito tributário – é dado à Fazenda Pública, após o transcurso do prazo e ante a inadimplência do sujeito passivo, inscrever o débito em Dívida Ativa, para promover-lhe a cobrança administrativa ou, sendo essa inefetiva, a cobrança judicial, por meio da execução fiscal.

A inscrição do débito em Dívida Ativa é um meio de coercibilidade da Fazenda Pública, no âmbito da cobrança administrativa do tributo devido. Contudo, a inscrição do débito em Dívida Ativa não é pressuposto para ajuizamento da ação anulatória. É dizer: o contribuinte pode ajuizar a ação anulatória em face da notificação de lançamento tributário, antes mesmo da inscrição do débito objeto de controvérsia.

O vício de validade que macula o lançamento pode ser formal ou material. Será formal sempre que o ato administrativo não observar algum aspecto procedimental previsto em lei para a formalização do crédito. Por exemplo, se praticado por agente incompetente ou, no caso de lançamento que propõe a aplicação de penalidade, o vício também pode dizer respeito à inobservância de norma legal de regência atinente ao contencioso administrativo prévio.

Já o vício material está relacionado a questões que desacreditam o lançamento tributário de que trata o art. 142 do CTN porque dizem respeito aos requisitos fundamentais de constituição do crédito tributário[4], tais como ato gerador; matéria tributável; montante do tributo devido; identificação do sujeito passivo.

A distinção não é meramente acadêmica e tem relevância em virtude do que prevê o art. 173, II, do CTN, que autoriza a renovação do prazo decadencial, em prol da Fazenda, para constituir o crédito tributário quando o lançamento anterior houver sido anulado por vício formal. Com efeito, assim consta do mencionado dispositivo: "O direito de a Fazenda Pública constituir o crédito tributário extingue-se após 5 (cinco) anos, contados; (...) II – da data em que se tornar definitiva a decisão que houver anulado, por vício formal, o lançamento anteriormente efetuado".

A questão já foi objeto de análise no âmbito do STJ. Confira-se, por oportuno, o seguinte julgado daquela Corte, de relatoria do Ministro Francisco Falcão:

> I – **O Tribunal de origem afastou a decadência do crédito tributário sob o fundamento de que seu lançamento foi anulado em decorrência de vício formal – adoção de alíquota progressiva declarada inconstitucional –, sendo aplicável, portanto, o termo** *a quo* **do prazo decadencial previsto no art. 173, inciso II, do CTN** (...)
>
> II – **De modo diverso, a jurisprudência do STJ é no sentido de que a nulidade de lançamento tributário decorrente da progressividade das alíquotas do IPTU constitui vício material.** Nesse sentido: STJ, AgRg no AREsp 296.869/SP, Rel. Ministro Benedito Gonçalves, Primeira Turma, Dje 10.10.2013.
>
> III – **O art. 173, II, do CTN estabelece que a contagem do prazo decadencial para novo lançamento inicia-se a partir da decisão definitiva que o houver anulado, somente na hipótese de vício formal, que não é caso dos autos.** Neste sentido: STJ, AgRg no Resp 1.559.733/RJ, Rel. Ministro Herman Benjamin, Segunda Turma, Dje 06.09.2016; STJ, AgRg no AREsp 296.869/SP, Rel. Ministro

---

4 Nesse sentido, AgInt nos EDcl no agravo em Recurso Especial 1.228.145/SP.

Benedito Gonçalves, Primeira Turma, Dje 10.10.2013; AgRg no Resp 1050432/ SP, Rel. Ministro Castro Meira, Segunda Turma, j. 18.05.2010, DJe 02.06.2010. (AgInt no AREsp 1223852/SP, Rel. Ministro Francisco Falcão, Segunda Turma, j. 06.09.2018, DJe 12.09.2018)

Prosseguindo, quanto aos tipos de lançamento, remete-se o leitor ao capítulo específico que tratou do tema em maior profundidade, cabendo aqui apenas relembrar que, nos termos do CTN, o lançamento pode ser de ofício, por declaração ou por homologação.

Embora possa ser cogitada certa incompatibilidade, o lançamento por homologação não impede o posterior ajuizamento de ação anulatória. Em que pese competir ao contribuinte todo o procedimento pertinente à relação de informações relevantes para cálculo do imposto e, inclusive, antecipar o pagamento, independentemente de qualquer ato da Fazenda Pública, que atua apenas posteriormente, é possível que haja interesse jurídico do contribuinte no ajuizamento da anulatória.

Imagine-se, por exemplo, hipótese em que o contribuinte declara e paga imposto de renda relativo a determinado exercício financeiro e, posteriormente, venha a ter conhecimento de que sua renda, na realidade, seria objeto de isenção. Nessa circunstância, seria possível o ajuizamento de ação anulatória do lançamento tributário, inclusive com possibilidade de cumulação com pedido de restituição de indébito.

Situação semelhante pode ser observada no REsp 1.306.393, julgado pela sistemática das demandas repetitivas, em que o STJ reconheceu que são isentos do imposto de renda os rendimentos do trabalho recebidos por técnicos a serviço das Nações Unidas, contratados no Brasil para atuar como consultores no âmbito do Programa das Nações Unidas para o Desenvolvimento – PNUD.

A matéria foi objeto de controvérsia porque o fisco entendia ser cabível a cobrança do imposto em certas circunstâncias, homologando declarações que listavam esses rendimentos como tributáveis, bem como promovendo lançamentos de ofício em hipóteses nas quais o contribuinte houvesse declarado a renda como isenta.

Tais lançamentos – sejam os objetos de declaração sujeita a homologação, sejam os promovidos de ofício – foram contestados por meio de inúmeras ações anulatórias no âmbito do Poder Judiciário, que tinham como fundamento jurídico a norma de isenção.

O fato de o lançamento ser por homologação até pode restringir as hipóteses de discussão em juízo, já que o próprio contribuinte informa aspectos fundamentais da relação jurídico-tributária na sua declaração (sujeição passiva, ocorrência de fato gerador, base de cálculo etc.). Contudo, não é possível afirmar de plano, conforme demonstrado acima, que haveria preclusão lógica no ajuizamento de ação anulatória em face de lançamento por homologação, sendo necessária a análise casuística a fim de aferir a existência de interesse jurídico na ação.

12.4 AÇÃO ANULATÓRIA E SUSPENSÃO DE EXIGIBILIDADE DO CRÉDITO TRIBUTÁRIO

Como já afirmado, embora a impugnação administrativa tenha o condão de suspender a exigibilidade do crédito tributário, a impugnação judicial não produz o mesmo efeito de maneira automática. Assim como em relação à ação declaratória, a suspensão da exigibilidade do crédito no âmbito da ação anulatória depende de deferimento de tutela provisória nesse sentido ou de depósito do montante integral (art. 151, incisos II e V, do CTN).

Pela similitude do tema, remete-se o leitor, neste ponto, ao estudo dos tópicos específicos atinentes ao cabimento e efeitos da tutela provisória e do depósito do montante integral no subtópico respectivo trabalhado no âmbito da ação declaratória, voltando-se a análise, neste momento, a questões que dizem mais respeito a particularidades da ação anulatória.

Nesse ponto, afigura-se necessária uma análise a respeito do disposto no art. 38 da LEF. Isso porque tal dispositivo, ao dispor sobre a possibilidade de ajuizamento da ação anulatória pelo contribuinte, preceitua que tal iniciativa, quando pretenda discutir débito inscrito em Dívida Ativa, deve ser precedida do depósito preparatório do valor do débito, monetariamente corrigido e acrescido dos juros e multa de mora e demais encargos.

A interpretação literal do citado dispositivo pode levar ao entendimento de que o depósito seria condicionante para ajuizamento da ação anulatória. Não foi essa, contudo, a tese adotada pela jurisprudência. Há muito, o Poder Judiciário fixou o entendimento de que o depósito previsto no art. 38 da Lei 6.830/1980 não constitui pressuposto da ação anulatória do débito fiscal, conforme redação da Súmula 247 do antigo Tribunal Federal de Recursos.

O Supremo tribunal Federal editou a Súmula Vinculante 28, pela qual afirmou que "é inconstitucional a exigência de depósito prévio como requisito de admissibilidade de ação judicial na qual se pretenda discutir a exigibilidade de crédito tributário".

A súmula não afasta a possibilidade de oferecimento de garantia ao juízo visando à concessão de liminar, o que não se confunde com condicionante para ajuizamento da ação, nem com o depósito judicial (o qual, se efetivado no montante integral do débito e em dinheiro, suspende automaticamente a exigibilidade do crédito, independentemente de concessão de tutela provisória, conforme explicado no tópico correspondente ao depósito no âmbito da ação declaratória).

Com efeito, conforme visto, a ação anulatória tem por objeto um ato administrativo do fisco, do que se denota estar em curso a criação da obrigação jurídico-tributária. Havendo o lançamento, que constitui o crédito, o sujeito passivo é notificado a pagar e, não o fazendo, é possível a inscrição do débito em Dívida Ativa, para cobrança pela via administrativa ou, no insucesso dessa, pela via judicial, por meio da execução fiscal.

Significa que, ainda que o cidadão ajuíze uma ação anulatória a partir da notificação de lançamento ou mesmo da inscrição do débito em Dívida Ativa, se ele não obtiver um provimento judicial favorável, por meio de tutela provisória, que suspenda a exigibilidade do crédito ou não promover o depósito do montante integral visando ao mesmo fim, o fisco pode prosseguir com o procedimento de cobrança administrativo e, posteriormente, judicial.

A cobrança administrativa, por meio da inscrição do débito em Dívida Ativa, possui consequências negativas ao contribuinte, funcionando como meio de coerção indireta ao pagamento. Isso porque, sendo sujeito passivo de débito inscrito em Dívida Ativa, o cidadão deixa de fazer jus à certidão negativa de débitos, necessária para firmar contratos administrativos, participar de licitações, receber pagamentos do Poder Público, entre outros.

Nesse ponto, é relevante esclarecer que, em que pese a inscrição do débito em Dívida Ativa não ser pressuposto para que o particular ajuíze a ação anulatória, tal ato é, por outro lado, requisito prévio ao ajuizamento de execução fiscal. Isso porque ao passo que o lançamento tributário torna o crédito exigível, a inscrição em Dívida Ativa o torna exequível, permitindo, assim, a propositura de ação de execução, dispensada a fase de conhecimento no âmbito do Poder Judiciário.

Ciente dessas condicionantes, o contribuinte pode traçar a melhor estratégia de atuação em juízo no âmbito da ação anulatória. É dizer, caso a ação anulatória tenha sido ajuizada a partir da notificação de lançamento, antes da inscrição do débito em Dívida Ativa, a princípio não seria necessária a realização do depósito, ainda que o autor da ação não tenha obtido tutela provisória favorável ao seu pleito.

Isso porque, não sendo objeto de Dívida Ativa, a simples existência de débito constituído pela Fazenda Pública não gera restrições ao particular, razão por que a opção pelo depósito antecipado, nesse momento, é apenas uma precaução para evitar possíveis embaraços futuros advindos da inscrição em Dívida Ativa.

De fato, sendo um direito do sujeito passivo, o depósito permanece, claro, como opção. Vislumbra-se utilidade nessa precaução caso o contribuinte esteja, por exemplo, participando de licitação pública, necessitando garantir a expedição de certidão negativa de débitos para eventual habilitação e contratação com a administração, não obstante as tutelas de urgência e evidência, como já demonstrado, também sejam uma via processual de suspensão da exigibilidade.

Não logrando êxito na cobrança pela via administrativa e não configurada qualquer nas hipóteses de suspensão da exigibilidade desse crédito, o Fisco pode ingressar em juízo com o processo de execução fiscal, mesmo na pendência de ação anulatória em face do ato que tenha constituído o crédito tributário no caso. As peculiaridades e consequências relativas à concomitância da ação anulatória e da execução fiscal, relativas ao mesmo débito, pela importância, merecem subtópico específico.

12.5 AÇÃO ANULATÓRIA E EXECUÇÃO FISCAL

Como o ajuizamento de ação anulatória não obsta a atuação do Fisco no prosseguimento da cobrança administrativa ou judicial do débito – a menos que o sujeito passivo seja beneficiário de alguma hipótese de suspensão de exigibilidade – é possível o ajuizamento da execução fiscal mesmo na pendência daquela ação ajuizada pelo contribuinte.

Têm-se, assim, duas ações – execução fiscal e anulatória – discutindo em juízo o mesmo débito, decorrente de uma mesma relação jurídica obrigacional de direito tributário.

Primeiro é importante esclarecer que não há litispendência na hipótese. Nos termos do Código de Processo Civil, verifica-se litispendência quando se reproduz uma ação anteriormente ajuizada. Uma ação é considerada idêntica à outra quando possui as mesmas partes, a mesma causa de pedir e o mesmo pedido de outra ação que está em curso (art. 337, §§ 1º, 2º e 3º).

Em que pese a anulatória e a execução fiscal contarem com as mesmas partes – embora em polos opostos – não é possível afirmar que as ações se identificam totalmente em relação ao pedido e à causa de pedir. Em verdade, cuida-se de pedidos opostos – um pretendo a satisfação do débito, outro pretendendo a anulação do ato no qual se funda a cobrança.

Bem assim, os fundamentos jurídicos das postulações também são opostos. O autor da ação anulatória argumenta existir vício no ato de cobrança, enquanto a execução fiscal pressupõe a regularidade do crédito constituído. O pressuposto fático, contudo, é semelhante: existência de um ato administrativo de constituição de crédito tributário.

A obrigação jurídica discutida em juízo em ambas as ações é a mesma, o que recomenda um posicionamento uniforme do Judiciário: a procedência da ação anulatória leva à improcedência da execução fiscal, assim como a improcedência da ação anulatória reforça a pretensão de satisfação do débito por meio da execução fiscal.

As duas ações, portanto, coexistem em relação de conexão. Nos termos do Código de Processo Civil, reputam-se conexas duas ou mais ações quando lhes for comum o pedido ou a causa de pedir. Pela relação de conexão, o ordenamento determina a reunião dos processos para decisão conjunta – garantindo-se, assim, a harmonia dos pronunciamentos – a menos que um deles já tenha sido sentenciado[5].

Mesmo porque pode fazer coisa julgada o julgamento de matéria em sede de exceção de pré-executividade, incidente processual de defesa do executado por meio do qual podem ser alegadas questões de ordem pública, temas com comprovação inteiramente documental e pré-constituída ou exclusivamente de direito, sem a necessidade de oferecimento de garantia e dispensada a via dos embargos à execução.

A preocupação do atual Código de Processo Civil com a uniformidade do julgamento de ações que discutam uma mesma questão em juízo foi tamanha que aquele diploma normativo determina, inclusive, que serão reunidos para julgamento conjunto os processos que possam gerar risco de prolação de decisões conflitantes ou contraditórias, caso decididos separadamente, mesmo sem conexão entre eles, isto é: mesmo que não haja coincidência entre o pedido e a causa de pedir. A disposição reflete a incidência do princípio da eficiência no processo civil.

Além disso, o Código prevê expressamente a possibilidade de reunião, por conexão, de execução de título extrajudicial e ação de conhecimento relativa ao mesmo ato jurídico (art. 55, § 2º). Essa é, precisamente, a hipótese sob análise. No art. 784, inciso IX, o CPC elenca entre os títulos executivos extrajudiciais a Certidão de Dívida Ativa da Fazenda Pública, correspondente aos créditos inscritos na forma da lei. Ficam afastados, pois, quaisquer questionamentos relativos à impossibilidade de conexão por se tratar de ações submetidas a ritos distintos.

A partir desses parâmetros, a ação anulatória e a execução fiscal, que tenham por objeto o mesmo crédito, devem ser reunidas, quando possível, para julgamento conjunto, garantindo-se, assim, a harmonia entre os pronunciamentos jurisdicionais em ambos os processos. A exceção ocorrerá – isto é, não haverá reunião – quando, ao tempo de propositura da ação ou execução mais recente, a outra já tiver sido objeto de

---

[5] A disposição consolidou entendimento jurisprudencial antigo do STJ, consubstanciado na Súmula 235 do Tribunal: "A conexão não determina a reunião dos processos, se um deles já foi julgado".

sentença. O Superior Tribunal de Justiça também não admite a reunião de processos quando tal fato implicar modificação de competência:

> 1. O STJ entende pela impossibilidade de serem reunidas execução fiscal e ação anulatória de débito precedentemente ajuizada, quando o juízo em que tramita esta última não é Vara Especializada em Execução Fiscal, nos termos consignados nas normas de organização judiciária. Precedentes: CC 105.358/SP, Rel. Ministro Mauro Campbell Marques, Primeira Seção, DJe 22.10.2010; CC 106.041/SP, Rel. Ministro Castro Meira, Primeira Seção, DJe 09.11.2009 e AgRg no REsp 1463148/SE, Rel. Ministro Mauro Campbell Marques, Segunda Turma, DJe 08.09.2014.
>
> 2. Para o acolhimento da tese de imprescindibilidade de reunião das ações por conexão ou prevenção, seria imprescindível promover o enfrentamento do acervo fático-probatório dos autos, providência inviável em sede de recurso especial ante o óbice da súmula 7/STJ.
>
> 3. Agravo interno não provido.
>
> (AgInt no REsp 1700752/SP, Rel. Min. Mauro Campbell Marques, Segunda Turma, j. 24.04.2018, DJe 03.05.2018).

Embora não se promova a reunião nesse caso, a situação não isenta o Poder Judiciário de observar a harmonia entre as decisões, competindo ao juízo executório decidir, se cabível, pela suspensão da execução, considerada a possível relação de pre-judicialidade entre esses processos, conforme já explanado acima[6].

12.6 AÇÃO ANULATÓRIA E EMBARGOS À EXECUÇÃO

Diferentemente do que ocorre na relação entre a ação anulatória e a execução fiscal, em tese é possível haver litispendência entre a aquela ação e os embargos à execução.

Os embargos à execução fiscal têm fundamento legal no art. 16 da LEF, pres-supõe a prévia garantia do juízo e neles o executado pode argumentar toda matéria útil à defesa. Analisando os embargos à execução fiscal em comparação com a ação anulatória, é possível notar a identidade de partes (sujeito passivo e Fazenda Pública) e a eventual identidade de pedidos e causa de pedir que, caso sejam verificadas, oca-sionarão litispendência.

Imagine-se, por exemplo, que na pendência de uma ação anulatória que vise ao reconhecimento de nulidade de Certidão de Dívida Ativa sob o argumento de ilega-lidade do procedimento de inscrição, seja ajuizada execução fiscal (na hipótese, por exemplo, de não ter suspensa a exigibilidade de crédito). Caso o mesmo sujeito passivo oponha embargos à execução argumentando pela inexequibilidade do título por ser nulo, haverá litispendência entre a ação anulatória e os embargos à execução.

O Superior Tribunal de Justiça reconhece a possibilidade de litispendência nesses casos. Confira-se:

---

[6] "Caberá ao Juízo Executório decidir, se cabível, pela suspensão da Execução enquanto tramita a Ação Anulatória potencialmente prejudicial" (AgInt no AREsp 1196503/RJ, Rel. Ministro Napoleão Nunes Maia Filho, Primeira Turma, j. 29.04.2019, DJe 10.05.2019).

Não se trata de suspensão do feito e sim consubstanciação da litispendência, tendo em vista esta ação busca reconhecimento da decadência do crédito, pleito igualmente veiculado em prévia ação anulatória (...)

O acórdão recorrido está em consonância com o entendimento do STJ, no sentido de que deve ser reconhecida a litispendência entre os Embargos à Execução e a Ação Anulatória ou Declaratória de Inexistência do Débito proposta anteriormente ao ajuizamento da execução fiscal, se identificadas as mesmas partes, causa de pedir e pedido, ou seja, a tríplice identidade a que se refere o art. 301, § 2º, do CPC/1973 (REsp 1.156.545/RJ, Rel. Ministro Mauro Campbell Marques, Segunda Turma, DJe 28.04.2011).

(...)

(REsp 1804582/SP, Rel. Ministro Herman Benjamin, Segunda Turma, j. 07.05.2019, DJe 21.05.2019).

Nos termos do art. 485 do CPC, o reconhecimento de litispendência é hipótese de extinção do processo sem resolução do mérito. Essa similitude entre as ações reclama, ainda, a análise de uma outra questão, atinente ao ajuizamento da ação anulatória como meio alternativo de impugnação do título executivo quando escoado o prazo para embargos.

Conforme dito acima, o oferecimento de embargos à execução fiscal é condicionado à prévia garantia do juízo[7]. Os embargos, que possuem efeito suspensivo, devem ser opostos no prazo de trinta dias, tendo como termo inicial a data da garantia do juízo, que pode ser o depósito, a juntada da prova da fiança bancária ou do seguro garantia ou a intimação da penhora. Cuida-se de prazo peremptório, não podendo, portanto, ser alterado pelas partes ou pelo juiz.

A inércia da parte no oferecimento dos embargos, caso escoado o prazo, implica preclusão temporal para a oposição da peça, mas não implica preclusão lógica ou consumativa quanto aos argumentos de defesa que poderiam ser suscitados em face do título executivo objeto da execução fiscal.

Por essa razão, é possível o ajuizamento de ação anulatória como meio de defesa do contribuinte, via processual que, ao contrário dos embargos à execução, não está condicionada à garantia do juízo por uma das formas admitidas pelo art. 9º da LEF: depósito em dinheiro, fiança bancária ou seguro-garantia, indicação de bens à penhora.

As hipóteses de garantia do juízo podem ser utilizadas para o fim de suspender a exigibilidade do crédito, o que confere importância à tese adotada pelo STJ no julgamento do Tema 378, em sede de recursos repetitivos: "a fiança bancária não é equiparável ao depósito integral do débito exequendo para fins de suspensão da exigibilidade

---

[7] Art. 9º. Em garantia da execução, pelo valor da dívida, juros e multa de mora e encargos indicados na Certidão de Dívida Ativa, o executado poderá:

I – efetuar depósito em dinheiro, à ordem do Juízo em estabelecimento oficial de crédito, que assegure atualização monetária;

II – oferecer fiança bancária ou seguro-garantia;

III – nomear bens à penhora, observada a ordem do art. 11; ou

IV – indicar à penhora bens oferecidos por terceiros e aceitos pela Fazenda Pública.

(...).

do crédito tributário, ante a taxatividade do art. 151 do CTN e o teor do Enunciado Sumular 112 desta Corte".

Outro entendimento importante do Superior de Tribunal de Justiça é no sentido de que a rejeição dos embargos intempestivos não afasta a viabilidade de seu recebimento e processamento como ação autônoma, embora nesse caso sejam admitidos sem a eficácia suspensiva, a menos ofertada a garantia de presentes os pressupostos da cautelaridade. É o que restou decidido no REsp 729.149/MG.

Isso porque os embargos à execução têm natureza de ação cognitiva, semelhante à da anulatória autônoma, o que possibilita, à luz do princípio da instrumentalidade das formas e da eficiência processual, admitir o processamento dos embargos, evitando, assim, a propositura de outra ação, com idênticas partes, causa de pedir e pedido anterior, mudando-se apenas o nome (de embargos para anulatória). Além disso, os embargos, ainda que intempestivos, operam o efeito próprio da propositura da ação cognitiva, relativo à interrupção da prescrição.

Capítulo 13
REPETIÇÃO DO INDÉBITO TRIBUTÁRIO

Como consequência do poder de tributar, conferido pela Constituição aos entes federados (União, estados, Distrito Federal e municípios), o sistema normativo impõe ao contribuinte o dever de pagar tributos, sem afastar-se de garantias que limitam o poder de atuação do Fisco.

Diante desse poder do Estado e a natureza essencial de prestação pecuniária do pagamento dos tributos, o direito à restituição dos valores indevidamente recolhidos a título de impostos, taxas e contribuições ganham contornos específicos no ordenamento jurídico.

A análise sistemática dos preceitos instituídos pela Constituição Federal e de todo o arcabouço infraconstitucional dela decorrente, orientada sobremaneira pelo princípio da legalidade, vinculante à atividade fiscal, revelam que a restituição de tributo vai além do mero dever de ressarcimento, a partir de duas importantes frentes.

A primeira delas decorre do art. 146, inciso III, alínea "a", da CF, ao conferir à forma de lei complementar para a definição de tributos e de suas espécies, enquanto o Código Tributário Nacional, nessa qualidade, assegura o direito à restituição total ou parcial do tributo nos casos de pagamento indevido.

Parte da doutrina diverge sobre a interpretação desse dispositivo. Há quem defenda tratar-se de uma impropriedade legislativa no texto e que não se pode falar em natureza tributária na restituição de tributo. No campo jurisprudencial, de outro lado, o entendimento majoritário é no sentido de que a repetição de indébito tem natureza tributária.

Outro aspecto relevante na análise desse tema é a verticalidade do poder de tributar exercido em face do contribuinte, bem denominado sujeito passivo, subordinado a instrumentos efetivos de limitação de direitos, caso não cumpra fielmente com suas obrigações tributárias, as quais muitas vezes se impõem independentemente da ação da própria Administração Pública.

Compele-se a pagar os tributos exigidos, sob pena de atos sancionatórios e constritivos gradualmente gravosos. Além da eficácia cogente das obrigações tributárias, a necessidade de o contribuinte manter-se regular sob o ponto de vista fiscal também importa para o exercício regular das suas atividades civis e dos seus interesses no âmbito das relações de comércio e financeiras.

Esse cenário é propício ao recolhimento indevido de valores em favor do Fisco, agravado pela grande quantidade de atos normativos de diversos níveis hierárquicos e sistematicamente alterados na regência de uma mesma exação, e ainda, o desconhecimento ou as dificuldades enfrentadas pelo contribuinte no exercício da resistência à pretensão de tributar do Estado.

480 | PROCESSO TRIBUTÁRIO – *Eduardo Muniz Machado Cavalcanti*

Existe, portanto, uma questão de justiça fiscal, haja vista as relações tributárias afetarem de maneira direta e contundente os direitos à propriedade, à intimidade e à privacidade, dentro de uma sistemática delimitada pela norma. O arcabouço de proteção do contribuinte, em razão disso, deve assegurar-lhe isonomia, vedação ao confisco, necessária observância da capacidade contributiva e segurança jurídica.

O ordenamento jurídico tributário, para tanto, conta com mecanismos que viabilizam o direito de questionar a atividade fiscal. O instituto do ressarcimento tributário supera, sob as balizas específicas do Direito Tributário, aquele que inadvertidamente, ou por qualquer outra razão, pagou o que, ou quanto, de forma indevida.

É possível identificar fio condutor comum à Repetição do Indébito Tributário e às relações jurídicas regidas pelo Direito Civil, que abrangem os institutos da responsabilidade civil e da vedação ao enriquecimento ilícito, ou o Direito Administrativo, sob a ótica da responsabilidade objetiva do Estado. Isso porque, antes de tudo, estão entrelaçadas por garantias constitucionais de primeira ordem, tais como os princípios da moralidade, legalidade e do devido processo legal.

Esse liame representa uma proteção em benefício daquele prejudicado de modo ilegal, injusto ou desarrazoado, sendo a figura do contribuinte, para as relações tributárias, aquela sujeita a sofrer um decréscimo do seu patrimônio, a princípio, justificado por uma presunção de legalidade da exação, mas que em certas e determinadas situações não encontra lastro de juridicidade.

São inúmeras as razões pelas quais o contribuinte pode ser notificado. A título de exemplo, e porque mais comuns, são os casos de erro no lançamento tributário; configuração indevida do fato gerador; identificação equivocada do sujeito passivo; a aplicação equivocada de alíquota ou base de cálculo; apuração indevida dos índices legais de correção monetária e encargos da mora/erro na interpretação ou aplicação da norma tributária e alterações do quadro normativo que o tornaram insubsistente, tal como a declaração superveniente de inconstitucionalidade.

A despeito de qual tenha sido a causa, comprovado o pagamento de obrigação não devida e, por via de consequência, inexigível ou, mesmo devida, que tenha sido recolhida com erro, surge o direito à reparação. Nesse contexto, o contribuinte passa a ter o direito subjetivo de requerer a restituição do pagamento indevido de tributos, seja na via administrativa ou judicial, para o que a doutrina faz distinção entre o pedido administrativo de restituição do indébito e a ação de repetição de indébito.

Cuida-se de um regime jurídico orientador do microssistema das relações tributárias, de natureza jurídica obrigacional tributária, no qual o contribuinte figura na qualidade de credor do Fisco, em decorrência do cumprimento de uma obrigação tributária que lhe tenha gerado um crédito por excesso de pagamento, pelo adimplemento antecipado ou pela extinção de uma obrigação exigida, porém efetivamente indevida.

O regramento conferido pelo Direito Tributário ao pagamento indevido parte expressamente do Código Tributário Nacional, ao estabelecer o conceito e as hipóteses de cabimento da restituição do indébito da seguinte forma, como regra[1]:

---

[1] Art. 165. O sujeito passivo tem direito, independentemente de prévio protesto, à restituição total ou parcial do tributo, seja qual for a modalidade do seu pagamento, ressalvado o disposto no § 4º do art. 162, nos seguintes casos:

Título III • Cap. 13 • REPETIÇÃO DO INDÉBITO TRIBUTÁRIO | **481**

a) cobrança ou pagamento espontâneo de tributo indevido ou maior que o devido em face da legislação tributária aplicável (erro de direito), ou da natureza ou circunstâncias materiais do fato gerador efetivamente ocorrido (erro de fato);

b) erro na edificação do sujeito passivo (ilegitimidade passiva), na determinação da alíquota aplicável, no cálculo do montante do débito ou na elaboração ou conferência de qualquer documento relativo ao pagamento;

c) reforma, anulação, revogação ou rescisão de decisão condenatória.

A leitura do disposto no art. 165 do CTN indica a previsão normativa de hipóteses abertas de incidência do direito à restituição, ao compreender diversas possibilidades de erro do Fisco na cobrança, seja na forma, tanto no aspecto objetivo quanto subjetivo; ou erro do próprio contribuinte no pagamento espontâneo, ou, ainda, alterações do contexto normativo, cujos preceitos sustentaram ou davam consistência a determinada exação fiscal.

Essa característica permanente de generalidade da norma conduz à conclusão de que não se pode considerar taxativo o rol do art. 165 do CTN, do que se infere, por consequência, o direito a uma reparação ampla dos valores indevidamente recolhidos em favor da Administração Pública a título de tributo pelo contribuinte.

13.1 LEGITIMIDADE ATIVA

A legitimidade para requerer a restituição de tributo, seja na esfera administrativa ou na esfera judicial, é do próprio contribuinte (sujeito passivo), porquanto, naturalmente, deve ser ressarcido aquele que tenha sofrido o dano. Essa premissa é de fácil constatação nas espécies de tributo direto, cuja figura do contribuinte do imposto coincide com aquele responsável pelo ônus econômico do fato gerador configurado.

Por exemplo, relativamente ao IPTU, imposto direto, ainda que por legítima convenção particular entre locador e locatário tenha sido ajustada a transferência do encargo, a ausência de previsão no ordenamento jurídico-tributário permissiva da repercussão econômica inviabiliza a imposição do ajuste de natureza privada ao Fisco e, por consequência, a legitimidade ativa do locatário para postular a repetição de indébito de IPTU, da taxa de conservação de conservação e limpeza ou da Taxa de Iluminação Pública, por ausência da condição de contribuinte ou responsável tributário.[2]

O mesmo ocorre com a transferência de titularidade do imóvel, por não resistir tacitamente o novo proprietário da legitimidade para perseguir o crédito referente a pagamento indevido de imposto cujo objeto seja o próprio imóvel. O sistema veda o enriquecimento daquele que não tenha suportado o encargo, sobretudo se o novo

---

I – cobrança ou pagamento espontâneo de tributo indevido ou maior que o devido em face da legislação tributária aplicável, ou da natureza ou circunstâncias materiais do fato gerador efetivamente ocorrido;

II – erro na edificação do sujeito passivo, na determinação da alíquota aplicável, no cálculo do montante do débito ou na elaboração ou conferência de qualquer documento relativo ao pagamento;

III – reforma, anulação, revogação ou rescisão de decisão condenatória.

2 Súmula 614 do STJ: O locatário não possui legitimidade ativa para discutir a relação jurídico-tributária de IPTU e de taxas referentes ao imóvel alugado nem para repetir indébito desses tributos.

proprietário não pagou o tributo e nem arcou, direta ou indiretamente, com aquele ônus financeiro.

O Direito Tributário conta com distinções expressivas entre tributos diretos e indiretos. A depender do caso, a configuração de contribuinte de fato e contribuinte de direito, ou de substituto e substituído tributário, é imprescindível para a determinação das relações jurídicas estabelecidas e suas consequências para fins de ressarcimento.

Essas circunstâncias são essenciais para a aplicação das disposições do art. 166 do CTN: *a restituição de tributos que comportem, por sua natureza, transferência do respectivo encargo financeiro somente será feita a quem prove haver assumido o referido encargo, ou, no caso de tê-lo transferido a terceiro, estar por este expressamente autorizado a recebê-la.*

A legitimidade *ad causam* nos tributos classificados como indiretos, cujo encargo financeiro é assumido por terceiro estranho à relação tributária, recai sobre quem comprova ter assumido o pagamento, ou tenha sido autorizado por ele a pleitear a restituição.

O Supremo Tribunal Federal, quando da apreciação de questionamentos de ICMS por consumidor final de energia elétrica no Recurso Extraordinário 753681, entendeu que as questões sobre a legitimidade ativa do contribuinte de fato de tributo indireto para requerer o ressarcimento não veiculam matéria de repercussão geral apta à provação daquela Corte. A matéria, portanto, é de competência do Superior Tribunal de Justiça, órgão jurisdicional superior responsável por enfrentar lei federal.

A jurisprudência do STJ, como regra, revela-se pela ausência de legitimidade ativa do contribuinte de fato, cujo entendimento pode ser identificado no contexto relativo aos contratos de concessão de serviço público, no qual o consumidor de energia elétrica pleiteava a repetição do indébito de ICMS sobre demanda contratada e não paga.

A proteção da concessionária por parte do poder público em tema de tributos com a possibilidade de aumento da tarifa para a preservação do equilíbrio econômico-financeiro, coloca, nesse ponto, concedente e concessionária lado a lado, mitigando os litígios entre elas e deixando o consumidor usuário totalmente desprotegido contra as imposições tributárias derivadas dessa triangulação.

Tal circunstância tem nota distintiva das relações jurídicas tributárias na qual contrapõem o Fisco e o sujeito passivo. O primeiro impõe determinada exação e autoriza o segundo, obrigado de direito, a repassar os valores cobrados a terceiros; esse é o cenário mais comum na aferição da legitimidade ativa para a repetição do indébito de tributos indiretos de que trata a jurisprudência do Superior Tribunal de Justiça.

O STJ, ao rejeitar a pretensão formulada pelas distribuidoras de bebidas, na qualidade de contribuintes de fato do imposto, à repetição de IPI incidentes sobre descontos incondicionais, por não integrarem a relação jurídica pertinente, partiu da seguinte distinção doutrinária:

a) incidência econômica (ônus econômico, consequência material suportada definitivamente por uma pessoa, sem possibilidade de repercussão total ou parcial);

b) incidência jurídica (nascimento do dever jurídico tributário que ocorre após a incidência da regra jurídica sobre sua hipótese de incidência realizada);

Título III • Cap. 13 • REPETIÇÃO DO INDÉBITO TRIBUTÁRIO | 483

c) contribuinte de *jure* (aquele sobre quem recai a incidência jurídica do tributo);

d) contribuinte de fato (aquele sobre quem recai a incidência econômica do tributo);

e) repercussão econômica (é o fenômeno por meio do qual o contribuinte de *jure* transfere, total ou parcialmente, o ônus econômico do tributo para uma ou mais pessoas por meio de relações jurídicas ou econômicas sucessivas);

f) repercussão jurídica (é a possibilidade legal de o contribuinte de *jure* repercutir o ônus econômico do tributo sobre determinada pessoa).

Entendeu a Corte Superior que a restituição de tributo indireto sob a legitimidade do contribuinte de direito está condicionada à comprovação de não ter procedido à repercussão econômica do tributo indevido ou à autorização do contribuinte de fato, aquele que efetivamente foi impactado pela incidência econômica. Isso, contudo, "não possui o condão de transformar sujeito alheio à relação jurídica tributária em parte legítima na ação de repetição de indébito". Ou seja, para o Superior Tribunal de Justiça, somente o contribuinte de direito pode pleitear a restituição de tributo, porquanto a repercussão econômica advém da natureza do tributo.

Daí por que o art. 166 do CTN tem aplicação nos casos em que o contribuinte de direito demanda a repetição do indébito ou a compensação de tributo cujo valor foi suportado pelo contribuinte de fato, não podendo falar de sua aplicação para debate sobre a legalidade do crédito tributário em sede de embargos à execução, quando o contribuinte pretende a dedução de quantia a ser paga, circunstância distanciada do recolhimento indevido ao Fisco e, portanto, considerada inadequada a comprovação de repercussão do ônus ao adquirente da mercadoria ou serviço.

Esse ônus afasta a ideia de que se pode presumir por quem tenha sofrido o encargo dentro da sistemática de substituição tributária, por exemplo. Em determinado caso concreto, no qual se alegava ter havido venda de mercadoria a preço inferior àquele presumido para fins da substituição tributária, julgou o STJ que a redução do preço pode ter ocorrido por diversos motivos, como diminuição de custos ou estreitamento da margem de lucro por conta da concorrência acirrada. Isso não significa que o montante do ICMS cobrado não haja sido repassado ao consumidor.

Não se pode negar que é árdua a tarefa de comprovação exigida, contudo, tem--se uma opção legislativa diante da qual o contribuinte precisa se acautelar, sobretudo por meio de rigorosa documentação contábil, diante do princípio da supremacia do interesse público nitidamente consagrado na norma de regência.

Também importa a diferenciação necessária para fins de aproveitamento de crédito. Enquanto no creditamento, que carrega em si a natureza da repetição do indébito, deve observar a exigência de comprovação da não repercussão econômica como condição ao crédito, no direito de aproveitamento, decorrente da aplicação do princípio da não cumulatividade, não há o que invocar sobre a observância do art. 166 do CTN, haja vista o crédito deve ser aproveitado na operação seguinte por consequência natural dessa sistemática.

Especificamente em relação ao Imposto Sobre Operações Relativas à Circulação de Mercadorias e Sobre Prestações de Serviços de Transporte Interestadual e Intermunicipal e de Comunicação, ainda que as operações e as prestações se iniciem no exterior – ICMS, a sistemática de aproveitamento de crédito é tratada pela Lei Complementar 87, de 1996, norma federal que estabelece regras gerais a serem observadas pelos Estados e pelo Distrito Federal.

A norma geral, portanto, assegura o direito de restituição do valor pago a título de imposto relativamente à substituição tributária correspondente a fato gerador presumido não concretizado, e, ainda, prevê o direito ao creditamento do valor atualizado na hipótese de não se operar o ressarcimento no prazo de 90 (noventa) dias do requerimento formulado (art. 10 da LC 87, de 1996).

13.2 AÇÃO DE REPETIÇÃO DE INDÉBITO

A Ação de Repetição de Indébito Tributário é o instrumento processual de rito ordinário e de natureza condenatória, por meio da qual o contribuinte que se sente lesado busca o ressarcimento de valores pagos à Administração Pública a título de impostos, taxas, contribuições ou penalidades pecuniárias deles decorrentes, sem que de fato e de direito tenham sido devidos.

O objetivo dessa ação é uma decisão judicial com resolução de mérito, acolhendo o pedido condenatório formulado pelo autor, impondo ao Fisco a obrigação de devolver integralmente, ou parcialmente, o que tenha sido indevidamente pago com as devidas correções incidentes, portanto, um dever de pagar quantia certa, atualizada e acrescida dos juros incidentes por determinação normativa.

Um exemplo clássico de cabimento da ação é a hipótese de tributo pago por declaração do próprio contribuinte que, depois, verifica erro na sua operação. A constituição do débito já se operou e não há ato da administração tributária a anular. O que resta é, apenas, a necessidade de condenar o fisco à restituição de tributo indevidamente pago, finalidade essencial da ação de repetição.

O pedido de repetição do indébito, contudo, pode alcançar outro, de declaração de inexistência de relação jurídica ou inexigibilidade de tributo, podendo ser manejada Ação Declaratória de ilegalidade ou inconstitucionalidade de norma tributária cumulada com Repetição de Indébito Tributário ou, ainda, Ação Anulatória de lançamento (constitutiva negativa) cumulada com Repetição de Indébito Tributário (condenatória).

Relativamente aos consectários legais, tanto são objeto de restituição a correção e os juros de mora acrescidos ao valor ordinariamente pago indevidamente, inclusive sobre esse montante a ser restituído incidem correção monetária e taxas de juros correspondentes, segundo determinado por lei e orientação da jurisprudência.

Como o pagamento indevido de tributos é consequente de diversas circunstâncias, a causa de pedir da ação de repetição de indébito deve estar fundada no caso concreto. O direito de ressarcimento pode decorrer de mero erro da Administração Pública na identificação do sujeito passivo ou da nulidade dos seus atos, tais como o auto de infração ou de lançamento tributário, ou, ainda, o recolhimento a maior, induzido por questões formais ou materiais da apuração do valor devido.

Também há possibilidade de imputação pelo Fisco de exação mediante norma inconstitucional ou ato normativo ilegal, ou ainda falhas no sistema de aproveitamento de créditos, cobrança de crédito prescrito e erros de cálculo ou na interpretação da lei tributária ou do cenário normativo, das mais diversas hipóteses. Trata-se apenas de exemplos diante da possibilidade de ressarcimento previsto no rol não taxativo do art. 165 do CTN.

O fundamento legal decorre da ordem constitucional ao impor observância ao princípio da legalidade, à vedação ao confisco, aos limites ao poder de tributar, ao assegurar mecanismos de proteção ao direito de propriedade e, para além da vedação ao enriquecimento ilícito, existe a expressa disposição dos arts. 165 a 169 do Código Tributário Nacional.

A demonstração do direito à repetição decorre de uma violação à legalidade em sentido estrito. Um pagamento efetivado e recebido sem o ajuste do dever de pagar tributo aos termos formais e materiais definidos pela norma tributária contamina os limites dentro dos quais o Fisco pode agir. Dessa forma, o contexto fático e normativo do caso concreto precisa estar claro na petição inicial, razão por que todos os elementos probatórios devem ser utilizados, a começar pela apresentação da documentação necessária para demonstrar o direito perseguido. Trata-se de ação sob o rito ordinário, passível de extensa dilação probatória, sendo importante à parte pedir expressamente a condenação da Fazenda Pública sob pena de se obter apenas o efeito declaratório de inexistência da relação jurídico-tributária. Transitada em julgado a decisão de condenação à repetição do indébito, a execução da decisão deve observar o disposto no Capítulo V do Código de Processo Civil – Do cumprimento de sentença que reconheça a exigibilidade de obrigação de pagar quantia certa pela Fazenda Pública.

Ante o dever de pagar quantia certa, o exequente deve apresentar demonstrativo discriminado e atualizado do crédito, com todos os requisitos enumerados no art. 534 do CPC, cálculos passíveis de impugnação pela Fazenda, no prazo de 30 (trinta) dias da intimação na pessoa do seu representante judicial.

Não impugnada a execução ou rejeitada as arguições apresentadas pela executada, nos termos do art. 535, § 3º, inciso I, do CPC, será expedido precatório em favor do exequente, pela presidência do tribunal competente, ou por ordem do juiz, cuja determinação será dirigida ao ente público condenado ao pagamento da obrigação.

A decisão de procedência da ação de repetição de indébito, reconhecido o direito do contribuinte, pode dar ensejo, ainda, à possibilidade de compensação, mediante comunicação ao juízo dos débitos que se pretende compensar e desistência da expedição do ofício requisitório do precatório, sob condição de se tratar de tributos administrados pelo mesmo ente público condenado a pagar.

A Lei Federal 9.430/1996, que dispõe sobre a legislação tributária federal, no art. 74, concede ao sujeito passivo que apurar crédito, inclusive os judiciais com trânsito em julgado, relativo a tributo ou contribuição administrado pela Secretaria da Receita Federal, passível de restituição ou de ressarcimento, o direito de utilizá-lo na compensação de débitos próprios relativos a quaisquer tributos e contribuições administrados por aquele órgão.

13.3 JUROS DE MORA E PENALIDADES PECUNIÁRIAS

O Código Tributário Nacional assegura, no art. 167, que a restituição total ou parcial de tributos deve se operar na mesma proporção dos juros de mora e das penalidades pecuniárias, salvo aquelas referentes a infrações de caráter formal, não prejudicadas pela causa da restituição, e os juros de mora não capitalizáveis somente passam a incidir a partir do trânsito em julgado da decisão definitiva que a determinar.

Quanto ao momento de incidência dos encargos, o Superior Tribunal de Justiça pacificou na Súmula 162 que, na ação de repetição do indébito, a correção monetária incide a partir do pagamento indevido, enquanto a Súmula 188 define os juros moratórios como devidos a partir do trânsito em julgado da sentença. A garantia de incidência de atualização monetária a partir do pagamento visa afastar desde então os efeitos corrosivos da inflação e o enriquecimento indevido, além dos juros moratórios, de modo a preservar a reparação integral do indébito.

O mais recente entendimento sobre as regras de incidência dos juros da correção monetária nas ações de repetição de indébito tributário decorre do julgamento do Recurso Especial 1.495.146/MG, submetido ao rito dos recursos repetitivos, quando enfrentada a aplicação do art. 1º-F da Lei 9.494, de 1997, que determina à Fazenda Pública a utilização dos índices de remuneração básica da caderneta de poupança para fins de atualização monetária e incidência de juros de mora.

Foi decidido, nessa oportunidade, que o referido dispositivo não se aplica às condenações judiciais impostas à Fazenda Pública, em observância ao entendimento do STF. Primeiro, ante o argumento de tal índice revelar-se uma restrição desproporcional ao direito de propriedade, haja vista não se qualificar como medida apta a capturar a variação de preços da economia. Segundo, porque sequer é possível a fixação prévia do índice de correção monetária nas operações de curto e médio prazo, sob pena de degradação do potencial de preservação do valor do crédito ante a incapacidade de se definir o desempenho futuro da inflação, ficando as taxas atualmente adotadas legítimas se capazes de refletir o fenômeno inflacionário.

Em relação aos juros de mora, ainda no julgamento do REsp 1.495.146/MG, o STJ, também na esteira das declarações de inconstitucionalidade da Suprema Corte, definiu que o art. 1º-F da Lei 9.494, de 1997 (com redação dada pela Lei 11.960/2009), ao estabelecer a incidência de juros de mora nos débitos da Fazenda Pública com base no índice oficial de remuneração da caderneta de poupança, aplica-se às condenações impostas à Fazenda Pública, excepcionadas as condenações oriundas da relação jurídico-tributária.

Tal exceção decorre da premissa de que os débitos originários da relação jurídico-tributária estão sujeitos a taxas de juros de mora específicas pelas quais o Fisco tem remunerado seu crédito tributário. Tais índices devem ser aplicados na mesma medida nas hipóteses de condenações contra o ente público, a bem do princípio constitucional da isonomia.

Em síntese, relativamente à repetição do indébito tributário, consagrou o Superior Tribunal de Justiça que *a correção monetária e a taxa de juros de mora incidentes na repetição de indébitos tributários devem corresponder às utilizadas na cobrança de tributo pago em atraso. Não havendo disposição legal específica, os juros de mora são calculados à taxa de 1% ao mês (art. 161, § 1º, do CTN).* Observada a regra isonômica e havendo previsão na legislação da entidade tributante (estados, DF e municípios), é legítima a utilização da taxa Selic (União), sendo vedada sua cumulação com quaisquer outros índices.

Quanto ao termo inicial da incidência dos juros de mora na repetição de indébitos de contribuição previdenciária, o tema foi objeto de recurso especial, também julgado pela sistemática dos repetitivos, para se entender, por igualmente tratar-se de indébito tributário, a partir do trânsito em julgado da sentença, nos termos do Enunciado 188 da Súmula do STJ.

Por último, neste aspecto, o Plenário do STF, firmado no julgamento do Recurso Extraordinário nº 1.063.187, sob o regime de repercussão geral (Tema 962), fixou a inconstitucionalidade da incidência do IRPJ e da CSLL sobre a Taxa SELIC, recebida na recomposição do indébito tributário.

No referido recurso extraordinário, o Fisco argumentou que a matéria seria de ordem infraconstitucional, devendo prevalecer o entendimento do Superior Tribunal de Justiça, adotado no julgamento do REsp 1.138.695/SC. Na oportunidade, o STJ manifestou-se no sentido de que, tanto os juros moratórios decorrentes de depósitos judiciais promovidos nas ações discutindo a existência de relação jurídico-tributária, além daqueles originados da restituição do indébito tributário, estariam sujeitos à tributação, seja pelo caráter remuneratório, no caso dos depósitos judiciais, seja pela natureza de lucros cessantes – por acarretar acréscimo patrimonial, na hipótese da repetição do indébito.

Prevaleceu, por outro lado, a alegação dos contribuintes de que a correção mo-netária e os juros de mora pagos em decorrência da restituição do indébito constituem simplesmente a recomposição do patrimônio reduzido em razão do valor recolhido indevidamente ou a maior.

No âmbito federal, a taxa SELIC compreende a dupla finalidade de representar tanto os juros moratórios quanto a correção monetária, matéria, inclusive, já pacificada no STJ pelo julgamento do EREsp 727.842/SP. E o mesmo STJ também entende que "a correção monetária plena é mecanismo mediante o qual se empreende a recomposição da efetiva desvalorização da moeda, com o escopo de se preservar o poder aquisitivo original, sendo certo que independe de pedido expresso da parte interessada, não constituindo um *plus* que se acrescenta ao crédito, mas um *minus* que se evita" (REsp 1.112.524/DF, Rel. Ministro Luiz Fux, Corte Especial, j. 01.09.2010, DJe 30.09.2010).

13.4 PRAZO PRESCRICIONAL DA REPETIÇÃO DO INDÉBITO

A bem da segurança jurídica, assim como o Fisco não pode ter prazo indefinido para cobrar seus créditos dos contribuintes devedores, o ordenamento também impõe um limite temporal ao direito destes de reivindicarem eventuais indébitos tributários perante a Fazenda Pública. É indispensável para a necessária estabilização das relações entre a Administração Pública e o contribuinte, sob pena de a qualquer momento conflitos serem reconsiderados ou eternizados, independente do tempo de inércia de seus titulares na defesa dos seus interesses.

O art. 168 do Código Tributário Nacional reconhece que o direito de demandar a restituição extingue-se com o decurso do prazo de 5 (cinco) anos e tem como marco inicial de contagem:

(i)   a data da extinção do crédito, nos casos de pagamento de tributo indevido ou maior que o devido ou de erro da determinação do sujeito passivo, da alíquota aplicável, da apuração do valor devido ou na conferência da documentação relativa ao pagamento (hipótese do art. 165, incisos I e II, do CTN); ou

(ii) a data em que se tornar definitiva a decisão administrativa ou judicial que tenha reformado, anulado, revogado ou rescindido a decisão condenatória (hipótese do art. 165, inciso III, do CTN).

Decorridos os cinco anos, o prazo prescricional quinquenal, esgota-se a pretensão, o direito de pedir a restituição, e não o direito em si. A incidência da prescrição extingue tanto o direito de formulação do pedido administrativo de restituição de tributo indevido, quanto para o ajuizamento da ação de repetição do indébito tributário, sendo ambas as vias independentes.

Significa dizer que o ajuizamento da ação não tem por condição o prévio requerimento administrativo. À luz do princípio da inafastabilidade da jurisdição assegurada pelo art. 5º, inciso XXXV, da Constituição Federal, mesmo não tendo contestado na esfera administrativa, o contribuinte pode se valer do Poder Judiciário para requerer a efetivação do seu direito ao ressarcimento de valores indevidamente recolhidos em favor do Fisco. Por expressa determinação do parágrafo único do art. 169 do CTN, contudo, a decisão que denega o pedido administrativo tempestivo de restituição está sujeita à ação anulatória e não mais à ação judicial de repetição de indébito.

O prazo prescricional para perseguir o ressarcimento, agora por meio da pretensão de anulação da decisão administrativa desfavorável, por sua vez, prescreve em 02 (dois) anos e é interrompido pelo início da ação judicial, recomeçando o seu curso, pela metade, a partir da data da intimação validamente feita ao representante da parte interessada (parágrafo único do art. 169 do CTN).

Importante traçar uma linha divisória entre o curso dos prazos prescricionais incidentes sobre a ação declaratória anulatória e da ação de repetição de indébito. Na linha da Jurisprudência do Superior Tribunal de Justiça, o objeto da demanda pela nulidade é o lançamento que tenha de ofício constituído o crédito tributário, razão por que o direito de ação contra a Fazenda decorre da notificação desse lançamento.

Situação diversa é aquela quando o contribuinte pretende reaver o crédito tributário pago indevidamente ou a maior, quando o termo inicial de contagem do prazo é a data de extinção do crédito, em se tratando de tributo lançado de ofício, nos termos do art. 168, inciso I, do CTN. A natureza tributária da exação deve ser indene de dúvida para fins de aplicação desse prazo quinquenal. A ação de repetição de indébito em função do pagamento indevido de tarifas de água e esgoto, por exemplo, cuja natureza não é tributária, está sujeita ao prazo prescricional estabelecido no Código Civil.

13.5 OS REFLEXOS DA DECISÃO DE INCONSTITUCIONALIDADE DE NORMA TRIBUTÁRIA

Questão relevante em torno da prescrição da pretensão da repetição do indébito gira em torno dos efeitos das decisões judiciais em sede de controle de constitucionalidade de normas que instituam ou majorem tributos, haja vista decisões judiciais supervenientes nesse sentido poderem suprimir períodos de vigência da norma e esvaziar a legitimidade das cobranças levadas a efeitos e seus correspondentes adimplementos.

E enquanto à decisão em controle concentrado, abstrato e objetivo, surte efeitos *erga omnes*, o julgamento em controle difuso, incidental, concreto e subjetivo, impõe-se somente às partes litigantes naquele caso específico, salvo se a lei declarada inconstitucional pelo STF vier a ser objeto de suspensão por meio de Resolução do Senado Federal.

Outro aspecto relevante são os efeitos no tempo da declaração de inconstitucionalidade. Em regra, de abrangência *ex tunc*, as declarações de inconstitucionalidade retroagem ao nascedouro da lei atacada, comprometendo desde o início de sua vigência e tornando nulo qualquer ato nela fundado. Contudo, essa prospecção no tempo está sujeita a variações excepcionais decorrentes da modulação de efeitos da decisão, que pode incorporar efeitos *ex nunc*, impedindo futuras aplicações da lei inconstitucional, mas preservando atos de alguma maneira consumados.

A modulação de efeitos em sede de controle de constitucionalidade, porque exceção à regra dos efeitos mais amplos, deve estar lastreada em consistente fundamentação de ordem jurídica e fática, em prol da segurança jurídica, a defesa dos direitos fundamentais e da ponderação de valores que viabilizam a melhor forma de aplicação da Constituição Federal em sua inteireza.

Tratando-se de Direito Tributário, os direitos e garantias envolvidos são especificamente norteados, por um lado, de questões de ordem orçamentário-financeira do Estado e, por outro, pelo fato de a restrição à retroatividade retirar o direito de ressarcimento de valores indevidamente exigidos, violando, em última análise, o direito à propriedade e aos limites constitucionais do poder de tributar. Assim, em cada caso concreto, é preciso um estudo específico para demonstrar a extensão de atos não passíveis de reversão ou as razões pelas quais sua retroação implicaria prejuízo ao interesse público primário ou outros valores caros à ordem constitucional, o que não se tem visto na prática.

Em certas decisões, cujos efeitos reconheceram a modulação, enxerga-se uma base jurídica intuitiva, lastreadas em argumentos *ad terrorem* de estouro das contas públicas, sem dimensionar, precisamente, o impacto negativo provocado do outro lado, no setor produtivo, especialmente por sujeitar-se, durante anos, e às vezes décadas, ao recolhimento de tributo inconstitucional.

Não obstante, não havendo a modulação pelo Supremo quando houver a declaração de inconstitucionalidade, a contagem do prazo prescricional para provocar a repetição do indébito, segundo o Superior Tribunal de Justiça, ainda no ano de 2001, seguiu-se a partir da seguinte compreensão:

> em se tratando de tributo sujeito a lançamento por homologação, o prazo prescricional para efetivar-se a compensação via ação judicial, é de cinco anos, contados da ocorrência do fato gerador, acrescidos de mais cinco anos contados daquela data em que se deu a homologação tácita. Tratando-se, entretanto, de declaração da inconstitucionalidade da lei instituidora do tributo, é desta que se inicia o termo *a quo* do lapso prescricional para o ajuizamento da ação correspondente, uma vez que, a prescrição, neste caso, não pode ser estabelecida com referência às parcelas recolhidas, porque indevidas desde a sua instituição, tornando-se inexigíveis.

490 | PROCESSO TRIBUTÁRIO – *Eduardo Muniz Machado Cavalcanti*

Este precedente não compreendia as várias nuances, em torno do tema, decorrentes, por exemplo, da distinção entre as declarações de inconstitucionalidade em controle concentrado daquelas proferidas em sede de controle difuso, enquanto a linha de tal entendimento era reproduzida por alguns julgados.

A Jurisprudência começou, então, a tomar novos rumos quando do julgamento do EREsp 435.835/SC, precedente inaugural do posicionamento por desconsiderar a declaração de inconstitucionalidade na fluência do termo inicial da contagem do prazo prescricional para repetição de indébito tributário, seja nas hipóteses de lançamento de ofício ou por homologação. Daí, seguiram-se outros julgados nessa linha, reiterados por ocasião do Recurso Especial 1.110.578/SP, recurso representativo da controvérsia, sujeito ao procedimento do art. 1.036 do Código de Processo Civil.

O STJ, com efeito, sedimentou então o entendimento segundo o qual é irrelevante o fato de haver ou não declaração de inconstitucionalidade da lei instituidora pelo Supremo Tribunal Federal, nem a suspensão da execução da lei por Resolução expedida pelo Senado Federal, devendo ser observado:

a)   nas hipóteses de devolução de tributos lançados por homologação declarados inconstitucionais pelo Supremo Tribunal Federal, a prescrição do direito de pleitear a restituição se dá após expirado o prazo de cinco anos, contados do fato gerador, acrescido de mais cinco anos, a partir da homologação tácita;

b)   nos casos de lançamento por ofício, o prazo de prescrição quinquenal para pleitear a repetição tributária é contado da data em que se considera extinto o crédito tributário, qual seja, a data do efetivo pagamento do tributo.

A interpretação do STJ, atualmente, é a predominante em sede jurisprudencial, haja vista o Supremo Tribunal Federal considerar, para o exame da pretensão, a apreciação de normas infraconstitucionais. A ofensa à Constituição Federal seria meramente indireta e reflexa, inviabilizando o exame da matéria em sede extraordinária, para fins de marco temporal da contagem prescricional de tributo declarado inconstitucional pelo STF.

Para o Superior Tribunal de Justiça, relativamente ao prazo de prescrição do tributo sujeito ao regime de lançamento por homologação, o termo inicial do prazo prescricional é a própria homologação, expressa ou tácita, quando efetivamente se tem por constituído o crédito tributário. O entendimento deve ser aplicado também para os pedidos administrativos de restituição de tributos.

13.6 COMPENSAÇÃO TRIBUTÁRIA

A compensação tributária consiste em modalidade extintiva da obrigação tributária, prevista no art. 156, inciso II, do Código Tributário Nacional, operada por meio de um encontro de contas ao utilizar um crédito tributário em favor do contribuinte na quitação de outro débito que lhe é exigido. Em observância ao princípio da estrita legalidade, que vincula o gestor público a somente proceder mediante autorização de lei, o ato de compensação não pode ser levado a efeito sem que devidamente normatizado.

A Constituição Federal reserva à lei complementar o regramento do crédito tributário, no qual estão inseridas as modalidades de sua extinção, entre elas, a compensação,

Título III • Cap. 13 • REPETIÇÃO DO INDÉBITO TRIBUTÁRIO | 491

cuja disciplina está contida, inicialmente, no art. 170 do CTN, ao dispor: a *lei pode, nas condições e sob as garantias que estipular, ou cuja estipulação em cada caso atribuir à autoridade administrativa, autorizar a compensação de créditos tributários com créditos líquidos e certos, vencidos ou vincendos, do sujeito passivo contra a Fazenda pública.*

A Lei Complementar 104, de 2001, alterou o CTN para incluir o art. 170-A, vedando a compensação mediante o aproveitamento de tributo, objeto de contestação judicial pelo sujeito passivo, antes do trânsito em julgado da respectiva decisão judicial.

O Superior Tribunal de Justiça consolidou a interpretação do art. 170 no sentido de que o Código Tributário veicula uma norma geral de uniformização do procedimento de compensação, não sendo, contudo, autoaplicável, cabendo ao ente federativo dispor sobre os contornos da compensação pretendida por meio de lei específica. Porquanto, devem estar claramente estabelecidas as condições a serem cumpridas, sobretudo em relação ao crédito e ao débito equacionados, e os procedimentos necessários para determinada compensação, de maneira que o Fisco atue nos exatos termos da lei autorizadora.

À luz dos parâmetros definidos pelo STJ para efeito de admissão da compensação de débitos tributários com créditos de precatórios constituídos contra o ente público são:

(i)   existência de crédito tributário, como produto do ato administrativo do lançamento ou do ato-norma do contribuinte que constitui o crédito tributário;

(ii)   existência de débito do Fisco, como resultado: (a) de ato administrativo de invalidação do lançamento tributário, (b) de decisão administrativa, (c) de decisão judicial, ou (d) de ato do próprio administrado, quando autorizado em lei, cabendo à Administração Tributária a fiscalização e ulterior homologação do débito do Fisco, apurado pelo contribuinte; e

(iii) existência de lei específica, editada pelo ente competente, cuja disposição autorize a compensação, *ex vi* do art. 170 do CTN.

Neste contexto normativo, conclui-se não bastar a reciprocidade de dívidas para que o encontro de contas seja aperfeiçoado, é imprescindível a lei tributária estipular regras peculiares para a compensação, sem, contudo, descurar dos lineamentos gerais do instituto, sob pena de transmudar sua natureza jurídica. Sobre o assunto, extrai-se trecho do julgado proferido no AgRg nos EDcl no REsp no 835,774/SP, relator Ministro Luiz Fux, então em exercício no STJ, abaixo reproduzido:

> Porém, além do óbice antes explicitado, pertinente à natureza do instituto, há que se ressalvar que, na seara tributária, a compensação necessariamente deverá estar prevista em lei autorizativa específica, que fixe, inclusive, seus termos e condições, a teor do art. 170 do Código Tributário Nacional. Confira-se o seguinte precedente jurisprudencial do Superior Tribunal de Justiça, *verbis*:
>
> "(...) 17. A compensação tributária, posto diversa da figura de direito privado que extingue compulsoriamente a obrigação, é condicionada ao discricionarismo do Tesouro Público: '... o sujeito passivo só poderá contrapor seu crédito ao crédito tributário, como direito subjetivo seu, nas condições e sob as garantias que a lei fixar. Fora disso, quando a lei o permite, se aceitar as condições específicas que a autoridade investida de poder discricionário, nos limites legais, para fixá-las,

estipular, julgando da conveniência e da oportunidade de aceitar ou recusar o encontro dos débitos' (Aliomar Baleeiro, in *Direito Tributário Brasileiro*, 11. ed. Ed. Forense, Rio de Janeiro, 2000, pág. 898). 18. O art. 170, do CTN, legitima o ente legiferante a autorizar a compensação de créditos tributários com créditos líquidos e certos, vencidos ou vincendos, do contribuinte, estabelecendo, para tanto, condições e garantias para seu exercício, donde se dessume a higidez da estipulação legal de limites para sua realização. 19. A compensação tributária, por seu turno, configura renúncia fiscal, cuja concessão, afastada dos lindes traçados pelo legislador, compromete o equilíbrio orçamentário do Estado, bem como o equilíbrio financeiro e atuarial do sistema previdenciário, custeado, entre outros, pelas contribuições sociais em tela. (...)" (STI, AgRg nos EDcl no REsp no 835.774/SP, Rel. Ministro Luiz Fux, Primeira Turma, DJe 03.12.2010).

Mediante essa autorização de lei, a compensação pode se operar, em regra, quando verificado um indébito tributário; bem assim quanto na sistemática de pagamento antecipado como mecanismo decorrente do princípio da não cumulatividade; ou ainda, quando conferido crédito decorrente de incentivos fiscais com os quais o contribuinte beneficiado pode contar para reduzir obrigações que lhe são exigidas.

Nessas duas últimas hipóteses, opera-se o instituto do creditamento, o registro de créditos em favor do contribuinte em escrita fiscal com a finalidade de abatimento em operações ou lançamentos tributários futuros. Esses mecanismos de compensação podem ser realizados pelo próprio contribuinte, na sistemática de autocompensação, sob a condição resolutória de posterior homologação pelo Fisco, que valida a legitimidade da operação e os seus efeitos extintivos do crédito tributário pelo pagamento.

No âmbito federal, a Lei 9.430, de 1996, acrescidas as alterações ulteriores, permite que a Secretaria da Receita, atendendo a requerimento do contribuinte, mesmo revestido de créditos próprios ou de terceiros (objeto de cessão de crédito, nos moldes definidos – e somente se – pela própria Receita), autorize a utilização de créditos a serem restituídos ou ressarcidos para a quitação de quaisquer tributos e contribuições sob sua administração.

Esse normativo conta com indicativos de créditos dos contribuintes passíveis de apresentação, bem como vedações expressas à compensação, por exemplo, saldo de declaração de ajuste anual de imposto de renda, valores relativos à declaração de importação e débitos já encaminhados à inscrição em dívida ativa – critérios que têm assento legal imediato, mas também podem resultar de opção do ente federado na gestão dos seus créditos.

Também a Administração Tributária dispõe da possibilidade de aplicação da compensação de ofício, normalmente operacionalizada quando se constata uma restituição apurada administrativamente. Verificado o direito de crédito em favor do contribuinte, passa-se à consulta de débitos tributários perante o Fisco e, então, ao encontro de contas para fins de extinção parcial ou total do débito em aberto, sem prejuízo do direito de ampla defesa e contraditório assegurado ao contribuinte.

Somente pode ser efetivada a compensação de ofício se o débito do contribuinte a ser extinto for líquido, certo e exigível, assim como o valor a ser restituído, e ainda, submetido a mesmo regime jurídico a que estava sujeito o tributo indevidamente pago,

Título III • Cap. 13 • REPETIÇÃO DO INDÉBITO TRIBUTÁRIO | 493

tanto em relação ao ente federado credor, quanto à natureza tributária do débito e os contornos e limites jurídicos específicos desse mecanismo administrativo.

Essa forma de compensação, como não poderia deixar de ser ante todo o ordenamento constitucional-tributário vigente, é ato vinculante ao contribuinte e os débitos tributários cuja exigibilidade esteja suspensa, nos termos do art. 151 do CTN, haja vista parcelamento deferido, por exemplo, não podem ser considerados para tal fim.

Por tratar-se de ato de ofício, esta compensação "de ofício" tem relação estreita com o instituto da imputação de pagamento, próprio do Direito Civil, sobretudo se verificada a existência de mais de um débito cobrado do contribuinte, quando o Fisco aponta os seus créditos, os quais serão extintos, tornando a forma de sua efetivação ainda mais adstrita à lei.

13.7 COMPENSAÇÃO PREVIDENCIÁRIA

A Lei 13.670, de 30 de maio de 2018, instituiu um novo regime de compensação previdenciária, embora discutíveis aspectos de legalidade e constitucionalidade.

Assegurado o direito de crédito, a autocompensação tributária é uma alternativa positiva para evitar um fim contencioso. Nesse sentido, como visto, foi editada a Lei 9.430, de 1996, que prevê a possibilidade de compensação tributária com créditos de quaisquer tributos administrados pela Secretaria da Receita Federal apurados pelo contribuinte ou de decisões judiciais com trânsito em julgado.

O direito de efetuar a compensação, como visto, tem previsão geral no art. 170 do Código Tributário Nacional, e especificamente, na esfera federal, no art. 74 da Lei 9.430 de 1996. No entanto, a possibilidade de compensação dos créditos relativos às contribuições previdenciárias, previstas no art. 11 da Lei 8.212, de 1991, foi, expressamente, vedada pelo parágrafo único, do art. 26, da Lei 11.457, de 2007.

Ou seja, o entendimento até então predominante era no sentido de que a compensação envolvendo contribuições previdenciárias subordinava-se ao art. 66 da Lei 8.383, de 1991, o qual prevê, no § 1º, a impossibilidade de compensação de tributos de espécies diferentes.

Em regra, os créditos relativos à contribuição previdenciária só podem ser utilizados na compensação de débitos também de contribuição previdenciária, depois da informação à Receita Federal, exclusivamente por meio de Guia de Recolhimento do FGTS e de Informações à Previdência Social (GFIP), na competência de sua efetivação, com exceção da compensação de Contribuição Patronal sobre a Receita Bruta (CPRB), a ser efetuada por meio do programa PER/DCOMP – Pedido Eletrônico de Restituição, Ressarcimento ou Reembolso e Declaração de Compensação.

A Lei 13.670/2018, apesar de revogar a vedação expressa anterior, acrescentou o art. 26-A à Lei 11.457/2007, restringindo o direito de os contribuintes realizarem as compensações previdenciárias somente àqueles que já utilizam o eSocial.[3] Com a inclu-

---

3   Art. 26-A. O disposto no art. 74 da Lei 9.430, de 27 de dezembro de 1996:

I – aplica-se à compensação das contribuições a que se referem os arts. 2º e 3º desta Lei efetuada pelo sujeito passivo que utilizar o Sistema de Escrituração Digital das Obrigações Fiscais, Previdenciárias e Trabalhistas (eSocial), para apuração das referidas contribuições, observado o disposto no § 1º deste artigo;

são do art. 26-A na Lei 11.457/2007, a Secretaria da Receita Federal, em suas instruções normativas subsequentes, passou a vedar a compensação, bem como considerá-la não declarada, quando tiver por objeto débito de contribuições sociais relativo a período de apuração anterior à utilização do eSocial para apuração das referidas contribuições.[4]

A referida instrução normativa também veda a compensação de débito das contribuições de débito relativo a período de apuração posterior à utilização do eSocial com créditos dos demais tributos administrados pela RFB, relativamente a período de apuração anterior à utilização do eSocial para efeito das referidas contribuições (alíneas "a" e "b" do inciso XIX do art. 76 da IN 2.055/2021).

Tanto o art. 26-A da Lei 11.457, de 2007, como o inciso XIX do art. 76 da IN 2.055, de 2021, são de constitucionalidade questionável, especialmente por violarem expressamente o princípio da isonomia, da não cumulatividade e da segurança jurídica.

A ausência de isonomia consiste no fato de, na prática, por um lado, ao verificar eventual pedido de restituição ou ressarcimento do contribuinte de créditos tributários, a Receita Federal do Brasil permite-se apurar possível débito de contribuições previdenciárias para promover o encontro de contas, sem não antes notificar o sujeito passivo e, por outro, não admitir a compensação por provocação do próprio contribuinte, na mesma situação hipotética.

É típico caso de compensação de ofício, constante do art. 114 da Lei 11.196, de 2005, cuja característica revela uma espécie *sui generis* do modelo tradicional de compensação previsto no Código Civil, arts. 368 e seguintes, ao só permitir compensar débitos de contribuição previdenciária com créditos tributários em geral pela própria RFB, não permitindo quando a provocação é do próprio sujeito passivo.

A partir da edição da Lei 11.457, de 2007, que unificou a administração dos créditos tributários e previdenciários na Receita Federal, o racional a ser extraído do art. 74 da Lei 9.430, de 1996, é de que se admite a compensação de créditos tributários com créditos previdenciários vincendos. Esse foi o posicionamento do Desembargador

---

II – não se aplica à compensação das contribuições a que se referem os arts. 2º e 3º desta Lei efetuada pelas demais sujeitos passivos; e

III – não se aplica ao regime unificado de pagamento de tributos, de contribuições e dos demais encargos do empregador doméstico (Simples Doméstico).

§ 1º. Não poderão ser objeto da compensação de que trata o inciso I do *caput* deste artigo:

I – o débito das contribuições a que se referem os arts. 2º e 3º desta Lei:

a) relativo a período de apuração anterior à utilização do eSocial para a apuração das referidas contribuições; e

b) relativo a período de apuração posterior à utilização do eSocial com crédito dos demais tributos administrados pela Secretaria da Receita Federal do Brasil concernente a período de apuração anterior à utilização do eSocial para apuração das referidas contribuições;

II – o débito dos demais tributos administrados pela Secretaria da Receita Federal do Brasil:

a) relativo a período de apuração anterior à utilização do eSocial para apuração de tributos com crédito concernente às contribuições a que se referem os arts. 2º e 3º desta Lei; e

b) com crédito das contribuições a que se referem os arts. 2º e 3º desta Lei relativo a período de apuração anterior à utilização do eSocial para apuração das referidas contribuições.

4   Art. 76. Além das hipóteses previstas no art. 75 e nas leis específicas de cada tributo, é vedada e será considerada não declarada a compensação que tiver por objeto: [...]

XIX – o débito das contribuições a que se referem os arts. 2º e 3º da Lei nº 11.457, de 2007:

a) relativo a período de apuração anterior à utilização do eSocial para apuração das referidas contribuições; e

Marcelo Navarro, da Quarta Turma do Tribunal Regional Federal da 5ª Região (TRF5), atual Ministro do Superior Tribunal de Justiça, ao julgar os Embargos de Declaração na Apelação interposta contra sentença proferida no Mandado de Segurança 89.436.

Segundo a decisão, com o advento da Lei 11.457, de 2007, "as contribuições previdenciárias passaram a ser administradas pela Secretaria da Receita Federal do Brasil, portanto nada obsta a compensação do crédito tributário relativo ao FGTS, cuja contribuição social foi instituída pela LC 110/01, com as contribuições previdenciárias devidas, sem contrariar o art. 74 da Lei 9.430/1996".[5]

Quanto à compensação dos valores indevidamente recolhidos, o posicionamento do Superior Tribunal de Justiça evidencia-se, sob a sistemática do art. 1.036 do Código de Processo Civil, no sentido de que a Lei 10.637, de 30 de dezembro de 2002, submetida a alterações posteriores, firmou a lógica da desnecessidade de equivalência das espécies dos tributos compensáveis, na esteira da Lei 9.430, de 1996, haja vista a arrecadação e administração dos tributos estarem a cargo da Secretaria da Receita Federal.

Na sistemática estabelecida pela redação original do art. 74 da Lei 9.430/1996, o poder de autorizar a compensação entre tributos de naturezas distintas era outorgada à Fazenda Pública, que poderia, com fundamento em um juízo de conveniência e oportunidade, deferir ou não o requerimento formulado pelo contribuinte. O art. 74, depois de alterado, passou a determinar que a compensação entre tributos e contribuições de naturezas diversas não será mais objeto de requerimento junto à Secretaria da Receita Federal, mas de declaração a esse mesmo órgão, devendo o contribuinte especificar os créditos utilizados e os respectivos débitos compensados. A modificação foi substancial na sistemática de compensação porque agora cabe ao contribuinte adiantar-se na prática compensatória, porquanto a faculdade antes deferida ao Fisco de autorizar ou não o procedimento compensatório foi transferida ao particular, que decidirá o que e quando compensar, ficando submetido a futura ação homologatória da autoridade fiscal.[6]

13.8 COMPENSAÇÃO COM PRECATÓRIO

A matriz constitucional que admite a compensação de débitos tributários do contribuinte com créditos oriundos de precatórios pode ser extraída do art. 78 do Ato das Disposições Transitórias – ADCT, especialmente ao prever que *as prestações anuais a que se refere o caput deste artigo terão, se não liquidadas até o final do exercício a que se referem, poder liberatório do pagamento de tributos da entidade devedora.*[7]

---

[5]   TRF5, MAS 8936/01/PE, Rel. Des. Marcelo Navarro, Quarta Turma, j. 06.05.2008.

[6]   EREsp 603.079/PE, Rel. Ministro José Delgado, Rel. p/ Acórdão Ministro Luiz Fux, Primeira Seção, j. 13.09.2006, DJ 05.02.2007.

[7]   Art. 78. Ressalvados os créditos definidos em lei como de pequeno valor, os de natureza alimentícia, os de que trata o art. 33 deste Ato das Disposições Constitucionais Transitórias e suas complementações e os que já tiverem os seus respectivos recursos liberados ou depositados em juízo, os precatórios pendentes na data de promulgação desta Emenda e os que decorram de ações iniciais ajuizadas até 31 de dezembro de 1999 serão liquidados pelo seu valor real, em moeda corrente, acrescido de juros legais, em prestações anuais, iguais e sucessivas, no prazo máximo de dez anos, permitida a cessão dos créditos. (Incluído pela Emenda Constitucional 30, de 2000)
§ 1º. É permitida a decomposição de parcelas, a critério do credor. (Incluído pela Emenda Constitucional 30, de 2000)

A jurisprudência do STJ tem sublinhado a imprescindibilidade de lei autorizativa prevendo a compensação entre tributos estaduais e precatórios judiciais, ressalvando, inclusive, esta possibilidade apenas entre créditos e débitos de titularidade da mesma pessoa jurídica. Na mesma linha, o Supremo Tribunal Federal tem apontado a não autoaplicabilidade das disposições do ADCT nesse tema, diante da necessidade de legislação infraconstitucional tratando do assunto, como fundamento legal a ser adotado por cada ente federado, mas a matéria está pendente de ser apreciada sob o crivo da repercussão geral, quando do julgamento do Recurso Extraordinário 970.343/PR[8].

Isso significa que compete à unidade federada definir o regramento a respeito da compensação de débitos tributários com créditos oriundos de precatórios vencidos e não pagos pela pessoa de direito público devedora, cuja delimitação normativa fixará as condições e garantias que a própria lei estipular. Várias unidades federadas também se utilizando dessa prerrogativa, editaram leis específicas permitindo expressamente a compensação de débitos tributários com precatórios vencidos e não pagos.

A Emenda Constitucional 62, de 2009, modificou dispositivos constitucionais relativos ao regime de precatórios, especialmente por propor o parcelamento em 15 (quinze) anos, além da destinação de percentual mínimo da Receita Corrente Líquida e a obrigatória compensação de débitos de credores com a Fazenda Pública dos estados, municípios e do DF. Parte da emenda, que instituiu o novo regime de pagamento de precatórios, foi declarada inconstitucional pelo Supremo Tribunal Federal no julgamento das ADIs 4.357 e 4.425.

O Plenário da Suprema Corte, no ano de 2015, concluiu pela modulação dos efeitos da decisão que declarou parcialmente inconstitucional o regime especial de pagamento de precatórios estabelecido pela EC 62/09. Por maioria, os Ministros concordaram com a proposta de modulação apresentada pelos Ministros Luís Roberto Barroso e Luiz Fux, ao compilar as sugestões e divergências apresentadas em votos já proferidos.

A decisão do plenário ficou modulada nos seguintes termos, na exata compreensão do julgado:

> 1. Modulação de efeitos que dê sobrevida ao regime especial de pagamento de precatórios, instituído pela EC 62/09, por 5 exercícios financeiros a contar de primeiro de janeiro de 2016.
> 2. Conferir eficácia prospectiva à declaração de inconstitucionalidade dos seguintes aspectos da ADIn, fixando como marco inicial a data de conclusão do

---

§ 2º. As prestações anuais a que se refere o *caput* deste artigo terão, se não liquidadas até o final do exercício a que se referem, poder liberatório do pagamento de tributos da entidade devedora. (Incluído pela Emenda Constitucional 30, de 2000) (Vide Emenda Constitucional 62, de 2009)

§ 3º. O prazo referido no *caput* deste artigo fica reduzido para dois anos, nos casos de precatórios judiciais originários de desapropriação de imóvel residencial do credor, desde que comprovadamente único à época da imissão na posse. (Incluído pela Emenda Constitucional 30, de 2000)

§ 4º. O Presidente do Tribunal competente deverá, vencido o prazo ou em caso de omissão no orçamento, ou preterição ao direito de precedência, a requerimento do credor, requisitar ou determinar o sequestro de recursos financeiros da entidade executada, suficientes à satisfação da prestação. (Incluído pela Emenda Constitucional 30, de 2000).

8 Tema n. 111 da Repercussão Geral: Aplicabilidade imediata do art. 78, § 2º, do ADCT para fins de compensação de débitos tributários com precatórios de natureza alimentar.

julgamento da questão de ordem (25.03.15) e mantendo-se válidos os precatórios expedidos ou pagos até esta data, a saber:

2.1. Fica mantida a aplicação do índice oficial de remuneração básica da caderneta de poupança (TR), nos termos da EC 62/09, até 25.03.15, data após a qual (i) os créditos em precatórios deverão ser corrigidos pelo IPCAE (Índice de Preços ao Consumidor Amplo Especial) e (ii) os precatórios tributários deverão observar os mesmos critérios pelos quais a Fazenda Pública corrige seus créditos tributários; e

2.2. Ficam resguardados os precatórios expedidos, no âmbito da administração pública Federal, com base nos arts. 27 das leis 12.919/13 e 13.080/15, que fixam o IPCA-E como índice de correção monetária.

3. Quanto às formas alternativas de pagamento previstas no regime especial:

3.1. Consideram-se válidas as compensações, os leilões e os pagamentos à vista por ordem crescente de crédito previstos na EC 62/09, desde que realizados até 25.03.2015, data a partir da qual não será possível a quitação de precatórios por tais modalidades;

3.2. Fica mantida a possibilidade de realização de acordos diretos, observada a ordem de preferência dos credores e de acordo com lei própria da entidade devedora, com redução máxima de 40% do valor do crédito atualizado.

4. Durante o período fixado no item 1 acima, ficam mantidas (i) a vinculação de percentuais mínimos da receita corrente líquida ao pagamento dos precatórios (art. 97, § 10, do ADCT) e (ii) as sanções para o caso de não liberação tempestiva dos recursos destinados ao pagamento de precatórios (art. 97, § 10, do ADCT).

5. Delegação de competência ao Conselho Nacional de Justiça para que considere a apresentação de proposta normativa que discipline (i) a utilização compulsória de 50% dos recursos da conta de depósitos judiciais tributários para o pagamento de precatórios e (ii) a possibilidade de compensação de precatórios vencidos, próprios ou de terceiros, com o estoque de créditos inscritos em dívida ativa até 25.03.15, por opção do credor do precatório.

6. Atribuição de competência ao CNJ para que monitore e supervisione o pagamento dos precatórios pelos entes públicos na forma da presente decisão.

No caso da compensação de precatórios vencidos com a dívida ativa, a decisão não tem aplicação imediata, haja vista o plenário ter delegado ao CNJ a regulamentação do tema, com a apresentação ao STF de uma proposta normativa. Também caberá ao CNJ, nos mesmos termos, a regulamentação do uso compulsório de 50% dos depósitos judiciais tributários no pagamento de precatórios.

Portanto, conclui-se que a modulação admitiu a possibilidade de compensação de precatórios vencidos, próprios ou de terceiros, com o estoque de créditos inscritos em dívida ativa até 25 de março de 2015, por opção do credor do precatório.

A Emenda Constitucional 94, de 2016, incluiu o art. 105 ao Ato das Disposições Transitórias (ADCT), instituindo um regime especial de pagamento de precatórios para as hipóteses já constituídas em mora. Uma delas diz respeito à prioridade no pagamento de precatórios aos titulares maiores de 60 (sessenta) anos, originários ou por sucessão hereditária, de débitos de natureza alimentícia (salários, pensões, indenizações por morte ou invalidez e aposentadorias).[9]

Foi promulgada pelo Congresso Nacional a Emenda Constitucional 114, com a segunda parte da "PEC dos Precatórios", cujas diretrizes, entre elas, estão os limites de pagamento dos precatórios e a destinação da aplicação dos recursos economizados no ano seguinte (seguridade social e programas de transferência de renda, como, por exemplo, o "Auxílio Brasil").

Apesar de frequentes mudanças no regime de pagamento dos precatórios, todas elas relacionadas às dificuldades financeiras enfrentadas pelo Poder Público em honrar os compromissos, decorrentes das decisões condenatórias judiciais, a Constituição Federal mantém autorizada a compensação de créditos de precatórios com débitos dos contribuintes. Como regra geral, é assegurada a competência legislativa dos entes federados para dispor sobre suas peculiaridades locais e detalhar requisitos específicos que lhe sejam harmonicamente aplicáveis, na linha do que já preceituava o cenário normativo anterior à própria EC 94, de 2016.

Figura-se, assim, na esfera de competência da União, dos estados, dos municípios e do Distrito Federal, dispor sobre os créditos estatais passíveis de compensação, os prazos e procedimentos aplicáveis para adesão e efetivação da compensação, a documentação exigida, regras de apuração de cálculos no encontro de contas, desde que não contrariem a diretriz constitucional.

---

[9] Art. 105. Enquanto viger o regime de pagamento de precatórios previsto no art. 101 deste Ato das Disposições Constitucionais Transitórias, é facultada aos credores de precatórios, próprios ou de terceiros, a compensação com débitos de natureza tributária ou de outra natureza que até 25 de março de 2015 tenham sido inscritos na dívida ativa dos Estados, do Distrito Federal ou dos Municípios, observados os requisitos definidos em lei própria do ente federado. (Incluído pela Emenda Constitucional 94, de 2016)

§ 1º. Não se aplica às compensações referidas no *caput* deste artigo qualquer tipo de vinculação, como as transferências a outros entes e as destinadas à educação, à saúde e a outras finalidades. (Numerado do parágrafo único pela Emenda constitucional 99, de 2017)

§ 2º. Os Estados, o Distrito Federal e os Municípios regulamentarão nas respectivas leis o disposto no *caput* deste artigo em até cento e vinte dias a partir de 1º de janeiro de 2018. (Incluído pela Emenda constitucional 99, de 2017)

§ 3º. Decorrido o prazo estabelecido no § 2º deste artigo sem a regulamentação nele prevista, ficam os credores de precatórios autorizados a exercer a faculdade a que se refere o *caput* deste artigo.

Título IV

MÉTODOS ADEQUADOS DE RESOLUÇÃO DE CONFLITOS FISCAIS

Capítulo 14
CONSIDERAÇÕES PROPEDÊUTICAS SOBRE OS MÉTODOS ADEQUADOS DE RESOLUÇÃO DE CONFLITOS

Se, por um lado, uma análise histórica indica que a legitimação da jurisdição estatal ocorreu mediante a superação de modelos de justiça privada, culminando na clássica noção de que a expressão do Estado-juiz constitui a justa composição da lide[1], é também certo que os métodos de resolução de conflitos na contemporaneidade proporcionam um redimensionamento da intervenção judicial, mediante a consolidação de um sistema de justiça multiportas (*multi-door courthouse*).

A aludida acepção, concebida por Frank Sander, Professor Emérito da *Harvard Law School*, foi construída a partir de metáfora segundo a qual, no átrio de um fórum, haveria múltiplas portas, sendo que, a depender da questão litigiosa, seriam as partes encaminhadas à conciliação, à mediação, à arbitragem ou à justiça estatal[2]. A partir deste paradigma, a resolução de disputas por intervenção judicial assume a tendência de caráter excepcional, enquanto a solução consensual, por autocomposição, apropria-se de uma vocação preponderante.

Atualmente, o congestionamento de processos no sistema de justiça brasileiro, provocado pela acentuada litigiosidade, ocasiona a lentidão na entrega da prestação jurisdicional, afetando diretamente a eficiência e a eficácia na resolução de litígios. Essa demora gera inúmeros prejuízos às partes envolvidas, que ficam à mercê de uma justiça tardia e, certas vezes, imprestável, também contribuindo para a sobrecarga dos tribunais, com aumento do volume de processos em curso, criando um ciclo vicioso de ineficiência. E, como já dito por Ruy Barbosa em Oração aos Moços, nos longínquos anos de 1921, em discurso aos bacharéis da Faculdade de Direito do Largo de São Francisco: "Justiça tardia não é justiça, senão injustiça qualificada e manifesta".

Neste contexto, o crescente nível de envolvimento dos cidadãos por meio da conscientização dos direitos e deveres cívicos a partir de um modelo democrático em constante aperfeiçoamento, bem como a complexidade das relações sociais, carregadas pela dinâmica tecnológica e cultural, exige da Administração Pública, no atual cenário

---

[1] CARNELUTTI, Francesco. *Istituzioni del nuovo processo civile italiano*. 3. ed. Roma: Foro Italiano, 1942. Tomo 1.

[2] Cf. ANDERS, Frank. *The Pound Conference*: Perspectives on Justice in the Future. St. Paul: West Pub., 1979. A analogia também é admitida por CUNHA, Leonardo Carneiro da. A Fazenda Pública em Juízo. 13. ed. Rio de Janeiro: Forense, p. 637.

político e econômico, a releitura de tradicionais institutos jurídicos, sobretudo por demandar, em tempo hábil, políticas públicas e decisões interativas, mais eficientes e eficazes. Cada vez mais, exige-se do Estado uma postura de gestão qualificada, com a participação não somente formal, mas substancialmente efetiva do administrado.[3] A consolidação de um sistema de justiça multiportas não apenas desafia o modelo tradicional de resolução judicial, mas também converge com a necessidade de políticas públicas e decisões mais interativas, eficientes e céleres.

A evolução contemporânea do Direito provoca a necessidade de um Estado que vá além de seu papel tradicional de "árbitro" de conflitos, assumindo postura de gestão qualificada e governança pública efetiva. Inspirado nos modelos de bem-estar social adotados por diversos países ocidentais, o Estado é convocado a garantir não apenas direitos fundamentais, mas também uma boa administração. Isso inclui assegurar que os conflitos interpessoais sejam tratados pelas instituições de forma imparcial, equitativa e num prazo razoável, fortalecendo a participação substantiva dos administrados e promovendo um ambiente jurídico que equilibre eficiência, inclusão e acessibilidade à justiça.

Esta perspectiva contemporânea advém da ideia do modelo de bem-estar social adotado por diversos países do eixo ocidental, cujas obrigações constitucionais determinam ao Estado a adoção de uma postura protagonista e providencialista[4] na garantia

---

[3]   NOGUEIRA, Marco Aurélio. Gestão Participativa, Estado e Democracia. In: _____. Um Estado para a Sociedade Civil: Temas Éticos e Políticos da Gestão Democrática. São Paulo: Cortez, 2004. p. 117-166. OLIVEIRA, Gustavo Henrique Justino de. As Audiências Públicas e o Processo Administrativo Brasileiro. Revista de Direito Administrativo, Rio de Janeiro, n. 209, p. 153-167, jul./set. 1997. ORTIZ DIAS, José. El Horizonte de las Administraciones Públicas en el Cambio de Siglo: Algunas Consideraciones de Cara al Año 2000. In: SOSA WAGNER, Francisco (Coord.) El Derecho Administrativo en el Umbral del Siglo XXI: Homenage al Profesor Dr. D. Ramón Martín Mateo. Valencia: Tirant lo Blanch, 2000. t. 1, p. 63-117. PAOLI, Maria Célia. Empresas e Responsabilidade Social: os Enredamentos da Cidadania no Brasil. In: SANTOS, Boaventura de Sousa (Org.). Democratizar a Democracia: os Caminhos da Democracia Participativa. Rio de Janeiro: Civilização Brasileira, 2002. p. 373-418. PAREJO ALFONSO, Luciano. La Terminación Convencional del Procedimiento Administrativo como Forma Alternativa de Desarrollo de la Actividad Unilateral de la Administración. In: _____. Eficacia y Administración: tres Estudios. Madrid: INAP, 1995. p. 153-213. PINSKY, Jaime. Introdução. In: PINSKY, CARLA Bassanezi; PINSKY, Jaime (Orgs.). História da Cidadania. São Paulo: Contexto, 2003. p. 9-13. PRATS I CATALÁ, Joan. Direito e Gerenciamento nas Administrações Públicas: Notas sobre a Crise e Renovação dos Respectivos Paradigmas. Revista do Serviço Público, Brasília, a. 47, v. 120, n. 2, p. 23- 46. maio/ago. 1996. RODRÍGUEZ GUERRA, Jorge. Capitalismo Flexible y Estado de Bienestar. Granada: Comares, 2001. SAMPAIO, José Adércio Leite. Democracia, Constituição e Realidade. Revista Latinoamericana de Estudos Constitucionais, Belo Horizonte, n.1, p. 741-823, jan./ jun. 2003. SCHIER, Adriana da Costa Ricardo. A Participação Popular na Administração Pública: o Direito de Reclamação. Rio de Janeiro: Renovar, 2002. SOARES, Fabiana de Menezes. Direito Administrativo de Participação. Belo Horizonte: Del Rey, 1997. TÁCITO, Caio. Direito Administrativo Participativo. Revista de Direito Administrativo, Rio de Janeiro, n. 209, p.1-6, jul./set. 1997. VIEIRA, Liszt. Cidadania e Globalização. 6. ed. Rio de Janeiro: Record, 2002. VILLORIA MENDIETA, Manuel. La Modernización de la Administración como Instrumento al Servicio de la Democracia. Madrid: Inap, 1996. WILSON, Woodrow. O Estudo da Administração. Cadernos de Administração Pública, Rio de Janeiro, n. 16, p. 1-35, 1955.

[4]   O modelo providencialista, inserido no gênero mais comum Estado de bem-estar social, revela-se no intervencionismo público como forma de desenvolvimento econômico e social. A crise de 1929, conhecida como a Grande Depressão, afundou os Estados Unidos da América no maior desastre econômico do liberalismo, cujos efeitos foram sentidos até a Segunda Guerra Mundial, quando então advém uma ampla aceitação e aplicação dos fundamentos defendidos por John M. Keynes, a partir de políticas públicas de estímulos pelo Estado. O termo providencialista foi encontrado no artigo de Gustavo Henrique Justino de Oliveira, intitulado Participação Administrativa, em Revista de Dir. Administrativo e Constitucional, Belo Horizonte, ano 5, n. 20, abr./jun. 2005, Belo Horizonte: Fórum, 2003, p. 167-194.

Título IV • Cap. 14 • MÉTODOS ADEQUADOS DE RESOLUÇÃO DE CONFLITOS | 503

do extenso catálogo de direitos fundamentais, inclusive de uma *boa administração*, no sentido de que *todas as pessoas têm direito a que os seus assuntos sejam tratados pelas instituições, órgãos e organismos da União de forma imparcial, equitativa e num prazo razoável*[5], na perspectiva de uma gestão baseada na governança pública.[6]

O caráter intervencionista do Estado, por outro lado, acirra uma discussão sempre em evidência de que este perfil não deve provocar o descontrole das contas públicas a ponto de ocasionar um endividamento insustentável em prejuízo de toda sociedade. Nesse sentido é que a modernização da administração pública, nos países desenvolvidos, vem acompanhada da promoção de eventuais e necessários ajustes fiscais para eliminação de déficit público; enxugamento de órgãos e entidades inúteis e dispensáveis a partir de privatizações, com a melhora na qualidade da prestação dos serviços públicos; desconcentração e descentralização, bem como maior participação das organizações não-governamentais na gestão governamental.[7]

O exercício da atividade administrativa, evolutivamente, exige não somente a abertura de um canal de comunicação, mas, verdadeiramente, a efetiva interlocução e participação dos indivíduos e grupos sociais nas decisões tomadas, de modo a gerar confiabilidade e vinculação estável nas relações estabelecidas. As democracias modernas não mais sobrevivem sob o manto autoritário do poder de império, com posições mandatórias e unilaterais, alicerçadas unicamente na democracia representativa, e, por isso, devem ser modeladas na interseção entre Estado e sociedade civil, concepção influenciada por diversos fatores atuais, sobretudo de democracia participativa[8], entre

---

O autor português Diogo Freitas do Amaral, a respeito do assunto, afirma tratar-se de "um conjunto sistemático de providências destinadas a melhorar a Administração Pública de um dado país, por forma a torná-la, por um lado mais eficiente na prossecução dos seus fins e, por outro, mais coerente com os princípios que a regem". AMARAL, Diogo Freitas do. Curso de Direito Administrativo. 2. ed. 5. reimp. Coimbra: Almedina, 2001. v. 1, p. 199.

[5] Art. 41.° da Carta dos Direitos Fundamentais da União Europeia.
1. Todas as pessoas têm direito a que os seus assuntos sejam tratados pelas instituições, órgãos e organismos da União de forma imparcial, equitativa e num prazo razoável.
2. Este direito compreende, nomeadamente:
O direito de qualquer pessoa a ser ouvida antes de a seu respeito ser tomada qualquer medida individual que a afete desfavoravelmente;
O direito de qualquer pessoa a ter acesso aos processos que se lhe refiram, no respeito pelos legítimos interesses da confidencialidade e do segredo profissional e comercial;
A obrigação, por parte da administração, de fundamentar as suas decisões.

[6] O constitucionalista português Gomes Canotilho refere-se ao termo como governabilidade, boa governança ou *good governance* para enfatizar sua incidência não somente na direção dos assuntos da administração executiva, como também nas funções legislativa e judiciária. CANOTILHO, J. J. Gomes. Constitucionalismo e geologia da good governance. In: _____. *Brancosos* e *interconstitucionalidade*: itinerários dos discursos sobre a historicidade constitucional. Coimbra: Almedina, 2006. p. 325-334. p. 327.

[7] VILLORIA MENDIETA, Manuel. *La Modernización de la Administración como Instrumento al Servicio de la Democracia*. Madrid: Inap, 1996. p. 17.

[8] A diferença entre democracia representativa e democracia participativa é bem elucidada por Canotilho ao dizer que democracia é "a formação da vontade política de 'baixo para cima', num processo de estrutura de decisões com a participação de todos os cidadãos". A democracia compreende um sentido amplo e um restrito. Enquanto o primeiro revela "a participação através do voto, de acordo com os processos e formas da democracia representativa", o segundo consiste em "uma forma mais alargada do concurso dos cidadãos para a tomada de decisões, muitas vezes de forma directa e não convencional". CANOTILHO, José Joaquim Gomes. *Direito Constitucional*. 5. ed. 2. reimp., 1992. p. 413-414.

504 | PROCESSO TRIBUTÁRIO – *Eduardo Muniz Machado Cavalcanti*

os quais: a) o fenômeno da globalização; b) os meios de comunicação, em especial a *internet* e as redes sociais; c) a diversidade e pluralidade de opiniões, além de direitos conflitantes em uma sociedade complexa e fragmentada.[9]

É a administração pública, como personificação do Estado, aprioristicamente responsável por ofertar serviços públicos e atender ao bem comum, cumprindo-lhe a interface entre aquele e a sociedade civil. Canotilho cunhou a expressão *democratização da administração*, essencialmente manifestada (i) na substituição das estruturas hierárquico-autoritárias por formas de deliberação colegial, (ii) introdução do voto na seleção das pessoas a quem foram confiados cargos de direção individual, (iii) participação paritária de todos os elementos que exercem a sua atividade em determinados setores da Administração, (iv) transparência ou publicidade do processo administrativo e (v) gestão participada por meio de organizações populares de base e de outras formas de representação de forma ativa na definição de políticas públicas.[10]

Vivencia-se a passagem do modelo de Estado burocrático para o gerencial ou de *Estado em rede*[11], de maneira especial por exigir métodos qualificados de participação, de prevenção e de resolução dos conflitos advindos da ordem estruturante: *um Estado legal, portanto, dá lugar à ideia de Estado (ou Administração Pública) consensual.*[12] O exercício da atividade de governo, nas mais diversas perspectivas e temáticas, entre as políticas públicas, programas e projetos, seja na atividade legiferante, judiciária ou executiva, exige dos órgãos e entidades públicos o *compartilhamento de autoridade*.[13] A organização autocentrada e verticalizada, camuflada, de difícil acesso, incomunicável, intransigente e inflexível deve dar lugar, no Estado contemporâneo, à descentralização decisória, horizontalidade, cooperação, gestão integrada e compartilhada de modo a legitimar as decisões adotadas.[14]

---

[9]   BUCHANAN, James; TULLOCK, Gordon, **The calculus of consent: Logical foundations of constitutional democracy,** Ann Arbor: University of Michigan Press, 376 pp., 1962. BUCHANAN, James; BRENNAN, Geoffrey, **The Reason of Rules: Constitutional Political Economy,** Cambridge: Cambridge University Press, 168 pp., 1985.

[10] MEDAUAR, Odete. Administração Pública ainda sem Democracia. Problemas Brasileiros, São Paulo, a. 23, n. 256, p. 37-53., mar./abr. 1986. p. 38. Daí decorre a própria noção conceitual de cidadania, em sua acepção mais ampla, como "expressão concreta do exercício da democracia". PINSKY, Jaime. Introdução. In: PINSKY, Carla Bassanezi; PINSKY, Jaime (Org.). *História da Cidadania*. São Paulo: Contexto, 2003. p. 9-13. p. 10. Ver também VIEIRA, Liszt. *Cidadania e Globalização*. 6. ed. Rio de Janeiro: Record, 2002. p. 40.

[11] CASTELLS, Manuel. A era da informação: fim de milênio. 3. ed. São Paulo: Paz e Terra, 2002. v. 3, p. 412.

[12] NEVES, Cleuler Barbosa das; FERREIRA FILHO, Marcílio da Silva. Contrapesos de uma administração pública consensual: legalidade *versus* eficiência. Interesse Público. Belo Horizonte, v.19, n.103, maio/jun. 2017. Disponível em: <https://dspace.almg.gov.br/retrieve/116531/143486.pdf>. Acesso em: 05 jan. 2024. A respeito do tema, ver também BOBBIO, Norberto. Estado, governo e sociedade. 4. ed. Rio de Janeiro: Paz e Terra, 1987. p. 26; OLIVEIRA, Gustavo Justino de. Administração pública democrática e efetivação dos direitos fundamentais. In: CONGRESSO NACIONAL DO CONPEDI, 16., Belo Horizonte, 2007. FREITAS, Juarez. Discricionariedade administrativa e o direito fundamental à boa administração pública. São Paulo: Malheiros, 2007.

[13] CASTELLS, Manuel. A era da informação: fim de milênio. 3. ed. São Paulo: Paz e Terra, 2002. v. 3, p. 406-407.

[14] A respeito da temática relativa à integração e participação dos indivíduos ou grupos sociais na administração pública, encontra-se relevante literatura jurídica, de obras clássicas até mais modernas e contemporâneas, entre as quais: AVRITZER, Leonardo; SANTOS, Boaventura de Sousa. Introdução: para Ampliar o Cânone Democrático. In: SANTOS, Boaventura de Sousa (Org.). Democratizar a Democracia: os Caminhos da Democracia Participativa. Rio de Janeiro: Civilização Brasileira, 2002. p. 39-82. BENEVIDES, Maria Victoria de Mesquita. A Cidadania Ativa. São Paulo: Ática, 1991. BOBBIO, Norberto et al. Crisis de la

A doutrina clássica administrativista, amparada nos preceitos de supremacia e indisponibilidade do interesse público e da legalidade estrita, durante muito tempo, fundamentada no modelo de Estado centralizado e de autoridade, sustentou o impedimento de qualquer atuação negocial do Estado com o particular. Este viés, ao longo das últimas décadas, cedeu espaço para uma perspectiva contemporânea de *concertação administrativa*[15], por meio da qual as partes envolvidas, até mesmo o próprio Estado, ofertam concessões mútuas, dispondo da elasticidade conceitual do termo interesse público. É a mudança do paradigma Estado *versus* cidadão, binômio firmado na dicotomia ainda subentendida de interesse público e privado, compreendido em múltiplas práticas administrativas, como se antagônicos fossem.[16]

Portanto, no processo avançado de aperfeiçoamento do Estado, pós-moderno[17], insere-se a *cultura do diálogo*[18] a partir de técnicas negociais e de contratualização[19] com

---

Democracia. Barcelona: Editorial Ariel, 1985. _____. Estado, Governo e Sociedade. 4. ed. Rio de Janeiro: Paz e Terra, 1987. _____. O Futuro da Democracia: uma Defesa das Regras do Jogo. 5. ed. Rio de Janeiro: Paz e Terra, 1992. COMPARATO, Fábio Konder. A Nova Cidadania. In: _____. Direito Público: Estudos e Pareceres. São Paulo: Saraiva, 1996, p. 3-24. DI PIETRO, Maria Sylvia Zanella. Participação Popular na Administração Pública. Revista de Direito Administrativo, Rio de Janeiro, v. 191, p. 26-39, jan./mar. 1993. FERRARI, Regina Maria Macedo Nery. Participação Democrática: Audiências Públicas. In: CUNHA, Sérgio Sérvulo; GRAU, Eros Roberto (Org.) Estudos de Direito Constitucional em Homenagem a José Afonso da Silva. São Paulo: Malheiros, 2003. p. 325-351. LEAL, Rogério Gesta. Gestão Pública Compartida: Construtos Epistemológicos. A&C Revista de Direito Administrativo e Constitucional, Belo Horizonte, a. 3, n. 12, p. 87-111, abr./jun. 2003. LUHMANN, Niklas. Legitimação pelo Procedimento. Brasília: Universidade de Brasília, 1980. MACHADO, João Baptista. Participação e Descentralização: Democratização e Neutralidade na Constituição de 76. Coimbra: Almedina, 1982. MARTINS JUNIOR, Wallace Paiva. Transparência Administrativa: Publicidade, Motivação e Participação Popular. São Paulo: Saraiva, 2004. MEDAUAR, Odete. A Processualidade no Direito Administrativo. São Paulo: Revista dos Tribunais, 1993. _____. Administração Pública ainda sem Democracia. Problemas Brasileiros, São Paulo, a. 23, n. 256, p. 37-53., mar./abr. 1986. _____. O Direito Administrativo em Evolução. 2. ed. São Paulo: Revista dos Tribunais, 2003. MOREIRA NETO, Diogo de Figueiredo. Apontamentos sobre a Reforma Administrativa. Rio de Janeiro: Renovar, 1999. _____. Audiências Públicas. Revista de Direito Administrativo, Rio de Janeiro, n. 210, p. 11-23, out./dez. 1997. _____. Direito da Participação Política. Rio de Janeiro: Renovar, 1992.

[15] GARCÍA DE ENTERRÍA, Eduardo; FERNÁNDEZ, Tomás-Ramón. Curso de Direito Administrativo. v. 1. Tradução José Alberto Froes Cal. São Paulo: RT, 2014, p. 671.

[16] Nas palavras de Sabino Cassese, ex-magistrado da Corte Constitucional Italiana: "passam ao primeiro plano a negociação em lugar do procedimento, a liberdade das formas em lugar da tipicidade, a permuta em lugar da ponderação" e os "interesses privados coincidentes com interesses públicos comunitários estão em conflito com outros interesses públicos, de natureza nacional. Não há distinção ou oposição público-privado, assim como não há uma superioridade do momento público sobre o privado". CASSESE, Sabino. La arena pública: nuevos paradigmas para el Estado. In: _____. La crisis del Estado. Buenos Aires: Abeledo Perrot, 2003, p. 157 e 159.

Luís Filipe Colaço Antunes, ao tratar do interesse público no contexto administrativo, manifesta-se de que "não existe um interesse público, mas uma pluralidade de interesses públicos", de modo que "quase podíamos afirmar que nunca o interesse público foi tão privado, em consequência dos modelos de concertação social, impostos atualmente pela administração contratual". ANTUNES, Luís Filipe Colaço. A tutela dos interesses difusos em direito administrativo. Coimbra: Almedina, 1989, p. 36.

[17] A perspectiva do Estado pós-moderno sob o viés do Direito Administrativo, confira-se MOREIRA NETO, Diogo de Figueiredo. O futuro das cláusulas exorbitantes nos contratos administrativos. In: ARAGÃO, Alexandre Santos; MARQUES NETO, Floriano Peixoto de Azevedo (Org.). Direito administrativo e seus novos paradigmas. Belo Horizonte: Fórum, 2008. _____. Quatro paradigmas do direito administrativo pós-moderno: legitimidade – finalidade – eficiência – resultados. Belo Horizonte: Fórum, 2008.

[18] BELLOUBET-FRIER, Nicole; TIMSIT, Gérard. L'administration en chantiers. Revue du Droit Public et de la Science Politique en France et à l'étranger, Paris, n. 2, p. 299-324, avr. 1994. p. 303. 15 Id. Ibid., p. 314.

[19] Autores italianos adotam a expressão "espírito do contrato", conforme: BERTI, Giorgio. Il principio contrattuale nell attività amministrativa. In: SCRITTI in onore di Massimo Severo Giannini. Milano: Giuffrè,

o particular, cuja premissa dá origem à expressão *governar por contrato*[20]. A construção da confiança, da maturidade e da legitimidade dos atos públicos decorre de vínculos estabelecidos, mediata ou imediatamente, cujas diretrizes são constituídas do consenso entre as partes de modo a atingir um maior grau de perda da vulnerabilidade, do risco de transgressão, conquanto, por outro lado, ganha-se em estabilidade e equalização da relação. O consensualismo, como mecanismo de elaboração de políticas públicas, e, sobretudo, da pretensão para ofertar soluções aos mais diversificados problemas sociais, encontra-se no ponto médio, não como simples alternativa, mas como preferencial na dinâmica do exercício da atividade estatal.

Os termos *concertação* e *contratualização administrativas* são alcances conceituais de uma administração consensual. García de Enterría e Tomás-Ramón Fernández designam como o fenômeno "em que a Administração renunciaria ao emprego de seus poderes com base na imperatividade e unilateralidade, aceitando realizar acordos com os particulares destinatários da aplicação concreta desses poderes, ganhando assim uma colaboração ativa dos administrados...".[21] A concertação, na literatura jurídica portuguesa de Vital Moreira, "consiste em as decisões serem apuradas como resultado de negociações e do consenso estabelecido entre o Estado e as forças sociais interessadas, limitando-se o Governo e a Administração a dar força oficial às conclusões alcançadas".[22] A contratualização, para Jacques Chevallier, *decorre de um novo estilo de gestão pública, baseado na negociação e não mais na autoridade*. Por isso, o autor sublinha ser preferível utilizar a expressão "movimento de contratualização".[23]

A mística de que o Poder Público não deve "conversar" com o particular na definição e tomada de decisões é uma antiga e falsa percepção de que toda e qualquer relação dela advinda submerge a uma concepção não republicana, incrustada na ideia de condutas heterodoxas. O molde da discricionariedade administrativa, portanto, circunscreve-se na própria identificação das necessidades e preferências acertadas da interação entre o público e o privado, abrandando a prática unilateral de atos a planificar as aspirações da sociedade civil.[24]

Os métodos adequados de resolução de conflitos, portanto, emergem não somente como mecanismos eficazes para aliviar a pressão sobre o Judiciário com a promoção da resolução de disputas, inclusive de modo mais flexível e satisfatório para as partes envolvidas, como também instrumentos de diálogo entre Poder Público e particulares. Investir na disseminação e implementação dessa dinâmica, certamente, é um passo fundamental a ser dado para atenuar a morosidade judicial, restaurar a confiança da

---

1988. v. 2, p. 47-65. p. 49-50 e 59 e MASUCCI, Alfonso. Trasformazione dell'amministrazione e moduli convenzionali: il contratto di diritto pubblico. Napoli: Jovene, 1988. p. 29.

[20] GAUDIN, Jean-Pierre. Gouverner par contrat: l'action publique en question. Paris: Presses de Sciences Politiques, 1999. p. 28-29. O jurista francês Jean Rivero adota a concepção de *atividade administrativa por acordo contratual*. RIVERO, Jean. Direito administrativo. Coimbra: Almedina, 1981, p. 131.

[21] FERNÁNDEZ, Tomás-Ramón; GARCÍA DE ENTERRÍA, Eduardo. Curso de derecho administrativo. 9. ed. Madrid: Editorial Civitas, 1999. v. 1, p. 661. Ver também: MACHADO, João Baptista. Participação e descentralização: democratização e neutralidade na Constituição de 76. Coimbra: Almeida, 1982. p. 45-46.

[22] MOREIRA, Vital. Auto-regulação profissional e administração pública. Coimbra: Almeida, 1997. p. 57.

[23] CHEVALLIER, Jacques. Synthèse. In: FORTIN, Yvonne (Dir.) *La contractualisation dans le secteur public des pays industrialisés depuis 1980*. Paris: l'harmattan, 1999. p. 397-414. p. 403.

[24] MEDAUAR, Odete. O direito administrativo em evolução. 2. ed. São Paulo: Revista dos Tribunais, 2003. p. 211.

população no sistema de justiça e garantir um acesso mais rápido e efetivo à solução de disputas e problemas sociais que lhes são ofertados.

Os métodos ordinários de resolução de conflitos se subdividem em autotutela, autocomposição e heterocomposição. Como afirmam Antônio Cintra, Ada Pellegrini Grinover e Cândido Dinamarco. A resolução de conflitos que surgem na vida em sociedade pode ser alcançada pela ação de um ou ambos indivíduos envolvidos, ou por meio da intervenção de um terceiro. Na primeira situação, um dos indivíduos, ou ambos, pode consentir em sacrificar total ou parcialmente seu próprio interesse por meio de autocomposição ou, ainda, pretender o sacrifício do interesse do outro por intermédio da autodefesa ou da autotutela. Na segunda situação, incluem-se a intervenção de um terceiro, a conciliação, a mediação e o processo, seja ele estatal ou arbitral.[25]

A autotutela, em sua concepção originária, correspondente ao uso da força por uma das partes e à submissão da parte contrária, não encontra espaço no ordenamento jurídico hodierno, salvo situações específicas previstas no próprio ordenamento jurídico, como a legítima defesa. O direito moderno confere ênfase à indispensável instauração de processos institucionalmente estabelecidos e imparciais para a resolução de conflitos sociais, promovendo a justiça e a proteção dos direitos individuais, em substituição à violência e à arbitrariedade.

Além da legítima defesa, no âmbito penal, parte da literatura jurídica aponta resquícios de cabimento excepcional da autotutela no ordenamento jurídico brasileiro, como o desforço imediato e o penhor legal, no direito civil, e o direito de greve, no âmbito trabalhista[26]. Corrente capitaneada por Rosemiro Pereira Leal, por outro lado, sustenta que, nas referidas hipóteses legais, a ordem jurídica autoriza a autodefesa, a qual não se confunde com a autotutela, não concebida no ordenamento jurídico. Segundo ele, "quando a ordem jurídica autoriza a autodefesa, não está delegando ao indivíduo a função jurisdicional tutelar que continua a se originar de lei prévia estatal"[27].

A autocomposição, por sua vez, caracteriza-se como método consensual de resolução de conflitos, por meio da qual uma das partes abdica de seus interesses, no todo ou em parte, para a pacificação do conflito. São espécies de autocomposição a **transação**, a **renúncia** e a **submissão**. A transação consiste na realização de concessões recíprocas entre as partes para a solução do conflito; a renúncia, na abdicação do direito por ato unilateral; e a submissão, à resignação da resistência à pretensão da parte contrária.

A heterocomposição, por outro lado, consiste na resolução do conflito por terceiro imparcial, que não guarda relação com a disputa. Apresentam-se como exemplos dessa espécie a jurisdição estatal e a arbitragem. Entre as referidas formas de resolução de conflitos, suscitam debates no Direito Público aquelas que se entrelaçam com o sistema de justiça multiportas, quais sejam, a autocomposição e a arbitragem, especialmente pelo tensionamento com princípios clássicos da supremacia e da indisponibilidade do interesse público.

---

[25] CINTRA, Antônio Carlos de Araújo; GRINOVER, Ada Pellegrini; DINAMARCO, Cândido Rangel. *Teoria geral do processo*. 28. ed. São Paulo: Malheiros, 2012, p. 28.

[26] Por todos, CINTRA, Antônio Carlos de Araújo; GRINOVER, Ada Pellegrini; DINAMARCO, Cândido Rangel. *Op. cit.*

[27] LEAL, Rosemiro Pereira. *Teoria Geral do Processo:* Primeiros Estudos. 8. ed. Rio de Janeiro: Forense, 2009. p. 23.

508 | PROCESSO TRIBUTÁRIO – *Eduardo Muniz Machado Cavalcanti*

Ainda que a viabilidade de autocomposição no Direito Privado compreenda ampla intenção de litígios, ao menos em grande parte, no que concerne aos conflitos com a Administração Pública, a instituição de um modelo de resolução consensual de disputas provocou debates concernentes à necessidade de sua ponderação relativamente ao princípio da indisponibilidade do interesse público, inclusive a se perguntar se, de fato, o referido princípio não constituiria óbice à autocomposição em matérias relativas ao Direito Público.

No âmbito do Direito Tributário, ainda que o art. 171 do CTN[28] admita a transação que importe em determinação de litígio e consequente extinção de crédito tributário, observadas as condições estabelecidas em lei, parte da doutrina, a exemplo de Eduardo Marcial Ferreira Jardim, já sustentou que a referida disposição afigura-se incompatível com as premissas concernentes à tributação, "dentre elas a necessária discricionariedade que preside a transação e a vinculabilidade que permeia toda a função administrativa relativa aos tributos"[29].

A doutrina majoritária, todavia, não coaduna com a apontada conclusão. Nesse sentido, mostra-nos o entendimento de Paulo de Barros Carvalho[30], segundo o qual o princípio da indisponibilidade dos bens públicos exige que haja previsão normativa para que a autoridade competente possa participar do regime de concessões mútuas, como na hipótese da transação. Nesse contexto, as partes envolvidas concordam em abdicar de parte(s) de seus direitos, alcançando um acordo teórica e mutuamente vantajoso, cuja consequência é o desaparecimento simultâneo do direito subjetivo e do dever jurídico correspondente.

Tem-se, então, que o interesse público indisponível constitui-se na atividade arrecadatória, isto é, na cobrança do crédito tributário. Nesse sentido, configurado o fato gerador do tributo, não dispõe o fisco de discricionariedade para deixar de efetuar o lançamento ou de arrecadar o tributo – o que não se confunde, todavia, com suposta indisponibilidade do crédito tributário.

Na mesma linha, a lição de Heleno Torres, segundo a qual, no Brasil, a Constituição Federal determina claramente as competências e especifica os tributos que cada entidade política tem autoridade para instituir, o que sugere uma indisponibilidade absoluta da competência tributária. Contudo, essa indisponibilidade não se aplica ao "crédito tributário", que, de acordo com a lei, pode ser gerido pela Administração dentro dos limites estabelecidos. A lei deve orientar a criação, alteração ou extinção do crédito tributário e a resolução de conflitos, sempre respeitando os princípios fundamentais de igualdade, generalidade e capacidade contributiva, e garantindo que os critérios adotados atendam ao interesse coletivo.[31]

---

[28] Art. 171. A lei pode facultar, nas condições que estabeleça, aos sujeitos ativo e passivo da obrigação tributária celebrar transação que, mediante concessões mútuas, importe em determinação de litígio e consequente extinção de crédito tributário.
Parágrafo único. A lei indicará a autoridade competente para autorizar a transação em cada caso.

[29] JARDIM, Eduardo Marcial Ferreira. In: MARTINS, Ives Gandra da Silva (coord.). *Comentários ao Código Tributário Nacional*. São Paulo, Saraiva, 1998, vol. 2, p. 402.

[30] CARVALHO, Paulo de Barros. *Curso de Direito Tributário*. 19. ed. São Paulo: Saraiva, 2007, p. 489-499.

[31] TORRES, Heleno. Novas medidas de recuperação de dívidas tributárias. Disponível em: https://www.conjur.com.br/2013-jul-17/consultor-tributario-novas-medidas-recuperacao-dividas-tributarias.

Para além disso, afigura-se necessária a ponderação da indisponibilidade do interesse público com a eficiência da arrecadação, atividade efetivamente indisponível, nos termos do art. 3º do Código Tributário Nacional[32]. Nesse sentido, é a lição de Gustavo Binenbojm[33], segundo a qual:

> A fluidez conceitual inerente à noção de interesse público, aliada à natural dificuldade em sopesar quando o atendimento do interesse público reside na própria preservação dos direitos fundamentais (e não na sua limitação em prol de algum interesse contraposto da coletividade), impõe à Administração Pública o dever jurídico de ponderar os interesses em jogo, buscando a sua concretização até um grau máximo de otimização.

Além de a ineficiência na cobrança de tributos no sistema brasileiro se manifestar em etapa posterior à cobrança do crédito tributário – notadamente em atenção a dados levantados pelo estudo *Doing Business*[34], do Banco Mundial, segundo o qual o Brasil figura entre os piores países no critério pagamento de tributos, com as empresas que mais precisam despender tempo para cumprir suas obrigações tributárias –, tal fenômeno também se apresenta na recuperação do crédito pela via jurisdicional. Segundo dados mais recentes do Conselho Nacional de Justiça[35]:

> Historicamente, as execuções fiscais têm sido apontadas como o principal fator de morosidade do Poder Judiciário. O processo de execução fiscal chega ao Poder Judiciário depois que as tentativas de recuperação do crédito tributário restaram frustradas na via administrativa, provocando sua inscrição na dívida ativa.
>
> Dessa forma, o processo judicial acaba por repetir etapas e providências de localização do devedor – ou de patrimônio capaz de satisfazer o crédito tributário – já adotadas, sem sucesso, pela administração fazendária ou pelo conselho de fiscalização profissional. Chegam ao Judiciário títulos de dívidas antigas ou com tentativas prévias de cobranças e, por consequência, com menor probabilidade de recuperação.
>
> (...)
>
> Os processos de execução fiscal representam aproximadamente 31% do total de casos pendentes e 59% das execuções pendentes no Poder Judiciário, com taxa de congestionamento de 87,8%. Ou seja, de cada cem processos de execução fiscal que tramitaram no ano de 2023, apenas 12 foram baixados. Desconsiderando esses processos, a taxa de congestionamento do Poder Judiciário cairia 5,8 pontos percentuais, passando de 70,5% para 64,7% em 2023.

---

[32] Art. 3º. Tributo é toda prestação pecuniária compulsória, em moeda ou cujo valor nela se possa exprimir, que não constitua sanção de ato ilícito, instituída em lei e cobrada mediante atividade administrativa plenamente vinculada.

[33] BINEBOJM, Gustavo. *Uma teoria do direito administrativo*: direitos fundamentais, democracia e constitucionalização. 3. ed. Rio de Janeiro: Renovar, 2014, p. 31.

[34] THE WORLD BANK. *Doing Business*: Medindo a regulamentação do ambiente de negócios. Estados Unidos, 2020. Disponível em: https://portugues.doingbusiness.org/pt/data/exploreeconomies/brazil#DB_tax.

[35] CONSELHO NACIONAL DE JUSTIÇA. Justiça em números 2024. Brasília, 2024. Disponível em: https://www.cnj.jus.br/wp-content/uploads/2024/05/justica-em-numeros-2024.pdf.

A solução autocompositiva de conflitos na Fazenda Pública, portanto, surge como mecanismo válido para obter a satisfação de créditos da Fazenda Pública que, acaso cobrados pelas vias convencionais, podem resultar em processos de execução fiscal morosos, senão fracassados.

Celso Antônio Bandeira de Mello, um dos precursores da noção de indisponibilidade do interesse público como princípio norteador do Direito Público na doutrina brasileira, afirma que a indisponibilidade reside no fato de que, "sendo interesses qualificados como próprios da coletividade – internos ao setor público – eles não se encontram à livre disposição".

Prossegue asseverando que "o titular deles é o Estado, que, em certa esfera, os protege e exercita através da função administrativa", e que as consequências do referido princípio são a submissão aos princípios da legalidade, com suas aplicações e decorrências (finalidade, razoabilidade, proporcionalidade, motivação e responsabilidade do Estado); da obrigatoriedade do desempenho de atividade pública e de seu cognato, o princípio da continuidade do serviço público; do controle administrativo ou tutela; da isonomia; da publicidade; da inalienabilidade dos direitos concernentes a interesses públicos; e do controle jurisdicional dos atos administrativos[36].

Natalia Pasquini Moretti[37] resume que o tratamento do aludido princípio na doutrina pátria ocorre sob as perspectivas de indisponibilidade da finalidade legal; do dever de agir; de bens e serviços públicos; e indisponibilidade das competências administrativas.

Delimitado o objeto da indisponibilidade do interesse público, observa-se que o fato da autocomposição afetar o crédito tributário não contraria o núcleo do referido postulado quando observadas as limitações legais pertinentes. Com efeito, e neste contexto, a referida forma de resolução de conflitos observa a legalidade, a obrigatoriedade do desempenho da atividade pública de cobrança do crédito tributário e os princípios constitucionais do Direito Público pertinentes. O atendimento à eficiência tributária e a concretização do princípio da razoável duração do processo convergem com o interesse público, não se vislumbrando afronta à indisponibilidade.

Não obstante tais premissas, verifica-se que a admissão da autocomposição no Direito Público demanda temperamentos em decorrência do aludido primado. O primeiro deles concerne à legalidade, porquanto norteada a Administração Pública pela legalidade estrita, de modo que as hipóteses de solução consensual de conflitos tenham seus contornos determinados em lei. O segundo diz respeito ao não cabimento de todas as espécies de autocomposição em relação à Administração Pública, haja vista as medidas unilaterais de submissão e de renúncia caracterizarem abdicação integral à pretensão, incompatíveis com a indisponibilidade do interesse da coletividade e, especialmente, no âmbito tributário, com a atividade de cobrança do crédito.

---

36   MELLO, Celso Antônio Bandeira de. *Curso de Direito Administrativo*. São Paulo: Malheiros, 2015, p. 76-77.

37   MORETTI, Natalia Pasquini. Uma concepção contemporânea do princípio da indisponibilidade do interesse público. In: MARRARA, Thiago (Org.). *Princípios de direito administrativo*: legalidade, segurança jurídica, impessoalidade, publicidade, motivação, eficiência, moralidade, razoabilidade, interesse público. São Paulo: Atlas, 2012.

Título IV • Cap. 14 • MÉTODOS ADEQUADOS DE RESOLUÇÃO DE CONFLITOS | **511**

A hipótese disciplinada no art. 171 do Código Tributário Nacional, todavia, refere-se precisamente àquela em que é viável a autocomposição do litígio: a transação, que pressupõe concessões recíprocas entre as partes. A escorreita disciplina da hipótese, todavia, não prescindia de lei que disciplinasse as condições da transação e a autoridade competente para celebrá-la. A disciplina respectiva, no âmbito federal, adveio com a Lei 13.988, de 14 de abril de 2020.

Ainda antes da edição do referido diploma legal, o Enunciado 53 da I Jornada de "Prevenção e Solução Extrajudicial de Litígios"[38] enfatizou a validade e conveniência da transação tributária, nos seguintes termos:

> Estimula-se a transação como alternativa válida do ponto de vista jurídico para tornar efetiva a justiça tributária, no âmbito administrativo e judicial, aprimorando a sistemática de prevenção e solução consensual dos conflitos tributários entre Administração Pública e administrados, ampliando, assim, a recuperação de receitas com maior brevidade e eficiência.

Antes disso, o art. 26 da Lei de Introdução às Normas do Direito Brasileiro, inserido pela Lei 13.655, de 25 de abril de 2018, estabeleceu norma que viabiliza a celebração de compromisso com interessados entre a Administração Pública e o particular "para eliminar irregularidade, incerteza jurídica ou situação contenciosa na aplicação do direito público", presentes razões de relevante interesse geral, após oitiva do órgão jurídico e, quando for o caso, após a realização de consulta pública, observada a legislação aplicável, produzindo efeitos a partir de sua publicação oficial.[39]

De fato, constata-se substancial controvérsia doutrinária acerca da possibilidade original de aplicação do referido instituto no Direito Tributário, sobretudo sob a perspectiva de que o dispositivo "figura como permissivo genérico à celebração de acordos pela Administração Pública"[40].

---

[38] Realizado no Centro de Estudos Judiciários do Conselho da Justiça Federal sob a direção do Ministro Og Fernandes e coordenação dos Ministros Luis Felipe Salomão e Antonio Carlos Ferreira, bem como dos Professores Kazuo Watanabe e Joaquim Falcão.

[39] Art. 26. Para eliminar irregularidade, incerteza jurídica ou situação contenciosa na aplicação do direito público, inclusive no caso de expedição de licença, a autoridade administrativa poderá, após oitiva do órgão jurídico e, quando for o caso, após realização de consulta pública, e presentes razões de relevante interesse geral, celebrar compromisso com os interessados, observada a legislação aplicável, o qual só produzirá efeitos a partir de sua publicação oficial.

§ 1º O compromisso referido no *caput* deste artigo:

I – buscará solução jurídica proporcional, equânime, eficiente e compatível com os interesses gerais;

II – (VETADO);

III – não poderá conferir desoneração permanente de dever ou condicionamento de direito reconhecidos por orientação geral;

IV – deverá prever com clareza as obrigações das partes, o prazo para seu cumprimento e as sanções aplicáveis em caso de descumprimento.

§ 2º (VETADO).

[40] Cf. GUERRA, Sérgio; PALMA, Juliana Bonarcosi de. Novo regime jurídico de negociação com a Administração Pública. *Revista de Direito Administrativo*, Edição Especial: Direito Público na Lei de Introdução às Normas de Direito Brasileiro – LINDB (Lei 13.655/2018), Rio de Janeiro: nov. 2018, p. 135-169, p. 147.

Parte da doutrina defende uma interpretação restritiva da expressão "direito público", prevista na referida norma, ao direito administrativo, ao argumento de que a norma explicita sua incidência à expedição de licença, bem como da expressão "autoridade administrativa", na medida em que, quando queria se referir a conceito mais geral, o art. 30 da LINDB, também introduzido pela Lei 13.655/2018, tem sentido amplo[41].

Há, ainda, relevante corrente que afasta a repercussão de todas as alterações da Lei 13.655/2018 na solução extrajudicial de conflitos tributários, ao argumento de que a inovação legislativa teria se dirigido apenas à atuação dos órgãos de controle da Administração Pública e ao Judiciário[42].

Todavia, parece-nos razoável acompanhar o raciocínio de Ravi Peixoto[43], ao afirmar que "o art. 26 da LINDB atua como uma espécie de cláusula geral para a realização da autocomposição pela Administração Pública, ampliando os limites e possibilidades da negociação do direito material pelos entes públicos".

Quanto à incidência da norma no Direito Tributário, tem-se, a uma, que, como sustentado por Carlos Ari Sundfeld, um dos idealizadores da alteração legislativa, "quanto à *esfera administrativa*, a lei não fez distinções nem previu tratamento especial ou imunidades para suas subdivisões"[44]; a duas, que a norma mencionou a licença apenas para explicitar a amplitude de sua incidência; e a três, que a expressão "autoridade administrativa", como afirma Ravi Peixoto, apenas limita "os agentes públicos que podem realizar essa espécie de autocomposição, como apenas aqueles que possuem poder de decisão, nos termos do art. 1º, § 2º, da Lei 9.784/1999"[45].

Não obstante se entenda que a norma, de fato, atue como uma espécie de cláusula geral, alterando o paradigma da autocomposição pela Administração Pública, não nos filiamos a Ravi Peixoto no que toca à extensão de tal interpretação para admitir a revogação, pelo art. 26 da LINDB, das normas que adstringem a realização de acordos a aspectos específicos do direito material ou à elaboração de legislação própria.

Isso porque, ainda que se extraia da norma uma cláusula geral de autocomposição na Administração Pública, esta não irradia, por sua natureza jurídica, os efeitos idênticos ao de regra capaz de revogar disposições especiais. Em verdade, como afirma Fredie

---

[41] Cf. ANDRADE, Fabio Martins de. *Comentários à Lei n. 13.655/2018*. Rio de Janeiro: Lumen Juris, 2019, p. 129-130.

[42] Nesse sentido, deliberação do Conselho Administrativo de Recursos Fiscais, que rechaçou o conhecimento de questão de ordem relativa à aplicabilidade da Lei n. 13.655/2018, ao argumento de que dúvidas não restariam "acerca dos destinatários desses dispositivos, que são os administradores públicos e os órgãos de controle da Administração Pública, inclusive do Judiciário" (Processo n. 19515.003515/200774, Acórdão n. 9202006.996 – 2ª Turma, j. 21.06.2018). Ainda, na mesma linha: Processo n. 10410.725543/2017-11, Acórdão n. 2201-009.227 – 2ª Seção de Julgamento / 2ª Câmara / 1ª Turma Ordinária, j. 08.09.2021 e Processo n. 10314.720244/2018-60, Acórdão n. 1201-005.137 – 1ª Seção de Julgamento / 2ª Câmara / 1ª Turma Ordinária, j. 20.08.2021.

[43] PEIXOTO, Ravi. O art. 26 da LINDB como cláusula geral para a realização da autocomposição pela Administração Pública: uma análise dos limites e possibilidades. *Civil Procedure Review*, v. 12, n. 3. Salvador: JusPodivm, set.-dez. 2021, p. 67-91, p. 73.

[44] SUNDFELD, Carlos Ari. LINDB: Direito Tributário está sujeito à Lei de Introdução reformada. *Jota*. 10 ago. 2018. Disponível em: https://www.jota.info/opiniao-e-analise/artigos/lindb-direito-tributario-esta--sujeito-a-lei-de-introducao-reformada-10082018.

[45] PEIXOTO, Ravi. *Op. cit.*, p. 74.

Didier, "a cláusula geral é texto que pode servir de suporte para o surgimento de uma regra"[46], com ele não se confundindo. Segundo Judith Martins-Costa[47]:

> As cláusulas gerais, mais do que um "caso" da teoria do direito – pois revolucionam a tradicional teoria das fontes –, constituem as janelas, pontes e avenidas dos modernos códigos civis. Isso porque conformam o meio legislativamente hábil para permitir o ingresso, no ordenamento jurídico codificado, de princípios valorativos, ainda inexpressos legislativamente, de *standards*, máximas de conduta, arquétipos exemplares de comportamento, de deveres de conduta não previstos legislativamente (e, por vezes, nos casos concretos, também não advindos da autonomia privada), de direitos e deveres configurados segundo os usos do tráfego jurídico, de diretivas econômicas, sociais e políticas, de normas, enfim, constantes de universos metajurídicos, viabilizando a sua sistematização e permanente ressistematização no ordenamento positivo.

A cláusula geral da autocomposição na Administração Pública influencia o ordenamento jurídico ao abrir espaço a interpretações tendentes a preservar os valores do modelo do sistema multiportas no Direito Público, ressignificando paradigmas como o da própria indisponibilidade do interesse público, que outrora era direcionado, por parcela da doutrina, como óbice à autocomposição na Administração Pública, notadamente no Direito Tributário.

Outrossim, tem-se ainda uma regra propriamente dita, emanada da redação do art. 26 da LINDB, a qual se reveste de caráter geral e não afasta a incidência de normas que consideram aspectos específicos do direito material para restringir acordos, por força do art. 2º, § 2º, da própria *lex legum*. Enquanto regra, o referido dispositivo legal pressupõe a observância da "legislação aplicável" para a realização do compromisso com os interessados, de modo a manter as previsões que insiram condições à solução autocompositiva do conflito.

Embora não se conceba que o art. 26 da LINDB tenha o condão de revogar as limitações previstas no art. 171, *caput* e parágrafo único, do CTN, a cláusula geral dele extraível deve nortear a atividade interpretativa para que parta da premissa geral segundo a qual a Administração Pública pode resolver conflitos por métodos "alternativos", admitindo-se o paradigma da consensualidade.

No mesmo sentido, o Enunciado 60 da I Jornada de Prevenção e Solução Extrajudicial de Litígios do Centro de Estudos Judiciários do Conselho da Justiça Federal:

> As vias adequadas de solução de conflitos previstas em lei, como a conciliação, a arbitragem e a mediação, são plenamente aplicáveis à Administração Pública e não se incompatibilizam com a indisponibilidade do interesse público, diante do Novo Código de Processo Civil e das autorizações legislativas pertinentes aos entes públicos.

---

[46] DIDIER JR., Fredie. Cláusulas Gerais Processuais. *Revista Opinião Jurídica*, v. 8, n. 12, Fortaleza, 2010, p. 123.

[47] MARTINS-COSTA, Judith. O Direito Privado como um "sistema em construção". As cláusulas gerais no projeto do Código Civil brasileiro. *Revista de Informação Legislativa*, n. 137, Brasília: Senado, 1998, p. 7.

514 | PROCESSO TRIBUTÁRIO – *Eduardo Muniz Machado Cavalcanti*

Introduzidas as formas de autocomposição e admitida sua viabilidade, com temperamentos, no Direito Tributário, os mecanismos para alcançá-la são a **negociação**, a transação, a **conciliação** e a **mediação**.

A negociação se difere das demais modalidades de autocomposição por não pressupor a participação de terceiro, embora admita a intervenção de pessoa direta ou indiretamente interessada na solução do conflito. No âmbito tributário, não se observa, no ordenamento jurídico brasileiro, modelo que se amolde com perfeição à aludida forma, em sua acepção original. Caso observada a negociação como mero mecanismo de solução consensual de conflito sem a participação de terceiros – acepção distanciada daquela concebida por seus precursores, Howard Raiffa[48] e seus pupilos William Ury e Robert Patton[49], o parcelamento do crédito tributário (art. 151, inciso VI, do CTN) e a moratória (art. 151, inciso I do CTN), notadamente quando oferecidos como consequência da transação (art. 171 do CTN), aproximam-se do instrumento negocial.

A conciliação, por sua vez, é modo autocompositivo de resolução de conflitos no qual terceiro imparcial busca a aproximação das partes para a pacificação do conflito, inclusive propondo soluções possíveis. Conforme sintetizado em estudo publicado pelo Conselho Nacional de Justiça[50], a conciliação busca:

> i) além do acordo, uma efetiva harmonização social das partes;
>
> ii) restaurar, dentro dos limites possíveis, a relação social das partes;
>
> iii) utilizar técnicas persuasivas, mas não impositivas ou coercitivas para se alcançarem soluções;
>
> iv) demorar suficientemente para que os interessados compreendam que o conciliador se importa com o caso e a solução encontrada;
>
> v) humanizar o processo de resolução de disputas;
>
> vi) preservar a intimidade dos interessados sempre que possível;
>
> vii) visar a uma solução construtiva para o conflito, com enfoque prospectivo para a relação dos envolvidos;
>
> viii) permitir que as partes sintam-se ouvidas; e
>
> ix) utilizar-se de técnicas multidisciplinares para permitir que se encontrem soluções satisfatórias no menor prazo possível.

A mediação, que possui conceituação significativamente próxima à da conciliação, também compreende a participação de alheio imparcial que contribui para a solução do conflito entre os envolvidos. Nessa modalidade, porém, constrói-se um contexto de intercompreensão para viabilizar que as próprias partes solucionem a disputa.

Sobre a função do conciliador e do mediador nos aludidos métodos autocompositivos de resolução de litígios, o Código de Processo Civil de 2015 estabeleceu, em seu art. 165, §§ 2º e 3º, respectivamente, que o conciliador "atuará preferencialmente

---

[48] RAIFFA, Howard. *The Art & Science of Negotiation.* Cambridge: Harvard University Press, 1982.

[49] FISCHER, Robert; URY, William; PATTON, Bruce. *Como chegar ao sim* – a negociação e acordos sem concessões. Trad. Vera Ribeiro e Ana Luiza Borges. 2. ed. Rio de Janeiro: Imago, 2005.

[50] BRASIL. CONSELHO NACIONAL DE JUSTIÇA. Azevedo, André Gomma de (Org.). *Manual de Mediação Judicial.* 6. ed. Brasília: 2016, p. 22.

nos casos em que não houver vínculo anterior entre as partes", podendo "sugerir soluções para o litígio, sendo vedada a utilização de qualquer tipo de constrangimento ou intimidação para que as partes conciliem". O mediador, "preferencialmente nos casos em que houver vínculo anterior entre as partes", auxiliando "aos interessados a compreender as questões e os interesses em conflito, de modo que eles possam, pelo restabelecimento da comunicação, identificar, por si próprios, soluções consensuais que gerem benefícios mútuos".

No âmbito da heterocomposição, por sua vez, a adoção do paradigma da justiça multiportas suscita uma releitura das hipóteses de intervenção jurisdicional, a ponto de se conceber a noção de que a jurisdição não seja, necessariamente, uma função estatal[51]. A título conceitual, a arbitragem se caracteriza como meio adequado de solução de conflitos por meio do qual terceiro imparcial, em processo de natureza privada, resolve a controvérsia por meio de sentença arbitral.

A respeito das peculiaridades do procedimento arbitral, para José Roberto Nalini[52], ao comparar a arbitragem com o processo judicial, observa-se que aquela possui características específicas: é adversarial e privada, com um alto nível de confidencialidade. As partes têm a liberdade de escolher e ajustar os procedimentos, além de controlar o agendamento. A instrução é geralmente limitada, e os árbitros são especialistas no assunto em questão. Eles podem aplicar parâmetros escolhidos pelas partes, como leis de outras jurisdições, costumes comerciais, *soft law* ou princípios de equidade. As decisões arbitrais não estabelecem precedentes, mas a sentença final é vinculante. A arbitragem pode reduzir os custos processuais e economizar tempo, o que é interessante para aqueles que enfrentam as exigências e prazos do mercado.

Assentados os conceitos gerais e introdutórios atinentes à matéria, segue-se ao exame de tais métodos sob a perspectiva do Direito Tributário.

---

[51] Nesse sentido, GRECO, Leonardo. *Instituições de Processo Civil*. vol. I, 5. ed. Rio de Janeiro: Forense, 2015, p. 70.

[52] NALINI, José Renato. É urgente construir alternativas à justiça. *In*: Hermes Zaneti Jr.; Trícia Navarro Xavier Cabral. (Org.). *Coleção Grandes Temas do Novo CPC*. vol. 9 – Justiça Multiportas: Mediação, Conciliação, Arbitragem e outros meios de solução adequada de conflitos. Salvador: JusPodivm, 2016, v. V. 9, p. 27-34.

Capítulo 15
CONCILIAÇÃO NO DIREITO TRIBUTÁRIO

A solução autocompositiva de conflitos possui raízes históricas no ordenamento jurídico brasileiro, evidenciando sua relevância como instrumento de pacificação social. Desde a Constituição do Império de 1824, o incentivo à conciliação era uma exigência para a tramitação de processos judiciais, conforme estabelecia o texto: "Sem se fazer constar, que se tem intentado o meio da reconciliação, não se começará Processo algum". Essa tradição reflete, ou ao menos pretende revelar, um ideal de sociedade que privilegia o diálogo e a cooperação como ferramentas essenciais para resolver disputas.

Essa essência, pouco percebida, encontra-se preservada na Constituição Federal de 1988, cujo preâmbulo reafirma o compromisso do Brasil com a solução pacífica das controvérsias, ao destacar no próprio Estado Democrático o instrumento assecuratório do exercício dos direitos sociais e individuais, a liberdade, a segurança, o bem-estar, o desenvolvimento, a igualdade e a justiça como valores supremos de uma sociedade fraterna, pluralista e sem preconceitos, fundada na harmonia social e comprometida, na ordem interna e internacional, com a solução pacífica das controvérsias.

Tanto a história quanto os valores constitucionais contemporâneos evidenciam que o fortalecimento de mecanismos de autocomposição, incluindo a conciliação, não é apenas uma estratégia para desafogar o Judiciário, mas também uma expressão de um modelo de convivência social fundamentado por perseguir a paz e a harmonia sociais.

As evoluções legislativas concernentes à resolução consensual de conflitos no âmbito do Direito Público, todavia, foram tímidas ao longo da história, sobretudo no Direito Tributário, em decorrência das discussões atinentes à indisponibilidade do interesse público.

Quando da inauguração do procedimento dos juizados especiais, sob o prisma da terceira onda renovatória do processo civil advogada por Cappelletti[1], atinente à ampliação do acesso à justiça com o prestígio de métodos autocompositivos de resolução de conflitos, por intermédio da Lei 9.099, de 26 de setembro de 1995, que comportava a previsão de uma fase conciliatória propriamente dita, foram expressamente excluídas da aludida disciplina legal as causas de natureza fiscal e de interesse da Fazenda Pública (art. 3º, § 2º).

Com o advento da Lei 10.529, de 12 de julho de 2001, foram criados os Juizados Especiais Cíveis e Criminais no âmbito da Justiça Federal, também com fase conciliatória e expressa autorização para os representantes judiciais da União, autarquias,

---

[1] CAPPELLETTI, Mauro; GARTH, Bryant. *Acesso à justiça*. Porto Alegre: Sergio Antonio Fabris, 1988.

fundações e empresas públicas federais a conciliar, transigir ou desistir nos processos sob o aludido procedimento[2]. Entretanto, não obstante a competência dos juizados para processar e julgar insurgências contra o lançamento fiscal, foram excluídas da sistemática do referido diploma legal as execuções fiscais (art. 3º, § 1º, inciso I)[3].

Os Juizados Especiais Federais comportam as pretensões deduzidas contra o Poder Público federal, desde que o correspondente valor da causa não ultrapasse o limite de 60 (sessenta) salários mínimos e também que o processo não esteja regido por procedimento especial. No âmbito tributário, a Lei 10.259, de 2001, permite a desconstituição do lançamento fiscal (art. 3º, § 1º, inciso III), seja por meio de ações declaratórias ou anulatórias de débito fiscal, cabendo também a ação de repetição do indébito. Por outro lado, a consignação em pagamento, a monitória, a ação popular, a ação civil pública, a ação cautelar e o mandado de segurança, por se tratarem de rito especial, não podem ter curso nos Juizados Especiais.

Quanto ao Judiciário dos Estados e do Distrito Federal, a criação dos Juizados Especiais da Fazenda Pública ocorreu pela Lei 12.153, de 22 de dezembro de 2009. O art. 8º do referido diploma legal permitiu a conciliação, transação ou desistência "nos termos e nas hipóteses previstas na lei do respectivo ente da federação"[4]. De igual modo, foram excluídas da competência do Juizado Especial da Fazenda Pública as execuções fiscais[5]. No mais, a falta de regulamentação do procedimento de autocomposição nos estados e municípios constitui óbice à conciliação no âmbito dos referidos juizados.

É certo que a conciliação, em geral, pode ocorrer em contexto extraprocessual ou endoprocessual. Em ambos os casos, conforme lecionam Antônio Cintra, Ada Pellegrini Grinover e Cândido Dinamarco, "o conciliador procura obter uma transação

---

[2] Art. 10. As partes poderão designar, por escrito, representantes para a causa, advogado ou não.
Parágrafo único. Os representantes judiciais da União, autarquias, fundações e empresas públicas federais, bem como os indicados na forma do *caput*, ficam autorizados a conciliar, transigir ou desistir, nos processos da competência dos Juizados Especiais Federais.

[3] Art. 3º. Compete ao Juizado Especial Federal Cível processar, conciliar e julgar causas de competência da Justiça Federal até o valor de sessenta salários mínimos, bem como executar as suas sentenças.
§ 1º. Não se incluem na competência do Juizado Especial Cível as causas:
I – referidas no art. 109, incisos II, III e XI, da Constituição Federal, as ações de mandado de segurança, de desapropriação, de divisão e demarcação, populares, execuções fiscais e por improbidade administrativa e as demandas sobre direitos ou interesses difusos, coletivos ou individuais homogêneos;
[...]
III – para a anulação ou cancelamento de ato administrativo federal, salvo o de natureza previdenciária e o de lançamento fiscal;
[...].

[4] Art. 8º. Os representantes judiciais dos réus presentes à audiência poderão conciliar, transigir ou desistir nos processos da competência dos Juizados Especiais, nos termos e nas hipóteses previstas na lei do respectivo ente da Federação.

[5] Art. 2º. É de competência dos Juizados Especiais da Fazenda Pública processar, conciliar e julgar causas cíveis de interesse dos Estados, do Distrito Federal, dos Territórios e dos Municípios, até o valor de 60 (sessenta) salários mínimos.
§ 1º Não se incluem na competência do Juizado Especial da Fazenda Pública:
I – as ações de mandado de segurança, de desapropriação, de divisão e demarcação, populares, por improbidade administrativa, execuções fiscais e as demandas sobre direitos ou interesses difusos e coletivos;
[...].

entre as partes (mútuas concessões), ou a submissão de um à pretensão do outro (no processo civil reconhecimento do pedido) ou a desistência da pretensão (renúncia)"[6].

Sob a referida perspectiva, e considerando que, conforme assentado em linhas anteriores, a indisponibilidade da atividade de cobrança do crédito tributário inviabiliza a submissão e a desistência por parte do fisco, as hipóteses de conciliação se entrelaçam com os requisitos para a transação tributária, a qual, consoante o art. 171 do Código Tributário Nacional[7], depende de lei que estabeleça suas condições e a autoridade competente para autorizá-la.

No âmbito federal, fundamentado no art. 11 da Medida Provisória 2.180-35, de 24 de agosto de 2001, que estabelecia a necessidade de audiência da Advocacia-Geral da União quando estabelecida controvérsia de natureza jurídica entre entidades da Administração Federal indireta, ou entre tais entes e a União, incumbindo ao Advogado--Geral da União a adoção das providências necessárias ao seu deslinde[8], criou-se, por intermédio da Portaria AGU 1.281, de 27 de setembro de 2007, a Câmara de Conciliação e Arbitragem da Administração Federal (CCAF).

Observada a adstrição a seu fundamento legal, a norma estabeleceu a viabilidade de solicitação de deslinde de controvérsias de natureza jurídica entre órgãos e entidades da Administração Federal por meio de conciliação ou arbitramento, compreendendo o Procurador-Geral da Fazenda Nacional entre os legitimados para pugnar a resolução do conflito pela referida via[9].

Em seguida, por meio da Portaria AGU 1.099, de 28 de julho de 2008, o Advogado--Geral da União disciplinou os desdobramentos de controvérsias de natureza jurídica entre a Administração Pública Federal e a Administração Pública dos Estados ou do

---

[6] *Op. cit.*, p. 34.

[7] Art. 171. A lei pode facultar, nas condições que estabeleça, aos sujeitos ativo e passivo da obrigação tributária celebrar transação que, mediante concessões mútuas, importe em determinação de litígio e consequente extinção de crédito tributário.
Parágrafo único. A lei indicará a autoridade competente para autorizar a transação em cada caso.

[8] Art. 11. Estabelecida controvérsia de natureza jurídica entre entidades da Administração Federal indireta, ou entre tais entes e a União, os Ministros de Estado competentes solicitarão, de imediato, ao Presidente da República, a audiência da Advocacia-Geral da União.
Parágrafo único. Incumbirá ao Advogado-Geral da União adotar todas as providências necessárias a que se deslinde a controvérsia em sede administrativa.

[9] Art. 1º. O deslinde, em sede administrativa, de controvérsias de natureza jurídica entre órgãos e entidades da Administração Federal, por meio de conciliação ou arbitramento, no âmbito da Advocacia-Geral da União, far-se-á nos termos desta Portaria.
Art. 2º. Estabelecida controvérsia de natureza jurídica entre órgãos e entidades da Administração Federal, poderá ser solicitado seu deslinde por meio de conciliação a ser realizada:
I – pela Câmara de Conciliação e Arbitragem da Administração Federal – CCAF;
II – pelos Núcleos de Assessoramento Jurídico quando determinado pelo Consultor-Geral da União;
III – por outros órgãos da Advocacia-Geral da União quando determinado pelo Advogado-Geral da União.
Parágrafo único. Na hipótese dos incisos II e III do *caput*, as atividades conciliatórias serão supervisionadas pela CCAF.
Art. 3º. A solicitação poderá ser apresentada pelas seguintes autoridades:
I – Ministros de Estado,
II – dirigentes de entidades da Administração Federal indireta,
III – Procurador-Geral da União, Procurador-Geral da Fazenda Nacional, Procurador-Geral Federal e Secretários-Gerais de Contencioso e de Consultoria.

Distrito Federal, prevendo, igualmente, entre os legitimados, o Procurador-Geral da Fazenda Nacional[10].

A atuação da Procuradoria-Geral da Fazenda Nacional no âmbito do CCAF foi regulamentada na Portaria PGFN 131, de 21 de fevereiro de 2011, observando estritamente os referidos atos da Advocacia-Geral da União.

A Lei 13.140, de 26 de junho de 2015, disciplinou a mediação entre particulares como meio de solução de controvérsias e a autocomposição de conflitos no âmbito da Administração Pública. No que concerne à autocomposição em que for parte pessoa jurídica de Direito Público, o art. 32 do referido diploma legal autoriza a criação de câmaras de prevenção e resolução administrativa de conflitos pela União, Estados, Distrito Federal e dos Municípios, no âmbito dos respectivos órgãos da Advocacia Pública, onde houver[11].

O correspondente dispositivo estabelece a competência das referidas câmaras para **(i) dirimir** conflitos **entre órgãos e entidades da Administração Pública; (ii) avaliar a admissibilidade** de pedidos de resolução de conflitos, por meio de composição, em controvérsias entre **particulares e pessoas jurídicas de direito público**, sujeitos a exame de admissibilidade; e **(iii)** promover a celebração de termo de ajustamento de conduta, quando couber.

O regramento do referido diploma legal revela a facultatividade de submissão do conflito às câmaras de prevenção e resolução administrativa de conflitos, além do que

---

[10] Art. 1º. O deslinde, em sede administrativa, de controvérsias de natureza jurídica entre a Administração Pública Federal e a Administração Pública dos Estados ou do Distrito Federal, por meio de conciliação, no âmbito da Advocacia-Geral da União, far-se-á nos termos desta Portaria.

Art. 2º. O pedido de atuação da Advocacia-Geral da União, para início das atividades conciliatórias, poderá ser apresentado ao Advogado-Geral da União pelas seguintes autoridades:

I – Ministros de Estado;

II – dirigentes de entidades da Administração Federal Indireta;

III – Consultor-Geral da União, Procurador-Geral da União, Procurador-Geral da Fazenda Nacional, Procurador-Geral Federal e Secretários-Gerais de Contencioso e de Consultoria;

IV – Governadores ou Procuradores-Gerais dos Estados e do Distrito Federal.

[...].

[11] Art. 35. As controvérsias jurídicas que envolvam a administração pública federal direta, suas autarquias e fundações poderão ser objeto de transação por adesão, com fundamento em:

I – autorização do Advogado-Geral da União, com base na jurisprudência pacífica do Supremo Tribunal Federal ou de tribunais superiores; ou

II – parecer do Advogado-Geral da União, aprovado pelo Presidente da República.

§ 1º. Os requisitos e as condições da transação por adesão serão definidos em resolução administrativa própria.

§ 2º. Ao fazer o pedido de adesão, o interessado deverá juntar prova de atendimento aos requisitos e às condições estabelecidos na resolução administrativa.

§ 3º. A resolução administrativa terá efeitos gerais e será aplicada aos casos idênticos, tempestivamente habilitados mediante pedido de adesão, ainda que solucione apenas parte da controvérsia.

§ 4º. A adesão implicará renúncia do interessado ao direito sobre o qual se fundamenta a ação ou recurso, eventualmente pendentes, de natureza administrativa ou judicial, no que tange aos pontos compreendidos pelo objeto da resolução administrativa.

§ 5º. Se o interessado for parte em processo judicial inaugurado por ação coletiva, a renúncia ao direito sobre o qual se fundamenta a ação deverá ser expressa, mediante petição dirigida ao juiz da causa.

§ 6º. A formalização de resolução administrativa destinada à transação por adesão não implica a renúncia tácita à prescrição nem sua interrupção ou suspensão.

é cabível apenas nos casos previstos no regulamento do respectivo ente federado (art. 32, § 2º). Observa-se, portanto, que a admissão do pedido de resolução de conflitos não constitui direito subjetivo da parte que pretenda obter a resolução autocompositiva de conflitos com a Administração Pública, ainda que a hipótese possua previsão legal. Ademais, hipóteses não previstas no regulamento do ente não constituem situação apta à resolução do conflito por autocomposição nas referidas câmaras.

Em havendo consenso entre as partes, o acordo será reduzido a termo e constituirá título executivo extrajudicial (art. 32, § 3º).

Não obstante a disciplina da Lei 13.140/2015, em relação aos conflitos entre particulares, seja adstrita às disposições atinentes à mediação, em relação à autocomposição de conflitos no âmbito da Administração Pública, o regramento não se limita à referida modalidade de autocomposição, dispondo apenas que o modo de composição e de funcionamento das câmaras de prevenção e resolução administrativa de conflitos será estabelecido em regulamento de cada ente federado (art. 32, § 2º).

A referida previsão normativa possui caráter nacional, alcançando a resolução de conflitos de caráter tributário. Nesses casos, o art. 34, § 2º, prevê que a suspensão da prescrição observará as disposições do Código Tributário Nacional, o qual prevê, em seu art. 151, que suspendem a exigibilidade do crédito tributário (**i**) a moratória; (**ii**) o depósito do seu montante integral; (**iii**) as reclamações e recursos, nos termos das leis regulares do processo tributário administrativo; (**iv**) a concessão de medida liminar em mandado de segurança; (**v**) a concessão de medida liminar ou de tutela antecipada, em outras espécies de ação judicial e (**vi**) o parcelamento.

Na Administração Pública dos Estados, do Distrito Federal e dos Municípios, enquanto não forem criadas as referidas câmaras, os conflitos podem ser dirimidos na forma do procedimento de mediação previsto para conflitos entre particulares (arts. 14 a 20 da Lei 13.140/2015).

Quanto às controvérsias relativas a tributos administrados pela Secretaria da Receita Federal do Brasil ou a créditos inscritos em dívidas ativas da União, todavia, somente se admite a resolução autocompositiva nas câmaras de prevenção e resolução administrativa de conflitos nas disputas entre órgãos e entidades da Administração Pública da União, dos Estados, do Distrito Federal e dos Municípios[12], excluídas as empresas públicas, sociedades de economia mista e suas subsidiárias que explorem atividade econômica de produção ou comercialização de bens ou de prestação de serviços em regime de concorrência[13].

---

[12] Quanto aos conflitos entre a União e demais entes federados, observa-se que o art. 38 da Lei 13.140/2015 não excepciona o cabimento do art. 37 em relação aos referidos entes, mas apenas em relação às empresas estatais exploradoras de atividade econômica ou prestação de serviços em regime concorrencial. Consoante o art. 37 do referido diploma legal: "É facultado aos Estados, ao Distrito Federal e aos Municípios, suas autarquias e fundações públicas, bem como às empresas públicas e sociedades de economia mista federais, submeter seus litígios com órgãos ou entidades da administração pública federal à Advocacia-Geral da União, para fins de composição extrajudicial do conflito".

[13] Art. 38. Nos casos em que a controvérsia jurídica seja relativa a tributos administrados pela Secretaria da Receita Federal do Brasil ou a créditos inscritos em dívida ativa da União:

I – não se aplicam as disposições dos incisos II e III do *caput* do art. 32;

II – as empresas públicas, sociedades de economia mista e suas subsidiárias que explorem atividade econômica de produção ou comercialização de bens ou de prestação de serviços em regime de concorrência não poderão exercer a faculdade prevista no art. 37;

522 | PROCESSO TRIBUTÁRIO – *Eduardo Muniz Machado Cavalcanti*

A resolução autocompositiva pelas aludidas câmaras em matéria tributária foi excessivamente restringida em âmbito federal, muito se aproximando à disciplina então existente na Portaria AGU 1.281, de 27 de setembro de 2007, na Portaria AGU 1.099, de 28 de julho de 2008, e na Portaria PGFN 131, de 21 de fevereiro de 2011, com uma limitação ainda maior em relação às empresas estatais, as quais somente terão acesso ao CCAF para discutir questão tributária quando prestadoras de serviços públicos em regime não concorrencial, hipótese nas quais são equiparadas pela doutrina e pela jurisprudência a pessoas jurídicas de direito público.

Não há previsão, portanto, em relação aos tributos federais, para particulares obterem a solução de conflitos por autocomposição na Câmara de Mediação e de Conciliação da Administração Pública Federal em relação a controvérsias fiscais. Não obstante o referido quadro normativo afaste a autocomposição extraprocessual pela conciliação ou mediação na maior parte dos litígios fiscais federais, não se descarta a solução consensual pela via da transação, sem o emprego dos referidos métodos, com fundamento no art. 171 do Código Tributário Nacional e na mais recente Lei 13.988, de 14 de abril de 2020.

No que concerne à conciliação no âmbito judicial, o Código de Processo Civil promoveu verdadeira abertura ao sistema de justiça multiportas, ao estabelecer entre suas normas fundamentais que "a conciliação, a mediação e outros métodos de solução consensual de conflitos deverão ser estimulados por juízes, advogados, defensores públicos e membros do Ministério Público, inclusive no curso do processo judicial" (art. 3º).

No procedimento comum, se a petição inicial preencher os requisitos essenciais e não for o caso de improcedência liminar do pedido, o juiz designará audiência de conciliação ou de mediação com antecedência mínima de 30 (trinta) dias, devendo ser citado o réu com pelo menos 20 (vinte) dias de antecedência. A realização da referida audiência é regra, somente não sendo exigível se ambas as partes manifestarem, expressamente, desinteresse na composição consensual e quando não se admitir a autocomposição (art. 334 do CPC/2015).

De fato, há relevante controvérsia relativa à viabilidade de realização de audiência de conciliação em litígios judiciais em matéria tributária, na medida em que a norma excepciona a situação que não se sujeita à autocomposição. No procedimento comum, a questão atinente à indisponibilidade da atividade de cobrança do crédito tributário se acentua, na medida em que, via de regra, o fisco figura no polo passivo de ações antiexacionais.

Nas execuções fiscais, nas quais se vislumbram maiores possibilidades para a celebração de transações, tem-se como disposição norteadora o art. 139, inciso V, do Código de Processo Civil[14], que comete ao juiz promover, a qualquer tempo, a autocomposição, preferencialmente com auxílio de conciliadores e mediadores judiciais.

III – quando forem partes as pessoas a que alude o *caput* do art. 36:

a) a submissão do conflito à composição extrajudicial pela Advocacia-Geral da União implica renúncia do direito de recorrer ao Conselho Administrativo de Recursos Fiscais;

b) a redução ou o cancelamento do crédito dependerá de manifestação conjunta do Advogado-Geral da União e do Ministro de Estado da Fazenda.

14 Art. 139. O juiz dirigirá o processo conforme as disposições deste Código, incumbindo-lhe:

[...]

Título IV • Cap. 15 • CONCILIAÇÃO NO DIREITO TRIBUTÁRIO | 523

Relevante norma que se apresenta na solução autocompositiva de conflitos judicializados é, ainda, a Resolução 125, de 29 de novembro de 2010, que dispõe sobre a Política Judiciário Nacional de tratamento adequado dos conflitos de interesses no âmbito do Poder Judiciário.

A redação original do referido ato normativo previa a competência dos Centros Judiciários de Solução de Conflitos e Cidadania (Cejuscs) para atender aos Juízos, Juizados ou Varas com competência nas áreas cível, fazendária, previdenciária, de família ou dos Juizados Cíveis e Fazendários, com a finalidade de realizar sessões e audiências de conciliação e mediação, bem como de atender e orientar o cidadão. Na redação dada pela Emenda 2, de 8 de março de 2016, a previsão de criação dos Cejuscs foi desvinculada de matérias específicas.

A criação dos Cejuscs teve repercussão prática na solução de conflitos fiscais em diversos estados da federação. A título de exemplo, têm-se o Tribunal de Justiça do Estado da Bahia, que instituiu o Centro Judiciário de Solução de Conflitos Tributários, com o objetivo de promover a transação tributária (Resolução CM/TJBA 02, de 14 de fevereiro de 2011), e o Tribunal de Justiça do Distrito Federal e Territórios, que criou o CEJUSC-FI, com as atribuições de (i) realizar diariamente as audiências de negociação nos processos a ele encaminhados pelas Varas de Execução Fiscal do Distrito Federal, prioritariamente por meio de videoconferência, bem como reduzir a termo o acordo e encaminhá-lo para homologação; (ii) cumprir as metas e orientações estabelecidas pela Segunda Vice-Presidência, pelas Varas de Execução Fiscal e pelo Núcleo Permanente de Mediação e Conciliação; e (iii) facilitar a supervisão das atividades dos negociadores de acordo com as orientações expedidas pela Segunda Vice-Presidência, em conjunto com as Varas de Execução Fiscal (Portaria GPR/TJDFT 732, de 21 de abril de 2020).

Mais recentemente, o Conselho Nacional de Justiça editou a Recomendação 120, de 28 de outubro de 2021, que preconiza o tratamento adequado de conflitos de natureza tributária, quando possível, pela via da autocomposição. O referido diploma recomenda aos magistrados, com atuação em demandas que envolvam direito tributário, a priorizar, sempre que possível, a solução da controvérsia, estimulando a negociação, a conciliação ou a transação tributária, extensível à esfera extrajudicial, observados os princípios da Administração Pública e as condições, os critérios e os limites estabelecidos nas leis e demais atos normativos das unidades da Federação.

O ato recomenda, ainda, "que a audiência prevista no art. 334 do CPC não seja dispensada nas demandas que versem sobre direito tributário, salvo se a Administração Pública indicar expressamente a impossibilidade legal de autocomposição ou apresentar motivação específica para a dispensa do ato", destacando a possibilidade de celebração de protocolos institucionais que delimitem as hipóteses nas quais a audiência prevista no referido dispositivo legal em demandas tributárias seja indicada.

Ainda no que se refere aos protocolos institucionais a serem celebrados com os entes públicos, a referida recomendação prevê que esses podem compreender, também, a disponibilização das condições, dos critérios e dos limites para a realização de autocomposição tributária, inclusive na fase de cumprimento de sentença; a ampla

---

V – promover, a qualquer tempo, a autocomposição, preferencialmente com auxílio de conciliadores e mediadores judiciais;

divulgação de editais de propostas de transação tributária e de outras espécies de auto-composição tributária; a otimização de fluxos e rotinas administrativas entre os entes públicos e o Poder Judiciário no tratamento adequado de demandas tributárias; e o intercâmbio, por meio eletrônico, de dados e informações relacionados às demandas tributárias pendentes de julgamento que envolvem o ente público.

O ato recomenda, ainda, a implementação de Centros Judiciários de Solução de Conflitos Tributários (CEJUSC Tributário) para o tratamento de questões tributárias **em fase pré-processual ou em demandas já ajuizadas**, com funcionamento, preferencial-mente, de forma digital, e viabilidade de disponibilização de sistema informatizado para a resolução de conflitos por autocomposição, nos termos da Resolução CNJ 358/2020.

Estabelece a necessidade de o tribunal que implementar o CEJUSC Tributário observar o Código Tributário Nacional, a Lei 13.988/2020 (Lei de Transação Tribu-tária), o Código de Processo Civil, a Lei 13.140/2015 (Lei de Mediação), a legislação de cada ente federativo e a Resolução CNJ 125/2010, no que couber, especialmente providenciando a capacitação específica de conciliadores e mediadores em matéria tributária. Dispõe, ainda, que os conciliadores e mediadores serão escolhidos, prefe-rencialmente, por (i) atuação comprovada na área tributária por, no mínimo, 5 (cinco) anos; (ii) ausência de vínculo atual, de natureza estatutária, empregatícia ou por meio de escritório de advocacia, com qualquer das partes ou interessados; e (iii) inscrição em cadastro nacional.

Há, ainda, previsão de comunicação ao CEJUSC Tributário, pelo juiz ou relator, quando da identificação de demandas repetitivas de natureza tributária[15], bem como (i) atuar em cooperação jurisdicional; (ii) suspender o processo pela admissão de incidente de resolução de demandas repetitivas de natureza tributária, sem que isso implique, necessariamente, suspensão da exigibilidade do crédito tributário; (iii) observar os precedentes federais e estaduais; (iv) oficiar ao órgão competente para a instauração de incidente de resolução de demandas repetitivas; (v) propor aos órgãos da advocacia pública temas passíveis de serem objeto de transação no contencioso de relevante e disseminada controvérsia jurídica, ou de outras iniciativas de autocomposição; e (vi) sugerir aos órgãos da Advocacia pública a possibilidade de, conforme o caso, praticar atos de disposição, tais como a desistência, renúncia ou reconhecimento do pedido, em situações de precedentes vinculantes desfavoráveis ao ente público litigante.

A norma também possui avanços no que diz respeito à admissão de convenções processuais entre as partes, ao uso da arbitragem, quando autorizado por lei, para resolução de conflitos tributários, e a viabilidade de a sociedade empresária que tiver o processamento da recuperação judicial deferido submeter proposta de transação relativa a créditos inscritos em Dívida Ativa da União[16].

---

[15]   Discute-se, ainda de modo incipiente, a aplicação do incidente de resolução de demandas repetitivas ao PAF, de acordo com o art. 976 do Código de Processo Civil.

[16]   Art. 1º. [...]
§ 1º Nas demandas em curso, o (a) magistrado (a) também poderá incentivar:
I – a celebração de convenções processuais pelas partes, objetivando maior eficiência ao procedimento;
II – o uso, quando autorizado por lei, da arbitragem para a resolução de conflitos tributários, quando for mais adequado e eficiente ao tratamento do litígio, nos termos do art. 3º do CPC e, em caso de concordância pelos litigantes, será firmado compromisso arbitral judicial, com a consequente extinção do feito sem resolução do mérito, nos termos do art. 485, VII, do CPC; e

Ainda sobre a viabilidade de conciliação em conflitos tributários, observa-se importante avanço a partir da Recomendação CNJ 120/2021. Ressaltou-se a possibilidade, em tese, da conciliação em etapa pré-processual ou em demandas já ajuizadas e reafirmou-se a viabilidade, em regra, da conciliação em matéria tributária, atribuindo à advocacia pública o ônus de alegar a indisponibilidade do direito discutido e a motivação específica para a dispensa da conciliação como ato inicial do processo, previsto no art. 334 do Código de Processo Civil, sem prejuízo da celebração de protocolos institucionais em que sejam indicadas as hipóteses possíveis de autocomposição em matéria tributária.

Os correspondentes avanços, todavia, não prescindem da regulamentação do instituto nas esferas da federação, especialmente a fim de disciplinar os casos permitidos de autocomposição por conciliação, nos termos do art. 32, § 2º, da Lei 13.140/2015.

III – o(a) empresário(a) ou a sociedade empresária que tiver o processamento da recuperação judicial deferido a submeter proposta de transação relativa a créditos inscritos em dívida ativa da União, na forma do art. 3º da Lei 14.112/2020, ou em dívida ativa de outros entes, na forma de lei específica.

Capítulo 16
MEDIAÇÃO NO DIREITO TRIBUTÁRIO

A evolução da disciplina legal da mediação no ordenamento jurídico brasileiro muito se assemelha àquela da conciliação. Na qualidade de método autocompositivo de resolução de conflitos, compartilhou, em regra, os mesmos marcos legais que a disciplina da conciliação, até o advento da Lei 13.140/2015, que a legislou de forma específica como meio de solução de controvérsias entre particulares.

A mediação, nos termos do referido diploma legal, consiste na "atividade técnica exercida por terceiro imparcial sem poder decisório, que, escolhido ou aceito pelas partes, as auxilia e estimula a identificar ou desenvolver soluções consensuais para a controvérsia" (art. 1º, parágrafo único).

Orienta-se pelos princípios da (i) imparcialidade do mediador; (ii) isonomia entre as partes; (iii) oralidade; (iv) informalidade; (v) autonomia da vontade das partes; (vi) busca do consenso; (vii) confidencialidade; e (viii) boa-fé (art. 2º). A previsão de cláusula de mediação impõe às partes o dever de comparecer à primeira reunião de mediação, não sendo compulsória, todavia, a permanência no aludido procedimento (art. 2º, §§ 1º e 2º). O referido método de resolução de conflitos pode versar sobre todo o conflito ou parte dele (art. 3º, § 1º).

O art. 3º, *caput*, do referido diploma legal constitui substancial avanço, ao prever que "pode ser objeto de mediação o conflito que verse sobre direitos disponíveis ou sobre direitos indisponíveis que admitam transação", exigindo, porém, no último caso, a homologação do consenso em juízo, exigida a oitiva do Ministério Público (§ 2º).

Como afirmado, em relação aos conflitos tributários, tem-se uma disciplina que viabiliza ampla regulamentação da autocomposição nos Estados, Distrito Federal e Municípios, e uma restrição em relação aos casos em que a controvérsia jurídica seja relativa a tributos administrados pela Secretaria da Receita Federal do Brasil ou a créditos inscritos em Dívida Ativa da União.

No caso dos tributos federais e créditos inscritos em Dívida Ativa da União, apenas é viável o acesso às câmaras de prevenção e resolução administrativa de conflitos em caso de disputas entre órgãos e entidades da Administração Pública, ressalvadas as empresas públicas, as sociedades de economia mista e suas subsidiárias, que não possuem tal acesso para discutir controvérsias tributárias.

A composição extrajudicial dos conflitos entre órgãos ou entidades de Direito Público que integrem a Administração Pública Federal é apresentada como dever[1], inclusive associado à exigência de prévia autorização do Advogado-Geral da União para a propositura de ação judicial, em que figurem concomitantemente nos polos ativo e passivo órgãos ou entidades de direito público que integrem a administração pública federal[2].

Nos casos de conflitos entre entes federativos distintos e a União, suas autarquias e fundações públicas e entre empresas públicas e sociedades de economia mista prestadoras de serviço público em regime não concorrencial, a composição extrajudicial do conflito tributário federal é apresentada como uma faculdade[3].

Quando os órgãos ou entidades de direito público que integram a Administração Pública da União forem partes do conflito, sua submissão à composição extrajudicial pela Advocacia-Geral da União implica renúncia do direito de recorrer ao Conselho Administrativo de Recursos Fiscais. Ademais, a redução ou o cancelamento do crédito dependerá de manifestação conjunta do Advogado-Geral da União e do Ministro de Estado da Fazenda.

Quanto aos demais entes da federação, o referido diploma legal estabelece que, enquanto não forem criadas as câmaras de mediação naquelas esferas, os conflitos poderão ser dirimidos nos termos das disposições comuns do procedimento de mediação de controvérsias entre particulares (art. 33 da Lei 13.140/2015).

---

[1] Art. 36. No caso de conflitos que envolvam controvérsia jurídica entre órgãos ou entidades de direito público que integram a administração pública federal, a Advocacia-Geral da União deverá realizar composição extrajudicial do conflito, observados os procedimentos previstos em ato do Advogado--Geral da União.

§ 1º. Na hipótese do *caput*, se não houver acordo quanto à controvérsia jurídica, caberá ao Advogado--Geral da União dirimi-la, com fundamento na legislação afeta.

§ 2º. Nos casos em que a resolução da controvérsia implicar o reconhecimento da existência de créditos da União, de suas autarquias e fundações em face de pessoas jurídicas de direito público federais, a Advocacia-Geral da União poderá solicitar ao Ministério do Planejamento, Orçamento e Gestão a adequação orçamentária para quitação das dívidas reconhecidas como legítimas.

§ 3º. A composição extrajudicial do conflito não afasta a apuração de responsabilidade do agente público que deu causa à dívida, sempre que se verificar que sua ação ou omissão constitui, em tese, infração disciplinar.

§ 4º. Nas hipóteses em que a matéria objeto do litígio esteja sendo discutida em ação de improbidade administrativa ou sobre ela haja decisão do Tribunal de Contas da União, a conciliação de que trata o *caput* dependerá da anuência expressa do juiz da causa ou do Ministro Relator.

[2] Art. 40. Os servidores e empregados públicos que participarem do processo de composição extrajudicial do conflito, somente poderão ser responsabilizados civil, administrativa ou criminalmente quando, mediante dolo ou fraude, receberem qualquer vantagem patrimonial indevida, permitirem ou facilitarem sua recepção por terceiro, ou para tal concorrerem.

[3] Art. 37. É facultado aos Estados, ao Distrito Federal e aos Municípios, suas autarquias e fundações públicas, bem como às empresas públicas e sociedades de economia mista federais, submeter seus litígios com órgãos ou entidades da administração pública federal à Advocacia-Geral da União, para fins de composição extrajudicial do conflito.

Note-se que, a despeito de o aludido dispositivo mencionar, de forma geral, as empresas públicas e sociedades de economia mista, em relação às disputas em matéria tributária federal, o art. 38, inciso II, prevê que as empresas públicas, sociedades de economia mista e suas subsidiárias que explorem atividade econômica de produção ou comercialização de bens ou de prestação de serviços em regime de concorrência não poderão exercer a faculdade prevista no art. 37.

Consoante o procedimento disciplinado nas normas remetidas pelo referido dispositivo legal, o mediador será designado pelo tribunal ou escolhido pelas partes, cabendo ao mediador conduzir o procedimento de comunicação entre elas, buscando o entendimento e o consenso, bem como facilitando a resolução do conflito. É prevista, ainda, a gratuidade do procedimento de mediação aos hipossuficientes.

Quanto ao mediador, aplicam-se-lhe as mesmas hipóteses legais de impedimento e suspeição do juiz.

Nessa linha, haverá impedimento do mediador nos casos (i) em que interveio como mandatário da parte, oficiou como perito, funcionou como membro do Ministério Público ou prestou depoimento como testemunha; (ii) de que conheceu em outro grau de jurisdição, tendo proferido decisão; (iii) quando nele estiver postulando, como defensor público, advogado ou membro do Ministério Público, seu cônjuge ou companheiro, ou qualquer parente, consanguíneo ou afim, em linha reta ou colateral, até o terceiro grau, inclusive; (iv) quando for parte no processo ele próprio, seu cônjuge ou companheiro, ou parente, consanguíneo ou afim, em linha reta ou colateral, até o terceiro grau, inclusive; (v) quando for sócio ou membro de direção ou de administração de pessoa jurídica parte no processo; (vi) quando for herdeiro presuntivo, donatário ou empregador de qualquer das partes; (vii) em que figure como parte instituição de ensino com a qual tenha relação de emprego ou decorrente de contrato de prestação de serviços; (viii) em que figure como parte cliente do escritório de advocacia de seu cônjuge, companheiro ou parente, consanguíneo ou afim, em linha reta ou colateral, até o terceiro grau, inclusive, mesmo que patrocinado por advogado de outro escritório; (ix) quando promover ação contra a parte ou seu advogado.

Haverá suspeição, por sua vez, do mediador (i) amigo íntimo ou inimigo de qualquer das partes ou de seus advogados; (ii) que receber presentes de pessoas que tiverem interesse na causa antes ou depois de iniciado o processo, que aconselhar alguma das partes acerca do objeto da causa ou que subministrar meios para atender às despesas do litígio; (iii) quando qualquer das partes for sua credora ou devedora, de seu cônjuge ou companheiro ou de parentes destes, em linha reta até o terceiro grau, inclusive; e (iv) interessado no julgamento do processo em favor de qualquer das partes.

O mediador fica, ainda, impedido, pelo prazo de um ano, contado do término da última audiência em que atuou, de assessorar, representar ou patrocinar quaisquer das partes, sendo-lhe vedado, ainda, atuar como árbitro ou funcionar como testemunha em processos judiciais ou arbitrais pertinentes ao conflito. O mediador e todos aqueles que o assessoram no procedimento de mediação, quando no exercício de suas funções ou em razão delas, são equiparados a servidor público, para os efeitos da legislação penal.

O art. 20, parágrafo único, da Lei 13.140/2015 estabelece que "o termo final de mediação, na hipótese de celebração de acordo, constitui título executivo extrajudicial e, quando homologado judicialmente, título executivo judicial". Não obstante a topografia do referido dispositivo indique, a priori, sua aplicabilidade às mediações da Administração Pública enquanto não regulamentadas as câmaras de prevenção e resolução administrativa de conflitos nos Estados, Distrito Federal e Municípios, por ter o art. 33 assentado a aplicabilidade do disposto na Subseção I da Seção III do Capítulo I do referido diploma legal, o procedimento de autocomposição de conflitos em que for parte pessoa jurídica de Direito Público possui norma específica no sentido de que, "se houver consenso entre as partes, o acordo será reduzido a termo e constituirá título executivo extrajudicial" (art. 32, § 3º).

Destarte, ainda que se repute o crédito tributário como direito indisponível, mas passível de transação, não se vislumbra, como regra, a necessidade de homologação pelo juízo da solução autocompositiva em fase pré-processual, de modo que o título executivo resultante do acordo, em tal situação, será extrajudicial, em decorrência da especialidade do último dispositivo legal referido.

Conquanto o mero fato de o direito transacionado ser indisponível não induza, *per se*, a homologação em juízo, haverá necessidade de homologação do acordo nas hipóteses expressamente previstas na Lei 13.988/2020, quais sejam, a de adesão no contencioso tributário de relevante e disseminada controvérsia jurídica envolvendo tributo federal (art. 19, § 1º, inciso I, do referido diploma legal[4]) e, quando expressamente exigida, na transação por adesão no contencioso tributário de pequeno valor na esfera federal[5].

Em relação à mediação, como já mencionado, o art. 1º da Recomendação 120, de 28 de outubro de 2021, indica a priorização, pelos magistrados que atuem nas demandas que envolvam direito tributário, da solução consensual de controvérsia, estimulando, entre outros métodos, a mediação, extensível à seara extrajudicial.

Em relação à mediação judicial, o referido ato recomenda que a audiência de conciliação como ato inicial do processo não seja dispensada nas demandas que versem sobre direito tributário, salvo se a Administração indicar expressamente a impossibilidade legal de autocomposição ou apresentar motivação específica para a dispensa do ato, observada a possibilidade de celebração de protocolos institucionais nos quais os entes públicos apresentem hipóteses nas quais a realização da audiência prevista no art. 334 do Código de Processo Civil em demandas tributárias seja indicada[6].

Há, ainda, previsão de implementação de Centros Judiciários de Solução de Conflitos Tributários (CEJUSC Tributário) para o tratamento de questões tributárias em fase pré-processual ou demandas já ajuizadas, com funcionamento preferencialmente digital[7].

Da aludida recomendação, extrai-se, ainda, a possibilidade de o protocolo institucional firmado com o Judiciário disponibilizar as condições, critérios e limites para

---

[4] Art. 19. Atendidas as condições estabelecidas no edital, o sujeito passivo da obrigação tributária poderá solicitar sua adesão à transação, observado o procedimento estabelecido em ato do Ministro de Estado da Economia.
§ 1º. O sujeito passivo que aderir à transação deverá:
I – requerer a homologação judicial do acordo, para fins do disposto nos incisos II e III do *caput* do art. 515 da Lei 13.105, de 16 de março de 2015 (Código de Processo Civil);
[...].

[5] Art. 26. A proposta de transação poderá ser condicionada ao compromisso do contribuinte ou do responsável de requerer a homologação judicial do acordo, para fins do disposto nos incisos II e III do *caput* do art. 515 da Lei 13.105, de 16 de março de 2015 (Código de Processo Civil).

[6] Art. 2º. Recomendar que a audiência prevista no art. 334 do CPC não seja dispensada nas demandas que versem sobre direito tributário, salvo se a Administração Pública indicar expressamente a impossibilidade legal de autocomposição ou apresentar motivação específica para a dispensa do ato, observado o disposto no art. 4º, III, desta Recomendação.

[7] Art. 5º. Recomendar aos tribunais a implementação de Centros Judiciários de Solução de Conflitos Tributários (CEJUSC Tributário) para o tratamento de questões tributárias em fase pré-processual ou em demandas já ajuizadas.

a realização de autocomposição tributária, com o objetivo de atender ao art. 171 do Código Tributário Nacional[8]. Malgrado o referido dispositivo remeta à previsão das condições em lei, observa-se, a uma, que os casos de mediação podem ser dirimidos em regulamento do ente federado, nos termos do art. 32, § 2º, da Lei 13.140/2015, e, a duas, do art. 26 da LINDB se extrai cláusula geral da autocomposição na Administração Pública.

A referida recomendação do Conselho Nacional de Justiça abre espaço para a solução consensual de conflitos tributários judicializados por mediação inclusive no âmbito da União, a despeito de a restrição relacionada à resolução de conflitos na Câmara de Mediação e de Conciliação da Administração Pública Federal, empreendida no art. 38 da Lei 13.140/2015.

Relativamente aos demais entes da federação, observa-se que o art. 33 da Lei 13.140, de 26 de junho de 2015, viabiliza a adoção da mediação, inclusive judicial, nos Estados, no Distrito Federal e nos Municípios, cabendo às referidas esferas, porém, a regulamentação do instituto.

O Município de Porto Alegre foi pioneiro com a recente aprovação da Lei 13.028 de 11 de março de 2022, que "institui a Mediação Tributária no Município de Porto Alegre e cria a Câmara de Mediação e Conciliação Tributária da Secretaria Municipal de Fazenda (CMCT/ SMF), vinculada à Superintendência da Receita Municipal na SMF".

---

[8] Art. 171. A lei pode facultar, nas condições que estabeleça, aos sujeitos ativo e passivo da obrigação tributária celebrar transação que, mediante concessões mútuas, importe em determinação de litígio e consequente extinção de crédito tributário.
Parágrafo único. A lei indicará a autoridade competente para autorizar a transação em cada caso.

Capítulo 17
ARBITRAGEM NO DIREITO TRIBUTÁRIO

A arbitragem, em seus atuais contornos, tem como seu principal marco no ordenamento jurídico brasileiro a Lei 9.307, de 23 de setembro de 1996.

O sistema erigido no referido dispositivo legal prevê a solução de litígios relativos a direitos patrimoniais disponíveis, ao qual se submetem partes capazes por meio de convenção de arbitragem – assim entendida a cláusula compromissória (convenção anterior ao litígio) e o compromisso arbitral (convenção posterior ao litígio) –, com viabilidade de solução a partir de normas do ordenamento jurídico (arbitragem de direito) ou com base na em valores de justiça e razoabilidade (arbitragem de equidade), com efeitos idênticos aos de sentença proferida por órgãos do Poder Judiciário, produzidos entre as partes e seus sucessores – inclusive constituindo título executivo, judicial, se condenatória.

A norma prevê que o controle da jurisdição estatal sobre a sentença arbitral se dará apenas no sentido do exame de sua nulidade, nos casos em que (i) for nula a convenção de arbitragem; (ii) a sentença arbitral emanou de quem não podia ser árbitro; (iii) não contiver elementos essenciais (relatório com nome das partes e resumo do litígio, fundamentos com exame das questões de fato e de direito e menção expressa se os árbitros julgaram por equidade, dispositivo com prazo para cumprimento da decisão, se houver, ou data e lugar em que foi proferida); (iv) for proferida fora dos limites da convenção de arbitragem; (vi) for comprovado que foi proferida por prevaricação, concussão ou corrupção passiva; (vii) for proferida fora do prazo; ou (viii) forem desrespeitados os princípios do contraditório, da igualdade das partes, da imparcialidade do árbitro e de seu livre convencimento.

A Lei de Arbitragem foi declarada constitucional pelo Supremo Tribunal Federal no julgamento de homologação de sentença arbitral, na Sentença Estrangeira 5.206-7, do Reino da Espanha[1], afirmando a validade de convenção entre partes capazes que exclua, do Poder Judiciário, a apreciação de litígios oriundos de determinada relação jurídica, apenas se cogitando ofensa ao princípio à inafastabilidade da jurisdição (art. 5º, inciso XXXV, da Constituição Federal), caso a lei tornasse compulsória a arbitragem em determinadas situações.

Os votos vencidos reputavam incompatíveis com a garantia da universalidade da jurisdição do Poder Judiciário a cláusula compromissória, considerada a indeterminação de seu objeto, e a viabilidade de se recorrer ao Poder Judiciário para compelir a

---

[1] SE 5.206 AgR, Relato: Sepúlveda Pertence, Tribunal Pleno, j. 12.12.2001, DJ 30.04.2004.

parte recalcitrante a se submeter ao juízo arbitral, julgando inconstitucionais os arts. 6º, parágrafo único, 7º e parágrafos, 41 e 42 da Lei de Arbitragem.

Em decorrência da celeuma atinente à indisponibilidade do interesse público, a arbitragem na Administração Pública passou a ser admitida a partir de tímidos passos.

Entre os primeiros diplomas legais que viabilizaram a arbitragem sob o manto do direito interno no âmbito da Administração Pública, tem-se a Lei 10.848/2004, que previu, em seu art. 4º, § 6º, a viabilidade de empresas públicas e sociedades de economia mista, suas subsidiárias ou controladas, titulares de concessão, permissão e autorização, a integrar a Câmara de Comercialização de Energia Elétrica e a aderir à convenção de arbitragem.

A Lei 11.079, de 2004, estabeleceu a possibilidade de o instrumento convocatório das parcerias público-privadas prever "o emprego dos mecanismos privados de resolução de disputas, inclusive a arbitragem, a ser realizada no Brasil e em língua portuguesa, nos termos da Lei 9.307, de 23 de setembro de 1996, para dirimir conflitos decorrentes ou relacionados ao contrato" (art. 11, inciso III). No ano seguinte, a Lei 11.196/2005 passou a admitir a previsão de resolução de disputas por meio da arbitragem nos contratos de concessão de serviços públicos disciplinados pela Lei 8.987/1995[2].

Após diversas previsões em normas esparsas, especialmente atinentes às concessões de serviços públicos previstas em leis específicas, a Lei 13.129/2015 incluiu os §§ 1º e 2º no art. 1º da Lei 9.307/1996, admitindo que a Administração Pública direta e indireta utilize da arbitragem para dirimir conflitos relativos a direitos patrimoniais disponíveis e dispondo que a autoridade ou órgão competente da administração pública direta para celebração de convenção de arbitragem é a mesma para a realização de acordos ou transações[3]. Estabeleceu, ainda: "a arbitragem que envolva a administração pública será sempre de direito e respeitará o princípio da publicidade".

Todavia, não houve previsão expressa do referido método heterocompositivo de resolução de conflitos em conflitos tributários, nem a delimitação de direitos patrimoniais disponíveis passíveis de arbitragem.

Na Lei 13.448, de 2017, que estabelece diretrizes gerais para prorrogação e relicitação de contratos de parceria nos setores rodoviário, ferroviário e aeroportuário da Administração Pública federal, foram considerada controvérsias sobre direitos patrimoniais disponíveis (i) as questões relacionadas à recomposição do equilíbrio econômico-financeiro dos contratos; (ii) o cálculo de indenizações decorrentes de extinção ou de transferência do contrato de concessão; e (iii) o inadimplemento de obrigações contratuais por qualquer das partes. O Decreto 10.025, de 20 de setembro

---

[2] Art. 120. A Lei 8.987, de 13 de fevereiro de 1995, passa a vigorar acrescida dos arts. 18-A, 23-A e 28-A:
[...]
"Art. 23-A. O contrato de concessão poderá prever o emprego de mecanismos privados para resolução de disputas decorrentes ou relacionadas ao contrato, inclusive a arbitragem, a ser realizada no Brasil e em língua portuguesa, nos termos da Lei 9.307, de 23 de setembro de 1996."

[3] Art. 1º. [...]
§ 1º. A administração pública direta e indireta poderá utilizar-se da arbitragem para dirimir conflitos relativos a direitos patrimoniais disponíveis.
§ 2º. A autoridade ou o órgão competente da administração pública direta para a celebração de convenção de arbitragem é a mesma para a realização de acordos ou transações.

de 2019, que regulamenta o referido dispositivo, todavia, explicitou a natureza meramente exemplificativa do referido rol, ao dispor que caracterizam controvérsias sobre
direitos patrimoniais disponíveis as acima aludidas, "entre outras".

Há autores, como Hugo de Brito Machado, que sustentam ser inviável a instituição
da arbitragem tributária no ordenamento jurídico brasileiro, considerando ser indisponível o direito da Fazenda de arrecadar o tributo[4]. Já se sustentou, todavia, nas linhas
preliminares deste capítulo, que o princípio da indisponibilidade do interesse público
não constitui óbice à adoção do sistema de justiça multiportas no Direito Tributário,
sobretudo porque não conflita com a atividade de cobrança do tributo propriamente
dita – esta, sim, indisponível – e porque o interesse público deve levar em consideração
a eficiência da exação tributária.

Conquanto se tenha afirmado tais premissas, não é menos certo que a arbitragem
tributária carece de normatização no ordenamento jurídico pátrio, em situação que
demanda adaptações inclusive em normas gerais em matéria tributária – sobretudo no
que toca às causas de suspensão da exigibilidade de extinção do crédito tributário –,
submetidas à reserva legal[5].

O sumário executivo apresentado pela pesquisa realizada sobre o contencioso
tributário no Brasil apontou as principais razões para implementação da arbitragem
tributária: "a) o elevado estoque de processos fiscais contenciosos pendentes de julgamento que reclamam medidas mais céleres e eficazes para a sua redução; b) a complexidade das relações jurídicas tributárias, que exigem a participação de julgadores
detentores de conhecimento técnico especializado, sobretudo no contencioso judicial;
c) a celeridade, simplicidade e efetividade do procedimento arbitral".[6]

Discute-se a respeito da necessidade da edição de lei específica, embora alguns
autores defendam que a legislação atualmente existente, com as modificações introduzidas na Lei de Arbitragem em 2015, permitiria a arbitragem tributária no Brasil,
opinião da qual não compartilho por entender indispensável uma legislação própria
para compreender a aplicação do instrumento entre Fisco e contribuintes, inclusive
mediante lei complementar com alteração do CTN.[7]

Não obstante se extraia do art. 171 do Código Tributário Nacional uma abertura
à autocomposição, ao viabilizar a celebração de transação que, mediante concessões

---

[4]   MACHADO, Hugo de Brito. Transação e arbitragem no âmbito tributário. *Revista Fórum de Direito Tributário*, v. 5, n. 28. Belo Horizonte: jul. 2007, p. 115.

[5]   A propósito, a despeito de a Lei n. 13.129, de 26 de maio de 2015, ter estabelecido que "a instituição da
arbitragem interrompe a prescrição, retroagindo à data do requerimento de sua instauração, ainda que
extinta a arbitragem por ausência de jurisdição" (art. 19, § 2º), para que tal norma tivesse repercussão
no Direito Tributário, seria imprescindível a edição de lei complementar, à luz do art. 146, inciso III, da
Constituição Federal.

[6]   Sumário Executivo do Diagnóstico do Contencioso Tributário no Brasil, elaborado pela Associação Brasileira de Jurimetria (ABJ), encomendado pela RFB, por intermédio do BID – Banco Interamericano de
Desenvolvimento. Disponível e acessado em 10 de maio de 2022. https://www.gov.br/receitafederal/pt-
-br/centrais-de-conteudo/publicacoes/estudos/diagnostico-do-contencioso-tributario-administrativo/
sumario-executivo.

[7]   A legislação deve tratar de métodos apropriados para arbitragem tributária, entre os quais, relativamente
aos conflitos que envolvam questões técnicas ou análise dos fatos, tais como classificação fiscal de
mercadorias, preços de transferência, propósito negocial, conceito de estabelecimento permanente,
entre outros.

mútuas, importe a determinação de litígio e consequente extinção de crédito tributário, a transação constitui, conforme linhas gerais traçadas no início deste capítulo, modalidade de autocomposição, e não de heterocomposição, não sendo possível dela extrair uma permissão à arbitragem tributária.

Com efeito, os debates referentes à arbitragem no Direito Tributário brasileiro ainda são incipientes, mais em crescente evolução a partir de projetos de lei em curso no Congresso Nacional. Um substancial avanço no sentido de sua instituição se extrai da recente Recomendação 120, de 28 de outubro de 2021, do Conselho Nacional de Justiça, que estabelece, em seu art. 1º, § 1º, inciso II:

> (...) nas demandas em curso, o (a) magistrado (a) também poderá incentivar o uso, quando autorizado por lei, da arbitragem para a resolução de conflitos tributários, quando for mais adequado e eficiente ao tratamento do litígio, nos termos do art. 3º do CPC e, em caso de concordância pelos litigantes, será firmado compromisso arbitral judicial, com a consequente extinção do feito sem resolução do mérito, nos termos do art. 485, VII, do CPC.

O comando do referido dispositivo também condiciona tal incentivo à autorização por lei.

De todo modo, no direito comparado, já há países que preveem a arbitragem tributária, a exemplo de Portugal. Segundo o art. 124 da Lei 3-B, de 28 de abril de 2010, que autorizou a instituição da arbitragem como forma alternativa de resolução jurisdicional de conflitos em matéria tributária:

> "O processo arbitral tributário deve constituir um meio processual alternativo ao processo de impugnação judicial e à acção para o reconhecimento de um direito ou interesse legítimo em matéria tributária" – correspondente, pois, às ações antiexacionais. Consoante o art. 2º do Decreto-Lei 10, de 20 de janeiro de 2011, a competência dos tribunais arbitrais compreende as pretensões de a) declaração de ilegalidade de actos de liquidação de tributos, de autoliquidação, de retenção na fonte e de pagamento por conta; e b) declaração de ilegalidade de actos de fixação da matéria tributável quando não dê origem à liquidação de qualquer tributo, de actos de determinação da matéria colectável e de actos de fixação de valores patrimoniais.

Nas palavras do Professor Francisco Nicolau Domingos, referência internacional no assunto, o legislador português, assumindo um notável pioneirismo mundial, legitimou, pelo Decreto-lei 10/2011, de 20 de janeiro (RJAT), a arbitragem no Direito Tributário, tendo atribuído a gestão do procedimento e processo arbitral tributário ao Centro de Arbitragem Administrativa (CAAD), cuja constituição foi autorizada pelo Secretário de Estado da Justiça.[8]

---

[8] DOMINGOS, Nicolau Francisco. Estrutura do Centro de Arbitragem Administrativa (CAAD): funcionamento, escolha dos árbitros e limites institucionais. In: MASCITTO, Andréa; MENDONÇA, Priscila Faricelli de (Coord.). Arbitragem tributária: desafios institucionais brasileiros e a experiência portuguesa. São Paulo: Revista dos Tribunais, Thomson Reuters, p. 65.

O Relatório da Comissão Europeia, publicado no ano de 2019, ressalta a eficiência da arbitragem tributária no referido país, informando que o Centro de arbitragem Administrativa (CAAD) requer, em média, 4,5 meses para solucionar um conflito, contra uma média de 10 anos dos tribunais ordinários, o que o torna uma solução elogiada no setor empresarial[9].

No contexto das proposições legislativas, há dois projetos de lei em tramitação no Senado Federal que disciplinam a instituição da arbitragem tributária no Brasil, ainda não aprovados até a edição da obra: o Projeto de Lei 4.257/2019[10], de autoria do Senador Antonio Anastasia e o Projeto de Lei 4.468/2020[11], de iniciativa da Senadora Daniella Ribeiro. O primeiro trata da arbitragem no contexto da judicialização do conflito, enquanto este último pressupõe a ausência de constituição do crédito tributário.

De momento, não se aprofundará no teor dos referidos projetos, sem embargo da sinalização da tendência de criação de um modelo de arbitragem tributária no país[12]. De todo modo, posiciona-se no sentido da possibilidade de advento de disciplina legal da arbitragem tributária no ordenamento jurídico brasileiro.

No âmbito do Direito Tributário internacional, tem-se que a Organização para a Cooperação e o Desenvolvimento (OCDE), após reflexões sobre o aprimoramento de sua Convenção Modelo referente à Tributação de Renda e de Capitais em 2007[13], passou a prever, ao lado do procedimento amigável, a arbitragem como método de solução de controvérsias em possíveis casos de bitributação internacional.

Todavia, conforme salientam Angela Sartori e Carlos Eduardo de Biasi, embora o Brasil já tenha se comprometido adotar a arbitragem como mecanismo de solução de controvérsia nos tratados para evitar a dupla tributação da renda ("TDTs") ao assentir com a implementação da Ação 14 do Projeto BEPS ("*Base Erosion Profit Shifting*"), "até o presente momento não há informação pública a respeito de qualquer iniciativa do País relacionada à adoção da arbitragem, como mecanismo de solução de controvérsias, no âmbito dos TDTs, conforme recomendado"[14].

---

[9] EUROPEAN COMMISSION. Country Report Portugal 2019, Including an In-Depth Review on the prevention and correction of macroeconomic imbalances. *Communication from the Commission to the European Parliament, the European Council, the Council, the European Central Ban and the Eurogroup:* 2019 European Semester: Assessment of progress on structural reforms, prevention and correction of macroeconomic imbalances, and results of in-depth reviews under Regulation (EU) No 1176/2011. Bruxelas, 2019, p. 59. Disponível em: <https://ec.europa.eu/info/sites/info/files/file_import/2019-european-semester-country-report-portugal_en_0.pdf>.

[10] 18.04.2022 – Redistribuído ao Senador Carlos Portinho, para emitir relatório.

[11] Último andamento: 01.10.2021 – Distribuído ao Senador Antonio Anastasia para emitir relatório.

[12] Para maior aprofundamento na questão, cf. PISCITELLI, Tathiane; MASCITTO, Andrea; FERNANDES, André Luiz Fonseca. Um Olhar para a Arbitragem Tributária: Comparativo das Propostas no Senado Federal, Provocações e Sugestões. *Revista Direito Tributário Atual*, n.48. p. 743-767. São Paulo: IBDT, 2º semestre 2021.

[13] OECD. *Improving the resolution of tax treaty disputes: report adopted by the Committee on Fiscal Affairs on 30 January 2007.* Fev. 2007, p. 4-5. Disponível em: http://www.oecd.org/dataoecd/17/59/38055311.pdf.

[14] SARTORI, Angela; BIASI, Carlos Eduardo de. Reflexões sobre a arbitragem tributária no âmbito nacional e internacional. In: SARTORI, Angela (Coord.). Questões atuais de Direito Aduaneiro e Tributário à luz da jurisprudência dos tribunais. 2. ed. Belo Horizonte: Fórum, 2019.

Capítulo 18
TRANSAÇÃO TRIBUTÁRIA

De início, a transação tributária disciplinada no CTN possui contornos distintos daquela prevista no Direito Privado. A transação prevista no art. 840 do Código Civil tem cabimento para prevenir ou terminar o litígio mediante concessões mútuas[1], enquanto a transação tributária, nos termos do art. 171 do CTN, somente pode ser terminativa de litígio, e, conforme o regime jurídico a que se submete o Direito Tributário, não possui natureza contratual[2]. Em outras palavras, o instituto da transação, no ambiente tributário, não tem a funcionalidade de evitar ou impedir demandas, mas propriamente de encerrá-las.

Não obstante, também há semelhanças entre os institutos, na medida em que consubstanciam ato bilateral que, mediante concessões recíprocas, resolvem conflito, traduzindo, sob ambos os prismas, uma forma autocompositiva de solução da controvérsia.

A transação comporta previsão no art. 156, inciso III, do Código Tributário Nacional como causa extintiva do crédito tributário. Todavia, a doutrina não é unívoca quanto à consistência jurídica de tal classificação.

De um lado, tem-se a doutrina de Luís Eduardo Schoueri, segundo o qual a transação implica efetiva extinção do crédito tributário, na medida em que ocorre uma novação da dívida[3]. Paulo de Barros Carvalho, de outro, resiste à referida classificação, por entender que "a extinção da obrigação, quando ocorre a figura transacional, não se dá, propriamente, por força das concessões recíprocas, e sim do pagamento"[4].

Hugo de Brito Machado, por sua vez, admite a extinção parcial do crédito, na extensão do que deixa o fisco de exigir ao pôr fim ao litígio[5]. Leandro Paulsen acolhe a transação tributária como "instrumento para extinção do crédito tributário, tendo caráter formal, enquanto seu conteúdo corresponde às demais causas extintivas, veiculando remissão, anistia, compensação, anulação de parte do crédito e o compromisso de pagamento ou de dação em pagamento"[6].

---

[1] Art. 840. É lícito aos interessados prevenirem ou terminarem o litígio mediante concessões mútuas.
[2] COSTA, Regina Helena. *Curso de Direito Tributário*. São Paulo: Saraiva, 2020, p. 298.
[3] SCHOUERI, Luís Eduardo. *Direito Tributário*. 7. ed. São Paulo: Saraiva, 2017. p. 686.
[4] CARVALHO, Paulo de Barros. *Curso de direito tributário*. 29. ed. São Paulo: Saraiva, 2018, p. 456.
[5] *Op. cit.*, p. 54.
[6] PAULSEN, Leandro. Comentários sobre transação tributária à luz da Lei 13.988/20. *In*: FILHO, Claudio Xavier Seefelder, *et al.* (coord.). *Comentários sobre Transação Tributária*. São Paulo: Thomson Reuters Brasil, 2021, p. 316.

540 | PROCESSO TRIBUTÁRIO – *Eduardo Muniz Machado Cavalcanti*

Entendo e compartilho do posicionamento do último autor, haja vista a transação implicar a extinção do crédito, no montante correspondente às concessões feitas pelo fisco, sob condição resolutória, manifestando-se substancialmente, porém, pelas demais causas extintivas acima aduzidas[7]. Não se afigura acertada a noção de que a transação se confunde com a novação, na medida em que tal raciocínio admitiria haver novo lançamento por ocasião da resolução autocompositiva do conflito – o que não se depreende da disciplina da matéria no Código Tributário Nacional.

O art. 171 do Código Tributário Nacional prevê que as condições para celebração de transação que importe em terminação de litígio, mediante concessões mútuas, deve ser disciplinada em lei, a qual indicará, inclusive, a autoridade competente para autorizar a transação em cada caso[8].

Embora somente se admita, como assentado, a transação tributária que ponha fim ao conflito, a acepção de "litígio" a que alude o dispositivo consiste na noção de Carnelutti, que o conceitua como conflito de interesses qualificado por uma pretensão resistida[9]. Nesse contexto, não se pressupõe a judicialização do conflito, na medida em que o lançamento tributário, *per se*, caracteriza a disputa.

O diploma legal a que se refere o art. 171 do Código Tributário Nacional veio com a edição, primeiramente da Medida Provisória do Contribuinte Legal 899 de 2019, posteriormente convertida na Lei 13.988, de 14 de abril de 2020, ao estabelecer requisitos e condições para a regularização e a resolução de conflitos fiscais entre a Administração Tributária Federal e os contribuintes com débitos junto à União, regulamentando, portanto, o instituto da "transação tributária".

O juízo exercido pela União para celebração de transação em quaisquer das modalidades da lei é discricionário, isto é, exercido sob as balizas da conveniência e da oportunidade, norteada pela demonstração motivada de que a medida atende ao interesse público e pelos princípios da isonomia, da capacidade contributiva, da transparência, da moralidade, da razoável duração dos processos, da eficiência e da publicidade, resguardadas as informações protegidas por sigilo[10].

A transação se aplica, nos termos do referido diploma legal:

---

[7]   A expressão substancial da extinção do crédito se extrai da parte inicial do art. 3º da Lei n. 13.988/2020, segundo a qual "a proposta de transação deverá expor os meios para extinção dos créditos nela contemplados".

[8]   Art. 171. A lei pode facultar, nas condições que estabeleça, aos sujeitos ativo e passivo da obrigação tributária celebrar transação que, mediante concessões mútuas, importe em determinação de litígio e consequente extinção de crédito tributário.
   Parágrafo único. A lei indicará a autoridade competente para autorizar a transação em cada caso.

[9]   CARNELUTTI, Francesco. *Sistema de direito processual civil*. v. I. Trad. Hitomar Martins Oliveira. São Paulo: Classic Book, 2000, p. 78.

[10]   Art. 1º. Esta Lei estabelece os requisitos e as condições para que a União, as suas autarquias e fundações, e os devedores ou as partes adversas realizem transação resolutiva de litígio relativo à cobrança de créditos da Fazenda Pública, de natureza tributária ou não tributária.
   § 1º. A União, em juízo de oportunidade e conveniência, poderá celebrar transação em quaisquer das modalidades de que trata esta Lei, sempre que, motivadamente, entender que a medida atende ao interesse público.
   § 2º. Para fins de aplicação e regulamentação desta Lei, serão observados, entre outros, os princípios da isonomia, da capacidade contributiva, da transparência, da moralidade, da razoável duração dos processos e da eficiência e, resguardadas as informações protegidas por sigilo, o princípio da publicidade.

Título IV • Cap. 18 • TRANSAÇÃO TRIBUTÁRIA | **541**

(i)   **aos créditos tributários não judicializados** sob a administração da Secretaria Especial da Receita Federal do Brasil do Ministério da Economia;

(ii)   à Dívida Ativa cujas inscrição, cobrança e representação incumbam à Procuradoria-Geral da Fazenda Nacional, nos termos do art. 12 da Lei Complementar 73, de 10 de fevereiro de 1993 (isto é, à **Dívida Ativa de natureza tributária**); e

(iii) no que couber, à **Dívida Ativa das autarquias e das fundações públicas federais**, cujas inscrição, cobrança e representação **incumbam à Procuradoria-Geral Federal**, e aos **créditos cuja cobrança seja competência da Procuradoria-Geral da União**, nos termos de ato do Advogado-Geral da União e sem prejuízo do disposto na Lei 9.469, de 10 de julho de 1997.

Exclui-se do escopo da transação, por critérios objetivos, a redução de multas de natureza penal. Sob o prisma subjetivo, por sua vez, não possui direito à transação o devedor contumaz, conforme definição em lei específica. A lei também vedava a concessão de descontos relativos ao Simples Nacional, enquanto não editada lei complementar autorizativa, bem como referentes ao Fundo de Garantia do Tempo de Serviço (FGTS), enquanto não autorizado pelo seu Conselho Curador.

O primeiro óbice somente remanesce em relação aos tributos estaduais e municipais, nas hipóteses em que delegada, mediante convênio, sua cobrança, no regime do Simples Nacional[11]**, em atenção à disciplina da Lei Complementar 174, de 5 de agosto de 2020.**

Em relação ao FGTS, por sua vez, a autorização do Conselho Curador foi externada na Resolução 974, de 11 de agosto de 2020, a qual autoriza a PGFN a realizar acordos de transação resolutiva de litígio, envolvendo concessão de descontos sobre débitos inscritos na Dívida Ativa do FGTS, de forma individual ou por adesão, destacando que "os descontos a serem ofertados somente poderão incidir sobre os valores devidos ao FGTS, sendo vedada, portanto, a redução de valores devidos aos trabalhadores".

A Lei 13.988/2020, ao estabelecer os requisitos e as condições para que a União, as suas autarquias e fundações realizem transações resolutivas de litígios relativamente à cobrança de créditos da Fazenda Pública, de natureza tributária ou não tributária, com os devedores ou as partes adversas, prevê três modalidades de transação (art. 2º):

(i)   **por** proposta individual ou por adesão, na cobrança de créditos inscritos na dívida ativa da União, de suas autarquias e fundações públicas, na cobrança

---

§ 3º. A observância do princípio da transparência será efetivada, entre outras ações, pela divulgação em meio eletrônico de todos os termos de transação celebrados, com informações que viabilizem o atendimento do princípio da isonomia, resguardadas as legalmente protegidas por sigilo.

Art. 5º, inciso LXXIX, da CF. é assegurado, nos termos da lei, o direito à proteção dos dados pessoais, inclusive nos meios digitais.

[11] Art. 2º. Os créditos da Fazenda Pública apurados na forma do Simples Nacional, instituído pela Lei Complementar 123, de 14 de dezembro de 2006, em fase de contencioso administrativo ou judicial ou inscritos em dívida ativa poderão ser extintos mediante transação resolutiva de litígio, nos termos do art. 171 da Lei 5.172, de 25 de outubro de 1966 (Código Tributário Nacional).

Parágrafo único. Na hipótese do *caput* deste artigo, a transação será celebrada nos termos da Lei 13.988, de 14 de abril de 2020, ressalvada a hipótese prevista no § 3º do art. 41 da Lei Complementar 123, de 14 dezembro de 2006.

de créditos que seja da competência da Procuradoria-Geral da União, ou em contencioso administrativo fiscal, segundo redação atual conferida pela Lei 14.375/2022;

(ii) **por adesão, nos demais casos de contencioso judicial ou administrativo tributário**; e

(iii) **por adesão, no contencioso tributário de pequeno valor.**

A primeira modalidade foi disciplinada nos arts. 10 a 15 da Lei 13.988/2020, alterada em parte neste ponto pelas Leis 14.375/2022 e 14.689/2023. Essa transação pode ser proposta pela Procuradoria-Geral da Fazenda Nacional, pela Procuradoria--Geral Federal e pela Procuradoria-Geral do Banco Central, de forma individual ou por adesão, ou por iniciativa do devedor, ou, ainda, pela Procuradoria-Geral da União, em relação aos créditos sob sua responsabilidade.

Na hipótese de cobrança de créditos tributários em contencioso administrativo fiscal, a transação pode ser proposta pela Secretaria Especial da Receita Federal do Brasil, de forma individual ou por adesão, ou por iniciativa do devedor, observada a <u>Lei Complementar 73/1993.</u>

A sistematização e regulamentação da Lei de Transação deu-se inicialmente pela Portaria PGFN 9.917/2020. Atualmente, a legislação mais recente, até a publicação desta edição, é conferida pela Portaria PGFN 6.757/ 2022, sendo espécies de transação: (i) transação por adesão à proposta da Procuradoria-Geral da Fazenda Nacional; (ii) transação individual proposta pela Procuradoria-Geral da Fazenda Nacional; e (iii) transação individual proposta pelo devedor inscrito em Dívida Ativa da União e do FGTS, inclusive simplificada.

A transação pode contemplar, cumulativamente ou não:

(a) a concessão de **descontos nas multas, nos juros de mora e nos encargos legais** relativos a **créditos** a serem transacionados que sejam **classificados como irrecuperáveis ou de difícil recuperação**, assim compreendidos, nos termos do art. 25 da Portaria PGFN 6.757/ 2022, alterado em parte pela Portaria PGFN 1.241/2023, os inscritos em dívida ativa há mais de 15 (quinze) anos e sem anotação atual de garantia ou suspensão de exigibilidade; com exigibilidade suspensa por decisão judicial, nos termos do art. 151, IV ou V, da Lei 5.172/1966 – CTN, há mais de 10 (dez) anos; de titularidade de devedores: a) falidos; b) em recuperação judicial ou extrajudicial; c) em liquidação judicial; ou d) em intervenção ou liquidação extrajudicial; de titularidade de devedores pessoa jurídica cuja situação cadastral no CNPJ seja: a) baixado por inaptidão; b) baixado por inexistência de fato; c) baixado por omissão contumaz; d) baixado por encerramento da falência; e) baixado pelo encerramento da liquidação judicial; f) baixado pelo encerramento da liquidação; g) inapto por localização desconhecida; h) inapto por inexistência de fato; i) inapto omisso e não localizado; j) inapto por omissão contumaz; suspenso por inexistência de fato; ou l) baixado pelo encerramento da liquidação extrajudicial; de titularidade de devedores pessoa física com indicativo de óbito; ou se os respectivos processos de execução fiscal estiverem arquivados com fundamento no art. 40 da Lei 6.830/1980 há mais de 3 (três) anos;

(b) o oferecimento de descontos e a utilização de créditos de prejuízo fiscal e de base de cálculo negativa da Contribuição Social sobre o Lucro Líquido (CSLL) aos débitos considerados irrecuperáveis ou de difícil recuperação pela Procuradoria-Geral da Fazenda Nacional; possibilidade de parcelamento e de diferimento ou moratória, ressalvados os débitos de FGTS inscritos em dívida ativa; bem como a flexibilização das regras para aceitação, avaliação, substituição e liberação de garantias, além da constrição ou alienação de bens; e, ainda, a possibilidade de utilização de créditos líquidos e certos decorrentes de decisões transitadas em julgado, de que trata o § 11 do art. 100 da <u>Constituição</u>, nos termos de ato conjunto do Advogado-Geral da União e do Ministro de Estado da Fazenda.

(c) **a possibilidade de incluir** créditos negociados em parcelamento ativo e em situação regular, sendo que, neste caso, serão mantidos os benefícios concedidos relativamente às parcelas vencidas e liquidadas, vedada a acumulação de descontos entre a transação e o programa de parcelamento. A desistência dos parcelamentos anteriormente concedidos é feita de forma irretratável e irrevogável e implica sua imediata rescisão, considerando-se o sujeito passivo optante notificado das respectivas extinções, dispensada qualquer outra formalidade. E, nas hipóteses em que a transação pretendida seja cancelada, rescindida ou não produza efeitos, os parcelamentos para os quais houver desistência não serão restabelecidos, conquanto a desistência, cancelamento ou rescisão da transação implica a perda dos benefícios assegurados, salvo disposição em contrário na norma de regência do parcelamento original.

Nessa modalidade, é vedada a transação que (i) reduza o montante principal do crédito ou conceda descontos sobre quaisquer valores devidos aos trabalhadores, conforme critérios estabelecidos pela <u>Lei 8.036/1990</u>; (ii) reduza multas de natureza penal; (iii) implique redução superior a 65% do valor total dos créditos a serem transacionados (salvo na hipótese que envolver pessoa natural, microempresa ou empresa de pequeno porte, quando a redução máxima pode ser de até 70%, ampliando-se o prazo máximo de quitação para até 145 meses, respeitado o disposto no § 11 do art. 195 da Constituição Federal quando se tratar de contribuições previdenciárias devidas ao INSS; (iv) utilize créditos de prejuízo fiscal e base de cálculo negativa da CSLL em valor superior a 70% do saldo a ser pago pelo contribuinte; (v) conceda prazo de quitação dos créditos superior a 120 meses; (vi) envolva créditos não inscritos em dívida ativa da União ou do FGTS; e (vii) seja relativo a devedor contumaz.

A Lei Federal 14.689/2023, ao reinstituir o voto de qualidade[12] na hipótese de empate nos julgamentos realizados pelo CARF, trouxe uma novidade no ambiente da transação do contencioso administrativo e na cobrança do crédito público ao pre-

---

[12] Decreto Federal 70.235/1972. Art. 25. (...) 0
§ 9º Os cargos de Presidente das Turmas da Câmara Superior de Recursos Fiscais, das câmaras, das suas turmas e das turmas especiais serão ocupados por conselheiros representantes da Fazenda Nacional,

ver que, havendo decisão desfavorável pelo voto de qualidade, pode o contribuinte manifestar interesse em transacionar no prazo de noventa dias do encerramento do processo administrativo.

> Art. 3º Os créditos inscritos em dívida ativa da União em discussão judicial que tiverem sido resolvidos favoravelmente à Fazenda Pública pelo voto de qualidade previsto no § 9º do art. 25 do Decreto nº 70.235, de 6 de março de 1972, poderão ser objeto de proposta de acordo de transação tributária específica, de iniciativa do sujeito passivo.

Nesse cenário, os juros de mora são excluídos até a data do acordo para pagamento. O montante principal pode ser quitado em até 12 parcelas mensais e sucessivas, corrigidas conforme a legislação vigente. Entretanto, caso haja inadimplência, os juros de mora são retomados, mantendo-se as condições previstas na Lei 9.065/1995.

O dispositivo também permite a utilização de créditos decorrentes de prejuízo fiscal e base de cálculo negativa da Contribuição Social sobre o Lucro Líquido (CSLL), pertencentes ao próprio contribuinte ou a empresas de um mesmo grupo econômico, para quitar o débito tributário correspondente. Esses créditos devem ser apurados e declarados à Receita Federal, independentemente do ramo de atividade. O valor dos créditos é calculado pela aplicação das alíquotas do imposto de renda e da CSLL sobre os respectivos montantes de prejuízo fiscal e base de cálculo negativa, conforme regulamentação específica.

A utilização dos créditos extingue o débito sob condição resolutória, sujeita à posterior homologação pela Receita Federal, que dispõe de um prazo de até cinco anos para realizar essa análise. O pagamento contempla apenas a parcela controvertida resolvida pelo voto de qualidade, e, caso o contribuinte não opte por essa forma de pagamento, os créditos são encaminhados para inscrição em dívida ativa da União em até 90 dias, sem a incidência do encargo do Decreto-Lei 1.025/1969, aplicando-se ainda regras específicas previstas no decreto.

Durante o prazo para manifestação de pagamento, a existência dos créditos tributários não impede a emissão de certidão de regularidade fiscal, garantindo a possibilidade de cumprimento de outras obrigações do contribuinte. Adicionalmente, o pagamento dos débitos permite a utilização de precatórios para amortização ou quitação do saldo remanescente, conforme disposto no art. 100, § 11, da Constituição Federal.

Essa modalidade de transação decorrente do resultado do voto de qualidade no CARF favorável à Fazenda Pública pretende estabelecer uma vantagem ao contribuinte que foi derrotado por voto duplo do Presidente da Turma de Julgamento pelo empate no julgamento, incentivando a resolução célere de litígios e a regularização tributária de forma menos onerosa se comparada às demais situações em geral. Essa

---

que, em caso de empate, terão o voto de qualidade, e os cargos de Vice-Presidente, por representantes dos contribuintes.

§ 9º-A. Ficam excluídas as multas e cancelada a representação fiscal para os fins penais de que trata o art. 83 da Lei nº 9.430, de 27 de dezembro de 1996, na hipótese de julgamento de processo administrativo fiscal resolvido favoravelmente à Fazenda Pública pelo voto de qualidade previsto no § 9º deste artigo.

solução pretende mitigar os efeitos da controvérsia decorrente do voto de qualidade, incentivando o contribuinte a aderir a um pagamento com condições mais favoráveis, especialmente pela exclusão dos juros de mora e pela possibilidade de utilização de créditos fiscais e precatórios.

Um debate jurídico surgido acerca dessa nova possibilidade de transação "do voto de qualidade" está na utilização de créditos de prejuízo fiscal e de base de cálculo negativa da CSLL de forma ilimitada. A Lei 14.689/2023 não faz qualquer restrição quanto ao percentual desses créditos que pode ser utilizado, o que abre espaço para sua aplicação integral na amortização do saldo devido, após a exclusão de multas e juros de mora. Esse permissivo é uma novidade importante, considerando que as transações até então limitavam o uso desses créditos a percentuais específicos.

Outro ponto que pode provocar discussões jurídicas diz respeito à ausência da necessidade de qualquer análise ou classificação sobre o grau de recuperabilidade do crédito tributário (irrecuperável ou de difícil recuperação) para fins de adesão a essa modalidade de transação. Além disso, foram ampliados os benefícios gerais das transações, com descontos máximos agora podendo alcançar até 75%, dependendo do tipo de contribuinte, e prazos de pagamento estendidos para até 145 meses.

Portanto, ocorrendo decisão desfavorável pelo voto de qualidade, caso o contribuinte manifeste seu interesse em transacionar no prazo de noventa dias do encerramento do processo administrativo, terá ele assegurado o direito de: (i) exclusão das multas e cancelamento da representação fiscal para fins penais de que trata o art. 83 da Lei Federal 9.430/1996; (ii) exclusão, até a data do acordo para pagamento à vista ou parcelado, dos juros de mora; (iii) pagamento do montante principal em até 12 parcelas, mensais e sucessivas, corrigidas; (iv) utilização de créditos de prejuízo fiscal e de base de cálculo negativa da Contribuição Social sobre o Lucro Líquido para amortização da dívida transacionada; (v) utilização de créditos decorrentes de precatório para pagamento do montante principal; e (vi) dispensa de garantia como condição para negociação.

Todas essas condições, somadas à flexibilização na utilização de créditos fiscais, buscam evitar a judicialização pelos contribuintes da disputa tributária então travada no CARF a respeito de créditos públicos federais por meio da regularização mediante parâmetros de maior vantajosidade.

A segunda hipótese de cabimento da transação consiste na transação por adesão no contencioso tributário de relevante e disseminada controvérsia jurídica, prevista nos arts. 16 a 22-B da Lei 13.988/2020. A hipótese se destina aos litígios aduaneiros ou cuja controvérsia jurídica ultrapasse os limites subjetivos da causa. Nessas situações, a Fazenda Nacional divulga, na imprensa oficial e nos respectivos sítios eletrônicos, edital que especifique as hipóteses fáticas e jurídicas da transação, aberta à adesão de todos os sujeitos passivos que se enquadrem nessas hipóteses e que satisfaçam as condições previstas na lei e no edital. O art. 17, § 2º, da Lei 13.988/2020 estabelecia o limite de redução ou concessão ao desconto de 50% do crédito, com prazo máximo de quitação de 84 meses. Com o advento da alteração promovida pela Lei 14.689/2023 no referido dispositivo, as reduções e concessões de desconto passaram a ser de até 65% do crédito, com prazo máximo de quitação de 120 meses.

Nessa modalidade, a proposta e a adesão à transação não podem ser utilizadas como argumento jurídico para validar ou desqualificar as teses defendidas por qualquer das partes, garantindo que a transação seja compreendida como um ato pragmático e vantajoso, fundamentado unicamente nas concessões recíprocas realizadas, sem que isso implique reconhecimento ou precedência de qualquer tese jurídica. Além disso, as propostas de transação devem ser direcionadas a controvérsias específicas, como aquelas relacionadas a determinados segmentos econômicos, grupos de contribuintes ou responsáveis delimitados, com a pretensão de conferir isonomia e previsibilidade. E, ainda, é proibido que essas propostas alterem o regime jurídico tributário, de modo a preservar a legalidade, evitando que a transação seja utilizada para modificar regras estabelecidas ou criar exceções que comprometam a uniformidade do sistema.

Por fim, é imprescindível que as controvérsias sejam de relevância jurídica e disseminadas, compreendendo questões que transcendam os interesses individuais e subjetivos das partes e impactem um universo mais amplo de contribuintes ou o próprio sistema tributário. Essa delimitação privilegia a resolução de litígios com maior alcance e relevância, contribuindo para a pacificação de grandes disputas e a uniformização de entendimentos.

A celebração da transação na aludida modalidade compete à Secretaria Especial da Receita Federal do Brasil do Ministério da Economia, no âmbito do contencioso administrativo; e à Procuradoria-Geral da Fazenda Nacional, nas demais hipóteses legais.

Tendo em vista o requisito previsto no art. 171 do CTN, referente à existência de litígio, o art. 18 da Lei de Transação Tributária estabelece que "a transação somente será celebrada se constatada a existência, na data de publicação do edital, de inscrição em Dívida Ativa, de ação judicial, de embargos à execução fiscal ou de reclamação ou recurso administrativo pendente de julgamento definitivo, relativamente à tese objeto da transação". Caso constatado que, antes da celebração da transação, havia decisão transitada em julgado que impedisse sua celebração, a transação deve ser rescindida.

O sujeito que aderir à transação no contencioso tributário de relevante e disseminada controvérsia jurídica deve requerer a homologação do acordo em juízo, o qual formará título executivo judicial, nos termos do art. 515, incisos II e III, do CPC[13], pondo fim ao processo administrativo ou judicial; e, antes da Lei 14.689/2023, deveria sujeitar-se, em relação aos fatos geradores futuros ou não consumados, ao entendimento dado pela administração tributária à questão em litígio. Por questões de política tributária e visando alcançar melhores resultados no objetivo do programa, houve revogação desse dispositivo.

São vedadas transações, nessa modalidade, relativamente ao mesmo crédito tributário eventualmente já transacionado; bem como a oferta de transação por adesão quando o ato ou a jurisprudência[14] for em sentido integralmente desfavorável à Fazenda

---

[13] Art. 515. São títulos executivos judiciais, cujo cumprimento dar-se-á de acordo com os artigos previstos neste Título:
[...]
II – a decisão homologatória de autocomposição judicial;
III – a decisão homologatória de autocomposição extrajudicial de qualquer natureza;

[14] Pode-se entender como matéria pacificada, para os fins da Lei 13.988/2020, as decisões do Supremo Tribunal Federal em controle concentrado de constitucionalidade, os enunciados de súmula vinculante, os acórdãos em incidente de assunção de competência ou de resolução de demandas repetitivas e em julgamento de recursos extraordinário e especial repetitivos e os enunciados das súmulas do

Nacional; e, ainda, quando a proposta de transação com efeito prospectivo resultar, direta ou indiretamente, em regime especial, diferenciado ou individual de tributação.[15]

Segundo a mais recente alteração promovida pela Lei 14.689/2023 na Lei 13.988/2020, a adesão será indeferida caso não resulte na extinção integral do litígio administrativo ou judicial, salvo nas situações em que ficar comprovada, de forma inequívoca, a possibilidade de divisão do objeto em conformidade com os critérios previstos em ato normativo. Adicionalmente, o edital poderá prever que a solicitação de adesão deva incluir todos os litígios relacionados à tese objeto da transação existentes na data do pedido, mesmo que ainda não tenham sido definitivamente julgados.

Na correspondente modalidade de transação, portanto, são vedadas (i) a celebração de nova transação relativa ao mesmo crédito tributário; (ii) a oferta de transação por adesão nas hipóteses de dispensa de contestação, contrarrazões, interposição de recursos ou desistência de recursos pela PGFN, previstas no art. 19 da Lei 10.522/2002 ou quando a matéria for integralmente desfavorável à Fazenda Nacional; e (iii) a proposta de transação com efeito prospectivo que resulte, direta ou indiretamente, em regime especial, diferenciado ou individual de tributação. O segundo óbice apontado não se aplica, porém, à oferta de transação relativa à controvérsia no âmbito da liquidação de sentença ou não abrangida na jurisprudência ou nos atos previstos no art. 19 da Lei 10.522/2002 (notadamente por distinção).

Alguns temas já foram objeto de regulamentação pela PGFN, desde a edição da Lei 13.988/2020, para fins de permitir a transação por adesão na hipótese de "contencioso de relevante e disseminada controvérsia jurídica". O primeiro deles, relativamente ao pagamento de participação nos lucros e resultados (PLR) a empregados e diretores sem a incidência das contribuições previdenciárias; e, depois, outro tema, aqui exemplificativamente, o aproveitamento fiscal de despesas de amortização de ágio decorrente de aquisição de participações societárias, limitada às operações de incorporação, fusão

---

Supremo Tribunal Federal em matéria constitucional e do Superior Tribunal de Justiça em matéria infraconstitucional.

[15] São hipóteses, inclusive, que viabilizam a dispensa de contestação, contrarrazões, interposição de recursos ou desistência de recursos interpostos aquelas em que a ação ou decisão judicial ou administrativa versar sobre:

(i) as matérias delimitadas no art. 18 da Lei 10.522/2002;

(ii) tema que seja objeto de parecer, vigente e aprovado, pelo Procurador-Geral da Fazenda Nacional, que conclua no mesmo sentido do pleito do particular;

(iii) tema sobre o qual exista súmula ou parecer do Advogado-Geral da União que conclua no mesmo sentido do pleito do particular;

(iv) tema fundado em dispositivo legal que tenha sido declarado inconstitucional pelo Supremo Tribunal Federal em sede de controle difuso e tenha tido sua execução suspensa por resolução do Senado Federal, ou tema sobre o qual exista enunciado de súmula vinculante ou que tenha sido definido pelo Supremo Tribunal Federal em sentido desfavorável à Fazenda Nacional em sede de controle concentrado de constitucionalidade;

(v) tema decidido pelo Supremo Tribunal Federal, em matéria constitucional, ou pelo Superior Tribunal de Justiça, pelo Tribunal Superior do Trabalho, pelo Tribunal Superior Eleitoral ou pela Turma Nacional de Uniformização de Jurisprudência, no âmbito de suas competências, quando for definido em sede de repercussão geral ou recurso repetitivo ou não houver viabilidade de reversão da tese firmada em sentido desfavorável à Fazenda Nacional, conforme critérios definidos em ato do Procurador-Geral da Fazenda Nacional; e

(vi) tema que seja objeto de súmula da administração tributária federal de que trata o art. 18-A da Lei 10.522/2002.

e cisão ocorridas até 31 de dezembro de 2017, cuja participação societária tenha sido adquirida até 31 de dezembro de 2014.

A Lei 14.973/2024, ao modificar a Lei 13.988/2020, acrescentou os arts. 22-C a 22-E trazendo uma nova modalidade de transação fundamentada em relevante interesse regulatório previamente reconhecido pelo Advogado-Geral da União. Trata-se da inclusão de um marco significativo na compreensão da dívida ativa de natureza não tributária relativamente aos créditos públicos cobrados no âmbito das autarquias e fundações públicas federais.

O art. 22-C estabelece que o relevante interesse regulatório constitui requisito essencial para a celebração da transação. Esse conceito, definido no § 1º, visa garantir a continuidade de políticas públicas ou serviços essenciais prestados pelas entidades credoras. O § 2º do mesmo dispositivo detalha as diretrizes que devem nortear o reconhecimento desse interesse, destacando-se a delimitação objetiva do grupo de devedores e a análise dos pressupostos fáticos e jurídicos que justifiquem a medida, como a manutenção das atividades de agentes regulados, o desempenho de políticas públicas, a preservação da função social da regulação e a consideração de benefícios sociais, ambientais ou econômicos.

A decisão sobre o relevante interesse regulatório depende de manifestação fundamentada dos dirigentes das autarquias ou fundações públicas federais e de ato específico do Advogado-Geral da União. Esse procedimento assegura transparência e controle na definição de situações que demandam a transação, conforme prevê o § 2º, inciso IV, que exige, no caso de agências reguladoras, a elaboração prévia de uma Análise de Impacto Regulatório (AIR).

O art. 22-D detalha os aspectos procedimentais da transação, conferindo à Procuradoria-Geral Federal (PGF) competência para propor transações de forma individual ou por adesão, desde que a medida atenda ao interesse público. O dispositivo revela que a iniciativa do devedor em propor transação individual é vedada, preservando o caráter discricionário e estratégico da atuação estatal. Além disso, a proposta de transação suspende o andamento de execuções fiscais, salvo oposição justificada pela PGF, contribuindo para a eficiência na gestão dos créditos em litígio, enquanto os devedores, nos processos administrativos, podem renunciar a direitos contestados para incluir os créditos na transação, ampliando a viabilidade do instrumento.

A transação também envolve compromissos específicos por parte dos devedores, como a manutenção de serviços públicos, a conclusão de obras delegadas e a apresentação de planos de conformidade regulatória, conforme disposto no § 3º do art. 22-D. Essas exigências asseguram que os objetivos institucionais das entidades credoras sejam preservados. Os prazos e descontos concedidos são definidos conforme o grau de recuperabilidade do crédito, respeitando-se o valor principal. Descontos mais expressivos podem ser concedidos para créditos de multas administrativas pagos à vista, e o prazo para pagamentos pode ser ampliado em casos que envolvam projetos de interesse social.

Por fim, o art. 22-E delega ao Advogado-Geral da União a regulamentação detalhada das transações, garantindo que os princípios da governança pública, transparência e eficiência sejam observados. Essa inovação normativa reflete a evolução das práticas de cobrança no Direito Público, alinhando a eficiência arrecadatória com a promoção de políticas públicas. A regulamentação introduzida pela Lei 14.973/2024

Título IV • Cap. 18 • TRANSAÇÃO TRIBUTÁRIA | **549**

amplia a função regulatória do Estado e incentiva soluções negociadas que conciliem o interesse público com a realidade econômica e social dos devedores.

Na última modalidade, consistente na transação por adesão no contencioso de pequeno valor, assim considerado aquele cujo lançamento fiscal ou controvérsia não supere 60 (sessenta) salários mínimos, há previsão de regulamentação, pelo Ministro da Economia, de procedimento especial no contencioso administrativo, mediante adoção de métodos alternativos de solução de litígio, inclusive transação.[16]

A transação por essa modalidade, todavia, adstringe-se às hipóteses em que o sujeito passivo se trata de pessoa natural, microempresa ou empresa de pequeno porte. A transação compreende **(i) a concessão de descontos, observado o limite máximo de 50% do valor do crédito; (ii)** oferecimento de **prazos e formas de pagamento especiais**, incluídos o diferimento e a moratória, obedecido o **prazo máximo de quitação de 60 meses; e (iii) oferecimento, substituição ou alienação de garantias e de constrições**.

No procedimento de contencioso tributário de pequeno valor, o julgamento tem como última instância órgão colegiado da Delegacia da Receita Federal do Brasil de Julgamento da Secretaria Especial da Receita Federal do Brasil, aplicando-se o disposto no Decreto 70.235/1972, apenas subsidiariamente. Devem ser observados o contraditório, a ampla defesa e a vinculação aos entendimentos do CARF.

O procedimento foi regulamentado inicialmente pela Portaria ME 247/2020, revogada pela atual Portaria Normativa MF 1.584/2023, com o propósito de simplificar e otimizar a resolução de litígios fiscais de menor impacto financeiro. Nos termos do art. 30 da referida portaria, considera-se contencioso tributário de pequeno valor aquele cujo débito inscrito em dívida ativa ou objeto de lançamento fiscal, incluindo o principal e a multa, não exceda o limite de sessenta salários mínimos por processo, desde que o sujeito passivo seja pessoa natural, microempresa ou empresa de pequeno porte. Para caracterizar microempresa ou empresa de pequeno porte, utiliza-se a receita bruta nos limites estabelecidos no art. 3º da Lei Complementar 123/2006, desconsiderando-se outros critérios para adesão ao regime especial.

O art. 31 determina que a transação desses créditos poderá ocorrer tanto durante a fase de impugnação, recurso ou reclamação administrativa quanto no processo de cobrança da dívida ativa. A responsabilidade pela oferta de edital e pelos atos procedimentais varia conforme a esfera administrativa: compete à Secretaria Especial da Receita Federal do Brasil no contencioso administrativo e à Procuradoria-Geral da Fazenda Nacional nas demais situações.

Quanto aos benefícios previstos para a transação, o art. 32 autoriza a concessão de descontos de até 50% do valor total do crédito, prazos especiais para pagamento, incluindo diferimento e moratória (limitados a sessenta meses), bem como a possibilidade de oferecimento, substituição ou alienação de garantias. Esses benefícios podem ser cumulados, conforme o § 1º, enquanto o § 2º estabelece que os descontos serão inversamente proporcionais ao prazo de pagamento. O contribuinte, de acordo com

---

[16] A Lei 14.375/2022 modificou a Lei 13.988/2020 com uma sutil supressão. Excluiu da nomenclatura dessa modalidade de transação a palavra "tributário", de modo que a redação atual do dispositivo é: "Transação por Adesão no Contencioso de Pequeno Valor".

o § 3º, pode optar pelas condições previstas no edital para quitar débitos de forma global ou individual.

Por fim, o art. 33 exige que, em casos em que o crédito ultrapasse trinta salários mínimos, o aderente solicite a homologação judicial do acordo para que este produza os efeitos legais previstos nos incisos II e III do art. 515 da Lei 13.105/2015. Essa exigência, porém, deve observar as disposições do parágrafo único do art. 19.

Em todas as modalidades acima tratadas, a proposta de transação deverá expor os meios para a extinção dos créditos nela contemplados e estará condicionada, no mínimo, à assunção pelo devedor dos compromissos de:

(i) não utilizar a transação de forma abusiva, com a finalidade de limitar, de falsear ou de prejudicar, de qualquer forma, a livre concorrência ou a livre-iniciativa econômica;

(ii) não utilizar pessoa natural ou jurídica interposta para ocultar ou dissimular a origem ou a destinação de bens, de direitos e de valores, os seus reais interesses ou a identidade dos beneficiários de seus atos, em prejuízo da Fazenda Pública federal;

(iii) não alienar nem onerar bens ou direitos sem a devida comunicação ao órgão da Fazenda Pública competente, quando exigido em lei;

(iv) desistir das impugnações ou dos recursos administrativos que tenham por objeto os créditos incluídos na transação e renunciar a quaisquer alegações de direito sobre as quais se fundem as referidas impugnações ou recursos; e

(v) renunciar a quaisquer alegações de direito, atuais ou futuras, sobre as quais se fundem ações judiciais, inclusive as coletivas, ou recursos que tenham por objeto os créditos incluídos na transação, por meio de requerimento de extinção do respectivo processo com resolução de mérito, nos termos da alínea "c" do inciso III do *caput* do art. 487 do Código de Processo Civil.

A proposta de transação deferida importa em aceitação plena e irretratável de todas as condições estabelecidas na lei e em sua regulamentação, de modo a constituir confissão irrevogável e irretratável dos créditos abrangidos pela transação, importando confissão.

Quando a transação envolver moratória ou parcelamento, o que ocorre na maioria dos casos, suspender-se-á a exigibilidade do crédito tributário, nos termos do art. 151, incisos I e VI, do Código Tributário Nacional. Os créditos somente serão extintos quando integralmente cumpridas as condições previstas no termo.

Por fim, implica rescisão da transação:

(i) o descumprimento das condições, das cláusulas ou dos compromissos assumidos;

(ii) a constatação, pelo credor, de ato tendente ao esvaziamento patrimonial do devedor como forma de fraudar o cumprimento da transação, ainda que realizado anteriormente à sua celebração;

(iii) a decretação de falência ou de extinção, pela liquidação, da pessoa jurídica transigente;

Título IV • Cap. 18 • TRANSAÇÃO TRIBUTÁRIA | 551

(iv) a comprovação de prevaricação, de concussão ou de corrupção passiva na sua formação;

(v)   a ocorrência de dolo, de fraude, de simulação ou de erro essencial quanto à pessoa ou quanto ao objeto do conflito;

(vi) a ocorrência de alguma das hipóteses rescisórias adicionalmente previstas no respectivo termo de transação; ou

(vii) a inobservância de quaisquer disposições da lei ou do edital.

Constatada quaisquer das referidas formas de rescisão, garantir-se-á a ampla defesa do sujeito passivo, notificando-o para apresentar impugnação no prazo de 30 (trinta) dias, na forma da Lei 9.784/1999. Porém, quando o vício for sanável, será admitida sua regularização durante o prazo concedido para a impugnação, preservada a transação em todos os seus termos.

A rescisão da transação implicará o afastamento dos benefícios concedidos e a cobrança integral das dívidas, deduzidos os valores já pagos, sem prejuízo de outras consequências previstas na regulamentação. O art. 4º, § 4º, da Lei 13.988/2020 também prescreve como efeito da rescisão a vedação, pelo prazo de 2 anos, da formalização de nova transação, ainda que relativa a débitos distintos. O período depurador é computado a partir da data da rescisão.

A transação já vem sendo utilizada pela União desde a edição da Lei 13.988/2020 e despertou nas demais unidades federadas a iniciativa como instrumento complementar para resolução de controvérsias e terminativas de litígios, além disso apresenta-se como relevante mecanismo satisfatório de arrecadação tributária. Diante do bom exemplo, o estado de São Paulo editou a mais recente Lei 17.843/2023, regulamentada especialmente pela Resolução PGE 6/2024. Quanto às modalidades, são as mesmas da transação federal, quais sejam: (i) por adesão, que seguem regras estipuladas por edital e oferece maior simplicidade e celeridade, e (ii) individual, disponível para situações especiais que exigem análise mais aprofundada, como para dívidas acima de R$ 10 milhões ou, ainda, não enquadradas em editais vigentes. Além disso, para dívidas entre R$ 1 e 10 milhões, o contribuinte pode optar pela transação individual simplificada, que mantém parte das flexibilidades sem as complexidades da individual.

Os descontos são restritos aos créditos irrecuperáveis ou de difícil recuperação, podendo chegar a 75% dos acréscimos para pagamentos em parcela única daqueles primeiros citados, nos termos da Resolução PGE 6/2024. Uma diferença importante sobre o desconto é que, no âmbito do edital vigente destinado aos devedores em situações de crise (3/2024), os descontos chegam a 100% dos acréscimos.

Seguindo o exemplo da União, além de São Paulo, outros estados brasileiros também estão implementando mecanismos semelhantes de transação tributária, consolidando essa ferramenta como uma prática eficiente para resolução de litígios fiscais e incremento da arrecadação. Estados como Minas Gerais, Rio de Janeiro e Goiás já editaram legislações específicas para regulamentar a transação no âmbito estadual, adaptando as modalidades às suas realidades fiscais e às necessidades dos contribuintes locais. Esse movimento demonstra a crescente adesão das unidades federativas à transação como instrumento estratégico, reforçando sua importância como política pública inovadora e alinhada ao objetivo de reduzir litígios e estimular a regularização tributária em todo o país por meio da aplicação dos métodos consensuais.

Capítulo 19
NEGÓCIO JURÍDICO PROCESSUAL

No contexto do paradigma da consensualidade na resolução de conflitos, o negócio jurídico processual emerge sob o prisma formal, repercutindo na forma pela qual o conflito é resolvido em juízo, isto é, nos fatos processuais[1].

Na teoria de Pontes de Miranda, o negócio jurídico se qualifica como espécie de ato jurídico que tem como elemento substancial de seu suporte fático a declaração ou manifestação da vontade que resulta na criação, modificação ou extinção de direitos, pretensões, ações ou exceções, presente o elemento do autorregramento, o qual pode encontrar limites no ordenamento jurídico[2].

Sob essas premissas, Pedro Henrique Nogueira[3] conceitua o negócio jurídico processual como "o fato jurídico voluntário em cujo suporte fático, descrito em norma processual, esteja conferido ao respectivo sujeito o poder de escolher a categoria jurídica ou estabelecer, dentre dos limites fixados no próprio ordenamento jurídico, certas situações jurídicas processuais".

Antonio do Passo Cabral[4], por sua vez, trata da matéria sob a nomenclatura de convenção (ou acordo) processual, conceituando-a como: "negócio jurídico plurilateral pelo qual as partes, antes ou durante o processo e sem necessidade de intermediação de nenhum outro sujeito, determinam a criação, modificação e extinção de situações jurídicas processuais, ou alteram o procedimento".

Os negócios jurídicos processuais guardavam substancial restrição no ordenamento jurídico brasileiro até o advento do Código de Processo Civil de 2015. A legislação anterior, todavia, já concebia a possibilidade de realização de negócios jurídicos

---

[1] A repercussão sobre fatos processuais não impede o controle do negócio jurídico processual sob o prisma do direito material. Como afirma Fábio Caldas de Araújo, "isto decorre do que a doutrina denomina de 'atos processuais com efeito duplo' (*Doppelprozesshandlung*) ou 'natureza bivalente' (*biunique nature*) e que geram tanto consequências processuais como materiais" (ARAÚJO, Fábio Caldas de. *Curso de Processo Civil:* parte geral. São Paulo: Malheiros, 2016, p. 755).

[2] MIRANDA, Pontes de. *Tratado de direito privado.* Campinas: Bookseller, 2000, Tomo 3. p. 29. Ainda, conforme Marcos Bernardes de Mello, difusor da teoria de Pontes de Miranda sobre os fatos jurídicos, o negócio jurídico consiste no "fato jurídico cujo elemento nuclear do suporte fático consiste em manifestação ou declaração consciente de vontade, em relação à qual o sistema jurídico faculta às pessoas, dentro de limites predeterminados e de amplitude vária, o poder de escolha de categoria jurídica e de estruturação do conteúdo eficacial das relações respectivas, quanto ao seu surgimento, permanência e intensidade no mundo jurídico" (MELLO, Marcos Bernardes de. *Teoria do fato jurídico:* plano da existência. São Paulo: Saraiva, 2014, p. 237).

[3] NOGUEIRA, Pedro Henrique. *Negócios Jurídicos Processuais*. Salvador JusPodivm, 2016, p. 152.

[4] CABRAL, Antonio do Passo. *Convenções processuais.* Salvador: JusPodivm, 2016. p. 68.

processuais típicos, como a eleição do foro competente em razão do lugar e do valor, a alteração de prazos dilatórios, a suspensão do processo por convenção das partes, a distribuição do ônus da prova, o adiamento de audiência e a realização de liquidação por arbitramento.

No Direito Público, se a concepção de indisponibilidade do interesse público já sustentava argumentos contrários à adoção de métodos consensuais de resolução de conflitos em parte considerável da doutrina e reduzia substancialmente a aplicação do negócio jurídico processual típico, o negócio jurídico processual atípico era figura inconcebível também por óbice processual.

O processo civil ainda se ancorava no viés publicista criado por Oskar von Bülow[5], o qual, malgrado tenha sido o expoente da autonomia do direito processual, adstringe o processo a uma noção de instrumento da jurisdição. Na doutrina brasileira, Cândido Rangel Dinamarco[6] incorporava este modelo de processo, asseverando a impossibilidade de celebração de negócios jurídicos processuais que não especificamente previstos em lei:

> Processo em si mesmo não é um contrato ou negócio jurídico e em seu âmbito inexiste o primado da autonomia da vontade: a lei permite a alteração de certos comandos jurídicos por ato voluntário das partes, mas não lhes deixa margem para o autorregramento que é inerente aos negócios jurídicos.

O Código de Processo Civil de 2015 representou uma superação dos referidos paradigmas, admitindo um processo regido pelo princípio da cooperação, ao prever que "todos os sujeitos do processo devem cooperar entre si para que se obtenha, em tempo razoável, decisão de mérito justa e efetiva". O processo cooperativo, como assevera Leonardo Carneiro da Cunha[7], "funciona como um modelo intermediário entre o modelo social ou publicista e o modelo garantista", admitindo que o juiz mantenha seus poderes, atendendo, porém, aos deveres da cooperação. Este paradigma serve como fundamento à democracia participativa, norteando a ciência processual à admissão da ampla valorização da vontade dos sujeitos processuais, aos quais se confere a possibilidade de promover o autorregramento das situações processuais[8].

Previu-se, no referido diploma legal, além dos negócios jurídicos processuais típicos, uma **cláusula geral do negócio jurídico processual**, segundo a qual, "versando o processo sobre direitos que admitam autocomposição, é lícito às partes plenamente capazes estipular mudanças no procedimento para ajustá-lo às especificidades da causa e convencionar sobre os seus ônus, poderes, faculdades e deveres processuais, antes ou durante o processo" (art. 190).

O parágrafo único do mencionado dispositivo previu que, "de ofício ou a requerimento, o juiz controlará a validade das convenções previstas neste artigo, recusando-

---

5   BÜLOW, Oskar. *Gesetz und Richteramt. Juristische Zeitgeschichte*, v. 10. Berlim: Berliner Wissenschafts, 2003.

6   DINAMARCO, Cândido Rangel. *Instituições de direito processual*, São Paulo: Malheiros, 2001, v. 2. p. 469.

7   CUNHA, Leonardo Carneiro da. Negócios jurídicos processuais no processo civil brasileiro. In: CABRAL, Antonio Passo; NOGUEIRA, Pedro Henrique (Coord.). *Negócios Processuais*. Salvador: JusPodivm, 2015, p. 67.

8   *Idem*, p. 70.

-lhes aplicação somente nos casos de nulidade ou de inserção abusiva em contrato de adesão ou em que alguma parte se encontre em manifesta situação de vulnerabilidade".

Surgiu, portanto, a possibilidade de celebração de negócios jurídicos processuais atípicos, sem embargo da previsão de outras modalidades típicas, como do calendário para a prática de atos processuais, a vincular as partes e o juiz, ressalvados os casos excepcionais, devidamente justificados[9].

Quanto à aplicação da cláusula geral do negócio jurídico processual ao Direito Público, a primeira questão que se fez presente foi a sua possibilidade diante do óbice previsto em relação ao ato que verse sobre direitos que não admitam autocomposição.

Para além da superação dos fundamentos que vinculavam a indisponibilidade do interesse público à suposta inviabilidade de adoção do paradigma da consensualidade na Administração Pública, explanada nas linhas propedêuticas do presente capítulo, o Enunciado 135 do Fórum Permanente de Processualistas Civis (FPPC), é claro no sentido de que "a indisponibilidade do direito material não impede, por si só, a celebração de negócio jurídico processual". O Enunciado 256 do referido Fórum, por sua vez, foi firmado no sentido de que "a Fazenda Pública pode celebrar negócio jurídico processual".

E quanto aos prazos processuais, o Enunciado 97 do Fórum Nacional do Poder Público também previu que "é cabível a celebração de negócio jurídico processual pela Advocacia Pública que disponha sobre a contagem de prazos processuais", sem prejuízo de a fixação de calendário processual ser estabelecida de acordo com parâmetros do órgão de direção da advocacia pública (Enunciado 52 do Fórum Nacional do Poder Público[10]).

No Direito Tributário, o negócio jurídico processual alcança tanto o processo de conhecimento quanto a execução fiscal. Em relação à última, o fundamento é a aplicação subsidiária do Código de Processo Civil, prevista no art. 1º da Lei 6.830/1980 (Lei de Execução Fiscal – LEF)[11].

Sobre a extensão e aplicabilidade do Negócio Jurídico Processual – NJP às execuções fiscais, os Enunciados 9 e 10, do Fórum Nacional do Poder Público, trataram do assunto, respectivamente, "a cláusula geral de negócio processual é aplicável à execução fiscal" e "é possível a calendarização dos atos processuais em sede de execução fiscal e embargos". O marco hermenêutico para a aplicação do Código de Processo Civil pressupõe a ausência de normas que rege a subsidiariedade do referido diploma legal disposta no art. 1º da Lei de Execução Fiscal, seja interpretada, não apenas como

---

[9] Art. 191. De comum acordo, o juiz e as partes podem fixar calendário para a prática dos atos processuais, quando for o caso.
§ 1º O calendário vincula as partes e o juiz, e os prazos nele previstos somente serão modificados em casos excepcionais, devidamente justificados.
§ 2º Dispensa-se a intimação das partes para a prática de ato processual ou a realização de audiência cujas datas tiverem sido designadas no calendário.

[10] O órgão de direção da advocacia pública pode estabelecer parâmetros para a fixação de calendário processual.

[11] Art. 1º – A execução judicial para cobrança da Dívida Ativa da União, dos Estados, do Distrito Federal, dos Municípios e respectivas autarquias será regida por esta Lei e, subsidiariamente, pelo Código de Processo Civil.

inexistência de lei que regule o procedimento, mas também como a ausência de colisão entre o referido diploma legal e a norma específica[12].

Se o autorregramento do negócio jurídico na teoria geral do direito privado já encontra limites previstos em lei, com mais razão estes se verificam no Direito Processual. Como exemplo de limitação constitucional para os negócios jurídicos processuais atípicos, pode-se mencionar a impossibilidade de alteração do pagamento no regime de precatórios e da requisição de pequeno valor, ante a disciplina do art. 100 da Constituição Federal. Há limitações de ordem processual ao negócio jurídico processual, como as hipóteses de competência absoluta do juízo e os requisitos para a interposição de recurso[13] ou para a remessa necessária.

Como espécie de negócio jurídico, o NPJ também deve observar os requisitos do art. 104 do Código Civil, quais sejam, agente capaz, objeto lícito, possível, determinado ou determinável e forma prescrita ou não defesa em lei. É no mesmo sentido o Enunciado 403 do Fórum Permanente de Processualistas Civis. Quanto ao controle, reputa-se correto o Enunciado 132 do referido Fórum, segundo o qual, "além dos defeitos processuais, os vícios da vontade e os vícios sociais podem dar ensejo à invalidação dos negócios jurídicos atípicos do art. 190".

As partes podem convencionar sobre ônus, poderes, faculdades e deveres processuais, sendo exigível sua homologação apenas nos casos expressamente previstos em lei (Enunciado 133 do FPPC[14]). Sua eficácia é *inter partes*, sendo que o alcance do negócio a terceiros depende da anuência destes. (Enunciado 402 do FPPC[15]).

O negócio pode ser distratado, conforme reconhecido no Enunciado 411 do FPPC[16], sendo aplicável a simetria das formas quanto à necessidade de homologação (Enunciado 495 do FPPC[17]). O descumprimento da convenção válida, todavia, não é matéria cognoscível de ofício (Enunciado 252 do FPPC[18]).

---

[12] Nesse sentido, *mutatis mutandis*, o Enunciado n. 62 do Fórum Nacional do Poder Público: A expressão "ausência de normas" do art. 15 do CPC deve ser interpretada, em âmbito federal, não apenas como a inexistência de lei que regule o processo administrativo, como também a ausência de colisão entre o CPC e a norma específica (Grupo: Contencioso administrativo fiscal e o NCPC).

[13] A respeito da interposição de recurso, Júlia Lipiani e Marília Siqueira afirmaram que as partes não podem negociar "sobre o cabimento dos recursos; suprimir a necessidade de existência de interesse recursal, pois a sua dispensa esvazia o fundamento que sustenta continuidade da prestação jurisdicional e os custos dela decorrentes; suprimir o requisito da tempestividade; retirar a necessidade de verificação das formalidades do recurso previstas em lei; dispensar o recolhimento, momento da comprovação, forma de pagamento ou redução do valor do preparo". Por outro lado, admitiu que os litigantes podem convencionar a supressão da segunda ou terceira instância; hipóteses de legitimidade extraordinária para terceiro interpor recurso. Também admite que se convencione o prazo para interposição dos recursos e regras sobre o ônus para suportar as despesas processuais, inclusive o preparo, ao final do processo. Cf. LIPIANI, Júlia; SIQUEIRA, Marília. Negócios jurídicos processuais sobre a fase recursal. In: CABRAL, Antonio do Passo; NOGUEIRA, Pedro Henrique (coord.). *Op. cit.*, p. 475-476.

[14] Salvo nos casos expressamente previstos em lei, os negócios processuais do art. 190 não dependem de homologação judicial.

[15] A eficácia dos negócios processuais para quem deles não fez parte depende de sua anuência, quando lhe puder causar prejuízo.

[16] O negócio processual pode ser distratado.

[17] O distrato do negócio processual homologado por exigência legal depende de homologação.

[18] O descumprimento de uma convenção processual válida é matéria cujo conhecimento depende de requerimento.

No âmbito da Procuradoria-Geral da Fazenda Nacional, o art. 9º da Portaria 985, de 18 de outubro de 2016, ao dispor sobre a atuação judicial dos Procuradores da Fazenda Nacional, no âmbito do microssistema dos Juizados Especiais Federais, permitiu a realização de negócios jurídicos processuais "entre as unidades da PGFN e os Juizados Especiais Federais, objetivando a racionalização da atuação em demandas de massa, que versem exclusivamente sobre matéria de direito, prevendo-se a citação por Portaria do Juízo"[19]. Previu, ainda, a possibilidade de realização de outras modalidades de negócio jurídico processual, "objetivando a racionalização da atuação, mediante ato dos Procuradores-Regionais da Fazenda Nacional", vedada a celebração de negócio que implique "prática de ato não autorizado ou vedado em lei, que disponha sobre direito material ou importe em transação ou outro meio de autocomposição em matéria tributária".

A Portaria PGFN 565, de 26 de maio de 2017, recomendou a realização de mutirões, "inclusive mediante a celebração de negócios jurídicos processuais quanto à intimação por lote de temas, nos termos dos arts. 190 e 191 do Código de Processo Civil, objetivando a racionalização da atuação em demandas em massa para análise do enquadramento de processo ou recursos" (Portaria PGFN 502/2016, art. 12), nas hipóteses de dispensa de contestação, oferecimento de contrarrazões e interposição de recursos disciplinados na Portaria.

A Portaria PGFN 360, de 13 de junho de 2018, autorizou a celebração de negócio jurídico processual, inclusive mediante fixação de calendário para a prática de atos processuais, quanto (i) ao cumprimento de decisões judiciais, (ii) à confecção ou conferência de cálculos[20], (iii) aos recursos, inclusive à sua desistência; e (iv) à forma de inclusão do crédito fiscal e FGTS em quadro geral de credores, quando for o caso.

---

[19] Art. 9º. Fica autorizada a realização de negócios jurídicos processuais entre as unidades da PGFN e os Juizados Especiais Federais, objetivando a racionalização da atuação em demandas de massa, que versem exclusivamente sobre matéria de direito, prevendo-se a citação por Portaria do Juízo.
§ 1º Na hipótese de que trata o *caput*, arquivar-se-á contestação padrão que será inserida nos autos, independentemente de participação da Fazenda Nacional, que será intimada apenas da sentença, quando proferida.
§ 2º As matérias passíveis de aplicação do disposto neste artigo serão previstas em lista regionalizada, podendo atender a peculiaridades locais específicas.
§ 3º A CRJ será comunicada das atividades descritas no parágrafo Anterior, para conhecimento e supervisão.
§ 4º A lista de que trata o § 2º poderá limitar a aplicação do disposto neste artigo às demandas cujo valor da causa ou benefício patrimonial almejado exceda determinada quantia, observado, preferencialmente, o limite da autorização para a não apresentação de impugnação a cumprimento de sentença, nos moldes do art. 20-A da Lei 10.522/2002.

[20] Quanto a esta hipótese, concordamos com Halley Henares Neto, segundo o qual "essa previsão veda à autoridade administrativa de esquivar-se de elaborar os cálculos necessários para a celebração do NJP sempre que não demonstrar, motivadamente, que não tem condições de qualquer ordem (parâmetros, critérios ou informações – jurídicas ou contábeis do contribuinte) que permita realizá-los. Apenas nessa hipótese é que poderá postergar o procedimento de apuração e conferência de valores a ela submetidos, sob pena de se reiniciar novos ciclos procedimentais em outros órgãos da administração pública apenas para checagem ou liquidação de tais valores, em contrassenso ao objetivo da transação de reduzir o tempo e aumentar a eficácia para a recuperação do crédito tributário" (Transação Tributária – Delegação de poderes e discricionariedade no âmbito tributário e os aspectos comparativos com o negócio jurídico processual. In: FILHO, Claudio Xavier Seefelder, *et al.* (coord.). Op. cit., p. 249).

A norma vedou o negócio jurídico processual cujo cumprimento dependa de outro órgão, sem que se demonstre sua anuência expressa e inequívoca; que preveja a penalidade pecuniária; que envolva qualquer disposição de direito material por parte da União, ressalvadas as hipóteses previstas Portaria PGFN 502, de 12 maio de 2016 (alterada pela Portaria PGFN 565/2017), e na Portaria PGFN 985, de 18 de outubro de 2016; que extrapole os limites dos arts. 190 e 191 do CPC; ou que gere custos adicionais à União, exceto se aprovado prévia e expressamente pela Procuradoria-Geral Adjunta competente.

O rol de matérias passíveis de celebração de negócio jurídico processual foi ampliado na Portaria PGFN 515, de 20 de agosto de 2018, para compreender os prazos processuais e a ordem de realização dos atos processuais, inclusive em relação à produção de provas.

A nível legal, foram incluídos os §§ 12º e 13º ao art. 19 da Lei 10.522/2002, que disciplina as hipóteses de dispensa de contestação, de oferecimento de contrarrazões e de interposição de recursos, bem como a desistências de recursos no âmbito da Procuradoria-Geral da Fazenda Nacional, para prever a possibilidade de os órgãos do poder Judiciário e a PGFN realizar mutirões de comum acordo para análise de enquadramento de processos ou de recursos nas referidas hipóteses de dispensa de atuação e desistência e celebrar negócios jurídicos processuais e para respaldar a viabilidade de regulamentação dos negócios jurídicos processuais no âmbito do referido órgão da advocacia pública "inclusive na cobrança administrativa ou judicial da dívida ativa da União"[21].

Em seguida, a Portaria PGFN 742, de 21 de dezembro de 2018, disciplinou a celebração de negócio jurídico processual em sede de execução fiscal, para fins de equacionamento de débitos inscritos em dívida ativa da União e do FGTS. O negócio jurídico poderá versar sobre (i) calendarização da execução fiscal, (ii) plano de amortização do débito fiscal; (iii) aceitação, avaliação, substituição e liberação de garantias; ou (iv) modo de constrição ou alienação de bens.

A norma condiciona a celebração do negócio jurídico processual à vinculação à capacidade econômico-financeira do devedor, ao perfil da dívida e às peculiaridades do caso concreto; à previsão de prazo certo para liquidação das dívidas, quando for o caso, ou concretização de garantias e demais condições do negócio; e à imposição de obrigações ou meios indiretos que facilitem ou otimizem a fiscalização ou acompanhamento do cumprimento das condições do acordo.

---

[21] Art. 19. Fica a Procuradoria-Geral da Fazenda Nacional dispensada de contestar, de oferecer contrarrazões e de interpor recursos, e fica autorizada a desistir de recursos já interpostos, desde que inexista outro fundamento relevante, na hipótese em que a ação ou a decisão judicial ou administrativa versar sobre:

[...]

§ 12. Os órgãos do Poder Judiciário e as unidades da Procuradoria-Geral da Fazenda Nacional poderão, de comum acordo, realizar mutirões para análise do enquadramento de processos ou de recursos nas hipóteses previstas neste artigo e celebrar negócios processuais com fundamento no disposto no art. 190 da Lei nº 13.105, de 16 de março de 2015 (Código de Processo Civil). (Incluído pela Lei nº 13.874, de 2019).

§ 13. Sem prejuízo do disposto no § 12 deste artigo, a Procuradoria-Geral da Fazenda Nacional regulamentará a celebração de negócios jurídicos processuais em seu âmbito de atuação, inclusive na cobrança administrativa ou judicial da dívida ativa da União. (Incluído pela Lei nº 13.874, de 2019)

Ao contrário da transação disciplinada na Lei 13.988, de 2020, a celebração do negócio jurídico processual que reduza o montante dos créditos inscritos em dívida ativa da União é vedada no art. 1º, § 1º, da Portaria PGFN 742, de 21 de dezembro, de 2018. Também não é válida a celebração de negócio jurídico processual que implique renúncia às garantias e privilégios do crédito tributário[22].

No atual contexto prático, usualmente, o contribuinte que não consegue enquadrar-se na classificação de créditos irrecuperáveis ou de difícil recuperação para fins de transação tributária com a União, cujo exame da capacidade de pagamento não revela o *rating* C ou D, tem, como alternativa viável, a proposição de negócio jurídico processual com o parcelamento do crédito tributário cobrado pela Fazenda Pública, em 120 meses, sem descontos. Outra possibilidade é quando o contribuinte tem rescindida a transação tributária e com isso o impedimento de realizar novas transações pelo prazo de 2 anos, contado da data de rescisão (§ 4º, art. 4º, Lei 13.988/2020).

Estabelece, ainda, a possibilidade de previsão cumulativa ou alternativa das condições de confissão irrevogável e irretratável dos débitos renovável a cada pagamento periódico; oferecimento de depósito em dinheiro de parcela dos débitos inscritos; oferecimento de outras garantias idôneas, observada a ordem do art. 11 da Lei de Execução Fiscal, se não houver compromisso de gradual substituição por depósito em dinheiro em prazo certo; quitação de parcela dos débitos inscritos em dívida da União, ajuizados ou não; constrição de parcela sobre faturamento mensal ou de recebíveis futuros; compromisso de garantir ou parcelar, no prazo máximo de 30 dias, débitos inscritos em dívida ativa; rescisão em hipótese superveniência de falência ou outro mecanismo de liquidação judicial ou extrajudicial; apresentação de garantia fidejussória dos administradores da pessoa jurídica devedora, independentemente da apresentação de outras garantias; prazo de vigência não superior a 120 meses[23], salvo autorização expressa da Coordenação-Geral de Estratégias de Recuperação de Créditos; modificação da competência relativa para reunião dos processos no juízo prevento; e condição resolutória a ulterior homologação judicial, quando for o caso, observado o disposto no art. 11.

Não obstante o detalhamento da hipótese de exigência de garantia pelos administradores da pessoa jurídica devedora não seja disciplinado na portaria, há necessidade de compatibilizar sua incidência ao disposto no art. 135, inciso III, do Código

---

[22] Art. 1º. Esta Portaria estabelece os critérios para celebração de Negócio Jurídico Processual (NJP) no âmbito da Procuradoria-Geral da Fazenda Nacional, para fins de equacionamento de débitos inscritos em dívida ativa da União.
§ 1º. É vedada a celebração de NJP que reduza o montante dos créditos inscritos ou implique renuncia às garantias e privilégios do crédito tributário.
[...].

[23] Em contraponto, a transação tributária apenas permite vigência de até 84 (oitenta e quatro) meses, vide arts. 11, § 2º, e 16, § 2º, da Lei n. 13.988/2020, ressalvada a transação por adesão no contencioso tributário, que tem como prazo máximo 60 (sessenta) meses e a transação com pessoa natural, microempresa ou empresa de pequeno porte, em que se admite como prazo máximo de quitação 145 (cento e quarenta e cinco) meses, nos termos dos arts. 25, inciso II, e 11, § 3º, do referido dispositivo legal, respectivamente.

Tributário Nacional[24] e à Súmula 430 do Superior Tribunal de Justiça[25]. Nesse sentido, apenas quando se reputa ao sócio a prática de atos com excesso de poderes ou infração à lei, ao contrato ou a estatutos se afigura possível condicionar a celebração de negócio jurídico processual à apresentação de garantia fidejussória dos administradores da pessoa jurídica devedora.

O art. 2º, parágrafo único, do referido ato normativo da PGFN prevê a possibilidade de exigência de celebração de escritura pública de hipoteca ou penhor sobre os bens que comporão as garantias do negócio jurídico processual[26].

Também havia previsão original da norma de que, para incluir débitos inscritos e não ajuizados no negócio jurídico processual, o requerente deveria concordar expressamente com o ajuizamento da execução fiscal correspondente ou efetuar o parcelamento dos débitos não ajuizados. As referidas disposições, porém, foram revogadas pela Portaria PGFN 11.956, de 27 de novembro de 2019.

A norma prevê que o negócio jurídico processual poderá ser celebrado mediante provocação do devedor. Após exame do estágio das execuções fiscais movidas, da existência de garantias e de suas circunstâncias em execução fiscal ou em parcelamentos administrados pela PGFN, da existência de débitos não ajuizados ou pendentes de inscrição em dívida ativa, do histórico fiscal do devedor e da aderência da proposta apresentada à sua atual situação econômico-fiscal, poderá ser celebrado o negócio jurídico processual.

O negócio jurídico processual no âmbito da Fazenda Nacional que objetive estabelecer plano de amortização do débito fiscal deverá ser previamente autorizado pelo Procurador-Chefe de Dívida Ativa da respectiva Procuradoria-Regional e, quando envolver débitos distribuídos em unidades de regiões diversas da Procuradoria, o NJP deverá ser autorizado pelos respectivos Procuradores-Chefe de Dívida Ativa.

Autorizada a celebração do negócio jurídico processual, a unidade da PGFN deverá formalizar, quando for o caso, o pedido de homologação judicial nos autos da execução fiscal, cumulado com requerimento de suspensão do processo, nos termos do art. 313, inciso II, do Código de Processo Civil (art. 11 da Portaria 742, de 21 de dezembro de 2018).

É relevante observar que, malgrado a aludida suspensão do processo, a mera celebração de negócio jurídico processual não suspende a exigibilidade dos créditos inscritos em dívida ativa da União, conforme previsão do art. 3º, § 4º, da Portaria PGFN 742 de 21 de dezembro de 2018 e, no que concerne aos créditos tributários, do art. 151

---

[24] Art. 135. São pessoalmente responsáveis pelos créditos correspondentes a obrigações tributárias resultantes de atos praticados com excesso de poderes ou infração de lei, contrato social ou estatutos:

I – as pessoas referidas no artigo anterior;

II – os mandatários, prepostos e empregados;

III – os diretores, gerentes ou representantes de pessoas jurídicas de direito privado.

[25] Súmula 430 do STJ. O inadimplemento da obrigação tributária pela sociedade não gera, por si só, a responsabilidade solidária do sócio-gerente.

[26] Art. 2º [...]

Parágrafo único. A PGFN poderá exigir a celebração de escritura pública de hipoteca ou penhor sobre os bens que comporão as garantias do NJP.

do CTN[27]. O consentimento da Administração referente ao compromisso de parcelar débitos inscritos em dívida ativa ou o depósito do montante integral para a celebração do negócio jurídico processual, porém, ocasionará a suspensão de exigibilidade do crédito tributário, nos termos dos incisos do referido dispositivo legal.

Em sendo a hipótese de suspensão do crédito tributário ou de haver penhora de bens capaz de satisfazer o débito, é possível a concessão de certidão positiva com efeito de negativa, nos termos do art. 206 do Código Tributário Nacional[28] e do art. 3º, § 5º, do aludido ato normativo[29].

A portaria ainda prevê a necessidade de o Procurador requerer a reunião de processos no juízo prevento quando houver mais de uma execução fiscal contra o mesmo devedor, quando se reputar necessária a homologação judicial, sendo que, não admitida a reunião, o pedido de homologação deve ser dirigido a cada um dos juízos competentes[30].

O art. 11, § 3º, prevê que o negócio jurídico processual "produzirá efeitos enquanto pendente homologação judicial, devendo o requerente promover as medidas necessárias ao seu integral cumprimento". Tal previsão, todavia, vai de encontro ao assentado no Enunciado 260 do FPPC, segundo o qual "a homologação, pelo juiz, da convenção processual, quando prevista em lei, corresponde a uma condição de eficácia do negócio". De fato, se a lei estabelecer como requisito a homologação do acordo, não se afigura possível sua produção válida de efeitos antes de sua homologação.

---

[27] Art. 151. Suspendem a exigibilidade do crédito tributário:

I – moratória;

II – o depósito do seu montante integral;

III – as reclamações e os recursos, nos termos das leis reguladoras do processo tributário administrativo;

IV – a concessão de medida liminar em mandado de segurança.

V – a concessão de medida liminar ou de tutela antecipada, em outras espécies de ação judicial; (Incluído pela LCP 104, de 2001)

VI – o parcelamento. (Incluído pela LCP 104, de 2001)

Parágrafo único. O disposto neste artigo não dispensa o cumprimento das obrigações assessórios dependentes da obrigação principal cujo crédito seja suspenso, ou dela consequentes.

[28] Art. 206. Tem os mesmos efeitos previstos no artigo anterior a certidão de que conste a existência de créditos não vencidos, em curso de cobrança executiva em que tenha sido efetivada a penhora, ou cuja exigibilidade esteja suspensa.

[29] Art. 3º [...]

§ 5º. A concessão de certidão negativa de débito ou de certidão positiva com efeito de negativa fica condicionada ao cumprimento dos requisitos previstos nos arts. 205 e 206 da Lei 5.172, de 25 de outubro de 1966 (Código Tributário Nacional).

[30] Art. 11. Autorizada a celebração do NJP, a unidade da PGFN deverá formalizar, quando for o caso, o pedido de homologação judicial nos autos da execução fiscal, cumulado com requerimento de suspensão do processo, nos termos do art. 313, II, da Lei 13.105, de 16 de março de 2015 (Código de Processo Civil).

§ 1º. Quando se reputar necessária a homologação judicial e houver mais de uma execução fiscal contra o mesmo devedor, o Procurador da Fazenda Nacional deverá requerer a reunião dos processos no juízo prevento, nos termos do art. 28 da Lei 6.830, de 22 de setembro de 1980, ou de eventual cláusula de modificação da competência territorial prevista no NJP.

§ 2º. Não sendo admitida a reunião das execuções fiscais no juízo prevento, deverá ser formalizado pedido de homologação judicial e em cada juízo no qual tramitam execuções contra o devedor, observado o disposto no *caput* deste artigo.

§ 3º. O NJP produzirá efeitos enquanto pendente de homologação judicial, devendo o requerente promover as medidas necessárias ao seu integral cumprimento.

A despeito da previsão de regulamentação do instituto pela PGFN, a norma excedeu o poder regulamentar, na medida em que não disciplina, nesse ponto, hipóteses atinentes à delimitação de admissão do acordo pela Fazenda Nacional, mas afronta o dispositivo legal que exija a homologação do acordo. Segundo a referida portaria, implicará rescisão do negócio jurídico processual, sem prejuízo da manutenção da liberação das garantias dadas para assegurar o crédito:

(i) a falta de pagamento de 2 (duas) amortizações mensais, consecutivas ou não, quando o NJP tiver por objeto estabelecer plano de amortização do débito fiscal, não compreendida como tal a amortização paga com até 30 (trinta) dias de atraso (art. 12, § 1º);

(ii) a constatação, pela PGFN, de qualquer ato tendente ao esvaziamento patrimonial do sujeito passivo;

(iii) a decretação da falência ou de outro mecanismo de liquidação judicial ou extrajudicial[31];

(iv) a concessão de medida cautelar em desfavor da parte devedora, nos termos da Lei 8.397, de 6 de janeiro de 1992;

(v) a declaração de inaptidão da inscrição no Cadastro Nacional da Pessoa Jurídica (CNPJ);

(vi) o descumprimento ou o cumprimento irregular das demais cláusulas estipuladas no NJP;

(vii) a não homologação judicial, quando for o caso; e

(viii) a deterioração, a depreciação e o perecimento de bens incluídos no acordo para fins de garantia, caso não haja o seu reforço ou a sua substituição, no prazo de 30 (dias), após a devida intimação.

A norma prevê a notificação prévia do devedor, para se manifestar em quinze dias, na via administrativa, nos casos de falta de pagamento, constatação de ato tendente ao esvaziamento patrimonial do sujeito passivo e de deterioração, depreciação ou perecimento de bens indicados como garantia.

Rescindido o negócio jurídico processual, o procurador responsável deverá comunicar ao juízo o desfazimento do acordo e pleitear a retomada do curso do processo, com a execução das garantias prestadas e prática dos demais atos executórios do crédito.

Verificam-se diversos condicionamentos para a celebração de negócio jurídico processual com a Fazenda Nacional. Todavia, reputam-se legítimas, ressalvadas as ponderações quanto a disposições específicas, as aludidas normas, porquanto se caracterizam como balizas para o consentimento da União, cuja atuação é norteada por princípios específicos, dentre os quais a legalidade, com seus consectários (finalidade, razoabilidade, proporcionalidade e motivação).

Conquanto exposto o regramento referente à Fazenda Nacional, os Fiscos estadual ou municipal não se encontram sujeitos a idênticos critérios, porque o art. 19 da Lei

---

[31] Note-se que, não obstante a referida previsão em relação à recuperação judicial como causa de rescisão do negócio jurídico processual, a Lei 13.988/2020 admite a transação tributária para empresas em processo de recuperação judicial, liquidação judicial ou extrajudicial ou falência (art. 11, § 5º).

10.522, de 2002, alterada pela Lei 13.874, de 2019, não se trata de dispositivo de lei nacional, mas exclusivamente federal, não obstante as regras atinentes à Declaração de Direitos da Liberdade Econômica e às garantias de livre-iniciativa, disciplinadas no último diploma legal, repercutam em todas as unidades da federação.

Nos estados, no Distrito Federal e nos municípios, portanto, deve-se observar a respectiva disciplina legal e regulamentar pertinente. Ainda que não haja normativo atinente à espécie, é franqueado aos respectivos órgãos de advocacia pública tratar da matéria, tendo como fundamento o art. 190 do Código de Processo Civil, bem como o art. 1º, § 1º, inciso I, da Recomendação 120, de 28 de outubro de 2021, do Conselho Nacional de Justiça[32].

---

[32] O PRESIDENTE DO CONSELHO NACIONAL DE JUSTIÇA (CNJ), no uso de suas atribuições legais e regimentais,

[...]

RESOLVE:

Art. 1º. Recomendar aos (às) magistrados (as) com atuação nas demandas que envolvem direito tributário que priorizem, sempre que possível, a solução consensual da controvérsia, estimulando a negociação, a conciliação, a mediação ou a transação tributária, extensível à seara extrajudicial, observados os princípios da Administração Pública e as condições, os critérios e os limites estabelecidos nas leis e demais atos normativos das unidades da Federação.

§ 1º. Nas demandas em curso, o (a) magistrado (a) também poderá incentivar:

I – a celebração de convenções processuais pelas partes, objetivando maior eficiência ao procedimento;

[...].

Capítulo 20
MEDIDAS DE CONFORMIDADE FISCAL DE INICIATIVA DO FISCO. PREVENÇÃO DE LITÍGIOS

A administração tributária no Brasil vem apresentando instrumentos com o objetivo de intensificar e estabelecer diálogo com os contribuintes, ainda de modo incipiente e, reconhecidamente, a partir de condições pontuais se comparadas ao contexto internacional. Essas medidas são conhecidas pela expressão em inglês *cooperative compliance* ou conformidade cooperativa (tradução livre).[1]

O Sumário Executivo do Diagnóstico do Contencioso Tributário no Brasil, elaborado pela Associação Brasileira de Jurimetria (ABJ), encomendado pela RFB, por intermédio do BID – Banco Interamericano de Desenvolvimento –, fez referência ao *cooperative compliance* como uma estratégia para a criação da maior interação entre as administrações fiscais e os contribuintes, fundamentada na confiança mútua, na transparência e na boa-fé.[2]

O Centro Interamericano de Administrações Tributária (CIAT) define "iniciativa de conformidade cooperativa" como "aquela que surge da relação entre a administração tributária e o contribuinte, e através da qual se pretende obter melhorias significativas no nível de transparência mútua e, consequentemente, no nível de cumprimento voluntário, de forma a reduzir os custos de *compliance* ou administração e, na medida do possível, evitar polêmicas na relação jurídico-tributária". Esse entendimento alinha-se "ao tripé de sustentação dessa forma de cooperação, enumeradas nos relatórios da OCDE: a confiança mútua, a transparência e a compreensão".[3]

---

[1] Disponível em: https://www.gov.br/receitafederal/pt-br/centrais-de-conteudo/publicacoes/estudos/diagnostico-do-contencioso-tributario-administrativo/sumario-executivo.

[2] "Trata-se de conceito que começou a ser discutido em 2002, com a criação do *Forum on Tax Administration*, e ganhou corpo com a publicação, em 2008, do primeiro relatório da OCDE a respeito do tema, *Study into the Role of Tax Intermediaries*, documento em que depois foi cristalizado no conceito de *Enhanced Relationship* enquanto um novo paradigma de relacionamento entre Fisco e contribuinte". Disponível em: https://www.gov.br/receitafederal/pt-br/centrais-de-conteudo/publicacoes/estudos/diagnostico-do-contencioso-tributario-administrativo/sumario-executivo.

[3] Sumário Executivo do Diagnóstico do Contencioso Tributário no Brasil, elaborado pela Associação Brasileira de Jurimetria (ABJ), encomendado pela RFB, por intermédio do BID – Banco Interamericano de Desenvolvimento. Disponível em: https://www.gov.br/receitafederal/pt-br/centrais-de-conteudo/publicacoes/estudos/diagnostico-do-contencioso-tributario-administrativo/sumario-executivo.

A falta de transparência, de confiança e de cooperação nas relações entre o Fisco e os contribuintes produzem um antagonismo indesejado, que termina por estimular a litigância, cujo contexto revela o "paradigma da desconfiança".[4]

A administração tributária vem apresentando diversos instrumentos com o objetivo de intensificar e estabelecer o diálogo com os contribuintes.

A Receita Federal do Brasil – RFB, em 2021, anunciou a criação de um projeto-piloto de programa de conformidade cooperativa (Confia) voltado para grandes empresas, com base no *Tax Administration Diagnostic Assessment Tool* – TADAT e nos modelos propostos pela Organização para a Cooperação e Desenvolvimento Econômico – OCDE.

O objetivo do programa é mudar e melhorar a relação do fisco com os contribuintes, com vistas a estabelecer um processo de transparência e confiança, pilares para uma maior segurança jurídica e tributária, por meio da criação de fóruns para estabelecer um diálogo entre a Receita e os setores econômicos, possibilitando a instituição de meios para prevenir e resolver litígios fiscais.

Com o propósito de debater e apresentar o processo de construção do programa, a Receita, no dia 20 de abril de 2021, promoveu o *1º Webinar Internacional Fisco & Contribuinte: Conformidade Cooperativa, um novo paradigma realizado pela Receita Federal*, evento virtual que apontou os objetivos e princípios da iniciativa de conformidade cooperativa, além de analisar como foram as experiências internacionais na implementação de tal medida.

Ao longo do *Webinar*, a Receita expôs os objetivos estratégicos do programa. São eles: (i) aproximar a arrecadação efetiva da potencial; (ii) ampliar a conformidade tributária e aduaneira em obediência à legalidade; (iii) aumentar a satisfação dos contribuintes com a Receita Federal; (iv) aumentar o engajamento do corpo funcional; e (v) ampliar a segurança e agilidade no comércio exterior.

Ainda que o projeto esteja em fase embrionária, já foram demonstrados os principais benefícios que se pretende garantir aos contribuintes, quais sejam, a previsibilidade, redução de custos e da litigiosidade, discussão antecipada para evitar contencioso e a possibilidade de discussão sobre planejamentos tributários com a Receita.

Outras iniciativas de modernização fiscal já foram implementadas no Brasil, tal qual o Operador Econômico Autorizado (OEA), programa voltado para a área aduaneira. Enquanto, de um lado, o Confia tem como principal premissa o estabelecimento de um diálogo efetivo entre o Fisco e os setores econômicos, o OEA premia, através de ações, os contribuintes que têm uma conformidade elevada.

As empresas, caso possam comprovar o cumprimento dos requisitos e critérios do Programa OEA, são certificados como operadores de baixo risco, confiáveis e, em consequência, podem gozar dos benefícios oferecidos pela Aduana Brasileira, relativos à maior agilidade e previsibilidade de suas cargas nos fluxos do comércio internacional.

---

4   Sumário Executivo do Diagnóstico do Contencioso Tributário no Brasil, elaborado pela Associação Brasileira de Jurimetria (ABJ), encomendado pela RFB, por intermédio do BID – Banco Interamericano de Desenvolvimento. Disponível em: https://www.gov.br/receitafederal/pt-br/centrais-de-conteudo/publicacoes/estudos/diagnostico-do-contencioso-tributario-administrativo/sumario-executivo.

Título IV • Cap. 20 • MEDIDAS DE CONFORMIDADE FISCAL DE INICIATIVA DO FISCO | **567**

Há ainda o serviço de autorregularização fiscal, cujo escopo consiste na orientação, pelo Fisco, dos contribuintes para que possam corrigir voluntariamente eventuais inconsistências em suas declarações. O serviço, inicialmente, era voltado apenas para pessoas físicas e, posteriormente, foi estendido às pessoas jurídicas. Sua principal finalidade é evitar a instauração do litígio, tanto no âmbito do contencioso administrativo quanto do judicial. O contribuinte, ao utilizar o serviço, fica a salvo de penalidades quando sanar eventuais irregularidades no prazo indicado no aviso de autorregularização, e a correção das inconsistências aumenta sua classificação e amplia seu acesso às contrapartidas do programa.

No âmbito dos Estados e Municípios, revelam-se instrumentos de prevenção da litigiosidade tributária, tais como o programa "Nos Conformes"[5] (São Paulo), "Contribuinte Pai D'Égua"[6] (Ceará), "Programa de Estímulo à Conformidade Tributária" (Rio de Janeiro)[7], "Nos Conformes"[8] (Rio Grande do Sul) e o "Em Dia com Porto Alegre".

A Receita Federal do Brasil lançou recentemente o programa Receita de Consenso, com a promessa de inovar a forma de resolução de litígios tributários. Instituído pela Portaria RFB 467/2024 e lançado oficialmente no dia 1º de outubro de 2024, o programa pretende evitar que divergências sobre a qualificação de fatos tributários evoluam para disputas judiciais ou administrativas prolongadas, especialmente visando à promoção de um ambiente de diálogo e cooperação entre o Fisco e os contribuintes.

O objetivo principal é impedir que conflitos em torno da qualificação de fatos tributários e aduaneiros cheguem ao Judiciário, utilizando, para tanto, técnicas de consensualidade e mediação. O instituto da Consulta poderia, se devidamente aproveitado, e melhor utilizado, fazer as vezes, porém, esse novo ambiente estrutura-se como canal de discussão com a Receita de maneira aberta, sem o risco de autuações imediatas, desde que preenchidos certos critérios, como possuir alta classificação em programas de conformidade tributária, como o Confia, o OEA ou o Sintonia A+. Pelo que se percebe a Receita Federal procura não apenas resolver os conflitos de maneira mais

---

5   O Programa de Estímulo à Conformidade Tributária "Nos Conformes" foi instituído pela Lei Complementar n. 1.320/2018 e pretende criar condições para a construção de um ambiente de confiança recíproca entre a Secretaria da Fazenda e Planejamento e os contribuintes.

6   Regulamentado pelo Decreto 33.820/2020, com a iniciativa de estabelecer benefícios para os contribuintes que cumprem regularmente as obrigações fiscais. É um programa voltado para a pretensão de alcançar uma maior eficiência na arrecadação e melhorar o ambiente de negócios, além de promover a educação fiscal, e estimular a autorregularização e a conformidade tributária, estabelecendo instrumentos para o estreitamento da relação entre os contribuintes e o Fisco.

7   A Receita Federal lançou no Rio de Janeiro e no Espírito Santo, o Programa Regional de Conformidade Tributária e Aduaneira (PRC), normatizado pela Portaria SRRF07 5, de 18 de janeiro de 2021, e alinhado com as práticas mais modernas da administração tributária internacional. O PRC, segundo o endereço eletrônico da RFB, é composto de ações de conscientização, que promovem a cidadania fiscal e estimulam a conformidade tributária e aduaneira, além das ações de autorregularização, que apresentam ao contribuinte possíveis distorções ou irregularidades tributárias ou aduaneiras, e oferecem, mediante prazo determinado, orientação para a regularização.

8   A Lei 15.576/2020 que instituiu o "Nos Conformes": Programa de Estímulo à Conformidade Tributária-, prevê a classificação dos contribuintes de acordo com seus padrões de cumprimento das obrigações tributárias, dando tratamento diferenciado ao bom contribuinte, facilitando, assim, o seu ambiente de negócio. O programa incentiva a conformidade fiscal, facilita o cumprimento das obrigações tributárias, reduz os custos de conformidade e aperfeiçoa a comunicação e o relacionamento entre os contribuintes e a Receita Estadual, além de simplificar a legislação tributária.

rápida, mas promover uma relação mais colaborativa com as empresas, incentivando a conformidade voluntária e a cooperação.

Talvez um dos diferenciais do Receita de Consenso seja a criação de uma equipe autônoma e independente da fiscalização comum da Receita Federal, cuja função é a análise dos casos submetidos ao programa, garantindo que o processo seja imparcial e direcionado para a solução do problema, e não para a imposição de penalidades. A execução do programa se dará por meio do Centro de Prevenção e Solução de Conflitos Tributários e Aduaneiros (Cecat), que foi criado para recepcionar, analisar e deliberar sobre as demandas apresentadas pelos contribuintes.

Duas são as situações principais que permitem a adesão ao programa. A primeira quando há um procedimento fiscal em andamento e surge uma divergência sobre a qualificação de um fato tributário, e, nessa hipótese, a empresa pode propor a discussão do caso no âmbito do Cecat, antes que a Receita promova a autuação. A segunda se dá quando a empresa, ainda sem estar sob fiscalização, deseja definir previamente as consequências tributárias de um determinado negócio jurídico. Em ambos os casos, o Cecat deverá promover audiências para discutir os fatos e as operações com a empresa e os representantes da Receita, buscando uma solução consensual.

O programa é direcionado, como dito, para empresas com alta classificação em programas de conformidade, como o Confia, o OEA e o Sintonia A+, de modo a fomentar a conformidade voluntária com a Receita Federal. A adesão ao programa depende de um exame de admissibilidade, sendo vedada a participação em casos que envolvam indícios de fraude, sonegação ou crimes contra a ordem tributária.

Apesar da inovação, a portaria não prevê de forma clara o que acontece quando não se atinge o consenso, o que gera preocupações quanto à exposição das empresas a autuações caso o acordo falhe. Porém, se o acordo for alcançado, a Receita Federal e a empresa firmam um termo de consensualidade, no qual a Receita se compromete a não autuar a companhia em relação àquele fato específico, e a empresa, por sua vez, deve desistir de qualquer contencioso administrativo ou judicial sobre o tema. Esse compromisso assegura conclusão mais rápida e menos custosa para as partes, além de proporcionar maior segurança jurídica aos contribuintes, que não precisam temer uma autuação futura sobre a matéria acordada.

O Receita de Consenso está alinhado com uma tendência internacional de maior cooperação entre as administrações tributárias e os contribuintes, prática já adotada em diversos países como parte de esforços para tornar os sistemas tributários mais eficientes, transparentes e previsíveis.[9]

Segundo o estudo intitulado "Diagnóstico do Contencioso Tributário Administrativo", realizado pela Associação Brasileira de Jurimetria (ABJ), encomendado pela Receita Federal do Brasil ao Banco Interamericano de Desenvolvimento (BID), os programas examinados, de um modo geral, instituem categorias de riscos que tomam por critério de classificação ao menos: "(i) adimplemento de suas obrigações; e (ii) aderência entre as declarações e registros e os documentos fiscais. Ainda, todos

---

[9] Trechos extraídos do artigo "A Receita Federal decreta: a Era do consenso", de minha autoria, publicado na Folha de São Paulo. Acessado pelo endereço eletrônico: https://www1.folha.uol.com.br/blogs/que-imposto-e-esse/2024/10/a-receita-federal-decreta-a-era-do-consenso.shtml.

são voltados à generalidade dos contribuintes, o que acaba por inovar relativamente à tendência internacional de instituir projetos pilotos com foco apenas nos grandes contribuintes. Por fim, há uma relativa convergência quanto à ideia de que quanto melhor a classificação dos contribuintes, maiores serão os benefícios concedidos a ele". [10]

A implementação dos programas de conformidade com o fim de aperfeiçoar uma melhora no relacionamento entre a administração tributária e as empresas evidencia-se essencial na realidade atual de excessiva litigiosidade ("macrolitigância fiscal"[11]), relacionada a controvérsias fiscais instaladas no sistema administrativo e judicial brasileiro, além de proporcionar um ambiente de negócios mais favorável para a economia.

---

[10] O Sumário Executivo da pesquisa encontra-se no endereço eletrônico. Disponível em: https://www.gov.br/receitafederal/pt-br/centrais-de-conteudo/publicacoes/estudos/diagnostico-do-contencioso-tributario-administrativo/sumario-executivo.

[11] Termo utilizado pelo observatório de pesquisas do IDP – Instituto Brasileiro de Ensino, Desenvolvimento e Pesquisa, liderado pelos professores Lucas Bevilacqua, Rafael Fonseca, Ivan Allegretti e Paulo Mendes.

REFERÊNCIAS

AMARO, Luciano. *Direito tributário brasileiro*. 14. ed. São Paulo: Saraiva, 2008.

ANDRADE FILHO, Edmar Oliveira. Decadência e o Tempo Máximo de Duração do Processo Administrativo Tributário. In: PIZOLIO, Reinaldo (coord.). *Processo Administrativo Tributário*. São Paulo: Quartier Latin, 2007.

ÁVILA, Humberto. *Teoria dos Princípios da definição à aplicação dos princípios jurídicos*. São Paulo: Malheiros Editores, 2003.

ANDERS, Frank. *The Pound Conference*: Perspectives on Justice in the Future. St. Paul: West Pub., 1979.

BARBI, Celso Agrícola. *Do mandado de segurança*. 10. ed. Rio de Janeiro: Forense, 2001.

BARROSO, Luis Roberto. A prescrição administrativa no direito brasileiro antes e depois da Lei nº 9.873/99, *Temas de direito constitucional*. 2. ed. Rio de Janeiro: Renovar, 2006. Tomo I.

BARROSO, Luís Roberto. *O controle de constitucionalidade no direito brasileiro*. 3. ed. São Paulo: Saraiva, 2009.

BONILHA, Paulo Celso Bergstron. *Da prova no Processo Administrativo Tributário*. 2. ed. São Paulo: Dialética, 1997.

BRASIL. Ministério da Fazenda. Trabalhos da Comissão Especial do Código Tributário Nacional. Rio de Janeiro: Ministério da Fazenda, 1954.

BULOS, Uadi Lamego. *Curso de direito constitucional*. 9. ed. São Paulo: Saraiva, 2015.

CAMPOS, Gustavo Caldas Guimarães. *Execução fiscal e efetividade*: análise do modelo brasileiro à luz do sistema português. São Paulo: Editora Quartier Latin do Brasil, 2009.

CANTO, Gilberto de Ulhôa. Do Processo Tributário Administrativo. *Teoria do Direito Tributário*, Curso Editado pela Secretaria da Fazenda de São Paulo, São Paulo: 1975.

CARNELUTTI, Francesco. *Istituzioni del nuovo processo civile italiano*. 3. ed. Roma: Foro Italiano, 1942. Tomo 1.

CASTRO, Anna Lucia Malerbi de. *O princípio da dignidade da pessoa humana e a norma jurídica tributária*. São Paulo: Noeses, 2019.

CAVALCANTI, Eduardo Muniz Machado. Duração razoável do processo, ordem cronológica dos julgamentos e dever de cooperação. In: BUISSA, Leonardo; BEVILACQUA, Lucas (Coord.). *Processo tributário*. Belo Horizonte: Fórum, 2019.

CINTRA, Antônio Carlos de Araújo; GRINOVER, Ada Pellegrini; DINAMARCO, Cândido Rangel. *Teoria geral do processo*. 28. ed. São Paulo: Malheiros, 2012.

CONRADO, Paulo Cesar. *Processo Tributário*. 3. ed. São Paulo: Quartier Latin, 2012.

CUNHA, Leonardo José Carneiro da. *A Fazenda Pública em Juízo*. 8. ed. São Paulo: Dialética, 2012.

CUNHA, Leonardo Carneiro. O Processo Civil no Estado Constitucional e os Fundamentos do Projeto do Novo Código de Processo Civil Brasileiro. Disponível em https://www.cidp.pt/revistas/ridb/2013/09/2013_09_09293_09327.pdf. Acesso em: 26 abr. 2022.

DELGADO, José Augusto. Medida Cautelar Fiscal. In: MARTINS, Ives Gandra da Silva; MARTINS, Rogério Gandra; ELALI, André (orgs.). *Medida Cautelar Fiscal*. São Paulo: MP Editora, 2006.

DELGADO, José Augusto. Segurança Jurídica e Recursos Repetitivos em matéria tributária no STJ: análise dos repetitivos mais importantes que afetam diretamente o contencioso tributário. *Contencioso tributário administrativo e judicial*. Estudos em homenagem a José Augusto Delgado/Halley Henares Neto, Robson Maia Lins e Rodrigo Antonio da Rocha Frota (coords.). São Paulo: Noeses, 2013.

DIAS DE SOUZA, Hamilton; CORRÊA SZELBRACIKOWSKI, Daniel. Teoria das Cortes Superiores em matéria tributária é o que garante a segurança jurídica. In: BRIGAGÃO, Gustavo; CORDEIRO DA MATA, Juselder (orgs.). *Temas de Direito Tributário em Homenagem a Gilberto de Ulhôa Canto*. Rio de Janeiro: Arraes Editores, 2020.

DIDIER JR., Fredie. *Curso de direito processual civil*: introdução ao direito processual civil, parte geral e processo do conhecimento. 20. ed. Salvador: JusPodivm, 2018.

DIDIER JR., Fredie. *Teoria geral do processo, essa desconhecida*. 5. ed. Salvador: JusPodivm, 2018.

DIDIER JR., Fredie. *Curso de Direito Processual Civil*: Execução. Salvador: JusPodivm, 2009.

DO AMARAL JR., José Levi Mello; GUIMARAES, Ariane. Deficiências democráticas no CONFAZ. *Revista Brasileira de Direito*, v. 12, n. 2, 2016.

DONIZETTI, Elpídio. *Curso Didático de Direito Processual Civil*. 19. ed. São Paulo: Atlas, 2016.

ESSER, Jossef. *Principio y norma en la elaboración jurisprudencial del derecho privado*. Barcelona: Bosch, 1961.

FERRAGUT, Maria Rita. *Responsabilidade tributária e o Código Civil de 2002*. 2. ed. São Paulo: Ed. Noeses, 2009.

FERRAZ JUNIOR, Tercio Sampaio. Unanimidade ou maioria nas deliberações do CONFAZ: considerações sobre o tema a partir do princípio federativo. *Revista Fórum de Direito Tributário – RFDT*, Belo Horizonte, ano, v. 10, 2012.

JUNIOR, Nelson Nery; NERY, Rosa Maria de Andrade. *Código de Processo Civil Comentado*. 3. ed. São Paulo: Thomson Reuters Brasil, 2018.

LABELLE, Huguette; SUNG-KIM, Geo. Keeping transparency on the G20's agenda, Tranparency Internacional, 2010. Disponível em: http://www.transparency.org/news/pressrelease/20100224_keeping_transparency_on_the_g20s_agenda.

LEAL, Rosemiro Pereira. *Teoria geral do processo*: primeiros estudos. 7. ed. Rio de Janeiro: Forense, 2008.

MACHADO, Hugo de Brito. Efeitos da declaração de inconstitucionalidade dos incentivos fiscais. *Interesse Público – IP*, Belo Horizonte, ano 15, n. 77, 2013.

MACHADO SEGUNDO, Hugo de Brito. *Processo Tributário*. São Paulo: Atlas, 2004.

MARINONI, Luiz Guilherme. *Antecipação de tutela*. São Paulo: Revista dos Tribunais, 2008.

MARINS, James. *Direito processual tributário brasileiro*: administrativo e judicial. 11. ed. São Paulo: Revista dos Tribunais, 2018.

REFERÊNCIAS | **573**

MARQUES, Claudia Lima. *Manual de direito do consumidor*. 2. ed. Antonio Herman V. Benjamin, Claudia Lima Marques e Leonardo Roscoe Bessa. São Paulo: Revista dos Tribunais, 2009.

MARTINS, Ives Gandra. Estímulos Fiscais do ICMS e a unanimidade exigida no Confaz. *Revista CEJ*, Brasília, nº 59, 2013.

MEIRELLES, Hely Lopes; WALD, Arnoldo; DA FONSECA, Rodrigo Garcia. *Mandado de segurança, ação popular, ação civil pública, mandado de injunção, "habeas data"*. São Paulo: Revista dos Tribunais, 1989.

MEIRELLES, Hely Lopes; WALD, Arnoldo; MENDES, Gilmar Ferreira. *Mandado de segurança e ações constitucionais*. São Paulo: Malheiros, 2010.

MEIRELLES, Hely Lopes. *Direito Administrativo brasileiro*. 23. ed. São Paulo: Malheiros, 1998.

MENDES, Gilmar Ferreira, COELHO, Inocêncio Mártires; BRANCO, Paulo Gustavo Gonet. *Curso de direito constitucional*. São Paulo: Saraiva, 2008.

NORTHFLEET, Ellen Gracie. Suspensão de sentença e de liminar. *Revista de Processo*, São Paulo, ano 25, n. 97, 2000.

NUNES, Cleucio Santos. *Curso completo de direito processual tributário*. 2. ed. São Paulo: Saraiva Educação, 2018.

PAULSEN, Leandro; ÁVILA, René Bergmann; SLIWKA, Ingrid Schroder. *Direito processual tributário*: processo administrativo fiscal e execução fiscal à luz da doutrina e da jurisprudência. 5. ed. Porto Alegre: Livraria do Advogado, 2009.

PORTO, Sérgio Gilberto. *Processo civil contemporâneo*: elementos, ideologia e perspectivas. Salvador: JusPodivm, 2018.

ROCHA, Sérgio André. *Processo administrativo fiscal*: controle administrativo do lançamento tributário. São Paulo: Almedina, 2018.

RODRIGUES. Marcelo Abelha. *Suspensão de segurança*. 3. ed. São Paulo: Revista dos Tribunais, 2010.

SANTI, Eurico Marcos Diniz de. *Curso de especialização em direito tributário*: estudos analíticos em homenagem a Paulo de Barros Carvalho. Rio de Janeiro: Forense, 2007.

SCHOUERI, Luis Eduardo. *Normas tributárias indutoras e intervenção econômica*. Rio de Janeiro: Forense, 2005.

SEEFELDER FILHO, Cláudio Xavier. *Jurisdição Constitucional e a eficácia temporal da coisa julgada nas relações jurídico-tributárias de trato continuado*. Belo Horizonte: Fórum, 2022.

SEGUNDO, Hugo de Brito Machado. *Processo Tributário*. 10. ed. São Paulo: Atlas, 2018.

SOUZA, HELENA RAU. *Execução Fiscal* – Doutrina e Jurisprudência", coordenada pelo Juiz Vladimir Passos de Freitas. São Paulo: Saraiva, 1998.

SHIMURA, Sérgio. Considerações sobre a medida cautelar de arresto. In: MACHADO, Antônio Cláudio da Costa; VEZZONI, Marina (orgs.). *Processo cautelar*: estudos avançados. Barueri: Manole, 2010.

STRENGER, Irineu. *Da autonomia da vontade*: direito interno e internacional. 2. ed. São Paulo: LTr, 2000.

TEDESCO, Paulo Camargo. Efeitos da diferença de posicionamento entre o CARF e o Judiciário para fins de planejamento tributário. *Contencioso tributário administrativo e judicial*. Estudos em homenagem a José Augusto Delgado/Halley Henares Neto, Robson Maia Lins e Rodrigo Antonio da Rocha Frota (coords.). São Paulo: Noeses, 2013.

THEODORO JÚNIOR, Humberto. *Curso de direito processual civil.* 42. ed. Rio de Janeiro: Forense, 2008. vol. II.

THEODORO JÚNIOR, Humberto. *Curso de Direito Processual Civil* – Teoria do direito processual civil, processo de conhecimento e procedimento comum. 56. ed. Rio de Janeiro: Forense, 2015.

TORRES, Heleno. Novas medidas de recuperação de dívidas tributárias. Disponível em: https://www.conjur.com.br/2013-jul-17/consultor-tributario-novas-medidas-recuperacao--dividas-tributarias.

TORRES, Ricardo Lobo. O consequencialismo e a modulação dos efeitos das decisões do Supremo Tribunal Federal. In: MORAES, Carlos Eduardo Guerra de; RIBEIRO, Ricardo Lodi (coords.); QUEIROZ, Luis Cesar Souza de; GOMES, Marcus Livio (orgs.). *Finanças públicas, tributação e desenvolvimento.* Rio de Janeiro: Freitas Bastos, 2015.

VITA, Jonathan Barros. Os efeitos dos precedentes judiciais e administrativos na interpretação e afetação nas decisões do CARF, à luz do art. 62-A de seu regimento interno. In: *Contencioso tributário administrativo e judicial.* Estudos em homenagem a José Augusto Delgado/Halley Henares Neto, Robson Maia Lins e Rodrigo Antonio da Rocha Frota (coords.). São Paulo: Noeses, 2013.

XAVIER, Alberto Pinheiro. *Do lançamento*: Teoria Geral do Ato, do Procedimento e do Processo Tributário. 2. ed. Rio de Janeiro: Forense, 1998.

ZANETI JR., Hermes. Teoria circular dos planos (direito material e direito processual). In: DIDIER JR., Fredie (Org.). *Leituras complementares de processo civil.* 7. ed. Salvador: JusPodivm, 2009.